保育・幼児教育・子ども家庭福祉辞典

[編集委員]
中坪史典/山下文一/松井剛太
伊藤嘉余子/立花直樹

ミネルヴァ書房

はじめに

　人間の誕生から8歳ころまでは，生涯の中で最も心身の発達が著しく，人格形成の基礎を培う時期である。この時期の子どもは，好奇心や探究心が旺盛で思考力が芽生える。脳の成長もまた，6歳で8割ほどが整い，10歳ですべてが完成するのだという。このように考えると，乳幼児期および就学移行期における子どもの保育，教育，家庭福祉は，私たちの未来を担う最も大切な営みであることがわかる。

　このことから近年は，先進国，途上国を問わず，国家開発政策における子どもの保育，教育，家庭福祉の優先順位が高まっている。国際連合(United Nations)の「持続可能な開発目標(SDGs)」においても「2030年までに，すべての子どもが男女の区別なく，質の高い乳幼児の発達・ケア及び就学前教育にアクセスすることにより，初等教育を受ける準備が整うようにする」ことが教育目標のターゲットとして盛り込まれている。日本もまた，戦後最大の変革と言われるほど，子ども・子育てをめぐる制度改革が行われている。あわせて，子どもの保育，教育，家庭福祉にかかわる学術諸分野の動向は，急速に拡大・進展してきている。

　このような背景のもと本書は，次の点を企図して作成された。第一に，将来，保育士，幼稚園教諭，保育教諭，小学校教諭をめざして大学や短期大学などで学ぶ学生にとって，すぐに手にとって調べることのできる用語辞典となること。第二に，現役の保育士，幼稚園教諭，保育教諭，小学校教諭の方々にとって，身に付けておきたい基本的事項や最新動向を網羅していること。第三に，学生や保育関係者の方々が授業や研修でレポート作成などに直面したとき，傍らからサポートできるように多様な領域にまたがる項目で構成されていること。特に本書は，保育・幼児教育の分野だけでなく，子ども家庭福祉の分野の充実を図っている点で特徴的である。

実践者，研究者，行政関係者，将来は保育や教育の仕事に携わろうとする学生，子育てを行う保護者，これから子育てを担う人たちなど，子ども，保育，教育，家庭，福祉のキーワードに関連するすべての方々に本書を手にとっていただき，活用していただくことを願ってやまない。

　2021 年 1 月

　　　　　　　一日も早いパンデミックの終息を願いながら

　　　　　　　　　　　　　　　　　　中坪史典

執筆者一覧

編集委員

中坪　史典　　（広島大学大学院）
山下　文一　　（高知学園短期大学）
松井　剛太　　（香川大学）
伊藤　嘉余子　（大阪公立大学）
立花　直樹　　（関西学院聖和短期大学）

編　者

青木　一永　　（社会福祉法人檸檬会）
浅川　淳司　　（愛媛大学）
石田　賀奈子　（立命館大学）
石田　慎二　　（帝塚山大学）
伊勢　慎　　　（福岡県立大学）
上村　晶　　　（桜花学園大学）
上村　眞生　　（西南女学院大学）
内田　千春　　（東洋大学大学院）
大沢　裕　　　（松蔭大学）
岡花　祈一郎　（琉球大学）
小川　晶　　　（植草学園大学）
小川　房子　　（武蔵野大学）
小口　将典　　（関西福祉科学大学）
奥村　賢一　　（福岡県立大学）
桶田　ゆかり　（十文字学園女子大学）
柿沼　芳枝　　（東京家政大学）
勝浦　眞仁　　（桜花学園大学）
加藤　望　　　（名古屋学芸大学）
鎌田　佳奈美　（摂南大学）
小池　由佳　　（新潟県立大学）
古賀　琢也　　（千葉明徳短期大学）
境　愛一郎　　（共立女子大学）
佐川　早季子　（京都教育大学）
澁谷　昌史　　（関東学院大学）

水津　幸恵　　（三重大学）
高橋　真由美　（藤女子大学）
津川　典子　　（広島修道大学非常勤講師）
辻谷　真知子　（お茶の水女子大学）
鶴　宏史　　　（武庫川女子大学）
中村　明美　　（武庫川女子大学）
西　隆太朗　　（ノートルダム清心女子大学）
二宮　祐子　　（和洋女子大学）
林　恵　　　　（帝京平成大学）
馬場　幸子　　（関西学院大学）
福井　逸子　　（神戸親和女子大学）
福田　公教　　（関西大学）
古金　悦子　　（松蔭大学）
古山　美穂　　（大阪公立大学）
掘越　紀香　　（国立教育政策研究所）
松下　大海　　（文部科学省初等中等教育局）
松宮　透髙　　（県立広島大学）
真鍋　健　　　（千葉大学）
吉田　祐一郎　（四天王寺大学）
渡邊　慶一　　（京都文教短期大学）
渡邉　真帆　　（福山市立大学）

*　50音順

明柴　聰史	大林　弘嗣	輿水　基	田島　大輔
浅井　幸子	大平　眞太郎	越山　桜子	田島　美帆
阿南　寿美子	大道　香織	後藤　由美	田尻　由起
雨宮　由紀枝	小笠原　文	小林　万里子	田中　沙織
新井　聖一	岡部　祐輝	小林　美沙子	田中　秀和
安藤　藍	小川　貴代子	小林　みどり	田中　弘美
飯塚　美穂子	小栗　正裕	近藤　龍彰	谷村　和秀
飯野　祐樹	長田　暁子	近藤　有紀子	塚越　亜希子
五十嵐　元子	小澤　明子	齋藤　崇德	都筑　千景
池川　正也	尾関　唯未	齋藤　政子	坪井　瞳
池田　友美	織田　望美	堺　恵	寺田　千栄子
石田　祥代	尾上　雅信	榊原　久子	中　典子
石橋　優子	小柳津　和博	相樂　真樹子	永井　由利子
石原　あや	小山　顕	﨑山　ゆかり	中尾　賀要子
磯部　美良	鍛治　礼子	櫻井　貴大	中川　愛
井谷　信彦	柏倉　秀克	峪口　蔵人	中島　健一朗
伊東　久実	金谷　めぐみ	佐藤　智恵	中島　千恵子
伊藤　優	兼間　和美	佐藤　まゆみ	中嶋　有加里
井上　祐子	上島　遥	佐保　美奈子	長瀬　正子
今井　康晴	上村　麻郁	塩野谷　祐子	中田　範子
今西　良輔	亀田　直子	志澤　美保	中西　さやか
上原　正希	亀山　秀郎	實川　慎子	中西　真
後田　紀子	河口　麻希	島本　和恵	仲野　浩司郎
内田　将平	川俣　美砂子	下尾　直子	永野　咲
浦上　萌	姜　民護	末次　有加	永渕　美香子
栄留　里美	木曽　陽子	杉山　宗尚	中村　章啓
衛藤　真規	北相模　美恵子	鈴木　佐喜子	中村　恵
榎本　祐子	北島　孝通	鈴木　眞知子	中村　リヨ
遠藤　和佳子	北野　幸子	砂上　史子	中安　恆太
及川　郁子	木村　淳也	千賀　則史	中山　晴美
大川　聡子	木村　容子	髙石　豪	中山　祐一
大久保　淳子	久保　健太	髙木　恭子	中山　慶紀
大﨑　利紀子	久保　樹里	髙口　知浩	西井　典子
大城　愛子	熊田　広樹	高瀬　淳	西尾　亜希子
太田　素子	粂原　淳子	髙橋　弥生	西川　友理
大野　歩	栗原　拓也	髙橋　由美子	西平　直
大野　志保	髙　知恵	田窪　玲子	根来　佐由美

野口	啓示	古田	薫	宮地	和樹	山屋	春恵
野澤	義隆	寶來	敬章	宮田	まり子	山脇	望美
野尻	紀恵	細川	かおり	宮地	あゆみ	湯澤	美紀
野末	晃秀	堀田	由加里	宮本	実利	横山	真貴子
野田	敦史	前廣	美保	宮本	雄太	吉川	和幸
野村	康治	松木	宏史	三輪	清子	吉國	陽一
野村	実	松嵜	洋子	椋田	善之	吉島	紀江
狭間	直樹	松下	姫歌	守	巧	吉田	直哉
橋本	好広	松島	のり子	森	英子	吉永	安里
濱名	潔	松延	毅	森本	誠司	吉永	早苗
濱中	啓二郎	松原	未季	森山	也子	淀川	裕美
韓	仁愛	松久	宗丙	八木	浩雄	米倉	裕希子
平田	仁胤	松本	しのぶ	安本	理抄	呂	小耘
平野	麻衣子	真鍋	顕久	矢野	景子	若槻	容子
平松	紀代子	丸目	満弓	矢野	智司	和田	一郎
廣瀬	聡弥	水枝谷	奈央	山口	明日香	渡邊	恵梨佳
福島	玄	水落	洋志	山口	敬子	渡邊	香織
福田	篤子	水谷	豊三	山口	美和	渡部	努
福原	史子	水野	佳津子	山田	加奈子	渡邉	正隆
藤	翔平	南野	奈津子	山田	徹志		
藤瀬	竜子	箕輪	潤子	山田	真世		
藤田	哲也	宮城	利佳子	山田	裕一	＊　50音順	
藤田	寿伸	三宅	英典	山根	正夫		
藤野	ゆき	三宅	美由紀	山本	真知子		

凡　例

　この辞典は「引く辞典」であるとともに，「読む辞典」としても編集している。

1. 「保育」「保育・幼稚園教育基本文書」「保・幼・小の連携・接続」「子ども家庭福祉」の４部によって構成し，部内の各章は重要なテーマを厳選し採択した。
　　項目は体系的に配列しているので，「読む」辞典として活用してほしい。

2. その章においても重要な語句であるが，より関連性の高い章が他にある場合には解説を省略し，「⇨」をもって参照先の項目見出しと章番号を示した。
　　　　例（第１章において）
　　　　日本国憲法　⇨日本国憲法㊲

3. あわせて読んでほしい関連項目がある場合には，項末で「→」をもって参照先の項目見出しと章番号を示した。また，章内に特に関連の深い項目がある場合に，解説文中で適宜「→」をもって示したものがある。

4. 解説文中の重要な外国人名は，原則としてカタカナをもって姓を示し，（　）内に原綴で姓と名のイニシャルを示した。
　　　　例（項目「幼稚園」において）
　　　　　フレーベル（Fröbel, F. W. A.）
　　その項目で項目見出しとして取り上げている外国人名については，（　）内に原綴で名と姓および生没年を示した。日本人名は（　）内に生没年を示した。
　　　　例（項目「コメニウス」において）
　　　　　コメニウス（Johannes Amos Comenius：1592-1670）
　　　　（項目「倉橋惣三」において）
　　　　　倉橋惣三（1882-1955）

5. 執筆者名は，項末に（　）に囲んで示した。

6. 目次において 2. に該当する項目は，「⇨」をもって参照先の頁番号を示した。

7. 索引は 50 音順に配列し，「引く」辞典としての便宜を図っている。
　　同義の別の語が解説されている場合や，別の語の中に解説が含まれている場合は，「→」をもって参照先の項目見出しを示した。

目　　次

26 特別支援学校学習指導要領

第3部
保・幼・小の連携・接続

27 連携・接続の基本的な用語

28 資質・能力

29 幼児期の終わりまでに育ってほしい姿

索　引

さ行

ま行

第1部

保　　育

　日本では，保育所，幼稚園，認定こども園などの就学前施設に通う子どもたちの割合は，全体の97％に達している。つまり，乳幼児期の子どもたちが経験する保育は，公教育の始まりであり，生涯にわたる教育の最初の一歩として捉えることができる。そうした人生のスタートを力強く踏み出すことができるように，個々の就学前施設では日々保育が営まれている。

　第1部は，そうした保育をめぐって押さえておきたい用語で構成されている。第一に，保育を取り巻く現状，制度，法規・通達，財政，保育者の養成や研修，労働環境などに関する事項について扱う。第二に，保育の営みと密接に関係する家庭や地域との連携などに関する事項について扱う。第三に，保育のコアとなる要素である子どもの発達や，それに欠くことのできない遊びと学び，就学前施設で行われる保育（教育）の内容，方法，形態，計画，評価，環境，障害児保育（教育）などに関する事項について扱う。第四に，諸外国の保育・幼児教育，子どもの生活，保健，社会文化や歴史，思想などに関する事項について扱う。

　いうまでもなく日本の保育とは，養護を受けながら，環境を通しての教育のもと，主体的な生活や自発的な活動としての遊びを通して，知識，技能，思考力，判断力，意欲，態度，協同性，道徳性，感性などの芽生えを培うことであり，決してアカデミックな能力の獲得が重視されるわけではない。こうした特徴の背後には，乳幼児期の子どもたちは，大人に一方向的に教えられて知識や技能を身に付けるよりも，能動的に周囲の環境（人，こと，モノなど）と関わりながら，それらを身に付けることの方が，彼（女）らの認知的・社会的発達が促されるという考え方がある。私たちにとって自明なこの考え方は，諸外国の保育と比べてみると，様々な固有性を有してもいる。読者のみなさんには，第1部に掲載される用語を通して，そうした日本の保育の特徴についても再認識していただけたら幸いである。

（中坪史典）

1　教育・保育に関する法規・通達等

教育法規

　日本国憲法を基本理念として制定された，教育に関する各種法律や規則の総称。代表的な法律として，教育基本法，学校教育法，社会教育法，地方教育行政の組織及び運営に関する法律，義務教育費国庫負担法等がある。法治国家であるわが国では，教育法規が全ての教育という行いの法的根拠となる。しかし国会の定めた法律だけで全ての教育に関する事項を規定することは難しい。このため，内閣による政令，各省庁による省令，加えて行政機関の定めた行政規則等によって，教育行政が行われる。幼稚園教育要領，各学校の学習指導要領は，学校教育法施行規則に基づき，文部科学省が告示したものであり，教育法規の範囲に入る。都道府県や市町村単位での議会が定める教育に関する条例等も，教育法規に含まれる。　　　　　　　　　　　　　（大沢　裕）

世界児童権利宣言

　国際連合総会で1959年に採択された児童の権利に関する宣言。1924年に国際連盟が採択した「ジュネーヴ児童権利宣言」とは区別される。国連児童権利宣言とも，単に児童権利宣言とも呼ばれる。この宣言では，「世界人権宣言」（1948年）における，差別の禁止，権利と自由の享受といった内容を受けて，人類全てに対して，児童の固有の権利を保障するよう要請している。児童は身体的かつ精神的に未熟であるため，特別の保護が必要である。宣言の内容は，差別の禁止，成長の保障，姓名と国籍の取得，社会的保障

の恩恵，障害のある児童の特別の治療・教育・保護，人格の発展のための愛情と理解の必要性，教育，あらゆる状況下での保護と救済，放任・虐待・搾取からの保護，差別を助長する慣行からの保護等の全10条にまとめられている。この精神は，1989年の「児童の権利に関する条約」となって，さらに実効的要素を伴うものとなった。　　　　　　　（大沢　裕）

世界人権宣言

　人間は生まれながらに基本的人権があることを公式に認め，「すべての人民とすべての国とが達成すべき共通の基準」として，1948年12月10日にパリで開かれた第3回国連総会の決議として宣言された。二度の世界大戦で多くの人命が奪われ，人種迫害や人権侵害などが行われたことへの深い反省から，平和を実現するために，世界各国が協力して，人権と自由を尊重し守るための努力をすることを明らかに示した。本文は，人種，言語，宗教，政治上の違いを超えて，平等かつ無差別の基本原則を掲げたうえ，「生命，自由・身体の安全」「思想，良心・宗教の自由」「表現の自由」「政治への参与」「労働」「児童の保護」「教育を受ける」などの権利に関する30条からなる。1950年の国連総会では，毎年12月10日を「人権デー」として決議した。さらに，同宣言の権利に法的効力をもたせるため，1966年に国際人権規約が採択された。　　　　　　　　　（大﨑利紀子）

国際人権規約

　「世界人権宣言」（1948年）に示された

諸権利に法的拘束力をもたせるための多国間条約である。「経済的，社会的及び文化的権利に関する国際規約」（社会権規約），「市民的及び政治的権利に関する国際規約」（自由権規約）と自由権規約の第 1 選択議定書の 3 つは，1966（昭和 41）年 12 月 16 日の第 21 回国連総会で採択され，1976（昭和 51）年に発効した。社会権規約は「労働」「健康を享受する」「教育を受ける」権利等，自由権規約には「身体の自由・安全」「思想，良心・宗教の自由」の権利等が規定されている。また自由権規約の第 1 選択議定書は，人権を侵害された個人が国連へ通報する制度を定めている。4 つ目の自由権規約の第 2 選択議定書では，死刑廃止制度を定めている（1989 年採択，1991 年発効）。日本は 1979（昭和 54）年 6 月に社会権，自由権両規約を批准し，同年 9 月に発効したが，2 つの選択議定書については締約国になっていない。　　　　　（大﨑利紀子）

学習権宣言

　1985 年パリで行われた第 4 回ユネスコ国際成人教育会議においてなされた「学習権は人間の生存にとって不可欠な手段である」とする宣言。学習権とは，「読み書きの権利であり，問い続け，深く考える権利であり，想像し，創造する権利であり，個人的・集団的力量を発達させる権利」とする。学習権は基本的権利の一つとして認められ，性別，社会的地位，階級，貧困などに限定されず，その正当性は普遍的でなければならない。同時に人類にとって重要な諸問題を解決するための最善の貢献とされるが，単なる一国の経済発展のための手段ではない。わが国では憲法において，国民の教育権が保障されているが，学習権はその権利の主体が国家によるのではなく，政府・非政府双方のあらゆる組織が，他の専門機関と協力し，この権利を実現することを切望するものである。　　　　（今井康晴）

児童の権利に関する条約（子どもの権利条約）⇨児童の権利に関する条約（子どもの権利条約）37

日本国憲法　⇨日本国憲法 37

教育基本法

　日本国憲法を除き，教育に関して最上位の法律。わが国において行われる教育全てを包括する内容をもつ。戦前・戦中の「教育勅語」（1890 年）に代わり，1947（昭和 22）年，日本国憲法の精神に則り，教育を国民自身のものとし，民主主義教育のあり方を宣言するものとして公布された。教育憲章とも称され，教育理念を現す憲章的な要素をもつ。2006（平成 18）年には，様々な議論を経て全面的に改正された。現行法は，18 か条からなる。わが国で求められるべき「教育の目的」，その下位に位置する 5 つの「教育の目標」，「生涯学習の理念」，「教育の機会均等」，「義務教育」，「学校教育」，「大学」，「私立学校」，「教員」，「家庭教育」，「幼児期の教育」，「社会教育」，「学校，家庭及び地域住民等の相互の連携協力」，「政治教育」，「宗教教育」，「教育行政」，「教育振興基本計画」，必要な「法令の制定」について定められている。2006 年の改正では，基本理念は踏襲しつつ，公共の精神の尊重，豊かな人間性と創造性，伝統の継承などの記述が設けられた。学校教育法も，教育基本法に基づいて規定されている。　　　　　（大沢　裕）

食育基本法

　社会経済情勢の変化に伴い，国民の食生活の環境も変わり，栄養の偏りや生活習慣病の増加，過度の痩身志向，食の安全，伝統の食文化喪失等の問題が生じている。こうした中，食育の基本理念と国・地方公共団体や教育関係者等の責務を明らかにし，施策の基本事項を定めたのが食育基本法である。2005（平成 17）年 6 月に成立し，7 月に施行された。食育はあらゆる世代の国民に必要であるが，特

に「食」は子どもたちの心身の成長や人格の形成に大きな影響を及ぼし，生涯にわたり豊かな人間性をはぐくみ，生きる力を身に付けるために重要である。子どもたちにとって，食育は生きるうえでの基本であり，知育や徳育，体育の基礎となるので，様々な経験を通じて「食」に関する知識と選択する力を習得し，健全な食生活を実践することができる人間を育てることが求められている。そのためには家庭，学校，保育所，地域等が中心となって取り組むことが課題である。

（大﨑利紀子）

生涯学習の振興のための施策の推進体制等の整備に関する法律

1990（平成2）年6月に制定され，通称の「生涯学習振興法」で一般的には称されている。その目的は第1条で「生涯学習の振興のための施策の推進体制及び地域における生涯学習に係る機会の整備を図り，もって生涯学習の振興に寄与すること」と定めている。具体的には，「生涯学習の振興に資するための都道府県の事業に関しその推進体制の整備その他の必要な事項」や「特定の地区において生涯学習に係る機会の総合的な提供を促進するための措置」，また「都道府県生涯学習審議会の事務について定める等の措置を講ずること」等が定められている。教育基本法では，日本の教育を学校教育（第6条），家庭教育（第10条），社会教育（第12条）に区別しているが，その根底には生涯学習の理念（第3条）があり，そうした教育環境を支える法律の一つとして位置付けられる。　　　　（八木浩雄）

学校教育法

1947（昭和22）年に旧教育基本法とともに制定され，学校教育の基本構造や具体的な施策が定められている。同法は何度か部分的には改正されているが，2006（平成18）年12月に教育基本法が全面改正され，それを受け翌年6月に教育三

法の1つとして大幅に改正され，現在はこの改正後の内容に従って学校教育が整備されている。第1条で学校は「幼稚園，小学校，中学校，義務教育学校，高等学校，中等教育学校，特別支援学校，大学及び高等専門学校」と定めており，これらを「1条校」と呼ぶ。幼稚園の教育は，第22条で「義務教育及びその後の教育の基礎を培うものとして，幼児を保育し，幼児の健やかな成長のために適当な環境を与えて，その心身の発達を助長することを目的」としている。そして目標を第23条で定めており，条文の内容は5領域に対応している。第25条では，幼稚園の教育課程やその他の保育内容について，第22条から第23条の規定に従い「文部科学大臣が定める」としており，これを受けて学校教育法施行規則に従い幼稚園教育要領にてその具体が示されることとなっている。

→幼稚園教育要領 [24]，領域 [12]

（八木浩雄）

学校設置基準

各学校設置の最低基準を示したもの。学校教育法第3条には，「学校を設置しようとする者は，学校の種類に応じ，文部科学大臣の定める設備，編制その他に関する設置基準に従い，これを設置しなければならない」とある。これらに基づき，幼稚園設置基準，小学校設置基準，中学校設置基準，高等学校設置基準等がある。幼稚園設置基準第2条に「この省令で定める設置基準は，幼稚園を設置するのに必要な最低の基準を示すものであるから，幼稚園の設置者は，幼稚園の水準の向上を図ることに努めなければならない」として「基準の向上」が示されている。これは，小学校，中学校等，他校種でも同様である。同第9条に，特別な事情がある場合を除き，「幼稚園には，次の施設及び設備を備えなければならない」として「1職員室，2保育室，3遊

戯室，4 保健室，5 便所，6 飲料水用設備，手洗用設備，足洗用設備」が示されている。

（濱中啓二郎）

学校給食法

1954（昭和29）年6月3日に制定された。学校における給食が児童及び生徒の食に関しての正しい理解と適切な判断力を養ううえで重要な役割を果たすものであると考え，学校給食を活用した食に関しての適切な指導と，学校給食の普及，さらに学校における食育の推進を図ることを目的として制定された法律である。給食が適切な栄養を摂取できる内容であることや，健全な食習慣の育成，各地域の優れた伝統食の重要性，また各学校において必要とされる栄養士や設備，経費などに関しても明記された内容となっている。制定時には考慮事項として，「国民の食生活改善」への給食の寄与も記されていたが，2009（平成21）年の改正法において同部分は削除され，代わりに「食に関する正しい理解と適切な判断力を養う」点が付け加えられた。

（野末晃秀）

学校保健安全法

学校保健・安全の根幹となる法律であり，1958（昭和33）年成立の学校保健法が改正され，2009（平成21）年4月に施行されたものである。学校保健と学校安全の一層の充実が改称のねらいである。同法は，学校における児童生徒等及び職員の健康の保持増進を図るため，学校における保健管理に関し必要な事項を定めるとともに，学校における教育活動が安全な環境において実施され，児童生徒等の安全の確保が図られるよう，学校における安全管理に関し必要な事項を定め，学校教育の円滑な実施とその成果の確保に資することを目的としている（第1条）。学校保健については，学校の管理運営（設置者の責務，保健計画の策定など），健康相談，健康診断，感染症の予防，学校保健技師並びに学校医，学校歯科医

及び学校薬剤師について明記されている。学校安全については，設置者の責務，安全計画の策定に加え，危険等発生時対処要領の作成なども示されている。

（濱中啓二郎）

義務教育費国庫負担法

1952（昭和27）年に公布された。義務教育費国庫負担制度を法的に保証したものである。本文は3条と附則から構成され，その目的は第1条によって「義務教育について，義務教育無償の原則に則り，国民のすべてに対しその妥当な規模と内容とを保障するため，国が必要な経費を負担することにより，教育の機会均等とその水準の維持向上とを図ること」と定めている。そして第2条と第3条によって「教職員の給与及び報酬等に要する経費の国庫負担」が定められており，都道府県・指定都市が負担する公立の義務教育諸学校の教職員の給与費等について3分の1を国が負担するものとしている。ただし，特別の事情があるときは，各都道府県・指定都市ごとに国庫負担額の最高限度を政令で定めることができるものとしている。

（八木浩雄）

教育委員会法

1948（昭和23）年7月15日に公布・施行された，教育の民主化と教育行政の地方分権，さらに教育の自主性の確保を目指して，地方教育行政機関として設置される教育委員会について定められた教育法である。そこには教育委員会の種別を都道府県委員会・地方委員会とし，都道府県委員会は各都道府県に，地方委員会は各市町村に設置すること，また地方委員会は町村によって構成される一部事務組合に設置することも可能であるといった内容が明記されている。さらに都道府県教育委員会の人数（7名），地方委員会の委員数（5名）を置くこと，そのうち1名は議会の議員から議会において選挙し選び，他の委員は公選することと，

公選の委員の任期が4年であることなども記された。8年後の1956（昭和31）年に地方教育行政の組織及び運営に関する法律が成立したことにより，教育委員会法は廃止された。　　　　（野末晃秀）

私立学校法

1949（昭和24）年に定められた，日本の私立学校に関しての教育行政並びに学校法人に関する法律である。その主な目的は各私立学校における特性を尊重し，その自主性を重んじると同時にそれぞれの公共性を高めながら，それぞれの私立学校の健全な運営を推進することにあるといえる。1949年の制定以前は，1899（明治32）年勅令の私立学校令として規定されていたが，私立学校令との大きな相違点は私立学校を自主的かつ公共的なものとしたことと，私立学校の設置者を学校法人とした内容などであろう。2019（令和元）年5月に国会で可決され，2020（令和2）年4月1日より施行された「学校教育法等の一部を改正する法律案」により，私立学校における情報公開の充実，閲覧に関する規定や，役員の職務及び責任に関する規定などが記され，財務情報の公表の義務化や監事の責任の強化なども大きな追加・変更点となった。

（野末晃秀）

幼稚園設置基準

幼稚園を設置するために必要な基準を定め明記した，文部省（文部科学省）による省令であり，学校教育法第3条の規定に基づいて1956（昭和31）年に制定された。その後時代の変化に伴い10回以上の改訂がなされ，最新のものは2014（平成26）年7月より施行されている。内容に関しては，一学級あたりの園児数（35人），学級の編制，幼稚園における教員・職員の構成（園長，副園長，教頭，主任教諭，教諭など），幼稚園の設置位置・環境構成といったものの他に，幼稚園の園舎の条件，園舎及び運動場の条件と面積，必要とされる施設，設備等が詳細にわたって規定されている。またそれぞれの設備の保健衛生上及び安全上の観点から改善することや補充することの必要性，あるいは特別な事情があり教育上支障がない場合には，他の学校の施設を使用することができるといった点なども記されている。また昨今の待機児童問題やこども園の認可に伴い，その内容が実情に合致するように改正し，附則として記されている点なども大きな変化といえよう。

（野末晃秀）

教育公務員特例法

数多く，種類も多岐にわたる公務員の中でも，教育を通して国民に貢献することを目的とした教育公務員の特殊性に基づいて，教育公務員に関する任免，分限，懲戒，研修といった内容に関して規定したものである。この法律における公務員とは，学校教育法第1条に定める学校で，同法第2条に定める国立学校及び公立学校の学長，校長（園長を含む），教員及び部局長並びに教育委員会の教育長，及び専門的教育職員をいう。2016（平成28）年11月にはその内容が大幅に改正され，教員の資質に関する向上の指標や，新たに教員の養成・採用，研修体制を構築し，教員の資質向上を目指すものとなった。また教育課程の授業方法の改革への対応を考慮するものとなったことも，改正の大きな変更点となっている。　（野末晃秀）

教育職員免許法

1949（昭和24）年に制定された教育職員の免許に関する法律である。その目的として，同第1条に「教育職員の免許に関する基準を定め，教育職員の資質の保持と向上を図ること」が示されている。この法律で教育職員とは，学校教育法第1条に規定する，幼稚園，小学校，中学校，義務教育学校，高等学校，中等教育学校及び特別支援学校並びに幼保連携型認定こども園の主幹教諭，指導教諭，教

諭，助教諭，養護教諭，養護助教諭，栄養教諭，主幹保育教諭，指導保育教諭，保育教諭，助保育教諭及び講師をいう。同第3条には，「教育職員は，この法律により授与する各相当の免許状を有する者でなければならない」と示されている。現行法における普通免許状の種類は，幼稚園，小学校，中学校，高等学校，特別支援学校の教諭と，養護教諭及び栄養教諭である。それぞれに専修免許状，一種免許状，二種免許状がある。ただ高等学校については専修免許状と一種免許状のみである。2007（平成19）年の同法改正により，2009（平成21）年4月から教員免許の有効期限を10年と定める教員免許更新制が始まった。2019（平成31）年に教育職員免許法及び同法施行規則改正が施行され，大学における教員免許状授与に必要な科目区分が大きく改正された（再課程認定）。　　　　　　（濱中啓二郎）

教員資格認定試験規程

　教職員支援機構が実施する教員資格取得に関する認定試験のことで，合格者が都道府県教育委員会に申請すると，教諭の普通免許状が授与される。教育職員免許法第16条の2にその定めがあり，それに基づいて実施される。この試験は，広く一般社会から学校教育へ招致するにふさわしい人材を求めるため，職業生活や自己研修などにより教員として必要な資質，能力を身に付けた者が教員免許状を取得する方策として創設されたものである。試験の種類は，幼稚園教員資格認定試験，小学校教員資格認定試験，高等学校教員資格認定試験，特別支援学校教員資格認定試験である（第2条）。ただ，高等学校教員資格認定試験については，当分の間行われないとしている。試験は，受験者の人物，学力及び実技について，筆記試験，口述試験又は実技試験の方法により行う（第4条）。

　　　　　　　　　　　　（濱中啓二郎）

地方公務員法

　1950（昭和25）年に制定された，地方公務員の人事や行政に関する根本基準を定めた法律である。日本国憲法の地方自治の規定（第92条「地方公共団体の組織及び運営に関する事項は，地方自治の本旨に基いて，法律でこれを定める」）に基づいて，地方自治法が1947（昭和22）年に施行された。地方公務員については，1947年の国家公務員法に遅れる形で1950年に制定された。その第1条に，「地方公共団体の人事機関並びに地方公務員の任用，人事評価，給与，勤務時間その他の勤務条件，休業，分限及び懲戒，服務，退職管理，研修，福祉及び利益の保護並びに団体等人事行政に関する根本基準を確立することにより，地方公共団体の行政の民主的かつ能率的な運営並びに特定地方独立行政法人の事務及び事業の確実な実施を保障し，もつて地方自治の本旨の実現に資すること」が目的であると示されている。地方公務員法にも，国家公務員法と同様に特例法がある。（濱中啓二郎）

一時保育推進基盤整備事業

　一時保育事業は保育所等において児童を一時的に預かる事業である。保護者の疾病や災害に伴う緊急・一時的な保育を必要とする際の利用を想定して創設され，その後の改訂によって育児疲れによる保護者の心理的・肉体的負担を軽減するための利用を含む事業として実施されている。2009（平成21）年から事業名称は「一時預かり事業」に変更されたが，従来の呼称「一時保育事業」と併用されることが多い。一時保育推進基盤整備事業は，共働き家庭の増加，核家族化の進行等に対応し，就労と育児の両立支援を総合的に推進するために，地域の需要を踏まえて，延長保育，一時保育，地域の子育て支援等を実施することによって児童の福祉の向上を図ることを目的とする。事業形態には「一般型」「幼稚園Ⅰ型」「幼稚

園II型」「余裕活用型」「居宅訪問型」「地域密着II型」「緊急一時預かり」などがあり，それぞれ対象児童，実施場所，実施要件が定められている。　（藤田寿伸）

家庭的保育事業等の設備及び運営に関する基準

　家庭的保育事業は，事業者の居宅その他の場所であり，かつ基準の定める場所で実施される保育事業である。「家庭的保育事業等の設備及び運営に関する基準」は児童福祉法第34条の16第2項の規定に基づき，2014（平成26）年4月に公布された。基準では「乳幼児が，明るくて，衛生的な環境において，素養があり，かつ，適切な訓練を受けた職員が保育を提供することにより，心身ともに健やかに育成されることを保障するものとする」との原則を示し，以下，最低基準，乳幼児の人権尊重，他施設との連携，災害対応，職員，利用者平等の原則，虐待禁止，懲戒権濫用の禁止，衛生管理，食事の提供，健康診断，内部規程，帳簿，秘密保持，苦情対応，設備基準，保育時間，保育内容，保護者との連携など25項目の基準を定める。さらに，小規模保育事業（A型，B型，C型），居宅訪問型保育事業，事業所内保育事業についての設備及び運営に関する基準を定めている。
（藤田寿伸）

子ども・子育てビジョン ⇨子ども・子育てビジョン 40

子ども・若者育成支援推進法 ⇨子ども・若者育成支援推進法 37

子ども・子育て支援法

　2012（平成24）年に施行された子ども・子育て支援の仕組みに関する子ども・子育て支援新制度関連3法の一つ。子ども・子育て支援給付として，子どものための現金給付（児童手当）と，子どものための教育・保育給付について，認定こども園，幼稚園，保育所を通じた共通の給付である「施設型給付」と，小規模保

育，家庭的保育，居宅訪問型保育，事業所内保育の利用を対象した給付の「地域型保育給付」がある。また子ども・子育て支援事業計画について，①利用者支援事業，②地域子育て支援拠点事業，③妊婦健康診査事業，④乳児家庭全戸訪問事業，⑤養育支援訪問事業，⑥子育て短期支援事業，⑦子育て援助活動支援事業，⑧一時預かり事業，⑨延長保育事業，⑩病児保育事業，⑪放課後児童健全育成事業，⑫実費徴収に係る補足給付を行う事業，⑬多様な主体が本制度に参入することを促進するための事業を法令化している。　（藤田寿伸）

就学前の子どもに関する教育，保育等の総合的な提供の推進に関する法律（認定こども園法）

　小学校就学前の子どもに対する教育及び保育並びに保護者に対する子育て支援の総合的な提供を推進するための措置として，主に認定こども園の創設とそれに関わる学校教育法，児童福祉法の特例等が規定されている法律。2006（平成18）に公布された。その後2012（平成24）年に成立した子ども・子育て支援新制度関連3法によって一部改正が行われた。認定こども園とは教育・保育を一体的に行う施設で，幼稚園と保育所の両方の良さを併せ持つ施設とされる。現在は「幼保連携型認定こども園」「幼稚園型認定こども園」「保育所型認定こども園」「地方裁量型認定こども園」の4つの類型があり，それぞれの法的性格，設置主体，職員等設置の基準条件が定められている。
（藤田寿伸）

認定こども園の国の基準

　認定こども園は就学前の子どもに関する教育・保育・子育て支援の総合的な提供をする機能を備えており，都道府県によって認定される施設である。幼稚園と保育所の機能が一体化している幼保連携型，幼稚園が保育所的な機能を備えてい

る幼稚園型，保育所が幼稚園的な機能を備えている保育所型，地域の実情に応じて自治体が認定した地方裁量型の4つの類型に分かれている。職員配置は，幼稚園の保育時間に該当する4時間程度の時間（教育時間）については幼稚園の基準に準じる。それ以外の時間及び3歳未満児の保育時間（保育時間）については保育所の基準に準じる。満3歳以下の保育に従事する者は保育士の資格を有していなければならず，幼保連携型認定こども園の職員は幼稚園教諭免許及び保育士資格を併有する保育教諭を配置することとされているが，認定こども園法施行後10年間は経過措置としてどちらかの資格・免許のみの職員配置も認められている。幼保連携型以外の認定こども園では，併有が望ましいとされている。満3歳以上で教育時間のみ利用する場合を1号認定，満3歳以上で保育時間を必要とする場合を2号認定，満3歳未満の場合を3号認定として措置される。　（髙橋弥生）

児童福祉法　⇨児童福祉法 [37]

児童福祉施設の設備及び運営に関する基準　⇨児童福祉施設の設備及び運営に関する基準 [37]

子どもの人権

　人間全てに認められる権利を基盤に，子ども独自の立場を加味した諸権利の総称。法律，政治，宗教，道徳の各分野にわたり様々な角度から定義される。子どもは，身体的かつ精神的に未熟であることから，通常の大人以上に保護されるべきである。さらには子どもは自己決定権をもつ人間として扱われるべきである。この立場から各種の子ども独自の権利が規定されている。「ジュネーヴ児童権利宣言」（1924年），「世界児童権利宣言」（1959年）や，「児童の権利に関する条約」（1989年），わが国においては，「児童憲章」（1951年）において，その権利が明文化されている。子どもは，大人よりも

低い立場にあるとみなされ，扱われやすい。このため遺棄，虐待，搾取，犯罪の対象にされやすい。幸福になることへの保障，望ましい家庭のあり方，教育を受ける権利，社会的地位の保障，保護の徹底，最善の利益の確保などが，子どもの人権の基礎内容である。　　（大沢　裕）

子どもの貧困対策の推進に関する法律　⇨子どもの貧困対策の推進に関する法律 [37]

児童の最善の利益

　親やその他集団の利益といった大人の都合ではなく，子どもの立場，状況に立ち，将来的，長期的視点で子どもにとって最も良いことを中心に物事を考える配慮がなされなければならないことを意味する。「最善の利益」という言葉の解釈は必ずしも一つではないが，「子どもの権利条約」における基本的原理を示す言葉の一つ。第3条に規定されている。子どもに関わる全ての活動において，公私を問わず子どもの最善の利益が最優先事項として考慮されなければならないとする。同法第9条「親からの分離のための手続」，第18条「親の第一次的養育責任と国の援助」，第20条「家庭環境を奪われた子どもの保護」，第21条「養子縁組」，第37条「死刑・拷問の禁止」，第40条「少年司法」にも使用されている。
→児童の権利に関する条約（子どもの権利条約）[37]　　（今井康晴）

児童憲章

　1951（昭和26）年5月5日に制定された日本独自の児童の権利に関する基本方針である。国際的な児童の権利をうたう「ジュネーヴ児童権利宣言」（1924年）や「世界人権宣言」（1948年）を参考に日本国憲法の精神に則り，児童への正しい観念を確立し，全ての児童の幸福を図るために定められた。1947（昭和22）年に児童福祉法が制定されたが，太平洋戦争後の荒廃した社会にあって，児童を心身と

もに健やかに育成することは容易ではなかった。そこで児童の権利や保障が国民全体の義務や責任であることを明確にするために児童憲章がつくられた。法的拘束力はないが，内容は「児童は，人として尊ばれる。社会の一員として重んぜられる。よい環境の中で育てられる」との3つの原則を示し，「正しい愛情と知識と技術をもつて育てられる」「よい遊び場と文化財を用意され，わるい環境からまもられる」など12か条からなる。

→児童憲章 23　　　　　　（大﨑利紀子）

児童手当法

1971（昭和46）年に制定された児童手当に関する法律。第1条において，子育てに主要な責任をもつ父母またはその他の保護者に児童手当を支給することで，家庭等の生活を安定に導き，次代の社会を担う子どもの健やかな成長に貢献することを示す。児童手当の対象は，0歳から15歳に達した年度末（3月31日）までの児童で，国籍は問わず，留学等の例外を除き，日本国内在住である必要がある。また児童手当は，児童自身に対して支給されるのではなく，児童を養育する者に対して支給される。2012（平成24）年の改正以降で，手当の月額は，0歳から3歳未満まで1万5,000円，3歳から小学校修了まで第1子，第2子は1万円，第3子以降は1万5,000円，中学生1万円である（2020年4月時点）。なお，受給者の所得による制限が設けられている。

（今井康晴）

児童扶養手当法

1961（昭和36）年に制定された児童扶養手当に関する法律。児童扶養手当は，18歳に達する日以後の最初の3月31日までの間にある児童（一定の障害がある場合20歳未満）を養育する父又は母及び養育者に支給され，生活の安定と自立への寄与とともに，児童の福祉の増進を目的とする。児童扶養手当の支給要件とし

て，父母が婚姻を解消，父又は母の死亡，父又は母が重度の障害者，父又は母の生死が明らかでないなど，父又は母が不在のひとり親家庭が対象と定める。また父又は母が配偶者からの暴力（DV）により，裁判所から保護命令を受けている場合にも支給される。法律制定時は母子家庭のみを対象としていたが，2010（平成22）年の改正で父子家庭も支給対象となった。手当の受給には所得制限を設けており，所得に応じた段階別の支給額となっている。

（今井康晴）

児童福祉施設等における児童の安全の確保について

2001（平成13）年6月15日付けで厚生労働省が各都道府県・各指定都市・各中核市民生主管部（局）長に宛てた，児童の安全確保について要請した通知である。同年6月8日，大阪府池田市の小学校で起きた無差別児童殺傷事件を受け，保育所や児童福祉施設等へ助言を行った。通知内容は，事件の発生予防をはじめ，万一の発生に備え日頃から職員の協力体制，保護者との緊密な連絡体制や警察等地域関係機関との連携体制の確保が重要であり，児童が安全な環境の中で安心して育つことができるよう施設も参加した地域のコミュニティづくりの推進等を挙げる。そのために危機管理の観点から現状を点検し，問題点を把握し，安全の確保を充実するための点検項目のガイドラインをつくった。日常からの職員の共通理解と役割，施設設備面の安全管理，不審者の立ち入りなど緊急時の体制があり，これを管内市町村や児童福祉施設等に指導するよう求めている。　（大﨑利紀子）

少年法

青少年の健全育成を目的とし，少年（20歳に満たない者，性別は問わない）の刑事事件について，成年（満20歳以上の者）のそれと区別して取り扱うことを趣旨とした法律。1922（大正11）年に制定され，

1948（昭和23）年に全面改正された。第1条において「少年の健全な育成を期し，非行のある少年に対して性格の矯正及び環境の調整に関する保護処分を行うとともに，少年の刑事事件について特別の措置を講ずること」とし，非行，犯罪への処遇として刑罰よりも矯正，保護，教育，更生といった観点を主眼におく。現在に至るまで2000（平成12）年，2007（平成19）年，2008（平成20）年，2014（平成26）年と四度改正された。その背景には非行の低年齢化，事件の凶悪化，累犯の増加などが挙げられ，少年法の理念である教育主義と厳罰主義という2つの狭間で議論がなされている。　　　（今井康晴）

児童虐待の防止等に関する法律　⇨児童虐待の防止等に関する法律 [37]

社会福祉法　⇨社会福祉法 [37]

親の教育権

　日本国憲法の第26条で，国民は，等しく教育を受ける権利を有することが定められているとともに，同条第2項では「その保護する子女に普通教育を受けさせる義務」を負うことが定められている。それにしたがい，教育基本法の第10条で，父母その他の保護者が子の教育についての第一義的責任を有し，生活のために必要な習慣を身に付けさせ，自立心を育成し，心身の調和のとれた発達を図るよう努めることを定めている。したがって「教育を受ける権利」を有する子どもに対し，親（同意に該当する保護者）は，その子どもの権利が守られるよう教育を受けさせる義務・責任があると法的に定められている。なお，子どもに対する教育は，単に親がひとりで抱え込むものではなく，施設や地域を含めた子育て支援を受けつつ行われるべきものとしての理解が図られてきている。　　　（八木浩雄）

生活保護法　⇨生活保護法 [37]

発達障害者支援法　⇨発達障害者支援法 [37]

母子保健法　⇨母子保健法 [37]

次世代育成支援対策推進法

　少子化に対応し，仕事と子育てを両立できる環境を整備・充実させることを目的として2003（平成15）年に成立された法律である。国や自治体，企業などに対する育児と仕事の両立のための支援策や雇用環境の整備に関する必要事項を定めている。特に従業員301人以上の企業には行動計画の策定が義務付けられた。この行動計画を積極的に進め成果を上げている企業は，厚生労働省に認定されると「くるみん認定」を受け「くるみんマーク」を企業の広告などに使用することができる。本法は2015（平成27）年3月までの10年間の時限立法であったが，2014（平成26）年に改正法が成立し2025年までの10年間に延長され，それまで301人以上の企業が対象であった行動計画策定義務が，101人以上と改正されている。また，より高い水準で効果を上げている企業は「プラチナくるみん認定」を受けることができる。2020（令和2）年時点で，全国でくるみん認定を受けている企業数は3,441社である。　　　（髙橋弥生）

少子化社会対策基本法

　2003（平成15）年に，急速に進む少子化社会に対処するための施策の総合的推進を目的として成立した法律である。前文には，家庭や子育てに夢をもち子どもを安心して生み育てることができる環境の整備，子どもが等しく心身ともに健やかに育ち，子育てをする者が誇りと喜びを感じることができる社会の実現が課題であると記されている。第2条には基本理念が，第3条以下には国，地方公共団体，事業主，国民のそれぞれの責務が記されると同時に，国が施策の指針となる大綱を定めることを規定している。これを受け2004（平成16）年に策定されたのが少子化社会対策大綱である。少子化社会対策基本法には基本的施策として，

雇用環境の整備，保育サービス等の充実，地域社会における子育て支援体制の整備，母子保健医療体制の充実等，ゆとりのある教育の推進等，生活環境の整備，経済的負担の軽減，教育及び啓発の8項目が挙げられている。　　　　　　（髙橋弥生）

育児・介護休業法 ⇨育児休業，介護休業等育児又は家族介護を行う労働者の福祉に関する法律（育児・介護休業法）37

男女共同参画社会基本法

　1999（平成11）年，男女共同参画社会の実現を総合的かつ計画的に推進するために制定された法律である。背景には男女平等の実現に向けた国際的な取り組みが進められていたことと，わが国の少子高齢化による社会経済情勢の急速な変化が挙げられる。そのため前文では「男女共同参画社会の実現を21世紀の我が国社会を決定する最重要課題と位置付け」ている。第1章総則には男女共同参画社会の形成における基本理念として，①男女の人権の尊重，②社会における制度又は慣行についての配慮，③政策等の立案及び決定への共同参画，④家庭生活における活動と他の活動の両立，⑤国際的協調の5つが定められている。国はこの基本理念に沿った施策の策定・実施が責務とされている。しかし，2018（平成30）年のジェンダーギャップ指数国際比較では，日本は115か国中110位と低い順位であり，課題は多く残っている。

　　　　　　　　　　　　　（髙橋弥生）

雇用の分野における男女の均等な機会及び待遇の確保等に関する法律（男女雇用機会均等法）

　職場での男女平等を目指し，募集・採用・昇進・退職・解雇などにおける性差別を禁止するために1985（昭和60）年に制定された法律である。その後1997（平成9）年の改正で，労働基準法上の女性保護規定とされていた時間外や休日，深夜の労働についての制限が縮小される一方で，母性健康管理について保護が強化された。また，それまでは事業主に対して努力義務としていた機会均等の内容については禁止規定とされた。さらに職場におけるセクシュアルハラスメントに関しても，事業主に管理上の配慮が求められることとなった。2006（平成18）年には男女双方に対して雇用上の差別が禁止され，募集・採用の際の身長・体重・体力要件及び転勤要件，昇進における転勤経験要件の3点の差別を禁止した。また，母性保護が強化され，妊娠・出産・産休取得などによる解雇や不利益扱いを禁止し，妊娠中や産後1年以内の解雇はできないこととなった。　　　　（髙橋弥生）

個人情報の保護に関する法律

　2003（平成15）年5月に制定され，「個人情報保護法」と通称される。本文は88条と附則から構成され，その目的は第1条によって，高度情報通信社会の進展による個人情報の利用拡大化の中で「個人情報の有用性に配慮しつつ，個人の権利利益を保護すること」と定めている。具体的には，個人情報の適正な取扱いについて「基本理念及び政府による基本方針の作成その他の個人情報の保護に関する施策の基本となる事項」や「国及び地方公共団体の責務等を明らかにする」，「個人情報を取り扱う事業者の遵守すべき義務等」が定められている。なお，ここでいう個人情報とは，生存する個人に関する情報であり，主に氏名や生年月日その他の記述等により特定の個人を識別することができるもの，個人識別符号（その情報だけで特定の個人を識別できる文字，番号，記号，符号等）が含まれるものを指している。　　　　　　（八木浩雄）

DV防止法 ⇨配偶者からの暴力の防止及び被害者の保護等に関する法律（DV防止法）37

母子及び父子並びに寡婦福祉法 ⇨母子及び父子並びに寡婦福祉法37

予防接種法

　乳幼児や高齢者をはじめ国民の健康保持のために，予防接種の実施その他必要な措置によって伝染の恐れのある疾病の発生とまん延を防ぎ，また予防接種による健康被害の救済を図ることを目的とした法律。1948（昭和23）年に制定され，2013（平成25）年に改正。感染症対策上重要度が高い予防接種について行政の費用負担による予防接種が行われ，一定の年齢に接種を受けることが勧められているものを定期予防接種と呼ぶ。定期予防接種の対象となる感染症は，A類疾病：ジフテリア，百日せき，破傷風，ポリオ，麻しん，風しん，日本脳炎，結核，Hib感染症，小児の肺炎球菌感染症，ヒトパピローマウイルス感染症，水痘，B型肝炎と，B類疾病：インフルエンザ，高齢者の肺炎球菌感染症がある。現行法では，A類疾病について予防接種を受けるように努めなければならないとされており，最終的には本人または保護者の判断に委ねられる。　　　　　　　　（藤田寿伸）

② 教育・保育制度

学　校

　主に幼児から学生を対象として組織的に教育を行う施設のこと。学校教育法第1条には，学校として，幼稚園，小学校，中学校，義務教育学校，高等学校，中等教育学校，特別支援学校，大学，高等専門学校の9種類が挙げられており，これらは「1条校」と呼ばれる。学校には，国が設置する国立学校，地方公共団体が設置する公立学校，学校法人が設置する私立学校がある。学校教育法には，学校種別ごとに目的と目標等が述べられている。1条校以外の教育施設で，職業もしくは実際生活に必要な能力を育成したり教養の向上を図ることを目的として組織的な教育を行う施設は専修学校，それ以外で学校教育に類する教育を行う施設は各種学校とされている。
→学校教育法①　　　　　　　　（大城愛子）

幼稚園

　幼児を対象とした教育施設のこと。ドイツのフレーベル（Fröbel, F. W. A.）が遊びを中心的な活動とする施設を1837年に設置し，1840年にKindergartenと名付けたのが世界で最初の幼稚園といわれている。日本では1876（明治9）年に開設された東京女子師範学校附属幼稚園が最も古い幼稚園とされている。
　満3歳以上の幼児を対象としており，学校教育法第22条では，「幼稚園は，義務教育及びその後の教育の基礎を培うものとして，幼児を保育し，幼児の健やかな成長のために適当な環境を与えて，その心身の発達を助長することを目的とす

る」としている。教育内容の基準は「幼稚園教育要領」，施設設備の基準は「幼稚園設置基準」に定められている。基本的な開園時間は4時間だが，預かり保育を行っている幼稚園が増えている。少子化や共働き家庭の増加を背景に，近年，幼稚園数は公立・私立ともに減少傾向にある。
→フレーベル22，東京女子師範学校附属幼稚園22，学校教育法①，幼稚園設置基準①　　　　　　　　（大城愛子）

保育所

　乳幼児を預かり，保育を行う施設である。フランスのオーベルラン（Oberlin, J. F.）が1779年に作った幼児保護所が世界で最初の託児施設であり，日本では1890（明治23）年に赤沢鍾美・なか夫妻が新潟静修学校に託児所を開設したのが始まりとされている。
　児童福祉法に定める児童福祉施設の1つで，厚生労働省が所管している。0歳から就学前の乳幼児が対象で，児童福祉法第39条第1項には「保育を必要とする乳児・幼児を日々保護者の下から通わせて保育を行うことを目的とする施設」と述べられている。保育内容の基準は「保育所保育指針」，施設設備については「児童福祉施設の設備及び運営に関する基準」に定められており，基準を満たして認可を得た保育所を認可保育所と呼ぶ。近年の保育需要の高まりと保護者支援の重要性が増していることを背景に，保育所には子育て支援機関として中心的な役割が求められる一方，保育士不足の課題

に直面している。

→児童福祉法 ③⑦, 潜在保育士 ④

（大城愛子）

認定こども園

　多様な保育ニーズに対応するために, 2006（平成18）年に「就学前の子どもに関する教育, 保育等の総合的な提供の推進に関する法律（認定こども園法）」が制定され, 保育所と幼稚園の両方の機能を備えた施設として創設された。幼稚園と保育所両方の認可をもつ幼保連携型, 幼稚園の認可のみをもつ幼稚園型, 保育所の認可のみをもつ保育所型, どちらの認可ももたず自治体が定める基準に基づく地方裁量型の4形態がある。幼児教育と保育を一体的に提供する機能と地域における子育て支援機能を担っている。幼保連携型認定こども園では,「幼保連携型認定こども園教育・保育要領」が教育・保育内容の基準となっており, 幼稚園教員免許状と保育士資格をもつ保育教諭と呼ばれる職員が配置されている。創設当初は認定こども園の設置数が伸び悩んだが, 2015（平成27）年の子ども・子育て支援新制度の施行以降, 特に幼保連携型認定こども園数が増加している。

→就学前の子どもに関する教育, 保育等の総合的な提供の推進に関する法律（認定こども園法）①　　　　（大城愛子）

小規模保育事業 ⇨小規模保育事業 ④①

家庭的保育事業 ⇨家庭的保育事業 ④①

居宅訪問型保育事業 ⇨居宅訪問型保育事業 ④①

事業所内保育事業 ⇨事業所内保育事業 ④①

預かり保育 ⇨教育課程に係る教育時間の終了後等に行う教育活動 ㉔

認可外保育施設 ⇨認可外保育施設 ⑧

地域子育て支援拠点事業 ⇨地域子育て支援拠点事業 ④①

妊婦健康診査 ⇨妊婦健康診査事業／妊婦健康診査 ㊷

乳児家庭全戸訪問事業 ⇨乳児家庭全戸訪問事業 ④①

養育支援訪問事業 ⇨養育支援訪問事業 ④①

子育て短期支援事業 ⇨子育て短期支援事業（ショートステイ／トワイライトステイ）④①

子育て援助活動支援事業（ファミリー・サポート・センター事業） ⇨子育て援助活動支援事業（ファミリー・サポート・センター事業）④①

一時預かり事業 ⇨一時預かり事業 ④①

延長保育事業

　11時間の開所時間を超えて保育を行う事業のことで, 子ども・子育て支援法第59条に市町村が地域子ども・子育て支援事業として行うものとして挙げられている。就労形態の多様化に伴い, 通常の開所時間では対応できない場合に, 保育認定を受けた子どもが利用できる制度である。実施主体は市町村で, 市町村が委託をすることが可能である。自治体や実施園によって異なるが, 30分延長, 1時間延長, 2時間延長, 3時間延長などがある。延長保育の基準としては「延長保育事業実施要綱」が定められており, 延長保育を実施する施設には, 延長時間帯に対象年齢と人数に応じた保育士を配置することが求められる。

　延長保育が必要な背景には, 子育て中であっても長時間勤務が求められることや退勤予定通りに退勤できないといった働き方に関わる問題がある。延長保育を拡充するだけでなく, 子育て中の保護者の働き方も併せて検討することが必要である。

→子ども・子育て支援法 ①　（大城愛子）

病児保育事業

　子どもが病気になり家庭での養育ができない場合に, 病院や保育所に付設された場所で看護師らが保育する事業のことで, 児童福祉法第6条の3第13項に規

定されている。事業類型には、病院・保育所付設の専用スペースで看護師らが10歳未満の病児・病後児を一時的に預かる「病児・病後児対応型」、保育所において体調不良となった子どもを一時的に預かる「体調不良児対応型」、看護師らが病児・病後児のいる保護者の自宅を訪問して一時的に保育する「非施設型（訪問型）」の3つがある。

主に共働き家庭の保護者の就労を支えるサービスであるが、時期によって稼働率に大きな差があることとキャンセル率が高いことから経営が安定しない施設が多いこと、病児保育に対応できる保育士や看護師の確保が難しいことが課題である。
　　　　　　　　　　　　（大城愛子）

放課後児童クラブ　⇨放課後児童クラブ[42]

中央教育審議会

文部科学省に置かれている審議会の1つで、中教審と略称される。「文部科学省組織令」に基づいて設置されており、文部科学大臣の諮問に応じて教育の振興と創造的な人材の育成に関する重要事項を調査審議して意見を述べること、生涯学習の整備に関する重要事項を調査審議して文部科学大臣又は関係行政機関の長に意見を述べることなどの役割を担っている。分野別に、教育制度分科会、生涯学習分科会、初等中等教育分科会、大学分科会の4つの分科会が設置されている。委員は30人以内と定められており、任期は2年（再任可）で、学識経験のある者の中から文部科学大臣が任命する。これまでに、高等教育制度、教員養成・免許制度、生涯学習の振興、地方教育行政、チームとしての学校の在り方など多岐にわたる答申を出しており、中央教育行政において大きな役割を果たしている。
　　　　　　　　　　　　（大城愛子）

社会保障審議会

厚生労働省設置法第6条第1項に基づき、厚生労働省に設置された諮問機関。2001（平成13）年の省庁再編による厚生労働省発足に伴い、医療保険福祉審議会や年金審議会など8つの審議会の機能を統合再編し設置されたもの。厚生労働大臣の諮問に応じて社会保障に関する重要事項を調査審議し意見を述べること、厚生労働大臣又は関係各大臣の諮問に応じて人口問題に関する重要事項を調査審議し意見を述べること、児童福祉、障害者福祉、社会福祉などの福祉、医療・医療保険、介護・介護保険、年金等に関する事項を処理することを所掌する。30人以内の委員で組織され、医療分科会、福祉文化分科会、医療保険保険料率分科会、介護給付費分科会、統計分科会の5つの分科会から成る。委員の任期は2年で、学識経験者から厚生労働大臣が任命する。
　　　　　　　　　　　　（古田　薫）

児童福祉審議会　⇨児童福祉審議会[40]

教育委員会

地方自治法第180条の5第1項及び第180条の8に基づいて、すべての普通地方公共団体に置かれる教育行政の執行機関。民主主義、地方分権、自主性確保を根本理念とし、首長や一般行政機関から独立した合議制の機関として設置された。組織及び所掌事務についての詳細は、地方教育行政の組織及び運営に関する法律で定められている。学校その他の教育機関の管理、学校教育に関する事務、社会教育、学術及び文化に関する事務の管理・執行を行い、教育委員会規則を定めることができるが、財務権限、予算編成権、条例提案権はない。大学及び私立学校は、教育委員会の所管に属さない。教育長と原則として4人の委員で組織され、委員には保護者であるものが含まれなければならない。教育長の任期は3年、委員の任期は4年であり、いずれも地方公共団体の長が、議会の同意を得て任命する。また、教育委員会と首長で構成さ

れる総合教育会議を首長が招集し，総合的な施策の大綱，重点施策，緊急の場合に講ずべき措置について協議・調整することとなっている。　　　　（古田　薫）

満3歳児の入園　⇨満3歳児の入園[24]

教育週数

　一学年の間に子どもが教育や保育を受ける週の数。学校教育法施行規則第37条に「幼稚園の毎学年の教育課程に係る教育週数は，特別の事情のある場合を除き，39週を下ってはならない」と規定され，幼稚園教育要領にも同じ文言が記載されている。幼稚園では夏休み，春休み等の長期休業日が設けられるが，地域の実態や保護者の事情とともに幼児の生活のリズムを踏まえつつ，実施日数や時間について弾力的に運用し教育時間の終了後や長期休業中に希望者を対象に行う教育活動（いわゆる「預かり保育」等）が広く実施され，高まる保育ニーズに応えている。一方，保育所における保育週数についての規定はなく，日曜日，祝祭日以外は保育が行われ，夏休み，春休み等の長期休業日はない。　（平松紀代子）

保育・教育時間

　登園から降園まで子どもが保育を受ける在園時間。保育時間は「児童福祉施設の設備及び運営に関する基準」第34条に，8時間を原則とすると記されている。2015（平成27）年にスタートした子ども・子育て支援新制度では，認可保育園における保育標準時間を11時間（保護者の就労が月に120時間以上），保育短時間を8時間（保護者の就労が月に120時間未満）と規定している。実際の保育時間は保護者の労働時間や通勤時間等に配慮し，保育を必要とする時間に応じて定めている。一方，教育時間について幼稚園教育要領には，4時間を標準とすると記されている。実際には幼稚園においても地域の実態や保護者の要請に応じて教育時間の終了後に希望するものを対象に行う教育活動（いわゆる「預かり保育」）が一般化しており，保育・教育時間は全体的に長時間化している。　　　　（平松紀代子）

苦情解決制度

　福祉サービス利用者の意向の尊重，権利の擁護，利益保護のために，社会福祉法第8章第2節で定められた苦情解決のための制度。利用者等からの苦情について適切に対応し解決を図ることは，施設運営の基準の一つであり，事業者は，職員の中から苦情受付担当者を任命して利用者が苦情の申出をしやすい環境を整えるとともに，苦情解決責任者を明確にして，苦情の適切な解決に努めなければならない。また，苦情解決に社会性や客観性を確保するため，利用者が職員に苦情申出をしにくい場合の苦情受付や話合いの立会い，助言や解決案の調整，日常的な利用者の状況把握，意見聴取などの職務を担う第三者委員会を設置することとされている。さらに，都道府県社会福祉協議会には運営適正化委員会が置かれ，利用者と事業者の間での解決が困難な場合は，福祉サービス利用者からの苦情を受け付け，解決に向けて必要な調査や助言，解決のあっせんを行う。（古田　薫）

指定管理者制度

　民間企業やNPO法人などを指定管理者として，図書館や美術館，博物館，公園，スポーツ施設といった公の施設の管理を行わせる制度。2003（平成15）年9月の地方自治法改正により設けられた。民間事業者等が有するノウハウを活用することにより，多様化する住民ニーズに効果的・効率的に対応して住民サービスの向上を図るとともに，経費の節減を図ることを目的とする。施設の管理に関する包括的権限を指定管理者に委任して行わせるもので，施設利用者から徴収する利用料は，指定管理者となった民間企業やNPO法人の収入となる。条例で，指定の手続（申請，選定，事業計画の提出等），

管理の基準（休館日，開館時間，使用制限の要件），業務の具体的範囲（施設・設備の維持管理，使用許可）を定め，これに従って議会の議決を経て指定管理者を指定する。　　　　　　　　　　　　（古田　薫）

健やか親子 21 ⇨健やか親子 21 [42]

次世代育成支援

　1990 年代に少子化傾向が社会問題となり，日本で最初の子育て支援策であるエンゼルプランが策定された。当初は仕事と子育ての両立支援を目指した保育施策が中心であったが，次第にすべての家庭において子育て支援が必要であると理解されるようになり，次世代を担う子どもを育成する家庭を社会全体で支援する方向へと施策が転換された。こうした中 2003（平成 15）年に次世代育成支援対策推進法が制定され，地方自治体や事業主が，次世代育成支援のための行動計画を具体的に策定し，実施を促すことが目指された。近年の課題として男性の育児休業取得の促進，所定外労働削減の取組，年次有給休暇取得の促進など，働き方の見直し，すなわちワーク・ライフ・バランスの重要性が注目されている。
　　　　　　　　　　　　（平松紀代子）

次世代育成支援地域行動計画

　次世代育成支援対策推進法に基づいて，全国の都道府県・市町村が策定する，次世代育成支援の目標や内容，実施時期などについての行動計画。地域における子育て支援，母性や乳児・幼児の健康確保増進，子どもの心身の健やかな成長に資する教育環境の整備，子どもを育成する家庭に適した良質な住宅と良好な居住環境の確保，職業生活と家庭生活との両立の推進などに関する計画をその内容とする。次世代育成支援対策推進法の有効期限が 2026 年度まで 10 年間延長されたこと等に伴い，2019（令和元）年，「行動計画策定指針」が一部改正された。地域全体で子どもの成長を支えていくという

視点が強調され，新・放課後子ども総合プランを踏まえた特別な配慮を必要とする児童への対応，関係機関との連携強化による児童虐待防止策の充実や子どもの権利擁護などが盛り込まれている。
→次世代育成支援対策推進法[1]，子育て支援[6]，保護者支援[6]　（小林みどり）

次世代育成支援事業主行動計画

　次世代育成支援対策推進法に基づき，企業が，労働者の仕事と子育ての両立を図るための雇用環境の整備及び，子育てをしていない労働者も含めた多様な労働条件の整備などに取り組むにあたり策定する計画のこと。常時雇用する労働者が 101 人以上の企業は，行動計画を策定し，都道府県労働局に届け出ることや，一般への行動計画の公表，労働者への周知が義務とされている。行動計画には，「行動期間」「目標」「目標を達成するための対策の内容と実施時期」を定めることとされている。企業の自発的な次世代育成支援に関する取組を促すため，行動計画に定めた目標を達成したなどの一定の基準を満たした企業は，申請により，「子育てサポート企業」として厚生労働大臣の認定（くるみん認定）を受けることができる。さらに，認定を受けた企業が，より高い水準の取組を行い一定の基準を満たすと，特例認定（プラチナくるみん認定）を受けることができる。
→次世代育成支援対策推進法[1]，子育て支援[6]，働き方改革[5]　（小林みどり）

次世代育成支援対策地域協議会

　次世代育成支援対策推進法に基づき，都道府県・市町村，事業主，労働者，社会福祉・教育関係者等が，地域における次世代育成支援対策の推進に関して必要な措置について協議するために組織する協議会。幅広い関係者で構成され，市町村・都道府県の行動計画の策定やこれに基づく措置の実施に関し意見交換等を行うもの，地域の事業主等で構成され，一

般事業主行動計画の策定やこれに基づく措置の実施に関する情報交換等を行うもの，地域の子育て支援事業の関係者等で構成され，地域における子育て支援サービスの在り方等について検討を行うもの，教育関係者等で構成され，家庭教育への支援等について検討を行うものなどがある。都道府県での設置状況は100％，市町村における設置状況は設置予定も含めると87.2％（厚生労働省「次世代育成支援対策推進法に基づく地域協議会等の設置状況調査結果について（平成23年1月1日現在）」より）となっている。

→次世代育成支援対策推進法①

（小林みどり）

子育て安心プラン

2017（平成29）年6月に国が策定した保育の受け皿整備のための計画である。待機児童の解消に向けた保育の受け皿拡大については，2013（平成25）年度からの「待機児童解消加速化プラン」に基づき，2017年度末までの5年間で53万人分の増加が見込まれていたが，女性就業率の上昇等に伴い，保育の利用申込者数は年々増加し，待機児童数も依然として2万人を超える水準で推移していたことから，2018（平成30）年度以降も待機児童解消のための取組を一層強化するため，さらに32万人分の保育の受け皿整備を2022年度末までに実施していくこととして「子育て安心プラン」が策定された。その後，同プランは2年前倒し実施されることとなり，2020（令和2）年度末までに32万人分の保育の受け皿整備が進められることとなった。　　　　（松下大海）

新・放課後子ども総合プラン

2014（平成26）年7月に策定された「放課後子ども総合プラン」により進められてきた，放課後児童クラブ・放課後子ども教室の整備をさらに推進するため，2018（平成30）年9月に公表された新たな放課後児童対策のプラン。共働き家庭の「小1の壁」「待機児童」といった問題を解消するとともに，すべての児童が放課後を安全・安心に過ごし，多様な体験・活動を行うことができることを目的とする。2019〜2023年の5年間を対象として，2023年度末までに，約30万人分の放課後児童クラブの受け皿の新たな整備，全小学校区での放課後児童クラブ・放課後子ども教室の一体的または連携による実施，そのうち1万か所以上での一体型の実施，新規開設分の約80％の小学校内での実施を目指す。また，放課後児童クラブの在り方として，単に児童を預かるだけではなく，子どもの主体性を尊重し，子どもの健全な育成を図るという役割を徹底することとしている。

（古田　薫）

放課後児童クラブ運営指針

放課後児童クラブにおいて，子どもに保障すべき遊び・生活の環境や運営内容の水準を明確化し，事業の安定性・継続性の確保を図ることを目的として，育成支援の内容や運営に関する基本的な事項，留意すべき事項等を定めたもの。2015（平成27）年3月に，それまでの「放課後児童クラブガイドライン」を見直して策定された。放課後児童クラブは，いわゆる学童のことであり，放課後児童健全育成事業の一環として，小学校に就学している児童で，保護者が労働等により昼間家庭にいないものを対象として，放課後の時間帯の遊び・生活を支援する施設である。新・放課後子ども総合プランにより，拡充が図られている。運営主体や実施場所，運営形態は地域によって多様であり，サービスの質を確保し，支援を充実するため，運営に関するより具体的な指針を定める必要があった。　　　　（古田　薫）

保育ニーズ

近年では核家族や共働き家庭の増加に加えて，シングルペアレントも増加するなかで，乳児期から保育を必要とする子

どもが増えている。ゆえに保育所待機児童の問題は看過できない社会問題となっている。また保育標準時間に加えて延長保育へのニーズも高まっている。さらには夜間保育，休日保育，病児・病後児保育といった多様な保育ニーズも指摘されている。これらの保育ニーズを満たす保育サービスを拡充し，保育環境を整備することによって保護者の選択肢が増えセーフティーネットが構築されることは望ましい。しかしその一方で，子どもの最善の利益の視点に立って考えると，労働環境の変革も必要であり，保護者，保育者，雇用者それぞれの立場と権利を調整しつつワーク・ライフ・バランスを実現していくことが望まれる。

（平松紀代子）

保育を必要とする子ども

児童福祉法第39条に「保育所は，保育を必要とする乳児・幼児を日々保護者の下から通わせて保育を行うことを目的とする施設」と定められている。従来は保護者の就労，妊娠・出産，疾病，介護等により同居の親族あるいはその他の者が当該児童を保育することができないと認められる「保育に欠ける」要件を満たすものを対象としていた。しかし2015（平成27）年の子ども・子育て支援新制度より，「保育を必要とする子ども」へと要件が拡大され，フルタイムだけでなくパートタイム，夜間などすべての就労，介護・看護，求職活動，就学，虐待やDVのおそれ，育児休業取得時，既に保育を利用している子どもがいて継続利用が必要であること等の事由も含められるようになった。　　　（平松紀代子）

保育の実施

1997（平成9）年児童福祉法が改正され，保育所の入所方式がこれまでの市町村が措置（行政処分）として入所決定する仕組みから，保護者が保育所を選択する方式に改められた。これに伴い，児童福祉法施行令の「措置」が「保育の実施」と改められた。市町村は，保育を必要とする子ども（保護者の就労，妊娠，出産，疾病，障害，同居又は長期入院等している親族の介護・看護，災害復旧，求職活動，就学，虐待やDVのおそれがある，育児休業取得時に既に保育を利用している子どもがいて継続利用が必要，その他市町村が認める場合）に対し，保護者から申し込みがあった場合適切な施設で保育をしなければならない。また，認定こども園においては，満3歳児以上の子どもには，教育並びに保育を必要とする子どもに対する保育を一体的に行うこととされている。

（三宅美由紀）

保育の情報公開

情報公開には，教育・保育施設等による教育・保育方針，教育・保育内容等についての情報公開と，市町村・都道府県による，設置者，設備及び運営の状況等必要な情報についての情報提供がある。教育・保育施設等による情報公開についての規定は，設置形態により異なる。

保育所では，当該保育所が主として利用される地域の住民に対してその行う保育に関し情報の提供を行うことが努力義務とされ，保育所による自己評価とその結果の公表が努力義務とされている。幼稚園においては，教育活動その他の学校運営の状況に関する情報を積極的に提供することが義務とされ，さらに自己評価は実施と公表が義務となっている。学校関係者評価は実施と公表が努力義務である。認定こども園は，その運営の状況を毎年都道府県知事に報告しなければならない。自己評価，外部評価等については，幼稚園，保育所のいずれかに準ずる形で評価の実施と結果の公開を行うこととされている。　　　　　（三宅美由紀）

保育の勧奨

優先的に保育を行う必要があると認められる児童の保護者に対し，保育の利用

の申込みを勧め，支援を行うこと。児童福祉法第24条で規定された，保育所等での保育の実施に当たり，市町村が行わなければならない責務の一つで，市町村は，虐待事例など，特別な支援が必要な子どもについて，保護者に対し，保育の利用（幼保連携型認定こども園，家庭的保育事業等による保育を受けること）の申込みを勧め，奨励し，保育を受けることができるよう支援しなければならないとしている。1998（平成10）年の改正児童福祉法施行により，保育所等での保育の実施における市町村による措置制度がなくなり，利用者の申込みに基づいて行われることとなったことから，子どもの権利保障を確実なものにするため，保育の整備，個人給付の保障，利用手続きや利用者の支援等を図り，保育を必要とする子どもに対し，必要な保育を確保するための措置を講ずる全体的な責任を市町村に課している。 　　　　　　　　（小林みどり）

待機児童

　厚生労働省より示されている「保育所等利用待機児童数調査要領」（2017年4月1日）において，待機児童とは「保育の必要性の認定（2号又は3号）を受け，特定教育・保育施設（認定こども園の幼稚園機能部分及び幼稚園を除く。）又は，特定地域型保育事業（以下「保育所等」という。）の利用の申込みがされているが，利用していない者」として示されている。待機児童の取扱いについては，①保護者が求職活動中の場合については，待機児童数に含めること（ただし，求職活動中であることを事由とした申込みについては，調査日時点において求職活動を行っておらず，保育の必要性が認められない状況にあることの確認ができる場合には，待機児童数には含めないこと），②広域利用の希望があるが，利用できない場合には，利用申込者が居住する市区町村で待機児童数に含めること，③付近に保育所等が

ない等やむを得ない事由により，保育所等以外の場で適切な保育を行うために実施している事業又は施設において保育されている児童については，待機児童数には含めないこと，④一定期間入所待機のままの状態であるものの場合については，保護者の保育所等の利用希望を確認した上で希望がない場合には，除外することができること，⑤保育所等を現在利用しているが，第1希望の保育所等でない等により転園希望が出ている場合には，待機児童数には含めないこと，⑥産休・育休明けの利用希望として事前に利用申込みが出ているような，利用予約の場合には，待機児童数には含めないこと，⑦市区町村は，保育所等に関し必要な情報提供を行うこととされているが，保護者の意向を丁寧に確認しながら，他に利用可能な保育所等の情報の提供を行ったにも関わらず，特定の保育所等を希望し，待機している場合には待機児童数には含めないこと（ただし，特定の保育所等を希望することに，特別な支援が必要な子どもの受入れ体制が整っていないなどやむを得ない理由がある場合には，待機児童数に含めること）とされている。 　　　　　　（山下文一）

全国国公立幼稚園・こども園長会

　1950（昭和25）年に結成され，全国47都道府県の国立幼稚園，公立幼稚園やこども園の園長及び同等の職務にある者で組織されている。教員・保育士を育て，保護者や地域とも連携しながら，次代を担う子どもたちに良質の幼児教育を提供できるように，幼児教育に関する今日的な課題や重要な問題について話し合ったり，調査研究を行ったりしている。幼児教育の質の確保・充実のために，全国・都道府県などの組織力を生かして広く情報を発信し，教員・保育士の専門性や指導力の向上を支援するなど，幼児教育の重要性を発信し，学校教育としての質の高い幼児教育を推進している。また，教

育の質を維持・向上するため，文部科学省からの最新の情報の提供と直接指導を受けられるなどの機会を設け，質の高い研修の機会を保障し，内閣府・文部科学省など，国の施策決定に関わる会議にも出席している。　　　　　　（三宅美由紀）

全日本私立幼稚園連合会

　1984（昭和59）年4月23日に日本私立幼稚園連合会，全国学校法人立幼稚園連合会，全国私立幼稚園連盟の3団体が統合して設立された。都道府県私立幼稚園団体相互の提携協力によって，私立幼稚園の自主性と公共性を発揮し，幼児教育の振興を図ることを目的としている。全国47都道府県の私立幼稚園，私立特別支援学校幼稚部の園長，教育機関の代表者等の団体で構成されている。幼児教育に関する調査研究，園の管理運営に関する調査研究，園の充実振興のための渉外活動，教職員の資質向上及び福利厚生などの事業を行っており，47都道府県団体を11の地区会に分けて活動している。　　　　　　　　　　（三宅美由紀）

全国社会福祉協議会

　社会福祉法第109条に，市区町村社会福祉協議会は「地域福祉の推進を図ることを目的とする団体」と規定されており，都道府県に設置された都道府県社会福祉協議会，そして都道府県社会福祉協議会の連合体として全国社会福祉協議会がある。行政の組織ではなく，行政機関，社会福祉法人，民生委員・児童委員，NPO法人，地域住民等で構成された民間の福祉団体である。地域のニーズに応じた地域福祉を推進するために，子育て支援活動として乳幼児親子が集う子育てサロンの運営や保育所，学童保育，児童館の運営をしているところもある。また高齢者や地域の多様な福祉課題に応じたサポートのためにボランティア活動，小地域ネットワーク活動の推進，福祉サービスの利用支援，在宅福祉サービスを提供し

ている。
→社会福祉協議会⑧　　　　（平松紀代子）

日本保育協会

　民間保育園の発展と充実を目指して1962（昭和37）年に社団法人として設立され，1973（昭和48）年に社会福祉法人に改組された。保育に関する連絡調整を行う全国組織として活動し，保育の質の向上に寄与することが目指されている。会員施設は，認可保育所，幼保連携型認定こども園，保育所型認定こども園，小規模保育事業A型及びB型，事業所内保育事業で構成され，運営相談にも応じている。活動概要は多岐にわたり，都道府県からの委託を受け保育士登録事務のほか，保健師や元保育園長らによる育児電話相談の開設や，保育の充実を通し子どもたちの心身の発達に寄与するために保育士等のキャリアアップ研修や各種セミナーを開催している。また，調査研究，保育実践書の出版，さらには政策提言も行っている。　　　　　　（平松紀代子）

全国私立保育園連盟

　私立保育園相互の連携により保育事業の健全な発展を目指して名古屋，東京，京都などで取り組まれ，三都市連絡協議会開催を経て，1956（昭和31）年に全国民間保育所連絡協議会が開催された。1958（昭和33）年には現名称に改称し，翌年社団法人となった。子どもたちの豊かな育ちを支え，保育の質の向上を目指して活動を展開している。毎年開催される全国私立保育園研究大会や保育総合研修会開催のほか，各種保険業務や保育園運営に資する情報提供・研修を行っている。調査研究を行い，保育に関する情報を収集・発信し，月刊機関紙『保育通信』の発行や書籍等の出版をしている。特に近年は保育カウンセリングの理論と技法を活かし，日常の保育，施設運営，子育て支援などの一層の充実を図ることを目的として，2005（平成17）年に商標登録

した「保育カウンセラー」の養成講座を各地で開催している。　　（平松紀代子）

日本保育学会

　保育及び幼児教育に関する研究発表の場を提供している学会である。1948（昭和23）年に日本総合愛育研究所内（現：日本子ども家庭総合研究所）に設立されたのが始まりで，初代会長は誘導保育論で知られる倉橋惣三である。保育・幼児教育に関する研究を通して，学会員の交流の推進，子どもの発達と幸福の保障，保育界の進歩などに貢献することを目的としている。幼稚園・保育所・認定こども園などで勤務する実践者や，乳幼児に関する研究を行っている研究者らが所属しており，会員数が約6,000人と多いことで知られる。年1回，研究発表大会が開かれており，保育・幼児教育の実践や理論に関する幅広い研究発表が行われている。また，『保育学研究』が毎年発刊されている。

　英語では JAPAN SOCIETY of RE-SEARCH on EARLY CHILDHOOD CARE and EDUCATION と表記される。
→倉橋惣三 22　　　　　　　（大城愛子）

全国認定こども園連絡協議会

　子どもたちの最善の利益を保障するために，2005（平成17）年度の文部科学省・厚生労働省による「総合施設モデル事業」におけるモデル事業園を中心とする調査研究会として発足し，その後の「認定こども園」制度の発足を受けて全国の認定こども園等に呼びかけ会則等を整備し，「全国認定こども園連絡協議会」として2007（平成19）年10月に発足した任意団体。2016（平成28）年4月より一般社団法人となっている。わが国の幼児教育並びに保育，子育て支援の充実のため，認定こども園の発展と振興のための事業を行い，もって公共の福祉に寄与することを目的とし，全国に8つの支部が組織されている。主な活動内容は，認定こども園に関する情報提供及び調査研究と研修，各種政策提言，幼稚園教諭免許更新講習等となっている。　　（松下大海）

③ 子ども・子育て支援新制度

子ども・子育て支援新制度

　2012（平成24）年8月に成立・公布された子ども・子育て支援法等に基づく制度をいい，2015（平成27）年4月から本格施行されている。「保護者が子育てについての第一義的責任を有する」という基本的な認識のもと，幼児期の学校教育・保育，地域の子ども・子育て支援を総合的に推進している。具体的には，認定こども園，幼稚園，保育所を通じた共通の給付（施設型給付）及び小規模保育等への給付（地域型保育給付）を創設するとともに，認定こども園制度の改善及び地域の実情に応じた子ども・子育て支援（利用者支援，地域子育て支援拠点，放課後児童クラブなど）の充実を図るものである。実施主体は基礎自治体である市町村であり，地域の実情等に応じて幼児期の学校教育・保育，地域の子ども・子育て支援に必要な給付・事業を計画的に実施している。　　　　　　　　　　（松下大海）

子ども・子育て本部

　2015（平成27）年4月1日に内閣府特命担当大臣（少子化対策）を本部長として内閣府に発足した組織で，同日に本格施行された子ども・子育て支援新制度等を所管している。子ども・子育て本部は，子ども・子育て支援のための基本的な政策・少子化の進展への対処に係る企画立案・総合調整を行うとともに，幼稚園，保育所，認定こども園，小規模保育等に対する財政支援の一元的な実施，認定こども園制度の運用などを担っている。　　　　　　　　　　（松下大海）

子ども・子育て会議

　有識者，地方公共団体，事業主代表・労働者代表，子育て当事者，子育て支援当事者等（子ども・子育て支援に関する事業に従事する者）が，国の子育て支援の政策プロセス等に参画・関与することができる仕組みとして，子ども・子育て支援法第72条に基づき，2013（平成25）年4月に内閣府に設置された会議である。同会議のもとには，各種基準及び給付費の額の算定基準等について検討を行うための基準検討部会が置かれている。子ども・子育て支援法においては，施行後5年を目途として，法律の施行の状況を勘案し，必要があると認めるときは，検討を加え，その結果に基づき所要の措置を講じることとされており，2019（令和元）年12月に，同会議において新制度施行後5年の見直しに係る対応方針を取りまとめている。　　　　　　（松下大海）

地方版子ども・子育て会議

　子ども・子育て支援法第77条に基づき，市町村及び都道府県においても地方版子ども・子育て会議を設置するよう努めることとされている。地方版子ども・子育て会議を設置した場合，市町村は，特定教育・保育施設等の利用定員の設定や市町村子ども・子育て支援事業計画の策定・変更を行う際に同会議の意見を聴かなければならないとされている。地方版子ども・子育て会議は，市町村や都道府県が策定する子ども・子育て支援事業計画等に地域の子育てに関するニーズを反映していくことをはじめ，自治体における子

ども・子育て支援施策が地域の子ども及び子育て家庭の実情を踏まえて実施されることを担保するなど，重要な役割を果たすことが期待されている。　（松下大海）

子ども・子育て支援事業計画　⇨子ども・子育て支援事業計画 [40]

子どものための教育・保育給付

　認定こども園，幼稚園，保育所及び小規模保育等を通じた共通の給付である。給付の種類は主に「施設型給付費」と「地域型保育給付費」とに分けられ，認定こども園，幼稚園及び保育所に係る給付は「施設型給付費」，家庭的保育事業，小規模保育事業，居宅訪問型保育事業及び事業所内保育事業に係る給付は「地域型保育給付費」となる。給付の基本構造は，公定価格（子ども一人当たりの教育・保育に通常要する費用）から利用者負担額を控除した額となる。保護者は給付を受けようとするときは，居住地の市町村に申請し，認定を受けなければならない。給付は，保護者に対する個人給付であるが，確実に学校教育・保育に要する費用に充てるため，市町村から施設に対して法定代理受領する仕組みとなる（利用者負担額は施設が利用者から徴収）。　（松下大海）

教育・保育給付認定

　保護者は，子どものための教育・保育給付を受けようとするときは，市町村に対して認定の申請を行い，認定を受けなければならないとされている（子ども・子育て支援法第20条第1項）。教育・保育給付認定は，同法第19条第1項に基づき，次の3つの区分に分けられている。①第1号認定子ども：満3歳以上の小学校就学前子ども（第2号認定子どもに該当するものを除く），②第2号認定子ども：満3歳以上の小学校就学前子どもで家庭において必要な保育を受けることが困難であるもの，③第3号認定子ども：満3歳未満の小学校就学前子どもで家庭において必要な保育を受けることが困難であ

るもの。

　第1号認定子どもは共働き世帯等以外の世帯で主に幼稚園や認定こども園を利用する子ども，第2号認定子どもは共働き世帯等で主に保育所や認定こども園を利用する子ども，第3号認定子どもは共働き世帯等で主に保育所や認定こども園，小規模保育等を利用する子どもとなっている。　（松下大海）

保育の必要性の認定　⇨保育の必要性の認定 [13]

利用調整

　保育を必要とする子どもが，認定こども園，保育所，家庭的保育事業，小規模保育事業，居宅訪問型保育事業，事業所内保育事業を利用する際には，当分の間，市町村が利用調整を行ったうえで，各施設・事業者に対して利用の要請を行うこととしている（児童福祉法第24条第3項及び附則第73条第1項）。利用者は，保育の必要性の認定の申請とともに，希望する施設名などを記載した利用申込みを行うが，利用定員を上回る利用申込みがあった場合，市町村は，保育の必要性の認定の際に行った利用者ごとの保育の必要度の指数（優先順位）と利用希望順位を踏まえて利用調整を行い，利用可能な施設・事業者に利用の要請を行っている。施設・事業者は，利用の申込みを受けたときは，正当な理由なく拒むことはできず，市町村が行う利用調整に対する努力義務も課せられている。　（松下大海）

応諾義務

　市町村により子どもが保育を必要とすると認定された保護者から正式の利用申込みがあった場合，特定教育・保育施設及び特定地域型保育事業者は，正当な理由のある場合を除いて，入園・入所を拒むことができないという責務。恣意的な選別を排除し，利用者保護を図るため，子ども・子育て支援法第33条及び特定教育・保育施設及び特定地域型保育事業

の運営に関する基準第6条により定められている。正当な理由としては，定員に空きがない場合や定員を上回る利用の申込みがあった場合，通園標準地域の設定との関係，悪質な利用者負担滞納などが考えられる。定員を上回る利用の申込みがあった場合は，あらかじめ選考方法を明示したうえで公正に選考すること，自ら適切な教育・保育を提供することが困難である場合は他の適切な施設等を紹介するなどの対応をすることが求められている。
（古田　薫）

子育てのための施設等利用給付

子どものための教育・保育給付の対象とならない幼稚園，認可外保育施設，幼稚園等で行われる預かり保育事業，一時預かり事業，病児保育事業及び子育て援助活動支援事業等に係る給付（「施設等利用費」）で，2019（令和元）年10月からの幼児教育・保育の無償化の実施に伴い，新たに創設された給付である。保護者は給付を受けようとするときは，居住地の市町村に申請し，認定を受けなければならない。給付は，保護者に対する個人給付であり，市町村から保護者に対する償還払い（保護者はいったん施設に利用料を支払い，市町村から事後に給付を受ける方法）を基本としているが，市町村から施設に対する法定代理受領（利用料を保護者から徴収せず，施設が市町村から代理受領する方法）とすることも可能としている。
（松下大海）

施設等利用給付認定

保護者は，子育てのための施設等利用給付を受けようとするときは，市町村に対して認定の申請を行い，認定を受けなければならないとされている（子ども・子育て支援法第30条の5第1項）。施設等利用給付認定は，同法第30条の4に基づき，次の3つの区分に分けられている。①第1号認定子ども：満3歳以上の小学校就学前子ども（第2号認定子ども及び第3号認定子どもに該当するものを除く），②第2号認定子ども：満3歳に達する日以後の最初の3月31日を経過した小学校就学前子どもで家庭において必要な保育を受けることが困難であるもの，③第3号認定子ども：満3歳に達する日以後の最初の3月31日までの間にある小学校就学前子どもで家庭において必要な保育を受けることが困難であるもののうち，保護者及び同一世帯員が市町村民税世帯非課税者であるもの。

第1号認定子どもは共働き世帯等以外の世帯で主に子どものための教育・保育給付の対象とならない幼稚園を利用する子ども，第2号認定子どもは共働き世帯等で主に子どものための教育・保育給付の対象とならない幼稚園や幼稚園等で行われる預かり保育事業等を利用する子ども，第3号認定子どもは共働き世帯等で主に認可外保育施設等を利用する子どもとなっている。
（松下大海）

確認制度

子ども・子育て支援新制度において，給付の実施主体である市町村（基礎自治体）が認可施設・認可事業者の中で，施設型給付，地域型保育給付の対象となる施設・事業者を確認する制度。市町村は，各施設・事業の利用定員を定めたうえで確認を行う。幼稚園・保育所の認可を有する施設，認定こども園の認定を受けている施設は，教育・保育施設としての確認があったものとみなす。具体的には，市町村の確認を受ける施設・事業者が遵守すべき運営基準（利用開始に伴う基準，教育・保育の提供に伴う基準，管理・運営等に関する基準，撤退の基準）や施設・事業者の透明性及び教育・保育の質向上を促すための教育・保育に関する情報の報告及び公表の対象となる事項について設定されている。
（山下文一）

特定教育・保育施設

市町村長が施設型給付費の支給に係る

施設として確認する教育・保育施設（認定こども園，幼稚園及び保育所）をいう（子ども・子育て支援法第27条第1項）。特定教育・保育施設の確認を受けようとする者は，施設の設置の場所を管轄する市町村に申請書を提出し，申請を受けた市町村は，教育・保育給付認定の区分ごとの利用定員を定めたうえで確認を行うこととされている（同法第31条第1項）。特定教育・保育施設の設置者は，施設の整備や職員配置等の各施設の認可基準を満たすとともに，市町村が条例で定める運営基準を遵守しなければならないとされている（同法第34条第1項及び第2項）。
　　　　　　　　　　　　　　　（松下大海）

特定地域型保育事業者

　市町村長が地域型保育給付費の支給に係る事業を行う者として確認する地域型保育（家庭的保育，小規模保育，居宅訪問型保育及び事業所内保育）を行う事業者をいう（子ども・子育て支援法第29条第1項）。特定地域型保育事業者の確認を受けようとする者は，事業所の所在地を管轄する市町村に申請書を提出し，申請を受けた市町村は，教育・保育給付認定（第3号）の利用定員を定めたうえで確認を行うこととされている（同法第43条第1項）。特定地域型保育事業者は，地域型保育の種類に応じ，設備や職員配置等の認可基準を満たすとともに，市町村が条例で定める運営基準を遵守しなければならないとされている（同法第46条第1項及び第2項）。
　　　　　　　　　　　　　　　（松下大海）

特定子ども・子育て支援施設等

　市町村長が施設等利用費の支給に係る施設・事業として確認する子ども・子育て支援施設等（幼稚園（特定教育・保育施設であるものを除く），特別支援学校幼稚部，認可外保育施設，幼稚園等で行われる預かり保育事業，一時預かり事業，病児保育事業及び子育て援助活動支援事業）をいう（子ども・子育て支援法第30条の11第1項）。

特定子ども・子育て支援施設等の確認を受けようとする者は，施設・事業の設置の場所を管轄する市町村に申請書を提出し，申請を受けた市町村が確認を行うこととされている（同法第58条の2）。特定子ども・子育て支援施設等の設置者は，施設の整備や職員配置等の各施設・事業の基準を満たすとともに，国が定める運営基準を遵守しなければならないとされている（同法第58条の4第1項及び第2項）。
　　　　　　　　　　　　　　　（松下大海）

地域子ども・子育て支援事業　⇨地域子ども・子育て支援事業⑪

利用者支援事業　⇨利用者支援事業⑪

地域子育て支援拠点事業　⇨地域子育て支援拠点事業⑪

実費徴収に係る補足給付を行う事業

　子ども・子育て支援法に定める地域子ども・子育て支援事業の一つで，保護者の世帯所得の状況等を勘案して，特定教育・保育施設に対して保護者が支払うべき日用品，文房具その他の教育・保育に必要な物品の購入に要する費用又は行事への参加に要する費用等並びに，子どものための教育・保育給付の対象とならない幼稚園における食事の提供に要する費用（副食材料費）を助成する事業（同法第59条第1項第3号）である。特定教育・保育施設における日用品や行事費等については，生活保護世帯の子どもが助成の対象となり，子どものための教育・保育給付の対象とならない幼稚園における副食材料費については，年収360万円未満相当世帯の子ども及び第3子以降の子どもが助成の対象となる。　（松下大海）

多様な事業者の参入促進・能力活用事業

　地域の教育・保育需要に沿った教育・保育施設，地域子ども・子育て支援事業の量的拡大を進めるうえで，多様な事業者の新規参入を支援するほか，私立認定こども園における特別な支援が必要な子どもの受入体制を構築することで，良質

かつ適切な教育・保育等の提供体制の確保を図る事業（実施主体は市町村）である。具体的には，①市町村が新規参入事業者に対して，保育士 OB など事業経験のある者を活用した巡回支援等を行うために必要な費用の一部を補助すること（新規参入施設等への巡回支援）や，②健康面や発達面において特別な支援が必要な子どもを受け入れる私立認定こども園の設置者に対して，職員の加配に必要な費用の一部を補助すること（認定こども園特別支援教育・保育経費）を行っている。　（松下大海）

仕事・子育て両立支援事業

子ども・子育て支援法第 59 条の 2 に定める事業で，仕事と子育ての両立に資する子ども・子育て支援の提供体制の充実を図るために行う「企業主導型保育事業」及び「企業主導型ベビーシッター利用者支援事業」をいう。「企業主導型保育事業」は，事業所内保育を主軸とした企業主導型の多様な就労形態に対応した保育サービスの拡大を支援（整備費，運営費の助成）するもので，「企業主導型ベビーシッター利用者支援事業」は，繁忙期の残業や夜勤等の多様な働き方をしている労働者が，低廉な価格でベビーシッター派遣サービスを利用できるよう支援するものである。　（松下大海）

子どものための教育・保育給付交付金

市町村が支給した「施設型給付費」及び「地域型保育給付費」等のうち，都道府県及び市町村以外の者（社会福祉法人や学校法人など）が設置する特定教育・保育施設並びに，家庭的保育事業，小規模保育事業，居宅訪問型保育事業及び事業所内保育事業（都道府県及び市町村が設置するものを含む）に係る給付費の支給に要する費用については，国がその 2 分の 1 を負担することとされている（子ども・子育て支援法第 68 条第 1 項）。国は，毎年度，「子どものための教育・保育給付交付金」により，国が負担する 2 分の 1 の額を市町村に対し交付している。　（松下大海）

子育てのための施設等利用給付交付金

市町村が支給した「施設等利用費」のうち，都道府県及び市町村以外の者（学校法人など）が設置する幼稚園（子どものための教育・保育給付の対象とならない幼稚園）並びに，認可外保育施設，幼稚園等で行われる預かり保育事業，一時預かり事業，病児保育事業及び子育て援助活動支援事業（都道府県及び市町村が設置するものを含む）等に係る給付費の支給に要する費用については，国がその 2 分の 1 を負担することとされている（子ども・子育て支援法第 68 条第 2 項）。国は毎年度，「子育てのための施設等利用給付交付金」により，国が負担する 2 分の 1 の額を市町村に対し交付している。　（松下大海）

子ども・子育て支援交付金

市町村子ども・子育て支援事業計画に従って市町村が実施する地域子ども・子育て支援事業に要する費用について，国と都道府県がそれぞれ 3 分の 1 を市町村に交付するもの。対象となる事業は，利用者支援事業，延長保育事業，実費徴収に係る補足給付を行う事業，多様な事業者の参入促進・能力活用事業，放課後児童健全育成事業（放課後児童クラブ），子育て短期支援事業，乳児家庭全戸訪問事業，養育支援訪問事業，子どもを守る地域ネットワーク機能強化事業，地域子育て支援拠点事業，一時預かり事業，病児保育事業，子育て援助活動支援事業（ファミリー・サポート・センター事業）の 13 事業。2019（令和元）年度，及び 2020（令和 2）年度については，新型コロナウイルス感染症対策のための特例措置分が追加されている。　（古田　薫）

公定価格

認定こども園，幼稚園，保育所及び小規模保育等の運営に要する費用（人件費，管理費，事業費など）の基準額をいい，「施

設型給付費」及び「地域型保育給付費」の対象となる教育・保育，地域型保育に係る費用の額を算定するための基準となる。公定価格は，「認定の区分（教育・保育給付認定第 1 〜 3 号）」「保育必要量」「施設の所在する地域等」を勘案して算定される教育・保育，地域型保育に通常要する費用の額を勘案し，内閣総理大臣が定める基準により算定した費用の額となっている。公定価格は，構造上，基本額（一人当たりの単価）と加算額とに分けられており，基本額は，地域区分別，利用定員区分別，認定区分別，年齢区分別，保育必要量区分別に設定されている。加算額の主な例としては，処遇改善等加算，栄養管理加算，チーム保育推進加算，副食費徴収免除加算などがある。

（松下大海）

利用者負担

　子ども・子育て支援新制度における利用者負担については，子ども・子育て支援法第 27 条第 3 項第 2 号等に基づき，世帯の所得の状況その他の事情を勘案して定めることとされており，新制度施行前の幼稚園・保育所の利用者負担の水準を基に国が定める水準を限度として，実施主体である市町村が定めることとなっている。利用者負担額は，認定区分別，世帯の所得に応じた階層区分別に利用者が負担すべき額が定められている。なお，2019（令和元）年 10 月から実施された幼児教育・保育の無償化に伴い，教育・保育給付認定の第 1 号認定子ども，第 2 号認定子ども及び第 3 号認定子どものうち住民税非課税世帯の子どもに係る利用者負担額は 0 円となっている。

（松下大海）

特定子ども・子育て支援利用料

　特定子ども・子育て支援施設等（特定教育・保育施設でない幼稚園，認可外保育施設など）において利用者が負担する費用のうち，施設等利用費の支給対象となる費用（幼児教育・保育の無償化の対象となる費用）のことである。基本的には，教育・保育に要する費用として徴収する保育料や入園料（入園料は幼稚園に限る）が支給対象となるが，教育課程の実施に必要な教材費のほか，施設整備費や光熱水費なども支給対象となる。各施設においては，施設等利用費の支給対象となる費用（「特定子ども・子育て支援利用料」）と，支給対象とならないそれ以外の費用（「特定費用」）とを適切に区分して領収証等を発行する必要がある。

（松下大海）

特定費用

　特定子ども・子育て支援施設等（特定教育・保育施設でない幼稚園，認可外保育施設など）において利用者が負担する費用のうち，施設等利用費の支給対象とならない費用（幼児教育・保育の無償化の対象とならない費用）のことである。支給対象とならない費用については，子ども・子育て支援法施行規則第 28 条の 16 に規定しており，日用品や文房具，制服代，給食費，バス代，教育課程の実施に不要な任意の教材費などが支給対象外となる。各施設においては，施設等利用費の支給対象となる費用（「特定子ども・子育て支援利用料」）と，支給対象とならないそれ以外の費用（「特定費用」）とを適切に区分して領収証等を発行する必要がある。

（松下大海）

法定代理受領

　2015（平成 27）年 4 月 1 日に施行された子ども・子育て支援新制度では，「施設型給付」及び「地域型保育給付」を創設し，この 2 つの給付制度に基づいて，従来バラバラに行われていた認定こども園，幼稚園，保育所及び小規模保育等に対する財政支援の仕組みが共通化された。給付については保護者への個人給付を基礎とし，確実に教育・保育に要する費用に充てるため，保護者に直接給付せずに市から利用施設などへ直接支払う仕組み

となっている。施設型給付費や地域型保育給付費を法定代理受領した場合は,「特定教育・保育施設及び特定地域型保育事業の運営に関する基準」(平成26年内閣府令第39号)第14条第1項(第50条において準用する場合を含む)に規定する法定代理受領に係る施設型給付費等の額の支給認定保護者への通知において,保護者にその額を通知するようになっている。その方法としては,1年分をまとめて通知したり,園だより等を活用して一括して通知を行うことも可能であるとされている。
(山下文一)

子育て支援員 ⇨子育て支援員 (39)

幼児教育・保育の無償化

2017(平成29)年12月に閣議決定された「新しい経済政策パッケージ」等に基づき,3～5歳の子ども及び0～2歳の市町村民税非課税世帯の子どもの幼稚園,保育所,認定こども園,認可外保育施設等の費用を無償化することとし,2019(令和元)年5月に子ども・子育て支援法が改正され,同年10月から幼児教育・保育の無償化が実施されている。具体的には,幼稚園,保育所,認定こども園等の利用料(通園送迎費,食材料費,行事費等を除く)が無償化されるとともに,幼稚園等の利用者で保育の必要性の認定を受けた場合は,月額1万1,300円(0～2歳の市町村民税非課税世帯の子どもは月額1万6,300円)までの範囲で幼稚園等が実施する預かり保育の利用料も無償化の対象となる。また,認可保育所に入ることができない待機児童がいることから,認可外保育施設等(認可外保育施設,一時預かり事業,病児保育事業,子育て援助活動支援事業)の利用者で保育の必要性の認定を受けた場合は,月額3万7,000円(0～2歳の市町村民税非課税世帯の子どもは月額4万2,000円)までの範囲で利用料が無償化の対象となる。
(松下大海)

子ども・子育てビジョン ⇨子ども・子育てビジョン (40)

4　保育を取り巻く現状

ICT

ICT は Information and Communication Technology の略で，情報伝達技術と訳される。インターネットを通じてやりとりされるコミュニケーション全般を指し，人と人だけでなく人とモノ，モノとモノ同士がつながる技術のことである。保育での活用としては，各種書類，計画や記録をデジタル化し効率よく作成すること，保護者へのお便りや連絡帳をデジタル化して写真や動画を配信し，子どもの姿を共有できるようにすることなどが挙げられる。さらに ICT の技術を使って子どもの体温や体調を観測するシステムや保育室内の映像から子どもの動きをモニタリングするシステムなど，ICT に加えて AI の技術を使った機器なども開発されている。ICT 技術の進化は，それらを有効活用することによって，保育者の負担軽減，業務の軽減につながるのではないかと期待されている。
→ ICT 教育 [21]，保育の ICT 化 [21]，子どもと ICT [21]，ICT [24]　　（福島　玄）

アクティブラーニング

　教員による一方向的な講義形式の授業ではなく，学修者が能動的に学修に参加できるような，学生主体型・学生参加型の学習法。児童・生徒や学生に対して，ある物事を行わせ，その物事について考えさせることをねらいとしている。アクティブラーニングの方法として，発見学習，問題解決学習，体験学習，調査学習等がある。また，教室等でのグループディスカッション，ディベート，グループワーク等も有効な方法とされている。学修者が能動的に学修することで，認知的，倫理的，社会的能力，教養，知識，経験を含めた汎用的能力の育成を図ることができる。教員は，主体的・対話的で深い学びの視点に立ち，学校教育における質の高い学びを実現することで，学修者が学習内容を深く理解し，資質・能力を身につけ，生涯にわたって能動的に学び続けられるようにすることが目指されている。
→主体的な学び [28]，対話的な学び [28]，深い学び [28]　　　　　（野澤義隆）

ECEC

ECECは Early Childhood Education and Care の略称で，日本語では「乳幼児期の教育とケア」と訳される。OECD（経済協力開発機構）によると，「施設の編成，財源，開所時間，プログラム内容を問わず，義務教育年齢に達する前の子どもたちの Care と Education を提供するすべての制度・施設を包括する用語」とされ，乳幼児の発達や学習の機会を保障する教育的側面と，乳幼児の命と安全を守り，保護者を支援する Care 的側面の結びつきを強調し，両者を分離すべきではないと述べている。したがって，日本の「保育」の概念に近いものともいわれている。ただし，日本における「幼児教育」と「保育」の概念定義はその時々の文脈で異なっている。他国においても，就学前までの子どもへの教育とケアのあり方や歴史的経緯は様々であるため，ECEC という用語の概念に統一的な見解は得られていない。
→乳幼児期／幼年期 [17]，ECCE [17]，

分離システム／統合システム [17]
（五十嵐元子）

インクルーシブ

インクルージョン（inclusion：包含）の形容詞形（inclusive）。包み込んでいる状態を示す。すべての多種多様な人々が、障害、国籍、人種、文化、性別や性的指向、信仰などによって不利益を被ることなく、互いを尊重しあいながら、能力を十分に発揮し、その人らしい生き方を保障する環境のことを示す。社会から排除される人々を受け入れ、尊厳が守られる社会を目指す社会的包括（ソーシャルインクルージョン）の概念から、教育や保育にも波及した。インクルーシブ保育・教育の現場では、多数派と少数派という概念や枠組みで捉えるのではなく、すべての子どもが、それぞれに合った適切な支援を受け、周囲とつながりをもちながら共に成長していく取り組みを示す。特に、障害のある子どもが他の子どもと差別されることなく、同じ場所と時間を共有しながら、互いに育ちあう環境を示すことが多い。

→インクルーシブ教育システム [26]、インクルージョン [26]、ソーシャルインクルージョン [34]　　　　　（林　恵）

持続可能な開発目標（SDGs） ⇨持続可能な開発目標（SDGs）[21]

エピソード記述

保育実践の中で起きた子どもたちの姿をありのまま、その場で生きている姿そのものを描き記録する「エピソード記録」をもとに、その中から大切な部分を取り出し、そのできごとが起きた「背景」と「考察」を加えて記述する記録方法である。子どもたちの表情、言葉、しぐさ、関わり、動きなどをつぶさに記録することに加え、保育者自身の行動や心の動きもあわせて記述することで、子どもの育ちを把握するだけでなく、保育実践を振り返ることができるものとなる。子どもたちの生活のすべてを記述することは現実的ではないため、短時間のできごと、わずかな場面だとしても、小さなエピソード記述を継続的に積み重ねていくことが重要であり、それらの記述は、保育者間での子どもの情報共有、保育実践の省察などにも活用することができる。　（福島　玄）

LGBT ⇨SOGI／LGBT [48]
園内研修 ⇨園内研修 [16]
応答的環境 ⇨応答的環境 [15]

OECD（経済協力開発機構）

OECD は Organisation for Economic Co-operation and Development（経済協力開発機構）の略で、民主主義を原則とする 34 か国が集まる国際機関である。世界の経済・社会福祉等の向上を目指し、加盟国が協力し、調査研究や意見交換を行い、改善策を協議している。1996 年、「万人のための生涯教育の実現」について加盟国教育大臣の会合が行われたとき、ECEC（乳幼児期の教育とケア）の重要性が確認され、各国における大規模な実態調査が開始された。その報告書が「人生の始まりこそ力強く（*Starting Strong*）」（OECD 保育白書）で、2001 年から 2017 年までに 5 巻が刊行されている。加盟国の ECEC に関する政策やシステム、利用率、カリキュラム、質的評価、ECEC 従事者の養成システム等の調査を行い、各国の共通する課題を抽出し、改善に向けた提言や各国の特徴と強み等が記載されている。

→ OECD「人生の始まりこそ力強く」報告書 [17]　　　　　（五十嵐元子）

家庭的保育事業 ⇨家庭的保育事業 [41]

家庭の教育力

父母などの保護者により、子どもにとって必要な生活習慣を身につけさせることや自立心の育成、心身の発達を図るために家庭で行われる教育の力。子どもが基本的な生活習慣や生活能力、人に対する信頼感、豊かな情操、他人に対する

思いやりや善悪の判断などの基本的倫理観，自立心や自制心，社会的なマナーなどを身につけられるよう，家庭において意図的あるいは自然にもたれる親子の触れ合いや生活の営み。近年，核家族化や地域のつながりの減少，価値観の多様化，子育てに無関心・無責任あるいは過保護な親の存在などから，家庭の教育力の低下が懸念されており，国および地方公共団体は家庭教育を支援するために必要な施策など，社会全体で家庭の教育力の向上に向けた支援の取り組みがなされている。　　　　　　　　　　　（野澤義隆）

カリキュラム・マネジメント

　各学校が組織的，計画的に教育課程を作成，実施，評価し発展させ，教育目標をよりよく達成するための営み。幼稚園においては，幼稚園教育要領を基礎としつつ，幼児の姿や地域の状況に合わせた教育課程を作成し，組織的かつ計画的に教育活動を行い，各幼稚園の質の向上を図っていくもの。教育課程を編成する際には，教育課程に係る教育時間以外の教育活動（預かり保育等）の計画，学校保健計画，安全計画等の登園から降園までの幼児の生活全体を捉えた全体的な計画にも留意しつつ，「幼児期の終わりまでに育ってほしい姿」を踏まえ，教育課程を編成すること，教育課程の実施状況を評価し，その改善をすること，教育課程の実施に必要な人や物を確保し，改善していくことが求められる。保育所保育指針にはカリキュラム・マネジメントの記載はないが同様の対応が必要である。
→幼児期の終わりまでに育ってほしい姿 [29]　　　　　　　　　　（林　恵）

感情労働　⇨保育者の感情労働 [16]
企業主導型保育事業　⇨企業主導型保育事業 [48]

キャリアアップ研修

　保育現場では，園長，主任等とその他の保育士の2分化されたキャリア階層が一般的であった。しかし，保育所・保育者に求められる役割も多様化し，より高度な専門性を求められるようになった昨今，保護者対応や若手の指導的立場を果たす中堅からベテラン，いわゆるリーダー職の育成が重要なものとなっている。そこで，おおむね3年以上の保育者を対象にし，専門分野別研修6分野，マネジメント，保育実践研修の計8分野で構成されたキャリアアップ研修が2017（平成29）年から開始された。同時に，技能・経験を積んだ職員に対する処遇改善のための加算に対する要件として，受講が課せられることとなった。専門リーダーであれば，1分野，副主任やリーダー職であれば，マネジメントを必須として，4分野の受講が必要となっている。
　　　　　　　　　　　　　　　（福島　玄）

教育虐待

　親などの子どもに必要な教育を提供する立場の者が，子どもにとって必要な教育を提供しないことや，子どもに対していきすぎたしつけや教育を行うこと。エデュケーショナル・マルトリートメント（教育上の不適切な扱い）ともいわれる。なお，法律上の定義はない。教育虐待という用語が初めて公で使用されたのは，2011（平成23）年の「子ども虐待防止学会」にて，武田信子が「子どもの受忍限度を超えて勉強させるのは教育虐待になる」と発表したことからである。教育という名目で子どもが親のいいなりにさせられるケースや，家庭の所得格差が子どもの学習環境に影響する状態も，教育虐待に関連する問題となる。また，日本の教育システムによって子どもたちを追い込んでしまう状況自体が，社会的な意味における教育虐待に当たる。
→不適切な養育 [7]　　　　　　（野澤義隆）

共生社会

　すべての人が障害，年齢，性別や性的指向，国籍や民族，信仰などによって差

別されず，能力を活かした積極的な社会参加ができ，支援者と被支援者を区別することなく共に支えあいながら生きる社会のこと。過去の日本では家族内，地域間での相互扶助が機能していたが，現在では困難となった。そこから生まれた様々な地域住民同士で支えあう地域共生社会の考え方や，外国人の居住する地域において，互いの理解を深め，支えあいながら生活をしていこうする多文化共生社会の概念などが含まれる。共生社会の実現に向けてはインクルーシブ教育・保育が重要であり，幼児期から違いをもつ人々と関わり，違いを理解し，相互に支えあう社会を作る考え方と行動力を育てることが必要とされる。

→多文化共生保育 [21]，多文化共生 [34]
（林　　恵）

子ども・子育て関連 3 法

2012（平成24）年 8 月 10 日，参議院にて可決され成立し，2015（平成27）年 4 月 1 日より施行された「子ども・子育て支援法」「就学前の子どもに関する教育，保育等の総合的な提供の推進に関する法律の一部を改正する法律」「子ども・子育て支援法及び就学前の子どもに関する教育，保育等の総合的な提供の推進に関する法律の一部を改正する法律の施行に伴う関係法律の整備等に関する法律」の 3 つの法律のことを指す。これらの法律の制定・施行によって，子ども・子育て支援新制度が実施されることとなった。

子ども・子育て支援関連 3 法の主な目的として，以下の 3 点が挙げられている。①認定こども園，幼稚園，保育所を対象とした共通の施設型給付並びに小規模保育等を対象した地域型保育給付の創設，②認定こども園制度の改善，③利用者支援事業，地域子育て支援拠点事業（いわゆる子育て支援センター），乳幼児全戸訪問事業，一時預かり事業，延長保育事業，病児病後児保育事業，放課後児童クラブ

などの地域の実情に応じた子ども・子育て支援の充実。

→子ども・子育て支援法 [1]，子ども・子育て支援新制度 [3]，子ども・子育て支援法に基づく基本指針 [40]，子ども・子育て支援事業支援計画 [40]，子ども・子育て支援事業計画 [40]　（福島　玄）

子ども食堂　⇨子ども食堂 [47]

子どもの貧困　⇨子どもの貧困 [21]

コンピテンシー　⇨コンピテンシー [28]

出生前診断

出生前診断とは，妊娠中に胎児の状況を調べる検査（例：超音波検査や母体血清マーカー検査）を意味し，最適な分娩方法や治療の必要性，出生後の療育環境を考えるために実施される。胎児の先天性疾患（例：ダウン症）の有無を知るための検査（例：NIPT）は，出生前診断の検査のうちのひとつで，それを受けるか否かは，妊婦とその家族が納得して決められるよう，専門の医師やカウンセラーと十分に話し合い検討していくことが基本になっている。

現在，日本の法律（母体保護法）では胎児の先天性疾患を理由に人工中絶を行うことは認められていない。そのため，他の理由で人工中絶を行うことが少なくないといわれている。出生前診断と人工中絶の問題は今や不可避とされている。医学だけでなく，家族が抱える複雑な事情といった個別的な問題から倫理や法律といった社会的な問題まで，様々な角度から議論され続けているが課題は多く，今後の進展が待たれる。

→非侵襲性出生前遺伝学的検査（NIPT）[42]　（五十嵐元子）

潜在保育士

保育士資格を有しているが，保育の現場で働いていない保育士のことを指す。待機児童解消のために必要な保育の受け皿を拡大するため，保育所の数は急激に増加した。それに伴って，保育士の需要

が急激に高まったことによる保育士不足が大きな問題となる中で，即効性のある打開策として，潜在保育士の現場復帰が期待された。しかし，保育業務にかかる責任の重さに対して低賃金であることや人間関係の難しさ，長時間労働などの職場環境のイメージの悪さに加えて，潜在保育士に対する保育現場復帰を促そうとしても広報しにくいなど，潜在保育士の活用には様々な難しさがある。そのため，潜在保育士の復帰支援策として，自治体などで事前研修の開催や合同就職説明会の開催などの対策が行われている。

（福島　玄）

全体的な計画 ⇨全体的な計画（保）23，全体的な計画（幼）24

第三者評価 ⇨第三者評価（保）23，第三者評価（幼）24，第三者評価（福祉）44

ダイバーシティ

　Diversity は形容詞 diverse（多様な）の名詞形で多様性と訳す。企業が人種，性別，年齢，宗教などにとらわれずに多様な人材を採用し，その人のもつ能力を活かしていこうとする取り組みである。アメリカで社会的マイノリティの就業機会の拡大を目指したことに始まる。過去には移民や女性に対する就労の機会が極端に少なく，また，業績に対して正当な評価を与えない等の風潮があったことから，性別や人種だけではなく，信仰や障害の有無，年齢などによる制限や偏見を是正しようとしたものである。様々な背景と考え方をもった人たちを採用し，それぞれに合わせた就労環境を整えれば十分に力を発揮することができ，企業に新しい考えを生み出し，発展と利益をもたらすと考えられる。企業だけではなく，様々な組織がダイバーシティの理念を取り入れることで，すべての人の権利が守られ，活躍できる社会が実現する可能性を含んでいる。　　　　　　　　　　（林　恵）

多文化教育・保育

　居住する社会と異なる文化の家庭で育つ，外国籍や外国にルーツがある子どもと，居住する国の子どもが一緒に教育・保育を受けている状況をいう。言語，宗教，食べ物，慣習の違いなどを認め，尊重しあうことを目指す。さらに，外国にルーツのある子どもだけではなく，性別や性認識，経済的状況，障害等のそれぞれの子どもがもつ背景や違いを，子どもたちが理解，尊重し，互いが受け入れあえる素地を作るための教育・保育と考えられる。

　現在の日本では外国にルーツがある多くの子どもが日本の保育や教育を受けている。家庭とは異なる言語環境におかれ，自国の言葉も日本語も獲得できないダブルリミテッドといわれる状況に陥ったり，アイデンティティの確立が困難になったりすることがあり，母語と日本語の習得や，自己肯定感を高めるための支援が必要である。

→多文化6，多文化共生保育21，多文化共生34　　　　　　　（林　恵）

地域社会の教育力

　生活の場である地域社会において，自然や地域文化の体験，地域住民等との関わりなどの生活体験の中で営まれ，それらの相互作用により子どもの成長を促す地縁的教育力。地域社会は，児童館などの児童福祉施設や，公民館，図書館などの社会教育施設による教育的機能，地域の祭事や町内会等の伝統的文化活動などにより，地域住民等とのつながりを基盤とした人間関係形成機能を有する。この地域社会の教育力は，家庭教育や学校教育と相互補完的な役割をもつ。教育基本法では，学校，家庭及び地域住民その他の関係者による相互連携及び協力に関する規定がされており，学校，地域，家庭が相互に連携しながら社会全体で子どもを育むことの重要性が示されている。近

年，地域住民同士のつながりの希薄化など，地域社会の変化による地域社会の教育力の低下が指摘されており，地域社会の教育力の在り方を問い直す動きがみられる。　　　　　　　　　　　（野澤義隆）

チーム学校

文部科学省が初等中等教育の学校現場において推進している学校組織の在り方。従来教員が中心となって担ってきた業務や課題について，専門スタッフがそれぞれの専門性を生かして，分担や連携・協力しながら組織的に対応する体制をいう。2015（平成27）年12月の中央教育審議会答申「チームとしての学校の在り方と今後の改善方策について」に基づき，2017（平成29）年2月に国会に政府から法案が提出された。今日の学校は，課題が多様化・複雑化し，教員のみでの対応は困難となっている。また，教員は学びの改革への対応や事務，部活動等の多岐にわたる業務に追われて余裕がない状況にある。これらの状況から，学校における多様な課題の解決や教員の負担増に対応するために，事務職員や心理・福祉等の専門家を学校のスタッフとして位置付けた。　　　　　　　　　　（野澤義隆）

ドキュメンテーション　⇨ドキュメンテーション 14

特別支援教育　⇨特別支援教育 26
認可外保育　⇨認可外保育施設 8
ノンコンタクトタイム

主に長時間子どもが在園している保育所や認定こども園の保育者の業務時間内において，子どもから離れ，接触しない時間のことをいう。多くの場合，保育者の勤務時間に対して，子どもの在園時間の方が長いため，保育者は勤務時間中ほとんどの時間を子どもたちと一緒に過ごすことが常態化している。2018（平成30）年に実施された全国私立保育園連盟の「ノンコンタクトタイム調査」報告書によると，全体の6割が休憩時間を除いたノンコンタクトタイムが0分から20分程度しかないと回答し，そのうちの約4割がまったくないと回答している。そのため，保育実践の準備や事務作業，研修，日々の省察に充てる時間が取れず，結果として残業や持ち帰りの仕事になるなど，職場環境の悪化を招いていると考えられる。保育者のノンコンタクトタイムを確保することは，業務改善だけでなく，保育の質向上にも関連するともいわれている。　　　　　　　　　　　（福島　玄）

働き方改革　⇨働き方改革 5
PDCAサイクル

デミング（Deming, W. E.）によって提唱された，品質の維持・向上や継続的な業務改善活動を推進するマネジメント方法。PDCAサイクルは，目標を設定してそれを実現するためのプロセスを計画する（Plan），計画を実施してそのパフォーマンスを測定する（Do），測定結果を評価して分析する（Check），継続的な改善と向上に向けて必要な措置を実施する（Action）の4段階を繰り返すことによって，業務を継続的に改善するものである。なお，PDCAとは，Plan（計画），Do（実行），Check（評価），Action（改善）の4つの単語の頭文字をとったもの。
　　　　　　　　　　　（野澤義隆）

非認知的能力

学びに向かう力や姿勢，意欲，忍耐力，自制心，粘り強さ，協調性，問題解決能力，コミュニケーション力などの認知的能力以外のものであり，IQや学業成績のように直接的に測定することができない能力。社会情緒的スキルや社会情動的スキル，非認知的スキルとも呼ばれる。長期的目標の達成，他者との協働，感情を管理する能力の3つの側面に関する思考，感情，行動のパターンであり，学習を通して発達し，個人の人生や社会経済にも影響を与えるものとして想定されている。IQや学業成績で測定できるような認知

的能力と非認知的能力は密に連関しており，現代社会において人が社会生活を送るために必要な能力であると考えられている。この非認知的能力は，3歳頃までにその土台が作られると考えられていることから，近年，幼児教育や保育分野において注目されている。　　（野澤義隆）

病児・病後児保育　⇨病児・病後児保育13

保育カンファレンス　⇨保育カンファレンス16

保育士確保プラン

　「待機児童解消加速化プラン」の確実な実施のため，国全体で必要となる保育士を確保することを目標としたプラン。この目標人数から，新たに必要となる保育士が確保できるよう，国や都道府県，市町村において，①「待機児童解消加速化プラン」により取り組んでいる人材育成，就業継続支援，再就職支援，働く職場の環境改善を推進すること，②2015（平成27）年度から新たな取り組みとして，保育士試験の年2回の実施，保育士に対する処遇改善，保育士養成施設で実施する学生に対する保育所への就職促進，保育士試験を受験する者に対する受験のための学習費用の支援，保育士・保育所支援センターにおける離職保育士に対する再就職支援の強化，福祉系国家資格を有する者に対する保育士試験科目等の一部免除の検討をするとともに，保育士確保に関する関係機関等との連携強化や施策に関する普及啓発を積極的に行い，さらなる推進を図るためのプラン。　（野澤義隆）

保育事故

　保育中に起こった事故全般を意味し，軽微な怪我から死亡事故まで，様々な事例が報告されている。中でも，2005（平成17）年に発生した熱中症による園児の死亡事故は，公立保育所での事故であったこと，事故後の対応に問題があったなどの理由により，保育事故に対する注目が集まるきっかけとなった。近年でも認可・無認可を含めた保育所等での死亡事故は年間10件を超えている。そうした状況に鑑み，国も保育事故防止を徹底しようと事故発生状況の把握と防止策の徹底を推進している。リスクアセスメントなど予防的な対策だけでなく，万が一事故が起こってしまった際にどう対処するかも重要である。不測の事態に備えるために，日々の保育を振り返りながら事故対応の訓練やマニュアルの整備をすることなどが必要不可欠である。（福島　玄）

保育所入所要件

　保育所に入所する要件は，保護者の就労，妊娠・出産，保護者の疾病・障害，同居又は長期入院等している親族の介護・看護，災害復旧，求職活動，就学，虐待・DVのおそれがあること，育児休業取得時に，既に保育を利用している子どもがいて継続利用が必要であることなどの理由により，家庭での保育が難しく保育所等での保育が必要であることとされている。それぞれの要件によって，保育の必要性の高低を数値化し，ある程度の客観性，公平性を担保した基準に則り，入所の優先度を決定している。市町村により異なる場合もあるが，同一時期に同じ施設に兄弟姉妹が入所している，ひとり親家庭であるなどの理由によって，入所の優先度が高くなる場合がある。また，保育士不足の影響に鑑み，保育士として勤務している場合，優先的に入所できるなどの対応がとられている自治体もある。
　　　　　　　　　　　　　　（福島　玄）

保育ソーシャルワーク

　保育・幼児教育関連施設における保育に関するソーシャルワーク実践。日本保育ソーシャルワーク学会では，保育ソーシャルワークを「子どもの最善の利益の尊重を前提に，子どもと家庭の幸福（ウェルビーイング）の実現に向けて，保育とソーシャルワークの学際的領域における

新たな理論と実践」としている。また，保育ソーシャルワーク実践を行う者を保育ソーシャルワーカーといい，保育ソーシャルワークに関する専門的知識および技術をもって，特別の配慮を必要とする子どもや保護者に対する支援を司る専門職としている。2020（令和2）年度より「保育所等における要支援児童等対応推進事業」による地域連携推進員（仮称）の配置が新規予算化され，保育現場での保育ソーシャルワークが期待されている。

→保育ソーシャルワーク ④43，ソーシャルワーク ④49　　　（野澤義隆）

放課後子ども総合プラン ⇨放課後子ども総合プラン ④40

マルトリートメント ⇨マルトリートメント ④43

夜間保育園

　1日11時間，おおむね午後10時までの夜間に，保育に欠けている乳幼児を対象に行われる夜間保育を実施している園のこと。夜間保育園の基準として，仮眠や入浴，夕食提供のための設備などが必要とされている。夜間保育園というと夜だけ開所している印象があるが，実際は日中も保育を行っている園がほとんどである。保護者の様々な保育ニーズに対応するため，延長保育という形で，深夜から早朝まで11時間を超える時間預かる施設も存在し，中には24時間開所している園もある。

　以前から，夜間の保育を希望する声は多く，ベビーホテルなどの名称で，無認可保育所として存在していた。基準のない劣悪な夜間保育所で窒息などによる死亡事故が発生したことを受けて，2000（平成12）年に公的な制度として創設され，一定の基準が設けられることとなった。しかし，認可を受けた夜間保育園は数が少なく，今でも無認可で夜間の保育を行っている施設が多数存在している。

　　　　　　　　　　　　（福島　玄）

幼児教育・保育の無償化 ⇨幼児教育・保育の無償化 ③

リーダーシップ

　リーダーシップ（leadership）とは，組織における特定の者が発揮する指導力や統率力などと訳される。保育におけるリーダーシップの考え方は，トップに立つ人物がカリスマ性や権威性をもって組織を引っ張っていくようなトップダウン型，階層型リーダーシップが一般的であった。近年では学校教育現場で注目されている分散型・協働的リーダーシップの考え方が，保育現場でも注目されはじめている。分散型リーダーシップとは，特定の人間に集中してリーダーシップが存在するのではない。上下などの階層をもたず，様々な状況や場面，場所において，必要な専門知識を発揮しながら主導するリーダーが生まれ，リーダーシップを発揮する。保育現場では，行事やクラス運営，新人の指導に保護者対応といった様々な場面において，その状況によってそれぞれの保育者がもつ多様な専門性を活用しながら，リーダーシップを発揮していくことが必要であるといわれている。　　　　　　　　　　　　（福島　玄）

リカレント教育 ⇨リカレント教育 ⑯

リスクアセスメント

　子どもが安全に園生活を送ることができる保育環境となっているかどうかの評価，あるいは家庭環境に不適切なかかわりや虐待の危険性があるかどうかを見るための評価。どちらもチェックリストが考案されている。前者は，保育の中で予想される事故の予防，また事故の再発防止を目的として，個々の子どもの特性（例：年齢やアレルギーの有無など）にとって，環境要素（例：遊具や調理環境など）や保育者要素（例：配置人数など）に，リスク（危険性）とハザード（有害性）があるかないかを評価し，対応と改善の策を考えるための指標として使われる。後

者は，児童虐待の早期発見と早期対応を目的として，子どもの身体的な特徴（例：発育不全や怪我の有無等），子どもの心理的側面（例：感情の鈍麻等），養育者とのかかわりの質（例：子どもへの言葉がけ），家族関係，経済状況等から虐待リスクの程度を評価する。　　　　　　　（五十嵐元子）

ワーク・ライフ・バランス

　仕事と家庭の調和。経済の低迷や産業構造の変化，非正規労働者が増加する一方，正社員の長時間労働が問題となっている。また，女性の社会参加が進み，勤労者世帯の過半数は共働き世帯になるなど人々の就労スタイルが多様化している。他方，男女の性役割分業意識は未だに根強く存在しており，働き方や子育て支援などの社会的基盤は社会の変化に対応した環境になっていないため，結婚や子育てへの希望が実現しにくく，家族や地域で過ごす時間をもつことが難しくなっている。そのため，内閣府は「仕事と生活の調和（ワーク・ライフ・バランス）憲章」を策定し，国民一人一人がやりがいや充実感を感じながら働くとともに，家庭や地域生活などにおいても，人生の各段階に応じた多様な生き方が選択・実現できる社会を目指している。保育者は，保護者の多様な就労や生活形態を理解・配慮したうえで支援する視点が必要となる。

（野澤義隆）

⑤ 労働環境

労働基準法

労働条件に関する最低基準を定めた法律。労働者を採用する際は，使用者は労働条件を明示しなければならない。労働者とは，正社員だけではなく，パートやアルバイト等も含めて，全ての労働者に適用される。必ず明示しなければならないこととして，次の7つがある。①契約期間に関すること，②期間の定めがある契約を更新する場合の基準に関すること，③就業場所，従事する業務に関すること，④始業・就業時間，休憩，休日に関すること，⑤賃金の決定方法，支払い時期などに関すること，⑥退職に関すること（解雇の事由を含む），⑦昇給に関すること。なお①～⑥は，原則，書面で交付しなければならない。　　（伊勢 慎）

労働条件

労働条件の明示（労働基準法第15条）として，使用者が労働者を採用するときは，賃金，労働時間その他労働条件を口頭ではなく必ず書面で明示しなければならない。また，明示された労働条件と事実が相違している場合には，労働者は即時に労働契約を解除することができると示している。その場合，就業のために住居を変更した労働者が，契約解除の日から14日以内に帰郷する場合には，使用者は必要な旅費を負担しなければならないと示している。必ず明示する事項は，労働契約の期間，有期労働契約を更新する場合の基準，就業の場所及び従事する業務の内容，始業・終業時刻・所定労働時間を超える労働の有無・休憩時間・休日・休暇・

交替制勤務をさせる場合は就業時転換に関する事項，賃金の決定・計算・支払い方法，賃金の締切り・支払いの時期に関する事項，退職に関する事項（解雇の事由を含む），昇給に関する事項である。昇給に関する事項以外は，書面の交付等によらなければならない。職業安定法第5条の3として，採用時の条件が，職業紹介・募集時に示した条件と異なる場合等には，求人者・募集者は，労働契約を締結する前に内容を求職者等に示さなければならない。　　　　　　（永渕美香子）

36協定

労働時間の上限は，1日8時間，1週40時間である（労働基準法第32条，第40条）。また，少なくとも1週間に1日，または4週間を通じて4日以上の休日を与えなければならない（同第35条）。この労働時間の上限を超えて，または休日に働かせるには，あらかじめ労使協定（36協定）を結び，所轄労働基準監督署に届け出る必要がある（同第36条）。36協定で定めることのできる時間外労働の上限は，原則として月45時間・年360時間である。臨時的な特別の事情があって労使が合意する場合（特別条項）には，年6か月まで月45時間を超えることができるが，その場合でも時間外労働が年720時間以内，時間外労働と休日労働の合計が月100時間未満としなければならない。なお，いずれの場合においても，以下を守らなければならない。①時間外労働と休日労働の合計が月100時間未満，②時間外労働と休日労働の合計につ

いて，「2か月平均」「3か月平均」「4か月平均」「5か月平均」「6か月平均」が全て1月当たり80時間以内。

（伊勢　慎）

週休2日制

週休2日制とは，1か月の間に週2日の休みがある週が1度以上あることをいう。必ずしも1年を通して週2回の休みがあるというわけではなく，この点で完全週休2日制と区別される。労働基準法35条では，「使用者は，労働者に対して，毎週少くとも1回の休日を与えなければならない」として，休日に関する最低基準として週1日の休日を義務付けているのみで，週休2日制それ自体を法律で強制していない。なお，ここでいう「毎週」とは暦週ではなく「7日の期間毎に」という意味であり，その始点は就業規則などで定められることもある。また，休日は必ずしも日曜である必要はなく，法は週休日を何曜日に置くか義務付けていない。同法第32条で，週40時間・1日8時間を法定労働時間とし，これを超える労働を時間外労働としている。1日8時間労働を同一週に5日すると週40時間に達するため，これを超える日に労働させない限りは週休2日が確保されることとなる。

（大久保淳子）

休日労働

労働基準法で定められた法定休日における労働のことをいう。使用者は労働者に対して毎週少なくとも1回，休日を与えなければならないところ（労働基準法第35条），この法定基準による休日（法定休日）における労働が休日労働である。なお，法定休日以外の休日のことを法定外休日という。労働者に休日労働をさせる場合には，労働者と使用者の間で，時間外・休日労働に関する協定（36協定）を締結し，行政官庁に届出をする必要がある。そして，労働者に休日労働をさせた場合には，休日労働に対する割増賃金を

支払う必要があり，通常の賃金に休日割増率（3割5分以上）を乗じた割増賃金を支払う必要がある。なお，休日労働において1日8時間以上の労働がなされたとしても，深夜労働を除いては，（時間外労働規制ではなく）休日労働の規制のみが及ぶため，法律上は8時間を超える部分についても3割5分以上の割増賃金を支払えば足りることになる（ただし，休日労働と深夜労働が重なった場合は別途割増率が加算される）。

（大久保淳子）

代休／休日振替（振替休日）

休日は，労働基準法第35条で定められており，毎週1回以上，もしくは4週間で4日以上与えなければならない。年間の休日は，最低でも52日，または53日となる。休日に労働をした場合は，休日労働として3割5分増しの手当てを支払う必要がある。仕事によっては，週に1回の休みをとることが困難な場合には，連続して4日間の休日としてもよい。代休とは，事後に休日を指定し，休日に勤務したことで他の勤務日を免除することである。例えば，休日である日曜日に出勤して月曜日に休みをとっても，休日出勤した事実はなくならず，割増賃金の支払いが必要である。振替休日とは，事前に休日を指定し，休日と勤務した日を交換することである。例えば，勤務する月曜日と日曜日を入れ替えるということなので，割増賃金は発生しない。また，休日とされている日についても，午後0時から午後12時までの間に勤務しない場合が休日であり，前日の勤務が午前0時を超えた場合は，休日を与えたことにはならない。

（永渕美香子）

割増賃金

時間外労働，休日労働，深夜労働（午後10時から午前5時）を行わせた場合には，割増賃金を支払わなければならない（労働基準法第37条）。割増賃金の算定方法は，次の通りである。割増賃金額

＝1時間当たりの賃金額×割増賃金率×時間外労働などの時間数。割増賃金率とは，時間外労働としては，2割5分以上（1か月60時間を超える時間外労働については5割以上，中小企業は2023年3月31日まで適用が猶予），休日労働は，3割5分以上，深夜労働は，2割5分以上と定められている。　　　　　　　　　　（伊勢　慎）

超過勤務手当（残業手当）

法定労働時間（週40時間・1日8時間）または所定労働時間を超えて残業させた場合に支給する手当のこと。労働者と使用者の間で，時間外・休日労働に関する協定（36協定）を締結し，行政官庁に届出をすれば，法定労働時間を超えて労働時間を延長し，または休日に労働させることができる（労働基準法36条第1項）。この場合，通常の賃金に一定の割増率（例えば，1か月の時間外労働が合計60時間以内であれば2割5分以上）を乗じた割増賃金を支払わなければならず，時間外労働をした場合には，超過勤務手当（残業手当）として支給される。

時間外労働に関し，法定労働時間を超える部分のみ，労働基準法は割増賃金の支払いを求めているため，例えば1日7時間など，各事業場において法定労働時間を下回る所定労働時間を定めていた場合，法定労働時間に達するまでは法が求める割増賃金の支払は要求されないことになりうるが（法内残業），就業規則などにおいて，同じ割増賃金を支給する定めを置いている例も少なくない。（大久保淳子）

サービス残業／時間外労働

サービス残業とは賃金不払残業のことで，時間外労働の一部又は全部に対して所定の賃金又は割増賃金を支払うことなく労働を行わせることをいう。労働基準法に違反する。時間外労働とは，法定労働時間を超える労働のことをいう。時間外労働を行うためには，労働者と使用者の間で，36協定を締結する必要がある。

36協定で定める時間外労働時間は「限度時間」を超えない時間に限るとされ（労働基準法第36条第3項），限度時間の上限は，原則として月45時間・年360時間である（同条第4項）。

業務量の大幅な増加などにより，臨時的に「限度時間」を超えた時間外労働の必要性がある場合には，特別条項付き36協定を締結することによって，限度時間の上限を超えることができる。ただし，1年についての時間外労働の時間数が720時間以内，1か月についての時間外労働と休日労働の合計が月100時間未満，時間外労働と休日労働の合計が2～6か月平均について全て1か月当たり80時間以内，時間外労働が月45時間を超えることができるのは年6か月が限度という各要件を遵守する必要がある。　　（大久保房子）

年次有給休暇

労働者が仕事を休んでも給料が支払われる休暇のこと。使用者は，その雇入れの日から起算して6か月間を継続勤務し，全所定労働日の8割以上出勤した労働者に対して，最低10日の有給を与えなければならない（労働基準法第39条）。パートタイム労働者においても，原則として同様に扱う。2018（平成30）年の労働基準法改正により，使用者には，法定の年次有給休暇の付与が10日以上である労働者に対し，5日については，年次有給休暇発生日から1年以内に，労働者ごとにその時季を指定して付与することが，新たに義務付けられた。年次有給休暇の付与日数は，週所定労働日数（労働契約や就業規則において出勤しなければならない日）が5日以上または週所定労働時間が30時間以上の労働者において，勤続年数が6か月は10日，1年6か月は11日，2年6か月は12日，3年6か月は14日，4年6か月は16日，5年6か月は18日，6年6か月以上は20日となっている。　　　　　（永渕美香子）

時間休／半休

　時間休とは，1日の労働時間を最長として，1時間単位で有給を取得することができ，年間5日を限度とするものである。労働基準法第39条に抵触するために「介護や育児休業を行う労働者」と限定することなどはできない。時間有給を行うためには，時間単位有給の日数，時間単位有給1日の時間数，1時間以外を単位とする場合は，その時間数，対象労働者の範囲などの労使の協定が必要になる（労働基準法第39条）。

　半日有給休暇（半休）は，企業等の独自の決まりであり，法律上決められているものではない。しかし，2018（平成30）年改正の「労働時間等設定改善指針」で「半日単位での年次有給休暇の利用について，連続休暇取得及び1日単位の取得の阻害とならない範囲で，労働者の希望によるものであることを前提しつつ，検討する」と記されている。年次有給休暇を取得することは労働者の権利なので取得した人を差別することはできない。

　　　　　　　　　　　　　（永渕美香子）

特別休暇

　法的制約がなく，会社が自由に設定できる休暇のこと。取得時期を指定することや無給とすることもできる。忌引きや結婚など休まざるを得ない時のために必要であるため設けられている。会社が独自に決定できる休暇のため，永年勤続やリフレッシュ休暇など様々ある。

　　　　　　　　　　　　　（永渕美香子）

一定期日払いの原則

　給料の支払いを毎月10日などと決めて労働者に給料を払わなければならないこと（労働基準法第24条第2項）。この理由として，毎月何日に給料が支払われるのか確定していないことで，働く労働者は，不安な生活に陥るためである。ただし，臨時に支払われる賃金，賞与その他これに準ずるもので厚生労働省令で定め

る賃金（同法第89条において「臨時の賃金等」という）については，この限りでないといえる。　　　　　　（永渕美香子）

最低賃金制度

　最低賃金法に基づき国が賃金の最低限度を定め，使用者は，その最低賃金額以上の賃金を支払わなければならないとする制度である。仮に最低賃金額より低い賃金を労働者，使用者双方の合意のうえで定めても，それは法律によって無効とされ，最低賃金額と同額の定めをしたものとされる。したがって，最低賃金未満の賃金しか支払わなかった場合には，最低賃金額との差額を支払わなくてはならない。また，地域別最低賃金額以上の賃金額を支払わない場合には，最低賃金法に罰則（50万円以下の罰金）が定められ，特定（産業別）最低賃金額以上の賃金額を支払わない場合には，労働基準法に罰則（30万円以下の罰金）が定められている。

　　　　　　　　　　　　　（川俣美砂子）

賞　与

　賞与とは，定期もしくは臨時に労働者の勤務成績に応じて支給されるものであって，その支払い額があらかじめ確定されていないものとされている。賞与には，仕事の功労報酬，利益の配分という要因もある。賞与の支払い義務はなく，賞与の支給額は，会社の裁量で認められている。労働の貢献度だけではなく業績によって賞与が払えないときもある。また，賞与における禁止として育児・介護休暇を取得したことにより不利益になることはあってはならない。（永渕美香子）

就業規則／服務規程

　就業規則とは，労働者の賃金や労働時間などの労働条件に関すること，職場内の規律などについて定めた職場における規則集である。職場でのルールを定め，労使双方がそれを守ることで労働者が安心して働くことができ，労使間の無用のトラブルを防ぐことに加え，労働者と使

用者との間の労働契約の内容を規律することから、就業規則の役割は重要である。常時10人以上の労働者を使用する事業場では就業規則を作成し、行政官庁に届出をしなければならない（労働基準法第89条）。また使用者は、就業規則を労働者に周知する必要がある（同第106条）。なお、就業規則は当該事業場に適用される法令や労働協約に反してはならない（同第92条）。

就業規則の中に服務規程（服務規律）として、労働者の行為規範及び遵守事項が定められることが多い。遅刻・早退手続、服装、安全衛生、秘密保持義務など、その内容は多岐にわたるが、職場の秩序維持に大きな役割を果たすものであり、会社にとって労働者に遵守させたい事項を定める。　　　　　　　（大久保淳子）

労働安全衛生法

「職場における労働者の安全と健康を確保するとともに、快適な職場環境の形成を促進する」という目的で制定された法律。その手段として「労働災害の防止のための危害防止基準の確立」「責任体制の明確化」「自主的活動の促進の措置」など、総合的、計画的な安全衛生対策を推進するとしている。職場の安全と衛生を確保するため、作業内容や現場の規模によってスタッフを配置することが定められている。配置が義務付けられているのは、総括安全衛生管理者、産業医、安全管理者・衛生管理者・安全衛生推進者、衛生推進者、作業主任者などのスタッフと、安全委員会・衛生委員会の設置である。1972（昭和47）年に、労働基準法より独立分離して制定された。

（川俣美砂子）

過労死等防止対策推進法

近年、わが国において過労死等が多発し大きな社会問題となっていること、及び過労死等が、本人はもとより、その遺族又は家族のみならず社会にとっても大きな損失であることに鑑み、過労死等がなく、仕事と生活を調和させ、健康で充実して働き続けることのできる社会の実現に寄与することを目的とした法律である。この法律において「過労死等」とは、業務における過重な負荷による脳血管疾患若しくは心臓疾患を原因とする死亡若しくは業務における強い心理的負荷による精神障害を原因とする自殺による死亡又はこれらの脳血管疾患若しくは心臓疾患若しくは精神障害を指す。

過労死等の防止のための対策においては、過労死等に関する実態が必ずしも十分に把握されていない現状を踏まえ、過労死等に関する調査研究を行うことにより過労死等に関する実態を明らかにし、その成果を過労死等の効果的な防止のための取り組みに生かすことができるようにする必要がある。また、過労死等の防止のための対策は、国、地方公共団体、事業主その他の関係する者の相互の密接な連携の下に行われなければならない（過労死等防止対策推進法第1条〜第3条）。

（伊勢　慎）

労働契約法／労働契約

労働契約とは、労働者が使用されて労働し、使用者がこれに対して賃金を支払うことを労働者及び使用者が合意することにより成立する（労働契約法第6条）。他人からの指揮命令下で労働を行う使用従属性が認められ、この点で業務委託契約などとは区別される。労働契約法は、労働契約についての基本的なルールを定めた法律である。労働契約が合意により成立し、又は変更されるという合意原則などを定め、合理的な労働条件の決定・変更が円滑に行われることを通じ、労働者の保護を図りつつ、個別の労働契約関係の安定に資することを目的としている（同第1条）。解雇に関する解雇権濫用法理（同第16条）のほか、有期契約労働者の雇止め法理（同第19条）、有期契約労

働者が反復更新して通算 5 年を超えた場合の無期転換ルールなど，有期契約労働者が安心して働き続けることができるようにするためのルールも定められている。

（大久保淳子）

安全配慮義務

　労働契約法第 5 条では，「使用者は，労働契約に伴い，労働者がその生命，身体等の安全を確保しつつ労働することができるよう，必要な配慮をするものとする」と定められている。つまり，使用者は労働者の安全に配慮する義務があるということで，就業場所や使用する機器，器具の管理，使用者の指示のもとで労務を提供する過程において，労働者の身体や生命を保護するように配慮し，安全を確保すべき義務があることが定められている。そのため，労働者が労務を提供している最中に，身体や生命にダメージが発生した際には，使用者に対して損害賠償を請求することができる。安全配慮義務には「心身の健康」も含まれる。長時間労働による身体の不調やハラスメントによるうつ病などで違反が問われることもある。ハラスメントには，職務上の地位や人間関係などの職場内の優位性を背景に，業務の適正な範囲を超えて，精神的・身体的苦痛を与えるパワハラ（パワーハラスメント）や，相手が不快に思い自身の尊厳を傷つけられたと感じるような性的発言・行動であるセクハラ（セクシャルハラスメント）等がある。（川俣美砂子）

職業安定法

　企業が求人する場合や職業紹介事業者が職業を紹介する場合に，守るべきルールについて定めた法律。職業紹介事業者などの適正な運営を確保することにより，各人にその有する能力に適合する職業に就く機会を与え，産業に必要な労働力を充足し，もって職業の安定を図るとともに，経済及び社会の発展に寄与することを目的としている（同第 1 条）。例え

ば，公共職業安定所（ハローワーク）や職業紹介事業者，労働者の募集を行う者などは，求職者などに対し，その者が従事すべき業務の内容及び賃金，労働時間その他の労働条件を明示しなければならないことが定められている（同第 5 条の 3 第 1 項）。これも求人票に適切な情報が開示され，労働者が自己の希望に沿った職業を選択できるようにするためである。

（大久保淳子）

男女雇用機会均等法　⇨雇用の分野における男女の均等な機会及び待遇の確保等に関する法律（男女雇用機会均等法）①

妊娠配慮

　労働基準法によれば，使用者は，6 週間以内に出産する予定の女性が休業を請求した場合，その者を就業させてはならず（労働基準法第 65 条第 1 項），産後 8 週間を経過しない女性についても原則として就業させてはならないと定めており（同条第 2 項），産前産後休業を保障している。また，使用者は妊娠中の女性が請求した場合には，他の軽易な業務に転換させなければならない（同条第 3 項）。

　職場における妊娠，出産等に関するハラスメントのことをマタニティハラスメントという。男女雇用機会均等法においては，事業者による妊娠・出産を理由とする解雇その他の不利益取扱いの禁止（男女雇用機会均等法第 9 条第 3 項）のほか，事業主にマタニティハラスメントの防止措置が義務付けられている（同第 11 条の 2）。また，女性が妊産婦のための健康診査を受診するための時間確保（同第 12 条），健康診査で受けた指導を守るために，妊娠中の通勤緩和，妊娠中の休憩に関する措置，妊娠中又は出産後の症状等に対応する措置を事業主は講じる必要があるとして（同第 13 条），妊娠中及び出産後の健康管理への配慮も求められている。

（大久保淳子）

働き方改革

働き方改革は，これを進めることで働く人がそれぞれの事情に応じた多様な働き方を選択できる社会を実現することを目指しており，長時間労働の是正，多様で柔軟な働き方の実現，雇用形態にかかわらない公正な待遇の確保等のための措置が講じられるようになる。具体的には，第一に労働時間法制の見直しとして，長時間労働をなくし，年次有給休暇を取得しやすくすること等によって，個々の事情に合った多様なワーク・ライフ・バランスの実現を目指している。また働き過ぎを防いで健康を守る措置をしたうえで，自律的で創造的な働き方を希望する人のための新たな制度がつくられる。第二に雇用形態にかかわらない公正な待遇の確保として，同一企業内における正社員（無期雇用フルタイム労働者）と非正規社員（パートタイム労働者・有期雇用労働者・派遣労働者）の間の不合理な待遇の差をなくすことが進められている。　（伊勢 慎）

ワーク・ライフ・バランス ⇨ワーク・ライフ・バランス④

同一労働同一賃金

同一労働同一賃金の導入は，同一企業・団体におけるいわゆる正規雇用労働者（無期雇用フルタイム労働者）と非正規雇用労働者（有期雇用労働者，パートタイム労働者，派遣労働者）の間の不合理な待遇差の解消を図るものである。同一企業内における正規雇用労働者と非正規雇用労働者の間の不合理な待遇差の解消の取組を通じて，どのような雇用形態を選択しても納得が得られる処遇を受けられ，多様な働き方を自由に選択できるようになることが目指されている。　（伊勢 慎）

短時間労働者及び有期雇用労働者の雇用管理の改善等に関する法律（パートタイム・有期雇用労働法）

短時間労働者（パートタイム労働者）及び有期雇用労働者の双方について，その雇用管理の改善と，同じ会社における正社員（無期雇用フルタイム労働者）との間の待遇の不合理な格差を禁止することなどを定めた法律。少子高齢化の進展，就業構造の変化などの社会経済情勢の変化に伴い，パートタイム労働者や有期雇用労働者といった非正規社員の果たす役割の重要性が増大していることに鑑み，その有する能力を有効に発揮することができるようにすることなどを目的としている（同第1条）。2020（令和2）年4月から施行。ただし，中小企業は2021（令和3）年4月からの適用となっている。

同法では，同一企業内における正社員と非正規社員との間において，基本給や賞与などあらゆる待遇について不合理な待遇差を設けることが禁止されており，非正規社員は正社員との待遇差の内容や理由などについて，事業主に説明を求めることができるようになった。また，行政による事業主への助言・指導等や裁判外紛争解決手続（行政 ADR）の規定も整備されている。　（大久保淳子）

労働者派遣事業の適正な運営の確保及び派遣労働者の保護等に関する法律（労働者派遣法）

労働者派遣事業の開始と運営に関するルールや，派遣労働者の保護に関する措置などが定められた法律である。そもそも，労働者派遣とは，自己の雇用する労働者を，当該雇用関係の下に，かつ，他人の指揮命令を受けて，当該他人のために労働に従事させることをいう（同第2条第1号）。自己の雇用する労働者を他人（派遣先）のために労働させるが，あくまで同人を指揮命令するのは派遣先という点で特色がある。

2020（令和2）年の労働者派遣法の改正により，派遣先に雇用される通常の労働者と派遣労働者との間の不合理な待遇差の解消を目指すため，派遣労働者の同一労働同一賃金が導入された。　（大久保淳子）

障害者の雇用の促進等に関する法律（障害者雇用促進法）

　障害者の雇用義務等に基づく雇用の促進等のための措置，職業リハビリテーションの措置等を通じて，障害者の職業の安定を図ることを目的とした法律である。事業主に対する措置として，雇用を促進するため，民間企業は2.2％，国，地方公共団体は2.5％，各都道府県の教育委員会は2.4％と，事業主に対して障害者の雇用率を定め，相当する人数を雇用することを義務付けている。相当する人数よりも雇用者数が不足している場合は納付金を納め，超過している場合は調整金が支給される。その他，施設設置や介助者に対する助成金の支給がある。一方，障害者本人に対する措置として，ハローワークや地域障害者職業センターなど，地域の就労支援関係機関において，職業生活における自立を支援することが明記されている。　　　　　　　　　　　　　　（髙口知浩）

女性の職業生活における活躍の推進に関する法律（女性活躍推進法）

　2016（平成28）年に施行された。働く女性の活躍を後押しする法律。本法に基づき，国・地方公共団体，常時雇用する労働者が301人以上の大企業は，①自社の女性の活躍に関する状況把握・課題分析，②その課題を解決するのにふさわしい数値目標と取組を盛り込んだ行動計画の策定・届出・周知・公表，③自社の女性の活躍に関する情報の公表を行わなければならなくなった（300人以下の中小企業は努力義務）。その後，2019（令和元）年に，女性活躍推進法等の一部を改正する法律が公布された。それによって，行動計画の策定義務及び情報公開義務の対象が，常時雇用する労働者が301人以上から101人以上の事業主に拡大された。
【参考文献】厚生労働省「女性活躍推進法特集ページ」。　　　　　　　（川俣美砂子）

青少年の雇用の促進等に関する法律（若者雇用促進法）

　若者の雇用の促進等を図り，その能力を有効に発揮できる環境を整備するために2015（平成27）年に施行された法律である。若年者層の失業率の高さや不安定な雇用実態から，1970（昭和45）年公布の勤労青少年福祉法の一部を改正し施行された。主な内容としては，①労働条件や平均勤続年数，研修の有無及び内容などの職場情報を的確に伝え，ミスマッチによる早期離職を解消することを目的とした「職場情報の積極的な提供」，②ハローワークにおいて，一定の労働関係法令違反があった事業所の新卒求人を一定期間受け付けない「ハローワークにおける求人不受理」，③若者の採用・育成に積極的で，若者の雇用管理の状況などが優良な中小企業について，厚生労働大臣が「ユースエール認定企業」として認定する「ユースエール認定制度」の3点が挙げられる。　　　　　　　　　　　　　　（髙口知浩）

高年齢者等の雇用の安定等に関する法律（高年齢者雇用安定法）

　高齢者の雇用促進を目的とした法律である。1971（昭和46）年公布の中高年齢者等の雇用の促進に関する特別措置法に基づき，1986（昭和61）年の改正に伴い，改称された。急速な高齢化の進行に対応し，高年齢者が少なくとも年金受給開始年齢までは意欲と能力に応じて働き続けられる環境の整備を目的として，2013（平成25）年に改正されている。改正のポイントは，①継続雇用制度の対象者を限定できる仕組みの廃止（希望者全員の再雇用が可能），②継続雇用制度の対象者を雇用する企業の範囲の拡大，③義務違反の企業に対する公表規定の導入，④高年齢者雇用確保措置の実施及び運用に関する指針の策定などである。さらに，2021（令和3）年4月から施行される改正において，65歳までの雇用確保（義務）に加

え，70歳までの就業機会の確保（努力義務）が新設された（対象事業主は当該労働者を60歳まで雇用していた事業主）。ただし，この改正が定年の70歳への引き上げを義務付けるものではないと厚生労働省は説明を補足している。　（髙口知浩）

育児休業制度

　育児・介護休業法の定めにより，育児休業をすることができるのは，原則として1歳に満たない子を養育する労働者であり，日々雇い入れられる者は除かれる。期間を定めて雇用される者は，次のいずれにも該当すれば育児休業をすることが可能である。①同一の事業主に引き続き1年以上雇用されていること，②子が1歳6か月に達する日までに，労働契約の期間が満了することが明らかでないこと。

　育児休業の申請は，労働者の事業主に対する申出を要件とする。申出は，一定の時期に一定の方法によって行わなければならない。申出の回数は，特別の事情がない限り1人の子につき1回であり，申し出ることのできる休業は連続したひとまとまりの期間の休業である。ただし，子の出生後8週間以内に取得した最初の育児休業については，特別な事情がなくても再度の取得が可能である。期間の延長については，子が1歳に達する日において，いずれかの親が育児休業中であり，かつ次の事情がある場合には，子が1歳6か月に達するまで可能である。①保育所等への入所を希望しているが，入所できない場合，②子の養育を行っている配偶者（もう一人の親）であって，1歳以降子を養育する予定であったものが死亡，負傷，疾病等により子を養育することが困難になった場合（同様の条件で1歳6か月から2歳までの延長可）。また，育児・介護休業法には，両親が協力して育児休業を取得できるように，①パパ休暇（出産後8週間以内の期間内に，父親が育児休業を取得した場合には，特別の事情がなく

ても，再度，父親が育児休業を取得できる），②パパ・ママ育休プラス（両親がともに育児休業を取得する場合，原則子が1歳までの休業可能期間が，子が1歳2か月に達するまで（2か月分は父親（母親）のプラス分）に延長される）等の特例がある。
　　　　　　　　　　　　　　　　（伊勢　慎）

介護休業制度

　育児・介護休業法の定めにより，介護休業をすることができるのは，要介護状態にある対象家族を介護する労働者であり，日々雇い入れられる者は除かれる。期間を定めて雇用される者は，申出時点において，次のいずれにも該当すれば介護休業をすることが可能である。①同一の事業主に引き続き1年以上雇用されていること，②取得予定日から起算して93日を経過する日から6か月を経過する日までの間に，労働契約の期間が満了することが明らかでないこと。また，労使協定で定められた一定の労働者も介護休業をすることはできない。

　介護休業の申請は，労働者の事業主に対する申出を要件とする。申出は，一定の時期に一定の方法によって行わなければならない。申出は，対象家族1人につき3回までであり，申し出ることのできる休業は連続したひとまとまりの期間の休業である。当該対象家族について，介護休業をした日数の合計が93日に達している場合は，その対象家族について介護休業をすることはできない。事業主は，介護休業申出がなされたときは，介護休業開始予定日及び介護休業終了予定日等を労働者に速やかに通知しなければならない。　　　　　　　　　　　　（伊勢　慎）

看護休暇制度

　小学校就学の始期に達するまでの子を養育する労働者は，1年に5日（子が2人以上の場合は10日）まで，病気，けがをした子の看護又は子に予防接種，健康診断を受けさせるために，一部の場合を

除いて，1日単位又は，時間単位で休暇の取得が可能である。

子の看護休暇とは，負傷し，若しくは疾病にかかった子の世話又は疾病の予防を図るために必要な世話を行う労働者に対し与えられる休暇であり，労働基準法第39条の規定による年次有給休暇とは別に与える必要がある。子どもが病気やけがの際に休暇を取得しやすくし，子育てをしながら働き続けることができるようにするための権利として位置付けられている。　　　　　　　　　　（伊勢　慎）

短時間勤務制度

事業主は，3歳に満たない子どもをもつ労働者に対し，次のいずれかの措置を設けなければならない。①短時間勤務の制度（1日の所定労働時間を短縮する制度／週又は月の所定労働時間を短縮する制度／週又は月の所定労働日数を短縮する制度／労働者が個々に勤務しない日又は時間を請求することを認める制度），②フレックスタイム制度，③始業・終業時刻の繰上げ・繰下げ，④所定外労働をさせない制度，⑤託児施設の設置運営その他これに準ずる便宜の供与。

なお，1歳以上の子どもを養育する労働者で，1歳6か月までの育児休業の対象でない労働者については，以上の措置のかわりに育児休業制度に準ずる措置を講じても差し支えない。

また，事業主は，要介護状態にある家族を介護する労働者に対し，次のいずれかの措置を設けなければならない。①②③は，上記の育児における同制度と同様，④労働者が利用する介護サービスの費用の助成その他これに準ずる制度。日数は，対象家族1人につき要介護状態に至るごとに1回，通算93日までの期間で労働者が申し出た期間である。　（伊勢　慎）

育児短時間勤務

仕事と家庭の両立を支援し，優秀な人材の確保，育成，定着を図るための支援策の1つとして，2009（平成21）年に育児・介護休業法が改正され，2010（平成22）年6月より施行された。100人以下の職場では，2012（平成24）年度7月から施行となる。この制度を活用するには，一定の要件を満たすことが必要である。労働者が産前産後休暇・育児休業後に職場復帰し，3歳に満たない子どもを養育している場合，1日の所定労働時間を原則6時間とする。また事前に申請手続きを行うこととなっている。ただし，職場の労使協定により，適応外となる労働者もいる。公務員の場合は，週労働時間のおおよそ半分，それに呼応して給与もおおよそ半分の条件下で勤務し，期間は最長子どもの就学前までとなっている。1日の勤務時間や週間勤務日数などは，定められている形態の中で管理責任者と労働者との協議で決定する。　（森山也子）

所定外労働免除

3歳に満たない子を養育する労働者が子を養育するため，又は要介護状態にある対象家族を介護する労働者がその家族を介護するために請求した場合には，事業主は所定労働時間を超えて労働させてはならない。対象は，3歳に達するまでの子を養育する労働者，要介護状態にある対象家族を介護する労働者（日々雇用を除く）である。ただし，労使協定により対象外にできる労働者は次の通りである。①入社1年未満の労働者，②1週間の所定労働日数が2日以下の労働者。期間は，1回の請求につき，1か月以上1年以内であり，請求の回数においては，制限はない。　　　　　　　　（伊勢　慎）

社会保障制度

社会福祉，社会保険，公的扶助，公衆衛生という4つの部門からなり，国民の生活を誕生から亡くなるまで生涯にわたって支える制度。

社会福祉は，生活保護や母子及び父子並びに寡婦福祉，子ども家庭福祉，身体

障害者福祉，知的障害者福祉，高齢者福祉などに分かれている。生活をするうえで様々なハンディキャップがある国民に対して，安心して生活ができるように支援を行う制度である。

社会保険は，国民が疾病，老齢，失業など生活が困難になった際に，一定の給付を行い，生活を支える保険制度であり，年金や医療保険，介護保険等がある。医療保険は，疾病の際，安心して医療を受けることができる。また，介護保険は，要介護状態になった国民を支えるものである。保険料を支払った国民が給付を受けられるものであり，強制加入によって支える仕組みといえる。

公的扶助は，日本国憲法第25条において「すべて国民は，健康で文化的な最低限度の生活を営む権利を有する」と示されているように，生活に困窮する人々に対して最低限度の生活を保障するものである。公的扶助は，租税を財源として給付を行うものである。

公衆衛生は，国民の健康を守るためのサービスであり，出産，乳幼児の健康の母子保健，学校保健，老人保健，勤務するうえでの産業保健，地域保健，精神保健など各種の保健や感染対策予防など多岐にわたる。　　　　　　　　（永渕美香子）

家族手当

労働者に支払う賃金の一種で，扶養家族の数を基準として算出した手当である。扶養手当や扶養家族手当ともいわれる。労働基準法などで定められたものでもなく，就業規則に基づいて支給されることがある。給料が支払われる場合に，会社・使用者から「家族手当」や「配偶者手当」といった名目で金銭が給付されることがある。　　　　　　　　　　（永渕美香子）

労働組合法

労使（労働者と使用者）の関係を定めた法律である。労働組合法第1条第1項に定められている通り，「この法律は，労働者が使用者との交渉において対等の立場に立つことを促進することにより労働者の地位を向上させること，労働者がその労働条件について交渉するために自ら代表者を選出することその他の団体行動を行うために自主的に労働組合を組織し，団結することを擁護すること並びに使用者と労働者との関係を規制する労働協約を締結するための団体交渉をすること及びその手続を助成すること」を目的としている。労働基準法・労働組合法・労働関係調整法の労働三法の1つで，1945（昭和20）年に制定され，1949（昭和24）年に全部改正された。　　（川俣美砂子）

労使合意

労働条件や福利厚生について，労働者と事業主（使用者）の間で交わされる取り決め事項のことをいい，働いている従業員の2分の1以上と事業主の合意によって成立する。「働いている従業員」とは，厚生年金保険の被保険者，70歳以上の被用者，週20時間以上働く短時間労働者のことをいう。　（川俣美砂子）

労働基準監督署

厚生労働省の出先機関として，労働基準法や労働組合法などの労働関係に関する法令を守らない企業を取り締まる機関。全国の321署において，管轄する企業の監督や労災の手続きなどを行っている。労働者と使用者は本来，対等な立場であるべきだが，使用者の方が労働者よりも立場が強くなってしまう場合もあり，労働者自らが使用者に対してその不当性を主張することは容易ではないことが多い。労働基準監督署は，使用者の労働基準法等の違反に対し，労働者が泣き寝入りをせずに申告できるよう存在している。

主な違反事項としては，①時間外労働に関する届出を労働基準監督署に届け出ない，または届け出た上限時間を上回って時間外労働（残業）を行わせているもの，②機械や設備などの安全基準を満た

していなかったもの，③時間外労働（残業）等に対して割増賃金を支払っていなかったもの（一部未払を含む）等がある。

【参考文献】 厚生労働省都道府県労働局労働基準監督署（2013）「労働基準監督署の役割」。

（川俣美砂子）

退職届

労働者からの申出によって労働契約を終了することを退職という。退職の意思を上司に伝え，書面で届け出る，仕事の引き継ぎをするなど社会的ルールを守って辞めることが大切である。一般的に就業規則などに「退職する場合は退職予定日の1か月前までに申し出ること」というように定めている会社も多いので，退職手続きがどうなっているか調べることが必要である。

また，退職の申出にあたっては，契約期間の定めがある労働契約を結んでいた場合と，そうでない場合とで法律上異なったルールが定められている。正社員などのように，あらかじめ契約期間が定められていないときは，労働者は少なくとも2週間前までに退職届を提出するなど退職の申出（民法第627条）をすれば，法律上はいつでも辞めることができる（会社の就業規則に退職手続きが定められている場合はそれに従って退職の申出をする必要がある）。また，退職届とは，会社に対して一方的に「退職します」と宣言するものであり，退職願とは，社員が会社に「退職させてください」と願い出るものとされている。

（伊勢 慎）

退職願

職場に退職（労働契約の解除）を願い出る際に使用する書類。しかし，退職を願い出る際には，書面の退職願は必ずしも必要ではなく，口頭で伝えてもよい。事務手続きの記録として提出する場合がある。突然退職届を提出するより，退職願の形で，できるだけ早い時期に退職の意思を職場に伝えた方がよい。

一般的には，口頭で退職の意思を知らせ，雇用主の内諾を得てから退職願を提出するという形になる。また，就業規則には退職の手続きに関する項目があり，退職願の提出する期限が記載されている場合が多く，就業規則を確認しておく必要がある。一度提出された退職願の撤回は，退職願が職場に承認される前であれば，撤回できる可能性があるが，承認された後は，ほぼ撤回はできない。　　（森 英子）

自主退職

自分の事情や都合により，自分から退職を申し入れて成立する退職。自己都合退職ともいう。辞める理由には，転居・結婚・介護・健康上の理由・転職などがある。また，自己都合による退職には労働者からの一方的な退職の申出で雇用側が退職届を受け取った時点から退職の効力が発生する一方的なものと，労働者の申出に対し，雇用側が承諾し退職が決まるものがある。民法上では，2週間前までに申し出れば退職は可能である（民法第627条第1項）。しかし，民法の条文には強制力はなく任意規定であるとの考え方もある。また，就業規則に退職の申し出る期限に関する規定があれば，その期間は勤務しなければならない。労働基準法において，退職に関する事項は，就業規則に必ず記載すべき事項と規定されている。　　（森 英子）

解雇禁止期間

労働基準法により，解雇できないと定められている期間（労働基準法第19条）。これは，労働者が就職活動に困難を来たすことがないように，その期間の解雇を禁止する規定である。労働者が業務上負傷したり，病気になったりした場合に，その療養のために休業する期間とその後30日間，産前産後の女性が同法第65条の規定によって休業する期間及びその後30日間が解雇禁止期間として定められている。ただし，業務上の負傷や病気の

場合は，療養の開始後3年を超えても治癒せず，労災保険の傷病補償年金を受ける場合や，打ち切り補償として平均賃金の1,200日分を支払った場合は解雇が可能となる。地震などの自然災害などの天災その他やむを得ない事由による事業の継続が不可能な場合には，労働基準監督署長の認定を受ければ解雇禁止期間中の労働者であっても解雇可能とされる。

（森　英子）

解　雇

労働者の意志に関係なく，雇用側が一方的に労働契約を解除すること。解雇は，その原因により普通解雇，懲戒解雇，整理解雇の3つに分類できる。普通解雇とは，就業規則に定めのある解雇事由に相当する事由があるために行われる。主に能力不足，適性不足，労働不能を原因とする。整理解雇とは，事業の縮小や経営不振による合理化など経営上の理由を伴う人員整理のことである。懲戒解雇とは，企業秩序違反をした労働者に対して行う懲戒処分としての解雇である。

解雇は，労働者にとって厳しい処分となり，大きな不利益をもたらすことから，法律で様々な制限が規定されている。客観的に合理的な理由があり，社会通念上相当であると認められた場合のみ行われるものである。解雇する場合には30日前に予告をしなければならないと定められている（労働基準法第20条）。（森　英子）

休　職

業務外の傷病の場合や犯罪の容疑者として拘留されている場合など労働者側の事由により，働くことができなくなった場合に，雇用関係を続けたまま一定期間労働の義務を免除すること。労働基準法で決められた制度ではないので，就業規則などにより規定されている。休職の例としては，業務外の傷病のための私傷病休職，従業員を出向させる場合の出向休職，私的な事故による事故休職，起訴さ

れたことを事由に一定期間休職させる起訴休職，労働組合の活動に専念する専従休職，海外留学など自己都合による自己都合休職，裁判員など公の職務のための公務休職，ボランティア活動のためのボランティア休職などがある。休職制度は任意の制度であるので，休職期間中の賃金，長さ，復職及び休職期間満了後の取扱いについては就業規則等で定めた基準が適用される。また，休職は労働者の事由によるものであるから休職中の賃金は支給しなくてもよい。　　　（森　英子）

試用期間

正規従業員を採用する際に，一定の期間実際に働かせてみて，当職場の従業員として適格かどうかを判定する期間。また，試用期間は通常の解雇と比べて制限が緩和されており，採用決定前には知ることができなかった事実がわかったときなど正当な理由があれば，試用の結果，本採用をしないことや，試用期間の途中で解雇することが可能である。なお，試用期間開始後14日以内に解雇をする場合には解雇予告手当の支払いも不要となる。試用期間の長さは法律で決まっているわけではないが，試用期間中は，解雇権が留保されており，従業員の地位は不安定なため，不当に長い試用期間を想定することは認められず，おおむね1年くらいまでである。試用期間中に傷病等により大半を欠勤した場合など，特別な事情がある場合，従業員も同意しているのであれば延長されることもある。その場合，あらかじめ，就業規則等で規定を作成しておく必要がある。　（森　英子）

保育所開所時間

保育施設は，おおむね8割以上は「7時台開所，18時から19時閉所」である。通常開所時間に加えて，延長保育を行っている施設では1時間，2時間，4時間の延長，夜間保育を行っている施設もあり，開所・閉所時間は保育施設によって

異なる。通常は早朝・夕方以降の保育は，保育士が2名以上で行うが，厚生労働省では待機児童を解消し，児童の受け皿拡大が終結するまでの緊急時限的な対応として保育所における保育士の特例を出している（2016年4月施行）。特例の内容は，「朝夕など児童が少数となる時間帯における保育士配置に係る特例，保育士最低2人配置要件について朝夕など児童が少数となる時間帯においては，保育士2名のうち1名は子育て支援研修を修了した者等に代替可能とする」としている。この特例を利用している自治体もある。

（森山也子）

シフト勤務

おおよそ7時台の開所時間から，18時から19時の閉所時間，または延長時間を追加した時間帯を，保育士が15分，30分，1時間等で勤務を割り振りしたシフト勤務を作成して，日々変動する勤務を行う。保育施設の環境や，その年度で児童の利用時間や人数に変動があり，保育施設職員の人員数に応じてシフトを考慮して，作成し勤務する。　（森山也子）

早 出

保育施設では，おおむね7時台の開所を行っている。早出の職員は，開所時間以前に施設の開錠，清掃，消毒準備，健康観察表等の用意等，多岐にわたる開園準備を行い，保護者と児童の受け入れを行う。児童の受け入れ時には，児童の健康状態の確認，保護者からの伝言等を受け取り，所長や各クラス担任に連絡を行う。また，電話対応等も行う。早出は安全の都合上，保育士2名で業務を行うが，厚生労働省は2016（平成28）年4月から時限的特例で，うち1名を子育て支援員研修を修了した者等1名に代替可能としている。　（森山也子）

延長勤務／遅出

保育施設の閉所時間まで保育を行い，清掃，施錠の業務を行う。延長保育は施設によって1時間，2時間，4時間の延長がある。また，夜間保育を行って前後にいる施設では，開所時間帯の前後に延長保育時間が加算される。利用する延長時間の長さによって，児童はおやつや給食を食べる。保育士は遊びだけでなく食事の介助や片づけ等を行う。延長勤務・遅出勤務は，安全上，保育士2名で勤務することになっている。しかし，2016（平成28）年4月から時限的特例で，保育士確保が難しい場合，1名を子育て支援員研修を修了した者に代替可能としている。自治体によっては利用しているところがある。延長保育は，保護者の労働時間等による利用申請を提出し承諾を得る必要があり，別途，延長保育料が必要である。

（森山也子）

人員配置

児童福祉施設の設備及び運営に関する基準第33条第2項に，「保育士の数は，幼児おおむね3人につき1人以上，満1歳以上満3歳に満たない幼児おおむね6人につき1人以上，満3歳以上4歳に満たない幼児おおむね20人につき1人以上，満4歳以上の幼児おおむね30人につき1人以上とする。ただし，保育所1につき2人を下ることはできない」と明記されている。自治体や保育施設によっては，保育の充実のため基準を上回る配置を行っているところもある。地域型保育事業に対しては，家庭的保育事業等の設備及び運営に関する基準により，家庭的保育事業（定員0～2歳児5人以下）は，「家庭的保育者1人が保育できる乳幼児の数は，3人以下とする。家庭的保育補助者とともに保育する場合は，5人以下とする」となっている。小規模保育事業は定員が0～2歳児6人以上19人以下とし，A型，B型，C型を設けている。A型は保育所の配置基準（0歳児3人につき1人，1歳児もしくは2歳児6人につき1人）に，1人追加配置を求めている。また，

保育所と同様，保健師又は看護師等の特例を設けている。B型はA型の配置と同様であるが，2分の1以上の保育士配置である。C型は家庭的保育者が，0〜2歳児3人につき1人，補助者がつく場合5人につき2人となっている。居宅型訪問保育事業は，乳幼児の数は1人とする。保育所型事業所内保育事業は，施設職員の半数以上を保育士とするとしている。　　　　　　　　　　　　（森山也子）

連休の取りにくさ

保育所は，開所日数が多く，日曜日・祝祭日・年末年始以外は普通保育であり，夏休み・冬休み・春休みの長期休みはない。そのうえ，保育サービスは多様化しており，休日保育や学童保育を行う園もある。さらに，保育士不足も深刻化している。よって，年次有給休暇自体が取りにくい。年次有給休暇の使用は，体調不良による欠勤時に使用している場合が多く，レジャーなどで好きな時期に取得することは難しい。改善策として，週休2日制の場合，土曜日出勤の代休を月曜日に固定することで日曜日・月曜日の連休にしたり，休日出勤の代休を金曜日に固定し，金曜日・土曜日の連休にしたりすることが挙げられる。また，5日間の年次有給休暇を連休にし，その前後の土曜日・日曜日と合わせ最大9連休を全員が取れるように試みた園もある。このように，連休を取るためには，勤務シフトの工夫や年次有給休暇の取りやすい雰囲気づくりをするなどの工夫がそれぞれの園で必要となる。　　　　　　　（森　英子）

担当年齢による業務格差

担当する年齢により，行事（準備を含む），保育計画などの書類作成，保護者対応，教材準備等，保育業務の負担量に差があることをいう。その原因の1つに職員配置基準による担任数の影響が大きい。年齢が小さいクラスでは複数担任，年齢が大きいクラスでは一人担任となる。

また，2019（平成31）年3月に発表された「東京都保育士実態調査結果の概要〈中間まとめ〉」では，保育士として負担に感じることについて，1位行事（準備含む）62.8%，2位保育計画書の作成55.9%，3位保護者対応49.6%が負担に感じているとの回答であった。行事について考えると，年長クラスは園の行事の中心となることが多く，年間の行事のほとんどに参加し内容も多い。保育計画などの書類作成についても一人担任であれば毎月・毎週作成しなければならない。担当年齢による業務格差の改善策として，業務分担により仕事量の平準化を図ることや，一人担任には年度末に特別手当を出すなど，園によって工夫されている例がある。

　　　　　　　　　　　　（森　英子）

非正規雇用職員

嘱託職員，臨時職員，パート職員などがある。常勤職員として正規雇用職員と同様の勤務時間で，クラス担任をしたり，保育充実のために保育にあたることもある。4月当初から職員定数として雇用する場合や，年度途中の入所児童増加のために雇用する場合，職員の産休・育休，病休などの代替として雇用する場合がある。契約の条件や月の勤務日数などにより，有給休暇や賞与などが付与される。非正規雇用の中には，非常勤勤務で月数日の勤務をする場合や，3〜4時間の短時間勤務をする場合もある。賃金は1日の賃金が決まっている場合，また時給の場合がある。自治体の非正規雇用職員は，2020（令和2）年4月より会計年度任用職員制度が創設され，長期雇用常勤職員，非常勤職員，パート的な1日短時間勤務職員などの契約による雇用となる。全ての雇用者に有給休暇，賞与，産休，育児休暇などが取れるようになる。雇用条件によって有給休暇の日数や，金額は異なる。

→臨時職員／非常勤教員⓭　（森山也子）

処遇改善

　「処遇」の意は，『大辞林　第三版』（三省堂，2006）によると，「①人を評価し，それぞれに応じた扱いをすること。またその扱い。②社会福祉においては，福祉サービスの利用者に対するサービスおよびその実施のこと」となっている。単純に，労働環境における「待遇」の意味で使用される場合は，労働者への処遇の改善，つまり給与面の底上げによる待遇改善を目的としている。

　保育に関する処遇改善としては，内閣府が，「技能・経験に応じた保育士等の処遇改善について」（2017）で，「平成29年度（2017年度）当初予算において，2％相当の処遇改善を行うとともに，保育士としての技能・経験を積んだ職員について，全産業の女性労働者との賃金差がなくなるよう，4万円程度の追加的な処遇改善を実施する」とし，キャリアアップの仕組みを構築したうえでの職務・職責に応じた処遇改善を行うことにより，保育園等におけるキャリアアップの仕組みの構築を支援するとしている。　（川俣美砂子）

研修実施体制／研修事業

　2017（平成29）年告示の保育所保育指針では，第5章「職員の資質向上」にて，「保育所は，質の高い保育を展開するため，絶えず，一人一人の職員についての資質向上及び職員全体の専門性の向上を図るよう努めなければならない」としており，具体的には，「職員の研修等」において，日常的に職員同士が主体的に学び合う姿勢と環境が重要であること，また，職場内での研修に加え，必要に応じて，外部研修への参加機会の確保が必要であることが示されている。さらに，「研修の実施体制等」では，初任者から管理職員までの職位や職務内容等を踏まえた体系的な研修計画の作成，保育所全体としての保育実践の質及び専門性の向上につなげる組織内での研修成果の活用，また，研修の受講が特定の職員に偏ることなく行われるよう配慮すること等の必要性が挙げられている。　（川俣美砂子）

キャリア教育／キャリアプランニング能力

　文部科学省中央教育審議会は，「今後の学校におけるキャリア教育・職業教育の在り方について（答申）」（2011）にて，「キャリア」の意味するところとして，「人が，生涯の中で様々な役割を果たす過程で，自らの役割の価値や自分と役割との関係を見いだしていく連なりや積み重ね」とし，キャリア教育を「一人一人の社会的・職業的自立に向け，必要な基盤となる能力や態度を育てることを通して，キャリア発達を促す教育」と定義している。また，「働くこと」を担う意義を理解し，自らが果たすべき様々な立場や役割との関連を踏まえて「働くこと」を位置付け，多様な生き方に関する様々な情報を適切に取捨選択・活用しながら，自ら主体的に判断してキャリアを形成していく力を，「キャリアプランニング能力」としている。

【参考文献】保育士等のキャリアアップ検討特別委員会（2017）「保育士・保育教諭が誇りとやりがいを持って働き続けられる，新たなキャリアアップの道筋について（報告書）」全国社会福祉協議会・全国保育士会。

→保育者のキャリア形成 16

　　　　　　　　　　　（川俣美砂子）

キャリアアップ

　全国保育士会設置の「保育士等のキャリアアップ検討特別委員会」による「保育士・保育教諭が誇りとやりがいを持って働き続けられる，新たなキャリアアップの道筋について（報告書）」（2017）では，キャリアアップを「階層別に求められる専門性や職務遂行能力について，中・長期的に示した指標である」と定義し，キャリアパスについては「仕事の経験歴を通

じ，昇進・昇格へ進む経路，長期的な職務の道や展望を示したものである」としている。しかし，保育士資格には，キャリアアップと連動した資格制度の階層化が図られていない。保育士・保育教諭が，自身のキャリアアップの道筋を自覚できるような取り組みを各施設において広げていく環境づくりが必要である。

→キャリアパス [23]　　　　（川俣美砂子）

災害時対応

　幼稚園・学校においては学校教育法施行規則第63条に「非常変災その他急迫の事情があるときは，校長は，臨時に授業を行わないことができる」と明記されている。一方で，保育所には臨時休園に関する法律はなく，自治体や保育所が個別に判断し，保護者支援の観点から災害時にも開所している場合が多く見られている。これまでも台風，大雨，大雪，地震といった自然災害の中でも保育士が宿泊して通常通り開所したといった事例も多く，2020（令和2）年の新型コロナウイルスに対する対応においても，政府から小学校，中学校，高校への休校要請はあるものの保育現場はそれぞれの判断に任されていた。今後，子どもだけでなく保育者の安全確保のためにも厚生労働省による基準の設置が待ち望まれるところである。　　　　　　　　　（髙口知浩）

メンタルヘルス

　精神面における健康のこと。職場で勤務する際には，様々なストレスがあり自分でも気づかないうちにストレスを感じてしまうこともあり，うつ病や脳疾患，心臓疾患につながるリスクもある。職場のストレスは，自分だけで阻止することには限界があり，職場全体で対策を行うことが求められる。厚生労働省においても「労働者の心の健康の保持増進のための指針」（2006年策定，2015年改正）を策定しメンタルヘルスケア（心の健康対策）の進め方を明示している。方法とし

て，教育研修，情報の提供，職場の環境等の把握と改善，不調に陥っている人の早期発見と対応，職場復帰の支援などが挙げられる。行う際の配慮として，個人差がある心の健康問題であることを理解し，個人情報の保護への配慮に注意をする。心の問題は，人事異動や職場の状況により大きな影響を受けるので，労務管理と連携をすることが求められる。また，家庭環境などその人の置かれている状況にも配慮する必要がある。不調により，休職した者が継続して継続して勤務できるように職場復帰支援プログラムを策定するなどのサポートが必要である。

　　　　　　　　　　（永渕美香子）

クレーム対応 ⇨苦情解決 [7]

休憩時間

　保育者の休憩時間については，いくつかの課題がある。労働基準法では休憩時間を定めるとともに，使用者は「休憩時間を自由に利用させなければならない」と明記されている。つまり，休憩時間に午睡の見守りや制作をさせることは違法行為となる可能性があり，保育士が心身ともに健康に保育を行うためには，適切な休憩時間の確保が必要である。しかし横井（2007）によると，正規保育者の4割近くがほとんど休憩をとっていないことが明らかになっている。また，2019（令和元）年に発表された調査では，勤務時間中に休憩時間が15分以下の保育士は，心理的な疲労感，虚脱感をより強く感じていることが指摘されている。また，1985（昭和60）年に行われた調査でも，保育者の休憩時間が極めて少ないことが指摘されており，精神的緊張が強く休憩がとりにくい，保育業務の特殊性を明らかにしているが，30年以上経過しても保育者の休憩時間について改善はあまり見られない状況である。

【引用文献】横井美保子（2007）「保育者の労働環境と専門性の現実」垣内国光・

東社協福祉士会編『保育者の現在──専門性と労働環境』ミネルヴァ書房，25〜58頁。

【参考文献】赤川陽子・木村直子（2019）「保育士の職場ストレスに関する研究──休憩時間・持ち帰り仕事からの検討」『保育学研究』57(1)，56〜66頁。清水智子（1985）「島根県における保育所保母のヘルス・ケアに関する研究（第3報）──保育業務に関する現状と課題」『島根女子短期大学紀要』23，99〜104頁。

（髙口知浩）

出勤簿／タイムカード

保育者の出勤管理に使用されるものとして，出勤簿やタイムカードが挙げられる。保育者の働き方を考えるうえで問題となるのが，残業や持ち帰り仕事を含む長時間労働である。また，保育現場では早出や遅出といった出勤形態も日によって異なることが多い。そのため保育者の労働時間を正確に管理することは必須事項である。しかし，保育者の働き方が多様化した現在では，正規雇用だけでなく，非正規雇用やパート，保育補助等，雇用形態も様々である。そして，雇用形態によって勤務時間や残業代の計算方法等も変わってくるため出勤簿やタイムカードでの管理が難しくなってきている。勤務体系や給与形態に応じた勤怠管理ソフトやサービスも増え，ICカードやスマートフォン，パソコンでの出勤管理も可能になってきている。

（髙口知浩）

ICT化

ICTはInformation and Communication Technologyの略である。ITとほぼ同語であるが，ICTは情報を伝達することを重視し，医療や教育等における技術の活用，その方法を指すと定義される。保育現場におけるICTは，書類の作成，園児の出席管理や行事等の写真販売，保護者との連絡ツール等に用いられる。保育者が手作業で行っていた業務を簡素化し，保育者の業務負担を減らすことが目的である。2020（令和2）年「保育士の業務の負担軽減に関する調査研究」では，ICTの活用によって書類作成や子どもの登降園管理にかかる業務従事時間を一定程度短縮できる可能性が示唆された。また，ICT導入のために必要な機器購入費用等は「保育所等における業務効率化推進事業」や「保育所等における事故防止推進事業」等で補助対象となっている。一方で，保育現場が抱えるICT化に対する苦手意識の払拭や，ICT導入を検討する人的・時間的余裕がないこと等が課題となっている。

【参考文献】小泉裕子（2019）「保育現場におけるICT化の有効性について──スマートデバイスを活用した保育園における導入効果」『鎌倉女子大学紀要』26，1〜14頁。厚生労働省（2016）「切れ目のない保育のための対策について」。（髙口知浩）

パソコン不足

保育現場におけるパソコンが足りない現状を指す。現在ほぼ全ての保育所・幼稚園にパソコンは所有されており，事務処理やホームページ，園だよりの作成等に用いられている。パソコンを使用するメリットとしては，「データの蓄積・管理に便利」「文字が読みやすい」「業務時間が短縮できる」等が挙げられる。しかし，パソコンで日誌やお便りを作成しようとすると，園児の午睡中や保育時間終了後等，各クラスの保育者が作業を行う時間が重複し，複数のパソコンが必要になることになる。園内のパソコンが不足していることで，限られた人数しか業務ができなくなり非効率化することになってしまう。パソコンを使用しての業務の効率化を目指すならば，パソコンの充足率も同時に上げる必要がある。

【参考文献】髙本明美・松本拓也・三谷学（2010）「保育現場におけるパソコンの活用調査」『宇部フロンティア大学人

間社会学部紀要』1，80〜84頁。

（髙口知浩）

男性保育士職場環境

　いまだ女性中心の保育現場において男性保育士が肩身が狭く感じる職場環境のことを指す。具体的には男性用のトイレや更衣室がないことや男性が一人で孤立感を感じる職場等である。このような状況を改善する取り組みもなされている。千葉市が2017（平成29）年に掲げた「千葉市立保育所男性保育士活躍推進プラン」では，男性保育士が保育所で孤立することのないよう，本人の希望がある場合は，可能な限り男性保育士を2人以上配属するよう努めることや，全ての市立保育所の調査を行い，トイレの男女完全分離化，更衣室，休憩室の整備を計画的に進めることが盛り込まれている。性別に関係なく保育者が心地よく働ける職場環境づくりが求められる。　（髙口知浩）

男性保育士保育基準

　保護者や女性保育者への調査によると，男性保育者は現場に求められ，その存在を肯定的に捉えられており，保育者自身も，保育現場に男女での役割分担は必要なく，専門職として同等に職務に就くことを認めている。しかし，2019（令和元）年「賃金構造基本統計調査」によると，男性保育士の割合は5.1％であり，いまだ保育現場は女性が圧倒的多数といえる。また，男性保育士70名，女性保育士94名に行った調査によると，0歳児クラス担任経験者は男性保育士が17名（24.3％），女性保育士が74名（71.2％）と差が見られた。また，0歳児クラス担任経験者のうち，男性保育士では14名（82.4％）が既婚で，女性保育士では31名（41.9％）が既婚だった。0歳児クラスを受け持つ男性保育士が少ないことや，受け持った場合でも既婚で子どもがいる男性が多いことが明らかになり，保育現場における男性保育士の保育基準には男女差が存在しているといえる。

【参考文献】菊地恵子・菊地政隆（2001）「男性保育者に対する意識──女性保育者・保護者の意識から」『日本保育学会大会研究論文集』54，814〜815頁。齋藤政子（2001）「保育者は男性保育者の存在意義をどのように捉えているのか──女性保育者・男性保育者に関する意識調査の検討」『日本保育学会大会研究論文集』54，66〜67頁。小泉篤（2014）「0歳児クラス担任に男性保育士が配置され難い状況と課題」『東洋大学大学院紀要』50，359〜375頁。

（髙口知浩）

6　家庭との連携

園だより

　園が家庭，地域と連携を深め，協働で保育に取り組む手段の1つとして，紙面やWeb上で定期的に発信するものである。形式は紙1枚，冊子，電子媒体のみでの配信など，園により様々である。配布物と同じ内容をWebサイトに掲載したり掲示板に掲示したりしている園もある。保護者や地域の人たちが興味や親しみをもてる表現で，園の保育や子どもの実態，伝達事項を掲載している。正確にわかりやすく伝えるために，写真やイラストの活用や，行事や地域社会の状況に応じた適時の配信などの工夫がある。また，保育計画や連絡事項など連携に必要な情報を細やかに伝えたり，保護者が安心して子育てができるように育児情報や保護者の声を掲載したりする工夫も重要である。保護者の協力が子どもの成長に寄与したことや感謝を伝える内容は，保護者が園と協働で子育てをしている意識をもつことにつながる。　　（髙木恭子）

クラスだより

　主にクラス担任がクラスの保護者を対象に，遊びや活動の様子，子どもたちの変容や成長，保育の意図などを詳細に伝えるお便りである。園だよりや複数のクラスだよりをまとめて冊子にしている園もある。わが子と向き合い喜びや不安を感じている保護者は，保育者の思いや解説のあるお便りを通して，目の前の子どもの姿や成長への理解を深めることができる。遊びや活動など，園生活の具体的な様子を保護者が知ることで，家庭で会話のきっかけになるだけでなく，子どもたちが家庭でも園生活に関連する活動をすることができ，家庭生活と園生活の連続性につながる。また，家庭から関連情報がクラスに伝えられるなど，保護者と保育者が協働で子どもたちを育てる連携にもつながる。　　　　　　（髙木恭子）

連絡帳

　一人一人の子どもについて，帳面やアプリを活用し，園と家庭での日々の情報を共有する方法で，主に保護者とクラス担任が記述し情報交換をする。特に，0〜2歳児は，体温や食事，排泄，睡眠など様々な情報を記述できる項目を設けている場合がある。その他，子どもが携帯し，登園の印をすることで子ども自身が出席日を意識できる欄や，身長・体重など成長を記録する欄など，日常的に必要な連絡を取り合う以外の項目や記述内容は，園の方針により多様である。保育者は，各家庭からの情報や保護者の思いを大切に受け止め，保護者に必要な情報を伝えることを重視する。また，管理の仕方など，個人情報としての取り扱いには十分に配慮する必要がある。　（髙木恭子）

Webサイト

　園の概要を示し園外の人が閲覧できるよう，各園が有し管理していることが多いが，有無や活用方法は各園や地域，自治体等により異なる。近年では閲覧者のデバイス（スマートフォン，タブレット等）の発展もあり急速に普及した。園児募集や在園児保護者との情報共有の他，地域への広報や職員募集等にも用いられる。

不特定多数の人が閲覧可能である点，内容をリアルタイムで伝えることができる点，作成を担当する外部業者等が関わる点などに特徴があり，様々な人に理解可能な言葉を用いることや，情報の扱いに配慮することなどが必要である。関係者のみ閲覧可能なページを設けている Web サイトもある。

　家庭との連携においては，バス通園等で直接来園しない保護者や，遠方の親戚（祖父母等）などが日常の保育の様子を知る手段になる。開設や更新においては，園や地域の状況を踏まえ，その主な目的や宛先，既存のコミュニケーション手段との使い分け，更新の仕方や頻度等を検討することが重要である。　（辻谷真知子）

ICT 化

　ICT は Information and Communication Technology の略である。ICT 化は情報・通信に関する技術を保育業務や保育内容に導入し活用すること。近年，初等教育以降の ICT 化の普及に伴い，保育においても導入が図られはじめている。保育の ICT 化のねらいとして，保育士の業務負担を軽減することで，子どもへの保育や保護者支援に対応する時間が増加し，保育の質が高まることに期待が寄せられる。具体的な導入対象としては，保育人材の確保や保育料の納入状況などの園運営に関する管理，園だよりや子どもの活動記録，登園システムなどの情報管理，さらに，デジタル絵本やデジタル描画など保育内容の拡充を目的としたツールとしての活用がある。ただし，利便性や効率性の観点から ICT 化を推進するだけでは，保育の質の向上に結実するとはいえない。子どもを中心にすえた保育環境を構成し，子ども一人一人が安心して健やかに育つ仕組みを支えるための ICT 化を考えていくことが重要である。
　（堀田由加里）

入園説明会

　入園申し込み前の段階で保護者が入園を検討するために行う説明会と，入園が決まった段階で入園予定児の保護者を対象に行う説明会の2つがある。

　保護者が入園を検討するための説明会では，親子が園を十分に理解したうえで園を選択できるように，園の保育方針や保育内容，保育時間や預かり保育，保護者会活動，教材費用等の説明を行う。体験入園や施設内見学も行うほか，入園願書の配布と手続きの説明もある。集団に向けて行う園が多いが，保護者の要望に応じて個別の相談にも応じる。園と親子が直接対面する貴重な機会であり，相互理解の場となる。入園予定児の保護者を対象とした説明会では，入園を検討するための説明会より具体的で詳しい内容を説明する。保護者が園に対する理解を深め，安心して入園を迎えられるよう，園は入園するための心構えや準備する物等の説明を行い，保護者から園児についてのアレルギーなどの情報を収集する。
　（實川慎子）

未就園児保護者

　まだ入園していない子どもを未就園児といい，幼稚園の入園年齢が満3歳児以上であることから，未就園児の年齢は主に満3歳未満児である。満3歳未満児は，発達の特徴から，自我の芽生えにより自己主張が強くなる一方で，まだ感情の調整が難しい姿が目立つ。いわゆる「イヤイヤ期」と重なるため，保護者が子育てに困難を感じやすい。未就園児の保護者は，家庭で子育てをしているため，身近に相談相手がいない場合には，子育てに対する不安や悩みを抱えやすい。過度な育児不安や育児負担は不適切な養育や虐待につながるリスクもある。そのため認定こども園をはじめ，保育所，幼稚園，地域子育て支援拠点事業所などは，未就園児保護者を対象に，子育てに関する情

報提供や相談，保護者同士の交流機会や場所の提供を行うなどの子育て支援を行っている。

　また園では未就園児が今後入園する可能性も考慮し，体験入園や行事への参加等を通じ，未就園児保護者が園の保育を理解する機会や情報の提供を行っている。

　　　　　　　　　　　　　　　（實川慎子）

送　迎

　家庭等と保育施設間の子どもの送迎は，保護者による場合と通園バス等による場合に大別される。前者は，保護者が登降園時間や勤務時間に合わせて送迎を担い，交通手段としては徒歩，公共交通機関，自転車や自家用車などが用いられる。送迎の際に，園の玄関口で保護者と保育者が直接顔を合わせるため，子どもの生活や健康に関する情報を共有し，信頼関係を深める機会となり得る。一方，送迎が家庭の負担となる例や園近隣での駐車場トラブルを招く例も報告される。園が運行する通園バス等による場合，保護者による送迎は所定のバス停までとなる。登降園時間に開きがある園では導入が難しいほか，保護者と保育者の接点が限定的になる。近年では，子育て負担の軽減や就労支援などの観点から，好立地な一次施設で子どもを預かり，あらためて各保育所に送迎する送迎保育ステーション事業，子どもの送迎を専門とする貸切タクシー事業なども登場している。

　　　　　　　　　　　　　　　（境愛一郎）

コミュニケーション

　園と保護者が様々な情報を伝えること，受け取ること，伝え合うこと。家庭での子どもの様子や保護者の思いを聞いたり，保護者の表情や言葉，雰囲気などから読み取ったりしたことを，保育者は保育や保育における配慮につなげる。また，お知らせや行事などのお願い・依頼事項だけでなく，園生活における子どもの姿や育ち，保育の意図などを，園・保育者か

ら保護者に伝えることで，保護者は家庭では見えない部分を知ったり，子どもの成長を見る視点に気づいたりすることができる。コミュニケーションの機会や方法として，送迎時や面談，保護者会など対面をはじめとして，連絡帳，お便り（園だより・クラスだより等），ホワイトボード，写真，ドキュメンテーション・ポートフォリオ，Web サイト（ホームページ），メール，アプリなどがある。園では，何をどのように伝えるのか，伝えてもらうのかによりその媒体や方法を使い分けている。

　　　　　　　　　　　　　　　（箕輪潤子）

子どもの姿

　子どもが園生活においてどのように過ごしているのか，どのような経験をして育っているのかといった子どもの姿は，保育者が考える以上に保護者にとっては見えにくく子どもの話だけでは伝わりづらいこともある。園と家庭が子どもの成長を共に喜び合い，連携・協力して子どもを育てていくためには，園で子どもが何をしたのかという活動の内容だけでなく，子どもの様子（言葉や表情など），子どもの経験（感情や思い，思考など），育ち（子どもの中に育ちつつあること，育ったこと）などを，意識的に保護者に伝えていくことが大切になる。そういった子どもの姿を保護者に伝えることは，保護者にとって，家庭では見えない子どもの様子や育ちを知る機会や，保護者が子どもを見る視点や参考になる。（箕輪潤子）

ポートフォリオ

　個人の園生活での記録をファイル等にまとめたもので，子どもの日々のエピソードや写真などからなる。様々な国で活用され，子どもの育ちを丁寧に記述し評価することで保育の質の向上に寄与することが主な目的であった。日本では，保育者の振り返りや，小学校への要録，保護者への共有などに用いられている。特定の子どもに保育者の視線が偏る

ことなく、クラス全体の子どもを細やか
に理解することにつながる。保護者に
とっては、育ちの結果や一時点のみの姿
ではなく過程を細かく知ることができる
とともに、子どもの興味や遊びを読み取
る視点で子どもを理解する手がかりとな
る。園だよりなど全体に配布する媒体と
比べ、個々の具体的な過程に着目できる。
また連絡帳で中心となる保護者の相談や
要望等よりも、園における子どもの姿や
視点に重点を置いている。園により活用
の方法は様々であり、ファイルを保育室
に置いて閲覧できるようにする、日々の
記録を保育室に掲示する、保護者が持ち
帰りメッセージを記入するなどの方法が
ある。

→ラーニングストーリー⑭、保育記録
⑭、ドキュメンテーション⑭

（辻谷真知子）

掲示板

保護者や地域の関係者を対象に、園か
ら情報を発信するための掲示スペースで
あり、玄関や正門など、誰もが目に付く
場所に設けられている。保護者や地域の
人々が園に関心を持ち連携を深めること
ができるよう、園の保育内容や行事の情
報などを適時掲示し、視線を引く掲示の
工夫を行う。特に、園の保育への理解や
協力へのお礼などは、保護者や地域の人
たちに伝える重要な内容である。写真と
コメントにより構成し子どもの姿を通し
て保育を伝えるボードフォリオ、「〇〇
ニュース」などと名付けた壁新聞、また、
子どもの描いた絵の掲示など、園の実態
を活かした様々な形で日々の保育を伝え
る工夫が見られる。　　（髙木恭子）

アンケート

保育に必要な情報を得るために、主に
保護者を対象に実施する。保育の改善に
関することや行事の評価など園の保育に
対する考えを収集したり、生活習慣と
いった園では把握できない情報を収集し

たりなど、保護者がアンケートに協力す
る目的や必要を理解できるようにするこ
とが重要である。保護者との口頭の関わ
りやお便りへの感想など日々の情報を踏
まえ、わかりやすい質問や回答しやすい
用紙、記名の有無、回収の仕方、結果の
伝え方など留意して実施する必要がある。
また、アンケート内容を保護者が意識す
ることですでに啓発にもつながっている
ことを考慮したうえで、いかに保育に反
映するかを含めて保護者に結果を伝える
必要がある。　　　　　（髙木恭子）

遊び

遊びは、当事者にとって面白く絶えず
繰り返される点に本質があり、子どもに
とって心身の健全な発達に欠くことがで
きないものである。子どもは遊びという
自発的行為を通して身体的発達や言語・
認知的発達、社会情動的発達といった諸
機能との関連の中で発達を遂げ、自分の
周りの世界を確かめていく。近年では、
保育活動の全体に遊びの本質が反映され
るような取り組みが各々の現場で検討さ
れている。遊びは様々な研究者によって
探究されてきた中で、その結果よりも行為
そのものの能動性が評価され、遊びのプ
ロセスの重要性が強調されている。保育
に求めるものは保護者により多様である
が、遊びによって得られる発達的意義や
成果とともに、その過程にある意味や子ど
もの視点や取り組む姿などを伝えていくた
めの工夫が求められる（「遊び」については
第10章も参照）。　　　（宮本雄太）

保護者支援

保育者に求められる保護者支援には、
在園児の保護者に対する支援と、地域の
子育て家庭への支援の二種がある。2008
（平成20）年改定保育所保育指針では、「保
護者に対する支援」（第6章）が創設され、
保護者に対する支援が保育者の業務とし
て位置づけられるとともに、「保育士の
専門性をいかした保護者支援」の必要性

が明記された。また，2011（平成23）年4月からは，子育て家庭への支援として「保育相談支援」が，保育士養成課程において新設科目の一つとして適用されることとなった。保育者は，日々の子どもと保護者の遊びや生活などを注意深く観察しながら，「今，子どもと保護者に必要な援助はなにか」を把握し，保護者の話を聴く，必要に応じて助言をする等の援助を行っていく。保護者支援には，ソーシャルワークやカウンセリング的な要素も求められるものの，社会福祉士などが行う純粋なソーシャルワークとは異なり，保育の知識や技術を基盤とした専門的な援助行為と位置づけられている。

（衛藤真規）

保護者対応

保育者には，保育所を利用している保護者及び地域の保護者等に対する子育て支援が業務として位置づけられており，保護者対応は欠かせない。具体的には，日々の保育を保護者にわかりやすく伝え，保護者の理解を得ながら保育をすることであり，より適切な保育を行っていくために，非常に重要である。一方で，保護者対応に難しさを感じる保育者も少なくない。「保護者対応の大変さ」は，保育者の離職理由としても挙げられている（平成30年度「東京都保育士実態調査」結果報告書）。近年は，社会の変容，地域のつながりの希薄化に伴い，子育てに不安や悩み，負担感を抱えている保護者，子育てに自信がもてない保護者が増えている。そのため保育者養成校の段階からも，保護者との信頼関係を構築し保護者対応力をつける学びが必要とされている。

（衛藤真規）

子育て支援

全ての子どもの健やかな育ちを実現するため，保護者に対して行う支援であり，遊びや交流の場を提供したり，相談に応じ助言をしたりすることなどが含まれる。

日本の「子育て支援」に関連する施策は，少子化問題が顕在化した1990（平成2）年に少子化対策として始まった。その後，子育ての環境整備，教育の環境整備として拡がり，社会全体で子育てを担うことが目指されている。保育所保育指針では，第4章にて，保育所における子育て支援に関する基本的事項として，保育所を利用している保護者に対する子育て支援，地域の保護者等に対する子育て支援について定められている。一方，子どもとその家庭を取り巻く環境は，近年多くの問題を抱えており，児童虐待や子どもの貧困等社会的課題にもなっている。家庭で専業的に家事・育児をしている保護者にも，子育ての閉塞感や育児ストレスがあり，どのような家庭にも子育ての社会的支援が必要である。子どもの最善の利益を考え，社会全体で子育てを考えていくことが必要である。

→子育て支援 23　　　（衛藤真規）

家庭教育

父母その他の保護者が子どもに対して行う教育のことであり，基本的な生活習慣，生活能力，人に対する信頼感，豊かな情操，基本的倫理観，社会的なマナーなどを身につけるうえで重要な役割を担っている。教育基本法第10条には，父母その他の保護者は子の教育について第一義的責任を有すること，並びに国及び地方公共団体は，保護者に対する学習の機会及び情報の提供等，家庭教育を支援するために必要な施策を講ずる責務があることが定められている。近年は，地域社会におけるつながりの希薄化に伴う家庭の孤立化，女性の働き方や生き方の変容に伴う子育ての問題の深刻化もあり，子育ての支援はもとより親の育ちの支援も求められている。子育ての自信や対処能力の不足を補う支援，また子の誕生から自立までの切れ目のない支援の必要性があり，福祉等と連携したアウトリーチ

型支援が求められている。　（衛藤真規）

行事／園行事 ⇨行事 12
エピソード

　保育の中で心を動かした現象や心に留まる出来事の具体的場面について，そこに関与した人物の振る舞いややりとりの展開をできるだけ詳しく記述したものを指す。保育者自身の備忘録として書き留めた保育の展開とそこでの子どもと保育者の心の揺れ動きがわかる記録をエピソード記録といい，この記録をさらに他者に伝えるために出来事の背景，流れ，考察を筋立てて再構成したものをエピソード記述という。エピソードは，日常的な出来事の中で当事者として捉えた主観的な経緯を言葉で示すことによって，その問いと現象の意味や関係性を描き出すものである。書き手の視点により描き方が異なり，読み手である他者の主観性に記述を通して訴えかけることで，保育実践をその読み手と共有することができる。そして，実践の中にある本質を多様な視点から検討し合うことで，保育の質が高まるといわれる。その中で，保育エピソードは，具体的な出来事とそこでの子どもの見方や保育者の考え方が示されているため，保護者への情報共有の際にも活用されている。

→エピソード記述 4　　　（宮本雄太）
保護者の参加（参画）

　乳幼児の保育は，人間形成の基礎づくりが求められており，生活の出発点である家庭と園が連携をとって乳幼児の育ちを保障していく必要がある。しかし近年，都市化，核家族化，情報化といった社会状況の変化の中で，子どもの接し方に悩んだり，孤立感を募らせたりする保護者が増加している。その中で，保育者と保護者がともに保育に取り組んでいくことは子育て支援の一環にもなる。保護者は保育に参加することで，子どもが親密性の高い家庭で見せる姿と同年齢集団の中で見せる姿の違いを知り，子どもの成長を体感することができる。また，直接体験を通して子育てのヒントを獲得する機会にもなる。保育参加は，講演会などの「受動型」活動と保育に関与する「参加型」活動があるが，後者の活動は一方向的な子育て支援の枠を超えていくものとして有用であり，日常の保育や行事への参加，環境づくりへの参加など，園によって多様な取り組みが検討されている。

→成長への気づきと子育ての喜びの促進 7，家庭との連携 7　　　（宮本雄太）
保育参観

　保護者が園での子どもの様子を年に数回参観する保育行事。保護者は，子どもの日常の生活や遊び，園の環境構成，保育者の援助などを実際に見て理解することができる。従来，運動会や生活発表会などの行事の参観として行われることが一般的であったが，近年では，保護者に成果を見せるという一方向的な形でなく，保護者が日常の保育に参加する保育参加の形態を取ったり，参観後に保育士が保護者と子どもの様子について話し合ったり，相談を受けたりする機会を設定するなど，園と保護者との連携を深める機会となるような保育参観が実施されている。保育参観を通して，保育士と保護者との信頼関係を構築し，一人一人の子どもの育ちをともに支え合うことが求められる。また，保護者以外に祖父母や地域住民，小学校教員などが参加する場合もあり，多様なあり方が広がる実態がある。

（堀田由加里）
保育士体験

　保護者が子どものクラスに入り，半日または1日を通して，保育士の補助を行いながら子どもの生活や遊びを体験する保育参加の一つ。子どもたちの遊びや活動にふれたり，保育士の子ども一人一人に対するきめ細やかな援助を間近で見ることで，日常の子どもへの関わり方

に気づきを得たり，家庭での育児を見つめ直したりする機会になる。また，保育士にとっても，保育のねらいや活動内容，配慮事項を保護者に説明することで，自らの保育実践を振り返ることができ，専門性の向上や保育実践の改善につながる契機となる。このように保育士体験は，保護者と保育士の両者にとってメリットのあるものであるが，実施においては様々な配慮が必要である。保育士体験をすることで生じる保護者の疑問や要望に対して，保育士は丁寧に対応することにより，園と家庭との相互理解を図り，子どもを中心にした協働的関係を築くことが求められる。

→保育参加⑦　　　　　　　　（堀田由加里）

通園バス

　園児の送迎のために保育施設が独自に保有または交通事業者と連携して運行する専用バスである。園バス，スクールバスなどの名称でも呼ばれている。わが国では，自動車の増加に伴う通園時の安全確保を名目に，都市部を中心に普及した。少子化が進行した今日においては，地方の園が，広域に点在する保育需要に応える手段ともなっている。特に，私立幼稚園で導入されており，宣伝等の目的で車体に園名やイラストが描かれることがある。片道の所要時間が1時間前後に及ぶ場合もあるため，子どもや添乗する保育者の負担とならないように留意する必要がある。また，バスの発着時間によって保育が縛られる，保護者等とトラブルになるケースも報告されており，安全で計画的な運行への配慮が求められる。他方で，通園バスは異なる年齢やクラスの子どもが集う場であり，相互の生活が交差し，独自の活動や関係性が生じ得る保育環境でもある。近年では，保育者以外の添乗スタッフを雇用したり，ICTを活用したりする試みも見られる。（境愛一郎）

登　園

　子どもが家庭等から園（保育施設）に行くことである。ただし，登園場面や登園時間といった用例が見られるように，単純な空間移動に加えて，家を出てから園での活動の準備が整うまでの一連の行為や時間帯，心理的移行を広く意味する。反対に「通園」は，移動すること，行き来することに限定された用い方がなされる。なお，子どもが登園を渋ったり頑なに拒否したりすることを「登園拒否」という。登園は子どもにとって，保護者と離れる，他児や保育者と言葉を交わす，自ら身支度を進めるといった園生活への主体的な移行体験である。したがって，これに関わる大人には，個々の発達や心持ちに応じた配慮が求められる。特に，園生活に不慣れな入園当初の時期などは，子どもの不安な心情を十分にくみ取ることが必要である。保育者にとっては，子どもの観察や検温，保護者との会話などを通して，子どもの健康状態や家庭での様子を理解する重要な機会である。

　　　　　　　　　　　　　　（境愛一郎）

降　園

　子どもが園（保育施設）から家庭等に帰ることである。子どもが一斉に降園する幼稚園等では，決まった時間に身支度をし，一日を振り返る集まりを行い，保育者や他児に帰りの挨拶をするといったルーティンワークを伴う場合が多い。また，迎えのために集った保護者に対して，保育者がその日の出来事や連絡事項を話す機会が日課として設けられる園もある。他方で，保育所等の子どもによって降園時間が異なる場合は，保護者の到着やその見込み時間に応じて順次身支度などが進められ，その日の出来事や連絡事項の伝達も個別に行う場合が多い。保護者・地域の状況やニーズを反映して，一斉降園の園においても，親子がしばらく園に留まって過ごせるよう園庭開放を

行ったり，スポーツ教室などの保育外活動を提供したりする場合があり，降園の在り方が多様化している。　　（境愛一郎）

預かり保育 ⇨預かり保育7

延長保育 ⇨延長保育事業2

写 真

写真は，保育現象を第三者に伝えることが可能なツールの一つである。写真はただ保育者やその場にいた当事者の言葉で伝えられる事実とは異なり，その瞬間に生じた出来事が視覚的に示されることで，第三者にもその時の出来事を生き生きと示すことが可能となる。それゆえ，保護者に対して保育の出来事を伝えるツールとしても用いることが可能である。また，保育者が意図して撮った写真には，一枚の写像から出来事の前後や多くの文脈を読み取ることができるといわれている。写真に収めた場面は，保育者の日々の保育のねらいや子どもとの関係性が描き出されるとともに，保育観や価値観といった保育者としてのアイデンティティが浮かび上がるため，写真を通して保育を語ることで保育者同士の保育の視点に気づくとともに，質を高めることにもつながる。保護者に保育を伝えるために写真を用いる際には，保育を見取る専門的な視点とともに，画像に残しておきたい瞬間をとらえる判断や，見る側の受け止め方に配慮した選定や掲示方法の判断なども必要となる。

→ドキュメンテーション14　　（宮本雄太）

動 画

動画は，エピソードや写真と同様に保育現象を第三者に伝えることができるツールであるが，圧倒的な情報量に特徴をもつ。例えば動画は，文字記録や写真には描き出すことが困難な微細な身体動作や表情の揺れ動きの展開を可視化することができる。また，保育の出来事は，当事者の視点に基づいて対象化され現象が解釈されるが，時に保育を一面だけで理解し判断することで周辺の出来事との関連性を捨象してしまう危険性をもつ。動画は他の保育者と情報共有をすることで，一連の出来事を多様な視点で捉え，多角的に解釈を出し合うことでより具体的な状況を描き出すことを可能とする。ただし，映像には当事者のその時の心情，空気感といった臨場感までは描き出すことができない。また，保護者に保育を伝える際にも多くの情報を伝えることができる一方で，様々な解釈が生じることに配慮する必要がある。

→ビデオカンファレンス14　　（宮本雄太）

保育理念／教育理念／園訓

園における教育・保育の方向性を象徴的な言葉で表したものであり，その園の子ども観や教育観・保育観も表す。各園の出入り口付近に掲示する他，入園説明会の資料や園 Web サイト等でもわかりやすい位置に示すことが多い。入園を考えている保護者にとっては園の考え方をあらかじめ知り，園を選ぶ際の重要な手がかりになる。具体的には，子ども像，園における生活や経験，大人の心構えなどを表す言葉があり，保育目標・教育目標に近い理念からより抽象的な理念まで様々である。園の実態等により折々に検討し見直される保育目標・教育目標とは異なり，理念は特別に検討を要することがない限り，概ね，変わるようなことはない。園の設立背景や歴史，地域の特性なども反映しており，例えば園が目指す未来の社会像，園が依って立つ特定の宗教の精神，園を経営する法人の社会的責任などが含まれる。保護者との連携においては，子どもの経験や育ちを伝える中で，理念と保育目標・教育目標や保育内容との関連について理解が得られるよう配慮する必要がある。　　（辻谷真知子）

保育目標／教育目標

園の保育・教育において目指す子ども像や人間像を言葉で表し，園全体で共通

理解しているもの。卒園やその後までの長期的な目標から，週案などで示されるより短期的な目標まである。長期的な目標は，理念とともに入園説明会の資料やWebサイト等で紹介する場合が多い。年齢に応じた目標に関しては「幼稚園教育要領」「保育所保育指針」「幼保連携型認定こども園教育・保育要領」を踏まえたうえで各園の理念や長期的な目標等に応じて定めており，3歳未満児と以上児とで分けたり年齢別の目標を設けたりする園が多い。保護者にとっては年齢に応じた育ちの見通しをもつうえで重要であるが，園からは一人一人の育ちの過程が異なることも合わせて伝える必要がある。週案や日々の遊び・活動等を通じての目標については，園だより等で保護者に共有する場合が多い。その目標が具体的な遊びや活動における子どもの姿にどのように表れているのかについても意識して保育を行い，その過程を丁寧に伝えていくことが重要である。　　　（辻谷真知子）

ねらい（意図）⇨ねらい 23

依頼／お願い

　子どもが園生活を送るうえで協力してもらいたいことや，家庭生活において留意してほしいことなどを，園・保育者から保護者に伝えること。お願いや依頼の具体的な内容としては，もちものやその管理に関すること，子どもの生活に関すること（注意事項・確認事項・意識してほしいこと），体調管理・生活リズム・安全などへの配慮，行事や活動の手伝い，行事に参加する際の注意事項などがある。依頼やお願いは，主に手紙（お便り）や口頭，掲示で行われることが多い。ICTの導入をしている園や，お願いの内容の緊急性が高い場合は，アプリやメールで行われることもある。保護者に対して依頼やお願いをする際には，園の規模や保護者の状況などにより，依頼の内容や方法の考慮が必要になる。　（箕輪潤子）

生活習慣

　毎日の生活を送る中で習慣化された行為のこと。特に，食事，睡眠，排泄，着脱衣，清潔などについては，心身ともに健康で安全に生きていくための生活の基盤であり，基本的な生活習慣と呼ばれる。また，挨拶や片付け，時間や約束を守るなど，人と共に生活する，社会の中で生きるうえで大切なことなども含まれる。生活習慣の獲得は，乳幼児期において重要なテーマであるが，子どもの生理的な機能や認知機能の発達（模倣など），興味や意欲，生活経験など個人差が大きい。これらの個人差に加えて，家庭や地域などの文化の影響を受けることから，子どもの個人差や家庭での状況などを十分に考慮しながら援助していくことが求められる。子どもの日々の様子などを家庭との間で十分に情報共有しながら，子どもの主体性を育むことや仲間と共に生活する喜びを育むことが大切である。

→保護者とのコミュニケーション 7，基本的な生活習慣 12，生活リズム 19
　　　　　　　　　　　　　（箕輪潤子）

フォーマル／インフォーマル

　園・保育者と保護者の間で交わされるコミュニケーションには，フォーマルなコミュニケーションとインフォーマルなコミュニケーションがある。フォーマルなコミュニケーションは，保護者会や説明会，お便り（園だより・クラスだより）などで，保護者全体に同じ内容を同時に伝えたり，保護者から意見をもらったりする場合や，面談などで個別に園での子どもの様子を伝えたり家庭での様子を伝えてもらったりする場合がある。一方で，インフォーマルなコミュニケーションは，子どもの送迎時などにおいて，日々の子どもの様子や保護者の家庭の状況などについての会話などである。インフォーマルなコミュニケーションの積み重ねが保護者との信頼関係の構築につながり，そ

のことがフォーマルなコミュニケーションにおける園への理解につながる。
→保護者とのコミュニケーション[7]
（箕輪潤子）

（保護者の）要望

　園に対する保護者の要望として多いのは，「園でのわが子の様子を知りたい」「わが子をよく見てほしい」「保護者への気遣いがほしい」などである。保護者は，わが子の健やかな成長や幸せを願い，園の保育をより良いものにしたいと考え，園へ様々な要望を伝える。園は保護者の真意を理解し，保護者の要望を肯定的に捉える姿勢が不可欠である。保護者からの要望には丁寧に向き合い，内容を検討し，結果を保護者に説明する。

　しかし，保護者からの過剰な要望や，子どもへの不適切な理解など，保護者と園で思いのすれ違いが生じることもある。個々の保護者の状況は異なるものであり，家庭と園では子どもの見せる姿も異なるなど，子どもに対する捉え方が保護者と園で異なる背景には，多様な要因が絡んでいる。そのような場合にも保護者に共感的に関わることを基本として，保護者と園の意見調整を丁寧に図っていくことが大切となる。
（實川慎子）

苦情（クレーム） ⇨苦情解決 [7]

保護者会

　保育者が主体となり保護者を集めて開く会と，保護者が主体となってつくる組織との2つの意味で用いられる。前者は保育者が日々の保育やその時期のねらいなど，全体に伝えたいことを一斉に伝達する機会である。後者では役員の決定からすべての役割を保護者が担い，教育方針の確認，園の運営等に関わることの話し合い，園の保護者同士の親睦を深めることを目的とした活動や行事を展開している。例えば，園全体の保護者会として取り組むお祭りやバザー，クラスごとに行う親睦会等があり，規模や形態は様々

である。保育者もこれらの行事に協力はするものの，保護者が有する力を発揮できるよう支援側に徹することが大切である。たとえ同じクラスであっても，保護者同士が顔を合わせる機会は日常的には少なく，保護者会は共に子育てをする仲間同士のゆるやかなつながりを構築するうえでの貴重な機会である。子どもたちが安心して過ごせる環境作りのきっかけともなっている。
（衛藤真規）

個人面談

　保育者が行う保護者への支援には，子どもの送迎時の対応等日常的な場面で行われるものの他，特定の場面を活用して行われるものがある。個人面談は特定の機会を設定して開催されるものであり，あらかじめ日程を設定し，保育者と保護者が子どもの育ちや子育てに関して話し合う機会となっている。年に数回の時期を設定して行う場合と，適宜必要に応じて行う場合がある。個人面談は，保育者から子どもの様子や課題を報告するだけの場ではなく，子どもの育ちを保護者と共有するために行うものである。保護者を受容し，保護者の話を傾聴し，保護者の子どもへの関わりを承認することが重要である。課題がある場合には，必要となる対応について保護者とともに検討し，話し合った内容は，その後の保育，保護者支援に反映されていくこととなる。また，個人面談には，個人情報に関わる内容が含まれることも多いため，面談記録等の取り扱いには細心の注意を要する。
（衛藤真規）

家庭訪問 ⇨家庭訪問 [7]

（保育者の）経験

　保育者は経験に伴い，熟達化することが明らかとされている。高濱（2000）による調査では，保育者は熟達するにつれて豊富な構造化された知識をもつようになること，保育上の問題解決に，文脈と結びついた手がかりやこつを使うように

なることが示唆されている。保護者との関係に関しても，保育者の経験年数による力量形成が示されている（中平ほか，2016）。一方で，保護者支援の力量は，知識や技術を学べば上がるというわけではなく，その形成過程も保育者によって様々である。保育者が日々の経験を，自分なりに重ねていくことが重要である。多様な難しさが報告されている保護者との関係ではあるが，問題への対処という経験を通して，保護者に対する捉え方が変わることも示されている。保育者の研修においても経験は重視されている。保育者がそれぞれの園の中で事例などについて学び合う園内研修への注目が高まっている。

【引用文献】高濱裕子（2000）「保育者の熟達化プロセス——経験年数と事例に対する対応」『発達心理学研究』11（3）。中平絢子・馬場訓子・竹内敬子・高橋敏之（2016）「事例からみる望ましい保護者支援の在り方と保育士間の連携」『岡山大学教師教育開発センター紀要』第6号別冊。　　　　　　　　　（衛藤真規）

トラブル

　園で起きる子どもの事故やけがは，全て園の責任である。保護者への謝罪とともに，状況説明とけがの処置及び事故の検証と予防が求められる。一方，遊びにおける小さな擦り傷などは子どもの危険回避能力を育むものであり，事前に保護者の理解を図っておく。

　子ども同士のけんかは，子どもが経緯を正確に客観的に伝えることが難しいことから，保護者が不安になりやすい。各年齢の発達とけんかの特徴を保護者へ事前に伝えておくなど，保護者との共通理解を図っておく。また子どものけんかは，保護者同士のもめごとに発展することがあり，双方の保護者に対する丁寧な状況説明が必要である。保護者とトラブルになった場合は，保育者は一人で抱え込ま

ず園長や主任などに相談する。

　保護者とのトラブルは，普段から保護者とのコミュニケーションを図り，信頼関係を築いておくことによってある程度回避できる。子どもの送迎時などの日常的な場面を通して保護者との良好な関係作りを心掛ける。

→保育事故④，遊びと葛藤・いざこざ⑩
　　　　　　　　　　　（實川慎子）

育児不安

　育児を行う養育者，主に母親が，子どもの現状や将来に漠然とした恐れを抱いたり，自分の育児のやり方や結果に対して不安を感じたりすることをいう。無力感や疲労感，あるいは育児意欲の低下などが，ある期間持続している情緒の状態あるいは態度を指す。具体的には，子どもの発達や育ちにまつわる不安，自分の育児能力に対する不安，育児自体に疲労感やストレスを感じる困難感等がある。育児不安の要因として，核家族化の進展に伴い育児文化の継承が途切れたこと，母親に課せられた育児の過重負担，その結果もたらされた母親の社会的孤立感等が挙げられる。育児不安に陥らないため，また解消するためには，父親による子育てへの協力が必要であるとともに，地域社会をはじめとした周囲からの支援が重要である。　　　　　　　　（衛藤真規）

一時預かり　⇨一時預かり事業㊶

長時間保育

　保護者の労働条件や家庭状況によって，基本的な保育時間を延長し，子どもを預かること。2015（平成27）年施行の子ども・子育て支援新制度により，「保育の必要性の認定」が導入され，預かり時間が1日上限11時間の「保育標準時間」と上限8時間の「保育短時間」の認定区分が設けられた。それぞれに認定された保育時間の前後で実施される延長保育や，夜間保育，休日保育などが長時間保育の事業である。長時間保育においては，子ど

もの心身の発達を保障するため，様々な配慮が必要である。担当する複数の保育士が子どもの生活の連続性を考慮し，綿密な引き継ぎや情報の共有を通して，子どもに適した対応を行うことが求められる。保護者とは，連絡帳や送迎時のコミュニケーションを通して，子どもの生活の様子や育ちの姿を伝え合い，家庭と連携しながら子どもにとって安心できる保育環境を構成することが重要である。

（堀田由加里）

ワーク・ライフ・バランス ⇨ワーク・ライフ・バランス④

プライバシー

　幼稚園・保育所・認定こども園等の園生活自体が「生活」であり，園生活自体が子どもの私事・私生活（プライバシー）を含むものである。また，園と家庭との連携においては子どもや保護者，家庭に関する様々な情報を扱う。このため，保育者は子どもや家庭のプライバシーを守るための配慮や工夫をする必要がある。保育者が守秘義務を守るとともに，保育に関わる情報発信において子どもや保護者のプライバシーに配慮する必要がある。具体的には，園の Web サイト等では，画像等で子どもの顔や名前が特定されないようにしたり，保護者等の関係者のみが閲覧する等情報を公開する範囲を限定したりする。また，保護者との送迎時の会話等が他の保護者の耳に入らないようにしたり，不用意に他の保護者が他の子どもや保護者のプライバシーに関する情報に触れることがないようにしたりする必要がある。　　　　　（砂上史子）

（保護者の）同意

　保育の活動や園からの情報発信等において，保護者の同意を得ることが必要となる場合がある。例えば，園の Web サイトに子どもの画像を掲載する場合や，園で実施される研究調査において子どもや保護者が調査協力者（調査対象）と

なる場合などである。同意を得る方法は，口頭や書面等いくつかの方法がある。いずれの方法においても同意の対象となる事柄について丁寧に具体的に説明をする必要がある。また，同意を得るにあたっては，同意においては保護者等の自己決定・自己選択が尊重され，同意をしなくとも不利益が生じないことも伝える必要がある。現代社会では人々の価値観が多様化しかつ多様性を尊重する考えが広がってきている。保育現場では海外にルーツをもつ子どもをはじめ多様な背景をもつ子どもや保護者が増え，子どもの権利に関する意識も高まってきている。したがって，保育とそれに関連する事柄について保護等者の同意を得ることは今後より一層重要になるといえる。

（砂上史子）

説明責任

　保育とそれに関連する事柄について保護者等の理解を得たりそれらについて保護者等から説明を求められたりした場合や，保護者等の同意を得る必要がある場合には，保育に責任を有する立場にある施設長や保育者は，保護者等に十分な説明を行う責任がある。説明する内容は様々であるが，具体的には，保育の理念や方法・内容等の保育実践に関する事柄や，保育中の事故やトラブルの報告，保護者等からの疑問・苦情への回答等がある。説明責任を果たすことは，保育施設や保育者と保護者等との間の信頼関係の構築のため必要不可欠である。説明を求められた場合に応じるというだけでなく，普段から様々な媒体や機会を用いて，保護者等にわかりやすく伝える姿勢をもって，保育の理念や方針，日々の保育実践について積極的に情報を発信，開示することが説明責任を果たすことの一環となる。　　　　　（砂上史子）

関係構築

　相手との関係性を構築していくこと。

子どもの保育と保護者支援という二重の役割を担う保育者には，子どもとの関係構築，保護者との関係構築が求められ，保育実践を展開するうえで重要な基盤となる。保護者との関係構築は，子どもの最善の利益の尊重を目指した取り組みであり，保護者支援の基盤としても重要視されている。保育者と保護者の関係性は，保育者が保護者を理解するという一方向で成り立つものではなく，保護者からの保育者理解も要され，相互に作用し合いながら構築するものである。保育者と保護者との間には，思いが伝わらない難しさ，保護者の抱える課題への対処の難しさ，また，「子どものため」が必ずしも「保護者のため」にならない故の保育者の葛藤等，多様な難しさがある。一方で，その難しさへの対処を通して，保育者による保護者の捉え方が変容し，保護者との関係性が構築されていく様子も先行研究から明らかにされている。　　（衛藤真規）

個別支援

　特別な対応を必要とする家庭に対する支援では，個別の支援を行うことが求められている。保育所保育指針第4章の「保育所における子育て支援に関する基本的事項」では，子どもに障害や発達上の課題が見られる場合，保護者に育児不安等が見られる場合には保護者の希望に応じて，それぞれ個別の支援を行うことを努力義務として定めている。保育士には，個別支援に焦点化した知識・技術等が求められ，内容によっては，ソーシャルワークやカウンセリングの知識や技術を援用する必要もある。また，保育士の有する専門性だけで対応するには限界もあり，他職種との連携に基づき，各々のケースに必要な援助を展開することも求められる。さらに，適切に保護者への個別支援を行うためには，子どもと保護者を含む支援計画や記録の作成も必要である。　　（衛藤真規）

多文化

　近年，外国籍の園児をはじめ，様々な文化的背景を持つ園児が増えてきており，保育現場においては言葉，食事，行事などの観点で様々な課題に直面している。このような動向から，幼保連携型認定こども園教育・保育要領の中にもこれらの園児に対する配慮が記載されるようになり，保育者は，幼児それぞれの文化的背景や多様性を尊重し，多文化共生の教育や保育を進めていくことが求められている。自他の文化の違いに触れる機会を積極的に作ることは，早期の段階から文化の多様性に幼児自身が気づき，興味や関心を高めていくことにつながる。保育者にとっては自身の感性や価値観を振り返る機会にもなる。園での適切な援助の仕方を考えたり，園児同士の関わりのあり方を模索したりすることが大切である。また，単に国籍だけでなく宗教や生活習慣など，家庭による文化の違いも考慮することが必要で，ただ機会を提供するのではなく，個々の配慮に基づいて計画し実施することが求められる。保護者との情報共有においても個別に伝え方を工夫するなどの配慮が必要である。

→多文化教育・保育④，共生社会④

（宮本雄太）

感情労働 ⇨保育者の感情労働⑯

初 任

　初任期の保育者は，保育者としての未熟さ，仕事の大変さ，人間関係の困難さを感じており，固有のリアリティショックに陥り，混乱を経験することが示されている（秋田，2000；谷川，2013）。就職前に抱いていた期待や願望と実際の現場で直面する現実とのギャップに戸惑いや不安，葛藤を感じるという。初任保育者が感じるリアリティショックには，保護者対応の難しさもある。子育て経験がないため保護者からの相談にこたえられないことや，年上の保護者への対応の難し

さ等が挙げられており，これらのストレスを乗り越えることが難しくなれば，保育者としての自信を失い，仕事にやりがいを感じられなくなり，バーンアウト（燃え尽き）を起こすこともある。先輩保育者からの支援は必要であるが，先輩保育者の存在は初任保育者にとって自分の未熟感や不甲斐なさを感じる要因になってしまうこともある。園として，初任保育者を支える組織づくりが必要である。

【引用文献】秋田喜代美（2000）「保育者のライフステージと危機」『発達』83，ミネルヴァ書房，48〜52頁。谷川夏実（2013）「新人保育者の危機と専門的成長──省察のプロセスに着目して」『保育学研究』51（1）。　　　　（衛藤真規）

世代間交流

　子どもは多様な人との関わりの中で人間性を豊かにし，自分と社会との結びつきを理解していく。しかし，核家族化や住環境のハイテク化が進む現代において，生活体験や地域活動体験は乏しくなっており，一家族だけでは豊かな経験を子どもに与えることが難しくなってきている。世代間交流は，このような時代において，身近な家庭や園生活といった人間関係だけでは得難い祖父母世代との関わりを保障する機会を提供してくれる。また，世代間交流は小中高大といった他校種の児童・生徒・学生と触れ合う経験も含まれており，乳幼児自身が身近な年長者と触れ合うことで自分の将来像を描き出すことにもつながる。保育では，行事等で交流の機会を設ける他，散歩の際や隣接する施設間での日常的な交流を図るなど，様々な実践がなされている。
→共生社会④，地域に開かれた子育て支援⑦　　　　　（宮本雄太）

幼児教育産業

　幼児を対象にした教育サービスに関連する産業。保育産業ともいわれる。その形態は，通信教育から，ピアノや水泳などの習い事，発達支援，能力開発や小学校受験を目的とした塾まで多岐にわたる。近年では，胎児や乳児を対象にした早期教育プログラムの展開を含め拡大傾向にある。こうした広がりは，学力低下や不登校，学級崩壊などの社会問題や幼児教育の重要性を示す経済学や脳科学の研究成果の影響から，子どもに早い時期からより良い教育を受けさせたいという保護者のニーズによるところが大きい。幼児教育サービスの選択においては，家庭の階層や文化，保護者の価値観や意向によって規定される側面が強く，保育・幼児教育施設の外部から得た情報に基づいて目的や目標がすえられることもある。子どもの発達や興味関心を適切に捉え，子どもの豊かな育ちを支え促すためにどのような必要性があるのかを踏まえたうえで，幼児教育サービスの選択を行うことが大切である。　　　　（堀田由加里）

７ 家庭支援

少子高齢社会

少子化，高齢化のどちらもが進んだ社会を指す。国連の定義では，高齢化率が7％を超えた社会を「高齢化社会」，14％を超えた社会を「高齢社会」，21％を超えると「超高齢社会」と呼ぶが，わが国が高齢化社会になった1970（昭和45）年以降，高齢化率は上昇し続け，2010（平成22）年以降は超高齢社会である。一方で女性の社会進出による晩婚化，未婚化，または子育て環境への不安からくる少子化現象も進んでおり，わが国の合計特殊出生率は，1970年代半ばから人口置換水準（2017年時点で2.07）を下回っており，1990（平成2）年には1.57，2004（平成16）年には1.29を記録した。なお，合計特殊出生率とは，女性一人が15歳から49歳の間に産む子どもの数の平均である。少子化と高齢化が単独であれば社会の持続可能性は維持されるが，2つが揃っていることで，将来の労働人口，社会保障費，地域活力の減少を生み，そこから様々な社会問題が引き起こされる。

（下尾直子）

核家族

夫婦と未婚の子どものみで構成される家族。社会における家族形態の一つで，夫婦のみの世帯，ひとり親と未婚の子のみの世帯を含む。一人暮らし世帯である単独世帯，三世代世帯とは区別される。アメリカの文化人類学者マードック（Murdock, G. P.）が，伝統的な生活を送る250の社会を比較検討し，人類に普遍的で基礎的な集団として，主著 *Social Structure*（1949）（訳書『社会構造』新泉社，1978）のなかで提唱した用語。戦後，日本社会は高度経済成長とそれによる大きなライフスタイルの変化を経験し，核家族化の進行と単独世帯の急増を生み出してきた。2019（令和元）年の「国民生活基礎調査」の世帯構造別世帯数をみると，夫婦と未婚の子のみの世帯が28.4％，夫婦のみの世帯が24.4％，ひとり親と未婚の子のみの世帯が7.0％となっており，核家族世帯は全世帯の約6割を占めている。

（雨宮由紀枝）

家族の多様化

夫婦を核とした典型的な近代家族のスタイルと異なる家族が増え，一般化している現象が，「家族の多様化」である。1960年代に急速に広がった核家族化の流れは，それまで家制度の規範に縛られ，守られてきた婚姻制度を大きく揺るがした。離婚率の上昇により，ひとり親家庭やステップファミリー（再婚によって形成される家族）が増加し，ひとり親家庭に家族以外の同居人がいる家族など，様々な構成の家族がみられるようになった。さらに，他国からの移住労働者の増加や国際結婚の増加による外国籍家族，わが国ではまだ少数ながら同性カップルの家族も社会的に認知されるようになってきたことなど，家族の形が多様化しているのが現代社会の特徴でもある。

（下尾直子）

待機児童問題

待機児童とは，厚生労働省によれば保育の必要性が認定され，保育所の利用を

申し込んでいるにもかかわらず，保育所に入所していない児童である。1990年代から，都市部では少子化にもかかわらず慢性的な保育所不足である。2016（平成28）年には，匿名女性のブログの「保育園落ちた日本死ね」の一言に日本中が反応し，この問題がクローズアップされた。政府は保育所の増設や定員増を進めており，保育所の経営主体の制限を撤廃し株式会社の参入を促したことで，横浜市などは一時的に待機児童ゼロを実現した。しかし，倒産のリスク，利益重視による保育の質の低下などを理由に制限撤廃に踏み切れない自治体もあり，地域格差が広がっている。さらにこの問題には，利用を諦めて申し込んでいなかった潜在ニーズの存在もあり，増設すれば申し込み人数が増えてしまって待機児童が減らないという事情もある。　　（下尾直子）

ひとり親家庭

　離婚・死別により夫婦のいずれか一人が親として子を養育する家庭。「平成29年版厚生労働白書」によれば，2015（平成27）年において母子世帯は75万4,724世帯，父子世帯は8万4,003世帯である。1962（昭和37）年に制定された母子福祉法は，第二次世界大戦の「戦争未亡人」の生活困窮に対応したものであり，死別による母子家庭の支援を想定したものだったが，2017（平成29）年に改正された母子及び父子並びに寡婦福祉法の対象となる家庭の約8割は，死別ではなく離婚など生別によるひとり親家庭である。ひとり親家庭への支援では，児童扶養手当や児童育成手当のような経済支援のほか，近年では保育所や放課後児童クラブの優先入所，児童の精神面でのフォローを行う児童訪問援助員（ホームフレンド）や大学生等の学習支援ボランティアを派遣する事業など，様々な形での支援が行われている。
→母子及び父子並びに寡婦福祉法[37]，

ひとり親家庭[47]　　　　　（下尾直子）
父親への子育て支援

　現代社会では，ワーク・ライフ・バランスの観点から，父親が母親と同等に育児を担うことが推奨されているが，父親の育児休業取得率は，6.16％（2018年度厚生労働省雇用均等基本調査速報値）に留まっており，その日数は1〜5日と非常に短期間であること，さらには育児休業を取得したかったが同僚の視線や圧力に負けて取得を言い出せなかったという声があることも指摘されている。内閣府が推進する「イクメンプロジェクト（男性の育児休業取得促進事業）」はイクメンアワードを設けるなど，イクメンのイメージ向上を図っているが，諸外国に比較しても日本の父親の育児時間は圧倒的に少ない。形だけの育児休業取得率ではなく，実質的な育児参加を促進するには，啓発だけではない抜本的な施策が求められるだろう。
→ワーク・ライフ・バランス[4]
　　　　　　　　　　　　（下尾直子）

家庭教育支援

　2006（平成18）年の教育基本法の改正により，保護者が子の教育についての第一義的責任を負うものと定められ，国および地方自治体は家庭教育を支援することが努力義務となった。これを受けて，各地では，孤立しがちな保護者や仕事で忙しい保護者など，地域とのコミュニケーションや学習機会等をなかなか得ることのできない家庭に対し，家庭教育支援を行うために，民生委員・児童委員や地域の子育て経験者の「子育てサポーター」としての登録を行い，これらの身近な人たちによる「家庭教育支援チーム」が組織されている。小学校区を範囲とする身近な地域において，子育てに関する情報や学習機会の提供，相談体制の充実などの家庭教育支援活動が行われている。具体的な活動内容としては「情報誌の作

成による情報提供」「保護者がニーズに
応じて参加できるイベントの実施」「保
護者が自由に交流したり，相談できる場
（居場所）の提供」などがある。
→子育て支援 ⑥　　　　　　（二宮祐子）

保育指導

　2003（平成 15）年の児童福祉法の改正
により，保育士資格が国家資格化される
とともに，子育て支援に関する職務が
新たに付加された。児童福祉法第 18 条
の 4 には，保育士の職務内容として「児
童の保育及び児童の保護者に対する保育
に関する指導を行う」ことが規定されて
いる。この 2 つの職務内容のうち，後
者を「保育指導」と簡略に呼ぶことがあ
る。この保育指導とは，保護者が支援を
求めている子育ての問題や課題に対して，
保護者の気持ちを受け止めつつ行われる，
子育てに関する相談や助言などの支援内
容を指す。これらの支援内容は，保育の
専門的知識・技術を背景として，子ども
に対する保育内容と密接に関連しながら
実施されるものである。保育指導に関す
る専門的な知識・技術は，保育士養成課
程においては，「子育て支援」という名
称の必修科目で教授されている。
→子育て支援 ⑥　　　　　　（二宮祐子）

成長への気づきと子育ての喜びの促進

　保護者が抱く子育てへの意識には，
様々な側面がみられる。子育ての支援と
は，保護者が抱える子育ての悩みやつら
さ，不安等を共有することに限定される
ものではない。保育者が，日々の子ども
の育ちの姿とその意味を保護者に丁寧に
伝え，保護者とともに子どもの成長を喜
ぶことは，保護者にとって大きな喜びで
あり支えとなる。それらを通して保護者
が子どもの成長に気づき，自らの子育て
に喜びを感じられるよう支援することも，
保育者の重要な役割の一つである。保育
者には，一人一人の保護者の子育てを認
め，保護者が本来もっている子育ての力

に気づくことが求められる。そして，そ
れらの子育ての力を引き出し，促す支援
すなわちエンパワメントをすすめていく
ことが，保護者の子育てへの自信や意欲
の向上，自分らしい子育ての実現にむす
びつく。
→エンパワメント ㊾　　　（飯塚美穂子）

保護者の養育力の向上

　保護者が，園における子どもの生活の
場面を直接観察したり，活動に参加した
りすることは，保護者自身が自らの家
庭における子育てを振り返ることを促
し，子どもの生活や行動の理解の促進に
つながっていく。保護者が他の子どもの
観察や関わりを通して，子育ての見通し
をもつことができる場合や，子育てにつ
いての有能感に気づく場合もある。保育
者は，保護者が日常的な保育活動に積極
的に参加できるよう，保育参観や保育参
加などの様々な機会を提供することを意
識しておかなければならない。保育者に
は，それらの機会を通して，一人一人の
子どもを深く理解する視点を保護者に伝
え，保育所等における実践を示し，家庭
における子育てに寄与することが求めら
れる。なお，保護者の就労形態や生活状
況は，その家庭によって様々であるため，
家庭との連携をとりながら，それらの機
会を活用し，各家庭の状況に合わせた柔
軟な対応が期待されている。
→家庭との連携 ⑦　　　　　（飯塚美穂子）

情報提供

　保護者が，福祉サービスを適切に利用
するためには，それらのサービスについ
て正しい情報が提供されることが前提と
なる。社会福祉法では，「社会福祉事業
の経営者は，福祉サービスを利用しよう
とする者が，適切かつ円滑にこれを利用
することができるように，その経営する
社会福祉事業に関し情報の提供を行うよ
う努めなければならない」（第 75 条）と
明記している。また，サービス提供の際

の説明責任について，福祉サービスを提供する場合は，利用者から申し込みがあった際には，「その者に対し，当該福祉サービスを利用するための契約の内容及びその履行に関する事項について説明するよう努めなければならない」（第76条）としている。2015（平成27）年に開始された利用者支援事業においても，子育て家庭や妊産婦が，教育・保育施設や地域子ども・子育て支援事業，保健・医療・福祉等の関係機関を円滑に利用できるように，身近な場所での情報提供が行われることを目指している。

→利用者支援事業 41　　　（飯塚美穂子）

保護者の自己決定の尊重

　保育者には，子育ての第一義的な責任は保護者にあることを踏まえつつ，一人一人の保護者を尊重しながら，ありのままを受け止めるという受容的態度が求められる。保護者がおかれている状況や家庭環境，抱えている悩みや課題は様々であることを十分に理解し，保護者が自ら選択し決定できるよう，支援していかなければならない。しかし，それは保護者にすべてを委ね投げ出すという意味ではない。保育現場において，保育者は，保護者の子育ての伴走者として，パートナーとして，一人一人の保護者を個人として捉え，保護者自身の子育ての選択や決定を促し，保護者の意思を尊重しながら対応していく。個々の保護者にとって今何が必要なのか，求められているのか，それは子どもの最善の利益に沿ったものであるのかを考え，保護者の自己決定を尊重することが，保育現場における利用者の権利擁護にむすびつく。（飯塚美穂子）

家庭との連携

　子どもは，日々，家庭と保育所等を行き来しながら成長している。家庭と保育所等における子どもの生活は連続性をもっており，保育者には保護者とともに子どもを育てるという視点が欠かせない。一人一人の子どもの健やかな育ちを支えるためには，保護者との日常的な対話やコミュニケーションを通して，家庭における子どもの様子を保護者に確認し，保育所等における子どもの様子を保護者に伝えていくという情報共有が重要となる。子どもの日々の様子の伝達や収集は，保護者との相互理解を促し，それらの連携が十分に活かされることによって，子どもの疾病や事故防止，生活課題の早期発見・早期対応が可能となる。また，子どもの生活リズムを整え，家庭における生活の安定の促進にも寄与することで，子どもの発達が保障され，新たな生活課題の発生予防も期待できる。

→保護者との相互理解 7　　（飯塚美穂子）

保護者との信頼関係

　保護者との信頼関係は，家庭における生活と保育所等における生活の連続性を確保し，子どもの安心・安全な生活を支えるために不可欠なものである。個々の保護者から発せられる様々なサインを見逃すことなく，受容的関わりを心がけることが重要となる。保育者が，保護者がおかれている状況や課題について，それらのありのままを受け止め共感的理解を示すことは，保護者の安心感の醸成にむすびつく。また，一つひとつの悩みや課題については，否定することなく，思いを受け止めるという傾聴姿勢が求められる。保護者から発せられる言葉そのものだけではなく，保護者の心情を理解しようという姿勢で聴くことが重要である。それらの積み重ねにより，保護者との信頼関係が構築され，保護者の子育てに対する自信や意欲の向上が促進される。

→受容 49　　　　　　　（飯塚美穂子）

保護者とのコミュニケーション

　保育者と保護者は，日々の送迎時の対話や，連絡帳，電話や個人面談など，日常的な場面においてコミュニケーションを図ることが可能である。何気ない挨拶

や対話から，子どもや保護者のささいな変化に気づくこともあるため，保育者は自らの観察力を常に養い高めていく必要がある。日常的なコミュニケーションの蓄積は，保育者等と保護者の信頼関係を醸成し，家庭の安定をもたらす。また，保護者に対して相談や助言を行う場合は，保護者の思いを受容し，自己決定の尊重，プライバシーの保護や守秘義務などに留意して対応しなければならない。子どもや保護者，家庭がおかれている状況を把握し，子育てに不安を感じる保護者に対しても，保護者が自らの子育てを楽しいと感じ，自信をもって取り組むことができるような働きかけ，信頼関係を構築していくことが求められる。

→保護者との信頼関係⑦　（飯塚美穂子）

守秘義務

保育者が職務を遂行する際に，子どもや保護者のプライバシーを保護し，知り得た事柄の秘密保持は，必ず守らなくてはならないことを指す。保育者は保護者との情報共有は欠かすことができないため，子どもや家庭のプライバシーに関わる情報に常に接する立場である。「保育士は，正当な理由がなく，その業務に関して知り得た人の秘密を漏らしてはならない。保育士でなくなった後においても，同様とする」（児童福祉法第18条の22），「職員は，職務上知り得た秘密を漏らしてはならない。その職を退いた後も，また，同様とする」（地方公務員法第34条）など，守秘義務について法律で定められている。併せて，違反した際の罰則も定められている。

ただし，子どもが虐待を受けていると疑われる場合など，秘密を保持することが子どもの福祉を侵害する場合には，通告の義務が明示されており（児童福祉法第25条，児童虐待の防止等に関する法律第6条），その際には守秘義務違反には当たらないことは強く留意したい。

→児童虐待の防止等に関する法律㊲

（坪井　瞳）

保護者との相互理解

家庭と園とが相互に理解し合い，その関係を深めるには，保護者一人一人と関わる際，受容・傾聴・共感を基とし，信頼関係を築くよう努める。また，日々家庭や保護者が置かれている状況を理解し，思いを受け止め，保護者が保育の意図を理解できるよう説明すること，子どもに関する情報の交換を細やかに行うこと，子どもへの愛情や成長の喜びを感じられるよう気持ちを伝え合うことなども欠かせない。そのための手段や機会として，連絡帳，お便り，送迎時のコミュニケーション，保育参観あるいは保育参加，行事，個人面談，保護者会などがある。このような手段や機会を子育て支援に活用する際には，保護者の子育てに対する自信や意欲を支えられるよう，内容や実施方法を工夫することが必要である。

（坪井　瞳）

保護者同士の相互理解

就労形態や文化的・社会的背景など，保護者の生活形態はそれぞれ異なる。すべての保護者が互いに顔を見合わせる機会がもちにくい状況があるため，園では保護者同士の相互理解を深めるような配慮や工夫が必要である。行事等においては，すべての保護者が参加しやすい行事の時間・日程などの配慮を行いたい。また保護者同士が交流できる場を設けたりすることで，保護者同士の相互理解を促すことができる。そうした配慮や工夫を通して，だんだんと園と保護者の相互理解が高まり，同じ園に通う保護者同士の一体感が育まれていく。その結果，保護者同士が共通の話題をもつことができたり，互いの意見や思いを伝え合う関係を作ることができたり，さらには多様さを保護者同士が認め合うことによって，保護者自身が新たな気づきや学びを得る機

会へとつながっていくといえよう。

（坪井　瞳）

地域に開かれた子育て支援

　近年，地域における子育て支援の役割が一層重視されている状況がある。そのため，園がその意義を認識し，保育者の専門的知識や技術に基づく子育て支援を積極的に展開することが望まれている。その際，園が所在する地域の実情や，各園の特徴を踏まえ，園内の体制の整備や，関係機関・子育て支援関係団体との連携および協力に配慮しつつ実施されるものである。実施の際には，そもそもの業務である通常の保育に支障をきたさない範囲で行うことが重要である。支援活動の例として，園庭や園舎の開放，絵本の貸し出し，子どもに関する相談，子育て関連の情報提供，保護者同士，地域の人々との交流の機会やネットワークづくりの機会の提供などが挙げられる。幼稚園教育要領では，これらの機能は「地域における幼児期の教育のセンターとしての役割」として示された。幼保連携型認定こども園では子育て家庭への支援を「必ず実施すること」と義務とされているが，保育所・幼稚園においては「積極的に行うよう努めること」と努力義務となっている。

（坪井　瞳）

苦情解決

　社会福祉法によれば，保育所の場合，苦情解決責任者である施設長のもと，苦情解決担当者を決め，苦情受付から解決までの手続きを明確化し，その内容や一連の経過と結果について書面に残すなど，苦情に対応するための体制を整備することや，第三者委員を設置することなどが求められている。保護者から苦情（クレーム）が申し立てられた場合，その保護者に対して「モンスターペアレント」と安易にレッテルを貼るような行為は厳に慎むべきであり，むしろ，問題提起として受け止め，保育実践全体を見直して，改善し，保育の質の向上を図るきっかけとして，誠実に対応していく姿勢が必要である。

→社会福祉法 37，苦情対応・解決 48

（二宮祐子）

園の特性を生かした地域子育て支援

　園には，地域特性，建学の精神や保育理念，園運営に関わる職員等の特性があり，これらを総合的に子育て支援に生かしていくことで，より利用者のニーズに添った支援を行うことができる。

　園には保育士や幼稚園教諭など，子どもの育ちを支援するために必要な保育に関する専門的知識・技術をもつ専門職が配置されている。児童福祉法では，これらの専門性を生かし，子どもの保護者に対する指導を行うことが定められている。ここでの「指導」とは，「子育てを支援すること」を指し，保護者と対等な立場で協力し合いながら子どもの育ちに貢献していくことを指す。また園内には，嘱託医，看護師，栄養士等が配置されていることもある。さらに，園を取り巻く関係機関には，保健所の保健師，病院の医師，児童相談所の児童福祉司や児童心理司，福祉事務所の社会福祉士，児童発達支援センターの公認心理士，理学療法士，作業療法士などが存在する。こうした園内外の専門職と連携しながら，園が子育てに関するワンストップサービスの場として機能することが望まれよう。

（坪井　瞳）

チームアプローチによる子育て支援

　現在，園の職員や他機関と連携し，チームとして保育を行うことが主流となっている。それぞれの視点や専門性を生かせること，多角的に物事を捉えることができることがチームとしての支援の強みである。ただし，複数の立場や機関が関わることによって，責任の所在があいまいになりやすい。そうした連携の破れを避けるためにも，それぞれの立場や役割分

担を明確にしておくことは欠かせない。

近年，保育の場に求められる役割が多様化し，子どもや家庭，子育てをめぐる課題も複雑化している。外部研修などの機会を積極的に活用し，高度な専門性を獲得しておくことが求められよう。さらに，園内全体の保育の質の向上へとつなげるためにも，研修後には園内研修などを通じて，組織として共有し，活用することも求められる。　　　　　　　（坪井　瞳）

他機関との連携による子育て支援

保育の場では様々な対応すべき問題が現れることがあり，園内だけでは対応しきれない問題も多々現れる。中でも，病気・障害などの医療対応が必要な問題，虐待・DVなどのアディクション，精神疾患，金銭上の問題，夫婦や嫁姑などの大人の人間関係の問題などについては，他機関との連携は欠かせない。日頃より連携先の専門性や機能をよく理解し，顔を合わせ，問題が発生した際に適切なタイミングで子どもや家庭に関わる専門機関の情報提供・紹介・フォローなどを行えるような連携体制の構築を図る努力は欠かすことができない。また，不適切な養育や児童虐待が疑われる場合には，要保護児童地域対策協議会で検討を行う他，児童相談所へ速やかに通告し，適切な対応を図ることが必須である。厚生労働省の「子ども虐待防止の手引き」(2013)や文部科学省の「学校・教育委員会等向け虐待対応の手引き」(2019)において，園として組織的対応を図ること，事実関係はできるだけ細かく具体的に記録しておくことなども示されている。

→要保護児童対策地域協議会 [24] [40]
（坪井　瞳）

専門的知識・技術に基づく子育て支援

園には，保育士や幼稚園教諭，看護師，栄養士，調理員など，職員がそれぞれの有する専門性を発揮しながら保育に当たっている。その際，倫理観に裏付けられた専門的知識・技術・および判断をもって保育するとともに，保護者に対する子育ての支援を行う。子育て支援の例として，食事や排泄などの基本的生活習慣の自立に関すること，発達の見通し，遊びや玩具，遊具の使い方，子どもとの関わり方などについて，一人一人の子どもや保護者の状況に応じて具体的に助言をしたり，行動見本を実践的に提示することなどが挙げられる。また，栄養士や調理師は離乳食作りや食育等に関すること，看護師は子どもの病気や衛生などに関することなど，それぞれの専門的な知識と技術を子育て支援に生かしている。その際，外部研修等の機会を生かし，専門性の向上のための努力をすることは不可欠である。　　　　　　　　　　（坪井　瞳）

子どもの生活の連続性

就労をはじめ，多様化する保護者のライフスタイルと子育てとの両立とを支援するために，現在，保育の需要に応じた様々な事業も実施されている。延長保育，夜間保育，休日保育，一時保育，病児保育などの事業がある。実施の際には，保護者の状況に配慮するとともに，常に子どもの福祉の尊重を念頭に置き，子どもの生活への配慮がなされるよう，家庭と園内の職員とともに連携していく必要がある。発達の状況，健康状態，生活習慣，生活のリズムや生活背景などは一人一人異なる。また，特別な支援を必要とする子ども，児童養護施設や里親など社会的養護の場から通園している子どももいる。そのため，保護者との情報共有は欠かせない。保育者間・園内の他職種間などでもそれらの情報を共有し，一人一人に応じた援助を心がけたい。また，必要に応じて園の一日の流れや保育の環境を工夫するなどの配慮を行いたい。こうした援助や配慮によって子どもは園での生活を無理なく過ごすことができ，情緒の安定へとつながり，豊かな時間を過ごすこと

へとつながる。

→延長保育事業 ②, 病児・病後児保育 ⑬,
夜間保育 ⑬, 障害児保育 ⑱, 一時預
かり事業 ㊵ 　　　　　　　　　（坪井　瞳）

特別な配慮を必要とする家庭への支援

　特別な配慮を必要とする家庭とは, 主
に, ①子どもが障害や発達上の課題を
もっている家庭, ②ひとり親家庭, ③不
適切な養育をしている家庭である。これ
らに加えて, 近年では, ④外国籍をもつ
子どもの家庭, ⑤貧困家庭などが挙げら
れる。これらの家庭には, 子どもの課題
か保護者の課題, あるいは子ども・保護
者双方に課題があることが多い。いずれ
にせよ保護者との信頼関係を築きつつ,
相互理解を図っていく必要がある。その
ためには, 保護者の支援ニーズや思いを
丁寧に確かめていく場を設け, 保育者は
子ども・保護者のよき支援者となること
を求められる。　　　　　　　（守　巧）

個別の支援の必要な家庭

　個別的な支援が必要となる家庭の種類
は, 軽微な育児不安から, 子どもの障害
や虐待などの重篤な課題を抱えている家
庭まで, 非常に幅が広い。このような家
庭を支えるためには, 保育者が子育て支
援に必要な知識や技術等の他に, 個別的
な支援に焦点化した知識や技術等をもつ
ことが必要となる。個別的な支援が必要
と判断されるようなケースでは, 保育者
の専門性を活用しつつ, 他職種の専門性
を取り入れていくことが望ましい。具体
的には, 他職種に協力を仰ぎ, それぞれ
の強みを活かしながら支援の展開を検討
していくのである。その際, 重要なのは
それぞれが有する情報と支援の方針を共
有することである。この場合の情報とは,
子どもの発達の状況や家庭の状況の他,
そこから生じている子どもや家庭が抱え
ている課題などである。　　　（守　巧）

保育参加

　保育者−保護者の間における相互理解
を深めるための手法の一つとして, クラ
ス活動などに, 保護者も実際に参加する
ことにより, 保育実践への理解を深める
ことを指す。保育参観の場合は観察が中
心となるのに対し, 保育参加では保護者
自身の体験も重んじられる。保育参加で
は, クラス活動の一日の流れをともに過
ごすことで, 普段行われている遊びや食
事・排泄・着替えなどの日常的な活動へ
の理解を深めることもあれば, 保護者自
身の得意分野を生かした活動を展開する
こともある。

　保育所保育指針においては, 保育参加
の効果として, 保護者自身の養育力の向
上が促されることが指摘されている。保
護者は, 保育士がわが子に関わる様子を
観察したり, 友達とわが子がやりとりす
る姿をみたりすることで, 普段, わが子
が保育園で過ごす様子を把握することが
できる。その他にも, 保育士の関わり方
や他児の様子を見聞きすることで, 自ら
の子育てについて振り返ったり, 今後の
見通しをもったりすることができるとい
う効果がある。

→保護者との相互理解 ⑦ 　　（二宮祐子）

保護者との共通認識（共通理解）

　子どもに発達上の課題がみられる家庭,
日本語を母語としない外国籍家庭, ひと
り親家庭, 貧困家庭など, 特別な配慮を
必要とする家庭では, 保護者自身が困り
感を抱えているにもかかわらず, 自ら
のニーズを正確に把握していなかった
り, 不安や悩みを支援者に的確に伝える
ことができなかったりすることが, しば
しばある。このような適切な支援につな
がりにくい家庭では, 問題を家庭内で抱
え込んでしまった結果, 重篤化すること
が多い。園では, 送迎時など日常的な場
面における丁寧な関わりを積み重ねる中
で, こうした家庭の状況や問題を把握し,
保護者が自らの課題への認識を深め, 適
切な行動がとれるよう促す。園における

子どもの姿を伝える中で，保護者とともに発達上の課題などを共有するとともに，保護者の意向や思いを理解したうえで，必要に応じて，他機関との連携もとりながら，個別に対応していく必要がある。

→保護者との相互理解⑦　　（二宮祐子）

不適切な養育

不適切な養育とは，その時点においては虐待までは至っていないものの，虐待のリスクの高い養育を指し，個別の支援が必要となる。保護者側の要因としては，子どもに対する適切な関わり方や育て方がわからない場合，子育てに悩みや不安を抱いたりしている場合，子どもに身体的・精神的苦痛を与えるような関わりをしてしまう場合などが挙げられる。子ども側の要因として，障害などの育てにくさがあることも多い。その背景となる環境要因として，核家族化や地域のつながりの弱体化などによるサポート体制の脆弱さが横たわっていることが多い。日常的な関わりをもつ保育所は，こうした不適切な養育について，早期発見・早期対応が行いやすい特性を有する。保育所における個別の支援にあたっては，保護者との丁寧なやりとりを基本に，園全体で対応する。虐待の疑われる家庭など，保育所内での対応に限界のある場合は，市町村または児童相談所への通告義務があることが児童虐待防止法に定められている。

→児童虐待㉔㊸，マルトリートメント㊸　　　　　　　　　　（二宮祐子）

保護者の自主的活動

保育所や子育て支援センターにおいて，子育てをしている保護者同士が親睦を深めたり，園の保育の質の向上に貢献したりすることを目的として，自主的に行う活動を指す。原則として，在園児の保護者全員が参加する保護者会もあれば，希望者のみが参加するサークルの場合もある。その活動内容は，バザーによる資金あつめ，絵本や図書コーナーの整備の手伝い，趣味のグループ活動など，多彩である。園としては，活動スペースを提供したり，ミーティングにオブザーバーとして出席するなど，保護者の自主性を尊重しつつ，活動が円滑に進められるよう，側面的支援を行う。　　　（二宮祐子）

ひろば活動

1990年代後半ごろから，子育て当事者や経験者による市民活動として，未就園の子どもとその保護者のために，居場所づくりの活動が実施されてきた。これらの活動は「子育てひろば」や「子育てサロン」と呼ばれることが多く，ひろば活動と総称されてきた。実施場所は，個人宅が開放されたり，公民館などの公共の場の空きスペースを利用して開催されることが多かった。また，遠出ができない親子が気軽に利用できるようにするためのアウトリーチ活動として「出張ひろば」も行われてきた。これらの活動は，2002（平成14）年につどいの広場事業として制度化された。その後，保育所で実施されることの多かった地域子育て支援センター事業との統合を経て，現在，子ども・子育て支援新制度のもとで，地域子育て支援拠点事業の一般型として再編された。

→地域子育て支援拠点事業㊶　　　　　　　　　　（二宮祐子）

子育て相談

保育所における子育て相談としては，対面による相談の他，電話による相談も行われてきた。メールやSNSを用いた相談は，まだ一般的ではない。対面による相談の場合，在園している子どもの保護者と地域の保護者の両方が対象となる。顔見知りで園の近隣に居住していることが多いことから，見通しをもって継続的に支援しやすい。電話相談の場合，匿名性が高いものの，相談の場にまで出向く必要がないために，時間や手間を短縮す

ることができるというメリットがある。また，匿名だからこそ，相談者にとってはプライバシーが守られ，自分が傷つく恐れがないという安心感がもてることもある。相談や助言は，保護者の語りを傾聴し，その思いを受容することを通じて，ラポールを築く中で実施する。虐待や障害の疑いのある場合など，より専門的な対応が必要な場合は，他機関を紹介し，適宜，連携をとる。　　（二宮祐子）

家庭訪問

　幼稚園・保育所・認定こども園に勤務する保育者の場合，勤務先の園内で職務を遂行することが多いが，必要に応じて，園外に出向くアウトリーチを実施することもある。日本で最初となる二葉保育園の実践記録によれば，明治時代から家庭訪問が実施されていたことがわかるように，保育所におけるアウトリーチの代表的な手法として，家庭訪問は古くから実施されてきた。子ども・子育て支援新制度下においては，市区町村が実施する地域子ども・子育て支援事業として，子育てを行っている家庭に対し，保育者等を派遣するサービスもある。具体的には，生後4か月までの乳児がいるすべての家庭を訪問し，子育て支援に関する情報提供や養育環境等の把握を行う乳児家庭全戸訪問事業や，養育支援が特に必要な家庭に対して，その居宅を訪問し，養育に関する指導・助言を行う養育支援訪問事業が実施されている。

→アウトリーチ 49　　　（二宮祐子）

預かり保育

　地域の実態や保護者の要請により，幼稚園が正規の保育時間終了後に，希望者を対象に行う保育。文部科学省は，「教育課程に係る教育時間の終了後等に行う教育活動」を「預かり保育」と表記し，学校教育法第22条～第25条に預かり保育・子育て支援について規定した。具体的な留意事項は，幼稚園教育要領に規定

されている。「令和元年度幼児教育実態調査」によれば，預かり保育を実施する幼稚園は全体の87.8％（公立：70.5％，私立：96.9％）で，保育時間や保育内容等は幼稚園ごとの方針により大きく異なっている。子ども・子育て支援新制度（2015年度施行）において，一時預かり事業の再編が進められ，預かり保育については幼稚園等が主に在籍園児を対象に行う一時預かり事業（幼稚園型）を創設し，園児以外の子どもについては一時預かり事業（一般型）により対応することとした。

→教育課程に係る教育時間の終了後等に行う教育活動 24　　　（雨宮由紀枝）

子育て支援者

　子育て支援者とは，保育士のような国家資格ではなく，自治体等における講習や登録を経ることにより，任命されるものを指す。その専門性はあいまいな部分もあるものの，保育士と同じ場で業務を遂行する場面が多い。また，地域型保育事業の創設により，認可保育所や幼保連携型認定こども園は，連携保育所として位置づけられ，小規模保育や家庭的保育の受け入れを行わなければならないため，子育て支援者と連携する場面が多くなった。具体的には，市区町村が開催する講習を修了することにより資格が得られる，子育て支援員や家庭的保育者がある。子育て援助活動支援事業において，市区町村に有償ボランティアとして登録されているファミリーサポート提供会員の他，各施設で登録された保育ボランティアなどもある。　　　　（二宮祐子）

エコマップ

　利用者と社会資源との関係性を表現した地図で，生態地図ともいわれる。援助者が，多様で複雑な生活上の困難を抱えた利用者を支援するときに用いると有効とされるマッピング技法の一つ。利用者と家族を中心として，周辺に関連する社会資源（関連機関，専門職などのフォー

マルな社会資源，友人，近隣住民などのインフォーマルな社会資源）を配置し，その関係性を一定の記号や線を用いて作図する。利用者と家族とその外部にいる人々や組織との複雑な人間関係をアセスメント（評価）し，活用可能な社会資源がどこにあるのかを捉え，課題解決への手がかりを見出すことを目的とする。1970年代に，アメリカのソーシャルワーカー，ハートマン（Hartman, A.）が，環境との相互作用が生じる生態系の概念を家族関係や社会関係に適用して考案した。

（雨宮由紀枝）

ジェノグラム

　家系図や世代関係図と訳されることもあり，利用者を中心とした世代間にわたる家族構造とその相互関係を図式化した

もの。援助者が，家族のアセスメントや家族への適切な介入のヒントを得るための基礎資料として作成する。ジェノグラムの作成過程そのものが，家族への支援や治療関係の形成につながることもある。①家族の構造の図式化（中心人物，性別，婚姻関係，同胞の出生順位，同居などを一定の記号や線を用いて作図），②家族に関する情報の記録（年齢，職業，出身地，結婚・離婚のいきさつ，転居，収入，学歴，非行・犯罪歴，病歴など），③家族の関係性の記録（親密，疎遠，敵対，虐待など）により作成する。精神医学，臨床心理学，ソーシャルワーク，教育などの多様な臨床実践で用いられる中で発展してきた。

（雨宮由紀枝）

8　関係機関・地域との連携

子育て家庭支援センター（子育て支援センター） ⇨子育て支援センター 41
子育て短期支援事業 ⇨子育て短期支援事業（ショートステイ／トワイライトステイ）41

子育て広場

　主に0歳〜満3歳の乳幼児とその保護者が自由に，気軽に集まり，保護者同士がうち解けた雰囲気の中で語り合い，相互に交流を図ることのできる常設の場。児童福祉法第6条の3第6項では「地域子育て支援拠点事業」として規定されている。地域子育て支援拠点事業には「一般型」と「連携型」がある。一般型は，公共施設や商店街の空きスペース，民家，マンション等の一室，保育所・幼稚園・認定こども園等に原則週3日以上かつ1日5時間以上開設する。連携型は，児童館等の児童福祉施設等において原則週3日以上かつ1日3時間以上開設する。基本事業は，①子育て親子の交流の場の提供と交流の促進，②子育て等に関する相談・援助の実施，③地域の子育て関連情報の提供，④子育て及び子育て支援に関する講習等の実施としており，その他に加算事業が設けられている。従事者は，子育て支援に意欲があり，子育てに関する知識・経験を有する者を一般型では2名以上配置する。連携型は1名以上配置したうえで児童福祉施設等の職員が協力する。
→地域子育て支援拠点事業 41

（小栗正裕）

子育て支援員 ⇨子育て支援員 39

町内会

　一定の区域における地縁団体の一つ。環境，防災，ごみ集積場の管理，地域行事など地域の様々な課題に取り組んで住民自治を行い，また親睦を行うことを目的とする。広報誌の配布など行政からの委託を受けることもある。呼称は自治会，町会，区など様々である。自治会の機能の特徴として包括的機能が挙げられ，地域のあらゆる課題に関与する。子育てに関連する部分では，地域における子育て支援を行政や社会福祉協議会，児童館などと連携して行ったり，登下校時の安全活動を学校，PTAなどと連携して行っているところも存在する。一方で，これまで全戸加入，世帯単位を建前としてきたが，様々な活動や行事への参加を強制される場面があるなど，最近ではそれが負担として受け止められることも多くなり，その加入率は年々低下してきている。

（小栗正裕）

児童委員 ⇨児童委員／民生委員 38
児童家庭支援センター ⇨児童家庭支援センター 38

児童家庭相談

　2004（平成16）年児童福祉法の改正により，児童家庭相談に応じることが市町村の業務として法律上明確化された。そのため2005（平成17）年4月からは，市町村が児童家庭相談の第一義的な窓口となり，児童相談の初期窓口の役割を果たすだけではなく，関係者と一緒に個別事例の援助方針を決め，実際に援助を行っている。市町村においては，虐待の未然防止・

早期発見を中心に積極的に取り組み，必要な実情の把握，必要な情報の提供，家庭その他からの相談にも応じ，必要な調査及び指導などを実施している。都道府県においては，市町村の業務の実施に関し市町村相互間連絡調整や情報提供及び援助，広域的見地から実情の把握，専門的な知識及び技術を必要とするものへの対応，調査並びに判定や指導，児童の一時保護などを実施している。

→児童福祉法 ③⑦ （宮地あゆみ）

児童館

「児童に健全な遊びを与えて，その健康を増進し，又は情操をゆたかにすること」を目的とする施設であり，児童福祉法第40条に規定された児童厚生施設の一種である。満18歳までのすべての児童が対象で，自由に来館できる遊び場としての機能が基本であるが，放課後児童クラブや子育て支援の機能を兼ねている施設も多い。厚生労働省の「社会福祉施設等調査」によれば，施設数は2018（平成30）年10月現在で4,477か所であり，児童福祉施設としては保育所に次いで多い。明治時代末期に大都市部で行われたセツルメントの児童クラブがその源流である。種別には，小地域を対象とした小型児童館，運動遊びを通して体力増進を図る指導機能をもつ児童センター，都道府県内や広域の子どもを対象とした活動を行う大型児童館がある。児童センターの中には中高生などの年長児童に対する育成支援の機能をもつ大型児童センターが含まれる。大型児童館は都道府県内の小型児童館・児童センターの連絡調整等の役割を果たすA型と，豊かな自然環境の中で子どもが宿泊しながら自然を生かした遊びを通した健全育成活動を行うB型に区分される。

→児童厚生施設 ③⑨ （小栗正裕）

民生委員 ⇨児童委員／民生委員 ③⑧
児童相談所 ⇨児童相談所 ③⑧

主任児童委員 ⇨主任児童委員 ③⑧
地域子育て支援拠点事業 ⇨地域子育て支援拠点事業 ④⑴

近隣集団会議

吉田眞理が示した用語で，子どもが育つ環境として重要な役割を果たす近隣社会における直接の人間関係（インフォーマルネットワーク）を構築したり，調整したりするために，地域住民と社会福祉専門職（コミュニティワーカー）が協働する社会福祉援助技術。子どもに関わる問題の早期発見や家庭支援，施設退所児童の地域生活の支援には日常的な生活の場である地域が重要な役割を果たすことから，その実践が求められるようになってきた。近隣集団会議の必要要件として，①近隣集団は近隣関係を構築し，他者のために活動する力があるという信頼のもとでアセスメントを行う，②専門職の近隣集団の技能を調和させる，③専門機関と住民，住民相互の力関係を調整する，④声をあげにくい住民への配慮を行う，⑤近隣集団が自律的に活動できるよう支援する，の5つが挙げられる。

【引用文献】吉田眞理（2005）「近隣集団会議——住民と専門職が協働する援助技術」『大正大学大学院研究紀要』（29）。

（小栗正裕）

放課後児童クラブ ⇨放課後児童クラブ ④⑵

母親学級

近年の少子化社会では，乳幼児との接触や育児体験がないまま親になり，初めての育児に戸惑うケースが多く見られる。産後の育児不安を軽減するためにも妊娠期からの援助・支援は重要である。このような中，母親学級は，主に妊娠22〜35週の妊婦を対象に，妊娠中の体のことや食事，出産，産後の乳児の世話等育児に必要な情報を入手し，学ぶことができる場となっている。運営は，自治体，産婦人科病院，保健センター，民間企業，

NPO 法人等が主催となり実施しており，費用は無料のところから数千円程度の料金がかかるところもある。また，受講回数や時間は，1回あたり2時間ほど，3〜5回開催されるのが一般的で，医師や助産師，栄養士，保健師，歯科医等専門職による指導を受けることができる。特に，初めての妊娠・出産には，多くの不安を抱える母親も多く，専門家に相談できる機会があることで，不安が解消され，落ち着いた気持ちで出産を迎えることができる。　　　　　　　　　　（福井逸子）

両親学級

出産を控えた妊婦とその配偶者，家族を対象として，出産・育児の正しい知識を学び，専門家からのアドバイスや体験学習を通し学ぶ教室。夫婦それぞれを対象とした「母親学級」「父親学級」もあるが，両親学級では，出産以前から夫婦が揃って育児をする疑似体験を通して，妊婦に対する家族の理解が深まっていく良い機会となっている。また，病院によっては，両親学級に参加していないと立ち会い出産ができないところもある。参加の時期は主催している自治体や産院などにより異なるが，概ね妊娠22週から遅くとも35週あたりまでに行われる。時間帯は，平日の夜間や土日の日中に行われているところが多く，仕事をしている父親にも参加しやすい日時に設定されている。講義の中には，父親同士，母親同士で行うグループワークなどもあり，育児について学べるだけでなく，夫婦間の親睦が深まったり，新しい子育て仲間をつくることもできる。　　　　（福井逸子）

赤ちゃんボランティア

乳児とその母親が教育機関や高齢者施設，企業，団体を訪問し，学び，癒し，感動を共有し，人として大切なことは何かを感じてもらうための人間教育プログラム。具体例として，小学校，中学校向けのプログラムでは，いのちの偉大さに

気付き，自己肯定感を高め，いじめや自殺防止，生まれてきたことの奇跡・偉大さを学ぶことを目的としている。また，高校・大学向けのプログラムでは，親になる準備，結婚出産を視野に入れた自身のキャリアデザインを考える機会となっている。さらに，高齢者施設向けのプログラムでは，乳児による癒しと子育て文化の継承を通して生きる希望，乳児との触れ合いから未来へつながる命を感じてもらうことが目的となっている。このように，赤ちゃんボランティアは，世代を超えるコミュニティを促進し，子育て文化を豊かにしていくために役立てられている。　　　　　　　　　（福井逸子）

地域包括支援センター

介護保険法第115条の46に基づき，「地域住民の心身の健康の保持及び生活の安定のために必要な援助を行うことにより，その保健医療の向上及び福祉の増進を包括的に支援すること」を目的に，日常生活圏域に1つ設置されている施設である。高齢者が住みなれた地域で安心して，その人らしい生活が継続できるように，多種多様なニーズや課題に対して，地域にある社会資源を活用し，ネットワークを構築する中で，包括的な支援事業を実施している。施設には，社会福祉士，保健師，主任介護支援専門員などが配置されており，それぞれの専門性を活かしつつ，介護予防ケアマネジメント，包括的・継続的ケアマネジメント支援，総合相談支援，権利擁護などの事業を必須事業として実施している。高齢者の地域生活支援において，大きな役割を担っている施設である。　　　（宮地あゆみ）

地域安全活動

安全で安心して暮らせるまちを実現するため，地域ぐるみで，犯罪等の防止に取り組む活動をいう。刑法犯の件数自体は減少傾向にあるものの，子どもが被害者となる犯罪の発生が依然として起きて

いることと，それにより治安に不安を感じている人が少なくないことを背景としている。活動は，地域住民による「防犯ボランティア」によって担われている。主な活動としては，登下校時の見守り活動，夜間などの防犯パトロール活動，落書き消しなどの環境浄化活動，防犯教室などの防犯広報活動が挙げられる。防犯ボランティアの結成と地域安全活動の実施にあたっては，自治会などの地縁団体，学校，警察，消防など，関連する機関・団体等の協働・連携が重要である。

（小栗正裕）

市民農園

　都市民が余暇活動として，小面積の農地を利用して野菜や花を育てる農園のこと。目的は，自家用野菜・花の栽培，高齢者の生きがいづくり，生徒・児童の体験学習など多様である。ヨーロッパ諸国では，歴史的に古くから存在しているが，日本では，1990（平成2）年前後に特定農地貸付法や市民農園整備促進法が制定されて以来，農園数を伸ばしてきた。運営は，主に地方自治体に委ねられているが，利用者がすべて自分の裁量で管理する必要があり，手間と時間に余裕のある中高年層に利用者が偏りがちであった。そうした中，全面的に農作業のサポートを受けられ，手ぶらで来園できるサポート農園が利用者を伸ばしている。週末等に家族で市民農園に参加すれば，子どもの食育につながり，野菜を育てる喜びを知り，季節ごとの採れたての野菜を味わえる等家庭教育においても役立てられている。

（福井逸子）

オートキャンプ場

　車で直接場内まで乗り入れてから，テント等を設営することができるキャンプ場のこと。普通のキャンプ場は，指定された駐車場に車を止めてから，アウトドアキャリーなどを使って，歩いてキャンプ場内に荷物を搬入しなければならない

不便さがある。オートキャンプ場では，一定の区間を設けているキャンプ場もあるが，自分の好きな場所まで車で行って，好きなようにテントを張ってレイアウトできるフリーサイトのオープンキャンプ場も多い。また，オートキャンプ場で子どもを遊ばせる場合は，基本として，車が通るキャンプ場であるという認識をもって，子ども一人で遊ばせたり，勝手にどこかに行かないように常に気を配っておくことが必要である。子ども自身も，通常の道路と同じように，渡る時には安全確認を行うこと等，キャンプ場内でのルールやマナーをもって参加することが重要である。

（福井逸子）

NPO法人（特定非営利活動法人）

　特定非営利活動促進法に基づいて，ボランティア活動をはじめとする市民が行う自由な社会貢献活動として，特定非営利活動の健全な発展を促進し，公益の増進に寄与している特定非営利活動を行う，法人格を付与された団体のこと。NPO法人の活動分野は，20分野に限定されており，NPO法人を設置するには，その事務所が所在する都道府県知事の認証を受け，理事3人以上，監事1人以上，10人以上の社員がいることが必要である。非営利というのは利益をだしてはならないのではなく，得られた利益を組織内で分配しないということであり，得られた利益は事業展開のために使用することができる。また，利益事業により生じた所得は課税の対象になるが，法人税は原則非課税となっている。

→ NPO法人（特定非営利活動法人）**40**

（宮地あゆみ）

病児・病後児保育 ⇨病児・病後児保育**13**
延長保育 ⇨延長保育事業 **2**

休日保育

　日曜日や祝日などの休日に家庭での保育ができない場合に保育所において行われる保育である。市町村の事業であ

り，市町村内の一部の認可保育所・認定こども園等において行われている。対象は，保育の必要性の認定（2号認定・3号認定）を受けており，かつ休日に保育を必要とする子どもである。利用料は，普段利用している認可保育所・認定こども園・地域型保育事業等の保育料に含む場合と，別途必要な場合があり，市町村によって異なる。勤務形態の多様化を背景として，1999（平成11）年12月に策定された新エンゼルプランにおける具体的実施計画に含まれ，特別保育事業として本格事業化された。2015（平成27）年度からの子ども・子育て支援新制度では公定価格の加算要件として休日保育加算が設けられている。

→新エンゼルプラン40　　　（小栗正裕）

子ども・子育て会議

　子ども・子育て支援法に基づき，子ども・子育て会議が内閣府に設置されており，都道府県や市町村においても設置するように努めるとされ，それぞれの自治体の条例に従い運営されている。内閣府の子ども・子育て会議では，子育て支援の政策プロセスなどに参画・関与し，各種基準及び給付費の額の算定基準なども検討している。都道府県では，都道府県の子ども・子育て支援事業支援計画に関し，施策の総合的かつ計画的な推進に関し必要な事項及び当該施策の実施状況を調査審議している。市町村では，教育・保育施設・地域型保育事業の利用定員の設定，市町村子ども・子育て支援事業計画，子ども・子育て支援に関する施策の総合的かつ計画的な推進に関し，必要な事項及び当該施策の実施状況を調査審議している。

→子ども・子育て支援法1
　　　　　　　　　　　（宮地あゆみ）

市町村子ども・子育て支援事業計画

　子ども・子育て支援法に基づいて，市町村は5年間の計画期における子ども・子育て支援事業計画を作成している。市町村子ども・子育て支援事業の種類としては，利用者支援事業，延長保育事業，実費徴収に係る補足給付を行う事業，多様な事業者の参入を促進する事業，放課後児童健全育成事業，子育て短期支援事業，乳児家庭全戸訪問事業，養育支援訪問事業，要支援児童・要保護児童等の支援に資する事業，地域子育て支援拠点事業，一時預かり事業，病児保育事業，子育て援助活動支援事業，妊婦健診がある。それらの確保の内容と実施時期などについて，現状の利用状況や今後の利用を踏まえ量の見込みを設定し，必要に応じて調整し設定している。それぞれの給付は，市町村子ども・子育て支援事業計画に基づき行われている。　　（宮地あゆみ）

社会福祉協議会

　社会福祉法第109条から第111条に位置付けられている，社会福祉活動を推進することを目的とした民間の非営利組織である。全国社会福祉協議会では，社会福祉協議会の中央組織として，利用者や関係者との連絡・調整，活動支援，制度の改善への取り組みなどを行っている。都道府県社会福祉協議会では，各市町村を通ずる広域的な見地から，従事する者の養成及び研修，経営に関する指導及び助言，市町村社会福祉協議会の相互の連絡及び事業の調整などを行っている。市町村社会福祉協議会では，事業の企画及び実施，活動への住民の参加のための援助，事業に関する調査，普及，宣伝，連絡，調整及び助成，社会福祉を目的とする事業の健全な発達を図るために必要な事業などを行っている。

→社会福祉法37　　　（宮地あゆみ）

社会福祉法人 ⇨社会福祉法人40

乳児院 ⇨乳児院39

母子生活支援施設 ⇨母子生活支援施設39

児童厚生施設 ⇨児童厚生施設39

児童養護施設　⇨児童養護施設 [39]

障害児入所施設　⇨障害児入所施設（医療型）[39]，障害児入所施設（福祉型）[39]

児童発達支援センター　⇨児童発達支援センター（医療型）[39]，児童発達支援センター（福祉型）[39]

児童心理治療施設　⇨児童心理治療施設 [39]

児童自立支援施設　⇨児童自立支援施設 [39]

保育所等訪問支援　⇨保育所等訪問支援事業 [45]

居宅型児童発達支援

　重度の障害などにより，児童発達支援などの児童通所支援を受けるために外出することが著しく困難な児童の居宅を訪問し，日常生活における基本的な動作の指導，知識技能の付与，生活能力の向上のために必要な訓練その他の支援などを行っている事業である。訪問支援員は，理学療法士，作業療法士，言語聴覚士，看護職員若しくは保育士などで，障害児の支援などに3年以上従事した者が訪問する。支援サービスを受けるには，居住している市町村で障害サービスなどの支給申請をし，支援事業所を決定してから利用計画を作成し，市町村へ利用申請を行ったあと，受給者証が交付されてから利用が開始となる。利用者負担額は，報酬額の1割負担である。しかし，利用者負担額が高額にならないように，月ごとの利用者負担額は世帯収入状況に応じて上限額が設けられている。　（宮地あゆみ）

特別支援学校　⇨特別支援学校（の目的）[26]

認可外保育施設

　乳児や幼児を保育する施設のうち，児童福祉法や認定こども園法による認可を受けていない施設の総称である。認可保育所に必要とされた基準を満たさないため，都道府県知事による認可を受けていない。特に都市部では認可保育所・認定こども園が不足して待機児童が多く，認可外保育施設がそうした待機児童の受け皿となっている現状もある。2019（令和元）年10月からの幼児教育・保育の無償化においては，待機児童を対象に月額の上限を設けて利用料の給付が行われている。人員・設備など，認可保育所に比べて不十分な点が問題視されることもあるが，児童福祉法に基づき都道府県知事への届出が義務付けられており，また，認可外保育施設指導監督の指針及び認可外保育施設指導監督基準に基づき，立ち入り検査を含めた指導・監督が行われることとなっている。　（小栗正裕）

ベビーホテル

　認可外保育施設のうち，①午後8時以降の保育を行っている，②宿泊を伴う保育を行っている，③一時預かりの子どもが利用児童の半数以上，のいずれかの条件で常時運営しているものを指す。厚生労働省の「認可外保育施設の現況取りまとめ」によれば，施設数は2018（平成30）年3月現在で1,473か所となっている。共働き夫婦の増加と勤務形態の多様化を背景に，1970年代に都市部を中心に増えはじめた。特に，一般的な保育施設では満たされなかった夜間・深夜の保育ニーズや一時的な保育ニーズに対応するものとして，あるいは待機児童の受け皿として機能している。1970年代当初には行政による規制が設けられておらず，営利を重視した経営者による劣悪な保育，相次ぐ乳幼児の死亡事故などが社会問題化した。ベビーホテル問題への対応は今日の認可外保育施設の指導監督が行われる契機ともなった。　（小栗正裕）

事業所内保育施設

　認可外保育施設のうち，事業主（企業等）が従業員のために設置している保育施設を指す。従業員が就業中に子どもを預けられるように，事業所の敷地内や近隣に設置されている。厚生労働省の「認

可外保育施設の現況取りまとめ」によれば，施設数は2018（平成30）年3月現在で5,626か所（院内保育施設を含む）となっている。男女共同参画の推進にあたり，結婚・出産後も夫婦ともに継続して働くことができるよう，育児と仕事の両立支援の一環として設置が進められている。2015（平成27）年度からの子ども・子育て支援新制度では地域型保育事業の一つとして事業所内保育事業が開始され，市町村の認可のもと，地域型保育給付の対象とした。また，2016（平成28）年より内閣府の助成事業として企業主導型保育事業が開始されている。これらには定員に地域枠が設定され，従業員の子どもだけでなく地域の子どもにも開放されている。　　　　　　　　　　　（小栗正裕）

院内保育施設

　認可外保育施設のうち，病院設置者が医師・看護師等の子どもを利用対象として設置している保育施設であり，事業所内保育施設の一種である。病院内や近隣に設置されている。厚生労働省の「認可外保育施設の現況取りまとめ」によれば，施設数は2018（平成30）年3月現在で2,867か所となっている。病院の医師・看護師等は24時間体制の交替勤務であり，その勤務形態に合わせた保育施設が存在しない中，病院が独自に保育施設を設置したのが始まりとされる。不規則な勤務形態が含まれる中，医師・看護師等の医療従事者の離職防止や定着の促進のために重要な役割を担っている。国による財政面の補助としては，院内保育の設置を促進するために，病院内保育所運営事業など，院内保育を対象とした補助事業がある他，事業所内保育事業や企業主導型保育事業の対象ともなっている。　　　　　　　　　　　（小栗正裕）

認可保育所

　児童福祉法第39条に規定されている児童福祉施設で，「保育を必要とする乳児・幼児を日々保護者の下から通わせて保育を行うことを目的とする施設」である。児童福祉施設の設備及び運営に関する基準第32条には，保育所の設置基準が示されており，それらの基準を満たし，都道府県知事の認可を受け運営されている保育所が認可保育所である。保育は，保育所保育指針を基準に行われている。保育時間は原則8時間であるが，延長保育，休日保育，夜間保育などを行っている保育所もある。また，児童福祉法第48条の4には，「当該保育所が主として利用される地域の住民に対してその行う保育に関し情報の提供を行い，並びにその行う保育に支障がない限りにおいて，乳児，幼児等の保育に関する相談に応じ，及び助言を行うよう努めなければならない」とされており，地域の保育サービス及び子育て支援の中核も担っている。
→児童福祉法 ③⑦，児童福祉施設の設備及び運営に関する基準 ③⑦　（宮地あゆみ）

認定こども園 ⇨認定こども園 ②

放課後児童健全育成事業

　児童福祉法第34条の8に位置付けられた事業で，保護者が労働等により昼間家庭にいない小学校に就学している児童に対し，授業の終了後等に小学校の余裕教室や児童館等を利用して適切な遊び及び生活の場を与えて，その健全な育成を図るものとされている。自治体や設置者によって「学童クラブ」「学童保育」などの名称でも使われている。設置者は，市町村，社会福祉法人，保護者会など。事業内容としては，①放課後児童の健康管理，安全確保，情緒の安定，②遊びの活動への意欲と態度の形成，③遊びを通しての自主性，社会性，創造性を培うこと，④放課後児童の遊びの活動状況の把握と家庭への連絡，⑤家庭や地域での遊びの環境づくりへの支援，⑥その他放課後児童の健全育成上必要な活動等がある。
→児童福祉法 ③⑦　　　　　（宮地あゆみ）

ファミリー・サポート・センター ⇨子育て援助活動支援事業（ファミリー・サポート・センター事業）④1

婦人保護施設

　1956（昭和31）年に売春防止法のもとに生まれた施設。元来，性行または環境に照らして売春を行うおそれのある女子（要保護女子）について，その転落の未然防止と保護を図るために生活指導，職業指導等を行っていたが，現在では，家庭環境の破綻や生活の困窮といった，社会生活を営むうえで困難な問題をかかえている女性も保護の対象としている。特に，2001（平成13）年に成立したDV防止法によって，激増している配偶者による暴力（DV）の被害者を保護できるようになった。都道府県や社会福祉法人などが設置主体で，2018（平成30）年4月現在，39都道府県47か所の施設がある。入所は，全国にある婦人相談所（婦人相談センター）を通して行われており，生活指導員，職業指導員が主な従事者となっているが，昨今，心理療法担当職員を置いて，DVなどで心身に大きなダメージを負った女性に対して，適切なケアを行うことのできる体制を拡充している。

（福井逸子）

フレンドホーム

　児童養護施設や乳児院で暮らしている子どもたちを夏休み，冬休み等の学校休業期間中，または日曜日，祝日などに家庭で数週間預かり，家庭での生活体験をさせるもので，東京都が行っている事業。東京都内や近隣の児童養護施設等で生活している，概ね1歳から12歳くらいまでの子どもを対象としている。フレンドホームになるための条件としては，都内，隣接している市区町村に在住している，心身共に健全である，施設で生活している子どもに対して，十分な理解と愛情をもっている，家庭及び住居環境が，保健，教育，その他の福祉上適切であり，家族の構成に応じた適切な環境が確保されることが見込まれる等，諸条件が必要であり，その確認のために，証明書等の提出又は提示を求められることもある。また，交流中の子どもの様子や出来事については，フレンドホーム担当職員に報告する義務があり，知り得た子どもに関わる情報を第三者に漏らすことは固く禁じられている。

（福井逸子）

母子保健センター

　母子保健法第1条の，「母性並びに乳児及び幼児の健康の保持及び増進を図るため，母子保健に関する原理を明らかにするとともに，母性並びに乳児及び幼児に対する保健指導，健康診査，医療その他の措置を講じ，もつて国民保健の向上に寄与することを目的とする」という理念に基づき，設けられた施設である。市町村は，必要に応じて施設を設置することができ，保健指導部門のみの施設と保健指導部門と助産部門の施設の2種類がある。しかし，2016（平成28）年の母子保健法の改正により，「母子保健センター」の設置運営は廃止され，妊娠期から子育て期にわたる切れ目のない支援を行う目的で，「母子健康包括支援センター」が新たに規定されている。また，母子保健法第22条では，「市町村は，必要に応じ，母子健康包括支援センターを設置するように努めなければならない」とされている。

→母子保健法③7，子育て世代地域包括支援センター（母子健康包括支援センター）③8

（宮地あゆみ）

9　保育を支える財政

恒久財源

　恒久とは永く変わらないことを意味しており，恒久財源とは安定的に得られる財源のことを指す。消費税は税収の中でも景気変動に左右されにくく，常に一定の徴収を確保できる税制（間接税）とされ，恒久財源というのは特にこの消費税のことを示している。内閣府は，2019（令和元）年10月からの消費税の10％への引き上げにより確保された1.7兆円程度を含め，追加の恒久財源を確保して，幼児教育・保育の無償化や，待機児童の解消のための保育所等の整備，保育士等の処遇改善など，幼児教育，保育，地域の子ども・子育て支援の質・量の拡充を図っている。恒久財源をこうした幼児教育や保育の分野に充当することで，安定した教育・保育，子育て施策の実施を図っている。

→幼児教育・保育の無償化③

（亀山秀郎）

公定価格　⇨公定価格③
子どものための教育・保育給付費　⇨子どものための教育・保育給付③
応能負担方式

　何らかのサービスを受ける場合に，負担能力（所得や資産）に応じて利用料等を支払う方式のこと。一方で，負担能力とは関係なく，利用した内容や程度によって負担額が決まる方式を応益負担方式という。認定こども園，幼稚園，保育所等の利用にあたっては，応能負担方式がとられており，保護者が納付する市町村民税額に基づいて利用者負担額が算定

されている。しかしながら，3〜5歳児については，2019（令和元）年10月から始まった幼児教育・保育の無償化によって，実質的に保護者による保育料負担はなく，市町村民税が非課税とされている世帯の0〜2歳児についても同様である。そのため，実質的に応能負担方式での保育料負担が生ずるのは，一定の所得がある世帯の0〜2歳児の保育利用についてということになる。

→保育料⑨

（水谷豊三）

施設型給付（費）

　子どものための教育・保育給付費の一つで，認定こども園，幼稚園，認可保育所を運営するために行政からそれらの施設に支払われる財政措置である。施設は法定代理受領として市町村から直接受領する。施設型給付の基本構造は，公定価格から利用者負担額を控除した額となっている。従来は，認定こども園，幼稚園，保育所への財政支援の仕組みはバラバラであったが，これによって共通化を図っている。ただし，私立幼稚園は，この給付費の支給を受けるか否かを選択することができ，受けない場合は，子ども・子育て支援制度以前から制度化されている私学助成の支給を受けることとなる。

（亀山秀郎）

子育てのための施設等利用給付　⇨子育てのための施設等利用給付③
特例施設型給付（費）

　子どものための教育・保育給付費の一つで，認定こども園，幼稚園，保育所等の利用に際して，本来であれば子どもの

ための教育・保育給付費を支給できない次のようなケースでも，市町村が必要と認める場合に，例外的に給付を認めるものである。①教育標準時間認定を受けた子どもについて，年度途中での引っ越しに伴う，市町村を異にする転園等の場合には，転入先の市町村で新たに認定を受ける必要があるものの市町村の認定事務が遅延したケース，②保護者の緊急的な入院等の事由により保育の必要性が生じた場合など，緊急に保育所等への入所が必要な場合に，支給認定証の交付事務が遅延したケース，③震災その他の災害等の発生により，市町村の認定事務が遅延したケースなど。 (亀山秀郎)

地域型保育給付（費）

子どものための教育・保育給付費の一つで，小規模保育，家庭的保育，居宅訪問型保育，事業所内保育を運営するために行政からそれらの施設に支払われる財政措置である。法定代理受領として施設は市町村から直接受領する。地域型保育給付費の基本構造は，公定価格から利用者負担額を控除した額となっている。この給付は，都市部における待機児童解消とともに，子どもの数が減少傾向にある地域における保育機能の確保に対応するために創設された給付で，市町村は認可事業（地域型保育事業）として多様な施設や事業の中から利用者が選択できる仕組みを作れるようにしている。主に保育認定（満3歳未満）を受けた子どもに対応してこの給付が位置付いている。 (亀山秀郎)

委託費

法律などで自治体が実施することとなっている保育などの社会福祉事業等の委託に関する費用のこと。その他にも，公立施設の運営を委託する場合の費用のことも指す。自治体職員だけですべてを賄うことができないため，必要な事業ごとに専門性があることや事業運営の適性

を自治体が判断したうえで，社会福祉事業に関しては社会福祉法人等に一部または全部を委託している。私立保育所に関しては，児童福祉法第24条第1項により，保育所における保育は市町村が実施することになっていることから，市町村と利用者が契約し，私立保育所に対しては施設型給付ではなく，保育に要する費用を委託費として支払うこととなっている。委託費の中には，事業を運営するための職員の給与等にかかる人件費，運営に伴う管理に関する経費（管理費），その他消耗品などの経常経費など最低限の費用は含まれる。 (奥水 基)

措置費（保育）

老人・介護・障害・児童を含む社会福祉施設において法律に基づく様々な必要性や緊急性のある人の施設入所等にかかる費用のこと。措置は強制力があり法的な縛りを受けるため，措置費として支弁されたものは使い方に関しても制限がある。その単価等は厚生労働大臣が定めている。児童福祉法に基づく，児童養護施設，児童自立支援施設，児童心理治療施設，乳児院，母子生活支援施設，自立支援ホーム，ファミリーホーム，里親または一時保護所には措置費が支弁される。保育所に関しては，1998（平成10）年4月施行の改正児童福祉法によって，入所方式が措置制度から利用者による選択利用方式とされたことに伴い，措置費から委託費となった。 (奥水 基)

経常費助成（私学助成）

教育条件の維持向上や児童等に係る経済的負担の軽減，学校経営の健全性の向上等を図ることを目的とした私立学校に対する助成のこと。2015（平成27）年より始まった子ども・子育て支援新制度から，私立幼稚園は新制度による施設型給付を受けるか否かを選択することができ，受けない場合はこの経常費助成を中心として施設運営を行うこととなる。この助

成は「経常費補助金」として都道府県から各幼稚園に助成され，「一般補助」と「特別補助等」によって構成されている。「一般補助」は園児一人当たりの補助単価から園児数に応じた金額が算出される一方で，「特別補助等」は特別な支援が必要な幼児の受け入れ，預かり保育等，都道府県により設定されている。なお，この補助金を交付している都道府県には，国から「私立高等学校等経常費助成費等補助」が助成されている。
→施設型給付（費）⑨　　　（水谷豊三）

保育所運営費国庫負担金

　2015（平成27）年から始まった子ども・子育て支援新制度以前に，児童福祉法により，国から各自治体（市町村）を通して，保育所に支払われていた，施設を運営するための費用。その内訳は，主に①事業費，②人件費，③管理費の３つに分かれていた。また，負担金の算定にあたっては，サービスに要する平均的な費用を国が行う実態調査により把握し，包括的に評価し算定する「包括方式」ではなく，上記３つの費用について，それらに要する費目を積み上げ，費用を算定する積み上げ方式が採用されていた。子ども・子育て支援新制度以降は，委託費に相当することになるが，その内訳構造は前述の３項目が引き継がれるとともに，継続して積み上げ方式が採用されている。
（大林弘嗣）

保育料

　一般的には，小学校就学前の認定こども園，幼稚園，保育所，その他の教育・保育施設を利用している子どもの主な保育の利用料を指す。これらの施設の利用にあたっては，市町村が保護者が納付する住民税額に基づいて利用者負担額を算定している場合と（応能負担方式），施設が独自に額を設定している場合があるが，2019（令和元）年10月に始まった幼児教育・保育の無償化によって，３歳以上

の保育料については原則的に無償となった（幼稚園等で無償化上限額を超える保育料が設定されている場合や，給食やバスの利用等においては別途費用徴収がある）。また，住民税が非課税とされている0〜2歳児についても保育料が無償化されている。

　なお，私立保育所の場合は利用者が市町村と契約するため，利用者は保育料を市町村に納めることになるが，認定こども園や幼稚園などそれ以外の施設に関しては，基本的に施設と利用者の直接契約となるため，保育料も施設に直接納付する。
（輿水　基）

特定負担額（上乗せ徴収）

　施設型給付で賄うことができない費用について，給食費やバス利用料など通常かかる実費徴収費用とは別に，教育・保育に関してより質を高めるために使われる費用のこと。利用者に事前に説明したうえで了承を得て徴収できるようになったものを指す。具体的には，国の定める配置基準以上の人員配置に対する人件費や施設等の環境の充実や維持に充てる費用，独自の積極的な研修に関しての費用など，園によって様々である。2015（平成27）年４月の子ども・子育て支援新制度施行に伴い，就学前の教育・保育施設の運営に関する費用が施設型給付となったことで，施設によっては従前の利用者からの費用徴収を含めた収入と，給付費で賄われる費用との間に齟齬が生じ減収となることがあり，その差額を補塡するため，各園で定めていることが多い。
（輿水　基）

実費徴収

　認定こども園，幼稚園，保育園等の各施設から提供されるもののうち，保護者がその実費相当分を負担することが適当と認められる費用の徴収を求めること。2019（令和元）年10月から幼児教育・保育の無償化が始まったが，日用品，文

房具等の物品購入に関する費用や，行事への参加費用，食事の提供に要する費用，通園バスに関する費用などがその対象となる。実費徴収を行うかどうかは，各施設の判断となるが，実施する場合は施設側は保護者に対して，徴収金の使い道，金額，理由を書面によって説明し同意を得なければならない。なお，低所得で生計が困難な家庭については，行政がこの実費徴収額の一部を補助する制度が設けられている。　　　　　　　（輿水　基）

検定料

　検定料（入園検定料）とは，主に1号認定の子どもで幼稚園や認定こども園に入園を希望し入園検定を受ける際に発生する費用のことで，選考などに係る事務手続き等に要する費用の対価としての性質をもつ。この検定料の徴収の有無及び金額は，事業者ごとに判断されることになる。一方で2号認定及び3号認定の子どもが保育所を利用する場合は，直接申し込みではなく市町村による利用調整がなされるとともに，利用者と市町村との契約となるため，各保育所の入園検定は必要ではなくなる。つまり，入園検定自体の必要がないために，入園検定料は発生しないことになる。ただし，2号認定及び3号認定であっても，認定こども園を利用する場合は，保育所と違って直接契約であるため，入園検定を行い検定料を徴収しているケースもある。

→教育・保育給付認定③　　　（水谷豊三）

入園料

　幼稚園や認定こども園への入園にあたって保護者から徴収されるもの。幼稚園は，併願受験して複数の入園を確定させた後，最終的に1園に入園を決めるということも珍しくなく，安易に入園辞退にならないようにするための契約料的意味も含まれており，入園を直接契約する施設（幼稚園・認定こども園）においてこうした入園料が設定されることが多かっ

た。2019（令和元）年10月からの幼児教育・保育の無償化においては，1号認定の子どもの保育料と入園料の合計を無償の対象としたため（施設型給付を受けない幼稚園を除く），入園料は二重徴収となり徴収できないこととなった。ただし，入園に係る事務手数料に関しての徴収はできるため，入園料ではなく，入園手数料として徴収しているケースがある。

　　　　　　　　　　　　　（水谷豊三）

私的契約

　認可保育所や地域型保育事業が，市町村の選考や利用調整を経て利用児の入所を決定した後に，定員に余裕がある場合に，保護者との直接契約で園児を受け入れること。その園児を受け入れた際にも保育士数や保育室面積等の最低基準を超えないことも求められる。私的契約で受け入れた園児を私的契約児と呼び，保育を必要としない子どもでも私的契約することも可能である。ただし，私的契約児は施設型給付等の対象児童とならず，幼児教育・保育の無償化の対象ともならない。利用時間や利用者負担額も統一された基準はなく，受け入れた施設が決めた基準によって運営される。この私的契約で入所した私的契約児は，市町村も指導監査等で把握しにくく，それを利用して施設の収支計算に計上せず利用者負担額を私的流用するという問題が起こったこともある。

→児童福祉施設の設備及び運営に関する基準③⑦　　　　　　　　（北島孝通）

保育単価

　子ども・子育て支援新制度以前の制度として，認可保育所に対する園児一人当たりの支給額。行政から認可保育所に対して支払われる保育所運営費は，基本的にこの保育単価に園児数を乗じて算出されていた。子ども・子育て支援新制度移行に伴って，「公定価格」と表現が変更された。長らくの間，延長保育に関して

は補助金としての別途支給が行われていたが，制度変更直前では，保育所の利用が長時間化してきた現状を踏まえ，標準時間と短時間に細分化し直した金額設定が行われ，地域区分，定員区分によって単価が異なる構造体で設定されていた。現在の「公定価格」についても基本的にはこうした考え方が引き継がれているが，さらに分類が多くなって，施設への支給額が決定される仕組みとなっている。

　　　　　　　　　　　　　　（大林弘嗣）

利用者負担額

　各自治体（市区町村）が決定している，保護者が園に支払う保育料のこと。国が決定する公定価格に関しては，全額が園に支給されるわけではなく，健康保険と同様，一部受益者負担として保護者の負担分が存在する。子ども・子育て支援新制度移行に伴い，1号認定，2号認定（標準時間・短時間），3号認定（標準時間・短時間）に分かれ，さらにそれぞれが保護者の年間所得の金額によって，階層分けされている。2019（令和元）年度の幼児教育・保育の無償化に伴い，3歳以上の子どもの保育料に関しては無料になったため，この階層は3号認定（3歳未満児）の子どもに関してのみ表面化しているといえる。保育所は自治体で集金業務を行うが，保護者との直接契約となる認定こども園や幼稚園は自園で集金することになっている。

→利用者負担③　　　　　　（大林弘嗣）

定員区分

　認定こども園，保育所，幼稚園等の各施設は，子どもを受け入れられる規模を示す定員区分を設定している。これは，施設の設置や増改築の際に，設置基準（職員の人数・建物やグランドの面積等）を満たすよう申請し，自治体から認可される。各施設の収入となる施設型給付等の子どものための教育・保育給付費は，地域区分と定員区分ごとに単価が分かれており，基本的に定員区分が大きくなるにつれて，施設を利用できる子どもの数は増えるが，子ども一人当たりの単価が低くなる設定となっている。そのため，施設設置者は運営状況を把握しながら，子どもにとって適切な環境を設定するべく，収支も考慮に入れ定員区分を設定することが多い。

　　　　　　　　　　　　　　（大林弘嗣）

地域区分

　認定こども園，幼稚園，保育所等は，施設を運営するための収入として，基本的に子どものための教育・保育給付費を行政から受けている。この給付費は，都市部や地方部などの地域差によっても金額が異なり，その違いを表すのが地域区分である。地域によって異なる最低賃金等の人件費，物価，不動産価格等に対応するため，同じ規模の施設を運営しても所在する地域によって収入が異なる構造となっている。この地域区分については，人事院が定める国家公務員の地域手当の区分を基本として設定され，その地域の一般的な公務員給与に応じているとされる。なお近年は，この国家公務員の地域手当区分にとらわれず，自治体の周辺状況に応じて地域区分の見直しが行われることがある。　　　　　　（大林弘嗣）

人事院勧告

　国家公務員の給与水準を民間企業の給与水準と均衡させるため，人事院（日本の行政機関の一つ）が国に対して行う勧告のこと。認定こども園等の運営を支える公定価格は人事院勧告とも関連しており，国家公務員給与の人事院勧告に基づく改定に連動して，公定価格における保育人材の給与も改定されている。なお公定価格は人件費の地域差を調整するために，保育所等の所在する地域によって単価に違いを設けているが（地域区分），これは人事院規則に定められる国家公務員等の地域手当の級地区分に準拠して地域区分が設定されている。保育・教育が公

的な性格をもつとともに，地域による公平さを保つため，このように国家公務員給与の支給のあり方を一部連動させている。　　　　　　　　　　（池川正也）

処遇改善等加算

2013（平成25）年から始まった制度で，教育・保育に携わる人材の確保と資質向上を図るため，保育士等の金銭的な処遇を改善する制度である。処遇改善等加算は，職員の平均勤続年数とキャリアアップの取り組みに応じて人件費等の加算をする処遇改善等加算Ⅰと，2017（平成29）年から導入された技能・経験を積んだ職員に対して加算する処遇改善等加算Ⅱの2種類ある。特に処遇改善等加算Ⅱに関しては，対象職員が支給を受ける条件があり，専門リーダー等に任命されていること，決められた分野のキャリアアップ研修を一定時間受けることが必要となる。

待機児童の解消を図るには保育施設だけでなく，保育士等の確保も必要となるが，保育士等の処遇が全産業平均よりも低いことが，不足の一要因となっている。こうした状態を改善し保育士等の確保を図ると同時に，職務・職責に応じた技能を習得することを目的としてこれらの制度が運用されている。　　　　（北島孝通）

加算（基本加算）

基本加算部分ともいわれ，施設型給付費等の子どものための教育・保育給付費を構成する項目であり，加減調整部分，乗除調整部分，特定加算部分と並ぶ加算項目の一つである。こうした給付費は，施設の運営条件や運営内容に応じて支給額が決まり，加算の有無を積み上げることで支給額が算定される仕組みになっている。加算（基本加算）の例として，処遇改善等加算（Ⅰ），所長（管理者）設置加算，副園長・教頭配置加算，障害児保育加算，学級編成調整加配加算，3歳児配置改善加算，休日保育加算，夜間保育

加算，減価償却加算，賃借料加算，チーム保育配置（推進）加算等がある。

この加算（基本加算）は人件費分が多く，子ども・子育て支援新制度が始まったことによって，3歳児配置改善加算のように3歳児20人につき1人が15人につき1人と手厚くなるなど，子ども・子育て支援新制度前の基準より改善された加算もある。　　　　　　　　　（北島孝通）

加算（特定加算）

特定加算部分ともいわれ，施設型給付費等の子どものための教育・保育給付費を構成する項目であり，基本加算部分，加減調整部分，乗除調整部分と並ぶ加算項目の一つである。こうした給付費は，施設の運営条件や運営内容に応じて支給額が決まり，加算の有無を積み上げることで支給額が算定される仕組みになっている。加算（特定加算）の例として，主幹教諭等（主任保育士）専任加算，子育て支援活動費加算，療育支援加算，事務職員配置（雇上費）加算，冷暖房費加算，除雪費加算，施設関係者評価加算，入所児童処遇特別加算，小学校接続加算，栄養管理加算，第三者評価受審加算等がある。

なお，施設ごとの根拠法令によって，その加算対象が義務となっている場合，これらの加算が適用外となることがある。例えば認定こども園は子育て支援事業を行うことは設置認可の条件であるため，子育て支援活動費加算がない。

　　　　　　　　　　　　　（北島孝通）

人件費

給与や手当など人を雇用する際にかかる経費全般のことを指す。認定こども園，幼稚園，保育所等は，公定価格をもとに算出された給付費（保育所は委託費）を行政より受けることで運営を行っているが，この公定価格の中に施設運営に通常必要とされる人件費相当分が算定されている。具体的には，施設に勤務する保育

士や幼稚園教諭，調理員，非常勤職員などの雇用に関わる費用のことであり，給与，各種手当，法定福利費などが含まれる。これらは，配置基準に基づいて必要とされる部分だけでなく，保育の質の向上を図るため必要人員を超えて配置する場合にも条件に応じて人件費の加算が行われる（事務職員雇上費加算，主任保育士専任加算，夜間保育加算，処遇改善等加算等）。人件費は公定価格に基づく給付費と利用者負担分を合わせた施設の全ての運営費の中で最も大きな割合を占める費用である。　　　　　　　　（松延　毅）

管理費

施設を管理・運営していくにあたり必要な費用のことを指す。認定こども園，幼稚園，保育所等は，公定価格をもとに算出された給付費を行政より受けることで運営を行っているが（保育所は委託費），この公定価格の中に施設運営に通常必要とされる管理費相当分が算定されている。施設定員や子どもの保育必要量区分，年齢などによって金額が定められており，職員の福利厚生費や土地建物の賃借料，業務委託費などの費用として算定されている。また保育の質の向上に関連して減価償却費や賃借料等への対応，小学校との接続改善（保幼小連携），第三者評価の受審費などに関しては必要な要件を満たすことで加算される。管理費は子どもに直接的に関連する費用ではなく，施設の維持管理等に必要な費用であることから，毎年度ほぼ同水準の費用算出が見込まれる。　　　　　　　（松延　毅）

事業費

事業の目的のために要する費用のことを指す。認定こども園，幼稚園，保育所等は，公定価格をもとに算出された給付費を行政より受けることで運営を行っているが（保育所は委託費），この公定価格の中に施設運営に通常必要とされる事業費相当分が算定されている。具体的には，保育に必要な文具や絵本，玩具などの保育材料費（幼稚園では教材費）や給食材料費，保健衛生費，子どもの保険料などが含まれる。

保育は，環境を通して行う教育であり，質の高い環境を整えることが重要とされる。そのため，子どもが園生活の中で自らの興味・関心を広げていくのに必要なモノや空間を整えるための保育材料費（教材費）が含まれる事業費は，質の高い保育を進めるうえで重要な位置付けにあるといえる。

→環境を通して行う教育23　（松延　毅）

主食費

認定こども園や保育所等における生活は，在園時間が長いため給食が提供されることが多く，これらの食材費については，1号認定子ども・2号認定子どもは，保護者による負担とされ，施設によって実費徴収されることになる。こうした食材費のうち，お米，麺，パン等については主食費として位置付けられ，その費用は月3,000円を目安に各施設の実情により徴収金額を設定している（お米等以外の食材については副食費とされ，別途徴収等の対象となっている）。現に施設によってこの範囲内で様々な金額設定がなされている。なお，3号認定こどもの主食費は，施設に給付される施設型給付等の中に含まれているため，保護者による実費負担はない。　　　　　　　（池川正也）

副食費

認定こども園や保育所等で提供される給食の食材料のうち，お米，麺，パン等を除くすべての食材にかかる費用を指す（ミルク，おやつを含む）。2019（令和元）年10月1日から幼児教育・保育の無償化のスタートにより注目された費用。1号認定子どもはもともと給食費として副食費（食材料費）を支払っていたが，2号認定子どもは保育料の中に副食費が含まれていた。幼児教育・保育の無償化を

実施するにあたり，国は給食費は無償化の対象外としたことで，副食費は保護者からの実費徴収対象となった。

副食費の国基準額としては4,500円となっているが，実際に提供する食材費を勘案し，徴収額はそれぞれの施設で個別に設定されることとなる。ただし生活保護世帯や年収360万円未満相当世帯の子ども，1号認定子どもで小学校3年生までに兄姉が2人いる世帯の子ども，2号認定子どもは施設内で第3子以降の子どもは副食費が免除されている。また，自治体によっては独自の政策により副食費の無償化を行っているところもある。

（池川正也）

弾力運用

資金の使途制限が存在する事業について，一定の条件を満たした場合に資金の使途制限の範囲を一部緩和するもの。保育所を運営する場合の資金は行政からの委託費として支払われるが，これらは単年度の費用に対する支払であり，実費精算が基本のため，これら以外の費用については制限が設けられている。しかし，法人の適切な運営が確保されている場合や一定の事業を実施している場合，保育サービスの質向上に関する事項の実施などを満たしている場合には，経費項目区分にかかわらず保育所の経費に充てたり，積立資産の積立ができるようになったりするなど，自由に使用できる範囲が拡大される。なお，緩和されるための要件や範囲については段階が設けられており，その運営状況等に応じて弾力運用できる範囲が変わることになる。

→積立資金⑨　　　　　（新井聖一）

積立資金

将来の支出に備えるために積み立てた現金預金等のことである。その積み立てる目的は定められており，その種類としては，人件費積立資産（人件費の類に属する経費にかかる積立資産），修繕積立資産（建物及び建物付属設備又は機械器具等備品の修繕に要する費用にかかる積立資産），備品等購入積立資産（業務省力化機器をはじめ施設運営費・経営上効果のある物品を購入するための積立資産），保育所施設・設備整備積立資産（建物・設備及び機器器具等備品の整備・修繕，環境の改善等に要する費用，業務省力化機器をはじめ施設運営費・経営上効果のある物品の購入に要する費用，及び増改築に伴う土地取得に要する費用にかかる積立資産）がある。私立保育所等の使途制限を受ける施設においては単年度の費用弁償が原則であることから，将来の支出に対するものは認められないが，一定の要件を満たす場合にこうした積立資金の積立が認められている。

→弾力運用⑨　　　　　（新井聖一）

収益事業

営利を目的としない法人においては，利益獲得を目的とした活動は想定されていないため，これらの法人が本業の事業に充てるために利益獲得活動を行うことを収益事業という。社会福祉法人においては，「法人が行う社会福祉事業又は公益事業の財源に充てるため，一定の計画の下に収益を得ることを目的として反復継続して行われる行為であって，社会通念上事業と認められる程度」で行われる事業のことをいう（「社会福祉法人審査基準」第1「社会福祉法人の行う事業」3「収益事業」(1)）。また，学校法人においては，「その設置する私立学校の教育に支障のない限り，その収益を私立学校の経営に充てるため，収益を目的とする事業を行うことができる」（私立学校法第26条第1項）とされている。なお，ここでいう収益事業は社会福祉法及び私立学校法に基づくもので，法人税法に基づく収益事業とは異なる。　　　　　（新井聖一）

整備交付金

次世代育成支援対策施設整備交付金と保育所等整備交付金があり，前者は次世

代育成支援対策に資する事業の新設，修理，改造，拡張または整備に要する経費の一部に充てることを目的とした交付金で，子育て支援交付金（ソフト交付金）に対してハード交付金と呼称される。主な対象施設は，児童福祉施設，一時保護施設，職員養成施設，児童自立生活援助事業所，地域子育て支援拠点事業所，小規模住居型児童養育事業所，利用者支援事業所，子育て支援のための拠点施設，市区町村子ども家庭総合支援拠点が含まれる。後者の保育所等整備交付金は，保育所や認定こども園，小規模保育施設の創設や増築，老朽改築等に対する交付金であり，もともとは次世代育成支援対策施設整備交付金であったが，安心こども基金を経て保育所等整備交付金として引き継がれている。　　　　（中村章啓）

次世代育成支援対策交付金

少子化が急速に進む中で，次代の社会を担う子どもが健やかに生まれ，育成される環境整備を図るために制定された次世代育成支援対策推進法に基づいて創設された交付金。次世代育成支援対策施設整備交付金（ハード交付金）と子育て支援交付金（ソフト交付金）といった，次世代育成支援対策に資する事業に充てられる。従来の補助制度から交付金とすることで，各自治体の実情に合わせた柔軟な取扱いを可能とした。次世代育成支援対策推進法は2005（平成17）年4月から10年間の時限法であったが，2014（平成26）年改正によりさらに10年延長された。また，乳児家庭全戸訪問事業，子育て短期支援事業，ファミリー・サポート・センター事業といった，子育て支援交付金（ソフト交付金）対象事業の多くは2015（平成27）年度以降，子ども・子育て支援交付金に引き継がれている。　（中村章啓）

子ども・子育て支援交付金 ⇨子ども・子育て支援交付金 ③

子ども・子育て拠出金

子ども・子育て支援法第69条の規定に基づき，児童手当や様々な子ども・子育ての支援事業に要する費用に充てることを目的として，企業や個人事業主等から徴収する拠出金（旧：児童手当拠出金）。企業側が，国や地方自治体が実施する子ども・子育て支援策に税金を納めるという形で協力する仕組みとなっている。子ども・子育て拠出金は，健康保険料・介護保険料・厚生年金保険料とは異なり，企業側が全額を負担するため，従業員の賃金からの天引きはない。

子ども・子育て拠出金の具体的な使途として，児童手当のほか，放課後児童クラブ，病児保育，延長保育，妊婦健診といった地域子ども・子育て支援事業，企業主導型保育事業，企業主導型ベビーシッター利用者支援事業といった仕事・子育て両立支援事業が掲げられている。
→児童手当 ㊷，地域子ども・子育て支援事業 ㊶，仕事・子育て両立支援事業 ③
（中村章啓）

連携施設経費

2015（平成27）年4月から施行されている子ども・子育て支援新制度では，0～2歳の子どもの保育の受け皿を増やすため，地域型保育事業の一部である家庭的保育事業，小規模保育事業，事業所内保育事業が始まったが，これらは職員数も少なく小規模な環境であることから，保育内容の支援や，満3歳に達して卒園する子どもが引き続き必要な保育を受けられる環境を整えることが求められている。そのため，こうした施設には，3歳以降の保育を行う認定こども園や保育所，幼稚園など連携協力を行う施設を適切に確保することが求められており，その一連の連携に必要となる経費が家庭的保育事業者等に連携施設経費として支給される。連携にあたっては，保育の内容の連携などに加えて3歳児に近い2歳児に対する集団保

育の体験機会の提供や，給食に関する支援など具体的な連携内容が想定される。
→家庭的保育事業 [41]，小規模保育事業 [41]，事業所内保育事業 [41]　（松延　毅）

新会計基準

2012（平成24）年度からすべての社会福祉法人に適用されている新しい社会福祉法人会計基準（完全移行は2015年度から）のこと。すべての社会福祉法人は，社会福祉法第45条の23に基づき会計処理を行うことが義務付けられているが，これが適用される前は，介護や保育など事業の種類に応じた様々な会計ルールが存在していたため，複数事業を運営している法人では異なる会計処理が行われ，法人全体の状況が把握できないなどの弊害が生じていた。そのため，会計ルールを統一して法人全体の状況を明らかにし，各法人の比較を可能にするとともに外部への情報提供を行うことを目的に一元化されたのがこの新会計基準である。なお，社会福祉法人会計基準は，「会計基準省令」と一般に公正妥当と認められる社会福祉法人会計の慣行を記載した通知「運用上の取扱い」「運用上の留意事項」によって構成される。　　　　（新井聖一）

計算書類（財務諸表）

法人の会計年度末時点の財政状態や会計期間の経営成績を明らかにするために作成される書類。認定こども園，幼稚園，保育所等の運営は法定により社会福祉法人，学校法人，株式会社などの法人形態により運営が可能である。法人形態が相違することにより準拠すべき会計基準も異なり，財務諸表や計算書類など呼称が異なる。社会福祉法人では，財政状態を明らかにする書類として貸借対照表，経営成績を明らかにする書類として収支計算書（資金収支計算書及び，事業活動計算書）の作成が求められている。学校法人では，財政状態を明らかにする書類として貸借対照表，経営成績を明らかにする書類として資金収支計算書，事業活動収支計算書が求められている。株式会社では，財政状態を明らかにする書類として貸借対照表，経営成績を明らかにする書類として損益計算書の作成が求められている。
（渡邉正隆）

資金収支計算書

会計期間における支払資金の増加及び減少の状況を表した計算書類。ここでいう支払資金とは主として，現金預金や未収金などで構成される流動資産及び未払金や預り金などで構成される流動負債となっている。ただし，経常的な取引以外の取引によって生じた債権又は債務のうち1年以内に入金又は支払の期限が到来するものとして固定資産又は固定負債から振り替えられた流動資産又は流動負債，引当金及び棚卸資産（貯蔵品を除く）は除くものとされている。このため，資金収支計算書の結果として計算される支払資金残高は，当該流動資産と流動負債との差額となる。認定こども園や保育所，幼稚園の運営に必要となる資金が確保されているかどうかを確認するうえで有用な情報となる。　　　　（渡邉正隆）

事業活動収支計算書

事業活動収支計算書（事業活動計算書・損益計算書）は，会計期間における収益及び費用の状況を表した計算書類。収益とは役務の提供等により獲得した資金のことをいう。具体的には，子ども・子育て支援を行うことにより認定こども園等が受領する施設型給付費収入，私立保育所が受領する委託費収入，幼稚園における学生生徒等納付金収入などがある。また，国や地方公共団体から受けた施設整備のための補助金収入や，資産の譲渡により生じた売却益なども収益の一例となる。費用とは役務の提供等に伴い支出した資金のことをいう。具体的には，職員給料・賞与などの人件費，給食費や水道光熱費などの支出した経費のほか，固定

資産を毎期継続的に費用化していく減価償却費がある。　　　　　（渡邉正隆）

貸借対照表

会計年度末時点における資産，負債及び純資産の状態を明らかにするために作成される書類。資産は流動資産と固定資産に区分される。流動資産には現金預金のほか，認定こども園，幼稚園，保育所等の運営を行う中で発生する未収金，棚卸資産などが計上される。固定資産には，保育所や幼稚園の運営拠点となる土地や建物，送迎等に使用される車両などが計上される。負債は流動負債と固定負債に区分され，流動負債には認定こども園等の運営を行う中で発生する未払金，預り金などのほか，1年以内に返済予定の借入金などが計上される。固定負債には，施設の整備に要した長期借入金が計上されるほか，将来発生すると見込まれる職員等の退職金の支払いに備えて計上される退職給付（給与）引当金がある。純資産は，基本金等のほか，過年度からの事業活動収支計算書等の収支差額（増減差額）の累計額が計上される。（渡邉正隆）

ワンイヤールール

新会計基準から厳密に適用されることとなった貸借対照表を作成する際のルールの一つ。貸借対照表の資産の部及び負債の部は流動項目と固定項目に分類されるが，これを分類する際に判断する基準として正常循環基準とワンイヤールールがある。ワンイヤールールは決算日の翌日から起算して1年以内に入金又は支払の期限が到来する項目は流動項目（流動資産又は流動負債）とし，入金又は支払の期限が1年を超えて到来するものは固定項目（固定資産又は固定負債）とするもの。適用する順番は正常循環基準で流動項目とならなかった項目について，ワンイヤールールを適用する。一般的にワンイヤールールを適用して流動項目とされることが多い項目として，1年以内

に回収される貸付金，1年以内に返済する借入金がある。
→新会計基準⑨　　　　（新井聖一）

勘定科目

取引の内容を示した分類項目。勘定科目は法人で定める経理規程などにより自由に名称を定める場合もあるが，標準的に使用されるものは会計基準等であらかじめ定められており，資産，負債，純資産，収益，費用のいずれかに必ず区分される。勘定科目が設定されることで，取引の内容を一定のルールに従って集約できる。これにより，取引の内容を帳簿に登録する者が違う場合であっても勘定科目に即して登録を行えば，適切な帳簿管理が可能となる。勘定科目に取引内容が適切に集約されることで，経営状況，財政状態について会計期間ごとの比較分析を可能にするほか，他法人との比較分析も行うことができるため，経営者や利害関係者が適切な判断や意思決定を行うことを可能にしている。（渡邉正隆）

社会福祉充実残高

社会福祉法人の事業で必要な資金を超えた余剰金の金額のこと。社会福祉法人は公益性の高い法人として税制優遇措置が講じられているが，一方で過剰な内部留保（利益剰余金）が蓄えられているといった指摘もあったことから，2016（平成28）年に行われた社会福祉法人制度改革において，社会福祉事業や地域公益事業，公益事業に余剰金の再投資を促す仕組みが制定された。この余剰金のことを社会福祉充実残高というが，毎会計年度，社会福祉法人が保有する財産から，事業継続に必要な財産を控除して算定される。社会福祉充実残高がある場合には，社会福祉充実計画の策定が義務付けられており，当該資産の再投下の使途を「見える化」するとともに，地域のニーズ等を踏まえた計画的な再投下が促されることになる。　　　　　　　　　（新井聖一）

会計監査人監査

　認定こども園や保育所，幼稚園を運営する社会福祉法人並びに学校法人では，一定の要件を満たすと公認会計士による法定監査が必要になる。公認会計士による法定監査は，経営者の作成した財務諸表が一般に公正妥当と認められる会計基準に従って適切に作成されていることを第三者である公認会計士が監査基準に基づいて検証することをいう。監査の結果は「監査報告書」として法人に提出される。

　社会福祉法人は，2017（平成29）年度より収益30億円を超える法人又は負債60億円を超える法人がその対象になっている。なお，法定監査が求められる金額基準の引き下げが検討されているものの，現状では延期されている。学校法人は，私立学校振興助成法第4条第1項又は第9条に規定する補助金の交付を受けている場合に，貸借対照表，資金収支計算書，事業活動収支計算書その他財務計算に関する書類について，所轄庁の指定する事項に関する公認会計士又は監査法人の監査報告書を添付しなければならないこととされている。ただし，補助金の額が1,000万円に満たない場合で所轄庁の許可を得たときはこの限りではない。

（渡邉正隆）

監事監査

　社会福祉法人及び学校法人において，監事が理事の職務の執行状況や計算書類の評価・指導を行うもの。理事会への出席や事業の報告要求を通じて理事の職務執行を監査し，必要に応じて行為の差し止め請求がある。なお，監事は複数人存在する場合でも各々が独立して監査する権限をもち，義務も各監事それぞれが負う。監事監査の種類には業務監査と会計監査があり，業務監査は会計業務以外の業務活動，組織・制度など理事が行う業務の適法性や合理性の監査を行う。会計監査は会計記録や会計処理，計算書類や附属明細書が適正であるかの監査を行う。また，会計監査人設置の場合には，会計監査を会計監査人が実施することから，その報告を受けて報告結果が適正であるかを判断する。

（新井聖一）

10　遊びと学び

幼児教育における遊び（自発活動である遊び）

幼稚園教育要領，保育所保育指針，幼保連携型認定こども園教育・保育要領では，保育は環境を通して行うものであること，また保育の方法として遊びを通した総合的な指導を行うことが示されている。子どもは遊びを通して身体や道具の使い方，他者と協力することなどを学び，達成感，充実感，挫折，葛藤などを味わうことで，心身共に調和のとれた発達の基礎を培っていく。保育において，遊びは子どもの育ちを支える非常に大切な活動なのである。しかしながら，ただ遊んでいれば子どもの育ちが保障されるという単純なものではない。子どもの育ちを支える遊びとは，子どもが周囲の環境に主体的にかかわることで刺激を受け，自ら興味をもって取り組む自発的な活動であることが望まれる。そのため保育者には，子どもの様子を注意深く観察し，子どもが自分の興味や関心を深めることができる環境を構成する役割が求められる。

（高橋真由美）

遊びの教育的意義

幼児は，知識や技能を一方的に教えられて身につけるのではなく，自分の興味や関心に即した遊びを通してこの時期に必要な知識や技能を習得していく。そのため幼児の教育では，遊びにこそ教育的意義があるとされている。遊びは，大人があらかじめ決めた方法やルールにのっとったものではなく，子どもが自らの興味，関心に基づき，周囲の環境に働きかけることで生まれる遊びであることが望ましい。子どもは周りの環境からの刺激を受け，環境に主体的に関わりながら様々な遊びを展開し，充実感や満足感を味わう体験を重ねる。この体験の積み重ねが子どもの様々な側面の育ちにつながっていく。このように子どもが自ら周りの環境に興味や関心をもって関わり，試行錯誤しながら様々な学びを得る遊びの経験こそが，幼児期の教育なのである。

（高橋真由美）

遊びを通した総合的な指導

遊びには，心身の様々な側面の発達にとって必要な経験が含まれている。鬼ごっこを例にとってみると，「走る」「追いかける」「かわす」など，身体面の発達に関係する経験が含まれているが，同時に「捕まってくやしい」「誰かに追いかけられることはうれしい」などの精神面の発達に関係する経験，友達を捕まえるためにはどうすればよいのか作戦を立てるなど，思考を働かせる経験も含まれている。これらの側面は互いに影響し合う。例えば，早く走れるようになることがたくさんの友達を捕まえることができるうれしさにつながり，そのうれしさのために，もっとたくさんの友達を捕まえるにはどうしたらよいかを考えることにつながる。このように遊びの中では，諸側面が個々に発達していくのではなく，相互に関連し合いながら総合的に発達していくことを理解した指導を心がけたい。

（高橋真由美）

遊びの質

　子どもにとって遊びは心身共に調和のとれた発達の基礎を培っていく重要な学習である。そのため子どもが遊びから様々な学びを得られるよう，遊びの質を検討する必要がある。質を検討する際には，その遊びが子どもの自発性のもとに展開されていることが大前提となる。そのうえで，保育者が遊びを見る際には，子どもが遊びに目的をもって向かい目的を達成するために夢中になっているか，できないことやうまくいかないことがあってもあきらめずに試行錯誤して取り組んでいるか，自分のもっている知識や技術を十分に使うことができているか，友達と協力できているかなど，遊びの質を捉える視点をもつことが大切である。これらの視点をもって遊びを捉え，子どもが成し遂げたいことを把握し，適切な援助を考えるといった保育者の取り組みが，質の高い遊びの展開へとつながっていくのである。　　　　　　（高橋真由美）

遊びの伝承性

　伝承とは，受け継いで伝えていく行為やその事柄のことを指すが，子どもの遊びにも伝承性は見られる。例えば，砂場で子ども達がさら砂と呼ぶ細かい砂を，ふるいを使わずに作る方法，壊れない泥団子を作る方法，鬼を決めるじゃんけんの方法，鬼ごっこなどのルールは，文化のように年上の子から年下の子へと受け継がれていく様子が幼稚園や保育所などでしばしば見られる。しかしながら子ども達には，それらを伝承していこうという意識があるわけではない。年上の子どもや友達の姿から影響を受け，自分の遊びをもっとおもしろくしようとして取り入れることが他の子どもに広がったり，友達と一緒に遊ぶ中で作り上げていくルールが園の子ども集団の中で周知されたルールとなって定着していくのである。そういった意味において，遊びの伝承は園文化の伝承であるということもできる。
　　　　　　（高橋真由美）

遊びの非手段性

　幼児にとっての遊びは，大人が仕事や勉強と対比させて捉える遊びとは違い，幼児が自ら周りの環境に興味，関心をもって働きかけ，心や体を動かして関わる活動全体を指す。幼児期の遊びは，子どもの様々な側面の育ちを支える非常に大切な学習の機会である。しかしながら，子どもは自分の心身の発達に必要な活動として遊びを捉えているわけではない。例えばかるた遊びは，言語能力や判断力，集中力，札をとる時の俊敏性や反射神経といった能力を高めることにつながるが，子どもは札がとれたことの喜び，ほどよい緊張感，好きな友達と一緒の空間にいることなど，単純にその場におもしろさを見出し，楽しんでいるのである。このように子どもにとって遊びは，遊ぶこと自体が目的なのであり，成果を得るための手段や，何かの目的のために行うものではない。　　　　　　（高橋真由美）

遊びと生活の連続性

　子どもの生活と遊びは，大人とは違い，明確に線引きすることができない。例えば，大人が生活と捉えている手洗いや着脱も，低年齢の子どもでは，水の感触を楽しむ活動になってしまったり，ボタンをはめたりはずしたりを楽しむといった遊びに近い行動となることもしばしばである。幼稚園や保育所で生活に関する活動として取り入れられる当番活動なども，子どもにとって遊びの一部となりうる。また，子どもは自分が生活の中で体験したことを再現して遊ぶことも多い。生活がそのまま遊びの内容となるのである。このように，子どもは生活と遊びを明確に区別して捉えておらず，子どもにとっては遊びと生活は連続性のある一連のものなのである。保育者はこのような子どもの特性を理解して関わる必要がある。（高橋真由美）

子どもの興味関心と遊び

　子どもは自分の興味関心がある事柄には，驚くほどの集中力や積極性を発揮し，その活動から様々な学びを得る。逆に興味関心がないものに対しては取り組もうとせず，たとえ取り組んだとしても，嫌々取り組んだものからは学びを得ることができない。そのため保育者には，子どもの興味関心を引き出す環境構成や援助が求められる。子どもは生活経験も少ないため，自分で興味関心を広げていくことは難しいが，好奇心は旺盛である。そのため保育者は子どもの興味関心が広がるように，様々な教材，素材，道具などを自由に使用できるような環境を整えたり，子どもが自分の興味関心を追求していけるように遊び時間を十分にとり，個々の子どもの興味関心に価値をおいた関わりを心がけたい。これらの保育者の配慮により，子どもは自分の興味関心をどんどん広げていく。　　　　　　（高橋真由美）

子ども理解と遊びの援助

　子どもの遊びを適切に援助するためには，子どもを理解することが不可欠である。子ども理解には2つの側面がある。1つは，一般的な子どもの特徴を理解することである。運動機能，言語能力，認知機能，対人関係など，様々な側面の能力を獲得していく過程を理解することで，子どもが現在どの段階にいて，次にどの段階に進むのか見通しをもつことができる。見通しをもつことで，それぞれの段階に必要な援助や次の段階に進むための援助を考えることができる。2つ目の側面は，「その子理解」である。保育者は遊んでいる「その子」は何におもしろさを感じているのかを読み取り，援助を考えるが，そのためには，個々の子どもの性格，好み，最近の興味や体験した出来事などを熟知すること，すなわち「その子理解」が必要である。子どもを理解できているからこそ，子どもが遊びの中で

追求していることを的確に把握し，それに合った援助を考えることができるのである。　　　　　　　　　　　（高橋真由美）

遊びと運動能力

　運動能力とは，筋力，持久力，敏捷性，柔軟性といった基礎体力を基盤として，走る，跳ぶ，投げる，泳ぐなど，それぞれの運動に必要なスキルを含んだ能力のことである。運動能力は，練習やトレーニングによって向上するとされているが，子どもの運動能力は大人のようにトレーニングを重ねて獲得するものではなく，様々な動きを伴う遊びを通して自然に獲得されていくものである。子どもが遊んでいる場面では，走る，跳ぶ，投げる，引っ張る，まわる，転がるなど，実に様々な動きが見られる。そのため，あるスキルや能力を鍛えようといった働きかけは無用であり，むしろそのような働きかけが子どもの興味関心に沿ったものでない場合，運動嫌いにつながってしまう恐れもある。子どもが興味関心をもてる多様な動きを伴う遊びができる環境を整え，子どもが主体的にその活動に取り組む援助をすることが大切である。　　（高橋真由美）

遊びと知的好奇心

　知的好奇心とは，自分の周りに存在する未知の事柄に対して広く興味をもち，興味をもった事柄について深く知ろうとする傾向を指す。子どもは本来，周りの様々な事柄に対して好奇心をいだく。コップに入れた水はなくならないのに，砂場に入れたとたんになくなること，風が吹くことで見えない力が働き，物が動くことなど，子どもは日々周囲の環境から刺激を受け，不思議に思うことに出会う。子どもが遊んでいる姿の中には，不思議に思うことを深く知ろうと試行錯誤している様子が見られる。さらに5歳児後半になると，これまでの経験から得た物の仕組みや性質に関する知識を生かして，考えたり予想したり，工夫しながら

遊びを展開している様子が見られるようになる。このように自分が知りたいと思うことを追求する経験は子どもの知的好奇心を満たし、この経験が生涯にわたって学び続ける意欲へとつながる。

（高橋真由美）

遊びと言語の獲得

　子どもは、1歳前後に初めての言葉である「初語」を獲得し、その後、「一語文」「二語文」「多語文」の獲得を経て、他者との言語によるコミュニケーション能力を身につけていく。子どもが言語を獲得していく過程において、遊びが果たす役割は大きい。低年齢児にとっては、遊びの中で大人がかけてくれる言葉が言語獲得の基礎となる。成長に伴い、子どもは友達と一緒に遊ぶことを好むようになる。他者と一緒に遊ぶ過程においては、遊びのプランやルール、自分がしたいことなどを相手に言葉を介して伝えなければならない場面が多々ある。また、遊びの中で交わる友達や年上の子どもが使用している言葉や、絵本などの児童文化財に触れることで、子どもは新しい言葉を獲得していく。このように遊びは子どもにとって言語獲得のための重要な場であるといえよう。

（高橋真由美）

遊びと数的概念の獲得

　数的概念とは、数を数える、計算するなどにとどまらず、大きさ、長さ、太さ、速さ、時間の概念など様々な要素が含まれる。子どもの遊びの中にはこれらの数的概念を獲得する機会が埋め込まれている。例えばすごろく遊びでは、サイコロの目から数を判断すること、数に対応してひとマスごとにコマを進めていくことなど、数を数えるための基礎が培われる。このような特定の遊びのみならず、順番を待つ場面では、あと何回で自分の番になるということや、物を分ける時に人数と物を対応させて等分するなど、遊びの中には様々な数的概念に触れる機会があ

る。また、保育現場で行われる手遊びやわらべ歌遊びには、数を題材にしたものも多い。このように遊びの中には、数的概念に触れる機会が多く存在する。この機会を通して子どもは数的概念を獲得していくのである。

（高橋真由美）

遊びと創造性

　創造性とは、これまでにない新しい考えや物、問題解決の方法を生み出す能力のことである。創造性を発揮するためには、物事を柔軟に捉え、これまで得てきた様々な知識を総合的に利用する力や想像力が必要とされる。子どもの遊びの過程では、成し遂げたいことができない時に、これまでの経験を通して得た知識を使い試行錯誤しながら解決策を考える姿が見られる。この場面で発揮されているのが、創造性である。子どもが作り出した物や考えた事柄は、大人にとってはささやかなものであることも多い。しかしながら保育者には、生み出された結果ではなく、その過程を丁寧に読み取り、子どもの創造性の育ちを捉える姿勢が求められる。なぜならばその経験の積み重ねによる充実感や達成感が、その後の創造性の発達の基礎となるからである。

（高橋真由美）

遊びの中での試行錯誤

　子どもは遊びの中で自分の興味関心に基づき、様々なことを成し遂げようとして環境にかかわる。その過程には、子ども達が目的に向かって試行錯誤する姿が見られる。試行錯誤の過程には、自分のそれまでの経験から得た知識や技術を総動員して目の前にある課題を解決しようとする姿が見られる。子どもは試行錯誤の過程において、思考を巡らせながら心と身体を十分に働かせ、新しい気づきや喜び、考える楽しさを得る。そしてそれが思考する意欲の基盤となるのである。保育者は、子どもが遊びの中で試行錯誤できるように、成し遂げようとしていること

に対して答えを教えてしまうような援助ではなく，子どもの考えに寄り添った関わりをもつことが望ましい。また，子どもが様々な方法を試すことができるように，物や道具を自由に使える環境を整えることも大切である。　　　　　　　（高橋真由美）

遊びと社会性

　幼児は遊びを通して社会性を育む。自己の興味をひとりで追求する遊びもあるが，遊びの多くは友達との関わりを伴う。友達との遊びでは，お互いがもっているイメージやプラン，ルールを共有し，役割分担をして遊ぶ姿が見られる。しかしながら幼児の場合，自分の思いを伝え合う力や相手の立場にたって考える力が未熟であるため，イメージやしたいことの共有が難しく，自分のしたいことを優先する傾向があるため，いざこざが起こることも多い。しかし他者と取り組む遊びの中には一定のルールが必ず存在し，それを守って遊ぶことが求められる。それでも自分がしたい遊びをするためには，友達の存在が必要なため，相手の言い分を聞き，自分の考えを伝えようと努力し，ルールに沿った行動をとろうとする。このように子ども達は，遊びの中で自然に相手との関係を結ぶ力を培い，決まりを守る必要性を理解し，社会性を身につけていくのである。　　　　　　（高橋真由美）

遊びと共感性

　共感とは相手の立場にたち，相手の感じていることを自分のもののように感じとることを指す。子どもは他者との遊びを通して，楽しさ，うれしさといった肯定的感情に共感をおぼえる。一方で物の取り合いや意見のくいちがいなどにより，悲しさ，くやしさ，怒りなどの負の感情が生まれる場面も多い。自分の行為が相手を怒らせたり泣かせたりすることもある。最初は自分の気持ちが優先され，相手の立場にたつことは難しいが，保育者の援助や友達との関係性が深まっていく

中で，相手の負の感情を自分の過去の経験と結び付け，次第に相手の立場にたって物事を考えることができるようになっていく。このように子どもは遊びを通して，他者の様々な感情に対する共感性を育んでいくのである。共感性の育ちは，共感的に受け止められた経験が基盤となる。そのため，保育者は子どもに共感的メッセージが伝わるような接し方を心がけたい。　　　　　　　　　　（高橋真由美）

遊びと子どもの育ち合い

　子どもは友達と多様な遊びに取り組む中で，お互いが影響し合い，様々な側面を成長させていく。例えば，縄跳びなどの運動遊びにおいては，うまく跳べる友達の存在が憧れ対象として刺激となり，あきらめずに挑戦し続ける気持ちを育てる。その一生懸命な姿は他児の心を動かし，うまくいくためのコツを教え合い，励まし合って活動に向かい，できた時に一緒に喜ぶといった心の育ち合いが見られる。また遊びの中では，相手の気持ちと自分の気持ちの調整が必要であり，その際，葛藤やいざこざが起こることも少なくない。葛藤やいざこざは子どもにとってストレスを感じる場面であるが，人間関係や社会性の育ち合いの場でもある。近年，核家族化，少子化により，子どもの育ち合いの場が奪われている。そのため，これまで以上に幼稚園や保育所，子育て支援施設などには，子どもの育ち合いの場としての機能を担う役割が期待される。　　　　　　　　　　（高橋真由美）

遊びと葛藤・いざこざ

　遊びは子どもにとって楽しいものであるが，遊びの過程では常に葛藤・いざこざが生じる。友人間のいざこざが発生するきっかけは，低年齢の子どもであれば遊具や遊び場所の取り合いが多く，年齢が上がるにつれ，友人関係，遊びのイメージの違い，ルール違反など複雑なものへと変化していく。友達と一緒に遊び

たいが，その友達の存在によっていざこざが発生し，自分の気持ちと友達の気持ちとの折り合いをつけるために葛藤が生じる。これらは子どもの育ちにとっては重要な経験である。友達と遊びたいという気持ちに支えられ，相手を受け入れる経験を重ねることで，社会性や思いやり，言葉によって伝え合う力，人と協同して物事を行う力を育んでいくのである。そのため保育者は，葛藤・いざこざを解決することに重きをおくのではなく，お互いの気持ちに耳を傾け，解決の方向性を考える過程を大切にした援助を心がけたい。　　　　　　　　　　（高橋真由美）

遊びと人的環境

　幼稚園，保育所における人的環境とは，同年齢・異年齢の友達，保育者や園の職員，園と関わりのある地域の人々などを挙げることができるが，これらの人的環境は子どもの遊びに大きな影響を与える存在である。友達の存在は，相互に刺激となって様々な物や事柄に対する興味関心の広がりをもたらし，ひとりでいるよりも多様な経験を積むことにつながる。また子どもとの信頼関係で結ばれた保育者という人的環境は，子どもの安全基地としての機能を果たし，その存在により，子どもは安心して様々な活動に向かうことができる。園外の地域の人々との関わりも，子どもにとっては身近な社会への興味関心を広げるきっかけとなり，新しい遊びを生むことにつながる。このように子どもを取り巻く人的環境は，遊びの基盤となる子どもの興味関心を広げ，子どもの遊びを豊かにする重要な環境である。　　　　　　　　　（高橋真由美）

遊びと物的環境

　子どもは，周りのあらゆる環境からの刺激を受け止め，環境に関わりながら様々な活動を展開し，充実感や達成感を味わう体験を重ねる。この体験が子どもの育ちにつながることから，子どもを取り巻く

物的環境は子どもの成長発達に影響を与える重要なものである。物的環境は，子どもが思わず関わりたくなるような魅力的なものであること，試行錯誤や興味関心の深まりを保障するものであることが望ましい。そのためには，様々な種類の素材，用具，遊具を自分のイメージに沿って使いたい時に自由に使える環境が必要である。これらの個数や配置にも気を配りたい。また使用に関して必要以上のルールを設けないほうがよい。制限が多いと子どもはその枠内で活動することになり，試行錯誤や興味関心の深まりを阻害することにつながりかねないからである。子どもが豊かな体験を重ねられるように以上の点に配慮して物的環境を整えたい。

（高橋真由美）

他者との関わり

　他者との関わりは子どもの遊びを豊かにする。子どもの遊びは即興的で変化に富んでいる。鬼ごっこのようなルールのある遊びでさえ，そのルールを変化させながら遊ぶ姿が多々見られる。この即興的で変化に富んだ遊びを生み出すきっかけとなるのが他者との関わりである。人は同じ場面で同じ体験をしても，感じることはそれぞれである。遊び場面においても，同じ遊びに取り組む子ども達の内面はそれぞれである。それぞれが感じていること，思いつき，考えがひとつの遊びの中で交わることで，新たなアイディアが生まれ，そのアイディアを実現する過程でさらなるアイディアが生まれる。子どもの遊びはこの繰り返しである。この繰り返しこそが，子どもにとっての楽しさであり，学びの機会となる。しかしながら，他者との関わりがなくひとりでじっくり取り組む遊びにも価値があることを忘れてはいけない。　　（高橋真由美）

環境（モノ・こと）との関わり

　保育は環境を通して行うことをその基本としているため，子どもが遊びの中で

様々な環境（モノ・こと）と十分に関わる機会を保障することが大切である。身の周りのモノと接することで，不思議だと思う気持ちを抱き，なぜそうなるのかを探求する活動，身の周りのモノを見立てたり利用したりして遊ぶ活動，モノとモノを関連付けて使う活動など，子どもとモノとの関わりは多様である。また，子どもの遊びには何らかの事柄（こと）が影響を与える。経験した事柄，見聞きした事柄を題材としてごっこ遊びをしたり，ある事柄に心が動き，絵で表現したり，物を作ったりする活動につながることもある。このように子どもの周囲の環境であるモノ・ことは，子どもの遊びにとって興味関心を引き出す重要なものなのである。　　　（高橋真由美）

イメージの共有

イメージの共有とは，心の中で思い描く像や情景を他者と共有することである。複数の子ども達がひとつの遊びを作り上げていく際にはイメージの共有が必要となる。例えばお店屋さんごっこをする際には，何のお店で，どのような品物を売っているのか，お客さんはどのような人で，どういったストーリーの中で買い物に来るのかなど様々なイメージを共有して遊ぶ。個々のイメージは子どもの過去の体験がもとになっているため，体験の違いから思い描くイメージが異なることも多い。異なるイメージは共有することが難しいため，いざこざが起こったり，遊びが発展せずに終わってしまうこともある。しかしながら他者との遊び経験を重ねることにより，他者のイメージを察することや自分のイメージを言葉で伝えることによってイメージの共有ができるようになっていく。　　　（高橋真由美）

遊びと三間

遊びにおける三間とは，「時間」「空間」「仲間」の３つの「間」を指す。十分な遊び時間，遊びを安心して展開することができる空間，遊びを一緒に楽しむ仲間，この３つの要素があることで，子どもの遊びは継続性・発展性をもった豊かなものになるといわれている。近年，昔に比べてこの三間が失われていることが指摘されている。現代社会においては，習い事をしている子どもの増加などにより，子ども達の遊び時間は減少傾向にあり，都市化や治安の悪化により，子ども達だけで安心して遊ぶことができる場所も減っている。また近隣住民とのつながりの希薄化や少子化の影響を受け，遊びの仲間集団や異年齢集団の形成が難しくなってきている。このような状況下では，子ども達の遊びの内容や遊びから得られるものが本質的に変化していることが考えられるため，子どもの育ちへの影響が懸念されている。　　　（高橋真由美）

生活体験と遊び

子どもの生活体験と遊びは密接に関連している。子どもは日常生活で体験したことを再現して遊ぶことが多い。例えば地域でお祭りがある時期には，お祭りで体験したであろう屋台を再現してごっこ遊びをしたり，子ども達が日々家庭で経験していると思われるエピソードがごっこ遊びで再現される。子どもは社会で起こっている事象や大人が日常的に行っていることをよく観察し，遊びに取り込むのである。またごっこ遊びにとどまらず，自分が体験したことを絵にしたり，自分の生活体験から刺激をうけて製作活動に取り組むこともある。このように，子どもの遊びのイメージは，それぞれの生活体験から生まれていることが多いため，遊びが豊かになるような生活体験の機会を意図的に作ることも時には必要である。また子どもが園外で体験していることを把握し，環境の設定や援助に活かす姿勢も心がけたい。　　　（高橋真由美）

教材／教具

教材・教具は，子どもの育ちを支える

媒体である。教材は，折り紙，積み木，ブロックなどの物に限らず，自然環境や地域環境，日々の出来事や行事などといったものも広く含まれる。例えば，ひとりの子どもが訴える遊具の使い方に関する不満なども，クラス全員で共有することで，その使い方やその子どもの気持ちを考える教材となりうる。幼児教育における教材は，学校教育における教材よりも広義に捉えられるものなのである。教材と教具は明確に区別することは難しいが，教具は，はさみ，のり，セロテープなど，教材を使用するために必要な道具という意味合いがある。どちらにしても子どもの興味関心に基づいた遊びを支える大切な環境であるため，子どもの様子に合わせて，何をどの時期にどのように配置するかについて考えていくことが必要である。　　　　　（高橋真由美）

遊びと児童文化財

　児童文化財とは，子どもを対象とした文化活動によって作り出され，子どもの心身の成長・発達を支えるものである。具体的には，玩具，遊び，お話，絵本，紙芝居，人形劇，影絵，映画，音楽，歌，動画などが挙げられる。保育の現場では，これらの児童文化財は日々の保育に欠かせないものである。子ども達はこれらの児童文化財に触れることでイメージを広げ，自分達の遊びにそのイメージを取り込んで遊ぶ。例えば，人形劇を見たあとに自分達でペープサートやお話を作って遊んだり，歌や音楽に出会い，それに合わせて踊りを考えてステージごっこが始まるなど，児童文化財は子どもの遊びに刺激を与える存在である。児童文化財を保育に取り入れていくことは，子どもの遊びを豊かにすることにつながるため，それぞれの文化財の特徴や内容をよく捉えて活用していきたい。　　　　　（高橋真由美）

固定遊具／移動遊具

　遊具は大きく固定遊具と移動遊具に分けることができる。固定遊具とは，ブランコ，すべり台，ジャングルジム，雲梯，鉄棒，アスレチックなど，設置場所が固定されている遊具である。それに対し移動遊具とは，三輪車や自動車などの乗り物，積み木やブロックなどの構成遊びに使用されるもの，ボールや縄跳びなどの運動遊びに使用されるもの，砂遊びやごっこ遊びの道具，すごろくやかるたなどのゲーム類など，子どもが自由に持ち運びできる遊具である。固定遊具は一般的には子どもの運動能力を高める遊具であると認識されているが，一方で入園当初の子どもがひとりでも遊ぶことができる遊具であるため，新しい生活に不安を感じる子どもの心の拠り所にもなりうる。また固定遊具はできないことに何度もチャレンジする経験をする場でもある。このように固定遊具は子どもの心の成長にも影響を与える。　　　　　（高橋真由美）

外遊び／室内遊び

　外遊びは，園庭，近隣の公園や広場，河川敷など，外の環境で展開される遊びであり，室内遊びは，お部屋やホール，廊下のスペースなど室内環境で展開される遊びのことである。ごっこ遊び，ボールや縄跳びなどの移動遊具を使用した遊びなどは，外，室内の両方で見られる遊びであるが，固定遊具を使った身体を動かす遊びや，草花，水，砂など自然物に触れる遊びは外遊びに特徴的に見られる遊びであり，製作やお絵描き，積み木やブロックなど，手指を使う遊びは室内遊びに特徴的に見られる遊びである。また外という環境は，天気，時間，季節によって様々に変化し，子ども達の五感を刺激する。このように外遊びと室内遊びは特徴が異なるため，どちらの遊びも経験できるように，1日のプログラムを工夫し，子ども達が興味をもって取り組む遊びが生まれるような魅力ある環境を整えていく必要がある。　　　　　（高橋真由美）

コーナー遊び

　製作コーナー，ままごとコーナー，ブロックコーナーなど，様々な遊びができる空間が複数設定されている中から，子ども達が自己の興味関心に基づき選択して取り組む遊び。コーナー設定にあたっては，保育者が子どもに経験させたい活動を設定することもあるが，大切なのは，日頃の子どもの様子から興味関心がどこにあるのかを読み取り，それに沿った活動ができる環境を考えることである。子どもの興味関心は遊びを重ねることで広がっていく。そのため，コーナー遊びでの子どもの様子をよく観察し，興味関心の広がりに対して，次にどのような環境を設定すると良いのか考え，環境を構成しなおしていく必要がある。また自分で遊びを選択することができない子もいるため，友達の様子を一緒に見たり，保育者が一緒に活動したりすることで，遊びの楽しさを伝えるような援助も必要である。　　　　　　　　　　　　（高橋真由美）

自由遊び／課題活動

　自由遊びとは，子どもが自分の興味や関心に基づき，園内の環境に自発的，主体的に関わりながら取り組む活動のことである。それに対し課題活動とは，何らかのねらいに沿って保育者が考え，子どもと共に行う活動のことである。保育においては，子どもの自発性，主体性が重視されるが，自由遊びをすれば子どもの自発性，主体性が発揮され，保育者主導の活動である課題活動ではそれらが発揮されないという単純なものではない。自由遊びでは，ただ子どもを自由に遊ばせておけばよいのではなく，子どもの興味関心を引き出すような魅力的な環境を常に更新していくことが必要であり，課題活動においては，子どもが考え，工夫する要素を含んだ活動を考えることが必要である。大切なのは，どちらが良いのかという議論ではなく，これらの活動を通

して，子ども達が様々な事柄に触れ，興味関心を広げていくことができるようにすることである。　　　　　　（高橋真由美）

ひとり遊び

　遊びの場面において，子どもが誰ともかかわらず，ひとりで遊んでいる状態を指す。ひとり遊びは1歳頃に多く見られる遊びとされているが，頻度は低いものの，5歳頃にも見られる。子どもの年齢が高い場合，保育者は子どもがひとりで遊んでいる状態に対し，仲間入りできないなどネガティブに捉えがちであるが，ひとりで遊んでいる状態をすべて問題視する必要はない。ひとりでいても，遊んでいる物や事柄に深く関わり集中している場合は，その遊びは子どもにとって育ちを保障する質の高い遊びとなる。しかしながら，他の子どもと一緒に遊びたいのに仲間入りできず，仕方なくひとりで遊んでいる場合は，適切な援助が必要である。保育者は，ひとりでいるという状態に目を向けるのではなく，その遊びに向かっている子どもの内面に目を向け，子どもにとってのその遊びの意味を読み取る必要がある。　　　　（高橋真由美）

傍観的行動

　遊びの場面において，子どもが遊びに加わらず，遊んでいる子どもの様子をそばで見ている状態を指す。この行為は，仲間入りできない状態と捉えるよりは，むしろ他の子どもに興味をもちはじめた証であり，友人と一緒に遊ぶようになる大切なステップと捉えることができる。そのため，傍観的行動をとっている子どもに対して，すぐに仲間入りさせようと働きかける必要はない。表面的には見ているだけに見えても，あたかも一緒に遊んでいるように心を動かして傍観している場合もある。また特に年上の子どもの遊びを見ている際には，その動きや会話から遊び方や友達との交渉の仕方を学んでいたり，憧れをもって見つめてい

る場合もある。このように傍観している
ことを子どもの積極的な行為として受け
止め，見守る姿勢も必要である。

（高橋真由美）

集団遊び

　2人以上の子どもが同じ場所や遊具を
使って一緒に遊んでいる状態を指す。子
どもの遊びは，0歳児が音の鳴る遊具を
手にもって鳴らすなど，主にモノとかか
わるひとり遊びから始まるが，やがて周
りの子どもが取り組んでいる遊びに興味
をもつようになり，それらを真似する行
為も生まれる。そして仲間関係が成立す
ると，同じ目的をもってひとつの遊びに
取り組む集団遊びへと発展していく。集
団遊びは，友達と一緒に活動することの
楽しさ，自分達でルールを作り，それを
守って遊ぶこと，相手の考えや気持ちを
察すること，考えや気持ちを伝えるため
の言語能力の獲得など，子どもの様々な
側面の育ちを保障する重要な活動である。
子どもの年齢によって集団遊びで見られ
る姿は異なるが，保育者には，子ども達
が発達段階に応じた集団遊びが経験でき
るような環境を設定し，必要な援助を行
うことが求められる。　　（高橋真由美）

並行遊び

　遊びの場面において，子ども達が同じ
場所で同じ遊具を使って遊んでいても，
友達同士のやりとりがなく遊んでいる状
態を指す。2〜3歳の子どもに多いとさ
れている。やりとりがないため，お互い
に関心がなく無関係に遊んでいるように
見えるが，お互いに影響し合って遊んで
いる場合もある。例えば砂遊びの際に隣
の子どもが山を作っているのを見て，自
分も山を作り出したり，使っている道具
を真似して持ってくるなど，周りの子ど
もに関心を向けている様子もうかがわれ
る。この遊びは，やがて協力して遊びを
進めていく前段階の姿である。そのため，
まずはそれぞれの遊びが充実するように

遊び道具を複数そろえる，数人が同じ遊
びに取り組めるような空間を確保するな
どの環境への配慮や，子ども一人一人の
イメージを保育者が言語化し，周りの子
どもに徐々に伝わるような関わりをもつ
ことが保育者の役割である。

（高橋真由美）

連合遊び

　遊びの場面において，子ども達が同じ
場所でやりとりをしながら，ひとつの遊
びに取り組んでいる状態を指す。砂遊び
の場面を例にとると，この遊びの前段階
である並行遊びでは，個々の子どもがそ
れぞれに山を作って遊んでいるのに対
し，連合遊びでは，一緒にひとつの山を
作ることを楽しむ姿が見られる。連合遊
びでは，自分のイメージを相手に伝える
ことや相手のイメージを理解する必要が
あるため，ある程度の言語能力や認知的
な発達が必要である。3歳くらいから見
られる遊びであるが，イメージの食い違
いや気持ちの伝達がうまくいかないこと
によるもめごとやけんかがたびたび起こ
る。やがて自分達で解決していくための
通過点として捉え，お互いのイメージや
気持ちを伝え合うことで解決できること
を繰り返し伝えるような援助が望まれる。

（高橋真由美）

協同遊び

　遊びの場面において，子ども達がひと
つの目標に向かって協力して遊びを作り
上げている状態を指す。4〜5歳に顕著
に見られる。砂遊びの場面を例にとると，
この遊びの前段階である連合遊びでもひ
とつの山を一緒に作る姿は見られるが，
協同的な活動においては，砂を集める子
ども，運ぶ子ども，山をかたちづくる子
どもなど，役割分担して組織的に遊びに
取り組む姿が見られる。言葉による伝え
合いができる時期であるため，イメージ
の食い違いは少なくなるが，それぞれの
イメージの違いから，遊びの方向性の決

定に関するもめごとやけんかが起こる。しかしながら，これらは子ども達がやがて社会生活を営むうえで必要なスキルを学ぶ場であり，これらのもめごとを乗り越えてひとつの遊びを作り上げる楽しさは子ども達の充実感につながる。

（高橋真由美）

運動遊び

　身体の動きを伴い，動くこと自体を楽しむ遊び。運動遊びには，鬼ごっこ，かけっこ，リレーなどのように遊具を使用しないで遊ぶもの，ブランコ・すべり台・ジャングルジムなどの固定遊具や，平均台・マット・ボール・縄跳びなどの移動遊具を使用して遊ぶものがある。乳幼児期は，敏捷性，巧緻性，協応性，柔軟性，平衡性といった運動の調整能力が発達する時期であるため，保育者には特定の動きに偏らず，様々な動きを経験する機会をもつような環境を整えることが求められる。また，この時期の運動能力は個人差が大きいため，できる・できないに目を向けるのではなく，一人一人の子どもが運動遊びを通して，身体を動かすことの心地よさを感じ，ひとりでじっくり挑戦することで得る達成感や友達と一緒に活動する楽しさを感じることが大切である。

（高橋真由美）

身体感覚を伴う遊び

　身体感覚とは，皮膚感覚，運動感覚，平衡感覚，内臓感覚の総称であるが，狭義には皮膚感覚と運動感覚のみを指すこともある。これらの感覚によって，自分の姿勢や運動の方向性の判断，物の重さの判定，硬さ，やわらかさなどの手触りや温かい冷たいなどの温度，痛みやくすぐったさなどの知覚が可能となる。身体感覚は身体の状態や変化を感知する機能をもち，生命保持のための重要な役割を担っている。子どもの遊びの中にはこれらの感覚を伴う場面が多々見られる。砂場の砂をバケツに入れて運ぶ時の重さ，自然物に触れる中で硬い，やわらかい，ざらざらしているなどの感覚，気温が低い時の鉄棒の冷たさなど，子どもは遊びの中で様々なことを感知している。これらは直接体験である遊びの中で感じとるものである。このことからも子どもにとって遊びが重要であることがわかる。

（高橋真由美）

楽器遊び／リズム遊び

　身体の動きや楽器を使った音楽活動を伴う遊び。音楽に合わせて，走ったり，歩いたり，スキップする，音の高低や速さに反応して動く，動物をイメージして自由に表現する，楽器を鳴らしたり合奏したりすることなどが挙げられる。また，手遊び，わらべ歌遊び，ダンスなども広義のリズム遊びということができる。保育内容「表現」では，子どもが自ら様々な表現を楽しみ，表現する意欲を発揮させることができるような援助が保育者に求められている。楽器遊びやリズム遊びがいつも保育者主導の活動にならないよう，音の鳴るものが作れるような環境，音楽をかけて自分達で踊ったり歌ったりできるような環境を整えることも大切である。そのような環境の中で子ども達は自分なりの表現を楽しみ，その表現が他者に受け止められることで，表現の喜びや自分への自信を獲得していく。

（高橋真由美）

言葉遊び

　言葉の響きや音，リズムを楽しみながら，様々な言葉に親しむ遊び。なぞなぞ，しりとり，言葉集め，早口言葉，逆さ言葉，伝言ゲームなどが挙げられるが，広義では，手遊びやお話づくりも言葉遊びと捉えることができる。しりとりや言葉の音に着目した言葉集めなどは，知っている言葉を活用して遊ぶ楽しさや，新しい言葉に出会う喜びにつながる。また，逆さ言葉，早口言葉，手遊びなどは，言葉のもつリズムや響きを楽しみ，言葉に対する感性を育むことにつながる。子ども達

はこれらの遊びを通してイメージを豊かにし，友達と言葉を使ったコミュニケーションの楽しさを体験する。言葉遊びの際には，当たり・はずれや正確性に着目するのではなく，言葉を使って遊ぶ過程が十分に楽しめるように，保育者自らが言葉のおもしろさを子どもと一緒に楽しむ姿勢が求められる。　（高橋真由美）

製作遊び

道具を使って物を作ったり，絵を描いたりする遊び。クレヨン，絵の具，ペンなどで絵を描く，折り紙を折って何かを作る，動くおもちゃを作る，廃材など様々な素材を利用してイメージしたものを作るなど，幅広い活動がそれにあたる。保育内容「表現」の内容(7)には，「かいたり，つくったりすることを楽しみ，遊びに使ったり，飾ったりなどする」と示されている。幼児の製作遊びは，何かを作ることが目的ではなく，遊びに使うことを目的として何かを作っていることも多い。イメージした遊びに必要なものを作って遊びに取り入れ，遊んでいるうちに違うものが作りたくなるといったように，製作遊びは他の遊びと行き来しながら，子どものイメージを豊かにしていく。子どもがイメージしたものをすぐに作ることができるように，保育室に様々な素材や道具を常備しておくとよい。

（高橋真由美）

構成遊び

何かの素材を組み立てたり並べたりして，立体や平面の形があるものを作り出す遊び。構成遊びには，積み木やブロック，砂遊び，粘土遊びなど，自分のイメージしたものを立体の形にして表すものや，描画やちぎり絵など，クレヨン，絵の具，紙などを使って平面の形に表すものがある。構成遊びは手先の細かな動きを伴うため，手指の発達を促すとともに，長さや高さといった数量や図形の概念，空間認知能力，作り上げるものをイメージし

て形にする力など，幼児の様々な側面の発達を促す。また年齢が高くなると，数人の友達で協力し，ブロックや積み木を組み合わせて大規模な街などを作る姿も見られることから，協同性やイメージを伝え合う力を養う遊びであることがわかる。時間をかけてじっくり取り組めるように，遊び時間や遊びを展開していくための十分なスペースを確保したい。

（高橋真由美）

自然遊び

自然物や自然事象を利用した遊び。枝や木の実などを使用した製作活動，草花を使った色水遊び，虫捕り，水遊び，風を使った遊び，栽培などがそれにあたる。自然物は，ひとつとして同じものが存在せず，季節，気候，時間などによって目に見えて変化する。人工物に比べて，多様性や変化に富み，子ども達に絶えず新しい刺激を与える。また子どもの見立てによって様々なものに変化させることができる汎用性の高い素材である。これらに触れることで，子どもは自然の美しさ，偉大さ，不思議さに心動かされ，さらにそれらを利用して遊びを楽しむようになる。これらの遊びは，自然に対する親しみの気持ちを育てるばかりではなく，知識欲や科学的な物の見方，考え方の基礎を培う。現代社会では，直接的な体験よりもテレビやビデオなどを通した間接体験が増えているため，園で自然と直接触れ合う機会をもつことは，子どもの育ちにとって大切なことである。（高橋真由美）

伝承遊び

大人から子どもへ，もしくは異年齢集団の中で子から子へ受け継がれてきた遊び。伝承遊びには，お手玉，こま，けん玉，あやとりなどの遊具を使って遊ぶもの，「かくれんぼ」「鬼ごっこ」「かごめかごめ」「だるまさんが転んだ」などの身体を使う集団遊びなどがある。伝承遊びは世代や年齢を超えて一緒に楽しめる

遊びであり，地域の中で少しずつ変化しながら脈々と受け継がれてきた。しかし近年では子ども達を取り巻く環境の変化から，安全に遊べる場所や異年齢集団で遊ぶ機会が減少し，地域の中で受け継がれていくことが困難となってきた。2018（平成30）年から施行されている幼稚園教育要領等では，領域「環境」の「内容の取扱い」に，わらべうたや伝統的な遊びに親しむことの重要性に触れた記述が新たに加えられ，幼稚園や保育所といった子どものための施設が伝承の場として期待されている。　　　　　　　　（高橋真由美）

ルールのある遊び

遊び仲間によって共有されている一定の規則に従って進められていく遊び。鬼ごっこやサッカーなどがこれにあたる。ルールのある遊びは，比較的年齢の高い子どもに見られる遊びであるが，年齢の低い子どもに見られるごっこ遊びも，自分の役割やストーリーに沿った言動が求められ，それが一定の規則となっていることから，ルールのある遊びと捉えることもできる。幼児期に見られるルールのある遊びは，スポーツのように厳格なルールが最初から決められているものではない。例えば，最初は1人だった鬼が複数人になったり，逃げられる範囲が限定されるなど，ルールを変化させること自体を楽しみながら遊ぶ様子が見られる。しかしながら参加メンバーが多い場合，変化したルールの共有が難しく，トラブルに発展しかねないため，保育者は参加メンバーにルールの変化が伝わるような援助を心がけるとよい。　　（高橋真由美）

象徴遊び

世の中に存在する人，物，事柄を何かに置き換えてイメージの世界で遊ぶこと。目の前にないものや，起こっていない事柄を再現する力である象徴機能が発達することで出現する。具体的には，1歳半頃から見られる，食べるふりや飲むふりをする「ふり遊び」に始まり，その後，空き箱や積み木を車に見立てて動かしたり，草花を食べ物に見立てて料理するなどの「見立て遊び」へ，そしてお母さんや先生などの役割を分担し，遊び仲間と個々が描くイメージを共有しながら，何らかのストーリーを即興的に作って遊ぶ「ごっこ遊び」へとつながっていく。象徴機能は，その後の言語発達や認知発達に影響を及ぼす大切な機能である。そのため保護者や保育者は，ふり遊びから始まる象徴遊びに応答的に関わり，子どものイメージの世界を支えるような援助を心がけるとよい。

→象徴機能 [11]　　　　　　（高橋真由美）

見立て遊び／ふり遊び

ふり遊びは，おもちゃのコップを持って飲むふりや，絵本に描かれている食べ物の絵をつまんで食べるふりなど，実際に行っていないことを行っているふりをして楽しむ遊びで，1歳半くらいから見られる。その後，2歳頃より，円形の物を車のハンドルを操作するように回して歩きまわったり，空き箱を携帯電話のようにして使うなど，ある物を実際とは違う別の物に見立てて遊ぶ，見立て遊びが見られるようになる。これらの遊びは，日常生活の中で子どもが目にする大人の行動を模倣していることが多い。そのため，日常生活で大人が使用する道具を模した遊具や，見立てにつながる様々な物を保育室に置いておくと良い。またこれらの遊びで子どもがもっているイメージを保育者が読み取り，遊びの相手となることも大切である。やがて，これらの遊びがストーリーや役割があるごっこ遊びへ発展していく。　　　　　　（高橋真由美）

ごっこ遊び

日常生活で見聞きした出来事を，そのつもりになって再現したり，身近な人，こと，モノをイメージしてストーリーを作り上げていく遊び。ままごと，お店屋

さんごっこなど，複数の子どもが一緒に遊びを楽しむものであるため，個々の子どもが演じる役割や描くストーリーなどのイメージを共有する必要がある。イメージの共有は，物の見立て，動作，表情，セリフなどを通して行われるが，その際，他者の視点にたって物事を考えられる認知的発達や，他者の言動からイメージを理解したり，自己のイメージを的確なセリフで表す言語能力など，様々な力が必要になる。3歳児では個々のイメージが周りの子ども達に伝わらないことも多いため，イメージが共有できるように保育者が援助すると良い。また遊びのイメージが広がるように，日常生活で使用する道具や，色々なものに見立てられる積み木，おはじき，毛糸，廃材等の環境を設定することも大切である。　（高橋真由美）

劇遊び

　絵本やテレビなどのメディア，日常生活で見聞きしたことなどを題材にして，何かしらのストーリーを友達と演じて楽しむ遊び。ごっこ遊びとの共通点も多いが，ごっこ遊びに比べてストーリーの即興性は低く，あらかじめ参加者によってストーリーがある程度共有されていることが特徴である。子ども達は，ストーリーに沿って想像の世界の中で役になりきって演じることを楽しみ，表現することのおもしろさや友達とひとつのものを作り上げていく喜びを感じる。保育施設では，発表会などの行事で保護者に劇遊びを披露する機会をもつことも多いが，その際，保育者主導で演じ方を指導するのではなく，子どもが主体的に自己の表現を工夫できるような援助や，子どもと一緒に表現の世界を楽しむ姿勢を心がけたい。

（高橋真由美）

11 発 達

成熟優位説

成熟優位説は発達において，遺伝的な成熟を重視する立場である。古典的な成熟重視の立場で，代表的な研究者はゲゼル（Gesell, A.）がいる。ゲゼルの成熟説を支持する根拠のひとつとして，一卵性双生児を対象とした階段上りの訓練実験（Gesell & Thompson, 1929）がある。双子の一方に階段上りの訓練を行い，もう一方には階段上りの訓練は行わなかったが，訓練の有無にかかわらず，階段を上れるようになる時期は同じであった。つまり，階段上りの運動ができるようになるには，訓練という環境側の介入ではなく，生物学的な成熟が重要であることが示されている。

【引用文献】Gesell, A & Thompson, H. (1929) Learning and growth in identical infant twins: An experimental study by the method of co-twin control, *Genetic Psychology Monographs*, 6, pp.11-124.

（浅川淳司）

環境優位説

環境重視の考え方を端的に表しているのが，生まれたての子どもは何も書き込まれていない白板（タブラ・ラサ）であるという考え方である。これはイギリス経験論の代表的な哲学者であるロック（Locke, J.）によって提起された。白板には，はじめ何も書かれていないが，経験を積むことによって，色々なものが書き加えられていき，色彩豊かになっていく。人間も，何もない状態から出発し，周囲の環境に影響されて，変化していくとい

う考え方である。古典的な環境重視の立場の研究者としては，アメリカで行動主義を創始したワトソン（Watoson, J. B.）がいる。ワトソンは，乳児を対象とした実験を通して，恐怖などの情動反応も生まれつきのものではなく，学習されていくことを示している （浅川淳司）

構成主義

構成主義では，人を，自ら世界を探索し，知識を構築し，試行錯誤しながら環境に適応しようとする能動的かつ活動的な存在と捉える。代表的な研究者はピアジェ（Piaget, J.）である。ピアジェは，人間の認識の発達の源泉が，環境に働きかける子ども自身の「行為」であると提唱した。「行為」とは，自分が知らないことやモノに対して自ら働きかけ，それを探索し，その対象の諸特性を発見することである。そして，ピアジェはこの「行為」の質が，発達の時期によって大きく転換することを見出し，感覚運動期，前操作期，具体的操作期，形式的操作期といった発達段階を定めている。もともと第三者にも観察可能であった行為は，次第に外部の手がかりを必要としなくなり，頭の中で自律的に組織化され，「操作」と呼ばれる内的な行為へと発達していくこととなる。

→ピアジェ 22 （浅川淳司）

機能連関

ある機能が，同じ時間の相において，他の機能とつながりをもっていること。感覚・運動，認知，言語，社会性，自我などの心理諸機能は，個別にその発達を

研究されているが，それぞれが個別に独立して発達していくわけではない。それぞれの諸機能は，より糸のように相互に影響を与えながら発達していく。例えば，数能力の発達には，手指や手指の運動が関係していることが報告されており，数字や計算の手順を覚えるだけで数能力が発達するわけではないことが示唆されている。つまり，その子の個別な機能だけ見ていても，その子の発達を理解できるわけではない。機能連関の立場から子どもを見ることで，バラバラな機能の集積ではなく，総体としての子どもの発達をつかむことができるようになるだろう。

（浅川淳司）

社会・文化的アプローチ

　社会・文化的アプローチは，発達を私たちの所属する社会や文化から切り離すことができないものと捉える。この社会・文化的アプローチはもともとヴィゴツキー（Vygotsky, L. S.）の発達論を基盤として発展してきた。ヴィゴツキーは，文化的道具であることばを用いて他者（自分より熟達した人）と相互作用することが発達に重要な役割を果たすと主張している。ある集団内で何世代にもわたって作り上げられてきた知識体系である文化は，その文化の担い手である熟達者と新参者の子どもとのことばを用いた相互作用によって，子どもに伝達される。また，やりとりの中で使用されていたことばは，次第に子どもの内面に取り込まれ，自分の心の中で対話するもうひとりの自分を作り出していくことになる。他者とのやりとりを基盤としたもうひとりの自分が形成されることで，眼の前に大人がいなくても，自身の思考や行為を制御できるようになる。

→ヴィゴツキー 22　　　　（浅川淳司）

最近接発達領域

　ヴィゴツキー（Vygotsky, L. S.）が提示した概念である。子どもひとりで問題を解決できる現在の発達の水準と，大人や，能力のある仲間との協同活動によって，問題の解決がなされる可能性のある水準との，ズレの領域のことをいう。この概念が示唆していることは，子どもがひとりで何をできるかではなく，大人や仲間との協同で，どのような発達を遂げようとしているのかといった，未来の発達の様相を見通す必要があるということである。子どもが今ひとりでできることをいくら評価しても，その子の未来の発達は見えてこない。ひとりではできないけれど，みんなと一緒にやったらできるということにこそ，その子の発達の可能性が潜んでいるということを意味している。また，最近接発達領域を見極めるということは，新しい子どもの評価のあり方を示していると捉えることもできるだろう。

（浅川淳司）

生態学的システム理論

　ブロンフェンブレンナー（Bronfenbrenner, U.）の提唱した理論である。彼は，子どもを取り巻く環境を，子どもを中心にミクロ（マイクロ）システム，メゾシステム，エクソシステム，マクロシステム，そしてクロノシステムに整理している。ミクロ（マイクロ）システムは，その子どもが直接関わる環境のことであり，家族や保育者，友達などが含まれる。メゾシステムは，家庭と園の関係であったり，自身の家庭と友達の家庭の関係などが含まれる。エクソシステムは，子どもが間接的に関わる環境のことであり，親の職業や支援制度などが含まれるマクロシステムは，前述した3つのシステムの内容に一貫性をもたらすような文化的な価値や信念，規範が含まれる。最後のクロノシステムは，時代間の変化を表しており，上記のミクロ（マイクロ）・メゾ・エクソ・マクロシステムが時間の流れとともに相互作用し，変動していくことを指している。したがって，

子どもの発達を考えるうえで，目に見える直接的な環境だけではなく，文化や社会の有り様にまで目を向けていく必要があることを生態学的システム論は示唆している。　　　（浅川淳司）

ライフサイクル論

　エリクソン（Erikson, E. H.）により提唱された発達段階論である。エリクソンは，人が生きていく中で，発達の様々な時期に，自身の内的要求と社会からの外的要求の間で，葛藤を繰り返し経験すると考えた。そして，その葛藤を心理社会的危機と呼び，各時期の心理社会的危機を軸に，発達段階を8つに分けた。この心理社会的危機にどのように向き合い取り組むかで，発達の進む方向性が異なってくると考えられている。例えば，乳児期の心理社会的危機は，「基本的信頼　対　基本的不信」である。身近な養育者との関わりを通して，この世界の中で信頼できる人を見つけることで，この世界に対して安心感をもつことができ，基本的信頼を獲得することができる。獲得された基本的信頼は，次の発達段階の土台となる。

→エリクソン 22　　　　（浅川淳司）

生涯発達論

　わざわざ「生涯」発達と「生涯」を強調しているのは，これまでの「発達」の捉え方が，乳幼児から青年になるまでの狭い期間にとどまっていたためである。このような発達の捉え方の弊害として挙げられるのが，単線的で右肩上がりの発達観の形成であり，発達の一面だけが強調されてしまった。この単純な発達の考え方に対するアンチテーゼとして生涯発達という考え方は現れた。バルテス（Baltes, P. B.）によれば，生涯発達とは単純に受精から死までの変化を見るという意味だけではない。発達には，様々な径路があること，いつの時期も大きく変化する可能性があること，獲得や成長といったプラス面だ

けでなく喪失や衰退といったマイナス面がどの時期にもあること，発達が歴史や文化，文脈と切り離せない性質が含まれていることを示唆している。　（浅川淳司）

乳児研究の方法

　言葉を話せない乳児の心の世界を知るためには，言葉によらない指標で乳児の心を知る方法が求められる。代表的なものに，選好注視法や馴化・脱馴化法などがある。選好注視法とは，乳児の「視線」に着目した方法であり，異なる刺激を同時に提示し，乳児がどちらかの刺激により視線を長く向けたかを測定する。もしどちらかの刺激により長く視線を向けていたのであれば，乳児はそれらの刺激を区別したと判断できる（区別していないのであればどちらかを長く見ることはない）。馴化・脱馴化法とは，ある刺激を一定時間提示し，乳児がその刺激に慣れてから，別の刺激に変化させたときの乳児の行動を測定する。例えば，ある画像を一定時間提示すると，はじめは視線を向けるが，徐々に「馴れ」ることで，視線を向ける時間が低下する（馴化）。その段階で別の画像を提示した時に視線を向ける時間が増加すれば，乳児は「前の画像」と「今の画像」を違うものとして区別したと判断できる（脱馴化）。このような手法が開発されることで，乳児の見ている世界，感じている世界が明らかになってきている。　　　　　　　　　　（近藤龍彰）

生理的早産

　ほ乳類の出産形態には，就巣性と離巣性がある。前者は子どもの運動能力などが未熟な状態で生まれてくるため巣に留まり，一度の出産児数が多い。一方，後者は運動能力などが成熟して生まれてくるため巣から離れ，一度の出産児数は少ない。しかし人は，一度の出産児数が少ないにもかかわらず，生まれた子どもの運動能力は未熟である。これは，人が生物的に「早産」の形で子どもを産むよう

に進化した（早産が生物として通常になった）と考えられており，このような特徴をポルトマン（Portmann, A.）は生理的早産と呼んだ。生理的早産の理由としては，生物的理由（他の動物に比べて脳が大きく，二足歩行のため母親の産道が狭いので，成熟すると出産しにくい）と，社会的理由（能力として完成していないほうがその後の社会環境に適応しやすい）などが考えられる。
【参考文献】齋藤慈子（2018）「生涯発達の視点」開一夫・齋藤慈子編『ベーシック発達心理学』東京大学出版会，35～52頁。　　　　　　　　　　　（近藤龍彰）

敏感期

　動物行動学者のローレンツ（Lorenz, K.）は，生まれたばかりのヒナが，最初に見た動くものを自分の母親だとみなして，後ろをついていく，刷り込み（インプリンティング）という現象を報告している。この刷り込みという現象は，生後数日という特定の時期だけにしか起こらない。このように，特定の時期だけに起こり，その時期を過ぎてしまうと新しい行動の獲得や発達が困難になってしまう時期を，敏感期という。ただし，敏感期を過ぎてしまったからといって，それらの行動の獲得や発達が全く不可能になるわけではない。後からでも適切な環境を設定し，十分な経験をできるようにすることで，行動の獲得や発達が可能になることが報告されている。　　　（浅川淳司）

原始反射

　新生児期に見られる，ある特定の刺激に対して自動的に行われる行動のことを原始反射という。代表的なものに，モロー反射（頭部が下に落ちる動きをした際に腕を伸ばして手を握る），ルーティング反射（唇の辺りを触れると触れられた方向に向かって口を開ける），吸啜反射（唇に触れたものを吸う），バビンスキー反射（足の裏に触れるあるいはこすると親指が反り，他の指が扇状に開く）などがある。こ

れらは成長とともに消失するが，この反射が見られなかったり，長く残っている場合，神経の異常の可能性がある。また，把握反射（手のひらに刺激を与えると握ろうとする）や歩行反射（立った姿勢をとると足を交互に運動させる）などは，その後の脳の成熟により，随意運動（自分の意志で行う運動）に置き換わると考えられている。
【参考文献】今福理博（2018）「胎児期・周産期」開一夫・齋藤慈子編『ベーシック発達心理学』東京大学出版会，55～76頁。　　　　　　　　　　　（近藤龍彰）

感覚間協応

　人は様々な感覚を通して世界を認識する。感覚には，視覚（見る），聴覚（聞く），触覚（触る），嗅覚（匂う），味覚（味わう）など外部からの情報を得るものと，運動感覚，平衡感覚，内臓感覚など，自分の内部の情報を得るものなどがある。これらの感覚はバラバラに機能しているのではなく，感覚間の情報が統合されて処理される。このような感覚間の情報を統合することを感覚間協応という。感覚間協応は新生児期に見られるものもあるが，経験を通して獲得されるものもある。後者の代表例に，目と手の協応がある。見たものを手を伸ばしてとる行動（リーチング）には，視覚情報と運動感覚情報を統合することが必要となり，生後4～7か月くらいから可能となる。この例に限らず，子どもの成長には，様々な感覚を働かせ，それらを統合する環境が必要だといえる。
【参考文献】子安増生（2005）「知覚の発達：見る，聞く，におう，味わう，触れる」子安増生編『よくわかる認知発達とその支援』ミネルヴァ書房，22～23頁。白井述（2018）「感覚・運動の発達」開一夫・齋藤慈子編『ベーシック発達心理学』東京大学出版会，77～97頁。　（近藤龍彰）

対象の永続性

　ある対象が目の前からなくなったとしても，その対象は存在し続けているという認識のこと。ピアジェ（Piaget, J.）は，子どもは生後1年ほどまでは対象の永続性をもたず，直接に知覚できる場合のみ，そのモノの存在を認識できるとした。一方，乳児の視線を測定した研究では，生後数か月で対象の永続性をもつという報告もある（→乳児研究の方法）。例えば，乳児に，衝立が手前から奥に倒れる映像を一定時間見せてその映像に「馴化」させた後，（A）衝立の後ろに物体があったので衝立が倒れない映像（普通の状況）と（B）衝立の後ろに物体があったが衝立が倒れる映像（普通でない状況）を見せた。その結果（A）よりも（B）で視線を向ける時間が長くなった（脱馴化）。この結果は，乳児は衝立の後ろの物体が見えなくても存在しているはずなのに，なくなっていることに驚いた，つまり乳児は対象の永続性をもっていたことを示唆している。子どもは生後間もないころから，周りの環境の法則性に敏感であるといえる。

【参考文献】旦直子（2018）「認知の発達」開一夫・齋藤慈子編『ベーシック発達心理学』東京大学出版会，135～156頁。
　　　　　　　　　　　　　（近藤龍彰）

延滞模倣

　観察した対象（人や物，動物）の行動・行為を自分で再現する（いわゆる「マネする」）ことを模倣という。観察対象の目の前の行為を再現することを「即時模倣」，観察対象が過去に行った行為を再現することを「延滞模倣」という。このうち延滞模倣は，観察した行為を一定期間，記憶の中に保持すること，あるいはその行為を頭の中でイメージ（表象）することを意味している。「目の前にないもの」を表現する能力は，ことばの獲得やシンボルの操作といったことに関連す

るものである。このような意味でも，目の前にない行為を再現する「延滞模倣」は，人の成長を考えるうえで重要な行為・行動といえる。

【参考文献】明和政子（2013）「ふりと模倣」日本発達心理学会編『発達心理学事典』丸善出版，390～391頁。（近藤龍彰）

愛　着

　愛着（アタッチメント）とは，恐れや不安など感情状態が崩れた際に，ある特定の個体に近づく（接触する）ことで，感情状態の崩れを回復しようとする傾向性のことを指す。例えば，赤ちゃんが何か不安なことがあったときに，親に近づき，親にだっこされることで安心感を得る，といったものである。第二次世界大戦の孤児の心理を検討する中でボウルビィ（Bowlby, J. M.）が提唱した。感情の崩れ，特定個体への接近，安心感の獲得のサイクルを繰り返すことで，その特定個体（多くは養育者）は「安全基地」（不安になったときに帰れば安心できる場所）となる。安全基地が子どもの中に出来上がると，それを起点に，新しい場所や物，人に対して探索行動をしていく。生後1～2年は安全基地となる人と実際に（物理的に）接近することが必要であるが，おおよそ3歳頃になると，実際に接近するのではなく，心の中で安全基地となる人がイメージされ，それをもとに探索行動などができるようになる。このような，心の中でイメージされた愛着関係のことを内的ワーキングモデルという。

【参考文献】数井みゆき・遠藤利彦（2005）『アタッチメント──生涯にわたる絆』ミネルヴァ書房。　　　　（近藤龍彰）

ストレンジシチュエーション法

　子どもの愛着関係の個人差を測定するために，エインズワース（Ainsworth, M.）らによって開発された実験的手法（→愛着）。愛着は特定の人との接近・分離の際に重要な役割を果たすため，この実験

でも養育者と別れたり再会したりする手続きをとる。具体的には，①見知らぬ人とおもちゃがある部屋に養育者と一緒に入る，②見知らぬ人が部屋から出て，養育者は椅子に座り，子どもはおもちゃで遊ぶ，③見知らぬ人が入ってきて，椅子に座る，④養育者が部屋から出て，見知らぬ人が子どもとやりとりする，⑤養育者が部屋に入り，見知らぬ人は部屋から出る，⑥子どもだけ残して養育者が部屋から出る，⑦見知らぬ人が部屋に入り子どもとやりとりする，⑧養育者が部屋に入り，見知らぬ人は部屋から出る，という流れとなる。養育者との分離・再会場面での子どもの様子を観察し，4つの愛着のタイプのいずれかに分類する（→愛着のタイプ）。

【参考文献】蒲谷慎介（2018）「愛着の発達」開一夫・齋藤慈子編『ベーシック発達心理学』東京大学出版会，99〜116頁。

（近藤龍彰）

愛着のタイプ

　ストレンジシチュエーション法では，愛着のタイプを，Aタイプ（回避型），Bタイプ（安定型），Cタイプ（両価価値型），Dタイプ（無秩序型）に分類する（→愛着，ストレンジシチュエーション法）。Aタイプは養育者と別れる際に泣くことがなく，再会したときも目を背けたり，だっこしようとしてもいやがるなど養育者を避ける。Bタイプは養育者と別れる際に多少泣くが，再会すると身体接触を求め，身体接触を受けるとすぐに安心し，養育者を安全基地として探索行動を行う。Cタイプは養育者と別れる際に強い不安を示し，再会時には身体接触を求めるが，接触しても養育者を叩く（近づきたいが抵抗したいという両価的な感情），養育者を安全基地とした探索行動をしない。Dタイプは近づくと避けるという行動を同時に行う（だっこされながら目を背ける），全体的に何がしたいのかわからない行動を

とり，養育者よりも見知らぬ人と親しい様子を見せることがある。これらはそれぞれ，子どもの気質と養育者の態度・関わり方の相互作用などで成立すると考えられている（→気質）。

【参考文献】数井みゆき・遠藤利彦（2005）『アタッチメント——生涯にわたる絆』ミネルヴァ書房。　　　　（近藤龍彰）

気　質

　発達早期から見られる，生物的・体質的基盤をもった（いわゆる生得的な）個人の傾向性および個人差を「気質」という。同じく個人の傾向性を示す用語に「性格（キャラクター）」や「人格（パーソナリティ）」があるが，どちらも後天的な要素が考慮され，乳児など発達初期の子どもを対象とした個人傾向にはあまり用いられない。気質の具体例としては，活動レベル（動き回るなど），リズム（排便や食事が規則正しいなど），反応の強度（泣くよりもぐずるなど），機嫌の質（よく笑うなど）が挙げられる。これらの傾向性は子どもが成長してもある程度連続しており，養育者の子どもへの関わり方にも影響する。乳児と関わる際には，その子どもの気質に配慮した関わりが求められる。

【参考文献】陳省仁（2011）「気質，性格，人格」無藤隆・子安増生編『発達心理学I』東京大学出版会，194〜203頁。

（近藤龍彰）

共同注意

　9〜10か月頃から，他者が見ているものに自分も視線を向けて一緒に見たり，指示されたものを見ることが多く行われるようになる。このように対象への注意を他者と共有する状態を共同注意と呼ぶ。初期の段階での他者との注意の共有は，他者から対象を見せられることにより結果として他者と同じ対象を同時的に見る状態になっているが，視覚や運動機能の発達，愛着関係の形成とともに，他

者と子どもが同じ対象を見ることが成立していき，他者とその対象に関連する情動も共有をするようになる。共同注意の発達は他者の注意や意図の理解の発達を示している。また，非言語的なコミュニケーションでありながらも，共同注意には話し言葉に見られるようなコミュニケーションの基本的な形が存在していることから，言語発達とも密接な関連がある。共同注意に見られるような自己と対象と他者とを関係づけることは，三項関係と呼ばれる。　　　　　　（山田真世）

社会的参照

　生後9か月過ぎから，新奇な人や物に遭遇するような子どもにとって状況がはっきりしない場面で，「これはなに？」と問い合わせるように他者の表情や行動を確認する姿が見られる。例えば，初対面の人に会うときに，子どもは母親がその人に向ける表情を確認する。もし母親がその人へ笑顔を向ければその人を安全だと判断するが，母親がその人をにらんでいれば安全ではないと判断し近づこうとはしない。子どもは，自分にとって重要な他者がどのような情動を向けているかを読み取ろうとしており，その情動から状況を判断し，自分の行動を変化させている。このような現象が社会的参照と呼ばれ，三項関係を表す共同注意行動のひとつである（→共同注意）。（山田真世）

指差し

　指によって他者に何かを伝える行為であり，9〜10か月頃から見られる。対象に手を伸ばしつかもうとするリーチングとは区別される。指差しはコミュニケーションのために使用されるため，コミュニケーションをとる相手の存在が重要であり，他者との関係性の中で発達していく。指差しにはいくつかの機能があり，子ども自身が驚いたものや注目するものを指差す初期の指差しは，他者の関心を共有させる機能を持つ。これは，対象に対する注意を他者と共有しようとする叙述の機能をもった指差しへと発達していく。色や形を比較して指差すといった比較の機能をもった指差しも見られるようになる。さらに，他者に事象や事物を尋ねるための指差しや他者からの問いかけに答える可逆の指差し，他者に自身の要求を伝える要求の指差し，他者に対して何らかの情報を伝えようとする情報提供の指差しといったコミュニケーション機能をもつ指差しが使用される。
　　　　　　　　　　　　（山田真世）

音声の発達

　言葉を話せるようになるには唇や舌を使った発音が重要になる。生後2，3か月頃から，乳児はクーイングと呼ばれる喉を鳴らすような母音を発するようになる。生後7か月頃になると，ba や ma といった子音と母音を合わせたリズミカルな発声（bababa ／ mamama）をするようになり，このような発声のことを喃語と呼ぶ。クーイングや喃語は，誰かに何かを伝えようという意図があるわけではなく，純粋に音の響きやリズム，発声することの楽しさを感じるために発せられている。これらは言葉を話すための大切な準備期であるといえよう。また，音声の発達では音を聞き分けることも重要である。乳児は生まれたときから，母語だけでなく様々な音を聞き分けることができる。やがて，生後9か月頃から次第に自分の母語の聞き取りに必要な音だけを聞き分けるようになっていき，母語の聞き分けに必要のない音を区別しなくなっていく。
→喃語㉓　　　　　　　　（三宅英典）

オノマトペ

　「グルグル」や「サラサラ」等，実際に見聞きしたものを感覚的に言葉で再現したもの。一般的には擬音語と呼ばれており，私たちは様々な対象をオノマトペで表現している。オノマトペによる発

話表現は，次の5つに分類される。①「ニャーン」や「ケラケラ」といった動物や人間の声を表す表現（擬声語），②「ビュービュー」や「ピシャーン」といった自然界の音を表す表現（擬音語），③「ツルツル」や「ドロドロ」といった無生物の状態を表す表現（擬態語），④「ノラリクラリ」や「ウトウト」といった生物の状態・様子を表す表現（擬容語），⑤「イライラ」や「ガーン」といった人の気持ちを表す表現（擬情語）。保育の中では，うまく言葉で説明できないことでも，オノマトペならわかりやすく伝え合うことのできる場面が多々ある。リズミカルな音も特徴であり，絵本のなかでもよく使われている。　　　　　　　　　（三宅英典）

語彙の発達

　子どもが初めて発する言葉のことを初語と呼び，おおよそ1歳前後から見られるようになる。この頃の特徴は，一語文と呼ばれる言葉の発し方で，「ワンワン」や「ブーブー」など，1つの語で言いたいことを伝えようとする。1歳半頃を過ぎると，「ワンワン／いた」のように，2つの語を組み合わせた二語文を発するようになる。これが2歳前後になると「ワンワンに／ご飯／あげる」といった3つの語を組み合わせた三語文で会話ができるようになる。

　子どもたちが発する語は，関心のある事柄や自分の生活に関係のある事物からはじまり，やがて「コレなあに？」と目の前の物を尋ねるようになると，急激に語彙の数が増えていく。具体的には，1歳半頃に50語を超えはじめ，3歳頃に1,000語，6歳頃で3,000語程度に達すると考えられている。　　　　（三宅英典）

会話の発達

　会話とは，他者との発話を通したやりとりのことである。子どもは言語発達が進むにつれて，複数の単語や文を，文脈に合わせて用いるようになる。私たちが円滑に会話をするためには，いくつかの表出ルールが存在する。グライス（Grice, H. P.）は会話の協調原理として，対話時に以下の4点を守る必要があるとした（Grice, 1975）。①会話に必要な情報はすべて話す。ただし，必要以上に情報を伝えてはならない。②嘘や根拠のないことは言わない。③会話に全く関係のないことを言ってはいけない。④曖昧な表現は避け，簡潔に話さなければならない。

　幼児の会話は発達途中で，しばしばこれらのルールが守られていない。そのため，保育者は彼らの言葉の背後にある意図を注意深く読み取る必要がある。

【引用文献】Grice, H. P. (1975) Logic and conversation, In P. Cole and J. L. Morgan (Eds.), *Syntax and Semantics: Speech Acts*, 3, pp.41-58, New York: Academic Press.
　　　　　　　　　　　　　　（三宅英典）

読み書き

　多くの子どもは，4，5歳頃から文字に関心をもつようになり，遊びを通してひらがなの読み書きをはじめる。読み書きができるようになるためには，単語を構成する音の違いや順序に気づくこと，実際にしりとりなどの言葉遊びで言葉を操る経験が必要となる。ひらがなの読みには，子どもたちが文字に触れ合う頻度が関係し，自分の大好きな絵本など，よく見る文字から読めるようになる。ひらがなの書きには，文字に触れ合う頻度だけでなく，文字そのものの形の複雑さも関係している。例えば，「ぬ」よりも「つ」の方が文字の形は複雑ではないため，子どもたちにとっては「つ」の方が正しい形で書きやすい。また，ひらがなを書くためには文字の形を正しく認識するだけでなく，手指を器用に操る能力も必要になる。幼児期にはこれらの能力が発達途中であるため，左右を反転させたような鏡映文字や逆さ文字を書くことが多い。
　　　　　　　　　　　　　　（三宅英典）

外言／内言

　外言とは声に出した言葉のことを指し，内言とは頭の中でつぶやく言葉のことを指す。例えば，幼児が積み木で遊んでいるときに，「これ以上，積み木を置いたら壊れちゃうよ」と友達や保育者に話しかけるとしよう。このとき，幼児が口に出して言った言葉が外言である。また，この言葉を発する前に，幼児が頭の中で「これはもう崩れるな」とつぶやいたとしよう。このとき，幼児が頭の中でつぶやいた言葉が内言である。内言は，外言のように他者に伝えるための言葉ではないため，その言葉が本来意味する内容だけでなく，それらの背景や文脈，発話者の意図など，多くの情報が含まれている。

　思考の発達は，外言から内言に移行していくと考えられており，幼児期に見られる独り言は，本来彼らが頭の中でつぶやいているはずの内言が口から漏れてきていると考えられる。そのため，保育者は彼らの独り言には多くの意味が潜んでいることに注意して，幼児理解に努める必要があるといえよう。　　（三宅英典）

自己意識

　自分自身に向けた意識のこと。初期の自分と他者とが分化していない状態から，自分の身体的な感覚を通して自分と自分以外が分化し，身体的・物理的なものとして自己の存在を理解しはじめる（身体自己）。2歳以降になると鏡に映った自分の姿を理解できるようになってくる（鏡映自己）。例えば，マークテストと呼ばれる課題では，子どもに気付かれないように子どもの額などにシールを貼り子どもを鏡の前に連れていく。この時，鏡像を理解できる子どもはシールを取ろうとする。これらの自己理解を基盤にして，幼児期には自己意識の発達が進んでいく。自己の捉え方には，客観的自己（me）と主観的自己（I）という観点がある。客観的自己は，自分とはどのような存在で

あるかについての認識であり，身体的特徴や行動的特徴，対人関係の特徴，心や感情の特徴といった4つの側面からなる。主観的自己は，何か物事を考えるときに自分が中心であるという意識や自分が独自の存在であるという意識，昨日と今日と明日の自分が変化しつつも同じであるという連続性の意識からなる。

　　　　　　　　　　　　　（山田真世）

自我の芽生え

　自己認識の発達や身体発達によって，おおよそ2歳頃から「○○ちゃんが！」など自分を強く主張したり，他者からの提案に対して「イヤ」と反対する姿が見られる。このような時期は「自我の芽生え」といわれる。自己意識の発達によって他者とは異なる自分を認識しはじめた子どもたちは，自分がやりたいこと，自分が欲しいものといった自身の欲求をもち，自分自身で物事を決めたり行動することを求めはじめる。しかし，子どもは自身の欲求と他者の意図とをまだうまく調整することができず，この時期の子どもの姿は大人から「反抗期（第一次反抗期）」とみなされる。また，子どもが求めることは，大人から規制されたり禁止されることも多い。この時期の大人への自己主張や反抗を通して，子どもは他者とは異なる自己をより一層認識していく。

　　　　　　　　　　　　　（山田真世）

自己意識的感情

　罪悪感や恥，誇り，思い上がり，憧れ，謙遜といった自分の行動に対する責任や他者の評価を認知する感情。例えば，子どもは難しい課題を達成したときに誇らしげな表情を見せるが，これは自分の行為を他者や社会の基準に照らして成功したことに気付くことで生じる。また，他者との比較を通して自分の行為に誇りを感じる場面もある。そのため，自己意識的感情の出現には，自己意識（→自己意識）の発達が前提となり，社会的規範の理解

や心の理論（→心の理論）の発達，他者の感情の推測，社会的比較（→社会的比較）や言語的発達などが関連している。

（山田真世）

スキャモンの発育曲線

　スキャモン（Scammon, R. E.）は，身体の諸器官を，一般型，神経型，リンパ型，生殖型の4つの系統に分け，それぞれの変化を発育曲線で示した。一般型とは，頭部，頸部を除いた骨格や筋肉などの身体組織の発育状況を指す。4，5歳頃まで急激に成長し，そこから12歳までは緩やかに変化するが，思春期を迎える頃にまた急激に発達する。神経型は脳，脊髄，中枢神経系などの発育を指す。頭部は出生後，急激な発育を示し，5，6歳で成人の80％程度の大きさになり，同じ速度で脳の重量も増加する。リンパ型は，胸腺，扁桃腺，リンパ節などが属し，幼小期に急速に増加し，12歳頃には成人の倍程度の増加量に達するが，思春期の間に成人のレベルに戻っていく。生殖型は睾丸，卵巣，子宮，前立腺などであり，思春期までは緩やかに発達し，第2次性徴がはじまると性差がはっきりと現れるようになる。

（浅川淳司）

微細運動

　手指を使った細かな調整を必要とする運動。最初，自分の意思で手をコントロールし，手のひら全体で物をつかもうとする把握運動が生後3か月から4か月で顕著に見られるようになり，7か月頃からは指と指で物をつまむ精密把握動作が出現する。生後10か月を過ぎた頃には小さい物体に対して二指でつまむことができるようになる。その精度は5歳までに急速に発達し，ボタン留めなどもひとりでできるようになる。また，鉛筆などの操作についても，はじめは手のひら全体でつかみ，前腕全体を動かしていたものが，5歳になる頃には，指先の微細で巧みな動きで鉛筆を扱うことができる

ようになり，鉛筆を持つ位置も，最初は上の方を握っていたのが，次第に先端の方に移り，下の方を持つようになる（野中，2003）。

【引用文献】野中壽子（2003）「幼児の手指の動作の発達」『子どもと発育発達』1（5），302〜305頁。
（浅川淳司）

粗大運動

　身体全体を使うような大きな運動であり，代表的なものとして，歩く，走る，跳ぶといった運動が該当する。1歳半頃になると，子どもはひとりで歩きはじめ，2歳頃にはその場でジャンプしたり，1秒程度だが，片足立ちができるようになったりする。3歳頃になると，立つ，走るなどの基本的な動作はほぼ完成し，4歳頃には片足ケンケンなど，難易度の高い運動もこなせるようになる。また，神経系の成熟によって，幼児期には全身の調整力も向上する。調整力とは身体を調整する力を意味するが，これが自分の身体の姿勢維持に発揮されれば「平衡性」と呼ばれ，素早く動作を行うことに重点をおけば「敏捷性」と，正確な動作を求められれば「巧緻性」と呼ばれる。

（浅川淳司）

基本的運動動作

　基本的運動動作は，次の3つの運動動作に分類される。①歩く，のぼる，くぐるといった重心を移動する動作としての「移動系の動作」，②立ったり，しゃがんだりといった姿勢の変化や身体のバランス保持を伴う動作としての「安定系の動作」，③投げる，つかむ，動かす，おろすなど，身体やものを操作する動作としての「操作系の動作」。

　ガラヒュー（Gallahue, D. L.）は幼児期における基本的な移動，姿勢制御，操作運動の十分な発達がスポーツスキルの学習のための前提条件であり，この時期の学習経験が不十分である場合には，子どもは後の高いレベルでのスキルを身につ

けることができないと述べている（ガラ
ヒュー，2006）。

【引用文献】ガラヒュー，D. L.／杉原隆
監訳（2006）『幼少年期の体育』大修館書
店。　　　　　　　　　　　　　（浅川淳司）

アニミズム

　無生物に対して生命が宿っているよう
に認識したり，何らかの生命体の属性が
あるかのように心の働きを認める考え方。
ピアジェ（Piaget, J.）は，子どもが自分
の心の中の出来事と，外界の出来事とが
区別できないという自他の未分化がアニ
ミズムの原因であると考えた。またピア
ジェは，子どものアニミズムには4つの
発達段階があり，人間に対して何らかの
機能を果たしているものは全て生命体で
あると判断される段階から，運動してい
るもののみを生命体とみなす段階，自発
的に動いているとみなされるもののみを
生命体とみなす段階，そして動物や植物
に生命が限定される段階があり，最終段
階に到達するのは11〜12歳以降である
とした。

　このピアジェの見解に対して現在では
批判が多く，幼児期から生物と無生物を
区別することは始まっているが，対象の
特性に対する知識が不完全であることの
指標とする考えが一般的である。

→ピアジェ 22　　　　　　　　（浦上　萌）

素朴概念

　学校教育を通して体系的に教えられた
ものではなく，日常生活の中で獲得され
る概念のことを指す。素朴概念は幼児に
も見られる概念であり，個々の知識が矛
盾なく関連付けられ，領域内の現象が説
明されたり，予測できたりする枠組みを
もち，日常生活において実用性のあるも
のである。素朴概念は，領域によって
異なる発達をするという領域固有（領域
特殊）の立場から研究が進められており，
素朴生物学，素朴物理学，素朴心理学（心
の理論）の領域で，その発達過程が示さ

れている（→心の理論）。また素朴概念は，
科学概念とは一致しないものが多く，学
校教育において論理的に正しい科学概念
に置き換えられる必要があるが，生活の
中で獲得された素朴概念があることによ
り，科学概念への理解が助けられること
もあることから，一概に否定されるもの
ではない。　　　　　　　　　　（浦上　萌）

象徴機能

　ある対象を別の対象と結びつける働き
のことを指す。例えば，「ネコ」という
言葉は意味的に猫を指しているが，その
言葉自体が猫というわけではない。つま
り，私たちは言葉とその言葉が指し示す
ものを結びつけることで，その意味を理
解している。言葉のほかにも，私たちは，
自身のイメージを身振りや絵，身体表現
など様々なものと結びつけている。子ど
もたちのごっこ遊びでは，目の前の落ち
葉をお金に見立てたり，泥のかたまりを
ハンバーグに見立てたりするような姿が
見られる。この場合，彼らは落ち葉や泥
をお金やハンバーグと結びつけることで
「ごっこ」を楽しんでいる。このように，
子どものイメージが結びつく対象（ここ
では落ち葉や泥）のことをシンボルと呼ぶ。
象徴機能の働きは，1歳頃から現れるよ
うになり，車を「ブーブー」という言葉
で表したり，積み木を車に見立てるなど
のふり遊びで見られるようになる。

→象徴遊び 10，見立て遊び／ふり遊び
10，ごっこ遊び 10　　　　　（三宅英典）

想像と現実の区別

　幼児は現実に存在する実在と，自分の
頭の中で考え，想像したことが混在する
ことがある。例えば，怪物やお化け，サ
ンタクロースなどの存在を実際に実在す
るものと信じ，夜のトイレにはお化けが
いる，クリスマスにはサンタクロースが
来て自分のほしいプレゼントを渡してく
れると考えるようなことである。ピア
ジェ（Piaget, J.）は，幼児は実在と思考

とを混在する傾向にあり，思考，言葉，注視によって実在が変容可能であると考えている傾向にあると指摘した。

このように，幼児は想像の世界に没入しやすいという見解がある一方で，実験結果によっては実在と思考の差異を幼児でも理解しているとする研究もある。現在の考え方としては，成人のようにいつも想像と現実の区別を正確にできるわけではなく，状況や個人の思考の傾向などにより，判断の正確性が揺らぐと考えられている。 （浦上　萌）

保存概念

対象の見え方が変化しても，対象の数や量は変化しないという概念。ピアジェ（Piaget, J.）による保存課題（数，量，重さ，体積などの種類がある）の結果から，具体的操作期になって獲得される概念であるとされる。数の保存課題では，最初に同じ数の対象が等間隔で平行に2列に並べられ，対象の数がどちらの列が多いか，同じであるかが尋ねられる。同じであると確認された後，一方の列の対象の間隔を広げて列の長さが長くされ，再び対象の数がどちらの列が多いか，同じであるかが尋ねられる。保存概念が獲得されていなければ，見かけの長さに影響を受けて長くした列の数を多いと判断してしまう。保存概念が成立するためには，長さが変化してもそのもの自体は変化せず（同一性），対象の間隔をあけて長さを長くしても密度が小さくなり（相補性），長くしたものをもとの長さに戻すことができる（可逆性）といった操作的思考の機能が必要になる。

→ピアジェ 22 （浦上　萌）

実行機能

目標に向かって，思考，行動，情動を制御する認知機能のことを指す。三宅（Miyake et al., 2000）のモデルによると，実行機能には3つの下位機能があり，ある状況で優位な状況にある思考や行動を抑制する抑制機能（Inhibition），注意を切り替えることに関わる切り替え（Shifting），ワーキングメモリで保持された情報を更新するアップデーティング（Updating：ワーキングメモリとも呼ばれる）の3要素から構成される（→ワーキングメモリ）。三宅のモデルは乳幼児から成人まで広く適用され，発達心理学においても受け入れられてきた考え方である。一方で，乳幼児の実行機能に関しては，3つの下位要素に分化されないという考えもあり，成人とは異なる構造の1因子による説明が採用されることも多い。前頭葉の発達と関係があり，幼児期に急激に発達し，児童期以降にも少しずつ発達していく。

【引用文献】Miyake A., Friedman, N. P., Emerson, M. J., Witzki, A. H., Howerter, A. & Wager, T. D. (2000) The unity and diversity of executive functions and their contributions to complex "Frontal Lobe" tasks: a latent variable analysis, *Cognitive Psychology*, 41, pp.49-100. （浦上　萌）

自己制御

自己制御は，自己主張と自己抑制の2つの側面を合わせた呼び名で，いずれも自分の行動を制御する能力を指す（柏木，1988）。自己主張は，「自分の欲求や意志を明確にもち，これを他人や集団の前で表現し主張する，また行動として実現すること」，自己抑制は「集団場面で自分の欲求や行動を抑制・制止しなければならない時，それを抑制する行動」と定義されている。両者は幼児期を通して発達するが，その発達過程には違いがある。自己主張は，3〜4歳までに急速に発達し，その後多少の増減はあるものの，同じ水準に留まる傾向をもつ。一方，自己抑制は3〜6歳まで一貫して発達する傾向があることが明らかになっている。両者は，社会適応するためにもそれぞれバランスよく備えることが必要で，幼児期

から集団生活の中でコミュニケーションをとる経験をしながら獲得されていくものであると考えられている。

【引用文献】柏木惠子（1988）『幼児期における自己の発達——行動の自己制御機能を中心に』東京大学出版会。

（浦上　萌）

スクリプト

何かの行為をする際に，具体的に行っている手順のこと。例えば，「手を洗う」という行為は，①服の裾が濡れないように裾をまくる，②蛇口をひねる，③水で手を濡らす，④石鹸で手を洗う，⑤水で泡を洗い流す，⑥蛇口の栓をしめる，⑦タオルで手を拭くという手順で行っている。このように，私たちが当たり前のように行っている行為は，実際には数多くの手順によって成り立っている。子どもたちは，スクリプトを形成することで様々な行為を身につけていく。そのため，保育者の援助において，子どもたちがスクリプトのどの手順でつまずいているのかを知ることが大切である。例えば，手洗いをうまく行えない原因が，蛇口をひねる力が足りないことにあるとしよう。その場合，保育者があらかじめ蛇口の栓を少し緩めておくことで，子どもの力でも蛇口をひねることができ，自分で手を洗えるようになるだろう。　（三宅英典）

心の理論

自分や他者がもつ意図や知識，信念といった心的状態に気付き，そこからその人の行動を解釈したり予測したりすることを指す。プレマック（Premack, D.）が，チンパンジーが仲間のチンパンジーの心の状態を推測しているかのような行動をとることについて，「心の理論」という考え方を提唱し，その後，発達心理学を中心に研究が展開している。心の理論の獲得を調べる課題として，誤信念課題が挙げられる。誤信念課題では，自分と他者の考え，または現在の自分と過去の自分の考えを比較し，行動を推測することが求められ，4歳から7歳にかけて正答する。　（山田真世）

共感性

他者の感情や他者が置かれている状況を認知し，他者の感情を共有することを指す。共感には，他者の立場に置かれた自分を想像して他者の情動を推論すること，他者の情動内容を適切に認知することといった対人的な認知能力が必要となる。ホフマン（Hoffman, M. L.）によれば，自他を区別していない段階では，他者の苦痛と自身の苦痛と混同する全体的共感が生じるが，自己と他者の区別や他者の視点を理解すること，言語発達によって目の前にいる他者だけではなく，目の前にいない他者についても共感が可能になる（Hoffman, 1987）。

【引用文献】Hoffman, M. L. (1987) The contribution of empathy to justice and moral judgment, In N. Eisenberg & J. Strayer (Eds.), *Empathy and its development*, pp.47-80, Cambridge University Press.

（山田真世）

向社会的行動

他者を助けようとしたり，人々の利益になるようなことをしようとする自発的な行為が向社会的行動と呼ばれる。向社会的行動の萌芽は2歳頃から見られるが，幼児期は自分に何らかの利益があるかどうかが向社会的行動を起こす判断基準になりやすく，児童期を通して社会的な善悪のイメージや他者の視点，内面化された規範等から複雑な判断を行うようになる。このような向社会的行動を支える判断基準をアイゼンバーグ（Eisenberg, N.）は「向社会的判断」と呼んだ（Eisenberg, 1986）。

【引用文献】Eisenberg, N. (1986)*Altruistic emotion, cognition, and behavior*, Lawrence Erlbaum Associates.　（山田真世）

ワーキングメモリ

　短時間に情報を保持し，それと同時に処理する能力をワーキングメモリ（Working Memory）と呼ぶ。ワーキングメモリは短期記憶の概念を発展させたもので，情報を蓄えるだけでなく，推論や思考などの認知機能の遂行過程で情報がどのように変化していくかが重視される。ワーキングメモリは大きく分けて3つの構成要素があり，注意のコントロールを行う中央実行系，言語的な情報の保持を行う音韻ループ，視空間的な情報の保持を行う視空間スケッチパッドからなる（Baddeley & Hitch, 1974）。乳幼児のワーキングメモリ容量は，小学生や成人と比較すると小さいとされているが，その他の認知機能の発達とともにワーキングメモリ容量も増加していくと考えられている。ワーキングメモリ容量が小さい子どもには順序だてて言葉かけを行ったり，視覚的情報も提示しながらコミュニケーションをとるなどの教育的配慮が重要である。【引用文献】Baddeley, A. D. & Hitch, G. (1974) Working memory, *Psychology of Learning and Motivation*, 8, pp.47-89.

（浦上　萌）

知的リアリズム／視覚的リアリズム

　リュケ（Luquet, G. H.）は，描画する際に，8歳ぐらいまでの子どもが知っていることや感じたことを描くことを知的リアリズムと名付けた。これと区別して，成人が一定の視点から知覚的に見えた通りに正確に描くことを視覚的リアリズムと名付けた。知的リアリズムは，幼児の人物画に見られる円形の頭から直接手足がつけられた頭足人画，人の体の中を透視したようなレントゲン図，上から眺めたような鳥瞰図などに代表されるようなこの時期の子どもの絵の一般的な特徴を包括する概念である。注意や統合能力の欠如，心的表象の未分化や自己中心性といったこの時期の子どもの発達段階を反映した描画表現であると考えられ，発達とともに成人と同様の描画表現ができるようになると考えられている。

（浦上　萌）

一次的ことば／二次的ことば

　一次的ことばは，親しい人との間で交わされる「話しことば」を指す。例えば，「昨日楽しかった」と言うだけで「ことば」以外の状況や文脈を共有しているので，何がどのように楽しかったのかを伝えることができる。二次的ことばは，不特定多数の人に向けた「話しことば」や「書きことば」のことを指し，自分の状況や文脈を共有していない聞き手に「ことば」だけで正確に意図を伝える必要がある。例えば，「昨日楽しかった」を「ことば」で正確に伝えるためには「昨日，遊園地であなたと一緒に乗ったジェットコースターが楽しかった」と話す必要がある。二次的ことばは，不特定多数の人に向けて書く・話すという就学以降の教育にも関係する。そのため，二次的ことばを獲得すると，一次的ことばとしての「話しことば」の特徴も変化する。不特定多数に話すという行為は子どもにとって難しいが，やがて一次的ことばと二次的ことばを使い分けるようになる。

（三宅英典）

メタ認知

　1970年代にフラベル（Flavell, J. H.）が使いはじめた言葉で，認知についての認知を指す。自分の記憶や知識，考えの状態に気付いたり，問題を解決する際に解決方法を選択するなどの自分自身の学びに対する気付きのこと。

　メタ認知はメタ認知的知識とメタ認知的活動の2側面からなる。それぞれに下位概念があり，メタ認知的知識は「人間の認知特性」「課題」「方略」の3つの知識に分類され，メタ認知的活動は，「メタ認知的モニタリング」と「メタ認知的コントロール」の2つに分類される。メ

タ認知的モニタリングは，メタ認知的知識を用いながら思考や行動を予測，点検，評価することを指し，メタ認知的コントロールは，認知に関する目標設定や計画，修正を指す。

　一般的に，メタ認知は就学後の学習場面で必要とされることが多いが，乳幼児の遊びの中でも働いており，幼児期から発達が進んでいると考えられている。

（浦上　萌）

社会的比較

　自己と他者を比較することの総称。私たちは自己と他者を比較することで自己を正確に評価し位置付けたり，他者の意見を評価したりしている。そのため，社会的比較は自己評価や社会的規範の習得に影響を及ぼしている。例えば，「足が速い」という自己評価は，他者や何らかの基準に照らして正確な評価となる。社会的比較は幼児期から見られるが，児童期以降により正確な社会的比較が行われるようになり，子どもは自己の特性を理解し，自己概念を形成していく。

（山田真世）

道徳的判断

　ある行為が良いか悪いかを考えること。コールバーグ（Kohlberg, L.）によれば，道徳的判断は生涯を通じて発達していき，最初，子どもは大人や社会のルールや，行為によって生じた結果のみに着目して善悪を判断しがちである（Kohlberg, 1971）。さらに「悪いことは悪い」とその判断の理由を考えないこともある。児童期を通して，行為に対する他者からの評価を考慮した判断を行ったり，他者と自分の欲求や価値観から善悪を判断した

りする姿が見られる。青年期，成人期にかけて，自分が所属する社会の立場から善悪を判断することが可能になっていき，社会の維持と個人の責任や権利について言及が行われる。

【引用文献】Kohlberg, L. (1971) From is to ought: How to commit the naturalistic fallacy and get away with it in the study of moral development, In T. Mischel (Ed.), *Cognitive development and epistemology*, pp.151-235, Academic Press.　（山田真世）

自己肯定感

　自分自身のことを肯定的に評価，認識することを指す。自己肯定感は環境や経験によって変化するものとして一般的に捉えられている。研究者によっては自尊感情（Self-esteem）と同義として使用することもある。自己肯定感が安定して高いことは，精神的健康や社会適応の基盤となり，学習意欲や円滑な人間関係の構築とも関連する。

　幼児期から，子どもは他者との関わりの中で自分と他者の主張との食い違いによる葛藤や，自己を抑制したり，他者から承認されたりする経験をするが，そこから得た自信は自己肯定感を高め，困難な場面で問題解決をしていく意欲にもつながると考えられている。

　また近年の課題として，日本の子どもの自己肯定感が世界の中でも特に低いことが挙げられている。しかしその多くがヨーロッパで開発された尺度を使用した国際比較となっていることから，文化的背景の違いも考慮に入れた見方が必要になると考えられる。

→セルフエスティーム 34　（浦上　萌）

12 保育（教育）内容

領　域

　「領域」は，1956（昭和31）年の幼稚園教育要領で，保育内容を束ねるものとして規定されたのが始まりである。6領域（健康・社会・自然・言語・音楽リズム・絵画・製作）が定められ，各領域ごとに，幼稚園教育の目標を具体化して指導内容を導き出した「望ましい経験」が列挙された。小学校以上の教科とは性格を異にすると記載されていたものの，保育現場では小学校の教科のように領域別の指導をするなど混乱が生じた。1964（昭和39）年の改訂では，幼稚園教育の独自性と生活経験に即した総合的指導が強調された。1989（平成元）年の改訂では，幼児の発達の側面からまとめた5領域（健康・人間関係・環境・言葉・表現）に編成され，領域ごとに「ねらいと内容」を組織し，ねらいは「幼稚園教育修了までに育つことが期待される」心情，意欲，態度などであるとした。各領域に示している事項は，教師が幼児の生活を通し総合的な指導を行う際の視点であり，幼児の関わる環境を構成する際の視点でもある。この考えは，1998（平成10）年，2008（平成20）年，2018（平成30）年の改訂でも引き継がれ，現在では，保育所保育指針，幼稚園教育要領，幼保連携型認定こども園教育・保育要領の多くの部分で共通の内容が示されている。

→総合的な指導 23，ねらい 23，内容・内容の取扱い 23　　　（佐川早季子）

領域「健康」

　要領・指針における「領域」の1つ。「健康な心と体を育て，自ら健康で安全な生活を作り出す力を養う」ことをねらいとしている。その基盤となるのは，愛情に支えられた安全な環境下で，心と体を十分に働かせて生活することである。単に身体を健康な状態に保つことにとどまらず，教師や他の幼児との温かい触れ合いの中で信頼関係が築かれ，情緒が安定することややりたいことに取り組んで自己を十分に発揮してのびのびと行動すること，戸外で遊ぶことなどを通して，進んで自分の体を動かす充実感や満足感を味わうことが重要である。

　また，食べる喜びや楽しさを味わったり，身の回りを清潔で安全にすることなどにより，生活に必要な習慣や態度を身につける。十分に遊んだ後の満足感が次の活動への期待感へとつながり，準備や片付けなどの必要性を理解して生活に必要な行動の見通しをもつようになる。さらに安全について理解を深めて次第に適切な行動がとれるようになる。　　（松嵜洋子）

領域「人間関係」

　要領・指針における「領域」の1つ。「人との関わりに関する領域」であり，他の人々と親しみ，支え合って生活するために，自立心を育て，人と関わる力を養う観点から示されている。子どもの人と関わる力の育ちは，人に見守られている安定感から人に対する信頼感をもち，それを基盤として自分自身の生活を確立していくことにより培われる。人と関わることの心地よさ，喜びや満足感を感じること，自分で考え自ら行動すること，時に

は葛藤やうまく伝わらないもどかしさを感じながらも，自分の思いや考えを伝えたり人の思いや考えを受け止めたりしようとすること，自分や友達のよさや特徴に気付いたりすること，自己を発揮したり相手を尊重したりすること，友達と目的を見出し工夫したり協力したりし，諦めずにやり遂げようとし充実感を味わうこと，きまりの大切さに気付き守ろうとすること，地域の人などと交流し親しみをもつことなどが含まれている。

（箕輪潤子）

領域「環境」

要領・指針における「領域」の1つ。「身近な環境との関わりに関する」領域である。日々の生活を通して，色々な物に実際に触れて感じたり，操作して反応を見たりして試す中で，物の違いに気付いたり，性質を知ったりして学びを深めていく。この領域「環境」の対象は自然や人工物だけではなく，動物や人々の暮らしの中で形成された文化なども含まれる。それぞれの発達段階に応じて，多様な物や人々と出会う場が，保育者によって設定されることが重要である。

また，子どもが自ら周囲と関わって得た体験的な学びは，知識だけでなく，さらに様々な場に関わろうとする意欲にもなる。つまり，単に子どもの周辺に環境が置かれるだけでなく，子どもが関わる場において，信頼する保育者に見守られるなど安心感があること，何度でも繰り返すことが可能であること，獲得したことを表現できることなどの関わりと学びの過程が保障される必要がある。

（宮田まり子）

領域「言葉」

要領・指針における「領域」の1つ。言葉の獲得に関する領域であり，身近な人との関わりの中で子どもが言葉を獲得していく過程を記しながら，保育者の援助のあり方を示している。2017（平成29）年告示の要領・指針では，1歳以上3歳未満児の保育の内容が定められた。領域「言葉」においても，自ら言葉を使おうとしはじめる子どもの姿から発達の過程が示され，まず子どもと信頼関係を築き，応答的に関わる保育者の援助の基本が改めて記された。言葉は伝えたい人がいて，伝えたいことがあってはじめて生まれる。子どもが心を動かし自分なりの言葉で伝えようとすることを受け止め応えることで，子どもは言葉で表現することの喜びを感じる。また，自らも身近な人の言葉を聞こうとするようになり，「幼児期の終わりまでに育ってほしい姿」の1つである「言葉による伝え合い」の育ちにもつながる。なお，言葉がもつ思考の手段としての機能は，領域「言葉」ではなく「環境」で扱われている。

（横山真貴子）

領域「表現」

要領・指針における「領域」の1つ。領域は，子どもの発達を見る視点であるとともに，保育者が子どもの関わる環境を構成する際の視点でもある。「感じたことや考えたことを自分なりに表現することを通して，豊かな感性や表現する力を養い，創造性を豊かにする」ことをねらいとしている。幼児期の自己表現は素朴な形で行われることが多く，そのような「自分なり」の表現をする姿を見守り，表現しようとする意欲を育てることが重要である。乳児期から子どもには周囲の環境を敏感に感じ取る感性がある。保育者は，その感性を共に感じながら，子どもの見方や考え方に寄り添い，育む構えをもつことが重要である。周囲のものや人との出会いを通して，表現を楽しみイメージを形にしようとしたりする体験が子どもの創造性を育てていく。子ども一人一人の個性に応じた配慮とともに発達に応じた配慮が必要である。

（佐川早季子）

保育 12 項目

　1948（昭和 23）年に文部省が発行した「保育要領」は，国の基準を示したものではなく，幼稚園，保育所での使用を前提として，家庭での保育の手引き書とされた。ここでの保育内容は，「楽しい幼児の経験」として，12 の項目（見学，リズム，休息，自由遊び，音楽，お話，絵画，製作，自然観察，ごっこ遊び，劇遊び，人形芝居，健康保育，年中行事）が挙げられ，それぞれの具体的な活動が説明された。これを保育 12 項目という。それまでの「幼稚園令」（1926 年）では，「遊戯，唱歌，観察，手技等」として「等」を付すことによって保育内容に柔軟性をもたせたが，保育現場では，依然として小学校教科のように独立したものと考え，それぞれについて指導する傾向が強かった。対して，保育 12 項目は，幼児の広い生活範囲を取り上げ，自由・自発的な活動を重視し，生活を通しての指導が示されている点に特徴がある。

→保育要領 [22]　　　　　　　（佐川早季子）

幼児教育において育みたい資質・能力

　2017（平成 29）年告示の幼稚園教育要領，保育所保育指針，幼保連携型認定こども園教育・保育要領より明記された。乳児からの発達の連続性や「資質・能力」を中心とする考え方によって，幼児教育と小学校以上の学校教育で共通する力を育成することを目指したものである。幼児期はその基礎を培うものという位置づけである。

　三つの柱として，以下のように定義づけられている。「知識及び技能の基礎」（遊びや生活の中で，豊かな体験を通じて，何を感じたり，何に気付いたり，何がわかったり，何ができるようになるのか），「思考力，判断力，表現力等の基礎」（遊びや生活の中で，気付いたこと，できるようになったことなども使いながら，どう考えたり，試したり，工夫したり，表現したりするか），「学びに

向かう力，人間性等」（心情，意欲，態度が育つ中で，いかによりよい生活を営むか）。これらの資質・能力を，ねらい及び内容に基づく活動全体によって一体的に育むよう努めることが明記された。

→幼児期の終わりまでに育ってほしい姿 [29]　　　　　　　　　　　　（佐川早季子）

健康な心と体 ⇨健康な心と体 [29]

自立心 ⇨自立心 [29]

協同性 ⇨協同性 [29]

道徳性・規範意識の芽生え ⇨道徳性・規範意識の芽生え [29]

社会生活との関わり ⇨社会生活との関わり [29]

思考力の芽生え ⇨思考力の芽生え [29]

自然との関わり ⇨自然との関わり・生命尊重 [29]

数量・図形，文字等への関心・感覚 ⇨数量・図形，文字等への関心・感覚 [29]

言葉による伝え合い ⇨言葉による伝え合い [29]

豊かな感性と表現 ⇨豊かな感性と表現 [29]

養護と教育の一体的展開

　保育所における保育は，「養護」及び「教育」を一体的に行うことをその特性としている。「養護」とは，子どもの生命の保持及び情緒の安定を図るために保育士等が行う援助や関わりである。「教育」とは，子どもが健やかに成長し，その活動がより豊かに展開されるために行う発達の援助である。健康で安全に子どもが生活できるようにするという「生命の保持」を前提に，子どもが様々な欲求を満たすように，適切な援助や応答的な関わりを行うことで，信頼関係が形成されていく。そして，その信頼関係を基盤として，子どもは，自発的に活動し，様々な経験を積んでいくことができる。3 歳未満児の保育では，「養護」の側面が特に重要である。保育士等は，どのような場面でも子どもの気持ちに寄り添い，共感

しながら，子どもへの援助や関わりを丁寧に行っていく必要がある。「養護」と「教育」は，明確に分けられるものではなく，深く関わり合っている。　　　　（中川　愛）

主体的・対話的で深い学び　⇨主体的な学び [28]，対話的な学び [28]，深い学び [28]

小学校教育との接続

　1948（昭和23）年の「保育要領」から小学校教育との一貫性に関する記載が加えられた。ここで示されている一貫性は，小学校教育を幼児期の教育に近づけるということや，幼児期の教育を小学校教育に近づけるということを示しているわけではないが，国と現場では一貫性という認識に差があった。そのため，その後は一貫性や連続性に関する言葉が示されなくなり，1989（平成元）年には，幼児期の教育の独自性が強調され，遊びや環境を通して子どもを保育するという理念が提示された。そのことによって，遊びを中心とした幼児期の教育がさらに展開されていくようになるが，小学校教育との違いに戸惑う子どもが増えた要因の1つともされている。

　現在，遊び中心の幼児期の教育から教科学習中心の小学校教育へとスムーズに移行できるよう，互いの内容や方法を理解し合い，互いの良さを生かせるよう，カリキュラムを作成していくことが求められている。　　　　　　　（椋田善之）

乳児保育に関わるねらい及び内容

　保育所保育指針の中での「乳児保育」とは，0歳児保育を指す。乳児期の発達は，視覚，聴覚などの感覚や，座る，はう，歩くなどの運動機能が著しく発達し，特定の大人との応答的な関わりを通じて，情緒的な絆が形成されるといった特徴がある。これらの発達の特徴を踏まえて，愛情豊かに，受容的で応答的な保育が行われることが特に必要である。「ねらい」及び「内容」は，身体的発達に関する視点「健やかに伸び伸びと育つ」，社会的発達に関する視点「身近な人と気持ちが通じ合う」，精神的発達に関する視点「身近なものと関わり感性が育つ」という主に教育に関わる側面からの視点で示されている。これらの3つの領域が重なり合い影響し合って，それぞれが少しずつ育っていく。また，各視点において示す保育の内容は，養護における「生命の保持」及び「情緒の安定」に関わる保育の内容と，一体となって展開されるものであることに留意する。　　　　（中川　愛）

満3歳児への指導

　年度の途中で3歳の誕生日を迎えた園児が，その日以降に幼稚園に入園することを「満3歳児入園」という。2017（平成29）年告示の幼稚園教育要領には，「満3歳児については，学年の途中から入園することを考慮し，幼児が安心して幼稚園生活を過ごすことができるよう配慮すること」という記述が追加された。同じく2017年告示の幼保連携型認定こども園教育・保育要領には，「特に満3歳以上については入園する園児が多いことや同一学年の園児で編制される学級の中で生活することなどを踏まえ，家庭や他の保育施設等との連携や引継ぎを円滑に行うとともに，環境の工夫をすること」という記述が追加された。3歳児クラスでは，2歳児クラスから進級した子どもと，3歳児から入園する子どもとが一緒に生活を始めることになる。生活経験や在園時間も異なることから，特に新年度は，不安や緊張が見られる時期である。このような子どもの違いに配慮して，適切な対応をする必要があることが明記された。
　　　　　　　　　　　（佐川早季子）

2歳児から3歳児への移行

　幼保連携型認定こども園では，家庭から離れて集団生活を初めて行う1号認定3歳児と，2歳児から3歳児へ進級した2号認定3歳児という異なる生活経験を

もつ園児が一つの学級を編成することになるため，「2歳児から3歳児への移行」への配慮が必要となる。進級した子どもの「2歳児から3歳児への移行」として大切なことは，「生活の連続性」である。2歳児から3歳児への移行については多くの施設においてクラス内の定員規模の違い，施設の構造上の違い，保育時間や保育システムの違いなど，子どもにとって大きな違いと感じる事柄が存在する。よって2歳児の段階で3歳児クラスの生活を体験する，3歳から過ごす施設の物的・人的環境に慣れる，3歳児進級の時点で見慣れた保育者が施設内にいるようにするなどの，人，モノ，ことの「連続性」を担保するなどの配慮をすることが必要である。一方，家庭から離れての集団生活が初めてになるという3歳児に対しては，園生活のリズムや園での生活習慣の獲得における個人差を考慮し，個々のペースに合わせた個別の対応が可能となる保育者の配置を工夫することが望まれる。　　　　　　　　　（岡部祐輝）

ICT の活用

ICT は Information and Communication Technology の略で，「情報通信技術」や「情報コミュニケーション技術」と訳される。情報を介したコミュニケーションという機能を強調して，広く人間の活動へ関心を向けていく意図を表現している。保育における活用の方向性として，①業務の効率化（個人情報や記録の管理，登降園や保護者との連絡システム，国や自治体への補助金の申請書類の作成等），②保育環境・教材（身近な環境の1つとしてタブレットやプロジェクタ等の ICT 機器やアプリ等を教材として位置づける），③カリキュラムマネジメント（写真や動画を用いて保育を振り返り，子ども・保育者・保護者と育ちを共有）に大きく分類される。②については，数量や図形，標識や文字などへの関心・感覚とともに，協働でのコミュニ

ケーションや探究，表現，特別なニーズを有する子どもへの支援ツールとしても期待されている。　　　　　　　（中村　恵）

基本的な生活習慣

健康や安全のために必要な，生活の中の基本的な習慣で，食事・排泄・睡眠・衣類の着脱・身の回りの清潔などを指す。その習得においては，子どもが興味や関心を抱くこと，自分でやりたいという意欲をもつこと，安心して試行錯誤できること，そして，できた時の自信や満足感を得られることが大切な経験となる。そのために，保育者が一人一人の子どもの様子をよく見て，育ちの見通しをもちながら，必要に応じてわかりやすく手順や方法を示すなど，子どもの思いやペースを尊重した丁寧な関わりが必要となる。また，日々の安定的な生活リズムや，子どもにとって無理のないタイミングの配慮，わかりやすいルーティンや環境の整備が支えとなる。

基本的な生活習慣の形成過程で，自己発揮と自己抑制の調和のとれた自律性が育まれ，子どもが1日の生活の流れの中で，見通しをもって行動できるようになる。子どもが自分の生活を律し，主体的に生きるための基礎となる。

→生活習慣⑥，基本的な生活習慣㉓
　　　　　　　　　　　　　　（淀川裕美）

健康管理

子どもの健康を守り増進するために行うものである。健康とは，世界保健機関（WHO）の定義では，「肉体的，精神的及び社会的に完全に良好な状態であり，単に疾病又は病弱の存在しないことではない」とされている。また，子どもにおいては，成長・発達の視点も含まれる。健康管理には，個人，家族によるもの（セルフケア）と，保育園，学校，組織によるものとがある。子どもの場合は，発達に応じて自分の健康を守る知識と技術を身につけていく必要があり，特に幼少の

頃は，養育者や保育者が子どもの健康状態を評価し，維持増進できるよう環境を整えていくことが必要である。集団生活の場である保育園，幼稚園等においては，保育者が健康診断や日々の健康観察を通して成長・発達の確認，疾病・感染症予防，及び環境整備を行い，常に養育者と情報共有をし，一体で取り組むことが大切である。

(志澤美保)

安全管理

保育における安全管理は，保育の目的を達成するために，保育の質を高めて安全な状態を維持し，子どもを危険や危機から守るために要因を認知し整えたり取り除いたりすることである。つまり，園に危険がなく安心な状態であるからこそ，子どもの学びにつながる活動が可能となる。類似した用語として危機管理があるが，明確な概念的区別は存在しない。安全管理を危険や危機に対する事前的，危機管理を事後的な取り組みとして位置づける場合や，安全管理は子どもの視点，危機管理は園運営の視点からの対策と定義する場合もある。園内には，様々な危険や危機が存在する。傷害を与える事故，感染症，地震，火災，津波，食中毒，SIDS（乳幼児突然死症候群），不審者の侵入などに加え，園外の散歩経路や公園の環境，園児の誘拐などへの対応も必要となる。乳幼児の発達によっても危険や危機，その対応は異なるので，全職員が子どもの視点で理解し，対応する必要がある。

(廣瀬聡弥)

リスク／ハザード

リスクとハザードはともに日本語では危険と訳されるが，危険は多くの意味を内包しているため，これらの用語で使い分けがなされている。リスクとハザードには様々な定義があり，国土交通省「都市公園における遊具の安全確保に関する指針」では，リスクは子どもの事故回避能力を育む危険性であり，ハザードは事故につながる危険性，あるいは子どもが判断不可能な危険性とされている。つまり，リスクには子どもの危険判断能力やチャレンジ精神といった発達において肯定的な意味合いがあり，一方でハザードは取り除かなければならない危険である。そこで，リスクとハザードの境界を見極めることが重要になるが，明確にすることは難しい。なぜなら，子どもの発達段階や身体能力，経験などによってはリスクがハザードになるからである。しかし，ハザードを恐れるあまりリスクを除去すると，子どもにとっては安全でもおもしろくない環境となる。園では，日頃から全職員でリスクアセスメントを行い，ハザードを特定し，遊びにとって価値のあるリスクについて話し合う必要がある。

(廣瀬聡弥)

挑　戦

一般的には「挑み戦う」という意味だが，保育においては，挑み戦おうとする姿勢やその意欲がある状態など，自ら設定した課題に向かう過程が重視される。2017（平成29）年告示の要領・指針には明記されていないものの，各解説書の中にその表記を見つけることができる。例えば幼稚園教育要領解説書には「友達の刺激を受けながら自分の力を十分発揮していけるように，探究心や挑戦する意欲を高めるような環境の構成が重要」とある。挑戦する意欲には，その過程を生成する環境がある。まず必要なことは，周囲への関わりを支える安心や安定である。そして，繰り返すなど体験的な学びの中で獲得された知識があることも重要であり，繰り返し関わることができる場や時間が設定される必要がある。挑戦する内容や行動を認める規範があることも大切である。また挑戦では，しばしば危険を伴う行動が生じやすいことから，保育者は先を予測して安全に配慮しつつ，子どもの思いの実現を支援する配慮を行う必

要がある。　　　　　　　（宮田まり子）

運動遊び ⇨運動遊び[10]

多様な動き

　幼児期は身体機能が著しく発達し，基礎的な動きを身につける時期である。幼児は自発的に機能を使って活動する傾向があり，その機能を十分に使って発達していく。

　幼児の日常の動きは，運動やスポーツよりも砂遊びや鬼ごっこ，かくれんぼなどの「遊び」が中心となる。この遊びの中の動きは，低強度と高強度の活動が混じっている。走っている子どもが突然止まってしゃがむなど1つの動きは持続せず，活動が間欠的であるという幼児期特有の特徴がある。さらに，動きの方向や距離，速さ，テンポ等も多様である。そのため，1つの動きを繰り返し行うよりも，幼児の興味や関心，能力に応じた様々な遊びに取り組むことによって，走る，跳ぶ，投げるなどの様々な種類の動きを経験する。この多様な動きを経験するためには，室内や園庭での活動に加え，近隣の公園や広場，野原，川原など園外にも出かけて，多様な環境の中で活動することが望ましい。　　　　（松嵜洋子）

食　事

　生命の維持に必要な栄養素を摂取するため，日々習慣的に食べること。また，摂食する食物。

　生命活動に必要なエネルギー源が食物である。身体の健康を維持するためには，栄養バランスのよい食物を摂食する必要がある。乳幼児期は徐々に自律的に食事をするようになるプロセスにあり，大人が適宜，介助・援助を行う。食事の経験を通して，味覚や食嗜好が育まれ，食行動が発達し，食事に関わる習慣や価値観が育まれていく。また，人と食事をする楽しさや養育者との思いのずれを経験するなど，情緒面や社会性の育ちにもつながる。なお，雑食性動物は，初めて見る食物に対して新奇性恐怖と新奇性嗜好を

抱くとされる。個人差はあるが，人間の場合，大人と同じ食物を食べはじめる2歳頃になると，新奇性恐怖が急激に強くなる。これは徐々に低下していくとされるが，恐怖をいかに緩和しながら克服していけるかは，乳幼児期に直面する課題である。その方法の1つに，子ども自身が他者の食行動を見る経験が挙げられる。
　　　　　　　　　　　　　（淀川裕美）

食　育

　「生きる上での基本であって，知育，徳育及び体育の基礎となるべきもの」であり，「様々な経験を通じて『食』に関する知識と『食』を選択する力を習得し，健全な食生活を実践することができる人間を育てる」こと（食育基本法前文）。特に，乳幼児期の食育は，生涯にわたる心身の健康を培い，豊かな人間性を育む基礎となる。食育は，保育の内容の一環であり，保育所保育指針解説では，養護的側面（生命の保持・情緒の安定）と教育的側面（5領域）を一体的に実施するものとされている。様々な食の実践を通して，食に関する知識を得るだけでなく，自然や生命などの生態系に触れ，自らの食を支える人の存在に気付く。保育所等では，例えば保育所保育指針で，地域の特性や施設の状況等を踏まえ，施設長の責任のもと，保育者，調理員・栄養士，看護師等の職員が協力し，創意工夫しながら推進することが求められている。

→食育[23]　　　　　　　　　（淀川裕美）

非認知的能力の育ち

　非認知的能力とは，記憶力や思考力などに代表される知的な力（認知能力）とは異なり，意欲や粘り強さ，社会性などの情動・感情に関する力のことである。社会情動的スキルともいわれ，具体的には，目標を達成する忍耐力や意欲，他者と協働する協調性や共感，そして情動を制御する楽観性や自信を含むものとされる。これまでの教育で重要視されてきた

認知能力（学力）に加え，これからの社会を生きるために必要な力として世界的に注目されている。保育・幼稚園教育においては，子ども自らが身近な環境に関わる中で，好奇心や探究心，憧れや期待をもって主体的に活動できる環境を整えていくことが重要である。そのような環境のもと，子どもが心を動かしながら遊び・生活する中で，試行錯誤を繰り返したり，他者と考えを出し合ったりする経験を捉え，積み重ねていくことが非認知的能力や社会情動的スキルを育むとされている。　　　　　　　　（平野麻衣子）

個と集団の育ち

　集団生活としての保育・幼稚園教育に期待される育ちであり，一人一人の子どもがかけがえのない存在として育つと同時に，集団の中の一人としても育つことである。よって，保育者には，一人一人が自分の世界を充実させていくとともに，他者とつながりとともに生きる楽しさも感じられるよう，必要な援助や環境構成をしていくことが求められる。また，個別の関わりと同時に，集団への関わりも行うことが求められ，時に難しさも伴う。その際，「みんな同じ」という発想から集団づくりをするのではなく，一人一人のよさや違いが生かされ，次第に集団になっていく過程を大事にすることが肝要である。今後，ますます多様な背景をもった子どもが集まる園生活の中で，子ども一人一人の経験や子ども同士が織り成す経験を豊かにするためには，個と集団，双方の育ちを支えていく保育者の役割と，言葉だけではない様々なつながり方やゆるやかに流れていく生活の展開が重要となってくる。　　　（平野麻衣子）

葛　藤

　心の中に同時に相反する2つの欲求が存在し，どちらにしてよいか決めかねている状態のことをいう。保育・幼稚園教育において，子どもが経験する葛藤には，家庭とは異なる園生活に参入することで起きる葛藤と，友だちや保育者，様々な他者との間で起こる対人葛藤がある。前者は，家庭とは異なる振る舞い方やコミュニケーションのあり方，ものや場の使い方に対して，子どもが感じる戸惑いやギャップに基づくものであり，入園初期など新たな集団生活を始めた際に見られることが多い。後者は，主に同年代の子ども同士で，互いの意図が衝突するいざこざ場面で経験することが多い。いずれの葛藤場面も，これまでの自分にはなかった思いや考え，価値や規範に出合うことで，子ども自身が自分を振り返るとともに他者を理解する経験となり，多様な他者とともに暮らすための解決策を学ぶ重要な場として位置づけられている。　　　　　　　　（平野麻衣子）

片付け

　一日の生活の節目となる場面（食事・集まり・降園など）において，それまでの活動で使用していたものを所定の位置に戻し，次の活動を行うために環境を整える行為のことである。身辺自立に関わる生活習慣活動の1つであるとともに，ものの分類や系列化，数，空間，時間などの概念を用いる点で知的な活動でもあり，ものへの理解や愛着，扱う技術を獲得する活動でもある。さらには，みんなのものや場を友達と一緒に片付けるなど，社会性を育む活動でもある。保育・幼稚園教育における片付けでは，子どもの主体性や必要感に基づく展開が求められている。例えば，遊んだ場所で振り返りの時間を設けることで，遊んで楽しかった気持ちやまだ遊びたかった気持ちを友達や保育者と共有し，次の活動への見通しをもてるようにする工夫がある。また，使っていたものや空間をすべてもとに戻すだけではなく，遊びの状況によってそのままにするなど，子ども自ら納得して取り組むとともに，責任をもって遊びの

場を整えていくようにする工夫がある。
（平野麻衣子）

いざこざ／けんか

　子どもと様々な他者との間で起こる対人葛藤のことをいう。子どもが相手の気持ちや意図を理解したり，自分の意図や主張の伝え方を学ぶ貴重な経験である。子ども同士のいざこざには，非当事者の幼児が介入することがある。非当事者としていざこざを経験することも，幼児の社会性の発達や仲間集団の育ちにとって重要である。当事者はいざこざによって情動的に興奮しやすいのに対して，介入児は冷静で客観的であるため，仲裁したり，連携するなど，高度なやり方で当事者間の関係調整をすることが可能である。当事者は，他児の介入によって，いざこざで生じた情動的興奮を沈静化させ，葛藤を内省することができる。また，幼児の介入には「仲間外れにしてはいけない」などの保育者の援助から学んだ規範が集団化に伴い，「クラス集団としての規範」として共有されたものが反映されている。さらに，介入児は，介入する過程において，いざこざにおける当事者間の関係調整の在り方を学び取る。　　（松原未季）

折り合いをつける　⇨折り合いをつける [24]

好奇心　⇨好奇心 [23]

探究心　⇨探究心 [23]

試行錯誤

　試しながら行い，失敗をしたり達成をしたりする連続した過程の中で，少しずつ適当な方法や事柄を認識していくことをいう。こと乳幼児期においては，初めて出会う事柄は多く，課題に対して，既有知識を手掛かりにして解決や獲得に向かうことは少ない。このことから，正誤の見通しがない状態の中で実行し，結果から過程を振り返り，適当な方法を認知していくことは多い。保育実践においては，繰り返すことができる状況（時間や

空間など）がある，試した結果を確認することができる等保育者による環境設定が，その効果を決定する可能性は高い。2017（平成29）年告示の保育所保育指針や幼稚園教育要領では，「試行錯誤」は，保育内容の「表現」や「人間関係」といった中に明記されている。指針や要領では，子ども達が「試行錯誤すること」は「自分の力で行う」状態に必要な過程であると言及している。「試行錯誤」の場が保障された保育は，主体性を育むうえで重要な保育方法の1つであるといえる。　　　　　　　　　　　（宮田まり子）

アフォーダンス　⇨アフォーダンス [15]

砂　場　⇨砂場 [15]

積み木

　積み木は，保育教材としての歴史が古く，多くの保育・教育施設において用いられている。立方体や直方体，円柱など，形もシンプルなことから，使用の幅は広く，大きさと素材に配慮することによって様々な年齢で用いられる。例えば，2017（平成29）年告示の保育所保育指針や幼稚園教育要領の中に記載はないが，それぞれの解説書の中に積み木を用いた具体例が明記されている。指針では「ねらい及び内容」において，「乳児」が手や指を使って遊ぶ物として，「1歳以上3歳未満児」は積み上げたり崩したりなど，遊びの展開を促進する物として，「3歳以上児」は大型積み木などでは押したり積み上げたりする過程の中で体を使うことから領域「健康」において明記されている。そして積み木に様々な形体があることから，数量や図形に触れる機会として領域「環境」においても明記されている。

　また，積み木は自然物や廃材などに比べて可塑性が低いことから，何に見立てているかを伝える言葉の使用や，看板や車のハンドルなど場の設定に関係する物の制作が促進されるなど，積み木の構築が起点となって，様々な活動と育ちへの

発展が期待できる教材の1つであるといえる。　　　　　　　　　　　（宮田まり子）

生命尊重 ⇨自然との関わり・生命尊重 29

飼　育

　生き物を育てることをいう。保育における飼育は，豊かな感性や感情の育ちや，生き物の生態の理解へとつながる。飼育活動は，子どもにとっての原体験となり，子どもは原知識を得る。また，生き物の命の移り変わりを実感することができ，命の尊さを知ることにもつながる。園で飼育される生き物は，山羊やポニー等の比較的大きな生き物から，子どもが捕獲してきた虫やトカゲ等の小さな生き物まで，多岐にわたる。飼育の際には，騒音や飼育コスト，長期休暇中の飼育についても考慮し，獣医と連携する必要がある。生き物に対して苦手意識やアレルギーをもつ子どもがどのように飼育に参加するのかについても配慮を行う必要がある。また，動物福祉の観点から，生き物にとってストレスの少ない飼育方法を模索する必要がある。保育者は，幼児が生き物に愛着をもち，興味・関心をもって飼育できるよう，発達に応じて適切な援助を行う必要がある。　　　　　　　　（宮城利佳子）

栽　培

　植物を育てることをいう。保育における栽培活動は，豊かな感性や感情の育ちや，植物の理解，食育へとつながる。栽培植物を遊びの素材，表現素材とすることもあり，栽培活動は四季を感じることのできる活動である。保育では，1年を通して，いろいろな植物と触れ合うことができるよう，花卉類，果樹類，野菜類の栽培を行う。また，昆虫等を呼ぶために栽培を行うこともある。園では，収穫時期や旬を考慮した年間栽培計画を立て，収穫物の食べ方についても考慮する。狭小空間であっても，袋栽培や水耕栽培，簡易容器を用いた栽培等の工夫を行うこ

とで栽培活動を行うことができる。栽培知識を得るために，地域のボランティア等を活用することは，地域交流のきっかけともなる。保育者は，幼児が栽培している植物に興味・関心がもてるよう援助を行う必要がある。植物は動物に比べ，動きがないため，保育者から働きかける必要性が高い。絵本や図鑑を用いたり，クラスで取り上げたりする工夫を行う。

→食育 12　　　　　　　　　（宮城利佳子）

アニミズム ⇨アニミズム 11

素朴概念 ⇨素朴概念 11

国際理解

　国と国の間の交流を通して互いを理解し尊重し合うことができる人材を育成するために必要なのが「国際理解」である。平和な世界を築くために，多様性の尊重と国際理解の深化を幼児期から追求することが求められる。要領・指針では，領域「環境」の中で，伝統的な遊びや異なる文化に触れる活動を通して社会とのつながりや違いを理解し尊重する態度の基礎を培うことを目指すとしている。グローバル教育，人権教育，平和教育，国連の「持続可能な開発のための教育（ESD）」とも関連づけて捉えられている。外国を理解するだけではなく，日本国内の国際化を踏まえて保育・教育を考えていく必要がある。

【参考文献】日本ユネスコ協会連盟「教育現場の皆さまへ」。日本ユニセフ協会ホームページ。

→持続可能な開発のための教育（ESD） 21　　　　　　　　　　　　　（内田千春）

文化／伝統

　文化は，特定の集団が共有する生活様式，習慣，価値観，言語，祭事，宗教などを含むもので，食習慣や冠婚葬祭など目に見えるものもあれば，人間関係のもち方や様式，物事への態度・対応の仕方など目に見えないものもある。文化の単位には国や民族のように大きなものもあ

れば，趣味を共有する集団，地域，学校や園，職業といったより小さい単位や流動的な単位もある。人間は複数の文化に属しており，文化は常に変化し再構築され続けるものである。一方で，文化の中で何年も継続的に大切にされているものごと（例えば祭事のやり方や引き継がれている歌や踊り，食事のとり方等）は「伝統」となる。「伝統」を引き継ぐことは集団としてのアイデンティティ形成に影響する。だからこそ園や学校では，「文化」や「伝統」にどう参加するかへの教育的配慮が必要である。　　　　（内田千春）

行　事

　園の行事は，園生活の節目として行うもの（入学式，卒業式等），子どもの遊びや生活に変化や潤いを与えるもの（園外保育や文化的な行事等），法令等に定められて必ず実施しなければならないもの（避難訓練や各種検診等）など様々である（中西，2018）。

　特に日本では，カリキュラムの構成原理が，園の生活経験の活動領域を柱にし，子どもが取り組む活動が日々の暮らしと遊びを基盤にしており，行事はカリキュラムに位置づいている。行事と結びついた活動には，各園・所の伝統として引き継いできている文化的な側面があり，子どもたちの主体的な保育のあり方が問われている中で，改めて行事がもつ意味を各園・所で考え直し確認していく機会が必要となってきている。例えば，呼び名はそれぞれの園によって異なるが，「生活発表会」では，これまで決められたセリフや物語があり，そのセリフなどを言っていくことを大切にされてきた側面があったが，最近では子ども達自身でセリフや内容を考え，独自の物語で様々な意見を出し合い考えていくといった行事の内容になってきている。

【引用文献】中西昌子（2018）「自分を取り巻く社会の文化にふれる──社会的環境」秋田喜代美・増田時枝・安見克夫・箕輪潤子編『新時代の保育双書　保育内容環境』みらい，101〜104頁。

（椋田善之）

探索活動

　周囲の環境や事物に近づき，観察したり触れたり，手で操作したりすることによって，情報を得ようとする活動をいう。特に，触覚はあらゆる感覚の基盤になっていると考えられており，子どもが環境に直接関わり，手や肌の感覚を通して物の特性を確かめることを探索活動ということが多い。認知能力の発達，自己概念の形成，言語の発達の基盤になると考えられている。

　ピアジェ（Piaget, J.）は，生後1歳半あるいは2歳前後までを感覚運動期と呼び，乳児が周囲の環境や事物に働きかけ，その結果生じるフィードバックを感覚によって捉え，その中で働きかけや捉え方を変化させるとしている。感覚運動期から前操作期へ進むと，表象を獲得し，イメージや言葉を使うことによって，ものとの直接的な関わりを超えた思考が可能になるため，探索活動が減少するといわれている。　　　　（佐川早季子）

持続可能な開発のための教育（ESD）⇨

持続可能な開発のための教育（ESD）㉑

言葉に対する感覚

　言葉は思いや考えを表現したり，それを伝える手段である。そのため言葉には，表現し伝える「意味」がある。しかし声として発せられた言葉には，意味以前に音の響きやリズムがあり，音としての美しさや楽しさがある。こうした音の響きやリズムを含め，言葉に対してもつ感覚を要領・指針では「言葉に対する感覚」といい，2017（平成29）年の改訂で重視した。領域「言葉」のねらいに「言葉に対する感覚を豊かに」することが加筆され，内容の取扱いも新設された。言葉そのものへの関心を高め，言葉を豊か

にすることが求められている。子どもは絵本や物語などに親しむ中で言葉の響きやリズムに触れたり，新しい言葉や表現に出会うと，生活や遊びの中で使ってみたくなる。また，友達としりとりやダジャレなど，言葉遊びをする中で言葉の面白さや楽しさを味わう。遊びや生活の中で，豊かな言葉に出会う機会をつくり，体験を通して言葉の世界を広げていく援助が望まれる。

→領域「言葉」[12]　　　　　（横山真貴子）

話し合い

　2人以上が話し言葉でお互いの考えを交わすこと。保育現場では，2〜3人で話し合う場合と，グループで話し合う場合とクラス全員一緒に話し合う場合とがある。子ども同士の話し合いは遊びや生活の中で自然に発生するが，話し合いは一方的になったり，長く続かなかったりすることがある。その時，保育者が子どもの代弁をしたり，言葉で表現することを促したりするような援助を行い，伝わるようにしていくことが大切である。また，保育者が意図的に特定のテーマ（話題）について話し合う機会をつくり，そこで子どもが自分の思いや考えを言葉で表したり，友達の話を聴いたりすることもある。このような話し合いの体験を通して，幼児は自分と異なる考えに気付いたり，主体的に問題を解決したり，お互いの考えを深めたり，広げたりすることができるようになっていく。　（呂　小耘）

言葉遊び ⇨言葉遊び[10]

絵　本 ⇨絵本[15]

紙芝居

　平面の紙に描かれた絵（表）とセリフ中心の文字（裏）の物語が，演者によって演じられて展開する日本独自の文化財。演者が観客と向かい合って絵を1枚ずつ抜く，差し込むことで物語が展開し，観客と心を通わせながら作品の世界を楽しむことができる。演者は，作品の世界を効果的に演じるために，作品を下読みし，演じる時の声や画面を抜くタイミング，話を進める間合いや動かし方を工夫する必要がある。1930（昭和5）年に街頭紙芝居として誕生し，『黄金バット』は子ども達の人気を集めた。その後，1935（昭和10）年に高橋五山が「幼稚園紙芝居」を手がけ，印刷され教材として広く普及した。時代の影響を受けながらも，1960年代より公共図書館での貸し出し，1990年代にはベトナム，ラオスをはじめとする世界への紹介など国や世代を超え紙芝居は人々に親しまれている。　（小林美沙子）

童　話

　子どもを主な読者対象とした文学性のある読み物。現在では児童文学の1つのジャンルとされる。童話は昔話の意として使用され，明治時代には巌谷小波が昔話を「お伽噺」の語を用い一般に広めた。大正時代に入り，文学性の高い創作物語を指して使用されるようになる。その背景には，1918（大正7）年，雑誌『赤い鳥』の創刊に伴い，鈴木三重吉が意識的に童話という語を使用したことにある。これ以後，お伽噺が「口演童話」「実演童話」として区別され使用されるようになり，童話は昔話の意味から文学性の高い創作物語の意味が強くなる。保育の場では，書き言葉の習得前の子ども達であるため，子どもが自ら読むよりも大人が語り，耳からお話を聴くことで童話と触れることになる。特に，就学期を迎える年長児クラスでは，降園前のひと時に保育者が語り，クラスの仲間とお話の世界を楽しみ，表現活動へと展開する保育実践も見られる。　（小林美沙子）

わらべうた

　子ども達の日常生活，特に遊びの中から自然発生的に生まれ，伝承されてきた子どものための歌。童歌，童唄，伝承童謡ともいわれる。日本の伝統音楽に根差した言葉の抑揚，旋律やリズムがあり，

子どもが口ずさみやすく，覚えやすいという特徴がある。また，歌詞は子どもの生活感を色濃く映し出したものが多く，となえ歌，絵描き歌，遊び歌，子守歌など種類も様々ある。遊びとともに口伝えで伝わることから，流布の過程で旋律や歌詞が変化し同一の歌詞から派生したと考えられる類似したわらべうたもみられる。わらべうたは，音楽・言葉・動きが一体となった遊びであるため，その教育的価値が注目されている。保育の場では，わらべうた遊びの中で生じる言葉の掛け合いの面白さ，人とつながる楽しさから，異年齢での遊びや親子での触れ合い遊び等に積極的に取り入れられている。

（小林美沙子）

リテラシー

狭義には，読み書き能力，識字を指す。広義には，ある特定分野に関する知識やそれを活用する能力をいい，メディア・リテラシーなどがある。ユネスコは識字を「日常生活で用いられる簡単で短い文章を理解して読み書きできること」と定義し，15歳以上の識字者の人口に占める割合を識字率と定義している。日本では，子どもは文字が生活に不可欠なものとして周囲の大人が文字を読んだり書いたりする姿を見て育ち，文字に興味を示したり文字に関わる活動をしていると，ほめられたり励まされたりする。このように読み書きへの価値づけが高い社会では，子ども達は生活の中で文字に関連した活動を目にし参加することによって，自然に文字を覚えていく。領域「言葉」では，「文字などで伝える楽しさを味わう」と「など」が付され，完全に文字を習得する前の文字らしき形のものも含め，文字の機能に気付き，必要感をもって生活や遊びの中で使うことが重視されている。

→プレリテラシー⑫，領域「言葉」⑫

（横山真貴子）

プレリテラシー

子どもが完全に文字を読んだり書いたりできるようになる前に，あたかも読み書きができるようにふるまう活動のこと。遊びの中で文字らしきものを書いたり，何度も読んでもらって覚えた絵本の文章を読むまねをするなどである。読み書き能力（リテラシー）の芽生えであり，萌芽的読み書き能力（エマージェントリテラシー）ともいわれる。こうした活動の中で，子どもは文字の機能を知るとともに表現規則も身につける。文字は何かを表すものであり絵とは異なることを理解し，直線的に並べて書くなど文字の表現形式の特徴にも気付いていく。ただし，この時期の子どもの文字理解は大人とは異なる。同じような文字らしき形を書いても「自分の名前」を書いたと言うこともあれば「ママ」と言うこともあり，表記が特定の指示対象に安定的に結びつくまでには至っていない。その対応の規則を理解するためには，文字が本来対応する話し言葉の音についての理解（音韻意識）が必要となる。

→リテラシー⑫，音韻意識⑫

（横山真貴子）

音韻意識

話し言葉の音に注意を向け，操作する能力。例えば「ウサギ」という話し言葉の連続音を「ウ／サ／ギ」と3つの音に分けたり（音韻分解），最後の音の「ギ」を抜き出す能力（音韻抽出）である。こうした音韻意識があってはじめて，話し言葉の音と文字の対応が理解できるため，音韻意識は多くの言語で読みの習得の前提となる。また，多くの文化の中には音韻意識を促す遊びがある。例えば「しりとり」は単語の音を分解し，語尾音を抽出して，その音を語頭音にもつ単語をつないでいく遊びである。しりとりを楽しむためには音韻意識の習得が必要となるが，完全に習得していない子どもも年長

者の助けを借りて遊びに参加することができる。「ゴリラ」の次は「ラ」で始まる「プップーって吹く楽器」などとヒントを出してもらい，遊びに加わることが可能になる。このような足場づくりに支えられながら，子どもたちは遊びの中で音韻意識を育むことができる。

（横山真貴子）

言語表現／身体表現／音楽表現／造形表現

表現は，表現媒体別に，いくつかの種類に区別される。主に，音声や文字といった言語による表現は言語表現，動きや身振りといった身体動作による表現は身体表現，音・声や楽器といった音・音楽による表現は音楽表現，ものや絵による表現は造形表現といわれる。ただし，乳幼児期は，感覚（聴覚・視覚・身体感覚・イメージ・情動等）が密接につながっており，表現媒体との探索的な関わりや，「表出」のような素朴な表現も含め，感性を働かせて行う表現が多い。そのため，表現媒体を習得させようとしたり表現媒体別の保育を行うのではなく，表現媒体間の循環が生じるような総合的な活動を行うことが目指される（槇，2008）。

【引用文献】槇英子（2008）『保育をひらく造形表現』萌文書林。
→表出／表現 12　　（佐川早季子）

表出／表現

表現は，表し手が，受け手を意識しているかどうかにより様々なレベルがあり，表し手が受け手に伝達する意図があれば「表現」，伝達する意図がなければ「表出」と区別される。ただし，保育場面では，受け手の存在によって，表出が表現とみなされることがある。子どもの伝達意図のない表出に対し，保育者が積極的な受け止めや読み取りをし，フィードバックをすると，それは「表現」になりうる。このことから，表出は，読み取りという解釈行為を必要とする表現であ

ると考えられる（槇，2008）。
【引用文献】槇英子（2008）『保育をひらく造形表現』萌文書林。　（佐川早季子）

表現の氷山モデル

表現の過程を氷山にたとえて捉える考え方である（大場，1996）。表現を「目に見えない心の内部を外部に表し出す」こととすると，表現には，表現する行為である「表し」と，表現されたものである「現れ」の両方の意味が含まれる。保育における表現は，目に見える作品が立派であることを目指すのではなく，過程である「表し」に着目し，その背景を含む全体を「表現」と捉える視点が求められる。これを氷山にたとえるならば，作品や姿といった結果としての表現は目に見える部分の氷山の一角であるが，それ以上に水面下にある「体験」「感じる」「心が動く」といった過程としての表現を豊かにすることが保育の課題となる（槇，2008）。

【引用文献】大場牧夫（1996）『表現原論——幼児の「あらわし」と領域「表現」フィールドノートからの試論』萌文書林。槇英子（2008）『保育をひらく造形表現』萌文書林。　（佐川早季子）

身体感覚 ⇨身体感覚 25

素材

素材とは，何かを作り出すもとになる材料を指す。狭義には，造形に用いられる材料や題材のことを指すが，広義には，遊び・活動に用いられるものごと全般を指す。一般的に，素材は自然物と人工物に分かれ，自然物には砂・土・石・水・木の葉・貝殻などが，人工物には紙・プラスチック，金属，ポリ袋などが含まれる。光，影，風，においなど無形のものごとも素材と呼ばれることがある。子どもの興味・関心に応じた遊びや活動が構想されるようになるにつれ，多様なものごとが素材とみなされるようになり，生活用品や廃材等も素材に含まれるようになってきている。同じものでも，教育的

な機能に焦点を当てた場合には「教材」と呼び，子どもが遊びで活用する機能に焦点を当てた場合には「素材」と呼ばれる（高山，2019）。感触や色，形，音など素材のもつ要素を吟味し，発達や興味・関心に応じて子どもと素材との出会いを考えるのが保育者の役割とされる。

【引用文献】高山静子（2019）「教材」秋田喜代美監修『保育学用語辞典』中央法規出版，118頁。　　　（佐川早季子）

人・モノ・こととの対話

　環境・他者・現象や活動などとの相互作用で展開される過程のことである。例えば，積み木では，崩れたり壊れたりした時に，新たなイメージが生まれ，次の表現や探究が生まれることがある。このような周囲の人・モノ・こととの出会いから，子どもが様々なことを感受し表現する相互作用の様子を「対話」という比喩的な語で表している。

　表現は心の「内から外へ」の表れである一方で，周りの世界を認識し，その場にあるモノや人との相互作用を通して自己の表現をつくり変える活動でもある。その場にいる他者との関わり，その場にあるモノとの関わり，体験した出来事や文化との出合いを通して気付きや発想，新たな見えやイメージが生まれる過程そのものが探究であり表現であるとする考え方である。　　　（佐川早季子）

共感覚／多感覚性

　共感覚（synesthesia）とは，「黄色い声」といった時に，音と色が結びついて感じられるように，複数の感覚が完全に独立せず，結びついたような状態で感じられることである。感覚的協応とも呼ばれる。多感覚性（multisensoriality）とは，レッジョ・エミリアの保育環境を表す特徴の1つであり，環境の中の光，色彩，素材，音，におい，微気候といった視覚，聴覚，触覚，味覚，嗅覚など多くの感覚を惹起する経験に価値を置く概念である。ただ

し，五感の個々の感覚を訓練することを意図したものではなく，個々の感覚が別個に働くものではないと考え，「オレンジのにおいを描いてみたら？」という呼びかけに見られるように，諸感覚を巻き込む共感覚の状態が子どもの未分化でしなやかな感覚に沿い，感覚的知覚を育むものと考えられている。　　（佐川早季子）

子どもたちの100の言葉

　北イタリアのレッジョ・エミリア市の幼児教育を牽引したマラグッツィ（Malaguzzi, L.）が著した詩である。話し言葉や書き言葉に限らず，描画，粘土，グラフィック，音などの多様な表現媒体もまた，子どもたちが自らの考えや思い，アイディアを表現する時に用いる「言葉」であると捉えられている。しかし，「学校や文化が」「100のうち99を奪ってしまう」という句にあるように，学校や文化では話し言葉や書き言葉を優位とみなし，子どもたちの様々な言葉を聴こうとしていないという批判も含まれている。多様な解釈がなされているが，ピーター・モスらは，この詩が，子どもの言葉を聴くという保育者の役割の重要性とともに，子どもは様々な表現媒体を用いて表現し，意思を表明し，教育や社会に参加することのできる主体であることの表明だという解釈を提示している（Moss et al., 2005；濱田，2011）。

【引用文献】Moss, P., Clark, A. & Kjørholt, A. T. (2005) Introduction, In Clark, A., Kjørholt, A. T. & Moss, P. (Ed), *Beyond Listening Children's perspectives on early childhood services*, The Policy Press, p.5. 濱田真一（2011）「Loris Malaguzziの幼児教育思想に関する研究──『子どもたちの100の言葉』というメタファーに焦点を当てて」『教育実践学研究──山梨大学教育人間科学部附属教育実践総合センター研究紀要』16, 51〜57頁。

→マラグッツィ㉒　　　（佐川早季子）

音感受

　子どもが，身の回りの音や人の声，音楽からその印象を感じ，共鳴し，感情が起こり，様々な連想を引き起こす行為。吉永・無藤（2013）による造語。子どもは遊びや生活の中で，自分の作り出す音を楽しんでいたり，蟬の声をうっとうしいと話したりする一方，風鈴の音を気持ちいい・明るい・きれいと表現したり，ピアノの音と作成した色水とを結びつけてみたりする等，その音感受の様相は多様である。その場の音の響き方（残響）によって子どもは，異なった遊び方を考えたり，声の出し方を変えていたりすることもある。子どもが音や声，音楽を聴いて何を感じ，何に気付き，どんな感情を抱いているのか，それによって，どのようにイメージを広げ表現のアイディアを見出しているのかなど，表現のプロセスにおける子どもの内面に関心を寄せることで音感受の姿が見えてくる。

【引用文献】吉永早苗・無藤隆（2016）『子どもの音感受の世界——心の耳を育む音感受教育による保育内容「表現」の探究』萌文書林。
【参考文献】吉永早苗（2013）「幼児期における音感受教育——モノの音・人の声に対する感受の状況と指導法の検討」白梅学園大学大学院博士論文。（吉永早苗）

前音楽的表現

　音楽表現の芽生え部分。それは，極めて直接的で素朴な形で行われ，意図的に為されるものばかりではなく，無自覚に表出される場合も多い。子どもは，ある日突然大人のように音楽的に歌を歌ったり楽器を演奏したりするわけではない。遊びや生活の中で，ある言葉を繰り返しているうちにそれがリズミカルになったり，風の音を声に出してまねをしているうちにメロディーが生まれたり，様々な空き缶を叩いているうちに友達とのアンサンブルが生まれたりと，その表現は，ものとの関わりの中で偶然性，即興性をもって生まれ，また，自分自身で繰り返したり人と関わったりする中で発展していく。音楽的には未熟であり未分化であるが，保育者や友達に受容されることで，もっと表現したいという気持ちが生まれてくる。こうした表現が，意図的・自覚的な表現へと向かい変容していく過程に，乳幼児期の音楽的発達を見ることができる。　　　　　　　　　　　　（吉永早苗）

楽 器

　楽器とは，広義には音を出すことを目的とする道具のことである。楽器の種類は非常に多種多様であり，その分類法も発音原理，音域，機能，持続性，地域等様々である。一方狭義には，旧字である「樂」の文字に，木に糸を張って爪（白）弾く意があるように，音楽の演奏をする道具として進化・改良されてきた。すなわち，精巧に進化してきた楽器がある一方で，身の回りのものすべてが楽器になり得るのである。乳幼児期においては，身の回りのものすべてが楽器になり得るという視点での環境構成及び子ども理解が重要である。また，その指導においては，特定の鳴らし方を子どもの興味に先んじて教えるのではなく，子どもが音色を探究するプロセスを大切にしたい。なぜなら，どのような音がするのだろうかと子どもが興味をもって考え，その音を聴いて試行錯誤し，このような音を鳴らしてみたいと主体的に表現することが重要であるからである。　　　　　　（吉永早苗）

13 保育（教育）方法・形態

一斉保育（設定保育）

保育者が中心となって一つの集団（多くの場合はクラス）の子どもたちに同じ活動を提供すること，もしくは共に同じ活動に取り組むことである。保育者が指導目標をもって活動を計画し，場を設定する。子どもの自発的な活動のみでは，種類が偏り，体験の幅が広がらないことが推測されるが，保育者が活動を設定することで，様々な種類の活動に取り組むことにつながる。例えば歌唱や散歩，行事の練習や準備，作品づくりなどは一斉に行われることが多い。子どもの興味・関心よりも保育者の意図が先行され，活動を行うため，実際には活動に向けた子どもの動機づけも重要となる。ただし，教具や道具の数に制限がある場合等は人数を調整して取り組むこともあり，必ずしも一斉に活動するとは限らない。

（渡邉真帆）

自由保育

子どもの自発的な行動を尊重するという保育理念に基づいた保育である。子どもが中心となって遊びや過ごし方を選択する「自由遊び」と混同される。子どもの自発的な行動を尊重するとはいえ，保育者は子どもを放っておくのではなく，子どもが関わりたくなるような環境を構成し，子どもの活動を見守り，必要に応じて直接的に援助する。また，子どもがどこで何をしてもよいという無制限の意味での「自由」ではなく，場所や時間の一定の制限は設けられている。ただし，子どもに対する遊び場や行動への制限が

厳しくなれば，自由保育とは言い難くなる。一斉保育（設定保育）と異なり，保育者が中心となって活動するわけではないため，保育者自身が子どもの遊びの一員になったり，抜けたりする自由がある。

（渡邉真帆）

コーナー保育

保育者がある活動を意図し，適切な人数を想定して素材や道具をある空間にひとまとめに設置したものがコーナーである。保育室内に数か所を設置することで，子どもは活動に合わせて場を選ぶことができる。製作コーナー，ままごとコーナー，絵本コーナーはよく設置される。コーナーとコーナーの間の何も置かれていない空間があることによって，コーナーが遊びの拠点となり，他のコーナーを拠点とする子どもと交わり，遊びが発展するため，保育者は，保育室全体の環境構成を踏まえてコーナーの配置を考える必要がある。また，子どもが興味をもって関わることができるように構成し，活動の姿や育ちによって流動的に変えていくことがよいとされる。しかし，滞在する子どもが少なく人気のないコーナーに見えても，子どもが落ち着きたい時や一人になりたい時などに利用することもあるため，常に変える必要があるわけではない。

（渡邉真帆）

プロジェクト型保育

プロジェクト型保育とは，子どもが周囲の環境に対して抱く疑問や好奇心に基づいてトピックを設定し，それを小集団で組織されたチームで調査・探究し，仮

説検証を繰り返しながら疑問や問題の解決に向けて活動することを指す。近年では保幼小接続への教育内容の改善を検討する一つの視座として注目されており，例えばドイツでは多くの州の教育計画においてプロジェクト型保育に関する項目を明確に設けている。一つのプロジェクトは，数日間や数週間で実施されるものが多いが，場合によっては数か月にわたって実施されることもある。プロジェクト活動の際は，子どもの生活現実と結びつけながらも，地域に根差したものであることが求められている。またプロジェクト活動は，大人があらかじめ答えを用意するのではなく，保育者をはじめ，親や地域住民などの大人と子どもが共同決定していくことに重きが置かれている。

（内田将平）

育児担当制

　特定の保育者が特定の子どもに関わる保育体制のことである。保育所保育指針解説には，3歳未満児の指導計画について，「緩やかな担当制の中で，特定の保育士等が子どもとゆったりとした関わりをもち，情緒的な絆を深められるよう指導計画を作成する」と記され，子どもが特定の大人との愛着関係を結ぶことが目指される。子どもが特定の保育者と関係を築くことによって保育施設で安心して過ごすことができ，周囲の大人や他の子どもへと関わりを広げられる。狭義の意味での育児担当制は，子どもの睡眠や排泄，食事など生理的欲求を満たすための行為を全て担当の保育者が関わって行うため，個別の発達や生活リズムを考慮した援助が可能となる。しかし，実際は保育者のシフトや子どもの入れ替わり等によって実現は困難であり，柔軟な対応が求められる。

（渡邉真帆）

園外保育

　子どもが，園内では味わえない経験を，園外の場で補うために行われる保育活動のこと。例えば，園庭が十分でない場合，園内で経験できない自然環境での体験をするために，近くの公園へ遠足に行く。そこで自然物に触れ，身近な生き物に興味をもち観察をする。また，園内とは異なる大型遊具で遊び，屋外で弁当を友達と一緒に食べる。地域連携を目的として老人福祉施設や小学校を訪問したり，園周辺を散歩し，地域の人々との交流をしたりする。また，保育所保育指針には，園外保育において子どもが四季折々の変化に触れられるよう配慮する必要性も明記されている。このように，園外保育の目的や方法は種々あるが，実施する際には，事前に計画を立て，経路，目的地における危険箇所の確認等安全に配慮しなければならない。「保育所等における園外活動時の安全管理に関する留意事項」（厚生労働省，2019）には，公園等目的地や移動時も含め，安全に十分配慮することや，具体的な安全管理の取組について明記されている。

（後藤由美）

乳児保育

　保育所保育指針によると，「乳児（満1歳に満たない者）」及び「1歳以上3歳未満児」に対する保育を指す。したがって，保育士養成課程における授業科目である「乳児保育」においても，3歳未満児を念頭に置いた保育を示している。乳児期の保育には，「健やかに伸び伸びと育つ」といった身体的発達に係る視点，「身近な人と気持ちが通じ合う」という社会的発達に関する視点，「身近なものと関わり感性が育つ」という精神的発達に関する視点が重要であるとされる。また，この時期は子どもの成長に個人差が大きいため，一人一人の子どもの発達を丁寧に保障していく保育が求められる。これらの保育は，子どもの生命の保持及び情緒の安定を図るために保育士等が行う援助や関わりである「養護」と子どもが健やかに成長し，その活動がより豊かに展開

されるための発達の援助である「教育」が一体となって展開されることに留意しなければならない。 （後藤由美）

延長保育 ⇨延長保育事業②

休日保育 ⇨休日保育⑧

夜間保育

　保護者の就労状況等により，夜間に実施される保育。京都，神奈川，大阪，名古屋を中心とし，全国81か所に厚生労働省から認可されている夜間保育所が設置されている（2018年度現在）。開所時間は原則，概ね11時間であり，保育時間は午後10時までとされている。設置主体については，児童の保育に関し長年の経験を有し，良好な成果をおさめているものであることが求められ，設備備品に関しては，仮眠のための施設を備える必要もある。保育内容には，近隣公園まで打ち上げ花火を観に行く，お月見をするといった夜間保育ならではの活動もある。子どもたちは，保育所で夕食（給食）を済ませると降園準備をし，入浴と歯磨きを行い，仮眠をしながら保護者の迎えを待つ。生活が夜型に偏りがちな子どもたちの生活リズムを整えることや，支援の必要な保護者に寄り添うこと等，保育者には社会的な養護が期待される保育である。 （加藤　望）

通常保育

　2008（平成20）年の保育所保育指針解説第6章によると，通常保育という文言は，一時保育の対比として使用されており，一般的に保育所で実施される継続的な保育を指す。また，「保育所利用の仕組み」（厚生労働省，2008）によると，認可保育所の保育業務には，通常保育，延長保育，休日保育，夜間保育等が記載されている。また，子ども・子育て支援新制度によると，通常保育とは，保育所において施設長が定める保育標準時間及び保育短時間（最大11時間）を指す。つまり，通常保育とは，日常的に保育所で行われ

る保育時間と保育の場を指す表現として使用されている。 （後藤由美）

保育短時間

　保育短時間とは，子ども・子育て支援新制度に定められている保育の必要量のことであり，保育が必要な時間によって「保育標準時間」と「保育短時間」に分けられている。これは保護者の就労状況や，保育を必要とする事由に応じて認定される。保育短時間は1日当たり最長8時間までの保育時間を指し，利用は1か月当たり，平均200時間までである。保育短時間で保育所を利用する場合，1日当たり，8時間を超える利用は，延長保育となる。保育短時間で利用できる最長時間は8時間であるが，これは保護者のパートタイム就労を想定している。 （後藤由美）

保育の必要性の認定

　子ども・子育て支援新制度によると，保育施設等を利用するために，保護者は保育の必要性の認定を受ける必要がある。保育の必要性とは，小学校就学前の子どもの保護者のいずれもが就労，産前産後，疾病等，親族介護，災害復旧，求職活動，就学，育児休業のいずれかに該当することである。保育を必要とする保護者は，その認定のための申請書を市町村に提出する。また，子どもには認定区分（1号認定：満3歳以上で保育の必要性がない，2号認定：満3歳以上で保育の必要性がある，3号認定：満3歳未満で保育の必要性がある）がある。つまり，保育の必要性があると認められるのは2号認定の子どもと3号認定の子どもである。この保育の必要性という文言は，かつての児童福祉法では「保育に欠ける」と明記されていたが，2013（平成25）年の改正により，「保育を必要とする」に刷新された。 （後藤由美）

統合保育 ⇨統合保育⑱

異年齢保育

多くの幼児教育施設では子どもの年齢によってクラスを構成する年齢別保育が行われている。異年齢保育は年齢の異なった子どもたちでクラスが構成され，縦割り保育とも呼ばれる。少子化におけるきょうだいや遊び友達の減少により，多様な人間関係が築きにくくなっていることを背景に，意図的に異年齢におけるクラス編成を行うものと，過疎地域において子どもの人数が少ないためやむを得ず異年齢のクラス編成になるというものがある。3，4，5歳児の異年齢保育としてクラス編成をし生活をしながらも，遊びの場面では4歳児のみだけで行うなど，多様な形態がある。年齢も乳児と幼児を分け隔てなく，0〜5歳児の異年齢保育を実施する幼児教育施設もある。

→異年齢保育 23　　　　　（櫻井貴大）

合同保育

保育所の子どもと幼稚園の子どもが同じ場所において一緒に保育を行うことを指す。また，保育所においては土曜日の利用者が少ない場合や，日曜日，祝日に保育を行う休日保育を実施している保育所が限られている場合などに，ある特定の保育所に集まり一緒に保育をする場合もある。実際の保育現場では，異年齢保育と同義で使用される場合があるが，通常は，年齢別保育でクラス編成を実施している幼児教育施設において，通常保育時間外の朝や夕方，土曜日などの子どもの人数が少ない状況に応じて，クラスの垣根を越えて異年齢の子どもたちを共に保育する形態を総じて合同保育と呼ぶこともある。また，幼稚園と保育所と認定こども園などの子どもが一緒に活動をすることを指す場合もある。　（櫻井貴大）

ティーム保育

ティーム保育とは，一つのクラスを複数の保育者で担当したり，複数のクラスを複数の保育者で担当したりするなど，複数の保育者で行う保育のことを指す。チーム保育ともいう。ティーム保育は必ずしもクラス単位で括ることができるものではなく，一日の生活の流れの中で，給食後の自由保育時間の場面で複数の保育者で保育をする場合も含まれる。複数の保育者で保育をすることによって，他の保育者の援助を見て学ぶ機会の獲得や複数の視点からの子ども理解がなされること，さらに，それぞれの保育者が互いに支え合うことで保育の質の向上が期待できる。そのためには，単純に役割分担を行い，情報共有をするだけではなく，保育者同士がお互いを認め合い，意見を出し合うことのできる信頼関係に下支えされる必要がある。　（櫻井貴大）

加算配置保育士

主に，公定価格の基本分単価及び他の加算等の認定に当たって求められる必要な保育士の人数を超えて配置される保育士のことを指す。障害児を受け入れる事業所において，障害児2人につき1人の保育士等により保育する場合の障害児保育加算配置保育士も含まれる。さらに，延長保育事業，一時預かり事業，病児・病後児保育事業，乳児が3人以上入所している施設，障害児が入所している施設で，上記の複数の事業を実施している場合，主任保育士が保護者からの育児相談や地域の子育て支援活動等に専任させることができるよう，基本分単価に含まれる配置基準や3歳児配置改善加算等での職員配置による必要保育士数に加えて代替要員を1人加配する場合もある。（櫻井貴大）

子育て支援員　⇨子育て支援員 39

園　長

園の運営や管理などを担う園の代表者を指す。仕事内容は，園の経営管理や安全・衛生管理，保育者の指導，人事採用活動，保護者対応，行政との連携など多岐にわたる。保育の質向上が求められる今日においては，園の職員の質向上も必

須であり，例えば，保育所保育指針第5章第2節に明記されているように，施設長である園長が，自己研鑽を積める場としての内外の研修を実施し，職員の専門性の向上を支援することが求められている。同時に，職員同士が協働的に組織を構築できるような環境を整え，園長のリーダーシップを発揮することも重要である。これらの実現のためには，園長自身の教育能力や自己管理能力などを磨き，自らの質向上に努めることが求められる。

（田島美帆）

臨時職員／非常勤教員

公立・私立にかかわらず，保育所において，産休・育休をとる職員の代わりや障害児を受け入れるための人員確保等，人手不足を補うために臨時に採用する職員のことを指す。臨時保育士とも呼ばれる。仕事内容は，正規職員とほとんど変わらないが，正規職員の募集は，通常，年に一回であるのに対して，臨時職員・非常勤教員は通年で募集されており，雇用期間や勤務時間は勤務先の状況に応じて様々である。現在，公立保育所では，正規職員よりも臨時職員の方が多いといわれており，保育現場を支える重要な担い手とされている一方で，地方公務員法第22条において地方公務員という位置づけであるにもかかわらず，正規職員との待遇差が指摘されており，待遇改善が求められているところである。

→非正規雇用職員⑤　　　　（田島美帆）

一時預かり事業　⇨一時預かり事業⑷1

預かり保育　⇨預かり保育⑦

病児・病後児保育

子どもが病気もしくはその回復期にあり，保育所等に通うことが難しい場合や，保護者が子どもの看病をすることが難しい場合，又は医師の指示等により利用される保育事業である。病院に併設されている保育室や保育所の一室で実施される場合と，居宅訪問型といって保育士が利用希望者の自宅を訪問して保育を行う場合がある。利用料は幼児教育・保育の無償化の対象であり，上限の範囲内で無料となる（2020年現在）。病児・病後児の受け入れにあたっては，看護師1名以上と保育士1名以上を配属したうえで，専用スペースを設置し，静養又は隔離の機能をもつ観察室又は安静室を有する必要がある。この他にも，体調不良時対応型として，在園児が体調不良となった場合に保育所で一時的に子どもを預かるといった病児保育を実施する保育所もある。

→一時預かり事業⑷1　　　　　（加藤　望）

家庭的保育（保育ママ）　⇨家庭的保育事業⑷1

ファミリー・サポート

地域における子育ての互助的活動に関する援助機関。行政による（公助）支援ではなく，市民相互の助け合い（共助）活動である。子育てを援助してもらいたい「依頼会員」と子育てを援助したい「提供会員」が，それぞれ地域のファミリー・サポート・センターに申し込みを行う。センターではアドバイザーが，登録された依頼会員と提供会員のマッチングを行い，必要な援助が行われる仕組みになっている。援助を受けることと行うことの両方を希望する場合には，両方会員になることも可能である。援助活動終了時には，提供会員には依頼会員から直接報酬が支払われる（時給は市町村ごとに異なるが，概ね800～1,000円程度）。提供会員は保育士資格所持の必要性はなく，ファミリー・サポート・センターが開催する講習を受けることにより登録が可能である。近年，援助内容は育児だけでなく，介護に関する利用が可能な地域もある。　　　　（加藤　望）

未就園児親子登園

幼稚園教育要領や保育所保育指針，幼保連携型認定こども園教育・保育要領には，在園児の保護者・家庭の支援に加えて，地域の子育て支援についても記載さ

れている。その一つとして，園庭を開放し，保育の場を体験したり，幼児教育施設側が親子体操を行ったり，遊び場の提供をしたりすることなどが行われている。さらに，保育者が育児相談に応じたり，保護者同士が子育てに関する知識や技術を学んだり，他の親子とも交流をもてるような活動を行う場合もある。単に，幼児教育施設側が親子体操などのイベントを行うだけでは他の親子同士の関わりにはつながりにくいため，保護者同士が支え合ったり，学び合ったりする交流が生まれる仕組みづくりが肝要である。

（櫻井貴大）

子育て支援センター ⇨子育て支援センター 41

学童保育

　日中，労働によって家庭に保護者が不在となる小学生の子どもに対し，放課後に学校の空き教室や，児童館，公民館などの施設を活用し，遊びや生活の場を提供して健全な育成を図る事業のことを指す。主に厚生労働省が所管し，「放課後児童健全育成事業」が正式名称である。設立や運営形態によって，「公立公営」「公立民営」「民立民営」の3つに分類される。

　共働き世帯の増加，核家族化の進行，「小1の壁」などの社会課題を受け，学童保育の需要は高まる一方であるが，受け入れ施設の整備が追いつかず，待機児童問題が生じている。厚生労働省はこの問題を解消するべく，文部科学省が進めている「放課後子ども教室推進事業」との一体化，または連携を図り，今後，両事業を新たに整備する場合は，学校施設を積極的に活用することを盛り込んだ「新・放課後子ども総合プラン」を，現在（2020年時点）進めているところである。（田島美帆）

ベビーシッター派遣事業

　子ども・子育て支援法第59条の2第1項に規定されている仕事・子育て両立支援事業である。多様な働き方をしてい

る労働者がベビーシッター派遣サービスを利用した場合に，その利用料金の一部又は全部を助成することにより，仕事と子育てとの両立を図る目的で実施されている。したがって，このサービスを使わなければ就労すること（職場への復帰を含む）が困難な状況にあることが利用の要件である。実施主体は，内閣府から決定を受けた団体であり，2019年度は公益社団法人全国保育サービス協会が担っている。また，これは年度ごとの事業であるため，年度により実施内容や実施主体が変更となるが，2019年度においては利用料金のうち対象児童1人につき1回当たり2,200円の割引となる。多胎児については，割引金額が増額となる。

（加藤　望）

共同保育所

　1960年代の日本において，保護者の保育需要から，働き続けたい女性労働者，女性運動家や研究者の手により設置された保育所。保育を必要とする保護者が集まり，アパートの一室を借りる等して保育室を確保し，保育士（当時は保母）資格所有者を雇用して保育所を設置した。この共同保育所の運営にあたっては，市民自らが保育者を探し，資金集めにも奔走した。これら一連の共同保育所の運営は，やがて他の市民からも共感を得て，国へ保育の充実を求める市民運動となった。この運動は，子どもたちの保育に関して国が補助金を支給することや，保育者の労働条件の改善につながっていった。さらには，公立保育所の増設や産休明け保育及び長時間保育の実施を実現させることとなった。

（加藤　望）

小規模保育 ⇨小規模保育事業 41
事業所内保育 ⇨事業所内保育事業 41
認証保育所

　東京都独自の認証基準によって設置された保育所（認可外保育所）を指す。認可保育所に比べて，定員や敷地面積の設

置基準が緩和されており，全施設での0歳児保育の実施，原則13時間以上の開所，保育所と利用者との直接利用契約制が設けられている点が特徴である。これらは，共働きやひとり親世帯からの多様な保育ニーズに対応することを目的とする「認証保育制度」（東京都が2001年に発足）に基づくものである。認証保育所は，駅前に設置することを基本とするA型と，小規模な家庭的保育所として位置づけられるB型の2つの種類が設けられており，保育料はいずれも設置者により上限内で設定されている。なお，現在は，東京以外の都市部においても，認証保育所と同じような認可外保育所が設置されている。

　　　　　　　　　　　　　（田島美帆）

保　活

　就職をするために企業説明会に参加したり採用試験を受けたりする就活（就職活動）や，結婚するために結婚相談所に登録したり，お見合いをしたりする婚活（結婚活動）に倣い，子どもが認可保育所に入所できるように保護者が行う様々な保育所入所活動を保活と称している。具体的な活動としては，いくつかの保育所に見学依頼の電話を掛け，実際に見学に行く，また入所のために必要な書類を準備し，申請書に記入をしたり，情報収集のために役所に何度も出向くといった，一連の申請手続きである。最も活動の早い人では，子どもの妊娠前・妊娠中から活動を開始している。厚生労働省では，2016（平成28）年に「『保活』の実態に関する調査」を実施しており，これによると希望通りの保育施設を利用できた人は回答者のうち56.8％であったことが明らかにされている。保活という言葉には，希望する保育所に入所するための保護者の苦労と困難さも表現されている。

→企業主導型保育事業 48　　（加藤　望）

二重保育

　2か所以上の保育施設に在籍したり，

様々な保育制度をいくつか利用したりして保育を受けること。保護者の就労等の理由により長時間もしくは変則的な時間に保育を必要とする場合や，保育所の開所時間に送迎できない場合等，在籍する保育施設では満たされない保育時間について，必要とする分をいくつかの保育施設や保育制度を重ねて利用し満たすことである。例えば，幼稚園の教育時間前後に企業主導型保育所を利用する，保育所の保育時間前後にファミリー・サポートやベビーシッターを利用する，保育所保育と病児・病後児保育を利用するなど，様々な保育事業を利用することをいう。これらの保育事業を利用するために，各々の保育施設への送迎を保護者の代わりに行う保育サービスもある。

→ファミリー・サポート 13　（加藤　望）

アプローチカリキュラム　⇨アプローチカリキュラム 30

スタートカリキュラム　⇨スタートカリキュラム 30

隠れたカリキュラム

　隠れたカリキュラム（hidden curriculum）とは，教育実践の過程で子どもに無意図的，潜在的に伝達されるものであり，「潜在的カリキュラム」とも呼ばれる。反対に「幼稚園教育要領」，年間指導計画，週日案などは，意図的・計画的で明確に言語化されているため，「顕在的カリキュラム」と呼ばれる。隠れたカリキュラムは，アメリカの教育学者であるジャクソン（Jackson, P. W.）によって提起された。保育現場における事例として例えば，子どもの持ち物や掲示物が男女で色分けされていることや制服が男女で異なることなどから，子どもが無意識のうちにジェンダー意識を学びとることを挙げることができる。教員はこのような隠れたカリキュラムの実態を把握し，カリキュラム編成を行っていくことが求められる。

　　　　　　　　　　　　　（内田将平）

アンチバイアス・カリキュラム

　アンチバイアス・カリキュラム（anti-bias curriculum）は，1980年代初頭にダーマン=スパークス（Derman-Sparks, L.）とブルンゾン=フィリップス（Brunson-Philips, C.）らを中心に提唱され，1989年に全米乳幼児教育協会（NAEYC）が *Anti-Bias Curriculum* を出版し普及した言葉である。わが国では「偏見に向き合い，立ち向かうカリキュラム」とも紹介されている。この点で多文化教育（保育）とは異なるものである。保育環境は，性別，文化，言語，人種，障害の有無など多様性を反映したものとなっている。こうした環境の中で，子どもが自己のアイデンティティを形成し，多様な背景をもつ他者を受け入れ，偏見や差別に対して批判的思考を養い，それらに立ち向かっていくことを習得することが目指されている。　　　　　　　　　　（内田将平）

STEAM 教育

　STEAM教育とは，Science（科学），Technology（技術），Engineering（工学），Art（芸術），Mathematics（数学）の頭文字をとった造語である。もともとは，Artを除いた概念であり，その起源は1990年代のアメリカに遡り，国際競争力を高めるための，科学技術人材の育成を目的とした教育政策として注目されてきた。近年では，科学技術の進展に伴う資質・能力の育成の必要性を背景にRoboticsやEthicsを含んだ派生形も登場しており，STEM教育の概念が拡大している。STEAM教育に関連する教育実践の一例を挙げれば，音楽的な創作活動をプログラミング活動の中で実施していくものがある。　　　　　　　　　　（内田将平）

ユネスコスクール

　ユネスコスクールは，ユネスコ憲章に示されたユネスコの理念を実現するため，平和や国際的な連携を実践する学校として1953年から始まった。その後，時代の変遷の中で，気候変動，文化遺産，防災，ジェンダー，文化間対話，平和，人権，貧困など地球規模の課題に取り組んでいる。世界182の国にユネスコスクールのネットワークが存在し，現在1万校を超える教育機関（幼稚園，小学校，中学校，高等学校，教員養成機関，その他認定こども園など）が加盟している。日本国内には，2019（令和元）年では幼稚園21園，その他（認定こども園を含む）32施設がある。ユネスコスクールネットワークの活用による世界中の学校と児童，生徒間，教師間の交流を通じ情報を分かち合い，地球規模の諸問題に若者が対処できるような新しい教育内容や手法の開発，発展を目指している。文部科学省及び日本ユネスコ国内委員会では，ユネスコスクールを「持続可能な開発のための教育（ESD）」の推進拠点として位置づけている。　　　　　　　　　　（後藤由美）

持続可能な開発のための教育（ESD） ⇨ 持続可能な開発のための教育（ESD）21

持続可能な開発目標（SDGs） ⇨ 持続可能な開発目標（SDGs）21

もりのようちえん ⇨ もりのようちえん17

フレーベル主義

　世界で初めて幼稚園を創設したフレーベル（Fröbel, F. W. A.）の教育思想及び実践運動の総称。フレーベルが生まれたドイツでは，彼が亡くなった後である19世紀後半に「フレーベル主義幼稚園運動」として展開された。教育実践においては，フレーベルが幼児教育の教材・遊具として考案し，子どもの作業衝動に教育的意図を与えるとした「恩物（Spielgaben）」が主に用いられた。1876（明治9）年に日本で初めて開設された東京女子師範学校附属幼稚園も，フレーベルの影響を受けた幼稚園であった。一方で，大正から昭和にかけて日本の幼児教育の発展に貢献した倉橋惣三は，形式化したフレーベ

ル主義の教育実践を批判していたが，それは自身の保育思想がフレーベルの児童観・保育観と重なる点も多く，真のフレーベル精神の復興を図ろうと試みたからである。

→フレーベル [22]，東京女子師範学校附属幼稚園 [22]，倉橋惣三 [22]　（内田将平）

レッジョ・エミリア・アプローチ

　イタリア北部に位置するレッジョ・エミリア（Reggio Emilia）市の保育実践でとられる幼児教育法。レッジョ・アプローチ（Reggio Approach）とも呼称される。このアプローチには，第二次世界大戦後におけるレッジョ・エミリアの幼児教育創始者の一人であるマラグッツィ（Malaguzzi, L.）の教育哲学，学校組織や運営，環境のデザイン，教師の役割なども包含される。子どもは一人一人が権利の主体であり，可能性に溢れ，有能な存在として捉えられる。また，幼児学校（乳児保育所）は，子どものためだけの教育の場ではなく，保育者も保護者も地域住民も，誰もが関わり合う共同の場である。「対話」が重要視され，子どもも大人も互いに聴き合い関係性を築く。他者との対話に限らず自己内の対話によって考えを深め，感覚器官を使った空間との対話によって豊かな感受性を育む。

→マラグッツィ [22]　　　　（渡邉真帆）

シュタイナー教育（保育）

　オーストリア（現：クロアチア）出身のシュタイナー（Steiner, R.）が確立した思想及び教育方法。彼が活躍したドイツでは，「ヴァルドルフ教育学（Waldorfpädagogik）」と呼ばれている。シュタイナーは人間の真の姿を認識するために「人智学（Anthroposophie）」を創始し，1919年にはシュトゥットガルトで工場労働者の子どもたちのために「自由ヴァルドルフ学校」を設立した。彼の人智学的教育理念によれば，人間の成長発達は，第1七年期（0〜7歳），第2七年期（8〜14歳），第3七年期（14〜21歳）に分けて捉えるべきとされている。特徴的な教育実践例としては，リズムや言葉の響きに合わせて身体活動をする「オイリュトミー」などを挙げることができる。現在では，世界各地で数多くのシュタイナー学校・シュタイナー幼稚園が設立されている。

→シュタイナー [22]　　　　（内田将平）

モンテッソーリ・メソッド

　モンテッソーリ（Montessori, M.）が，1907年にイタリア，ローマのスラム街に開設された「子どもの家」において，彼女が実践してきた知的障害児のための教育方法を，いわゆる健常の3〜6歳児を対象とする教育実践に応用したものである。基本原理の一つは，自由の原理である。整理された環境において，子どもは自分の意思で活動を選択し，没頭する。しかし，他人に迷惑をかける場合と行儀の悪い行為は，抑制される。もう一つの基本原理は内的報酬に基づく原理であり，賞罰の撤廃である。作業による子ども自身の満足感が大切とされる。また，感覚器官の訓練を目的とした感覚教育が特徴的で，モンテッソーリ教具という教具を用いて行われる。衣類のボタン掛けや部屋の整理整頓などの実際生活による訓練があり，「敏感な時期」を踏まえて読み・書き・算の教育も重視される。

→モンテッソーリ [22]　　　（渡邉真帆）

リトミック

　20世紀初頭に，スイスの作曲家でもあり音楽教育家でもあったダルクローズ（J-Dalcroze, É.）によって考案された身体運動を伴う音楽教育の手法を指す。ダルクローズは，音楽は聴覚だけでなく，身体全体で感じるものであるという発見をきっかけに，生活における動きのリズムを筋肉の知覚運動とし，音楽の要素でもあるリズムと結びつけて，両者を同時に発達させることで，より豊かに音楽を表

現できるようになることを目指した。リトミックは，リズムに対する身体感覚を養う「リズム運動」，音の高低，強弱，音質などを識別し音楽を聴く耳を養う「ソルフェージュ」，リズムとソルフェージュを結合した「即興表現」の3つの要素から構成される。これらを，対象者の年齢や発達に合わせて指導内容を工夫することが求められる。　　（田島美帆）

［14］　保育（教育）計画・評価

教育課程の基準

　幼児教育施設や学校などが教育課程や全体的な計画を編成する際は，国が定めた内容や運営に関する基準をもとに作成することが求められる。わが国の幼稚園教育においては幼稚園教育要領が文部科学省から告示され，教育のねらい及び内容，指導計画の作成にあたっての配慮事項などについて示されている。保育所では保育所保育指針が厚生労働省から公示され，保育の内容及び運営に関する事項，さらに子育て支援，職員の資質向上などが示されている。これらは大綱としての基準であるため，具体的な実践に関しては，各保育施設及び保育者が，実際に関わる子どもの発達状況や特性，家庭や地域の実状などに応じて，保育内容の選択や配列，保育環境の構成などを創意・工夫し，柔軟かつ想像的にそれぞれの役割を果たしていく必要がある。　　　（伊藤　優）

カリキュラム

　教育の目的を達成するための全体計画であり，教育・保育の内容を子どもの発達段階や知識・技能の体系に即して順序だてて編成したものである。走路を意味するラテン語が語源であり，主に教育課程と訳される。学習者が実際に体験するカリキュラムには，一般的な意味で用いられる「顕在的カリキュラム」と，この語をより広義な意味で捉えた「潜在的カリキュラム」の二種類があるといわれる。前者は，国，地方・自治体，幼稚園・保育所などの施設，学習内容，クラス，個人といった各レベルで編成されるカリキュラムであり，教育を担う組織や個人によって意図的・明示的に編成される。後者は無意識的に行われるとともに文章などの形式で明示されない教育内容であり，隠れたカリキュラム（hidden curriculum）ともいわれる。教師や友人などの言動，さらには学校や社会の環境などを通して学習者が獲得する非公式な知識や規範がこれに該当する。

　　　　　　　　　　　　　（伊藤　優）

保育観

　保育者に固有の保育に対する見方，価値観，信念，規範意識などの総称であり，保育に関するあらゆる認識や判断の根底にある考え方である。それが意味する内容は用いられる文脈によってかなり幅があるが，実際の保育の展開に影響し，保育者の成長や人間関係とも密接に関わる要素であると考えられている。保育観は，自他の保育に対する評価にも関係しており，特定の子どもの姿や保育内容を高く評価したり，反対に否定的に捉えたりする基準となる。その結果として，保育観の相違が，保育者同士の対立や離職の要因となる場合もある。このため，振り返りによって自身の保育観を見つめ直すことや，園内研修や日常会話などを通して，同僚間での保育観の共有や発展を促すことが必要とされる。このほか，保育観の形成については，個人の性格や養成教育の影響に加えて，保育経験年数や職位との関連も指摘されており，長期的かつ広範な観点から検討される必要がある。

　　　　　　　　　　　　（境愛一郎）

デイリープログラム

保育施設で子どもたちが過ごす一日の流れを示したもの。学年（年齢）や保育形態に応じて作成され，登園から降園までの生活が具体的に明記されている。子どもたちの姿だけでなく，基本となる環境構成や保育者の具体的な援助や配慮事項などが記されていることで，施設の生活を通した保育・教育を全体的に捉えることができる。保育の実施するうえで他の学年やクラスがどのような生活をしているのか把握し，保育者同士の連携を図ることも可能になる。保護者にとっては子どもの園での生活をイメージすることや，大まかな生活時間帯を把握することで家庭生活との連続性を考えるときの視点にもなる。　　　　　　　（松延　毅）

コアタイム

施設が定める8時間の標準的な保育時間帯を指す。保護者のニーズに合わせた多様な施設の利用形態が可能となった2015（平成27）年の子ども・子育て支援新制度の実施に伴い，保護者の就労状況に応じて子ども施設を利用できる時間について「認定」に基づくようになった。特に共働き世帯等の子どもにはその保護者の就労時間によって「保育標準時間」（11時間）または「保育短時間」（8時間）のいずれかが認められる。「保育短時間」認定の子どもは，原則その施設が定めるコアタイムの時間帯のみ利用することが可能となり，コアタイムの前後に利用をする場合は，延長保育料などの支払いが必要となる場合がある。コアタイムの時間帯には子どもの主体的な遊びの時間に加えて学年や集団でのテーマ活動や対話の時間，昼食や休息などの生活が営まれている。　　　　　　　（松延　毅）

主活動

一日のプログラムの中心となる活動である。一般的に，子どもの実態や発達的特徴などを踏まえて保育者が設定したねらいに合わせて選定される。その内容は子どもの興味に応じた探求活動や運動，音楽，造形など多岐にわたり，季節や行事などによっても異なる。例えば，運動会や発表会の前は，その練習が主活動となることが多い。また，夏には水遊び，秋には芋掘りや収穫した芋を使ったクッキングなどが主活動になり得る。主活動の実践にあたっては，それが充実しねらいに適うものとなるように活動の規模や形態，活動場所，保育者の援助の在り方，準備物などを保育者が事前に計画することが必要である。また，主活動への導入として，子どもの興味・関心を喚起する絵本の読み聞かせや素話を行ったり，活動終了後に参加者同士で感想を伝え合う振り返りの機会を設けるなど，活動を核とした一連のプロセスを事前に検討しておくことが望ましい。　　　　（伊藤　優）

長期の指導計画 ⇨長期の指導計画[24]
短期の指導計画 ⇨短期の指導計画[24]

一人一人の特性に応じた保育

子ども一人一人の家庭環境や生活経験は異なっている。同様の生活環境で育ったきょうだいであっても，各人の物事に対する興味・関心は異なり，性格や特性にも違いがある。そのため，同様の遊びや環境に接した場合でも，その場での感じ方や受け取り方，関わり方は子どもによって異なり，経験としての意味は異なる。また，個々の子どもが抱える課題や必要とする援助の在り様も多様である。このため，保育者はそれぞれの子どもが安心して園生活を送れるように，各々に固有の経験や特徴を受容し，寄り添いながら丁寧に関わっていくことが求められる。さらに，園生活をより充実したものとし，育ちを促すために，それぞれが何に興味・関心を抱いているのかや，活動に対する志向性を理解し，環境構成や子どもとの関わり方を工夫する必要がある。一方で，子ども同士が相互に影響し合う

ことにも配慮し，集団生活の中で個々の特性が活きるようなクラスづくりなどを行うこともまた特性に応じることである。

（伊藤　優）

一人一人の発達に即した保育

　短期間で心身が著しく発達する乳幼児に対する保育は，個々の状況や課題に即して行うことが原則である。平均的な人間の発達過程に関してはある程度明らかにされており，各年齢に即した保育計画のモデルとなるような資料も散見される。一方で，実際の子どもの発達過程は，その子どもを取り巻く生活環境や他者からの働きかけ方などの違いによって，平均とされる姿とは多かれ少なかれ差異が生じる。各種の行為の発生時期や発生過程は子どもによって異なる。例えば，歩行が可能になる過程や発話の頻度，語彙数などは個人差が大きい。そのため，平均的な発達像と比較して安易に優劣を判断したり，一律の援助を行ったりすることは必ずしも適切ではない。保育においては，大枠としての発達の理論を踏まえたうえで，子どもの個別的な発達の傾向や課題などを見極めながら援助方針を定めていくことが重要である。

（伊藤　優）

学びの連続性

　教科ごとに提示される課題を自分が取り組むべき課題として捉え，小学校入学後に計画的に進める学習を「自覚的な学び」という。これに対し，幼児期の学びは，学ぶということには無意識であるが，自発的な活動としての遊びを通して感覚や概念などを学んでいる「自覚的な学び」の前の段階である。これを「学びの芽生え」という。このように，学びは幼児期の「学びの芽生え」から児童期の「自覚的な学び」へと連続性をもって発展していくものである。また，「学びの芽生え」として得た感覚や概念は，「自覚的な学び」としての各教科の学びにつながっていくものである。

　「幼児期の教育と小学校教育の円滑な接続の在り方に関する調査研究協力者会議報告書」（2010）において，連携から接続へと新しい方向性が示された。すなわち，これまでの交流に主眼を置いた活動を共にする連携から，幼児期の教育と小学校教育とを教育課程でつなげる円滑な接続への転換である。「学びの芽生え」から「自覚的な学び」は，教育課程においても連続した学びとして捉えられ，接続が重視されている。

（小川房子）

ふさわしい生活

　子どもが心身共に充足し，成長に必要な体験が得られる生活である。幼稚園教育要領解説（2018）では，教師との信頼関係に支えられた生活，興味や関心に基づいた直接的な体験が得られる生活，友達と十分に関わって展開する生活と説明されている。同要領の「幼稚園教育の基本」において「幼児の自発的な活動としての遊びは，心身の調和のとれた発達の基礎を培う学習である」と明記されているように，子どもは生活の中で，おもしろいものや楽しいことを見つけ，自らのやりたいことを選択して遊び，発見や不思議を繰り返すことによって学ぶ。すなわち，より具体的にいえばふさわしい生活とは，遊びの中にある学びを見出してくれる保育者（教師）の温かなまなざしに支えられ，情緒が安定した状態で，日常的に遊びに没頭し，その遊びを広げたり，深めたりしながら，主体的に人・モノ・こととの豊かな関わりによる体験が得られる生活をいう。

→幼児期にふさわしい生活 [24]

（小川房子）

総合的な実践

　学校教育法第22条には「幼稚園は，幼児の健やかな成長のために適当な環境を与えて，その心身の発達を助長することを目的とする」と明記されている。また，その目的を実現するため，学校教育

法第23条には，発達を5つの側面から捉え（領域），健康，人間関係，環境，言葉，表現に関する目標が示されている。幼児期は，この5つの側面につながる諸能力がそれぞれの側面において個別に発達するのではなく，主体的な活動としての遊びを展開する中で相互に関連し合い，総合的に発達していく。そのため，保育における具体的な指導においても，幼児が発達していく姿を総合的に捉え，発達に必要な経験が得られるように遊びの充実や発展を図り環境を整えることが重要である。幼稚園教育要領第1章第1節「幼稚園教育の基本」には，「遊びを通しての指導を中心として第2章に示すねらいが総合的に達成されるようにすること」と明記されている。健康，人間関係，環境，言葉，表現のそれぞれの領域を小学校以降の教科のように独立して捉えるのではなく，相互に関連し合いながら乳幼児の発達を促進するものとして捉え，実践を展開することが必要である。　（小川房子）

教育時間 ⇨教育時間 24

教育課程に係る教育時間の終了後等に行う教育活動 ⇨教育課程に係る教育時間の終了後等に行う教育活動 24

個別の指導計画 ⇨個別の指導計画 18

教科カリキュラム

　蓄積された科学的成果や文化，芸術などの遺産を教育目的に照らして選出し分類するとともに，知識・技術の連続性や子どもの発達を考慮して系統的に配列することで編成されるカリキュラムである。二大カリキュラムの一つで，経験カリキュラムと対をなす。このカリキュラムでは，学習内容が明確であり，知識や技術が漸進的に獲得されるため，特定分野の内容を意図的・合理的に教授するうえで優れる。また，学習活動の事前準備や評価がしやすいという利点もある。一方で，子どもの生活体験や問題意識などが反映されにくく，子どもの興味・関心や現実的な課題に沿えない面もある。また，各教科内では教科の目的のもとに系統的学習が行われるが，教科間の関連性が希薄化しやすく，学習した成果を横断的につなげ，活用しにくい場合がある。そのため，既有の学習内容を活用し，実際の問題を主体的に解決するような応用力の育成が並行して求められる。　（伊藤　優）

経験カリキュラム

　子どもの実生活における興味・関心，疑問などを重視して学習課題を設定し，主体的に取り組む中で知識や技能を学んでいくカリキュラムである。知識・技能の学習を目的とする教科カリキュラムに対して，より現実的問題解決のための手段として知識・技能の学習を位置づけている。子どもの遊びと生活を通した学習を重んじるわが国の保育・幼児教育においては，カリキュラム編成の根幹をなす。子どもの興味・関心や生活経験に沿って学習活動を進行するため，子どもの意欲を高め，現実に活用可能な生きた学びにつながりやすく，子どもの主体性や創造性を伸ばすことが期待される。一方で，その時々の子どもの興味・関心等が学習の起点となっているため，学習内容の系統的習得や，意図的・系統的な計画立案が難しいという課題がある。また，評価が難しく，結果としてどのような学びを身につけたかが明確でないことから「這い回る経験主義」と批判されることもある。　（伊藤　優）

エマージェント・カリキュラム

　日常生活における子どもの興味や関心，偶然に生じた印象的な出来事などをきっかけとして柔軟に保育を展開していく方法である。エマージェント（emergent）は，「出現」「緊急」「創発」といった意味をもつ語であり，即興的かつ創造的に子どもの活動を創り出すことを重視した考え方となる。ただし，事前の計画を全くもたないものではなく，保育全体に関わる

理念や方向目標，大まかな見通しに沿って実践が営まれる。子どもによる主体的な生活と遊びを基盤とする日本の保育のほか，子どもの個性や想像力，多様性を重視する保育理念に合致するため，国内外を問わずこれに該当する取り組みが見られる。以上のような保育を担う保育者には，個々の子どもや園の保育理念に対する十分な理解と，種々の素材や題材を柔軟に取り入れる知識や応用力が求められる。また，子どもの学びを見極め，保育を適切に評価するための記録や振り返りの方法を備えることが望ましい。

（境愛一郎）

コア・カリキュラム

ある学習内容を中核，すなわちコア（core）として設定し，その周辺に基礎的な知識・技能の学習や体験活動などを有機的に位置づけたカリキュラムである。特定の教科を軸に，他の教科の学習を展開する中心統合法を発展させた方法であり，新教育運動期の米国での実践を経て，第二次世界大戦後に日本の学校教育にも導入された。コアとなる学習内容は，中心課程や中心学習と呼ばれ，問題解決のために教科等の枠を超えた統合的な学習活動が展開される。対する周辺学習は，そうした問題解決の手段となるほか，中心学習で生じた必要性から生起するといった連続的な構造にある。したがって，コアとなる学習内容には，学習者の生活に基づいた探究活動，あるいは複数の領域にまたがる教科などが設定される。他方，その性質から，基礎学力の低下の要因に挙げられることもある。また，高等教育での導入例に顕著なように，コアが単に必修科目を意味するに留まる場合もある。

（境愛一郎）

コンダクト・カリキュラム

子どもの実生活から身につけるべき「習慣目録」を作成し，その目録に基づく指導によって子どもの生活習慣をより望ましい形へと導くことで，知識・技能の獲得や社会的適応を促すことを意図したカリキュラムである。コロンビア大学ティーチャーズカレッジのヒル（Hill, P. S.）らによって『幼稚園と小学校低学年のためのコンダクトカリキュラム』として編成された。カリキュラムは，主に「作業活動」と「その他の活動」からなる。「作業活動」は，日常的な生活行為による「一般的活動」と砂や積み木などを用いた「特別な活動」に分けられる。「その他の活動」は，読み書きや衛生，音楽や芸術といった文化的・教養的な活動が該当する。こうしたカリキュラム構成は，子どもの自然な生活と遊び，行事などの主活動によって構成される日本の保育計画にも影響を与えた。他方で，「習慣目録」等が保育者と子どもを縛る管理的な保育を招いたとの批判も見られる。 　（境愛一郎）

中心統合法

特定の教科の周辺にその他の教科を配置し，中心に位置づく教科を軸にすべての教科を関連づけることで，学習内容を統合することを意図したカリキュラムである。ヘルバルト学派のツィラー（Ziller, T.）らによって宗教科目を中心に編成された。そののち，米国のパーカー（Parker, F. W.）らによって地理や歴史を中心教科としたカリキュラムが編成され，進歩主義教育の潮流の中で，宗教以外の教科を軸とする事例が展開された。具体例として，地理を中心としたカリキュラムでは，ある地形についての学習を基軸に，そこから生じた地域の文化や産業の発展（歴史・社会），植生（理科），面積などの計測方法（数学）などが展開される。こうした考え方は，地域社会の問題を中心に据えたコア・カリキュラムとも一部共通する。各種の学習内容に連続性をもたらし，より体験的な文脈で教授できるという一方で，各教科の独立性が軽視されるとの批判もある。

（境愛一郎）

学級（クラス）

　保育上の必要性から年齢や人数，個々の特性などを基準に分けられた子どもの集団及びその単位である。各集団に専属の保育者を学級（クラス）担任，それを編成する作業を学級（クラス）編成という。幼稚園や認定こども園では学級の語が用いられ，保育所ではクラスの語が用いられる傾向にある。編成に係る原則は，施設種別によって異なる。「幼稚園設置基準」には「一学級の幼児数は，35人以下を原則とする」「学年の初めの日の前日において同じ年齢にある幼児で編制することを原則とする」とあり，保育室の数も学級を下回らないこととされる。保育所の場合は，保育士の人数によって編成できる子どもの人数が規定される。学級（クラス）は，子どもの園生活や人間関係の基軸となる帰属集団であり，あらゆる経験を共にする共同体であるため，その編成や運営には特段の配慮が必要である。また，縦割りで編成した異年齢学級（クラス）も見られる。　　（境愛一郎）

到達目標／方向目標

　到達目標とは，各学年や教科，単元において何をどこまで学ぶかを具体的に示した目標である。一般的に「～がわかる」「～ができる」等のような記述をすることが多い。到達目標を設定することにより，教師は客観的な評価規準・基準を設定して教育の結果を把握することが可能となる。その性質から，特に教科カリキュラムの考え方とは相性がよい。ただし，教師が到達目標に縛られた場合には，過度な成果主義や子どもの主体的な学びの阻害につながることも懸念される。方向目標は，学習活動の主たる方向性を示したより柔軟な目標であり，「～の意欲をもつ」「～に興味・関心をもつ」などのように記述されることが多い。子どもの内面的な変容や長期的な成長に重きを置いた目標であるため，より経験カリ

キュラムの考え方と合致し，幼児教育の課程において特に留意されている。反面，客観的な評価や達成状況の管理は難しい。
　　　　　　　　　　　　　　（伊藤　優）

体験目標

　身体を通して得られる体験そのものを目標に設定する考え方である。体験には，子どもが実際に直接的に関わる「直接体験」のほかに，ICT やインターネットなどの普及により間接的に学ぶ「間接体験」「疑似体験」がある。このような体験を通して，感動したり思考したりしながら，生活世界への興味・関心や問題意識などを育むことを志向する。しかし，「直接体験」で得られた肌感覚を伴う感動などと，「間接体験」「疑似体験」による感動とは質が異なる。特に乳幼児期における「直接体験」は子どもの興味・関心を広げ，好奇心・探求心を喚起する可能性も大きいことから，幼児期の成長や学びの拡充のためにも「直接体験」の機会を増やすことが望まれる。ただし，体験によって得られた成果は，他者にはわかりにくいため，その評価には留意が必要である。
　　　　　　　　　　　　　　（伊藤　優）

振り返り

　保育の渦中から距離を置いた状態でこれまでの実践のプロセスやその成果，印象に残った子どもの言動などについて思い返すこと，また，それらによって実践計画の改善や子ども理解の深化，新たな保育の構想を行うことである。過去の保育の評価と未来の保育の構想が一体となった行為であり，実践が発展的に連続するサイクル（あるいはカリキュラム・マネジメント）において不可欠である。通常，保育者は，保育中に手を止めて一時の出来事や一人の子どもの姿について深く考えることは困難であるため，保育の事後や合間に行われる振り返りは，その後の専門家としての成長につながる反省や研究の貴重な機会となる。このため，組織

的にその機会を確保するとともに，保育者全体で事例や悩みを共有し，協働的に振り返り作業を進める体制が求められる。振り返りの際には，評価の参照軸となる保育計画のほか回想を深める保育記録，写真等の資料の使用も効果的である。
（境愛一郎）

形成的評価

　学習活動の途中で行われる評価であり，教師が子どもの達成状況を逐次把握するだけでなく，評価内容を学習者にフィードバックすることを通して学習意欲を向上させる目的もある。学習者が目標を達成していれば次の学習に進むが，達成されていなければ補充指導が行われる。学習過程での評価情報は，教師にとっては自身の教育・保育活動を省察し，次の活動の修正や改善に生かすことができることから，指導と評価の一体化に役立つ。また，その性質のため，教育目標と照らして，いつ，どのような方法で何を評価するかを明確にしておくことが必要であるため，ルーブリックなどと併用される。他方で，事前に設定した目標の達成が第一義となり，子どもの学習過程や内面の評価が疎かにならないように留意する必要がある。特に，保育・幼児教育においては，活動単体に対する短期的評価に偏らないよう，長期的な視点に立った評価の観点を併せ持つことが重要である。　　　　　（伊藤　優）

絶対評価／相対評価

　相対評価は，母集団の中での対象者の位置に基づく評価であり，集団内の他者との比較から対象児の理解度や目標に対する到達度を把握する評価方法である。したがって，母集団が異なれば，必然的に評価結果も異なるという性質がある。一方の絶対評価は，他者との比較によらず，目標に対する個々人の達成状況について評価する方法である。絶対評価には到達度評価と個人内評価が含まれる。到達度評価は到達すべき明確な基準（到達度）をあらかじめ定めておき，それに対する本人の達成状況を客観的に評価する方法である。個人内評価は，子ども個人内の長所や短所等を領域別に比較しながら，発達的変化などにも着目しつつ，達成度や進歩の度合いを評価する方法である。相対評価では子どもの実際の理解状況や内面的な変容を把握しにくいため，子ども一人一人の特性や発達に即することを原則とした保育では，絶対評価を重んじる傾向が強い。　　　（伊藤　優）

第三者評価 ⇨第三者評価（保）23，第三者評価（幼）24

学校関係者評価 ⇨学校関係者評価24

ルーブリック

　一般的に，表の一方の軸に各種の評価項目，もう一方の軸に学習の進度や段階を示す事項等を置き，各欄に対応する子どもの学習や取り組みの具体的状況を配置することで作成される達成度あるいは到達度の評価尺度である。日常生活や学習活動における具体的な行動の表出やその質的な変容を尺度の中に組み込めるため，パフォーマンス課題の評価に適する。また，表という明示的な尺度を用いることで，一定の基準による評価ができるほか，学習者による自己評価にも活用しやすいため，学習意欲の向上や主体的な取り組みを促す効果が期待される。近年においては，あらゆる学校種におけるアクティブラーニング形式を志向する学習活動のほか，小学校の外国語活動の評価法としても積極的な導入が図られている。また，教員及び保育士養成課程における学習の評価，組織や実践の質の評価に用いられるなど，保育・教育分野への浸透が進んでいる。　　　　　（境愛一郎）

保育記録

　保育を通した子どもの姿やそこから考えられる育ちや今後の保育の見通しなどをまとめたもの。その形態は多様であり，日や週ごと，月ごとの保育計画に基づい

て振り返りを記述するものや，子どもたちの姿の一つの場面を記述式でまとめるもの，子どもたちが生活している空間図（マップ）に子どもの姿を書き込んでいくもの，子どものつぶやきや行為に着目して記録するもの，写真や動画を用いたものなどがある。

　保育はそれまでに見られた子どもたちの姿や育ちを基盤に，保育のねらい及び内容が定められ，必要な環境構成と保育者の援助が行われる。そのため，子どもたちの育ちや園生活を通して育まれている学びをしっかりと確認し，適宜計画を見直しながら柔軟に保育を進めていくことが大切である。保育記録は子どもの育ちの軌跡を紡ぎ，育ちや学びのプロセス（過程）を理解したり，次の保育の見通しをもつうえで重要な意味をもつ。また，保育者間で保育や子どもの育ちについて共有をするツールとなることで，日々の対話や園内研修を通した相互の研鑽にも有効である。特に，保育記録は，担任の有無や経験年数などによって着眼点や考察に多様性が出てくるため，それらを見合ったり活用したりすることは多面的に子どもの育ちを捉えることにつながる。

（松延　毅）

ドキュメンテーション

　保育記録の一種であり，子どもたちの姿を写真や動画，音声，遊びの軌跡などを用いて可視化しながらまとめたものである。もとはイタリアのレッジョ・エミリアの保育実践で導入された方法であり，その記録の在り方や活用例，有用さによって世界的に注目され，一部の日本の保育現場でも取り入れられている。写真などを用いることで繊細な子どもの育ちの側面を捉えやすく，かつ乳幼児期において重要とされている育ちや学びのプロセス（過程）を捉えることができる。また子どもに向けたドキュメンテーションを作成することによって，遊びや生活の当事者である子どもたちが自らの活動を振り返って仲間と対話したり，より思考や気づきを深めたりしながら遊びを継続，発展させたりすることにもつながる。さらに，懇談会等の機会で保護者と日頃の保育の様子を共有したり，小学校教員に対して乳幼児期の育ちを伝えたりする際のツールとしても活用することも可能となる。

→レッジョ・エミリア・アプローチ [13]

（松延　毅）

ラーニングストーリー

　ニュージーランドの乳幼児教育のナショナルカリキュラム「テ・ファーリキ」において示されている子どもの姿から育ちを評価していこうとするナラティブ・アセスメントの側面から生まれてきた保育記録の在り方である。具体的には，子どもの遊びなどの行為を一枚または一連の複数の写真で捉え，端的な文字情報も加えながら，その場面での子どもの行動や行為から考えられる意図や意味を考察して「学びの物語」としてまとめる方法である。また，「○○ができるようになった」という達成度や到達度ではなく，活動を通した子どもたちの学びや育ちのプロセス（過程）を丁寧に見取ることを目的とした記録方法である。開発者の一人であるマーガレット・カー（Carr, M.）は，子どもの学びを見取る視点として「何かに関心を持ったとき」「熱中しているとき」「困難に立ち向かっているとき」「自分の考えや気持ちを表現するとき」「責任をとる（人の立場から見ようとする行動の意味）とき」の5つを挙げており，これらの行動場面に着目することで「子どもの学び」が見えてくると述べる。

→テ・ファーリキ [17]　　（松延　毅）

ビデオカンファレンス

　ビデオ映像を素材として，複数の参加者で事例を検討し合う取組を指す。視聴覚映像がもつ膨大な情報量や臨場感，何度も再生し見直すことができる利便性，

複数の視点による読み取り・解釈の多様性や他者との共有性などが，映像を見て話し合う際の利点として挙げられている。特に保育現場では，映像を見ながら話し合うことで，保育中には気づけなかった子どもの行為の些細な変化に気づける，思い込みや決めつけなどを多様な視点から見直すことができるなど，多声的な省察を促すことが可能となるとされている。子ども理解を深めたり適切な実践を探ったりしながら，保育の専門性を高める営みとして，園内外の研修等で利用されることが増えつつある。その一方で，使用される映像は，あくまで撮影者の視点によって切り取られたものであり，周囲の状況や前後の文脈などが抜け落ちるなどの限界があることを踏まえて実施する必要があるとされている。　　　　（上村　晶）

間主観性

　一方の主観的な状態と他方の主観的な状態との間が，何らかの形でつながること。鯨岡（2016）は，それぞれ別個の主体である二人（もしくは二人以上）の人間のあいだに生まれる独特の空間（接面）において，一方から他方へ通じること，双方で何かが通じ合うこと・分かち合われることが生じる状態に着目した。また，第三者的な行動観察に基づく「解釈的にわかる」ことよりも，相手の思いが通底的，浸透的にわかる「間主観的にわかる（間主観的理解）」ことの重要性を提唱した。

　保育現場では，保育者の誤解や思い込みが入り込む可能性を認めたうえで，「二者の身体間で相手の思いが直接的に滲み込む・響き合うことにより（私に）わかる」ことを重視し，心理的・物理的距離が近い親密な関係において通底性・浸透性が高い理解を意味している。また，客観性よりも保育者の当事者性を重視したうえで書き綴るエピソード記述なども用いられている。

【引用文献】鯨岡峻（2016）『関係の中で人は生きる──「接面」の人間学に向けて』ミネルヴァ書房。　　　（上村　晶）

幼児教育アドバイザー

　文部科学省の「幼児教育の推進体制構築事業」の中に位置づけられる，「幼児教育の専門的な知見や豊富な実践経験を有し，域内の幼児教育施設等を巡回，教育内容や指導方法，環境の改善等について指導を行う者」で，一定の保育経験をもつ者が都道府県ごとの幼児教育センターが実施する養成課程を受講したり，職務経験を踏まえ選考されたりすることで認定される。

　幼児教育アドバイザーは，対話を円滑化するファシリテーター能力，現場の課題を整理できるコーディネーター能力，保育課題に対して一定アドバイスできるアドバイザー能力，現場の信頼を得るカウンセリング能力，多様な園内研修の方法を知る知識等の能力や知識が求められる。その活動としては，認定を受け自治体や保育現場に対する保育の質向上のための指導・助言，研修会の計画や指導などであり，地域の研修活動における中心的役割を担う人材として活躍することが期待されている。　　　（北島孝通）

保育の質

　質の高い保育が子どもの将来の幸福（well-being）に資すること，保育への投資効果が高いことが実証的に示されてきた背景から，「保育の質」の保障が各国の政策における優先的な課題になっている。何をもって保育の「質」とするかはその社会や文化の価値観に左右されるため定義することが難しいが，例えばOECD（経済協力開発機構）は，「保育の質」を捉える6つの観点（志向性の質・構造の質・教育の概念と実践・過程の質・運営の質・子どもの成果の質）を示している。昨今では，その向上に向けた取組や政策へのインパクトの必要性から，「保育の質」に関する一定の基準や評価尺度

の開発が進められ，国際的に広く用いられている。尺度や指標による客観的な評価は政策にインパクトを与える一方，唯一の評価として捉えられる危険性も指摘され，理念的，思想的に議論を行おうとする動きもある。日本では施設環境から理念・目標等まで園による多様性が大きく，「質」を多元的に捉えていくことが重要である。　　　　　　　（辻谷真知子）

過程の質

保育の場で子どもが実際に経験していることや育ちの過程に関わる質である。プロセス（process）の質，相互作用（interaction）の質ともいう。子どもたちの安心・安定，保育者による教育的意図を含んだ関わり，子どもの経験していること，子どもたちの関係性，保護者とのやりとりなどが含まれる。OECD（経済協力開発機構）の観点では，子どもと保育者，子ども同士，保育者と保護者，保育者同士の関係性（相互作用）の質を示す。この「過程の質」は物的環境などに比べると観察し評価することが難しいという特徴があるが，様々な評価尺度に示されている観点を手掛かりとして保育を見ることにより，実際に園で起きていることや子どもが今現在経験していることを捉え直し，具体的な質向上の方法を考えることができる。　　　　　（辻谷真知子）

保育環境の質

主に園舎や園庭，遊具や素材，教材などの具体的な物的環境に関する質である。保育者と子どものやりとりや保育者・保護者間のやりとりなどの人的環境も含めて考えられる場合が多く，保育の質の評価・研究に用いられる評価尺度でも合わせて示されることがある。前者の物的環境について，日本では文化・歴史的背景から，園庭の有無や園舎・園庭面積なども環境の質に影響する事柄として注目される。他方で，面積の大小や有無だけでなく，保育者等がいかに活用・改善して

いくかという人的環境に関わる観点も重要である。例えば，個別具体的な遊具や素材，教材の意味は，その有無だけではなくそれらの組み合わせや配置，使い方などによって変化する。同様に，保育者による工夫，時期や子どもの遊びに応じた柔軟な設定，子どもの視点の取り入れ方なども大きく関わっているため，物的環境と人的環境の要素を複合して質を捉える視点が必要である。　　（辻谷真知子）

構造の質

園における物的・人的環境の全体的な構造に関する質である。保育者の養成と研修の体制，保育者と子どもの人数比率，グループ（クラス）の大きさ，子どもの年齢などが含まれる。国や自治体レベルの基準やガイドラインで定められている場合も多い。日本では，研修等の仕組みとして自治体や団体による対象・内容別の研修や，園が自主的に行う園内研修，近隣園・系列園などが合同で行う研修などがある。また人数比率やクラスの大きさなどは児童福祉法により定められている基準などが該当する。いずれも国全体で共通ではなく，研修時間や人手の確保などの園の実態，認可・無認可や自治体独自の基準などによって異なる。また，国際的にみると，日本が基準とする人数比率に関して，保育者に対する子どもの人数が多いという指摘もあるが，子ども同士の育ち合いを重視する日本の保育の特徴等も踏まえ，「過程の質」と合わせて多元的に捉えることが重要である。
　　　　　　　　　　　　　　（辻谷真知子）

運営の質

子どもや保護者などのニーズへの対応，質の向上，効果的なチーム形成等のための園の運営の質を示す。具体的には，園やクラスでの保育計画の作成，職員の専門性向上のための研修参加の機会の保障，実践の観察・評価・省察の時間確保，柔軟な保育時間など，保育実践を

より良いものにするための園全体の取組が含まれる。日本では，保育計画（短期の日案・週案及び長期の年間計画を含む指導計画）や研修の重要性について「幼保連携型認定こども園教育・保育要領」「幼稚園教育要領」「保育所保育指針」に示されており，実際の子どもの姿に基づいて柔軟に進めていくとともに，計画を生かして園内での研修や振り返りを行うことが求められる。園内研修には互いの実践の観察や省察などが含まれ，その形式や内容は園により様々である。園内外ともに，研修の機会や時間の確保は重要な課題であり，例えば担任が研修に参加している間の保育者の人数確保など，「構造の質」とも関連する。　　（辻谷真知子）

志向性の質

　政府や自治体が示す方向性の質である。各国や各自治体のガイドラインやカリキュラムにおける理念や教育目標などが該当し，その国の子どもの育ちや経験として何を大切にし何を目指すのかといった保育の根幹に関わる重要な部分である。統一や義務化の度合いは各国・自治体で異なる。日本では主に「幼保連携型認定こども園教育・保育要領」「幼稚園教育要領」「保育所保育指針」に全体的な方向性や子どもの経験として重要な内容が示され，基本的にはこれに基づいた保育が行われるが，具体的な保育内容や取組は各園により多様である。また私立園では宗教に基づく考えや設立者から受け継がれた考え，海外の教育哲学・方法に影響を受けた考えなど，園により様々な理念・教育目標をもつため，日本の保育の「志向性の質」の視点は幅広い。そのため政府や自治体という大きな単位だけではなく，各園それぞれでの「志向性の質」があることも念頭に置いて捉えていく必要がある。　　　　　　（辻谷真知子）

子どもの成果の質

　保育の結果としての現在・未来の子ども幸せ（well-being）につながる成果の質であり，「パフォーマンスの基準」ともいわれる。子どもの発達や人生経験に対する保育の長期的な影響などについては，主に英米における多くの縦断研究によって明らかにされている。内容としては，子ども期の言語・認知的発達や社会情緒的（社会情動的）発達に関する成果，さらに成人後の収入や学歴，犯罪率などより長期的視点での成果を示すものがある。何を子どもの成果として捉えるかは文化や社会により異なるが，それらのデータは子どものニーズを把握し発達を促進すること，保育者の取り組みの向上や国・自治体レベルでの政策の改善などに用いられるため重要である。特定のスキルや知識の習得よりも，子どもの生活や経験に焦点を当てた日本の実践には考え方として馴染みにくい部分もあり，総合的なデータの蓄積もまだ少ないが，乳幼児期の子どもにとって必要な経験を考えていく際など参考になることも多い。

（辻谷真知子）

保育の質の評価尺度

　保育の質を具体的な数値等で示す評価尺度である。英米を中心とする諸国で進められてきた縦断研究に基づいて開発され，質の向上を目指して多くの国々で使用される。代表的なものとして，例えば「過程の質」（「プロセスの質」）ではECERS-R，ITERS-R，ECERS-E，PQA，CLASS，SSTEW Scale，CIS，SicS など，「子どもの成果の質」に関しては DRDP-PS，EDI，AEDI，iPIPS などがある。いずれも保育者の取組や子どもの遊び・活動などを実際に観察したり保育者に質問したりしたうえで一定の基準に基づいて評定を行うという方法が中心である。評価尺度間の信頼性や関連について明らかにした研究も多くある。評価し数値化するという方法は日本の保育文化に馴染みにくい部分もあるが，自己評価や園内研修等

への活用，項目に沿った意見交換，日本版尺度の開発など，状況や目的に応じた活用が進められている。　（辻谷真知子）

学校評議員

学校教育法施行規則第 49 条（2000 年 1 月改正）の地域住民の学校運営への参画する仕組みを制度化した学校評議員制度に基づき，学校に設置することができる委員である。学校評議員の構成メンバーは自治会代表者，各種団体代表者，PTA 代表者，地域の有識者が任ぜられる。学校評議員の活動は，年に 2〜4 回程度学校に出向き，学校の教育目標や計画の説明を聞き，授業の様子を参観しつつ，学校に対して意見を述べる。この意見には法的拘束力はない。しかし学校側としては，学校評議員である地域や保護者の意見を直接聞くことができたり，地域や保護者にとっては学校の様子や内容を理解しながらその活動への援助を促すきっかけになったりする。学校評議員は学校関係者評価委員と兼任者が多い場合は，学校関係者評価委員会と合同で開催されることもある。　（北島孝通）

開かれた保育

園内の教職員だけで完結する保育ではなく，保護者や地域住民を巻き込みながら進めていく保育のことである。具体的な例として，保護者が日常保育に参加して共に活動する保育参加や，保護者会による行事や環境構成に対する参加協力，あるいは保護者会自体が企画運営して保育に携わる活動がある。また地域住民が関わる活動例として，保育活動や業務に対する協力のほか，地域住民がもつ専門的な知識や技能を園内の保育で発揮してもらったり，反対に園の枠に留まらない豊かな環境や体験を求めて地域に園から地域に出向いたりすることもある。開かれた保育を進めるには，園と保護者と地域社会が相互に同じ目的に向くように，園の教育課程あるいは全体的な保育の計画を開示・共有しながら進めることが望ましい。またその開かれた保育を充実させるために，保育中にどのような学びや育ちがあったかを，写真や映像を伴う可視的な記録として発信することも必要である。　（北島孝通）

幼児（子ども）理解に基づいた評価

子どもに対する多面的な理解を構築し，実践の改善や質の向上に活かす評価である。幼児教育は，幼児（子ども）の興味関心や発達状況を理解し，意図的に環境を作り出し，その環境に幼児が主体的に関わることを基本に行われる。教育行為である以上，実践した保育を評価することが必要であるが，その際には，他の子どもと出来栄えを比べる相対評価や，あらかじめ設定された目標に対する到達度評価ではなく，保育の中で見えてきた一人一人の良さや可能性，取り組んだ過程を理解し，実践の改善に資する評価として行うことが重要である。また，一人一人に対する理解が次の年度又は小学校等に引き継がれるように，子どもの育ちの姿が具体的に伝わるような記載や工夫が求められる。2018（平成 30）年度の「幼稚園教育要領」「保育所保育指針」の改訂（定）では，小学校以降の育ちとの連続性をもたせられるように，就学前教育施設の最終評価である指導要録に，「幼児期の終わりまでに育ってほしい姿」という学習指導要領と共通する項目の記載が求められるようになった。
→幼児理解に基づいた評価 ⎡24⎤
　（北島孝通）

観察記録

観察によって得られた子どもの姿や保育中の状況について文章などの方法でまとめた記録である。観察及び記録の作成は，実践・研究を問わず広く行われており，保育の営みを理解する最も一般的な方法の一つといえる。観察記録の形式としては，一日の生活の流れに沿って子ど

もの姿を記録していくものや，子どもたちの育ちや観察目的に応じて場面や視点を選択し，観察された事実を再現するように記述するものなどがある。記録を作成する作業により，実際に目にした事柄に対する振り返りが促されることで，子どもの行動や変容をより深く理解することができる。また，観察記録を読み込むことで，子どもの育ちを捉えたり，援助や保育の見通しが得られたりすることがあるほか，複数の観察記録を合わせて分析することで，子どもの継続的な育ちや学びのプロセス（過程）を捉えることもできる。さらに，同僚や保護者，その場にいなかった他者と子どもの経験や実践を分かち合い，対話することを可能にするコミュニケーションツールともなる。

（松延　毅）

15 保育（教育）環境

保育環境

「保育所保育指針」における保育所保育に関する基本原則に「保育の環境」が含まれ，保育環境を構成する際の具体的な配慮点及び工夫点が挙げられる。「幼稚園教育要領」「幼保連携型認定こども園教育・保育要領」においても，こうした保育環境の配慮及び工夫が同様に求められる。保育環境とは，保育施設で生活する子どもの周囲にあるものすべてであり，物的環境，人的環境，自然や社会の事象などがある。保育施設の環境を指すことが多いが，場合に応じて施設外に広がる人間関係や地域資源等も保育環境に含まれる。また，色，音，時間，光，匂い，空気の質などの不可視的なものについても保育環境に含まれる。子どもが好奇心をもって自ら関わりたいと思う魅力的な保育環境が必要である。（渡邉真帆）

環境を通した教育

日本の保育の基本事項であり，「環境を通した保育」「環境を通して行う教育」「環境を通して行う保育」と同義である。「幼稚園教育要領」「保育所保育指針」「幼保連携型認定こども園教育・保育要領」いずれにおいても，教育・保育を「環境を通して」行うことが大切であると明記されている。加えて，学校教育法第22条には，「幼稚園は，義務教育及びその後の教育の基礎を培うものとして，幼児を保育し，幼児の健やかな成長のために適当な環境を与えて，その心身の発達を助長することを目的とする」とあり，目的を達成するために「環境を通し」た教育を行うことは重要である。保育者からの一方的な指導ではなく，子どもが生活を送る中で周囲の環境から刺激を受け止め，興味や関心をもって関わることで得られる気づきや発見，満足感を大切にしている。この実現のため，保育者には子どもの発達や興味・関心に即した環境を構成・再構成することが求められる。
（渡邉真帆）

物的環境

保育施設における環境のうち，人的環境を除けばほとんどは物的環境であり，数え切れないほど存在する。まず，複数名の保育者が協力しても動かすことのできない園舎や保育室などの施設・設備がある。一度設置されると，人の手で変更することは困難である。保育室の風通しや採光，段差の有無等，生活するうえでの基本的な部分は建築に左右される。次に，保育者が協力して動かすことのできる整理棚やソファ，じゅうたんなどの家具がある。これらは空間の仕切りにも利用され，子どもだけで動かすことは難しい。最後に，保育者も子どもも簡単に操作することができる道具・玩具・素材がある。保育者は，子どもの発達段階や興味・関心，安全性等を考慮したうえでこれらの数量及び配置を考え，しつらえる。動かすことのできる範囲の物的環境を用いて環境構成を行うが，動かすことの難しい施設・設備の間取り等を踏まえ動線を検討しながら環境を構成する。
（渡邉真帆）

人的環境

　子どもの保護者やきょうだい，保育施設の職員，地域の人々など，子どもに関わるすべての人が含まれるが，多くの場合は保育者や友達のことを指す。人間関係やクラスの雰囲気なども含まれる。人的環境としての保育者に関しては，表情，振る舞い，声の大きさ，話し方，服装，姿勢などが子どもに影響を与える。子どもと関わるときの態度，他児と関わっているときの態度，職員間でのやりとりの態度などは保育者の意識・無意識にかかわらず，子どもが見ており，模倣される可能性がある。よって，保育者自身も環境の一つであることを意識して生活する必要がある。また，一クラス当たりの在籍人数も子どもたちの関係性に影響を与える要素であるため，発達に合わせた規模での生活が必要である。　　　（渡邉真帆）

自然環境

　人の手が加わっておらず，自然がもつ構成要素によって成り立っている環境のこと。自然環境には，動植物，昆虫，魚などの生物や，それら生物が生息する森林，海，川など，様々なものがあり，不規則性，流動性を有するのが特徴である。保育においては，乳幼児期にこれらの自然環境と関わることによって，好奇心や探究心を育むことを目指しており，園内で動植物を飼育・栽培したり，散歩に出かけて自然物に触れたりするなど，地域や季節ならではの自然環境を味わう機会をつくることは重要である。また，戸外の自然物を利用した室内装飾や，採取した植物による色水づくり・草木染めなどの造形活動，収穫した野菜を使っての調理活動など，自然環境を活かした活動も積極的に取り入れたい。なお，デンマークではじまったとされる「もりのようちえん」は，自然環境を利用し，野外活動を主活動とする保育実践である。
→もりのようちえん [17]　　　（田島美帆）

社会環境

　人の生活や行動に，直接的・間接的に影響を与える要因の総体を指す。具体的には，組織，文化，制度，慣習などであり，これらの社会環境と関わることで，人は社会性を身につけることができる。幼児期の子どもは，主に，家庭や地域，園生活の中で過ごすことが多く，その中で様々な文化に触れて育っていく。例えば，園生活においては，年間を通して入園式，卒園式，お誕生会，発表会，運動会，遠足，お泊まり保育などの様々な行事があり，それらを他児と共に経験することで，社会，文化の中におけるルールや，人との接し方，関わり方を学び，意欲的に取り組むことで，達成感や充実感を味わうことにつながる。また園内だけでなく，地域にある図書館，博物館，高齢者施設，スーパーなどの施設に出かけていき，自分の身の回りの社会生活に関わることによって，社会の一員としての意識を育むことにもつながる。　　　（田島美帆）

情報環境

　一般的には，人が生活するうえで必要とする情報を収集・蓄積・加工し，他者に発信するために利用する環境のことを指し，情報環境の構成要素としては，コンピュータやスマートフォンなどのデジタル機器をはじめ，図書館，テレビ，ラジオなどが挙げられる。昨今の保育においては，子どもが何かの情報を収集する際に，絵本や図鑑だけでなく，タブレットやコンピュータなどの情報機器やICTの活用も取り入れられている。子どもの頃から情報機器やICTの有用性を知っておくことは，のちに，自分自身がそれらを使いこなしていく際の手がかりにもなる。また，これ以外に，親やきょうだい，保育者や他児が発する言葉や表情，仕草，態度等も，情報の一つであり，それらをキャッチし，自らの反応を相手に伝える，発信するというやりとりを積み重ねてい

くことで，コミュニケーションが多様になっていくと考えられる。　（田島美帆）

身近な環境

　保育における身近な環境とは，施設，遊具などの物的環境や，保育者や子どもなどの人的環境に加え，自然，動植物の飼育・栽培，季節の行事，さらには文字や数，記号など，生活の中にあって，子どもを取り巻く様々なもののことを指す。乳幼児期の子どもの発達過程においては，身近な環境に積極的に関わることで得られる発見，好奇心，探究心が育まれることが重要であるため，保育者は，日々の子どもの様子を観察しながら，そのときどきにあった環境を整え，タイミングも見計らいながら，提示していくことが重要である。同時に，環境やものの特徴を理解しておくことで，特徴に合った関わり方や，より子どもの興味・関心に沿った提示が可能となる。　（田島美帆）

エコロジー

　本来は，生物学の一分野としての「生態学」を意味する言葉であるが，近年では，環境に配慮した最先端の技術や思想，活動，運動など，自然環境保護を意味する言葉として用いられることも多く，エコロジーを意識した商品やデザインが数多く開発されている。科学の発展に伴い，二酸化炭素による地球温暖化が取り上げるようになってから，特に注目されるようになった。保育においては，「持続可能な開発のための教育（ESD）」の観点から，子どもが身の回りの自然環境に目を向け，自然に対して親しみをもつことや自然を尊重することを促進するために，戸外に出かける活動や，園内にビオトープを設置する活動を推進するなどの取り組みが見られる。

→持続可能な開発のための教育（ESD）
21　　　　　　　　　　　　　（田島美帆）

アフォーダンス

　アフォーダンス（affordance）は，米国の生態心理学者であるギブソン（Gibson, J. J.）による造語であり，英語の動詞「与える（アフォード：afford）」を名詞化したものである。アフォーダンスとは，知覚者と環境の関係によるもので，環境が動物（知覚者）に提供するもののことである。これは，それを知覚しているかどうかは関係なく，すなわち主観によるものではなく，環境の中に存在するものとして捉えられている。よって，誰もが利用可能なものである。周囲には無数のアフォーダンスが存在し，そこから何が選択され，行為に結びつくかは生き物の姿勢や大きさによる。例えば，ある柵を「またぐ」か「くぐる」かは，知覚者の身長や身体的な特徴による。身体の発達が著しい乳幼児期において，どのような行為がアフォードされるかは常に変容しており，周囲との関わり方や遊び方も変容する。　（渡邉真帆）

応答的環境

　子どもが話しかけたり，関わろうとしたことに対して保護者や保育者が愛情をもって答えたり，または子どもに対して優しく問いかけ，返ってくる言葉を受け止めるといった相互作用の総体である。環境からの応答には触覚的応答や視覚的応答，聴覚的応答がある。具体的には，子どもに達成感や満足感というかたちで返ってくるモノや玩具による応答がある。また，言葉による応答もあり，発問によって子どもは思考が刺激され活性化され，受容によってもう一度聞いてみようという自発性や学ぶ意欲が育つ。そして保育者が代弁したり，言葉を補ったりすることで子どものコミュニケーションが広がる。他にも心による応答があり，保育者などが子どもの様々な感情に共有することで子どもには大人に対する信頼感が芽生える。　（濱名　潔）

文字・標識に関する環境

　文字や標識及びそれらに対する子どもの興味を引き，関心がもてるように促す

環境を意味する。文字に関する環境というと絵本，持ち物に書かれた名前，おままごとのメニュー等があるが，それらを用意しておけば子どもの興味・関心が引き出されるわけではない。大切なのは子どもが文字と音の結びつきを認識することから始まり，絵本の読み聞かせ等から話し言葉が書き言葉とつながっていることを理解することにある。そして，子どもが大人に意図的に用意された文字環境に触れることで，文字のシンボル機能に気づき，書き言葉の意味を学び，文字が仲間とのコミュニケーションのための大切な手段・道具であることを体得し，文字を読みたい，使いたい，だから覚えたいとなることが大切である。このような一連の人的・物的環境が文字に関する環境である。一方で標識に関する環境にはクラス表示，自分の場所や持ち物がわかるために付けてあるマーク等があり，これにより子どもは愛着をもってそのマークが何を示しているのかを認識するようになる。他にも当番表，玩具や絵本の片付け場所を示す標識などもあり，子どもたちは日常生活の中で標識のもつ意味やメッセージに気づいていく。　（濱名　潔）

数量・図形に関する環境

　数量や図形及びそれらに対する子どもの興味を引き，関心がもてるように促す環境を意味する。数量・図形に関する環境は一緒に触れて親しむ体験ができるような人的環境（保育者，友達）と，日常の遊びや生活の中で目にしたり使われる物的環境に分けられる。例えば，数量に関する環境の物的環境としては時計，カレンダー，重さの異なる積み木等があり，また人的環境としては遊びの中でのグループを作る過程や出欠確認，手遊び等の活動も含まれる。図形に関する環境の物的環境には積み木，おままごとの丸皿やフォーク，折り紙，パズル等の人工物だけでなく石や木の実等の自然物もある。

一方で図形に関する人的環境には保育者からの形に関する投げかけ，大きさや形別の片付け，廃材遊び，見立てや構成遊び等があり多岐にわたる。このように数や図形に関する環境は保育や生活の中に多数存在しているが，子どもが興味や関心をもてるようになるには，そのことに気づけるような保育者からの意図的な投げかけが特に重要である。　（濱名　潔）

音環境

　人間の生活環境に常に存在する様々な音の総体である。例えば，子どもや保育者の話し声や歌声だけでなく，その他の生活音や行動音，残響音も含まれる。音環境は保育環境を構成する一つの要素である。しかし，保育施設の音環境によって子どもが自分の声が聞き取れず大声になったり，落ち着きがなくなるだけでなく，保育者の疲労度にも影響する。世界保健機関（WHO）の「CHILDREN AND NOISE」においても，子どもの成長にとって音環境がいかに重要であるかが示されている。世界各国では乳幼児の言語能力の発達上，保育空間の音響設計が重要であると考えられており，保育施設の騒音に関する数値基準や法令が存在する。一方で日本の保育施設ではそのような基準は存在せず，実際に音環境が地下鉄の車内程度の騒がしさにある園も存在している。　（濱名　潔）

時間的環境

　日付や時刻などの客観的な尺度に基づく物理的時間や，自己内にある個人の経験として認識される心理的時間などの人間を取り巻く様々な時間の総体を意味する。特に保育者は「大人の時間」（物理的な時間）と「子どもの時間」（子どもの主観的な時間）との相違を踏まえた時間的環境の考慮が求められる。例えば，保育者が保育の次の段取りを考えて子どもの遊び時間を区切ることがあるが，その際に「大人の時間」だけを考えて保育を進めていると，「子どもの時間」を無視して

しまい，子どもは遊びが充実できずに終わることになる。子どもは遊びの中で主体性や想像力を発揮することで育つことからも，保育者は時間的環境を考慮しながら保育を進めていく必要がある。また時間帯によって子どもの集中力や疲労度が異なるため，保育者は時間的環境を考慮しながら遊びの内容や保育環境を変えていく必要もある。　　　　　（濱名 潔）

動　線

保育室の中には，子どもと保育者が数人おり集団生活をしている。集団の中で動きがぶつかり合わないために，次の動きを考えて保育室の環境を設定し，スムーズな流れができるようにしていくことが大切である。トイレから出たら手洗い場があり，手を拭くタオル掛けが設置されている。一連の流れの中で人とぶつかり合い，人の行き来が激しく行われるような場所にならないよう配置を考えていくことが重要である。また，遊びスペースでも絵本コーナーの隣に運動スペースがあるなど静と動の遊びがお互いに邪魔し合うような配置であると，子どもたちはそれぞれの遊びに集中できない。さらに，一つのコーナーの中を通って奥のコーナーに行くような配置では，人が通るたびに遊びが邪魔され中断したり，子どもが遊びを止めてしまったりするきっかけになる。　　　　（水野佳津子）

空気の質

保育室は，集団でいるため室内の空気が悪くなることが多いので，こまめに換気をする必要がある。暖房や冷房を長くつけていると室内の空気が乾いたり，室温が上がり過ぎたり，または冷え過ぎたりすることも起こる。窓を開けて自然の空気を取り入れ，夏の暑さや冬の風の冷たさなどの季節の空気を感じることも大切である。室内の乾燥は，友達同士で夢中で喋っていると声がかれる原因にもなる。感染症が流行する時期にこまめに換

気することは，菌を室内にとどめてしまわないためにも有効である。また，いざこざが起こった時に熱くなっている子どもたちの空気を変えるために窓を開けて風を取り込むことも，気分を変えて落ち着くためのきっかけになる。自然の風の心地良さや暖かな日差しを入れ込むことで，室内の雰囲気も変わり，穏やかな室内に変化させることにも有効である。　　　　（水野佳津子）

環境構成

保育者が子どもの興味・関心や発達の理解，ねらいや願いをもって子どもが過ごす環境を構成することである。「幼稚園教育要領解説」には，「幼児が必要な体験を積み重ねていくことができるように，発達の道筋を見通して，教育的に価値のある環境を計画的に構成していかなければならない」とあり，見通しをもった計画的な構成が求められる。「保育所保育指針解説」「幼保連携型認定こども園教育・保育要領解説」においても同様に計画的に環境を構成することが大切にされる。一度構成した環境は活動や遊びの展開に合わせて常に適切なものになるよう，再構成することが必要である。また，子どものための環境構成だけでなく，保護者に向けた環境を構成することもある。例えば，掲示板を利用した情報伝達，貸し出し絵本に保護者向けの本を用意することなどは，保護者のための環境構成でもある。特に保育所は保護者支援も必要であることから，保護者を視野に入れた環境構成が望まれる。　　　（渡邉真帆）

遊　具

子どもが遊びに用いる道具の総称であるが，手に持って遊べるものを「玩具」，園や公園に備え付けられたものを「固定遊具」と呼ぶことが多い。ブランコ・すべり台・シーソー・ジャングルジム・鉄棒などが代表的である。近年では，子どもの興味を引くような鮮やかな色合いや

斬新なデザインをした海外製の遊具も導入されつつある。遊具は二つの側面で保育者や研究者の関心を集めている。一つは子どもの運動能力や社会性といった心身の発達によい影響を与える側面であり，もう一つは落下・転倒・衝突といった事故の危険性から子どもを守るという側面である。ただし，国土交通省の「都市公園における遊具の安全確保に関する指針」では，過度に遊具の危険性から子どもを守ろうとはせず，子どもが予測できない危険性（ハザード）を除去し，子どもの楽しみや挑戦につながる危険性（リスク）を残すべきであるとしている。

（藤　翔平）

道　具

　物を作ったり，何かをしたりするために用いる器具の総称であり，日常生活で手に持って使うものを指す。大工道具や勉強道具など様々な道具が存在するが，保育現場では工作に使う「お道具」として，はさみ・のり・クレヨンがよく扱われる。お道具の管理を容易にするために，お道具箱に入れることや名前シールを貼付することもしばしばである。幼児が扱う道具を保育者や養育者が準備する際には，安全性や使いやすさに十分配慮する必要がある。例えば，はさみは子どもの手に合う大きさを選択したり，のりは口に入れても問題ない素材を選択したりするとよいだろう。また，子どもは道具を通してルールを守ることの大切さを学ぶことができるため，正しい使い方を保育者が教えることも重要である。（藤　翔平）

教　材　⇨教材／教具 10

砂　場

　園や学校，子どもたちが遊ぶ公園などにある遊び場の一つで，地面の一画を掘り，その中に砂を入れてある場所のことを指す。砂場に使われる砂の種類には，山砂，川砂，海砂などがあり，手や道具を使って様々な形状をつくることが可能なため，

手先を使う遊びを促す。また，広い砂場では穴掘りやトンネルづくり，水を使って砂の強度を高めた造形遊びや，池や川をつくるなどのダイナミックな遊びを展開することもできる。砂場での遊びは，年齢を重ねるごとに，個の遊びから他者との協働的な遊びへと広がっていく傾向が見られ，その遊びの過程においては，子ども同士の様々なコミュニケーションが生み出されることから，子どもの心身の発達を促すうえで，重要な役割を果たす。なお，子どもが安全に遊ぶためには，危険物や動物の糞が混入することを避け，砂を掘り返しての日光消毒や定期的に砂を補充するなど，日々の管理が必要不可欠である。

（田島美帆）

巧技台

　鉄棒，跳び箱，すべり台などをつくることができるパーツと，ビーム，ワイドバーと呼ばれる数種類の棒やはしごからなる室内遊具のための道具。素材には主に木が使われている。運動を通した身体づくりをするためにつくられたもので，屋外の固定遊具とは異なり，自由に組み合わせて遊ぶことができるのが特徴。設置場所や子どもの人数，年齢による身体の発達などの条件に合わせて，いく通りもの組み合わせが可能であり，難易度を変えた室内サーキット遊びなどが楽しめる。これによって，子どもたちは，登る，はう，わたる，すべる，くぐる，にぎるなどの動作を体験することができ，雨などの天候が悪い日でも，室内で身体を動かしてダイナミックに遊べる遊具として定着している。　　　　　　（田島美帆）

幼稚園施設整備指針

　幼稚園教育を進めるうえで必要な施設機能を確保するために，施設計画・設計上の具体的な留意事項を示すものである。施設計画（園地，配置計画），園舎計画（保育室，遊戯室等），園庭計画，詳細設計，構造設計，設備設計，防犯計画が示され

ている。自然や人，ものの触れ合いの中で遊びを通した柔軟な指導が展開できる環境の整備，健康安全に過ごせる施設環境の確保，地域との連携や周辺環境との調和に配慮した施設の整備の観点を重視している。文部科学省により 1993（平成5）年に策定され幼稚園施設を取り巻く状況の変化に対応するため，これまでに8回の改訂がなされた。2018（平成30）年の改訂では，幼児が幼稚園内外の障害のある幼児等と活動を共にすることを通してユニバーサルデザインの観点から計画・設計するよう努めることや，遮音性や吸音性に十分な配慮を行うこと等の記述を充実させている。幼稚園の新築や既存施設の改修など幼稚園の施設整備に際し指針となる。　　　　　　　（大道香織）

小学校施設整備指針

　小学校教育を進めるうえで必要な施設機能を確保するために，施設計画・設計上の具体的な留意事項を示すものである。施設計画（校地，配置計画），平面計画（普通教室，多目的教室等），各室計画，詳細設計，構造設計，設備設計，防犯計画が示されている。高機能かつ多機能で変化に対応し得る弾力的な施設環境の整備，健康的かつ安全で豊かな施設環境の確保，地域の生涯学習や，まちづくりの核としての施設の整備を重視している。文部科学省により 1992（平成4）年に策定され小学校施設を取り巻く状況の変化に対応するため，これまでに8回の改訂がなされた。2019（平成31）年の改訂では ICT を活用できる施設整備，インクルーシブ教育システムの構築に向けた取組，教職員の働く場としての機能向上，地域との連携・協働の促進等の記述を充実させている。小学校の新築や，既存施設の改修など幼学校の施設整備に際し指針となる。　（大道香織）

園　舎

　幼稚園，保育所，幼保連携型認定こども園等の子どもが生活する建物である。

保育空間として，保育室，遊戯室，食事のための空間，乳児室またはほふく室，調乳室，図書スペース，半屋外空間等がある。共通空間として，玄関，階段，便所，水飲み場等がある。家庭・地域連携空間として，預かり保育室や子育て支援室，管理空間として職員室や会議室，保健室（医務室）等がある。園舎そのものが物的環境であり，子どもの生活や経験に影響を与える。子どもの自発的，主体的な活動が促されるように，保育室や遊戯室等の室内と園庭や半屋外空間が，空間的な連続性や回遊性がもてるように配慮し，子どもの動線と無理なくつながるようにすることが重要である。また，園を計画する際には，バリアフリー化や不審者侵入に対する防犯対策，緊急時の避難経路の確保，情報機器の導入，学校・家庭・地域と有機的に連携すること等も配慮していく必要がある。　（大道香織）

乳児室／ほふく室

　乳児（0，1歳児）は，寝返りをうつようになり，腹ばい，這う，座る，立つ，歩くなど運動の発達が著しく進んでいく。そのような発達段階の乳児が同じ保育室に居ることを配慮し，乳児室は寝ていられる場所，腹ばいやハイハイができる場所，立って歩ける場所を保障してそれぞれの発達を促すような環境を作ることが必要である。食事・授乳が保育者と安心して行える場を作ることも大切である。また，睡眠も個々によって寝るリズムが異なるのでいくつかの可動式のベッドを置くスペースも必要である。オムツ替えのできる場や沐浴室を設置し，常に衛生的な場を保つことも重要である。発達に合わせた玩具を這っている子どもや歩いている子もいる中で目に入る所に置き，好奇心を促すような環境づくりをすることや，歩きはじめた子どもたちが安全に歩くことができるスペースを確保することも必要である。　（水野佳津子）

保育室

　子どもの園生活及び保育者の実践を多方面から支える屋内の主要拠点である。その役割は，①室内遊びをはじめとする活動の拠点，②くつろいだり，食事をしたりする生活の拠点，③子どもや保育者が帰属し，関係や文化を形成する社会的な拠点と多岐にわたる。多くの保育室は，学級・クラスに応じて設けられるため，共同体の境界と各々の個性や歴史を体現する象徴的な場所となる。保育室は，採光や風通し，室温に配慮された快適な居場所であるとともに，子どもの発達や興味に沿った園生活を支えるための設備と柔軟性を有することが望ましい。例えば，子どもの発達に相応しい手洗い場や便所，家具等を備える必要がある。そのうえで，子どもの活動意欲を喚起する遊具や素材，それらを意図的に構成したコーナーのほか，子どもの経験や季節を反映した装飾等が求められる。また，園庭や遊戯室との位置関係を考慮し，拠点として適切な配置・構造であることも重要である。　　　（境愛一郎）

教　室

　学校教育活動の学習及び生活空間であり，基本的には，授業，ホームルーム，休憩時間，給食等を過ごす主要拠点である。「小学校設置基準」では，教室を普通教室，特別教室等としている。特別教室とは，理科教室，音楽教室，図画工作教室，視聴覚教室等のことである。その他に，複数の学級の児童生徒を対象とする授業等で，普通教室または特別教室において行うことが困難と認められるものの用に供するものとして設けられる多目的教室や，専ら少数の児童生徒により構成される集団を単位として行う授業の用に供するものとして設けられる少人数授業用教室がある。文部科学省では2018（平成30）年度以降の学校におけるICT環境の整備方針で，指導者及び学習者用のコンピュータや大型提示装置・実物投影機等を普通教室及び特別教室に整備するとしている。多様な教育内容・方法，学習形態への対応をしていき，快適で豊かな教室環境を整えていくことが重要である。　　　（大道香織）

遊戯室

　屋内に広く設けられた共用のオープンスペースである。もともとは，明治期から大正期にかけて，集団での遊戯や会集，体操での利用を意図して設けられた。今日においても，楽器演奏会等の園行事や各種式典の会場として用いられる場合が多く，ステージや舞台幕，ピアノなどを備えた施設もある。日常の活動場所でもあり，運動遊びや大型の積み木や器具を用いた活動が展開されるほか，午睡や食事などの保育室では収まりきらない生活行為を引き受ける例も見られる。また，雨天時に園庭の機能を一部代替する，多クラス合同・混合での活動を展開するといったように，その特性を活用した柔軟な利用が可能である。このほか，職員研修や地域行事の会場などマルチに使用される。　　　（境愛一郎）

テラス

　家屋の縁側やカバードポーチのような屋根付きの半屋外空間であり，屋内と屋外を接続する通路である。玄関や各居室を接続する廊下を兼ねる場合も多く，下駄箱や収納棚などの家具が設置される。わが国では，保育室と園庭という二大拠点を直に接続する建築様式として普及し，今日でも多くの保育施設が導入している。テラス自体も，多様な生活行為や活動が展開できる空間である。そこでの活動は，単に保育室や園庭の活動が持ち込まれるもののほか，その場を洞窟に見立てたり，遊びの場面転換を演出する装置にしたりするなど半屋外の要素が応用される場合がある。また，複数の場所やクラスに接するテラスは，グループや年齢の枠を超えた交流が生じる関係性の要衝となりや

すい。さらに，園庭や保育室とつかず離れずの距離感を保てることで，集団から離れてくつろいで過ごしたり，自身の感情を整理したりできる場所にもなり得るなど，その特質を反映した幅広い機能を有する。　　　　　　　　　（境愛一郎）

園　庭

保育施設における屋外の活動拠点である。同様の場所について「幼稚園設置基準」では運動場，「保育所保育指針」では屋外遊技場の語が用いられるなど法令間で名称が異なるが，一般名称としては園庭が広く定着している。「幼稚園施設整備指針」「幼保連携型認定こども園の学級の編制，職員，設備及び運営に関する基準」では，もとより園庭と表記される。面積等の基準は施設種別によって異なり，保育所や一部のこども園では，園外の代替地を充てることが認められている。しかし，ほとんどの保育施設に設置され，園の理念やねらいを反映した環境構成が施されるなど，保育室と並ぶ主要拠点としての役割が期待されている。あらゆる屋外活動の基盤となるため，運動遊びや各種行事に適した平地だけでなく，ブランコや滑り台等の固定遊具，砂場，水場，起伏，多種の植物や生き物が棲む自然の空間，くつろいで過ごせる木陰やベンチなど，変化に富み，子どもに多様な発想や体験をもたらす要素を備える必要がある。また，循環的な動線計画や保育室または半屋外空間との連続性を考慮し，柔軟かつ円滑に活動が展開できる空間配置が望まれる。さらに，周辺地域の自然環境や文化などを調和的に取り入れることも必要である。　　　（境愛一郎）

職員室

園や学校運営に関わる中枢機能をもつ部屋。保育施設では，「せんせいのへや」と呼ばれることもあり，園全体の連絡や事務，職員会議，打ち合わせ等を行う場である。教材準備や休憩する場として使用することもある。また，保護者への対応や相談を行ったり，保健室（医務室）と兼用し，カーテン等で区画し子どもの病気やけがの手当てを行ったりすることもある。職員室から園庭や保育室の子どもの様子がわかり，緊急時にも速やかに対応ができるよう，園内各所への移動が便利な場所に位置することが重要である。学校施設では，校務の処理，授業準備，職員会議，休憩，打ち合わせ等を行う場である。防犯上の安全，視認性の確保のため，校内を見渡せるように位置することや，日常的な ICT の利用を考慮して，無線 LAN やコンセントを設けること等が重要である。備品としては，職員の机，椅子，電話・AO 機器，書棚，掲示板，給湯設備等がある。　（大道香織）

調乳室

乳児室には，調理室とは別に調乳室の設備を設けることが望ましい。調乳したり，離乳食を作って乳児に出せるような設備が必要である。調乳室は，独立させても乳児室内に区画して整備してもよいが，乳児に清潔で安心できるものを作ることが可能な場であることが大切である。母乳で育てている母親から搾って冷凍した母乳を預かる必要もあり，冷凍・冷蔵ができる冷蔵庫を置かなくてはならない。哺乳瓶を 1 回ごとに消毒して衛生的で安心できるものにしていくために煮沸できる設備が必要である。また乳児が複数人おり，1 日何回もミルクを与えることになるので哺乳瓶も複数本必要になり，それを衛生的に保管できる場の設備も必要である。ポット等の転倒や落下防止など万全を期し，子どもが入らないよう，安全性を十分に確保する必要がある。

（水野佳津子）

調理室

乳児や職員の食事やおやつ等を調理・配膳する部屋である。集団食中毒を起こさないために徹底した衛生管理が必要で

ある。また，食物アレルギーをもつ子どものために他の子どもたちのものとは別に調理すること，摂取できない食べ物が混ざらないために調理器具や調理の仕方に気をつけることが大切である。設備には，調理器具，調理台や配膳台，ガスレンジ，食器洗浄機，殺菌庫や保管庫，冷凍冷蔵庫などやシンクも複数必要である。手洗い場や手指の殺菌消毒器，排水溝の管理も重要である。調理室では，火を使い，複数の人がいるので常に換気をしていく。また衛生管理の視点から調理員は，調理室に入る前に身支度を整える必要がある。食品保管庫は，原材料の汚れを調理室に持ち込まないよう別に設備する。外部に開放される部分には，網戸やエアカーテンなど昆虫やネズミの侵入を防ぐ工夫も重要である。　　（水野佳津子）

教材庫

　園で使用する教材・教具，素材，備品等をしまっておく場所。各園の工夫により，保育を行ううえで使用しやすいように収納されている。具体的には，各園の保育方針や園の規模によって異なるが，絵本，紙芝居，保育者向けの書籍，画用紙，折り紙，液体のり，廃材（段ボールや空き容器等）等である。また，子どもの作品を収納するスペースとして使用している場合もある。子どもの実態に即して活動内容の充実が図られ，計画的な環境の構成をしたり，教材研究を行ったりできるように，教材等を整理しておく必要がある。身近な様々な対象が子どもの遊びを支えるための教材となり得ることから，教材の種類，数量等に応じて必要な規模を確保また補充することが重要である。
　　　　　　　　　　　　　　（大道香織）

コーナー

　保育者が意図的に設定した生活や遊びの空間をコーナーといい，コーナーを複数設定して行う保育をコーナー保育という。屋内であれば，ままごとコーナーや絵本コーナー，屋外であれば砂場や飼育・栽培コーナーがよく見られる。また，子どもが主体的にコーナーを設定する場合もある。例えば，子どもたちが教室の一角にブロックを積み上げることによって，そこがブロックコーナーや作品コーナーになる。環境の面から子どもに働きかけようという意図によって，コーナー設定やコーナー保育は行われる。コーナーを設定する際には，無理に子どもをコーナーに引き込もうとするのではなく，子どもが関心をもつようにコーナーの配置を変えたり，コーナーに置く道具を入れ替えたりするなど，子どもの主体性に十分配慮する必要がある。　　（藤 翔平）

遊びの原空間

　建築家の仙田満氏によって提案された，時を経ても心に焼き付いており感情の高まりとともに思い出される遊びの空間。具体的な空間としては自然スペース，遊具スペース，道スペース，アジトスペース，オープンスペース，アナーキースペースが挙げられる。アジトスペースとは押し入れ，隅っこ，机の下のような小さな隠れた空間である。子どもはそのような大人から隠れられ独立した空間で遊ぶことで，独立心や計画性等を養い，精神的にも成長する。オープンスペースとは運動場，広場，空き地，野球場，原っぱのような子どもたちが走り回れるような広がりのあるスペースであり，子どもはボール遊びや鬼ごっこ等の集団遊びを行い，エネルギーを発散することができる。アナーキースペースとは廃材置場や工事現場のような混乱したスペースである。このような乱雑な空間は子どもの想像力を掻き立て，チャンバラや戦いごっこ等の追跡，戦い遊びが行われる。
　　　　　　　　　　　　　　（濱名 潔）

ビオトープ

　多様な生物が生息する空間のこと。森林，池，沼，河原，河川敷など，私たち

の身の回りにあるものや人工的につくられたものなどのすべてを指し，個々のビオトープの特徴によって，そこに生息する生物の種類もおのずと異なる。園におけるビオトープは，そこの自然環境を活かしたもの，人工的につくられたものに大別され，畑，菜園，池，小川，水田，花壇，プランターなどを園庭の一部や屋上，ベランダなどに設置する場合が多く，その規模や種類は様々である。ビオトープを設置することによって，虫や魚，植物が育ち，子どもたちがそれらの生育に触れ，生態系を知ることができるため，身近な環境教育・自然教育の教材として，ビオトープが果たす役割は大きい。

（田島美帆）

壁面構成

　保育室や施設の壁に，季節に応じた絵やイラスト，子どもや保育者による製作物，行事に関する案内や園だよりなどを用いて装飾することを指す。近年では，日々の保育記録を写真で綴ったドキュメンテーションが掲示されることも多く，それらの掲示物を通した子ども同士，子どもと大人（保育者，保護者），大人同士のコミュニケーションが促進されることもある。壁面は，子どもたちの目に毎日触れるものであり，室内の雰囲気を方向づける要素でもあるため，どのような構成にするのかを工夫することは，保育における物的環境を整えることにもつながる。また，子どもが壁面構成を情報発信・他者との交流の場であると認識することは，就学後に，自らが情報発信者になる際の手助けになることが予想される。

（田島美帆）

絵　本

　絵や言葉（文字）で表現された本。創作童話，昔話，科学的な知識や認識を深める絵本，大型・小型絵本，赤ちゃん絵本等，絵本の内容や大きさ，形，素材等の表現方法も多種多様である。園では主として視聴覚教材の一つであるが，感触を楽しめる布絵本や，絵本に細工が施された仕掛け絵本（ポップアップ，穴あき等）もある。絵本は乳幼児期から親しむことができ，保育者が子どもに読み聞かせることもあれば，子どもが一人，または複数で見たり読んだりすることもある。絵本を通して，豊かな言葉や表現を身につけたり，内容を共感したり，想像を膨らませて楽しんだりする。保育者が絵本を読む際に，子どもの発達段階に合わせたり，子どもの関心に応じたりして，絵本を選定することが重要である。また，絵本を子どもの目に触れやすい場に置いたり，落ち着いて見ることができる場を整えたりする等，絵本を配置する環境に配慮することも重要である。　（大道香織）

ロッカー

　主に保育室内に設置される子どもの所持品を収納するための家具。園生活の拠点である保育室付近に配置される。設備と一体化したもの，家具として独立したものがある。クラスに在籍する子ども一人一人に個別の区画が与えられる。

　年齢によって使用目的や主な利用者は異なる。例えば乳児クラスでは，保育者や保護者の利用しやすさが重視される。オムツ，着替え，汚れ物とそれに伴い必要となるビニール袋等の収納スペースが必要であり，保護者にはオムツや着替えの補充が求められるため，大人が一目見てわかる工夫が必要である。幼児クラスでは，登園かばんやお絵かき帳など，子ども自ら個別の物品を収納する。よって，子どもにとっての使いやすさや安全性が重要である。季節によってはプールバッグや上着などを収納する必要もあるため，ロッカーの容積にゆとりがあると使いやすい。　（渡邉真帆）

タオル掛け

　手ふき用のタオルを掛けて収納する家具。手洗い場の近くに設置される。子ど

もは外遊びから室内に戻る時，トイレ後，食前，粘土遊びのように素材が手のひらに付着する活動後など日常的に手洗いを行い，同時にタオルで手をふく習慣を身につける。手洗いの習慣が身につくよう，保育者は手洗いからスムーズに手をふけるように配慮しつつ，手ふきのために混雑しない位置にタオル掛けを設置する。フックの上には子どもの名前や各自のマークが付され，子どもはそれぞれ位置が固定される。子どもは一角にわっかが縫い付けられたハンドタオルを持参し，フックに掛けてタオル掛けを利用する。保育者は，衛生面から子どもに他児のタオルを使わないよう指導する。年齢が上がるにつれハンカチを持参し常に携帯することでタオル掛けが用いられなくなることもある。 （渡邉真帆）

ICT ⇨ ICT④

出席ノート

　子どもがその日登園した印としてシールを貼る活動で用いられるノート。「出席カード」「れんらくのーと」など名称は様々である。出席ノートに類するものとしては，1932（昭和7）年に「出席奨励カード」の発売が開始された。様式は変わりつつも，現在でも多くの園で使用される。新年度開始の4月から3月までのカレンダーが月ごとに見開き1ページの形式で表記される。シール貼り活動で使用されるため，日付欄にはシールを貼る余白がとられる。保育者は季節に合うイラストが描かれたシールを数種類用意する。子ども，特に幼児は毎日出席ノートを持参し，登園後に自分でシールを選択して出席ノートに貼る。シールを貼る専用のテーブルや台が設置され，専用の場所として構成されることが多い。 （渡邉真帆）

玩 具

　子どもが手に持って遊べる遊具のことであり，一般には「おもちゃ」と呼ばれることが多い。ガラガラ・メリーのような乳児用玩具，人形や模型，太鼓や笛などの音響玩具，けん玉やコマ，あやとりといった練習玩具，カードゲーム，ボードゲーム，ボールと多種多様な玩具が存在する。また，近年の技術発展によって，家庭用・携帯ゲーム機のような電子玩具が生み出されている。上記した玩具のように，あらかじめ用途が決まっているものだけではなく，木の棒や小石も手に持って遊ぶことにより玩具になり得る。加えて，段ボールや牛乳パック，プラスチックの容器などを使って新たに玩具を生み出すこともできる。養育者や保育者においては，誤飲のような事故が起きないように安全性に配慮しつつ，子どもの発達に応じた玩具を選択することが重要である。 （藤 翔平）

幼児期運動指針

　2012（平成24）年に文部科学省が委嘱した幼児期運動指針策定委員会が策定した，幼児期の運動の在り方についての指針である。指針では，幼児を取り巻く社会の現状として，社会環境や生活様式の変化から子どもの運動能力の低下や心身の発達への影響等が懸念されていることを挙げ，幼児期に主体的に体を動かすことを中心とした身体活動を生活全体の中で確保していくことを課題とする。また，運動習慣の基盤づくりを通して，幼児期に必要な多様な動きの獲得や体力・運動能力の基礎を培い，様々な活動への意欲，社会性や創造性を育むこと等を目指している。運動の発達の特性と動きの獲得の考え方や，遊び（動き）の例が示されている。遊びを中心とする身体活動における効果等を幼児に関わる人々がおおむね共有していくことを重要としている。「幼児が様々な遊びを中心に，毎日，合計60分以上，楽しく体を動かすことが望ましい」として運動量を確保するための目安を立てている。 （大道香織）

⑯　保育者と保育者養成・研修

保育者

　幼稚園，保育所（園），認定こども園において，保育・幼児教育の担い手として子どもの心身の発達を支える職務を遂行する幼稚園教諭，保育士，保育教諭の総称として用いられる。名称は異なるが，これらの職務の共通性に焦点を当てた呼称である。幼稚園教諭は学校教育法第27条第9項において「幼児の保育をつかさどる」，保育士は児童福祉法第18条の4において，「保育士の名称を用いて，専門的知識及び技術をもつて，児童の保育及び児童の保護者に対する保育に関する指導を行うことを業とする」，保育教諭は就学前の子どもに関する教育，保育等の総合的な提供の推進に関する法律第14条第10項において「園児の教育及び保育をつかさどる」とそれぞれ示されている。このように，法律としても，これらが保育を職務としていることを示している。特に，2018（平成30）年4月から施行されている幼稚園教育要領，保育所保育指針，幼保連携型認定こども園教育・保育要領においては，その共通性が一段と顕著になり，保育者の呼称が用いられることが一般的になった。
→幼稚園教諭⑯，保育士⑯，保育教諭⑯　　　　　　　　　　　　（小川房子）

幼稚園教諭

　幼稚園教諭免許状を有して，幼稚園において満3歳から就学前の子どもたちの保育を行う専門職である。幼児が自ら環境に関わることを通して心身共に健やかに成長できるよう，長期的な見通しをもって園での生活や遊びの中で具体的な援助を行う。学校教育法第27条第9項において，「教諭は幼児の保育をつかさどる」と示されている。教育基本法第11条には，幼児期の教育について「生涯にわたる人格形成の基礎を培う重要なもの」と明記されていることからも，知識と技術，倫理観，高い専門性が求められる職業である。幼稚園教育要領においては，教師と記され，その職責を第1章の「幼稚園教育の基本」において「教師は，幼児との信頼関係を十分に築き，幼児が身近な環境に主体的に関わり，環境との関わり方や意味に気付き，これらを取り込もうとして，試行錯誤したり，考えたりするようになる幼児期の教育における見方・考え方を生かし，幼児と共によりよい教育環境を創造するように努めるものとする」と示している。
　　　　　　　　　　　　　　　（小川房子）

保育士

　児童福祉法に定める児童福祉施設において子どもに関わる専門職である。児童福祉施設には乳児院や児童養護施設など12施設があり，その中に保育所も含まれているが，保育士はその大半が保育所に勤務している。職務内容については，児童福祉法第18条の4において「専門的知識及び技術をもつて，児童の保育及び児童の保護者に対する保育に関する指導を行うこと」と明記されている。保育士は，保育所保育指針に基づいて，0歳から小学校就学の始期に達するまでの，保育を必要とする子どもたちに対し

て，家庭との連携を密にしながら，子ども一人一人の生活背景や発達過程を把握し，専門的知識，技術及び判断をもって日々保育所で子どもたちと生活をともにし，子どもたちの生命の保持と情緒の安定を保障する。また，保育所に通う子どもの保護者及び地域の子育て家庭に対する子育て支援として子育てに関する援助や指導を行う。　　　　　　　　（兼間和美）

保育教諭

幼保連携型認定こども園で働く職員で，幼稚園教諭免許状及び保育士資格の両免許・資格を有する者。ただし，改正認定こども園法施行後10年間（2015年～2025年3月まで）は，どちらかの免許・資格を有していればよいという経過措置や，どちらか一方の免許・資格取得に必要な単位数等を軽減するという特別措置が認められている。保育教諭は，幼稚園教諭と保育士の両方の専門性を生かした保育が展開できる専門職であり，園においては0歳から小学校就学の始期に達するまでの子どもたち一人一人の最善の利益を考慮しての保育が実践できること，子どもたちの保護者への子育ての支援及び地域の子育てに関する様々な福祉ニーズに対応できる専門的知識，技術及び判断力を有していることが必要である。そのため，保育教諭は地域における乳幼児期の教育及び保育の中心的役割を果たす者として，常に自己研鑽を重ねることが求められている。　　　　　　（兼間和美）

任用資格

根拠法令等の規定に定める職業，職務，職位等の要件を満たし，その職務に従事する時点で，初めて効力を発する資格を指す。社会福祉主事，児童福祉司，母子自立支援員，児童指導員，母子支援員，家庭相談員などの資格がこれに該当する。任用資格によって，法律，省令，通知など規定する根拠が異なる。法律では社会福祉主事，児童福祉司，母子自立支援員

などが，省令では児童指導員，母子支援員などが，厚生事務次官通達などの通知では家庭相談員が，任用資格として定められている。また，これらの任用資格の多くは，「児童福祉施設の設備及び運営に関する基準」（厚生労働省令）において児童福祉施設の人員・職員配置の中で明記され，その必要性が規定されている。
　　　　　　　　　　　　　（野田敦史）

保育者の資質

知識と技術，保育実践の基盤となる保育観や子ども観，対人援助専門職としての人間性など様々な側面から語られ，多様な捉え方がある。例えば文部科学省の「幼稚園教員の資質向上について――自ら学ぶ幼稚園教員のために」（2002）によれば，「幼児教育に対する情熱と使命感に立脚した，知識や技術，能力の総体」と捉えられている。さらには「不易」と「流行」の視点も加わり，幼児を理解する力や家庭と連携して成長を支える力など，変わらずに必要とされている事項がある一方で，アクティブラーニングやICT教育など，子どもを取り巻く環境や時代の変化を反映して新たに必要とされる事項に柔軟に対応する力も求められる。また，多様化するニーズへの対応力や協働する力も不可欠とされている。豊かな人間性を基礎として，学び続ける使命感と子どもへの情熱を有することも重要視されている。

→任用資格 16　　　　　　　　（小川房子）

保育者の専門性

文部科学省の「幼稚園教員の資質向上について――自ら学ぶ幼稚園教員のために」（2002）によれば，「幼児を内面から理解し，総合的に指導する力，具体的に保育を構想する力，実践力，得意分野の育成，教員集団の一員としての協働性，特別な教育的配慮を要する幼児に対応する力，小学校や保育所との連携を推進する力，保護者及び地域社会との関係

を構築する力，園長など管理職が発揮するリーダーシップ，人権に対する理解など」が挙げられている。保育所保育指針第1章には，「保育所における保育士は，児童福祉法第18条の4の規定を踏まえ，保育所の役割及び機能が適切に発揮されるように，倫理観に裏付けられた専門的知識，技術及び判断をもって子どもを保育するとともに，子どもの保護者に対する指導を行う」と示されている。具体的には，乳幼児の心身の発達を支える知識と技術，子どもの最善の利益を理解する力，生活の場をつくり出す知識と技術，保護者に対して相談・助言をする技術などが挙げられる。また，近年は保育者を「反省的実践家」モデルとして捉え，省察する力も専門性のひとつとして語られるようになった。

→保育指導⑦，反省的実践家⑯

（小川房子）

保育者の役割

　幼稚園教育要領第1章の「幼稚園教育の基本」には，「幼児一人一人の活動の場面に応じて，様々な役割を果たし，その活動を豊かにしなければならない」と保育者の役割が示されている。また，「教師の役割」について幼稚園教育要領解説には，活動の理解者としての役割，共同作業者，幼児と共鳴する者としての役割，憧れを形成するモデルとしての役割，遊びの援助者としての役割，精神的に安定するためのよりどころとしての役割が挙げられている。保育者は，物的環境・空間的環境を構成する役割を担いつつ，自らも人的環境として幼児と適切な関わりをする役割を担っている。児童福祉法第18条の4では，「専門的知識及び技術をもって，児童の保育及び児童の保護者に対する保育に関する指導を行う」と，保育士の役割を示している。乳幼児の心身の健やかな発達を支える役割にとどまらず，保護者に対する子育て支援や地域に

おける子育て支援の役割を担うことも社会的な期待となっている。児童虐待防止の観点からも保育者の重要な役割のひとつである。　　　　　　　　　（小川房子）

保育者の職業倫理

　保健・医療・福祉・教育などを総称したヒューマンサービスといわれる領域においては特に，専門職としての知識や技術だけでなく，その職務を遂行するために専門的な判断が必要とされる。その専門職の社会的役割や望ましい在り方を具体化する行動規範を職業倫理という。保育者は専門職であり，人格形成の基盤となる時期の心と体の成長を支えるという職務上，保育者特有のモラルが存在する。加えて，乳幼児の規範意識・道徳性の芽生えにつながる行動モデルとなることなどから，社会的規範や常識が必要とされる。保育者の職業倫理とは，専門性の基盤に存在し，保育の専門家としての信念や目標を具現化するための行動指針ともいえる。保育者が遵守すべき事項を明文化した「全国保育士会倫理綱領」は，子どもの最善の利益の尊重・子どもの発達保障・保護者との協力・プライバシーの保護・チームワークと自己評価・利用者の代弁・地域の子育て支援・専門職としての責務の8項目が挙げられ，職務の特性から保育者には，子ども，保護者，同僚，社会へと多岐にわたる倫理が求められる。

→子育て支援⑥，倫理綱領⑯，保育者の専門性⑯，（保育者の）同僚性⑯

（小川房子）

保育（者）アイデンティティ

　アイデンティティとは，精神分析家であるエリクソン（Erikson, E. H.）が，青年期の心理社会的発達を特徴づけるために用いた概念である。自我の発達分化と同一性の考え方であり，「自分とは何者であるか」を問う心の動きを意味する。また，この問いに対する答えを見出すようになることをアイデンティティの達成という。この

概念は，拡大して用いられるに至り，「よい保育とは何か？」を問う心の働きを保育アイデンティティという。また，保育者が保育にやりがいを感じ，保育者として前向きな気持ちを獲得することを，保育者アイデンティティの達成という。これは保育者のキャリア形成に大きな影響を及ぼすものであるが，複雑化・多様化する現在の保育においては協働や同僚性の構築の必要性が強調されており，保育におけるアイデンティティの形成は保育者の自己研鑽によって形成されるものと解釈するよりも，保育カンファレンスなどの場を通じ，保育者集団が保育の在り方を語り合い，子どもを理解しようとする過程において形成されてゆくものとして捉えられている。
→（保育者の）同僚性 [16]，（保育者の）協働性 [16]，保育カンファレンス [16]，保育者のキャリア形成 [16]，エリクソン [22]　　　　　　（小川房子）

倫理綱領

　国家資格である社会福祉士（保育士資格取得により社会福祉主事任用資格取得者となる），介護福祉士，精神保健福祉士においては，対人援助職として定義や義務が定められ，専門職として高い資質が求められる。社会福祉援助者には，社会的に高い専門性が求められ，価値・知識・技術という3つの基盤のうえに成り立っており，3つは密接に関係し合い，とりわけ「価値」については，知識と技術を方向づけるという点で最も重要な役割である。そして，この対人援助の専門職として最も大切な，価値観や態度の基礎となるのが「倫理」である。保育所保育指針第1章の「保育所保育に関する基本原則」において，「保育士は，児童福祉法第18条の4の規定を踏まえ，保育所の役割及び機能が適切に発揮されるように，倫理観に裏付けられた専門的知識，技術及び判断をもって，子どもを保育するとともに，子どもの保護者に対する保育に関する指導を行うものであり，その職責を遂行するための専門性の向上に絶えず努めなければならない」と保育士の倫理観に触れている。保育職の倫理を明文化した，全国保育士会倫理綱領においては，①子どもの最善の利益の尊重，②子どもの発達保障，③保護者との協力，④プライバシーの保護，⑤チームワークと自己評価，⑥利用者の代弁，⑦地域の子育て支援，⑧専門職としての責務，が保育士の専門職倫理として示されている。
→反省的実践家 [16]　　　　　（兼間和美）

（保育者の）同僚性

　ただ単に同じ職場で働く関係性ではなく，教師たちが教育実践の改善を掲げて互いの専門性を高め合う関係性であるとアメリカの教育学者リトル（Little, J. W.）によって1992年に定義された。保育に置き換えれば，質向上のために同僚と向き合い学び合い，相互のよさを引き出し，課題を共に改善しようとする仲間（集団）として用いられることが主流であるが，それらの取り組みを支え合う関係性の質を表す概念として用いられることもある。保育者は，子どもの成長を支える立場にあるが，自分自身も保育者として成長し続けることが求められる。そのために努力や自己研鑽を積み保育者個々の資質によって成長する側面もあるが，共に高め合う集団として対話や研究を重ねることにより成長する側面も重視しようとする考えが根底にある。保育に求められる機能や役割が多様化し，保育や子どもをめぐる課題が複雑化する現代の保育において必要不可欠であることから，これまで重要視されてきた保育者間の連携を包括する同僚性の構築が重要視され用いられるようになった。　　　　　（小川房子）

（保育者の）協働性

　協働とは，複数の人や団体が協力しながら活動することを意味する。保育においては，保育者同士が協力しながら保育を

行うことにとどまらず，食育に関すること
は栄養士や調理師，乳幼児の健康に関す
ることは看護師や保健師といった専門職と
協力し職務を遂行している。加えて，長
時間化する保育においては，様々な雇用
形態がある。そのため，保育の質を向上
するためには組織としての協力体制が不
可欠である。保育所保育指針第5章には，
「職員が日々の保育実践を通じて，必要な
知識及び技術の修得，維持及び向上を図
るとともに，保育の課題等への共通理解
や協働性を高め，保育所全体としての保
育の質の向上を図っていくためには，日常
的に職員同士が主体的に学び合う姿勢と
環境が重要であり，職場内での研修の充
実が図られなければならない」と示されて
おり，保育の質の向上の要因のひとつとし
て挙げられている。　　　　（小川房子）

保護者支援 ⇨保護者支援⑥

教員免許更新制

　2007（平成19）年6月の改正教育職員
免許法の改正により，「最新の知識技能
を身に付けることで，教員が自信と誇り
を持って教壇に立ち，社会の尊厳と信頼
を得ること」を目的に，2009（平成21）
年4月1日から導入された。更新講習に
は「教員の資質を向上させる」等満足度
が高かったが，制度自体については「多
忙を招く」等の声もあった。
　そのため，本制度は，2022（令和4）
年2月「教育公務員特例法及び教育職員
免許法の一部を改正する法律」の改正に
より廃止された。文部科学省はその理
由として，「近年，社会の変化が早まり，
非連続化するとともに，オンライン研修
の拡大や平成28年の教育公務員特例法
の改正による研修の体系化の進展など教
師の研修を取り巻く環境が大きく変化
している中で，今後ますます個別最適な学
びや"現場の経験"を重視した学びなど
を進めることが必要」となっていること，
「10年に1度講習の受講を求める制度は，

常に教師が最新の知識技能を学び続けて
いくことと整合的ではない」ことを挙げ
ている。
　教師が大学等で学ぶ機会はこの制度に
おいて拡大し，コロナ禍の中でもICT
の活用により失われることはなかった。
今後も，各大学がこれまで整備してきた
良質なコンテンツを，全国どこでも受講
できるようにしていくことが求められて
いると言える。
　　　　　　　　　　　　（齋藤政子）

教育職員免許法 ⇨教育職員免許法①
守秘義務 ⇨守秘義務⑦

反省的実践家

　ショーン（Schön, D. A.）は，現代の専
門家は「複雑性，不確実性，不安定さ，
独自性，価値葛藤という現象を抱える現
実」（ショーン，2001：56）に直面してお
り，その解決のために必要な知識が実践
に合わなくなってきていると考えた。そ
して，専門的知識や科学的技術を合理的
に実践に適用する「技術的合理性」に
基づく「技術的熟達者（technical expert）」
ではなく，「行為の中の省察（reflection in
action）」に基づく「反省的実践家（reflective
practitioner）」モデルが必要であること
を提唱した。彼の提示した概念によっ
て，これまで取るに足らないとされた実
践の中には有用性の高い「行為の中の知
（knowing in action）」が埋め込まれている
こと，行為者にとっては即興的で無自覚
な「知」が「状況との対話」の中で顕在
化すること，実践者が「実践の中の研究
者」として働くことが重要であることな
どが明らかとなり，これらの知見は，教
育・保育における実践研究や質的研究の
発展にも影響を与えた。
【引用文献】ショーン，D. A. ／佐藤学・
秋田喜代美訳（2001）『専門家の知恵
——反省的実践家は行為しながら考え
る』ゆみる出版。
【参考文献】ショーン，D. A. ／柳沢昌一・

三輪建二訳（2007）『省察的実践とは何か──プロフェッショナルの行為と思考』鳳書房。

→保育者の省察 22，倫理綱領 16

（齋藤政子）

保育者の感情労働

　感情労働とは，「公的に観察可能な表情と身体表現を作るために行う感情の管理であり，賃金と引き換えに売られ，交換価値を有するもの」とアメリカの社会学者ホックシールド（Hochschild, A. R.）によって定義されている。頭脳労働や肉体労働は頭脳や肉体を駆使して対価を得る労働であるが，感情労働は自己の感情を管理することで対価を得る労働である。感情労働には，職務の対象者との対面や声による接触で相手に適切な精神状態を作り出すことが求められ，その際の感情管理は雇用者によってある程度支配される特徴があるとホックシールドは指摘している。保育の現場では，子どもや保護者が安心して過ごすことができるように，自己の感情をコントロールし，「明るさ」「温かさ」などが伝わるような関わりが保育者に求められる。またその際の表情や身体表現は，園長等の管理職や先輩保育者からの直接的・間接的なアドバイスや指導の影響を受けることも多い。そのため保育者も感情労働者であると捉えることができる。　　　　（高橋真由美）

幼稚園教諭免許状

　幼稚園教諭としての職務を遂行するために必要な免許である。教育職員免許法施行規則に則り，短期大学や大学において，教職課程を履修し，所定の単位を取得することにより得られる。教員の資質の保持と向上を図ることを目的として1949（昭和24）年に定められた教育職員免許法の規定により，幼稚園教諭専修免許状（大学院卒），幼稚園教諭一種免許状（大学卒），幼稚園教諭二種免許状（短期大学，専門学校卒）と，高等教育機関に

おける修得単位数と基礎資格によって種別が異なる。2007（平成19）年の教育職員免許法の改正により，「その時々で求められる教員として必要な資質能力が保持されるよう，定期的に最新の知識技能を身につけることで，教員が自信と誇りをもって教壇に立ち，社会の尊敬と信頼を得ることを目指す」（文部科学省）ことを目的として更新制となった。2009（平成21）年から導入され，有効期限は10年間とされている。有効期限内に，教員養成課程を有する大学等において，教職についての省察並びに子どもの変化，教育政策の動向及び学校の内外における連携協力についての理解に関する事項（12時間以上）と教科指導，生徒指導その他教育の充実に関する事項（18時間以上）の更新講習を受講し，修了することにより更新される。高等教育機関の教職課程での取得が一般的であるが，都道府県教育委員会等が開設する免許状更新講習を受講する方法もある。

→教育職員免許法 1，教員免許更新制 16

（小川房子）

保育士資格

　2003（平成15）年11月に児童福祉法の一部改正により保育士資格が法定化された。この改正は，それまでの保育士資格について社会的信用が損なわれている実情に対処する必要性や地域の子育ての中心的役割を担う専門職として保育士の重要性が高まっていることなどに対応するためのもので，児童福祉施設の任用資格から名称独占資格に改められ国家資格となった。また，保育士資格について守秘義務及び登録に関する規定が整備され，保育士は専門職として社会的に認められたと同時に，重い責任と倫理性が課せられることになった。保育士となるには「都道府県知事の指定する保育士を養成する学校その他の施設を卒業」または，都道府県知事の実施する「保育士試験に合格」

のどちらかの方法で資格要件を有する者が，都道府県の備える保育士登録簿に氏名，生年月日その他厚生労働省の定める事項の登録を受けることによって認められる。

→守秘義務⑦，保育者の職業倫理⑯，倫理綱領⑯　　　　　　　　　　（兼間和美）

保育者養成カリキュラム

　狭義には保育士資格または幼稚園教諭免許を取得するために養成段階で履修するカリキュラムを指すが，広義には採用段階から現職段階における資質や能力の向上を目指す研修全体を含めることもある。保育士の養成カリキュラムは，児童福祉法施行令及び同法施行規則に基づき定められ，幼稚園教諭の養成カリキュラムは，教育職員免許法及び同法施行規則に基づいて履修すべき科目が定められている。また，2019（平成31）年4月から施行された教職課程により，これまで履修していた「教科」ではなく，「領域及び保育内容の指導法」に関する科目の履修が実施されている。なお，新たな幼保連携型認定こども園で勤務する保育教諭は，保育士資格と幼稚園教諭免許の併有が原則である。近年では，保育士にも幼稚園教諭にも，技能・経験に応じたキャリアパスの仕組みが導入されつつあり，養成段階から現職段階までの一貫した資質・能力の向上を図る養成カリキュラムの構築とともに，処遇の改善が期待されている。

【参考文献】門田理世（2016）「海外の保育者養成制度」日本保育学会編『保育学講座4　保育者を生きる——専門性と養成』東京大学出版会。

→キャリアアップ⑤，保育士⑯，幼稚園教諭⑯，幼保一元化／幼保一体化㉒，キャリアパス㉓　　　（齋藤政子）

履修カルテ

　教職志望学生が在学中において，個々に教職課程の履修状況や科目に係る自己点検・自己評価等を記録するツールを指す。記録する媒体は，紙媒体（用紙）や電子媒体（Web上で入力）など養成機関によって異なる。目的は，教職課程改革を主たるねらいとした中央教育審議会答申「今後の教員養成・免許制度の在り方について」（2006）の中で，教員養成の資質向上のために，学生の履修履歴のプロセスの把握，及び教員としての資質能力の形成の最終確認を目的とする科目「教職実践演習」で活用するためとされる。よって，学生は「教職実践演習」を履修する際，「履修カルテ」が完全に記入済みであることが前提となることから，各年次の履修終了後には，履修状況のみならず自己点検・自己評価する記載も求められている。　　　　　　　　　　　（野田敦史）

教育実習

　教員免許取得のために必須の科目のひとつで，講義や演習とは異なり教員養成課程における各教科目で学習した理論と実践を結びつけながら学び，幼児教育に関する知識や技術を実践的に習得する実地体験学習を意味する。幼稚園教諭免許状を取得する場合には，教育職員免許法の規定により5単位（事前指導及び事後指導1単位を含む）とされている。教育実習中は，養成校で学ぶ学生でありながら，幼稚園教諭に準ずる立場で学ぶことが求められる。期間は，1週間と3週間，2週間を2回，4週間など，養成校により異なるが，多くの場合，観察実習，参加実習，部分実習，責任実習と段階的に学びを深めつつ，体験的な学習を主とし，実践に触れながら学んでいく。実習中には，幼児理解や幼稚園教諭の職務理解を目的として，学びを整理するために実習日誌という記録を残す。現場での体験を通し，保育者を目指す自己への理解，保育という職業への理解，保育者として関わる乳幼児への理解を深め，（幼稚園）教諭としての実践的な力を試すとともに，

専門的知識や技術を向上することを目的としている。

→事前指導 [16]，事後指導 [16]，観察実習（見学実習）[16]，参加実習 [16]，部分実習 [16]，責任実習 [16]，実習日誌 [16]

（小川房子）

保育実習

　保育士資格取得のため保育所を含む児童福祉施設等で行う現場体験学習のことである。保育実習において実際に現場で保育士をはじめとした給食・保健・園長等働く人々や，子どもとその保護者達と関わり，その中で子ども理解を深め，さらに子どもを取り巻く環境や必要とされる保育を理解していく。これまで机上で学んできた知識や技能などの保育理論と保育実践の関係について学習し，実践的に応用する力を養っていくものである。「指定保育士養成施設の指定及び運営の基準」（厚生労働省雇用均等・児童家庭局通知）における「保育実習実施基準」では，保育実習 I は必修 4 単位のうちとして，保育所または幼保連携型認定こども園等での実習を行うとされている。また，4単位のうちの 2 単位は，それ以外の児童福祉施設（乳児院，母子生活支援施設，障害児入所施設等）において，計 20 日間実習することとされている。保育実習 II 及び III（選択必修 2 単位）は，保育実習 I での経験を踏まえた学びが求められており，保育所等とそれ以外の児童福祉施設の中からどちらかを選択し 10 日間の実習を行うこととなっている。

（北相模美恵子）

施設実習

　保育士養成課程で行う保育実習のうち，保育所以外の児童福祉施設及び障害者施設等の社会福祉施設で行う保育実習を指す。「指定保育士養成施設の指定及び運営の基準」（厚生労働省雇用均等・児童家庭局通知）における「保育実習実施基準」では保育実習 I（必須）4 単位のうちの 2

単位分と，保育実習 III（選択）2 単位が施設実習として規定している。なお，保育実習 I（施設）で実習可能な施設は，乳児院，母子生活支援施設，障害児入所施設，児童発達支援センター，障害者支援施設，指定障害福祉サービス事業所，児童養護施設，児童心理治療施設，児童自立支援施設，児童相談所一時保護施設，独立行政法人国立重度知的障害者総合施設のぞみの園としている。また，保育実習 III で実習可能な施設は，保育実習 I（施設）で示した施設のほかに，児童厚生施設等，社会福祉関係諸法令に基づき設置されている施設としている。

→保育実習 [16]　　　　　　　（野田敦史）

事前指導

　実地体験学習としての実習に課題を明確にして臨み，有意義なものとなるよう，教育実習や保育実習を実施する前に行う学内指導のことである。これに対し，教育実習や保育実習を実施した後に行う学内指導を事後指導といい，実習前後の学内指導を総じて事前事後指導と表現することもある。幼稚園教諭免許状を取得する場合には，教育職員免許法に規定された 5 単位のうち，事前指導及び事後指導 1 単位を含むこととされている。

　事前指導においては，実習の意義や目的，実習の内容と学ぶ方法，実習生としてのマナーや心構え，幼児理解や職務理解のためのポイント，学びの成果をまとめるとともに振り返りの資料となる実習日誌の書き方，実践的に学ぶために必要な指導案の書き方など，実習生の不安や心配を取り除き，主体的・意欲的に実習に取り組めるようにするために，その内容は多岐にわたる。

→事後指導 [16]，実習課題 [16]，実習日誌 [16]，（保育）指導案 [16]　（小川房子）

実習課題

　実習をより充実したものとするためには，どのようなことに焦点を当てて学ぶ

のか，そのためにどのようなことに取り組むのか，事前に明確にして実習に臨むことが必須である。このそれぞれの実習生が実習の段階に応じて挙げる課題を実習課題という。実習の目的や目標を理解し，その目標を達成するために挙げられる学びの視点とも言い換えることができる。養成校が設定する目標と区別して実習の個人目標や実習のねらいという場合もある。具体的には，保育者の姿から学びたいこと，子どもの姿から学びたいこと，子どもの前に立つ経験を通して身につけたいこと，実地体験を通して理解を深めたいこと，などをいくつかの視点に整理して課題を挙げる。その課題をより具体化したものが日々の実習日誌に記載される「本日の実習生の課題」である。留意すべきは，実習課題は心構えや抱負とは異なるという点である。

→実習日誌 16　　　　　　　（小川房子）

オリエンテーション

行動心理学の分野では，目的を成し遂げるための動機づけや方向づけという意味で用いられる。実習に関連して用いられる場合には，有意義な実習にするために事前指導の一環として行われる学内オリエンテーションと実習先において行われる学外オリエンテーションを意味する。学外オリエンテーションの場合には，実習先までの公共交通機関を利用する経路や周辺環境の確認を兼ねて訪問をして，挨拶と指導のお願いをする。実習指導責任者からは，実習園・実習施設の概要や指導方針，実習実施にあたっての注意事項や課題，実習スケジュールや配属，準備に関する詳細などが伝えられる。可能な限り，見学をして園内（園舎内と園庭）の配置図を記録しておくとよい。また，実習時の服装は実習園・実習施設により異なるため，指示を受けるだけでなく自らの目で確認することが望ましい。実習生が事前に実習園・実習施設を訪問する

ことは，不安を取り除く意欲をもって実習に臨むためのはじめの一歩であることから，質問や確認すべき事項をあらかじめまとめておく必要がある。これを自己内オリエンテーションということもある。

（小川房子）

実習反省会（振り返り）

実習生には，昨日よりも今日，今日よりも明日と実習での学びを深めるために，その日の実習の反省・評価，学びの整理，疑問や新たな課題の明確化が必要となる。自己の実習を思い返し，これらを自分なりにまとめることを振り返りという。そして，その振り返りにおいて得られたことを指導担当者に伝える場を実習反省会という。また，実習反省会や振り返りには，期間中に実習先で実習の総まとめとして行うものと実習終了後に養成校で事後指導の一環として行うものとがある。前者は，実習の終盤で実習責任者や指導担当者と実習の総まとめをする時間を意味する。また，一日の実習が終了した後に指導担当者と行うその日の実習の成果や課題を整理する時間を振り返りと位置づけ，実習反省会と区別して用いられている場合もある。後者は，実習生同士の学び合いを目的として実習中の様々な事項をテーマごとに振り返り，成果と課題を整理して発表する場を意味する。実習は実習期間を全うすれば終了というわけではなく，学びを整理し，次の実習や就職後の職務において活用可能な状態にしておくことが重要であり，実習反省会や振り返りをすることの重要性を理解し行う必要がある。　　　　　　（小川房子）

事後指導

実地体験学習としての実習の学びを整理し，理解を深めることを目的として教育実習や保育実習を実施した後に行う学内指導のことである。これに対し，教育実習や保育実習を実施する前に行う学内指導を事前指導といい，実習前後の学内

指導を総じて事前事後指導と表現することもある。幼稚園教諭免許状を取得する場合には，教育職員免許法に規定された5単位のうち，事前指導及び事後指導1単位を含むこととされている。自己の実習課題として挙げた，実習において学びたい事項についてどのような学びがあり，新たに明確になった疑問や課題は何かを総合的に振り返り，次の学びへとつなげる位置づけである。加えて，養成課程の科目において学んだ知識や身につけた技術を生かすことができたかを総括するとともに，保育者としての資質や適性を確認する重要な学びの場である。構築されつつある子ども観や保育観を再構築し，目標とする保育者像を描けるように，主体的に取り組むことが重要である。

→事前指導16　　　　　　　（小川房子）

観察実習（見学実習）

　各実習は，現場における学びを有意義なものにするために，見ることによって学ぶ観察実習，関わることによって学ぶ参加実習，体験することによって学ぶ部分実習，実践することによって学ぶ責任実習と段階的に学習方法が構造化されている。観察実習は，実習の事前指導や実習の初期の段階に位置づけられる。具体的には，実習園の保育理念や保育方針，園を取り巻く地域の環境や社会的役割，デイリープログラムと乳幼児の生活の流れや遊び，園内環境や環境づくり，保育者の職務など，机上では学ぶことのできない実態を観ることによって学ぶ実習の方法である。保育に参加して学ぶ前の段階で，観ることによって学びを深め，実践的な学びの土台とすることがその目的である。教育実習を2回に分けて実施する場合には，1回目の実習の名称として用いられる場合もある。

→デイリープログラム14　（小川房子）

参加実習

　一般的には，観察実習を終えた次の段階である関わることによる学びを意味する。保育者に準ずる立場で保育に参加し，保育者の役割を体験しながら他の保育者や乳幼児との関わりを通して学ぶ方法である。一日の保育の流れやその日の保育のねらいを把握して保育に参加し，乳幼児の姿や実態を理解して保育者としての適切な援助や留意点を学ぶ。参加実習においては，「個」と丁寧に関わりつつも「集団」を把握し，「集団」への援助や働きかけをしつつも「個」への適切な関わりや配慮ができるよう，広い視野で取り組めるよう心掛ける必要がある。また，それらの関わりを保育終了後に省察すること，指導担当の保育者から具体的な指導を受けて，保育者として必要な力を習得することが必要である。保育者と同じような保育行為ができないことから，参加実習の段階で自信を喪失する実習生もいるが，保育者に準ずる立場で実習には参加していても，学ぶ立場であることを忘れず謙虚な気持ちで取り組むことが重要である。

（小川房子）

参加（参与）観察実習

　乳幼児との園生活に積極的に参加し，関わりを通して乳幼児を観察することによって，心情や行動の意味を深層的に解釈しようと試みる学びの方法である。観察することが主たる目的ではなく，生活場面や遊びを解釈し，適切な保育行為を探りつつ，実践的理解を深めることを目的とする。参加（参与）実習においては，保育の展開に応じて参加と観察の割合や乳幼児との距離を考慮しながら取り組み，生活場面や遊びに乳幼児の視点を重視して参加するのか，保育者の視点を重視して参加するのか，といった立ち位置を意識して観察することが重要である。どちらの立ち位置でも，保育行為が適切であったのか自己の反省・評価と指導担当者の分析的な助言をもとに改善を図りつつ，より適切な保育行為をすることを目指し，反

省・評価を繰り返しながら学ぶ積極性が必要とされる。　　　　　（小川房子）

部分実習

　観ることによる学びである観察実習や関わることによる学びである参加実習の段階から一歩進み，体験することによる学びの段階を意味する。また，実習の総仕上げの段階である責任実習の前に行われ，デイリープログラムの中の一場面を自らが体験することによって学ぶことをいう。体験するその場面の指導計画を準備し，実践し，反省と評価を行い，次の体験することによる学びに生かすという，保育における PDCA サイクルを体験し学ぶ。部分実習として行われることが多い場面としては，朝の会での出席確認のための呼名や朝に歌う曲の伴奏，昼食の時間帯，帰りの会での翌日の連絡や帰りに歌う曲の伴奏，絵本の読み聞かせや紙芝居のようなデイリープログラムのなかでも短時間のものから，その日の主活動の時間帯に行われる比較的長時間のものまで様々である。観察実習や参加実習で学んだことを土台として取り組み，責任実習へとつなげていくことが必要である。
→ PDCA サイクル ④　　　　（小川房子）

責任実習

　実習の最終段階に総仕上げとして行う，実践することによって学ぶ方法を意味する。保育者の指導のもと，その立場となり保育者の役割を務めながら，責任をもってその日の保育を行うことを実践的に学ぶ。全日実習，一日実習，総合実習など，様々な名称があるが，保育者としての責任を学ぶという姿勢と責任をもって保育を行う学びの内容から責任実習が用いられることが一般的である。それまでの段階で把握した幼児の実態や保育者の職務について理解したことをもとに，一日の保育の指導計画を立案・作成し，準備を整え実践し，反省・評価を行う。実習生にとっては，指導計画の意義，

保育の難しさややりがい，子どもと関わることの楽しさ，先生と呼ばれることの誇りや喜びを実感しながら学び，課題や目標を明確にする貴重な学びの段階である。多様な学びが得られるよう，参観者と実践者（実習生）との間でカンファレンスを行う研究保育として実施されることもある。教育実習を 2 回に分けて実施する場合には，2 回目の実習の名称として用いられる場合もある。
→保育カンファレンス ⟨16⟩　　（小川房子）

巡回指導（訪問指導）

　実習期間中に養成校の教員が実習園・実習施設を巡回（訪問）し，実習園・実習施設の責任者から実習の経過報告を受けたり，指導担当者から実習生の様子を聞いたりし，それらの情報をもとに実習生に直接指導を行うことである。実習園・実習施設の指導と養成校の事前指導の内容や方向性にずれがないかを指導担当者と養成校の担当者が確認をすることにより，実習がより有意義なものとなることを目的として行う。また，中間の振り返りの意味も併せ持ち，実習前に設定した課題に対する取り組みと成果，新たな疑問や課題の明確化，実習目標などを整理してより効果的な学びができるように，軌道修正をする場である。その際の情報や実習生の姿は事後指導に取り入れられ，総まとめが行われる。遠方の場合には，電話等による方法で指導が行われることもある。
→ （保育）指導案 ⟨16⟩　　　（小川房子）

（保育）指導案

　保育園・幼稚園等の保育施設において，各園の方針や目標に基づき行われる保育を，部分的に取り上げ立案する指導計画案のことをいう。指導内容の導入や展開を時間配分も含め具体的に記述し，対象クラスに在籍する子どもたちの発達過程や背景を踏まえつつ，生活の中でその活動の保育目標やねらいをどう実現してい

くのかを記述していく。保育実習では一般的に責任実習を行う際に立案することが必要となる。各園の保育理念や保育方法を学び、対象クラスの状況を把握し、それに応じたねらい・内容・保育の展開を具体的に記述しておくことが求められる。丁寧に立案することで、責任実習の具体的な見通しを持つことができ、事後学習に生かせる反省を得ることができるといえる。

→責任実習 16　　　　　　　（北相模美恵子）

実習日誌

　実習記録ともいう。保育者は、自己の保育の質向上を目指し、日常の保育においてみられる個の姿、集団の姿、個と個との関わり、自己と乳幼児との関わり、活動の展開や活動における乳幼児の様子、実践者としての援助や働きかけ、環境構成などを記録に残し、次のより良い保育実践のために保育記録という資料をもとに評価を実施している。それにより、実際の場面では気づくことができなかった事柄を後に振り返り、次の実践に生かしている。実習生も、保育記録の疑似体験をするとともに自己の学びを記録することにより整理し、理解を深め、実習が終了した後で学び直すために実習日誌という記録を残している。また、実習を規定の日数（時間）実施したことの証明としての意味ももつ公文書である。実習日誌は、その日のスケジュールを書き残すことが目的ではなく、その日の実習の学びを振り返る貴重な資料であることを理解して、作成に取り組みたい。

→インターンシップ 16　　（小川房子）

インターンシップ

　学生が一定期間働く「職業体験」及び、その「職業体験」の場に学生が参加することができる制度を指す。実際の職務や働く環境の体験を通じて、職務内容の理解を深めるとともに自己の適性を見極めることを目的としている。大学や短期大学に科目として設置され、取得単位に認定される制度もある。教職課程や保育士養成課程における実習は、2週間から4週間という連続した期間で行うのに対し、インターンシップは週1日長期間で行うなど、実習とは異なる形態で学べるように考慮されている場合が多い。また、実習では日々の連続した関わりを通して学べるのに対し、インターンシップでは断続的であるが、長期にわたり学ぶことができるため、乳幼児の成長や発達を捉えやすい利点がある。　　　　（小川房子）

模擬保育

　保育者養成校の授業の中で、実際の保育の場面を想定しながら、学生がそれぞれ保育者役、子ども役、観察・評定者役に分かれて保育を行うことをいう。模擬保育を行う際には、実施する保育の対象年齢、ねらい、主な活動の設定を行い、指導案を作成する。模擬保育後には、グループや個人で評定や振り返りを行う。指導案の作成には、一日の活動の中（登園時、日中の遊びや生活、昼食時、午睡時、降園時）のある一部分の場面の保育を取り上げ立案する。例えば、手遊びや絵本・紙芝居などの子どもが興味・関心を寄せやすい教材を取り入れたものや簡単な製作活動や遊びなどを行うことが多い。模擬保育は、グループで活動を行うことが一般的で、1グループの人数は、指導案の活動内容によって様々であるが、4〜10人程度で行われることが多い。時間は10〜30分程度が一般的である。

→（保育）指導案 16　　（小川貴代子）

教材研究

　子どもは自ら身近な環境に関わり、遊びを通して様々なことを学んでいる。その子どもの遊びを支えるのが教材である。教材とは、保育の場で使用されるすべての素材のことである。例えば、玩具や折り紙、絵本などの既成のものから、保育者が製作し演じるパネルシアターやペー

プサート，エプロンシアター，パペット，指人形などの保育教材，また，砂・土・水・草花などの自然環境，さらに保育の場で起こる出来事や状況も教材に含まれる。保育者は，素材の性質や特徴を把握し，子どもが主体的に遊ぶための魅力ある教材とは何か，その教材が子どもにとってどのような意味をもち，どのような学びにつながっているのか，子どもの姿を予想し，教材の多様な使い方・意味などを理解する必要がある。このように保育の目標（ねらい）を達成するために，教材にはどのような教育的価値があるのかその妥当性を考えたり，媒体となる教材の使い方を構想したりすることを教材研究という。教材研究を通して教育・保育の質を高めていくことが必要である。

（小川貴代子）

保育技術

　保育を行ううえで欠かすことのできない，様々な技術のことをいう。保育者養成校では，保育技術をカリキュラムの中に位置付けている。具体的な内容の例としては，音楽表現（ピアノ演奏や弾き歌いなど），造形表現（玩具製作や壁面製作など），身体表現（リズムダンスや幼児体操など），その他演習科目の中で，絵本，紙芝居，素話，人形劇，パネルシアター，ペープサート，エプロンシアター，手遊びなどの多くの保育技術を学んでいる。保育技術の内容については，様々な考え方や捉え方があり，統一された規定は設けられていない。例えば，一般社団法人全国保育士養成協議会が行っている保育士試験の実技試験では，音楽に関する技術，造形に関する技術，言語に関する技術がある。また，公益財団法人全国高等学校家庭科教育振興会で行われている保育技術検定では，音楽・リズム表現技術，造形表現技術，言語表現技術，家庭看護技術の4領域を設定している。

（小川貴代子）

園外研修

　保育者の資質向上のために自治体・保育団体・関連学会・保育業者などが主催する，幼稚園・保育所・認定こども園等の外で行われる研修のこと。主な内容は，理論，指導法，実技などである。実施は短期集中的なもの，年間を通して定期的に行われるものがあり，講義・実技講習が主流である。保育者はそれぞれのキャリアに応じて必要な知識や技術の修得，それらの維持・向上のために，個人または園がもつ課題に即したものを選択し研修を受けることができる。また，他園で働く保育者同士が交わる機会ともなることから，互いに刺激を受けたり視野を広げたりする効果があり，園の保育の資質向上に有効である。保育者の資質の向上のため，このような園外での研修機会は保障されるべきものである。

（田窪玲子）

園内研修

　園長をはじめ保育者及び職員が保育の資質能力の向上を目指して，幼稚園・保育所・認定こども園等の中で行う研修活動のこと。主な方法は園外研修の報告，保育の場面について様々な視点からのディスカッション，公開保育，事例検討，外部講師を呼んでの研修などである。日々の保育の実践の中から課題を持ち寄り，協議を行うことで保育を見直し，園共通の問題として取り組むことで保育の改善を図ることが目的となる。一人一人の保育者や職員が抱える問題や課題を，園全体で話し合うことで，子どもの発達の連続性や接続に大切な事項を共通理解することができる。できるだけ定期的に研修が行われることが望ましく，内容を整理しながら次年度の教育課程や全体的な計画に反映できるようにしたい。

（田窪玲子）

自主研修

　自ら自発的・自主的に，研修会や講演会に参加したり，自ら研修に励んだりす

ること。対して，幼稚園・保育所・認定こども園等の職務命令で研修に出かける研修や園内研修を「義務研修」という。主な方法は，自主的に園外研修に出かけたり，園内の有志で研修を開いたりするなどである。また，保育者たちが自主的な学びの場を作ろうと自ら自主研修会を運営し，自分の身近な保育の課題を仲間と学び合うことをして保育の質の向上を目指すこともある。「教育基本法」「保育所保育指針」「児童福祉施設の設備及び運営に関する基準」では，それぞれ教員・保育士の資質向上について，職務を理解しその責任を自覚すること，職務内容に応じた専門性を高めるため必要な知識及び技術の修得，維持及び向上に努めることを義務としている。職務としての研修参加のみならず，自ら主体的な研修で資質向上を図る姿勢が求められる。

（田窪玲子）

OJT

On the Job Training の略である。職場内で実際に仕事に携わらせながら簡単なことから徐々にチャレンジさせて育成していく内部人材育成の方法を指す。ある職位や職務に就任するために必要な業務経験とその順序，配置移動のルート（キャリアパス）に応じて，職場内ですでに整えられていることについて修得することが基本となる。そのため，未経験・新しいことについての育成は難しさを伴う。一方，組織の理念や目的に合わせた内容とプロセスにより育成することができることが利点である。内部研修では同時に学習者に知識の共有を行うことができる特徴をもつが，職場内部に指導者が必要であり，教育・指導力が求められる。例として，新任研修，園内研修，外部講師による園内研修，法人内研修などがある。

→ off-JT 16　　　　　　（矢野景子）

off-JT

Off the Job Training の略である。実際の職場から離れ，外部でのワークショップや集合研修を通して育成する人材育成の方法を指す。職場内では修得できない新しい知識や技術を学ぶ機会として活用される。外部による人材育成の場を通して，職場内では育成ができないこと，職場内で習得できていない課題，また，未実施で新しい知識や方法習得することへの期待を目的とし，外部育成の場を活用することをいう。例として，園外研修，キャリアアップ研修，免許更新講習，その他外部研修などがこれにあたる。また，他園との交流会や公開保育を通した外部研修なども含まれる。習得したことを職場に持ち帰り，業務や仕事へ活用できてこそ教育効果が期待されるが，一方で，外部で修得した知識を所属組織内で共有することや落とし込むことが難しいという難点が指摘される。

→ OJT 16　　　　　　　（矢野景子）

リカレント教育

リカレント（recurrent）とは「回帰」を意味し，リカレント教育は OECD（経済協力開発機構）が 1970 年代に提唱した，社会に出てからも学校や教育・訓練機関などで学びながら生涯にわたって学習を続ける教育のことである。日本は単線型モデル（教育・勤労・引退）の構成であるが，欧米諸国はマルチステージ型（生涯にわたって複数の教育やキャリアを経験すること）のモデルであり，超高齢社会における人生モデルとしてリカレント教育が位置付けられている。「人生 100 年時代構想会議」（2017）より，「人生 100 年時代を見据え，その鍵であるリカレント教育の拡充を検討する」と示された。今後は，社会人の多様なニーズに対応したリカレント教育の推進に向けた具体的な取り組みが進められる（文部科学省『リカレント教育の拡充に向けて』，2018）。　（矢野景子）

保育者のキャリア形成

職務での経験を積み重ねながら職業能

力を作り上げていくこと。保育者の多くは，幼稚園教諭免許状・保育士資格を保育者養成校で取得するため，保育の専門職としてのキャリア形成はここから始まるともいえる。幼稚園・保育所・認定こども園等では待遇面の悪さや，役職が少ない・人事評価の基準がないなどの理由から，キャリアパスが明確でないことが指摘されている。保育士等については，厚生労働省が2017（平成29）年に待遇向上と専門性強化を目的として，経験年数や役職などの要件を満たしたうえで受講できる「保育士等キャリアアップ研修」のガイドラインを策定したが課題も多い。

　園で経験を重ねるとともに，一人一人に即した園内外の研修に参加し蓄積していくことで，効果的な保育者のキャリア形成を実現することとなる。これらの研修に参加することで，結果として保育者の資質・能力の向上，質の高い保育の実践につながっていく。　　　　（田窪玲子）

保育カンファレンス

　医療・臨床現場における，医者や他職種による事例検討会議（ケースカンファレンス）を保育・教育現場に適用したものである。一定の時間を設定して保育者全員が集まり，子どもに関する情報共有や自由な意見交換を行う場である。ファシリテーターがおかれることから，先輩の助言を一方的に聞くのではなく，今後の関わり方や保育環境の方向性について相談する場であり，一人一人の主体的な参加が求められ，また，子ども理解や保育に関する理解を深める場となっている。昨今は配慮を要する子どもや要保護の子どもを抱える園も増えているため，担任だけでなく，他クラスの保育者からの情報や今後の保育の見通しを共有することがより重要となっている。保育カンファレンスを基に保育現場の限界を見極め，地域の他機関との連携を視野に入れることも重要である。

→ファシリテーター⑯　　　　（田窪玲子）

ファシリテーター

　ファシリテーションの進行を行う進行役を指し，人が本来もつ力をエンパワメントし，創造的で生産性の高い学びや成果を作り出す役割を担う。研究や交流会などのファシリテーターにおいては，進行役として，研修プロセスの促進役となる。インストラクション（説明），クエスチョン（質問），アセスメント（分析・評価），フォーメーション（隊形），グラフィックとソニフィケーション（可視化と可聴化），プログラムデザイン（設計）などで構成される研修技術が求められる。また，地域における会議などでは創発的なアイディアの創生や課題解決に向けた研修の進行役や，医療・社会福祉・保育などの専門職カンファレンスにおける進行役を担う。ファシリテーターは，エンドユーザー（最終利益受益者）の目的とゴールに向けて，プロセスを共有しながら支援・援助を行う。　　　　（矢野景子）

[17] 諸外国の保育・幼児教育

乳幼児期／幼年期

　乳幼児期，幼児期をいつまでとするかは，発達心理学の知見をもとに区切る場合と，法律上の区分で区切る場合で異なる。子ども期早期を意味する Early Childhood は，幼年期と訳されることもあり，ユネスコでは0～8歳くらいの小学校低学年までを含めて考えられている。発達心理学では，乳児を infant，よちよち歩きの時期を toddlar とし，Early Childhood を1～2歳から就学前と表記することが多いようである。日本は義務教育が満6歳からであるために，その前までを乳幼児期としているが，義務教育が4歳，5歳の国もあり，国際比較をする時にはその国の区分の仕方にも注意して比較する必要がある。　　　　　　　　　　（内田千春）

ECCE

　ECEC とは，日本語の保育，幼児教育，乳幼児期の教育にあたる Early Childhood Education and Care の略である。Education は教育，Care はケアを意味する。OECD（経済協力開発機構）が行っている国際比較研究等ではこの用語が使用されている。一方ユネスコは，Early Childhood Care and Education と表記し，誕生から就学までの子どもに関わるインフォーマルな地域型プログラム，フォーマルな施設型の保育，保護者支援プログラムなど様々なプログラムを含むとしている。Care を入れない，Early Childhood Education も使用されることがある。
→ ECEC ④　　　　　　　　　（内田千春）

分離システム／統合システム

　分離システム（Split System）とは，保育と幼児教育が制度上異なる管轄に置かれている場合のシステムを指す。日本，アメリカなどのように，就学前の全ての年齢で2つ以上の種類の施設が存在する場合と，フランスのように3歳以下は保育，3歳以上は幼児教育施設として年齢で分けている場合がある。統合システム（integrated system）とは，施設の形態にかかわらず教育省等の1つの部局が管轄する制度を採用している場合を指す。例えば，スウェーデンのように，教育省が1歳からのプレスクールを管轄する場合もあれば，統一したガイドライン，カリキュラムの下に様々な種類の施設が運営されるニュージーランドのような場合もある。　　　　　　　　　　（内田千春）

ペリー縦断研究

　ワイカート（Weikart, D. P.）が行ったペリー・プレスクールプロジェクトとも呼ばれる縦断的研究。アメリカのミシガン州イプシランティで，1962年から1967年に実施された。123名の低所得層のアフリカ系アメリカ人の子どもたちで将来学校で課題をもつリスクが高いと予測された子どもたちをランダムに分けて，3歳の時に58名を質の高いプレスクールプログラムに通うグループ，65名を通わないグループとした。この2つのグループの追跡調査を11歳まで毎年，さらに14歳，15歳，19歳，27歳，40歳まで追跡し（6％が追跡できなかった），40歳になっても教育，経済的状況，犯罪率，

家族関係，健康の面で，質の高いプレスクールプログラムに通った方が肯定的な影響があったと報告されている。この研究は，青年期になってからの支援よりも就学前の支援へ投資した方が，経済的の効率が良いという根拠とされ，就学前教育の重要性が注目されるきっかけになった影響力の強い研究の1つである。

（内田千春）

OECD「人生の始まりこそ力強く」報告書

OECD（経済協力開発機構）は，2001年から「人生の始まりこそ力強く（*Starting Strong*)」と題した乳幼児教育とケアに関する報告書を出版している。OECD保育白書とも訳されている。各国の研究成果から乳幼児期の教育とケアが人生のウェルビーイングに影響を与えることが世界的に認められるようになり，乳幼児教育の質を考えるうえで重要なポイントや政策分野に関する報告書を2017年までに5巻と，関連する報告を2018年までに2巻刊行している。個々の政策・制度の比較，政策決定に寄与する情報を提供し，各国の乳幼児教育・保育政策に影響を与えている。

→ OECD（経済協力開発機構）④，SS Ⅴ ㉝

（内田千春）

PISA調査

Programme for International Student Assessment（PISA：国際学力調査）のことで，OECD（経済協力開発機構）が加盟各国の協力を得て義務教育終了段階（15歳），日本では高等学校1年生を対象として3年ごとに行われている国際比較調査。読解力，数学的リテラシー，科学的リテラシーの3分野と生徒質問紙，学校質問紙による調査を実施し，知識や技能の習得とそれを実生活の様々な場面で直面する課題に活用する力を測定しようとしている。2000年から実施されている。

（内田千春）

TIMSS調査

国際数学・理科教育動向調査のこと。国際教育到達度評価学会（IEA）において実施される。日本では小学校4年生と中学校2年生を対象に，算数・数学，理科，児童・生徒質問紙，教師質問紙，学校質問紙によって調査が行われている。国際的な尺度によって，初等中等教育段階における算数・数学及び理科の教育到達度を測定し，質問紙調査によって学習環境諸条件等の要因を合わせて調査し，その関係を分析している。最初の調査は1964年に行われ，1995年からは4年ごとに実施されている。

（内田千春）

TALIS調査

Teaching and Learning International Survey（TALIS：国際教員指導環境調査）は，OECD（経済協力開発機構）が行う，学校の学習環境や教員及び校長の勤務環境に関する国際調査である。2008年に第1回調査が参加24か国で行われた後，日本は第2回の2013年の調査（34か国・地域が参加）から中学校が，2018年の第3回調査から小学校が参加している。さらに，2018年には初めて国際幼児教育・保育従事者調査（International ECEC Staff Survery 2018）も行われ，実践内容や勤務環境，研修などについて調査が実施されている。こうした国際比較調査は，日本の実践の特徴を理解することを可能にし，政策形成に寄与することが期待されている。

→ OECD（経済協力開発機構）④

（内田千春）

イギリスのEPPE縦断調査

シルバ（Sylva, K.）らが行ったEffective Preschool and Primary Education（EPPE）調査は，1997年から2007年にかけて，大規模な子どもの成長を追跡した縦断調査である。子ども，家族，地域の特徴，就学前教育の質と経験，認知的発達，社会情緒的発達を測定したところ，就学前

教育の質が高い方が 11 歳までの読み書きの力，数学的力，自己調整力や向社会的行動の発達に肯定的な効果があることがわかった。しかし，幼児教育の質が低い場合幼児教育を受けた年数・経験による効果はなかったとされる。　（内田千春）

国際標準教育分類

1997 年にユネスコが策定した，社会経済に関する国際的な分類の枠組みである。年齢と，学校種，内容によって，教育水準が 7 段階で分類された。2011 年には，改訂されて，レベル 0-8 までの 9 段階に分類されており，加えて，分類できないものの区分もある。さらに，0 レベルとされる就学前教育については，3 歳未満と 3 歳以上で 0 レベルの 01 と 02 に区分されている。レベル 1 は初等教育または基礎教育ステージ，2 は前期中等教育もしくは基礎教育ステージ 2，3 は後期中等教育，4 は中等以降高等以前教育，5 は短期高等教育，6 は学士，7 は修士，8 は博士となっている。　　　（北野幸子）

紛争と子ども

世界各地での武力闘争，紛争や迫害により，難民や国内の避難民などが増加しており，子どもの生活にも深刻な影響を与えている。UNHCR は，世界全体の難民のうち 18 歳未満の子どもが約 50％を占めると報告している。難民の子どもの多くは，国内外の武力紛争の影響を受けている。紛争は，家族と住み慣れた土地を離れる，親と離れて暮らす，親と生き別れるなど，子どもの安心，安全な生活を剝奪する。ユニセフの報告によると，難民の子どもは難民ではない子どもの 5 倍の割合で学校教育を受けることができていない。2016 年時点のデータでは，難民の子どものうち初等教育を受けることができているのは 50％のみであるなど，紛争から逃れる子どもたちの教育を受ける権利が妨げられている。
【引用文献】ユニセフ（2018）「children on the move」。
→ユニセフ（国際連合児童基金）36
　　　　　　　　　　　　　　　　（南野奈津子）

宗教と子ども

歴史的には，子どもの教育や福祉事業に宗教家が関わり，寺や教会を母体とする法人が児童福祉施設や教育機関を運営するなどの形で，子どもの福祉や教育に貢献してきた。一般家庭でも，宗教教義に基づいた生活習慣や風習のなかで育つことで，道徳的な規範を学んだり，コミュニティのつながりのなかで人間関係を育てていったりと，子どもや家族の生活を支えるものとなっている。一方で，宗教に基づく特定の習慣が学校での生活ルールに馴染まないことで子どもが転校を選ぶといった事例もあり，社会生活と宗教との折り合いが課題となることもある。また，親の信仰により子どもが医療的援助を受けられない，あるいは偏った環境や虐待に類するような状況下におかれるなど，時に子どもの福祉が守られない状況の生起に宗教が関係していたという歴史も存在する。　　　　　（南野奈津子）

移民の子ども

世界的に移住者が増加していることに伴い，移民の子ども（migrating children）も増加している。移民の子どもは，言葉や文化の壁により，移住先の国での教育システムへの適応に関わる課題を抱え，社会的孤立の状態におかれやすい。移住労働者が社会保障制度の利用に至らない，雇用条件が守られない，搾取の被害に遭いやすいなどの社会的不利も，子どもが教育や社会生活から疎外され，貧困に陥りやすくする。移民の子どもは幼児期から青年期に至るまで，ニーズに応じた教育を受ける機会が乏しいこと，そして障害への支援が行き届きにくいことなども，課題として指摘されている。

出生した時点で移住先国にいる子ども，家族とともに移住先国に移り住む子ども，

先に移住先国で暮らしていた親からの呼び寄せにより移住する子どもなど、移民の子どもの背景や状況は様々である。さらに、母国、移住先国の社会・経済的な環境、移住時の年齢などの違いがあるため、それぞれのおかれた状況に応じた支援が求められる。　　　　　　（南野奈津子）

中国の保育・幼児教育

中国の就学前教育は、幼児園又は小学校付設の幼児学級で行われてきた。公立幼児園が多く通常3〜6歳の幼児を対象として行われており、都市部か農村部かなどによって普及の状況が異なる。中国では、祖父母による養育が一般的に行われていることや一人っ子政策等もあり、1歳半以前に家庭外で保育を必要とする家庭は少ないと考えられてきた。保育園は1970〜1990年代までは国営企業や機関等が主導して設置、発展してきたが、1997年以降は、託児所は減少している。幼児教育施設は上海などの都市部では増加傾向にある一方で、保育料の高騰と保育の質の低下も懸念されている。民間施設を中心に欧米の先進的な保育を取り入れたものなど多様な就学前教育プログラムが提供されている。2019年に中央政府から託児施設設置基準と託児機構管理機関の通知が出され、0〜3歳の託児センターの充実が図られつつある。　　（内田千春）

韓国の保育・幼児教育

3〜5歳児を対象として幼稚園が「幼児教育法」に基づき設置されている。また社会福祉施設として0〜5歳児を対象とする保育所（オリニチブ：「子どもの家」の意味）が「乳幼児保育法」に基づき設置されている。この2つの所管は異なるが、3〜5歳児の保育内容は、2012年に制定、2013年度から施行された幼保共通の教育・保育課程（ヌリ課程）によって一元化されている。

韓国の都市部では私立幼稚園が多く過疎地域の就学前教育を小規模な公立園が担っているため、過疎地域の方が公立幼稚園の割合が高い。0〜2歳児は、小規模の「家庭的保育所」が保育所全体の53.4％を占めており、民間運営であることが多く、保育所全体では95％が私立保育所である。　　　　　　（内田千春）

ベトナムの保育・幼児教育

ベトナム社会主義共和国には、保育・幼児教育施設が3種類ある。いずれも教育訓練省（MOET）が管轄し、ECECに関する行政の一体化がなされている。現在、保育所（3か月〜3歳）、幼稚園（3〜6歳）、幼児学校（3か月〜6歳）が設置され、2018〜2019年の調査では、81〜94％が公立園である。また、就園率は、約8割である（ベトナム統計総局ホームページより筆者が算出）。

1998年に、ベトナム初の体系的な教育法である「ベトナム教育法」が制定され、その後2005年に改訂された（2006年1月施行）。第18〜20条にECECについて記載されている。ECECの目標として、人格の基本の形成、小学校教育への接続を挙げ、また子どもの発達に即した養護と教育の調和と、子どもが学校に行きたくなるような内容を挙げている。目上の人への尊敬・敬愛の気持ちをもち、礼儀正しく、正直で勇敢、と目指す幼児像を明らかにしている点が特徴的であり、方法として、遊びの組織化と集団指導、励ましながら教育すること等、具体的に示している。　　　　　　（中田範子）

トルコの保育・幼児教育

0〜36か月の子どもの託児や施設での保育は家族・労働・社会福祉庁の管轄に置かれている。36〜66か月の子どものための幼稚園と、48〜66か月の子どもを対象とする保育学校は教育省の基礎教育庁の管轄である。特別支援は、特別支援教育庁管轄の特別支援幼稚園にある幼児教育センターで0〜66か月の全ての子どもを対象に無償で行われている。就学前

教育は公営施設では無償で提供されているが，就園率は OECD の平均以下である。3 歳以上のクラスは 10 人以上 20 人以下とされる。2019 年の幼児教育及び初等教育施設規定の改正により，4 歳になった次の 9 月から幼稚園等のプログラムに通園することになった。施設に余裕があれば 4 歳未満の子どものクラスも設置できる。近年就学前教育を推進する法改正が行われ，3 歳未満と 3 歳以上それぞれに，「子どもの教育プログラムと総合的な家族支援トレーニングガイド」が定められている。「就学前教育指針プログラム」(2017) と「0-36 か月児のための教育プログラム」(2018) が作成され，今後全国へ展開される。　　　　　（内田千春）

ドイツの保育・幼児教育

　3 歳未満の保育所 Kinderkippen と 3 歳以上児の KITA（Kindertagesstatte：総合的保育施設），幼稚園がある。義務教育は 6 歳からの 9 年間である。1990 年に「社会福祉法 VIII」が制定され，1992 年と 1996 年に補筆された結果，3 歳以上の子どもが保育を受ける権利が保障され，1999 年までに全ての 3 歳以上の子どもが就学まで幼稚園に例外なく通えることとされた。2008 年には「児童推進法」によって，保育等の場を徐々に増やし 2013 年 8 月までに 1 歳以上の子どもへの保育・託児が拡充されてきている。財政措置は地方自治体の責任とされるため，自治体によって無償化の対応は異なる。2019 年 1 月には，保育の質と量の向上を目指したいわゆる「良いデイケア法」が成立した。この法律により 2022 年までは連邦政府の財政負担により，質の高い保育と保護者の費用負担軽減に向けて改善を図ろうとしている。
　　　　　　　　　　　　　（内田千春）

フランスの保育・幼児教育

　フランスの保育・幼児教育は大きく分けて 3 歳までの「保育」と 3 歳以降の「幼児教育」に分けられる。3 歳までは crèche と呼ばれる一般的な保育園に加え，行政の認可を受けた保育ママ（assistante maternelle）や一時託児（halte-garderie）等の制度もある。3 歳以降の幼児教育は保育学校（école maternelle）と呼ばれ，2019 年に義務教育化され，無料で提供される就学前公教育の場である。学年構成は日本同様，年少クラス（petite section），年中クラス（moyenne section），年長クラス（grande section）の 3 学年である。日本との相違点として，1 学年は生まれた年で構成され，9 月に入学すること，また保育時間は概ね日本より長時間保育であることが挙げられる。また教育ではなく，遊びを中心とした保育活動を行う児童園（jardin d'enfants）等もある。　（田尻由起）

ベルギーの保育・幼児教育

　フラマン語，ワロン語，ドイツ語の 3 つの公用語があり，各言語共同体政府に保育・教育の責任当局がある。フラマン語圏共同体では，0 歳〜2 歳半は家庭的保育か保育所，2 歳半〜6 歳は幼児教育施設を利用できる。幼児教育施設は，幼児学校として独立しているところもあるが，小学校付設が多い。週 23 時間〜33 時間は無償で，親が学校手当を受けとる場合，例えば 3 歳の子どもならば年に少なくとも 150 日の半日保育に参加させる必要があるなど規定がある。幼児教育施設のカリキュラムは，施設を管轄する教育委員会等が作成し，視学局と教育省が承認したものを選択するか，あるいはそれに基づいて各施設が作成できる。一般的なコアカリキュラムとして，体育，芸術教育，オランダ語，ワールドスタディ（自然，技術，人類社会），算数への導入の 5 つの分野の発達目標が示されている。保育施設は質保証マニュアルにより，幼児教育施設は教育省が示した発達目標が適切に追求されているかを視学局が監査

し，質保証をしている。　　　（吉永安里）

オランダの保育・幼児教育

　0歳〜4歳までの保育施設は，民間の保育所（Childcare centre）と公立のプレイグループがある。保育所は親が就労している子どものための保育施設であり，1日11時間，週5日，年50週のサービスを提供する。正規と非正規があり，正規には認可保育所・家庭的保育，非正規には無認可保育施設やオーペア（現地家庭の育児や家事を手伝いながら滞在先を提供してもらう海外滞在の方法の1つ）等によるベビーシッターも含まれる。公立のプレイグループは2歳半〜4歳を対象としているが，現実的には社会的に不利な状況にある子どもや発達に遅れのある子どもを対象に半日保育を実施している。プレイグループと正規保育施設は教育監査局による査察が行われる。4歳からは，12歳までの一貫教育を行う基礎学校（Basisschool）の幼児クラス（Klas）に入る。4・5歳は基礎学校の1・2年生と位置付けられ，5歳からは義務教育である。近年，就学前早期教育（VVE）プログラムが，プレイグループと基礎学校の幼児クラスに通うオランダ語を母語としない子ども，社会的に不利な状況にある子どもなどを対象に行われている。

（吉永安里）

スウェーデンの保育・幼児教育

　プレスクール，プレスクールクラス，余暇センター（学童保育）は，義務教育学校とともに2010年の教育法によって規定されている。スウェーデン全国教育機関（Skolverket）という中央組織が管轄し，地方自治体と助成金を受けた独立学校がプログラムを運営している。1〜5歳のプレスクールは，義務教育であるプレスクールクラスに入学する前の子どもたちが通うもので，スウェーデンに居住するすべての子どもにプレスクール教育と保育を用意するのが自治体の義務で

あり通うのは子どもの権利とされている。プレスクールカリキュラム（Lpfö18）が定められており，1日3時間または1週間に15時間のプログラムが提供される。3歳以上は年間525時間まで無償である。1歳児の47％，2歳児の87％，3歳児の92％，4〜5歳児の94％がプレスクールに通っている。2018年の秋から6歳以上のすべての子どもは義務教育のプレスクールクラスに入ることになり，プレスクールクラスは義務教育学校と同じカリキュラムの枠組みに入る。　（内田千春）

フィンランドの保育・幼児教育

　「幼児教育とケア（ECEC）」を統合した「エデュケア」モデルにより，保育実践を大切にしながら計画された目標に向けた教育と，子どもの成長のためのケアを行う。管轄は「教育と文化省」。2018年幼児教育法で，学校教育年齢以下の全ての子どもがECECを受けることが子どもの権利として定められた。保護者は，産後育児休暇取得後（生後9〜10か月），次のような選択肢がある。自治体のECEC，民間運営のECECまたは保育施設，最も年下の子どもが3歳になるまで育児休暇を取得するか家庭保育助成を受けて家庭保育を受ける等である。ECEC施設は7歳まで通うことができる。2015年から，ECECセンターや学校で行われる1日4時間の就学前教育1年間が義務教育になった。多くの子どもはECECセンターで参加している。2018年の国のコア・カリキュラムにそって地域のカリキュラムが定められる。就学前の6歳児の1年間は無償，それ以前は家庭の収入等に応じて料金が決められ，一般に民間施設の方が費用がかかる。（内田千春）

ネウボラ

　ネウボラ（Neuvola）はフィンランド語で「Neuvo- 助言」と「la- 場」で，相談の場を意味する。1944年に，「妊娠・子育て家族サポートセンター」として妊娠

期から切れ目なく全ての子育て家族を対象とする支援システムとして制度化された。運営の主体は市町村。利用料は無料。出産後はお祝いとして、育児に必要な「育児パッケージ」が国から全家庭に配布される。ネウボラには、家族のかかりつけ保健師が常駐しており相談に応じている。家族との信頼関係を重んじるため、妊娠期からできるだけ同じ保健師が、定期的なケアを重ねている。家族のもつ生活課題や子どもの発育発達課題に対しては必要に応じて、医師、心理士、保育園、学校等と連携を図り、適切な支援につなげていく。日本においては、2017（平成29）年から各自治体において「子育て世代包括支援センター」が設置義務となり、母子保健を中心とした妊娠期からの切れ目ない支援「日本版ネウボラ」が始まっている。

【参考文献】髙橋睦子（2015）『ネウボラ——フィンランドの出産・子育て支援』かもがわ出版。 （榊原久子）

イギリスの保育・幼児教育

イングランド、スコットランド、ウェールズ、北アイルランドの4地域で制度が異なる。イングランドでは、公立と民間・非営利・独立（PVI）の施設に分けられる。3歳未満は公立のチルドレンズ・センターもあるが少なく、主にPVIの保育施設（Day nursery）やチャイルドマインダーによって行われる。3〜4歳児は公私にかかわらず年間570時間無償、公立の小学校付設保育クラス（Nursery class）か保育学校（Nursery school）、PVIの保育クラス、保育学校、プレイグループ、保育所（Childcare centre）が利用できる。4歳児は義務教育ではないが、多くが小学校付設のレセプション・クラスに入り準備教育を受ける。質保証は、EYFS（乳幼児期基礎段階）カリキュラムによる0歳から5歳就学までの「学びと発達」「安全と福祉」の視点からの子どもの発達の評価、OFSTED（教育水準局）による保育・幼児教育施設の評価によって行われる。 （吉永安里）

アメリカの保育・幼児教育

アメリカ合衆国の保育・幼児教育は、州により規定等の違いが大きい。多くの州で、5歳の子どもを対象とした幼稚園は、公立で、無償であり、小学校に付設されていて、義務教育に位置付けられている。一方で、4歳以下の保育・幼児教育については、多種多様な形態であり、特に3歳未満の子どもの保育・幼児教育については、各家庭にゆだねられている傾向が強く、合衆国としてのデータ把握も十分になされていない状況である。実際、合衆国の子どもと家庭に関わる社会保障費は大変低い。昨今、3，4歳を対象としたプレスクールの就園率の向上や、公立化が進められつつある。 （北野幸子）

ヘッド・スタート

ヘッド・スタート・プログラムは、1960年代の半ばから、アメリカ合衆国の保健福祉省が実施しているプログラムである。合衆国政府主導の子どもと家庭に関わる福祉政策は数少ないが、そのうちの1つである。「貧困との闘い」の政策の一貫として進められた、社会経済的に支援が必要な家庭の子どもや、障害児、多文化的背景にある子ども等を対象とした、補償教育である。就学に向けた支援として、アルファベットが読めることや、10までの数唱が可能となることなどが目的とされており、健康診断や、健康・栄養教育も含まれている。 （北野幸子）

カナダの保育・幼児教育

教育・保育は各州政府の管轄にあり、州ごとに制度が異なる。全体的には保育（child care）は民間、幼稚園（kindergarten）は地方教育行政の運営が多い。一般に幼稚園は4，5歳または5歳の1年で、公教育として位置付けられている。0〜13歳までの保育（Childcare）について2015

年に制度改正が行われ，5人以下の訪問型，家庭的保育，施設（センター）保育についての認可基準を定めている。センター保育は0〜18か月，18〜30か月，30か月〜6歳のプレスクール，44か月以上68か月以下の幼稚園，68か月〜13歳の初等学校等の学童保育を含む。

カリキュラムは各州ごとに定められいてる一方で，2010年にカナダ教育評議会は遊びを基盤にした探究的な経験の重要性を示し国全体での共通理解を図っている。例えばオンタリオ州では，小学校教育の知識がある教師と幼児期の子どもの指導の専門家である保育者（Early Childhood Educator）がチームを組んで指導にあたる。　　　　　　（内田千春）

ブラジルの保育・幼児教育

0〜3歳が保育所に通い，4〜6歳が教育的な機関である幼稚園に通う，と定められていた。この状況が変わるのは2006年で，法律11.274号で初等教育の就学年齢が6歳に引き下げられ，幼児教育は同年の憲法修正第53号で0〜5歳に縮小された。さらに，2009年11月の憲法修正第59号の公布で，4歳児と5歳児が義務教育対象者に含まれるようになった。

ブラジルは広い国土を有し，教育制度は非常に分権的である。各自治体の教育局は，予算，人事や教育内容を決定する権限を有しているため，地域の経済格差が教育に反映し，豊かな南部や南東部地方と貧しい北部地方などの学校間の格差が顕著である。この問題をさらに複雑にするもう1つの要素は，格差社会を反映する公立と私立学校の格差である。公立の保育所及び幼稚園は市教育局が管理運営しており，憲法によると，0〜3歳児の中で保育所を必要とする子ども全員及び4歳児と5歳児全員に幼稚園教育を無償で提供する義務があると定められている。2000年代に入って，私立の保育所・幼稚園は年々拡大し，その果たす役割もますます重要となっている。（内田千春）

ニュージーランドの保育・幼児教育

ニュージーランドには，幼稚園，保育所を含む教育とケアサービス，親たちが運営するプレイセンター，先住民族マオリの言語・文化を土台とするコハンガ・レオ，家庭的保育サービスなど，多様な保育・幼児教育施設が存在する。1986年，幼保一元化が図られ，教育省の管轄のもと統一的なカリキュラム，認可・補助金制度，教員養成制度が確立された。1996年に策定された「テ・ファーリキ」は世界的に注目されるカリキュラムである。

義務教育は6歳からだがほとんどの子どもは5歳台で入学する。2007年，保育の無償化が開始され，その後の拡充を経て，現在では，3〜5歳児を対象として，全ての認可施設で週20時間（1日最大6時間）の保育の無償化が実現している。学校と同様，教師にはティーチング・カウンシル（Teaching Council）による登録認定制度，保育施設には教育評価局（Education Review Office）による外部評価が適応される。　　　　　（鈴木佐喜子）

テ・ファーリキ

1986年の幼保一元化を受け，1996年，ニュージーランドで最初の保育・幼児教育のナショナル・カリキュラム「テ・ファーリキ」が誕生した。5年の歳月をかけ保育諸団体と協議を重ねて作り上げられた。「ファーリキ」は，マオリ語で織物のマットを意味する二文化共生のカリキュラムである。エンパワメント，全体的発達，家族とコミュニティ，関係性という4つの原理，健康と幸福，所属感，貢献，コミュニケーション，探求という5つの領域が掲げられている。内容の独自性・革新性が，多くの保育関係者から支持され，国際的にも注目を集めている。

2017年，「テ・ファーリキ」の改定が行われた。原理，領域は変更されなかっ

たが，文書の簡潔化が図られ，最新の理論・研究成果，保育の成果・学びの成果の強調等が盛り込まれた。短期間に改定草案が作成されたことから，多くの保育関係者から意見・批判が寄せられ，教育省による修正を経て改定がなされた。

→ラーニングストーリー ⑭

（鈴木佐喜子）

オーストラリアの保育・幼児教育

　オーストラリアの ECEC には，プレスクール，長時間の保育，家庭的保育，一時保育，移動サービス，特別支援プログラム等が含まれる。「帰属，存在，生成──オーストラリアの幼児教育学習の枠組み」が 2008 年に定められ，目指す子どもの姿とともに ECEC の共通の理念・実践のガイドラインとされている。0〜2 歳児は 33％，3 歳児は 69％の子どもが通園している。4 歳児の ECEC への参加率は，2005 年の 53％から 2014 年には 85％と大きく増加した。ECEC 施設の認定，運営は州政府が法律・規程を定めているが，2011 年から全国共通のECEC の質を向上させる仕組みを定着させようとしている。全豪子どもの教育とケアの質機構（ACECQA）が 2012 年から質指標に基づいて，長時間の保育，家庭的保育，プレスクール，幼稚園，学童保育等の外部評価を行い，その結果を公表している。　　　　　　　　（内田千春）

DAP（発達にふさわしい教育実践）

　アメリカ合衆国で最も浸透している 0歳から 8 歳を対象としたカリキュラムである。合衆国最大の，保育・幼児教育の専門職組織である全米乳幼児教育協会（NAEYC）が，1984 年に設置した委員会で検討し，1985 年に著した基本見解である。1987 年にガイドラインが出版された。その後，1997 年，2009 年と改訂を経て，2020 年に基本見解の第四版が改訂された。DAP は，保育者のカリキュラム編成を支援する指標として位置付け

られており，発達知を大切にしつつ，多文化性，個別性，地域性，ジェンダー，障害等への配慮が必要であるとしている。

（北野幸子）

もりのようちえん

　もりのようちえん（Forest Kindergarten）は，名称は幼稚園だが 0 歳からのプログラムもある。スカンジナビア半島で少なくとも 25 年以上にわたって行われてきたアプローチである。子どもたちが自然と関わりながら学びを深めるために，天候にかかわらず森林公園等の中でゆったりと時間を過ごせるよう，安全への配慮や自然物の活動などの知識をもった指導者によって行われている。週 1 回程度から保育時間の 8 割以上森の中で過ごすプログラムも含まれる。身体的，社会的，認知・言語的スキルや自己信頼感を育むとされる。現在では，ドイツ，デンマーク，イギリス，オセアニアなど日本を含めた様々な地域に広まっている。（内田千春）

プロジェクトアプローチ

　ジョン・デューイ（Dewey, J.）のシカゴ実験学校で行われた教育にルーツをもつアプローチ。イギリス，北米で発展しリリアン・カッツ（Katz,L.）らによって幼児期から小学校低学年での実践者との共同研究が行われ発展した。イタリア北部の街レッジョ・エミリア市の保育学校の実践に取り入れられたことにより，さらに広く知られることになった。乳幼児期のカリキュラムにプロジェクトアプローチを含めることで，①意味のある知識の形成，②知的，学術的，運動，社会的な基本的スキルの発達，③望ましい態度の強化，④共同で探究する活動に参加する学び手としての肯定的な自己イメージの形成といった点をねらうことができる。プロジェクトのテーマを子どもたちの興味関心から選び，長期にわたってテーマをもって探究する。

→レッジョ・エミリア・アプローチ ⑬，

エマージェント・カリキュラム 14
（内田千春）

バンク・ストリート（発達にふさわしい関わりアプローチ）

Developmental Interaction Approach は，現在では多くの就学前及び初等教育の教師が採用しているアプローチだが，バンクストリート教育大学が最も古くから提唱してきたとされる。特定の手続きによる教育方法ではなく，研究に基づく基本理念を整理し，乳幼児期から児童期の教育に携わる教師の実践や子どもの成長に寄与してきたとされる。思考と感情は絡み合いながら発達し，学び手である子どもは誕生時から周囲の世界と関わり合いその変化に対応しながら生活経験を重ねて学んでいくという理念のもとに，人やものとの実際の関わりをベースにした教育環境が目指されている。

→ DAP（発達にふさわしい教育実践）17
（内田千春）

クリエイティブ・カリキュラム

アメリカの初期のヘッドスタートの研修ニーズを受けて 1978 年に最初のクリエイティブ・カリキュラムが出版された。2010 年の新版では，初任からベテランの保育者までが活用できるリソースを用意している 5 冊のテキストにより成り立ち，0，1，2 歳児，プレスクール，家庭的保育に分けて枠組みが示されている。肯定的な関わり，社会情動的スキルの重視，子どもにとって意味のある遊び，環境の影響，保育者と家族の連携の重要性の 5 つの理念に基づいている。遊びの要素として，ブロックや積み木，演じる遊び，遊具・ゲーム，アート，絵本，発見する活動，砂と水，音楽と動き，料理，コンピュータ，屋外活動に分けて，遊びのヒントが示されている。子ども理解のためのアセスメントシステムや，特別な支援が必要な子どもや多文化の背景をもつ子どもへの配慮を含んだカリキュラムを特徴としている。　　　（内田千春）

＊　本章に記載した各国の制度については 2020 年時点の情報に基づいている。制度は，つねに様々な理由により変更されていくものであることに留意してほしい。

18 障害児保育（教育）

障害児保育

基本的には心身に障害のある子どもを対象とした保育のことで、一般の保育施設で受け入れて行う保育のことである。施設を限定せず、障害のある子どもに対して行う保育を指す場合もある。分離保育や統合保育、インクルーシブ保育などの形態がある。

1974（昭和49）年の「障害児保育事業実施要綱」が出されたことによって、障害児保育が制度化された。また2003（平成15）年度からは、一般財源化し、全ての保育所で障害児を受け入れやすくするための補助を行っている。近年、通所事業の利用形態が多様化しており、保育所以外での障害児への保育事業が拡がってきている。また、気になる子どもや海外にルーツのある子ども、貧困等の家庭環境の厳しい子ども、医療的ケア児など、障害の診断はないものの配慮を要する子どもも障害児保育の対象になっている。

（勝浦眞仁）

統合保育

わが国の障害児保育は、分離保育から統合保育、インクルーシブ保育へと転換している。1970年代以降、保育所における障害児の受け入れが進む中で、通常保育の場に障害児を受け入れ、共に保育をする保育形態を「統合保育」を呼ぶようになった。これは、「障害のある子ども」と「障害のない子ども」として、2つに分けた捉え方が前提となっている。近年では、場を共有する統合（インテグレーション）保育から、包括的な（インクルー

シブ）保育への転換が目指されている。インクルーシブ保育では、障害の有無に関係なくいろいろな子どもがいることを前提とし、「すべての子ども」が配慮の対象となるような、柔軟な保育を創造することが求められている。 （上島遥）

分離保育

障害児のみを対象とした保育形態を「分離保育」といい、現在の特別支援学校幼稚部や児童発達支援センター等の障害児施設における保育・教育がこれにあたる。障害について専門性の高い教職員の配置や、障害特性や発達状況に応じた設備やカリキュラム、少人数の保育体制、理学療法士（PT）・作業療法士（OT）・言語聴覚士（ST）による機能訓練が受けられること等々がメリットとして挙げられる。一方で、子どもにとって必要な支援は場所を限定することなくどこでも提供されるべきであるという考え方の広がりから、幼稚園や保育所においても今後障害児に対する専門性が期待されており、障害児施設は地域での障害児の育ちを支える後方支援としての役割が求められている。 （上島遥）

療 育

もともとは整形外科医の高木憲次によって提唱された肢体不自由児に対する治療教育的概念である。ポリオや脳性麻痺等により身体に障害のある子どもたちが社会的に自立できるよう、学際的な知見を統合したチームアプローチが行われた。その後、同じく整形外科医の高松鶴吉により「注意深く特別に設定された特殊な子育て」と定

義され，療育は肢体不自由児に限らない障害児への医療・教育・福祉にまたがるケア全体を指す概念として発展してきた。

　最近ではほぼ同義で発達支援という言葉も用いられる。子どもへの支援，家族支援，地域連携が療育の主要な３つの柱とされ障害者基本法第17条にも療育に関する公的責任が明記された。現在は，虐待，貧困，ひとり親家庭，外国籍等も含めた多様な育児環境下にある子どもへの育ちの保障，医療的ケアを必要とする子どもや難病のある子どもへの支援等，療育の再定義が必要な時代であるともいえる。　　　　　　　　　　　（熊田広樹）

特別支援教育 ⇨特別支援教育 [26]
特別支援学校 ⇨特別支援学校（の目的）[26]
特別支援学級 ⇨特別支援学級 [26]
通級による指導 ⇨通級指導教室 [26]
ノーマライゼーション ⇨ノーマライゼーション [26] [34]
インクルージョン ⇨インクルージョン [26]
発達障害者支援法 ⇨発達障害者支援法 [37]
障害者権利条約 ⇨障害者の権利に関する条約 [26] [37]
障害者基本法 ⇨障害者基本法 [37]
障害者差別解消法 ⇨障害を理由とする差別の解消の推進に関する法律（障害者差別解消法）[37]
発達障害 ⇨発達障害 [20] [26] [45]
自閉スペクトラム症 ⇨ASD（自閉スペクトラム症／自閉スペクトラム障害）[45]
ADHD ⇨ADHD（注意欠如・多動症／注意欠陥・多動性障害）[45]
SLD ⇨LD（学習障害）／SLD（限局性学習障害／限局性学習症）[45]
DSM ⇨DSM-5 [45]
ICD ⇨ICD-10 [45]
知的障害 ⇨知的障害 [45]
肢体不自由 ⇨肢体不自由 [45]

重症心身障害

　重度の知的障害と重度の肢体不自由を併せ有する障害である。福祉の現場では，障害児の分類に大島分類が広く使われている。身体を調整する力（座位がとれる，立てる，走れるなど）と，知的能力（IQ）の２つの軸によって，障害の程度を25段階に分けている。重症心身障害は，大島分類の１から４，つまり，寝たきりまたは座れる身体の状態で，かつ，IQが35未満の場合であるとされる。原因は，周産期障害，後天性障害，先天性障害など様々にあるが，中枢神経機能の障害を併せ有することが多い。重症心身障害の子どもの生活は全介助を必要とすることがほとんどである。日常的な医療管理を必要とするが，日常の活動に参加するための力を高めていくことも重要である。例えば，ICTを活用して，コミュニケーションをとる取り組みも行われている。また，保育・医療・福祉など多くの専門家が連携，協力していくことも欠かせない。

→医療的ケア児 [45]　　　　　　　（勝浦眞仁）

気になる子ども

　障害の確定診断はないが，保育者から見て「落ち着きがない」「集団に馴染めない」「指示が理解できない」など，保育の生活場面において，発達的観点から気になる行動を示す子どものことを指す。幼児期においては特に障害か否かの区別が難しく，親子関係や生育環境による影響から発達障害に似た行動をとる子どもも，これに含まれる可能性がある。文部科学省の「通常の学級に在籍する発達障害の可能性のある特別な教育的支援を必要とする児童生徒に関する調査」（2012）によると，学齢期では通常学級に在籍する児童の6.5％が特別な支援を必要とする子どもであるという調査結果が出ている。早期支援の観点からすると，確定診断の有無にとらわれず「気になる段階」

から子どもの行動特徴や保護者の心理に配慮した支援を開始することが重要であるとされている。　　　　　（上島遥）

HSP

Highly Sensitive Person の略で，人に対する繊細さと諸感覚の敏感さの両方を併せ持つ人のことである。医学的な診断名ではなく心理学の用語であり，その人の気質を表す。これまで専門家の間ではあまり注目されていなかったが，昨今，感覚処理感受性を示す科学的なエビデンスも示されるようになった。対人関係の苦手さや，光や音に敏感であることなど，発達障害と状態像が似ているという指摘もある。また，子どものときには，睡眠や食事の問題を抱えやすいとされる。HSP には4つの特性（DOES）があり，情報処理の深いこと，刺激に過敏であること，共感力の高いこと，周囲の些細なことに気づくことが挙げられる。一方で，これらの特性は長所でもあり，物事を深く受け止めることや，共感性や直観力の高さとも考えられる。このように，環境感受性が高いと考えられ，環境を整えることによって，HSP の人たちの力が十分に発揮されやすくなる。　（勝浦眞仁）

医療的ケア児　⇨医療的ケア児 (45)

障害特性

当該の障害があることによって見られる性質・特徴であり，特に顕著となる側面のことをいう。例えば，視覚障害のある子どもは模倣をすることが難しいため，動作や技術習得に困難があることが特性として挙げられる。保育者（支援者）としては，それぞれの障害特性に合わせた配慮・援助が求められている。先の視覚障害児の例でいえば，保育者が意識的に言語化して，子どもに動作や技術を伝えていくことが必要になるといえる。

障害特性という見方については留意したい点がある。例えば，落ち着かない子どもに出会ったとき，それは生まれつき

の特性（多動性）によるものなのか，それまでの養育環境によるものなのか，その両方によるものなのか，その見極めが重要である。障害のある子どもの問題となる行動全てを特性と決めつけることはできない。　　　　　　　　（勝浦眞仁）

問題行動

子どもが示す様々な行動上の問題や社会的に容認しづらい行動を指す。自傷や他害，パニック，奇声といった行動が具体例として挙げられる。ほぼ同義と考えられる言葉に「行動問題」という用語がある。「問題行動」は本人の不適応な行為そのものを問題として捉えているのに対して，「行動問題」は本人の行為そのものに加え，その行為の背景（原因や理由，環境）を含めた広い捉え方をしている。軽度の認知や学習面の障害がある子どもの行動で用いられる場合が多い。また「挑戦的行動」という類似の用語もある。落ち着かない日々の生活や環境に適応しようと子どもなりに挑んでいる行動と考えられている。保育において問題行動とみなされがちなケースにおいても，環境に適応しようとしたことから生まれた子どもの行動という見方がありうる。
　　　　　　　　　　　　（勝浦眞仁）

困り感

保育者が保育上難しいと感じること，対応に悩むこと，負担に感じることなどの感情を総じて示した用語である。背景に，配慮を要する子どもの理解のしにくさや，対応方法のわからなさ，保育上の人手不足などがある。特に他児に手を出してしまうことや，遊びのルールを守れないなど，集団を乱してしまうような子どもの行動に対して，困り感を抱く保育者は多くいる。

保育者が困り感を抱きながら保育をしているときには，園長や主任，同僚に相談したり，ケース会議やカンファレンスを実施し，保育者の困り感をできるだけ

和らげていくことが大切である。子ども
のどのような行動に保育者が困り感を抱
いているのか把握していくとともに，子
ども自身の抱えている園で生活していく
中で困っていることや生きづらさを理解
していくことが求められる。　（勝浦眞仁）

ICF ⇨ ICF ②⑥ ④⑤

アセスメント

　指導計画や支援計画を立案するために
必要な評価のことであり，発達段階や特
性等，子ども理解を深める大切なプロセ
スである。フォーマルなアセスメントと
インフォーマルなアセスメントに分類さ
れる。前者は標準化された検査バッテ
リーや質問紙を用いて行う評価であり，
乳幼児であれば新版 K 式発達検査 2020
や乳幼児精神発達診断法（津守・稲毛式）
等がよく用いられる。後者は主に子ども
の行動観察を通して行う評価である。ま
た，生育歴や家庭環境等の情報を保護者
から聞き取ることも発達を見立てるうえ
で欠かせない手続きであり，インフォー
マルなアセスメントに含まれる。
　子どもの状態像の変化によって計画が
見直される際は再びアセスメントを実施
することがある。他機関や多職種と連携
しながら各種アセスメントをバランスよ
く統合し，支援や配慮が必要な子どもへ
の理解を深めていくことが重要である。
　　　　　　　　　　　　　　（熊田広樹）

バリアフリー／ユニバーサルデザイン

　1961 年アメリカにおいて策定された
バリアフリー基準に端を発するものであ
る。バリアフリーは当初，障害者にとっ
ての物理的な障壁を取り除くことを意味
するものであった。今日ではこれに加
え，心理面や制度面，社会通念，情報面
のバリアフリーを含むものとして捉えら
れている。これに対しユニバーサルデザ
インは，障害のある人を前提とするので
はなく，全ての人に使いやすい製品，環境，
情報等のデザインを示すもので，アメリ

カの車いすユーザーのロナルド・メイス
（Mace, R.）によって提唱された。ユニバー
サルデザインの 7 つの要素には，公平性，
柔軟性，単純性・直感性，認知性，安全性，
効率性，スペースサイズがある。社会を
構成する様々な人々が生活しやすい，利
用しやすい生活環境の整備がこのデザイ
ンの基本思想となっている。　（柏倉秀克）

加　配

　幼稚園，保育所，認定こども園等にお
いて，在籍する障害のある乳幼児に対し
て，集団保育における個別の支援を充実
させるために，法律で定められた職員定
数を超えて教諭，保育士等を雇用し，配
置することを指す。加配された教諭，保
育士を，特に加配教諭，加配保育士と呼
ぶことがある。加配は，所在地の自治体
の定める制度（障害児保育事業，私立幼稚
園特別支援教育事業費補助など）に基づい
て，必要な人件費の補助を受けて行う場
合と，各保育施設の判断により，独自に
加配を行う場合がある。加配される人数
は，自治体によって異なるが，保育所に
おいては，障害のある乳幼児 2 人に対し
て，保育士 1 人の加配が，国が推奨する
水準として示されている。　（吉川和幸）

私立幼稚園特別支援教育事業費補助

　障害のある幼児が在籍する私立幼稚園
等に対して，所在地の自治体が，特別支
援教育の拡充を目的とした人件費等の補
助を行う制度を指す。制度の名称は全国
一律ではなく，自治体によっては「私立
幼稚園特別支援教育費補助」「私立幼稚
園心身障害児教育事業費補助」等の名称
が付けられている。補助金の交付申請は，
毎年度ごとに私立幼稚園等から自治体に
対して行うが，申請対象となる幼児が，
身体障害者手帳もしくは療育手帳を所持
していること，特別児童扶養手当を支給
されていること，専門医による診断を有
していることなど，障害の有無を客観的
に判定できることが申請の条件として定

められていることが多い。障害のある幼児が在籍する私立幼稚園等に対する，このような制度は，歴史的には，1974（昭和49）年に国で開始された「私立幼稚園特殊教育費国庫補助金制度」まで遡る。

（吉川和幸）

個別の教育支援計画

　障害のある子どもの，乳幼児期から学校卒業後までの長期的な発達を見通し，子どもの有する特別な教育的ニーズ，教育的支援の目標や内容を示すとともに，教育的支援に携わる学校，福祉施設，医療機関，保護者の役割を具体的に示した計画のこと。個別の指導計画が，特定の教育段階や場での，子どもへの指導内容について示す計画である一方で，個別の教育支援計画は，子どもの長期的な発達の視点から，学校を含めた他職種間での支援の関係を示した計画である。幼稚園教育要領，保育所保育指針，幼保連携型認定こども園教育・保育要領では，障害のある子どもの保育において，個別の教育支援計画を作成することが示されている。文部科学省が実施した「平成30年度特別支援教育体制整備状況調査」では，幼稚園では，個別の教育支援計画の作成を必要とする子どものうちの72.4%，幼保連携型認定こども園では71.6%で作成されたことが示されている。

→個別の指導計画 [18]　　　（吉川和幸）

個別の指導計画

　学校や保育施設において，障害のある子ども一人一人に対して作成される指導計画のこと。学校の教育課程や，各年齢の指導計画，個別の教育支援計画等を踏まえて，対象となる子どもの発達段階や障害の特性に応じた指導を行うために作成する。幼稚園教育要領，保育所保育指針，幼保連携型認定こども園教育・保育要領では，障害のある子どもの保育において，個別の指導計画を作成することが示されている。個別の指導計画の様式に

は規定のものはないが，一般的には，計画作成時の子どもの姿（実態），実態を踏まえた目標（ねらい），目標達成に向けた指導の手立て，指導の結果（評価）の項目から構成される様式が多い。文部科学省が実施した「平成30年度特別支援教育体制整備状況調査」では，幼稚園では，個別の指導計画の作成を必要とする子どものうちの82.2%，幼保連携型認定こども園では84.4%で作成されたことが示されている。

→個別の教育支援計画 [18]　　（吉川和幸）

特別支援教育コーディネーター　⇨特別支援教育 Co [26]

センター的機能　⇨特別支援教育のセンター的機能 [26]

就学指導

　支援や配慮が必要な子どもの就学にあたって，子どもにとって最適な学びの環境を検討していく手続き全般のことであり，市町村の教育委員会が主体となって実施される。学校保健安全法に基づく就学時健康診断（就学健診）の結果を踏まえ，市町村に設置された教育支援委員会が子どもの就学先や支援の必要性について協議する。具体的には特別支援学校，特別支援学級，通級による指導，通常学級内での個別の配慮等の支援の種類があるが，その仕組みや内容については自治体によって若干異なる場合もある。また就学健診前に，就学予定の子どもがいる全家庭を対象に就学ガイダンス等を実施している自治体もある。教育支援委員会には教育関係者だけでなく，療育関係者，各園の主任やコーディネーター等が入る場合も多く，多角的かつ専門的な視点で子どもの就学に関する協議が行われる。最も重要なことは本人や家族の願いが最大限に尊重され，合意形成が図られることである。　　　　　　　（熊田広樹）

障害受容　⇨障害受容 [45]

早期発見

一般的に乳幼児の発達過程において何らかの障害や疾患が疑われる場合，できる限り早期に発見し療育等のフォローにつなげていくことで予後が良好であるとされる。また，適切な環境調整により親子関係も含めた二次的な問題の発生を予防できる可能性が高いとされる。早期発見の主な場としては母子保健法に基づく乳幼児健診がある。特に1歳6か月児健診と3歳児健診は市町村に実施義務があり，保健師が中心となり多職種で実施される。乳幼児健診の主な役割は障害や疾患の可能性の有無を確認すること（スクリーニング）であり，精密検査が必要な場合は医療機関等を紹介することになる。

最近は療育関係者が健診に参画し，子育ての相談及び発達相談の場を紹介するなどの役割を果たしている自治体もある。子どもの健康を守るうえで早期発見は極めて重要だが，単に医療や療育を紹介するだけでなく多様な親子の育ちに長く寄り添っていく視点が求められる。

（熊田広樹）

5歳児健診

乳幼児健診の一種であるが，実施義務がある1歳6か月児健診や3歳児健診とは異なり市町村の任意で行われるものである。通常，3歳児健診を終えると就学健診までスクリーニングの場が設定されていないことが多い。しかし，3歳以降に就園し，集団生活が始まってから発達の遅れや気になる行動が目立ってくる子どももおり，そのような子どもを適切な支援につなげるため5歳児健診を実施する自治体が増えている。またこの時期に健診を実施することで，就学指導を見据えた早期からの教育相談へ円滑につなげやすいといった効果も期待できる。問診では，簡易な神経学的検査による協調運動の様子，会話の成立や構音等の言語面，他者の気持ちの読み取り等の対人面，自己統制を含めた行動面等を確認する。これらに何らかの心配がある子どもの場合，知的発達の水準が平均的な範囲内であっても，集団生活において困りや不適応につながることがある。　（熊田広樹）

親の会

教育・福祉・就労などの支援が整備されていなかった時代に，施策の整備や充実を求めて結成された団体。1952（昭和27）年に知的障害児をもつ3人の母親が同様に障害児をもつ親達，その関係者，賛同する市民らと共に精神薄弱者育成会（「手をつなぐ親の会」）を設立したことは広く知られている。その後，発達に関わる諸問題を抱える子どもの親たちやその支援者などが集まって様々な親の会が結成されている。代表的な親の会として，全国肢体不自由児父母の会，言語障害児親の会，全国LD親の会，発達障害者親の会などがある。これらの会は全国各地で結成され，運営は母親達が活動の中心を担ってきた。

現在は，「おやじの会」「兄弟姉妹の会」も生まれ，父親やきょうだいにも活動の輪は広がっている。昨今では，就労，結婚，子育てなど青年期・成人期の課題が山積しており，親の会が就労施設や生活介護などの施設整備にも着手している状況である。　（鈴木眞知子）

障害者手帳

障害者手帳には，身体障害者手帳，療育手帳，精神障害者保健福祉手帳がある。

身体障害者手帳は，疾病によって障害が永続し，生活動作が不自由であることが取得の条件である。就学や就労を含む日常生活の場で，身体障害のある人の支援や自立の目的で交付される。身体障害者手帳は，1級から6級の等級に分かれ，1級と2級が重度とされる。

療育手帳は，知的障害者に都道府県知事，政令指定都市長などが発行する。児童相談所，知的障害者更生相談所で知的

障害を判定し，知的障害の程度により重度「A」と重度以外の中軽度「B」の2種類の区分で分けられる。

精神障害者保健福祉手帳は，一定程度の精神障害の状態にあることを認定するもので，社会生活・日常生活を送る際に制約がある人の支援や自立の目的で交付される。都道府県知事・指定都市市長に申請し，等級は1級から3級に分けられ，2年ごとの更新が必要である。（鈴木眞知子）

特別児童扶養手当 ⇨特別児童扶養手当 [45]

療育手帳 ⇨療育手帳 [45]

発達障害者支援センター

発達障害児（者）への支援を総合的に行うことを目的とした専門機関で，社会福祉法人や特定非営利活動法人（NPO法人）等が運営している。発達障害児（者）とその家族が豊かな地域生活を送ることができるように保健，医療，福祉，教育，労働などの関係機関と連携し，地域における総合的な支援ネットワークを構築しながら，発達障害児（者）とその家族からの様々な相談に応じ，指導と助言を行っている。主な事業内容は相談支援，発達支援，就労支援，普及啓発・研修に分けられる。これとは別に「児童発達支援センター」がある。地域の障害のある児童を通所させ，日常生活における基本的動作の指導，自立に向けた知識や技能の習得，集団生活への適応のための訓練を行っている。

→児童発達支援センター（医療型）[39]，児童発達支援センター（福祉型）[39]

（柏倉秀克）

児童発達支援事業 ⇨児童発達支援事業 [45]

巡回相談 ⇨巡回相談 [26]

放課後等デイサービス ⇨放課後等デイサービス事業 [45]

保育所等訪問支援 ⇨保育所等訪問支援事業 [45]

放課後児童健全育成事業 ⇨放課後児童健全育成事業 [8]

レスパイトサービス

レスパイトの語源は「一時休止，休息」の意味で，欧米で生まれた考え方である。日本では1976（昭和51）年の「心身障害児（者）短期入所事業（ショートステイ）」が始まりである。このサービスは，障害児（者）を養育，介護する介護者（主に母親）が日々の養育や介護に疲れたり，介護者自身の通院や入院，出産，兄弟姉妹の行事参加，冠婚葬祭などの行事参加，旅行などの事情で一時的に介護が困難になる場合に短期間，リハビリ病院や入所施設などで障害児者の入院・入所を受け入れて，介護者の負担軽減を目指す仕組みである。2000（平成12）年に介護保険法が施行され，短期入所生活介護，短期入所療養介護としてショートステイ給付が規定されるようになった。またこの制度と並行して障害児者が頻回に通所できるデイサービス施設が増加し，通所施設でのレスパイトサービスも活用しやすくなってきた。　　　　　（鈴木眞知子）

機能訓練

リハビリテーションと同じ意味合いで用いられることが多い。厚生労働省によれば，医師の指示を要するものを医療系リハビリテーションとし，医師の指示がなくても実施できるものが機能訓練であるとしている。医療系リハビリテーションは，訪問看護ステーションやリハビリテーション病院，デイサービスケアなどで，各自のリハビリ目的によってリハビリテーション計画を立て，在宅復帰や機能回復，在宅での心身の機能維持などを目的に，理学療法士，作業療法士，言語聴覚士が治療することを指す。機能訓練は，医師の指示なく介護職員や機能訓練指導員などから，日常生活における機能維持・改善のために行うことを指す。具体的には，散歩，陶芸，編み物や刺繡，

料理，歌唱や楽器演奏，リズム体操など職員と一緒に作業したり活動することなどが含まれる。

（鈴木眞知子）

障害理解教育

イギリスでは 1995 年に障害者差別禁止法が制定され，障害児の多くが支援学校から地域の学校に籍を移したが，各学校ではいじめによる不登校や精神疾患の問題が深刻化した。その後イギリスでは健常児や教職員に対する障害理解が重視されている。日本では 2016（平成 28）年に障害者差別解消法が施行され，同法の対応指針において障害理解教育の重要性が指摘されている。

従来，障害理解教育では障害そのものの理解に重点が置かれてきたが，今日では障害のある他者を理解することによって自己理解を図ることが望ましいとされている。つまり障害のある友達ができること，できないことを理解するとともに，障害のない自分が障害児にできること（支援），できないことを考えるプロセスを重視するのである。具体例を挙げると，発達段階に応じた適切な教材の提供，障害当事者による講話，専門家の助言に基づく疑似体験，障害児と直接関わる体験，交流学習や共同学習等がある。

（柏倉秀克）

ニューロダイバーシティ

脳神経系の多様性を意味する。人間一人一人を制御している脳神経系にも多様性があり，従来考えられてきたほど，各個人均質ではないという考え方である。健常者といわれてきた多数派の人間のことを「定型脳を保持している（NT：neurotypical）」とするのに対して，マイノリティである発達障害等の障害のある人たちのことは「非定型（neurodivergent）」であるとされる。

非定型であることは，能力が劣ることを必ずしも意味しているわけではない。機能が不全の箇所が生ずると，それを代償して機能の亢進も起こるため，NTでは生じえなかった能力が開花することもあり，補完的な役割を果たしていると考えられる。人間本来のもつバリエーションとして，定型・非定型がお互いを尊重していくことが求められている。

（勝浦眞仁）

[19]　子どもの生活

母乳育児

　粉ミルクなどの育児用ミルクではなく，母乳を与えて育てること。期間の明確な規定はないが，目安として乳を主たる栄養源とする出生直後から離乳食が進み哺乳量が減少してくる 1 歳未満である。出生直後から 1 週間くらいは，母体の体調の調整や，新生児の体調や哺乳力などにより，育児用ミルクを補充することも多々ある。母乳の成分や授乳スタイル，離乳食への移行などにおいて，育児用ミルクのそれよりも母子共に利点が多いため推奨されている。母乳育児の継続に困難が生じる場合，母体と子どもの心身の状態だけでなく，社会的な環境にもその要因があることを視野に入れ，推奨の仕方やサポートに配慮する必要がある。また，母乳育児が父親からの哺乳の機会の減少をもたらすことを，父子の関わりの時間の減少や，父親の子育てが主体的でないことの理由にしないことなどの理解や配慮も求められる。なお，母乳と育児用ミルクを栄養することを混合栄養ということもある。　　　　（小川　晶）

冷凍母乳

　母乳育児をしている親が直接母乳を哺乳できない場合に，事前に搾乳して冷凍保存された母乳。また，それを授乳すること。搾乳時の衛生管理，専用パックの使用，冷凍時環境，運搬方法，冷凍保存方法，解凍や温め等，取り扱いが適切であれば，母乳の成分が大きく変化することはないとされている。直接母乳を授乳する直母とは，味の差や，母親の乳房の匂いも含め，差異はある。直接母乳を授乳することができないことで生じる母体への負担は軽減できるが，冷凍母乳の量を確保するための搾乳は直母とはやはり異なるため，残乳による乳腺炎の発症や，刺激による乳汁が過剰に分泌されやすい。子どもと離れていて母乳育児をしているのに直接母乳を与えられないことの解釈によっては，母親が仕事をしていることに罪悪感を抱いたりすることもあり，冷凍母乳によってそれが和らぐこともある。保育所や認定こども園での冷凍母乳の実施は現在のところ各園に裁量がある。

　　　　（小川　晶）

卒　乳

　哺乳を卒業すること。母乳や育児用ミルクの摂取を卒業することというより，哺乳スタイルの卒業を指す。すなわち，直接母乳を飲むスタイルや哺乳瓶の吸い口から飲むスタイルが習慣化していて，それにより親子が安定する状況にあることから卒業することである。母子健康手帳には，2002（平成 14）年 4 月より，1 歳での「断乳」という言葉がなくなった。「断乳」に比べ「卒乳」は子ども側から自然におっぱいから離れていく意味合いを含む。2007（平成 19）年 3 月に厚生労働省が出した「授乳・離乳の支援ガイド」では「離乳の完了」は生後 12〜18 か月頃としつつ，「離乳の完了は，母乳または育児用ミルクを飲んでいない状態を意味するものではない」とされている。親子や社会の認識における「おっぱい」と，子どもの食事や睡眠や歯並びな

どの発育から見た哺乳とに差異があり，多様な考え方が生じている。（小川　晶）

粉ミルク

乳児用調製粉乳。乳児の母乳以外の栄養摂取は育児用ミルクが用いられ，粉ミルクと液体ミルクとがある。原料としては，牛乳から乳脂肪を取り除いた脱脂粉乳，乳より分離された乳糖，乳精パウダー，乳脂肪よりも母乳に脂肪酸組成を近づけた調整油脂などを主原料にしている。母乳の成分に近づけることが開発の主眼であるが，母乳が乳児に与える利点で解明されていることのなかで一部の栄養素のみで実現している程度である。粉ミルクは沸騰させたのちに人肌程度に冷ました湯で溶かして，液状にして授乳する。新生児が摂取するものであるため，品質管理は衛生管理も含め徹底されるべきであるが，乾燥した状態を保って品質管理することや，湯の衛生管理をすることが，育児の場面には難しい場合もあるため，管理と使用しやすさを兼ねた商品開発が進んでいる。缶容器に入った粉末をスプーンで計量して使用するタイプ，一回の粉末量がアルミパッケージに密封されているタイプ，量の調整がしやすいブロックタイプなどがある。（小川　晶）

液体ミルク

育児用ミルクの一形態で乳児用液体ミルク（調整液状乳）のこと。日本では，乳及び乳製品の成分規格等に関する省令の 2018（平成30）年8月の改定により追加され，製造と販売が許可された。災害時など，衛生管理された湯がない場合でもすぐに授乳できるという利点がある。（小川　晶）

アレルゲン除去ミルク

育児用ミルク中のたんぱく質を加水分解することによって，アレルゲン性を低下させたミルク。育児用ミルクへのアレルギー反応がある子どもが使用する。一般の育児用ミルクを哺乳後に嘔吐したような独特の匂いがある。育児用ミルクを哺乳してアレルギー反応がある場合，除去ミルクを試す。アレルギー反応の程度を見て，強い反応がある場合は加水分解分子量をより下げたり乳糖含有量を減らしていくなどの加工を施したミルクを哺乳する。（小川　晶）

介助用スプーン

主に離乳食を食べる際に，介助する大人が使用する柄の長いスプーン。乳幼児の口角の幅に合わせて幅が狭く，浅型。子ども自身が持つスプーンのほかに，介助用のスプーンを用意して，子どもは自分の意欲や気持ちやペースで自らスプーンを使い，その満足度を高めながら妨げにならないように適宜介助用スプーンで子どもの食べたいものを口へ運ぶ。機械的に運んだり，子どもの意欲を妨げたりしないようにし，同時に必要な摂取量を摂ることができるように介助する必要がある。（小川　晶）

ペングリップ

乳幼児がスプーンを持つ際の持ち方の1つ。上手握りや逆手握りなどを経て，親指と人差し指でスプーンをつまみ，中指で支える鉛筆を持つような握り方を指す。ペングリップでスプーンを使えることが箸への移行の目安となる。おおむね2歳でペングリップでスプーンを使えるようになるが，食への意欲が十分にあり，自分で食べることの満足感が得られる経験の積み重ねも食具の使い方の獲得に影響する。（小川　晶）

取り込み

食事の際，スプーンを口で迎え入れ，唇を閉じてスプーンに載った食べ物を口内へ移動させる動作。自分でスプーンを使用する場合はスプーンを抜き取る動作も含まれる。スプーンが近づいてくるスピードや距離を予測してタイミングよく口を開けること，スプーンが口内に入ったらちょうどよい深さのところで唇を閉

じること，スプーンが抜き取れるように唇の閉め方の強さの調整をすることなどの動作の連動が必要となる。自分で食べる場合は，この一連の動作と手の動作との連動がさらに必要となる。自分の口に入る量や大きさがわかるようになったり，食材によって咀嚼しやすい大きさや量が異なることなども取り込みの動作に反映される。あーん→ぱく→もぐもぐ→ごっくんといった声掛けを食事の介助時にすることがあるが，「あーん→ぱく」が取り込みにあたる。　　　　　　（小川　晶）

咀　嚼

取り込んだあと，舌も使いながら嚙む動作。乳児期は哺乳に適した口内機能が発達しているので，咀嚼は吸啜反応を退化させながら獲得する動作でもある。あごの動きだけでなく，舌の動きも大きく関与しており，舌を上あごに近づけて前後させるような動きから，上下の歯が嚙み合わさるようにあごを動かし，前歯や奥歯を適切な位置に移動させるという一連の動き。唇を閉じたままで舌を上下左右に動かせるようになり，十分に嚙むことができていれば，獲得されたとみなされる。咀嚼を十分にしないことが習慣化すると，早食いや丸のみといった状態がみられる。咀嚼は消化のはじまりであり，唾液が十分に分泌されるためにも重要な動作である。意識して咀嚼するように，嚙めば嚙むほどうまみを感じられるような形あるものが離乳食の形態としてふさわしい。あーん→ぱく→もぐもぐ→ごっくんといった声掛けを食事の介助時にすることがあるが，「もぐもぐ」が咀嚼にあたる。　　　　　　　　（小川　晶）

嚥　下

咀嚼した口内の食べ物をのどにまとめて送って飲み込む機能，動作。咀嚼が十分でないと反射で嗚咽することがあるが，咀嚼の獲得途中の時期には，頻繁にみられ，詰まらせないように見守りが必要で

ある。繊維質の食材や野菜の皮などが嚥下しきれずに，口内に残っていることがあるので，無理に嚥下させずに吐き出させる介入も必要となる。あーん→ぱく→もぐもぐ→ごっくんといった声掛けを食事の介助時にすることがあるが，「ごっくん」が嚥下にあたる。　　　　　　（小川　晶）

偏食（好き嫌い）

用心深く試して食べる時期の後，だいたいの物を食べる時期を経て，気分によって好き嫌いが変容したり，食べられても食べないと主張したりする。好みがあることやそれを表現できることは望ましいことなので尊重しながら，様々な食材に触れる経験を作っていく工夫が必要である。一方，口内に過敏がある子どもは，子どもの意思によらず食べられない食材や調理形態がある。　　（小川　晶）

負荷テスト（負荷試験）

医師の管理のもと，食物アレルギー反応がある子どもに対して，アレルゲン物質を少量ずつ摂取して，アレルギー反応の程度を診察する方法。アレルギー反応を診察しないと反応するアレルゲン物質を明確に診断することは不可能である。血液検査が一般に広く実施され，その検査結果に基づいて反応する食物アレルゲンを特定して給食の除去指示書が交付されるが，正確なアレルゲン物質やその摂取量を確認するには負荷テストが必要である。定期的に負荷テストを実施して，アレルゲン物質へのアレルギー反応の程度を確認しながら，摂取あるいは接触しないほうがよい食物を特定して適宜除去することで，除去しなくてもよい食物は摂取あるいは接触することができ，子どもの育ちにも有効である。　（小川　晶）

手食べ（つまみ食べ）

食具を用いずに手で食べること。微細な運動ができるまでは，手のひらで握って口へ持っていくが，次第に指先だけをつかってつまんで口へ持っていくことが

可能となる。食への欲求を自分で食べて満たすことは，その子の食への興味関心を育てたり，自分の健康についての関心を育てたりすることに有効である。また，工夫しながら手指を使って口へ持っていくことの繰り返しにより，手指の分化を促すことにもなる。　　　　（小川　晶）

補食（おやつ）

乳幼児は，1日に必要な栄養素を3回の食事では摂り切れないことがあるので，朝食，昼食，夕食の間に補足的に軽食の機会を設け，摂取するもの。「おやつ」と呼ばれることもある。栄養摂取の補足をする役割だけでなく，休息をする役割もある。保育所や認定こども園での補食は，午前は9時前後，午後は15時前後，夕方は18時前後など，家庭での食事の時刻や内容を補う役割も果たす。

（小川　晶）

吸い口

育児用ミルクや搾乳した母乳を乳児が哺乳する道具の1つ。哺乳瓶に蓋をするようにして装着し乳児が吸う。直母と吸い口とでは吸い方や使用するエネルギーなどが異なり，直母に認められる子どもの発育の優位性を損ねないように開発が進んでおり，硬さや穴の大きさ，素材などにはレパートリーがある。近年では，母乳を直接飲むことに近づけていることをアピールする商品も出ている。

（小川　晶）

箸への移行

手食べで自分で食べる意欲が育ち，スプーンを使用する効果を獲得し，スプーンをペングリップ持ちできるようになると，箸への移行がスムーズになる。フォークで刺して食べるのではなく，スプーンですくって乗せ，口へ運ぶ一連の動きが必要であり，皿をおさえたり傾けたりするための利き手と反対側の手の動きとも連動していることも必要となる。　（小川　晶）

盛り付け

調理した給食を皿に盛ること。乳幼児期の食事への意欲や食材の広がりを育てる方法として，子どもの目の前で盛り付けをしたり，子ども自ら盛り付けをしたりすることもある。空腹に気付いたり，食べたい気持ちを促進したり，自分で食べられる量を盛り付けたりし，食に主体的に関わっていくことを助ける。（小川　晶）

三点食べ

バランスよく，おいしさを感じやすく食べるための方法。主菜，副菜，汁，ごはんなどのうちの一品だけを完食したり，一品ずつ食べるのではなく，交互や順番に食べること。配膳は左にごはん，右に汁，その奥におかずをセットすることが多いので，三角形に見立てて三角食べということもある。　　　　　　　　（小川　晶）

きざみ

離乳食の形態の1つ。咀嚼や嚥下を獲得している途中の段階では，調理後や調理前に食材を刻んであらかじめ小さくしておくことがある。子どもの咀嚼が十分でなくても嚥下しやすかったり，誤って大きいまま嚥下しても安全であったり，消化しやすかったりすることを目的とする。噛めば噛むほどうまみを感じられた方が咀嚼は促されやすいので，子ども自ら咀嚼するように促すためには，刻みは細かすぎないようにし柔らかく調理する方がよい。　　　　　　　　（小川　晶）

とろみ

刻んだ食材を食べるとき，咀嚼が促されにくかったり，咀嚼する力が十分でなかったりするので，唾液の分泌が不十分な場合，とろみをつけておいた方が嚥下しやすいことがある。また，液状のものが口にとどまりにくかったり，味を感じにくかったり，ソースとして食品に絡まりにくく食べづらいときなどにも，とろみをつける。著しく嚥下する機能に配慮が必要な場合は食品由来の粉末を利用する

こともあるが，乳幼児期の場合はなるべく調理方法のなかで風味を損ねないようなとろみをつけるようにする。（小川　晶）

サイクル献立

　毎日異なるメニューで構成されるのではなく，一定のパターンが繰り返される献立。戦後の1週間のパターンを繰り返す1週間献立から，レパートリーに富むことを求めてきた1か月献立まであるが，今日では2週間献立が適切であるとされている。子どもが自分自身の定番を作りやすく，そのことで安心して食べられたり，1か月に2回同じメニューがあることで調理する栄養士や調理職員へ，介助する保育者がフィードバックして，よりよい方法を見出しやすいという利点がある。子どもが安心して食べることと，レパートリーが豊富であることとが必ずしも一致せず，定番があるなかで新たに出会う調理方法や食材が無理なくあって，経験を広げていくことが重要である。

（小川　晶）

離乳食

　哺乳から食べることへ移行するための食事。約1年間をかけて離乳をしていく。生後5か月くらいから乳以外のものを食べてみるが，最初は，一般的にアレルゲンとなりにくいとされる米の重湯の上澄みから食し，食品を増やしていく。アレルゲンとなりやすいものは後回しにするが，食材にアレルギー反応が生じるかは，原則的に摂取してみないとわからないので，慎重に少量ずつ，よく加熱したものを，子どもの心身のコンディションの良いときに試していく。気管支や皮膚，嘔吐の有無や便の様子などを確認しながら進めるが，乳幼児期には，特定原材料7品目のうち，そば・えび・かには献立にしない。

（小川　晶）

爪嚙み

　自分の爪を習慣的に嚙むこと，嚙んで過ごすこと。きっかけは様々であるが，きっかけが生じた場面と同様の状態でなくても，嚙むことが習慣化しており，なかなかやめることができないこともある。不衛生であることや爪の変形などだけでなく，感情の表出を代替していることもあるためそのままにすると表出によって共感を得る機会が少なくなってしまうことなどの情緒面でのマイナスが生じることへの視点が必要である。　（小川　晶）

嚙みつき

　他者に嚙みつくこと。乳幼児期に時折みられる姿であるが，嚙みつくことをしない子どももいる。言葉の育ちと共にみられなくなる傾向はあるが，たたいたり蹴飛ばしたり，物を投げたりする行動に移行する場合もあり，言葉の発達だけが原因ではない。また，理由もないのに嚙みつくということはなく，その子なりの理由があるが，他者からは理解できなかったり見えなかったりすることが多い。集団でいることが適さない発達の段階や個性などによって生じることもあるが，親に嚙みつくこともある。自分の意思や感情を表出する手段となっていることが多く，習慣化している場合，同じ子どもがいつも嚙みついているように感じやすい。叱っても諭しても習慣化している場合は子ども自ら嚙みつかなくなることは難しく，個人のテリトリーを確保したり，表出の方法を普段から共有して心地よいやり取りを積み重ねておくなど，根本的な改善をする必要がある。　（小川　晶）

オムツ

　トイレで排泄するようになるまでの排泄物を受け止めるもの。紙オムツと布オムツとに分類される。紙オムツは使い捨てるが，布オムツは洗濯をして繰り返し使用し，使用時はオムツカバーが必要となる。　　　　　　　　　　（小川　晶）

オムツ交換

　排泄後のオムツを未使用のオムツに取り替えること。基本は仰向けで寝かせて

排泄後のオムツをはずし，清拭して，未使用の清潔なオムツをつける。排泄後のオムツを抜き取るときや未使用のオムツをあてがうときに，子どもの腰とお尻を持ち上げる必要があるが，足を引っ張り上げずにお尻に手を当てて持ち上げる。

寝返りをするようになると，オムツ交換が完了する前にオムツ交換のために仰向けで寝かせてもすぐに寝返ろうとしたり寝返ってしまったりすることがある。紙オムツにはテープ式とパンツ型とがあり，仰向けでオムツ交換しきれない場合は，パンツ型を使用する家庭もある。

(小川　晶)

だっこ

子どもを抱くこと，抱き上げることの幼児語。首が座る前のだっこはよこだっこ（横抱き），首が座ってからはたてだっこ（縦抱き）となるが，だっこで入眠する場合は首が座っていてもよこだっこすることもある。よこだっこは，まず頭を支えてから，肘をまげて上肢を支えて，もう片方の手で下肢を支え，子どもの体を大人の上肢に密着させるようにして腕と手で包み込むようにだっこする。これは直接母乳を飲ませるときのスタイルと似ており，子どもから大人の表情がよく見えたり，大人の鼓動が聞こえたり，匂いや体温が十分に感じられるスタイルである。当然，子どもは安心するし，全身を脱力して大人に完全に預けることになるので信頼関係が構築されていないと子どもにとって居心地が悪い。たてだっこは子どもが自分でつかまったり，筋肉をつかったり，バランスをとったりしなくてはならないが，高い位置で周囲がよく見えたり，上肢の動作が可能なため，活動的なときはたてだっこを好むことが多い。不安になったとき，眠いとき，機嫌が悪いときなど，両手をさしだして「だっこ」と要求する姿や，だっこしてくれることを期待する姿は，関係構築ができて

いれば，頻繁にみられる。「抱き癖」をつけないほうが良いといった考え方が流行した時期があったが，誤りである。

(小川　晶)

おんぶ

おぶうことの幼児語。だっこと並んで，子どもが好み，時に強く要求する。信頼できる大人と密着して行動がともにできる点ではだっこと共通である。だっこと異なる点は，おんぶひもでおんぶした場合は大人の前方と両手が空き，大人の姿勢も楽であり，長い時間継続できることと，おんぶひもでおんぶすることで簡単には降りることがないため子どもはより安心するということがある。だっこは複数名同時が可能であるが，おんぶは一人しかできないため，独占できる。また，大人の視野と同様の視野が広がり，かつ大人の少し後ろなので，刺激がある際はクッションとなる。子どもと大人が共感しやすい視野でいるために，子どもの吐息やつぶやきに応答しやすいという点は，子どもにとっても大人にとっても大きな利点である。

(小川　晶)

おんぶひも

子どもをおんぶする際の補助的なひも。さらしでおんぶするスタイルをアレンジしたようなひも式のものや，リュックのように器具で大人の体と固定するタイプのものなどがある。日本古来のひも式のものは，子どもの体には補助的な布があてがわれる程度であるが，大人の体との密着度は高く，ひもでしっかりと固定されるため，両手両足が自在に動かせ，体幹の力がつく。一方リュックのようなタイプは，子どもの体をホールドしてから大人の体に背負う形になる。ひもタイプのものが，大人の正面にひもが交差するのに比べて，リュックサックを背負っている程度の見た目である。その見た目やファッション性からも，よく使用されるようになった。

(小川　晶)

生活リズム

子どものコンディションを整えて生活するための日課のリズムを指す。生活リズムが整わないと機嫌が悪かったり，子どもが安定して遊ぶことができなかったり，免疫力が低下したりするので，日々の生活リズムが整っていること，整えることは，大人の重要な役割である。睡眠，食事，排泄のリズムが一つ一つ整い，さらに関係しあいながら全体として整うことが望ましいが，そこには，信頼できる大人との関係構築が欠かせない。子どもの「快」や「心地よさ」を作る大人は，その子の睡眠や食事や排泄の日頃の様子を熟知していて，子どもの不快の表出を敏感に受け取って快の状態に変えていく必要があるからである。やがては子ども自身で自分のコンディションに関心をもって整えるために，生活リズムを自ら司る力を育てるわけであるから，乳幼児期の生活リズムが整っていて毎日が安定的に心地よく過ごせていることや整え方に子どもが触れておくことは重要である。

（小川　晶）

午前睡

心身の回復のために夜1回の睡眠だけでは不足する場合，午睡をするが，朝目覚めてから午睡までの間にも取る睡眠。午前中に取ることが多いため，午前中の睡眠，午前睡と呼ばれる。離乳食の前に取り，機嫌よく離乳食を食べることができるようにしたり，午睡に響かないように時刻や時間の調整をしたりする。

（小川　晶）

午　睡

昼食後に短時間とる睡眠で「お昼寝」ともいわれる。近年は大人の午睡についてその効果が認められ推奨する動きもあるが，乳幼児期の場合は，昼食を食べながら眠ってしまうほどに必要とする時期があったり，必要とする子どもがいたりする。一方で，主に3歳以上の子ども

の午睡の必要性については検討が必要で，眠くないのに寝かされている実態や，家庭での睡眠不足を補うつもりが生活リズムを余計に乱すことになっているケースなども見受けられる。その子にとって必要か否か，必要な場合はなぜ，どのように必要なのかをアセスメントする必要があり，一斉の午睡が日課になっている教育・保育の内容を見直す必要もあるように考えられる。また，午睡の環境にも配慮が必要であり，明度の低い保育室や寝具を敷き詰めた一斉での実施も，見直されつつある。午睡中は呼吸を中心に子どもの様子を記録することが義務付けられており，SIDS（乳幼児突然死症候群）を予防し，窒息事故を生じさせないことが強く求められている。

→ SIDS（乳幼児突然死症候群）[42]

（小川　晶）

添い寝

子どもが入眠する際にそれを促す目的で大人が隣に横たわること。かつての保育の現場では日常的に見受けられたが，今日では推奨されていない。保育者は睡眠中のチェックと記録をしなければならず0歳児は5分おきに実施することが望ましいとされており，限られた一部の子どもに添い寝すると，職務が務まらない。

（小川　晶）

視　診

目視で子どもの健康状態をチェックすること。家庭や保育の現場では，日常的に実施している方法である。目で見て察知することは多く，普段の様子や健康で安定しているその子の様子を知っていることで可能となる。傷や感染症の症状の有無，ケアの度合いなどが対象となるが，日常的に実施することで，けがや病気，虐待などの予防や早期発見に有効である。体温や触れた感覚，24時間の様子などとも組み合せて，子どもの心身の健康状態を判断する。

（小川　晶）

手洗い

　手を洗うこと。乳幼児期の子どもは生活の中で次第に手を清潔にする意味を知り，行動することを獲得していくが，汚れが見えないときでも手を洗うことや，清潔になるまで洗うことなど，大人からの可視化された説明や，モデルの提示が必要である。水や石鹸への興味関心と探索の意欲を経て，自身が健康で暮らすために必要な行動として手洗いが習慣化するまでには数年間かかる。大人の手洗いの方法が多様であり，習慣化の様相も様々であるので，子どもには適切な方法を示す必要があり，その方法で大人が一緒に実施していく必要がある。

（小川　晶）

うがい

　水などで口やのどをすすぐこと。ぶくぶくうがいとがらがらうがいとがある。乳幼児期はまず，ぶくぶくうがいからできるようになる。うがいするために口内に水を含むのではなく，主に液体の食品を口内にためてみるところから始まる。食事中に子どもの興味関心と偶然から始まる場合が多い。うがいの機会を作る目安の姿と捉え，制止しないのがよい。唇を閉じて口内に液体を留めて，しかも口内を移動させる動作は，必要な動作である。食後の歯磨きをしない時期や歯磨きの後なども含め，日常的に親しんでおくと，口内の健康への関心や口内が清潔であることの心地よさを獲得しやすい。（小川　晶）

歯磨き

　歯ブラシ等を用いて歯の汚れを落とすこと。歯が生えてきたら始めてよい。乳幼児期は，自らの意志ではなく口内に物が入ることへの拒絶が強い。これは身を守るためには当然の姿である。様々な食品や食具が口内に入ることが日常的であり，大人との信頼関係が構築されていれば，歯ブラシや拭きとりの指が入ることへの拒絶は弱まっていく。歯磨きそのものの成果よりも，まずは，歯ブラシや拭きとりの指が入ることへの拒絶が薄らぎ，主体的に口を開けてくれるようになることが必要である。（小川　晶）

喉突き防止

　乳幼児用の歯ブラシに装着する，あるいは装着されている皿のような形状のもの。細い棒状の歯ブラシが誤って喉の奥まで入り喉を傷つけることを予防するものである。喉の奥に入る手前でひっかかるようになっている。衛生管理が当然必要である。（小川　晶）

誤　飲　⇨誤飲 48

誤　食

　本来食べるものではないものや，摂取してはならないものを誤って食べてしまうこと，食べさせてしまうこと。アレルゲンを除去した食事を食べる必要がある子どもに，除去していない食事を保育者が誤って食べさせてしまった場合にも用いる。誤って配膳することを誤配，料理の段階でアレルゲン物質が混入することは異物混入といい，調理している間，配膳している間，子どもが摂取するとき，と分けて考え，誤食は最後の段階でのミスである。離乳食は形態や食材が子どもによって異なるため，該当しない形態や食材を食べさせた場合にも用いる。命を落とすことがあるので，誤食の内容に数段階のチェックを実施する仕組みが必要で，トレーや食器の色を変えたり，ラップを食する寸前までつけていたり，数名で確認するなどの手続きが必要である。（小川　晶）

着　脱

　衣類を脱いだり着たりすること。乳幼児期の子どもにとっては衣類の着脱は課題の1つである。着ている服を脱ぐことが可能となるのは，ボトムスが先である。ズボンの2つの穴に足をそれぞれ入れることは最初はできない。手でズボンをもって広げたり，折れがないようには

ためかせたりして，お尻を床についた状態で足をあげながらズボンの穴に通す作業ができるようになるにはしばらくかかるが，やがては立ってできるようになる。トップスはさらに難しく，袖がないものほど着ることが難しい。靴を履くこと，靴下を履くことは，さらに難しい。体幹で体を支えたりバランスをとったりしながら，手指はつまんだり，引っ張ったり，広げたりし，左右の手足を別々に動かすといった動作を並行して行わなければならないし，月齢が低いほど腹部が出ていたり頭が大きかったりといった子どもの体の特徴があるため，なおさら難しいのである。　　　　　　　　　（小川　晶）

湯遊び

　水遊びの際に，水ではなく湯を使うこと。プールのように全身を使うよりも，じっと探索活動をする姿が多いので，水温が低いと体が冷えてしまう。そこでお湯を使用することがある。たらいなどに体をつけた遊び方の場合，お湯の塩素濃度が管理しづらいので不適切である。
　　　　　　　　　　　　　　（小川　晶）

沐浴

　乳幼児期の新陳代謝に合わせて体を清潔に保つために，体をお湯で流す。乳児期は立ってシャワーすることが難しいので，沐浴槽にお湯を浅く張ってそこに座って湯浴びをする。お座りができる前は，仰向けの状態で抱きながら湯浴びをする。石鹸を使用して洗うこともあるし，軽く浴びる程度のこともある。心地よいので眠ってしまう子どももいる。オムツかぶれやあせもの予防にもよい。大人の配慮不足によっては溺れるなどの危険もあるので，機嫌がよくコンディションがよい午前中に実施することが多い。
　　　　　　　　　　　　　　（小川　晶）

排便

　乳幼児期の排便は，哺乳の時期とそれ以降とでは形状が異なる。新生児期は排尿のたびに少量ずつ排便するような排便間隔であるが，次第に，1日に2～3回程度になり一度の排便の量が増えていく。排便時の様子や便の形状から体調や食べたものの消化の状況を確認する必要がある。乳幼児期は便秘になりやすく，少しの環境の変化で便秘になり，便が出ていないことや出にくいことを子ども自身が管理できないため，便秘が重篤化しやすい。尿の排泄よりも排便の方が自立が遅れることもある。排便後の清拭は手の長さや拭き方の獲得などがだいたい完了するおおむね5歳くらいまでは大人が清拭したり，子どもが自分で清拭した後に確認をしたほうがよい。排便時の清拭は，前から後ろにトイレットペーパーを動かす。子どもは「うんち」「うんこ」と言ったり，「おなかのうんちがからっぽ」や「げりげりうんち」と表現することがある。　　　　　　　　　　（小川　晶）

排尿

　乳幼児期の排尿は，新生児期は少量を頻回に排泄するが，おおむね6歳にはまとまった量を排尿し，1日の回数が8回程度になる。大人がトイレでの排泄を促す際に，おもらしを嫌って誘いすぎたり時間ごとに誘うことが日常的であったりすると，自身の尿意に基づいて排泄する機会が得られず，心配がつのって，頻回にトイレに行く姿になることがある。睡眠時はホルモンの分泌により尿の量は減少する。オムツに排尿している時期には，自身の排尿を自分で見ることがなく，排尿の仕組みもわかっていない。「おしっこ」「ちっち」などという表現で大人と共有していることも多い。　（小川　晶）

トイレトレーニング

　乳幼児期の子どもがトイレで排泄ができるようになるための練習やその期間を指しているが，排泄の自立を訓練によって促すという捉え方は不適切である。子ども自身に練習させるのではなく，子ど

もの個性や発達に合わせて環境を整え子どもの快適な状態で過ごせるようにサポートすることで，排泄の自立が可能となる。環境を整えサポートするのは大人の役割である。おおむね2歳にはパンツで過ごし，尿意や便意を予告してトイレで排泄することができる。トイレの環境が日常と異なっていたり，何かに夢中になっていたり，体調がすぐれなかったりすると，トイレ以外の場所で排泄することもあるが，この時期に大人と同じように自身の体調や環境に鑑みてトイレに行く頻度を調節することを期待するのは不適切である。子どもがトイレ以外の場所で排泄したとき，咎めたり叱ったりしても，良い影響はない。排泄の欲求は生理的欲求であるので，子ども自身がコントロールできないことも多いのである。

（小川　晶）

オマル

子どもがトイレで排泄することが可能となるまでのプロセスで使用する簡易便器。持ち運べるので，子どもに合わせて排泄環境を整えることができる。トイレの場所や形状が子どもの生活や体型や身体機能に適していなければ，例えば，リビングに置く，出かけるときに携帯する，足が床につくので排便時に用いるなど，活用しやすいグッズである。衛生管理や携帯しやすいように単純な構造でコンパクトな物，一時的な使用であるので安価な物なども商品化されている。大人用便器に装着する小さい便座だけでは，子どもにとって使用しやすい便器ではない場合も有効である。　　　　　　（小川　晶）

子ども用便器

子どもの座位の高さとおしりの大きさに合わせた小さくて低い便器。大人用便器を縮小したものと，和式便器に近い細身の形状で前向きにまたがって使用できる便器との2種類がある。後ろ向きに腰掛けることは，その動作も座位を保つ

ことも難しいため，後者を用いるとよい。2歳くらいまでは前向きにまたがって腰掛けた方が座位が安定し，足も踏ん張りやすいし，排泄物が見えやすいので，安心するだけでなく排泄するということや排泄物の違いを感じ取るなど，自分の体や健康への興味関心を高めることもできる。子どもの排泄の自立を保障するならば，便器への配慮も重要である。

（小川　晶）

おもらし

乳幼児期の子どもがトイレ以外の場所で排泄すること，排泄してしまったことを指す。しかし，それがオムツの中なら大人にとっては「おもらし」にならない。睡眠中は「おねしょ」とも呼ばれる。排泄が自立するまでのプロセスには必ずといってよいほどみられるものである。排泄と同様の生理的欲求である食事の場面でも，こぼしたり汚したりするといった大人が考える失敗事は常に生じており，繰り返しながらこぼさずに汚さずに食べられるようになるし，大人も時にこぼしたり汚したりもする。しかし，「おもらし」は，大人にとって手間がかかり，子どもを取り巻く社会的な環境では寛容には受け止められない要素が含まれることも事実であり，子どもの育ちに鑑みることに欠ける対応がなされていることも多く，子どもが傷つきを経験していることもある。「おもらしされる」ことと，オムツのままでいることとが，大人の手間の程度という視点で選択されていることも，今日のオムツがはずれる時期の遅れに影響している。　　　（小川　晶）

歯ぎしり

歯の生えはじめは違和感もあり，強さの加減をせずに，強く嚙み合わせたりずらしてみたりした結果，歯と歯がこすれて音がすることで周囲が気付き，「歯ぎしり」していると判断するが，歯が生える前から上あごと下あごとをこすり合わ

せていることはある。これが習慣化すると頻繁に歯ぎしりするようになるが，乳幼児期のうちに消滅することが多い。

（小川　晶）

よだれ

　歯の生えはじめや，鼻づまりなどで口を開けている機会が多い時期や，口元の筋力が弱く唇のしまりが緩い場合などで，唾液が無意識にもれること。月齢が上がるにつれてなくなるが，よだれが多い時期は唾液で口の周りや首などがかぶれてしまうこともあるので，予防的に皮膚を保護する薬剤を塗る場合もある。また，衣類の首回りまで濡れてしまうこともあるため，頻繁に着替えたり，よだれかけやガーゼを首に装着して衣類が濡れるのを防ぐ。

（小川　晶）

転　落

　低いところへ落ちることであるが，乳幼児期は頭部が大きく重いので下をのぞいただけで不意に転落してしまうことがある。危険を察知する力が育っていないこと，探索の意欲が高いこと，広く興味関心をもつことなどの乳幼児期の情緒面の特徴とも相まって，転落による事故は子どもの事故死要因の上位である。歩行が完成する前の時期にも生じる。ハイハイで浴室へ行き，桶などに上って浴槽をのぞき込んで転落，ドアの少しの隙間からドアを開けて階段をのぞき込んで転落，ベランダに置いてあるプランターなどに上って下をのぞき込んで転落など，家庭内には転落しやすい環境が多く，留意が必要である。保育の現場でも階段や窓の近くに棚などを設置することは禁止されているが，些細な荷物でもよじ登る可能性があるので注意が必要である。

（小川　晶）

転　倒

　座位や立位の状態から倒れること。お座りができるようになると，後ろに転倒して頭部を打たないよう，子どもの背後にクッションなどを置いておく。つかまり立ちをしはじめた頃は，立位のままつかまる手が離れてしまって後ろ側に転倒することがあり，上肢の向きを変えたり，お尻から床についたりする動きができないまま後頭部を打ち付けることもあるため，子どもの背後に大人がつくようにする配慮が必要となる。歩行ができるようになると，思い思いの場所へ移動するが，まだ視野自体が狭く，興味関心ごとに夢中になっていたりして周囲の物に気付かずにつまずいたり，バランスを崩したりすることも多く，転倒する頻度は増えていく。また，手に物を持って移動することがあり，転倒時の危険を予測して介入する必要もある。頻繁に転倒するため，動ける範囲を狭めたり，子どもの育ちに必要な物も配置しなかったり，家具などに緩衝材をつけたりする場合があるが，子どもが転倒するという経験によって獲得することとけがの頻度や程度とを確実に捉えて考慮したうえで，環境を整える必要がある。

（小川　晶）

機　嫌

　気分の良し悪し。乳幼児期の気分は，コンディションに大きく影響される。病気のときや生理的欲求が満たされていないときは，機嫌は悪い。また，具合が悪くなる前も機嫌が悪いことがある。乳幼児期の子どもは，自分の体調を詳細に言葉で説明してくれるわけではないので，機嫌の良し悪しでその子の体調や状態を察知することもある。空腹時や睡眠不足などは，すぐに気付いて対応することが容易だが，月齢が上がるにつれて他児との関係性や保護者とのやりとりなどによって気分が滅入ったり機嫌が悪かったりすることもあり，改善するためには複雑な課題を解いたり調整する必要があったりして，すぐに機嫌が直らないこともある。

（小川　晶）

全身状態

　視診できる心身の状態を指し，乳幼児期の子どもの主訴では不明なことが多いので，子どもの全身状態をみて状況を把握する。子育てにおいて，また，保育の現場において，子どもの乳幼児の全身状態をみて生活を調整したり，受診したりすることは，養育力の1つでもある。普段の心身が安定していてコンディションが良い状態を知っていないと全身状態の指標が得られないので，普段から良いコンディションで過ごしていることが前提ともなる。項目としては，機嫌，生理的欲求の様子，顔色，目や耳や口の中の状態，発疹，皮膚の乾きなどの状態，関節の動かし方，爪の色，呼吸の様子，体温などである。痛みや不調の訴えができる月齢の子どもがいるが，訴えは丁重に扱う必要がある。その主訴がけがや疾病を示している場合もあれば，そうではないが訴える必要性があった場合などがある。

（小川　晶）

ぐずる

　機嫌が悪くむずがること。ぐずぐず言い納得しない様子や無理を主張する姿などを指す。子どものネガティブな姿として表現されるが，機嫌が悪かったり納得できなかったりすることを表出することは悪いことではないし，大人が対等に子どもの状態や意見を尊重していれば，ぐずるという表現もされないはずで，適切ではない。大人に尊重されないことが前提であると，子どもの表出の仕方は大人にとっては「ぐずぐず言う」ことや「聞き分けがない」といった姿に感じ取られてしまう。子どもの状態を指しているようで，じつは，大人側の子どもへの対応を指しているともいえる。　（小川　晶）

20　保　健

乳幼児身体発育値

　厚生労働省は10年ごとに乳幼児身体発育調査という調査を実施している。調査内容は，乳幼児の身長，体重，頭囲及び胸囲などを計測するとともに，乳幼児の栄養方法，運動・言語発達などを把握するものである。さらに子どもの成長，発達に影響を与える母親の生活習慣，身体計測値，妊娠中の異常，在胎週数，出生順位などについても調査している。乳幼児身体発育調査の集計結果は，乳幼児の身体発育や栄養状態の評価，医学的診断に活用されている。

　乳幼児身体発育値は，3，10，25，50，75，90及び97パーセンタイル値で示される。これらを図式化したものが身体発育曲線であり，性別ごとに示され，従来から母子健康手帳に掲載されている。これらを使用すると年齢に伴う成長の評価を行うことができる。パーセンタイル値とは，小さい方から数えて何％目の値が，どれくらいかという見方をする統計的表示法である。全体を100として小さい方から数えて何番目になるのかを示す数値であり，例えば「20パーセンタイルの人の身長」は「100人のうち小さい方から数えて20番目の身長の値」ということになる。50パーセンタイル値は中央値とも呼ばれているもので，この値より小さいものと大きいものが半数ずついることになる。また，3パーセンタイル未満，97パーセンタイルを超えるものは発育に問題があると評価されて，詳細な検査が必要になることもある。　　　（池田友美）

カウプ指数

　乳幼児の発育状態の評価で用いる指数である。計算式は体重(g)÷(身長(cm)×身長(cm))×10である。厚生労働省はカウプ指数の基準値をやせぎみ14以下，ふつう15〜17，ふとりぎみ18以上と定めている。カウプ指数の適応年齢は3か月以降から5歳までの乳幼児で，3か月未満の乳児には使用できない。男女とも，出生時から6か月頃までに急激に増加しピークに達する。その後，徐々に低下し，5歳頃に最も低くなり，再度増加に転ずる。カウプ指数は，年齢に伴ってダイナミックに推移するため，カウプ指数のみで乳幼児期の体格を評価することは難しい。身体発育曲線等と合わせて乳幼児の発育状態の評価をすることが望まれる。　　　　　　　　　　　　（池田友美）

家族歴

　家族の治療中の病気や既往歴のことである。遺伝性疾患や感染症等の早期発見・診断に家族歴が重要となるだけではなく，適切な治療方針を立てるうえでも参考になる。家族歴のデータとして用いられる家族の範囲は，最も狭い場合は，両親・子ども・きょうだいであり，最も広い場合は，曾祖父母・大おじ大おば（祖父母のきょうだい）・いとこまでのことを示すことが多い。また，遺伝性疾患の早期発見・診断・治療のための家族歴の情報として，疾患発症時の年齢や人数が重要である。　　　　　　　　　　　　　（池田友美）

既往歴

　これまでにかかった病気のことである。

年齢ごとの，疾患名・治療法や健康状態をまとめたものを示す。大きな病気だけでなく，薬の副作用やアレルギー，交通事故，外傷，妊娠・出産経験，入院経験の有無なども含む。既往歴は，現在の病気の診断や治療法の選択に重要な手掛かりとなる。既往歴と似た言葉に現病歴がある。既往歴はこれまでにかかった病気や手術などの治療法を示すのに対し，現病歴は現在かかっている病気を示す。「現在かかっている病気」とは，感冒（かぜ）など一時的な病気ではなく，定期的に病院を受診して，治療や検査を受けているなど，一定の期間，何らかの医師による診察を受けている病気が対象になる。

（池田友美）

齲歯

むし歯のこと。歯質（歯のエナメル質）が酸によるミネラルの溶解（脱灰）を来して崩壊した状態である。幼児の齲歯発生率はこの20年間で減少しており，齲歯の予防や早期治療が進んでいることがわかる。齲歯の予防としては，食事や間食は決まった時間にとること，1歳を過ぎる頃から就寝前の歯磨きの習慣をつける，毎食後に歯磨きをするのが難しいようであれば，水や白湯を飲んだり，うがいをすることを習慣づける。4歳頃までは，幼児が歯磨きを行った後，保護者等が確認して補うことも必要である。また，フッ素入りの歯磨き剤の活用も齲歯の予防に効果がある。フッ素には歯垢の細菌の活動を抑えること，溶けたエナメル質の修復，歯質を強化するなど，齲歯の発生を防ぐ効果がある。

→歯磨き 19　　　　　　　（池田友美）

歯列

歯並びのことである。乳歯は生後6〜7か月頃に萌出しはじめる。それまでの間は口腔内に歯がない期間であり無歯期と呼ぶ。最初に生えるのは下顎の乳中切歯の場合が多く，生後6〜7か月で萌出す

る。3歳頃には上下顎10本ずつ20本の乳歯が生え揃い，半円形の乳歯列弓となる。乳歯は齲歯の進行が早く，歯が欠けることがあるので注意が必要である。また，外傷等で歯が抜けた場合は，抜けた歯を探し，歯を元に戻す。戻せない場合は歯を牛乳か口の中に入れて保存し，すぐ小児歯科医を受診する。6〜7歳頃になると乳歯が抜けはじめ，最初の永久歯が生えてくる。13歳頃までに上下14本ずつ計28本が生え揃い，永久歯の歯列が完成する。乳歯，永久歯ともに歯の萌出しはじめる時期，本数は個人差がある。　（池田友美）

咬合

かみ合わせのこと。かみ合わせの悪いことを不正咬合という。指しゃぶり，唇をかむ，口呼吸などの口腔習癖が口腔環境にもたらす影響は様々で，歯列不正などの口腔の形態だけでなく，発音や咀嚼，嚥下などの口腔機能にも影響をもたらすといわれている。特に，指しゃぶりが長期にわたって行われると，前歯の開咬（上下の前歯の間に隙間がある歯並び）や，上顎歯列の狭窄（上の歯列が狭くなること）等の咬合異常になる可能性がある。そのため，幼児期から口腔習癖に対する指導，齲歯の予防・治療などが不正咬合を防止するために重要である。　（池田友美）

免疫

感染に対して抵抗性を示す能力のこと。免疫が働くシステムは，様々な細胞，組織，器官で構成される。それらが協調して働き，「自己」と「非自己」の識別を通じて病原体を排除し，生体を感染から防御している。生体防御の基本型として全ての動物に存在する自然免疫は，外部から侵入したウイルス，細菌，毒素などが共通してもつ分子を認識して，それを食べるという方法で反応する。もう1つ，脊椎動物のみに存在する獲得免疫は，無数にある病原体の分子の全てに対して，それぞれに特異的に反応し，病原体に感

染した細胞を殺したり，病原体や毒素の分子に結合して無力化する抗体という分子を放出したりする方法で反応する。免疫のシステムが適切に機能しない場合，感染によって命を落とすことがある。一方で，免疫反応が過剰に起きたり，自己の成分に向かったりした場合は，生体にとっては不都合なアレルギー反応や自己免疫疾患などが起きる。 （長田暁子）

ワクチン

感染症に対して，発症を免れる，または軽度な発症ですむという抵抗性を与える微生物や微生物に由来する物質である。ワクチンの種類には，弱毒生ワクチン，不活化ワクチン，成分ワクチン，DNAワクチンなどがあり，経口または注射によって接種する。弱毒生ワクチンは，突然変異によって病原性が減弱している生きた微生物で，体内で増殖し1回の投与で有効なことが多いが，まれに発症する危険性がある。不活化ワクチンは，病原性を消失させたり毒素を無毒化したりしたもので，体内で増殖しないため安全性は高いが，複数回の投与が必要となる。集団予防を目的として，予防接種法で国民に接種努力義務が課されているのが定期接種である。日本小児科学会では，複数のワクチンの同時接種について，それぞれのワクチンの有効性は互いに干渉せず，また有害事象や副反応の頻度は増加しないとの見解を示している。

【参考文献】日本小児科学会（2011）「日本小児科学会の予防接種の同時接種に対する考え方」。

→予防接種法①　　　　　　（長田暁子）

飛沫感染

感染している人が，咳やくしゃみ，会話をした際に，唾や鼻汁のしぶきに含まれる病原体が，他人の喉，鼻，眼などの粘膜に付着して感染すること。そのしぶきの大きさは直径5μm以上で，感染している人から半径2m程度飛ぶとされている。飛沫感染を主な感染経路とするインフルエンザ，百日せき，溶血性連鎖球菌感染症，手足口病などの感染症の流行が，乳幼児の集団生活施設を中心に多く見られる。

飛沫感染は，多くの場合，飛沫を浴びないようにすることで防ぐことができるため，感染している人から2m以上離れること，マスク・ティッシュ・ハンカチ・服の袖などで口と鼻を覆って咳やくしゃみをすることが予防に有効となる。ただし，乳幼児がマスクを着用すると，窒息の危険や，熱がこもることによる熱中症の危険があるため，子どもの年齢に応じた予防対策が必要である。 （長田暁子）

接触感染

感染した人から排泄された病原体に触れた手や汚染された物を介し，病原体が体内に侵入して感染すること。病原体の付着した手で口，鼻，眼を触ること，病原体の付着した玩具，食器，衣服を舐めること等によって病原体が体内に侵入する。また，傷のある皮膚から病原体が侵入する場合もある。接触感染を主な感染経路とする，ノロウイルスやロタウイルスによる感染性胃腸炎，アデノウイルスによる結膜炎，手足口病，伝染性膿痂疹などの感染症の流行が，乳幼児の集団生活施設を中心に多く見られる。最も重要な感染予防対策は，手洗いにより手指を清潔に保つことである。子どもの年齢に応じて手洗いの介助を行うことや，子ども自身が適切に手洗いができるように指導することが大切である。また，タオルの共用はせず，手洗いの時にはペーパータオルや個人用のタオルを使用することが理想的である。汚染された物を消毒する際は，病原体に対して有効な消毒薬を用いる。 （長田暁子）

登園禁止

保育所・幼稚園等に通う子どもが感染症にかかった場合は，学校保健安全法施行規則に規定する出席停止の基準に準じ

て，登園を禁止する措置が行われる。学校保健安全法が規定する学校感染症は，症状の重篤性や感染経路などを考慮して第一種，第二種，第三種に分類され，出席停止の期間が定められている。登園禁止の措置は，子どもが感染症から回復するまで治療し休養をとらせること，および集団生活の場における感染の拡大を防止する観点から行われる。この際，対象となる子どもや保護者への差別や不利益が生じることのないように十分な配慮が必要である。

登園を再開する際の取り扱いについては，市区町村，嘱託医，地域の医療機関，医師会，保育所・幼稚園・認定こども園等が協議し，「医師による意見書」や「保護者による登園届」の提出を必要とする場合には，事前に保護者に対して十分に周知することが重要である。

→学校保健安全法①，感染症㉓

（長田暁子）

発 熱

何らかの原因により体温調節中枢が障害され，正常時より高いセットポイントで体温が維持されている状態のことをさす。体温上昇の程度により，微熱（軽熱）37.6〜37.9℃，中等度熱38.0〜38.9℃，高熱39.0℃以上に分類される。また疾患によっては，特徴的な熱型を示すものがある。

小児の発熱の原因は，ウイルスや細菌による感染性のもの，炎症性疾患，悪性腫瘍などの非感染性のものがあるが，最も多いのはウイルス性感染症である。発熱の症状は，体温調節中枢のセットポイントの変化により異なる。体温上昇期には，末梢冷感，悪寒，立毛，戦慄が現れ，高温停滞期には，倦怠感，脱水，呼吸困難，頭痛などの随伴症状が出現する。解熱期には皮膚血管の拡張，発汗により体温が低下しはじめる。

発熱時は，心身の安静の保持，室温や寝具などの環境調整，脱水予防のための水分・電解質の補給，冷罨法などにより，体力の消耗や苦痛を最小限にするように努める。

（石原あや）

脱 水

体内の水分喪失により体液および電解質が欠乏した状態のことをいう。原因としては，水分の摂取不足，嘔吐，下痢，発熱，熱傷等が挙げられる。

乳幼児は，①体内水分量が体重の約70〜80％を占める（成人は約60％），②体重あたりの必要水分量が多い（成人の3〜4倍），③腎機能が未熟なため，老廃物の排出に多くの水分を必要とする，④発熱や胃腸炎などの脱水の原因となる疾患に罹患する機会が多いなどの理由から脱水を起こしやすい。脱水は，水分と血中ナトリウムの喪失パターンにより，等張性脱水，高張性脱水，低張性脱水に分類され，小児の場合脱水症の95％が等張性脱水（水分とナトリウムが共に失われる）である。また脱水の程度は，体重の減少率から，軽度（5％以下），中等度（6〜9％），重度（10％以上）に区分される。症状としては，活気がない，大泉門の陥没，皮膚の緊張の低下，舌・唇の乾燥，四肢冷感などがあり，重度になると，尿量の減少，けいれんや意識レベルの低下などが見られる。

（石原あや）

下 痢

水分の多いかゆ状または水様の便を排泄し，多くは便の回数や量が増加した状態のことをいう。持続期間により，急性下痢症と慢性下痢症（2週間以上持続）に分類されるが，多くは発症から72時間以内に改善が認められる急性下痢症である。小児の急性下痢症の大半は感染症によるもので，ウイルス性と細菌性に分けられる。なかでもウイルス性胃腸炎の頻度は高く，原因ウイルスとして冬場に流行するロタウイルス，ノロウイルスなどが代表的である。細菌性胃腸炎は，キャ

ンピロバクター，サルモネラ，病原性大腸菌などによるものがあり，ウイルス性胃腸炎よりも症状が強く，激しい腹痛や下血がみられることがある。感染症以外の下痢では，食物アレルギーや抗生物質の服用，心因性などがある。治療は，原則として止痢薬（下痢止め）は使用せず，食事療法と対症療法が行われる。特に，脱水や排泄物による臀部の皮膚トラブルの予防・改善，身体的苦痛や不快の緩和を行うことが重要である。　　　（石原あや）

便　秘

便が腸管内に滞った状態，または便が出にくい状態のことをいう。解剖学的異常により排便機能が障害される器質性便秘と，それ以外の機能性便秘に分類され，1歳以上の小児の便秘の95％以上は機能性便秘である。機能性便秘は，離乳食の開始時期，トイレトレーニングの時期，入園や入学，引っ越し等の生活環境の変化の時期などに発症しやすい。小児の場合，痛みを伴う排便を意識的に抑制することにより，便塊貯留が常態化し（便塞栓），便意の消失という「便秘の悪循環」をきたすことが特徴的である。治療は，便塞栓がある場合は，グリセリン浣腸や腸洗浄等により便塊除去を行う。その後，便を軟化し排便時の痛みや不快感を取り除くための薬物療法と，生活指導を合わせて行う。食生活においては，水分・食物繊維の摂取をすすめる，規則的な生活リズムの調整，排便習慣においては，胃結腸反射により排便が促進されやすい朝食後にトイレに行く習慣をつけるなどが挙げられる。　　　（石原あや）

けいれん

筋肉の一部ないし全部が不随意に繰り返し収縮する症状である。けいれんの原因は，予後が良好な熱性けいれんから，重篤な後遺症が残る疾患もある。けいれんの種類には手足が伸びて固まる強直性けいれん，手足がガクガク動く間代性け

いれん，強直性けいれんに次いで間代性けいれんが起こり，徐々に間隔が長くなり消失する強直間代性けいれんがある。けいれんの対応で特に重要なことは，発作持続時間と呼吸状態の把握である。けいれんは一般的に数分以内に治まることが多いが，5分以上持続する場合は，救急要請をする。呼吸の有無，チアノーゼの有無等を観察し，呼吸が止まっている場合は，直ちに心肺蘇生を行い，救急要請をする。その他，体温，意識状態，瞳の動き，手足の動き（伸びて固まっている，力が抜けている，左右の動きが異なる等）を観察しておくと，その後の治療に役立つ。加えて，けいれん時は子どもが周りにぶつからないよう安全を確保する，外傷の有無を確認する，刺激をしない（大声で呼びかけない，身体をゆすらない），嘔吐の可能性があるため顔や身体を横に向ける，衣服を緩める等対応し，主治医から指示がある場合は，けいれんを止める座薬を投与する。

→熱性けいれん [20]　　　　　（中山祐一）

湿　疹

皮膚にあらわれる皮膚炎の総称で，赤み，ブツブツ，水疱などが混在し，かゆみを伴う。原因としては，アトピー性皮膚炎，金属・薬品・植物等によって起こる接触皮膚炎，皮脂分泌過剰による脂漏性湿疹，皮脂欠乏性湿疹等がある。対処法として，皮膚を清潔に保ち保湿剤を塗布する，原因となっている物質や紫外線を避ける，綿の肌着を着用する，子どもが掻き傷を作らないようにこまめに爪を切る等がある。湿疹が続く場合には皮膚科を受診し，他の皮膚疾患との鑑別診断を受け，軟膏を処方してもらう。診断には，湿疹の原因となりそうな物質を皮膚に貼ることによって症状が起こるかどうかを確かめるパッチテストを行うことがあるが，原因がわからない湿疹もある。

（亀田直子）

喘 鳴

呼吸時に生じる「ゼーゼー」「ヒューヒュー」という異常音である。下気道喘鳴は喘息やアナフィラキシー等気道が狭くなることにより，息を吐く時に生じる。上気道喘鳴は，クループや異物誤飲等ののどや気道の一部が狭くなることにより，息を吸う時に生じる。特に乳幼児の気道は軟弱で細いため痰が出しにくく，気道が狭くなりやすい。何でも口に入れる発達段階では誤飲による閉塞も起こり得る。子どもの「息がしんどいよ」の訴えを見逃さないために，喘鳴の他にも呼吸数と呼吸の深さが子どものいつもの様子と異なっていないか観察する。元気な時には呼吸に使わない筋肉を使って精一杯呼吸していることを表す兆候，例えば息を吸う時に肩が上がる肩呼吸，呼吸に合わせて肋骨の間や鎖骨周囲にペコペコとくぼみが生じる陥没呼吸，息を吸う時に鼻の穴が広がる鼻翼呼吸等を細やかに観察する必要がある。　　　　　　（亀田直子）

チアノーゼ

皮膚や粘膜が青紫色になる変化をいい，口唇，口腔粘膜，爪先，指先，耳たぶに生じやすい。チアノーゼの原因として，①血液中の酸素不足（窒息，呼吸不全，循環器疾患），②局所の循環不全（しもやけ，凍傷，血栓症等），③血色素の異常がある。子どものチアノーゼを発見したら，まず呼吸状態を観察し，誤飲や嘔吐による窒息等，酸素不足によるものではないかを確認する。呼吸に問題がなければ，手や足先の冷感，体幹部の皮膚温，体温により保温状態を確かめ，不十分であれば被服の調整，湯たんぽ使用等により保温に努める。また被服等の締め付けによる循環不全が起こっていないかを確かめ，圧迫があれば解除する。先天性心疾患の児は啼泣や運動による循環動態の変化により，チアノーゼを生じることがあるため，医師・家族から普段のチアノーゼ出現状況や対処法に関する情報を得ておくとよい。貧血がある児ではチアノーゼは生じにくい。　　　　　　（亀田直子）

アナフィラキシーショック

アレルギー物質が体内に入ることにより，過剰な反応が複数の臓器に現れることをアナフィラキシーという。さらに急激な血圧低下や意識障害を伴い，生命の危機に陥ることをアナフィラキシーショックという。症状は皮膚（じんましん，かゆみ等），粘膜（目のかゆみやむくみ，口唇腫脹等），呼吸器（咳，喘鳴，息苦しさ等），消化器（腹痛，下痢，嘔吐等），循環器（顔面蒼白，冷や汗等）等全身に起こる。原因には卵，小麦，そば，ピーナッツ，エビ等の食物，ハチ，ムカデ等による虫刺され，抗生物質や解熱鎮痛薬等の薬剤，ゴム手袋の原材料であるラテックス等があり，可能であれば除去・洗浄する。薬物は5分，ハチ毒は15分，食物は30分程度で症状が現れ急速に進行するので直ちに救急搬送する。アナフィラキシー補助治療薬であるエピペン®自己注射液キットが処方されていれば直ちに注射する。遅れて起こる反応に備えるため症状が治まっても必ず緊急搬送する。
→エピペン®[42]，アナフィラキシーショック[42]，食物アレルギー[25][42]
　　　　　　（亀田直子）

感 冒

鼻汁・鼻閉・咽頭痛を主症状とする急性ウイルス性疾患であり，筋肉痛などの全身症状に乏しく，発熱はないかあっても軽度であると定義されており，いわゆる「かぜ」のことをさす。原因としては，ライノウイルス，RSウイルス，コロナウイルスなどの頻度が高い。

最初に発熱，続いて水様の鼻汁が認められ，徐々に膿性となり，咳は遅れて強くなるというのが典型的な経過である。通常2〜3日が症状のピークで，ほぼ自然治癒が見込める。これらの症状の多く

は，ウイルスによる直接障害ではなく，病原体を排除しようとする生体の防御反応である。ウイルス性疾患であるため抗菌薬は無効であり，また鎮咳薬・去痰薬等のいわゆる「かぜ薬」は必ずしも必要ではないなど，近年投薬に関する考え方が変化しつつある。治療の基本は症状に応じて，加湿，安静，水分摂取，栄養補給，睡眠などのホームケアであるが，一部重症化する例や，細菌感染症の場合は適切な治療が必要となる。　　（石原あや）

手足口病

春から秋にかけて，乳幼児や学童によく見られる感染症で，主にエンテロウイルスやコサッキーウイルスが病因となる。飛沫感染，接触感染，経口感染によって広がる。3〜6日の潜伏期間の後，口の中，手掌，足背や足底などに水疱を伴った発疹がみられることが特徴で，咽頭痛や発熱を伴うこともある。基本的に予後は良好な疾患であるが，急性髄膜炎を合併することがあり，まれであるが急性脳炎を生ずることもある。

回復後も飛沫や鼻汁からは1〜2週間，便からは数週〜数か月間，ウイルスが排出されるが，流行阻止のために長期間登園を控えることは現実的ではなく，本人の症状や状態によって登園を判断する。登園を再開した後に，排便後やオムツ交換後の手洗いを徹底することが重要である。　　　　　　　（長田暁子）

プール熱

ウイルス性結膜炎のうちアデノウイルスを原因菌とするもので，正式名称は咽頭結膜熱である。プールの水を介して感染が広がっていくためプール熱といわれる。発熱，咽頭痛，結膜炎が主な症状であり，その他にも眼脂（めやに），頸部のリンパ節の腫れがみられる。清潔な綿花で眼脂を拭き取り，手指の清潔を保つ。家庭では家族間で同じタオルを使用しないようにして感染の拡大を予防する。集

団生活で予防すべき伝染病の1つで，主要症状が消退した後2日が経過するまでは学校への出席は停止となることが学校保健安全法で定められている。

（鎌田佳奈美）

インフルエンザ

インフルエンザウイルスによる急性呼吸器感染症である。インフルエンザウイルスは，A型，B型，C型に大別される。温帯地方で毎年冬期にA型，B型によるインフルエンザが流行し，このうちA型インフルエンザは重症化しやすく，家畜を含む様々な動物種に感染する。主に飛沫感染で広がり，1〜2日の潜伏期間の後，突然の高熱をもって発症し，全身の筋肉痛，関節痛を伴う。続いて鼻汁，咽頭痛，咳などが出現し，重症感が強い点で，風邪と異なる。通常は3〜5日で症状は軽減し，回復に向かうが，気管支炎，肺炎，中耳炎，熱性けいれん，急性脳症等の合併症が起こることもある。

ワクチンの予防接種は，13歳未満の子どもの場合，流行期に入る前に2〜4週間の間隔をあけて2回接種することが推奨される。発症した後5日を経過し，かつ解熱した後2日（幼児は3日）を経過していることが登園再開の目安である。

（長田暁子）

麻しん（はしか）

小児期にかかりやすいウイルス感染症の一種で，原因は麻しんウイルスの飛沫感染・空気感染による。38〜39.0℃の高熱，咳，鼻水などの症状で始まり，口内の粘膜の頬部にコプリック斑という白い斑点ができることが特徴的である。その後一旦解熱するがすぐに高熱と発疹が同時に出現する。感染力は非常に強いため，疑いのある子どもは他の子どもから隔離する。できるだけ静かな部屋で安静にし，氷枕などで頭を冷やす，脱水にならないように水分摂取を促す。また，結膜炎をおこし，眼脂（めやに）がみられたりま

ぶしがったりすることがあるので，清潔な綿花で眼脂を拭き取り，部屋を暗くして過ごさせることも必要である。脳炎や肺炎の合併症を引き起すことがあるため，定期予防接種に指定されており，1歳を過ぎたらできるだけ早い時期に麻しんワクチン接種を行い発病予防につなげる。
→予防接種麻しん・風しん混合[42]
（鎌田佳奈美）

風しん（三日ばしか）

小児期にかかりやすいウイルス感染症の一種で，原因は風しんウイルスの飛沫感染による。直径2～5mmの発疹が発熱と同時に出現し，耳の後部や頸部のリンパ節腫脹が特徴的である。比較的症状は軽いが，妊婦が感染すると胎盤を通じて胎児に感染し，先天性風しん症候群（先天性白内障，先天性心疾患，感音性難聴）という先天異常をきたすことがあるため，風しんワクチンは定期予防接種に指定されている。ワクチン接種は合併症予防に有効であるが，妊娠中はワクチン接種は禁忌であり，ワクチン未接種者に接触しないようにする必要がある。若い女性には風疹ワクチンの接種が積極的に勧奨されているが，配偶者になる男性のワクチン接種も重要である。
→予防接種麻しん・風しん混合[42]
（鎌田佳奈美）

流行性耳下腺炎（おたふくかぜ）

小児期にかかりやすいウイルス感染症の一種で，原因はムンプスウイルスの飛沫感染による。耳痛，発熱，頭痛，食欲不振が起こり，耳下腺が腫れる（腫脹）。耳下腺が腫脹している間は他児に感染させる恐れがあるため，登園は禁止とする。合併症として無菌性髄膜炎や難聴を発症することがある。特に成人男性が罹患すると10～30％に精巣炎などを起こす。耳下腺の腫れや痛みなどにより開口が困難であるため，水分や柔らかいもの，口当たりのよい物を摂取させる。また，痛み

に対しては，本人の好みに合わせ，氷枕または温枕のいずれかの方法で対処する。ムンプスワクチンは任意接種となっているが，発症や重症化予防のためにはワクチン接種が必要である。（鎌田佳奈美）

水痘（みずぼうそう）

小児期にかかりやすいウイルス感染症の一種で，原因は水痘・帯状疱疹ウイルスの飛沫感染，接触感染，空気感染による。軽い発熱とともに赤い小さな発疹が出現し，水疱となりその後痂皮（かさぶた）になる。感染力は非常に強く，発疹が出現する前から他児に感染させる。水疱を掻き破り，二次感染の恐れがあるため，爪を短くする，常に皮膚を清潔にしておく必要がある。また，かゆみを軽減するため，皮膚温度を高めないよう薄着にしたり，適宜氷枕を使用する。かゆみが強い場合には，軟膏（フェノール亜鉛華リニメント）を塗布する。水痘ワクチンは定期予防接種となっており，2歳前後に接種することが望ましい。
（鎌田佳奈美）

熱性けいれん

主に生後6～60か月までの乳幼児期に起こる，通常は38℃以上の発熱に伴う発作性疾患で，髄膜炎などの中枢神経感染症，代謝異常，その他明らかな発作の原因がみられないもので，てんかんの既往のあるものは除外されると定義されている。日本人の7～11％程度が経験するとされており，3歳までに生じることが多い。

症状は，多くの場合は強直性（つっぱる）または間代性（ピクピクする）の全身けいれんで，急激な体温の上昇時に起きることが多い。発作時には，外傷を避けるため安全を確保し，体位を整えて気道確保を行う。口腔内に物を入れたり，身体を押さえつけたりしても発作は止まらないので，なるべく刺激を与えず落ち着いて対応する。そのうえで，意識，顔色，発作の形（左右差，四肢や体幹の力の

入り方など），発作の持続時間を記録する。発作の多くは5分以内に治まり，後遺症を残すことは稀であるが，それ以上続く場合は早急に病院を受診する。

→けいれん[20]　　　　　　（石原あや）

アトピー性皮膚炎

かゆみを伴う湿疹が6か月以上（乳児では2か月以上）持続し，良くなったり悪くなったりを繰り返す状態をいう。気管支喘息，アレルギー性鼻炎等の既往があることが多い。好発部位は，おでこ，目や口の周囲，口唇，耳たぶ周囲，頸部，四肢の関節部，体幹で，左右対称に起こる。対処法は「湿疹」の項を参照されたい。加えて，ただれている箇所は刺激の少ない石鹸の泡で優しく包むように洗い十分にすすぐか，石鹸を用いずに優しい水流で汚れを落とす。かゆみで眠れないことがあり，掻き傷は治癒過程でかゆみを生じてしまう。皮膚が温まるとかゆみが増強するため，ぬるめの湯を用いる，水枕等で緩やかに冷やす等工夫する。主な治療法はステロイド軟膏の適量塗布により炎症を抑え，かゆみを軽減させ，掻き傷を予防し，皮膚機能の正常化・維持を目指す。アトピー体質を根本的に治すことは難しいが，7〜8割は成長とともに軽快する。

→アレルギー児[42]　　　　　（亀田直子）

喘　息

咳，喘鳴，呼吸困難が喘息の特徴であり，気道の慢性的な炎症，気道狭窄と気道過敏性の亢進により生じる。先天的な素因，アレルギーの原因物質，大気汚染等の環境要因，食品添加物，気道の感染等が危険因子である。大気圧の変動（台風等）や温度差，におい，タバコの煙，ほこり，黄砂等が刺激となり気道が収縮し，喘息発作が起こることがある。喘息発作による窒息死は年々減少傾向にあるが，死に至ることがあるため，呼吸が苦しくて横になれない（中発作）あるいは

動けない（大発作）状態であれば直ちに救急搬送する。発作時には子どもが好む呼吸が楽な体位（縦抱きや寄りかかれる座位等）とし，水分を与え背中をトントンと叩き，咳嗽により痰を気道から排出できるよう支援する。発作時の吸入薬が処方されていれば行う。横になれる状態（小発作）であっても改善しなければ救急外来を受診する。

（亀田直子）

川崎病

主として4歳以下の乳幼児に好発する原因不明の全身性血管炎症候群であり，感染症を契機に発症する自己免疫疾患と考えられている。小児急性熱性皮膚粘膜リンパ節症候群ともいわれる。

主な症状として，①発熱，②両側眼球結膜の充血，③口唇の紅潮，いちご舌，④発疹（BCG接種痕の発赤を含む），⑤四肢末端の変化（硬性浮腫・膜様落屑（指先から皮膚がむける）），⑥非化膿性頸部リンパ節腫脹がある。このうち5つ以上または4つと冠動脈（心臓に血液を送る動脈）病変を認めた場合に川崎病，4つ以下でも他の疾患が除外されれば不全型川崎病と診断される。

急性期の治療は，強い炎症反応を早期に終息させ，合併症である冠動脈瘤（冠動脈のコブ）の発症頻度を最小限にすることを目的に，アスピリン療法（抗血栓療法），ヒト免疫グロブリン大量療法が行われる。ほとんどの場合，数日以内に解熱し，炎症反応を示すデータも改善する。冠動脈病変を残さずに改善した場合の予後は良好で，低用量のアスピリンを1〜3か月内服後は投薬も運動制限も必要がない。冠動脈瘤を残した場合は，内服の継続，冠動脈病変の経過観察・治療が必要になる。

（石原あや）

先天性心疾患

生まれつき心臓や血管に何らかの異常がある疾患のことである。先天性心疾患は先天性疾患の中で最も多く，軽症の疾

患を含めると100人に1人の割合で発生する。複数回の手術を受ける子どもや、手術後の日常生活に制限がある子どももいる。心疾患の種類や状態によるが、啼泣によりチアノーゼが出現するため、泣かせないよう対応すること、遊びや運動は主治医が許可した範囲内で行い、継続して飲む薬がある場合は確実に内服できるよう援助する。また、感染を契機に病状が悪化することもあるため、感染予防に努める。特に齲歯からの感染は心臓壁の炎症につながるため定期的な歯科受診が重要である。現在は治療が著しく向上したため、先天性心疾患の子どもの90％が成人を迎えるようになってきている。　　　　　　　　　　　（中山祐一）

発達障害

　発達障害者支援法において「自閉症、アスペルガー症候群その他の広汎性発達障害、学習障害、注意欠陥多動性障害その他これに類する脳機能の障害であってその症状が通常低年齢において発現するもの」と定義されている。米国精神医学会は2013年にDSM-5（『精神障害の診断と統計の手引き』第5版）を作成し、自閉症、アスペルガー症候群、その他の広汎性発達障害を併せて自閉症スペクトラム症と表記した。それぞれの障害は独立したものではなく、併存していることが多い。発達障害児と接する時は、失敗したことを責めず、努力した点やうまくいっている点を褒め、説明をする際は、短い文で、順を追って、具体的に伝えるとよい。加えて、視覚教材（イラスト・写真等を活用した方法）を活用すると理解しやすくなる。他にも活動する際は毎回同じ手順で、繰り返し実施すると適応できるようになる。しかし、急なスケジュール変更は子どもの混乱を招くので避ける。
→発達障害 [26][45]　　　（中山祐一）

ゲーム依存症

　インターネットゲームにとらわれ、そ

れに費やす時間が増大し、ゲームを取り去られた際に、不安、イライラなどが生じる。結果として、家族や周囲の人との関係が壊れ、社会生活に大きな影響を及ぼす状態をインターネットゲーム依存症という。2019年にWHO（世界保健機関）が診断名として国際疾病分類に新たに追加した。まだ明らかになっていないことも多いが、睡眠不足や昼夜逆転、ゲームを止めると怒る、暴力を振るう、視力低下、心肺機能低下、頭痛、腰痛、腱鞘炎など行動や生活、身体面に様々な悪影響を及ぼす。対応としては、ネット利用のルールを親子で作り書面に残す、守れない時の対応も決めておく、家族全員が一貫した毅然とした態度をとる、ネット以外の楽しみを探すなど、家族の力が必要である。　　　　　　　　（鎌田佳奈美）

医療的ケア

　日常生活において、医療職ではない者が行う医療的な生活援助行為を指す。2011（平成23）年の社会福祉士及び介護福祉士法の一部改正に伴い、一定の研修を修了し、痰の吸引等の業務認定を受けた介護職員等（保育士を含む）が特定の医療的ケアをできるようになった。特定の医療的ケアとは口腔内喀痰吸引、鼻腔内喀痰吸引、気管カニューレ内喀痰吸引、胃ろうまたは腸ろうによる経管栄養、経鼻経管栄養の5つである。
→医療的ケア [26]、医療的ケア児 [45]、医療的ケア児等支援者 [39]　（中山祐一）

喀痰吸引

　喀痰・唾液・鼻汁等をチューブを用いて吸う医療的ケアの1つである。子どもは上気道が狭く、特に障害のある子どもは自身で排痰（咳嗽等）することが難しいため、喀痰吸引を要する。保育士が行える喀痰吸引には口腔内吸引、鼻腔内吸引、気管カニューレ内吸引がある。安全に行えば子どもたちの健康を保ち、QOLを高めることができるケアである。一方

で，口腔内・鼻腔内吸引は嘔吐を誘発させる可能性があることから，保育士等の職員の口腔・鼻腔内吸引は咽頭（口・鼻の奥）より手前に限定されている。また，気管カニューレ内吸引を不適切に行うと気道内出血，肉芽の形成，無気肺が生じる危険性があるため，適切な手技が求められる。 　　　　　　　　（中山祐一）

経管栄養

　疾患や障害により，経口での栄養摂取が十分に行えない子どもに対して，流動食や水分等をチューブを経由し直接消化管に注入する行為を指す。チューブは鼻から胃内に挿入するタイプ，胃や腸に直接挿入されているタイプがある。子どもの体調を確認しながら，安全に実施すれば，効果的に栄養摂取や薬の内服も可能となるが，一方でチューブの先端が誤って気管に入っている場合や，栄養剤の注入量が多すぎる場合等は，気管・肺に栄養剤が入り，窒息に陥る危険性がある。そのため，注入中はむせ・せき込み，チアノーゼ，嘔吐の有無，お腹の張り具合を観察することが必要である。

　　　　　　　　（中山祐一）

21 社会文化

文化化

　様々な文化が存在する中で，自己が所属するその社会で，文化（例えば，言語や習慣，規則，知識，価値観，考え方等）を学習し，実践していくことを指す。つまり，文化化とは，文化の内在的構成要素を学習し，身につけていくことを意味する。社会化と類似した概念に思えるが，文化化は社会化よりも広い概念である。人は生まれながらにして，自己が所属するその社会で生き抜くために，多くの文化に触れる。例えば，身近な養育者を見て，肌で感じ，学習することで，言語や規則，価値観等を身につける。これはあくまでもその環境で生まれ育ち，文化と触れ合い，その世の中で生き抜くための学びである。よって，触れる文化によって，個々の文化化に差異が生じる。

→社会化 21　　　　　　　　（水落洋志）

社会化

　自己が所属するその社会で，社会的役割として，社会的行動様式を学習し，実践していくことを指す。つまり，社会化とは，自己が所属する集団や社会に適応できるように行動様式を学習し，身につけることを意味する。文化化と類似した概念に思えるが，社会化は文化化よりも絞られた概念である。

　このような社会化は，発達に伴いその輪が広がり，園や学校，地域，職場，メディアなど様々な外界から刺激を受けながら進行していく。例えば，乳児の時は，養育者と1対1の関係から児童期，成人期と年齢に伴い，周囲の環境は，他の大人や同輩などと広がりをみせる。したがって，子どもが社会的存在になっていく過程には，共同する社会の中で，他者の存在が大きく関わることとなる。

→文化化 21　　　　　　　　（水落洋志）

子ども期

　大人とは区別された時期を指し，これは，フランスの歴史学者アリエス（Ariès, P.）によって示された観念である。中世まで子どもは母親の介助が要らないとみなされる7歳くらいになると，すぐに大人たちと一緒にされており，小さな大人として認識されていた。つまり，大人と子どもの区別はされず，ある年齢になると大人と一緒に仕事をしたり遊戯をしたりしていたのである。これは，「子供に固有な性格，すなわち本質的に子供を大人ばかりか少年からも区別するあの特殊性が意識されたことと符合する」（アリエス，1980，原文ママ）とあるように，大人とは区別され，愛されることや保護され教育が必要な対象であると認識されたことを意味している。この子ども期とは，生物学上の概念ではなく社会的に作られたものであり，どの年齢を指すかについては，統一したものはなく，必ずしも年齢だけで決められるものではない。

【引用文献】アリエス, P. ／杉山光信・杉山恵美子訳（1980）『〈子供〉の誕生——アンシャン・レジーム期の子供と家族生活』みすず書房。　　　　　　（櫻井貴大）

通過儀礼

　その個人のある人生における節目に執り行われる儀式を意味する。従来，この

ような節目に儀礼を執り行うことによって，その個人の社会的な地位や身分が移行する。それらは，宗教的，文化的な意味合いをもっており，例として，健やかに育つことを願い，無事に成長したことに対して感謝をし，長寿を祈ることなどが挙げられる。現在でも古来から執り行われていた七五三や成人式などが残っているが，通過儀礼の本来の意味が失われ，形骸化しているものも多い。桃の節句や端午の節句などの生まれて初めて迎える節句を初節句と呼び，通過儀礼として扱われる。保育の現場では年中行事として桃の節句や端午の節句が取り入れられ，子どもたちにその意味を伝える機会となっている。　　　　　　　　　　（櫻井貴大）

子ども観

　その人がもつ「子どもとはこういうものである」という見方や考え方のことである。保育をする際には，この子ども観が保育実践を大きく左右する要因となる。例えば，子どもを無知で未熟な存在，他者から何らかの支えや指導を与えられなくては変容・成長しない存在という見方をしていれば，知識や技能を教える保育者主体の保育になり，子どもは生来自ら学ぶ力を宿し，無限の可能性を秘めている存在であるという見方をしていれば，環境の構成を整えたり，保育者が一緒に悩み考える存在となることで，自身で発見し理解していく過程を支える子ども主体の保育となる。

　1989年の児童の権利に関する条約により，児童が権利行使の主体として認められたように，子ども観は個人の経験だけでなく，文化や時代によっても変化する。さらに，その園が有する独自の子ども観というものがあることも念頭に置き，常に子ども観を問いなおしていく必要がある。

→子ども観の変遷 [22]　　　　（櫻井貴大）

育児観

　親自身の子育てに対する見解や考え方，態度のことを指し，その親自身の育児行為を規定するものである。一般的に，子育て観と同義で用いられている。育児観は，子育ての経験や親自身が育ってきた文化的背景によって形成される傾向がある。

　広田（2010）によれば，日本は1950年代頃までは，第一次産業に従事する人口が多く，村社会の中で子どもたちが育っており，小さいうちは分別がつかないため，厳しくしつけてもしかたないという育児観が根づいていた。それが戦後の経済成長に伴い，夫は外で働き，妻は専業主婦として育児と家事に専念するという性別役割分業に基づく家族モデルが定着したことや，親からの財産を受け継ぐのではなく，教育を通して社会的な地位を獲得する社会に変化したことにより，小さいうちから子どもに質の高いしつけを行い，学校教育に適応できるようにすることを大切にする育児観に変化してきたと述べている。

【引用文献】広田照幸（2010）「Benesse発　2010年『子どもの教育を考える』」。
　　　　　　　　　　　　　　　（渡部　努）

3歳児神話

　3歳に至るまでは，随時家庭において母親が子育てに専念することを推奨する考え方。母性剝奪理論を背景に，子どもの成長にとって3歳までが非常に重要な時期であり，生来的に育児の適性をもった母親が養育に専念することが望ましいこと，将来に及ぶ成長の歪みをもたらす可能性があることなどが提唱されている。特に，女性や母親を盲目的に育児へと傾倒させる言説として，専業主婦の育児不安や就労への罪悪感を助長したり，出産女性に就労継続や再就職を断念したりなど，社会における女性の生き方を制約してきた。

　賛否両論を巡る議論の中，「母親の就

労の有無だけで断言はできない」「母親の就労態度，家族内サポート，保育の質，育児と仕事の両立への職場の支援の在り方などによって子どもの発達は異なる」などの科学的根拠を示す研究もある。
（上村　晶）

育児法

子育てに関する知識や技術や考え方などを指す。授乳の量の把握と調整，離乳食から幼児食への移行，こまめにオムツ替えをしたり，睡眠の際には部屋を暗くしたりするなどの生理的欲求を満たすものや，子どもの気持ちを代弁しながら言葉がけをすることで情緒面での交流を大切にすることやスキンシップをとることのできる触れ合い遊びなどを積極的に行うなどの社会的側面の成長を促すもの，スプーンの持ち方や手洗いうがいなどの生活習慣に関するしつけなどが挙げられる。どのような育児法を選択するかについては，育児に関する考え方が大きく影響を与えるため，人種や文化や風習などによって異なったり，時代によって変化したりしていくものである。（櫻井貴大）

マザリング／アロマザリング

マザリング（mothering）とは，養育者が乳幼児に対して抱く愛情や愛着，「愛おしい」や「可愛い」などの感情を背景に，乳幼児の心理的欲求や生理的欲求を満たすためにする行動全般を指し，「母性的養育」とも表現される。単純にミルクを飲ませる，オムツを替える等の行為だけでなく，頬ずりをすることや優しい口調での声掛け（マザリーズ）をすることがこれにあたる。

アロマザリング（allomothering）とは，「allo＝他の，異なる」という語が示すように，養育者（主に母親）以外のものが養育を行うことである。母親だけに子育ての責任を負わせないことや，父親や保育者などが積極的に子育てに関わる「子育ての社会化」を目指すうえで重要な考え方であるといえる。
→マザリーズ 21　　　（寳來敬章）

マザリーズ

マザリーズ（motherese）とは，乳幼児をあやすときに使われる独特の言葉や言い方，言葉の調子などのことである。具体的には，やや高く，ゆっくり，抑揚がついた声掛けであり，「母親語」と表現されることもある（もちろん，母親のみが使用するものではない）。このような声掛けの効果は，愛着形成や情緒の安定，言葉の獲得等に肯定的な影響を及ぼすとみなされている。言葉がわからない乳幼児であっても，独特の声掛けによりこちらに応答したり，真似しようとしたり，興味や関心を引くことができたり，安心感を抱くということが期待できる。ただ，「マザリーズ」という言葉は，性別を規定するような言葉でもあることから，「育児語」や baby talk，infant-directed speech（IDS）などの表現をすることもある。　（寳來敬章）

ワンオペ育児

ワンオペレーション（One Operation：一人作業）による育児の略称。養育者が一人きりで育児の全てをこなさなければならない状況を指す。また，ひとり親家庭，配偶者の単身赴任などの家庭的事情や，父親の育児への参加の程度などに伴い，一人で育児や家事の全般をこなす担い手の多くが母親であることが多いとされている。2017（平成29）年の第34回ユーキャン新語・流行語大賞においてノミネートされており，孤立無援状態の中で精神的苦痛を伴いながら，育児の責任を負う厳しい状況を称している。

男女共同参画社会の推進や，ワーク・ライフ・バランス（仕事と生活の調和）の実現，女性の活躍推進のための施策などが次々と打ち出される中で，幼い子どもを育てている養育者が厳しい状況に置かれている状況として注視されている。
（上村　晶）

スマホ育児

　スマートフォンやタブレット型端末などを養育者が利用しながら育児をすること。主に，養育者が子育てに関するしつけアプリや知育アプリ・動画視聴などを用いて子どもの欲求に応答する，養育者の都合で子どもに端末を持たせて自由に遊ばせる状況を指す。また，養育者が端末を操作しながら育児をする状況も見られ，操作に没頭して無意識的に子どもから目を離す危険性が危惧されている。

　このような端末は，養育者の育児情報収集だけでなく，育児ツールの1つとして活用・普及されていく一方，子どもの成長発達や安全面，養育上における依存などが危惧されている。日本小児科医会は，2013（平成25）年に「スマホに子守りをさせないで」を通じて，2歳までのメディア視聴や，授乳中・食事中のメディア視聴を控える，1日のメディア接触時間を制限するなど，メディア漬けの子育ての見直しを提言すると同時に，親子の直接的な会話や，絵本の読み聞かせ・外遊びなどの体験共有の時間を重視するよう推奨している。　　　　　（上村　晶）

イクメン

　育児に積極的に関与し，子育てを楽しみ自分自身も成長しようとする男性のことを指す。1999（平成11）年施行の男女共同参画社会基本法によって社会における男女の対等的関係が推奨される中，共働き家庭が増加してきた社会的背景に伴い，従来の性別役割分業を超えて，男性による育児への関与が推奨される社会的潮流から生まれた。

　厚生労働省雇用均等・児童家庭局は，2010（平成22）年から男性の育児と仕事の両立を推進すると同時に，育児参加の社会的気運を高めるため，「男性の育児休業取得促進事業（イクメンプロジェクト）」を発足させている。発足当時の2010（平成22）年からの男性育休取得率は増加しつつある一方，育児のための休暇や時短勤務を申し出る男性への嫌がらせなどの「パタニティハラスメント」も顕在化しており，部下への配慮や職場の働き方の見直しなどができる「イクボス」の存在も注目されている。　（上村　晶）

当事者意識

　自分自身がその事柄に対して，自分のこととして捉え，能動的に理解しようとすること。当事者意識をもつためには当事者側に立つ必要がある。保育・教育に携わる者は，子ども，保護者，同僚，関係機関等のそれぞれの立場に立つとともに，様々な社会的課題に対して当事者意識をもって考える姿勢が求められる。

　また，当事者意識を高めるためには大きく2つの方法があると言われている。1つは実際に経験することである。例えば，身体障害者における生活上の困難を体験することで，当事者の立場に立ってものごとを考えることにつながる。2つ目は，当事者と接する機会をもつことである。当事者に直接会って話をしたり，同じ体験を共有したりすることで相手の思いを感じとることができるようになる。

　　　　　　　　　　　　（小柳津和博）

ジェンダー意識

　セックス（sex）が生物学的な男と女（雄と雌）の違いを区別するのに対し，ジェンダー（gender）とは，男性性や女性性，男らしさや女らしさなど，いわゆる心理的，社会文化的な「性のあり方」を強調する概念である。生物学的な性と心理学的な性が必ずしも一致するとは限らない。性のあり方は発達過程や性役割などを取り込むことで形成されるものである。成長発達する中で形成された「性のらしさ」によって，物事を評価・判断することを「ジェンダー意識」という。「女性は家事育児をするべき」「男性が家族を支えるべき」などの考えが固定的なジェンダー意識といえる。

ただ，現代では LGBT（Q+ などの標記が続く場合もある）などのような，いわゆる「性的マイノリティ」と呼ばれる人々の社会活動も活発で，広く認知もされるようになってきた。多様な価値観が認められる中で，「自分の性を主体的に選択する」ことが重要とされている。

→ SOGI ／ LGBT 48　　　　（寳來敬章）

固定観念／ステレオタイプ

固定観念とは，他人の意見や周囲の状況によって変化することがなく，行動を規定するような観念のことである。日常的には「思い込み」と呼ばれたり「固定観念がある」「固定観念にとらわれる」という言い方がされる。固定観念は，人がこれまで経験してきたことや経験から獲得した知識を中心として形成されるため，時として自由な発想や柔軟な対応，多角的な思考を制限してしまうものでもある。

ステレオタイプとは，「紋切り型，固定的な考え」という意味では，固定観念と同様の意味をもつ。ただし，ステレオタイプは多くの人がその考えや見方を共有したり，賛同していたりすることや，容易にイメージできたり，類型化できたりすることなどを含んでいる。都会は人間関係が希薄で，田舎や地方が人間関係が濃密である，などのようなものがステレオタイプといえる。　　（寳來敬章）

偏見／バイアス

偏見とは，偏った見方を意味し，主に嫌悪や誹謗，差別などにつながることが多い。一般的には，偏見は十分な根拠がないまま思い込んでしまうことや差別的な思考であり，否定的な文脈で用いられる。そしてそのような考え方は，宗教，異性，職業，人種などについて差別的な表現や思想となりうるものである。また，バイアス（bias）とは偏見と類似する語句であるものの，「偏り」という意味であり，必ずしも差別的な意味を含んでは

いない。「偏見」や「偏向」を含意し，「バイアスがかかる」などのように使われ，その場合「その見方が偏っている」というという意味である。

学校教育や幼児教育，保育の現場では，固定観念や不確かなもの，偏見にとらわれているような表現や教材を排除し，公平性を高めるようなものに置き換えようとする，アンチバイアス・カリキュラム（またはアプローチやプログラム）という考え方も広まっている。

→アンチバイアス・カリキュラム 13
　　　　　　　　　　　　　（寳來敬章）

グローバル化

社会的・経済的に国や地域を超えて，その結びつきが深まることを指す。グローバリゼーション，地球規模化とも呼ばれている。「教育再生等に関する文部科学省の取組について」（2013）では，世界的視点から見るに，日本の国際的な存在感が低下していることから，世界で活躍できるグローバル人材育成の強化が求められている。さらに，「知」という共通点からグローバル化と教育は密接な関わりをもっており，教育分野では，異なる文化との共存や国際協力の必要性を増大させている諸外国との交流，外国人材の受け入れ，初等中等教育の中では，具体的方略の1つとして，小学校では英語教育が導入された。このように自己とは異なる文化などに立脚する人々と共存していくためには，自らの国や地域の伝統や文化についての理解を深め，尊重する態度を育成することが重要である。

→グローバル・シティズンシップ 21
　　　　　　　　　　　　　（水落洋志）

グローバル・シティズンシップ

グローバル・シティズンシップの主要要素は，オックスファム（Oxfam, 2008）によると「知識・理解」「価値・態度」「スキル」の3つに分類されている。「知識・理解」は，社会主義と平等，多様性，グ

ローバリゼーションと相互依存，持続可能な発展，平和と紛争からなる。次に，「価値・態度」は，アイデンティティと自尊心の自覚，共感的理解，社会正義や平等への関与，多様性についての価値と尊敬，環境への関心と持続可能な発展への関与，人々が変化を起こすことができるという信念からなる。最後に，「スキル」は，批判的思考，効果的に議論する力，不公正や平等性に立ち向かう能力，人間や生物に対する尊敬，協力と紛争の解決からなる。このように，グローバルな視点から市民性を捉え，それらを育成していくことがグローバル・シティズンシップ教育と呼ばれる。

【参考文献】Oxfam (2008) *Getting started with Global Citizenship: A Guide for New Teachers*, Oxfam.

→グローバル化 [21]　　　　（水落洋志）

持続可能な開発のための教育（ESD）

ESD（Education for Sustainable Development）とは，環境，貧困，人権，平和，開発など様々な現代社会の課題に対し，自らの問題として捉え，課題の解決につながるような行動や価値観を探り，持続可能な社会を創造しようとする学習活動のことである。2002年に国連のヨハネスブルグサミットで，「持続可能な開発のための教育の10年」が提唱され，2005年から2014年までを「国連ESDの10年（DESD）」としている。

①多様性，②相互性，③有限性，④公平性，⑤連携性，⑥責任性の6つの概念を参考にすることが，ESDの視点に立った学習活動を実践するための手掛かりとなる。学び方としては，体験や体感を重視し，探求する自発的な行動を引き出す参加型のアプローチが求められている。

【参考文献】文部科学省（2018）「ESD推進の手引き」。

→持続可能な開発目標（SDGs）[21]　　　　　　　　　　　　（小柳津和博）

持続可能な開発目標（SDGs）

SDGs（Sustainable Development Goals）とは，持続可能な世界の実現のために2015年に国連サミットによって定められた世界共通の目標のことである。2030年までに達成することを目指す17の目標は，世界全体の経済，社会及び環境の三側面を調和させ，誰一人取り残すことなく，持続可能な世界を実現するための統合的取組であり，先進国と開発途上国が共に取り組むべき国際社会全体の普遍的なものとしている。

17の目標として，①貧困，②飢餓，③健康と福祉，④教育，⑤ジェンダー平等，⑥安全な水とトイレ，⑦エネルギー，⑧働きがいと経済成長，⑨産業と技術革新，⑩不平等，⑪住み続けられるまちづくり，⑫つくる責任・つかう責任，⑬気候変動，⑭海の豊かさ，⑮陸の豊かさ，⑯平和と公正，⑰パートナーシップが掲げられている。

【参考文献】首相官邸（2019）「SDGs実施指針改定版」。

→持続可能な開発のための教育（ESD）[21]　　　　　　　　　（小柳津和博）

児童の権利に関する条約（子どもの権利条約） ⇨児童の権利に関する条約（子どもの権利条約）[37]

社会・文化的アプローチ ⇨社会・文化的アプローチ [11]

文化的多様性

文化の多様性を示す概念であり，世界的な規模ではユネスコが2001年の第31回総会で採択した「文化的多様性に関する世界宣言（Universal Declaration on Cultural Diversity）」や，2005年の第33回総会で採択された「文化的表現の多様性の保護及び促進に関する条約」（いわゆる文化多様性条約：Convention on the Protection and Promotion of the Diversity of Cultural Expressions）がある。この条約は全29条で規定され，2007年3月に発効

している。

この条約では，生物の多様性が自然にとって必要なことであると同様に，文化の多様性も交流，革新，創造の源として人類にとって必要なものであるという認識のもと，文化的な表現の多様性を認めることや文化的表現へのアクセスの拡充などが重要視されている。　（寳來敬章）

多文化共生保育

日本においては 1980 年代以降，来日する外国人の増加，長期滞在に伴い，幼児教育・保育現場だけでなく学校教育においても外国籍児童生徒の在籍者数が増加し，いわゆる「多文化化」が進行した。そのような中で，幼児教育や保育，教育現場において，日本人とは異なる文化を背景とする人たちとの共生を目的とする，「多文化共生」の必要性が高まっている。多文化共生保育とは，日本人の子どもも異文化の子どもも分け隔てなく，互いが異なることを相互に理解し，尊重されることを通して，安心して共に生きることを保障することである。したがって，異文化の子どもや保護者に対して日本の幼児教育や保育の在り方や方針に合わせる，いわゆる同調や同化を求めるものではない。幼児教育や保育の場面において異文化を理解しようとする日本人の姿勢や変化も同時に求められている。（寳來敬章）

無戸籍児

何らかの理由で出生届が提出されておらず，行政からも把握されることがない状態でいる児童のことである。無戸籍の状態でいるのは必ずしも児童とは限らず，「無戸籍者」と呼ばれることが一般的である。特例措置はあるものの無戸籍の状態だと，住民票が取得できず，医療費の全てを自己負担することになったり，銀行口座の開設ができない，パスポートの発給申請ができないなど，社会生活を正常に営むことが困難な状況となってしまう可能性が高い。無戸籍児の場合，就学

や進学，就職に関する困難を抱えることが予想され，各自治体による実態把握と発見した際の対応が早急に必要となる。

法務省資料「無国籍者問題の解消のための法務省の取組」によると，2019（令和元）年 6 月 10 日現在で，全国の無戸籍者は 830 人であるが，全ての自治体が当該市町の無戸籍者の情報を把握しているわけではない。実態はこの数字よりもはるかに多いと考えられている。

（寳來敬章）

ニューカマー

1980 年代以降に来日し，長期的に滞在する外国人を総称する言葉である。ニューカマーといっても，来日の実態は，インドシナ難民や出稼ぎ目的の者，観光ビザで入国し就労する非正規雇用者，エンターテイナーとして来日する者，技能実習生として勤務する者といったように多種多様である。ニューカマーと呼ばれる外国籍の人たちは，意図的かそうでないかは別として結果的に日本に長期滞在することとなるので，居住する地域の住民（市民）として生活している。しかしながら，彼ら自身が言葉の壁や文化の違いなど多くの困難に陥る傾向が高いだけでなく，教育や子育ての面においても必要な支援や社会サービスから抜け落ちることなどが大きな問題となっている。日本においても，人手不足の分野に対して積極的に外国人労働者を受け入れようとする姿勢もあり，ニューカマーと呼ばれる外国人が果たす役割は重要なものであると考えられている。　（寳來敬章）

インターナショナルスクール

文部科学省「中央教育審議会初等中等教育分科会第 40 回資料」(2006) によると，インターナショナルスクール（あるいは国際学校）とは「法令上，特段の規定はないが一般的には，主に英語により授業が行われ，外国人児童生徒を対象とする教育施設」とされている。また，教育課

程については学習指導要領には拘束されず，独自の編成・実施が可能となっている。これは「各種学校」としてのインターナショナルスクールの特徴である。この場合，自治体や学校の対応に違いはあるものの，制度上は保護者の就学義務が履行されていると認められない。

ただ，現在では学校教育法第1条に基づく，いわゆる「1条校」の枠で設置・運営されるインターナショナルスクールもある。「1条校としてのインターナショナルスクール」とは，現在日本が進めている「国際バカロレアプログラム（IBプログラム）」の認定校として運営されているインターナショナルスクールであり，国際化を目指す教育の一環として期待されている。　　　　　　　　　（寶來敬章）

子育ての社会化

社会全体で子育てを支えていく社会を形成していくこと。子育ての第一義的責任は保護者にあるが，出生率の低下や都市化，核家族化，女性の社会進出等により，子育て家庭が孤立化し，子どもの健全な育ちが保障されにくい現代では，社会全体で子育てを支えていく必要がある。子育て支援は，単に保護者へのサービスの提供ではなく，子どもがよりよく育つための支援であり，保護者自身が子育ての主体として育ち，自分らしく生きるための支援であること，社会全体で子育てを支える仕組みを作るための支援であることが重要である。

わが国では，1990（平成2）年の1.57ショックを契機に，少子化対策の視点からエンゼルプランや新エンゼルプラン，少子化社会対策基本法制定等が講じられてきた。2010（平成22）年の子ども・子育てビジョンでは，少子化対策から社会全体で子育てを支える視点へ転換し，その後，2015（平成27）年には子ども・子育て支援新制度の施行等も行われている。
→子育て支援⑥　　　　　　（渡部　努）

子どもの幸福度

幸福（Well-Being）とは，個人の権利や自己実現が保障され，身体的，精神的，社会的に良好な状態のことである。

子どもの幸福度について，ユニセフが①物質的豊かさ，②健康と安全，③教育，④日常生活上のリスク，⑤住居と環境の5つの分野ごとに幸福度を評価し，先進国の子どもの幸福度をまとめている。2013年発表の子どもの幸福度において，日本は先進31か国の最上位層に位置付けられている。特に，③教育，④日常生活上のリスクについて，世界で最も成績が高いとされている。一方，①物質的豊かさの分野における成績の低さが課題として指摘されており，社会問題である子どもの貧困が，幸福度にも大きく影響を及ぼしている。

【参考文献】ユニセフ　イノチェンティ研究所・阿部彩・竹沢純子（2013）「イノチェンティ　レポートカード11　先進国における子どもの幸福度――日本との比較　特別編集版」。　　（小柳津和博）

非認知的能力　⇨非認知的能力④

子どもの安全

子どもの健やかな成長には，安心・安全な環境が必要とされ，重篤な事故は必ず防止しなければならない。2016（平成28）年の内閣府「教育・保育施設等における事故防止及び事故発生時の対応のためのガイドライン」において，各施設等における事故発生の防止や事故発生時の具体的対応方法等が示され，国により周知徹底が図られている。

重大事故が発生しやすい場面として，睡眠中（乳幼児突然死症候群：SIDS等），プール活動・水遊び中，食事中（誤嚥・アレルギー等）などがある。重大事故を防止するためには，いわゆるヒヤリハット情報の共有を通して事故が起こりやすい状況を把握する必要がある。また，事故発生時の救急対応等を確認するなどし

て，リスクマネジメント（危機管理）を講じる必要がある。

→ SIDS（乳幼児突然死症候群）[42]，ヒヤリハット [48]，リスクマネジメント [48]

（小柳津和博）

子どもの貧困

経済的困窮の状態によって発達段階において様々な機会が奪われた結果，人生全体に影響をもたらす深刻な不利を負うことである。貧困には絶対的貧困と相対的貧困という視点がある。絶対的貧困は，人間として最低限の生存を維持することが困難な状態のことを指す。一方，相対的貧困は，その国の文化水準や生活水準と比較して困窮した状態のことをいう。

貧困を示す指標に相対的貧困率がある。相対的貧困率とは，世帯の可処分所得（世帯内の全ての世帯員の所得を合算）を世帯人数によって調整した値（等価世帯所得）の中央値である 50％を貧困ラインとし，これを下回る世帯の割合である。その世帯で暮らしている子どもの割合が子どもの相対的貧困率である。日本は子どもの相対的貧困率が最も高い先進国の 1 つとされている。　　　　　　（小柳津和博）

無園児

3 歳を超えて，幼稚園や保育所，認定こども園に通園していない子どものことを指す。内閣府の推計によると，2018（平成 30）年度の未就園児は，3 歳児 5.1 万人（5.2％），4 歳児 2.7 万人（2.7％），5 歳児 1.7 万人（1.7％）であり，全体としては 9.5 万人（3.2％）である。2013（平成 25）年度は 20.9 万人（6.6％）であり，減少している。しかし，この中には，理念をもって自主保育に通う子どもも含まれているため，実際の無園児の人数は明らかではない。

可知らの調査（2019）によると，低所得や多子の世帯，親の一方が外国籍，子どもに先天的な疾患や発達の遅れがある場合に，無園児の可能性が高く，低所得

世帯は利用料の免除はあるが，その他の費用の負担や親が精神的な問題を抱えていることが多いこと，外国籍の親の場合は言葉の問題や経済的理由，幼児教育に対する価値観の違いが影響している可能性があるとしている。

【引用文献】可知悠子・加藤承彦ほか（2019）Socio-economic disparities in early childhood education enrollment: Japanese population-based study, *Journal of Epidemiology*, 30(3), pp. 143-150.　　　　　　　　　（渡部　努）

子ども食堂 ⇨子ども食堂 [47]

居場所

自己が安心していられる場所のことを指すが，空間的・物理的環境のことのみを指すわけではない。例えば，自己と他者の間に良き関係を構築し，生まれた心のつながりという意味を含む。つまり，居場所とは，時間と空間と人間の 3 要素を含む。例えば，乳児が養育者に抱かれている際に心地よさを感じているとすれば，ゆったりとした居心地の良い時間と空間となり，そして，養育者といった存在があるからこそ，居場所があると感じるだろう。これは，園においても同様であり，子どもが安心して過ごせる居場所があるからこそ，安心感や自己承認が高まり，健やかなる発達へとつながっていく。また，個人の特性に応じた居場所があることを認識し，子どもと関わることが必要である。　　　　　　　（水落洋志）

コミュニティ

「共同体」を意味する用語であり，固有の場所等を基盤とした自然発生的かつ共同的な営みを通じて，人々が共同的意識をもって互いの存在を認め合うような地域，及びその人々の集団のことを指す。マッキーヴァー（MacIver, R. M.）は，社会的類似性，共通する社会的観念，共通的慣習，共属感情などの社会的特徴を有する共同生活の一定の地域であると規定づけたが（MacIver, 1917），時代の変化と

ともに，地域性や共同感情，相互作用などが重視されつつある。また，近年では，インターネットの利活用を通じて，メッセージのやりとりや，共通する興味を持つ人が様々な意見交換を交わし合う仮想空間の集合体なども含まれるようになり，その意味は拡散傾向にある。

　保育や育児の文脈では，子育ての孤立化や育児不安などに伴い，地域や保育現場で保護者同士が自然発生的に互いを支え合うような子育てコミュニティをつくり，分断化した子育てを共同化していくことが求められている。

【引用文献】 MacIver, R. M. (1917)*Community: A Sociological Study*, Macmillan and Company, Ltd.　　　　　　　　（上村　晶）

保育実践コミュニティ

　興味・関心を共有した者たちが，相互に貢献し合い，共同で活動に取り組む共同体のことを，実践コミュニティと呼ぶ（Lave & Wenger, 1991）。共通のスキルや，ある事業へのコミットメント（熱意や献身）によって，非公式に結びついた人々の集まりを称しており，職業的なアイデンティティ形成との関連性が示されている。

　そのうえで，保育実践コミュニティとは，保育所や研究会などの公的な組織とは異なる，非公式な保育者間の個人的つながりを意味する。香曽我部（2012）は，「同年齢の気の合う保育者」「信頼できる先輩・後輩」「保育研究会で一緒に研究を行う保育者」などから構成された保育実践コミュニティは，異動や新構成員の参加によって，不安や葛藤を解消するための相互作用を繰り返しながら関係性がより強化されることを見出している。

【引用文献】 Lave, J. & Wenger, E. (1991) *Situated Learning* : *Legitimate Peripheral Participation*, Cambridge University Press. 香曽我部琢（2012）「少子化，過疎化が地方小規模自治体の保育者の成長に与え

る影響」『保育学研究』50(2), 202〜215頁。　　　　　　　　　　　（上村　晶）

園文化

　制度的，社会的，文化的性質の交錯によって特徴づけられる，幼稚園や認定こども園・保育所などに特有の象徴の体系であり，園内の役割に応じた行動様式や生活様式の総体を指す。

　園文化には，インターローカリティな文化とローカリティな文化が存在する。前者は，国・地域間，施設種別間などによって差異化されるような，乳幼児施設全般が有する汎用的な文化を指す。一方，後者は，それぞれの園において，一定の歴史的背景の下で，その園が独自に生み出している文化を指す。具体的には，園の沿革，保育・教育及び子育ての支援などに関する方針やカリキュラム，保護者の保育観や教育観，教職員体制や研修体制などが相互に作用し合い，園としての独自の個性を形づくると同時に，その園が歴史的に創造してきた価値や特色が継承されていく。園文化は，このような2つの側面の文化を内包して形成されていく。　　　　　　　　　　　（上村　晶）

仲間文化

　自己が所属する文化を模倣のみによって学習するわけでなく，道具や習慣などを取り入れつつも，子ども一人一人の解釈や，特有の子ども集団の中で互いに共有・再生産される文化のことを指す。このような過程のことを「解釈的再生産（interpretive reproduction）」と呼ぶ。例えば，子どもたちの遊びの場面において，鬼ごっこを想像すると，鬼ごっこのルールは子ども自身が発明したわけではなく，大人や過去の遊びの伝統がもたらした結果である。しかしながら，その遊びを遂行する中で，ルールを共有しつつも，そこには個々の子どもの解釈があり，子どもたちは，それに対処すべく，様々な方略を生み出す。つまり，仲間が存在する

ことで，価値観や興味・関心を共有しつつも，個々の子どもたちがその場に生じている現実を捉え，解釈し，対処することで，次なる生産が生じるということである。　　　　　　　　　　　（水落洋志）

フィールドワーク

　ある対象について研究する際に，そのテーマに即したフィールド（場所）を実際に訪れて，意識的にその対象を観察し，調査をする作業のこと。一般的には屋内作業であるデスクワークなどと対比され，「野外調査」や「野外研究」を指す。

　佐藤（2006）は，フィールドを「調べようとする出来事が起きている現場」と定義づけて，実際にその現場に研究者が身を置きながら，その場の一成員としての役割を果たすことに重きを置いている。また，「正しい答えを出すために有効なデータや資料を集めることができるだけでなく，調査を進めていく中で，問題そのものの輪郭や構造を明確にしていくことができる」という特徴を挙げている。一般的には，必然的に対象に関与するような参与観察が多いが，必要に応じて，資料収集やアンケート調査を行うなどの複数の方法を併用することがある。
【引用文献】 佐藤郁哉（2006）『フィールドワーク──書を持って街へ出よう』新曜社。　　　　　　　　　　　（上村　晶）

公共性

　広く社会一般に利害や影響を持つ性質。特定の集団に限られることなく，社会全体に開かれていることを意味しており，一般的に英語の publicity に相当する言葉として用いられている。利益などのポジティブな意味だけでなく，損害等のネガティブな意味ももつ概念である。

　公共性のもつ意味として，齋藤（2000）は，3つに大別している。1つ目は国家や政府，自治体に関係する公的なものであること，2つ目は特定の個人や集団に限定されるものでなく，社会全体に関係

すること，3つ目は誰に対しても開かれており，利用やアクセスが可能であることとしている。

　近代社会における教育や保育，福祉においては，公共性の概念が求められるといえる。
【引用文献】 齋藤純一（2000）『公共性』岩波書店。　　　　　　　　　　　（渡部　努）

社会的包摂（ソーシャルインクルージョン）

　⇨ソーシャルインクルージョン 34

医療的ケアサービス

　在宅で生活する障害児者が日常生活に必要となる医療的生活援助行為の提供や享受のことである。原則，医療的な援助は，医師や看護師などの資格を持った医療従事者だけが実施できる。ただし，医師が許可した場合に限り，子どもの家族等が行うことのできる医療的な援助を医療的ケアとし，治療行為としての医療行為とは区別している。代表的な医療的ケアとして，栄養を摂取する援助の経管栄養，排泄の援助としての導尿，呼吸を助ける援助としての痰の吸引や酸素療法などがある。

　保育・教育の場では，医師の指導を受けた看護師が子どもの医療的ケアを行っていることが多い。看護師らが安全に医療的ケアを実施できるよう，医師の指導の下で個別に定められた対応マニュアルに沿って支援が行われている。医療的ケアによって保護者の付き添い等の負担が軽減されるとともに，子どもの生活の質を豊かにすることにつながっている。
　　　　　　　　　　　（小柳津和博）

NPO 法人（特定非営利活動法人） ⇨NPO法人（特定非営利活動法人）8

第三者委員 ⇨第三者委員 46

ピアサポート ⇨ピアサポート 48

児童文化

　子ども（児童）の生活に影響を及ぼしたり，関わったりする文化の総称であり，家庭や学校などの日常生活や人間形成の

諸過程，児童保護などの福祉的側面までも含む広い概念である。また，一般的に児童のための文化創造・文化財，文化活動・文化施設ならびに児童自身の文化的創造活動を総括した概念であるともされている。1920年代に新出した言葉であり，1930年代頃から広く使われるようになった。内容的には，精神的文化（身につけることが望ましい気質や情操），行動的文化（精神的文化の内容を促進・涵養するための手段），物質的文化（絵本や玩具等の具体物）の3つに分類される。児童文化は，それ自体では成立・存在することができないという点においては，大人文化の介入や介在が前提となっている。そのような意味において，大人文化と児童文化の関係性や構造を見直しながら，児童文化の在り方を考える必要があるだろう。

　なお現在では，「子ども文化」という表現も使われる。児童文化との明確な境界は曖昧ではあるものの，よりよい子どもの成長や発達のために大人が作る文化を「児童文化」と表現し，遊びや自由な活動の中で子ども（たち）自身が主体的に創造する文化を「子ども文化」と記すことが多い。　　　　　　　　（實來敬章）

児童文化施設

　児童・子どもに児童文化財や児童文化活動を広く提供する公共の空間や施設のことをいう。児童文化を助長するための施設として，「児童文化センター」や「児童博物館」「子ども博物館」などが挙げられる。また，「児童館」「児童遊園」「こどもの城」などといった，児童の健全育成を助長する目的として設置・運営される「児童厚生施設」も広い意味では児童文化施設に入る。

　これらの施設では，幼稚園や保育所，学校などでの学びや活動とは異なる経験が可能であるという意味で，地域社会で果たす役割は大きい。それに加えて，児童の利用だけでなく家族を含めた活動も多く取り入れられており，現代の子育てをめぐる地域との関わりや地域との結びつきといった観点からも重要視されているものでもある。　　　　　　　（實來敬章）

子どもと読書

　テレビやインターネット等の様々な情報メディアの発達・普及や子どもの生活環境の変化，幼児期からの読書習慣の未形成などによる子どもの読書離れ，活字離れが注目されるようになったことから，読書のもつ価値を改めて認識し，子どもたちの読書活動を推進するため，2000（平成12）年を「子ども読書年」とした。その翌年には「子どもの読書活動の推進に関する法律」を制定し，子どもの読書活動を推進することを国及び地方公共団体の責務とするとともに，国民の間に広く，子どもの読書活動についての関心と理解を深めるため，4月23日を「子ども読書の日」と定めた。

　また，1959（昭和34）年から開始されていた「こどもの読書週間」は当初，5月1日から5月14日を期間としていたが，2000（平成12）年「子ども読書年」の制定を機に，4月23日から5月12日の約3週間に期間を延長することになった。　　（渡部　努）

子ども図書館

　主たる利用者を18歳未満の子どもとその保護者を想定し，絵本や児童書を中心とした蔵書構成をしている図書館のことである。一般閲覧室と児童閲覧室が同じ建物内に存在する一般的な図書館に対して，子ども図書館は，絵本や児童書を中心とした児童閲覧室を単独の建物内に配置している。日本においては，2000（平成12）年に国立国会図書館の支部として開館した「国際子ども図書館」をはじめ，自治体が設置する公立，法人等が設置する私立の子ども図書館がある。子ども図書館の多くは，子育て支援施設や児童の学習施設等，複合施設として設置して

いるところが多い。主なサービスは，一般的な図書館と同様，貸出サービスやレファレンスサービスを行っているが，読み聞かせの会やお話し会などが行われていることが子ども図書館の特徴の１つである。　　　　　　　　　　（渡部　努）

ブックスタート

　赤ちゃんとその保護者に絵本を手渡し，絵本をきっかけに親子で楽しい時間を過ごしてもらうことを目的とした活動である。行政と市民が連携して行っている自治体の事業の１つであり，０歳児健診などの機会に，赤ちゃん絵本や絵本のリスト，地域公共サービス情報などの入ったブックスタートパックを手渡している。ブックスタートパックの配布の他に，対象者や市民への広報，赤ちゃんや絵本に関連する様々な支援活動なども行っている。

　この活動は，1992 年イギリスのバーミンガムで教育基金団体であるブックトラストが中心となって始まった。日本では 2000（平成 12）年の「子ども読書年」をきっかけに紹介され，2001（平成 13）年に 12 市町村で本格的な活動が始まったとされている。NPO ブックスタートによると，1,051 の市区町村（2020 年 2 月現在）でブックスタートの取り組みが行われており，日本の約 60％の市区町村で実施されている。　　　　（渡部　努）

メディア・リテラシー

　情報を伝達する様々なメディア（スマートフォン，PC，SNS など）の使用者がもつべき基礎的な素養（能力）を指す。ここで示す素養とは，メディアを通した情報の取集／取得・製作／発信における情報の「送り手」，「受け手」の両側面における適切な情報の選択，評価，使用に関する能力全般を意味する。

　特に，近年は，スマートフォンの普及や，YouTube, Twitter, Instagram といった，情報を組織化（収集・構築），保存（蓄積），流通（発信）し取り出し（受信／共有）て利用することができる共通基盤（情報プラットフォーム）サービスの急速な発展から，誰もが容易に公共への情報発信／拡散を行うことが可能である。そのため，リテラシーを欠いた情報発信に起因する社会問題も少なくない。こうした情報の「送り手」，「受け手」としての基礎能力は，機密性の高い個人情報を取り扱う保育／教育専門職者が有すべき必要不可欠な素養と言える。　　　　　　　（山田徹志）

情報公開

　組織の事業や財務などに関する情報を広く一般的に公開すること。組織などの透明性を高め，非効率的な事例や不公正な事例が生じることを防ぐことを目的とする。この基軸となる法律として，情報公開法や個人情報保護法といった情報二制度が存在する。これらは情報公開に関わる骨格を形成する極めて重要な制度である。保育分野に着目すると，児童福祉法第 48 条の 4 においては，当該保育所が主として利用される地域の住民に対して，行う保育に関する情報の提供をするよう努めなければならないことが規定されている。また，認定こども園等においても同様に規定されている。したがって，施設の設置者や設備，運営の状況など，可能な限り情報を開示し，説明責任を果たすことが求められている。
→説明責任 6，アカウンタビリティ 49
　　　　　　　　　　　　（水落洋志）

ICT 教育

　ICT は Information and Communicaton Technology の略で，「情報通信技術」を指す。そして，ICT 教育とは，コミュニケーションをとるための教育における「ICT」活用を意味する。つまり，「情報通信技術」を用いた教育の「情報伝達」の促進と発展である。

　そのため，「ICT 教育」は，PC やタブレット端末，インターネットなどの情報

通信技術を総合的に活用し，コミュニケーションを促進する教育方法を広義に指している。なお，現在，小中学校1人1台PC政策，GIGA school 構想（文部科学省，2020年），未来の教室プロジェクト（経済産業省，2019年）などをはじめ，高度情報化社会を見据えた教育において，注力される分野である。　　（山田徹志）

子どもとICT

近年，ICT（Information and Communication Technology：情報通信技術）は，急速な進歩を遂げ，人々の生活において，極めて身近な技術となっている。これは，子ども（小学校就学の始期に達するまでの子ども）にとっても同じである。すでに，子どもたちのスマートフォンにおけるアプリゲームや知育教材の使用，YouTubeの閲覧などは広く浸透している。

一方で，課題となるのがICTに関する子どもの安全面・健康面への配慮を含めた有効的な活用方法の模索である。例えば，総務省の「情報通信白書」（2019）では，子どものICT活用に関して，安全な情報アクセス，適切な使用頻度等に対する保護者／教師側のITリテラシー向上の必要性が述べられている。
→ ICT ④ ㉔　　　　　　　（山田徹志）

保育のICT化

近年，保育業務における保育者（幼稚園教諭，保育士等の保育専門職者）の負担は少なくない。内閣府「保育分野の現状と取組について」（2018）によると，特に，保育現場では深刻な保育者の人員不足問題が生じ，保育者の業務負荷が課題となっている。これらの問題解決の方策の1つとして，推進されるのが「保育のICT化」である。

ここで示すICT化は，Information and Communication Technology（情報通信技術）の活用を指し，PC，スマートフォンの操作方法から，ハードウエア（iPadなど），ソフトウエア（iOSアプリなど）の応用ま

で，幅広い情報通信技術の活用範囲の総称である。

例えば，保育現場では，運営業務管理システムの活用などがある。今後，AI技術，ビックデータ運用等の発展に伴い，保育の様々な場面でICT化による業務緩和，支援が期待される。
→ ICT ④ ㉔　　　　　　　（山田徹志）

エデュテインメント

エデュテインメント（edutainment）とは，娯楽でありながら，教育としての機能を有するエンターテインメント形式全般を指す。また，基本的に，「遊び」（学習者の能動的な行動）が伴い，自然に知識や学習意欲を形成するものが，エデュテインメントの定義には含まれている。

例えば，ゲーム，アニメ，音楽などの一般的な娯楽の中に教育的要素を埋め込むことで，子どもの教育支援を行うことが挙げられる。具体的には，子ども同士がテレビゲームで協働的な解決課題に取り組むなどを指す。

さらに，体験型の博物館や遊戯施設などもエデュテインメントの一種とされる。そのため，Strong National Museum of Play（アメリカ），チームラボ：teamLab（日本）なども，エデュテインメントと位置付けられる。　　　　　（山田徹志）

EdTech

EdTech（エドテック，エドテク）は「Education×Technology」の略称を指す。また，EduTech（エデュテク，エデュテック）と同義である。

新たな社会領域で，ITテクノロジーの活用を推進し，生産性の向上を試みる総称として「X-Tech（クロステック）」という言葉がある。例えば，FinTech（金融×Technology）やAdTech（広告×Technology）があるが，Edtechもこの「X-Tech」の一つである。

教育領域では，eLearningの実施，iPadデータLOG活用，教育事務作業の

管理アプリサービスなどがすでに実装されている。これらの EdTech の実装は、教育環境の最適化、教育の質の担保、教育の機会均等（地域格差，世帯格差の是正）等への効果が期待されている。

（山田徹志）

Society 5.0

Society 5.0（超スマート社会）は、AI，IoT，ロボット，ビッグデータなどの革新技術を、様々な産業および社会（ヒト・モノ）へ接合・融合し、実現する未来社会の姿を指す（科学技術基本計画，2016年）。これは、狩猟社会（Society 1.0），農耕社会（Society 2.0），工業社会（Society 3.0），情報社会（Society 4.0）に続き、人類社会における5番目の新しい社会の姿でもある。

Society 5.0 では、サイバー空間（仮想空間）とフィジカル空間（現実空間）を高度技術によって融合させた社会システムにより、経済発展と社会的課題解決を両立する人間中心の持続可能（Sustainable）な社会を目指している。

例えば、5G（第5世代情報通信技術）などの活用が取り上げられている。また、これらの実現には、持続可能な開発目標（SDGs）も併せて議論される。

→持続可能な開発目標（SDGs）21

（山田徹志）

仮想現実（バーチャルリアリティー）

コンピュータ内に構築された仮想世界を、人間の外界認識を司る感覚器官（五感）に対して、合成情報を提示し、実世界で行われている行為を疑似体験できることをいう。舘ほか（2014）によると、仮想現実の構成要素は3要素あるとされている。1つ目は、人間にとって自然な3次元空間が構成されていること。2つ目に人間がその中で、環境と実時間に相互作用しながら自由に行動できること。3つ目は、その環境と使用している人間とが一体となり、環境に入り込んだ状態が作られているということである。近年では、スマートフォンなどの端末からも気軽に使用ができるようになっており、職業訓練などの場での研修等にも取り入れられている。例えば、疑似手術など専門職の技能向上などにも取り入れられたり、疑似消火活動や震災体験といった実際に体験が不可能とされる安全教育の一環などにも用いられたりしている。

【引用文献】舘暲・佐藤誠・廣瀬通孝監修（2014）『バーチャルリアリティ学』日本バーチャルリアリティ学会。

（水落洋志）

22 保育の歴史と思想

コメニウス

コメニウス (Johannes Amos Comenius：1592-1670) は，現在のチェコ共和国東部にあるモラヴィアに生まれた教育思想家である。10代で父と母を失い，三十年戦争によって祖国を追われ，ヨーロッパ各地を転々としながら思索活動を続けた。彼の主著『大教授学』(1657) によれば，学校は「知識・徳行・敬神」を目標とし，人間社会を「神の園」へと近づける場所とされ，4つに区分された発達段階の第一段階である乳幼児期 (1〜6歳) の教育は「母親学校」でなされるとした。母親が子どもに事物を見聞きさせ，それに触れ，味わわせることで，直観的に無理なく基礎学習をさせるのである。彼はほかにも『母親学校の指針』(1633) や世界初の絵入り教科書『世界図絵』(1658) を著し，そこでも子どもの感覚を重視した。キリスト教的な人間観に基づくコメニウスの教育思想は，ルソー (Rousseau, J. J.) やペスタロッチ (Pestalozzi, J. H.) やフレーベル (Fröbel, F. W. A.) などと並び，現代の保育思想の基盤となっている。
→ルソー 22，ペスタロッチ 22，フレーベル 22
(平田仁胤)

ルソー

ルソー (Jean-Jacques Rousseau：1712-1778) は，1712年にジュネーブで生まれた。フランスに移り，『学問芸術論』(1750) や『人間不平等起源論』(1755) で広く認められた。1762年に『エミール』を著す。教育史上，「子どもの発見」の書といわれる。これは，人間を成長・発達する力

を持った存在ととらえ，「子ども時代」という発達の1つの段階を認め，その重要性を強調したものである。ルソーの言う「子ども時代」とは，現在なら乳幼児期，児童期 (少年期) を包み込む時期であるが，この時期の子どもには，その時期固有のモノの見方，感じ方，考え方があり，その固有性を大切にするとともに，大人 (成人) と比べて劣っているなどとみなしてはならないことを主張したのである。そして，教育はこうした発達の段階に応じて計画・実施されるべきことを説き，とくに幼い時期の教育は教え込むことは避け「消極的」であるべきと説いた。現在の教育学や発達心理学の基本を唱えた思想家である。
(尾上雅信)

ペスタロッチ

ペスタロッチ (Johann Heinrich Pestalozzi：1746-1827) は，チューリヒに生まれた。1768年に開いた農場 (ノイホーフ) に貧しい農民の子どもたちを受け入れて，農作業や手工をさせた。家庭的な温かい雰囲気の中で，経済的自立のための技能を身に付けさせようとしたのである。取組は長く続かず，自らの体験を綴った『隠者の夕暮』(1780) などの著作活動に打ち込むが，1798年のシュタンツ孤児院での取組を機に教育活動を再開した。1800年にはブルクドルフに学園を設立し，メトーデの検証を始めた。メトーデとは「自然の歩み」に沿いながら子どもの発達の「最短の道」を示すものであり，教育内容を段階的に組織化する方法である。学園は何度も移転を強いられるが，

ペスタロッチの名声はヨーロッパ各地に広まり，ヘルバルト（Herbart, J. F.）やフレーベル（Fröbel, F. W. A.）も見学に訪れた。1825年にイヴェルドンの学園が閉鎖されるとペスタロッチはノイホーフに戻り，『白鳥の歌』（1826）を執筆した翌年に没した。

→フレーベル 22　　　　（小林万里子）

フレーベル

　フレーベル（Friedrich Wilhelm August Fröbel：1782-1852）は，19世紀ドイツのロマン主義の教育思想家，幼稚園の創設者。子どもは植物のように自らの内なる力で人間性を展開させていくことができる。保育者に大切なことは，庭師のように，この子どもの内なる力を信頼し発達の道筋を正しく理解し，人間性が十分に展開できるように，展開を促す遊具や遊戯を用意し，適切な環境を整えることである。こうしてフレーベルは，子どもを発達させ世界の理解へと導く「恩物」という名の遊具と，様々な遊戯や歌を考案し，さらに子どもが守られて育つ施設を創設し，その施設を「幼稚園（子どもの庭）」と名づけた。幼稚園では単に子どもが育つだけでなく，子どもと共に生きることで，大人もまた自身の生き方を変え，世界の法則を正しく理解し社会を革新する人間へと成長することが求められた。この幼稚園教育は，周囲の人々を動かし，教育運動となって世界中に広まることになった。主な著作に『人間の教育』『母の歌と愛撫の歌』などがある。

→幼稚園 2，恩物 22，フレーベル主義 13　　　　　　（矢野智司）

恩　物

　ドイツの教育者フレーベル（Fröbel, F. W. A.）は，子どもが内的な創造衝動を表現するためには外的な材料が必要だとして，球体・円筒・立方体・直方体等から構成される遊具を考案した。既製品の玩具とは違って，基本的な形を組み合わせるこ

とで子どもがあらゆるものを創造することができる。遊びを通して，子どもは内界と外界が一つになる体験を得て，さらには自然の法則や神の働きを知る。この遊具を彼は「神からの贈り物」という意味でGabe（英：Gifts）と名づけており，日本ではこれが「恩物」と訳された。

　フレーベルは恩物の提示順序や保育者が歌いかける言葉などを具体的に示しており，初期にはこれを形式的に踏襲する保育者が多かったが，フレーベルの死後，形式よりもその思想を受け継ぐ再解釈がなされた。日本での再解釈の例として，倉橋惣三の保育が挙げられる。現代のフレーベリアン保育では，子どもの自発性や自由を生かした使い方やアレンジがなされている。

→フレーベル 22，倉橋惣三 22
　　　　　　　　　　　　（西隆太朗）

オウエン

　オウエン（Robert Owen：1771-1858）は，イギリスの実業家，社会主義者。産業革命期に労働問題が深刻化する中，オウエンはスコットランドのニューラナークで紡績工場の経営にあたり，労働者の生活環境改善やその子どもたちの教育に取り組んだ。また工場法への提案を通して，子どもの労働問題改善に広く社会的な影響を与えた。1816年に「性格形成学院」を開設，フレーベル（Fröbel, F. W. A.）に先んじて保育・教育の場を築く。ペスタロッチ（Pestalozzi, J. H.）の実践にも影響を受けた彼は，保育・教育において①子どもを叱らないこと，②真の愛情と信頼の関係，③実物による教授，④親しく話し合って自由に質問できる関係，⑤戸外での活動，⑥ダンスと音楽，⑦活動を楽しめるものとし，疲れ果てさせないこと，⑧庭園の自然や動物に親しませること，⑨生涯役立つ合理的思考と実質的知識，⑩労働者階級の子どもを最良の環境に置くことを重視した（オウエン，1961）。

2001年より，この地は世界遺産となっている。

【引用文献】オウエン，R.／五島茂訳（1961）『オウエン自叙伝』岩波書店。

→性格形成学院 36，ペスタロッチ 22，フレーベル 22　　　　　　（西隆太朗）

エレン・ケイ

　エレン・ケイ（Ellen Key：1849-1926）は1849年，スウェーデンの政治家の娘として生まれた。ストックホルムの女学校の教師を務めるとともに，婦人問題，社会問題，そして教育問題をテーマに新聞などに数多くの寄稿を始める。19世紀最後の1900年，その教育上の主著『児童の世紀』を発表した。そこでは，外から押し付ける知識詰込み的な教育を徹底的に批判し，そのような教育からの子どもの解放を主張した。20世紀こそ児童の世紀となるべきと主張した彼女は，子どもを自律的で活動的な，生命力あふれる存在ととらえ，その主体的な成長を助成することこそ教育であるとする教育論を展開したのである。こうした子どもと教育のとらえ方は，ルソー（Rousseau, J. J.），そしてペスタロッチ（Pestalozzi, J. H.）の流れをくむものであった。また，彼女は男女の平等も主張したが，女性の使命は母性の実現にあるとし，男性と同様の職業・就業の自由と平等を強く求めた当時の女性解放運動とは異なる主張を展開したことでも知られている。

→ルソー 22，ペスタロッチ 22

　　　　　　　　　　　　　（尾上雅信）

新教育運動

　19世紀末から20世紀初頭にかけて世界的な運動として展開された教育改革運動。この時期，欧米各国をはじめ日本でも小学校を中心とした義務教育制度が整備されはじめた。そこでは教師や教材（教科書）中心の一斉授業による知識の伝達に重きを置く教育が当たり前となっていた。こうした教育のあり方に対抗して，子どもの主体的な活動を学校教育の中心に据えようと展開されたのが，新教育運動であった。その主張や実践は多様なものであったが，教育の中心に子どもを置こうとしたこと（子ども（児童）中心主義），子ども自身の主体的な活動を教育の要としようとした点（生活・活動主義）では共通している。その点では，新教育運動の思想的な源流はルソー（Rousseau, J. J.）にまで遡ることも可能であり，その影響を強く受けたペスタロッチ（Pestalozzi, J. H.）やフレーベル（Fröbel, F. W. A.）もまた新教育運動の思想・実践的な先駆と位置づけることができるであろう。

→ルソー 22，ペスタロッチ 22，フレーベル 22　　　　　　　　（尾上雅信）

デューイ

　デューイ（John Dewey：1859-1952）は20世紀アメリカを代表するプラグマティズムの哲学者。思考は直面する問題を具体的に試行錯誤しながら解決することで発達していく。このような知識論にも基づいて，デューイはただ椅子にすわって教科書を学ぶことを中心にしていた従来の学校教育を批判し，子どもの興味関心を軸にした実際の作業を通して問題を解決するという経験中心の学習の仕方へと転換しようとした。さらに学校に仕事を課題として取り入れることで，学校を子どもたちが互いに協同して課題の解決をする経験の場に変えようとした。そのような協同の経験によって，子どもは共同体の精神を学び，民主的な社会生活の主体となると考えた。こうした子どもの経験を中心に据える教育の考え方は，新教育運動の主導的教育思想として，世界の学校教育に影響を与えただけでなく，現在の幼児教育にも多大な影響を与えている。主な著作に『学校と社会』『民主主義と教育』などがある。

→新教育運動 22　　　　　　　　（矢野智司）

モンテッソーリ

イタリアの女性医学博士であるモンテッソーリ（Maria Montessori：1870-1952）は，医師として知的障害のある子どもたちに関わる中で，教育の重要性を痛感し，感覚を通した教育法を見出した。健常児よりもよい成績で公立学校に入学する成果を生み，それならば健常児こそこの教育が必要ではないかと，1907年，ローマに「子どもの家」を創設した。そこでの観察を基に考案した教具に集中する子どもの姿から，自ら成長しようとする「内的生命力」を発見した。

　自ら考えて選び，精一杯取り組み，達成感や満足感を得て活動を終え，また新しい活動に向かうサイクルの中で人格が形成される。このサイクルが機能する「環境構成」と，一人でできるように手伝う「自己発展の助成」が指導者の役割であるとするこの教育法は，現在，世界各国に拡がり，日本の「環境を通して行う」教育の理念にも通じている。後年は平和教育に心を尽くした。

【参考文献】オスワルト，P.／保田史郎訳（1971）『モンテッソーリ教育における児童観』理想社。モンテッソーリ，M.／吉本二郎・林信二郎訳（1997）『モンテッソーリの教育――〇歳〜六歳まで』あすなろ書房。
→モンテッソーリ・メソッド 13
　　　　　　　　　　　（福原史子）

シュタイナー

シュタイナー（Rudolf Steiner：1861-1925）は，シュタイナー教育の創始者。現在のクロアチア出身。近代自然科学の有効性を受け入れつつも，近代啓蒙合理主義に対峙して人間全体の本性を霊的次元を含めて理解する立場から洞察し，独自の人間認識である人智学を築いた。シュタイナーは，人間を自我を中心とした「肉体的－魂的（心性的）－霊的（精神的）な総体」として捉えた。誕生前の子どもを霊界にいる霊的（精神的）存在とし，その継続として目の前にいる子どもは目に見えない次元を含めた総体として神秘な存在であると認める。これは子どもたち一人一人に対する畏敬の念をもった見方を可能にする教育思想であり，子ども理解の観点から注目したい。頭と感情と体全体を通して心の内側に染み込むように知識を積み上げていくことが大切にされる。その方法として，フォルメン（線描），オイリュトミー（言葉や音楽の身体表現），エポック授業（断片化されない時間割）などが用いられる。シュタイナーの思想は教育分野に限定されず，芸術，医療，建築，農業など多岐にわたる。
→シュタイナー教育（保育） 13，ホリスティックな視点 22　　（伊東久実）

マクミラン

イギリスの保育学者，社会活動家。マーガレット・マクミラン（Margaret McMillan：1860-1931）は姉のレイチェル（McMillan, R.）とともにキリスト教社会主義に共鳴し，子どもの貧困問題の改善に取り組んだ。デットフォードに開いた子どものためのクリニックを発展させ，1914年に創設したマクミラン保育学校は，現在も続いている。子どもが学ぶためには，まずは身体的・社会的・情緒的ニーズが満たされなければならないとして，教育と養育・ケアを融合するホリスティックなアプローチをとった。また野外での保育を通して，子どもの健康問題の改善を図った。教育を単なる訓練ではなく人間的なものと捉え，子どもが自発的に熱中できるような実践を目指した。遊び，運動，栄養と休息，音楽や物語を取り入れ，想像力を培うこと，また家族の状況をよく理解してパートナーシップを築くことを重視した。教育とケアを一体とする「エデュケア」の提唱者として知られ，その思想と実践は現代にも影響を与えている。

→ホリスティックな視点 [22]，養護と教育の一体的展開 [12]　　　（西隆太朗）

クルプスカヤ

　クルプスカヤ（Nadezhda Konstantinovna Krupskaya：1869-1939）は，サンクトペテルブルクで生まれ，世界初の社会主義国家であるソ連の教育の理論化と実践に指導的な役割を果たした。個人の人格と能力の全面的な発達を教育の目的とし，教育と生産労働の結合により，自らの周囲で生じる様々な事象を科学的に理解するための知識と生産の基礎となる技術の原理やその適用を，学校教育全体で学ぶ総合技術教育（ポリテフニズム）を主張した。また，自分の個人的な労働によって他者に役立ちたいといった子どもの社会本能を発達させていくことで，連帯の感情と自己の有用感を自覚し，民主的な集団を組織化していく能力を育むことができるとして，子どもの集団主義的な育成を目指したピオネール運動を指導した。家庭教育についても，社会主義社会を実現する観点から，両親が子どものことを対等に話し合える集団としての家庭の大切さを強調し，子どもの心身の健やかな発達のためには，親の成長が不可欠であることを示した。

→新教育運動 [22]　　　　　（高瀬　淳）

マカレンコ

　マカレンコ（Anton Semyonovich Makarenko：1888-1939）は，現在のウクライナで生まれ，非行少年や浮浪児を対象とした施設での実践を踏まえ，社会主義社会における全面的に発達した人間を育成する集団主義教育の考え方を明らかにした。集団とは，社会的に有用な共通の目的と活動で結び付けられたものであり，一人一人が自らを集団の一部として自覚し，個人よりも集団の利益を優先するようになることが期待された。そこでは，子どもへの個別的な指導よりも，教育者が当該の集団に対して基本的な秩序の確保に向け

た要求を行うことで，それを引き受けた子どもの小グループ（アクチーフ）が集団の内部で自律的に活動しはじめ，次第に当該集団の要求として集団全体が承認するようになる。最終的には，集団の一人一人が社会主義のモラルに基づいた要求を自分に対して行うようになることで，社会，集団及び個人の要求が，将来の望ましい状況を喚起する時間的・空間的な「見とおし」に沿って調和していくとされた。　　　　　　　　　　（高瀬　淳）

ニイル

　ニイル（Alexander Sutherland Neill：1883-1973）は，イギリスの新教育運動家。イギリスやアメリカのフリー・スクール運動にも影響を与えたサマーヒル・スクールの創設者として知られる。

　サマーヒル・スクールの教育は他人の権利を侵害しない限り，授業の出欠席まで含めた自由が保障される自由教育と，そうした自由を共同生活の中で実現していくために子どもも大人も等しく一票の権利をもつ直接民主的な自治によって特徴づけられる。サマーヒル・スクールのこうした教育方法は，子どもは愛され，自由であるなら善良な人間となるというニイルの人間観に支えられている。ニイルの思想に影響を受けた日本の学校として1992（平成4）年に和歌山県に設立された「きのくに子どもの村学園」が挙げられる。

　子どもの無意識の動機を考慮に入れるというニイルの視点は保育実践に対しても示唆的である。ニイルは子どもが物を盗むという行為の奥に，物を盗むことで大人からの愛（承認）を得ようという象徴的な試みを見ている。ニイルが物を盗んだ子どもに褒美を与える時，愛を求める子どもの無意識の感情に働きかけているのだという。

→新教育運動 [22]，フロイト（の精神分析）[22]　　　　　　　　（吉國陽一）

ボルノウ

ボルノウ (Otto Friedrich Bollnow：1903-1991) は，20世紀ドイツの哲学者，教育学者。

希望，被護性，信頼，危機，出会い，言語，直観など，人間の生と教育に密接に関わる現象の意味を明らかにすることによって人間の本質と教育者の役割を問いなおす，人間学的教育学を提唱。乳幼児と保護者の信頼関係にもとづく被護性（護られているという感覚）の重要性や，子どもの成長発達を支える教育者からの信頼のたいせつさ，世界を認識するための手段としての言語の役割と限界，日常の生活を離れた遠足や祝祭といった行事の意義，教育者の仕事を含めた人間の営み全般を支えている未来への信頼としての希望の意味など，乳幼児の教育・保育にとっても示唆に富んだ洞察を多く残している。彼の教育思想のエッセンスをまとめた著作として，1971年初版の『人間学的に見た教育学』がある。

【参考文献】ボルノウ，O. F.／浜田正秀訳 (1969)『人間学的に見た教育学』玉川大学出版部。　　　　　　（井谷信彦）

ランゲフェルド

ランゲフェルド (Martinus Jan Langeveld：1905-1989) はオランダの教育学者。大学で哲学・心理学・教育学を学び，卒業後は8年間にわたって教師を経験。子どものための教育相談を実践した。1939年よりユトレヒト大学に赴任し，同大に教育学研究所を開設，教員養成・教育の臨床と研究など，理論と実践の融合を目指す。彼が開発した「コロンブス・テスト」は，客観的心理テストを超え，子どもが生み出す物語を通して，その子が生きる世界を大人がともに旅し，成長への動きを「発見」するものであった。彼にとって子どもの理解やセラピーは，その子との信頼関係を深め，友情を深めることとともに進む過程であり，教師は子どもと出会う

中で自らを省察し成長するものと捉えられる。子どもに対する大人の責任性，有能性，信頼性を強調し，現象学的・人間学的な立場からの教育研究を進め，臨床教育学の開拓に貢献した。日本では和田修二が彼に学んだ成果を『子どもの人間学』（第一法規出版，1982）にまとめている。　　　　　　　　　　（西隆太朗）

ノディングズ（ケアの倫理学）

ノディングズ (Nel Noddings：1929-) は，アメリカの教育哲学者。小学校教師，高校の数学教師としての経歴ももつ。

ノディングズはカント (Kant, I.) に代表される普遍化可能な諸原理に基礎を置く倫理学への批判を通してケアする人とケアされる人の関係に基礎を置くケアリングの倫理学を提唱した。ケアリングは相互的な関係において生じる自発的な他者への応答に根源を置く自然的なケアリングと，そうした自発的な応答が生じない関係においてケアし，ケアされた記憶や，ケアする人としての自分のイメージやあるべき姿に訴える倫理的なケアリングから成る。ノディングズは教育が伝統的な学問分野に基づいてではなく，ケアのテーマに基づいて組織されるべきだと論じている。

ノディングズがケアリングの関係における共感 (empathy) のあり方として提示する受容 (reception) のモードは保育における子ども理解を考えるうえで示唆的である。ノディングズによれば受容のモードにおいては対象を思うように変化させたいという目的や関心を脇に置き，対象が現れるがままに身を委ねる。受容のモードにおいては他者とともに見たり聞いたりすることが可能になる。

　　　　　　　　　　（吉國陽一）

マラグッツィ

マラグッツィ (Loris Malaguzzi：1920-1994) はイタリア北部の街，レッジョ・エミリアの保育思想家・実践者。第二次

世界大戦の終戦間もないころ，この地域では，働く女性たちが子どもを預け，その才能を開花させるための学校を作ろうとしていた。当時20代の小学校教師だったマラグッツィはこの取り組みに関心をもち，女性たちに乞われて学校の運営を引き受けた。彼には就学前の幼い子どもたちを教える経験はなかったが，子どもたちとともに学ぶことを通して，子どもたちを育てることができると考えた。こうして始まった彼の保育・教育は，子ども・親・教師が協働する民主主義的なアプローチによって特徴づけられる。彼は子どもたちを生まれながらに有能な存在だと捉え，人権をもつ個人として尊重した。また，外から与えられたカリキュラムではなく，子どもたちが自らの関心に沿って，時間をかけたプロジェクトを通して学ぶことを重んじた。彼は子どもたちの「100の言葉」，多様なコミュニケーションを尊重して，耳を傾け合う関係を広げた。

→レッジョ・エミリア・アプローチ [13]，子どもたちの100の言葉 [12]　（西隆太朗）

ピアジェ

ピアジェ（Jean Piaget：1896-1980）はスイスの心理学者。認知に関する発達理論を提唱した。自分の3人の子どもの行動観察を行い，そこに現れる知的行為をもとに，子どもの論理構造の解明を目指した。子どもを環境との相互作用によって自らの世界を構築していく主体的存在ととらえる構成主義の考え方は現在の教育にも継承されている。ピアジェは発達のプロセスを同化と調節によって説明した。子どもは環境との関わりの中で独自のスキーマ（schema）を構築し，新奇な物や事象と出あった際，スキーマにもとづいて理解する（同化）が，スキーマに合わない場合は，スキーマそのものを修正する（調節）とした。認知にみられる質的変化をピアジェは段階的にとらえ，0歳

から2歳までを感覚運動期，2歳から7歳までを前操作期と区分した。発達を段階的にとらえる点，発達を認知に限定している点，社会からの影響を最小限にとどめ，個を単位とした発達理論を展開している点に批判が向けられている。

→構成主義 [11]，保存概念 [11]，アニミズム [11]　　　　　　　　（湯澤美紀）

ワロン

ワロン（Henri Wallon：1879-1962）はフランスの精神医学者，発達心理学者。子どもの「自我」の形成に関する発達理論を提唱した。重度の障害のある子どもたちの臨床例にもとづいて，発達の流れを描き出すことを目指した。ワロンは，自我を，身体をもつものとしての個人が自らを取り囲む他者との連続する関わりの中で形成されるとした「身体論」を提唱した。ここでの「身体」とは，諸々の働きが縦横に絡み合う連関・階層の場としてとらえるものであり，「自我」や「心性」，そして「言語」もここに現れると考えられている。ピアジェ（Piaget, J.）と同様にワロンもまた発達段階を想定しているが，いずれの段階も，他者との社会的・情動的関わりを発達の基礎とする点で異なる。ワロンの発達理論は，その後，メルロ・ポンティ（Merleau-Ponty, M.）の現象学に「間身体性」として取り入れられ，メルロ・ポンティの記した身体性は，鯨岡峻の関係発達論に影響を及ぼしている。ワロンの発達理論の系譜は，現在も受け継がれているといえる。

→ピアジェ [22]　　　　　　　　　（湯澤美紀）

ヴィゴツキー

ヴィゴツキー（Lev Semenovich Vygotsky：1896-1934）はソヴィエトの心理学者。人間は媒介物（道具）を使って，活動する。例えば，包丁という道具を使って，野菜を切る。このとき，包丁という道具（労働用具）が人間と野菜との実際的活動（身体技術を使った活動）を媒介してい

る。一方で，人間の活動には，雨雲を見て，傘を準備するというような，技術よりも思考を使った活動がある。このような活動は実際的活動に対して，心理活動と呼ばれる。例えば，雨雲を見て，傘を準備するという心理活動では，「雨雲が見える」「雨が降る」「濡れる」「濡れないようにする」「傘を準備する」という思考が行われているが，この一連の活動を媒介しているのが「雨雲」「雨」「濡れる」「傘」といった言葉である。そこから，包丁を道具と呼ぶのに対して，「雨雲」などの言葉は心理的道具と呼ばれる。人間は，これらの道具（労働用具や言語）を使いこなすことで，活動を意識的なコントロールのもとで行えるようになる。とはいえ，初めから道具を使いこなせるわけではない。最初は，他者との協働によって道具を使い，いずれは他者との協働がなくても使いこなせるようになる。そこから「協働すればできること」と「協働しなくてもできること」との間にある領域，すなわち最近接発達の領域への着目が生まれ，そうした領域の範囲にある課題を協働活動によって達成する学習が主張されることとなる。その一方で，「雨雲」という言葉（概念）を「雨」「濡れる」「傘」などの言葉との体系において習得することもヴィゴツキーが重視していた点を忘れてはならない。

→最近接発達領域 11，ヴィゴツキーの遊び論 22　　　　　　　　（久保健太）

ブルーナー

　ブルーナー（Jerome Seymour Bruner：1915-2016）は，アメリカの心理学者。人間は求めているものを実際よりも大きく知覚する。そのような知覚の誤差は，知覚の不正確さとして排除されるべきものではなく，人間が価値観や要求をもって対象に向かうがゆえに起きることを示した。これはニュー・ルック心理学と呼ばれ，人間とは受動的な受信者ではなく，

経験の能動的な構成者であるという人間像の変換を準備するものだった。その後，知覚研究から認知研究へと進み，ヴィゴツキー（Vygotsky, L. S.）の最近接発達の領域理論に学びながら「足場かけ」概念を提唱する。さらには，実験室から日常生活へと観察領域を広げながら，言語研究を行い「共同注視」を見出す。晩年にはナラティブ心理学を構想した。多様な領域を横断しながらも，その研究は，人間が思考し，混乱から自分を立て直し，他人と考えを分かち合う，その能力についての研究であるという点で，一貫したものだった。

→ヴィゴツキー 22，最近接発達領域 11，共同注意 11　　　　　（久保健太）

ロゴフ

　例えば，母親が買い物リストを準備するのを手伝っていた4歳の女の子は，計画を立てるための道具としてリストを用いることや，予算を超える買い物の計画にならないよう数えたり計算したりすること，そしてリストに書かれた項目を読むことなどを学ぶ。そこでは，子どもを教育することを主眼としたわけではない日々のかかわりが，知識・情報を得る貴重な機会を子どもに提供し，コミュニティで活用される技能に触れる機会を与えている。このように，子どもが様々なかたちで，コミュニティの文化に参加しながら学ぶことに注目するために，ロゴフ（Barbara Rogoff：生年非公表）は「導かれた参加（導かれながらの参加）（guided participation）」という概念を提唱している。この概念は，学習者によるコミュニティへの参加が，周囲からの働きかけや援助に支えられた参加であることを示そうとしたものである。　　　　　　（久保健太）

フロイト（の精神分析）

　フロイト（Sigmund Freud：1856-1939）は，オーストリアの神経科医・精神科医。精神分析の創始者。意識されない精神過

程が人間の行動に大きな影響力をもつと
し、「無意識」の概念を初めて学問的に
提唱し探究した。主に神経症を抱える患
者との面接を通じて、神経症の発症と治
癒のメカニズム、治療法、および、無意
識の領域や働きを含む心的システムに関
する理論体系を構築した。彼は、心に浮
かんだことを全て語る「自由連想法」に
よって、患者が、ある無意識内容を想起
し、問題にまつわる洞察を得ることで症
状が改善することを発見した。彼は、当
初、幼少期の外傷体験（トラウマ）が意
識されると苦しすぎるために、無意識に
押しやること（抑圧）で心のバランスを
とり（防衛機制）、辛うじて耐えうる「不
安」等の症状に置き換えられて体験され
ていると考えていたが（外傷論）、後に、
外傷的事実の有無よりも、本人の心に
とって現実として体験されていることが
重要と考えるようになった（心的現実論）。
→心理療法 44　　　　（松下姫歌）

エリクソン

　エリクソン（Erik Homburger Erikson：
1902-1994）は、ドイツ出身の心理学者、
精神医学者、精神分析家。後にアメリカ
の国籍を取得した。1930年代にフロイ
ト（Freud, S.）の門下に入り、精神分析
の指導を受けた。その理論を前提としな
がら、フロイトの生物学的な人格発達論
を社会的・文化的立場に立つライフサイ
クル論として発展させた。エリクソン
は、精神機能の発達を、単に青年期まで
の個体内の伸長・成長として捉えるの
ではなく、個人の一生（ライフサイクル）
における世代間の関係性や社会的要因に
着目した。乳児期から成熟期まで個人の
生涯を8段階に分けて人の社会的成育
を自我形成の観点から説明し、各段階に
はその都度乗り越えていかなければなら
ない社会的・心理的「発達課題」と、そ
れが達成されないことによる「危機（葛
藤）」を対に示した。またエリクソンは

晩年に、「ジェネレイショナル・サイクル」
という言葉を用いた。個人の死を越えて
つながるジェネレイショナル・サイクル
は、ライフサイクルを内包し、世代と世
代の歯車の狭間で連動するイメージを描
く。では、個人の一生は先行する世代間
の歯車に規定されるのか。エリクソンは、
必ずしもそうではなく各段階で「重要な
意味を持つ他者」との出会いによって変
化する余地があることを示唆し、ここで
も自己の確立を他者や社会との関係性で
追究した。
→フロイト（の精神分析）22、アイデン
ティティ 22、ライフサイクル論 11
　　　　　　　　　　　　（伊東久実）

アイザックス

　アイザックス（Susan Isaacs：1885-1948）
はイギリスの精神分析家、教育者。大学
で哲学、教育学、心理学を学び、後にク
ライン派精神分析家となった。フレーベル
（Fröbel, F. W. A.）やデューイ（Dewey, J.）
の影響と精神分析的な子ども理解を取り
入れた、モールティング・ハウス実験学
校を設立（1924～1929年）。6歳未満児を
中心とするこの学校では、子どもが自由
に表現し、体験を通して自ら発見し学ぶ
ことが尊重された。外的世界への科学的
理解と、内的世界のファンタジー表現の
両方が重視され、保育者は子ども自身の
取り組みを支える共同の探究者としての
役割を担った。アイザックスは子どもた
ちの姿を詳細に記録することで子ども理
解を深めたが、こうした記録の方法論は、
タヴィストック研究所における精神分析
的乳幼児観察や、それと連携する保育研
究に継承されている。また彼女は保護者
や保育者の育児相談にも携わったが、精
神分析的人間理解と保育実践の観察に基
づくアドバイスは、現代の保育実践にも
影響を与えている。
→フレーベル 22、デューイ 22、フロ
イト（の精神分析）22　　（西隆太朗）

ウィニコット

　ウィニコット（Donald Woods Winnicott：
1896-1971）はイギリスの精神分析家，小
児科医。子どもがぬいぐるみや毛布を
いつも持ち歩く現象を例に，これを内
的な愛情への欲求と，外的な自立の時
期を橋渡しする，「移行対象（transitional
object）」の役割をもっていると論じた。
内界と外界との葛藤は子どもだけでな
く，大人を含めた人間に共通するテーマ
であり，人間の文化全体がこうした葛藤
を支えるものと捉えられる。「遊ぶこと
（playing）」は内面と外面の交わるところ
において生ずるが，子どもの内的イメー
ジを思いをもって受け止め，外的な形で
具現化することを可能にする相手（養育
者）の存在が重要である。子どもの存在
を身体的にも心理的にも，また環境を通
しても受け止める養育者の働きを「抱え
ること（holding）」と呼び，この抱え体
験の揺らぎに注目した。人間を関係性の
相から捉え，遊びや心の成長をつねにダ
イナミックな逆説によって描いたところ
に，彼の精神分析理論の特色がある。
→フロイト（の精神分析）22（西隆太朗）

ロジャーズ

　ロジャーズ（Carl Ransom Rogers：1902-
1987）はアメリカの臨床心理学者。「非指
示的療法（non-directive therapy）」，後に
「クライエント中心療法（client-centered
therapy）」と呼ばれる心理療法を創始し，
個人のセラピーだけでなくグループで話
し合う「エンカウンター・グループ」の
実践も行った。その背景には，クライエ
ントは本来自ら成長していく力をもって
いるという人間への信頼がある。こうし
た成長を促すカウンセラーの態度として，
①クライエントのどんな側面も条件をつ
けることなく尊重する「無条件の肯定的
配慮（受容）」，②クライエントの世界を
感じ取りつつ自分の感情と混同しない
「共感的理解」，③セラピストが自らの体

験を偽らない「純粋性（自己一致）」を重
視した。受容と共感のアプローチは教育・
保育の世界に広く影響を与えたが，ユン
グ心理学者の河合隼雄は，受容・共感に
純粋性を統合することによってこそ，か
かわりが深められることを指摘している。
（西隆太朗）

子ども観の変遷

　アリエス（Ariès, P.）がヨーロッパの中
世芸術等の研究を通して大人とは区別さ
れた特殊性をもつ子ども期という観念が
中世社会では存在せず，近代社会の産物
であると述べたことをきっかけとして，
子どもに対する近代の視点の自明性が問
われるようになった。アリエスは服装，
遊び，性的な話題などに言及しながら近
代以前には子どもが早い段階から大人と
基本的に変わらない存在として社会に参
入していたことを示している。アリエス
によればこうした子ども観の変化は子ど
もに特別な教育的配慮を払う学校制度の
発展や，社会との連続性を失い閉鎖的な
ものになった近代家族の誕生といった文
脈の中にあった。
　子ども観のみならず，子ども期自体の
特質が歴史の中で変化しているという指
摘もある。ヴァン・デン・ベルク（Berg, J. H.
van den）は子どもの発見者と呼ばれるル
ソー（Rousseau, J. J.）が大人とは異なる
存在としての子どもを見出したという事
実は，ルソー以前の人々には見えなかっ
た子どもの特質をルソーが「発見」した
のではなく，ルソーの時代以前の子ども
がルソー以後の子どもとは異なっていた
からであったと述べる。ヴァン・デン・
ベルクはこのことを示す象徴的な例とし
て，子どもが大人に成長するために経験
する心理的に複雑な時期としての思春期
が成立したのは18世紀以降であったこ
とを挙げている。
　近代以降も子ども観は変化し続けて
いる。ニール・ポストマン（Postman, N.）

によれば印刷術の誕生により，識字能力において大人と区別されるものとして生まれた子ども期の観念は，テレビをはじめとする特別のリテラシーを必要としない現代の映像文化の誕生によって再び消滅しつつあるという。

森田伸子によれば子どもは教育という最もうつろいやすく，イデオロギー闘争を逃れることの困難な社会的実践との関係の中でとらえられてきた。そうした意味で子ども観には社会の側の理想や願望が投げかけられていると見ることもできる。子ども観の変遷の歴史は子ども理解の背後にある大人の前提や枠組みに対する批判的省察の必要性を提起しているといえる。

【参考文献】アリエス，P.／杉山光信・杉山恵美子訳（1980）『〈子供〉の誕生——アンシァン・レジーム期の子供と家族生活』みすず書房。ベルク，J. H. ヴァン・デン／早坂泰次郎訳（1986）『メタブレティカ——変化の歴史心理学』春秋社。ポストマン，N.／小柴一訳（2001）『子どもはもういない』新樹社。森田伸子（1993）『テクストの子ども——ディスクール・レシ・イマージュ』世織書房。
→子ども観 21，子ども期 21
（吉國陽一）

ホリスティックな視点

ホリスティック（Holistic）とは，全体・つながり・バランスを大切にする「ものの見方」である。例えば，人間だけを特権的に独立させない。自然と人間の関係を全体として（ホリスティックに）捉えようとする。あるいは，自分だけを特権的に優先させない。人と人のつながりという視点から（ホリスティックに）捉えようとする。「ホリスティック医学」は，一人の患者を，社会の中・自然の中で，ひとつのまとまりをもった「いのちの営み」として見る。「ホリスティック教育」は，一人一人の子どもたちを，社会の中・

自然の中に生きる，ひとつのまとまりをもった「いのちの営み」として育てようとする。西洋近代に対する「オールタナティヴ」として語られることが多いが，東洋の伝統思想との親和性も重要である。例えば，貝原益軒は万物を「気の循環」と見た。身体の「気」と宇宙の「気」はつながっている。気の流れが滞る時，病が生じる。そうした伝統思想を基盤とした「ホリスティック」な日本の言葉が切実に求められている。
→『和俗童子訓』22
（西平　直）

アイデンティティ

アイデンティティ（Identity）は青年期の課題と語られてきた。例えば，青年期のモラトリアムが終わりアイデンティティを確立する。そう語られた時のアイデンティティは安定し自立していた。迷わない。一つの職務に励む。自信を持つ。肯定的イメージに満ちていた。ところが，エリクソン（Erikson, E. H.）がこの言葉を使った時，それは矛盾に満ちていた。人は自分ひとりではアイデンティティを持つことができない。他人から「承認」されて初めて成り立つ。エリクソンはそう語った。しかし他人から押し付けられただけでは足りない。自分自身の「自己イメージ」も大切である。その折り合いをつけようとする。エリクソンの言葉では「本人の宣言（内的連続性）」と「他者からの承認（社会的斉一性）」とのアイデンティティ。もちろん簡単には折り合わない。とすれば，アイデンティティとは，その折り合いをつけてゆくプロセスである。完成した姿だけではない。むしろそれを目指した悩み多きプロセスがこの言葉に込められていた。幼児期にもその萌芽は見られる。例えば，ジェズ・オールバラ（Alborough, J.）の絵本『ぎゅっ』（徳間書店，2000）。ジョジョがママと会って「ぎゅっ」としてもらう。エリクソンはそれをアイデンティティの萌芽とみた。

「基本的信頼感」はアイデンティティの土台である。

しかしエリクソンはアイデンティティの否定的側面にも目を向けていた。アイデンティティは時に人を制約する。子どもはアイデンティティを持たない。まだ持つことができないと同時に，アイデンティティに制約されずにすむ。新生児は「アイデンティティ・フリー」で産まれてくる。多様な可能性に開かれている。しかしその可能性をすべて同時に開花させることはできないから，ひとつの文化を習得してゆく。その文化に制約される仕方でアイデンティティが成り立つ。そこでエリクソンは「アイデンティティを越えること」も考えた。「Beyond identity」という。定訳はない。アイデンティティの制約を越えてゆくこと。多様な可能性に開かれてゆくこと。不安定と引き換えに新たな可能性を求めること。アイデンティティは「アイデンティティ」と「アイデンティティを越えてゆくこと」とのワンセットなのである。

→エリクソン 22　　　　（西平 直）

省察的実践論

省察的実践論（reflective practice）は，アメリカの思想家，ショーン（Schön, D. A.）が『省察的実践とは何か』（鳳書房, 2007）において提示した理論。様々な領域における実践者の専門性は，従来「技術的合理性（technical rationality）」モデルによって捉えられてきた。このモデルでは，既存の理論を現場に適用する能力が実践者の専門性とされる。これに対して新しい「省察的実践者（reflective practitioner：反省的実践家とも訳される）」モデルでは，実践者は状況と対話しながら問題を捉える枠組みそのものを変えていき，新たな実践の中の知を生成していく。クライエントと実践者との関係は，権威をもって知識と技術を提供する旧来のモデルとは異なり，ともに問題を探究

する相互的なものへと変容する。この省察的実践者のモデルは，単純な「正解」を適用できない教育・保育実践の専門性を描き出すものとして，大きな影響を与えている。

→保育者の省察 22，反省的実践家 16

（西隆太朗）

保育者の省察

科学的な原理や技術の合理的適用による問題の解決を志向する専門家の技術的熟達者モデルの批判を通してショーン（Schön, D. A.）が複雑性，不確実性，価値の葛藤といった現実認識に基づく省察的実践家モデルを提唱して以来，省察は保育者や教師の専門性の中核にある営みとして捉えられるようになった。

ショーンによれば専門家は状況との省察的な対話において問題状況の枠組みを転換しながら自らの状況への対処のあり方を評価する。保育者が向き合う複雑で不確実な状況において確立された目標を想定することはできない。保育者自身が省察を通して自らの枠組みを転換しながら何が問題であり，自分はどのように対処すべきかを発見していくことが求められているといえる。

津守眞によれば保育者は省察の中で常識的言語をできるだけ排除して子どもと共に過ごした最初の体感をそのままに取り出そうとする。津守の考える省察は言語以前の身体感覚に基礎を置く子どものイメージに近づくことを目指しており，ショーンとは異なる切り口から保育者の枠組みの転換の必要性を強調している。津守は子どもの生活に共に参与する大人と対等な関係の中で省察を深め，理解を共同のものとすることの意義も強調している。

→省察的実践論 22，津守眞 22

（吉國陽一）

実践知

理性によって導き出される理論知に対して，実践を積み重ねる中で得られる知

は，実践知と呼ばれている。アリストテレス（Aristotle）は，何が正しいか知ることと，どのように正しい行いをするか知ることは異なるとして，後者の知をフロネシスと呼んだ。ポランニー（Polanyi, M.）は人間は自ら語ることができる以上のものを知っているという，暗黙知（tacit knowledge）の概念を提示した。オークショット（Oakeshott, M. J.）は書物からルールを学ぶような形ではなく，経験によって獲得される知を実践知（practical knowledge）と呼んだ。省察的実践論で知られるショーン（Schön, D. A.）は，実践者は言語化できる形ではなくても，暗黙のうちに・無意識のうちに行為の中の知の生成（knowing-in-action）を行っているとして，これまでにない事態に対応する際に実践知への省察が促されることを示した。津守眞は「保育の知」が実践知としての性質をもつことを指摘している。

→省察的実践論 22，保育の知 22，津守眞 22　　　　　　　　（西隆太朗）

保育の知

　保育学者の津守眞は，保育者が身をもって子どもとかかわる実践から生まれる「保育の知」が，対象を外部から客観的に観察・操作し法則性を見出す自然科学の知とは異なる性質をもつと論じた。保育の知は，保育者自身を含めた全体を見通す洞察によって導かれる。

　保育の知の基盤となる資料は，子どもと深くかかわる中から生まれ，保育者の予測を超えて与えられる。そのためには，大人が見過ごしがちな子どものかすかな声に耳を傾け，保育の過程をともにすることを要する。

　心を通わせて理解し応答する保育の実践には，公式も確実な正解もないが，保育者にはこの不確実さをもちこたえる自我の力が求められる。不確実さは実践を向上させる原動力であり，保育者は権威や流行に流されることなく，子どもに耳

を傾けて主体的に判断する必要がある。このような知を探究する方法論は多様でありうる。かかわりの中から生まれる保育の実践知は，人間と世界を理解する哲学へとつながる。

→実践知 22，津守眞 22　　　　（西隆太朗）

正統的周辺参加論

　正統的周辺参加論（Legitimate peripheral participation）は，レイヴ（Lave, J.）とウェンガー（Wenger, E.）が『状況に埋め込まれた学習』（産業図書，1993）で提示した概念。学びを個人の内部で完結するものとしてではなく，関係の中で展開する過程として捉えることによって，教育学・心理学の世界に広く影響を与えた。

　この観点からは，学びは教科書の知識を頭の中にため込むようなものではなく，コミュニティの実践に参加することを通してその人のアイデンティティが深まる過程と捉えられる。「正統的」とはコミュニティへの所属を，「周辺参加」はそれぞれの人が実践の一端を担うことを指す。誰かが中心にいるというわけではなく，誰もが周辺参加者である。コミュニティに新しい人が加わるときには葛藤や素朴な疑問が生まれるが，それがかえってコミュニティのあり方を問い直すきっかけとして建設的に生かされるなら，コミュニティは発展していく。ここには知識や経験の一方的伝達とは異なる，相互的な関係に基づく学びのあり方を見ることができる。

→アイデンティティ 22　　　　（西隆太朗）

『「保育の質」を超えて』

　「保育の質」の言説が保育の議論を席巻する状況に警鐘を鳴らすために，グニラ・ダールベリ（Darlberg, G.），ピーター・モス（Moss, P.），アラン・ペンス（Pence, A.）によって記された。1999年に初版，2007年に2版，2013年に3版が出版されている。本書では，質の言語の本質は標準化にあることが示され，それゆえ文

脈，複雑さ，多様性，民主主義を考慮しないこと，政治的倫理的実践であるはずの保育を技術的実践へと矮小化することが問題化されている。そしてそのような質の言語のオルタナティブとして，意味生成の言語が提示されている。意味生成の言語は，レッジョ・エミリアやレッジョ・インスパイアの幼児教育を参照して概念化されており，質の言語が排除する文脈，諸価値，主体性，不確実性，暫定性を考慮し，民主的な解釈の過程としての評価の可能性を開くとされている。なお，本書の副題は，初版では「ポストモダンのパースペクティブ」であったが，2版からは「評価の諸言語」に変更された。
→レッジョ・エミリア・アプローチ[13]，保育の質[14]　　　　　　　（浅井幸子）

ホイジンガ（の遊び論）

　ホイジンガ（Johan Huizinga：1872-1945）はオランダのフローニンゲン出身の文化史家。歴史学，民俗学，言語学の総合的見地から遊びと文化を関連づけて考察し，35年間の研究成果を著書『ホモ・ルーデンス』（1938）で発表した。同書には「人間の文化は遊びにおいて，遊びとして，成立し，発展した」と記されるように，遊びを文化の一部として位置づけるのではなく文化自体が遊びの形式をとって生成発展するとの遊びの文化論を打ち立てた。それまでの遊び論は，遊びはそれ以外の目的のために行われるとの前提に立っていたことを指摘し，遊びそのものの本質を追求した。ホイジンガは，遊びの形式的特徴を5つ挙げている。①遊びは自由な行為である。命令された遊びは遊びではありえない。②遊びは仮想の世界である。ありきたりの生活でもなく，本来の生活でもない。③遊びは場所的，時間的限定性がある。④遊びは秩序を創造する。⑤遊びは秘密を作り出す。さらに，機能的な側面から遊びは「戦い（競技）」と「演技」に大別できるとしている。

→カイヨワ（の遊び論）[22]　　（伊東久実）

カイヨワ（の遊び論）

　カイヨワ（Roger Caillois：1913-1978）はフランスのランス出身の社会学者，哲学者，文芸評論家。『ホモ・ルーデンス』の著者であるホイジンガ（Huizinga, J.）の研究を継承し，社会学的観点から遊びの本質を考察して『遊びと人間』（1958）を著した。その中で，遊びを①自由，②決められた時空間内に限定される，③不確定，④非生産的，⑤ルールがある，⑥虚構的，と定義した。遊びを分類することによりその特質を明らかにしようとした点に特徴があり，遊びを「競争」「偶然」「模擬」「めまい」の4つに分類した。さらに遊びには2つの極（軸）「パイディア（気晴らし）」と「ルドゥス（文化的な意義と創造性）」があると説明し，この2種類のカテゴリーを組み合わせて遊びの分類を試みた。例えば，「競争」のカテゴリーで「パイディア」に位置づけられるのは喧嘩のようなルールのない競い合いであり，「ルドゥス」に位置づけられるのがサッカーなどのスポーツ競技である。カイヨワは，遊びの理論的な分析によってその本質に迫るだけでなく，それによって社会の特徴を明らかにできるとも考えた。

→ホイジンガ（の遊び論）[22]　（伊東久実）

ヴィゴツキーの遊び論

　発達の最近接領域の理論は通常，教授－学習過程と発達の関係を説明するために用いられるが，ヴィゴツキー（Vygotsky, L. S.）はこの概念を用いて子どもの遊びと発達の関係を論じてもいる。ヴィゴツキーによれば子どもは遊びにおいて虚構場面とそれに伴うルールに支えられて普段の行動の水準ではできないことを成し遂げている。

　遊びにおいて子どもは，見立て遊びに表れるように，虚構場面の創造によって視覚的世界と言葉の意味を分離して扱う

ことができる。このことは抽象的思考など高次の言語的思考の基礎的な条件となる。また，遊びにおいては直接的な欲求の充足に向けられた感情ではなく，ルールに支えられた高次の感情が生じる。このことは例えばお菓子屋さんごっこの中でお菓子を食べたいという欲求に反して店員になりきるというような場面に表れる。こうした目的的活動にヴィゴツキーは内的な自己決定としての道徳的行動の源泉を見ている。

遊びにおけるこうした変化が子どもにおいて無意識に生じているということは重要である。子どもは上記のような遊びの発達的意義はもちろん，自分が遊ぶ動機さえも意識することなく遊んでいる。
→ヴィゴツキー [22]，最近接発達領域 [11]
（吉國陽一）

遊戯療法

大人の心理療法は主として言葉を用いるが，子どもの場合は遊びによる表現を通して実践される。この遊戯療法（play therapy）は，精神分析的な立場からはフロイト（Freud, S.）を継ぐアンナ・フロイト（Freud, A.）やクライン（Klein, M.），ロジャーズ（Rogers, C. R.）の来談者中心療法の流れを汲むものとしてはアクスライン（Axline, V. M.）らに始まるが，表現のための道具や素材を備えたプレイルームで，セラピストとの信頼関係のもと，子どもの自由な表現が促される点は学派を超えて共通している。アクスラインは遊戯療法の基本原理として，①温かな信頼関係，②ありのままの受容，③自由に表現できる雰囲気，④感情の映し返し，⑤主体性への深い敬意，⑥子どもが先導すること，⑦過程に必要な時間をかけること，⑧現実世界と結びつくための必要最低限の制限を挙げた。信頼関係に支えられて子どもが内的世界を表現し，成長していく点では，保育とも共通点をもっている。
→フロイト（の精神分析）[22]，ロジャーズ [22]，心理療法 [44]　（西隆太朗）

フロー

ハンガリーにルーツをもつアメリカの心理学者，チクセントミハイ（Csikszentmihalyi, M.）が『楽しみの社会学』（新思索社，2000）で提示した概念。外発的にではなく内発的に動機づけられた楽しさを体験している人が，しばしばこの体験を淀みなく流れる水の流れ（フロー）の中にいる状態に喩えることから名づけられた。フローは，自らの能力を伸ばしているという感覚，目標に取り組む際の手応えがあるときに生ずる。挑戦のレベルが能力を上回ると人は不安になるが，能力の方が上回ると退屈を感じはじめるので，フローの状態に入るためには環境と自分の力が一致する必要がある。このとき人は，自意識にとらわれずに行為に集中し，結果がどうなるかにかかわらず純粋に熱中することができる。また，自分が事態に十分対応できるという安心感をもち，他の報酬など必要とせず，行為自体を喜びとする。人間の成長につながる遊びを理解する手がかりとなる概念である。　（西隆太朗）

倉橋惣三

倉橋惣三（1882-1955）は，戦前から戦後にかけて日本の保育界をリードした代表的な指導者。1882（明治15）年，静岡市生まれ。東京帝国大学を卒業した後，1910（明治43）年，東京女子高等師範学校に講師（嘱託）として着任。1917（大正6）年には，教授への昇格と同時に附属幼稚園の主事を兼任し，その改革に着手した。アメリカにおける進歩主義教育に学びながら保育理論研究を進め，『幼稚園保育法真諦』（1934）では，幼児の生活に根ざした誘導保育論を提示。その後も附属幼稚園の保育者とともに保育実践に即した研究を重ね，翌年には幼稚園における保育案の具体例をまとめた『系統的保育案の実際』（1935）を公表した。戦後は，教

育刷新委員会の委員として新しい幼稚園制度の構築に尽力。さらに幼児教育内容調査委員会の委員として『保育要領』(1948)の作成に携わったほか，1948（昭和23）年に創設された日本保育学会の初代会長を務めるなど，戦後の保育改革においても中心的な役割を果たした。

→誘導保育 22，保育要領 22，東京女子師範学校附属幼稚園 22，『幼児の教育』(『婦人と子ども』) 22，日本保育学会 2　　　　　　　　（織田望美）

誘導保育

　倉橋惣三が提示した，幼稚園における幼児の生活を基盤とする保育方法の理論。倉橋の著書『幼稚園保育法真諦』(1934)において理論的体系化が図られ，「自己充実（設備・自由）−充実指導−誘導−教導」という4段階によって説明された。幼児の生活そのものがもっている「自己充実」の力を十分に発揮することができるよう，適切な設備と自由感を保障することが第一段階，幼児が自分の力で充実したくても，それができないでいるところを援助するのが，第二段階の「充実指導」である。そして利那的で断片的な幼児の生活を，幼児の興味に即した主題によって系統立て，さらに発展させていくことが第三段階の「誘導」で，第四段階の「教導」は，主に学校教育で行われる知識や技術の指導を指す。倉橋によれば，幼稚園の存在価値の一つは「誘導」にあり，「生活を，生活で，生活へ」導いていくところにその本質がある。

→倉橋惣三 22　　　　　　　　（織田望美）

城戸幡太郎

　城戸幡太郎（1893-1985）は松山市出身，東京帝国大学文学部心理学専科入学，文学部副手を経て，1922（大正11）年ドイツライプツィヒ大学に留学。1924（大正13）年法政大学文学部教授。1930（昭和5）年岩波書店の講座『教育科学』編集委員となり，実践的な経験科学としての教育

科学の建設と教育科学建設の主体を教師に求める立場から保育問題研究会（1936年結成），教育科学研究会（1937年結成）で実践家・研究者と共同研究を進めた。治安維持法違反で検挙される経験をしたが，戦後は国立教育研修所長として教育改革に携わる。1951（昭和26）年北海道大学教育学部長，1963（昭和38）年北海道学芸大学学長。著書に『幼児教育論』『生活技術と教育文化』など。「生活力の涵養と拡充」を求める観点から価値の批判学・価値実現の技術学としての教育科学建設を求め，「社会協力」を理念とした保育を主張。また彼の「文化の個性化」としての発達観は，子どもを学習の主体と捉えることで戦後の教育学，教育心理学，保育研究に大きく貢献した。

→保育問題研究会 22　　　　　　（太田素子）

保育問題研究会

　教育実践は実験的実践であるという教育科学者城戸幡太郎は，研究者と実践家が共同で教育実践を研究し教育科学を構築する必要を強調した。1936（昭和11）年結成された保育問題研究会には，法政大学の児童研究所に参加していた発達研究者，保育者と思想統制で解散した児童問題研究会系の保育関係者，帝大セツルメントや無産者託児所運動関係者が合流した。依田新，山下俊郎，三木安正，松本金寿，牛島義友，留岡清男ら研究者と，海卓子，庄司竹代，篠目綾子，浦部史，横山ミト，松葉重庸ら保育関係者が，対等な立場で共同研究を行う趣旨で，アンケート調査をもとに保育の直面する課題について分科会に分かれて研究を開始した。基本的な課題，保健衛生，困った子ども，自然と社会の観察，言語，遊戯と作業，保育政策という分科会の構成には，保育問題の捉え方が示されている。生活綴方教師や『生活学校』同人への弾圧の中で中心メンバーが検挙され，機関誌『保育問題研究』は5巻3号（1941年3月），

謄写版印刷の『保育問題研究会月報』は10号（1943年10月）で休刊した。

→城戸幡太郎 [22]　　　　　　　（太田素子）

津守眞

　津守眞（1926-2018）は，東京大学，ミネソタ大学児童学研究所に学び，1951（昭和26）年よりお茶の水女子大学に赴任。同大附属幼稚園と連携して発達・保育研究を進め，倉橋惣三を継いで『幼児の教育』誌の編集にあたる。終戦直後から愛育研究所にて障碍をもつ子どもたちの支援に携わり，『乳幼児精神発達診断法』（大日本図書，1961～1965）は発達支援の現場で広く用いられた。一方この発達診断の刊行後，発達指数が偏見を生む危険性を重く見て，従来の客観主義的アプローチを超える研究のあり方を模索，障碍をもつ子どもたちと自らより深くかかわる保育の実践と研究を行う。彼が「転回」と呼ぶこうした時期を経て，1970年代以降，保育の中での出会いを通して子どもと人間の理解を深める独自の保育学を築いた。1983（昭和58）年より大学を辞し，愛育養護学校校長に転じる。ここでの自らの保育経験に基づく彼の思想は，『保育者の地平』（ミネルヴァ書房，1997）等にまとめられた。

→倉橋惣三 [22]，『幼児の教育』（『婦人と子ども』）[22]，保育の知 [22]　（西隆太朗）

『和俗童子訓』

　著者は儒者の貝原益軒。1710年作。5巻から成る。「序」は漢文で，それ以外は幅広い社会階層に読まれることを意識し和文で書かれている。生まれてすぐの乳児から成人になるまでの教育内容と方法がまとめられている日本で初めての体系的な教育論書（石川，1961：295）。生まれてすぐの乳児は善人であるという性善説の考えと，自ら学び，他者や社会のために主体的に考え実践できるようになることを人格形成の目標とする儒教，特に朱子学の教えに依拠している（江森，1990：

193～199）。乳幼児の模倣による無意識な身体をつかっての学び方に注目し，子どもの教育にはよい手本が必要であること，悪に染まる前にすべき「予（あらかじ）めする」教育の重要性が説かれている（辻本，2011：112～138）。子どもの遊びに対する興味を認め，年齢による段階的発達の認識のもと，甘やかさない教育，やる気をそがない教え方などが具体的に示されている。

【引用文献】石川謙（1961）「解説」『養生訓・和俗童子訓』岩波書店。江森一郎（1990）『「勉強」時代の幕あけ，子どもと教師の近世史』平凡社。辻本雅史（2011）『思想と教育のメディア史，近世日本の知の伝達』ぺりかん社。　　　（越山桜子）

近世子育て書

　戦国武将の家訓や僧侶の人生訓・随筆の中から，次第に幼い子どもの養育と教育に関わる経験的な知恵が現れるようになった。それは大きな一家のなかで，群れて遊ぶ子どもたちが放任されていた中世社会から，長男が家を継ぐ小さな直系家族（単婚小家族）が社会の中核を占めてゆく変化のなかで起こった。近世の子育て論的家訓は，子孫・家臣団にたいして世子教育のあり方を論じる。朱子学山崎闇斎派の儒者，稲葉迂斎が幼い唐津候土井利延の教育について家老宛に記した「幼君補佐の心得」，米沢藩主上杉鷹山が隠居の後，養子と孫養子の教育について家臣に示した「輔儲訓」「蒙幼君」などが代表的なもので，特に周囲の大人の人格や関係性を重視した。また木版印刷の普及が後押しして中下層の武士や町人の子育てに関わる啓蒙書も増え，初生からと「予（あらかじ）めする教育」を強調する『和俗童子訓』は広く普及した。商家家訓，農家の家訓や農書にも家職を引き継ぐための具体的知識と修身の教えが込められている。

→『和俗童子訓』[22]　　　　（太田素子）

日本における幼稚園の創設

　子どもの遊び場をという提案は江戸時代にもわずかに出現していたが（永井堂亀友「小児養育気質」1773, 佐藤深淵「遊児廠」『垂統秘録』1833 など），教育の場として子どもの遊び場を用意する思想は自生していなかった。日本人は子どもの遊びを共感的に応援する文化をもっていたが，遊びの教育的意義は西欧文明との接触によって自覚された。

　1873（明治6）年ウィーン万国博覧会に派遣された近藤真琴ら視察団は，ドイツやオーストリアの幼稚園を知り，幼稚園が遊びや作業によって幼児の知覚を養い，就学後の学業の土台となることを知って幼稚園設置の必要性を説いた。また，1871〜1873 年岩倉使節団に文部理事官として随行した田中不二麿も，「遊戯中不知々々就学ノ階梯ニ就カシムル」よう考案された欧米の幼稚園に感銘を受け，すべての教育の基礎として幼稚園をとらえて，1875（明治8）年幼稚園開設の伺書を太政大臣三条実美に提出した。

　実際の幼稚園開設は東京女子師範学校摂理中村正直らによって準備され，東京女子師範学校附属幼稚園は1876（明治9）年11月開設され，鹿児島や仙台など各地の師範学校附属幼稚園（1879年2月および9月）の設置につながった。また，京都や大阪の住民や自治体が積極的に幼児教育に取り組み，京都第30区小学校（柳池小学校）に付属された「幼穉遊嬉場」（1875年7月）や，大阪府立模範幼稚園（1879年2月），町立愛珠幼稚園（1880年3月）が開設された。キリスト教の宣教師が開設した幼稚園や貧民幼稚園，文部省が推奨した簡易幼稚園（子守学校）なども，新しい幼児教育への人々の挑戦であった。この時期，ごく一般的に使われはじめた「幼稚（穉）の教育」という言葉を避けて，「保育」という言葉が公用語として定着したことも注目される。

→東京女子師範学校附属幼稚園 [22], 簡易幼稚園 [22]　　　　　　　（太田素子）

東京女子師範学校附属幼稚園

　1876（明治9）年11月，東京女子師範学校附属幼稚園（後の東京女子高等師範学校附属幼稚園）が設立された。フレーベル（Fröbel, F. W. A.）の幼稚園は欧米では民間から普及し，アメリカでも6年前に公立幼稚園が設置されたばかりで，国立の幼稚園開設は国際的にも初めてだった。富国強兵政策下，欧米のシステムを丸ごと移植することに熱心だった明治政府は，母親の育児改良の模範として，また学校教育の基礎と集団的な育ちの場として幼稚園の開設に期待をかけた。岩倉使節団に文部理事官として随行した田中不二麿が幼稚園開設を推進し，東京女子師範学校摂理中村正直が開設を導いた。

　東京女子師範学校で英語を教えていた関信三を幹事に，ドイツの保姆養成学校を卒業した松野クララを首席保姆に迎え，国語教師だった豊田芙雄，寄宿舎長だった近藤浜が保姆として保育にあたった。発足時に仮規則，翌1877（明治10）年には幼稚園規則と保育科目が制定された。東京女子師範学校の保育は鹿児島，大阪，仙台など各地の師範学校附属幼稚園や国公立幼稚園のモデルとなった。

→フレーベル [22], 日本における幼稚園の創設 [22]　　　　　　　（太田素子）

簡易幼稚園

　フレーベル（Fröbel, F. W. A.）は，市民幼稚園（BürgerKindergarten）とそれを簡素化した民衆幼稚園（VolkKindergarten）を共に幼稚園制度の中に位置づけ普及する一元的な構想を持っていた。1875（明治8）年，就学状況の視察に全国を回った文部大書記官九鬼隆一は，小児をせおって登校してくる子どもたちを見て，小児を一か所に集め生徒が交替で保育するように提言している。彼によると，子守たちに保育方法を教えれば「幼児ノ為，生徒ノ

為」になり，「幼稚園ノ原素」になりうるだろうという。親が学校を託児所代わりにとらえ，学齢未満の子に乳児を括り付けて登校させることも少なくなかったため，1881～1882年の不況を期に文部省は，簡易幼稚園に関する告諭（1882年），学齢未満児の就学を禁ずる通達（1884年）を発し，就学率向上のため積極的に簡易幼稚園（通称：子守学校）の普及をうちだす。義務教育でさえ財政措置のなかった当時のことで実施は地方まかせだったが，篤志の教育者によって渡辺嘉重著『子守教育法』（1884年）が書かれたり，また，日本初の託児所として著名な赤沢鐘美夫妻の静修学校付設託児所（1890年頃），屋代子守学校付設保育所（1911年）など地域に開かれた保育施設が生まれた。

→フレーベル ㉒，日本における幼稚園の創設 ㉒　　　　　　　　（太田素子）

『幼児の教育』（『婦人と子ども』）

東京女子高等師範学校（現在のお茶の水女子大学）附属幼稚園内に設置された，フレーベル会（後に日本幼稚園協会へと改称）の機関誌。1901（明治34）年1月，幼稚園教育関係者ならびに一般家庭向けの雑誌として，『婦人と子ども』という誌名で創刊。附属幼稚園における保育の指導者であり，その編集にあたった東基吉，和田実，倉橋惣三らは，日本の幼稚園教育の礎を築いたとされる。1919（大正8）年1月号から『幼児教育』，1923（大正12）年7月号からは『幼児の教育』へと誌名を変更し，次第に幼児教育の専門誌としての位置づけを明確化。戦時下における一時休刊を経て，1946（昭和21）年10月に復刊された際には，保育界全面にわたる共同機関誌としての役割も果たした。2011（平成23）年4月には，創刊以来の月刊誌を季刊化。「子ども学の源流を次世代につなぐ」という新しいサブタイトルのもと，その歴史は現在へと引き継がれている。

→東京女子師範学校附属幼稚園 ㉒，倉橋惣三 ㉒　　　　　　（織田望美）

幼稚園令

1926（大正15）年4月22日に公布された，幼稚園に関する単独勅令である。

1900（明治33）年に，「幼稚園保育及設備規程」（1899年制定）の内容が「小学校令施行規則」の中に位置づけられ，幼稚園に関する制度は小学校令の「宿かり」状態となっていた。大正期には，全国各地に幼稚園保姆など関係者による保育会が結成され，保姆の待遇改善，養成機関の拡充や資格向上，幼稚園保育の標準となる単独令の制定など，幼稚園制度の整備を求めていた。

幼稚園令と幼稚園令施行規則では，幼稚園の目的や設置廃止に関わる規定のほか，保姆の役割や資格に関しても明文化された。保育項目は「遊戯，唱歌，観察，談話，手技等トス」と規定され，新たに「観察」と「等」が加わり，実践の充実も図られた。また，低所得層や共働き家庭の子どもにも幼稚園への通園の機会を開くため，保育時間の制限を撤廃して幼稚園でも長時間保育を可能とし，特別の事情がある場合は3歳未満児の入園を認めた。　　　　　　　　　　　　（松島のり子）

幼保一元化／幼保一体化

戦後，幼稚園は学校教育法，保育所は児童福祉法にそれぞれ規定され，幼保二元体制が確立した。幼保一元化は，幼児期の子どもが幼稚園と保育所それぞれで保育を受けることに対し，教育（保育）の機会均等の理念の実現を目指して主張されてきた考え方である。戦前における幼稚園と託児所の関係も関連しており，戦後も，幼児教育・保育制度の課題としてたびたび議論されてきた。

理念としては，幼稚園と保育所を制度的に統一するという形式的な捉え方を超えて，すべての子どもに等しく保育を保障するため，幼稚園と保育所の歴史的経

緯を含めて，教育や保育を本質的に問い，制度のあり方を再構成していくことを内包している。

　1990年代以降，少子化を背景として幼稚園の定員割れや保育所の待機児童が課題となり，幼稚園と保育所の連携強化，施設の共用化や一体的運用が政策的に推進されていく。制度の一元化は実現しないなかで，幼稚園と保育所の機能をあわせもつ幼保一体化施設として，2006（平成18）年に認定こども園制度が発足した。
【参考文献】持田栄一編（1972）『幼保一元化』明治図書。日本保育学会編（2016）『保育を支えるしくみ――制度と行政』東京大学出版会。
→保育一元化論 22　　　（松島のり子）

保育一元化論

　乳幼児の「保育」を担う施設が幼稚園と保育所とに分かれて二元的に制度化された中で，「保育」という概念によって新たな体制を目指す考え方である。1970年代には民間の保育・教育関係組織から提言されていた。「幼保一元化」と似ているが，厳密には異なる。

　保育一元化は，幼稚園と保育所の制度を単純に一元化することにとどまらない。すべての子どもの発達を差別なく保障するため，「保育」は福祉と教育の両面を含み，豊富な内容をもっていることを，保護者にも社会にも認識されることが重要と考えられた。また，子どもという存在，集団生活や遊びの中での育ち，一人ひとりの発達保障にかかわる保育の社会的意義など，それまで積み重ねられてきた実践からも「保育」の本質を捉えることが重視された。

　1969（昭和44）年に神戸に創設された北須磨保育センターの初代所長を務めた守屋光雄は，保育一元化によって，子どもの発達保障・保育者の研修権・親の労働権（育児権）を三立させる保育体制を志向していた。

【参考文献】教育制度検討委員会／梅根悟編（1974）『日本の教育改革を求めて』勁草書房（復刻：2001，日本図書センター）。守屋光雄（1975）『遊びの保育』新読書社。
→幼保一元化／幼保一体化 22
　　　　　　　　　　　　（松島のり子）

保育要領

　1948（昭和23）年3月，文部省より刊行された保育内容の基準を定めた文書。1947（昭和22）年3月に制定された学校教育法第79条に基づき，「幼稚園の保育内容に関する事項」として示された。「幼児教育の手引き」という副題をもつ本書は，幼稚園のみならず保育所や家庭における幼児の生活も視野に作成され，保育内容には「楽しい幼児の経験」として12項目（見学，リズム，休息，自由遊び，音楽，お話，絵画，製作，自然観察，ごっこ遊び・劇遊び・人形芝居，健康保育，年中行事）が挙げられている。1947（昭和22）年2月に設置された幼児教育内容調査委員会のメンバーが，当時GHQ／SCAP（連合国軍最高司令官総司令部）の下部組織，CIE（民間情報教育局）教育課の初等教育係官を務めていたヘレン・ヘファナン（Heffernan, H.）の指導のもと作成にあたった。その後1956（昭和31）年には，『保育要領』に代わる幼稚園の教育課程の基準として「幼稚園教育要領」が示されている。
→幼稚園教育要領 24　　　（織田望美）

「幼稚園と保育所との関係について」

　幼稚園と保育所はともに幼児の保育を担いながら，別々に制度化された。そのため，両者の関係をめぐっては，時代を越えて様々に議論されてきた。

　その中で一つの転換点といえるのが，1963（昭和38）年10月28日付で出された「幼稚園と保育所との関係について（通知）」である。当時の文部省初等中等教育局長と厚生省児童局長が連名で各都道府県の知事と教育委員会宛に出し，幼稚

園と保育所との関係について一定の見解を示した。

　主な内容は次の6項目である。①幼稚園と保育所は明らかに機能が異なること，②将来の幼児教育義務化を見据えて，幼稚園と保育所の機能を果たすようにすること，③保育所の機能のうち教育に関しては，幼稚園教育要領に準ずることが望ましいこと，④幼稚園と保育所を偏りなく計画的に普及させること，⑤保育所には「保育に欠ける」児童を入所させること，⑥試験合格による保母に，幼稚園教育要領に関する現職教育を行うこと。

（松島のり子）

第2部

保育・幼稚園教育基本文書

　2017（平成29）年3月31日に，保育所保育指針，幼稚園教育要領，幼保連携型認定こども園教育・保育要領が同時に告示・改訂（改定）された。今回の改訂（改定）においては，保育所，幼稚園，認定こども園の3施設がともに幼児教育を担う施設として，教育に関わる側面のねらい及び内容に関してさらなる整合性が図られた。また，幼児教育において育みたい子どもたちの資質・能力として，「知識及び技能の基礎」「思考力，判断力，表現力等の基礎」「学びに向かう力，人間性等」が示された。そして，これらの資質・能力が，健康・人間関係・環境・言葉・表現の各領域におけるねらい及び内容に基づいて展開される保育活動全体を通じて育まれていった時，幼児期の終わり頃には具体的にどのような姿として現れるかが「幼児期の終わりまでに育ってほしい姿」として明確化された。

　一方で，児童福祉法のもと保育を行う児童福祉施設としての保育所，学校教育法のもと教育を行う学校としての幼稚園，就学前の子どもに関する教育，保育等の総合的な提供の推進に関する法律（認定こども園法）のもと保育を必要とする子も必要としない子も受け入れて教育・保育を一体的に行い，またすべての子育て家庭を対象に子育て不安に対応した相談等を提供する施設としての幼保連携型認定こども園など，それぞれの施設には機能の違いが存在する。用語に関しても同様に，それぞれの施設において意味を共有する用語と施設それぞれの特性を示す用語に分類できる。

　これまで出版されている用語辞典等は，用語が全体に散在しており関連する用語を一覧しにくい状況にあったことから，本書では保育所保育指針，幼稚園教育要領，幼保連携型認定こども園教育・保育要領ごとに，共通性をもつ用語，それぞれの特性に応じた用語について解説を行っている。また特別支援学校学習指導要領の用語についても取り上げ，さらに第3部においては「保・幼・小の連携・接続」について解説を行うことで，発達や学びの連続性を踏まえた構成となっている。

　それぞれの施設に勤務する保育士，幼稚園教諭，保育教諭が，日常の保育・教育に活用し，保育の内容の充実や職員の資質・専門性の向上を図るために本書を積極的に活用していただくことを願っている。

（山下文一）

23 保育所保育指針

保育所保育指針

保育所保育の基本となる考え方や保育のねらい及び内容など保育の実施に関わる事項と，これに関連する運営に関する事項について国が定めたもの。保育内容に関する基本的事項を示すことにより，保育の質を担保するための基準といえる。

戦後，1947（昭和22）年に制定された学校教育法によって幼稚園は学校として，児童福祉法によって保育所は児童福祉施設として位置付けられ，幼稚園と保育所はそれぞれに保育の基準が示されることとなった。

保育所保育指針が初めて刊行されたのは，1965（昭和40）年のことである。その後，二度の改定が重ねられ，2008（平成20）年には，厚生労働大臣の告示として幼稚園教育要領と同時改定となった。四度目の改定として，2017（平成29）年，幼稚園教育要領，幼保連携型認定こども園教育・保育要領と同時に改定・告示され，その内容も3歳以上児の保育に関しては整合を図ったものとなり，現在に至っている。　　　　　　　　（柿沼芳枝）

保育所保育

保育とは，乳幼児の成長発達の特性を踏まえて，心身の保護と自立のための育ちを支え促す営みのことである。保育所における保育は，保育所保育指針で「保育を必要とする子ども」に対して「養護及び教育を一体的に行うことを特性としている」と明記されている。養護とは，子どもの生命の保持と情緒の安定のために保育士等が行う援助や関わりのことで

あり，教育とは子どもが健やかに成長し，その活動がより豊かに展開されるための発達の援助のことである。一体的に行うとは，それらを分けて捉えるのではなく，保育者が常に両方の視点をもって子どもと関わっていくという意味で，質の高い養護と教育を行うことが求められている。
　　　　　　　　　　　　　　（中島千恵子）

設備運営基準

「児童福祉施設の設備及び運営に関する基準」のことを指し，児童福祉施設最低基準を定めた厚生労働省の省令である。児童福祉法に定める児童福祉施設の施設設備や職員配置の基準を規定している。保育所に関しては，設備の基準を主として，職員の配置，保育時間，保育の内容，保護者との連絡，業務の質の評価等，保育環境を規定するものである。保育の内容については，「保育所における保育は，養護及び教育を一体的に行うことをその特性とし，その内容については，厚生労働大臣が定める指針に従う」と明記しており，厚生労働大臣が定める保育所保育指針とともに，保育の質を担保するものとなっている。

→児童福祉施設の設備及び運営に関する基準 37　　　　　　　　　　　（柿沼芳枝）

子どもの最善の利益

子どもに関わることは，大人の都合で勝手に決めるのではなく，長期的な視点から何が子どもにとって幸せとなることなのかを考えて判断しなければならないという原則のことである。子どもの権利条約第3条に「児童に関わるすべての措

置をとるに当たっては，公的もしくは私的な社会福祉施設，裁判所，行政当局又は立法機関のいずれによって行われるものであっても，児童の最善の利益が主として考慮されるものとする」と規定され，子どもの権利として保障されている。常に子どもの立場に立って，その子どもにとって最もよいことを考慮していかなくてはならない。保育所保育指針にも保育所の役割として「入所する子どもの最善の利益を考慮し，その福祉を積極的に増進することに最もふさわしい生活の場でなければならない」と明示されている。
→児童の権利に関する条約（子どもの権利条約）[37]，児童の最善の利益[1]，子どもの最善の利益[43]　　（中島千恵子）

入　所

学校に入ることを入学，幼稚園に入ることを入園というように，保育所に入ることを入所という。居住地の市町村で「保育が必要である」という認定を受けて入所することができる。認定要件は主に，保育を必要とする事由，保育の必要量の2点である。保育を必要とする事由については，子ども・子育て支援法施行規則第1条の5において，①就労，②妊娠・出産，③保護者の疾病・障害，④同居又は長期入院している親族の介護・看護，⑤災害復旧，⑥求職活動，⑦就学，⑧虐待・DVのおそれ，⑨育児休業取得中に既に保育を利用している子どもがいて継続的な利用が必要な場合，⑩その他市町村が認める場合と定められている。必要量には，保育標準時間と保育短時間の区分がある。

保育所は，入所の時期や在籍期間が決められておらず，各々の子どもについて保育が必要となった時に入所し，保育が必要である状況が解消した時に退所するという形がとられる。　　（福田篤子）

発達過程

子どもが育ちゆく道筋のことを表す。

乳幼児期は，子どもが身近な環境と関わる中で多くのことに出会い，発見し，吸収していく時期である。様々な環境へ自ら働きかけ，その環境との相互作用によって子どもの発達が促される。その様相は常に直線的に伸びていくわけではなく，時に停滞したり，迂回したりして，行きつ戻りつしながら様々な資質・能力を獲得していく。そのため，子どもの発達を捉えるにあたっては，育つ過程を大切にし，その道筋全体を捉える必要がある。

一人一人の子どもを見ると，その発達の姿は多様であり個人差も大きいが，大筋で見ればどの子どもも共通した過程をたどると考えられている。保育という営みにおいては，発達の特徴である順序性と方向性，相互関連性を踏まえたうえで，子ども一人一人の育ちをみつめ，援助することが重要である。　　（塚越亜希子）

発達の特性

発達段階ごとの子どもの成長の主な特徴をいう。乳児期は，外界への急激な環境の変化に対応し，著しい心身の発達とともに，生活のリズムの形成を始める時期である。特定の大人との継続的な関わりによって情緒的な絆を形成し，情緒が安定し，人への信頼感が育まれる。幼児期は，親しい人間関係を軸とした生活からより広い世界に目を向け始め，生活の場，他者との関係，興味や関心が急激に広がり，依存から自立に向かう時期である。

発達の特性やその順序は，どの子どもも大筋で同じである。しかし，個別に子どもの具体的な姿を見ると，個人差が大きく，それも乳幼児期の特徴といえる。それゆえ，発達の課題も一人一人異なる。保育者には，乳幼児期の発達の特性を踏まえたうえで，個々の子どもの実情や発達の課題に応じてその子らしさを大切にした援助を行うことが求められる。
→発達の課題[25]　　　　　（福田篤子）

環境を通して行う教育

学校教育法第22条に，幼稚園は，「幼児の健やかな成長のために適当な環境を与えて，その心身の発達を助長することを目的とする」と記されており，それを受けて，幼稚園教育要領では，幼児期の教育は「環境を通して行うものであることを基本とする」としている。

幼児期は，信頼できる大人に見守られながら自己を発揮し，生きるために必要な力を獲得していく時期であり，子どもが自身の興味・関心に基づいて身近な環境に関わり，環境との相互作用の中で体験を深めていくことが重要である。この考え方に基づき，子どもが環境に関わることで自らの発達に必要な体験を得ることを意図し，子どもの周りの環境に教育的価値を含ませて発達を支えていく教育の在り方を，「環境を通して行う教育」という。それは，一斉保育に対する自由保育といった保育形態を指すものではない。また，子どもが好きなように遊ぶに任せるといった放任とも異なるものであることに注意したい。　　　　　（柿沼芳枝）

保育所保育の目標

保育所保育指針では保育の目標として，「子どもが現在を最も良く生き，望ましい未来をつくり出す力の基礎を培う」ことと，入所する子どもの保護者に対してその援助に当たることの2点を挙げている。子どもの保育については，次の(ア)〜(カ)の6つの目標を目指して行うことが明記されている。(ア)養護，(イ)心身の健康の基礎を培うことで領域「健康」，(ウ)自主，自立及び協調の態度，道徳性の芽生えを培うことで領域「人間関係」，(エ)生命，自然及び社会事象への関心・豊かな心情や思考力の芽生えを培うことで領域「環境」，(オ)言葉の豊かさを養うことで領域「言葉」，(カ)豊かな感性や表現力，創造性の芽生えを培うことで領域「表現」にそれぞれつながるものである。

→保育所保育指針 23　　　　（中島千恵子）

主体性

人が行動する際に自分の意志や判断に基づいて自ら責任をもって行動する態度・性質のことをいう。主体性のある人とは，自分で状況を判断し，目的を明確にし，自分の責任でそのために何をなすべきかを自分の頭で考え行動することができる人を指す。主体性は人として生きるために重要なものと考えられており，幼児教育ではその基礎を培うことが求められている。子どもが遊びを通して自分で考え，判断したり選択したり試行錯誤したりしながらやり抜いていこうとする力を育んでいくことが，幼児期においては重要な学習となる。そのためには，子ども自身が自分で考えて行動する経験を重ねることが必要である。　（中島千恵子）

総合的な指導

幼児期は，身体の諸機能や諸能力の発達が目覚ましい時期であり，それらは個別に発達するものではなく，相互に関連し合い，総合的に発達することが知られている。この幼児期の発達の特性に合致した学び方が「遊び」である。遊びは，子どもの興味・関心に基づいて自ら取り組む活動であり，夢中になって心身全体を働かせて遊ぶ中で自らの発達に必要な経験が積み重ねられていく。つまり，幼児期における遊びは，子どもの発達を促す学習である。それは，小学校以降の学習のような教科等に分化した系統性のある学び方とは異なり，直接体験により様々な機能や能力を総合的に身に付けていく学び方である。このような学び方に対して，一つ一つの学びの要素を取り出すことなく，遊びを通して総合的な発達を促していく援助の在り方を総合的な指導という。　　　　　（柿沼芳枝）

保育の環境

乳幼児期は，生活の中で直接的な体験を通して，五感を働かせながら，生活に

必要なことを習得していく時期である。子どもは，自ら環境へ働きかけ，充足感や満足感を得られる体験を通して，より主体的に環境に関わるようになり，環境への関わり方を学んでいくのである。

ここでいう環境とは，保育者や友達などの人的環境，遊具や施設などの物的環境，自然や社会の事象，さらには時間や空間・場の雰囲気などを含めた，子どもを取り巻くすべてのものを指す。このような人やものやことを組み合わせ，子どもが主体的に活動を展開し，学びが豊かになるような保育の環境を構成することが保育者の役割である。また，環境は一度構成したら終わりではなく，子どもが関わることによって変化する環境に即してさらに再構成していく必要がある。

(福田篤子)

保健的環境

子どもたちが健やかに発育するためには，どのような環境であるかは重要であり，保健的環境もその1つである。保健的環境は，2017（平成29）年告示の保育所保育指針第3章「健康と安全」に記載されているように2つに大別できる。1つ目は，子どもの健康を維持増進するために行われる活動である。健康状態や発育状態の把握，疾病や怪我への対応など，日常的，計画的に健康管理できる体制を整えるとともに，速やかに対処できるための知識や技術を身に付けておくことである。2つ目は，快適で清潔，安全な環境を整えることである。子どもたちが生活する場の衛生管理に努める，事故防止のための施設・設備の点検やリスク・ハザードに基づいた安全対策を講じる，施設の安全・災害マニュアルを整備し訓練を実施するなどである。これらの活動を通して職員の意識を高めるとともに，保護者と協力して安全で安心して保育できる環境を提供する。また，子ども自身の健康や安全への意識を高め，その能力を

獲得できるように支援することも保健的環境に含まれる。

(及川郁子)

安　全

保育において，子どもの安全を守ることは重大な責任であり，安全計画を作成し，組織的に安全管理に取り組むことが大切である。保育中の安全管理には環境整備が最も重要である。常に確認して，適切な環境の維持や改善に取り組む。そのうえで，保育中は一人一人の子どもの姿を確実に把握し，観察の空白時間が生じないよう，教職員間で連携をとることが大切である。散歩で使うコースや近くの公園など子どもが使用する園外の環境についても，昨日との変化や危険性などを随時点検と情報収集し，その情報を職員間で共有する。

重大事故防止のためには，ヒヤリハット報告書等から園の傾向や事故の要因などを分析し，対策を考えておくのもよい。特に，睡眠中，プール活動・水遊び中，食事中等に事故が起こりやすいということを踏まえ，配慮や工夫を行うことが求められる。また，災害への備えとして，防火設備・避難経路等の確保と，備品・遊具の配置や保管，避難訓練の適切な実施等が大切である。

→ヒヤリハット 48　　　(福田篤子)

保育所の社会的責任

保育所は地域における最も身近な児童福祉施設であり，子育て家庭や地域社会から求められる役割を果たすことは，社会的使命であり責任でもある。このことを踏まえ，保育所保育指針においては保育所の社会的責任として次の3項目を規定している。1つ目は子どもの人権の十分な配慮と子ども一人一人の人格を尊重した保育を行わなければならないこと，2つ目は地域社会との交流や連携を図り，保護者や地域社会に保育所で行っている保育の内容を適切に説明するよう努めなければならないこと，3つ目は入所する子ども等

の個人情報の適切な取扱いと保護者の苦情などの解決を図るよう努めなければならないことである。地域に開かれた社会資源として，保育所の機能が地域に活用されることが望まれている。　（中島千恵子）

児童憲章

日本国憲法の基本的人権の精神にしたがい，児童に対する正しい観念を確立し，全ての児童の幸福を図るため定められた児童の権利宣言のこと。1951（昭和26）年5月5日のこどもの日に制定された。法的な拘束力はなく社会的な規範として表明されたものである。「児童は，人として尊ばれる」「児童は，社会の一員として重んぜられる」「児童は，よい環境のなかで育てられる」と述べられた3原則と12項目の本文から成っている。保育所は，このことを意識した生活が展開されていくようにする。

→児童憲章①　　　　　　　　（中島千恵子）

秘密保持義務

保育士には，児童福祉法第18条の22によって正当な理由なく，その業務に関して知り得た人の秘密を漏らしてはならないとされ，秘密保持義務が課せられている。また，保育所保育指針にも「子どもの利益に反しない限りにおいて，保護者や子どものプライバシーを保護し，知り得た事柄の秘密を保持すること」と記載されている。保育教諭についても同様な記載が幼保連携型認定こども園教育・保育要領にある。子どもや保護者に関する個人情報やプライバシー，その他職場における秘密事項などは厳に守られなければならない。　　　　　　　　　（鍛治礼子）

苦情解決 ⇨苦情解決⑦

健康観察

子どもの健康と安全を保障することは，日々の保育の基本である。園においては，嘱託医と歯科医による定期的な健康診断に加えて，保育者が日々子どもの心身の状態を観察することによって，健康状態を把握している。保育者による日々の健康観察は，保護者からの子どもの状態に関する情報提供をもとに登園時や保育中を通じて行われることが一般的であり，どの子どもにも共通した項目（機嫌・食欲・顔色・活動性質）の観察と，一人一人の子ども特有の疾病等に伴う状態の観察がある。一人一人の子どもの生育歴に関する情報は，母子健康手帳等の活用が有効である。

観察によって，子どもの様子がいつもとは異なる時や何らかの疾病が疑われる状態が認められた場合には，速やかに保護者に連絡するとともに嘱託医と相談するなど適切な対応を図る。継続的に健康観察を行うことは，慢性的疾患や障害の早期発見，不適切な養育等の発見に有効である。　　　　　　　　　　（相樂真樹子）

感染症

ウイルスや細菌等の病原体が人，動物等の宿主の体内に侵入し，発育または増殖することを感染といい，その結果，何らかの臨床症状が現れた状態を感染症という。感染症が発生するためには，病原体を排出する感染源，その病原体が宿主に伝播する感染経路，病原体の伝播を受けた宿主に感受性が存在することの3要因が必要となるため，消毒などにより病原体の付着や増殖を防ぐ，隔離や出席停止などで感染経路を断つ，予防接種を受けて感受性を下げる，などの対策が大切となる。感染症は，国レベルでの対策が必要であり，感染症の予防及び感染症の患者に対する医療に関する法律（感染症法）が制定されている。殊に，子どもたちの集団生活の場は，感染症が流行しやすいため，感染症に対する正しい知識や最新の情報に基づいて適切に対応することが求められる。「保育所における感染症対策ガイドライン（2018年改訂版）」，学校保健安全法施行規則第18条「学校において予防すべき感染症（学校感染症）」

などを遵守しながら感染対策を進めることが必要である。　　　　（及川郁子）

嘱託医

「児童福祉施設の設備及び運営に関する基準」第 33 条において，保育所には嘱託医を置くこととある。嘱託医には，保育園医と保育園歯科医がおり，保育所の設置者が契約をして雇用する非常勤の医師である。嘱託医の役割は，①保育所の子どもの発育・発達状態の評価，定期及び臨時の健康診断とその結果に関するカンファレンス，②子どもの疾病及び傷害と事故の発生時の医学的処置及び医学的指導や指示，③感染症発生時における指導指示，学校伝染病発生時の指導指示，出席停止に関する指導，④予防接種に関する保護者及び保育士等に対する指導，⑤衛生器材・医薬品に関する指導及びその使用に関する指導等がある。歯科医は，保育所で行う健康診断のうち，歯の検査を実施し，その結果に基づき，齲歯及びその他の歯疾の予防処置等に関して指導と助言を行うことが役割である。嘱託医は，園の職員と協力し，子どもの健康と安全が守られるよう適切に対応することが求められている。　　　　（及川郁子）

かかりつけ医

健康に関することを何でも相談でき，最新の医療情報をもって，必要なときには専門の医療機関を紹介してくれる，身近で頼りになる医師で，家庭医，ホームドクターと呼ぶこともある。子どもにとってかかりつけ医は，①急性疾患の発症に対する早期治療や家庭での対処方法の指導を行う，②乳幼児期からみられるアレルギーなどの慢性的な疾患の療養や管理について，発育や環境の変化等を踏まえた継続的な介入や支援を行う，③子どもの発育状況を把握する定期的な健康診査を通して，発達段階に応じた助言や指導を行うとともに，保護者の育児の悩みなどの相談に応じる，④子どもの予防接種歴を把握し，予防接種を有効，安全に実施できるよう指導やスケジュール管理の助言を行う，⑤必要時，速やかに専門の医療機関への橋渡しをする，などの役割を担っている。可能な限り決まったかかりつけ医に受診することで，子どもの状態がよくわかり，保護者の信頼や安心にもつながる。また，かかりつけ医が園医になることで，子どもにはより身近で安心な存在となり，園の職員には安心して子どもの相談ができる存在となる。（及川郁子）

生理的・心理的欲求

生理的欲求とは，食欲や睡眠や排泄など生きていくために必要な基本的な欲求のことである。一時的欲求ともいう。乳児の生きることを保障するためには，まずこの生理的欲求を十分に満たす必要があるが，それだけでは不十分である。「寝たい時に寝て，お腹がすいた時にミルクを飲ませてもらう」というように，保育者等が一人一人に応じてタイミングよく愛情豊かに応答することが大切である。生理的欲求がほどよく満たされることで乳児は安心感と充実感をもつとともに，人や周囲への信頼感も育っていく。こうした関わりを経て，人と関わりたい，認めてほしいといった子どもの心理的欲求も育っていく。この心理的欲求は生理的欲求の一次的欲求に対して，二次的の欲求ともいう。　　　　（福田篤子）

信頼関係

乳児は，泣くことや喃語などで自分の欲求を表現し，これに応答的に関わる特定の大人との間に情緒的な絆を形成していく。それが人に対する信頼関係を育むことになる。この特定の大人との信頼関係を基盤に乳児は自分の世界を広げていく。園の生活においては，保育者が一人一人の気持ちを汲みとり適切に応答していくことで，人に対する信頼感が育まれていく。子どもは保育者との間に育まれた信頼関係を拠りどころにしながら，主

体的に活動して，自発性や探索意欲を高めていく。

そのため保育者は，子どもが環境に関わろうとする姿を見守り，共感しながら必要な助言を行うなどの援助をする。その時，主体である子どもを認め，肯定的な態度や言葉を使うことで，子どもは自信をもつようになる。さらに，様々な体験を通して芽生えた感情や考えを保育者が見守り，受け止めることで，子どもの自己肯定感も育まれていくのである。

（福田篤子）

全体的な計画（保）

入所から就学に至るまで，在籍期間の全体にわたってどのような道筋をたどって保育の目標を達成していくかということを示した保育の計画である。保育所保育の全体像を包括的に示すもので，保育所生活の全体を通して総合的に展開されるように，保育内容が組織的・計画的に構成されて作られている。

全体的な計画は，各園において，園の保育方針や保育目標をもとに，子どもの発達過程を踏まえ作成するものである。作成には，家庭との連携を図ることや，生活条件や環境や文化の特性などの地域の実態を踏まえ，保育時間などを考慮して，子どもの育ちに対して長期的な見通しをもち，「幼児期の終わりまでに育ってほしい姿」との関連も考慮する。保育を行ううえで全ての計画の上位であり，全体的な計画に基づいて指導計画，保健計画，食育計画等が作成される。施設長の責任の下に作成されるが，全職員で共通理解を図ることが重要である。

→幼児期の終わりまでに育ってほしい姿 [29]　　　（福田篤子）

指導計画 ⇨指導計画 [24]
短期の指導計画 ⇨短期の指導計画 [24]
長期の指導計画 ⇨長期の指導計画 [24]
領域 ⇨領域 [12]

ねらい

幼児期の教育において，ねらいは，子どもが育つ方向性を示すもの（方向目標）であり，到達目標ではないことに注意が必要である。それは，幼児期が興味関心や成長の速度に個人差が大きく，一律に指導することがそぐわない時期であることに因る。

幼稚園教育要領では，「ねらいは，幼稚園教育において育みたい資質・能力を幼児の生活する姿から捉えたもの」と定義している。幼児期の教育は，子どもが自ら環境に関わることを通して行う。子どもが学ぶべきことを取り出して教えるのではなく，生活の中で子どもが自ら体験を通して学び育つようにすることに教育の特質がある。したがって，ねらいは子どもに提示するものではなく，子どもが関わる環境の中に意図や配慮を織り込み，生活全体を通して子どもが体験を積み重ねる中でねらいに向かって育つことを期待するものである。　　　（柿沼芳枝）

内容・内容の取扱い

内容は，ねらいを達成するために保育期間の全体にわたって，子どもが環境に関わって経験する事項であり，保育者が指導する事項である。内容の取扱いは，指導を行ううえで留意すべき事項を示している。幼児期の教育においては，子どもの発達の側面から，ねらいと内容を5つの領域に分けて示している。実践にあたっては，領域は相互に関連しながら達成に向かうのであり，そこに示された内容も総合的に達成されていくものである。日々の保育にあたっては，領域に示されたねらいと内容をさらに具体化して，子どもの実態に即した内容を計画し実践する。その積み重ねを通して，子どもはねらいを達成していくのである。以上のように，内容は子どもにそのまま提示するものではなく，保育者が総合的な指導を行ううえでの視点であり，環境を構成す

る際の視点でもあるといえる。

→ねらい 23，領域 12　　　（柿沼芳枝）

養　護

保育所保育指針では，「養護とは，子どもの生命の保持及び情緒の安定を図るために保育士等が行う援助や関わり」と定義している。子どもが健やかに成長するためには，保育所が健康や安全を保障した快適な環境であるとともに，子どもが主体として尊重され，信頼できる身近な他者の存在によって情緒的な安定を得られることが重要である。養護は，保育士等が子ども一人一人の個性を認め温かい関わりや眼差しをもって接する行為であり，基本的な生活習慣を中心として保育所における生活全体を通じて行われる。つまり，養護を基盤としながら，教育が一体的に行われるのであり，養護と教育の一体的な展開が，保育所保育の特性である。幼保連携型認定こども園教育・保育要領においても同様に，養護を基盤に位置付け，教育・保育を一体的に行うものとしている。　　　　　（相樂真樹子）

教　育

一般に，教育とは教え育てることであり，知識や技術などを教え授けたり，素質や能力を発展させ助長したりする営みを指す。将来の国家及び社会を担う人材の育成は，国家にとって欠くべからざるものであり，わが国においては，憲法における国民の義務の一つに，子どもに教育を受けさせる義務を規定し，教育基本法，学校教育法の下，義務教育を制度化している。

幼児期の教育については，教育基本法に「生涯にわたる人格形成の基礎を培う重要なもの」と明記され，それを受けて学校教育法では，「幼稚園は，義務教育及びその後の教育の基礎を培うもの」としている。

しかし，幼児期の特性を踏まえて行う教育の在り方は，小学校以降の教育とは方法を異にするために，「教育」らしからぬと受け止められることがある。対象が低年齢であるほど，子どもの健康と安全を周りの大人が保護する必要があり，そのため，乳幼児期の教育は子どもの生命を守り育むことと教え育てることを生活の中で一体的に行っている。その意が込められた言葉が「保育」であり，乳幼児期の教育の特性といえる。幼稚園が学校として位置付けられていることから，幼稚園では「教育」，保育所では「保育」と誤解されることもあるが，幼稚園でも保育所でも，また認定こども園においても教育を行っており，それはすなわち保育である。　　　　　（相樂真樹子）

視　点

2017（平成 29）年改定・告示の保育所保育指針において，乳児期の保育内容が整理され，乳児保育に関わるねらい及び内容として，「身体的発達に関する視点」「社会的発達に関する視点」「精神的発達に関する視点」の 3 つの視点が新たに示された。

身体的発達に関する視点とは，子どもが健やかに伸び伸びと育つように健康な心や体を育て，子どもが自ら健康で安全な生活をつくりだす力の基礎を培うものである。社会的発達に関する視点とは，子どもが身近な人と気持ちが通じ合うよう受容的・応答的な関わりの下で人と関わる力の基礎を培うものである。精神的発達に関する視点とは，子どもが身近な環境に興味や好奇心をもって関わることで感じたことや考えたことを表現する力の基礎を培うものである。乳児保育の実践において，各視点に示された保育の内容は，「養護」に関わる保育の内容と一体となって展開されるものである。

　　　　　（相樂真樹子）

3 歳未満児（3 歳以上児）

3 歳未満児とは満 3 歳に達していない子どもを指す。発達上，満 3 歳が大きな

節目と考えられている。1歳以上3歳未満の幼児期には，歩く・走るといった粗大運動の機能や，つまむ・めくる・引っ張るといった微細運動の機能が発達し，食事や排泄のための身体的機能が整ってきて，大人の手を借りながら自分の身の回りのことができるようになる。また，象徴機能が発達し，言葉の獲得が進み，自分の意志や欲求を言葉等で表出できるようになり，見立て遊びやごっこ遊びを楽しむようになる。

　3歳以上になると，基本的な生活習慣がほぼ自立する。語彙が豊かになり，他者との関係や興味・関心が急激に広がる。仲間の一員としての自覚が生まれ，集団生活ができるようになる。幼稚園の入園が制度上満3歳からとされているのは，この発達上の理由による。　（中山晴美）

異年齢保育

　学年や年齢でのクラス編成によらず，異なる年齢の子どもたちが生活や遊びを共にすることを前提とした保育形態のことである。縦割り保育ともいう。年下の子どもの面倒を見ることでいたわりや思いやりの気持ちが育まれたり，年上の子どもに対する憧れが形成されたりするなど，異年齢保育には子ども相互の育ちあいや，遊びや生活の豊かな展開が期待できると考えられている。昨今は，少子化や核家族化，都市化，地域における人間関係の希薄化などの社会状況の変化に伴い，家庭や地域の中で兄弟姉妹や異年齢の子ども同士が群れて遊ぶ機会が減少しており，このような課題への対応としても，異年齢保育の意義を見出す考え方もある。一方で，異年齢であるがゆえに発達差も大きくなるため，保育のねらいや内容が幅広くなりがちであり，同年齢での編成以上に保育者による適切な環境構成や援助が必要とされる。

→異年齢保育 13　　　　（塚越亜希子）

生活の連続性

　子どもの生活は，家庭，地域社会，そして保育所・幼稚園・認定こども園と連続して営まれている。家庭や地域社会での生活経験が園の生活に生かされることで，子どもは安定した気持ちで園生活を送ることができ，さらに園生活での経験が家庭や地域社会の生活の中で生かされるという循環の中で，子どもの育ちは確かなものとなる。子どもが健やかに育つためには，生活に負担や無理を感じることなく自己発揮できるよう，子どもの生活の自然な流れ，すなわち生活の連続性を担保する必要がある。

　そのため，園においては家庭との連携を十分に図り，一人一人の子どもの生活への理解を深めることが大切である。また，指導計画を作成する際には，家庭や地域社会を含めた子どもの生活全体を視野に入れて実態を把握し，生活の連続性に配慮することが重要である。　（塚越亜希子）

午　睡　⇨午睡 19

地域の実情

　子どもの生活は，家庭を基盤としながらも地域社会の中で営まれているため，子どもの育ちは地域とつながることでより豊かで望ましいものになるだろう。地域には生活を営む様々な人々がおり，また地域で培われた特有の文化や伝統が存在するなど，子どもが育つ環境としての地域は，それぞれ大きく異なっている。そのため，保育を実践するにあたっては，所在する地域の実態を十分に把握し，保護者や地域の要請など，その地域の実情を踏まえた指導計画を作成することが重要である。そして，子どもの生活全体を視野に入れ，家庭も含めた地域と連携しながら，子どもの育ちを豊かなものにしていくことが求められる。　（塚越亜希子）

職員の協力体制

　保育所には様々な職務を担う人がい

て，それぞれの役割を果たしている。しかし，互いの職域を守るだけでは子ども達や保護者の利益を図れないことがある。保育士同士は言うに及ばず，例えば保育士と栄養士，調理師，看護師などとの間においても，協力体制は重要である。それぞれの職員がそれぞれの視点で子どもや親子の様子を日々観察し，適宜情報を共有したり交換したりすることで施設として一貫した関わりが可能となり，保育の効果を高めることができる。情報共有や交換のためには一堂に会する必要はなく，むしろ，こまめな伝達や記録が重要である。その際の情報の取り扱いには十分注意する必要がある。また，保育場面ではチーム保育という方法がある。チーム保育では状況に応じた柔軟な対応を目指し，担任であってもフォロー役に回ったり，他クラスの子どもにも関わったりする。複数の保育者がチームとして目的に向かって保育を行うことで効果を発揮する。　　　　　　　　　　　（鍛治礼子）

活動の展開

子どもとそれを取り巻く環境との相互関係によって繰り広げられていく活動の流れを指す。子どもは，興味や関心を抱き，主体的に環境に働きかけることで活動を生み出す。自発的で意欲的な活動を展開する中で，活動の充実感を感じ，さらなる興味や関心が引き起こされていく。その循環の中で子どもは発達に必要な体験を得ていくが，そこには，環境要因の1つとして保育者の直接的・間接的な援助が存在している。保育者は，子どもの生活する姿を捉えながら，応答性のある環境を構成し，そこに様々な配慮や意図を織り込んで活動の展開を事前に計画し，子どもの育ちの見通しをもつ。実践に際しては，その日の天候や周りの子どもの行動，その場の雰囲気など様々な環境の影響を受けるため，計画どおりに活動が展開するとは限らないが，ねらいに向か

う体験ができるよう子どもの姿に即して柔軟に援助を行うことになる。

　　　　　　　　　　　（塚越亜希子）

保育所における評価

問題点を見出し改善していくことで，よりよい保育を実践していくために必要な営みのこと。PDCAサイクルの中でのC（Check）の部分にあたり，評価を適切に実施することにより保育内容の改善が期待されるものである。評価には自己評価と外部評価がある。

自己評価は保育者個人と保育所全体について行われ，結果公表が努力義務となっている。日常の保育者の評価は，保育実践に関する評価と子どもの育ちの両面から行う。その際，子どもができた・できないなどの評定をするのではなく，子どもの姿から育ちや経験の意味を的確に捉えて，それを次の計画に反映させ，実践していくことが求められるものである。外部評価には学校関係者評価や第三者評価があり，保育所では第三者評価が実施されている。公正・中立な第三者機関が，専門的かつ客観的な立場から評価するシステムである。（中島千恵子）

保育士の自己評価

保育士には，保育の質の向上を目指して，常に研鑽を積み，保育士としての専門性を磨くことが求められている。保育所保育指針の第1章総則3「保育の計画及び評価」(4)「保育内容等の評価」ア「保育士等の自己評価」においては，「保育士等は，保育の計画や保育の記録を通して，自らの保育実践を振り返り，自己評価することを通して，その専門性の向上や保育実践の改善に努めなければならない」とされている。

自己評価の観点としては，子どもの理解，保育の計画，環境構成や関わりが適切だったかなど様々だが，「子どもの心の育ちや意欲，取り組む過程などにも十分配慮するよう留意すること」とされ，

子どもの姿を通して保育の質を明らかにしていくことが求められている。また，自己評価の結果を次の保育の計画や実践に生かすためには，振り返りを他の職員と共有し合い，保育所全体の保育の質向上を図ることも大切である。
→PDCAサイクル④　　　（鍛治礼子）

保育所の自己評価

　保育所は，保育の質の向上のため，保育士等の自己評価を踏まえ，保育の内容や環境構成など様々な視点から自己評価を行い，その結果を公表するよう努めなければならない。それぞれの保育所は，課題を把握したうえで，その課題に向かって組織内の役割分担を見直したり，職員の研修を行ったりして保育の質の向上を目指していく。自己評価にあたっては，地域の実情や保育所の実態に即して評価観点や項目等を設定し，全職員の共通理解をもって取り組むことが大切である。これは幼稚園の行うカリキュラム・マネジメントと同様，保育のPDCAサイクルに基づくものである。また，児童福祉保育サービスの提供主体として，第三者評価の基準ガイドラインに沿った視点の自己評価も必要である。教育保育全般の質の向上と，福祉サービスの提供者としての自己評価を行うことで，保育所全体としての向上を図る取り組みであるといえる。　　　　　（鍛治礼子）

第三者評価（保）

　社会福祉法第78条に定められているように，社会福祉事業の経営者は，その提供する福祉サービスの質の評価を行うことその他の措置を講ずることにより良質かつ適切な福祉サービスを提供するよう努めなければならないとされている。保育所においては経営者が任意で外部からの第三者評価を受ける仕組みになっており，第三者評価指針に基づいて受審する。受審にあたっては，まず第三者評価基準に沿った自己評価を行い，それに基づいて審査機関による書面の審査と訪問調査が行われる。評価の結果は，保育所の保育サービスの質の向上に役立てるものであり，評価機関によって公開される。保育所の評価の対象となる事項は，子どもの発達援助，子育て支援，地域の住民や関係機関との連携，運営管理などである。　　　　　（鍛治礼子）

生きる力の基礎

　「生きる力」とは，変化の激しいこれからの社会を生きていくために必要な資質・能力の総称である。それは，単に知識を身に付けるだけではなく，自ら課題を発見し解決し，他者と協働しながらよりよい人生や社会の在り方を考え，新たな価値を創造していくために必要な力である。「生きる力」の理念の具体化として，2017（平成29）年告示の学習指導要領では，新しい時代を生きる子どもに育成すべき資質・能力を，「知識及び技能」「思考力，判断力，表現力等」「学びに向かう力，人間性等」の3つの柱で示した。
　「生涯にわたる人格形成の基礎を培う」幼児期においては，小学校以降の子どもの発達を見通しながら，園生活全体を通して幼児に生きる力の基礎を育むことが求められている。つまり，「保育所保育指針」「幼稚園教育要領」「幼保連携型認定こども園教育・保育要領」における5領域のねらいと内容に基づき，子どもの発達の実情や興味関心を踏まえて展開する保育活動全体によって，資質・能力を一体的に育むものとしている。
→幼児教育において育みたい資質・能力⑫　　　　　（中島千恵子）

協同性　⇨協同性㉙
道徳性・規範意識の芽生え　⇨道徳性・規範意識の芽生え㉙
思考力の芽生え　⇨思考力の芽生え㉙

愛着関係

　乳幼児と特定の養育者との間に形成された深い愛情による信頼関係を指す。生

まれてすぐの乳児は，誰にでも同じように泣いたり笑ったりする。しかし，特定の養育者（特に母親）が，乳児が泣くとオムツを替えたり抱き上げてミルクをあげたり，微笑みに対して微笑み返したりするなどのコミュニケーションを繰り返しもつことで，乳児にとって特別な存在になっていく。幼児は，最初は，愛着関係をもつ大人がいる場所を安全な場所と感じている。しかし徐々に，離れていても自分のことを大切に思い，いつでも自分を受け入れてくれる存在があることを感じて，その存在を心のよりどころとして安心して過ごせるようになっていく。乳幼児期に築いた愛着関係は，人を信頼する気持ちや自己肯定感を心の根底に育み，やがて様々なことへ興味を広げ，意欲をもって行動していくための基盤となる。
→愛着 ⑪　　　　　　　　　　（中山晴美）

受容的な関わり

　受容とは，子どもの言動や気持ちの動きを，養育者や保育者があるがままに受け止め，受け入れることである。子どもは，自分の言動や気持ちを一度受け止めてもらうことにより養育者や保育者との間に信頼関係を築くことができ，その後叱られたり意に添わない解決案を提示されたりしたとしても，前向きに考えることができる。自分の存在に自信をもち，また，自分の気持ちを養育者や保育者に伝えようとすることができる。したがって，子どもの言動の中には制止や抑制をしなければならない場合もあるが，まずはその子どもの思いを聞き，ありのままを受け入れる姿勢が大切である。さらに，思いを否定する際にも，思いを受け止めたうえで解決策を示したり，叱ったりする関わり方が重要であり，それを受容的な関わりという。
　　　　　　　　　　　　　　（中山晴美）

応答的な関わり

　子どもからの働きかけに対して，大人が返事をしたり笑いを返したり思いを言ったりするなどして受け止め応じること。乳児の喃語に対して母親が笑いかけ同じように発音することによって，その乳児はそのやり取りの楽しさを感じ，また発声しようとする。幼児がきれいな色の落ち葉を拾い保育者に見せたところ，「わあ，きれいね。どこで見つけたの？」と共感され，嬉しい気持ちになり，また見つけて見せようと思う。大人の感じ方が子どもの意見と違っても，子どもは自分の気持ちを受け止めて返答してもらったことが次の行動を起こすきっかけとなる。反対に，大人が子どもからの働きかけに気付かなかったり無視したりすると，子どもが自分から積極的に人や物と関わろうとする意欲を失う。大人の応答的な関わりは，その後，子どもが自ら興味・関心をもって環境に関わり成長していくことへつながる，大切な関わり方である。
　　　　　　　　　　　　　　（中山晴美）

生命の保持

　子ども一人一人の生きることそのものを保障することである。子どもの生命を守り，子どもが快適な環境のもと健康で安全に過ごすことができるようにするとともに，子どもの生理的欲求が十分に満たされ，健康増進が積極的に図られるようにすることである。それは，日常生活の中での保育士等の具体的な援助や関わりによって実現されるが，個別的な援助や関わりだけでなく環境の要件でもある。
　保育所保育指針では，生命の保持及び情緒の安定を「養護」として，乳幼児教育の基盤に位置付けている。幼保連携型認定こども園教育・保育要領においても，教育・保育の基本として，「乳幼児期においては生命の保持が図られ安定した情緒の下で自己を十分に発揮することにより発達に必要な体験を得ていくものである」と述べている。　　（相樂真樹子）

情緒の安定

　情緒とは，喜び・悲しみ・恐れ・怒り

などの感情の動きである。保育でいう「情緒の安定」とは，子どもが自己肯定感をもち安心して過ごせる心の状態を指している。乳幼児は，周囲の大人との信頼関係のもとで，自分の居場所ができ，自分の気持ちを出して生活しても大丈夫であることを感じる。自分をかけがえのない一人だと感じ，心がいやされた状態になる。この経験は，心身の成長に大きな影響を及ぼすだけでなく，生涯にわたっての精神的基盤となり，安心して健全に生きていくための基礎となる。

　保育所保育指針では，情緒の安定に関する保育士の関わりとして，一人一人の子どもが安定感をもって過ごし，自分の気持ちを安心して表すことができるようにすることが大切であり，そのためには，他者への信頼と自己肯定感が周囲の人との相互的な関わりを通して育まれていくことが重要であるとされている。

（中山晴美）

食習慣の形成

　食習慣とは，反復して行われることにより固定化される食事摂取に関する行動様式のことである。偏った食事内容が固定化されると，発育・発達が著しい乳幼児に必要な栄養素の摂取不足が危惧される。また，食事時間の乱れから夜遅くの食事が継続されれば，朝食欠食の固定化の要因となる。これら悪しき食習慣は子どもの発育・発達不良や肥満につながり，学童期以降では心と体の健康問題や学力の問題を引き起こす。ひいては成人期以降の生活習慣病につながる。よって，食事摂取に関する行動が始まる離乳期以降の乳幼児期は，食習慣の形成に重要な時期であり，ふさわしい段階である。望ましい食習慣の形成のためには，早寝，早起き等の生活リズムの構築も不可欠であることから，園と保護者との連携が必要である。

（島本和恵）

喃　語

　言葉を話す前，生後3か月頃から「アーアー」「アンアン」など乳児が発する音声のこと。喃語は，快適状態において音声を発することを目的としており，その音は特に意味はもたない。最初に乳児が発するのは，クーイングと言われる母音だけの発音であるが，徐々に「マムマム」「メムメム」など子音も発音するようになる。喃語には母国語以外の音も含まれている。

　乳児は，最初は自分が発した音を自分の耳で聞くことを楽しんでいる。その後，自分が発した音に大人が笑いかけてくれたり，同じように発音して返してくれたりするとそれが楽しくなり，また発音する。やり取りを繰り返す中で，その大人との信頼関係が深まっていく。乳児期に子どもが自分から声を上げて相手との関わりを楽しむことは，今後成長する過程で，人とのコミュニケーション力を形成する重要な要因となる。養育者は，乳児の喃語に愛情をもって反応することが大切である。

→音声の発達[11]　　　（中山晴美）

基本的な生活習慣

　食事，睡眠，排泄，清潔，衣服の着脱等，日常的に繰り返される基本的な習慣を指し，広義には挨拶や身の回りの整理整頓，ルールを守ることなどを含める場合もある。乳幼児期は子どもの心身の発達段階から，基本的な生活習慣を身に付ける最適な時期である。また，この時期の基本的な生活習慣の形成による身辺の自立は，自信をもって遊びや活動にも取り組むことができるようになり，学童期以降の心身の好ましい発達に影響を及ぼす。現在，女性の社会進出等の様々な社会的要因から，基本的な生活習慣の形成は保育所等に任される割合が大きくなっている。そのため，保育現場の重要な取り組み課題の一つとなっている。また，基本的な生

活習慣の一つ一つの活動を形成するためには，生活のリズムが重要であると考えられており，文部科学省では2006（平成18）年から「早寝・早起き・朝ごはん」を国民運動として推進し，食事や睡眠の乱れを社会全体の問題として取り組んでいる。

→生活習慣⑥，基本的な生活習慣⑫
（島本和恵）

好奇心

「何だろう」と思う気持ちから始まり，新しいことやもの，わからないことに興味をもって，自分から見たり，知ろうとしたり，関わろうとする姿勢のこと。稲垣・波田野（2005）は，「人間は知的好奇心が強く，自分および自分を取り巻く世界について整合的に理解したいという基本的な欲求を持つ存在である」と述べている。好奇心は学びへの入口になり，物事の因果関係や論理に触れる機会を作る。自然現象への好奇心は自然への愛情や畏敬の念へもつながっていく，きっかけとなるものである。

【引用文献】稲垣佳世子・波田野誼余夫（2005）『発達と教育の心理学的基盤』放送大学教育振興会，23頁。　（鍛治礼子）

探究心

「何だろう」「どうしてだろう」と思うことや，好奇心がきっかけで，自分から答えを探したり，目的に向かって試行錯誤をしたりして問題を解決しようとする姿勢のこと。「研究心」と異なり，その問題は自分にとって価値のあるものであって，他人にとって同様な価値があるとは限らない。例えば，電車が好きな幼児がいて，言われなくても自分から電車の特徴を覚えたり，駅名を覚えたり，次第に実際に電車に乗車して電車の振動や音の特徴まで確認しようとすることがあるが，本人の価値観・探究心によるもので，本人が喜び，面白く満足感を得るものである。何かを深く探究しようとす

る姿勢は自分の知識を広く深く構成していくために必要な心の動きである。

（鍛治礼子）

場所的感覚

子どもは，環境に関わる経験を重ねる中で，場所を単なる空間として捉えるだけでなく，愛着や親しみをもったり，何をする場所なのかを感じて生活の中に取り入れたりするようになる。このような子ども自身が捉える場所との関係性を，場所的感覚という。例えば，いつも養育者と過ごしているリビングは，初めて出向いていった病院と比べて，安心できる場所と子どもなりに感じる。園庭やテラスなど広い場所では体を動かしたくなったり伸び伸びした気持ちになったりする。布団の上では，ゆったりと体を休めようとする気持ちになり，物が煩雑に散らかっている場所ではイライラした落ち着かない気持ちになるなどである。

場所的感覚の基盤となるのは，養育者や保育者と一緒に過ごした安心できる自分の居場所である。また養育者や保育者が身の回りの環境に親しみをもったり，居心地よく整えようとしたりすることで，それを見ている子どもたちの心にも自分の場所を大切にしようという意識が芽生えていく。

（中山晴美）

地域社会の文化

地域の文化的施設や地域に根付いている文化・風習，その地域に住む人々が構成する組織や人々が集まって繰り広げられる伝統的な文化活動などを指す。地域にはいろいろな人々が生活しており，それぞれが子どもにとって多様な生き方のモデルとなる。子どもが，自分の生活する地域で行われる祭りや習わしなどに直接参加したり見たり聞いたりすることや，その中で地域やそこで生活する人々に親しみや愛情を感じることは，これから子どもがいろいろな人々と関わり合って生きていくうえで必要な力を身に付ける大

切な機会となる。また，自分もその地域の一員であると感じ，地域に愛着をもち，地域のことを大切に思う気持ちは，社会性の育ちにつながる。

近年は地域の教育力の低下が指摘されており，地域の人々がそこに住む子どもたちに愛情をもって関わることや，子育て支援の機能を発揮することが求められている。　　　　　　　　　（中山晴美）

身体の諸感覚の経験

出生したばかりの乳児は，自分自身と外界との区別がはっきりしていない状態で，身近な環境との関わりを通して身体の感覚を得ていく。例えば，自分の手を発見したり，その手で人やものの感触の違いを感覚的に理解したりする。次に，歩行が開始されると行動範囲が広がり，今までよりさらに多くのものに出会い，触れることで，形や色，音，感触，香りなど環境のそれぞれの性質や特徴を感覚で捉えるようになる。このようにして，自分の身体を通して経験したことが諸感覚の発達を促すこととなる。また，身体の諸感覚を働かせて遊び込むことで豊かな世界が広がり，そこに保育者も一緒に楽しみ，感性を豊かに，共感をもって，寄り添い受け止めることで，共有することの喜びと表現しようとする意欲が培われていく。　　　　　　（福田篤子）

発達と学びの連続性

保育の実施にあたって留意すべきことの一つに，乳幼児期の教育と小学校教育との接続がある。もともと，子どもの発達や学びは日々連続して積み重ねられており，乳幼児期の教育から小学校教育への移行は，子どもの発達や学びの連続性を考慮して円滑に行われなければならない。それは，小学校教育を先取りすることではなく，幼児期にふさわしい生活を通して教育を行うことが肝心とされている。また，小学校の入学当初にはスタートカリキュラムを設定するなど，小学校

にも工夫が求められる。保育者と小学校の教師が「幼児期の終わりまでに育ってほしい姿」を手掛かりに，幼児期から児童期の発達の流れや学びの様相を理解し，指導方法を考えていく機会をもつことが大切である。子どもの発達と学びの連続性を確保することは，幼児期の保育の成果を小学校教育に生かしていくために意義あることである。　　　　　（鍛治礼子）

保育所児童保育要録

保育所保育指針には，「保育所に入所している子どもの就学に際し，市町村の支援の下に，子どもの育ちを支えるための資料が保育所から小学校へ送付されるようにすること」と示されており，その資料に当たるのが保育所児童保育要録である。2008（平成20）年改定の保育所保育指針において新たに示され，2009（平成21）年度から適用されている。その後，2017（平成29）年の保育所保育指針改定に伴い，記載内容及び取扱いの見直しが行われ，厚生労働省から示される参考様式が変更された。この参考様式を基に各市区町村で地域の実情を踏まえた様式を示し，それを用いて各保育所で要録を作成するものである。参考様式は，「入所に関する記録」と「保育に関する記録」で構成され，「保育に関する記録」については最終年度の保育を記入することとしている。児童の氏名・生年月日・住所や指導の過程等の個人情報が多く記載される書類であるため，取扱いに十分配慮しながら小学校への引継ぎに役立てていくことが求められている。

→要録 31　　　　　　　　（柿沼芳枝）

虐待対策

2018（平成30）年度，わが国の虐待相談件数は15万件を超え，子どもたちの健康や安全が脅かされている現実がある。国では，電話相談窓口の開設，地域ネットワークの構築に向けた取り組みなど，虐待防止のための施策及び関連法の整備

を図るなどの対策を講じている。

子どもを預かる幼児教育施設においては，特に虐待対策を念頭に置いた組織的な取り組みや状況に応じた保護者支援が必要である。保育者は，子どもに接する中で虐待にいち早く気付いたり対応したりできる立場にある。子どもの身体面，情緒面，行動面の変化を観察し，気付いた事実を記録に残したり，各家庭の養育状況等を把握したりすることで，虐待の発生予防や早期対応に努めることが重要である。また，不適切な養育の兆候が見られる場合には，児童相談所に通告し，市区町村や関係機関との連携を図りながら，適切に対応することが求められる。

（相樂真樹子）

病児保育　⇨病児・病後児保育⑬
食　育

食育という言葉は1898（明治31）年に石塚左玄の『化学的食養長寿論』により初めて使用された。石塚は，子どもに一番大事な教育は健康と命に関わる食育であり，食育を生きるうえでの基本とし，知育，徳育，体育の基礎となるべきものとした。加えて，食育は親が行う家庭教育であると記している。これが食育という言葉の由来である。現在ではコショク（孤食，個食等），朝食欠食等の食習慣の乱れが子どもの心と体の健康問題に悪影響を与えている。他方，核家族化などの様々な社会的背景から家庭のみで食育を担うことが難しい現状がある。よって，生きるうえでの基本である食育は，「食育推進基本計画」を踏まえ，家庭・地域・保育所や学校により連携して行われている。特に，保育所では「保育所における食育に関する指針」に基づき，保護者や地域の多様な関係者との連携及び協働の下で，児の発達に応じた食に関する取り組みとして進められている。

→食育⑫，食育推進基本計画㉓

（島本和恵）

子育て支援

少子化，待機児童問題とともに，子育てに対する保護者の負担感，不安や孤立感は，社会的な課題となっている。これらに対応し，子どもの育ちを，人的，経済的に社会全体でサポートする施策である。保育所や幼稚園，認定こども園においては各施設の特性を生かし，子どもの健やかな育ちに向けた子育て支援を行う。併せて，各施設において，保護者への支援，地域の関係機関及び専門職とも連携した子育て支援が行われている。特に，保育園では，複数の専門性を有する職員を配置し，乳児期からの継続的な保育の実績を踏まえ，地域の保護者に対しても養育力の向上を目指した子育て支援を行う。幼稚園では，教育時間終了後の教育活動のほか，地域の保護者に向けても幼児期の教育センターとしての役割が求められており，子育て相談等，家庭の教育力の向上を図る子育て支援を行う。認定こども園は，保育園と幼稚園の特性を生かした子育て支援の提供が備えられていることが認定要件とされている。

→子育て支援⑥　　　　　　（島本和恵）

不適切な養育　⇨不適切な養育⑦
職員の研修

職務上必要となる専門的な知識や技能，資質の維持・向上のために行われる学習・実習・研究などをする現職教育のこと。研修は保育の質を確保しより高めていくために必須のものである。研修には，園内で行われる研修と園外で行われる研修がある。園内で行われる園内研修は，職場の上司や先輩が具体的な仕事内容を指導するものや，全職員で日々の保育をよくするという共通の目標をもって協議や情報提供を行うものなどで，日々の保育に直結した課題解決に有効である。

一方，職場以外の場所で行われる園外研修は，県や市町村，保育団体等で主催する様々な研修があり，保育現場で必要

とされる課題，保育技術など内容も多様である。他園の保育者と語り合うことで視野を広げ，園や自身の保育を見直す機会となる。保育者としての成長というキャリアステージに応じた縦の側面と保育内容を豊かにするという横の側面を考えていくことが大事である。

（中島千恵子）

キャリアパス

「キャリア」は「職歴」，「パス」は「道」を意味しており，キャリアパスとは仕事上の目標に向かって進んでいくための順序や道筋のことを表している。保育士のキャリアパスについては，厚生労働省が2017（平成29）年12月，「保育士のキャリアアップの仕組みの構築と処遇改善について」の中で，保育士のキャリアパスを見据えた研修の体系化を示した。

保育士には，子どもの保育や保護者に対する子育ての支援を行う専門職として，保育士資格を有するのみならず，日々の職務を通して実践に必要な専門性を一層向上させることが望まれる。加えて，議論に至る背景には，保育士不足の現状がある。保育士にとって，キャリアパスと研修体系の構築は，自らの職位や職務内容等に応じて組織の中で求められる役割を理解し，必要な力を身に付ける機会となるほか，身に付けた技能が評価されることによる多様なキャリア形成や離職した後の職場復帰の促進等の面もあり，働きやすさややりがいにもつながると考えられる。

→キャリアアップ ⑤　　　（相樂真樹子）

知識及び技能の基礎 ⇨知識及び技能（幼・小）⑳

思考力，判断力，表現力等の基礎 ⇨思考力，判断力，表現力等（幼・小）⑳

学びに向かう力，人間性等 ⇨学びに向かう力，人間性等（幼・小）⑳

主体的な学び ⇨主体的な学び ⑳

対話的な学び ⇨対話的な学び ⑳

深い学び ⇨深い学び ⑳

食育推進基本計画

国民が健全な心身を培い，豊かな人間生活を育むための食育を推進し，施策を総合的かつ計画的に推進すること等を目的として2005（平成17）年に食育基本法が制定された。この食育基本法を計画的に進めるものが食育推進基本計画である。5年ごとに更新され，現在は2016（平成28）年度から2020（令和2）年度までの5年間を期間とする第3次食育推進基本計画に基づく施策が実施されている。ここでは，5つの重点課題（①若い世代を中心とした食育の推進，②多様な暮らしに対応した食育の推進，③健康寿命の延伸につながる食育の推進，④食の循環や環境を意識した食育の推進，⑤食文化の継承に向けた食育の推進）を柱に，食育の取組みと施策を推進している。2018（平成30）年に改訂された保育所保育指針に位置付けられている食育の推進は，「保育所における食育に関する指針」と第3次食育推進基本計画の「学校・保育園での食育の推進」という部分が反映されたものである。

（島本和恵）

［24］幼稚園教育要領

幼稚園教育要領

幼稚園教育要領の前身である『保育要領』は，倉橋惣三の主導のもと，1948（昭和23）年に文部省より刊行された。その後，学校教育として小学校との連携を考える必要等から，幼稚園の教育の在り方，教育課程の基準として，1956（昭和31）年に「幼稚園教育要領」が文部省より告示され，幼稚園教育の内容として6つの領域（健康・社会・自然・言語・音楽リズム・絵画製作）が示された。1989（平成元）年の改訂では「幼稚園教育は幼児期の特性を踏まえ環境を通して行うもの」と幼稚園教育の基本が明示され，その考え方は現在に受け継がれている。領域はねらいや内容を幼児の発達の側面から，5領域（健康・人間関係・環境・言葉・表現）に再編された。

2017（平成29）年の改訂では，どの就学前教育・保育施設に通っても教育・保育の質が保証されるように，幼稚園・保育所・認定こども園の要領・指針は同時改訂・改定され，幼児教育の基準が統一された。また，幼児から中学校を卒業するまでの教育に一貫性をもたせるための各校種における「資質・能力」や，幼小の接続につながる視点として幼児の育ちを可視化した「幼児期の終わりまでに育ってほしい姿」が示された。

→保育要領 [22]　　　　　　（桶田ゆかり）

社会に開かれた教育課程

よりよい学校教育を通じてよりよい社会をつくるという理念を学校と社会とが共有して編成する教育課程のことである。それぞれの学校において，必要な教育内容を明確にしながら，社会との連携・協働によってそのような学校教育の実現を図ることを目指すものとしている。この場合の社会とは，子どもの将来を見据える視点と，連携・協働していく対象である地域社会への視点が考えられる。2017（平成29）年改訂の中心的な内容である「主体的・対話的で深い学び」「育みたい資質・能力」「カリキュラム・マネジメント」の全ての基盤となる考え方が「社会に開かれた教育課程」とされている。幼稚園教育においては，地域社会での文化や伝統に触れたり，親しみをもったりすることや，多様性を尊重する態度，国際理解など社会とのつながりの意識が日々の生活の中で少しずつ育まれるよう教育課程を編成することが求められる。　　　　　　　　　　（近藤有紀子）

カリキュラム・マネジメント

教育課程に基づき，組織的かつ計画的に各幼稚園の教育活動の質の向上を図っていくことである。2017（平成29）年改訂の幼稚園教育要領の第1章総則第3「教育課程の役割と編成等」に，初めて記載された（幼保連携型認定こども園教育・保育要領にも記載）。全体的な計画にも留意しながら，「幼児期の終わりまでに育ってほしい姿」を踏まえ，教育課程を編成し，教育課程の実施状況を評価し，その改善を図っていくこと，教育課程の実施に必要な人的・物的な体制を確保し，改善を図ることが求められる。

この取り組みは，園長のリーダーシッ

プの下，教職員一人一人がその必要性を理解し，園全体で取り組むことが大切である。また，カリキュラム・マネジメントの実現においては，環境の整備，地域との連携，研修の機会の活用，事務体制の強化，教職員の時間的・精神的余裕の確保なども重要である。　（近藤有紀子）

資質・能力

　子どもたちが活躍する未来は，先の予測が困難な時代である。子どもの視点に立てば，そのような変化の激しい社会に生きていくためには，「何を学ぶか」「どのように学ぶか」だけでなく，将来を見据え「何ができるようになるか」ということが重要になる。中央教育審議会の答申を受け，文部科学省は，時代を自ら主体的に生き，よりよい社会を創造する担い手となるために育成すべき資質・能力を，「思考力・判断力・表現力等」「知識・技能」「学びに向かう力，人間性等」の三つの柱とした。

　これらの資質・能力は，18歳の段階で身に付けておくべきことは何か・義務教育を終える段階で身に付けておくべきことは何か，という観点を共有して幼児教育から高等学校までを見通し，系統的に一貫して育成されることが必要である。

　幼稚園教育において育みたい資質・能力は，幼児期の教育は生涯にわたる人格形成の基礎を培う重要な時期であり，義務教育及びその後の教育の基礎となるものとして，「知識・技能」「思考力・判断力・表現力等」に「基礎」を付け，学校教育の始まりであることを示している。そして，幼児期の特性から，幼児の自発的な活動である遊びや生活の中で育む重要性を捉え具体的に整理し，資質・能力を一体的に育成していくことの大切さを示した。

　→幼児教育において育みたい資質・能力 12　　　（粂原淳子）

知識及び技能の基礎　⇨知識及び技能（幼・小）28

思考力，判断力，表現力等の基礎　⇨思考力，判断力，表現力等（幼・小）28

学びに向かう力，人間性等　⇨学びに向かう力，人間性等（幼・小）28

主体的な学び　⇨主体的な学び 28

対話的な学び　⇨対話的な学び 28

深い学び　⇨深い学び 28

幼小の円滑な接続

　幼児期の教育は，小学校以降の教育の基盤を育むものである。幼児期は遊びを中心とした生活を通して学びの芽生えを育む時期であり，児童期は各教科の学習を通して自覚的に学ぶ時期である。生活や指導方法は発達の特性に応じて違いがあるが，子どもの発達や学びの連続性を保障するため，一貫性をもった接続のカリキュラムを編成・実施することが必要である。

　幼児期の教育においては，小学校教育の先取りをするのではなく，「幼児期にふさわしい生活を通して，創造的な思考や主体的な生活態度などの基礎を培うようにする」と幼稚園教育要領に記載されている。自分のやりたいことを試行錯誤しやり遂げたり友達と思う存分遊んだりと充実した園生活を送り，学級や学年共通の目的を理解して話し合い自分の役割を果たす協同的な経験や，集団の一員としての意識をもったり行動をとったりする経験を積み重ねて，幼稚園修了の時期が迎えられるようにすることが大切である。

　また小学校教育の初期においては，学習や生活のリズムに慣れ，集団行動のきまりを理解して行動できるよう段階的に指導したり，幼稚園教育において育まれた資質・能力を踏まえた学習を展開したりしていくことが必要である。円滑な接続を図るために，「幼児期の終わりまでに育ってほしい姿」を手掛かりに，幼稚園と小学校の教員が話し合い共有するなど連携を図ることが重要である。

　→接続 27　　　（粂原淳子）

幼児期にふさわしい生活

幼児期ならではの経験を心ゆくまで楽しませていく生活のことである。幼稚園教育要領第1章第1に「幼児は安定した情緒の下で自己を十分に発揮することにより発達に必要な体験を得ていくものであることを考慮して，幼児の主体的な活動を促し，幼児期にふさわしい生活が展開されるようにすること」とあり，幼稚園教育が環境を通して行うものであることを基本とした，幼児期の特性に即した生活や指導の在り方において重視する事項の一つである。

幼児期にふさわしい生活が展開されるためには，①教師との信頼関係に支えられた生活，②興味や関心に基づいた直接的な体験が得られる生活，③友達と十分に関わって展開する生活に基づくことが大切である。幼児が見守られているという安心感をもちながら，主体的に環境に関わり，十分活動し，充実感や満足感を味わうことができるようにすること，幼児一人一人の見方，考え方，感じ方，関わり方などを理解し，計画的に環境を構成し，幼児の活動が豊かになるようにすることが重要である。　　　　　（近藤有紀子）

人格形成

人の成長の過程において人格（その人の人間性，人間としての在り方）が形づくられることである。教育は，子どもの望ましい発達を期待し，子どものもつ潜在的な可能性に働き掛け，その人格の形成を図る営みである。特に幼児期の教育は，生涯にわたる人格形成の基礎を培う重要な役割を担っている。

幼稚園では，遊びや生活の中で直接的・具体的な体験を通して，人やものと関わる力，思考力，感性や表現する力などを育み，人間として，社会に関わる人として生きていくための基礎を培うことが大切である。したがって，幼児が幼稚園で出会う環境が一人一人の潜在的な可能性

につながっていくのである。どのような環境に関わったかが，将来にわたる発達や人間としての生き方，つまり人格形成において重要な意味をもつ。　（小澤明子）

環境を通して行う教育　⇨環境を通して行う教育 [23]

信頼関係　⇨信頼関係 [23]

見方・考え方

幼児教育における見方・考え方とは，幼児が身近な環境に主体的に関わり，心動かされる体験を重ね遊びが発展し生活が広がる中で，環境との関わり方や意味に気付き，これらを取り込もうとして試行錯誤したり考えたりしながら，自分にとっての意味を見いだすことである。物事を捉える視点，感じ方や考え方のことを示す。

幼児は，自分が親しんだものを手掛かりにして具体的なイメージをもち，それに基づいて物事を感じ取ったり気付いたりする。家庭環境や生活経験が異なるため，一人一人の見方・考え方も違う。したがって教師は，幼稚園の遊びや生活の中で幼児理解に基づいた意図的・計画的な環境を構成し，教師や友達と関わり様々な体験をすることを通して，見方・考え方が広がったり深まったりしていくようにすることが必要である。

幼児期の教育において，教師が幼児の見方・考え方を生かし，幼児と共によりよい教育環境を創造するように努めることで，幼児期に培われた見方・考え方は，小学校以降における各教科等の見方・考え方の基礎となる。　　　　（小澤明子）

興味や関心

興味とは，物事にひきつけられること・面白いと感じることで，関心とは，特定のものに意識して気持ちを向けることである。幼児期における興味や関心とは，主体的に環境に関わる際の心の動きである。幼児の生活のほとんどは興味や関心に基づいた自発的な活動からなり，興味

や関心から発した直接的で具体的な体験を通して，幼児は多くを学び様々な力を獲得していく。そうした体験を十分にすることは，幼児に充実感や満足感を与え，それらが興味や関心をさらに高めていく。

教師は一人一人の幼児が何に興味や関心があるのかを捉え，興味や関心をもって環境に関わり自分の世界を広げていく過程を発達として理解し，一人一人に応じた援助をしていくことが大切である。また，興味や関心の持続にはそのことに関する技能や理解力が必要であり，年齢や発達とともに興味や関心は変化するので，その時期にふさわしい教材や援助を工夫することも必要である。　（小澤明子）

総合的な指導　⇨総合的な指導 ［23］

生きる力の基礎　⇨生きる力の基礎 ［23］

主体性　⇨主体性 ［23］

環境の構成・再構成

環境の構成とは，幼児の発達や実態から導き出したねらいを達成するために，幼稚園の施設・設備，遊具，用具，材料などの物的環境や，身近な自然や社会事象，教職員や友達などの人的環境を一つのまとまりのあるものに組み立てていくことである。単に物を配置するだけでなく，時間，空間，雰囲気等幼児の身の回りのもの全てが関連している。幼稚園教育は，環境を通して行うものであることを基本としている。幼児に興味をもたせ環境に関わるきっかけをつくり，成長に必要な体験を重ねていくために，環境の構成は重要である。

環境は，幼児の気持ちや活動の流れに伴って変化していく。教師はその状況を捉えて環境を変化させる必要がある。それが環境の再構成である。具体的には，遊びが停滞した時，遊びが終わった時などに必要ない環境を片付けたり発達に大切な体験が豊かになるよう新たに提示したりする。また次の学級での活動に向けて全員で片付けることも環境の再構成で

あり，そのことにより幼児の気持ちが切り替えられ，次のねらいの達成に向かうことができる。　（桶田ゆかり）

情緒の安定　⇨情緒の安定 ［23］

基本的な生活習慣　⇨基本的な生活習慣 ［23］

理解者としての教師

幼児の主体的な活動を促すためには，環境を通して行う教育を基本としている幼稚園教育において，人的環境である教師の担う役割は極めて重要である。さらに，幼児が主体的な活動を通して着実な発達を遂げていくためには，活動の場面に応じて教師は様々な役割を果たさなければならない。

幼児の活動の理解者としての教師とは，幼児一人一人の行動と内面を深く理解し，幼児の心の動きに沿って保育を展開することによって心身の発達を促すように援助するという教師の役割の一つである。

幼児の自発的な活動としての遊びを中心とした教育を展開するには，まず，幼児が行っている活動のよき理解者となることである。幼児の言動の中にある心の動きを温かく受け止め，幼児の遊びを時間の流れや空間の広がりなどから広く深く読み取る力が必要である。そして，一人一人の幼児にとっての活動のもつ意味を捉え，発達に必要な経験を積み重ねていくことができるように援助していくことが求められる。　（宮本実利）

共同作業者としての教師

幼児と共に活動する中で，幼児の心の動きや行動への理解を深め，より幼児の遊びや生活が豊かになるよう援助するという教師の役割の一つである。

幼児の自発的な活動としての遊びに教師自身が入って遊ぶことで，幼児の動きや言葉，表情などから遊びの面白さや楽しさ，遊びのイメージ，友達関係などの理解が深まる。その理解を基に，より遊びが楽しめるような教材やイメージなど

を遊びの仲間の一人として提案するなど，幼児の遊びに対する考えや気持ちに寄り添って援助することが大切である。

（宮本実利）

共鳴者としての教師

幼児の自発的な活動としての遊びに関わる中で，幼児の思いや感情などの心の動きを感じ取り受け止め共感し，幼児と一緒にその遊びの空間を楽しむという教師の役割の一つである。

教師が幼児に合わせ同じように動いたり同じ言葉を繰り返したりすることで，幼児は遊びの楽しさを実感したり，自分一人だけではなく相手と一緒に遊ぶ楽しさを味わったりする。このような教師の関わりによって幼児は自分の思考や表現を温かく受け止められている安心感や心地よさなど心の安定を得て，喜びや満足感を味わい，さらに楽しさを追求したり，思考を広げたりする。　　（宮本実利）

モデルとしての教師

幼児の自発的な活動である遊びの楽しさや面白さ，イメージなどを理解したうえで，その遊びのイメージや考え，遊び方などを動きや言葉で表現して見せ，幼児に憧れを抱かせたりやり方に気付かせたりするという教師の役割の一つである。

教師が一方的に遊びの目当てや実現のための方法を模範的に提示するのではなく，幼児の主体的な遊びが楽しいものであることに共感しながら，さらに幼児と共に遊びがより楽しくなるよう探っていくことが大切である。教師自らが活動を楽しみ，試行錯誤しながら取り組む姿は，幼児の興味や関心を広げ，活動への意欲を高める。そして幼児は，事象と新たに出会い，工夫して遊ぶ楽しさを味わいながら，自分の世界を広げていく。幼児は，教師の日常の言動や行動をモデルとして，遊び方や人との関わり方など多くのことを学んでいくため，教師は自らの言動が幼児の心や態度を育てるモデルとなるこ

とを認識して関わることが大切である。

（宮本実利）

遊びの援助者としての教師

幼児が自ら始めた遊びが深まっていなかったり，課題を抱えて停滞していたりする場合，その状況に応じて必要な援助をするという教師の役割の一つである。

それは，教師の思いだけで遊びを発展させようと盛り上げたり広げたりする援助になってはならない。自発的な活動である遊びを行っている幼児一人一人が遊びの中で経験していること，また時間の経過や空間の広がりの中での遊びの楽しさや意義などを多面的に理解したうえで関わることが求められる。幼児が自ら工夫して取り組んだり，友達と力を合わせてやり遂げたりする経験が失われたりしないよう，教師は適切な援助を行うことが大切である。幼児一人一人の発達に応じた方法やタイミングを意識しながら援助を行うことが，幼児の遊びを深め，主体性を育む。　　　　　　（宮本実利）

協同性　⇨協同性 ㉙

道徳性・規範意識（の芽生え）⇨道徳性・規範意識の芽生え ㉙

自己の抑制

生まれたばかりの赤ん坊は，母親と自分の区別はまだなく，母親に全て依存した未分化な状態である。次第に自分の思い通りにならない経験を通して，「他者」の存在に気付くようになり，「自分」の存在も意識するようになる。幼児は，園生活を通して，友達と一緒に活動する喜びを見いだしていく。それと同時に，自己主張のぶつかり合いによる怒り，悲しみなどの様々な感情も味わう。そのような体験を重ね，次第に相手も自分も互いに違う考えをもった存在であることに気付き，楽しく遊ぶためにはどうしたらいいのかを考え自分の気持ちを調整するようになっていく。幼児期は，友達との関わりを通して他者の存在を意識し，自己

を抑制しようとする気持ちが芽生える時期であり, 自我の発達の基礎が築かれていく。

→自我 25 　　　　　　（高橋由美子）

折り合いをつける

　幼児が友達との関わり合いの中で, 互いに自分の思いを主張したり相手の思いを受け止めたりしながら, よりよい方向に向かうよう譲り合い納得できるところを見いだすことである。

　幼児期は自我が芽生える時期であり, 友達との生活や遊びの中で, 自分の思い通りにしたい気持ちをもつ。一方で友達と遊ぶ楽しさを味わう。その両方の思いの狭間で悩み, 次第に自分の感情を抑え, 心地よく楽しく過ごすために相手の主張も受け入れることや, 人との関わり方や相手を思いやる気持ちを学ぶ。

　入園当初から教師は, 幼児が安心してまずは十分に自己発揮できるようにすることが重要である。幼児にとって自己主張のぶつかり合いであるけんかやトラブル, その前後の葛藤などは, 折り合いをつけることを学ぶ大切な機会である。幼児は友達と折り合いをつける体験を重ねながら, やってよいことや悪いことがあることや, 集団生活にはきまりがあることに気付いていく。教師はそれぞれの幼児の思いを受け止めながら, 相手の視点から自分の言動を振り返り, 相手にも思いがあることや, 互いの思いに気付けるように繰り返し指導することが大切である。当事者だけでなく, 時には学級の幼児にも伝えたり, 自分たちで思いを伝え合おうとする姿を認めたりすることも必要である。

→遊びと葛藤・いざこざ 10 （小澤明子）

公共心

　公共とは社会一般のことであり, 幼児期において公共心とは, 社会に視野を広げ意識していくことである。幼児は, 集団生活を通して, 園内の幼児, 教職員なども

どのいろいろな人と関わりながら, きまりの必要性に気付いたり, 共同のものを大切にしたり, 自分の思ったことを相手に言葉で伝えたり考えて行動したり, 自分が役に立つ喜びを感じたりするなどをして, 少しずつ自分の視野を広げていく。地域の人との関わりや公共の施設の利用など園外の様々な環境での体験の積み重ねにより, 社会とのつながりを意識するようになっていく。教師は, 幼児が人との様々な関わり方に気付いたり, 相手や状況, その場所に応じて考えて行動しようとしたりする姿を尊重することも大切である。幼児一人一人は社会の中の一人一人でもあることを教師が意識し, 身近な社会生活とのつながりを十分に配慮することが大切である。　　（近藤有紀子）

好奇心 ⇨好奇心 23

探究心 ⇨探究心 23

思考力

　経験や知識をもとに頭を働かせ, 新しい問題を処理・解説する力のことである。幼稚園教育において思考力とは, 思考力の芽生えとして捉えられている。思考力は, 幼児が身近な事象に積極的に関わる中で, 物の性質や仕組みなどを感じ取ったり, 気付いたりし, 考えたり, 予想したり, 工夫したりするなど, 多様な関わりの中で培われていく。好奇心や探求心をもって考えたり試したりする経験は, 主体的に問題を解決する態度へとつながっていく。

　教師は, 幼児一人一人の考えを受け止め, そのことを言葉にして周りの幼児たちに伝えながら, さらなる考えを引き出していくことが求められる。幼児が他の幼児との意見や考えの違いに気付き, 物事を多面的に捉えたり, 新しい考えを生み出したりしていけるような援助も大切である。

　幼児期の思考力の芽生えは, 小学校生活で出会う新しい環境や教科学習等に興

味や関心をもって主体的に学ぶ意欲につながる。

→思考力，判断力，表現力等（幼・小）28，思考力の芽生え29　　（小澤明子）

体　験

　人が実際に見聞きしたり行ったりすること，またはその行為そのものを指す。体験は自分が感じたことに重点があり，行為の内容より印象的な事柄について用いることが多い。

　幼稚園教育要領解説の第１章第１節２「環境を通して行う教育」に，「幼児期の教育においては幼児が生活を通して身近なあらゆる環境からの刺激を受け止め，自分から興味をもって環境に主体的に関わりながら，様々な活動を展開し，充実感や満足感を味わうという体験を重ねていくことが重視されなければならない」とある。環境を通しての幼児の体験は幼児期の教育の基本であり，同じ活動を体験してもそこでの学びは一人一人違うことが大切にされなければならない。

　　　　　　　　　　　　（桶田ゆかり）

経　験

　人が環境に能動的に働き掛け，実際に見たり聞いたり行ったりすることである。体験に比べて範囲が広く，その行為によって得られた技術や知識なども含まれる。

　幼児は自ら環境に関わり直接体験したことを通して学び，技能や知識，感情を身に付けていくので，幼稚園教育では，幼児が直接的な体験を得られる生活を幼児期にふさわしい生活として重視することが基本である。幼児は日々の生活の中で様々な体験をしているが，その中で何度も繰り返されたことや感情を強く揺さぶられたことは心身に残る。そして新たな環境と出会う時に興味や関心をもち，体験が積み重なり，経験となっていく。

　幼児は同じ遊びや活動をしていても，獲得する技能や知識，感情は違うので，

一人一人の興味や関心，体験していることを受け止め共感し，次の体験につなげて豊かな経験となるように援助していくことが大切である。　　　（桶田ゆかり）

畏敬の念

　崇高・偉大なものや人をおそれ敬う気持ちのこと。幼児が身近な自然や動植物に愛情をもって関わる中で感じる生命の大切さや自然の不思議さである。幼児は自然に触れ感動する体験や自然を遊びに取り入れたり継続して見たり触れたりする体験を通して，次第に自然への愛情や畏敬の念をもつようになる。また，身近な動植物に愛着をもって関わる中で，生まれてくる命に感動したり，死に接して悲しんだりする。そのことで生命の不思議さや尊さに気付き，大切にする気持ちが生まれる。

　幼稚園の飼育や栽培では，単に世話することだけではなく，失敗や間違いを通して，命あるものをいたわり大切にする気持ちを育むことが大切である。知識だけでなく，自分とは違う生命をもった存在があることや生命の大切さを実感することが特に重要である。そのために教師は，身近な自然や動植物などの造詣を深めたり，機会を逃さず指導したりすることが必要である。　　　　　（小澤明子）

創造性

　新しい考えやよりよいものを創り出したり，難しい問題を解決したりする能力のことである。幼稚園教育要領においては，領域「表現」を「豊かな感性や表現する力を養い，創造性を豊かにする」ことを目指す領域としている。

　幼児は知性よりも感情が優位なので，自分の興味で関わった対象を主観的にイメージとして捉える。表現技能が未熟でそのイメージを十分に表現できないため，却って新奇性に富んだ幼児期ならではの表現となる。次第に，環境を客観的に捉えたり周りの評価や出来栄えを気にした

りする年齢になる。だからこそ幼児期は，自分の思うままに伸び伸びと表現・工夫する過程を楽しめるように援助し，もっと表現したいという意欲を育むことが大切である。その結果として表現技能が身に付いていくようにしていくことが，創造性を豊かにすることにつながる。

（桶田ゆかり）

教育目標

入園当初に見られる幼児の実態をもとに，その背景となる家庭や地域の実態も捉え，入園から修了するまでの園の教育活動全体を通して目指す大きなねらい，その園の教育のビジョンである。育ってほしい幼児像で示すことが多い。

教育目標を設定する際には，教育基本法に示されている学校教育の目的や学校教育法にある幼稚園教育の目的・目標，「教師の願い」や「保護者・地域の方々の願い」「幼児や幼稚園の実態」等を踏まえ，各園の特性に合わせて設定する。また，教育目標は，どのような幼児に育ってほしいのかという教師の願いを込めて設定したものであるから，それは日々の教育活動に反映されていなくてはならない。そこで，設定した教育目標を教師同士がその意味するところを共有化し，学年目標や学級目標などに具体的に落とすなどして，日常の実践とつなげていくことが重要である。　　（高橋由美子）

教育課程（の編成）

教育課程とは，園における教育期間の目的や目標に向かって，幼児の心身発達に応じた教育内容がどのような方針でどのような道筋をたどっていくかを示した全体計画のことである。学校教育法施行規則第38条において，幼稚園の教育課程その他の保育内容については，この章に定めるもののほか，教育課程その他の保育内容の基準として文部科学大臣が別に公示する幼稚園教育要領によるものとするとされている。

教育課程の編成においては，幼稚園教育において育みたい資質・能力を踏まえつつ，園生活全体を通して，幼児の心身の発達の見通しなどをもち，幼稚園教育要領の各領域に示されている「ねらい」「内容」を設定し，遊びを通しての総合的な指導が行われるよう，幼稚園終了時の具体的な姿としての「幼児期の終わりまでに育ってほしい姿」との関連を考慮しながら編成する必要がある。

また，教育課程の実施後は，カリキュラム・マネジメントに努めることも大切である。　　（近藤有紀子）

指導計画

園の教育課程に基づき，ねらいや内容を明確にし，一人一人の幼児の成長に必要な経験を見通して，意図的・計画的な環境の構成や活動を精選し，指導・援助の在り方などを学年や発達の時期に応じて作成する計画のことである。年，学期，月，発達の時期などの長期的な指導計画と，それと関連させながら幼児の生活に即してより具体化した週，日などの短期の指導計画がある。指導計画の立案に当たっては，幼児の発達の過程，興味や関心，遊びや生活の連続性，季節や行事などを考慮し，幼児期にふさわしい生活を展開する中で，資質・能力が育まれるようにすることが重要である。

教師は指導計画を踏まえて保育をする中で，幼児の実態や興味や関心の広がり，活動の展開の様子などに応じて，計画を柔軟に修正しながら指導していくことが大切である。また，幼児の発達の理解や保育者の指導・援助の面などから指導計画を確認し，発達の見通し，ねらいや内容，環境の構成などについても見直し，教育課程の改善につなげていくことも必要である。　　（粂原淳子）

長期の指導計画

園の教育課程に基づき，ねらいや内容を明確に設定し，環境の構成や指導・援

助の在り方を大筋で捉え，年，学期，月，発達の時期など長期的に発達を見通して作成した指導計画（年間指導計画等）である。

　長期の指導計画の作成に当たっては，一人一人の幼児に「幼稚園教育において育みたい資質・能力」が育まれるよう，「幼児期の終わりまでに育ってほしい姿」を念頭に置き，園生活全体を視野に入れ，学年間の接続を図ることが必要である。また，発達の時期にふさわしい生活が展開されるように，全教職員が協力して作成することが大切である。

　教師は，指導計画を踏まえて保育をする中で，幼児の実態，興味や関心の広がり，活動の展開の様子などに応じて，計画を柔軟に修正しながら指導していくことが大切である。また，幼児の発達の理解や教師の指導・援助，環境の構成などから指導計画を見直し，改善していくことも必要である。　　　　　　　（粂原淳子）

短期の指導計画

　長期の指導計画を基に，実際の幼児の生活に即して環境の構成や指導・援助をより具体化した週案，日案などの短期間の指導計画であり，一人一人の幼児の情緒面，興味や関心，遊びや生活への取り組み，友達との関わりの様子などを捉えて作成するものである。

　立案に当たっては，日々の保育を振り返りながら，遊びや生活につながりや流れをもたせ，学びが深まるよう柔軟な計画であること，活動に意欲的に取り組む時間とゆったり過ごす時間などめりはりのある生活リズムに配慮すること，個やグループでの遊び，学級全体の活動などが相互に関連し合って充実したものとなるようにしていくことが大切である。また，実際の展開では，それぞれの幼児の状況に応じてねらいや内容を修正したり環境を再構成したりなどの柔軟な対応が必要である。

　短期の指導計画は，各学級の幼児の実態に応じて学級担任が作成することが原則である。しかし，幼児理解を深め，より適切な内容にしていくためには，教師同士で幼児を見合い，情報や考えを伝え合い，全教職員で幼児全員を育む姿勢をもつことが大切である。　　（粂原淳子）

内容・内容の取扱い　⇨内容・内容の取扱い 23

教育日数

　学校教育法施行規則第 37 条において，「幼稚園の毎学年の教育週数は，特別の事情のある場合を除き，39 週を下つてはならない」とされている。それまでの第 79 条「教育日数は，220 日を下つてはならない」という規定から変更した。

　1989（平成元）年の幼稚園教育要領の改訂より，幼稚園教育の基本は「環境を通して行うもの」とされ，幼児の自発的活動である遊びを通しての総合的な指導を中心とする教育においては，一日一日で途切れるのではなく週単位で幼児の遊びや生活を捉えるようになった。この週数への措置は，1977（昭和 52）年の小学校学習指導要領の改訂において，年間の授業を 35 週にわたって行うようにするとされたことからも，小学校との関連を考慮する必要もあったとされている。文中の特別な事情とは，地震や台風などの自然災害や，感染症の流行などの事情が生じた場合を指す。　　　（近藤有紀子）

教育時間

　2018（平成 30）年施行の幼稚園教育要領第 1 章第 3 に，「幼稚園の 1 日の教育課程に係る教育時間は，4 時間を標準とする。ただし，幼児の心身の発達の程度や季節などに適切に配慮するものとする」とされている。1 日 4 時間を標準とすることは，1964（昭和 39）年の告示より変更していない。これは，幼児の発達や家庭・地域における生活の重要性を考慮したものである。

各幼稚園では，幼児の年齢や心身の発達，季節などに応じて登園時刻から降園時刻までの教育時間を，4時間を標準として柔軟性をもって適切に決めることが大切である。いわゆる幼稚園での預かり保育は，教育課程に係る教育時間前後に行われるものとされ，「教育時間の終了後等に行う教育活動」とされる。

また，幼保連携型認定こども園においては，満3歳以上の園児の教育課程に係る教育時間は4時間を標準とし，保育を必要とする子どもに該当する園児に対する教育及び保育の時間（1日につき8時間を原則とするもの）に教育時間が含まれる。

→保育・教育時間②　　　（近藤有紀子）

満3歳児の入園

1947（昭和22）年に制定された学校教育法第26条において，「幼稚園に入園することのできる者は，満3歳から，小学校就学の始期に達するまでの幼児とする」とされている。

制度的には今までも入園可能であったが，その他の法的整備が進まず4月に年度が始まるため，満3歳児も3歳になった後の最初の4月に入園していた。しかし，保護者の子育て不安や少子化の影響などの理由により満3歳での入園の要望が強くなったことから，2000（平成12）年から満3歳児も幼稚園就園奨励費及び私学助成費の対象となり，実施する園が多くなった。実施の形態は，3歳児クラスに途中入園したり，満3歳児クラスを単独で設けたり，定期的に回数を決めて行ったりなど様々であるが，幼児の発達の特性に合わせた活動内容や，環境づくりが重要である。

また，2019（令和元）年10月より実施されている幼児教育・保育の無償化においては，幼稚園は満3歳（3歳になった日）から教育時間（4時間程度）が無償化の対象に，保育所，認定こども園等においては3歳児クラス（3歳になった後の最初の4月以降）から無償化の対象となる。これは，子ども・子育て支援新制度の対象施設の違いによるものである。

（近藤有紀子）

全体的な計画（幼）

各幼稚園の教育活動の質向上のため，また一貫性のある安定した園生活をつくり出すために作成する教育課程を中心とした計画のこと。教育課程や教育課程に係る教育時間の終了後等に行う教育活動（いわゆる預かり保育）を含めた登園から降園までの幼児の生活全体を捉えたものである。

2018（平成30）年施行の幼稚園教育要領の第1章総則第3「教育課程の役割と編成等」に，「各幼稚園においては，教育課程を中心に，第3章に示す教育課程に係る教育時間の終了後等に行う教育活動の計画，学校保健計画，学校安全計画などとを関連させ，一体的に教育活動が展開されるよう全体的な計画を作成するものとする」として初めて記載された。作成に当たっては，園長のリーダーシップの下，園全体の教職員が，教育課程の基本的な理念等十分に話し合い，共有していくことが大切である。また，実施後には計画そのものを見直していく必要もある。　　　（近藤有紀子）

学校保健計画

学校において必要とされる保健に関する具体的な年間の実施計画である。学校保健安全法（2009年4月1日施行）第5条において，その策定が定められており，①児童生徒等及び職員の健康診断，②環境衛生検査，③児童生徒等に対する指導その他保健に関する事項について，必ず盛り込むことが規定されている。また，毎年度，園の状況や前年度の学校保健の取り組み状況等を踏まえ，作成することが求められている。具体的には，健康診断の計画と実施と事後措置，ダニアレルゲンの検査，水質検査，騒音レベルの検

査，歯磨き指導，感染症や食中毒の予防，熱中症予防等がある。

　学校保健計画の実施を通して，幼児自身が健康への関心を高め，病気を予防する態度を身に付けられるようにすることも重要である。そのためには家庭や関係機関に学校保健計画の周知を図り，連携することが必要不可欠である。

　　　　　　　　　　　　　（高橋由美子）

学校安全計画

　学校安全に関する総合的な計画である。学校保健安全法第 27 条において，施設・設備の安全点検，児童生徒等に対する通学を含めた学校生活その他の日常生活における安全指導，職員の研修など学校における安全に関する事項について計画を策定・実践するよう定められている。学校保健法は，学校における保健管理の強化とともに，近年増加している学校における事故・事件・災害から児童生徒等の安全の確保が必要となり，教育活動が安全な環境において実施され，学校教育のより円滑な実施と成果の確保のために大幅に改正され，「学校保健安全法」として，2009（平成 21）年に施行された。

　学校安全の体系は，「安全教育（生活安全・交通安全・災害安全）」「安全管理（対人管理・対物管理）」「組織活動（教職員・家庭・地域との連携）」の 3 つから構成される。これらを踏まえながら年間の見通しをもった計画を立案し，教職員の共通理解と協力の下，推進することが必要である。　　　　　　　　　　（高橋由美子）

園務分掌

　教職員が園の教育目標の実現のために園の運営上必要な業務・役割を分担して遂行していくこと。学校教育法第 27 条第 4 項には「園長は，園務をつかさどり，所属職員を監督する」と園長の職務が定められている。園長のつかさどる園務は，①教育活動の管理，②所属職員の管理，③施設設備の管理，④事務の管理といわれているが，次のようなものが教職員に割り振られる。①教育活動の管理は，行事，安全教育，保健関係，環境の整備，保護者会，園内研究，地域との連携など，③施設設備の管理は，安全管理，教材の管理・発注など，④事務の管理は，園児名簿，出席簿，幼稚園幼児指導要録，職員会議や園内研究などの記録，園日誌，園だより，出勤簿，会計関係など。

　園では実態に応じて園務分掌が組織されているが，その園務を担当することを通して教職員が成長することを考え，教職員の今までの経験，得意分野，人間関係などを配慮した適材適所に配置することが大切である。　　　　　（桶田ゆかり）

幼児理解に基づいた評価

　幼児期の教育は，幼児が園生活の中で能動的に周囲の環境に関わり，発達に必要な経験を自ら得ていくことを援助していく営みである。幼児期の特性を踏まえ，環境を通して行うことを基本としている幼稚園教育における評価とは，保育の中で幼児の姿の変容を捉えることだけではない。その姿が生まれた環境や教師の援助，あらかじめ設定したねらいや内容などが適していたかどうかを教師側から振り返り，よりよいものに改善するための手掛かりを求めることである。

　幼児理解に基づく評価の実施に当たっては，「指導の過程を振り返りながら幼児の理解を進め，幼児一人一人のよさや可能性などを把握し，指導の改善に生かすようにすること」と幼稚園教育要領に配慮事項が示されている。他の幼児との比較や，基準を設けて達成度で評定するものではない。したがって，教師は一人一人の幼児の特性，興味や関心，思い，成長の過程など，幼児の心情に寄り添い肯定的・共感的に理解することがまず必要である。幼児理解を深め，自分自身の保育を見直し改善するために，記録は重要である。日々の記録やエピソード，ド

キュメンテーションなどをもとに，幼児の変容を見取り，今後の展開を予測していくと同時に，他の保育者と記録を共有して話し合い，多角的に捉えながら幼児理解や保育観を広げていくことが保育の質を高める。また家庭との連携を通して，幼児理解の幅を広げ幼児の学びの過程を伝えることにより，保護者の幼児期の教育に関する理解が深まるようにすることも必要である。　　　　　　（粂原淳子）

反省評価

保育における評価には，幼児に対する評価と，教師の指導に対する評価がある。幼児に対する評価とは，幼児の遊んでいた姿から，何を経験していたのか，主体的・対話的で深い学びとなっていたのかなどを幼児理解に基づき捉えることである。教師の指導に対する評価とは，一日の保育の後に個々の幼児の姿を振り返り，「幼児理解は適切であったか」「指導のねらいや内容は妥当なものであったか」「環境の構成はふさわしいものであったか」「教師の関わり方は適切であったか」などについて行われる。幼稚園教育において単に評価といわず反省評価という言葉を使うのは，この教師側の評価が重要となるからである。

日々，自分の保育を振り返ることは当然だが，反省評価を一人で行うだけでは不十分な場合もある。ときには，他の教師に保育や保育記録を見てもらうことを通して，幼児の姿を多面的・多角的に捉えたり，自分自身の保育の課題に気付いたりしていくことも必要である。そして，反省評価したことを，翌日の保育の改善に役立てることが大切である。（高橋由美子）

評価の妥当性

誰が見聞きしても納得できる的確な内容であることである。幼稚園教育における評価は幼児理解に基づいており，幼児理解の深まりと指導の振り返りからなるが，その幼児理解は第三者的な観察や点数評価ではない。日々の生活や遊びの中で教師が一人一人の幼児と直接触れ合いながら思いや考えを受け止め，その幼児のよさや可能性を理解することである。担任はその幼児の一番の理解者であるが，近過ぎて見えないこともある。

妥当性のある評価とするためには，まずは担任自身が日々，自分の幼児理解と保育を振り返ることが必要である。同時に，日常的に他の教師と幼児理解や保育の展開について意見を交換したり保育を見合ったり記録を基に話し合ったりして，幼児理解と保育の在り方について深める努力が大切である。　　　（桶田ゆかり）

評価の信頼性

評価の信頼性とは，評価が信頼するに値する内容であることであり，評価の妥当性と切り離すことはできない。評価の信頼性を高めるには，一人一人の幼児のよさや可能性について園内の多くの目で繰り返し検討することがまず必要である。そのうえで，保護者に対して日頃から幼児の具体的な姿を通して成長や課題を共有し，わが子の成長に実感をもてるようにすることが重要である。また，地域，特に小学校に対しては，合同研修会や指導要録を届ける折などに，幼稚園教師が小学校低学年の生活や学習を見通しての幼児期の今の姿や保育を語ることでその幼児の理解と幼稚園教育の理解が深まるように説明する。そのような説明ができることが園や教師への信頼となり，評価そのものへの信頼性も高まるのである。

（桶田ゆかり）

学校評価

教育活動その他学校運営の状況について評価し，その結果に基づき改善策を講じることによって教育水準の向上を図るためのものである。学校教育法第 42 条（幼稚園は第 28 条により準用）及び学校教育法施行規則第 66 条〜68 条（幼稚園は第 39 条により準用）で定められている。

学校教育の最初の学校である幼稚園も同様で、幼稚園における学校評価については「幼稚園における学校評価ガイドライン」（2011年改訂）に示されている。教育課程に基づき教育活動の質の向上を図るカリキュラム・マネジメントと関連付けて実施することが重要である。学校評価は、教職員等による自己評価と学校関係者評価、第三者評価の3つの形態があり、それらを関連付けて進めていくことが効果的である。

　評価結果を踏まえ、各園が改善に組織的・継続的に取り組み、関係者や設置者等に公表・報告することにより、課題意識を共有できる。また保護者や設置者等の理解や支援を得られるとともに、園・家庭・地域それぞれの教育力の向上も期待できる。学校評価は、行うことが目的ではなく教育水準の向上を目指すための手段であることを理解し、実効性のある内容にしていくことが重要である。
　　　　　　　　　　　　　　（若槻容子）

学校関係者評価

　保護者や地域住民等の学校関係者等により構成された委員会等が、園で示した自己評価の結果や今後取り組む改善策を評価するものである。自己評価の客観性や透明性が高まるように、園は教育活動を公開し情報提供をして適切な説明責任を果たし、意見交換などを進め、現状や重点的に取り組んでいることを評価者に理解されるように努める必要がある。

　学校関係者評価を進めることで、保護者や地域等は教育活動全体を知り理解を深め、教職員はどのように評価されるのかを知り保護者や地域からの期待に応えようと努めるなど、園・家庭・地域の協働・連携による学校づくりを進めることが期待される。学校関係者評価を互いの理解を深めるコミュニケーションツールとして活用することにより、保護者や地域等の教育活動への参画を促進し、「社会に開かれた教育課程」を進めることにつながる。
　　　　　　　　　　　　　　（若槻容子）

第三者評価（幼）

　学校運営に関する外部の専門家が中心となり、自己評価や学校関係者評価の実施状況を踏まえつつ、教育活動その他の学校運営について専門的視点から行う評価である。指導内容や方法、マネジメント等について専門的な視点からの評価となり、園に直接関係する保護者や地域等とは違う立場からの新たな気付きをもたらすような評価が期待される。第三者評価を通して、園は教育活動全体を客観的に捉えられるばかりでなく、専門的な分析や助言によって優れた取り組みと課題が明確になり、具体的な改善策が見いだせるなど、園運営の活性化につながる。第三者評価は園とその設置者が実施者となり、その責任の下で必要と判断した場合に行うものである。実施する際は、法令上義務付けられている自己評価と、実施が努力義務とされている学校関係者評価が適切に行われていることが必要である。第三者評価の導入により、学校評価全体の実効性を高めるという役割も期待される。
　　　　　　　　　　　　　　（若槻容子）

特別な配慮を必要とする幼児

　障害の有無だけでなく、海外から帰国した幼児、生活に必要な日本語の習得が難しい幼児など、自立や集団参加に向けて個別の教育的ニーズが必要な幼児のことである。個々の困難さを的確に把握し、それぞれに応じた手だてを検討し、指導していくことが求められる。そのため、保護者や専門機関等と連携を図りながら、指導や配慮等について正しい理解を深め、園全体で組織的な対応をしていくことが必要である。

　近年、特別な配慮を必要とする幼児の在籍数が増加傾向にあるといわれている。学級経営上の困難さはあるものの、問題行動の対処ばかりに追われていると、そ

の幼児のよさや伸びようとする可能性を見失うことになる。幼稚園は，適切な環境の下，教師や多くの幼児と生活する中で，一人一人に応じた指導を行う場である。幼稚園教育の基本を大切にして，その幼児の全体的な発達を促していくことが重要である。　　　　　　（若槻容子）

教育支援計画

障害のある幼児は園生活だけでなく，家庭や地域での生活も含め，さらには乳幼児期から学校卒業後までを見通した長期的な視点で支援を受けることが必要である。教育支援計画とは，教育・家庭・福祉・医療・労働等の関係機関が連携・協力して支援するための計画であり，学校及び教育委員会など教育機関が中心となって作成する。支援の内容は障害の種類によって一律に決まるのではなく，一人一人の状態に応じていくことが必要である。その子どもの実態や困難さを把握し，保護者の願いや将来の希望などを踏まえて必要となる教育的支援の目標を設定し，学校（園）・家庭・専門機関等で具体的な支援の内容と方法を記述する。そして，園生活における指導の役割を明確にするために園が作成する個別の指導計画に生かしていく他，就学先の小学校に在園中の支援の目的や内容を伝え引き継ぐなど，切れ目のない支援に活用していくことが重要である。　　（若槻容子）

個別の支援計画

2003（平成15）年度「障害者基本計画」において，障害がわかったときから生涯にわたり継続的な支援体制を整え，発達段階に応じて適切に支援するために作成することが示された。学校（園）・家庭・福祉・医療等の関係機関が連携・協力し，乳幼児期からの早期対応，保護者の相談支援体制づくり，学校での計画的な教育支援，社会的・職業的な自立の促進など，一貫した教育的支援を行うことを目的とする。

教育支援計画のうち，一人一人の教育的なニーズを踏まえた支援のために学校（園）や教育委員会など関係機関が中心となり作成するものを個別の教育支援計画といい，作成には保護者の了解が必要である。また，個別の指導計画は，指導目標・内容・方法を明確にし，きめ細かく指導するため，個別の教育支援計画を踏まえより具体的な内容を盛り込み園が作成する。個別の指導計画が個別の支援計画と同様の機能を果たす場合は，個別の指導計画を個別の教育支援計画として扱うことが可能である。個別の計画を作成・活用することにより，園・家庭・福祉機関等がそれぞれの立場を生かし一体となって障害のある幼児を中心とした連携を深め，適切な支援をすることが大切である。　　　　　　　　　　（若槻容子）

情報機器

情報を処理したり伝達・加工したりするための機器のことで，コンピューターとその周辺機器，携帯電話，またファクシミリ・複写機などのことをいう。家庭で用いられるものを情報家電（デジタル家庭電化製品），企業などで用いられるものを OA（Office Automation）機器ということもある。幼稚園教育において，その他にテレビ，ビデオを含めた視聴覚教材も情報機器に含まれる。

幼児期は周りの環境からの刺激を受け止め，興味をもって直接関わり体験したことから学んでいく時期である。幼稚園において情報機器を活用する際には幼児の直接的な体験を大切にし，その体験を豊かにするために情報機器による間接体験が必要であるかどうか検討し，幼児が情報機器に触れる内容，タイミング，使用方法などに配慮する必要がある。

（桶田ゆかり）

視聴覚教材

CD，DVD，ビデオ，テレビ，映画など，視覚的・聴覚的な情報を取り入れること

によって，教師が幼児の経験をより広げたり深めたりして教育効果を高めるために用いる教材のことである。園では，日常的に絵本，紙芝居，図鑑，ペープサート，パネルシアター，エプロンシアターなどを取り入れている。最近はパソコンやタブレット端末も視聴覚教材として活用されるようになってきている。

　視聴覚教材は，そのものの楽しさだけでなく，幼児のイメージを膨らませ，遊びに取り入れられると遊びの幅を広げる。また，園庭で見つけた虫を図鑑で見たり，ビデオやDVDを活用しチョウの羽化や虫の細部を拡大して見たりするなど，直接体験では難しいことも見たり聴いたりすることができ，幼児の好奇心・探究心をさらに高めることができる。そのため，教師は幼児の発達や教育の意図に適した教材を厳選し，活用方法等を十分考慮することが必要である。　　　　（宮本実利）

ICT

　ICT（Information and Communication Technology）とは，「情報通信技術」の略で，パソコンやインターネットの操作方法，ハードウェアやソフトウェアの応用技術などの総称であり，コンピュータ技術の活用に着目し，通信技術を使って人とインターネット，人と人とがつながる技術のことである。ITはほぼ同様の意味をもつが，情報技術そのものを示している。日本は2000年代前半まではITを使っていたが，国際的にはICTが定着していることや，技術だけでなく情報通信における伝達・交流といったコミュニケーションの重要性をより一層明確化するため，C（Communication）の含まれたICTを使うようになった。

　文部科学省は2020（令和2）年に全面実施された小学校における新学習指導要領において，パソコンやデジタルテレビ等を導入して子どもたちの情報活用能力を育成することを推進している。子ども

はICTを利用して教科を効果的に学習すること，教師は学習効果の高い授業を行うことができ，事務仕事の負担軽減も利点としていわれている。

　幼児の直接体験を重視している幼稚園教育においては，幼児の発達や興味に合わせ，直接体験を補完するものとして幼児の必要感に沿って活用することが大切である。教師の活用としては，保育のビデオを基に園内研修を行い資質向上に役立てたり，小学校以降と同様に事務負担の軽減を図ったりする効果が考えられる。また，保護者や地域などとの連携において幼児の姿を映像で見せることで，個々の育ちはもとより園の教育内容・環境について知らせ，理解や協力を得ることにつなげることができる。

→ ICT ④　　　　　　　　　（桶田ゆかり）

言語環境

　幼児が言葉を獲得していくうえで影響を及ぼす人や物，現象や時間，空間や雰囲気など，幼児を取り巻く状況の全てを指す。

　幼児は，身近な人との温かな関わりを通して次第に言葉を獲得していく。心を動かされる体験をすることで，思わず自分の気持ちを言葉にしたり，教師や友達と一緒に過ごす中で次第に日常生活に必要な言葉がわかるようになったりしていく。また，絵本や物語，歌や手遊び，しりとりや言葉集めなどに親しみ楽しむ中でも言葉に対する感覚が養われていく。

　言語の発達が思考力等の発達と相互に関連していることからも，豊かな言語環境を整えることは重要である。しかし，言葉の獲得は個人差が大きい。保育者は，言葉を獲得していく幼児期の発達の特徴を十分に理解したうえで，正しくわかりやすく，美しい言葉を使って幼児に語り掛け，言葉を交わす喜びや豊かな表現を伝えるモデルとしての役割を果たすことが求められる。　　　　　（高橋由美子）

食　育 ⇨食育[23]

教育課程に係る教育時間の終了後等に行う教育活動

　幼稚園の教育課程に係る教育時間の前後や長期休業中などに，地域の実態や保護者の要請に応じて，園児のうち希望者を対象に行う教育活動のことである（いわゆる預かり保育）。ほとんどの私立幼稚園がこの教育活動を実施している。

　1日の教育時間を4時間を標準としている幼稚園において行う教育活動であるので，幼児期にふさわしい無理のないものとなるようにすることが大切である。教育課程に係る教育時間における幼児の遊びや生活に配慮したうえで教育活動を考え，1日の流れをつくり出すことが重要である。そのためには，教育課程に基づく活動を担当する教員と教育時間の終了後等に行う教育活動の担当者が幼児の心身の健康状態等を引き継ぎ，互いの活動について理解し，連携することが必要である。また，幼児は一人一人の生活の仕方やリズム，地域社会との関わり方が異なるので，家庭との緊密な連携を図り，地域の資源を活用しつつ，保護者が幼稚園と共に幼児を育てるという意識が高まるようにすることが大切である。

→預かり保育[7]　　　　　（近藤有紀子）

子育ての支援

　単に子育てを代行したりサービスを提供したりすることではなく，保護者がわが子を育てる支援をすることである。文部科学省ではその違いを示すため，子育て支援の言葉の間に「の」を入れ「子育ての支援」としている。幼稚園は地域における幼児期の教育のセンターとしての役割を果たし，在園児の保護者だけでなく地域の乳幼児の保護者に対しても子育ての支援が求められている。

　在園児保護者には，登降園時の声掛けや保護者会・園だよりなどを活用して，近隣の子育て情報を伝えたり，子育ての大変さに共感し子育ての楽しさが味わえる活動を計画したりすることが大切である。また地域の保護者に対しては園の施設や機能を開放し，保育のプロである教職員が保護者の不安や不満を受け止め発達を伝えたり，子ども同士や保護者同士が友達をつくるきっかけづくりを行ったりすることができる。園は，民生・児童委員や児童館，図書館，保健所など地域の専門職・専門機関と連携・協働する要となり，その役割を果たすことが大切である。

（桶田ゆかり）

児童相談所 ⇨児童相談所[38]

子どもの最善の利益 ⇨子どもの最善の利益[23]

児童虐待

　親または親に代わる者が児童に対して加えた身体的虐待，性的虐待，ネグレクト，心理的虐待の概ね4つに分類される行為である。虐待は，子どもの心身の健全な成長や人格形成に重大な影響を与えるとともに，次世代に引き継がれる可能性もある子どもに対する最も重大な人権侵害である。2000（平成12）年には児童虐待防止法が制定され，日々子どもや保護者と関わる園には，虐待の予防，発見，情報提供を速やかに行うことが求められ，早期通告が義務となっている。そのためだけではなく，園は子どもの命と人権を守る最前線としての責務がある。園は虐待行為は決して許されるものではないという決意のもと，しかし保護者に寄り添うことが大切である。また，虐待の対応は園だけではできない。子ども家庭センターや児童相談所などと情報を共有し役割分担をしながら保護者を支えることで，子どもを守ることも必要である。

→児童虐待[43]　　　　　（桶田ゆかり）

要保護児童対策地域協議会

　虐待を受けたり支援が必要であったりする子どもや保護者に関する情報交換や支援内容などについて協議する場として，

2004（平成16）年の児童福祉法の改正によって法的に位置付けられた。児童福祉，医療，教育，警察・司法など関係機関や児童の福祉に関連する職務に従事する者によって構成される。協議会のメリットは，早期の発見・迅速な支援の開始・情報の共有・役割分担による支援の共通理解・役割分担の責任と負担の共有などが考えられる。関係諸機関の連携による取り組みが要保護児童（保護者のいない児童または保護者に監護させることが不適当であることが認められる児童）へ効果的な対応となる。

　幼稚園教育要領には，園は地域の幼児期の教育のセンターとしての役割があることが明記されている。園がこの協議会の構成員になった場合は，保育の専門家として地域の子どもと子育て家庭を守る立場から，最大限の協力をすることが大切である。一方，各園でも虐待など重大なケースの場合は園だけで抱え込まず，この協議会を活用し，園がやるべき支援，園だからできる支援を明確にし，他機関と連携・役割分担しながら解決に向かうことが大切である。

→要保護児童対策地域協議会 [40]

（桶田ゆかり）

25 幼保連携型認定こども園教育・保育要領

幼保連携型認定こども園教育・保育要領

2014（平成26）年4月，幼保連携型認定こども園の教育課程その他の教育及び保育の内容に関する事項を定めた「幼保連携型認定こども園教育・保育要領」を内閣府・文部科学省・厚生労働省共同告示により公示し，2015（平成27）年4月に施行された。幼保連携型認定こども園の教育課程その他の教育及び保育の内容に関する事項は，就学前の子どもに関する教育，保育等の総合的な提供の推進に関する法律（認定こども園法）において，幼稚園教育要領及び保育所保育指針との整合性の確保や小学校における教育との円滑な接続に配慮しなければならないと規定されている。

その後，2017（平成29）年3月には，幼稚園教育要領及び保育所保育指針との整合性を確保したうえで，内閣府・文部科学省・厚生労働省告示第1号をもって公示され，現在に至っている。

（山下文一）

幼保連携型認定こども園

幼保連携型こども園は，教育基本法第6条第1項に基づく学校，児童福祉法に基づく児童福祉施設及び社会福祉法に基づく第二種社会福祉事業として位置付けられている。認定こども園法の改正により，「学校及び児童福祉施設としての法的位置づけを持つ単一の施設」として，新たに幼保連携型認定こども園が誕生した。設置主体は，国，自治体，学校法人，社会福祉法人のみとされる。既存の幼稚園及び保育所からの幼保連携型認定こども園への移行は義務付けられていない。幼稚園から移行する場合，引き続き幼稚園の名称を使用することが可能である。運営においては，消費税を含む安定的な財源を確保することができ，認定こども園，幼稚園，保育所を通じた共通の「施設型給付」で一本化が図られている。

→認定こども園②　　　（後田紀子）

告　示

国家や地方公共団体などが決定した事項その他一定の事項を公式に一般に知らせることをいう。方法としては官報や公報の掲載によって行われる。法規としての性質をもたない場合が多いが，補充的な役割を担っていることもあるため，規則として捉えることもある。また類似語として，「公示」がある。「公示」とは，公の機関が広く一般に向けて知らせることをいう。例えば，裁判所などの司法機関，鉄道や空港の交通機関，大学や学校などの教育機関，病院や診療所などの医療機関，銀行・保険会社・信用金庫・質屋などの金融機関，郵便局・運輸業などの輸送業者，電力会社・ガス会社・水道局などのライフライン関連などで使用する。　　　　　　（後田紀子）

認定こども園法第10条第1項

「就学前の子どもに関する教育，保育等の総合的な提供の推進に関する法律」は，2006（平成18）年6月15日に公布され，2018（平成30）年6月27日に改正された。いわゆる「認定こども園法」。「就学前保育等推進法」ともいわれる。この法律には，目的，定義，認定手続き等の他，学

校教育法，児童福祉法の特例等も規定されている。その中で第10条第1項には，教育及び保育の内容が書かれている。ここで行われる教育課程その他の教育及び保育の内容に関する事項は，主務大臣が定めることとなっている。　　（後田紀子）

認定こども園法第2条第7項・第12項

　認定こども園法第2条第7項で「幼保連携型認定こども園」とは，義務教育及びその後の教育の基礎を培うものとしての満3歳以上の子どもに対する教育並びに保育を必要とする子どもに対する保育を一体的に行い，これらの子どもの健やかな成長が図られるよう適当な環境を与えて，その心身の発達を助長するとともに，保護者に対する子育ての支援を行うことを目的とした施設と定義されている。第12項では「子育て支援事業」とは，①地域の子どもの養育に関する各般の問題につき保護者からの相談に応じ必要な情報の提供及び助言を行う事業，②保護者の疾病その他の理由により家庭において養育を受けることが一時的に困難となった地域の子どもに対する保育を行う事業，③地域の子どもの養育に関する援助を受けることを希望する保護者と当該援助を行うことを希望する民間の団体若しくは個人との連絡及び調整を行う事業，④地域の子どもの養育に関する援助を行う民間の団体若しくは個人に対する必要な情報の提供及び助言を行う事業と定義されている。　　（後田紀子）

環境との主体的な関わり

　幼保連携型認定こども園における教育及び保育は「環境を通して行う」ことが基本である。園児の発達の特性や教育課程との関連性を考慮し，計画性のある環境を整えていくことが求められる。その際，園児の興味・関心に沿った環境に，園児が主体的に自分から関わって遊びを作り出す中で，学びの芽生えにつながる知的好奇心や人との関わりが育まれる。

興味・関心を掻き立てる環境の中で園児自身が選択し決定して環境に関わり遊びが始まっていくことで主体性が育まれていく。園児の主体性を引き出す保育者の子ども理解に基づいた環境構成に，計画性と意図性をもたせることにより幼児期の終わりまでに育ってほしい姿につながる園児の主体性が育っていくと考えられる。　　（永井由利子）

環境との関わり方や意味

　乳幼児期の教育及び保育においては，園児が生活を通して身近なあらゆる環境からの刺激を受け止め自分から興味をもって環境に主体的に関わることが基本となる。その関わりのプロセスの中で関わり方に気付き，試行錯誤しながら考えたり関連付けて調べたり，発見したことを友達や保育者に伝えたりするなど様々な活動を展開し，充実感や満足感を味わうという体験を重ねていく。例えば，園庭で見つけたカエルを掌に乗せてみたり歩かせてみたりして関わっている4歳児に「それは池に戻しなさい」と保育者が指示してしまうのではなく，「このまじゃ疲れちゃうよね，カエルさん池に戻りたいのかな」などと子どもたちとともにカエルの立場になって考えることによって，小動物との関わり方について考えるきっかけとなる。　　（永井由利子）

生命の保持　⇨生命の保持23

発達の課題に即した指導

　子どもの発達は一人一人その特性やその子らしさによって一様ではない。文字に早くから関心を示す子どももいれば体を動かすことが得意な子どももいる。一人一人の発達の特性（その子らしいものの見方や考え方，感じ方，関わりなど）に応じて，今，その園児の抱えている発達の課題に応じた指導をすることが求められる。「発達の課題」に即した指導とはその時期の多くの園児が示す発達の姿に合わせて設定されるものに照らし合わせ

て指導するのではなく，その園児は今何に興味・関心をもって取り組もうとしているのかを見極め，一人一人の発達にとっての意味付けを考えながら援助していくことでそれぞれの自信につながったり次への意欲を引き出すことになったりするのである。　　　　　（永井由利子）

物的・空間的環境

子どもを取り巻く環境には遊具・玩具，教材などの物的環境や保育室・園庭などの空間的環境があり，それらは子どもの発達にふさわしいものとするべく，子ども理解を基本としながら，育ちへの願いや予想される活動・発達の課題などを受けとめ，保育者が意図的・計画的に，かつ子どもの興味関心に沿って構成するものである。例えば，気の合う友達と一緒に遊びたい気持ちの強くなってきている時期にはままごとコーナーを一つとせず，いくつかの固まれる場として，「お家」や「バスごっこの場」「お店」など，ごっこの場がいくつか作れるようゴザや積み木などを用意し，動線がぶつからないよう空間的調整をすることも大切になる。また，身支度の時間にはタオル掛けをとりやすいところに移動させたり食事の時間にはテーブルを出すなど，一日の時間の流れに応じて工夫しながら，子どもの動線に配慮して過ごしやすい空間を作ることも求められる。　（永井由利子）

生きる力の基礎　⇨生きる力の基礎 [23]

子どもの最善の利益　⇨子どもの最善の利益 [23]

教育と保育の一体的な提供

乳幼児期は周囲への依存を基盤にしつつ自立に向かうものであることから，周囲との信頼関係に支えられた中で一人一人が安心感と信頼感をもっていろいろな活動に取り組む体験を十分積み重ねられるようにすることが大切である。一人一人の生命の保持が図られ安定した情緒のもとで自己発揮していくプロセスを支え

る保育的視点を持つとともに，子どもの興味関心からつながる様々な遊びや活動からどのような学びが得られるのかを見通し環境を構成していく教育的視点をもつことが大切である。この両面を踏まえ，それぞれの子どもの特質や発達の過程に応じて子どもの主体的な取り組みを促すことができるように，「幼児期の終わりまでに育ってほしい姿」につながる育ちをイメージしながら，教育及び保育の基本を踏まえつつ一人一人にふさわしい指導を行っていく計画性も求められる。
　　　　　　　　　　　　　（永井由利子）

子育ての支援　⇨子育ての支援 [24]

有機的な連携

園の育てたい子ども像に向かってどのような過程をたどって保育・教育を進めていくのかを考え，全体計画を作成する際には，保育時間や家庭環境など多様な子どもの実態をとらえ，教育の側面に偏ることなく保育の側面や子育て支援の側面からなど，保護者との連携も大切にしながら全体計画を作成していくものである。働く保護者のために長時間保育をするという点のみではなく，子どもを中心に置きながら子育ての楽しさや喜びを園と保護者が分かち合うことのできる，柔軟な取り組みなども計画できるようにそれぞれの機能が有効に働き合って子どもの成長につながっていく仕組み作りが求められる。このことが有機的な連携の示す意味であると捉え，園児の生活全体を捉えるとともに保護者とも子育ての喜びを共有することの大切さを忘れてはならない。　　　　　　　　　　（永井由利子）

ねらいの総合的な達成

幼保連携型認定こども園において，保育を展開するにあたり保育の全体計画，教育課程や指導計画のもとに乳幼児の発達に応じてねらい・内容を設定した週案・日案を作成している。その際，育てたい姿や願いに加え，「幼児期の終わりまで

に育ってほしい姿」を視野に入れながら，乳幼児の発達の特性を踏まえて実態や興味・関心，生活体験を把握したうえで経験内容を工夫して取り入れていく。ねらいは領域の視点で示されているが，実際の保育においてはそれぞれのねらいが独立して達成されることを期待して保育するのではなく，各領域のねらい・内容が複合的に達成されていくものである。例えば，5歳児の6月のねらいとして「自分たちで育てた野菜を友達と一緒に絵に描いて表現する」ということを立てたとすると，これは領域「人間関係」や「表現」「環境」の視点などが含まれたねらいとなり総合的に示されているといえる。

（永井由利子）

自　我

　認識，行動の主体としての自分。例えば何かを考えているとき，「(他者ではなく) 私が考えている」という実感が伴う。このときの「私」にあたるものが自我である。一方，「考えている私」「行動する私」を客体として捉えた場合の自分を「自己」といい，自我と自己は区別して用いられることが多い。乳児期初期においては自他の区別は曖昧であると考えられる。自我の発生を厳密に特定することは困難であるが，自我の芽生えを自己主張の現れから捉えることができる。3歳前後になると自分の欲求を満たすため自分が決定した行動をとろうとする。しかし，その行動が社会性を欠いたものである場合，養育者との間に軋轢が生じ，子どもは養育者に対し反抗的な態度をとる。この第一反抗期は，自我の芽生えを確認することができる時期といえる。

→自己の抑制 [24]　　　　　　（野村康治）

園務分掌　⇨園務分掌 [24]

園児の生活する姿や発想

　教育・保育は「環境を通して」行われるものでありその環境が乳幼児にとってふさわしいものであるかどうかが保育の質を評価する視点にもなりうるものである。同じおもちゃや，ブロック，パズルなど机上遊びのためのテーブルが一年中常に変わることなく置かれている環境では，園児の生活体験を生かしたり発想を取り入れた豊かな遊びを展開することはできない。園児の生活体験や発想が生かされ興味・関心に基づいた新たな教材や物が提示されることによって，友達と遊びを作り出す意欲も芽生え，遊びの中に学びのある充実した遊びが展開されていくものである。園児の思いや考えを引き出し発想を生かせる環境作りが求められる。そのためには保育教諭自身が遊びについて見通しをもって，園児の今楽しんでいることから次の発想へとつなげていける創造性や柔軟な発想をもっていることが大切である。

（永井由利子）

活動の展開　⇨活動の展開 [23]

安定感

　状況に応じた適切な感情が適度に生じていることを子ども自身が実感しうること。安定感をもつためには，子ども自身が自分の感情を制御できなければならない。感情は快感や苦痛によってもたらされるが，乳児には生じた苦痛を自身で解決したり，苦痛によって生じた感情を制御することは難しい。そのため，他者にシグナルを送ることで苦痛を解決してもらおうとする。2歳前後になると，認識・運動能力の発達により，自身で苦痛の解決を試み，さらに気持ちを他の対象に向けて不快感情に対処するようにもなる。ただし，子どもが自ら感情を制御し，情緒の安定を得るためには，「このような状況では，このような対応をとればよいのだ」とする一貫性や自己肯定感をもつ必要があり，そのためには養育者と子どもとの信頼関係や，養育者の子どもに対する肯定的で安定した態度が不可欠といえる。

→情緒の安定 [23]　　　　　　（野村康治）

多様な体験／直接的な体験

　乳幼児期の生活は，そのほとんどが興味や関心に基づいた自発的な活動からなっている。この興味や関心から発した直接的で具体的な体験は発達のうえで大いに学びとなって，様々な力を獲得していくものである。そのために保育者は様々な人やものとの関わりを通して多様な体験が生まれるような環境を構成し，経験内容が豊かになっていくよう日々園児の実態に合わせて保育・教育を展開してくことが大切である。　（永井由利子）

主体的な活動

　園児自身の興味・関心に基づき，自ら主体的に関わり考えたり工夫したりすることは一人一人の成長につながる。遊びを通して豊かな体験をすることで多様な学びが生まれ，楽しさの中で乳幼児の成長が育まれる。その際乳幼児にとってふさわしい環境を構成していくことが大切である。園児の発達に即してそれぞれの体験が相互に結びつきをもって学びにつながるようにするためには園児自身の主体的な取り組みが大切であり，それを受け止める保育者の対話的な関わりが求められる。乳幼児は興味・関心に沿わないことを「させられる」受け身の活動は楽しめない。楽しさの中に「学び」が生まれることから「主体的であること」を園児の遊びや生活の基本としていきたい。
→主体的な学び［28］　　（永井由利子）

対話的な学び ⇨対話的な学び［28］

深い学び ⇨深い学び［28］

言語環境 ⇨言語環境［24］

言語活動の充実

　言葉に関する能力の発達が思考力等の発達と相互に関連していることを踏まえ，園生活を通して，遊びや生活の様々な場面で言葉に触れ，言葉を獲得していけるような豊かな言語環境を整えることである。さらには，獲得した言葉を用いて，友達と一緒に工夫したり意見を出し合ったりして考えを深めていくような過程をいう。言葉に関する能力が育つ際には，遊びや生活の中で見たり聞いたり感じたりしたことを，身近な人との関わりの中で言葉によってやり取りする。伝え合う喜びや楽しさを味わう経験を積み重ねていくことも重要である。そのため保育者は，自身の日々の言葉や行動する姿などが幼児の言動に大きな影響を与えることを認識することが不可欠である。幼児が言葉を獲得していくにつれて芽生える，幼児の「話したい」「表現したい」「伝えたい」などの様々な気持ちを受け止めつつ，生活の中で必要な言葉や言葉による遊びを意図的につくり，言語活動を充実させることが重要である。　（中村リヨ）

教育及び保育における価値

　幼保連携型認定こども園教育・保育要領「指導計画の作成上の留意事項」の中に記述がある。認定こども園法第2条第7項に示されている「子どもの健やかな成長が図られるよう適当な環境を与えて，その心身の発達を助長する」という目的のもと，園での子どもの体験を検討することが大切である。行事などの体験が子どもの活動意欲を高め，子ども同士の交流の中で自分の力を発揮したり友達の良さに気付いたりする機会となり，遊びや生活に新たな展開を生むこともある。その活動が，一人一人の子どもの育ちにどのような価値をもつのかを十分に検討し計画的に位置付けていくことが求められる。第2条第7項に規定する目的を実現するため，子どもに対する学校としての教育及び児童福祉施設としての保育並びにその実施する保護者に対する子育て支援事業の相互の有機的な連携を図りつつ，目標を達成するよう教育及び保育を行うものと規定されている。　（中村リヨ）

理解者

　幼児が行っている活動の理解者としての役割を担う保育者のことである。理解

とは，集団の中で幼児が安心して園生活を過ごすために，何よりも幼児の行動を温かく受け止めることである。保育者がその時々の幼児の心情，喜びや楽しさ，悲しみ，怒りなどに共感し，幼児の反応に応えることで，幼児は保育者を信頼し，心を開くようになる。また，幼児一人一人がこれまでの遊びや生活でどのような経験をしているのか，今取り組んでいる活動はどのように展開してきたのかということを理解することも必要である。これらを理解するには，園生活だけでなく，家庭との連携を図り，入園までの生活経験や家庭での様子などを把握することが大切である。そのうえで，学級の幼児がどこで誰と何をしているのかという集団の動きを把握し，一人一人の幼児の動きを総合的に重ね合わせて理解していくことである。

→理解者としての教師 [24]　　（中村リヨ）

共同作業者

　幼児と共鳴する者としての役割を果たす人のことである。幼児は自分の思いを言葉で表現するだけでなく，全身で表現する。幼児と同じ目線や動きをしてみると，幼児の心の動きや行動を理解する必要がある。これにより幼児の活動が活性化し，保育者と一緒にできる楽しさからさらに活動への集中を生むことへとつながっていく。また，憧れを形成していくモデルとしての役割や遊びの援助者としての役割も担う。保育者の日々の言葉や行動は善悪の判断，いたわりや思いやりなど道徳性を培ううえでも一つのモデルとしての大きな役割を果たしていく。このようなことから，保育者は自らの言動が幼児の言動に大きく影響することを認識しておくことが大切である。また，幼児の遊びが停滞しているときなどは，いつどのような援助を行うか状況に応じて判断し，一人一人の発達に応じた援助のタイミングや仕方を考えて行うことで，

幼児の自立心を養い，生きる力を育てていく。

→共同作業者としての教師 [24]

（中村リヨ）

個人差

　乳幼児期の発達過程における特徴をいう。幼児の発達は心身ともに個人差が大きいことに配慮することが不可欠である。園児の月齢や年齢の平均的，標準的な姿に合わせた教育，保育をするのではなく，園児一人一人の発達の過程を踏まえたうえで，教育，保育を展開しなければならない。また，園児の活動における個人差への配慮が必要になる。同じ活動を行っていても，何に興味をもっているのか，何を求めてその活動をしているのかは，園児によって異なる。そのため園児一人一人の活動の実態を踏まえてその園児の興味や関心に沿った環境の構成と援助が必要になる。さらに，園児一人一人のその時々の気持ちに配慮することも時として要求される。このように様々に変化する園児の気持ちや行動を受け止め，常に園児の気持ちに寄り添い，適切な教育，保育をすることが保育者には求められる。　　　　　　　　　（中村リヨ）

地域の資源

　幼稚園教育要領改訂の中で，これからの時代に求められる教育を実現していくためには，よりよい学校教育を通して，よりよい社会を創るという理念を学校と社会とが共有することが求められている。そのためにそれぞれの幼稚園において，幼児期にふさわしい生活をどのように展開し，どのような資質・能力を育むようにするのかが課題となる。それらを教育課程において明確にしながら社会と連携及び協働することにより，「社会に開かれた教育課程」の実現を目指すことが示された。そのために，地域にある図書館や児童館等の施設活用や祭り，もちつき大会，豆まき等，催しへの参加を促して

いく。また，年長者を園に招いたり異年齢交流をしたり，正月や節句などの行事やわらべうた，コマ回しなどといった伝統的な遊びや活動をしたりして，園生活の中で地域との交流を位置付けていくことが大切である。　　　　　（中村リヨ）

共同学習

　認定こども園や保育所，幼稚園に加え小学校，中学校，高等学校，特別支援学校等と連携，交流を図る中で，園児や児童生徒が互いに学び合う機会をいう。具体的な活動としては，小学校の生活科の授業に参加し交流したり，高学年の児童と一緒に給食を食べたりするなどの機会をもつことによって，園児は児童への憧れの気持ちや小学校生活への期待をもつことができる。児童にとっては年下の園児と接することで，自分の成長に気付いたり，思いやりの心を育んだりすることができる。また，障害のある園児児童生徒との交流を通して学び合う共同学習の機会では，活動を共にすることを通して，園児が将来，障害者に対する正しい理解と認識を深め，共に尊重し合いながら協働して生活していく態度を育む機会となることが期待される。　　　（中村リヨ）

協同的な活動

　複数の園児が，目的をもって一つのことに取り組み力を合わせて成し遂げていく活動のことである。協同的な活動は単に他の園児と一緒にいることではなく，他の園児と一緒に活動する中で，それぞれの持ち味が発揮され，互いのよさを認め合う関係ができていることである。つまり，園児は，友達と関わる中で，様々な出来事を通して多様な感情体験を味わい，友達との関わりを深めていく。社会性を獲得していく過程で，互いの思いや考えを共有し，次第に共通の目的をもつようになる。5歳児の後半頃には，その目的の実現に向けて，考えたことを相手にわかるように伝えながら，工夫したり，

協力したりし，充実感をもって園児同士でやり遂げるようになる。幼児期に育まれる協同性は小学校での集団生活の中で目的に向かって自分の力を発揮しながら友達と協力して生活したり学び合ったりする姿につながっていく。　　（中村リヨ）

特別支援学校 ⇨特別支援学校（の目的）[26]

個別の教育及び保育支援計画 ⇨個別の教育支援計画 [18]

集団活動

　複数の幼児が力を合わせて一つのもの（こと）を成し遂げようとする活動である。4・5歳児になると集団活動が盛んに行われるようになる。一人で活動するよりも何人かの友達と一緒に活動することで，生活がより豊かに楽しく展開できることを体験し，友達がいることの楽しさ，大切さに気付いていく。それと同時に，幼児は友達との関わりを通して様々な感情を体験していく。一緒に活動する楽しさや喜び，また，自己主張のぶつかり合いなどによる，怒り，悲しみ，寂しさなどの体験を積み重ねることによって次第に相手も自分も互いに違う主張や感情をもった存在であることにも気付き，自分の気持ちを調整していく。このようにして他者と関わり合う活動を通して，他者の存在を意識し，自己抑制の気持ちも生まれ，自我の発達の基礎が築かれていく。集団活動により，このような体験を経て主体性や社会性を身に付けていく。　　　　　　　　　　　　（中村リヨ）

異年齢保育 ⇨異年齢保育 [23]

長期的な休業

　幼保連携型認定こども園における満3歳以上の学級には，長期的な休業期間，いわゆる教育課程に係る教育時間のない「夏季休業」や「冬季休業」などがある。それらの期間中は，保護者の生活形態により，登園せずに家庭や地域で過ごす園児（幼稚園型）と，毎日登園し園で

過ごす園児（保育所型）がいる。このことを踏まえ，幼保連携型認定こども園では，それぞれの園児や保護者に対する配慮が求められる。詳しくは，幼保連携型認定こども園教育・保育要領解説において「長期的な休業中やその後の過ごし方等への配慮」を参照されたい。長期的な休業中の園児に対する配慮として，地域の活用や催しへの参加等をすることが示されている。また，毎日園に通う園児に対しては，その活動内容等，配慮事項が詳細に述べられている。さらに，長期休業終了後の園児再会時における配慮や具体的な活動例等も触れられている。

（中村リヨ）

発達の特性　⇨発達の特性 [23]

生育歴

　人の胎児期から現在に至るまでの成長してきた個人の歴史で，成育歴ともいう。その他，育成歴，肥立ちなどの類似用語もある。子どもにとっては胎児期の様子，出産時の健康状態，乳幼児期の成長発達，また，療育歴や医療歴，家族の遺伝等，本人の健康に関連したものも含まれる。さらに，本人がどのような家族の状況や周りの環境で成長してきたかも加わる。生育歴を知ることは，当該児の成長を支え，関わっていくための貴重な情報であり，持病あるいは個別的な配慮が必要な子どもにとっては，治療や支援策を考慮するのに役に立つものである。人の成長過程には現在のその人の内外面を作り上げた大事なカギが隠れている。

（韓　仁愛）

引継ぎ

　ある人が他者に，自分が関わってきた仕事の内容や情報を伝達することで今後の仕事に支障がないようにするための段取りを指す。担当者が代わるため，後任者への引継ぎもあるが，保育園のように，長時間にわたり，複数の保育者が子どもの生活と遊びを保障するために必要な連携プレイとしての引継ぎもある。

　朝は，登園時に保護者からの伝言や朝の子どもの様子などを非常勤職員から担任へ引継ぐ。夕方は，担任から非常勤職員へ，お迎え時に保護者に説明する必要がある内容と日中の子どもの姿を交えて伝える。時には口頭だけではなく，連絡ノートなどを使用し，伝え漏れがないように工夫する園もある。

　その他，年長児の卒園までの姿や気になることなどを園児指導要録にまとめ，小学校の教員が新1年生を理解する資料として使用する。この際に園児指導要録は幼小連携において重要な引継ぎ資料となる。

（韓　仁愛）

午　睡　⇨午睡 [19]

養護の行き届いた環境

　2018（平成30）年施行の保育所保育指針によれば，保育における養護とは，「子どもの生命の保持及び情緒の安定を図るために保育士等が行う援助や関わり」と定義されている。そして，養護は教育と一体となって捉えることとし，保育における最も大切な原理の一つとして総則に位置付けている。保育全体の土台が養護にあることを示している。

　子どもが体験を通して健やかに育つためには，豊かな生活環境で日々過ごし，安心できる保育者とじっくりと関わる中で，自分を肯定的に捉えられる人的環境が重要である。また，ゆったりとした空間があり，子ども自らが生活の主体者として動ける安全な物的環境が必要である。さらに，思いきり身体を動かして丈夫な身体づくりをするためには園生活を「楽しい」と感じられる自然環境があると健やかな子どもの成長が保障されるだろう。

（韓　仁愛）

生理的・心理的欲求　⇨生理的・心理的欲求 [23]

応答的な関わり　⇨応答的な関わり [23]

受容的な関わり　⇨受容的な関わり [23]

信頼関係　⇨信頼関係 23
自発性

　他者からの直接的な働きかけによらず，内発的動機づけに基づいて自ら進んで行動を意図し，実行しようとする性質。その行動を「自分のこと」として強く意識している場合は「主体性」という語が使われる。自発性の発達には自我の成長が欠かせないが，それだけでなく，子どもの内発的動機づけを高め，自発的行動を促すような魅力的で多様な活動が保障される自由な環境が必要となる。加えて，その行動の成功・失敗に関わらず，周囲が肯定的な態度でその行動を評価し，子どもの自己肯定感を高めることも重要である。ただし，子どもの自発的行動が保育者が意図，期待したものと一致しない場合（例えば，他者を攻撃する，指示を無視するなど過度に自己中心的な行動）もある。このような場合は，子どもに自発性のコントロールを求めることも必要となる。自発性の育成においては，単なる放任ではなく状況に合わせた柔軟な対応が求められる。　　　　　　　（野村康治）

食 育　⇨食育 23
資質・能力　⇨資質・能力 24
知識及び技能の基礎　⇨知識及び技能（幼・小）28
思考力，判断力，表現力等の基礎　⇨思考力，判断力，表現力等（幼・小）28
学びに向かう力，人間性等　⇨学びに向かう力，人間性等（幼・小）28
情緒的な絆

　養育者と子どもとの親密な心理的つながり。愛着ともいう。愛着を深めるため子どもが養育者に対してとる行動を愛着行動という。乳児期においては追視や微笑，喃語などが（非意図的であれ）愛着行動となる。2歳前後では後追いや抱き着きといった物理的な接近を求める能動的な愛着行動が見られるようになるが，3歳以降は状況によって愛着行動を制御できるようになり，認知的な接近（心のつながり）を求めるようになる。情緒的な絆は子どもが行動を起こす際の「安全基地」的な役割を果たすとされ，その欠如は，心理的発達に悪影響をもたらすとされる。母子を一時的に離れさせて見知らぬ人物を登場させる状況を作り出し（ストレンジ・シチュエーション法），その際の子どもの反応を見ることで，愛着のタイプを回避型，安定型，葛藤型，無秩序型に分類することができる。安定型を除いては母親が「安全基地」として十分に機能していないと考えられる。
→愛着 11　　　　　　　　　　　（野村康治）

身体感覚

　視覚，聴覚，味覚，嗅覚と共に5つの感覚の1つである。皮膚感覚，深部感覚，平衡感覚などを含む感覚である。身体で感じ取ったうえで身体の動きを調整したり，道具をうまく使いこなしたりすることも身体感覚に該当する。

　例えば，1歳後半の子どもが小走りをし，急ぎ停止が必要な際に，加速により停止できず怪我をすることがある。しかし，4歳以上になると，走りながらも次の止まるまでの加速程度や距離を考えて動くことができる。この時4歳児は，身体感覚が育ったといえる状態にある。

　近年は体幹が育っていないことが話題になっている。子どもが歩き渡ると思っても足が上がらず引っかかってしまう，または，転びやすいなど，動きたい気持ちと動ける身体の発達が不調和な子どもが増えてきている。自分の動きの安全性や危険性を理解し，調整できる力は身体感覚の成長とともに育つものである。
　　　　　　　　　　　　　　　（韓 仁愛）

授乳／離乳／離乳食

　授乳とは，子どもに母乳又は育児用ミルクを通して栄養を与えることである。同時に，授乳を通して母子または親子の関わりや絆を深め，子どもが安心して心

身共に成長できることを促す意味もある。各家庭によって，母乳のみ，育児用ミルクのみ，混合栄養に分かれる。重要なのは，親子がどのような関わりの中で授乳を行うのかという部分でもある。

　離乳とは，①食事で栄養が取れるようになること，②栄養源として母乳や育児用のミルクが必要なくなること，さらに③離乳食完了の意味をも含む。

　離乳食とは，母乳や育児用ミルクから普通の食事に移る食事を意味する。食べる子どもの様子を見ながら，胃や腸の消化・吸収能力の発達に合わせて段階を追って進める。

　母乳の場合，卒乳は母親から母乳をやめさせるのではなく，子どもが母乳を欲しがらなくなり，飲まなくなることで，断乳は，親の判断により母乳を飲まなくなることである。詳しくは厚生労働省「授乳・離乳の支援ガイド（2019年改定版）」を参照されたい。
→卒乳 [19]，離乳食 [19]，母乳育児 [19]
（韓　仁愛）

食物アレルギー

　特定の食べ物を異物として捉え起こるアレルギー反応である。食べ物を食べるだけでなく，触る・吸い込む・注射液に含まれる食物抗原が体内に入る時にも起こり得る。主に，たんぱく質がアレルゲンになりやすく，食品では，牛乳，卵，大豆の三大アレルゲンをはじめ，小麦，そば，果物，魚介等が多い。アレルギーの症状により，食べて1時間以内でじんましんや下痢，嘔吐などが表れる即時型と，食べてから半日か数日後に湿疹，アトピー性皮膚炎などが見られる遅延型がある。重症の場合には，アナフィラキシーショックによる呼吸困難に陥り，命に危険が迫ることもある。家庭と緊密な連携のもとで，集団保育の中で，子どもが安心して食べることを楽しめるよう保育者の役割が重要である。

　厚生労働省「授乳・離乳の支援ガイド（2019年改定版）」によると「3歳時点における食物アレルギーの有病率の推移は増加傾向にあり，有病者は年齢が低いほど多い」ことが食物アレルギーの現状である。
→食物アレルギー [42]
（韓　仁愛）

学校医

　学校における保健計画の立案，保健管理をはじめ，児童・生徒の健康管理上の指導・検査などを担当する医者である。1892（明治27）年5月，東京都麴町区の小学校に学校医を置いたことが日本の学校医の始まりである。

　学校保健安全法第23条により学校には学校医を置くことが義務付けられている。幼稚園の園医も同法に該当する。また，大学以外の学校には学校歯科医及び学校薬剤師を置かなければならない。学校医（園医）は学校や園からの委託を受けた嘱託医の場合が多い。

　園からは園全体の衛生面や子どもの姿について相談でき，子どもにとっては，同じ人に継続して見てもらえる意味で安心して生活できる人的環境の一つである。
（韓　仁愛）

喃　語 ⇨喃語 [23]

語り掛け／歌い掛け

　個々の子どもに向けて，穏やかに話し掛けたり歌を歌って聞かせたりすること。子どもは養育者の優しい語り掛けやゆったりとした歌い掛けに心地よさを感じる。まだ自分から言葉を話せない乳児であっても養育者の話す言葉をよく聞いている。乳児の発声や喃語からその思いや要求を汲み取り受け止めて，優しい表情で言葉を掛けながら対応していくことで乳児は信頼感をもつようになる。眠いときに聞く子守歌など養育者の歌う声やリズムに乳児は安心感をもつ。乳児の指さしを受け止め，言葉にしていく応答的な関わりを大切にしたい。身近な大人と感覚や感

情を共有する経験を重ねることで言葉の理解を促し，自らその言葉を使いたいという意欲を育んでいく。　　　（古金悦子）

好奇心 ⇨好奇心 [23]
探究心 ⇨探究心 [23]
認　識

　対象を捉え，その特徴や特質に関する判断を下すこと。すなわち対象を「知る」こと。「認知」ともいう。認識は知覚，記憶，思考などの心の働きが統合されて成立する。知覚（形態，空間，運動，因果性の知覚など）に関しては，乳児期から高い能力を備えていることが確認されているが，知覚した対象を記憶情報と照合し，その特質を正しく判断する能力は幼児期以降に確立されていくと考えられている。ピアジェ（Piaget, J.）は認識の発達過程について，乳児期を「感覚運動期」，幼児期を「前操作期」に区分している。前者は感覚と運動の協応によって知識表象（シェマ，スキーマ）を獲得，洗練させていく段階，後者は表象によって対象に関する判断が可能となるが，その判断が自身の知覚に依存しているため，ときに誤った判断を下すとされる段階である。ただし，幼児期においても日常場面に即した問いの立て方によって正しい判断が可能とする意見もある。
→ピアジェ [22]　　　　　　　（野村康治）

生活用具

　日常生活をしていくうえで必要な生活用品をまとめた呼称である。イス，テーブル等の家具，食器類，寝具，家電機器，体温計，時計など多種多様である。子ども用の生活用具には赤ちゃんのオムツや子ども用のイス，子ども用のスプーン，ベッド，オマルなどが数多くある。子どもは月齢や年齢が大きくなるにつれて，日常生活で使用する様々な生活用具を本来の用途で使いこなせるようになる。

　保育者は日頃の生活の中で，すぐ手助けをするのではなく，段階を追って，一つ一つの使い方について丁寧に繰り返し伝えていき，子どもが行きつ戻りつしながら身に付けていけるようにする。大事なのは，子どもが身近なお兄さん・お姉さん・大人に憧れ，「やりたい」「上手になりたい」との思いが「やれた」とつながり，自己肯定感を高めていく機会を増やしていくことである。　　（韓　仁愛）

あやし遊び

　乳児と大人が向き合って歌や語り掛けに合わせて行う遊び。特に，0歳児前半頃は，子ども自らが大きく身体を使ったり動かしたりすることが難しいため，安心できる大人から遊びかけてもらいながら，五感を通して楽しむ遊びでもある。「いないいないばあ」「おおかぜこい」「ちょちちょちあわわ」などがある。

　大事なことは，子どもと目を合わせながら優しく語り掛けたり，歌ったりして，「たのしい」「うれしい」が感じられる関わりである。歌やリズムに合わせて，手や布などを使って遊ぶこともあり，子どもの様子を見ながら，声の大きさやテンポを微調整していくことで楽しさが増す。このようなあやし遊びを通して，子どもは人との関わりが好きになり，遊びの面白さがより高まっていく。五感を通して楽しめる時期だからこそ，子どもと共に遊べる遊びである。　　（韓　仁愛）

排泄／排泄間隔

　排泄とは，人の身体が飲んだり食べたりしたものを尿と便として排出すること。定期的で適切な排泄は身体全体の活性化を図り，代謝を促進していくために重要な身体の働きであり，体調を整える大切な機能をもつ。

　子どもは無感覚のまま排泄する「無統制」の段階から，排泄後に知らせる「事後通告」，そして，排泄前に伝える「予告」へと移行していく流れの中で排泄の「自立」を迎えることになる。

　子どもにとって排泄の自立とは，以下

の3つの意味をもつ。1つは自分の身体の動きを察知し，それに合わせて自ら排泄を調整できる。2つ目は，大人により左右されるのではなく，自らの意志で調整し，自由に動けて，生活の主体者として過ごせる。3つ目は，身体の動きをより活発なものにする。

【参考文献】髙橋弥生（2010）「子どもの基本的生活習慣の獲得過程」『新・保育内容シリーズⅠ　健康』一藝社，108〜109頁。

→排便⑲，排尿⑲　　　　　　（韓　仁愛）

語彙

子どもが使えるようになった単語。概念や名称を示す有意味語。生後1歳前後に有意味語としての初語として単語を使い始める。この単語と表情や動作を用いて自分の思いを伝えようとする。身近な大人とのやり取りの中でこの単語が次第に増えていくことを「語彙が増える」という。1歳半頃「これは（なに）」と身近にあるものの名前を盛んに尋ねる姿が見られる。2歳を過ぎ象徴機能や記憶力が発達してくると子どもの言葉は急速に進展し，語彙の増加とともに認識も育ってくる。子どもの話したいという意欲を大切にし，大人が先取りして代弁してしまうのではなく，子どもの話をよく聞き「それでどうなったの」など発語を補うような援助を心掛けたい。

→語彙の発達⑪　　　　　　　（古金悦子）

食習慣

生活のリズムに含まれる食事の習慣で一定の時間に一定の様式で食事をとること。具体的な内容は，食前に手を洗う，前後に挨拶をする，食後は静かに過ごす，よい姿勢でよく嚙み，こぼさずに食べる，好き嫌いをせず楽しく食べる，一定の時間で食べ終えるなどである。これらの習慣の自立には，スプーンや箸などを使うために，手指の運動機能の発達など身体の育ちと密接な関係がある。また，食欲不振，過食，偏食，マナーなど子どもの自発性や意欲，養育環境などの影響も大きい。園においては，落ち着いた雰囲気の中で友達と一緒に食べる楽しさを経験しつつ，一人一人の食べるペースを尊重し，食事が心身両面において心地よい時間になるように配慮したい。　　（古金悦子）

基本的な生活習慣　⇨基本的な生活習慣㉓

きまり

保育内容「人間関係」の中に記述がある。集団で生活する際，互いが快適に過ごすためにはきまりやルールが必要であり，それを守ることが大切である。例えば，ブランコに乗りたい人数がブランコよりも多かった時，並ぶ場所や交替のタイミングが決まっていたら待つことで必ず乗って遊べる。また，鬼ごっこをする時ルールが守られないと楽しくなくなってしまう。順番や交替など，生活や遊びの中でなぜそのきまりが必要なのか，守らないとどうなるかなど，その必要性を理解したうえで守ることができるようにしたい。大人がきまりだからと押し付けるのではなく，子ども自身がきまりを守ることで遊びや生活が楽しくなることを経験し，その必要性を理解して守ろうとする気持ちをもたせることが大切である。

（古金悦子）

立ち直る経験／感情をコントロールする

思い通りにならない場合などでの不快な感情，外界からの不快な刺激に対して自分の感情をコントロールする。例えば1歳児が1つしかない玩具を友達が使っていて自分は使えず泣いている時「悲しいね」と思いを受け止めることで子どもは安心して自分の感情を表出し，保育者とともに自分の気持ちに向き合いながら不安定な気持ちから立ち直るようになる。いつでも安易に気持ちを切り替えるのでなく，保育者の援助のもと，自己を発揮しながら現実の状況と折り合いをつける

経験を重ねることで自己肯定感を高め、自分の感情をコントロールすることへの気付きが生まれる。思い通りにいかない場面で様々な不安定な感情をもつ経験から立ち直る経験を積み重ね、我慢したり自己発揮したりしながらやがて問題解決方略が考えられるように育てていきたい。

（古金悦子）

環境を捉える感覚

満1歳以上満3歳未満の保育内容「環境」に記述がある。自我の芽生える時期で、「自分の」という所有意識が明確になってくる。「散歩に行くよ」と聞いて自分のロッカーから帽子や靴下を取ってきたり、友達の分を取ってきて渡そうとしたり、いつも並ぶ場所に座って待っていたりする姿が見られる。自分のものと他人のものの区別ができるようになるとともに場所にも意識をもつようになる。そこに何があるか、そこで何をするかを把握し、生活の流れに合わせて行動できるようになる。お気に入りの場所を見つけて遊びの拠点にする姿も見られる。自分が日々過ごす環境を、自分の活動と結び付けて捉える感覚が育っていく中で、子どもは主体的に自らの生活を作り出していく。保育者は子どもが居心地よく安心できる環境を整えていく必要がある。

（古金悦子）

自分なり

保育内容「言葉」に記述がある。自分のできる範囲で、その子らしく表現すること。子どもは実感したことや心を動かされたこと、伝えたいと思うことなどを、自分の使える語彙を使いながら動作、表情などで補いながら表現しようとする。自分の思いを相手と共有したいという気持ちや、自分なりに表現しようとする意欲や態度を大切にしたい。正確な言葉でなくても子どもの自分なりの表現を大人が受け止め、伝え合う喜びを重ねていく過程で、子どもは自分が使える言葉を増

やし次第により適切な表現を身に付けていく。言葉を獲得する時期の子どもには必ずしも正確な表現を求めたり教え込んだりするのでなく、伝え合う喜びが味わえるようにすることが大切である。

（古金悦子）

片言

満1歳以上満3歳未満の保育に関するねらい及び内容の領域「言葉」に記述がある。単語を覚えて使いはじめた子どもは、一言に様々な思いを込めたり、たどたどしいながらも単語を連ねて表現したりする。「パパ，バイバイ」「バナナ，コッチ」などの二語文の表現を大人が「パパ，バイバイって会社に行ったね」「（絵本の）バナナはコッチのおさるさんが食べてるね」など子どもの発した言葉を丁寧に受け止め補足して表現していく中で、物事の因果関係を理解し、語順を獲得し言葉の使い方を身に付けていく。遊びの中で言葉のやり取りを楽しんだり、絵本や物語からイメージを膨らませたりすることを経験し言葉を豊かにしていく。子どもの発達の状況に応じて遊びや関わり方の工夫など、保育の内容を適切に展開することが必要である。

→語彙の発達11　　　（古金悦子）

創造性 ⇨創造性24

感性

子どもは身近な環境と関わり、多様なものに出会い触れ合うことでその色や形、音、感触、香りなどそれらがもつ性質や特徴を様々な感覚によって捉える。そこで心を揺さぶられ、何かを感じ、考えさせられるようなものに出会うことで豊かな感性が育つ。子どもの感動を受け止め、認めることによって子どもはその感動の意味を明確にすることができる。友達との感動の共有が豊かな感性を養っていく。また、感動したことやイメージしたことを言語と結び付けることによってさらなる気付きを促したり、印象を記憶させた

りする。友達との関わりの中でいろいろな感性があることに気付く。感動を友達や先生と共有し、感じたことを様々に表現していくことで感性はいっそう磨かれていく。子どもの感動を引き出せる自然、心弾ませたり和ませたりする音楽や絵画、絵本や物語などを身近な環境として用意したい。　　　　　　　　（古金悦子）

病気の予防／疾病への抵抗力

　体力には身体的要素と精神的要素があり、それぞれの要素はさらに、行動体力と防衛体力に分けられる。身体的要素の行動体力には筋力、持久力、瞬発力、柔軟性などが含まれ、精神的要素には意志、判断力、意欲などが含まれる。一方、防衛体力の身体的要素には組織や器官の構造、免疫力、外部の変化（温度や湿度など）に対する適応力などが含まれ、精神的要素には、精神的ストレスに対する抵抗力が含まれる。「疾病への抵抗力」は、防衛体力全体を指す場合と、身体的要素の中の免疫力を指す場合があると考えられる。抵抗力を免疫力と同義と捉えた場合、抵抗力が高いと、病原体に感染しても発症しない、あるいは重症化しないで生活することができることになる。疾病への抵抗力を高めるためには、①バランスのとれた食事をとる、②睡眠や休息を十分にとる、③適度な運動をする、といった規則正しい生活を送ることも重要である。
（塩野谷祐子）

しなやかな心と体

　その場に応じた動き方を適切に選択し、動くことができたり、適切な心の働きができ、柔軟に対応できる心を備えていたりすることを指す。それらの獲得には、遊びや生活を通して、様々なことを経験することが大切である。文部科学省「幼児期運動指針」（2012）でも、幼児期には多様な動きを経験させることが大切であると示されている。自然に遊ぶ中で獲得される動きだけではなく、保育者や

周りの大人が工夫して、幼児が多様な動きを経験できるよう、遊びや生活場面で環境を整えることが必要である。また、安心して活動できる環境をつくり、思い切り活動したり、友達と一緒に活動する経験を重ねることで、意欲が向上したり、思いやりの心が育つなど、しなやかな心を獲得することができる。（塩野谷祐子）

見通し

　2018（平成30）年施行の幼稚園教育要領の領域「健康」の「ねらい」「内容」において、「見通しをもって行動する」という文言が追加された（「保育所保育指針」「幼保連携型認定こども園教育・保育要領」も同じ文面あり）。

　最初は園での生活に慣れることが大切で、保育者が一つ一つ生活のルールを教え、それを実行することに重きが置かれる。しかし、常に保育者の指示を待ってから動くということでは将来の自律と自立につながらず、幼児自ら考え、主体的に動くことができる段階になることが理想である。その段階が「見通しをもって行動する」ということであり、保育者は、なぜその活動が必要なのかを説明し、できたことについては褒め、幼児が徐々に自分の判断で「見通しをもって行動する」ことができるよう、援助や環境の工夫をしていくことが必要である。（塩野谷祐子）

交通安全の習慣

　領域「健康」に含まれる内容であり、健康の実現にとって欠くことのできない内容である。

　交通安全の大切さを絵本や他の教材を使って教えたり、地域の警察署に協力してもらい、交通安全教室を開催するなど、まずは交通安全の教育が必要である。そして、園外に出た時には、交通ルールを実際に守ることの大切さを実感させ、日頃から交通安全に興味関心をもたせることが重要である。そのためには、家庭との連携も大切であり、常に車での移動ば

かりにならないよう，幼児が歩いたり，自転車に乗って移動するという経験をさせることが必要である。園生活以外での経験も含め，幼児が交通安全を意識できる機会を実際の場面で多くもち，交通ルールを守り，常に安全に気をつけることができるようになることが重要である。
（塩野谷祐子）

多様な感情

感情は生後未分化な状態から外界との関わりの中で分化発達していく。子どもは豊かな体験を通して様々な刺激に出会うことや，周りの大人が情緒豊かな態度で関わることなどを通して発達する。自ら周囲に働きかけ，人と関わる中で嬉しい，楽しい，悔しい，悲しいなど様々な感情を経験する。こうした子どもの心の動きに対して保育者は柔軟に応じていくことが重要である。思うようにいかない場面で悲しい気持ちや悔しい気持ちを味わっている時，保育者が安易に答えを示すのではなく，子どもの気持ちに寄り添いながら共に知恵を出し合うような関わりが大切である。困難を乗り越えた喜びを共感し，認めていくことで子どもの自己肯定感も育つ。　　（古金悦子）

協同して遊ぶ

年長組になると，友達と関わりながら共通の目的に向かって，一緒に考えたり力を合わせたりしながら遊ぶ姿が見られるようになる。例えば砂場で数人の友達と一緒に遊ぶ時「大きな山を作ろう」，山に「トンネルを掘ろう」，川を作って，トンネルに「船を通そう」というように自分の思いを伝え合い，相談し，アイディアを出し合いながら遊ぶうちに共通の目的が明確になっていく。その中で，砂を掘る，山を固める，水を汲んでくるなど自分の役割を考えて行動したり，友達と力を合わせて協力したりする。時には意見がぶつかることもあるが，相手の思いを受け入れることで遊びが楽しくなるこ

とも学んでいく。共通の目的が実現すると，その喜びを十分に味わうことが次の活動につながる。うまくいかない場合もあるが，子ども自身がその活動を楽しむことが次の意欲につながる。このような経験を通して協同することの意義を知るとともに自分が集団の中の一員であることを知り，仲間への信頼感も育っていく。
（古金悦子）

道徳性　⇨道徳性・規範意識の芽生え29
葛藤

自分の内面において複数の相互排他的な欲求が同じ強度で同時に存在し，どの欲求に応えるか選択できない状態。

例えば，給食に嫌いなニンジンがあり先生に言われたから食べなくてはいけないとは思うが，どうしても食べられないというような場面。また，遊具の取り合いでいざこざになり，楽しく遊びたいのに自分の思い通りにならない経験をするなど，葛藤体験は自分や他者の気持ち，自他の行動の結果などに気付く機会になる。保育者や友達と話し合ったりすることは自分の視点からだけでなく相手の視点からも考えることを促して他者への思いやりや善悪の捉え方を発達させる。しかし，自分の気持ちがなかなか立て直せない時，保育者は心の拠りどころとなり，適切な援助をする必要がある。
（古金悦子）

規範意識　⇨道徳性・規範意識の芽生え29

折り合いをつける体験　⇨折り合いをつける24

身近な事象

子どもの身の周りにある自然などの様々な事物や現象。草花・昆虫・小動物，風・雲・雨・雪など身近な自然に触れ，関心をもったり遊びに取り入れたりする機会を多くもたせたい。太鼓をたたいたらコップの水が振動した，冬の朝砂場に霜柱ができていたなど，発見したり伝え

合ったりして子どもはその不思議さや美しさに心を動かされる。冬の日バケツに氷が張っているのを見つけて翌日様々な場所で氷を作ろうと試してみたり，パラシュートを作ってより長く飛ばそうと高いところを探したり風の向きを考えたりするなど目に見える物だけでなく見えないものも遊びに取り入れ試行錯誤する。このように身近な自然に心を動かし，遊びの中で関わりをもつことでその性質や仕組み，特徴などへの関心を高めていく。

（古金悦子）

公共心　⇨公共心 (24)

節　句

　中国の暦法と日本の風土や農耕を行う生活の風習が合わさり，宮中行事となったものが「節句」の始まりとされている。宮中行事であった５つの節句を，江戸幕府が一年のうちで特に重要な節目として式日に定めたことで庶民の暮らしの中で根付いてきた。それが人日の節句（１月７日七草），上巳の節句（３月３日桃の節句），端午の節句（５月５日子どもの日），七夕の節句（７月７日），重陽の節句（９月９日菊の節句）の五節句である。この制度は1873（明治６）年に廃止されているが，現在は季節を楽しむ行事として定着している。伝統的な年中行事を行う季節の節目となる日で，七草粥，雛人形，鯉のぼり，笹飾りなどは現在でも続いている。例えば園行事として七夕の笹飾りを作って飾ったり，七夕の物語を聞いて夜空の星に関心をもったりすることを経験することができる。　　　　　　　（古金悦子）

伝統的な行事

　一定の周期で決まった月日に同じように繰り返される特別な催し。日本固有の信仰や習慣と融合し，気候風土に合わせて時代ごとに様々に変化しながら現在まで伝えられてきた行事。例えば地域や家庭で行われるもちつき，祭，花見などが挙げられる。園で行われる行事としては

鯉のぼり作り，七夕の笹飾り，夏祭りや夕涼み会，お月見，お正月遊び，豆まき，ひな祭りなどが考えられる。四季折々の行事に参加することでわが国の文化や伝統に親しむ機会となる。保育の中で正月の行事として，もちつきを経験したり，鏡開きでお汁粉を味わったり，凧揚げや羽根つき，コマ回しなどの伝承遊びを楽しんだりする経験などを通してわが国の文化や伝統を理解していくことにつながる。　　　　　　　　　　　　（古金悦子）

唱　歌

　保育内容「環境」でわが国の文化や伝統に親しむという観点から取り上げられている。わらべうたと同じように古くから親しまれ歌い継がれ伝承されてきたもの。唱歌は1872（明治５）年学制発布によって小学校に設けられた教科で，1881（明治14）年にその教科書として「小学校唱歌集初編」，1887（明治20）年に「幼稚園唱歌集」が刊行された。欧米の民謡や歌曲の旋律に徳性の涵養，仁義忠孝を内容とする歌詞を当てはめたものが多く収められたもので子どもには意味のわからないものであった。「蝶々」「むすんでひらいて」「蛍の光」などは現在も歌われている。1910（明治43）年〜1941年（昭和16）年までの，国定音楽教科書に収められている「文部省唱歌」にある「海」「こいのぼり」「たなばたさま」「かたつむり」「雪」など季節の歌は現在も歌われている。昔から歌い継がれている歌を伝承していきたい。　　　　　　（古金悦子）

感染症　⇨感染症 (23)

生理的・身体的な育ち

　生理的・身体的な発達に関しては，スキャモン（Scammon, R. E.）の発育曲線が有名である。神経型は脳などの神経系のことで，生後すぐ急速に発達し，12歳までに大人とほぼ同じ100％に達する。また，リンパ型はリンパ組織，すなわち免疫系のことで，思春期が発達のピーク

となる。生殖型は生殖器などの成長であり，思春期になって急に伸びる。一般型は，身長，体重，筋肉，骨格などで，生まれてすぐと，12歳前後の2回発育急進期がある。

　乳幼児期においては，神経型と一般型が急速に発達する時期であり，動きも様々な経験を経て，粗大運動，微細運動ともに発達してくる。これらの育ちと「自主性・自律性，さらに社会性の育ちとがあいまって子どもの健康がもたらされる」ということが，幼保連携型認定こども園教育・保育要領の第2章「ねらい及び内容並びに配慮事項」の第4「教育及び保育に関する配慮事項」に記載されている。

→スキャモンの発育曲線〔11〕，乳幼児身体発育値〔20〕　　　　（塩野谷祐子）

個別的な対応

　保育所・こども園に入所・入園する場合，そこまでに育ってきた環境，心身の発達の様子，性格，大人への依存度，集団生活への適応度などが違うため，個々の様子に合わせて対応することが大切である。満3歳未満児には特に配慮が必要である。全ての子どもに対して同じ価値基準で保育者が物事を進めてしまうと，園生活になじめず，心の安定が図れない子どもも出てきてしまう。よって，それぞれの子どもに応じた活動計画，配慮が必要である。ただし，個別対応の子どもの存在によって，他の子どもが不安を募らせたり，動揺することがあってはいけないので，個別に対応することだけを意識するのではなく，他の在園児の様子にも気を配る必要がある。また，家庭と連絡を密にとり，家庭での様子，園での様子を考慮したうえで，個別的な対応の具体的な内容を考えることが大切である。
（塩野谷祐子）

性別などによる固定的な意識

　生活面において，例えば，男児は青，女児はピンク，というような性別による色の指定や，名簿の順番に関して，男児だけを最初に並べ，その後に女児だけを並べる，また，男児は「くん」，女児は「さん」というように，呼び方を変える，などは性別による固定的な意識につながるので，配慮する必要がある。また，料理や洗濯をしている絵や写真がいつも女性で，仕事場で書類を作成しているところはいつも男性，というふうにならないよう，男女がそれぞれ描かれるようにするなど，性別によって仕事内容が決まるような誤解を招かないよう配慮が必要である。また，保育者の意識としても，おとなしい性格の子どもや女児は部屋でおままごとをすることが好きで，活発な性格の子どもや男児は外で体を動かすことが好きである，というような固定観念を抱かず，どの子どもも同じように部屋での遊び，戸外での遊びを経験できるよう配慮することが大切である。（塩野谷祐子）

養護教諭

　職務としては，小学校・中学校・高等学校の保健室の先生として児童・生徒の病気や怪我の対応，健康診断の実施など，健康管理や保健指導を行う。最近では，心の悩みで来室する児童・生徒も多く，悩みを聞き，心のケアをする仕事も担う。また，学校によっては，保健に関する授業を担当する場合がある。近年は，保育士不足の問題から，2017（平成29）年に，「児童福祉施設の設備及び運営に関する基準」「幼保連携型認定こども園の学級の編制，職員，設備及び運営に関する基準」が改正され，保育所の保育士として，また，幼保連携型認定こども園の保育教諭として，養護教諭の普通免許状を持っていれば働くことができるようになった。なお，運用については各自治体に任されている。（塩野谷祐子）

栄養教諭

　食生活の多様化や，食生活の乱れ，食

物アレルギーの増加が指摘されるようになり，学校での食に関する指導を推進する必要性が出てきた。そこで，2005（平成17）年に栄養教諭を各学校に配置するよう「栄養教諭制度」が創設され，2006（平成18）年の食育推進会議では各都道府県に早期の配置を求めた。栄養教諭については，栄養教諭制度において，「食に関する指導と給食管理を一体のものとして行うことにより，地場産物を活用して給食と食に関する指導を実施するなど，教育上の高い相乗効果がもたらされる」と記されている。それまでも学校には，栄養士が「学校栄養職員」として配置され，主に給食の管理をしていた。しかし，栄養教諭は「教員」であり，給食の管理だけではなく，生徒・児童に直接栄養や食事の指導を行うことができる立場となった。ただし，全ての学校に栄養教諭が配置されるわけではなく，各自治体や設置者に判断は委ねられている。

（塩野谷祐子）

不適切な養育の兆候

子どもの身体の状況として，低体重，低身長などの発育の遅れや栄養不良，不自然な傷やあざ，骨折，火傷，齲歯（むし歯）の多さ又は急な増加等が見られる。子どもの情緒面や行動として，おびえた表情，表情の乏しさ，笑顔や笑いの少なさ，極端な落ち着きのなさ，激しい癇癪，泣きやすさ，言葉の少なさ，多動，不活発，攻撃的行動，衣類の着脱を嫌う様子，食欲不振，極端な偏食，拒食・過食等が挙げられる。子どもの養育状態からは，不潔な服装や体で登園する，不十分な歯磨きしかなされていない，予防接種や医療を受けていない状態等が挙げられる。保護者や家族の状態としては，子どものことを話したがらない様子や子どもの心身について説明しようとしない態度が見られること，理由のない欠席や早退，不規則な登園時刻等が見られることが不適切な養育の兆候として挙げられる。

→不適切な養育 ⑦　（石橋優子）

児童福祉法第25条

児童福祉法第25条は，児童福祉法第2章第6節「要保護児童の保護措置等」に記載されている。児童福祉法第25条では，要保護児童を発見した者は，これを福祉事務所若しくは児童相談所又は児童委員を介して福祉事務所若しくは児童相談所に通告しなければならないとされている。ただし，罪を犯した満14歳以上の児童については，この限りではない。この場合においては，これを家庭裁判所に通告しなければならないとして，要保護児童を発見した者は，誰であっても，児童相談所に通告しなければならないと通告義務を規定している。そして，第25条の2以下は，地方公共団体，市町村は，要保護児童の適切な支援を図るために，要保護児童対策協議会を設置し，支援対象児童等に対する支援内容に関する協議をするよう規定した内容となっている。

（石橋優子）

児童相談所 ⇨児童相談所 ㊳

通　告

児童福祉法第25条（要保護児童発見者の通告義務）の規定に基づき，児童虐待を受けたと思われる児童を発見した場合，全ての国民に通告する義務が定められている。要保護児童を発見した者は，これを市町村，都道府県の設置する福祉事務所若しくは児童相談所又は児童委員を介して市町村，都道府県の設置する福祉事務所若しくは児童相談所に通告しなければならない。そして，児童虐待の防止等に関する法律第6条（児童虐待に係る通告）では，虐待の事実が必ずしも明らかでなくても，児童虐待が疑われる場合はもちろんのこと，一般の人の目から見れば客観的に児童虐待があったと思うであろうという場合であれば，通告義務が生じることになった。さらに，児童虐待を発見

しやすい立場にある人や団体には，より積極的な児童虐待の早期発見及び通告が義務付けられている。

→通告 ④

（石橋優子）

認定こども園法第 27 条

幼保連携型認定こども園においての健康支援については，学校保健安全法を準用することとされている。学校保健計画を策定する際の幼保連携型認定こども園では，園児一人一人の生活のリズムや食習慣などを把握するとともに，発育・発達に適した生活を送ることができるような年間の学校保健計画を作成することが大切である（学校保健安全法第 5 条）。学校保健計画とは，学校における児童生徒等，教職員の保健に関する事項の総合的な計画をいう。また，毎学年定期に，児童生徒等の健康診断を行わなければならないとされており，健康診断の結果に基づき，疾病の予防処置を行い，又は治療を指示し，並びに運動及び作業を軽減する等適切な措置をとらなければならない（学校保健安全法第 13 条第 1 項，第 14 条）。

（後田紀子）

学校保健安全法第 5 条・第 6 条・第 13 条第 1 項・第 14 条・第 27 条・第 29 条

学校保健安全法第 5 条には，児童生徒等及び職員の健康診断，環境衛生検査，児童生徒等に対する指導その他保健に関する事項について学校保健計画の策定と実施を行うことが定められている。第 6 条「学校環境衛生基準」を参照。第 13 条第 1 項では，毎学年定期的に健康診断を行い，これをうけ第 14 条には，健康診断の結果に基づき，疾病の予防処置を行い，又は治療を指示し，並びに運動及び作業を軽減する等適切な措置をとることが規定されている。第 27 条では，児童生徒等の安全の確保を図るため，学校の施設及び設備の安全点検，児童生徒等に対する通学を含めた学校生活その他の日常生活における安全に関する指導，職

員の研修その他学校における安全に関する事項について学校安全計画を策定し実施すること，第 29 条では児童生徒等の安全の確保を図るため，当該学校の実情に応じて，危険等発生時において当該学校の職員がとるべき措置の具体的内容及び手順を定めた対処要領を作成しなければならないことが定められている。

（後田紀子）

学校保健計画 ⇨学校保健計画 ②④

アレルギー疾患

アレルギーとは免疫反応の一種で，外部から体内に侵入してくる細菌やウイルスなど特定の物質（抗原・アレルゲン）に対して過剰に反応を起こすことをいう。遺伝的体質や環境に影響を受ける。アレルギー疾患の種類には，①特定の食品を食べた後の腹痛，嘔吐，下痢や蕁麻疹等のアレルギー反応を起こす食物アレルギー，②様々な刺激によってかゆみを伴う慢性の皮膚疾患を起こすアトピー性皮膚炎，③慢性的な気道の炎症と気道が狭窄することにより，呼吸が困難になる気管支喘息（季節の変わり目や体調，ストレスなどが発作の要因になることもある），④花粉，ハウスダスト，ダニ，カビ等からなるアレルギー性鼻炎，⑤薬物，金属アレルギー，⑥全身にアレルギー反応が起こり重症に陥るアナフィラキシーがある。

（後田紀子）

救急用の薬品

学校保健安全法第 7 条では，「学校には，健康診断，健康相談，保健指導，救急処置その他の保健に関する措置を行うため，保健室を設けるものとする」，幼保連携型認定こども園教育・保育要領では「園児の疾病等の事態に備え，保健室の環境を整え，救急用の薬品，材料等を適切な管理の下に常備し，全ての職員が対応できるようにしておくこと」と記されている。救急薬品や材料の具体的な内容は記されていない。よって救急処置に

関する薬品や材料などは，現場の判断に委ねられているといえよう。最も多く常備されているものとして，外皮用消毒薬，救急絆創膏，ガーゼ，包帯，綿棒，熱冷シート等が挙げられるが，いずれも幼児の体質や薬品の成分を十分に把握し使用することが大切である。　　（後田紀子）

食に関わる体験

　食育は，食育基本法において，①生きる上での基本であって，知育・徳育・体育の基礎となるべきもの，②様々な体験を通じて「食」に関する知識と「食」を選択する力を習得し，健全な食生活を実現することができる人間を育てること，と定義されている。積極的に「食」に関わる体験を通して食事を楽しむことができるように成長し，「食を営む力」の育成へとつながる。体験活動として，栽培・収穫・調理・食事当番の活動など，一連の活動を保育内容に取り入れることで，食へのありがたみを感じ，作ることの楽しさを学んだり，好き嫌いを克服するきっかけにもなる。また，人と協力して何かを行うことや，コミュニケーションの大切さも学ぶことができる。

→食育 ⑫㉓　　　　　　　　（後田紀子）

学校環境衛生基準

　学校保健安全法では，児童生徒等及び職員の心身の健康の保持増進のためにも健康診断や環境衛生検査が必要と定められている。そのための基準となるのが「学校環境衛生基準」である。これは文部科学省が定める，学校の環境に対する基準をいう。環境衛生検査対象となるのは，①換気・保温・採光・照明などの教室の環境，②飲料水の水質や設備，③ネズミや害虫の有無，④備品管理，⑤プールの環境などである。検査には日常点検と定期点検があり，日常点検は教職員が行い，定期点検は学校薬剤師が行うようになっている。定期及び臨時に行う検査の結果に関する記録は，検査の日から5

年間保存すること，また，毎授業日に行う点検の結果は記録するよう努めるとともに，その記録を点検日から3年間保存するよう努めるものとされている。
　　　　　　　　　　　　　　（後田紀子）

衛生知識

　衛生とは，身の回りを清潔にし，健康を保ち，病気にかからないようにするという意味をもっている。世界保健機関（WHO）は，健康を「身体的・精神的・社会的に完全に良好な状態であり，たんに病気あるいは虚弱でないことではない」と定義している。健康を保つために必要な衛生といえば「安全衛生」「食品衛生」「保健衛生」「環境衛生」「精神衛生」等多くの分野があり，それらの知識をより多くもつことで健康で過ごせるということになる。例えば「安全衛生」では，安全であるためには，危険がなく安心できることが重要である。「食品衛生」であれば，食品を扱う人が衛生的であるのか，扱う食品が安全なのか，衛生的に管理されているのか等，衛生に配慮できる知識をもっていることが大切である。
　　　　　　　　　　　　　　（後田紀子）

学校安全計画 ⇨学校安全計画 ㉔
危険等発生時対処要領

　学校保健安全法第29条により全ての学校において，危険等が発生した際に教職員が円滑かつ的確な対応を図るため作成が義務付けられているマニュアルのこと。不審者侵入や自然災害への対応のほか，あらゆる場面における様々な危機事象を想定し，確実に作成する。また，学校の教職員に対する周知，訓練の実施その他の危険等発生時において教職員が適切に対処するために必要な措置を講じ，随時見直しを行う。なお，危険等発生時対処要領の作成・見直しをする際には，学校が立地する自治体の地域防災計画や国民保護計画等についても考慮することとされている。各学校・地域の特性や実情に

即した学校独自の危機管理マニュアルを作成することが大切である。　（後田紀子）

精神保健面

　乳幼児の健やかな発育には，身体の健康だけでなく精神保健面，すなわち心の健康も重要である。心的活動に関わる障害（知的障害，精神障害，発達障害）や子どもを取り囲む不適切な環境（貧困，虐待，情緒の絆を欠いた養育者との関係）など精神保健上の問題を抱える子どもに対して，その問題を早期に捉え，一人一人の子どもの状態に応じた支援が行われなければならない。障害を捉えるためには医学的診断のほか知能検査や発達検査などが用いられる。知能検査の適用が困難な乳幼児に対しては，行動観察や養育者への聴き取りから障害の有無や程度が測定される。一方，環境的な問題については主に養育者に対するインタビューから問題の有無が検討されるが，その改善には家族を対象としたカウンセリングや支援が要される。　（野村康治）

子どもの利益

　児童福祉法の総則は「すべて国民は，児童が心身ともに健やかに生まれ，且つ，育成されるよう努めなければならない」と規定している。子どもは基本的人権を有する主体として，平等にその福祉が保障される権利を有することを意味している。国連の「児童権利宣言」が採択され，「児童の権利に関するジュネーヴ宣言」と「世界人権宣言」によって「児童の最善の利益」という文言ができた。子どもたちへの暴力，不十分な家庭教育，いじめなどは防がれなければならず，保護者と地方公共団体は子どもたちを「心身ともに健やかに育成する責任」を負っている。かけがえのない命や健康が守られ，発達を保障されることが子どもの最善の利益である。子どもの利益は，子どもの福祉に関する広い範囲の問題を解決するための基本原則である。　（石橋優子）

子育ての経験の継承

　認定こども園法第2条第12項に規定する子育て支援事業を実施する際には，園がもつ地域性や専門性などを十分考慮して当該地域において必要と認められるものを適切に実施することとなっている。子育て家庭にとっては，気軽に訪れ，相談することができる身近な施設になるには，子どもと保護者双方にとって居心地の良い環境の構成を工夫し，子どもの様子や親子の関係性に配慮する必要がある。その関係を調整し，個別の相談に応じて，地域での子育ての支援を行っている人（地域の子育てサークルや子育てボランティアなど）と連携，調整を積極的に図っていくことが必要である。この場合，子育て経験のある先輩ママたちの情報や地域での子どもの安心・安全など地域を基盤とした相互扶助として，地域の子育て支援に関して意欲があり，子育てに関する知識や経験によって助言できる人，子育て経験の継承ができる人が子育て支援の従事者となる。　（石橋優子）

多様化した教育及び保育の需要

　現在，家族形態や保護者の働き方など，子どもを取り巻く環境は多様化している。保護者が安心して子育てができるように保育サービスの拡充が必要となっている。そのためには，保護者・家庭及び地域と連携した子育て支援が必要であり，保護者の多様化する保育・教育ニーズに応じた保育の実施が求められている。このような保育・教育ニーズは，地域性や保護者の関心によって違いはあるが，保護者のニーズを把握し，適切な教育・福祉を提供することが重要である。園が日常の中で適切な教育・福祉を提供するためには，保育者の資質・能力が必要とされる。適切な体制を構築し，保育者の専門性を高め，多様化する保育・教育ニーズに応じて展開することが必要である。

　　　　　　　　　　　　　（石橋優子）

病児保育 ⇨病児・病後児保育⑬

園児の福祉

　園児に対して行われる福祉サービスのことを指す。児童に対しての福祉とは，特別の支援を要するとされる児童に対する施策だけでなく，全ての児童が全ての家庭において健全に育成されることである。また，児童が住み育てられやすい社会環境を整えることも施策の中心となっている。近年児童虐待の相談件数が急増しており，これへの対策も認定こども園への大きな児童福祉の課題とされている。児童福祉法の総則では，児童は児童の権利に関する条約の精神にのっとり，適切に養育されること，その生活を保障されること，愛され，保護されること，その心身の健やかな成長及び発達並びにその自立が図られることその他の福祉を等しく保障される権利を有するとある。園児の意見が尊重され，その最善の利益が優先され，心身とともに健やかに育成されることが園児の福祉である。　（石橋優子）

障　害

　継続的に日常生活または社会生活に相当な制限を受けることをいう。障害は身体障害（視覚障害，聴覚障害，音声機能障害，肢体不自由，内部障害など），知的障害，精神障害に分類することができる。こうした分類とは別に，行動に関する障害は発達障害としてまとめられる。発達障害には，発達障害者支援法に基づけば，自閉症，アスペルガー症候群，その他の広汎性発達障害，学習障害（LD），注意欠陥多動性障害（ADHD）などが含まれる。障害をもつ子どもに適切な支援や教育・指導を行うためには，まず，各障害についての十分な知識をもつ必要がある。しかし，同じ種類の障害であっても一人一人の子どもによって障害の程度や生活における障害の現れ方は異なる。障害をもつ子どもの支援・指導には子ども一人一人の障害の状態に応じたきめ細やかな対応が必要とされる。　（野村康治）

発達の課題

　各発達段階において，自分で解決することが望まれる心理的社会的問題。各発達段階における発達課題を解決できるようになることによって，その後の発達課題の解決も円滑になると考えられる。発達課題という概念の提唱者であるハヴィガースト（Havighurst, R. J.）は，乳幼児期において獲得されるべきものとして歩く，食べる，話す，排泄するといった基本的な行動能力を挙げている。一方，生涯発達の観点から各発達段階で克服すべき課題（クライシス）を挙げたエリクソン（Erikson, E. H.）は，乳幼児期において獲得が望まれるものとして人間に対する基本的信頼感，自律性，自発性といった社会的能力を挙げている。これらの発達課題は，発達状況の評価基準となりうるとともに，各発達段階における教育の目標として掲げることもできる。ただし，発達には個人差があり，画一的な基準の当てはめや教育目標の押しつけは慎むべきである。　（野村康治）

外国籍家庭

　日本に在留し，外国籍をもつ家族で構成される家庭。外国籍家庭で育った子どもの中には，日本とは異なる文化，習慣，宗教の中で育ち，日本での生活にうまく馴染めない者もいる。こうした子どもに対しては特別な配慮が必要となる。日本語でのコミュニケーションが困難な子どもに対しては，その子どもの日本語能力に応じたコミュニケーション（日本語で話すときはゆっくりと話す，イラストやジェスチャーを用いるなど）をはかり，また，その子どもの母国の文化を理解し，尊重することで，子どもとの信頼関係を築くことが必要である。さらに，子どもに対する教育や指導に関して，保護者ともコミュニケーションをとり，相互理解を得ることが重要である。こうした対応は，

外国籍の子どもに対してだけでなく，両親もしくは一方の親が外国籍である子ども（外国にルーツをもつ子ども）にも必要となる。　　　　　　　　（野村康治）

要保護児童対策地域協議会　⇨要保護児童対策地域協議会[24]

虐　待

　児童虐待防止法において，「児童虐待」を殴る，蹴るなどの身体的暴行や性的暴行によるものだけでなく，心理的虐待やネグレクトも含むものであることを明確に定義している。児童虐待防止法第2条において，「この法律において，『児童虐待』とは，保護者（親権を行う者，未成年後見人その他の者で，児童を現に監護するものをいう。）がその監護する児童（18歳に満たない者をいう。）について行う次に掲げる行為をいう」として，①身体的虐待，②性的虐待，③心理的虐待，④ネグレクト（保護の怠慢ないし拒否）を定義とした。また，子どもがDVを目撃するなども心理的虐待といえる。その他，医者に連れて行かずに放置する医療ネグレクトや義務教育を受けさせない教育的ネグレクト，子どもの要求や言動に対して一切無関心で親の都合の良い子どもにコントロールしようとする情緒的ネグレクトなどもある。園では，園児の心身の状況や家庭での生活，養育の状態等，送迎の機会を通じて保護者の状況の把握ができる。保護者の相談や支援をすることにより，虐待の発生予防や早期対応につながる。

→児童虐待[24][43]　　　　　　（石橋優子）

子育て支援事業

　認定こども園法第2条第12項に規定する「子育て支援事業」は，地域における子育て家庭の保護者に対する支援を規定したものである。子育て支援事業を実施する際には，園がもつ地域において必要と認められるものを適切に行う必要がある。例えば，子育て世代の家族の転出・転入が多かったり，子育てを支援する施設が園の周りになかったり，2歳未満児が家庭で子育てを行う保護者が多かったりなどといったことや，園自体がもっている特徴，特に園の保育教諭等がもつそれぞれの専門領域から支援が一体となって行われることなど，園の特性を十分考慮して行う。また，地域の子どもに対する一時預かり事業などの活動を行う際には，一人一人の子どもの心身の状態などを考慮するとともに，教育及び保育との関連に配慮するなど，柔軟に活動を展開できるようにすることが必要である。

　　　　　　　　　　　　　　（石橋優子）

短期の指導計画　⇨短期の指導計画[24]
長期の指導計画　⇨長期の指導計画[24]

26　特別支援学校学習指導要領

障害者の権利に関する条約

　障害者の権利と尊厳を保護・促進するための国際的な条約である。2006（平成18）年 12 月の第 61 回国際連合（以下国連）総会で採択され，2008（平成20）年 5 月に発効された。日本は 2014（平成 26）年 1 月 20 日に批准書を国連に寄託し，締約国・機関となった。障害のある児童について，前文で「他の児童との平等を基礎として全ての人権及び基本的自由を完全に享有すべきである」（日本政府公定訳）とされている。

　締約するまでの日本国内の障害者関連法の改正や成立ならびに制度整備，条約第 2 条の定義に照らした「合理的配慮」，第 35 条で言及される各締結国に求められる「条約に基づく義務を履行するためにとった措置及びこれらの措置によりもたらされた進歩に関する包括的な報告」等を通して，障害児者の取り巻く環境が整えられるとともに共生社会の構築が改めて目指されることとなった。
→合理的配慮 26，共生社会 4，障害者の権利に関する条約 37　　　（石田祥代）

インクルーシブ教育システム

　万人を包み込む教育の実現のための方法や制度，その体制を意味する。ユネスコの「サラマンカ声明」（1994）で，学校は，障害児や英才児，ストリート・チルドレン，労働している，人里離れた地域や辺境で生活している，あるいは，遊牧民の子どもたち，言語的・民族的・文化的マイノリティの子どもたち，他の恵まれていない子どもたちも含め全ての子どもた

ちを対象とし，そのため教育システムは極めて多様な特性やニーズを考慮に入れ計画・立案，実施されなければならないことを示した。日本では，特別支援教育のキーワードとなっており，2012（平成24）年「共生社会の形成に向けたインクルーシブ教育システム構築のための特別支援教育の推進（報告）」では「障害の有無に関わらず同じ場で共に学ぶことを追求するとともに，教育的ニーズに最も的確に応える指導を提供できる，多様で柔軟な仕組みを整備する」ことがインクルーシブ教育システムで重要だとされている。
→特別支援教育 26，教育的ニーズ 26
（石田祥代）

障害を理由とする差別の解消の推進に関する法律　⇨障害を理由とする差別の解消の推進に関する法律（障害者差別解消法）37

教育的ニーズ

　教育上の多様な困難さや制限，そのための教育的な援助を表す言葉である。日本でニーズという用語は 1960 年代より社会福祉分野で用いられていた。一方，教育分野では，1979 年イギリスのウォーノック報告で提唱された「Special Educational Needs」の概念が日本で紹介され，その後，特殊教育制度から特別支援教育制度への移行を機に「特別な教育的ニーズ」という言葉で広く用いられるようになった。教育的ニーズと単独でも用いられるが「一人一人の教育的ニーズ」や「特別な教育的ニーズ」「ニーズ

に応じた教育」のような用語で指導の捉え方や教育の基本的な考え方を示す時に使われる。教育的ニーズを的確に把握し適切な質と量の支援を行うことが「インクルーシブ教育」の充実に直結するが、教育的ニーズを有することすなわち障害、ということではない点に留意したい。関連する用語としてソーシャル・ニーズ、福祉ニーズがある。　　　（石田祥代）

自立と社会参加

　特別支援教育では、障害のある子どもの自立や社会参加に向けた主体的な取り組みを支援するという視点に立ち、一人一人の教育的ニーズを把握し、そのもてる力を高め、生活や学習上の困難を改善又は克服するため、適切な指導及び必要な支援を行う。このように「自立と社会参加」は障害のある子どもへの教育の主要な目的であるといえる。その実現に向けては特別支援学校、特別支援学級、通級指導教室などにおいて、自立活動を含めた教育課程全体の改善を試みることがまず肝要である。それに加えて、実際に児童が生活し、将来その自立と社会参加の場となりうる地域社会との関係で改善すべき事項（連続的で多様な学びの場の提供、地域の小・中学校通常教育との交流の機会、社会の急速な変化への対応等）にも目を向ける必要がある。

→特別支援教育 [26]、教育的ニーズ [26]
　　　　　　　　　　　　（真鍋　健）

視覚障害 ⇨視覚障害 [45]
聴覚障害 ⇨聴覚障害 [45]
肢体不自由 ⇨肢体不自由 [45]
病　弱 ⇨内部障害 [45]
身体虚弱 ⇨内部障害 [45]
知的障害 ⇨知的障害 [45]

重複障害

　複数の種類の障害を併せ有する児童または生徒を意味しており、具体的には就学先決定に関わるルールである学校教育法施行令第22条の3で規定している「知的障害、肢体不自由、視覚障害、聴覚障害、病弱」などの障害を、複数併せているものを指している。医療分野の進歩の影響などもあり、特別支援学校在籍者数のうち、重複障害学級に在籍している児童生徒数は増加傾向にある。重複する障害の組み合わせによって、その臨床像は多岐にわたる。このことから重複障害のある子どもへの支援や指導にあたっては、教育課程の変更（自立活動を主とした指導）や授業時数の設定を含めて、個々の実情に応じた個別的かつ系統的な指導が望まれる。　　　　　　　　　（真鍋　健）

幼稚部

　特別支援学校において、満3歳から6歳までの幼児を対象として設置されている課程であり、学校教育法第23条に規定される幼稚園教育の目標に即した教育を行うとともに、在籍する個々の幼児の障害の状態や発達の程度に応じて、自立活動の内容に重点を置いた指導を行っている。2019（令和元）年5月時点で、特別支援学校は全国に1,146校（分校を含む）が設置されているが、そのうちの165校に幼稚部が設置されており、1,438名の幼児が在籍している（「令和元年度学校基本調査」）。在籍する幼児の障害種で見ると、そのうちの1,123名が聴覚障害、もしくは聴覚障害を含む重複障害を有する幼児であり、聴覚障害児を主な対象とした特別支援学校の多くに幼稚部が設置されている。

→特別支援学校（の目的）[26]　（吉川和幸）

発達の遅れや不均衡

　子どもの発達を、言語面、運動面、認知面、社会性などの領域に分けて捉えると、標準的な発達と比較して、特定の領域に遅れが見られたり、ある領域は標準発達以上であるが、その他の領域に遅れが見られたりするなどの偏り、不均衡な状態が生じていることがある。乳幼児期の発達の遅れや不均衡は、多くの子ども

に観察されるものであるが，障害を有する子どもの場合，発達の遅れ，不均衡が継続する，あるいは大きくなる場合も多い。生活の中で，子どもが見せる発達の遅れや不均衡が，生活経験の不足等，環境的な要因によるものであるのか，あるいは障害等の器質的な要因によるものであるのか，的確に把握するとともに，指導の際には，子どもの状態に応じて，遅れている領域に重点を置いて指導する，あるいは発達の進んでいる領域を伸ばすことにより，遅れている領域の発達を促すよう指導するなど，心身の調和のとれた発達を促すよう留意する必要がある。

　　　　　　　　　　　　　　　　（吉川和幸）

障害による学習上又は生活上の困難

　教育課程の一領域である「自立活動」について，そのねらいや必要性に関わる用語である。例えば，視覚障害のある子どもの場合は，その見えにくさによって「食事や着替えなどの経験が不足する」「教科書の読み取りや板書を書きとることが難しい」などが起きやすい。同様に，注意欠如・多動症のある子どもの場合は，不必要な情報に持続的に注意を向けることが難しいがゆえに「内容の理解は可能であるはずなのに，生活や授業での特定の活動を最後までやり遂げることが困難」などの難しさが生じやすい。特別支援学校や特別支援学級，通級指導教室などで，自立活動を展開するにあたっては，こうした障害による学習上又は生活上の困難に対して，個別に理解することが求められる。またそのためにも，WHO（世界保健機関）による「ICF（国際生活機能分類）」の観点に基づいて，環境要因の影響も考慮に入れることが推奨される。
→自立活動 26　　　　　　　　（真鍋　健）

自立活動

　特別支援学校に独自に設けられている教育課程上の領域である。自立活動の目標は「個々の児童又は生徒が自立を目指し，障害による学習上又は生活上の困難を主体的に改善・克服するために必要な知識，技能，態度及び習慣を養い，もって心身の調和的発達の基盤を培う」（特別支援学校学習指導要領）こととされる。自立活動の内容は，「健康の保持」「心理的な安定」「人間関係の形成」「環境の把握」「身体の動き」「コミュニケーション」の 6 領域にわたり 27 項目が設定されている。自立活動の指導にあたっては個々の実態を把握し，課題を明確にし，各教科，道徳科，外国語活動，総合的な学習の時間や特別活動の指導と密接な関連を保つようにすることが求められる。

　なお，小学校，中学校，高等学校における「通級による指導」の実施にあたっては，特別支援学校の学習指導要領を参考とし，「自立活動」の内容を取り入れることができる。
→障害による学習上又は生活上の困難 26
　　　　　　　　　　　　　　（細川かおり）

交流及び共同学習

　学習指導要領においては，幼稚園，小学校，中学校又は高等学校，特別支援学校のいずれの学校においても「学校間の連携や交流」を図り，「障害のある幼児児童生徒との交流及び共同学習の機会を設けること」が求められている。これらを通して，「共に尊重し合いながら協働して生活する態度」を育むことが目的とされる。交流及び共同学習には，相互の触れ合いを通じて豊かな人間性を育む交流の側面と，教科等のねらいの達成を目的とする共同学習の側面がある。共に生きていく共生社会の形成が求められる今日，障害のある子どもも障害のない子どもも共に活動する体験や，活動を通して共生社会の一員としての意識をもつことはますます求められることである。

　交流及び共同学習は，行事等を通しての交流や，作品や ICT を活用した交流，スポーツを通した交流や教科の授業に共

に参加するなど，多様な交流が行われている。　　　　　　　　（細川かおり）

特別支援教育のセンター的機能

特別支援教育を推進する体制を整備するための中核を成す機能とその機能を有する教育機関のこと。教員への支援，相談・情報提供，幼児児童生徒への指導・支援，連絡・調整，研修協力，施設設備の提供等の機能が想定される。2005（平成17）年「特別支援教育を推進するための制度の在り方について（答申）」では，特別支援学校がセンター的機能を果たすことが基本的な考え方として示され，各学校の実情に応じた弾力的対応が求められた。「特別支援学校幼稚部教育要領 小学部・中学部学習指導要領」（平成29年告示）総則（第1章第6節3）ならびに「高等部学習指導要領」（平成31年告示）総則（第1章第6款3）では，障害のある幼児児童生徒や教師に対して必要な助言・援助を行ったり保護者に教育相談を行ったりするなど，教師の専門性や施設・設備を生かした地域における特別支援学校のセンターとしての役割を果たすよう努めることが言及されている。

→特別支援教育 [26]，特別支援学校（の目的）[26]　　　　　　　（石田祥代）

特別支援教育

日本の現行の教育制度で，特別な教育的支援を必要とする子ども一人一人の教育的ニーズを把握し，適切な指導と必要な支援を行う教育の在り方。障害のある全ての幼児児童生徒の教育の一層の充実のため，2005（平成17）年「特別支援教育を推進するための制度の在り方について（答申）」の提言内容を踏まえ，学校教育法施行規則の一部改正（2006年4月施行），学校教育法等の一部改正（2007年4月施行）が行われ，2007（平成19）年より実施。「特別支援教育の推進について（通知）（19文科初第125号）」では体制の整備と必要な取り組みとして，校

内委員会の設置，実態把握，特別支援教育コーディネーターの指名，「個別の教育支援計画」の策定・活用，「個別の指導計画」の作成，教員の専門性の向上の6点を挙げている。障害の医学的診断にこだわることなく常に教育的ニーズを把握し，学校全体で特別支援教育に取り組むことが期待される。

→教育的ニーズ [26]，特別支援教育 Co [26]，個別の教育支援計画 [18]，個別の指導計画 [18]　　　　　　　　　　　（石田祥代）

インクルージョン

分離や排除がなく全てを包摂していることを表す言葉。また，人々を排除や摩擦，差別などから援護し，このような問題を解決するための考え方や解決策としても位置づけられる。「包摂」「包含」「包括」と訳されることもある。1980年代にフランスで社会的な経済的格差がソーシャルエクスクルージョンと称され，その後，アメリカの障害児教育領域で，特殊を普通に主流化するメインストリーミングの理念や特殊と普通を統合するインテグレーションの理念とは異なる考え方として1990年代初頭に理論化された。ユネスコによる1994年サラマンカ声明でインクルーシブ教育とインクルーシブ社会の構築が各国政府ならびに国際社会に求められ，インクルージョンの意義が国際的に認められた。近年，インクルージョンは，教育分野や社会福祉分野のみならず様々な分野において，共生社会の実現や多様性（ダイバーシティ）の尊重との関係性から注目されている。

→共生社会 [4]　　　　　　　　（石田祥代）

ノーマライゼーション

誰もが他の人々と等しく普通に生活を送る権利，そのための社会の構築やそれに向けた施策・運動のこと。スウェーデンの社会省による1946年報告書で原理が示されていたものの政策には結びつかず，知的障害者親の会とバンクー

ミッケルセン（Bank-Mikkelsen, N. E.）が
デンマーク社会大臣に提出した覚書
「Normalisering」が語源とされる。ノー
マライゼーションの原理は，スウェー
デン知的障害者連盟事務局のニィリエ
（Nirje, B.）によって8原則として整理さ
れ，アメリカに移住したドイツ人のヴォ
ルフェンスベルガー（Wolfensberger, W.）
によってその人が暮らしている文化との
関係性からさらに理論化された。

　近年，ノーマライゼーションは，障害
だけでなく年齢差や性差，経済差，社会
的マイノリティ（少数派）であるか等に
かかわらず，全ての人が同じように社会
で暮らせるようにしようとの考え方にひ
ろがっている。

→ノーマライゼーション 34 （石田祥代）

ICF

　国際生活機能分類（ICF：International
Classification of Functioning, Disability and
Health）とは，2001年に世界保健機関
（WHO）により採択された，人間の生活
機能と障害を判断するための枠組み・分
類法である。ここでは，社会モデルに基
づき，人の生活機能と障害を「心身機能・
身体構造」と「活動と参加」という2つ
の要素から構成するとともに，その状態
に影響を与えるものとして「環境因子」
と「個人因子」の2つの背景因子を設定
している。障害児者への処遇においては，
例えば教育の分野では，個別の指導計画
や個別の教育支援計画の展開，自立活動
における実態把握などを含めた日々の教
育活動など，自立と社会参加に向けた各
種取り組みとの接続が図られることも多
い。

→個別の指導計画 18 ，ICF 45
（真鍋　健）

個別の指導計画 ⇨個別の指導計画 18
個別の教育支援計画 ⇨個別の教育支援
計画 18

校内支援体制（校内支援委員会）

　幼稚園，小学校，中学校，高等学校な
どの学校において，発達障害を含めた特
別な支援を要する子どもの支援を教職員
間の協力関係の下で，組織的に行うため
に園内・校内に設定される組織（委員会）
である。学校教育法の改正に伴い特別支
援教育が始まった2007（平成19）年以降，
その取り組みが国により推奨され，公立
の小・中学校に至っては，ほぼ全ての学
校で設定されている。実際の展開は学
校によって様々であるが，例えば，管理
職・特別支援教育Co・特別支援学級担
任・養護教諭，その他校内で指名された
ものを中心に，①校内（園内）で気にな
る子どもの実態把握，②研修の企画・展
開，③ケース検討等による問題解決力向
上のための取り組み，そして，④実際の
事例についての教職員間の協議，などが
展開される。　　　　　　　（真鍋　健）

特別支援教育Co

　特別支援教育Co（コーディネーター）
とは，幼稚園，小学校，中学校，高等学
校，あるいは特別支援学校などにおいて，
校内外の機関との連絡や調整を果たす役
割を担うもののことである。担任や養護
教諭，管理職などと兼務する形で，校内
で校長により指名されることが多い。地
域の小・中学校においては，校内支援委
員会と同様に，「場による教育」から「一
人一人の教育的ニーズに応じる教育へ」
という転換を図った特別支援教育の始ま
りとともに，校内での任命が推奨される
こととなった。障害に関する知識や技術
もさることながら，人と人，機関と機関
とをつなぐという役割上，各種調整のた
めのマネジメント能力やコーディネート
力，協調性，時間管理力などの力が求め
られる。　　　　　　　　　（真鍋　健）

巡回相談

　臨床心理士などの学校教員とは異なる
専門性を有する者が，地域の学校に出向

き，授業観察やその後の話し合いを行うなどして，困っていることや指導内容・方法について，教員らの相談に応じる取り組みである。教育行政が取り組みを主導している場合が多いが，就学前においては，心理士以外に保健師，児童発達支援センターの職員（PT，OT，ST）などを含めた他職種が，数名のチームを組むなど，実施形態は様々である。

　地域の幼稚園や小学校では園内・校内支援体制の構築をもって，既存の組織だけで問題解決を図ることが難しいことも多い。日々の指導や子どもの見立て方などに加えて，個別の指導計画の作成方法，行動問題への対応，保護者との関係づくり，小学校への接続など多くの内容がテーマとなりえる。教員らと巡回相談員との協同を通して，間接的に幼児らの生活や提供される発達支援の質が向上されることが目指される。　　（真鍋　健）

就学支援シート

　就学に伴って生じる新しい生活（教育環境）に，子どもがスムーズに進むことができるよう，就学移行後の学校に知ってもらいたいことを，入学前に記入する書式のことである。通常，就学に際しては「指導要録」「保育要録」も存在するが，特段の配慮が必要な幼児の細かい支援を，切れ目なく引き継ぐためには，量的にも十分とはいえず，引き継ぎのための専用の書式として開発され，多くの自治体で採用されている。自治体によっては保護者と保育者が共にこれまでの育ちを振り返りながら協同して作成することを求める場合もある。内容については，①プロフィール，②成育歴，③幼稚園等での姿（学びや支援の内容含む），④家庭での姿や保護者からの意見，などが含まれる。

　なお，いくつかの自治体ではサポートファイルや個別の教育支援計画などを工夫して活用し，同じように引き継ぎ資料としているところもある。

→個別の教育支援計画⑱　　（真鍋　健）

就学時健康診断

　学校保健安全法第11条に基づき，翌学年の初めから小学校に就学するものについて，心身の状況を適確に把握し適切な就学を図るために，就学前年度の11月30日までに健康診断を実施する。実施主体は市町村の教育委員会である。検査内容としては，身体の形成的な側面（栄養状態，身長・体重），視力・聴力などが含まれる。この際の結果に基づき，事後措置として，保護者に対して治療勧告・保健指導が行われ，また特に視覚障害・聴覚障害・知的障害・肢体不自由・病弱・発達障害等の障害が疑われる場合には，速やかに教育委員会の担当部署等と連携して，さらなる検査を実施するなどして，子どもならびに保護者への適切な教育相談・就学支援につなげる。

→学校教育法施行令第22条の3（就学基準）[26]　　（真鍋　健）

乳幼児健康診断

　母子保健法に基づき，市町村によって実施されている事業である。同法上では，1歳6か月健診（1歳6か月から満2歳に達しない幼児）と3歳児健診（満3歳を超えて4歳までの幼児）の2つのタイミングでの実施が，法定健診として定められている。障害のある子どもの早期発見・支援の役割も期待されるが，その起源をたどれば，戦後から続く「子どもたちの健全育成」という大きな目的下で，保健指導・栄養指導・子育て支援などとの関係の中で位置づいていることが重要なポイントである。保健師や医師をはじめとして，栄養士や歯科，心理職など専門職種間の連携の下で実施され，またその結果に応じて医療上・発達支援上のフォローアップが図られることになる。

　　（真鍋　健）

就学支援委員会

　就学を予定している子どもについて，

適切な就学先の決定とその後の教育保障を支えるための機関であり，市町村単位で設置される。学校・就学前機関関係者，医療・福祉従事者，学識経験者などを含む，専門家らから構成されることが多い。従来は，特別支援学校への就学に当たっては，学校教育法施行令第 22 条の 3 を根拠として，「就学指導」という立場で，障害の種類や程度に応じて，画一的にその決定が行われていた。しかし，2013（平成 25）年に施行された「学校教育法施行令の一部改正」では，こうした仕組みを改め，障害の状態，本人の教育的ニーズ，本人・保護者の意見，その子どもが生活する地域の実情などを含めた総合的な観点から，就学先を決定することとなった。本人・保護者ら当事者の意向の尊重や就学後のフォローの重要性も含めて，「就学支援」という立場で運営されることが期待されている。

→学校教育法施行令第 22 条の 3（就学基準）[26]　　　　　　　　　（真鍋　健）

通級指導教室

小・中学校の通常の学級に在籍する障害の程度が軽い児童生徒に対して，各教科等の授業は自身の学級で行いつつも，その障害に応じた特別な必要な指導を行うべく設けられた特別な指導形態のことである。学校教育法施行規則第 140 条によるものであり，その対象は言語障害，自閉症者，情緒障害者，弱視者，難聴者，学習障害者，注意欠陥多動性障害者，その他障害のある者で同規定により特別の課程による教育を行うことが適当なものである。2017（平成 29）年度現在，小学校で 9 万 6,996 人，中学校で 1 万 1,950 人の児童生徒が通級による指導を受けており，これは年々増加傾向にある。なお通級指導教室が設定されていない学校も多く，在籍する学校での「自校通級」ではなく，別の小・中学校で指導を受ける「他校通級」という形も認められている。

また，ある学校の通級担当教師が別の学校に出向き指導を行う場合もある。

（真鍋　健）

特別支援学級

通常の学級での指導では十分な指導の効果を得ることが難しいと考えられる児童生徒に対して，少人数学級で一人一人に応じた教育を行うために，特別に編成された学級である。学校教育法第 81 条において，特別支援学級は小学校，中学校，義務教育学校，高等学校及び中等教育学校に置くことができると定められている。またその対象は，知的障害者，肢体不自由者，身体虚弱者，弱視者，難聴者，その他障害のある者で特別支援学級において教育を行うことが適当なものとされている。基本的には，学校教育法に定められた目的や目標を達成するよう通常の教育課程が基本となるが，障害の種類や程度に応じて，特別支援学校の学習指導要領を参考とするなど，特別な教育課程を編成する場合もある。近年では，共生社会の形成に向けて，通常学級で授業を受ける「交流及び共同学習」の実施についても，重点が置かれている。

→交流及び共同学習 [26]　　　　（真鍋　健）

特別支援学校（の目的）

特別支援学校の目的は，学校教育法第 72 条に定められているが，ここでは「特別支援学校は，視覚障害者，聴覚障害者，知的障害者，肢体不自由者又は病弱者（身体虚弱者を含む）に対して，幼稚園，小学校，中学校又は高等学校に準ずる教育を施すとともに，障害による学習上又は生活上の困難を克服し自立を図るために必要な知識技能を授けることを目的とする」としている。準ずる教育とは，同じ教育と捉えてよいだろう。幼稚園，小学校，中学校又は高等学校と同じ教育をすることに加えて，幼児児童生徒の自立を図ることを目的とした教育をすることになる。幼児児童生徒が自立を目指し，学

習上，生活上の困難を克服して，豊かに生きていく教育が目指されている。

→自立と社会参加 26，障害による学習上又は生活上の困難 26　　（細川かおり）

学校教育法施行令第22条の3（就学基準）

　特別支援学校の対象となる障害の程度について，規定された内容が書かれたものである。視覚障害者，聴覚障害者，知的障害者，肢体不自由者，病弱者，と5つの障害ごとに，障害の程度に関わる記載がそれぞれ示されている。例えば知的障害では「一　知的発達の遅滞があり，他人との意思疎通が困難で日常生活を営むのに頻繁に援助を必要とする程度のもの」などの形で表現されている。かつて特別支援学校への就学は，これらの基準のもとで画一的に決められていたが，現在では市町村の教育委員会や就学支援委員会とのやりとりの中で，この学校教育法施行令第22条の3や，本人や当事者の意向，専門家の意見などを含めた総合的な判断のもとで，就学先決定の手続きが進められる。

→特別支援学校（の目的）26，就学支援委員会 26　　（真鍋　健）

合理的配慮

　障害者が他の者と平等に全ての人権及び基本的人権を享有し，又は行使することを確保するための必要かつ適当な変更及び調整であって，特定の場合において必要とされるものである。「障害者の権利に関する条約」の第24条（教育）においてこの提供の確保が規定された。教育分野，中でも地域の小・中学校等でこの合理的配慮を提供する場合には，教育・支援員等の確保，施設・設備の整備，個別の教育支援計画等に対応した柔軟な教育課程の編成や教材等の配慮などが考えられるとともに，個々の障害あるいは個人に応じて，個別に検討されることが求められる。なお，これらの提供に当たっては，設置者や学校などの体制や財政面

に過度な負担を課さないことを求めており，当事者と周囲の者との間での取り決めや合意形成が肝要となる。

→合理的配慮 45，基礎的環境整備 26，共生社会 4　　（真鍋　健）

基礎的環境整備

　合理的配慮の基礎となる教育環境の整備を意味し，法令に基づき又は財政措置により，国は全国規模で，都道府県は各都道府県内で，市町村は各市町村単位で行うものとされている。インクルーシブ教育システムの構築に向けた取り組みの一つである。文部科学省では8つの観点，つまり「ネットワークの形成・連続性のある多様な学び場の活用」「専門性のある指導体制の確保」「個別の教育支援計画等の作成による指導」「教材の確保」「施設・設備の整備」「専門性のある教員，支援員等の人的配置」「個に応じた指導や学び場の設定等による特別な指導」「交流及び共同学習の推進」を指摘している。合理的配慮と同様，整備する側の体制面や財政面を勘案し，過度の負担を課さないことを求めている。

→合理的配慮 26 45，共生社会 4　　（真鍋　健）

重複障害者等に関する教育課程の取扱い

　児童生徒の教育課程を編成する際には，児童生徒の障害の状態や特性及び心身の発達の段階，卒業後の進路や生活に必要な資質・能力等に応じて教育課程を弾力的に編成できるようになっている（特別支援学校学習指導要領第1章総則第8節）。児童生徒の障害の状態により学習場面において様々なつまずきや困難が生じており，当該学年の学習の一部または全部が困難な状態を示すもの（障害の状態により特に必要がある場合）については，各教科及び外国語活動の目標及び内容の一部を取扱わない，下学年の目標及び内容に替えられること，中学部においては小学部の各教科の目標及び内容を関する事項

の全部または一部を取り入れることができる。知的障害を併せ有する児童生徒(例えば視覚障害と知的障害を併せもつ児童生徒)の場合は，知的障害の教育課程を用いることができる。

→重複障害 26　　　　　　　　(細川かおり)

ティーム・ティーチング

　2人以上の教職員が役割を分担し協力しチームで授業や指導を行う教授法。集団に複数の教職員を配置し合同で学習する形，1名が集団にその他の教職員は個別または小集団に支援をする形，集団を小集団に分け教職員は小集団間を巡回指導する形等に分類される。TT と省略，共同授業と翻訳されることもある。ハーバード大学教育学大学院長ケペル(Keppel, F.)が 1955 年の年次報告で記した「教師のティーム」が語源とされる。同大学の研究開発計画として実践が積み重ねられ，教授法として各国に導入された。日本では，1962(昭和 37)年文部省『施設月報 8 月号』で紹介され，体育指導で注目された。障害児教育では昭和 30 年代には養護学校の作業学習で複数による指導が行われたり，肢体不自由養護学校への介助員配置(東京都で 1967 年 4 月)，養護学校の各学級への複数担任配置などを通してティーム・ティーチングは定着した。保育所でも一般的に用いられる教授法である。　　　　　　　　(石田祥代)

主体的・対話的で深い学び(障害児に向けた)

　情報化やグローバル化といった急速な社会変化を背景に，これから先の時代は予測困難な時代になると想定され，そのような時代を生きぬくためには，必要な情報を見いだし用い，多様な人とのコミュニケーション，対話により，他者と協働しながら，答えのない課題に対してよりよい答えを見いだす力をつけることが求められる。これらを学ぶ方法として主体的・対話的で深い学び(アクティ

ブ・ラーニング)がある。学ぶことに興味をもち，粘り強く取り組むといった主体的な態度で学習に取り組み，学習活動における教師や友達とのコミュニケーションや関わりを通した経験や，仲間と協働して活動をすることを通した対話的な学びは特別支援学校での授業づくりにおいてこれまで以上に考えていく必要がある。これらを通して，幼児児童生徒自身が，自ら学んだことを活用する，気づく，考える深い学びがますます求められるだろう。　　　　　　　　　　(細川かおり)

訪問教育

　障害のために通学して教育を受けることが困難な児童又は生徒に対して，家庭や病院などに教員を派遣して教育を行う形態のことである。複数の種類の障害を併せ有する児童生徒の中でも，重度・重複障害児に対する学校教育の展開を果たすべく，昭和 40 年代より取り組まれてきたものであり，養護学校(現在の特別支援学校)の義務制開始により，正式に全国展開された経緯をもつ。近年では，医療的ケア児への対応に向けた特別支援学校への看護師配置等の影響により，対象児童生徒数は減少傾向にあるが，文部科学省による特別支援教育資料によれば，2018(平成 30)年度現在も，2,880 人(小学部 1,242 人，中学部 769 人，高等部 869 人)の子どもたちが，この形態にて教育を受けている。

→医療的ケア 26　　　　　　　(真鍋　健)

キャリア教育(障害児に向けた)

　2011(平成 23)年の中央教育審議会答申では，キャリア教育とは「一人一人の社会的・職業的自立に向けて，必要な基盤となる能力や態度を育てることを通して，キャリア発達を促す教育」とし，キャリア発達を「社会の中で自分の役割を果たしながら，自分らしい生き方を実現していく過程」としている。ニートの増加などを背景に全ての学校でキャリア教育

が取り入れられてきた。

　特別支援教育の分野では，特別支援学校の目的のひとつが「自立」でもあり，障害による困難を克服して，社会の一員として参加していく教育，働く力を育てる教育が目指され，教育課程や教育内容の工夫が，障害児への教育の黎明期から目指されてきた。そのように捉えると，特別支援教育におけるキャリア教育は新しい概念ではないだろう。働く力だけではなくキャリア教育の中に含まれる本人の願い，夢や希望をもてる支援，ライフキャリアなど生活を豊かにする視点なども重要である。

→自立と社会参加 26　　　（細川かおり）

各教科等を合わせた指導

　各教科，道徳科，特別活動，自立活動などの一部または全部を合わせて指導を行うことをいう。例えば「国語」「算数」などと教科別に指導するのではなく，「レストランを開こう」という生活の中にある題材を用いて単元を構成する。そこにはメニューを書く（国語），値段の計算をする（算数）などの内容が入っている。「分けない指導」ともいわれる。

　各教科等を合わせた指導には，「日常生活の指導」「遊びの指導」「生活単元学習」「作業学習」がある。従来から知的障害の教育においては，生活に即した学習が効果的とされて，合わせた指導が広く行われてきた。法的な根拠は学校教育法施行規則第130条第2項に，知的障害及び複数の種類の障害を併せ有する児童，生徒を教育する場合において，特に必要があるときは，合わせて授業を行うことができるとされている。

→日常生活の指導 26，遊びの指導 26，生活単元学習 26，作業学習 26
　　　　　　　　　　　　　（細川かおり）

生活単元学習

　各教科等を合わせた指導の一つである。生活単元学習は，「児童が生活上の目標を達成したり，課題を解決するために，一連の活動を組織的・体系的に経験することによって，自立や社会参加のために必要な事柄を実際的・総合的に学習するもの」である（特別支援学校学習指導要領解説）。生活単元学習は，児童生徒の興味や関心を踏まえて，個人差の大きい集団にも適合すること，自然な生活の中の課題解決を単元のテーマとしており，生活に活かせる力をつけられる。それぞれの子どもの個性に合った役割を果たし協働して達成していく，問題解決型の学習でもある。

　例えば「スマイルレストランを開こう」という単元では，生徒がレストランのメニューを決めて，調理する，レストランのセッティングをする，保護者を招待するという活動である。その中で，メニューを書く（国語），会計を担当する（算数）など広範囲に各教科の目標や内容が扱われることになる。

→各教科等を合わせた指導 26
　　　　　　　　　　　　　（細川かおり）

遊びの指導

　教科等を合わせた指導のうちの一つである。学習指導要領上では「遊びを学習活動の中心に据えて取り組み，身体活動を活発にし，仲間とのかかわりを促し，意欲的な活動を育み，心身の発達を促していくものである」（特別支援学校学習指導要領解説（各教科等編））とされている。主に小学部段階における実施を想定している。大人が場や遊具を限定した環境の中で，やり方をある程度指定し，制約を課した状況で遊ばせる活動形態（課題遊び）から，場や進行に全く制約を課さずに自由に児童が遊ぶ活動形態（自由遊び）まで，あるいは実施場所やグループ編成の仕方などを含めれば，その実施方法は多岐にわたる。一教育課程としての教育的な意図をもちつつも，その展開にあたっては児童の興味関心や主体性に寄り

添うこととの均衡を保つという点で，高い専門性が求められる。

→各教科等を合わせた指導 [26]

（真鍋　健）

日常生活の指導

学校での活動としては登下校，朝の支度や帰りの支度，朝の会，係の仕事，昼食，清掃などであり，毎日，一定時間にほぼ同じように繰り返される。その中で児童生徒の日常生活が充実し，高まることをねらっている。活動の中での具体的な内容としては，基本的生活習慣（食事，排泄，清潔など）やあいさつ，礼儀，きまりを守ることなどが含まれる。特別支援学校学習指導要領解説（各教科等編）では，教科との対応として「生活科」を中心として，特別活動の「学級活動」など広範囲に，各教科等の内容が扱われる。

日常生活の指導は，児童生徒の生活が自立的になるように行われるものだが，子どもにとってやらされる取り組みになってしまうと，日常生活の充実や高まりにはつながらない。児童生徒にとって必然的な状況をつくり，繰り返し積み重ねていけるようにすること，それぞれの子どもが自らできるような援助をすること，また生活年齢にあわせた指導が必要である。

→各教科等を合わせた指導 [26]

（細川かおり）

作業学習

作業学習とは，特別支援学校学習指導要領解説（各教科等編）によると「作業活動を学習活動の中心にしながら，児童生徒の働く意欲を培い，将来の職業生活や社会自立に必要な事柄を総合的に学習するものである」。「作業学習の成果を直接，児童生徒の将来の進路等に直結させること」よりも，「児童生徒の働く意欲を培いながら，将来の職業生活や社会自立に向けて基盤となる資質・能力を育むこと」が重要とされる。このためにはや

りがいや手応えを実感することにより主体的に取り組めることや仲間と協働して作業を達成する経験も社会で共生するためには重要である。

作業活動の種類は，農耕，園芸，紙工，木工，縫製，織物，金工，窯業，セメント加工，印刷，調理，食品加工，クリーニング，事務，販売，清掃，接客など多種多様である。教育的価値の高い作業であること，地域性に立脚した特色があること，協働できること，社会貢献が理解されやすいことが求められる。教科では職業家庭が中心となる。

→各教科等を合わせた指導 [26]

（細川かおり）

下学年適用

学校教育法施行規則第138条や特別支援学校学習指導要領を根拠として，学習に遅れがあるなどの理由にて，学年の教科等を中心に学習を行うことが難しい場合，特別な教育課程による学習を展開することができる。「下学年適用」の場合には，その児童生徒の本来の学年より前の各学年の目標や内容によって替えることを通して，その発達段階や障害特性に応じた学習を保障させる。視覚障害者，聴覚障害者，肢体不自由者又は病弱者である児童生徒に対する教育を行う特別支援学校において，または同様に地域の小・中学校における特別支援学級に適用される。その適用に当たっては，授業時数や児童生徒の実態を踏まえつつ，通常の教育課程や自立活動との関連の中で適切に定めていくことが求められる。

（真鍋　健）

発達障害

国内の法令上では，発達障害者支援法による定義と説明がしばしば引用される。つまり，発達障害とは，「自閉症，アスペルガー症候群その他の広汎性発達障害，学習障害，注意欠陥多動性障害その他これに類する脳機能の障害であってその症

状が通常低年齢において発現するもの」である。なおこの定義は DSM-5 をはじめとした医療分野の診断上の定義とは異なる。これらの発達障害のある子どもが公的な支援を受けることができるようになったのは、福祉分野では発達障害者支援法が施行された 2005（平成 17）年以降であり、学校教育の分野では特別支援教育が始まった 2007（平成 19）年以降と、他の障害種と比べても極めて遅かった。こうした状況から、現在では障害の早期発見・支援はもちろんのこと、通常学級や通級指導教室で適切な支援や指導が行われるよう体制整備が進められてきている。

→発達障害 [20] [45], 発達障害者支援法 [37]
（真鍋　健）

ASD（自閉スペクトラム症） ⇨ ASD（自閉スペクトラム症／自閉スペクトラム障害）[45]

SLD ⇨ LD（学習障害）／ SLD（限局性学習障害／限局性学習症／注意欠陥・多動性障害）[45]

ADHD（注意欠如・多動症） ⇨ ADHD（注意欠如・多動症／注意欠陥・多動性障害）[45]

医療的ケア

学校や在宅等で日常的に行われている、痰の吸引・経管栄養・気管切開部の衛生管理等の医行為を指す。2017（平成 29）年度の調査では、公立特別支援学校においては 8,218 名が、公立の小中学校においては 858 名が日常的な医療的ケアを必要としているとされている。これらの行為は、原則、医療関係の資格を保有

しない者は行ってはいけないものであるが、2011（平成 23）年通知「特別支援学校等における医療的ケアの今後の対応について」ならびにその後の制度改正に伴い、口腔内の喀痰吸引や胃ろうまたは腸ろうによる経管栄養など 5 つの特定行為に限り、研修を修了するなどして認定された場合に、実施することが可能となった。実施にあたっては、看護師や医師をはじめとした医療従事者との連携や役割分担、また日頃からの保護者との関わりを含めて、適切な実施体制を組むことが欠かせない。

→医療的ケア [20]　（真鍋　健）

附則 9 条本

特別支援学校や特別支援学級において使用することが認められた、教科書以外の教育用図書のことを意味する。一般的に小学校や中学校などの学校教育の場においては、数多くの教材を用いた教育活動が展開されているが、その中でも教科書については唯一、文部科学大臣の検定を経ることが、学校教育法第 34 条などの法律によって決められている。これに対して、例外として認められているのが、学校教育法附則第 9 条に規定する教科用図書である。多くの場合、絵本や図鑑が採用されていることが多く、各自治体も各教科用に整理してまとめ、使用を推奨している。その内容を中心とした単元を組んだり、特定の単元の導入部分として使用するなど、その使われ方も様々である。

（真鍋　健）

第3部

保・幼・小の連携・接続

　第3部のテーマは，「保・幼・小の連携・接続」である。既刊の保育・教育に関する辞典を概観しても，就学前教育と初等教育の連携・接続を部として独立させているものは見当たらない。第3部の用語数は少ないものの，このテーマを取り出して部にしたことに本書の特徴があるといえるだろう。

　国内外において，保・幼・小の連携・接続への関心は高まる一方である。しかしながら，「なぜ連携・接続が必要なのか」という本質的な議論は十分に深まらないまま，方法ばかりが先走っていることも否めない。「椅子に座れるように」「先生の話を静かに聞けるように」といった適応論（初等教育への適応を優先する）により，初等教育の前倒しから抜け出せない現場があるのも事実である。

　第3部では，そういった適応論の視点から抜け出し，子どもの学びを就学前教育から初等教育へとつなげる学び論を中心に据え，用語を選定した。そして，識者により，現在の現場の状況も踏まえて，用語解説をしてもらった。就学前教育と初等教育のそれぞれの立場から，関連用語を見てみると，どのような違いがあるのか。同じ用語であっても光の当て方を変えることで，異なる側面が見えるだろう。

　まず，保・幼・小の連携・接続に関して無意識的に使用されている基本的な用語を改めて理解したい。次に，学びをつなげるという観点から重要なキーワードになる「資質・能力」について，読み解く。さらに，保・幼・小の連携・接続に関して，最も現場の関心が高いと思われる「幼児期の終わりまでに育ってほしい姿」を解説した。ここまでが理論編である。そして，実践編として，「カリキュラム・交流活動」「保育者と小学校教員の記録・対話・研修」「保護者との連携・説明」を挙げている。子どもの学びを軸に据え，周辺の活動や人的環境のありようを検討するうえで重要な用語を解説した。最後に，「世界の動向」として，いくつかの国の現状を紹介し，様々な視点や取組に言及した。

　第3部の用語を理解することで，初等教育の目指す先が，就学前教育のそれとさほど変わらないことを実感していただきたいと思っている。大切なのは，子どもの遊び・学びであることに違いはない。

（松井剛太）

⟨27⟩ 連携・接続の基本的な用語

連　携

　「連携（cooperation, partnership）」は，連絡を密に取り合って，一つの目的のために一緒に物事を行うことである。「幼小連携」「保幼小連携」について，酒井（2011）は，幼児期の教育と小学校教育の接続を達成するために，保育所・幼稚園・認定こども園等と小学校が相互に協力することと定義している。具体的には，幼児と児童との交流，教師と保育者との交流や合同研修などを指す。

　交流会は，幼児が安心して小学校への期待をもち，児童も自らの成長を実感できるような互恵性のある活動が望ましい。小学校教師と保育者との交流は，情報・意見交換や合同研修，相互参観等を通じて，「幼児期の終わりまでに育ってほしい姿」を共有するなど，幼児期の教育と小学校教育の理解を深め，発達と学びをつなげることが必要であり，その体制づくりも重要である。また，家庭との連携も中心的課題の一つである（小玉，2017）。幼小接続期における家庭への支援は大切であり，家庭の教育参加などのパートナーシップの視点をもつことが今後必要だろう。

【引用文献】小玉亮子（2017）『幼小接続期の家族・園・学校』東洋館出版社。酒井朗（2011）「保幼小連携の原理的考察」酒井朗・横井紘子『保幼小連携の原理と実践』ミネルヴァ書房，63～77頁。

【参考文献】有馬幼稚園小学校・秋田喜代美（2002）『幼小連携のカリキュラムづくりと実践事例』小学館。　（掘越紀香）

接　続

　「接続（connection）」は，二つ以上のものがつながること，つなぐことであり，「幼小接続」について，酒井（2011）は，幼児期の教育と小学校教育とをつなぎ，円滑な移行を達成することと定義している。より発達と学びの連続性を重視した円滑な接続を目指すためには，カリキュラムでのつながりが重要である。2017（平成29）年改訂（定）の幼稚園教育要領，保育所保育指針，幼保連携型認定こども園教育・保育要領では，小学校以上の教育と同様に，三つの柱から構成される資質・能力，「知識及び技能の基礎」「思考力，判断力，表現力等の基礎」「学びに向かう力，人間性等」を一体的に育むことが目指されている。

　また，小学校学習指導要領の総則には「学校段階等間の接続」が新設され，「特に，小学校入学当初においては，幼児期において自発的な活動としての遊びを通して育まれてきたことが，各教科等における学習に円滑に接続されるよう，生活科を中心に，合科的・関連的な指導や弾力的な時間割の設定など，指導の工夫や指導計画の作成を行うこと」が明記されている。幼児期の教育で育まれた資質・能力を踏まえて，スタートカリキュラム（幼小接続期のカリキュラム）を編成し，実践し，評価して改善を図ることや，小学校での各教科等における学習へと円滑につなげていくことが重要である。

【引用文献】酒井朗（2011）「保幼小連携の原理的考察」酒井朗・横井紘子『保幼

小連携の原理と実践』ミネルヴァ書房，63〜77頁。

→スタートカリキュラム ③ （掘越紀香）

移行

「移行（transition）」は，ある時期や場所から，次の時期や場所へ移り変わることを指す。入園，入学などのライフイベントや転居等によって環境が変わるため，「環境移行」とも呼ばれる（古川，1995）。家庭から保育施設へ，3歳未満児の保育施設から3歳以上児の保育施設へ，保育施設から小学校への移行のように，人生における移行だけでなく，家庭と保育施設，小学校と学童保育と家庭との移行のように，生活の場の移行も含まれる。これらの環境移行は，不安や戸惑い，ストレスなどの困難を生じるが，別の見方や新しい行動様式等を獲得し，新しい人間関係を築く成長の機会ともなりうる。

保育施設（幼稚園，保育所，認定こども園等）から小学校へ移行する小学校入学は，子どもにとって大きな環境移行である。幼児期の遊びを中心とした生活を通しての学びから，児童期の時間割に基づいた各教科等における学習への変化は，教育方法でも生活面でも段差が大きい。このような段差に対応できるよう，保育者と小学校教師と保護者が連携し，滑らかにつながるような指導の工夫や指導計画の作成が求められている。

【引用文献】古川雅文（1995）「学校環境への移行──幼稚園・保育所から学校文化へ」内田伸子・南博文編『講座生涯発達心理学3　子ども時代を生きる──幼児から児童へ』金子書房，27〜59頁。

（掘越紀香）

学びの芽生え

幼児期の教育における学びは「学びの芽生え」と表現され，小学校教育の「自覚的な学び」へと円滑に移行していくことが重要である。2010（平成22）年11月の「幼児期の教育と小学校教育の円滑な接続の在り方について（報告）」では，幼児期と児童期の教育の連続性・一貫性が強調されており，幼児期は「自覚的な学び」へ至る前の発達の段階にある。

「学びの芽生え」とは，学ぶことを意識しているわけではなく無自覚的であるが，楽しいことや好きなことに集中没頭し，人やものと関わることを通じて，様々なことについて学んでいくことであり，幼児期の遊びを通しての学びが該当する。幼児期から児童期にかけては，学びの芽生えから自覚的に学ぶ意識へとつながっていくように，遊びを通じた総合的な指導を行い，学びの芽生えを促す活動を展開することが求められている。

→学びの連続性 ⑭ （掘越紀香）

自覚的な学び

学校教育以降の学びは「自覚的な学び」である。2010（平成22）年11月の「幼児期の教育と小学校教育の円滑な接続の在り方について（報告）」では，幼児期と児童期の教育の連続性・一貫性が強調され，幼児期と児童期の教育の目標は「学びの基礎力の育成」と示されている。

「自覚的な学び」とは，学ぶことについての意識があり，集中する時間とそうでない時間（休憩の時間等）の区別がつき，与えられた課題を自分の課題として受け止め，計画的に学習を進めることである。小学校以降における各教科等の授業を通した学習が該当する。

児童期の教育では，自覚的な学びの確立を図るとともに，好きなことに没頭する中で生じた驚きや発見を大切にし，学ぶ意欲を育てることも重要である。2017（平成29）年に改訂された小学校学習指導要領では，「幼児期の終わりまでに育ってほしい姿」を踏まえた指導を工夫することにより，幼児期の教育を通して育まれた資質・能力を踏まえた教育活動を行い，児童が主体的に自己を発揮しながら学びに向かうことが可能となるよう工夫

することが明記されている。（掘越紀香）

小1プロブレム

　1990年代半ば以降，「学級崩壊」との関連から社会的に注目されるようになった。東京学芸大学（2010）によれば，「小1プロブレム（小1問題）」とは，「小学1年生の教室において，集団行動がとれない，授業中に座っていられない，先生の話を聞かないなど，学級での授業が成り立ちにくい状況が数か月にわたって継続する問題」を指す。当初は学級崩壊の低年齢化とみなされたが，次第に幼児期の発達と教育との関連から論じられるようになった。尾木（1999）は小学1年生の学級崩壊として着目し，全国で問題化した要因として自由保育に言及した。新保（2001）は，小1プロブレムは学級の学びと生活と遊びの機能不全だが，高学年の学級崩壊とは異なり，「集団を形作れない学級『未形成』」状態とした。

　小1プロブレムの要因として，2008（平成20）年1月の中央教育審議会答申では「自制心や規範意識の希薄化，生活習慣の確立が不十分」であり，小学校生活への適応が課題としている。また，幼児期の教育と小学校教育への移行に伴う教育方法や内容，環境等の段差の大きさや，その移行を支える保育者と小学校教師との連携の不足が指摘されている（無藤，2009；福元，2014）。

【引用文献】尾木直樹（1999）『「学級崩壊」をどうみるか』日本放送出版協会。新保真紀子（2001）『「小1プロブレム」に挑戦する』明治図書。東京学芸大学（2010）『平成19-21年度小1プロブレム研究推進プロジェクト報告書』。福元真由美（2014）「幼小接続カリキュラムの動向と課題――教育政策における2つのアプローチ」『教育学研究』81(4)，390～407頁。無藤隆（2009）『幼児教育の原則――保育内容を徹底的に考える』ミネルヴァ書房。　　　　　　　　　（掘越紀香）

28　資質・能力

コンピテンシー

　1950 年代頃から心理学用語として用いられはじめ，アメリカの心理学者のホワイト（White, R. W.）によれば，生物がもつ環境と効果的に相互作用する能力を指す。その後，同じくアメリカの心理学者マクレランド（McClelland, D.）は，ビジネスの世界において，従来の知能テストでは職務上での業績は予測できないという問題意識から，コンピテンシーの概念を広めた。近年では OECD（経済協力開発機構）が 1997 年から 2003 年にかけて DeSeCo（コンピテンシーの定義と選択）プロジェクトを実施し，コンピテンスを，ある特定の文脈における複雑な要求に対して様々なリソースを活用してうまく対応する能力と定義し，「キー・コンピテンシー」を提示している。日本においても，従来の教育が「何を知っているか」という「内容」（コンテンツ）を重視していたのに対し，その知識を活用して「どのように問題を解決するか」という「資質・能力」（コンピテンシー）を育むことが重視されるようになってきている。　　　　　　　　　　　　（水津幸恵）

知識及び技能（幼・小）

　2017（平成 29）年告示・改訂の学習指導要領において，従来の「内容」の習得を目指した教育に対して新たに示された「資質・能力」の一つ。「何を理解しているか，何ができるか」という，生きて働く「知識及び技能」の習得を目指すものとされている。幼児期においては，豊かな体験を通じて，感じたり，気付いたり，分かったり，できるようになったりする「知識及び技能の基礎」を育むこととされている。　　　　　　　　　　　　（水津幸恵）

思考力，判断力，表現力等（幼・小）

　2017（平成 29）年告示・改訂の学習指導要領において，従来の「内容」の習得を目指した教育に対して新たに示された「資質・能力」の一つ。「理解していることやできることをどう使うか」という，未知の状況にも対応できる「思考力，判断力，表現力等」を育成することとされている。幼児期においては，気付いたことや，できるようになったことなどを使い，考えたり，試したり，工夫したり，表現したりする「思考力，判断力，表現力等の基礎」を育むこととされている。　　　　　　　　　　　　（水津幸恵）

学びに向かう力，人間性等（幼・小）

　2017（平成 29）年告示・改訂の学習指導要領において，従来の「内容」の習得を目指した教育に対して新たに示された「資質・能力」の一つ。「どのように社会や世界と関わり，よりよい人生を送るか」という，学びを人生や社会に生かそうとする「学びに向かう力，人間性等」を涵養することとされている。幼児期においては，心情，意欲，態度が育つ中で，よりよい生活を営もうとする「学びに向かう力，人間性等」を育むこととされている。　　　　　　　　　　　　（水津幸恵）

21 世紀型スキル

　ATC21s（Assessment and Teaching of 21st Century Skills）プロジェクトによって提唱された 21 世紀の社会において育むこ

とが必要とされるスキル。「考え方（way of thinking）」「働き方（way of working）」「働く道具（tool for working）」「世界の中で生きる（way of living in the world）」の 4 カテゴリーに計 10 項目のスキルが挙げられている。特に「働く道具」の下位項目としては「情報リテラシー」および「ICT リテラシー」が挙げられ，情報化社会に応じたスキルの必要性が強調されている点に特徴がある。　　　　　（水津幸恵）

主体的な学び

2017（平成 29）年告示・改訂の学習指導要領において，資質・能力を育む学びの在り方（どのように学ぶか）として示された。文部科学省によると，主体的な学びとは，学ぶことに興味や関心をもち，自己のキャリア形成の方向性と関連付けながら，見通しをもって粘り強く取り組み，自己の学習活動を振り返って次につなげる学びとされている。

（水津幸恵）

対話的な学び

2017（平成 29）年告示・改訂の学習指導要領において，資質・能力を育む学びの在り方（どのように学ぶか）として示された。文部科学省によると，対話的な学びとは，子ども同士の協働，教職員や地域の人との対話，先哲の考え方を手掛かりに考えること等を通じ，自己の考えを広げ深める学びとされている。

（水津幸恵）

深い学び

2017（平成 29）年告示・改訂の学習指導要領において，資質・能力を育む学びの在り方（どのように学ぶか）として示された。文部科学省によると，深い学びとは，習得・活用・探究という学びの過程の中で，各教科等の特質に応じた「見方・考え方」を働かせながら，知識を相互に関連付けてより深く理解したり，情報を精査して考えを形成したり，問題を見いだして解決策を考えたり，思いや考えを基に創造したりすることに向かう学びとされている。　　　　　（水津幸恵）

有意味学習

アメリカの心理学者のオーズベル（Ausubel, D. P.）によって提唱された学習の在り方。オーズベルは，学習者が既にもっている知識に関係づけることなく観念を覚えようとするだけの「機械的学習」から，学習者自身が自らの知識と観念を関連づけ，意味づけることを通して学んでいく「有意味学習」を区別して重視した。これに関して，奈須（2017）は，「主体的・対話的で深い学び」を実現する授業づくりの具体的な原理として「有意味学習」を挙げ，子どもの既有知識を授業の導入のみに用いるのではなく，その授業あるいは単元全体を子どもの既有知識を出発点として進めていくことは，子どもが自身の知識を足場に学びを深めることにつながりうることを指摘している。

【引用文献】奈須正裕（2017）『「資質・能力」と学び』東洋館出版社。　　（水津幸恵）

オーセンティック（真正）な学び

「オーセンティック（authentic）」は「著者性（authorship）」と同一の語源から派生した語であり，主体（著者／読者）の内部における真実性（「内なる声」）の探求の主体的行為を意味する。これを踏まえた佐藤（1994；2012）によれば，オーセンティック（真正）な学びとは，教科の本質に根差した学びであり，その教科における対象との対話を通した探究によってなされるものである。例えば，アメリカの数学教師であり教育学者であるランパート（Lampert, M.）は，教師が数学の解法を伝達する授業ではなく，数学者が行うように子どもが数学の真理を探究し，子ども同士が語り合いながら理解を深めていく授業の在り方を，子どもを「真正の数学活動に携わらせる実践」として提案している（ランパート，1995）。

【引用文献】佐藤学（1994）「教室という

政治空間——権力関係の編み直しへ」森田尚人・藤田秀典・黒崎勲・片桐芳雄・佐藤学編『教育のなかの政治』世織書房，3〜30頁。佐藤学（2012）『学校を改革する——学びの共同体の構想と実践』岩波書店。ランバート，M.／秋田喜代美訳（1995）「真正の学びを創造する——数学がわかることと数学を教えること」佐伯胖・藤田秀典・佐藤学編『学びへの誘い』東京大学出版会，189〜240頁。

（水津幸恵）

[29]　幼児期の終わりまでに育ってほしい姿

幼児期の終わりまでに育ってほしい姿

「育みたい資質・能力」と同様に，保育所保育指針，幼稚園教育要領，幼保連携型認定こども園教育・保育要領の共通記載項目である。保育所，幼稚園，幼保連携型認定こども園における保育のねらい及び内容に基づいて，乳幼児期にふさわしい生活や遊びを積み重ねることで各施設において「育みたい資質・能力」が育まれた際の子どもの姿である。注意すべきは，この「姿」は個別に取り出して指導される類のものではなく，到達目標ではない点である。また，この「幼児期の終わりまでに育ってほしい姿」は，小学校教諭とも共有し，乳幼児期の発達の個人差に配慮しつつ，円滑な接続を図るために活用されることが望まれるものである。その際に，幼児教育と小学校教育における子ども観や教育観，子どもの生活が異なることに留意し，保育者と小学校教諭が緊密な連携のもと，子どもの姿の共有ができるようにすることが重要である。　　　（上村眞生）

健康な心と体

領域「健康」等で示される内容であり，他者との信頼関係の下で，自分のやりたいことに向かってのびのびと取り組む中で育まれるものである。さらに，「育みたい資質・能力」における「学びに向かう力」や「人間性等」にも大きく関わる姿である。ただし，領域「健康」のみで育まれるものではなく，保育活動全体を通して育まれることに留意する必要がある。園生活を通して，自身の健康に関心をもち，衣服の着脱，食事，排泄等の生活行動や，衛生管理，休息の重要性を認識し，自ら進んで心身の健康を増進しようとする姿である。また，緊急時の適切な行動についても避難訓練等を通して身に付ける必要がある。こうした幼児期の姿は，小学校生活においても様々な活動を十分に楽しみ，のびのびと行動する力へとつながる。　　　　　　　（田中沙織）

自立心

領域「人間関係」等に示される内容であり，育みたい資質・能力の一つ「学びに向かう力」にも関連している。生活や遊びの中で身近な環境に主体的に関わり，時には迷ったり失敗したりしながら自分の力で取り組むことによって育まれる。基盤となるのは保育者との信頼関係である。信頼する保育者に見守られ，認められる経験を積み重ねることによって自信を深め，自己を発揮することができるようになる。その中で自分がしたいことやしなければならないことを自覚するようになる。具体的には，砂場の型はめ遊びの際，うまく形ができずに砂を掘る場所を変えたり，水の量を調節したりと工夫や試行錯誤をすることで成功し，仲間や保育者から認められることで達成感を得ることができる。このような場面はその他の生活や遊びの場面においても多く見られる。そのため，「自立心」は領域「人間関係」のみでなく他の領域とも関連が深いことに留意する必要がある。
（阿南寿美子）

協同性

領域「人間関係」などで示される，友

達の存在への気づきや尊重する気持ち，関わりのあり方等について，「ねらい」を達成したものである。保育者との信頼関係を基盤として，友達のしていることへの興味から，徐々に友達への興味・関心へと広がっていく。そのため，生活や遊びを通して子ども同士がつながることができるよう配慮する必要がある。友達との関わりでは，喜びや楽しさ，悔しさなど多様な感情を経験しながら，次第に共通の目的を見出し，実現に向けて互いに協力する姿が見られるようになる。具体的には，積み木で基地を作る際，何の基地なのか，出入り口をどこにするのかなど，互いのイメージをすり合わせながら，工夫したり協力し合ったりする姿などがある。子ども同士の関わりは保育全体を通して行われる。友達と関わりながら遊ぶ楽しさや共通の目的が実現する喜びを味わうことができるよう配慮することで達成される姿である。　（阿南寿美子）

道徳性・規範意識の芽生え

　領域「人間関係」等に示されているものである。子どもは園生活の中で様々な人や事物との交互関係を経験して，他者と共にある生活場面で必要とされる道徳性・規範意識の芽生えが育まれる。「道徳」という言葉は，人類の長い歴史の中で古今の哲学者によっても問い続け語られてきた，共通理解が非常に難しい言葉であるが，ここでは他者の心情への想像力や共感性，利他性などの向社会的行動，自分の行動を調整する力として捉える。またこれらの人間関係を通して，生活の中で例えばルールをお互いに認識して作り上げていくこと，そのルールを守るといった規範意識が芽生える。このことには相互の信頼関係の成立が必要である。道徳性の芽生えと合わせて，人として他者との折り合いをつけながら，自律的に生きていくすべを身につけていくための礎をもたらすものである。　（山根正夫）

社会生活との関わり

　「社会生活との関わり」は領域としては「人間関係」が主となるが，「環境」にも関わるものである。子どもたちは，親や祖父母兄弟姉妹などの家族のほか，自分の生活に関係の深い身近な人々との関わりの中で育まれ，世界が広がる。家族は子どもにとって一義的な社会集団であり，安全安心な環境であることが求められるが，そこから自分の生活圏の中で地域の様々な人々と出会い，そこでの人間関係の中で様々な関わり方が育まれる。身近な他者や地域の様々な社会資源との出会いから，自分の生活に必要な情報を取り入れ，社会生活を送るうえでの適切な判断や情報を利用する力が育まれることとなる。環境に働きかけ，環境からの影響を受けていく過程の中でもたらされる様々な体験や知識をもとに，適切に情報を判断し利用していくことが，子どもの育ちにつながっていく。　（山根正夫）

思考力の芽生え

　子どもは，周囲の環境に好奇心をもって積極的に関わる中で新たな発見を楽しんだり，様々な事象への興味・関心を駆り立てられる。そのため保育者は，保育の環境構成には十分配慮する必要がある。そして，そのような環境の中で育つ子どもは，遊びや生活の中で物の性質や仕組みなどを感じ取り，それらを生かして考えたり，予想したり，工夫したりするようになる。さらに，友達などの自分と異なる他者の考えに気づき，葛藤したり，主張したり，調整したりすることで，思考する喜びを味わうようになる。このような姿が「思考力の芽生え」であり，小学校以降の生活や学習，様々な体験において，主体的に問題を解決する態度へとつながる。　（田中沙織）

自然との関わり・生命尊重

　領域「環境」などに示される，身近な動植物との関わりや自然，事象への好奇

心，探究心，愛情，畏敬の念等について，「ねらい」を達成した具体的な姿として示されているもの。ただし，乳幼児の発達は総合的であるため，領域「環境」によってのみ育まれるのではなく，保育活動全体を通して育まれることに留意しなければならない。具体的な保育場面としては，昆虫や小動物の飼育，花・野菜等の栽培が一般的であるが，その他にも季節の移り変わりや天体といった自然現象や事象について扱うこともある。そのため，保育者の意図通りに常に環境が構成できるわけではなく，周到な準備と相応の知識が必要となる。また，衛生・安全面への配慮や動植物の命と関連することから，保育者主導の関わりとなりやすく，子どもたち自らが身近な動植物や自然，事象へ関心をもって関わろうとするよう十分に配慮することで達成される姿である。　　　　　　　　　　（上村眞生）

数量・図形，文字等への関心・感覚

領域「環境」などに示される，物の性質や数量，標識や文字等への関心・感覚について，「ねらい」を達成した具体的な姿として示されているもの。ただし，乳幼児の発達は総合的であるため，領域「環境」によってのみ育まれるのではなく，保育活動全体を通して育まれていることに留意しなければならない。保育所の生活や遊びの中で，子どもたち自らが数量や図形，標識や文字などに関心をもって関わろうとするよう十分に配慮することで達成される姿である。保育場面においては，朝の集まりの「お名前呼び」や，毎日の「読み聞かせ」，遊びの順番を待つ際の1から10までの「数え歌」など，保育におけるあらゆる場面で子どもたちが触れる機会を作ることが重要である。　　　　　　　　　（金谷めぐみ）

言葉による伝え合い

領域「言葉」「表現」等で示されているように，自分が経験したことや考えたことを言葉で表現し，相手の話を興味をもって聞くことなどを通して育まれていく姿である。このような姿を育むためには，日常的な親しい大人との関わりや友達との言葉を使ったやりとりが重要であり，保育の中で絵本や物語に親しむ経験を十分に積むことが必要である。さらに，子どもが自身の感情を表現しようとする際に，気軽に言葉を交わすことができる雰囲気を作ることや，適切な言葉の付け加え等，保育者自身が子どものモデルとしての役割を果たすことも必要である。こうした姿は，小学校生活においても他者との関係構築のためのコミュニケーションや学習場面での自身の考えの表出・他者の考えの受け止め，それらを通して共に思考を深めるうえで重要となる。　　　　　　　　　　（上村眞生）

豊かな感性と表現

領域「表現」などに示される，日常生活の様々な場面で育まれる豊かな感性や表現する力，創造性等について，「ねらい」を達成した具体的な姿として示されているもの。ただし，乳幼児の発達は総合的であるため，領域「表現」によってのみ育まれるのではなく，保育活動全体を通して育まれていることに留意しなければならない。自然や人々など身近な周囲の環境との関わり，また保育活動における音楽，造形，身体表現等を通して育まれる。様々な素材や用具等に触れ，子どもたち同士で多様な創造的表現を経験することができるよう，意図的な環境構成が必要となる。保育者自身が豊かな感性をもち，共感をもって子どもの気づきを受け止め，表現を認め合い，さらなる意欲につなげられるよう十分に配慮することで達成される姿である。　　　　（金谷めぐみ）

30　カリキュラム・交流活動

接続期カリキュラム

　幼児期と児童期における発達の連続性に配慮して編成される，就学前後を見通したカリキュラムのことである。保育所・幼稚園・認定こども園等で取り組む「アプローチカリキュラム」と小学校で取り組む「スタートカリキュラム」の総称として一般的に理解されている。接続期カリキュラムを作成する際のポイントとして，以下の3点が考えられる。第一に，幼児期から児童期までの育ちと学びの連続性を踏まえた教育内容を構想することである。第二に，保育者と教師が協働して作成することである。アプローチカリキュラムに小学校教諭の発想を，スタートカリキュラムに保育者の発想を組み込むことで，より連続性が担保されるだろう。第三に，長期的な時間軸から，保育教育内容の接続を意識することである。可能であれば4歳の保育内容から，小学校低学年教育までのスパンで保育教育内容の関連性を意識できると良いだろう。

　　　　　　　　　　　　　（岡花祈一郎）

遊びと教科

　子どもの遊びは総合的な学びである。子どもたちの遊びには，「○○を身につけるために遊ぶ」といった目的合理的な発想はない。遊ぶこと自体が目的であり，その経験を通して無意識の中で様々なことを学んでいる。その一方で，教科では，各単元にねらいがある。教師と児童はこのねらいを踏まえ，以前学習したことと現在学習していることを関連付けながら理解するなど，より自覚的な学びが求め

られる。その意味で，遊びは総合的で，教科学習は教科という系統に分かれ区分されている点で分析的な特徴がある。しかしながら，遊びの中にも分析的な思考が生まれることもあるし，教科学習のなかにも合科的，教科横断的な発想は必要とされる。重要なことは，遊びの経験で得た興味関心を，教科の学習の中に見いだし，探求していく姿勢を育むことである。

　　　　　　　　　　　　　（岡花祈一郎）

アプローチカリキュラム

　就学前の幼児が円滑に小学校の生活や学習へ適応できるようにするとともに，幼児期の学びが小学校の生活や学習で生かされてつながるように工夫された5歳児のカリキュラムのことである。一般的に5歳児クラスの9月頃から3月頃までの期間のカリキュラムを指す。アプローチカリキュラムは，学習の準備をするためのプログラムではない。つまり，ひらがなの習得など小学校の学習に求められる準備をする保育内容を組み込むことではない。子どもたちが抱く「なぜ」「どうして」といった不思議に思う気持ちを大切に，保育者や友達と一緒に考えること，また問題に向き合い探求する活動を保育内容の中心におくことがポイントである。遊びと生活を通して育まれる学びに向かう姿勢や態度が小学校への学びへとつながっていくのである。

　　　　　　　　　　　　　（岡花祈一郎）

スタートカリキュラム

　幼児期の育ちや学びを踏まえて，小学校の授業を中心とした学習へうまくつな

げるため，小学校入学後に実施される合科的・関連的カリキュラムのことである。入学に際して，子どもは期待と同時に，大きな不安を抱いている。第一に，スタートカリキュラムの基礎は，安心して小学校生活をスタートできるよう，先生や友達と関わることが楽しいと思える活動を組み込むことである。第二に，幼児期の経験を小学校の学習につなげることである。就学前の乳幼児期に遊びを通して，考えたり，工夫したり，友達と協力したり，話し合う経験をしてきている。これら幼児期の経験を踏まえ，教科の学習につなげていくことが大切である。第三に，時間割や学習形態を柔軟に考えることである（45分自分の席に座ることを求めるのではなく，15分の区切りで考え，最初は車座で手遊びや絵本の読み聞かせから入るなど）。教師には子どもたちのリズムに合わせた柔軟な対応が求められる。

（岡花祈一郎）

スタートカリキュラムスタートブック

　はじめてスタートカリキュラムを作成する際に，参考になるのが，「スタートカリキュラムスタートブック」である。文部科学省国立教育政策研究所教育課程研究センターが2015（平成27）年に作成したものであり，Webからも入手可能である。この中には，スタートカリキュラムが必要な理由，スタートカリキュラムの実施の仕方，校内組織をつくりカリキュラムマネジメントをしていく手法などが，具体的かつわかりやすく解説されている。また，保育所・幼稚園・認定こども園の保育者と協同してスタートカリキュラムを作成したり，連携する際もこのスタートブックを活用すると良いだろう。なお，文部科学省国立教育政策研究所教育課程研究センター編『発達や学びをつなぐスタートカリキュラム——スタートカリキュラム導入・実践の手引き』（2018，学事出版）からは，生活科を中心

としたスタートカリキュラムの実践例や評価やマネジメントの方法，校内組織の立ち上げ方など詳細な手がかりが得られる。

（岡花祈一郎）

交流活動

　小学校への接続に向けて，就学前の子どもと小学生の交流活動がある。運動会やお招き会など，就学前の幼児と小学生が交流することを目的とした活動のことである。交流活動を計画実施するにあたって以下の3つのポイントが重要である。第一に，計画段階から保育者と小学校教諭が連携して計画を立てることである。一方的な依頼や計画では，接続について十分な効果が得られにくいことが多い。第二に，幼児と児童の両者にとって互恵的な活動となるよう工夫が必要である。交流活動の多くが，小学生がお世話して，幼児がお世話される関係になることがある。しかし，幼児は遊びの中で主体的に学ぶ経験を積み重ねている。こういった，幼児の主体性を活かした活動を計画する配慮も必要だろう。第三に，無理なく継続できる形態の交流活動を重視することである。保育者と小学校教諭が気軽に連携がとれ，負担なく交流活動ができるように柔軟に構成できるように配慮する必要がある。　（岡花祈一郎）

学校ごっこ

　小学校の生活をごっこ遊びとして組織的に行う保育実践であり，保育者が「小学校教員役」となり，子どもたちが「児童生徒役」となって行うプログラムである。このようなアプローチカリキュラムとしての学校ごっこは，遊びの要素を最大限取り入れていることがポイントである。保育者は言葉づかいや振る舞いを含め小学校の先生になりきる。また普段の保育とは異なり，学校ごっこのスタートにはハンドベル等で録音したチャイムを鳴らしてみる。このような学校の装置が，ごっこ遊びを楽しくする。また内容とし

ては，グループで，箱の中身を当ててみよう，どちらのジュースを飲みたいかな，など理科の実験やクイズ形式で協同で考える発想を入れる。また，宿題として，「白いものを3つ考えてくる」などを保護者に協力してもらいながら家庭でも取り組むようにすることもできるだろう。子どもたちは，学校ごっこを通して，小学生になる自分をイメージしながらごっこ遊びの中で小学生として振る舞う。このような学校ごっこは，保育施設で可能な，学校生活への準備として有効だろう。

（岡花祈一郎）

31 保育者と小学校教員の記録・対話・研修

要　録

　保育所児童保育要録，幼稚園幼児指導要録，幼保連携型認定こども園園児指導要録がある。園児の学籍並びに指導・保育をどのように行ってきたかについての経過やプロセスを要約し記録する。どのような指導を基に園児自身が育ってきたのかについて，その育ちのプロセスがわかるようにする。次年度の担任や小学校と情報を共有するとともに，指導の参考となるもの。幼稚園及び認定こども園では教育課程の履修の証明をする目的ももつ。2017（平成29）年の保育所保育指針，幼稚園教育要領，幼保連携型認定こども園教育・保育要領の改定（訂）に伴い，保育所，幼稚園，認定こども園の各要録様式の共通化が図られ，「学年の重点」「個人の重点」「指導上参考となる事項（保育の展開と子どもの育ち）」などが共通事項として記載されたこと，また各要録の「最終学年の指導に関する記録（保育に関する記録）」に「幼児期の終わりまでに育ってほしい姿」（10の姿）が組み込まれたことで整合性がとられた形となった。

　施設長の責任の下，担当の保育士及び教諭・保育教諭が記載し，保護者から請求があった場合はこれを開示する。抄本または写しを就学先の校長に送付し，原本はその子どもが小学校を卒業するまでの間保存することが望ましいとされる。ただし学籍等に関する記録は20年間保存することが望ましいとされる。

（田島大輔）

サポートファイル

　発達に課題がある子どもに包括的な支援が継続されるよう，家族や関係機関で情報を記入し，共有するためのツール。その子の普段の生活の様子や家族の思い，今まで受けてきた支援の内容等，必要な情報を記録でき，ファイルを提示することで支援者が変わってもスムーズに情報を共有することができる。様式は各自治体によって異なるが，特に支援が変わりやすいライフステージの移行期においての活用が見込まれ，幼少期から就学，就労までを見通してファイルのシートが作成されている。教育，福祉，医療，保健，労働等の関係機関に提示し，今までの経過を把握してもらうとともに，適切な支援を受けるために活用される。家庭にはそのファイルの管理・保管や定期的に内容を見直すこと，扱う機関には個人情報への配慮が求められる。　　　（古賀琢也）

段　差

　乳幼児期の教育と小学校教育には，内容や方法，形態の違いがあり，物理的に大きな段差がある。これまでは「小1プロブレム」等の問題が顕著化していたこともあり，段差自体をなくそうと努力がみられた。しかし，近年現行の保育所保育指針，幼稚園教育要領，幼保連携型認定こども園教育・保育要領と学習指導要領において，統一した用語が使用されるなど，段差をどのように越えていく力を身につけていくか，接続をどう支援するかという議論に変わりつつある。それは，形態や方法の違いを近づけることよりも，

園児や児童の育ちに着目していく視点である。それぞれの区切りにおいて，一定のまとまりの育ちを目指すものの，育ちは連続しているという生涯発達の概念から考えていく必要性が議論されている。

段差の有無や是非論ではなく，段差を乗り越えていく力がどのような育ちにつながるのか，段差の中でもなめらかにしておく必要があるものは何かについて，議論していくこと自体が大切になる。

（田島大輔）

合同研修会

保幼小の接続が求められる中で，それぞれの教職員が合同で参加する研修会。幼児教育と小学校教育の内容や指導方法の違い・共通点，あるいは自分達の中で見えにくかった問題点など互いの特徴を知り，充実させることで園児や児童の育ちにつなげ，円滑な接続を目指す。

幼児教育が小学校教育の先取りでないことを踏まえ，その時期に育みたいことや「幼児期の終わりまでに育ってほしい姿」（10の姿）を通して，幼児期における育ちや学びへの理解を図ると同時に，学校教育における学びの理解も深めていく機会にする。また，幼児教育から高等教育までを見通した「育みたい資質・能力の三つの柱」を基に，保育所，幼稚園ではアプローチカリキュラム，小学校ではスタートカリキュラム等を基にして育ちの連続性を考える機会にしていくことが求められている。互いの良さを尊重しつつ，各々の学校種の独自性も大切にしていくことが必要である。　（田島大輔）

保育参観／授業参観

小学校教諭が幼稚園・保育所の保育を参観，あるいは幼稚園教諭・保育者が小学校の授業を参観し，互いの保育・教育の内容や方法について理解を深めるための取り組み。実際の姿や1日を通した生活の流れを見ることで，合同研修だけではわからない具体的な子どもの姿と，そ

こへ保育者・教員がどのように関わっているのかを見ることができる。小学校の教員にわかりにくいといわれる「遊びを通した学び・育ち」「環境」など幼稚園・保育所ではよく使う言葉について，具体的な場面を通して理解を深めることができる。また保育者にとっては卒園した子どもたちがどのように学び，過ごしていくのかを知る機会になり，互いの育ち・学びの連続性を考えるきっかけともなる。実際に子どもと関わりながら様子を知る保育参加・授業参加の取り組みもある。

（古賀琢也）

人事交流

異なる園同士あるいは学校種同士で年度の区切りなどの一定期間，保育者・教員の勤務先を入れ替えて勤務する取り組み。幼稚園と小学校あるいは小学校と中学校，中学校と高等学校など縦の人事交流と，幼稚園と保育所などの横の人事交流がある。教育方法や内容などが異なる文化に身を置くことで，元の園や学校の良さを知る機会ともなる。それぞれの良さを理解したうえで，元の職場での実践を充実させることや園，学校間での連携，滑らかな接続に資することが期待される。校種間を跨いで指導するには隣接の教員免許状や資格を有することが必須の条件となり，勤務先が替わる間の身分保障や給与保障が必要である。そのため公立や大学附属の幼稚園，保育所や小学校等に取り組みが限られる傾向がある。

（古賀琢也）

幼児教育長期派遣研修

主に小学校の教員が幼稚園あるいは保育所に複数年担任として勤務し，幼児教育の特徴や特性を知り，小学校教育，保幼小連携に活かす研修。小学校1年生の教育がゼロからのスタートではなく，幼稚園，保育所などの土台の上にあるということの実感につながる。幼児教育の特徴でもある環境，子ども一人一人の言葉

や気持ちに寄り添う個の観点，保護者と接する機会の違いに触れる機会となる。また，子どもの遊びから広がる保育実践，総合的な指導への理解などから授業展開にも変化が見られ，スタートカリキュラム，生活科に活かされる報告がなされている。「人事交流」と同様に，教員免許・資格の問題，派遣が公立や大学附属の小学校から同様の幼稚園，保育所に限定されるなどの課題がある。　　（古賀琢也）

意見交換会

接続に関する，双方の意見を交換する会。特にこの場合学校種が変更になる幼稚園・保育所・認定こども園と小学校などで行われる。要録の内容を議論したり，スタートカリキュラム，アプローチカリキュラムについての理解を深め検討して

いく。双方のカリキュラム上の違いや形態の違いなどを理解しつつ，園児の育ちをどのように考えていくのかについてそれぞれの立場から考えていく。授業や保育を公開してから行うことで，より効果を発揮することもある。

また幼稚園・保育所・認定こども園と小学校だけでなく，中学校の学区にある公私立のそれぞれの園・学校と教育委員会などの行政と共に，園児・児童の育ちをどのようにして見ていくか，考えていくかを学校種や公私立を越え，地域で支えていく機会にしている事例もある。

問題点や違いに着目するよりも，それぞれの育ちを基に，各々の立場から意見を交換することが大切になってくる。

（田島大輔）

32　保護者との連携・説明

保護者の期待と気がかり

　わが子が小学校へ行くことに関して，保護者の期待と気がかりは表裏一体である。子どもに関する気がかりには，学習についていくことができるのか，登下校等，学校生活にスムーズに馴染むことができるのか，友達関係でいじめ等のトラブルが起きないか等がある。その一方，親自身に関する気がかりもある。入学までに何をどのように準備しなければならないのかということだけではなく，PTAの役員等も含めた，親同士の人間関係等の気がかりもある。それとともに働く母親は，自身の仕事と子育ての兼ね合いが取れるのか，そのために何をしたらいいのか等，自身の働き方に関しても問われるのである。保育者は，保護者が子どもの入学に向けて，多様な心情を抱えていることを認識しながら，様々な機会を捉え，その思いを傾聴し，必要な情報を提供していく必要がある。　　　（津川典子）

小学校への準備

　保護者の小学校への準備として，2つの視点が必要である。1つの視点は，保護者自身が乳幼児期の学びについて理解し，その学びが，小学校での学びにつながっているということを認識しているということである。それにより，保護者は安心し，自信をもって子どもを小学校へ通わせることができる。ただしそのことは，入園から卒園までの日々の園・所生活において，保育者の専門的な子育ての支援により育まれる。2つ目の視点は，年長児の保護者が，最近の小学校の様子や入学準備に関する情報等を得ることである。そのために保育者は，一般的な入学に向けての情報を集めるとともに，園・所をめぐる地域の小学校からの情報，卒園生の保護者など，先輩保護者からの情報等，具体的な情報も収集する必要がある。それらの情報を内容，伝える方法，情報を受け取る保護者の状況等を考え合わせながら，適宜伝えていく必要がある。　　　（津川典子）

就学時健康診断

　学校保健安全法第 11 条により市町村教育委員会に対し義務づけられている健康診断である。目的は，学校生活に向け，保護者や子ども自身が健康上の課題を認識し，治療や生活を整えていくことである。それとともに親子にとっては，事前に学校へ行く機会ともなる。園・所は，保護者に健診を受けることの意義等を伝えるとともに，健診後，治療等の情報を共有し，治療等の継続を支えていく必要がある。また，学校保健安全法第 12 条では，「健康診断の結果に基づき，治療を勧告し，保健上必要な助言」を行うとともに，場合によっては「就学に関し指導を行う等適切な措置をとらなければならない」としている。このことは，保護者に精神的負担をもたらす。場合によっては，怒りや不安や悲しみのために混乱することもある。園・所は，その保護者の思いを聴き，気持ちに寄り添い，保護者をエンパワメントしていく必要がある。　　　（津川典子）

クラスだよりの工夫

「クラスだより」には，行事予定・報告，最近のクラスの様子，家庭へのお願い事などが，前年度の形式に倣って書かれていることが多い。しかし「クラスだより」を子育ての支援のためのツールとして捉える必要がある。例えば，クラスの様子を伝えるにしても，今，子どもたちが何をしているのかだけではなく，その中で子どもたちが何を学び，何が育っているのかを伝える必要がある。そして年長児クラスにおいては，その育ちが学校生活においてどのようにつながっているのかを様々な学校に関する情報とともに，わかりやすく伝える必要がある。そのためには，「幼児期の終わりまでに育ってほしい姿」（10の姿）等が参考になる。また，先輩保護者からの当事者ならではの具体的な体験に基づく記事を載せることも，保護者にとってはとても貴重な情報となる。また，読み手である保護者からの意見を募り，「クラスだより」をお互いの思いの交流の場とすることも有効である。　　　　　　　　（津川典子）

ホームページの工夫

ホームページには，園・所に在籍している保護者だけでなく，入園のための園探しをしている保護者，地域の人々等，様々な立場の人がアクセスする。そのことから，ホームページにおける保・幼・小連携に関する情報は，保護者のみではなく，地域に向けての発信も意識する必要がある。園・所として，何を目的としながら具体的にどのような取り組みをしているのかを伝える。このことにより，地域の保・幼・小連携に関する理解が深まるだけではなく，保護者の小学校入学に向けての視野も広がる。具体的な内容としては，4つの視点がある。1点目は保・幼・小の子ども同士の交流について。2点目は，保育者と小学校教員の交流や研修について。3点目は「アプローチカリキュラム」「スタートカリキュラム」「保育（指導）要録」等，保育・教育の専門家としての連携システムについて。4点目は「保・幼・小連携協議会」等，地域における取り組みについてである。
　　　　　　　　　　　　　　（津川典子）

面談のもち方

年長児の保護者との面談においては，小学校入学に向けての家庭での子どもの様子を聴くとともに，個々の子どもが，これまでの園・所における経験により何が育ったのか，何に興味をもち，得意なことは何なのか，また苦手なことは，どのような援助の工夫をすれば取り組むことができるかを保護者と確認し合う。それにより保護者は，小学校入学に向けて安心感を得るだけではなく，子どもの園・所での学びを小学校へつなぐキーパーソンとなりうる。また，保育者も保護者と認識を共有することで，保育要録・指導要録等を書くための視点を整理することができる。効果的な面談にするために，園・所は日々の記録の中に，個々の子どものエピソードやそのエピソードから得た育ちの見取り等を記録しておき，それらを利用しながら具体的な視点で話し合うことが大切である。また記録の中に写真があると，お互いの理解はより一層深まりやすい。　　　　　　　（津川典子）

出生順位への配慮

子どもの出生順位により，保護者の経験値が変わってくる。子どもの小学校入学が初めてである長子，一人っ子の保護者にとっては，全てがわからないため，必要以上に緊張している場合がある。また入学に関する情報の多さや，聞き慣れない言葉に，情報内容が理解できなくなっている場合もある。そのような時，実際に子どもを小学校へ通わせている中間子，末っ子の保護者のような経験者の情報は，とても役立つ。保護者視点の情報は，長子，一人っ子の保護者に安心感

を与え，情報を程よく整理するのに役立つ。また，情報発信する中間子，末っ子の保護者にとっても，小学校生活に慣れているため，大まかに捉えていたことを他者に伝えることで，再度確認する機会にもなる。長子，一人っ子の保護者にとっても，中間子，末っ子の保護者にとっても，小学校について気楽に話し合い，交流できるようなクラス懇談会等の企画が有効と考えられる。

（津川典子）

33 世界の動向

就学準備型

2006年にOECD（経済協力開発機構）によって発行された *Starting Strong*（人生の始まりこそ力強く）の第2版において示された概念で，世界各国の幼児教育を2つに類型化した際の片方を指す。

世界各国の幼児教育を概観したときに，学童期への就学準備や学校へのレディネスを重視するタイプ（readiness for school）と幼児期を生涯学習の基盤として位置づけ，保育・教育に対して包括的なアプローチ（social pedagogy）をとるタイプに分類される。

そのうち，就学準備型とは前者を指す。特徴として，将来の生産性の高い知識労働者の育成を目標に，標準化されたカリキュラムを教師主導で実施し，学習とスキルに焦点化した評価を重視しているといわれている。アメリカ，イギリス，フランスなどが就学準備型のアプローチであることが知られている。　　　　（松井剛太）

生活基盤型

2006年にOECD（経済協力開発機構）によって発行された *Starting Strong*（人生の始まりこそ力強く）の第2版において示された概念で，世界各国の幼児教育を2つに類型化した際の片方を指す。

世界各国の幼児教育を概観したときに，学童期への就学準備や学校へのレディネスを重視するタイプ（readiness for school）と幼児期を生涯学習の基盤として位置づけ，保育・教育に対して包括的なアプローチ（social pedagogy）をとるタイプに分類される。

そのうち，生活基盤型とは後者を指す。特徴として，現在の子どもをコミュニティの一員として捉え，子どもの興味関心や学びに合わせた柔軟的な運用のカリキュラムであり，幅広く生活全般から幼児教育の成果を探り，記録を中心に多様な方法で評価することを重視しているといわれている。ドイツ，スウェーデンなどが生活基盤型のアプローチであることが知られている。　　　　　（松井剛太）

SSV

2017年にOECD（経済協力開発機構）によって発行された *Starting Strong*（人生の始まりこそ力強く）の第5版。

幼児教育・保育から小学校への移行（Transitions from Early Childhood Education and Care to Primary Education）が主題とされ，世界各国における移行に関する政策と実践の状況を報告し，子どもを中心に据えて幼児教育・保育から小学校への移行を考える議論を喚起した。すべての子どもにとって質の高い移行を準備することが必要であることを強く主張している。その実現のためには，幼児期における多種多様な施設のガバナンスや保育者と小学校教諭の協力体制，カリキュラムの同調性などが挙げられている。

日本においても，移行は単なる小1プロブレムの解消に留まらず，子どもの学びや育ちの接続として捉えられてきており，スタートカリキュラムなど政策にも反映されている。

→ OECD「人生の始まりこそ力強く」報告書 [17]　　　　　（松井剛太）

アメリカの連携・接続

　アメリカでは，個々の州によって制度が異なるが，幼稚園は公立小学校に付設され，無償で義務教育と位置付けている州もあり，就学準備の側面が強い。カリフォルニア州の場合，教育省が「California Preschool Learning Foundations」というガイドブックを出している。第1部には社会的−情動的発達，言葉とリテラシー，英語の言葉の発達，第2部にはアート，身体的発達，健康，第3部には歴史−社会科学，科学という3部構成となっている。また，「California Preschool Curriculum Frameworks」には，学習を子どもの遊びに意図的に組み込む方法のアイデアが含まれている。これらは，幼児期の発達を踏まえ，どのような関わりや支援，環境設定が望ましいのか，また，教材を子ども向け及び教師指導の活動で用いたり，子どもの知識，スキル，ニーズ，興味に基づいて個別のカリキュラムを作成したりする際に参照され，義務教育段階での標準的な授業教科（英語，数学，社会学，米国の歴史及び地理，世界史，文化，地理，アメリカ政府，経済，生物，自然科学，体育，外国語）への就学準備につながっている。　　　　　　　　　　　　（河口麻希）

カナダの連携・接続

　カナダは世界で2番目に大きい国土をもち，10の州と3つの準州をもつ連邦国家である。英語圏とフランス語圏が存在するように，多文化主義の立場をとっており，多民族の「同化」を否定し，それぞれの民族における文化を尊重しつつ，国を発展させる方針を理念としている。カナダは自由主義的な国家体制のもと，各州に大幅な自治権が認められているため，州ごとに保育・教育に関する政策も異なるのが現状である。しかし，幼稚園の全日制化，及び地域や子ども一人一人の文化的多様性を含めた実践が志向されている点は全国で共通しているといえるだろう。

　連携・接続に関しては，各家庭の事情や文化を尊重しつつ，英語，もしくはフランス語の習得を促す姿勢から，家庭への啓発を政策の柱にする州が多い。例えば，ブリティッシュコロンビア州では，「Ready, Set, Learn（位置について，よーい学習）」という保護者向けの冊子が13か国語に翻訳され，小学校への準備を促している。　　　　　　　　　　　　（松井剛太）

ドイツの連携・接続

　ドイツでは，幼小接続を強化することを目指した保育内容・カリキュラム改革が進んでいる。そこでは，生涯にわたって学びつづけるための基礎的な力を乳幼児期にふさわしい形で育てることが重視されており，単に学校教育を早期化するアプローチは推奨されていない。実際のカリキュラムでは，幼小で共通性のある子ども像や教育観，教育目標などを設定し，連続性のある教育や学びを実現することが重視されている。ドイツでは州ごとに独自のカリキュラムを有しており，乳幼児期から児童期にかけての連続カリキュラムを作成している州もいくつか存在する。

　ドイツで幼小接続が重視される背景には，移民や貧困などの背景をもつ子どもたちの学力問題がある。すなわち，乳幼児期からすべての子どもたちに平等な学びを保証することで，後の学力格差を縮小および解消することが目指されている。　　　　　　　　　　　　（中西さやか）

フランスの連携・接続

　フランスの保育学校は小学校とともに初等教育機関に属し，次のような特徴を有している。①教員は同一資格を有し，双方への配属が可能である。②週あたりの在学時間（1日6時間，週24時間，年間36週）が同じである。③保育学校の年少時から言語や数的理解の訓練を開始し，その学習状況記録簿（le carnet de suivi des apprentissages）を定期的

に作成する。したがって小学校への移行に伴う環境変化は比較的少ない。接続に関しては，「年長児と小学校1年生児童の接続（La Liaison Grand Section-Cours Préparatoire）」と呼ばれる交流活動（年長の担任教員と小学校1年生の担任教員の教育連携事業）と，子ども個人の保育学校修了時における「学習能力報告書（la synthèse des acquis de l'élève）」の小学校への提出を国内全ての保育学校で実施している。　　　　　　　　　　（小笠原文）

イギリスの連携・接続

イギリスは就学開始年齢が5歳と世界的にみても早い。一般的に，4歳になると，レセプション学年と呼ばれ，就学準備のための学校準備課程に入る。イギリスには「EYFS（Early Years Foundation Stage）」と呼ばれる0歳から5歳までのナショナル・カリキュラムがあり，コミュニケーションと言葉，身体発達，人間的・社会的・情緒的発達といった3主要領域と，読み書き，数学，世界についての理解，表現芸術とデザインという特定の4領域からなる。レセプション学年修了時には，保育評価として各領域に沿って認知的側面や読み書き対人関係などの項目を，未到達，到達，到達以上，という3段階で評価し，その他の日常的な保育記録によって個人のプロフィールを作成し，各自治体に送付して各小学校に届けられることになる。以上のように，イギリスの就学前教育は，学校レディネスの評価が進み学校化の傾向が強まっている。　　　　　　　　　　（岡花祈一郎）

イタリアの連携・接続

イタリアでは就学前の子どもの施設は，3歳未満の保育施設（就園率1割程度），3歳から6歳までの幼稚園（就園率9割以上）となっている。また，公立小・中学校には校長は置かれず，一地域の小・中学校を統括するコーディネーターに子どもの情報が集約され，必要な教育サービスが

決定・提供されている。公立幼稚園には園長は置かれているが，幼稚園のカリキュラムが小学校への準備を念頭に組まれており小学校側の権限が強いことから，低学年で緩やかに学習に移行するカリキュラムが組まれたり，コーディネーターの資質・能力が高ければ幼稚園からの接続で問題となることは少ない。一方で，公立であっても各幼稚園や学校がかなり自由にカリキュラムを組むことができるため，地域や学校によっては接続において大きな問題が生じることもある。特に，コーディネーターによる一元管理とカリキュラム特性から，幼・小接続における問題は表面化していないものの，大都市になると一人のコーディネーターが管轄する子どもの数が1,000を超えることもある。また，地域による経済格差や地方分権色の強い文化的背景から，本制度の運用が円滑に進んでいるのは裕福な大都市圏という問題点もある。　（上村眞生）

ニュージーランドの連携・接続

ニュージーランドの教育法では義務教育の開始年齢は6歳と定められているが，5歳の誕生日を機に個別で就学する形も認められており，大多数の子どもが5歳での誕生日を機に個別での就学を迎えている。

一般的なニュージーランドの小学校就学に向けた動きは，就学予定日の12か月前から開始する。就学過程で最も重視されるのは，家族間での話し合いに加え，保育施設職員を交えた小学校側との綿密な打ち合わせを継続的に複数回実施することである。話し合いでは，子どもの文化背景や生育歴に加え，保護者が抱く不安や疑問についても関係者間で共有される。

小学校へ就学すると，New Entrance Class（NEC）と呼ばれるクラスに所属する。NECの担当教員は就学前までに，保育施設への訪問や体験訪問での子どもの観察，保育関係者や保護者との意見交

換，保育施設で作成された保育記録の閲覧を通して，子どもが抱く興味や関心事，文化背景，発達段階を把握することが求められる。

　長年にわたり個別就学が大半を占めるニュージーランドであったが，2017年の教育法改正に伴い，条件が整った地域（学区）を対象に一斉就学も認められるようになった。　　　　　　　（飯野祐樹）

スウェーデンの連携・接続

　スウェーデンでは，就学前教育から高等教育・成人教育までを包括する生涯学習制度を構築している。この制度のもと，幼児期の子どもたちは1歳から5歳児を対象とする就学前学校（0歳児は育児休業制度の整備により，家庭で過ごす），6歳児を対象とする就学前クラスでの経験を経て，満7歳の秋学期に義務教育課程である基礎学校へ就学する。就学前教育から義務教育への接続は，1年間にわたる就学前クラスへの就学によって橋を架けるよう緩やかに行う。

　移行期における学びの連続性の担保や子どもの情報共有は，個別のポートフォリオファイルをベースとする。内容の詳細は園の裁量によって異なるものの，子どもの経験を紡いだ質的な記録を集積することで，就学前学校における個々の育ちのプロセスを示す。加えて，就学前学校での経験を自らのことばで物語る子どもの「声」を必ず添える。

　このように，移行の主体である子どもが育ちの過程を通じて変容していく姿に幼児期の学びを見出しながら，個々の経験をつなぐような個別具体的な接続を図っている。一方で，2018年秋から就学前クラスが義務教育化された点を踏まえると，今後の接続の在り方を注視する必要がある。　　　　　　　　（大野　歩）

中国の連携・接続

　中国では2010年から就学前教育拡大の政策が実施され，公私ともに幼稚園数

が急増，就園率（2014年度は70.5％）も上昇している。中国の幼稚園での教育内容は5領域（健康，科学，社会，言語，芸術）で構成されている。従来，中国の幼児教育では「教科中心」「知育中心」に重点が置かれてきたが，近年では，子どもの自発性や主体性が重視され，子どもの興味関心に基づいたテーマ活動の実施など保育内容が変化している。以前は，7歳で就学する地域が多かったが，6歳就学が義務教育法で規定され，近年では7歳就学が20％程度に減少している。

　ただし，地域格差は大きく，北京や青島などの大都市では就学時の連携は行われているが，泰安市のような中規模の都市ではまだ就学時の連携は行われておらず，就学先の把握も困難なことがある。
　　　　　　　　　　　　　　　（佐藤智恵）

韓国の連携・接続

　韓国の就学前施設は，0歳から5歳までの小学校就学前までの乳幼児を対象とする保育施設オリニジップ（保健福祉部管轄）と，3歳から5歳を対象とする幼稚園（教育科学技術部）からなる，二元制のもとで運営が行われている。ただし，少子化問題（2016年時政府統計にて合計特殊出生率1.17）や女性就業率の顕著な低さ（2015年時OECD統計では共働き家庭29.4％，OECD平均58.5％）が喫緊の課題となっており，国益を見据えた幼児教育の公教育化を果たすため，政府は2000年以降，「幼児教育の無償化」に加えて「保育・教育課程の一元化」を進めてきた。2009年「アイサランプラン（こども愛プラン）」にてその方向性が示され，2012年に「満5歳児ヌリ課程」が，翌2013年に満3～4歳の年齢別「ヌリ課程」と呼ばれる幼保共通課程が実施される。その後の政権でもこの改革は引き続き展開され，所管官庁，財源，施設，教員養成，評価基準などの制度面全般での一元化に向けた議論が進んでいる。　（真鍋　健）

第**4**部

子ども家庭福祉

　すべての子どもには，生まれ育った環境に左右されることなく，愛情と適切な養育を受けながら，健やかな発達を保障される権利がある。十分な愛情と養育と教育を受け，ひとりの人間として尊重されて育つことによって，子どもは将来，自立した生活・人生を送るために必要な知識，スキル，価値を獲得することができる。

　しかし，近年，子ども虐待，DV，子どもの貧困など，子どもとその家庭を取り巻く状況は厳しいものとなっている。また，障害のある子，外国籍の子どもなど，特別な配慮や支援を必要とする子どもやその子育ての支援のあり方についても議論される機会が増えてきている。

　第 4 部「子ども家庭福祉」は，こうした状況を踏まえて押さえておきたい用語で構成している。まず，第一に，子ども家庭福祉の援助理念や概念を押さえたうえで，日本や諸外国における子ども家庭福祉の歴史的変遷に関する事項を扱う。

　第二に，わが国における子ども家庭福祉の法体系，児童福祉機関や児童福祉施設の専門職，子ども家庭福祉の行財政と福祉計画に関する事項について扱う。

　第三に，わが国の子ども家庭福祉サービスの各論に関する事項を扱う。具体的には，少子化・子育て支援サービス，母子保健と健全育成，子ども虐待と DV 防止，社会的養護，障害のある子どもの支援，少年非行，貧困家庭や外国籍の子どもや家族の支援である。

　第四に，近年の子ども家庭福祉における重要トピックを押さえたうえで，子ども家庭福祉の援助方法に関する事項について扱う。

　子どもにとって「家庭」「親」は重要な存在である。しかし，「子どもの育ちを支えること」と「子育てをする親を支えること」は果たして同義だろうか。「子ども支援」と「子育て支援」において，それらの目的や内容は完全に一致したものといえるだろうか。もし一致していないとしたら，何がどう異なり，どのような理念や視点が必要なのだろうか。読者のみなさんには，本書を通して，ぜひ考えてみていただきたい。

（伊藤嘉余子）

34　子ども家庭福祉の援助理念・概念

児童／子ども

「児童」と「子ども」という言葉をどう使い分けるかについては，人によって意見や考えが異なる。日本においては，法律や制度では「児童」という表現が従来多く用いられてきたが，近年では，「子ども・子育て支援新制度」や「子どもの貧困対策推進法」など，「子ども」を用いた制度や法律の名称も増えてきている。

「児童」も「子ども」も，本質的な意味にあまり違いはない。しかし，法律によって「児童」が意味する年齢区分が違ったり，「児童」というと「小学生までの子ども」をイメージする人が少なくなかったりすること等から，あらゆる子どもを想定した文脈では「子ども」という言葉をこだわって用いる人が多い。特に教育の分野では，思想的にも「子ども」という表現が妥当だとする主張が多い。　　　　　　　　　　（伊藤嘉余子）

ウェルフェア

ウェルフェア（welfare）は，広義には人々の幸福や安寧を意味する概念であり，「福祉」と訳されることが多い。狭義には，社会的弱者といわれる立場にある人々への支援，制度を意味する文脈で用いられることが多い。近年は「ウェルフェアからウェルビーイングへ」という対比で用いられることが多く，ウェルフェアとは救貧的，恩恵的な思想を基盤とした「最低限度の生活保障」「劣等処遇」のような限定的な援助，制度をあらわす概念として用いられている。また，予防的ではなく事後処理的，自己実現や権利擁護というよりは，補完的または代替的な制度及び援助観をあらわす概念である。
　　　　　　　　　　（伊藤嘉余子）

ウェルビーイング

1946 年の WHO（世界保健機関）憲章草案において，「良好な状態（well-being）」として用いられた概念で，近年では，社会福祉やソーシャルワークの理念，目的として用いられている。個人の権利や自己実現が尊重され，人が身体的・精神的・社会的に良好な状態でいることを意味する概念である。「人権尊重や自己実現」という意味で用いられることが多い。最低限度の生活保障といった限定的な支援やサービスではなく，人間的に豊かな生活や人生を目指す多様なサービスによるウェルビーイングの実現が目標となる。また，1989 年の子どもの権利条約や，1994 年の国際家族年でも重要視されたキーワードである。すべての人々の多様なライフスタイルを尊重するとともに，社会福祉制度やサービスを利用する際のスティグマを解消することも意図した概念である。　　　　　　　（伊藤嘉余子）

ソーシャルインクルージョン

社会的包摂とも呼ばれ，ソーシャルエクスクルージョン（社会的排除）と対をなす概念である。ソーシャルエクスクルージョンは，1980 年代からヨーロッパで議論がなされ，ある特定の個人や集団が，雇用や住居，医療，教育など基本的な財や権利が剥奪され，周縁化されていくことを意味する。その結果，当事者は財や権利が剥奪されるだけでなく，参

加への動機や自信，尊厳なども喪失することが懸念されている（バラ&ラペール，2005）。EU は 2000 年に社会的包摂政策を打ち出し，「雇用への参加，および資源・権利・財・サービスへの万人のアクセスを促進すること」「排除のリスクを予防すること」「最も弱い立場の人を支援すること」「すべての関係者を動員すること」を社会的包摂の目標とした（福原，2006）。2015 年の EU「社会的包摂関連指標」では相対的貧困率や移民の雇用格差，子どものウェルビーイング指標，住居指標など多面的な社会指標項目によりソーシャルエクスクルージョンの実態解明が試みられている。

【引用文献】バラ，A. S. &ラペール，F. ／福原宏幸ほか訳（2005）『グローバル化と社会的排除』昭和堂。福原宏幸（2006）「社会的包摂政策を推進する欧州連合」『生活経済政策』115，14〜17 頁。

（宮地和樹）

多文化共生

　一つの社会において，国籍やエスニシティなどが異なる複数の文化が共生する社会であり，またそれを積極的に評価・推進しようとする運動や政策を意味する。多文化共生は，マイノリティをマジョリティのなかに溶け込ませるように強いる同化政策とは異なり，文化的な差異に対等な価値を認めつつ，同時に社会において共生することを目指す。例えばカナダでは，マイノリティの言語を学校で教育することが可能であり，イスラーム学校に対しては州政府が財政的な支援をしている。日本でもグローバル化を背景に外国人労働者やその子弟が増加しているが，義務教育が外国人に適用されていないことや，学校教育において固有の文化や言語の継承が困難であることから就学率が低く，取り組むべき課題は多い（権ほか，2019）。また，2006 年に国連で採択された「障害者権利条約」では，「障害者は，他の者との平等を基礎として，その独自の文化的及び言語的な同一性（手話及び聾文化を含む）の承認及び支持を受ける権利を有する」とされ，多文化の対象は必ずしも国籍やエスニシティを背景とした文化に限るものではない。

【引用文献】権五定・鷲山恭彦監修（2019）『多文化共生社会に生きる──グローバル時代の多様性・人権・教育』明石書店。

（宮地和樹）

インテグレーション

　インテグレーション（integration）は障害をもつ子どもが通常学級で教育を受ける統合教育の一形態であり，1950 年代からデンマークなど北欧諸国で議論がなされ，イギリス，アメリカ，日本などにも広がった概念である。障害をもつ子どものニーズに基づいて，段階的に通常学級の学習へ参加していくことが目指されている。ただし，現代のインクルーシブ教育とは異なり，「分離分立した障害児教育システムを前提にして，通常学級や通常学校と『交流および共同学習』で可能な限り接近していくこと」を目的とする教育である（清水，2012）。したがって，インクルーシブ教育が共同学習を重視するのに対して，インテグレーションは実践的には交流が中心となる活動である。1994 年のサラマンカ声明以後は，インテグレーションに取って代わる形でインクルージョンの用語が使われるようになった。

【引用文献】清水貞夫（2012）『インクルーシブ教育への提言』クリエイツかもがわ。

（宮地和樹）

ノーマライゼーション

　標準化／正常化といった意味の言葉であるが，社会福祉学においては，障害のある人々ら社会的弱者を排除することなく，社会において共生することを実現するための理念である。デンマークのバンク‐ミッケルセン（Bank-Mikkelsem, N. E.）

によって提唱され，スウェーデンのニィリエ（Nirje, B.）やアメリカのヴォルフェンスベルガー（Wolfensberger, W.）らによって発展させられた。この理念は「知的障害者の権利宣言」（1971），「障害者権利宣言」（1975）を経て，「国際障害者年」（1981）の「人びとの関心を，障害者が社会に完全に参加し，融和する権利と機会を享受することに向ける」という「完全参加と平等」宣言に結実する。この理念の背景にあるのは障害とは個人由来のものではなく，社会が対処すれば除去できる社会的な環境由来のものであるとする立場である。そうすることで人々の間に質的な隔てを設けず，障害者もまた人間としての尊厳や自己決定の権利を有する対象であることを強調する（ヴォルフェンスベルガー，1982）。

【引用文献】ヴォルフェンスベルガー，W.／中園康夫ほか訳（1982）『ノーマリゼーション――社会福祉サービスの本質』学苑社。

→ノーマライゼーション 26　（宮地和樹）

社会的分離

　セグリゲーションやセパレーションとも呼ばれ，あるカテゴリーに括られた人々が社会的に排除され，特定の地域に居住することを強いられたり，特定の学校から排除されたりすることを意味する。例えば，南アフリカにおいて行われた人種隔離政策（アパルトヘイト）や，「分離すれども平等」の原理によって，人種にもとづいて異なる学校に子どもを割り当てるかつてのアメリカの教育制度などが社会的分離とされる。ハウ（Howe, K. R.）によれば，教育における社会的分離には，先の人種分離制度のような学校間分離と，学校内分離がある（ハウ，2004）。学校内分離の代表的なものとして，特別支援教育，英才教育など能力や適性によってグループ分けをするトラッキングがある。これらの学校内分離に対しては，ト

ラッキングによってロー・トラックの子どもの教育機会が損なわれる，学校内を階層化することで，それらの子どもに否定的なレッテルづけをするといった批判もあり論争的な問題となっている。

【引用文献】ハウ，K. R.／大桃敏行ほか訳（2004）『教育の平等と正義』東信堂。
（宮地和樹）

メインストリーミング

　主流化を意味し，特に教育・保育の分野では，障害をもつ児童生徒を可能な限り普通学級で教育することを意味する。主にアメリカの特別支援教育のなかで使用された用語であり，1975年の全障害児教育法を受けて，軽度障害児に対するフルタイムのメインストリーミングが通常教育主導主義（Regular Education Initiative）者によって主張された。そのなかでワング（Wang, M. C.）らピッツバーグ大学の研究者によって，個々の児童生徒が基礎学力とソーシャルスキルを学習する機会を最大化することを目的としたメインストリーミングのための適合的な学習環境のモデル（Adaptive Learning Environments Model）が作成された（Wang & Birch, 1984）。ただし，メインストリーミングは「まず子どもを障害のある子どもとない子どもに分け，しかる後に前者を，後者のメインストリームに合流させようとする二元論」に立脚し，前者と後者を一元的に扱うインクルージョンとは異なる概念であるとされている（山口，1996）。

【引用文献】Wang, M. C. & Birch, J. W. (1984) Effective Special Education in Regular Classes, *Exceptional Children*, Vol.50, Issues.5, pp.391-398. 山口薫（1996）「障害児教育から特別なニーズ教育へ――21世紀への展望」『OTジャーナル』30(4)，260～265頁。　（宮地和樹）

ソーシャルロール・ヴァロリゼーション

　ソーシャルロール・ヴァロリゼーショ

ンの提唱者であるヴォルフェンスベルガー（Wolfensberger, W.）によれば「可能なかぎり文化的に価値ある手段による，人々，ことに価値の危機に瀕している者たちのための，価値のある社会的な役割の可能化, 確立, 増進, 維持, ないし防御」を意味する（ウルフェンスバーガー，1995）。ソーシャルロール・ヴァロリゼーションの核は，社会的に不利な立場にある人々の役割を組み替えていくことにある。そうした人々の役割や行為は，社会による否定的な視線と，ある特定の価値の付与によって形成されるのであり，生物学的な機能にあるのではない。したがって，重要なのは，そうした役割を保存したまま社会に包摂し，「治療」や「慈善」の対象とするのではなく，役割そのものを変容させていくことであるとされる。

【引用文献】ウルフェンスバーガー，W.／冨安芳和訳（1995）『ソーシャルロールバロリゼーション入門』学苑社。

（宮地和樹）

セルフエスティーム

　セルフエスティーム（self-esteem），自己肯定感とは，自らの在り方を積極的に評価できる感情，自らの価値や存在意義を肯定できる感情などを意味する言葉である。自己愛が「人より勉強ができるから自分が好き」「容姿が優れている自分が好き」などといった「人と自分を比較して，優位である面に着目して自分を肯定・評価する感情」であるのに対して，自己肯定感とは「ありのままの自分に OK を出す」「自分の短所などマイナスな面も受け止めたうえで，自分を肯定できる感情」を意味する。自尊感情と似たような意味で用いられることが多い。

　育った環境や成育歴，経験などによって自己肯定感は左右される。自己肯定感が低い人は，人間関係を極端に避ける，褒められても素直に受け止められない等といった傾向がある。また，自己肯定感

の極端な低さが，他者への強い攻撃性や自傷行為の背景にあることも多いため，自分で自分は価値のある人間だと思えるような周囲からの働きかけやサポートが重要になる。

（伊藤嘉余子）

レジリエンス

　レジリエンス（resilience）とは，貧困や虐待，障害など，心身の発達にとって危機的な状況におかれながらも，その環境に良好に適応する力，逆境に対する反応としての精神的回復力や自然的治癒力のことを意味する。「こころの回復力」や「弾力性」と訳されることもある。理論的には，「クライエント自身の強み」や「社会資源など環境の強み」に焦点をあてるエンパワメントやストレングス視点の流れをくんでいる。

　レジリエンスを高めるために大切なものとして「感情のコントロール」「自尊感情」「自己効力感」「楽観性」の4つがある。しかし，これら「本人のそなえるべきもの」である個人の特性以外に重要なものとして，本人および環境に潜むリスク要因からの影響を緩和する「防御推進要因」が挙げられる。　（伊藤嘉余子）

主体性の尊重

　主体性の尊重は，社会福祉専門職の援助哲学の基本的なものの1つである。古くは，バイステックの原則にもその哲学は含められている。現在では，国際条約や国内法，さらには各職能団体の倫理綱領でその哲学が示されている。主体性を尊重するためには，いくつかの論点がある。まずは，集団がクライエントになった場合，誰がクライエントかという論点。メンバー間の利害が対立すると複雑化する。2つ目に，意思決定が困難なクライエントに対しどのようにして向き合うかという論点。3つ目に，クライエントが主体的に選択できるための情報開示の在り方の論点。4つ目に，クライエントに権利侵害が起きた場合の救済措置の論点。これ

らの論点を解決する制度的な側面は，成年後見制度，苦情処理や第三者評価，オンブズマンなどがある。一方で援助的な側面では，いかにしてクライエントをエンパワーし，自己決定できる環境を整えられるかが求められている。　（橋本好広）

ストレングス視点（ストレングス・パースペクティブ）

ストレングス（strength）とは，人がもつ「強さ」「強み」「長所」のことで，具体的には，能力や資質，自信，志向，意欲，将来への夢や抱負などといった「本人のストレングス」と，人的資源，制度的資源，物理的資源など「環境のストレングス」がある。

ストレングス視点（strengths perspective）とは，支援を必要とする人が抱える「課題」「問題」といった「弱い部分」のみに着目するのではなく，その人本人や環境にある「強み：ストレングス」に焦点をあて，ストレングスを使って問題解決を図ろうとすることである。ストレングス視点を用いた支援では，支援者が一方的に支援を提案したり押し付けたりするのではなく，制度やサービスなどの社会資源をクライエントが主体的に選択し，活用できるようにはたらきかけることが求められる。　（伊藤嘉余子）

ミクロ（マイクロ）

空間がクライエントを中心に円環状に広がっているとしたとき，その広がりの幅を示す用語。ソーシャルワークの介入する空間を示した用語。ブロンフェンブレンナー（Bronfenbrenner, U.）が提唱した，生態学的システム理論を援用したものである。ミクロ（マイクロ）とは，クライエントから一番近い空間に位置する。どのような空間がミクロ（マイクロ）なのかは相対的に決まってくるのでケースごとに異なるが，一般的にはクライエント自身，親，兄弟，クライエントが所属する職場や学校などを指す。さらに，技法

の種類を示す用語にも使われることがあり，その場合はケースワークやグループワークなど，直接クライエントに介入する技法を指す。　（橋本好広）

メ　ゾ

空間がクライエントを中心に円環状に広がっているとしたとき，その広がりの幅を示す用語。ソーシャルワークの介入する空間を示した用語。ブロンフェンブレンナー（Bronfenbrenner, U.）が提唱した，生態学的システム理論を援用したものである。メゾとは，クライエントからミクロ（マイクロ）の次に近い空間に位置し，2つ以上のミクロ（マイクロ）の連結から成る。どのような空間がメゾなのかは相対的に決まってくるのでケースごとに異なるが，一般的にはクライエントが所属する職場や学校，地域社会などを指す。さらに，技法の種類を示す用語にも使われることがあり，その場合はコンサルテーションやオーガニゼーション等，ケースをマネジメントする技法を指す。　（橋本好広）

マクロ

空間がクライエントを中心に円環状に広がっているとしたとき，その広がりの幅を示す用語。ソーシャルワークの介入する空間を示した用語。ブロンフェンブレンナー（Bronfenbrenner, U.）が提唱した，生態学的システム理論を援用したものである。マクロとは，クライエントから一番遠い空間に位置する。どのような空間がマクロなのかは相対的に決まってくるのでケースごとに異なるが，一般的にはクライエントが所属する国やその国の法律，文化，思想，価値観などを指す。さらに，技法の種類を示す用語にも使われることがあり，その場合はソーシャルアクション等，社会や組織を変革する技法を指す。　（橋本好広）

エクソ

空間がクライエントを中心に円環状に

広がっているとしたとき，その広がりの幅を示す用語。ソーシャルワークの介入する空間を示した用語。ブロンフェンブレンナー（Bronfenbrenner, U.）が提唱した，生態学的システム理論を援用したものである。エクソとメゾと同義で扱う場合もある。エクソとメゾとを分ける考え方に立つと，エクソは，メゾとマクロの間にある空間を指し，クライエントに直接影響をもたらす環境に影響を与える環境ということになる。例えば，クライエントが子どもであるならば，教育委員会や保護者の勤務先等を指す。　（橋本好広）

診断主義

ケースワークの理論の１つ。機能主義と対峙する立場をとる。1920年代ケースワークを科学的援助にするための過程で生まれた理論。リッチモンド（Richmond, M. E.）が著した『社会診断』に，その源流があるとされる。この理論の中心的役割を果たしたのが，ハミルトン（Hamilton, G.）とホリス（Hollis, F.）である。この理論の援助過程は，問題の原因を調査（社会調査）し，診断（社会診断）し，治療（社会処遇）という，医学モデルを基盤にした過程を経る。当初，問題の捉え方は，人の心理的側面だけではなく，人を取り巻く環境も重要な意味をもつという立場をとっていた。しかし，フロイト（Freud, S.）の影響をうけ，心理的側面を重視する傾向がみられ非難をうけた。現在，診断主義の考え方は，アセスメントに影響を与えている。　（橋本好広）

機能主義

ケースワークの理論の１つ。人は自ら成長する意思をもつとするランク（Rank, O.）の意思心理学を理論的基盤にし，ペンシルバニア大学の人材を中心に形成された理論である。この理論の援助視点は，クライエントは本来的には自ら問題解決ができる力があるという前提に立つ。したがって，援助者は，クライエントがもつ自発的な問題解決力を阻害する要因を取り除き，その力を最大限に引き出す環境を提供することに主眼が置かれる。したがって，診断主義の診断という考え方とは相容れずに対峙することになり，1950年代に診断主義と機能主義との論争が展開された。現在，機能主義の考え方は，クライエントの自己決定の尊重，援助者が所属する組織の可能性と限界を示すといった考え方に受け継がれている。　（橋本好広）

医学モデル

生活モデルが提唱される前の伝統的な援助モデル。治療モデル，医療モデルといわれることもある。生活モデルと対峙する。事前組織協会の援助活動を科学化する過程で，医療行為の診断と治療の概念を援用して考えられたモデル。ニーズの発生原因を人または社会の病理として捉え，病理を発見し治療しようとする援助モデル。このモデルの特徴は，ニーズとニーズ発生の原因を直線的に捉えること，ニーズ発生の原因を取り除く（治療する）という発想をすること，ニーズの発生要因を環境ではなく個人に求めていくこと等が挙げられる。したがって，援助の視点は，その病理の診断や病理を治療することに焦点があたる。現代の援助モデルと比較すると，人の成長，可能性，発達，人と環境との相互作用といった概念が抜け落ちている。　（橋本好広）

生活モデル

医学モデルのもつ課題を批判的に検証し生まれたモデルである。生態学理論や一般システム理論を活用したモデルで，ジャーメイン（Germain, C. B.）らにより体系化された。ニーズは，身体的・心理的・社会的な状況が互いに影響し合い発生するという考え方をする。換言すると，ニーズは人と環境との相互作用のなかで発生する。ここでいう社会的や環境とは，対人関係，政治，経済，文化，地理，気

候等を含む幅広い意味をもつ。ニーズが発生していない状態を人と環境とが適応できている状態と考え，ニーズが発生している状態は適応できない状態になり，適応能力の不全や対処能力の不足として理解する。したがって，生活モデルでは，援助の視点は，人と環境とが適応できるように両者の調整を行うという考え方になる。　　　　　　　　　　（橋本好広）

ニーズ

　人間が社会的存在として社会生活を営むうえで個人にとって必然的かつ社会自体の存続のためにも欠かすことのできない基本的要求を指す。身体的，心理的，経済的，文化的，社会的なもので，生存のため，ウェルビーイングのため，自己実現のために求められるものである。社会福祉やソーシャルワークの対象として，そのニーズの充足や何らかの社会的サービスを受ける社会的判断や認識と結びつけて捉えられ，生理的，心理的・人格的な欲求といった人間の基本的欲求とは異なる意義があるものである。

　ニーズの性質によって類型化されるが，例えば，貨幣的ニーズと非貨幣的ニーズ，顕在的ニーズと潜在的ニーズ，ノーマティブニーズと比較ニーズ，フェルトニーズと表明されたニーズ等が挙げられる。　　　　　　　　　　（木村容子）

ノーマティブニーズ

　ノーマティブニーズ（normative need）とは，専門家や行政職員，研究者等が特定の状況におけるニーズとして定義するものである。「望ましい」基準が定められ，実際に存在する基準と比較される。ある個人あるいは集団が望ましい基準に足りていない状況であれば，ニーズがあると認識される。ニーズのノーマティブの定義は，ニーズを満たすために供給すべき資源の量や，利用可能なスキルがその問題を解決できるかどうかについての専門家の価値志向によって異なると考えられ

る。また，ノーマティブの基準は，知識の発展や社会の価値の変化双方の結果として，時代とともに変化するものである。

【参考文献】Bradshaw, J. A. (1972) Taxonomy of social need, In G. McLachlan (ed.), *Problems and progress in medical care*, Oxford University Press, pp.71-82.
　　　　　　　　　　（木村容子）

フェルトニーズ／表明されたニーズ

　ブラッドショー（Bradshaw, J.）による社会的ニード（social need）の分類のうち，対象者の視点から捉えたニーズとして，フェルトニーズ（felt need）と表明されたニーズ（expressed need）がある。

　フェルトニーズとは，欲求（want）と同義であり，ニーズがあると本人が感じているニーズのことである。表明されたニーズは，フェルトニーズをサービス利用の申請といった行動によって，表明されたニーズである。フェルトニーズは，その人が利用できるサービスを知っているかどうかや，困っていることをさらけ出したくない等々といった，その人の認識や状況によって影響を受ける。また，フェルトニーズは，「本当に必要である」ということではなく，支援を求める人々により膨らむとも考えられる。

【引用文献】Bradshaw, J.A. (1972) Taxonomy of social need, In G. McLachlan (ed.), *Problems and progress in medical care*, Oxford University Press, pp.71-82.
　　　　　　　　　　（木村容子）

ソーシャル・キャピタル

　ソーシャル・キャピタル（social capital：社会関係資本）は，社会学，政治学，経済学などにおいて用いられる概念で，人々の協調行動が活発化することにより社会の効率性を高めることができるという考え方のもとで，社会の信頼関係，規範，ネットワークといった社会組織の重要性を説く概念である。人間関係資本，社交資本，市民社会資本などと訳される

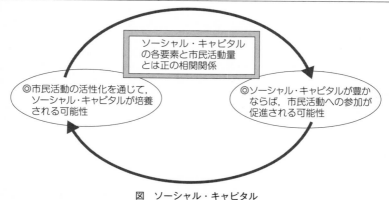

図　ソーシャル・キャピタル

出典：内閣府経済社会総合研究所編（2005）「コミュニティ機能再生とソーシャル・キャピタルに関する研究調査報告書」。

こともある。ソーシャル・キャピタルがもたらすプラスの効果については，近年，国際的に，また多様な領域で注目されている。例えば内閣府は2003（平成15）年に『平成14年度ソーシャル・キャピタル──豊かな人間関係と市民活動の好循環を求めて』という報告書を刊行している。

　ソーシャル・キャピタルがもたらす効果については，ミクロ（マイクロ）・メゾ・マクロレベルに整理して説明することができる。例えば，個人レベルでは，ソーシャル・キャピタルを多くもつ人の方が健康で幸福度が高いとされている。地域レベルでは，日ごろからの近隣住民どうしの良好な人間関係やネットワークが防犯の効果をあげるという側面が挙げられる。また国レベルでみると，ソーシャル・キャピタルの豊かな国では，政治や社会制度に対しても高い信頼をもつこととなり，様々な活動が活性化するという効果が期待できる。　　　　　　（伊藤嘉余子）

ヒューマン・キャピタル

　ヒューマン・キャピタル（human capital）とは，人間がもつ能力（知識や技能）を資本として捉えた経済学（特に教育経済学）の概念である。人的資本と表現されることもある。具体的には，資格や学歴として測定される。初期の経済学では単に労働力や労働として捉えられていた。アダム・スミス（Smith, A.）によれば，ヒューマン・キャピタルとは，人生経験によって育まれる技能（skill）や器用さ（dexterity），判断力（judgement）である。

　経営学などの分野では「ヒューマン・リソース（人材）からヒューマン・キャピタルへ」という概念転換の必要性が1990年代後半から強く主張されるようになっていった。つまり，人材をリソース（資源）として捉えるのではなく，キャピタル（資産）として捉えるべきという考え方である。なぜなら「資源」は時間が経過すると価値が下がるものであるのに対して，「資産」は，効果的な投資を続けることによって，長い間にその価値を増大させる資産（または資本）を意味するからである。社会福祉の現場でも，職員を「人材」ではなく「資産」として

捉え，効果的な教育投資を続けることを通じて，長く勤める職員の価値を増大させていくという考え方が重要になる。

（伊藤嘉余子）

家族／家庭／世帯

家族とは，概して，夫婦の配偶関係や親子・きょうだい等の血縁関係によって結ばれた親族関係を基礎にする小集団を指す。時代とともに家族形態は多様化し，必ずしも血縁関係によらず，近親者で構成されるものとして捉えられる。

家庭は，夫婦や親子等の家族が一緒に生活する集まりや，家族が生活する所を指す。「家庭を構成する成員相互が，情緒に基づく相互作用を行うことによって，生理的，社会的，文化的，保健的欲求を充足するシステム」（岩上，1996）である。

世帯とは，総務省統計局「国勢調査」等で用いられる定義として，住居と生計（日常生活を営むための収入と支出）をともにしている人々の集まり，または一戸を構えて住んでいる単身者を指す。

【引用文献】岩上真珠（1996）「日本の子どもと家庭——家族，家庭，家庭機能」高橋重宏ほか編『子ども家庭白書』川島書店，902〜905頁。　　（木村容子）

［35］　日本における子ども家庭福祉の歴史的変遷

四天王寺

　日本仏教の祖とされる聖徳太子によって593年に建立された寺であり，本格的な仏教寺院としては最古のものとされている。聖徳太子は，四天王寺を建てるにあたって，「四箇院の制」と呼ばれる敬田院，施薬院，療病院，悲田院の施設を創設した。敬田院は仏教寺院そのもの，施薬院と療病院は病院や薬局にあたり，悲田院は病人や身寄りのない高齢者のための社会福祉施設にあたる。これらの四箇院は鎌倉時代までは実際に寺院内にあったとされており，わが国の社会事業史の源流ともいわれている。その後，730（天平2）年には光明皇后によって，悲田院や施薬院を設置した活動などの記録もあり，諸説あるが仏教寺院を中心に慈善活動の展開がなされた。　（小口将典）

極楽寺

　神奈川県鎌倉市にある真言律宗の寺院である。鎌倉時代に極楽寺の開山に尽力した忍性は境内に施薬院（無料の診療所）・悲田院（現在の児童養護施設・老人ホームにあたる）など貧民病者の救済施設を多く創設した。また，薬師堂・療病院・癩宿・薬湯室・福田院といった貧民やライ病患者の療養施設の設置にも尽力している。こうした活動は人間だけにとどまらず，例えば馬の病院である坂ノ下馬屋などが設けられた。幅広く生涯を通じ慈善救済事業を実践した忍性は人々から医王如来として今日でも崇められている。
　　　　　　　　　　　　　　（小口将典）

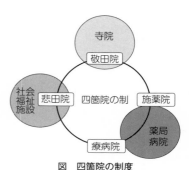

図　四箇院の制度
参考：和宗総本山四天王寺ホームページ「四天王寺関連サイトリンク」。

棄児禁止令

　棄児とは，いわゆる捨て子のことであり，様々な事情によって，病院，路上，他人の家，児童養護施設などに置き去られた子どもを指す。江戸時代になると，年貢などの増徴や飢饉に見舞われ，子どもを授かっても育てることができず棄児が増えるなど社会問題化した。幕府は，1690（元禄3）年に，棄児禁止令を発布した。その内容は「実子を捨てたものは流罪」「もらい子を捨てたものは獄門」「絞殺したものは引き回しのうえ，磔にする」という厳しいものであった。しかしその後も棄児が減ることはなく，幕府は1767（明和4）年に間引き禁止令，1832（天保3）年に堕胎術禁止，1842（天保13）年には堕胎の禁令を発布している。
　　　　　　　　　　　　　　（小口将典）

間引き禁止令

　間引きとは，植物の苗などが密着して

いると生育に影響が出るため，少数の苗を残して周りを抜いてしまう作業のことをいう。これらの語源から，増えすぎたとされるものを人為的に減らす意味で使われ，生まれたばかりの子どもを人為的に殺して調整する「子殺し」としても用いられる。特に江戸時代の中期以降には，年貢などの増徴や飢饉などで農民を中心に生活が苦しくなり，口減らしのための間引きが行われていた。こうした背景から，江戸幕府は1767（明和4）年に，間引き禁止令を発布した。その後も，間引きは社会問題化し，1832（天保3）年には堕胎術禁止，1842（天保13）年には堕胎の禁令を幕府は出している。　（小口将典）

工場法

　工場労働者，特に幼年労働者及び女子労働者を保護することを目的として制定された法律である。1916（大正5）年に施行された。工場法本則では，最低入職年齢を12歳としたうえ，15歳未満の者および女子について，最長労働時間を12時間とし，深夜業（午後10時から午前4時）を禁止し，休憩の基準（6時間を超えるときは30分，10時間を超えるときは1時間）および休日の基準（毎月2回以上）を定め，一定の危険有害業務への就業が制限された。1947（昭和22）年に制定された労働基準法がこれに代わり，同法は廃止された。　（小口将典）

恤救規則

　1874（明治7）年に明治政府が制定（太政官達162号）した日本の救貧制度であり，日本で初めての福祉の法律であるとされている。その前文で「救済は本来人民相互の情誼によって行うべきものである」とされ，基本的には生活困窮の救済は家族および親族，ならびに近隣による扶養や相互扶助によって行うべきであるとし，それが適わない，労働能力を欠き且つ無告の窮民（極貧独身者で70歳以上の高齢者，重病者，障害者，13歳以下の孤児など身寄り

のない貧困者）に限定し，米代を現金給付した。1931（昭和6）年の救護法の制定によって廃止された。　（小口将典）

感化院

　1900（明治33）年に制定された感化法の規定によって，非行少年，保護者のいない少年，親権者から入院出願のあった少年などを保護しまた更生をはかる施設である。明治の時代には私立の感化院が設立され，池上雪枝が大阪に設けた神道祈祷所，高瀬真卿の私立予備感化院（後の東京感化院），留岡幸助の家庭学校（東京）などがある。その後，感化法は1933（昭和8）年に少年教護法と改められ，感化院は少年教護院と呼ばれることになった。第二次世界大戦後は，1947（昭和22）年の児童福祉法の制定に伴って児童福祉施設の一つとしての教護院に改められ，1998（平成10）年の児童福祉法改正により児童自立支援施設となって今日に至っている。　（小口将典）

無告の窮民

　明治政府が生活困窮者の公的救済を目的とした法律として，1874（明治7）年に恤救規則が制定された。この規則は救済の前提に家族扶養や隣保相扶を置き，国や地方公共団体は補充的に救済するという制限的な内容であり，その対象を「労働能力を欠き且つ無告の窮民」と限定されたものであった。対象者は70歳以上の廃疾者・老衰者・長病者，重病者，障害者，13歳以下の孤児など身寄りのない貧困者で，支給は高齢者には年間1石8斗分，病者には男1日米3合分，女2合分，子どもには年間7斗分の下米換算の現金給付であった。恤救規則は，1931（昭和6）年の救護法の制定によって廃止された。　（小口将典）

方面委員制度

　1918（大正7）年に大阪府知事林市蔵が府の最高嘱託であり社会事業の権威とされた小河滋次郎の協力を得て創設し

たものである。小河がドイツのエルバー
フェルト制度などを研究し，それを日本
的に適用しようとした制度である。本制
度で方面委員は，知事の委嘱による名誉
職であった。その始まりは，林市蔵が町
で夕刊を売る母親と女の子をみて，自ら
の幼いころの貧しい生活と重ね，このよ
うな母子は他にもいるはずだと思い，部
下に調査を命じ，管内をいくつかの方面，
現在の地域に分け，それぞれの方面に委
員を置き，生活状況の調査や救済などを
行った。方面委員制度は，戦後，民生委
員制度（1948年）に改められた。

（松久宗丙）

慈仁堂

　キリスト教のカトリックに基づく孤児
院として1872（明治5）年に修道女メール・
マチルド・ラクロットによって横浜に慈
仁堂が創設された。1875（明治8）年に
正式な孤児院として認可された。1902（明
治35）年に普通教育を行う菫女学校とな
り、1923（大正12）年に関東大震災で被
災して東京へ移転、1941（昭和16）年に
太平洋戦争の開戦により歴史を閉じた。
カトリックに基づく施設としては，横浜
の慈仁堂（1872年），浦上養育院（1874年），
函館聖保禄女学校（1878年）等がある。
仏教に基づく施設としては福田会養育院
（1879年）が著名である。　　（松久宗丙）

横浜港湾地区保育施設

　横浜の近代医学とキリスト教の布教，
保育施設の基礎を築いたのがヘボン式
ローマ字の創始者としても著名なアメリ
カ人医師・宣教師のジェームス・カーティ
ス・ヘボンである。ヘボンは，米国長老
派教会の医療伝道宣教師として幕末に訪
日し横浜で医療活動を展開した。1877（明
治10）年には，横浜に製茶工場女工のた
めに保育施設を創設した。ヘボンは，男
女共学のヘボン塾の女子生徒を受け継ぐ
形でフェリス女学院を創設し，男子生徒
のために明治学院大学を創設した。また，

世界初の和英辞書も作成した。その辞書
を用いて聖書を翻訳している。

（松久宗丙）

浦上養育院

　1874（明治7）年に岩永マキ，ド・ロ
神父などによって創立された日本初の孤
児救済・児童養護施設である。創設者の
岩永マキは，明治初期の長崎で孤児養育
に取り組み，近代社会事業の先覚者とい
われている。岩永マキは，信仰深い両親
のもとで育った。しかしこの時代はキリ
シタン弾圧の時代でもあり，浦上キリシ
タンの迫害を受けた。「踏み絵」は拒め
ば直ちに死刑，恐る恐る踏んではその後
涙をもって懺悔の日々を送り，これらの
経験がマキの信仰をより強めていった。
孤児，不遇な子どもたちを愛し続け，「浦
上十字会」（現：浦上養育院）の代表として，
45年間，修道院と愛育院の運営に携わっ
た。　　　　　　　　　　（松久宗丙）

福田会育児院

　1879（明治12）年に仏教の思想に基づ
く児童養護施設として福田会養育院が創
設された。福田会の福田は「善い行いの
種をまけば多くの幸福の実が得られる」
という仏教の思想に由来している。福
田会は，キリスト教者である石井十次に
よって創設された岡山孤児院と並ぶ日本
を代表する育児院である。140年以上の
歴史をもち，1891（明治24）年の濃尾震
災などの被災児や戦争孤児などの救済を
行ってきた。今日では，児童養護施設の
みならず高齢者施設も経営する総合施設
となっている。このように事業を継続
できている背景には，創設期からの仏教者
の救済思想，仏教界あげての財政的支援，
渋沢栄一が会計監督をするなどの財界人
の支援，天皇・皇后からの恩賜，広報誌
での啓発などの尽力もある。　（松久宗丙）

京都盲啞院

　明治初期，砂糖問屋の熊谷傳兵衛は学
校に行けず近所の子どもたちにいじめら

れている聾児 3 人をみて，この子たちが学校に行けるようにと願っていた。同じ頃，小学校教師の古河太四郎も同じ考えをもっており，上京第十九番組小学校の中に教場「瘖啞教場」を作り，古河太四郎は多くの教材を発明し，今日の口話法や手話，指文字の基礎を築いていった。やがて，公立の盲院と啞院の設立の声が高まり，1878（明治 11）年に日本初の視覚障害児学校である京都盲啞院（現：京都府立盲学校）が誕生した。親たちからは，生活のために手に職をつけさせたいという願いから盲生に按摩，邦楽，手工業，鍼治，啞生には工学科を設けて職業教育を行った。授業料の無償や通学のための送迎など，当時としては先進的な取り組みがなされていた。　（松久宗丙）

東京訓盲院

　1880（明治 13）年には開明官僚，啓蒙家らにより欧米にならった楽善会訓盲院（現：筑波大学付属盲学校）が東京に発足した。イギリスの宣教師・医師のヘンリー・フォールズを中心に中村正直，津田仙，山尾庸三らによって東京に楽善会訓盲院が開設され，聾児も教育対象とし，1884（明治 17）年には訓盲啞院となった。初期の教育方法は手話法であったが，大正時代に口話法が導入され，しだいに口話中心へと移行した。楽善会の事業はあくまで慈善的な拠金に頼っていたため，京都の盲啞院より経営は苦しく，文部省直轄諸学校の一つに加え，明治 20 年文部省告示第 9 号をもって訓盲啞院を盲啞学校と改称した。
　　　　　　　　　　　　　（松久宗丙）

感化教育

　感化教育は，1884（明治 17）年に池上雪枝が神道祈禱所を設けて不良少年の保護に着手したのが始まりといわれている。その後，高瀬真卿による東京感化院，留岡幸助による家庭学校がある。感化とは主として刑罰法規に触れるような行為のあった児童に対して，宗教，教育，保護

によって人の人たる道としての心や行いを変えることを意味している。
　1900（明治 33）年感化法制定後は各都道府県に感化院の設置が義務化された。その後，1917（大正 6）年に国立感化院令が制定され，1919（大正 8）年には武蔵野学院が設置された。1933（昭和 8）年に感化法は少年救護法に改正され，感化院は少年救護院と名称変更された。その後，児童福祉法（1947 年）により救護院に，児童福祉法の改正（1997 年）により児童自立支援施設へと変遷してきている。　　　　　　　　　　　　　（松久宗丙）

白川学園

　1909（明治 42）年に脇田良吉によって創設された。東京の滝乃川学園についでわが国二番目の知的障害児施設である。脇田良吉は，1898（明治 31）年，正教員として最初に赴任した京都市の小学校において，「落第生」や「低能児」など学校教育になじむことが難しい児童を自身の下宿先へ引き取り，共に暮らしながら教育することで一定の効果を得ることができると実感した。小学校教諭を退職し，全人格的な教育をめざして生活教育施設としての白川学園を創設した。その根底には，キリスト教の信仰があり，社会に居場所を見つけられないでいる子どもたちを無条件で受け容れ，ありのままを肯定するところから始めることを信念とした。
　　　　　　　　　　　　　（松久宗丙）

日本心育院

　日本心育院（園）は，1911（明治 44）年に川田貞治郎が茨城県渡里村に創設した低能児教育機関のことであり，1916（大正 5）年に川田が渡米するまでの 5 年間だけ開園された施設である。川田は，渡米する際に日本心育院（園）を一時的な閉校としていたが，帰国後は，東京の大島に知的障害児施設として藤倉学園を創設することとなったため実質的には渡米によって閉園したといえる。日本心育院

（園）は，「低能児」に治療的教育と独立的職業を身につけさせることで社会の一員として日本心育院（園）を卒業して学園の外で生活できるようにすることを目的としている。　　　　（松久宗丙）

マハヤナ学園

マハヤナ学園は長谷川良信によるセツルメント実践であり，日本におけるセツルメント実践の代表例の一つとなっている。僧侶であった長谷川は，1918（大正7）年に東京・西巣鴨のスラム街へ移り住み，宗教大学の学生とともにセツルメントを開始する。翌年，同地にマハヤナ学園を設立し，園長に就任。年少労働者を対象とした学習支援や託児所などセツルメントを展開する拠点とした。住民からの相談に応じるにつれその事業を拡大し，1924（大正13）年にはマハヤナ学園内に大乗女子学院を設立。女子労働者の教育にも力を注いだ。戦後，長谷川は淑徳大学社会福祉学部の設立にも尽力した。現在，マハヤナ学園は東京都板橋区において仏教を理念として児童養護施設や保育所等を運営している。　　（峪口蔵人）

整肢療護園

日本で最初の肢体不自由児施設である。医師であった高木憲次によって1942（昭和17）年，東京に設立された。高木は肢体不自由児が治療と教育を受けられる「夢の楽園教療所」の設置を提唱した。ドイツへ留学し，身体障害児の施設であるクリュッペルハイムを見学した後は，クリュッペルハイムのような施設が日本にも必要であると主張し，整肢療護園の設立に至った。「療育」を日本で初めて提唱し，治療，教育，職能という3つの観点から生活全般を支援し，自活できるようにすることが必要であると説いた。新たに「肢体不自由」という言葉を編み出し，提唱した。その実績から，日本における肢体不自由児施設の生みの親とも呼ばれている。整肢療護園は，東京大空襲にて焼失したが，1951（昭和26）年，国により再建され，現在は心身障害児総合医療療育センターとなっている。
→肢体不自由 45　　　　（峪口蔵人）

クリュッペルハイム柏学園

1921（大正10）年に体操の教員であった柏倉松蔵によって東京都文京区に設立された日本で最初の肢体不自由児のための学校である。柏倉は教師として勤務したのち，医療体操を学び東京大学で肢体不自由児実態調査に従事した。肢体不自由児の教育には継続的かつ集団を通して医療体操を実施することが効果的であると考え，実践の場とし私財を投げ打って柏学園を設立した。柏学園ではマッサージや器具を用いた運動療法を実施するとともに学習指導も行い，柏倉と同時期に東京大学で勤務していた高木憲次が提唱した「療育」の実践の場ともなった。戦後，診療所なども開設するが，1959（昭和34）年，閉鎖に至っている。後年，柏倉は「肢体不自由児教育の父」と評されている。　　　　（峪口蔵人）

私立予備感化院

高瀬真卿は，新聞記者を経て戯作者となる。1885（明治18）年，東京・湯島に私立予備感化院を設立し，1886（明治19）年には東京感化院と名前を変えた。運営は儒教精神に基づき，収容した児童は院長の子どもであるとされ，いくつかの「家族寮」に分かれて生活していた。多くの児童の家庭から入所費用を徴収していたため，収容期間が短く十分に更生しないまま退院するという課題も抱えていた。海外における更生施設をもとに設置されたが，運営方法に関しては模索していた時代でもあり，非行の原因として遺伝もあると考えられていた。なお，1883（明治16）年，大阪に開設された池上雪枝による池上感化院に続く日本で2番目の感化院である。　　（峪口蔵人）

孤女学院／滝乃川学園

　1891（明治24）年に石井亮一によって設立された日本初の知的障害児の施設。1894（明治27）年に発生した濃尾地震で孤児となった女子に教育を行う施設として，教師であった石井亮一が東京に孤女学院を設立した。保護した児童の中に知的障害がある児童がいたことから，知的障害児教育に関心をもった亮一は，アメリカに留学。1896（明治29）年に滝乃川学園へと名前を改め，知的障害児の「特殊教育部」を設け，知的障害児の支援を展開した。亮一は知的障害は「不治」のものではないとの信念をもち，「知的障害児教育の父」とも呼ばれている。

　石井筆子はヨーロッパ留学後に教師をしていたが，亮一と結婚後，学園の発展に尽くし亮一亡き後の学園長を務め，戦時中の困難な状況において学園の運営を行った。なお，筆子は「知的障害児教育の母」とも呼ばれている。　（峪口蔵人）

岡山孤児院

　岡山医学校に通い医師を目指していた石井十次は1887（明治20）年に岡山孤児院を設立し，濃尾地震による孤児を引き取ったことを契機として次第に預かる孤児の数が増えていった。多い時には1,200名の孤児を預かるまでに至った。フランスの思想家ルソー（Rousseau, J. J.）が著した『エミール』に影響を受けて，自然の中で農業や職業教育を実践するために宮崎県の茶臼原に孤児院をつくった。茶臼原の院内には岡山孤児院尋常高等小学校を併設し，教育にも力を注いだ。最終的に岡山孤児院は明治の終わりまでに茶臼原へ移転した。石井は，イギリスのバーナードホームの影響を受け，一人の職員のもとに十数人の子どもたちが生活する小舎制をとり，院内には小さな家がいくつもあった。また，里親制度や大阪のスラムに分院を設けるなど現在の児童養護施設の原型となっている。　（峪口蔵人）

家庭学校

　牧師であった留岡幸助は北海道の監獄においてキリスト教の教誨師として勤務していた。犯罪者の成育歴を知るにつれ，幼少期の教育が大切であると考え，アメリカ留学後の1899（明治32）年，東京・巣鴨に家庭学校を創設した。一つの舎には15人までの児童が生活するという小舎制をとり，職員と児童は寝食を共にした。東京での経験からより自然に囲まれた中で実践したいと考え，国から原野の払い下げを受け，1914（大正3）年北海道家庭学校を開設した。「よく働き，よく食べ，よく眠る」という三能主義のもとで，自然の力が児童を感化するという考えのもと，家庭的な環境の中で子どもたちと寝食を共にした。

　「This One Thing I Do（一路白頭に至る）」という言葉を座右の銘とし，生涯を児童の更生に捧げた。家庭学校は児童自立支援施設となり，東京家庭学校，北海道家庭学校として現在も運営されている。
　（峪口蔵人）

近江学園

　糸賀一雄は，「日本の知的障害福祉の父」とも呼ばれている。滋賀県庁の職員であった糸賀らは1946（昭和21）年，滋賀県大津市に近江学園を設立し，1948（昭和23）年に滋賀県立の児童福祉施設となった。設立当初は，知的障害児だけでなく戦争孤児も入所していた。近江学園では，職員が入所児童と寝食を共にしながら子どもの小さな成長発達の喜びを分かち合う支援を実践した。1963（昭和38）年には重症心身障害児施設「びわこ学園」を設立し，生涯を重度障害児の支援に捧げるとともに，わが国における障害福祉の制度設計にも関わった。

　「この子らを世の光に」という言葉を残し，重度障害児こそが世の光になりうるのだと説き，偏見根強い時代において社会における障害児の使命を提言してい

た。また重度障害児であっても生活の主
体者であり，その存在を認め合えるよう
な社会の実現を求め続けた。（峪口蔵人）

島田療育園

　小児科医であった小林提樹は，戦災孤
児や心身障害児の支援を診療の傍ら行っ
ていた。1955（昭和30）年に障害児の保
護者を対象とした「日赤両親の集い」を
開始したが，この集まりが後の全国重症
心身障害児（者）を守る会へと発展した。
1958（昭和33）年には日本心身障害児協
会を設立するとともに私財の土地を寄付
し，わが国初の重症心身障害児施設であ
る島田療育園を東京・多摩に開設。また，
東京・神田には重症心身障害児の診療所
を開設した。制度改正により，障害児が
成長し障害者となった後も一貫して生活
できる体制を整えた。小林は，「この子
は私である。あの子も私である」という
言葉を座右の銘とし，児童の幸福を最善
に考えて支援を行った。

　島田療育園は，島田療育センターと名
称を変更し，医療型障害児入所施設や療
養介護事業等として現在に引き継がれて
いる。　　　　　　　　　　（峪口蔵人）

二葉幼稚園

　わが国における保育事業のパイオニ
アである野口幽香，森島峰らによって
1900（明治33）年に東京・麹町に設立さ
れた貧民子女のための慈善幼稚園。野口，
森島は華族女学院幼稚園に保育者として
勤務していたが，通勤途中で目にしてい
た往来で遊ぶ貧しい子ども達の姿をみて，
華族幼稚園に通う子ども達と同じように
保育したいと願い二葉幼稚園を設立した。
設立6年目の1906（明治39）年に当時
代表的なスラム街であった四谷鮫ヶ橋
（現：新宿区南元町）に移転し本格的な「貧
民幼稚園」として事業を展開する。1916
（大正5）年には，すでに乳幼児も保育し
ていたこともあり，また，社会政策の変
更などもあり二葉保育園と名称を変更し

た。現在は，同地を中心に社会福祉法人
二葉保育園として，乳児院，保育園，自
立援助ホームなどの事業を展開している。
　　　　　　　　　　　　　（髙石　豪）

岡山博愛会

　わが国における最初のセツルメント
事業を展開した歴史をもつ社会福祉法
人。アメリカの宣教師であるアリス・ペ
ティー・アダムスによって1891（明治
24）年に岡山市に日本学校を開設し，そ
の後，小学校，幼稚園，キリスト教講義
所，裁縫夜学校，診療所を開設しての無
料診療，施し風呂などの事業を展開した。
1912（明治45）年に財団法人岡山博愛会
として認可を受ける。戦災により全施設
が全焼したが，終戦後の1947（昭和22）
年に仮診療所，1948（昭和23）年に保育
園を再建して事業を展開する。1952（昭
和27）年に社会福祉法人岡山博愛会とな
り，岡山博愛会病院を中心として，介護
医療院，診療所，訪問看護，特別養護老
人ホーム，居宅介護事業所，デイサービ
ス，保育園などの事業を展開している。
→セツルメントハウス 36　　（髙石　豪）

キングスレー館

　わが国におけるセツルメント運動の先
駆者である片山潜により開設された，日
本で初めての隣保館。片山はアメリカや
イギリスのセツルメント運動に学び，社
会問題やセツルメントに関心を深めて
いった。帰国後，貧困に苦しむ市民に対
して教育や医療を提供する目的で，1897
（明治30）年に東京・神田においてキン
グスレー館を開設し，青年倶楽部，幼稚
園，社会問題講演，大学普及講演，料理
教室，英語教室，市民夜学校，職工教育
などの事業が展開された。特に幼稚園
は「児童ノ体育及ヒ知徳ノ教育ヲ充分発
達セシメントスル」ことを目的として各
種事業の中で最も長く続いた。片山はそ
の後，隣保事業から労働運動へと活動を
移していき，キングスレー館の事業は

1914（大正3）年に完全に終了した。

（髙石　豪）

博愛社

1890（明治23）年，キリスト教の精神にたって，貧しい家庭の子どもたちを育む施設として小橋勝之助により設立された社会福祉法人。当初は書籍の無料貸与，雑誌の発行，慈善的夜学校や普通学校，貧民施療所，感化院，孤児院などが構想されていたが，後に孤児院中心の事業に再編された。勝之助亡き後，第2代の社長に就いた弟の小橋実之助は，アメリカに学び，里子制度の拡張，小舎制への改善，子ども会議による自治意識の涵養，児童の退院後のアフターケアなど多様な育児事業を展開した。現在は，大阪市内において，児童養護施設，保育園，特別養護老人ホーム，ケアハウス，介護サポートセンター，児童家庭支援センター，乳児保育園などの事業を展開している。

（髙石　豪）

神戸婦人同情会

1916（大正5）年，大不況により農村の多くの女性が売られ，転落してゆくさまを見かねて城ノブが婦人保護事業を開始した歴史をもつ社会福祉法人。また，当時女性の自殺が深刻化しており城ノブは「一寸待て」との大看板を設置し，住所と連絡先を記載したことでも知られる。1926（大正15）年から保護が必要な母子，孤児，単身女性のための幼児教育施設，母子寮，児童養護施設，婦人保護施設などを新設し本格的に女性や児童の保護事業を展開。戦後，1952（昭和27）年に社会福祉法人格を取得し，現在は，児童養護施設，母子生活支援施設，保育所，幼保連携型認定こども園などの他，特別養護老人ホーム，診療所，地域包括支援センターなどの高齢者福祉事業も展開している。

（髙石　豪）

秋津療育園

1958（昭和33）年に，草野熊吉によ

り設立されたわが国初の重複障害児施設。戦後，身体障害児や知的障害児の施設は整備されたが，重複障害児は入所できず「福祉の谷間」とされた。それら重複障害児・者を保護し，家庭の不幸を防ぎ，一生を過ごせる場所として開設された。しかし，当初は児童福祉法に基づく福祉施設としての認可を得られず，その後，1964（昭和39）年に認可を得た。また，草野は島田療育園の小林提樹らと協力して1960年代に行政に働きかけ，重複障害児・者福祉の制度化に尽力した。現在は，社会福祉法人天童会秋津療育園として，重症心身障害児（者）施設，短期入所，医療入院，相談支援センター，通園センター，障害児・者歯科外来，小児科外来，保育園などの事業を展開している。

（髙石　豪）

間人幼児保育場

1886（明治19）年に設立された幼稚園であり，折り紙・積み木・パズルなどの最新のフレーベル流の幼児教育を実践した西日本初（神戸）の幼稚園である。1873（明治6）年に，間人家（間人市郎左衛門）の家塾を借用して二番組小学校を開校し，1874（明治7）年に旧二ツ茶屋村役場に移転するまで，一番組小学校と共に多くの児童が通っていた。また，通称，間人塾と呼ばれた同家の間人たね子は児童教育に心血を注ぎ，1975（明治8）年に改称移転した近くの神西小学校の一時閉鎖されていた校舎を活用し，1886（明治19）年に西日本初，神戸初の幼稚園「間人幼児保育場」を創立した。その後，1887（明治20）年3月に「間人幼稚園」と改称されている。　（上原正希）

感化法

社会生活を営むうえでのルールにそむく不良行為をなした少年，少女を保護，教育して，その更生をはかるため，感化院に入所させ，更生させることを目的に，1900（明治33）年に制定された法律である。

感化院とは，1870 年代末に民間篤志家によって各地に設けられ，1933（昭和 8）年には少年救護法に基づき少年救護院に名称が変更，そして第二次世界大戦後は 1947（昭和 22）年の児童福祉法の制定に伴って児童福祉施設の一つとしての教護院に改められた。1997（平成 9）年の児童福祉法改正にあたっては，1998（平成 10）年 4 月より教護院は児童自立支援施設に改称され，家庭環境等から生活指導を要する児童を入所または通所させ，必要な指導を行って自立を支援し，退所後の必要な相談や援助も行うこととなった。
（上原正希）

少年教護法

　14 歳未満の少年に対する保護や少年鑑別機関の設置，少年教護委員の設置，感化院を少年教護院と改称し小学校令に準拠した教育を行うこと等を規定した法律であり，懲戒的性格の強い 1900（明治 33）年に制定された感化法に代わる法律として 1933（昭和 8）年に成立した。

　これにより，福祉的な本法と，犯罪少年を主な対象とする刑事的性格の強い旧少年法との二本立ての体制となり，その後 1947（昭和 22）年，この法律は児童福祉法の制定により廃止された。

　少年教護院も，その後の歴史の中で，感化法に基づく感化院，少年教護法に基づく少年教護院，児童福祉法に基づく教護院，改正児童福祉法に基づく児童自立支援施設と名称が変わってきている。
（上原正希）

母子保護法

　わが国における親子や婚姻，その他の親族関係を規律する法規の総体である親族法は，男子が家族員を統制・支配する家族形態で，家長権に基づいて家族員を支配し，服従させる家族形態を前提にしたものであった。そのような家族形態の中で，夫と死別もしくは離別した妻とその子は，その親族によって扶養されるこ

とが原則であったが，しかし現実的に支援できるのは，一定以上の財産をもった農家や自営業者の親族がいる場合のみで限定的であった。また当時の女子教育の主流は良妻賢母主義教育で，特殊技能をもった者以外の婦人労働層の多数は家計補助的な雇用であり，母と子はもとより，母親自身すらも生計可能となる賃金水準ではなく，また救済の道もなく，貧困層に陥り母子心中など，命を絶つものさえ増加した。母子保護法は，そうした状況下で社会的な動きが巻き起こり，当時の家族主義思想に基づき，未来を支える国民である子どもや母の健全育成や保護を目的に，1937（昭和 12）年に制定された法律である。
（上原正希）

社会福祉事業法

　社会福祉を目的とする事業全分野における基本的な事項が記載されており，1951（昭和 26）年に制定された法律である。内容としては，社会福祉審議会，福祉に関する事務所，社会福祉主事，指導監督及び訓練，社会福祉法人，社会福祉事業，社会福祉事業に従事する者の確保の促進，共同募金及び社会福祉協議会などで構成され，社会福祉を目的とする他の法律と相まって，福祉サービスの利用者の利益の保護及び地域における社会福祉の推進を図るとともに，社会福祉事業の公明かつ適正な実施の確保及び社会福祉を目的とする事業の健全な発達を図り，もって社会福祉の増進に資することを目的とする法律である。2000（平成 12）年に現在の社会福祉法に改題している。
→社会福祉法 [37]
（上原正希）

精神薄弱者福祉法

　精神薄弱者に対し，その更生を援助するとともに必要な保護を行ない，もって精神薄弱者の福祉を図ることを目的とし，1960（昭和 35）年 3 月 31 日に公布され，同年 4 月 1 日に施行された法律で，精神薄弱者福祉審議会，援護の機関及び福祉

の措置，精神薄弱者援護施設などが規定されていた。

また国及び地方公共団体の役割も明確化し，精神薄弱者の福祉について国民の理解を深めるとともに，精神薄弱者に対する更生の援助と必要な保護の実施につとめなければならないとし，福祉の措置の実施並びにその監督に当たる国及び地方公共団体の職員は，精神薄弱者に対する福祉の措置が児童から成人まで関連性をもって行われるように相互に協力しなければならないとも規定されていた。

その後，精神薄弱という用語は，知的な発達に係る障害の状態を的確に表現しておらず，精神・人格全般を否定するかのような響きがあり，差別や偏見を助長しかねないと各種団体等から指摘及び提案があり，1999（平成11）年4月1日施行の「精神薄弱の用語の整理のための関係法律の一部を改正する法律」により，現在の知的障害者福祉法に改題している。
→知的障害者福祉法 37　　　（上原正希）

心身障害者対策基本法

「心身障害者」を対象としており，具体的には，肢体不自由，視覚障害，聴覚障害，平衡機能障害，音声機能障害若しくは言語機能障害，心臓機能障害，呼吸器機能障害等の固定的臓器機能障害又は精神薄弱等の精神的に障害があるために，長期にわたり日常生活又は社会生活に相当な制限を受ける者の自立や社会参加を促進することを目的として，1970（昭和45）年に施行された。

心身障害者対策に関する国等の責務を明記し，心身障害者の福祉に関する施策の基本事項を定めたものである。その後，1981（昭和56）年の国際障害者年を契機として，ノーマライゼーションの理念の社会的な広がりとあいまって，1993（平成5）年には同法の改正により，障害者施策の基本となる障害者基本法が制定された。
→障害者基本法 37　　　（上原正希）

コロニー政策

1960年代から心身障害者を終生保護する大規模施設であるコロニー（共同生活の村）を整備する政策を指し，1965（昭和40）年の「心身障害者の村（コロニー）懇談会」設置と意見具申を契機としている。厚生省（当時）は，1966（昭和41）年から国立心身障害者コロニー設置計画を本格化させ，法整備等を行い，1971（昭和46）年に群馬県に国立のぞみ園を開設し，それと前後して，都道府県や民間法人もコロニーを開設した。しかし，コロニーは，「保護」と「隔離」という二面性が常に議論されており，欧米においてはすでに小規模施設や地域での生活が主流となっていた。1981（昭和56）年には国際障害者年を迎え，障害者福祉は施設中心から地域福祉に移行し，ノーマライゼーションの思想も浸透し，障害者福祉政策におけるコロニー政策は積極的に展開されず，地域での生活に移行していった。
　　　　　　　　　　　　　　（髙石　豪）

脱施設化政策

入所施設ではなく地域での生活を重視した政策を指す。大規模入所施設が人権やプライバシーを侵害する傾向があることや心身の健全な発達を歪める弊害があることなどが指摘され，また国際障害者年やノーマライゼーションの思想の浸透などにより特に障害者福祉分野で展開された。2002（平成14）年の障害者基本計画においては，施設入所者の地域生活への移行が掲げられ，入所施設の整備においては真に必要なものに限定すると提言された。作業所やデイサービスなどの通所施設やグループホームなどの小規模で地域に根差した入所施設の充実が図られた。一方で高齢者福祉においては，自宅から通所して利用する施設以上に，特別養護老人ホームなど入所施設のニーズが高く，その整備が促進され，増加が図られた。
　　　　　　　　　　　　　　（髙石　豪）

恩賜財団（済生会）

　明治天皇が，医療の側面から，生活に
困窮している日本国民を救済しようと考
え，済生勅語に基づき，1911（明治 44）
年に創設した財団である。済生勅語とは
天皇陛下が口頭で公的に述べられる考え
であり，当時，国権は天皇陛下にあり，
勅語はそのまま国の方針となっていた歴
史がある。

　社会に増えた生活困窮者に対し，無償
で医療を行い，それによって生を済い
（いのち すくい），長く困窮者の寄る辺とするようにと資金
の一部として私的に寄付をし，設立され
た財団であり，戦後，財団から社会福祉
法人に変わったが，明治天皇の志を決し
て忘れないようにと，社会福祉法人恩賜
財団済生会と正式名称を変更している。

　　　　　　　　　　　　　　（上原正希）

寿産院事件

　1944（昭和 19）年から 1948（昭和 23）
年にかけて東京・新宿区柳町の「寿産
院」で，100 人以上のもらい子が死亡し
ていた事件である。事件が発覚したの
は 1948 年，産院を経営する石川ミユキ
（当時 51 歳），猛（当時 55 歳）夫妻が遺体
1 体 500 円で雇っていた葬儀屋の店主が，
乳児の遺体 5 体を遺棄しようと自転車
に乗っていたところを不審に思ったパト
ロール中の警察が尋問し，事件が発覚し
た。石川夫妻は約 4 年間にわたり，乳幼
児保育の宣伝を行い，戦後間もない生活
に苦しむ母親から保育費を受け取り，食
事を与えずに餓死させていた。さらに産
院に配給される粉ミルクや赤ん坊の死亡
届を出した際に配給される葬儀用の酒な
どを闇市で売り，利益をあげていた。事
件発覚後，石川夫妻は逮捕され，東京地
裁はミユキに懲役 8 年，猛に懲役 4 年の
判決を下した。葬儀屋の店主は不起訴処
分，偽りの死亡診断書に携わった医師は
禁固 4 年の判決が下された。（中山慶紀）

狩　込

　日本において，武家が政治の実権を
握っていた時代，江戸幕府には，町奉
行・寺社奉行・勘定奉行の三奉行がおり，
任務を遂行していた。その中でも町奉行
は，江戸の町方（人口も多く，町人が居住
する繁華な場所）の行政・司法・警察な
ど民政全般をつかさどるものをいってい
た。町奉行は江戸幕府の社会・治安対策
の一つとして，下級役人である非人頭や
（ひにんがしら），農政を担当した手代という役職のものに
（てだい），業務を命じ，路上などで物乞いをする乞
食や（こじき），一定の住居と正業をもたなかった
無宿者・野非人らを逮捕し，江戸から追
（のひにん），放することとしていたが，このことを狩
込といった。

　現在では，警察が浮浪者や売春婦など
を街頭で一斉に検挙することをいう。

　　　　　　　　　　　　　　（上原正希）

恩寵園事件

　千葉県船橋市にある児童養護施設「恩
寵園」で長期にわたって起きた施設内虐
待事件である。この事件は 1995（平成 7）
年児童相談所への匿名での告発によって
明るみになった。園長と指導員であった
園長の息子が虐待を行っており，その内
容はバットや木刀，鎌などで殴る蹴る，
また乾燥機に入れるといった身体的虐待
や性的虐待などであった。告発後，同年
に行政から施設へ指導が入るが，虐待が
収まることはなく繰り返され，1996（平
成 8）年には園長に反対する職員達によ
る辞表提出や，園児 13 人が 4 か所の児
童相談所へ逃げ込み千葉県知事に「園長
を辞めさせて」との手紙を渡すなど，職
員や子どもたちが実状を訴えた。しかし，
千葉県の対応はずさんなものにとどまり
改善がなかった。1999（平成 11）年，市
民団体によって「現在も虐待が存在する」
と告発されたことで 2000（平成 12）年
に園長と園長の息子は逮捕され，園長は
傷害で懲役 8 か月，園長の息子は懲役 4

年の実刑判決が下された。 （中山慶紀）

風の子学園事件

1991（平成3）年7月28日から29日にかけて，広島県瀬戸内海の小佐木島にあった施設「風の子学園」で，園長・坂井幸夫（当時67歳）が兵庫県姫路市立中学校3年の男子生徒（当時14歳）と広島県三原市の少女（当時16歳）の2人を園内にあったコンテナに監禁し熱中症で死亡させた虐待死事件である。1991（平成3）年7月30日，広島県警三原署が死亡した園生2人に対する監禁致死容疑で坂井を逮捕し，広島地検福山支部は同年8月19日，園長を監禁致死容疑で広島地裁福山支部に起訴，その後，懲役5年の実刑判決が刑事処分として下された。被害者の1人である男子生徒の遺族は学校側と姫路市教育委員会が「施設入園を強く勧めながら，安全配慮義務を怠った」として1992（平成4）年8月4日付で姫路市と園長に対して総額7,000万円の損害賠償を求める民事訴訟を神戸地裁姫路支部に提訴した。その後，姫路市と園長が連帯して約6,400万円を支払う判決が確定し，姫路市の法的責任が裁判で認められた。 （中山慶紀）

施設解体政策

障害者福祉分野における入所施設でのプライバシーの侵害や健全な発達を歪める弊害，ノーマライゼーションの思想の浸透などにより，地域での生活に移行する政策のなかで強調された大規模入所施設の解体を指す。「障がい者制度改革推進会議」にて議論がなされ，いくつかの地方自治体においては解体宣言なども出された。しかし，長期間入所施設で生活してきた障害者に地域での支援体制が整わない中での施設解体の方向性に批判もおこった。今日では，入所施設は限定的とする方向の一方で，地域での生活のための授産施設やデイサービスなど通所施設，小規模施設であるグループホーム，

生活を支援する相談体制など基盤の整備を充実する方向で各種政策が展開されている。 （髙石　豪）

あしなが育英会

1961（昭和36）年に新潟で起こった，初の殺人罪が適用された交通事故の被害者遺族である岡嶋信治と，1963（昭和38）年の暴走車による交通事故の被害者遺族である玉井義臣の2人が中心となって，1967（昭和42）年に交通事故遺児を励ます会が誕生し，1969（昭和44）年には交通遺児育英会が始まった。その後，支援により進学できた交通遺児による「恩返し運動」として1988（昭和63）年に災害遺児奨学金制度が始まり，その支援により進学した災害遺児が1993（平成5）年に開始した病気遺児奨学金制度にあわせて，あしなが育英会が誕生した。現在，病気や災害，自殺などで親を亡くした子どもたちや親が重度後遺障害で働けない家庭の子どもたちを対象として，奨学金や遺児の心のケア，人材育成などの幅広い支援を行う民間非営利団体として事業展開している。また，阪神淡路大震災以降，国内での活動にとどまらず，アフリカや東南アジアなどの海外へ活動の範囲を広げている。2019（令和元）年からは，任意法人から一般財団法人となり，事業を開始している。 （中山慶紀）

大津いじめ自殺事件

2011（平成23）年，同級生からいじめを受けていた大津市立中学2年の男子生徒（当時13歳）が自宅マンションから飛び降りて自ら命を絶った事件である。事件後，中学校と大津市教育委員会は二度のアンケート調査を実施し，いじめの存在は認めつつも結果を公表せず，いじめが自殺の原因かは不明との見解を示した。それに対して遺族は加害者の元同級生側3名とその保護者，市に対して約7,700万円の損害賠償訴訟を起こした。市は第三者調査委員会を設置し実態解明に向け

て調査を行い，自殺の原因はいじめで
あったと結論付け和解金 1,300 万円で和
解した。大津地裁は，加害者の元同級生
2 人と保護者に約 3,750 万円の支払い命
令を下した。滋賀県警は加害者の元同級
生 2 人を書類送検，1 人は児童相談所に
送致した。そして，家庭裁判所は加害者
の元同級生 2 人を保護観察処分，1 人を
不起訴処分とした。この事件がきっかけ
となり，2013（平成 25）年に「いじめ防
止対策推進法」が成立した。　（中山慶紀）

桶川ストーカー殺人事件

　1999（平成 11）年，埼玉県桶川市の桶
川駅前で女子大生が元交際相手の雇った
仲間によって殺害された事件である。殺
害前から元交際相手とその兄を含むグ
ループは，被害者の女子大生から別れを
告げられた逆恨みとしてストーカー行為
を行っていた。ストーカーの被害は次第
に女子大生の家族にまで及ぶようになっ
た。被害者家族は埼玉県警上尾警察署に
被害を度々訴えたが，真剣に取り合って
もらえず，ずさんな捜査と対応にとどま
り，警察の怠慢とねつ造行為が浮き彫り
になった。また，メディアも事実とは反
した情報を流すなど遺族への配慮が欠け
た取材や報道が行われていた。元交際相
手は自殺し，元交際相手の兄は無期懲役，
殺害実行犯は懲役 18 年，運転役と見張
り役は懲役 15 年の判決が下されたほか，
名誉棄損で 12 名が逮捕された。この事
件がきっかけとなり，2000（平成 12）年
に「ストーカー行為等の規制等に関する
法律（ストーカー規制法）」が制定された。
　　　　　　　　　　　　　　（中山慶紀）

小山市虐待事件

　2004（平成 16）年，栃木県小山市で 3
歳と 4 歳の兄弟が同居中の父親の友人
から日常的に虐待を受け，誘拐された
後，橋の上から川に投げ込まれて幼い命

が失われた事件である。この事件で問題
視されたのは児童相談所や警察の対応で
ある。兄弟は父親とともに，父親の友人
宅で友人の子ども 2 人を含め 6 人で同居
し，父親の友人から日常的に虐待を受け
ていた。同年，虐待を通報され，兄弟は
栃木県県南児童相談所に一時保護されて
いる。その後，祖母宅で子どもと同居す
ることを条件として引き取らせたが，す
ぐ加害者宅に戻っていた。児童相談所は
その事実を知りながらも，家庭訪問等は
行わなかった。また警察は，一時保護さ
れた際，兄弟の痣や腫れが確認できたが
傷害容疑での捜査はされなかった。この
事件がきっかけとなり，2005（平成 17）
年，栃木県小山市で民間の虐待防止活動
団体「カンガルー OYAMA」が発足，子
ども虐待防止を目指して後にオレンジリ
ボン運動が始まった。　　　　（中山慶紀）

地域移行政策

　障害者施設や精神科病院，救護施設や
更生施設，矯正施設等に入所している障
害者を対象に地域生活への移行を支援す
る政策を指す。特に，障害者を対象にし
た入所施設のプライバシーの侵害や健全
な発達を歪める弊害の是正やノーマライ
ゼーションの思想の浸透，精神障害者の
社会的入院の解消など契機に 1980 年代
から展開された。国が定める医療計画，
障害者福祉計画などにおいて，障害者等
が地域の一員として安心して自分らしい
生活がおくれることが重視された。今日
においては，住居の確保や地域での生活
に関する相談や，障害者福祉サービス事
業所への同行支援などを行う地域移行支
援と，居宅において生活する障害者や家
族を対象に緊急時の連絡体制や相談体制，
障害者福祉サービス事業者との連携によ
る緊急時の各種支援を行う地域定着支援
の事業が展開されている。　　（髙石　豪）

〔36〕 諸外国における子ども家庭福祉の歴史的変遷

幼児学校

オウエン（Owen, R.）が設立した性格形成学院において，1歳から6歳までの教育を担ったのが幼児学校である。オウエンは，「人間の性格は本来善であるが，生後の環境によっては悪くもなるので，幼児期によい環境を与えることによって，合理的な思考と行動を可能にするよい人格形成が促される必要がある」という性格形成論を重んじ，ペスタロッチ（Pestalozzi, J. H.）の教育法を取り入れ，主知主義教育（読・書・算）を排して，直観教育を重んじた。子どもたちは1〜3歳までと，4〜6歳までに分けられ，各クラス30〜50人の幼児が教育を受けた。その主な内容は，戸外遊び，実物や模型，絵などを通しての遊び，お話，ダンス，音楽などであった。幼児学校は，その後イギリス各地で施行され，やがて全土に普及していく。1870年には，初等教育法により，初等学校の下部組織として，正規の学校に組み入れられていくこととなった。

→オウエン〔22〕　　　　　（石田賀奈子）

性格形成学院

オウエン（Owen, R.）によって工場労働者の子女の教育のために設立された教育機関である。産業革命が進行するイギリスにおいて，紡績工場の経営に成功し，綿業王ともいわれていたオウエンは，労働者の貧困や児童労働の問題の厳しい現実を見て，その救済を目指した。そこで，10歳以下の児童労働をやめさせ，児童に対する適切な教育の保障と，それに

よって両親が安心して働くことのできる環境を実現しようと考えた。そして1816年，スコットランドのニュー・ラナークにおいて性格形成学院を創設した。オウエンの教育は①環境改善教育，②子ども中心教育，③愛と幸福との教育，④賞罰の廃止，⑤書物を使用しない直観教育，⑥生産労働と直結した教育，⑦自然と結びついた教育であることを重んじたものであった。そしてこの学校は1歳から6歳までの「幼児学校」と6歳から10歳までの児童を対象とする「昼間学校」，工場労働に従事する青年と成人の「夜間学校」の三部で構成され，幼児から青少年までを対象とした教育が行われた。

→オウエン〔22〕　　　　　（石田賀奈子）

訪問教師事業

訪問教師事業（visiting teacher）は，現在のスクールソーシャルワーカーの源流といえる活動である。1913年，ニューヨークにおいて制度化された。訪問教師たちは，学校に基盤を置きながら，長期欠席や怠学，学業不振，家庭の貧困や親による遺棄，疾病や障害，文化間葛藤や差別，非行など様々な困難に苦しむ子どもたちの救済・ケア・支援を行った。

訪問教師の活動の源流は，19世紀末から始まったアメリカのセツルメント活動にあるとされている。当時，移民の子ども達の多くは貧困のために働かざるを得ず，当時のセツルメント運動家は移民への生活支援だけでなく，子ども達への就学問題の解決についても必要性を感じ

ていた。この流れを受けて，1900年代初頭，スクールソーシャルワーカーとしての活動がニューヨーク，ボストン，ハートフォードの地で始まり，訪問教師として制度化された。その後，子どもの教育権を保障するために，学校と家庭，地域の橋渡し役としてスクールソーシャルワーカーが配置され，全米に広がっていった。　　　　　　　　　　（石田賀奈子）

ソロモン

ソロモン（Barbara Bryant Solomon：1935-）は，アメリカのソーシャルワーク研究者。ヒューストンで生まれ育ち，カリフォルニア大学バークレー校でソーシャルワークを学ぶ。南カリフォルニア大学名誉教授。1976年の著書『黒人のエンパワメント（*Black Empowerment*）』では，ソーシャルワーク分野におけるエンパワメントの重要性を指摘した。社会的に抑圧され，不利な状況に置かれている人は，パワーの欠如した状態になる。ソロモンはそうした人々がその固有の能力や長所に着目して，本来の強みを引き出し，生活や環境を自らコントロールできるように支援することの重要性を提唱した。ソロモンはエンパワメントを「スティグマ化された集団に属するということに基づいてもたらされる否定的な評価が生み出している無力化された状態を軽減する目的で，ソーシャルワーカーがクライエントやクライエントシステムとともに一連の活動にたずさわる過程である」と定義している。また，児童福祉や医療機関におけるソーシャルワーカーとしての実践経験も豊富で，教育・研究の分野において多くの賞を受けている。　　　　　　　　　　（石田賀奈子）

アメリカ児童憲章

1930年に開催された第3回白亜館会議において採択された児童憲章である。第1回白亜館会議で採択された「児童は緊急やむを得ない理由がない限りは家庭から引き離してはならない」とする原則を受け，児童の保健・保護に関する社会責任が強調された。「すべての児童は，愛と安全が保障された場所に居住する権利を有し，虐待・遺棄・搾取，あるいはほかのあらゆる非人道的被害を被った児童には，昼夜を問わずその身を保護する社会福祉機関の設立を約束する」ことを趣旨とした，当時としては画期的なものであった。この憲章は，1912年の連邦児童局の設置，母子援助法の制定，1935年の社会保障法の中の児童福祉サービスに関する部分といったアメリカにおける子ども家庭福祉施策に影響を与えるものとなった。　　　　　　　　　　（石田賀奈子）

コノプカ

コノプカ（Gisela Konopka：1910-2003）は，アメリカにおけるグループワークの研究者。ユダヤ系ドイツ人としてドイツに生まれ，ナチスの迫害を逃れてアメリカに亡命する。ミネソタ大学で教鞭をとった。グループワーク（集団援助技術）の理論化に貢献した。コノプカの，児童相談，非行少年などを対象として重ねられてきた実践的研究は，1960年代以降の集団援助技術の発展に大きく貢献した。『ソーシャル・グループワーク』（1963）での「ソーシャルグループワークとは，ソーシャルワークの一つの方法であり，意図的なグループ体験を通じて，個人の社会的に機能する力を高め，また，個人，集団，地域社会の諸問題に，より効果的に対処しうるよう，人々を援助するものである」という定義や，グループワークの14原則など，今日の集団援助技術理論につながる重要な概念を提唱した。

→グループワーク ⁴⁹　　　　（石田賀奈子）

ヴォルフェンスベルガー

ヴォルフェンスベルガー（Wolf Wolfensberger：1934-2011）は，ドイツに生まれ，アメリカに移住，心理学と特殊教育学を学んだ後，シラキュース大学で教鞭をとった。1960年代後半から70年代前半にかけて，

バンク-ミッケルセン（Bank-Mikkelsen, N. E.）やニィリエ（Nirje, B.）が広めたノーマライゼーションの概念は、ヴォルフェンスベルガーによってアメリカに導入され、さらに進化を遂げていくことになる。バンク-ミッケルセンやニィリエのノーマライゼーションの定義は「目的」を重視したもので、自らの定義は「過程と目的」を重視したものであると述べている。「社会的役割の実現（ソーシャルロール・ヴァロリゼーション）」概念を提唱し、それまで障害者が「社会的に価値を引き下げられて」きたことに着目し、障害者の社会的イメージや個人的適応力の増進を図ることで、当事者が果たしている社会的な役割に目を向け、価値づけや意味づけを行うことを目指した。また、「サービスシステムのノーマライゼーション目標履行のプログラム分析（Program Analysis of Service Systems' Implementation of Normalization Goals：PASSING）」を開発するなど、ノーマライゼーションを実現するための具体的な実践を展開した。
→ノーマライゼーション[26][34]
（石田賀奈子）

ニューヨーク児童虐待防止協会

ニューヨーク児童虐待防止協会（New York Society for the Prevention of Cruelty to Children）は、1875年、アメリカ初の児童虐待防止協会としてニューヨーク市において発足した。ニューヨーク市では、1874年、8歳のメアリという女児が、養父母から十分な食事を与えられない、暴力を受けるなどの深刻な虐待を受けていることが発見された。しかし、当時は子どもを保護するための法律がなかった。そこで動物虐待防止協会（American Society for the Prevention of Cruelty to Animals）のバーグ（Bergh, H.）らは、人間は動物の一種であるから虐待はいけない、と理由付け、動物虐待を防止する法律に従ってメアリーを保護するための行動に

出た。このメアリ・エレン・ウィルソン事件がニューヨーク児童虐待防止協会設立に大きな影響を与えたとされる。その後、全米各所に同様の協会が発足していく。のちに動物虐待防止協会と合併して、米国人道協会（American Human Association）となっていった。
（石田賀奈子）

第1回白亜館児童会議

1909年にセオドア・ルーズベルト（Roosevelt, T.）大統領が招集した会議。白亜館とは、アメリカ合衆国大統領公邸のホワイトハウスのことである。この会議は、エレン・ケイ（Kay, E.）の『児童の世紀』に触発されたことや、市民発議に動かされて開催されたものである。またこの会議では、「家庭は文明の最高の創造物」であるとされ、「児童は緊急なやむをえない理由がない限り、家庭生活から引き離されてはならない」などの宣言が行われ、アメリカにおける児童福祉の基本原理において、家庭の大切さが強調された。第1回会議での勧告を受け、1912年には連邦政府内に児童局が設置された。その後、おおよそ10年ごとの会議が定着しており、第3回会議ではアメリカ児童憲章が採択されている。
→エレン・ケイ[22]　（野村　実）

スケアードストレート

非行少年や非行に走る可能性のある少年が刑務所を訪問し、受刑者の生活を直接観察することで、参加者の将来の犯罪行為などの非行を防ぐための非行防止プログラム。恐怖を実感することでそれにつながる危険行為を未然に防ぎ、ルールを遵守することの大切さを体感させる教育方法である。参加者は受刑者から話を聞くほか、刑務所の様子を見たり、カウンセリングを受けることもあるが、いずれも少年らが将来的に非行に走ることや、犯罪に手を染めてしまうことを抑止することを目的とする。スケアードストレートに関するこれまでの研究結果において

は，その有効性を疑問視する意見や，むしろ再犯率の上昇につながるおそれがあることなどが指摘されている一方で，例えば日本では，交通安全教室などでスケアードストレートが実施されている。

（野村　実）

ADA

ADA は Americans with Disabilities Act の略称で，「障害をもつアメリカ人法」と訳される。1964 年に成立したアメリカの公民権法がモデルとなり，これが ADA の前例となったとされている。公民権法では人種や肌の色，信仰，性別，出身国による差別に関する規定はあったが，障害者への差別に関する規定がなかった。また，障害者差別については，1973 年のリハビリテーション法 504 条も先行する法律として挙げられるが，これをもとに ADA の障害の定義などが行われている。ADA は，「障害のある個々人の差別の撤廃に向け，明確かつ包括的な国家的命令を定める」ことを目的としており，連邦政府の財政支援を受けないものも含め，すべての州と地方政府が規制対象となっている。また，ADA は次の 5 部から成り立っている。第 1 部「雇用（Employment）」，第 2 部「公共サービス（Public Services）」，第 3 部「公共施設での取り扱い（Public Accommodations）」，第 4 部「電話通信（Telecommunications）」および第 5 部の雑則であり，これらを踏まえて，全面的に障害者差別を禁止している。2008 年には改正法が成立し，2009 年から施行されているが，障害の範囲の再定義等が行われている。

（野村　実）

メアリ・エレン・ウィルソン事件

1874 年にアメリカで起こった児童虐待事件である。メアリ・エレン・ウィルソンが義母と義父であったコノリー夫妻によって約 6 年に及んで虐待され，飢死寸前の状態で発見された。この事件を機にニューヨーク児童虐待防止協会が設立され，その後，児童虐待防止の活動は全米に広がっていった。メアリはコノリー夫妻のもとで，外に出ることもほとんど許されず，身体的な虐待も受け，体中に痣が絶えなかったという。虐待事件が明るみになったのは，コノリー夫妻とメアリが住んでいたアパートの大家がケースワーカーに相談したことによるものである。それまでアメリカでは子どもを守るために家庭に介入することを許す法律はなかったが，この事件では特別令状が発行され，裁判所の保護下に置かれるという決定が下された。

（野村　実）

フレイレ

フレイレ（Paulo Freire：1921-1997）は，ブラジル生まれの教育学者，哲学者。「エンパワメントの父」と呼ばれ，1968 年に発表された『被抑圧者の教育学』は，世界中で多くの言語に翻訳されている。レシフェ市での農村の非識字である人々に文字を教える識字教育を実践し，「意識化」や「銀行型教育」の概念を提唱している。例えば「意識化」とは，社会的・政治的な矛盾を認識し，現実を告発あるいは変革しようとする過程のことを指している。フレイレは教育者として，識字教育活動に携わってきたが，こうした中で教師が一方的に話し続けて，生徒がただ耳を傾ける客体となってしまうことを，銀行の金庫と預金者になぞらえ，「銀行型教育」と称して批判的に捉えた。フレイレの教育思想は，イリイチ（Illich, I.）と並んで開発教育の現場などに大きな影響を与えてきており，近年では，グローバリゼーションによって多様化した社会の中で，再びフレイレらの思想に注目が集まっている。

（野村　実）

バンク‐ミッケルセン

バンク‐ミッケルセン（Niels Erik Bank-Mikkelsen：1919-1990）は，デンマーク生まれで，「ノーマライゼーションの父」と呼ばれる。自身がナチス強制収容

所に投獄された経験から，デンマークの社会省で知的障害者福祉行政を担当した際に，大型施設に収容されている知的障害者の非人間的な処遇や生活環境に疑問を抱き，1951 年に発足した知的障害者の親の会とともに施設の処遇改善に向けて取り組んだ。この取り組みによって誕生した「1959 年法」は，ノーマライゼーションという言葉が世界で初めて用いられた法律であり，その後，この理念は欧米諸国に拡大した。障害があっても一つの人格をもっており，障害がない人間と変わりはなく，可能な限り同じ条件のもとにおかれるべきであるという考えから，人間としての権利実現のための社会構築を行う必要性を主張してきた。

→ノーマライゼーション 26 34

（野村　実）

ニィリエ

　ニィリエ（Bengt Nirje：1924-2006）はスウェーデンのノーマライゼーションの運動に携わり，1969 年に「ノーマライゼーションの原理」を発表した。ニルジェ，ニーリエとも表記されることもある。ニィリエはノーマライゼーションの原理を「社会の主流となっている規範や形態にできるだけ近い，日常生活の条件を知的障害者が得られるようにすること」とし，次の 8 つの構成要素に整理している。すなわち① 1 日のノーマルなリズム，② 1 週間のノーマルなリズム，③ 1 年のノーマルなリズム，④ライフサイクルにおけるノーマルな経験，⑤ノーマルな要求と自己決定の尊重，⑥異性との生活，⑦ノーマルな生活水準とそれを得る権利，⑧ノーマルな環境水準という 8 つの原理であり，これらは社会福祉実践における基本理念となっている。　　　　（野村　実）

一般ドイツ幼稚園

　一般ドイツ幼稚園を設立したフレーベル（Fröbel, F. W. A.）は，ドイツ生まれで，「幼児教育の父」と呼ばれる。1826 年に『人間の教育』を出版し，その後，1839 年にはドイツのブランケンブルクで「児童指導者養成施設」と「遊びと作業の施設」を開設した。その 1 年後の 1840 年には，幼児教育のための施設を「一般ドイツ幼稚園（Der Allgemeine Deutsche Kindergarten）」と称し，人間教育に根差した教育や幼稚園の教員養成を展開してきた。フレーベルの幼稚園はドイツ各地で設立されることとなるが，1851 年にプロイセン政府によって幼稚園禁止令が出され，その翌年の 1852 年にフレーベルは死去している。フレーベルの教育思想の特徴としては，「遊び」の重要性を説いたことがあり，自身が開発した遊具の普及にもつとめた。こうした遊具は子どもたちが神から賜ったものという意味をもち，「恩物」と呼ばれる。

→フレーベル 22 　　　　　　（野村　実）

ネイバーフッド・ギルド

　ロンドンのトインビーホールの活動に感銘を受けたコイト（Coit, S.）が，1886 年，ストーバー（Stover, C. B.），シュルツ（Schurz, C.）とともに設立したアメリカで最初のセツルメントハウスである。ネイバーフッド・ギルドは，当時，多くの移民が貧しい暮らしを送っていたニューヨーク東部の下町（ローワーイーストサイド）に設立された。そこは，年齢に関係なくあらゆる国の出身者が，相談，援助，教育を受けることが可能であり，日常生活の厳しい現実から物理的，心理的，精神的に休息を得ることができる避難所であった。アメリカで最初の公衆浴場，ニューヨークで最初の幼稚園，そして最初の「ヘッドスタート」（低所得層の幼児のためのプログラム）も始められた。その後，ユニバーシティ・セツルメントと名を変え，現在でも多くの専門職とボランティアの力で，常に変化する地域のニーズを満たし，社会サービスの開拓者であり続けている。　　　　（前廣美保）

ハルハウス

ハルハウス（Hall House）は，アメリカ・シカゴに貧困にあえぐ移民・移住者の社会参加を目的に開設された。現在では，イリノイ大学のシカゴ校敷地内に保存され博物館として公開されている。ジェーン・アダムス（Addams, J.）は，ロンドンのトインビーホールを訪れたことをきっかけに，スター（Starr, E. G.）とともにシカゴに同様な施設を設立することを決意し，資金集めを始めた。ハルハウスは当初は幼稚園として始められたが，すぐに保育園と幼児ケアセンターを追加し，最終的には，高等教育，大学レベルの教育ばかりでなく，市民が権利と義務などを学ぶ夜のクラスも開講されるようになった。

さらに寄付の増加により多くの建物が購入され，体育館，社会協力クラブ，ショップ，子どものための住宅，遊び場を含む複合施設となる。その当時は，世界最大規模のセツルメントハウスであった。アダムスは亡くなるまでハルハウスで暮らし，働き，州の児童労働法の制定や少年裁判所や少年保護機関の設立にも力を注いだ。さらに女性参政権と国際平和運動にも貢献したことから，「近代社会福祉の母」と呼ばれている。　　（前廣美保）

リッチモンド

リッチモンド（Mary Richmond：1861-1928）は，著書『社会診断』（1917）と『ソーシャルケースワークとは何か』（1922）によって，専門的なソーシャルワークにおける科学的な手法の発展の礎を築いた。個人と環境との相互作用のなかでの貧困と社会的排除の要因について研究を続け，慈善活動をソーシャルワークとして専門化した。「ケースワークの母」と呼ばれる。南北戦争の始まった年にイリノイ州ベルビルに生まれたリッチモンドは，ボルチモアで育つが，4歳で両親を結核で亡くしたため，裕福ではないがフェミニストの祖母と叔母と暮らした。高校卒業

後は叔母が勤めていたニューヨーク市で庶務職員として働いた。その後，叔母が体調を崩し，ボルチモアに戻り，「生涯の最も苦しい，そして，最も孤独な時期」を送る。偶然見つけた COS（慈善組織協会）の会計事務の仕事から福祉の道に進み，友愛訪問員として働きはじめてすぐに指導的な立場となる。「慈善」を専門化，科学化することに尽力し，1909年から亡くなるまで，社会科学研究を支援するニューヨークのラッセル・セージ財団の慈善部門のディレクターを務めた。

（前廣美保）

バイステック

バイステック（Felix Paul Biestek：1912-1994）は，第二次世界大戦後にソーシャルワーク分野において多大な貢献をしたアメリカの研究者である。イリノイ州シセロに生まれ，1938年にシカゴのロヨラ大学を卒業し，1945年に聖職に就いた。セントルイス大学で社会学の修士号を取得したのち，ワシントン D. C. のカトリック大学で1949年にソーシャルワークの修士号を，1951年に博士号を取得している。ロヨラ大学で30年以上ソーシャルワークを教授したとともに，全米ソーシャルワーク委員会の認定委員長も務めていた。

1957年にロヨラ大学から出版された著書 *The Casework Relationship* は6か国語に翻訳され，日本では1965年に『ケースワークの原則——よりよき援助を与えるために』と題して出版，さらに1996年に副題を「援助関係を形成する技法」と変えて新訳版が刊行され（いずれも誠信書房），いまなお読み継がれている。

彼の提示した「ケースワークの7原則」である，個別化（individualization），受容（acceptance），意図的な感情表出（purposeful expression of feeling），統制された情緒的関与（controlled emotional involvement），非審判的態度（nonjudgmental attitude），利用者

の自己決定（client self-determination），そして秘密保持（confidentiality）は，すべてソーシャルワーク実践における重要な関わりの技法であり，援助者としての姿勢とされている。 　　　　　　（前廣美保）

ハミルトン

ハミルトン（Amy Gordon Hamilton：1892-1967）はアメリカのソーシャルワーク研究者である。ニュージャージー州テナフライで生まれた。ジャーナリストをめざしてブリン・モーア大学に入学し英語とギリシャ語を専攻後，アメリカ赤十字社（ARC）に入職し，1920年までアメリカ赤十字ホームサービスで働いた。そしてニューヨーク市のCOS（慈善組織協会）で友愛訪問や研究秘書を務めたのち，1923年，ニューヨーク・スクール・オブ・ソーシャルワーク（NYSSW，後のコロンビア大学ソーシャルワークスクール）の教員に就任した。1957年まで，教壇に立つかたわらで地域の病院や国の機関において社会状況に応じたソーシャルワークの実践を行った。1940年初版の『ケースワークの理論と実際（Theory and Practice of Social Casework）』は，リッチモンドの『社会診断』に続いて，社会的ケースワークのプロセスを定義し検討したもので，診断主義的ケースワーク（diagnostic casework）と呼ばれるその科学的な理論は，長くソーシャルワーク教育の基本となった。ケースワークの伝統的，具体的アプローチの基礎を保持しながら，精神分析理論を明確に統合した点が評価されている。 　　　　　　（前廣美保）

ホリス

ホリス（Florence Hollis：1907-1987）は，アメリカのソーシャルワーク研究者である。ソーシャルワーカーとして経験を積んだのち，1934年よりウエスタンリザーブ大学でケースワークを担当した。その後，ニューヨークのソーシャルワークスクール（現在のコロンビア大学）に移り，

長く教鞭をとった。ホリスは，「状況の中の人」という視点のもとに，心理社会的アプローチを提唱した。心理社会的アプローチでは援助関係の形成と，そのコミュニケーションが重視される。ホリスは，ソーシャルワークが対象としている問題や課題は，個人の病理から発生しているだけではなく，また，環境からの圧力が作り出しているだけでもなく，両者の相互関係の結果なのだという見方を強調し，ケースワークの理論体系の発展に寄与した。「調査→社会診断→社会治療」という現代の個別支援の「インテーク→アセスメント→プランニング→援助の実施」という型の原型となる過程を提示した。著書には『ケースワーク──心理社会療法（Casework: A Psychosocial Therapy）』（1964）がある。 　　　　　　（石田賀奈子）

アプティッカー

アプティッカー（Herbert H. Aptekar：1906?-1974）は，アメリカの社会福祉研究者である。コロンビア大学とペンシルバニア大学で学位を取得した。1945年から1959年までロングアイランドのユダヤ人コミュニティサービスの事務局長を務め，1961年から1969年まではブランデイス大学で，1969年から1974年に亡くなるまでハワイ大学で教鞭をとった。

著書『ソーシャルケースワークにおける基本概念（Basic Concepts in Social Casework）』（1941）では，当時まだ新しく発展途上の職業であったソーシャルケースワークの方法や技術の基本的な目的を精査し，心理学的な観点から概念定義を試みている。また『ケースワークとカウンセリング（The dynamics of casework and counseling）』（1955，邦訳は誠信書房より1964）では，診断主義のフロイト派と機能主義のランク派の主な概念をまとめている。心理的要因，またはパーソナリティ要因に焦点をあて，ケースワークの場面におけるクライエントと援助者の二

者関係を重視することで，ソーシャルワークの原点である環境や社会への関心は薄められ，ケースワークの機能を限定してしまう傾向を強めた。　　（前廣美保）

パールマン

　パールマン（Helen Harris Perlman：1905-2004）はケースワークにおける問題解決アプローチを提唱したアメリカのソーシャルワーク研究者である。著書『ソーシャルケースワーク──問題解決の過程』（1957）では，社会的環境とその価値観が，人の可能性の判断に影響を与え，ある種の解決策が新たな問題を生み出すという前提で，個人が社会で直面する問題を，人間関係における過程であると定義し，効果的な解決方法を示した。その構成要素は，①人（Person），②問題（Problem），③場所（Place），④援助過程（Process）の4つとされ，「4つのP」と呼ばれている。ミネソタ州に生まれ，1926年にミネソタ大学で英文学と教育の学士号を取得した。ユダヤ人社会サービスのカウンセラーとして職を得たのち，18年間ソーシャル・ケースワーカーとして過ごし，1934年にニューヨーク・スクール・オブ・ソーシャルワークで精神科ソーシャルワークを学び，1943年にコロンビア大学スクール・オブ・ソーシャルワークで修士号を取得した。1945年にシカゴ大学に着任したのち，定年まで教鞭をとった。　　（前廣美保）

国際児童年

　1959年11月20日に国連総会（第14回）で採択された「児童の権利に関する宣言」の20周年記念として，1976年の国連総会（第31回）にて，1979年を「国際児童年（International Year of the Child）」とする決議が行われた。国際児童年は，世界中の子どもに否定的な影響を及ぼす医療保健および栄養，そして教育などをめぐる問題に対する社会の注意を喚起し，その改善のための措置をとることを目的と

している。その推進は，「わが子への愛を世界のどの子にも」というスローガンのもとでユニセフ（国際連合児童基金）によって進められた。ユニセフは，その推進にあたって各国に対して国際児童年に関する国内委員会の設置を要請したが，それに応えて日本では，1978年6月に国際児童年事業推進会議を設置することを閣議決定した。この会議では，第一に児童問題についての認識を深めるための啓発活動の実施，第二に児童に関する国内施策の充実，第三に児童の福祉向上のための国際協力の拡充を重点項目として定めている。　　（姜　民護）

ユニセフ（国際連合児童基金）

　国連の補助機関のひとつ。1946年12月11日に国連総会（第1回）の決議によって戦争被害児の救護のために設立された。1953年に国連国際児童緊急基金（United Nations International Children's Emergency Fund）から国際連合児童基金（United Nations Children's Fund）へと改称したが，略称はそのまま unicef が使用されている。ユニセフは，ビジョンとして「すべての子どもの権利が実現される世界を目指して」を掲げ，「児童の権利に関する条約」で定める子どもの基本的な権利の実現を使命として活動を行い続けている。ユニセフは，本部のあるニューヨークを中心に，世界各地にある14の事務所等および33のユニセフ協会（国内委員会）を拠点とし，現在約190の国と地域で全ての子ども（特に開発途上国の子どもを優先とする）の医療，保健，栄養，衛生，教育，暴力，搾取，HIV／エイズ，緊急支援，アドボカシーなどの支援活動を実施している。日本においてはユニセフの支部に該当する東京事務所と，協力関係にある日本ユニセフ協会が活動を行っている。ユニセフの財政は，各国政府からの任意拠出と民間からの寄付によって賄われており，2019年度の総収

入は64億1,200万米ドルであった。

（姜　民護）

子どものための世界サミット

子どものための世界サミット（World Summit for Children）は，1989年に採択された「児童の権利に関する条約」を受けて，1990年9月29〜30日に世界71か国の元首・首脳の参加のもとで開催された。このサミットでは，「子どもの生存，保護および発達に関する世界宣言」が採択された。また，2000年までの達成目標として，子どもの生存，保護および発達のための以下の7つの主要目標を定めた。①5歳になる前の子どもが命を失う割合を1990年の3分の2にまで下げる，②赤ちゃんがお腹にいる時や赤ちゃんを産む時にお母さんが命を失う割合を1990年の半分にまで下げる，③5歳になる前の栄養不良の子どもの数を1990年の半分にまで減らす，④全ての人が安全な水と衛生施設（トイレ等）を使えるようにする，⑤全ての子どもが小学校に行き，その80％が卒業できるようにする，⑥読み書きのできない大人の数を半分に減らし，男の人も女の人も平等に教育を受けられるようにする，⑦特に厳しく暮らしている子どもを守り，戦争に巻き込まれた子ども等は特別に保護する。
→児童の権利に関する条約（子どもの権利条約）[37]

（姜　民護）

ヒューマンニーズ階層説

アメリカの心理学者であるマズロー（Maslow, A. H.）によって提唱された人間の一般的な欲求に関する説。マズローが「人間は自己実現に向かって絶えず成長する生き物である」と提唱したことから，自己実現理論とも呼ばれる。欲求の5段階説としてよく知られているが，実はマズロー本人によって自己超越の欲求（Self-transcendence）が追加されていることから，欲求の6段階説と表現した方が適切だという見方もある。低次の欲求

から高次の欲求に向かって，①生理的欲求（Physiological），②安全の欲求（Safety），③所属と愛の欲求（Love & Belonging），④承認の欲求（Esteem），⑤自己実現の欲求（Self-actualization），⑥自己超越の欲求である。マズローは，これらを基本的欲求とし，生理的欲求から承認欲求までを欠乏欲求，自己実現の欲求を成長欲求と区分している。また，原則としてより高次の欲求は，低次の欲求が満たされてはじめて重要性をもつが，低次の欲求が100％満たされなければならないことを意味しているわけではない（廣瀬ほか，2009：34）。基本的欲求の充足のための前提条件として話す自由，他者に害を及ぼさない限りやりたいことができる自由，探求の自由，自分自身を弁護する自由，正義，正直，公平，秩序，挑戦（刺激）がある。

【引用文献】廣瀬清人・菱沼典子・印東桂子（2009）「マズローの基本的欲求の階層図への原典からの新解釈」『聖路加看護大学紀要』35，28〜36頁。（姜　民護）

マイルズ

マイルズ（Arthur P. Miles：1911-1980）は，アメリカのソーシャルワーク研究者。ウィスコンシン大学マディソン校で長年教鞭をとり，ソーシャルワーク教育に従事した。1950年代のケースワークに対する批判としてケースワークの原点回帰を訴え，「リッチモンドに戻れ」と主張した。この背景には，1920年からの診断主義と機能主義との対立，またその中でケースワークの心理的側面への傾倒が著しくなっていったことへの批判がある。マイルズは，具体的には1954年の*American Social Work Theory: A Critique and a Proposal*の214頁で，パーソナリティの適応能力の助長と同時に，環境条件それ自体の強化にもっと眼を向けなければならない，と環境への介入といったケースワークの伝統的機能の重要性を改

めて主張している。

【参考文献】白澤政和（1975）「アメリカにおけるソーシャル・ケースワークの新しい動向——ケースワークへの生活モデル導入の試み」『大阪市立大学生活科学部紀要』23, 41〜51頁。　（姜　民護）

ジャーメイン

　ジャーメイン（Carel B. Germain：1916-1995）は，アメリカの心理学者。カリフォルニア大学バークレー校で経済学を学んだ後，コロンビア大学でソーシャルワークを学ぶ。メリーランド大学やコネチカット大学で教鞭をとった。ギッターマン（Gitterman, A.）と共に，「ライフモデル（Life model）」と生態学アプローチを提唱した。ジャーメインが生態学を主な視点として取り上げたのは，『ケースワーク実践における生態学的視点』（1973）からであり，本格的に生態学的視点に基づく生活モデル論が論じられたのは，1976年に発表されたギッターマンとの共著『ソーシャルワーク実践——ライフモデル』である。ここでは，ニーズと問題を「個人の状態と環境の状態」から「生活上の問題」として再概念化している。ライフモデルは，エコロジカル・ソーシャルワークの代表格と評価される。そのほか，「人と環境との相互作用（Transaction）」また，「人」と「環境」それぞれの理論枠組みを持つライフモデル論に基づき豊富な事例を取り上げ，実践現場への応用に重点をおいた『ソーシャルワーク実践のライフモデル』（1980）を，ギッターマンとの共著で公刊している。この理論は，ジェネラリスト・ソーシャルワークといった現代のソーシャルワーク理論や実践に大きな影響を与えた。

【参考文献】稲沢公一（2006）「ジャーメインのライフモデル論」『現代福祉研究』6, 133〜149頁。　（姜　民護）

ギッターマン

　ギッターマン（Alex Gitterman：1938-）は，

アメリカの教育学者。「学校」をフィールドとするソーシャルワークやグループワークなどを専門としている。コロンビア大学で教育学の学位を取得。現在，アメリカのコネチカット大学で教鞭をとっている。ジャーメイン（Germain, C. B.）と共に，『ケースワーク実践における生態学的視点』（1973），『ソーシャルワーク実践のライフモデル』（1980）などの研究を通じてライフモデル（Life model）と生態学アプローチを提唱している。特に，『ソーシャルワーク実践のライフモデル』では「人と環境との相互作用」への働きかけの必要性を述べている。具体的には，問題の所在を，人とその環境に求めるのではなく，生活空間にある不適切な相互作用にあると考え，人と環境の接点がソーシャルワークの扱う対象であるとした。　（姜　民護）

バーカー

　バーカー（Robert L. Barker：1937-）は，ワシントン大学でソーシャルワークの修士号を取得し，コロンビア大学にて博士号を取得。個人開業のコンサルタント，擁護者，臨床医であり，ポトマック精神医学センターの共同ディレクターでもある。また，アメリカカトリック大学の教授としてソーシャルワークを教えた。専門は，結婚と家族療法，グループ療法，グループワークなどである。

　The Social Work Dictionary の著者である。1980年代初頭，ソーシャルワーカーによる用語使用の不一致，つまり同じ言葉を用いているのにソーシャルワーカー同士でも異なった意味で用いられている場合があることに気づいたバーカーは，全米ソーシャルワーカー協会（National Association of Social Workers）の協力のもとで1987年に *The Social Work Dictionary* 初版を発行した。2014年に改訂6版が発行され，約1万の用語が定義づけられている。この辞書は，現在もソーシャル

ワークに関連する組織や個人などに幅広く用いられている。 （姜　民護）

フォスターケア

　何らかの事情により生まれた家庭で育つことができない子どもに，家庭生活を提供すること。ケアを必要とする子どもに対する代替ケアシステムの一つであり，日本の制度としては里親等の家庭養護がこれに該当する。子どもの代替ケアでは，子どもと出生家族との再統合を目標として支援を行うが，子どもの最善の利益を保障するために必要があると判断される場合には，子どもや若者の自立の時期までフォスターケアを受けることもある。また，永続性（パーマネンシー）の保障のために養子縁組につなぐ場合もある。世界的にみると，フォスターケアには，短期のケアや長期のケアのほか，ケア提供者の一時的な休息（レスパイト・ケア）の専門や新生児のケア専門など，様々なかたちがある。 （山口敬子）

エリザベス救貧法

　生活困窮者に対する国家の救済事業として1601年イギリスで成立した法律。当時のイギリスでは，エンクロージャー（囲い込み）や宗教改革による修道院の解体などの影響を受け，国民の生活が困窮化し，失業者，浮浪者（児），孤児，犯罪者などが数多く生み出された。エリザベス救貧法の特徴として，①それまで宗教的慈善事業や地方ごとに取り組まれていた救貧対策を集約し，国が取り組むようにしたこと，②貧民が労働能力の有無によって「有能貧民」「無能貧民」「子ども」に分類されたことの2つがある。貧民はこの法によって救済されるのではなく，働く能力があるとみなされた者は労働の義務を負わされた。そして，就労命令に違反すると，犯罪者として刑罰の対象となった。また，孤児や貧民の子どもも徒弟として強制労働を強いられた。 （山口敬子）

セツルメントハウス

　19世紀末のイギリスで，大学関係者や知識人，篤志家が貧困地区に住み込み，日常生活を通して住民との人格的接触を図りながら，その生活の改善を図る社会活動（セツルメント活動）が行われるようになった。この活動の拠点として，セツルメントハウスが設立された。1884年につくられたイギリスのトインビーホールが世界初のセツルメントハウスとされる。アメリカでは，1889年にジェーン・アダムス（Addams, J.）がスター（Starr, E.）と共同でシカゴに設立したハルハウスがセツルメント運動をアメリカに広げる端緒を開いたといわれている。日本では，宣教師アリス・ペティー・アダムス（Adams, A. B.）による岡山博愛会（1891年）や片山潜が1897年に東京神田に設立したキングスレー館などがセツルメント活動のはじまりといわれている。 （山口敬子）

友愛訪問

　19世紀中頃のイギリスでは，産業革命により増大した貧困者の救済を目的として，資本家による私的慈善組織が乱立していた。そのころは貧困者救済活動がばらばらに行われており，濫給や漏給が多く見られ，協力者から批判されていた。そこで，それらの団体を統一，整備するための専門的な組織として，1869年にロンドンにCOS（慈善組織協会）が設立され，貧困者への訪問による個別調査と連絡調整を主たる目的にした活動が開始された。この個別訪問指導活動が友愛訪問である。この活動は，友愛訪問員（Friendly Visitor）と呼ばれる篤志家による家庭訪問をベースに行われた。COSにおける友愛訪問等の活動はケースワークやソーシャル・アドミニストレーションの発展に直接的な影響を与えたといわれている。 （山口敬子）

トインビー・ホール

　セツルメント活動を行う拠点として，

バーネット夫妻を中心に，ロンドンのイースト・エンドのスラム街に設立されたセツルメントハウス。世界初のセツルメントハウスとされる。設立者のサミュエル・バーネット（Barnett, S.）は初代館長でもある。「トインビー・ホール」という名称は，イギリスの経済学者でありながら，セツルメント活動の先駆者としても知られたトインビー（Toynbee, A.）を記念して命名された。このトインビー・ホールは，米国や日本等，他国でのセツルメント・ハウスの設立に様々な影響を与えた。トインビー・ホールは，創立以降同じ場所で現在も活動を続けている。

（山口敬子）

ベヴァリッジ・リポート

イギリスの社会保障制度に関する報告書。1941年6月に創設された社会保険および関連サービス各省連絡委員会が1942年11月に提出した。報告書をとりまとめた経済学者ベヴァリッジ（Beveridge, W. H.）の名前からこう呼ばれる。ベヴァリッジ報告ともいう。ベヴァリッジ・リポートは，社会保険を中心に社会保障制度を構築し，さらに5大巨悪（欠乏，疾病，無知，不潔，無為）を解決する社会政策を国が実施すべきことを勧告した。その後，アトリー労働党政権ではベヴァリッジ・プランに基づく体系的な社会保障制度が実施され，医療費の無料化，雇用保険，救貧制度，公営住宅の建設などの「福祉国家」建設が本格化した。これによってイギリス国民は「ゆりかごから墓場まで」の最低生活が保障されることとなった。

（山口敬子）

バーナード・ホーム

19世紀後半のイギリスでは，孤児や浮浪児を大規模な孤児院に収容し，ケアを行っていた。しかしながら，19世紀末には大規模収容施設でのケアが問題視されるようになり，小舎制の施設や地域分散型のホームが設立されるようになった。1876年に設立されたバーナード・ホームはその代表的なものである。バーナード・ホームは，従来の大収容施設にかわり，一般家庭の住居規模に近い建物で，2～3名の職員と10名前後の少人数の子どもが一般家庭のような日常生活を送る小舎制や里親制度を採用した。また，職業教育，アフター・ケアなども行ったことが特徴である。バーナード・ホームの創設者であるバーナード（Barnardo, T.）は児童養護施設の近代化の先駆者として知られている。1989年にこれまで運営していた施設はすべて閉鎖され，現在はバナードスという名称でイギリスの子どもたちのための代表的な慈善団体として，子どもや若者，その家族への支援活動を行っている。

（山口敬子）

CAP

CAPはChild Assault Prevention（子どもへの暴力防止）の略語であり，子どもがいじめ・虐待・体罰・誘拐・痴漢・性暴力など様々な暴力から自分の心とからだを守る暴力防止のための予防教育プログラムである。アメリカで1978年に開発された当初は性暴力防止プログラムから始まった。CAPプログラムはロールプレイとディスカッションを中心とするワークショップ形式をとっている。このワークショップは大人を対象とするものと，子どもを対象とするものがある。大人を対象とするものは，地域の大人を対象とする保護者ワークショップと，専門職を対象とする教職員ワークショップがある。子どもを対象とするワークショップは，子どもの発達段階と環境・ニーズにより5つの種類（就学前，小学生，中学生，障害のある子ども，児童養護施設の子ども）がある。

（山口敬子）

37 子ども家庭福祉の法体系

条　約

国家または国際組織によって文書で締結される国際的な合意であり，法的拘束力のある規則を明文化したもの。条約の他，協定・協約・規約・憲章・議定書など，様々な名称が用いられる。日本では，条約文書に署名し，批准（国家が条約に同意する手続き）され，日本国憲法に定められる公布の手続きを経て，国内における法律としての効力が発生する。憲法第98条第2項には，日本が締結した条約について誠実に遵守する必要性が規定される。国内における最上位の法律が憲法であることは揺るがないが，国内における諸手続きの後，条約の効力が発生することにより，憲法以外の他の法令に優先することとなる。

なお，条約に関して国際法としての規則を統一するため，「条約法に関するウィーン条約（ウィーン条約法条約）」が成文化されている。　　　　（渡邊慶一）

法　令

憲法，法律と命令を包括した呼称である。憲法は，国で一番強い規範であり，すべての法令は憲法に違反できない。法律は憲法に基づいて国家の立法機関である国会の決議を経て制定される法規範である。命令は国会の決議を経ずに行政官庁が制定する法規範である。命令には，政令（内閣が制定する命令であり，法律の規定を実施するための「執行命令」と法律の委任に基づいて制定される「委任命令」がある），勅令（天皇が発した法的効力のある命令），府省令（各府省の大臣が発

する命令：内閣府の場合には「府令」となる），府令（府省の外局である庁の長官が制定する命令：海上保安庁令），規則（国家が制定する法規則：会計検査院規則・人事院規則など）が含まれる。また，閣令とは，大日本帝国憲法の下で内閣総理大臣の発した内閣の命令をいう。

なお，地方公共団体が制定する法規範には条例と規則（教育委員会規則・公安委員会規則など）がある。
→条例 37　　　　　　　　　　（真鍋顕久）

通達（通知）

上級の行政機関が関係の下級行政機関および職員に対して，その職務権限の行使を指揮し，職務に関して命令・指示するために発するものであり，行政機関において作成・発出される文書形態のひとつである。すなわち，通達は行政内部の取扱いを統一するための内部規定であり，法令には含まれない。通達には，法令を運用するうえでの注意点など，条文を読んだだけではわからない詳しい法令の解釈，運用や行政執行の方針に関する内容のものが多い。また，通達には，文書記号・番号が付されるが，文書記号は所管する機関の部局課名を表し，その記載方法は各機関により異なる。　（真鍋顕久）

条　例

地方公共団体（都道府県・市町村など）が，国で定める法律・政令とは別に，地方公共団体の権限に属する事務に関し，議会の議決を経て独自に制定する法規のことをいう。憲法第94条では，「地方公共団体は，その財産を管理し，事務を

処理し，及び行政を執行する権能を有し，法律の範囲内で条例を制定することができる」ことを保障している。条例の効力は法律の範囲内とされるが，法目的実現のために基準を法律より厳しくする条例や，地域問題の解決のために独自の条例を制定することも可能である。また，地方自治法では，法令に特別の定めがあるものを除き，条例に罰則を設けることを認めている。なお，住民は選挙権者総数の50分の1以上の者の連署により，条例の制定・改廃を直接請求できる。

　　　　　　　　　　　　　　（真鍋顕久）

ジュネーヴ宣言（児童の権利宣言）

　第一次世界大戦によって多くの子どもたちが犠牲になったことへの反省から，1924年，国際連盟において採択された。前文において，「すべての国の男女は，人類が児童に対して最善のものを与えるべき義務を負うこと」が明記されている。本文は，次の5か条からなる。①心身の正常な発達保障，②飢えた子どもや病気の子ども，発達が遅れている子ども，非行の子どもや孤児・浮浪児などへの援助，③危機的状況における子どもの優先的援助，④自立支援・搾取からの保護，⑤「その才能が人類同胞への奉仕のために捧げられるべきである」という自覚のもとで子どもを育成すること。これらは，「人種，国籍または信条に関する一切の事由に関わりなく」すべての児童に保障すべきことであるとされた。　　　　（西井典子）

児童の権利に関する条約（子どもの権利条約）

　1989（平成元）年の国連総会において採択された。日本では1994（平成6）年に批准され，一般的には「子どもの権利条約」と呼ばれている。特徴は，①子ども（18歳未満の者，以下同じ）の生きる権利，守られる権利，育つ権利，参加する権利を柱としていること，②子どもの最善の利益を最優先としたこと，③子どもを権

利行使の主体とし，意見表明権を認めたこと，などが挙げられる。また，父母または法定保護者は第一義的養育責任を有するとし，その責任を果たすために，国は必要な援助を行うこととした。批准国は本条約の内容の実現に責任と義務を負い，定期的に国連の「子どもの権利委員会」に実施状況を報告する義務がある。その報告は委員会により審査される。日本は4回目の審査で，差別の禁止，子どもの意見の尊重，体罰，家庭環境を奪われた子ども等，6分野にわたって緊急の措置が必要との勧告を受けた。　（西井典子）

障害者の権利に関する条約

　「全ての障害者によるあらゆる人権及び基本的自由の完全かつ平等な享有を促進し，保護し，及び確保すること並びに障害者の固有の尊厳の尊重を促進すること」を目的として，2006（平成18）年の国連総会で採択され，日本は2014（平成26）年に批准した。生命に対する権利，法の前の平等，搾取・虐待等からの自由，教育，労働等，本条約で認められる権利を実現し，障害者に対する差別となる既存の法律，規則，慣習及び慣行を修正又は廃止するため，締約国は全ての適当な立法措置及び行政措置，また合理的配慮の提供を確保するための全ての措置を取らなければならない。また，その過程において子どもを含む障害者自身と緊密に協議することなどが締約国に義務付けられている。締約国は，本条約に基づく義務を履行するためにとった措置及びそれによってもたらされた進歩について，定期的に「障害者の権利に関する委員会」に報告しなければならない。

→障害者の権利に関する条約26（西井典子）

女子に対するあらゆる形態の差別の撤廃に関する条約（女子差別撤廃条約）

　1979年の第34回国連総会において採択され，1981年に発効，日本は1985（昭和60）年に締結した。本条約は，女性の

権利全般を規定しており、「世界女性の憲法」と呼ばれ、女子に対するあらゆる差別の撤廃、さらに女子の差別につながるような慣習も禁じている。締結後は、各国男女平等となるよう具体的配慮を行う義務があり、加盟国は条約の責任を負うことになった。日本では、この条約締結後、男女平等に向けた具体的施策が進展していった。　　　　　　（吉島紀江）

女性に対する暴力の撤廃に関する宣言

　1993年、ウィーンでの世界人権会議において「女性に対する暴力は人権侵害である」との決議を受け、1993年12月の第48回国連総会において採択された。女性に対する、暴力、性犯罪、売買春、人身取引、セクシャルハラスメント、ストーカー行為などは、女性の人権を侵害するものである。こういった女性に対する暴力のない環境づくりを進めていくため、法整備、予防的取り組み、研修、被害女性の支援体制を構築していき、公私ともに女性の人権侵害に対して機能していくよう取り組まれるようになった。
　　　　　　　　　　　　　（吉島紀江）

国際的な子の奪取の民事上の側面に関する条約（ハーグ条約）

　オランダにおけるハーグ国際私法会議（国際私法の統一を目的として設置）で締結された条約のひとつ。1980年10月25日に採択された。本条約の背景には、国際結婚による婚姻関係が破綻した際に、一方の親がもう一方の親の同意を得ずに児童（対象年齢は満16歳未満）を母国へ連れ出し、もう一方の親と面会させないなどの問題が生じていたことがある。本条約では、児童が不法に連れ去られた場合に、常居所地国（子どもがもともと住んでいた国）へ返還するために国際協力する仕組みを義務づけた。また、国境を越えて親子が面会交流する機会を確保するための協力について定めている。双方の国が条約を締結している場合にのみ効

力がある。日本では、2013（平成25）年5月22日に、第183回通常国会で締結が承認され、同年6月12日にその実施に関する法律が成立した。2022（令和4）年現在、世界で101か国が本条約を締結している。　　　　　　（渡邊慶一）

日本国憲法

　前文および本文11章103条からなる日本の根本法。1946（昭和21）年11月3日に公布され、翌年5月3日に施行された。国の最高法規であり、国内で制定される他の法令はすべて、憲法の理念に反することはできない（第98条第1項）。基本的人権の保障・国民主権・平和主義を基本原理として、国の統治機構や基本的人権に関する基本事項について定めている。基本的人権は主権者たる国民の権利と義務であり、基本的人権の享有（第11条）、個人の尊重や幸福追求権（第13条）、法の下の平等（第14条）、生存権および国民生活の社会的進歩向上に努める国の義務（第25条）、教育を受ける権利および受けさせる権利（第26条）、基本的人権の本質（第97条）などが定められる。なかでも第13条については、すべての人権を広く包み込む規定となっているため、包括的基本権と呼ばれる。なお、憲法の改正にあたっては、衆参各議院の総議員の3分の2以上の賛成で、国会が発議して国民に提案し、国民の過半数の賛成により承認を得ることが必要である（第96条第1項）。　　　　　　（渡邊慶一）

福祉三法

　第二次世界大戦後、多数の失業者・貧困者や保護者のいない児童、傷痍軍人をはじめとする身体障害者の生活困難が問題となった。その対策として、まず、失業者・貧困者に対する所得保障制度である「生活保護法」（現在では「旧生活保護法」といわれる）が1946（昭和21）年に制定された。1950（昭和25）年には、勤労を怠るものや素行不良のものは保護の対象

としないという欠格条項を外すなどの改正を行った「生活保護法」（旧に対して「新生活保護法」といわれる）が制定された。これにより，所得保障に重点を置きつつ，対象者の自立助長を図る制度が確立した。ただし，児童や身体障害者については，生活保護法による所得保障だけでは十分に自立を図ることが困難であると考えられた。そこで，生活保護法とは別に，児童については1947（昭和22）年に「児童福祉法」が，身体障害者については1949（昭和24）年に「身体障害者福祉法」が制定された。こうして制定された「生活保護法」「児童福祉法」「身体障害者福祉法」という３つの法律を合わせて，福祉三法という。　　（堺　　恵）

社会福祉法

社会福祉サービスを提供する際の根拠となる，すべての領域にわたる基礎的な共通事項を定めた法律。1951（昭和26）年に「社会福祉事業法」という名称で制定されており，社会福祉基礎構造改革によって大幅に改正され，2000（平成12）年６月より現行の名称となった。その目的は，地域福祉を推進し，社会福祉事業の公明かつ適正な実施の確保や健全な発達を図ることにより，社会福祉の増進に貢献することである。本法では福祉サービスの基本的理念について，「福祉サービスは，個人の尊厳の保持を旨とし，その内容は，福祉サービスの利用者が心身ともに健やかに育成され，又はその有する能力に応じ自立した日常生活を営むことができるように支援するものとして，良質かつ適切なものでなければならない」（第３条）と規定している。この理念に基づき，地域福祉の推進（第４条），利用者の意向を十分に尊重し，関連サービスや地域住民等と連携しながら総合的に福祉サービスを提供することを旨とする原則（第５条），福祉サービスを提供する体制を確保することなどに関する国

および地方公共団体の責務（第６条）について規定している。　　（渡邊慶一）

福祉六法

わが国の福祉に関する，「生活保護法」「児童福祉法」「母子及び父子並びに寡婦福祉法」「身体障害者福祉法」「知的障害者福祉法」「老人福祉法」の対象者別に定められた６つの法律の総称である。「生活保護法」は，経済的困窮者への最低限度の生活保障と自立支援を目的とする法律である。「児童福祉法」は，児童の権利に関する条約の精神にのっとり，子どもの福祉保障を目的とする法律である。「身体障害者福祉法」と「知的障害者福祉法」は，各障害のある人の自立と社会経済活動への参加を促進または推進することを目的とする法律である。「老人福祉法」は，高齢者の福祉に関する原理を明らかにし，高齢者の心身の健康の保持や生活の安定のための必要な措置を講じ，高齢者の福祉を図ることを目的とする法律である。「母子及び父子並びに寡婦福祉法」は，ひとり親家庭や寡婦（夫と死別または離婚後に再婚していない，かつてひとり親家庭の母だった女性）の福祉に関する原理を明らかにし，これらの生活の安定と向上のために必要な措置を講じ，これらの福祉を図ることを目的とする法律である。　　（真鍋顕久）

児童憲章　⇨児童憲章①②③

児童福祉法

子ども家庭福祉の根幹をなす総合法的性格を有する法律。1947（昭和22）年12月12日に法律第164号として制定され，翌年１月１日より一部施行，４月１日より完全施行された。当時，第二次世界大戦後の混乱期であり，国民の生活水準が著しく低下した最中にあった。そのため，戦災孤児や浮浪児童などへの保護が，緊急の課題として法制定の背景にあったものといえる。しかしながら，本法制定の意義は，対象を限定せず，すべての児童

の心身にわたる健康的な発達を視野に入れたことにある。本法は，社会状況に応じてその都度改定されてきたが，法律の骨組み自体が変わることはなかった。しかしながら，制定後50年目にあたる節目の1997（平成9）年，および制定後70年を前にした2016（平成28）年に，子ども家庭福祉の再構築を図るために大きな改正が行われている。とりわけ，2016年の改正では，制定後初めてその理念規定に手が入れられ，「児童の権利に関する条約（子どもの権利条約）」の精神が反映されたことにより，本法の理念がより鮮明となった。

なお，「児童福祉法」をはじめ，「児童扶養手当法」「特別児童扶養手当等の支給に関する法律」「母子及び父子並びに寡婦福祉法」「母子保健法」「児童手当法」の6つの法律を「児童福祉六法」と呼んでいる。 　　　　　　　　　（渡邊慶一）

児童虐待の防止等に関する法律（児童虐待防止法）

「児童虐待の防止等に関する施策を促進し，もって児童の権利利益の擁護に資すること」を目的として，2000（平成12）年に成立，施行された。以後3年ごとに見直されている。児童虐待の定義，児童虐待の禁止，国及び地方公共団体の責務，児童虐待の早期発見，通告，出頭要求・立入調査・再出頭要求・臨検・捜索，警察署長への援助要請，児童虐待を行った保護者の指導，面会等の制限，虐待を受けた児童の支援，親権の行使に関する配慮，親権喪失制度の適切な運用等について，規定されている。2019（令和元）年の改正では，親権者や児童福祉施設長等の体罰が禁止された。また，児童相談所の体制強化や設置促進，関係機関間の連携強化について盛り込まれたが，児童相談所職員や一時保護所についての見直し，子どもの意見表明権を保障する仕組みなど課題が残る。 　　　　（西井典子）

児童買春，児童ポルノに係る行為等の規制及び処罰並びに児童の保護等に関する法律（児童買春・児童ポルノ禁止法）

「児童買春，児童ポルノに係る行為等を規制し，及びこれらの行為等を処罰するとともに，これらの行為等により心身に有害な影響を受けた児童の保護のための措置等を定めることにより，児童の権利を擁護すること」を目的として，1999（平成11）年成立，施行された。2014（平成26）年の改正では，何人も，児童買春やみだりに児童ポルノを所持する行為等をしてはならないと明言され，自己の性的好奇心を満たす目的で児童ポルノを所持等した者や，児童ポルノに該当するような児童の姿態を盗撮し児童ポルノを製造する行為を処罰する規定が設けられた。また，改正法施行後3年を目途として，インターネットを利用した児童ポルノに係る情報の閲覧等を制限するための措置に関する技術の開発状況等を勘案し，必要な措置を講じるとしている。 　　　　（西井典子）

子どもの貧困対策の推進に関する法律（子どもの貧困対策推進法）

近年，わが国においては，子どもの貧困率の高さや，世代を超えた貧困の連鎖が問題とされていた。こうした背景のもと，2013（平成25）年6月に「貧困の状況にある子どもが健やかに育成される環境を整備」し，「教育の機会均等を図るため，子どもの貧困対策を総合的に推進する」ことを目的とした「子どもの貧困対策推進法」が公布された。2019（令和元）年6月には，これが一部改正された。改正後の法の目的には，子どもの「将来」だけでなく，「現在」に向けた対策であることや，貧困の解消に向けて，「児童の権利に関する条約の精神にのっとり」推進することが明記された。また，基本理念として，子どもの権利を尊重することや，子どもの状況に応じて包括的かつ早期に対策を講ずること，貧困の背景に

様々な社会的要因があることを踏まえることが示された。　　　　　　（堺　恵）

少子化社会対策基本法 ⇨少子化社会対策基本法①

次世代育成支援対策推進法 ⇨次世代育成支援対策推進法①

子ども・子育て関連3法 ⇨子ども・子育て関連3法④

子ども・若者育成支援推進法

　2009（平成21）年7月1日に成立し，7月8日に公布された。近年，子ども・若者を取り巻く環境の悪化に伴い，社会生活がスムーズに送りにくくなってきている。この法律は，日本国憲法及び「児童の権利に関する条約」の理念にのっとり，子ども・若者支援施策の枠組みの整備や子ども・若者を支援するためのネットワークづくりを目的としている。具体的には，①ニート，引きこもり，不登校の子ども・若者支援，②障害のある子ども・若者支援，③非行・犯罪に陥った子ども・若者支援，④子どもの貧困問題への対応，⑤困難を有する子ども・若者の居場所づくりと困難な状況ごとの取り組みと子ども・若者の被害防止と保護が基本である。

　　　　　　　　　　　　　（吉島紀江）

青少年の雇用の促進等に関する法律（若者雇用促進法）

　青少年の雇用の促進等を図り，能力を有効に発揮できる環境を整備するため，青少年に対して，適切な職業選択の支援に関する措置や，職業能力の開発・向上に関する措置等を総合的に行えるようにすることが目的である。1970（昭和45）年に成立した勤労青少年福祉法，職業安定法，職業能力開発促進法等の一部が改正され，2015（平成27）年に公布された。若年者を使い捨てるように扱う「ブラック企業」の社会問題化，入社後3年以内に離職する者が相当数に上る等，若年者の雇用定着に課題があることを契機として制定された。概要は，①新卒予定者に職場情報を積極的に提供し，ミスマッチによる早期離職の解消，②ハローワークにおける求人不受理（一定の労働関係法令違反があった事業所の新卒求人を一定期間受け付けない仕組みを創設），③若者の採用・育成に積極的で，雇用管理の状況等が優良な中小企業について，厚生労働大臣が認定する「ユースエール認定制度」を創設したことである。　　（中西　真）

いじめ防止対策推進法

　社会総がかりで対応するために，学校におけるいじめの早期発見，対応等の基本理念や体制を整備して児童等の尊厳を保持し，いじめの禁止，国及び地方公共団体等の責務を定めた法律である。2011（平成23）年の大津市の中2いじめ自殺事件を機に，2013（平成25）年に制定された。概要は，①いじめの防止基本方針等（学校がいじめの通報窓口となること，「いじめ防止対策推進協議会」「いじめ問題対策推進連絡協議会」の設置等），②基本的施策・いじめの防止等に関する措置（いじめが犯罪行為とされるときの警察署との連携等），③いじめで児童等の生命，心身又は財産に重大な被害が生じた疑いがあるとき等の重大事態への対応（調査組織の設置，事実関係の調査）である。2017（平成29）年の改正では，①教職員がいじめについて学校，いじめ対策組織に未報告だと法の規定に違反し得ると定められる，②いじめの「解消」について定義が規定されるなどした。予算の確保，教職員の人員配置の必要性，いじめの定義が拡大しすぎる等の指摘がある。　　（中西　真）

児童扶養手当法 ⇨児童扶養手当法①

特別児童扶養手当法

　20歳未満の精神または身体に障害を有する児童を監護，養育している者に手当を支給することにより，福祉の増進を図る目的をもつ法律である。特別児童扶養手当は，当初，重度知的障害児について支給する重度精神薄弱児扶養手当として，1964（昭和39）年9月に発足した。

その後，1966（昭和41）年に支給対象が拡大され，重度の身体障害児についても手当が支給されることとなり，現在に至っている。手当の支給対象となる障害児の障害の程度は，特別児童扶養手当等の支給に関する法律施行令の別表にて定められている。なお，2020（令和2）年現在の受給者数は24万2,795人である。2020年4月現在の支給金額は，障害の程度に応じて，障害児一人につき月額5万2,500円（1級）もしくは3万4,970円（2級）となっている。支給金額の改定には，自動物価スライド制が導入されている。　　　　　　　　　　　（堺　　恵）

児童手当法 ⇨児童手当法①

母子及び父子並びに寡婦福祉法

　1964（昭和39）年，母子福祉対策の総合的な推進を目指すことを目的とした「母子福祉法」が制定された。1981（昭和56）年には，子が20歳に達した母子家庭の母（寡婦）も対象とした「母子及び寡婦福祉法」が制定された。2014（平成26）年10月からは，父子家庭も対象に加えられ，「母子及び父子並びに寡婦福祉法」となった。この法律の目的は，母子家庭や父子家庭，そして寡婦に対し，生活の安定と向上のために必要な措置を講じることである。この目的のために規定されている福祉サービスがある。例えば，母子・父子自立支援員による相談援助，母子福祉資金・父子福祉資金・寡婦福祉資金の貸付，母子家庭・父子家庭に家庭生活支援員を派遣する日常生活支援事業等がそれにあたる。また，保育所に優先的に入所できるよう配慮されることも明記されている。なお，この法律の第4条では，母子家庭の母や父子家庭の父，寡婦に対して，自立に向けた努力をするよう規定している。　　　　　　　（堺　　恵）

配偶者からの暴力の防止及び被害者の保護等に関する法律（DV防止法）

　配偶者からの暴力の問題については，従来から婦人保護事業の枠の中で対応されてきた。近年，それが深刻な社会問題となってきたことから，2001（平成13）年4月に「配偶者からの暴力の防止及び被害者の保護に関する法律」（通称：DV防止法）が成立した。2014（平成26）年の改正で「被害者の保護」が「保護等」となり，現在の名称になった。本法では，被害者に対する婦人相談所，婦人相談員，婦人保護施設の役割が明確に規定された。例えば，婦人相談所は，DV防止法上の配偶者暴力相談支援センターとしての機能を有し，被害者の相談や援助を行うほか，必要な場合には一時保護を行っている。また，裁判所は，被害者の安全を確保するために，加害者に対して，被害者への接近禁止や住居からの退去，住居付近の徘徊禁止，被害者の子への接近禁止，親族・支援者等への接近禁止，電話等通信の禁止を命令することができるとされている。　　　　　　　　　　　（堺　　恵）

売春防止法

　「売春を助長する行為等を処罰」し，「売春を行うおそれのある女子」，つまり要保護女子に対して「補導処分及び保護更生の措置を講ずる」ことで，売春を防止することを目的とする法律である。1956（昭和31）年に公布され，1958（昭和33）年に全面施行となった。この法律では，要保護女子の保護更生に関する業務を行う機関として，各都道府県に婦人相談所を置かねばならないとしている（第34条）。なお，婦人相談所は，配偶者からの暴力に関する相談等に対応する配偶者暴力相談支援センターとしての機能も有している。また，要保護女子の「発見に努め，相談に応じ，必要な指導を行い，及びこれらに付随する業務を行う」婦人相談員を，都道府県においては必置，市町村においては任意で置くことができるとしている（第35条）。都道府県は，「要保護女子を収容保護するための施設」として婦人保護施設を置くことも

きるとしている（第36条）。　　（堺　　恵）

母子家庭の母及び父子家庭の父の就業の支援に関する特別措置法

　母子家庭の母や父子家庭の父は，子育てと就業との両立が困難であり，就業に十分な知識及び技能を習得する機会を必ずしも十分に有してこなかったという特別な事情がある。こうした状況に対処し，母子家庭及び父子家庭の福祉を図ることを目的として，「母子家庭の母及び父子家庭の父の就業の支援に関する特別措置法」が2013（平成25）年3月に施行された。この法律において，厚生労働大臣は，「母子及び寡婦福祉法」（現：母子及び父子並びに寡婦福祉法）の基本方針に父子家庭の父の就業の支援に関する事項を併せて定めるものとされている。また，民間事業者に対して母子家庭の母や父子家庭の父を優先的に雇用するよう協力を要請することや，国及び独立行政法人に対して優先的に母子福祉団体等から物品および役務を調達するように努めることが盛り込まれている。　　　　　　　　（堺　　恵）

民間あっせん機関による養子縁組のあっせんに係る児童の保護等に関する法律

　様々な事情により家庭での養育が困難になった満18歳未満の児童に対して，家庭と同様の養育環境を確保するためのひとつの方法として定められた法律。その目的は，養子縁組をあっせんする事業を行う民間事業者について許可制を導入し，業務の適正な運営を確保することにある。これにより，養子縁組のあっせんに係る児童の保護，および民間あっせん機関による適正な養子縁組のあっせんの促進を図り，児童の福祉を増進しようとした。都道府県や指定都市，中核市などの児童相談所を設置する自治体の首長に許可申請を行い，許可を得ることで事業者として認められる。許可後は，適宜，児童相談所と相互に連携・協力し，適正な運営に努めなければならない。養子縁組あっせんにあたっては，児童の最善の利益を考慮して行うこととされる。なお，本法の許可による養子縁組あっせん事業者の数は，2022（令和4）年現在，23事業者である。　　　　　　　（渡邊慶一）

母子保健法

　乳幼児と母性の健康維持と増進を図るため，保健指導，健康診査，医療その他の措置を講じて，国民保健の向上に寄与することを目的とした法律である。1965（昭和40）年に母子保健法が制定されるまで母子保健施策は，主に児童福祉法に基づいて行われていた。主な規定は，①市町村が妊産婦等に対して妊娠，出産，育児に関して行う必要な保健指導，②健康診査（1歳6か月，3歳児）の実施，③妊娠した者による妊娠の届出，④市町村による母子健康手帳の交付，⑤2,500g未満の低出生体重児が出生したときの都道府県等への届出，⑥都道府県等が未熟児に対して行う養育医療の給付等である。1991（平成3）年の改正で，母子保健に関する知識の普及を都道府県だけでなく，市町村にも義務付けた。2017（平成29）年の改正で，市町村には，母子保健に関して支援に必要な実情の把握等を行う子育て世代包括支援センター（法律上の名称は，母子健康包括支援センター）の設置が努力義務化された。　　　　（中西　真）

母体保護法

　母性の生命健康の保護を目的として，不妊手術や人工妊娠中絶等について規定する法律である。1948（昭和23）年に制定された「優生保護法」における「不良な子孫の出生を防止する」という優生思想に基づく規定を削除し，1996（平成8）年，「母体保護法」に改正した。概要は，母性保護，不妊手術や人工妊娠中絶の届出，禁止，罰則である。優生思想は，障害者差別の助長と人権侵害だと批判された。1997（平成9）年から「優生保護法」による強制不妊手術の被害者救済運動が

始まり，2018（平成30）年には，被害当事者によって国家賠償を求める訴訟が起こされた。出生前診断や人工妊娠中絶への賛否，中絶に経済的理由を認めた条文や配偶者の同意が求められること等に対して議論がある。中絶に対する配偶者の同意について，「リプロダクティブ・ヘルス／ライツ（性と生殖に関する健康と権利）」の観点から，女性の身体についての自己決定権の問題として，女性議員や団体から高い関心が寄せられている。

（中西　真）

障害者基本法

　障害者の自立と社会参加の支援に関する基本方針や国，地方公共団体等の責務など基本事項を示した法律。その目的には，障害の有無にかかわらず等しく基本的人権が尊重されるという理念のもと，障害の有無によって分け隔てられることなく，共生する社会を実現するとあり，共生社会の実現に向けた取り組みを基本方針としている。また，障害の定義を身体障害，知的障害，発達障害を含む精神障害その他の心身の機能の障害がある者で，障害がある者に障壁となるような事物，制度，慣行，観念等による社会的障壁により「継続的に日常生活，社会生活に相当な制限を受ける状態にあるもの」としており，障害を社会の中で規定する概念である社会モデルが取り入れられた。1970（昭和45）年に「心身障害者対策基本法」として成立し，1993（平成5）年に「障害者基本法」へと改称。2011（平成23）年に改正され，目的規定や障害者の定義が見直された。　（米倉裕希子）

身体障害者福祉法

　1949（昭和24）年制定。本法は，第1条で「身体障害者の自立と社会経済活動への参加を促進するため，身体障害者の援助や保護を行い，身体障害者の福祉の増進を図るための規定を定めるものである」とされている。ここでいう身体障害の範囲は，視覚障害・言語障害・肢体不自由・内部障害が挙げられる。これらの障害をもつ18歳以上の者で都道府県知事（指定都市・中核市長）から身体障害者手帳の交付を受けたものが身体障害者となる。身体障害者手帳は，保健福祉サービスを受ける場合に加え，税の減免や鉄道運賃の割引ほか各種の制度を利用するための証票としての役割をもつ。実施機関としては身体障害者更生相談所（都道府県は必置，指定都市は任意）があり，身体障害者への相談及び指導業務，医学的・心理学的・職能的判定業務，補装具の処方及び適合判定業務，市町村間の連絡調整，地域におけるリハビリテーションの推進に関する業務などを行っている。

（松木宏史）

知的障害者福祉法

　1960（昭和35）年制定。本法は第1条で知的障害者の自立と社会経済活動への参加を促進するため，知的障害者の援助や保護を行い，知的障害者の福祉の増進を目的としている。知的障害者の法的な定義はなされていないが，「知的障害児（者）基礎調査」では「知的機能の障害が発達期（おおむね18歳）までにあらわれ，日常生活に支障が生じているため，何らかの特別の支援を必要とする状態にある者」とされている。本法の福祉サービスの対象となるのは18歳以上のものである。実施機関としてはまず福祉事務所があり，知的障害者の福祉に関しての実情把握，情報提供，相談や必要な調査及び指導を行っている。また，知的障害者更生相談所（都道府県は必置，指定都市は任意）では，知的障害者の専門的な相談・指導のほか市町村間の連絡調整，医学的・心理学的・職能的判定などを行っている。知的障害児（者）には療育手帳が交付され，一貫した指導・相談や各種の援護措置を受けやすいよう配慮されている。

（松木宏史）

精神保健及び精神障害者福祉に関する法律（精神保健福祉法）

1950（昭和 25）年制定。本法は第 1 条で精神障害者の医療及び保護を行い、「障害者総合支援法」と相まって、精神障害者の福祉の増進及び国民の精神保健の向上を図ることを目的としている。ここでいう「精神障害者」とは、統合失調症、精神作用物質による急性中毒またはその依存症、知的障害、精神病質その他の精神疾患を有する者をいう（第 5 条）。精神保健行政については、「地方精神保健福祉審議会」「精神医療審査会」「精神保健福祉センター」「保健所」に関して規定している。また、「精神保健指定医」「精神保健福祉相談員」「精神障害者社会復帰センター」についてもその役割・業務が規定されている。精神障害者に必要な医療及び保護として、「任意入院」「措置入院」「緊急措置入院」「医療保護入院」「応急入院」が規定されている。精神障害者の人権を確保する観点から、入院時の告知や定期病状報告書の提出に加え、患者の行動の制限の内容、患者やその家族の退院・処遇改善の要求などについても規定されている。　　　　　　　　（松木宏史）

発達障害者支援法

発達障害の早期発見と発達支援を行い、ライフステージを通じ切れ目なく支援するために、発達障害の定義と理解の促進、関係機関の連携や協力体制の整備を趣旨とし国及び地方公共団体の責務を示した法律。近年、発達障害への関心が高まり、診断を受ける子どもが増加する中、学校教育や福祉現場での支援体制を構築するため 2004（平成 16）年に議員立法として成立し、2007（平成 19）年度から特別支援教育の推進が始まった。法律では発達障害を「自閉症、アスペルガー症候群その他の広汎性発達障害、学習障害、注意欠陥多動性障害その他これに類する脳機能の障害であってその症状が通常低年齢において発現するもの」と定義している。医学的な診断名が自閉スペクトラム症に変更される中、医学的な診断名と異なる定義である。法律に基づいて、都道府県及び政令指定都市に発達障害者支援センターが設置され、①相談支援、②発達支援、③就労支援、④普及・啓発などを行っている。　　　　　　（米倉裕希子）

障害者の日常生活及び社会生活を総合的に支援するための法律（障害者総合支援法）

障害福祉は 2003（平成 15）年に支援費制度が始まり、地域福祉推進のもと措置から契約制度へと転換した。2006（平成 18）年に「障害者自立支援法」が施行され、障害種別で構築していたサービス体系が取り払われ、さらに「障害者の権利条約」の締結に向けた法整備の中で、2012（平成 24）年に現法律へと改正。身体障害者、知的障害者、発達障害を含む精神障害者や難病等が対象となる。訪問調査をもとに支援区分が決定され、支援区分より利用できるサービスが異なる。サービスは自立支援給付と地域生活支援事業で構成され、自立支援給付は介護を提供する介護給付、就労や自立に向けた訓練を提供する訓練等給付、サービス利用計画や地域生活への移行計画を担う相談支援、医療費補助を行う自立支援医療や補装具がある。利用者負担は所得等に配慮した応能負担となっている。また、地域生活支援事業は市町村や都道府県が地域の実情に合わせて実施する必須及び任意事業がある。　　　　　　　　（米倉裕希子）

障害を理由とする差別の解消の推進に関する法律（障害者差別解消法）

国連が採択した「障害者の権利に関する条約」の締結に向けて国内の法整備のひとつとして、すべての国民が障害の有無によって差別されることなく互いに人格や個人を尊重しながら共生する社会の実現のために、2013（平成 25）年 6 月に制定され、2016（平成 28）年に施行され

た。この法律では，障害のある人とない人の平等な様々な機会を確保し，社会的障壁をなくすために個別の対応や支援を行い，合理的配慮を行うことを定めている。　　　　　　　　　（吉島紀江）

障害者虐待の防止，障害者の養護者に対する支援等に関する法律（障害者虐待防止法）

障害者への虐待の禁止，虐待の予防や早期発見，養護者に対する支援に関する施策の促進など，障害者の権利擁護を目的として2011（平成23）年に成立。法律では，養護者，障害者福祉施設従事者等，使用者といった3つの立場による身体的虐待，放棄・放置（ネグレクト），心理的虐待，性的虐待，経済的虐待の5つの虐待の種類を定義。虐待を発見した者には通報義務がある。児童や高齢者の虐待防止法にない特徴として，障害者を雇用する事業主または工場長，労務管理者，人事担当などの使用者による虐待が定義されており，虐待が通告された場合，都道府県労働局へ報告される。また，障害者虐待対応の窓口として，市町村に障害者虐待防止センター，都道府県に障害者権利擁護センターが置かれている。家庭の障害児には児童虐待防止法，施設入所等障害者には施設の種類に応じて適用，高齢障害者には同法と高齢者虐待防止法を適用することになっている。　　　（米倉裕希子）

身体障害者補助犬法

2002（平成14）年10月1日施行。この法律では，補助犬を育成する団体には良質な補助犬の育成を，補助犬を使用する者には補助犬の適切な行動と健康管理を，また，公共施設，交通機関，スーパーマーケット，飲食店，ホテル，病院，職場などには補助犬の同伴受け入れを，それぞれ義務付けた。補助犬は，補助犬を使用している人の身体の一部であるため，社会が共通認識し，補助犬を使用する人が自立して積極的に社会参加ができるよう

にしていくことが目的である。（吉島紀江）

高齢者，障害者等の移動等の円滑化の促進に関する法律（バリアフリー新法）

バリアフリー施策を総合的・計画的に推進するため，従前の「ハートビル法」と「交通バリアフリー法」を発展的に統合した法律である。2006（平成18）年6月21日公布，12月20日に施行。具体的には，高齢者，障害者，妊婦，内部障害者等が，移動や施設利用をしやすくなり，またその安全性の向上を促進するため，公共交通機関，建築物，公共施設のバリアフリー化と併せて，駅を中心とした様々な人が利用する施設が集まっている場所について，重点的にバリアフリー化を進めていき，ソフト面も充実させることを目的としている。　　（吉島紀江）

生活保護法

1950（昭和25）年制定。第1条において「日本国憲法第25条に規定する理念に基き，国が生活に困窮するすべての国民に対し，その困窮の程度に応じ，必要な保護を行い，その最低限度の生活を保障するとともに，その自立を助長することを目的とする」とされている。社会保障・社会福祉の中で「最後のセーフティネット」と形容される。法を運用するうえで4つの原理（「国家責任の原理」「無差別平等の原理」「最低生活保障の原理」「補足性の原理」），4つの原則（「申請保護の原則」「基準及び程度の原則」「必要即応の原則」「世帯単位の原則」）に依拠している。保護の内容は生活扶助・住宅扶助・教育扶助・介護扶助・医療扶助・出産扶助・生業扶助・葬祭扶助の8種類あり，これに必要に応じて各種加算が付く。これらの合計が日本における最低生活費となる。　　　　　　　　　（松木宏史）

生活困窮者自立支援法

2013（平成25）年制定。本法の目的は，生活保護に至る前の段階の自立支援策の強化を図るため，生活困窮者に対し，自

立相談支援の実施，住居確保給付金の支
給その他の支援を行うための所要の措置
を講ずることにある。ここでいう「生活
困窮者」とは，就労の状況，心身の状況，
地域社会との関係性その他の事情により，
現に経済的に困窮し，最低限度の生活を
維持することができなくなるおそれのあ
る者とされている（第3条）。包括的な
支援体制に始まって，住居の確保や就労
支援を重ねていくのがこの制度の特徴と
なる。ただし，運用していくうえでこの
制度が結果的に「生活保護受給の障壁」
とならないように留意が必要である。自
立に向けた支援を行いつつ，必要があれ
ば即座に生活保護制度につないでいくと
いう対応が求められる。　　　（松木宏史）

**育児休業，介護休業等育児又は家族介護
を行う労働者の福祉に関する法律（育児・
介護休業法）**

　1991（平成3）年5月15日に制定，1992（平
成4）年4月1日に施行された。この法律
では，子の養育，家族の介護を行う労働
者等を支援することにより，雇用の継続
や再就職，職業生活と家庭生活の両立を
図り，子育てや介護をしている者の福祉
の増進や，経済や社会へ寄与することを
目的としている。2017（平成29）年に改正
され，介護休業の分割取得，介護休暇の
半日取得，残業の免除，子どもが1歳になっ
た後に雇用契約があるかどうかわからな
い有期雇用労働者の育児休業取得がそれ
ぞれ可能となった。子の看護休暇の柔軟
な取得をはじめ，育児休業の対象となる
子どもの範囲の拡大，マタハラやパワハ
ラの防止も新設され，ワーク・ライフ・バ
ランスが保てるよう改正された。

　2022（令和4）年4月より3段階で施行
された内容は，男女ともに仕事と育児を
両立できるように産後パパ育休制度の創
設や雇用環境整備，個別周知，意向確認
の措置の義務化などの改正が行われた。
　　　　　　　　　　　　　　（吉島紀江）

男女共同参画社会基本法　⇨男女共同参
画社会基本法①
男女雇用機会均等法　⇨雇用の分野にお
ける男女の均等な機会及び待遇の確保等
に関する法律（男女雇用機会均等法）①

女性活躍推進法　⇨女性の職業生活にお
ける活躍の推進に関する法律（女性活躍
推進法）⑤
労働基準法　⇨労働基準法⑤
民生委員法

　民生委員の選任やその職務について規
定する法律であり，1948（昭和23）年に
制定された。第1条において，「民生委
員は，社会奉仕の精神をもって，常に住
民の立場に立って相談に応じ，及び必要
な援助を行い，もって社会福祉の増進に
努めるものとする」と，その目的が定め
られている。また，第14条では，民生
委員の職務として，①住民の生活状況の
把握，②生活に関する相談・援助，③福
祉サービスを適切に利用するための必要
な情報の提供，④社会福祉を目的とする
事業または活動への支援，⑤行政機関の
業務への協力，⑥住民の福祉の増進を図
るための活動，が挙げられている。
　　　　　　　　　　　　　　（真鍋顕久）

人権擁護委員法

　全国に人権擁護委員を置き，これに適
用すべき様々な基準を定め，国民に保障
されている基本的人権を擁護し，自由人
権思想の普及高揚を図るために1949（昭
和24）年に制定された。人権擁護委員は，
地域住民から人権相談を受けたり，問題
解決への支援をしたり，法務局の職員と
協力して人権侵害による被害者の救済や，
地域住民に対する人権についての啓発活
動を行う民間人である。人権擁護委員は，
法務大臣により民間有識者の中から委嘱
されるが，まず，市町村長が人権擁護委
員にふさわしい地域の候補者を選び，議
会の意見を聞いたうえで法務局（地方法

務局）へ推薦し，法務局において弁護士会及び人権擁護委員連合会に意見を求めて検討した後，法務大臣が委嘱することになっている。 　　　　　（真鍋顕久）

特定非営利活動促進法（NPO 法）

特定非営利活動を行う団体に，特定非営利活動法人（NPO 法人）の法人格を与え，ボランティア活動をはじめとする市民が行う自由な社会貢献活動としての特定非営利活動の健全な発展を促進して公益の増進に寄与することを目的とする法律であり，略して NPO 法とも称される。1995（平成 7）年の「阪神淡路大震災」から非営利組織の動きが活発になり，1998（平成 10）年に，市民団体の要望を受け，「特定非営利活動促進法」が制定された。NPO 法人の取得のための条件が規定されており，①不特定かつ多数のものの利益に寄与することを目的とする活動であること，②NPO 法人の活動分野に該当する活動であること，③公益の活動に貢献すること，④営利を目的としない非営利（非分配）であること，⑤宗教活動を目的としないこと，⑥政治活動を目的としないこと，⑦特定の公職の候補者・公職者・政党の推薦・支持・反対を目的としないこと，等である。 　（真鍋顕久）

地域保健法

地域保健対策の推進に関する基本方針，保健所の設置等に関して基本となる事項を定めた法律である。日本の地域保健を取り巻く状況の変化（戦後は結核やコレラ等といった伝染病の蔓延防止が主要課題だが，今日では人口の高齢化，出生率の低下，慢性疾患を中心とする疾病等）に対応するため，1994（平成 6）年に，「保健所法」から「地域保健法」に改正された。概要は，①厚生労働大臣が地域保健対策の推進に関する基本指針の策定を規定，②国と地方公共団体の責務を規定，③保健所，市町村保健センター，都道府県と市町村の役割の見直し（住民に身近な母子保健サー

ビス等の実施主体を市町村に変更等），④地方分権の推進，地域保健対策に係る人材確保の支援に関する計画等についての規定である。市町村保健センターで思春期から妊娠，出産，育児，乳幼児保健まで一貫した保健サービス，老人保健サービスも併せ，住民に身近な保健サービスが一元的に提供されるようになった。

　　　　　　　　　　　（中西　真）

民　法

私人（公的な立場を離れた一個人）の間における法律上の関係を定めた一般法。総則，物権，債権について定める第 1 編から第 3 編までを「財産法」または「契約法」と呼び，親族，相続について定める第 4 編および第 5 編を「身分法」または「家族法」と呼ぶ。前者では，契約とその意思表示に関して，代理権や成年後見制度等が定められており，未成年者や判断能力が不十分な者を保護するための仕組みが規定される。後者では，婚姻，親子関係，親権，扶養などが規定される。2018（平成 30）年 6 月 13 日に，民法で定められる成年年齢を 20 歳から 18 歳に引き下げる改正法が成立し，2022（令和 4）年 4 月 1 日から施行された。これと同時に，従来，満 16 歳と定められていた女性の婚姻開始年齢が満 18 歳に引き上げられ，男女で異なっていた婚姻開始年齢が統一された。これにより，法律上，未成年の婚姻関係がなくなるため，父母の同意を必要とする規定が廃止されることとなった。 　　　　（渡邊慶一）

少年法 ⇨少年法①

少年院法

在院者の人権を尊重して，その特性に応じた適切な矯正教育や健全な育成に資する処遇，少年院の適正な管理運営を行い，在院者の改善更生，円滑な社会復帰を図ることを目的とする法律である。1948（昭和 23）年に成立，改正法は2015（平成 27）年に施行，少年鑑別所法

は新たに整備された。2009（平成21）年，広島少年院における不適正処遇の発覚が大幅な改正を行う契機になったとされる。概要は，①再非行防止に向けた取組の充実（年齢区分を撤廃して少年院の種類の見直し，出院者や保護者等からの相談に応じる制度の導入，社会復帰支援の実施等），②適切な処遇の実施（面会・信書・電話等の外部交通，制止等の措置・手錠の使用・保護室への収容等といった規律秩序維持の措置で少年の権利義務や職員の権限を明確化，法務大臣に対する救済の申出等の不服申立制度の創設），③社会に開かれた施設運営の推進（施設運営の透明性を確保，少年院視察委員会の設置，地域住民等の参観を積極的に実施）である。　　　　（中西　真）

更生保護法

2007（平成19）年制定。本法は，犯罪者及び非行少年に対し，社会内で適切な処遇を行うことで再犯を防ぎ，非行をなくし，善良な社会の一員として自立し，改善更生することを助けるとともに，犯罪予防の活動の促進等を行い，もって，社会を保護し，個人及び公共の福祉を増進することを目的としている（第1条）。更生保護は広義には犯罪者や非行少年の社会復帰を後押しする活動であり，狭義には有権的な保護観察を除いた任意的な活動を指す。活動の担い手は保護司や更生保護施設，BBS会（非行防止のために活動する日本の青年ボランティア団体）などの民間組織あるいはボランタリーなものが中心となる。これを踏まえつつ本法では国の責任として，「民間の団体又は個人により自発的に行われるものを促進し，これらの者と連携協力するとともに，更生保護に対する国民の理解を深め，かつ，その協力を得るように努めなければならない」（第2条）と定めている。

（松木宏史）

更生保護事業法

1995（平成7）年制定。本法は，更生保護事業に関する基本事項を定めることにより，更生保護事業の適正な運営を確保し，及びその健全な育成発達を図るとともに，更生保護法その他更生保護に関する法律とあいまって，犯罪をした者及び非行のある少年が善良な社会の一員として改善更生することを助け，もって個人及び公共の福祉の増進に寄与することを目的とするものである（第1条）。ここでいう更生保護事業とは，継続保護事業，一時保護事業及び連絡助成事業を指す。中でも事業の根幹となる継続保護事業は，保護観察に付されている者，刑の執行を終えた者，執行猶予を受けた者，仮出所が許された者，少年院からの退院者や仮退院者などを対象とし，更生保護施設に収容して，宿泊場所を供与し，教養訓練，医療又は就職を助け，職業を補導し，社会生活に適応させるために必要な生活指導を行い，生活環境の改善又は調整を図る等その改善更生に必要な保護を行う事業をいう。　　　（松木宏史）

ストーカー行為等の規制等に関する法律（ストーカー規制法）

ストーカー行為に対する処罰といった規制，被害者に対する支援について定めた法律である。1999（平成11）年に埼玉県桶川市で発生したストーカーによる殺人事件が契機となり，2000（平成12）年に制定された。ストーカー行為の処罰等，必要な規制を行うとともに，被害者に対する援助の措置を定め，個人の身体，自由及び名誉に対する危害の発生を防止し，国民の生活の安全と平穏に資することを目的としている。ストーカー（stalker）とは，執念深くつきまとう人のことであり，つきまとい等には警察本部長等からの警告，従わない場合は都道府県公安委員会が禁止命令を出す。2013（平成25）年の改正では，電子メールの連続した送信を規制，禁止命令等を行うことのできる公安委員会を拡大した。2016（平成28）年

の改正では，SNS メッセージの連続した送信等の規制，禁止命令等といった制度の見直し，ストーカー行為罪の非親告罪化，ストーカー行為罪・禁止命令等違反罪の罰則の強化が行われた。　（中西　真）

個人情報の保護に関する法律　⇨個人情報の保護に関する法律①

児童福祉施設の設備及び運営に関する基準

　1948（昭和23）年，厚生省令として制定された「児童福祉施設最低基準」が2011（平成23）年改正されたものである。改正により，国が定めた基準は「従うべき基準」「標準」「参酌すべき基準」に3分類され，都道府県等はそれらに基づき条例で基準を定めることとなった。「従うべき基準」とは，国の基準に従う範囲内で地域の実情に応じた内容を定めなければならない基準であり，基準と異なる内容を定めることは許されない。入所中の児童に対する虐待等の禁止，懲戒に係る権限の濫用禁止，食事，秘密保持，職員配置，職員の要件，設備に関する一部が，「従うべき基準」となっている。なお，2019（令和元）年の改正では，児童養護施設等の児童指導員及び心理療法担当職員，福祉型障害児入所施設の心理指導担当職員，児童自立支援施設の児童自立支援専門員の要件について見直しがなされた。　　　　　　　　　　　　（西井典子）

里親が行う養育に関する最低基準

　厚生労働省令として2002（平成14）年に制定された。里親が行う養育について，「委託児童の自主性を尊重し，基本的な生活習慣を確立するとともに，豊かな人間性及び社会性を養い，委託児童の自立を支援することを目的として行われなければならない」という一般原則が示され，そのために，里親は都道府県等が行う研修を受け，その資質の向上に努めなければならない，とされる。委託児童と他の児童とを比して，または国籍や信条等で差別してはならないこと，虐待等や懲戒に係る

権限の濫用の禁止，義務教育その他必要な教育を受けさせるよう努力すること，健康管理や衛生管理，給付金の管理，自立支援計画の遵守，秘密保持，児童の養育に関する記録の整備・苦情等への対応・知事への報告・関係機関との連携の義務，養育する委託児童の年齢，養育する委託児童の人数及び委託期間の限度について規定されている。　　　　　　（西井典子）

児童福祉法に基づく指定通所支援の事業等の人員，設備及び運営に関する基準

　厚生労働省が，児童福祉法に基づいて，指定通所支援事業の一般原則，人員配置，設備，運営などの基準を定めた省令のこと。指定通所支援事業は，児童発達支援，医療型児童発達支援，放課後等デイサービス，居宅訪問型児童発達支援，保育所等訪問支援の5事業があり，共生型障害児通所支援の基準も含む。2018（平成30）年に医療的ケアの必要な子どもに居宅訪問による児童発達支援を提供する居宅訪問型児童発達支援，介護保険と一体的にサービスを提供する共生型サービスが創設され，それらの事業の基準も新たに加わった。一般原則の中には，保護者や障害児の意向や特性などを踏まえた通所支援計画（通称：個別支援計画）の立案や児童発達支援管理責任者を配置すること等が細かく明記されている。指定通所事業所数が増加する中，その運営や質の担保が課題となっている。本基準やそれに基づくガイドラインが適切な運営やサービス提供の重要な指標となる。

　　　　　　　　　　　　　（米倉裕希子）

児童福祉法に基づく指定障害児入所施設等の人員，設備及び運営に関する基準

　厚生労働省が，児童福祉法に基づいて指定障害児入所施設の従業者やその数，居室等の床面積などの設備，サービスの適切な利用や処遇，災害対策を含めた安全の確保，秘密の保持などの一般的な基準を定めた省令のこと。省令に基づき都

道府県は条例を定めなければならない。指定障害児入所施設は，児童福祉施設に定義されており，知的障害や肢体不自由のある児童に対し保護と日常生活の指導と知識技能の付与の提供を目的とした福祉型と，重度の知的障害と肢体不自由が重複する児童に合わせて治療を行う医療型の2種類がある。基準では，児童発達支援管理責任者（通称：児発管）が，障害児の能力，置かれている環境と日常生活全般の状況，希望する生活や課題を把握（アセスメント）し，入所支援計画（通称：個別支援計画）を立て，その効果について継続的に評価（モニタリング）しながら，適切かつ効果的に指定入所支援を提供しなければならないとしている。

（米倉裕希子）

児童福祉法に基づく指定障害児相談支援の事業の人員及び運営に関する基準

　厚生労働省が，児童福祉法に基づいて指定障害児相談支援の事業の定義，基本方針，人員や運営などの基準を定めた省令のこと。指定障害児相談支援の事業とは，指定障害児相談支援を行う事業のことで，指定障害児支援利用援助と指定継続障害児支援利用援助がある。指定障害児支援利用援助とは指定障害児通所支援のサービスを利用する際に必要な計画を立てること。計画には，障害児の心身の状況と置かれている環境，本人と保護者の意向を踏まえたサービスの種類や内容が記載され，サービス給付を決定する際の資料になる。給付決定後はサービス提供事業所と連絡調整を行い，適切に利用できるよう支援する。指定継続障害児支援利用援助とは，有効期限が過ぎた後も継続して利用できるよう見直しや評価を行い，変更が必要な場合は再度計画を立て直すこと。基準では，実務経験と必要な研修を受講した資格のある相談支援専門員が利用計画作成の業務を行うことになっている。

（米倉裕希子）

38 児童福祉機関・専門職

子育て世代地域包括支援センター（母子健康包括支援センター）

　母子保健法第22条に規定される母子健康包括支援センターの通称。市町村が設置することとされている。主として妊産婦と乳幼児の実情を把握し、妊娠・出産・子育てという各ステージに対して切れ目なく相談に応じ、支援プランを作成しながら、母子保健と子育て支援サービスを一体的・包括的に提供している。効果的な運用のため、要保護児童等への支援を行う子育て家庭総合支援拠点と一体的に、あるいは適切な連携体制のもとで機能することが求められている。通知「子育て世代包括支援センターの設置運営について」に基づき、母子保健に関する専門知識を有する保健師、助産師、看護師及びソーシャルワーカー（社会福祉士等）を1名以上配置するほか、一定の実務経験を有する子育て支援員である利用者支援専門相談員ないしそれと同等の機能を果たす職員が置かれている。（澁谷昌史）

保健所

　地域保健法第5条に定められている地域住民の健康や衛生を支える公的機関である。幅広い相談などへの対応や支援事業を行うため、都道府県、政令指定都市、中核市、その他政令で定める市、または特別区に設置されている。保健所の業務は、災害医療や感染症、精神保健などの対人保健に関するものと生活衛生と呼ばれる食品衛生、獣医衛生、環境衛生、医事・薬事衛生と呼ばれる対物保健に関するものに分けられている。また国民の

健康促進を目指すために、健康教室や健康相談、成人健診、がん検診、リハビリ教室、訪問指導など多岐にわたっており地域住民の健康に関わる主要機関である。保健所が広域的・専門的なサービスを提供するのに対して、保健センターは、市区町村に設置され、より地域住民に身近な保健サービスを提供している。施設数は、保健所469か所（2018年4月現在）、市町村保健センター2,456か所（2017年4月現在）となっている。働いている主な職種は、医師、歯科医師、看護師、准看護師、保健師、助産師、薬剤師、栄養士、管理栄養士、理学療法士（PT）、作業療法士（OT）、臨床心理士、精神保健福祉士、職業指導員、作業指導員、診療放射線等各種検査技師、精神保健福祉相談員、医療社会事業職員、調理員、事務職員、獣医師、歯科衛生士など多岐にわたる。　　　　　　　　　　（山口明日香）

保健センター

　地域保健法に基づいて設置される行政機関。保健所が、都道府県、政令指定都市、中核市、東京都の区部等に設置されているのに対し、保健センターは、市町村が設置主体となるものである。「健康相談、保健指導及び健康診査その他地域保健に関し必要な事業を行う」（地域保健法第18条）ことを目的としている施設であり、子どもの福祉と関わっては、母子保健を中心に、保健師を主たる人材として対人サービスを展開している。1997（平成9）年の地域保健法等の改正により、多くのサービスが市町村に一元化されて

以降，その果たすべき役割は大きくなっている。

（澁谷昌史）

母子保健コーディネーター

地域において，すべての妊産婦の状況を継続的に把握し，相談を行い，支援プランの策定などを行う妊娠・出産包括支援事業に配置されてきた職種である。現在では，当該事業を展開する子育て世代包括支援センター（母子保健型）に配置され，当該センターにおいて任意実施とされている「産前・産後サポート事業」（妊産婦等が抱える妊娠・出産や子育てに関する悩み等について，助産師等の専門家又は子育て経験者やシニア世代等の相談しやすい話し相手等による相談支援を行い，家庭や地域での妊産婦等の孤立感の解消を図ることを目的とした事業），「産後ケア事業」（退院直後の母子に対して心身のケアや育児のサポート等を行い，産後も安心して子育てができる支援体制を確保する事業）を一体的に運用しながら，妊産婦等が必要とするサービスにつながっていくための窓口役として役割を遂行している。

（澁谷昌史）

母子保健推進員

地域に密着した母子保健活動の推進のため，市町村長が，地域の助産師，保健師，看護師又は母子保健に相当の経験があり，かつ熱意を有する者の中から，適当な者を母子保健推進員として委嘱を行っている。各市町村が定める要綱にしたがって，活動費相当の金銭的報償がなされる場合があるが，基本的には民間奉仕者と考えてよい。歴史的には，戦前から各地で活動していた愛育班活動に注目した厚生省が，1968（昭和43）年から予算補助を行うようになったのが制度のはじまりである。活動内容としては，住民に身近な立場であることを生かしながら，担当地区内の妊産婦や乳幼児のいる世帯への訪問，各種健診や健康相談，子育て教室などの支援を行い，その中で，母子保健に関す

る具体的な課題の発見，各種手続き未了者への支援や受診の勧奨などを行っている。また，全国母子保健推進員等連絡協議会（全母推）が設立され，公益社団法人母子保健推進会議が事務局となり，各地の母子保健推進活動を支えるための地域組織の育成・支援，指導者の養成が行われている。

（澁谷昌史）

児童相談所

児童福祉法に基づき，都道府県，政令指定都市に設置が義務付けられている行政機関。中核市・特別区の設置は任意である。子どもや家庭をめぐる問題が複雑・多様化している中，市町村と適切な役割分担・連携を図りつつ，子どもに関する家庭その他からの相談に応じ，子どもが有する問題又は子どもの真のニーズ，子どもの置かれた環境の状況等を的確に捉え，個々の子どもや家庭に最も効果的な援助を行い，もって子どもの福祉を図るとともに，その権利を擁護することを主たる目的としている。子どもに関する家庭その他からの相談等を受けた後，調査及び診断の方針，安全確認の時期や方法，一時保護の要否等を検討する受理会議がなされる。そして，児童福祉司等により行われる調査に基づく社会診断，児童心理司等による心理診断，医師による医学診断，一時保護部門の保育士等による行動診断，その他必要に応じた診断をもとに判定会議を行い，個々の子どもに対する援助内容が決定され，在宅指導あるいは児童福祉施設や里親への措置等が行われる。また，必要に応じて親権者の親権の一時停止や喪失宣告の請求，未成年後見人選任等の請求を家庭裁判所に行う。

（中安恆太）

児童福祉司

児童福祉法第13条により，児童相談所へ配置されている。主な職務内容として，①子ども，保護者等からの子どもの福祉に関する相談への対応，②必要な調

査，社会診断，③子ども，保護者，関係者等に対する必要な支援や指導，④子ども，保護者等の関係調整（家族療法など）がある。配置基準は各児童相談所の管轄区域の人口3万人に1人以上が基本とされ，全国平均より虐待相談対応の発生率が高い場合には，虐待相談対応件数に応じて上乗せを行うことができる。任用要件として，社会福祉士や医師，大学で心理学，教育学若しくは社会学を専修する学科又はこれらに相当する課程を修めて卒業した者であって，厚生労働省令で定める施設において1年以上児童その他の者の福祉に関する相談に応じ，助言，指導その他の援助を行う業務に従事したもの等が規定されている。なお，児童福祉司としての必要な専門的技術に関する教育・訓練・指導を行う児童福祉司（スーパーヴァイザー）は，児童福祉司としておおむね5年以上勤務した者となっている。　　　　　　　　　　　（中安恆太）

児童心理司

　児童相談所に配置されており，名称は児童相談所運営指針に位置付けられている。主な職務内容は，①子ども，保護者等の相談に応じ，診断面接，心理検査，観察等によって子ども，保護者等に対し心理診断を行う。②子ども，保護者，関係者等に心理療法，カウンセリング，助言指導等の指導を行うことである。配置基準は，児童福祉司2人につき1人以上配置することを標準とし，地域の実情を考慮して必要に応じ，この標準を超えて配置することが望ましいとされている。任用要件として，大学で心理学を専修する学科又はこれに相当する課程を修めて卒業した者や，公認心理師となる資格を有する者等が規定されている。なお，児童心理司及び心理療法担当職員の職務遂行能力の向上を目的として教育・訓練・指導を行う児童心理司（スーパーヴァイザー）は，児童心理司であり，心理判定

及び心理療法並びにカウンセリングを少なくとも10年程度の経験を有するなど相当程度の熟練を有している者となっている。　　　　　　　　　　　（中安恆太）

臨床心理士

　臨床心理学に基づく知識や技術を用いてクライアントにアプローチを行う。公益財団法人日本臨床心理士資格認定協会が実施する筆記試験（一次試験）と口述面接試験（二次試験）に合格し，資格認定証書の交付がされた者が名乗ることができる専門職である。受験資格を得るためには，臨床心理士養成に関する指定大学院または専門職大学院の修了が原則必要である。臨床心理士に求められている固有の専門業務として，①臨床心理査定，②臨床心理面接，③臨床心理的地域援助，④上記①～③に関する調査・研究が掲げられている。2019（平成31）年4月1日現在で，3万5,912名の臨床心理士が認定されており，活躍の場は，教育，医療，司法，福祉，産業など多岐にわたっている。なお，5年ごとに資格の更新がある。　　　　　　　　　　　（中安恆太）

婦人相談所

　売春防止法第34条にて都道府県に設置が義務付けられている。かつては，売春を行うおそれのある女子の保護更生を行うことが主な目的だったが，複雑多様化する社会環境の変化に伴い，徐々に支援の対象を拡大し2001（平成13）年からはDV防止法により，配偶者暴力相談支援センターの機能を担う施設の一つとしても位置付けられた。その後も，関係法令により，人身取引被害者やストーカー被害者等も保護の対象とされている。一時保護機能をもち，DV被害，性暴力被害等を受けた女性等の相談・支援を行う。また，母子生活支援施設，民間シェルター等への一時保護委託も行っている。婦人相談所の役割は，支援を必要としている利用者から相談を受け，必要な場合

には保護し，自立に向けての支援を行っていくことである。様々な課題のある利用者に対応するためには，婦人相談所自らその専門性を生かして支援することはもとより，地域における婦人保護事業の中核機関として，関係機関と緊密に連携し，一人一人の利用者に適した支援ができるようコーディネートする役割も担っている。　　　　　　　　　　　（中安恆太）

婦人相談員

売春防止法第35条にて「要保護女子につき，その発見に努め，相談に応じ，必要な指導を行い，及びこれらに附随する業務を行うものとする」と示され，婦人相談所や福祉事務所に配置されている。都道府県は必置。市は任意設置である。社会的信望があり，職務を行ううえで必要な熱意と識見をもつ者を都道府県知事（婦人相談所を設置する指定都市の長を含む）が委嘱する。婦人相談員は，相談者の人権を尊重し権利擁護を図る立場から，支援を要する女性を発見し，ソーシャルワークによる相談・支援を提供し，必要に応じ関係機関との連携を図りながら問題解決を担う役割を有し，地域での中長期的・継続的な自立支援までの流れを切れ目なく担うソーシャルワーカーとしての業務を行うことが求められている。　　　　　　　　　　　（中安恆太）

福祉事務所

社会福祉法第14条に規定されている「福祉に関する事務所」のことである。福祉六法（生活保護法，児童福祉法，母子及び父子並びに寡婦福祉法，老人福祉法，身体障害者福祉法及び知的障害者福祉法）に定める援護，育成又は更生の措置に関する事務を司る第一線の社会福祉行政機関となっている。都道府県及び市と特別区は設置が義務付けられており，町村は任意で設置することができる。福祉事務所の所員の定数は，地域の実情にあわせて条例で定めることになっている。福祉事務所の所員には，社会福祉法第15条に基づいて所長，指導監督を行う所員，現業を行う所員，事務を行う所員がおり，このほか，老人福祉の業務に従事する社会福祉主事，身体障害者福祉司，知的障害者福祉司等が配置されている福祉事務所もある。　　　　　　　　　（山本真知子）

家庭児童相談室

1964（昭和39）年に設置が始まった。家庭における適正な児童養育，その他の家庭児童福祉の向上を図るため，福祉事務所の家庭児童福祉に関する相談指導業務を充実強化するために設けるものとして設置されている。設置主体は都道府県又は特別区，市町村が設置する福祉事務所となっている。福祉事務所が行う家庭児童福祉に関する業務のうち，専門的技術を必要とする業務を家庭児童相談室が行っている。職員は，家庭児童福祉に関する専門的技術を必要とする業務を行うものとされ，社会福祉主事及び家庭相談員と呼ばれる家庭児童福祉に関する相談指導業務に従事する職員を配置することとされている。児童相談所は高度な専門性を必要とする事例を取り扱い，家庭児童相談室は地域に密着した機関として比較的軽易な相談事例を扱う。（山本真知子）

社会福祉主事

各地方自治体の福祉事務所などに従事する公務員に任用される際に必要とされる行政が定めた資格基準である。各種行政機関で，生活保護受給者やひとり親家庭，子ども，高齢者，身体障害者，知的障害者などの保護・援助を必要とする人のために相談・指導・援助の業務を行う。社会福祉主事が働く代表的な機関としては，福祉事務所が挙げられ，内容としては主に生活保護に関する業務が中心となっている。社会福祉主事は福祉事務所における現業を行う所員として任用される者に要求される資格である。児童福祉関連業務では，保育所や母子生活支援施

設の入所の手続き，児童扶養手当などの手続き業務や支援などを行っている。社会福祉各法に定める援護又は更生の措置に関する事務を行うために，福祉事務所には社会福祉主事の必置義務がある。福祉事務所の他には，社会福祉施設職員等の資格に準用されている。　（山本真知子）

母子・父子自立支援員

　福祉事務所に配置されている。主に，「配偶者のない女子で現に児童を扶養しているもの」（母子家庭）及び「配偶者のない男子で現に児童を扶養しているもの」（父子家庭）並びに寡婦（配偶者のない女子であつて，かつて配偶者のない女子として民法の規定により児童を扶養していたことのあるもの）を対象に，離死・別直後の精神的安定を図り，その自立に必要な情報提供，相談指導等の支援を行うとともに，職業能力の向上及び求職活動に関する支援を行うことを職務としている。生活一般についての相談指導等，職業能力の向上及び求職活動等就業についての相談指導，ひとり親家庭等の自立に必要な支援を行っている。主に，福祉，労働，住宅，保健，医療，教育等の関係部局，ハローワーク，母子家庭等就業・自立支援センター，子育て世代包括支援センター，民生委員・児童委員，学校関係者，婦人保護施設，母子生活支援施設，母子・父子福祉団体，NPO法人等との連携を行い，ひとり親家庭の自立に向けた支援を総合的に行っている。

　　　　　　　　　　　　（山本真知子）

家庭相談員

　都道府県又は市町村の非常勤職員として，家庭児童相談室に配置されている。人格円満で，社会的信望があり，健康で，家庭児童福祉の増進に熱意をもち，かつ，条件のうち一つを充足するもののうちから任用しなければならないことと定義されている。条件は，①大学において，児童福祉，社会福祉，児童学，心理学，教育学若しくは社会学を専修する学科又はこれらに相当する課程を修めて卒業した者，②医師，③社会福祉主事として，2年以上児童福祉事業に従事した者，④家庭相談員として必要な学識経験を有する者とされている。　　　　（山本真知子）

児童家庭支援センター

　児童福祉法に規定された児童福祉施設である。地域の児童の福祉に関する問題や，児童に関する家庭その他からの相談のうち，専門的な知識及び技術を必要とするものに応じ，必要な助言を行うとともに，市町村の求めに応じ，技術的助言その他必要な援助を行うほか，保護を要する児童又はその保護者に対する指導を行い，あわせて児童相談所，児童福祉施設等との連絡調整等を総合的に行い，地域の児童，家庭の福祉の向上を図ることを目的とする施設である。設置及び運営の主体は，地方公共団体及び社会福祉法人等であって，都道府県知事が指導委託先としても適切な水準の専門性を有する機関として認めたものである。地域・家庭からの相談のほか，市町村の求めに応じる事業，都道府県又は児童相談所からの受託による指導，里親等への支援，関係機関等との連携・連絡調整を主な事業としている。児童家庭支援センターには，関係機関等との連携・連絡調整を担当する職員と心理療法等を担当する職員を配置している。　　　　　　（山本真知子）

子育て支援コーディネーター

　2003（平成15）年の児童福祉法改正により子育て支援事業が法定化され，市町村に対し子育て支援事業に関する情報提供や相談助言，あっせんや調整等の責務を課した。その際，子育て支援サービスの利用にあたって情報収集や相談先，サービスの内容を的確に把握して利用に結び付くことができるよう，サービスの利用に関しコーディネートを図るため子育て支援総合コーディネート事業が創設

された。その担い手としての子育て支援コーディネーターには特別な資格規定はなく，地域子育て支援センターやNPO等に委託する形態で配置され，地域子育て支援拠点の地域機能強化型が担ってきた利用者支援機能においてコーディネートの役割を果たしてきた。なお，子ども・子育て支援制度となってからは，利用者支援機能が利用者支援事業となり，そのコーディネートは利用者支援専門員が担っている。　　　　　（佐藤まゆみ）

利用者支援専門員

子ども・子育て支援法第59条第1項第1号に規定する地域子ども・子育て支援事業のなかの利用者支援事業の担い手を指し，市区町村（市区町村が認めた者への委託等も行うことができる）が実施主体となっている利用者支援事業のうち，基本型と特定型を実施するにあたって1名以上配置される専任職員のことをいう。子ども・子育て支援の各種施設や事業と連携し，利用者の相談対応，個別ニーズの把握，助言・利用支援，ネットワークの構築，社会資源の開発などを行う。

子ども・子育て支援に関する事業（地域子育て支援拠点事業など）の一定の実務経験を有する者で，子育て支援員基本研修及び専門研修（地域子育て支援コース）の「利用者支援事業（基本型）」，「利用者支援事業（特定型）」の研修を修了した者等が利用者支援専門員となる。なお，母子保健型には母子保健に関する専門知識を有する保健師，助産師等を1名以上配置することとなっている。　（佐藤まゆみ）

子育てサポーター

子育てサポーターは，子育てやしつけに関する悩みや不安をもつ親の相談に対し，身近な相談相手として友人のような関係で気軽に応じ，きめ細かなアドバイスを行う。2000（平成12）年度〜2003（平成15）年度にかけて，文部科学省により家庭教育への支援の充実と，家庭教育を支援する地域子育て支援ネットワーク等の充実のため国庫補助により養成・配置された。　　　　　　　　　（佐藤まゆみ）

子育てサポーターリーダー

子育てサポーター相互の連携促進や情報交換の機会の提供など，子育てサポーターの資質向上を図り，関係機関との連携を促進する人材として，2004（平成16）年度から家庭教育支援総合推進事業の一環として養成されている。地域の子育てサークル等が行う子育てに関する学習会や研修会等の活動支援，子育てに関する相談や保健師等と連携した訪問型の子育て支援活動の実施など，より広域的に活動し，地域における相談体制の一層の充実を図っている。子育てサポーターリーダーは地域の多様な人材の参画を得て，支援活動の企画・運営，関係機関・団体との連携等を担う中核的人材を養成することがねらいの一つであり，家庭教育支援推進事業における家庭教育支援チームの担い手となっている。

（佐藤まゆみ）

児童委員／民生委員

児童福祉法に基づき，厚生労働大臣の委嘱を受けて市町村の区域に置かれる民間のボランティアであり，民生委員法に基づく民生委員を兼ねている。児童委員の任期は3年であり，その職務については都道府県知事の指揮監督を受ける。主な職務は，担当区域の児童・家庭等の実情把握，サービスの適切な利用に必要な情報提供・援助及び指導を行うこと，地域住民からの通告を仲介することを含めた要保護児童の通告，関係機関との連携，地域の児童健全育成等を実施すること等があり，児童福祉司や社会福祉主事の職務に協力して子どもや家庭の福祉増進に努めることも含まれる。　　（佐藤まゆみ）

主任児童委員

1994（平成6）年1月から，区域を担当せず，子ども家庭福祉に関わる職務を

専門的に担当する児童委員として配置されている。主任児童委員は，厚生労働大臣によって児童委員の中から指名される。主任児童委員制度は当初法律ではなく通知によって運営されていたが，2001（平成13）年11月の児童福祉法改正に伴い法定化された。児童委員の職務について，子ども家庭福祉の機関と児童委員との連絡調整を行うとともに，児童委員の活動に対する援助及び協力を行うこととされている。　　　　　　　　　　（佐藤まゆみ）

身体障害者更生相談所

身体障害者福祉法第11条に規定されており，身体障害者本人やその家族からの相談に応じ，専門的な指導や判定業務などを行う機関である。身体障害者やその家族に対し，専門的知識と技術を必要とする相談や指導を行い，医学的，心理学的，職能的な判定の業務や，補装具の処方および適合判定を行う。また市町村に対する専門的な技術的援助や指導助言を行い，必要に応じて巡回相談も実施している。地域のリハビリテーション推進に関する業務なども実施している。設置主体は都道府県，政令指定都市となっており，全国の施設数は，77か所（2018年4月現在）となっている。主な職員としては，所長及び事務職員のほか，医師，身体障害者福祉司，ケースワーカー，心理判定員，職能判定員，保健師，看護師，理学療法士（PT），作業療法士（OT），義肢装具士，言語聴覚士（ST）などの専門的な職員が配置されている。　　　　　　（山口明日香）

知的障害者更生相談所

知的障害者福祉法第12条に規定されており，知的障害者やその家族からの相談に応じ，専門的な指導，判定業務などを行う機関である。知的障害者やその家族に対し，専門的な知識と技術を必要とする相談や指導に関わる業務を行っている。医学的，心理学的，職能的な判定の業務や，市町村に対する専門的な技術的援助及び助言や情報提供，市町村間の連絡調整などを担う。また来所の難しい人などのため，必要に応じて行う巡回相談などが実施されている。さらには関係機関と連携を図り，地域のネットワーク化を推進する役割を担う。設置主体は都道府県，政令指定都市となっており，全国の施設数は，86か所（2018年4月現在）である。身体障害者更生相談所や児童相談所と統合，または併設されていることが多い状況がある。主な職員としては，医師，知的障害者福祉司，ケースワーカー，心理判定員，職能判定員，保健師，看護師，理学療法士（PT），作業療法士（OT）などの専門的な職員が配置されている。知的障害者更生相談所では，判定業務のうちに療育手帳の交付が含まれている。　　　　　　　（山口明日香）

身体障害者福祉司

身体障害者更生相談所や福祉事務所で，身体障害者の福祉に関して福祉事務所員に技術指導を行い，身体障害者の相談・調査・更生援護の要否や種類の判断，本人への指導等の業務のうち，専門的技術が必要な仕事を行う者。施設利用者が医療を受けたい時や義手や義足が必要な時，施設に入所して訓練を受けたい時，その他に，日常生活や職業上のことで困っている時に相談に応じて，適切なアドバイスを行う。身体障害者福祉司の仕事に5年間従事すると，社会福祉士の受験資格を得ることができる。身体障害者福祉司は地方公務員の専門職である事務吏員，または技術吏員になる。身体障害者福祉法に規定されている任用資格で，職務に就くためには下記のいずれかに該当していなければならない。①社会福祉主事任用資格をもち，身体障害者の更生援護等に関する事業に2年以上従事した経験のある者，②大学などで，厚生労働大臣の指定する社会福祉に関する科目を修めて卒業した者，③医師，④身体障

者の更生援護の事業に従事する職員を養成する厚生労働大臣指定の施設を卒業した者，⑤①～④に準ずる身体障害者福祉司に必要な学識経験のある者である。

（山口明日香）

知的障害者福祉司

福祉事務所や知的障害者更生相談所で知的障害者の福祉に関する相談対応や，日常生活などの指導を行う者。その職務は，管内における知的障害者の実情の把握や広報などの企画，関係業績機関等との連絡調整，いわゆる取り扱いの困難なケースや専門的な対応を必要とするケースの担当や，施設等の現場における職員に対する技術的指導や助言を行う。その他，知的障害者の職親や職場の開拓，知的障害者援護のための団体の育成やボランティア活動との連絡協力なども行う。知的障害者福祉司は地方公務員にあたる専門職である事務吏員，技術吏員になるが，その職務内容は，デスクワークとは本質的に異なり，各福祉地区の実情に応じて，知的障害者の福祉の増進のために最も効果的であると思われる面に重点を置いて当たる。また知的障害者福祉司の活動対象には，18歳未満の知的障害児童も含まれるものであるが，知的障害児のケースの専門的判定は児童相談所が行うとされている。知的障害者福祉司は知的障害者福祉法に規定されている任用資格で，その資格には社会福祉主事任用資格の保有など5つの条件が示されている。なお，この仕事に5年間勤務すると社会福祉士の受験資格を得ることができる。

（山口明日香）

医　師

医師法第1条に「医師は，医療及び保健指導を掌ることによつて公衆衛生の向上及び増進に寄与し，もつて国民の健康な生活を確保するものとする」と定められている。医師は医師国家試験に合格し，厚生労働大臣の免許を受けなければ

ならず，医師国家試験に合格した者の申請により，医籍に登録される。免許が与えられた者には，医師免許証が交付される。医師は大きく分類すると「臨床医」と「研究医」に分かれている。現在の医療体制として，医師を中心に，看護師や薬剤師，臨床検査技師などの医療スタッフと連携をとりながら，患者の治療にあたる「チーム医療」が実践され，医療従事者が対等の連携をすることにより，患者中心の医療体制に変わりつつある。医師には患者に対しての診療，治療の知識が必要な他に，医療現場においてのリーダーとして緊急の場合の判断力や統率力，生命を預かる者としての責任感が求められる。乳児・幼児においては，産科医や小児科医は身近な存在であるが，発達障害やその疑いのある幼児においては，これらに加えて児童発達を専門とする医師（精神科医や心療内科医等）との関わりが必要になってくる。

（山口明日香）

保健師

保健師助産師看護師法第2条に「保健師とは，厚生労働大臣の免許を受けて，保健師の名称を用いて，保健指導に従事することを業とする者」と定められている。

看護大学や保健師養成校において所定の教育を受けた後，保健師国家試験及び看護師国家試験に合格した者の申請により保健師籍に登録される国家資格（免許）である。保健所や市区町村において，各種健康診断，予防注射，妊婦の相談，育児の指導など地域住民の健康管理や保健指導を行い，企業では従業員とその家族の健康管理，病院などでは，看護活動を看護師などと連携し，幅広く活動する。保健師の職場は主に，保健所，保健センター，国民健康保険組合，市区町村の役所，一般病院，診療所，特別養護老人ホーム，訪問看護ステーション，在宅看護支援センター，身体障害者更生養護施

設，救護施設，企業，学校であり，まさに人の胎児期から高齢期までの障害の有無にかかわらないすべての人の健康と保健に関わる職業である。保健師の役割は，人々が抱える健康問題の背景にある社会問題をも含め，根本的な解決を図り，地域の基盤となる健康な地域をその住民の健康を含めて創り上げていくことが含められている。具体的には，対象となる個人や家族への家庭訪問や健康相談，集団の健診や健診などをはじめとして，保健師自身が地域に出向き地域に根差す地区活動を担っている。　　　　（山口明日香）

39　児童福祉施設・専門職

児童厚生施設

　児童遊園，児童館など児童に健全な遊びを提供し，健康の増進や情操を豊かにすることを目的とする施設で，児童福祉法第40条に規定されている。また，遊びを通じての集団的・個別的指導，健康の増進，放課後児童の育成・指導，母親クラブなどの地域組織活動の育成・助長，年長児童の育成・指導，子育て家庭への相談などを行う。児童館は，2019（令和元）年現在，4,453か所ある。その規模や提供する事業により，小型児童館，児童センター，大型児童館に分類され，児童厚生員が配置されている。児童遊園の敷地は，原則として330㎡以上であることや標準的設備として，①遊具（ブランコ，砂場，滑り台，ジャングルジムなどの設備），②広場，ベンチ，便所，飲料水設備，ごみ入れなど，③棚，照明設備などが児童福祉施設の設置及び運営に関する基準に定められている。　　　　　　　（上村麻郁）

児童自立支援施設

　児童福祉法第44条に規定されている。不良行為や不良行為をする可能性のある児童，家庭環境などの理由により生活指導などを必要する児童に対して，入所または通所により，一人一人の児童の状況に応じて必要な指導をし，自立支援と退所後の相談や援助を行うことを目的とする施設である。2019（令和元）年現在，全国に58か所，定員3,561人，現員1,236人である。かつては「教護院」と呼ばれ，職員として夫婦とその家族が住み込み，家庭的な生活の中で児童に一貫性・継続性のある支援を小舎夫婦制や，小舎交代制という形態で展開していた。近年は，児童の課題の複雑化に伴い機能充実を図り，非行ケースへの対応だけでなく他施設で対応困難なケースの受け皿としての役割も果たしている。少年法に基づく家庭裁判所の保護処分などにより入所する場合もあり，児童福祉法では，都道府県などに児童自立支援施設の設置義務が課せられており，大多数が公立施設となっている。　　　　　　　（上村麻郁）

児童心理治療施設

　家庭環境，学校，その他の環境上の理由により社会生活への適応が困難な児童を短期間，入所または通所により社会生活に適応するために必要な心理的な治療や生活指導を主に行い，退所後の相談や援助などを行う施設である。児童福祉法第43条の2に規定されている。2019（令和元）年現在，全国に49か所，定員2,059人，現員1,422人である。様々な課題を抱え生活に支障をきたしている児童に，医療的な観点から生活支援を基盤とした心理治療を行う。学校教育との緊密な連携を図り，併せて，家族への支援をする。平均在所期間2.1年で里親・児童養護施設での養育につなぐ役割もある。入所児は，何らかの障害などがある子どもが72.9％を占めている。また，児童精神科などの医師に常時連絡をとり対応できる体制がとられている。　　　（上村麻郁）

児童発達支援センター（医療型）

　児童福祉法第43条に規定される，地域の中で障害がある就学前の子どもとそ

の家族を通所により支援を行う医療を備えた児童福祉施設である。上肢，下肢や体幹機能などに障害がある子どもに対し，「日常生活における基本的な動作の指導，独立自活に必要な知識技能の付与又は集団生活への適応のための訓練及び治療」の実施を目的としている。従来の通所施設は障害種別ごとに分かれていたが，2012（平成24）年の制度改定により，複数の障害に対応できるように一元化された。肢体不自由児通園施設からの移行が多い。また，地域支援に必要な保育所等訪問支援や障害児相談支援も実施する。利用にあたり手帳などの有無は問わず，児童相談所，市町村保健センター，医師などにより療育の必要性が認められた子どもが対象となる。職員は，医師，児童指導員，保育士，看護師，理学療法士または作業療法士（言語訓練を行う場合は言語聴覚士）の配置が必要とされる。

（森本誠司）

児童発達支援センター（福祉型）

児童福祉法第第43条に規定される，地域の中で障害がある就学前の子どもとその家族を通所により支援を行う児童福祉施設で，主に知的障害のある子どもに対して「日常生活における基本的動作の指導，独立自活に必要な知識技能の付与又は集団生活への適応のための訓練」の実施を目的としている。2012（平成24）年の制度改定により複数の障害に対応できるように一元化された。知的障害児通園施設，難聴児通園施設からの移行が多い。また，地域支援に必要な保育所等訪問支援や障害児相談支援も実施する。利用にあたり手帳などの有無は問わず，児童相談所，市町村保健センター，医師などにより療育の必要性が認められた子どもが対象となる。職員は，嘱託医，児童指導員，保育士，条件により栄養士や調理師の配置が必要とされ，機能訓練を行う場合は機能訓練担当職員を配置するよ

うに定められている。児童発達支援センター以外で児童発達支援を行う施設として児童発達支援事業がある。（森本誠司）

児童養護施設

児童福祉法第41条に規定される，何らかの事情により保護者またはそれに代わり養育する者が児童を育てることが困難な時，代わって養育をする施設である。おおむね2歳から18歳まで（場合によっては22歳まで）の児童の生活の支援，自立に向けた支援，退所後の相談にのることを目的としている。生活の場であるためできる限り家庭に近い環境が整えられるよう小規模化がすすみ，児童が安心安全に暮らせる施設づくりが目指されている。2019（令和元）年現在，全国に609か所，定員3万1,365人，現員2万5,534人となっている。児童相談所の一時保護所が特定の地域で定員を超過しているのにもかかわらず，児童養護施設で受け入れが困難な背景には，小規模化や職員の配置基準の改正により，定員減をせざるを得ない現状がある。入所児童の約6割が虐待を受けており，支援にも専門性が求められている。　　　　　（上村麻郁）

障害児入所施設（医療型）

身体に障害のある児童，知的障害のある児童または精神に障害のある児童（発達障害を含む）を入所させて保護，日常生活の指導や訓練，必要な知識や技能の習得などを支援する施設で，児童福祉法第42条に規定されている。医療型については，疾病の治療や看護を受けながら，身体能力，日常生活能力の維持向上のための訓練を行うため，専門医療の提供やリハビリの提供など専門的な支援も行う。また，医学的管理の下における食事や排泄，入浴などの介護を受けながら生活する場所である。利用対象者は身体障害，知的障害，精神障害，発達障害のある児童が対象となり，利用に関しては身体障害者手帳や療育手帳，精神障害者保健福

祉手帳の有無を問わず，児童相談所や市区町村の保健センターや医師などが必要と認めた場合は利用可能である。年齢は通常18歳までだが，18歳以降も入所支援を行わなければ福祉を損なうと認められた場合は満20歳までの延長が可能となる。

（渡邊恵梨佳）

障害児入所施設（福祉型）

　身体に障害のある児童，知的障害のある児童または精神に障害のある児童（発達障害を含む）を入所させて保護，自立に向けての日常生活の指導や訓練，必要な知識や技能の習得などを支援する施設である。児童福祉法第42条に規定される。福祉型については，身体能力，日常生活能力の維持向上のための訓練や，レクリエーション活動を通して社会活動の場に参加するなどの支援を受けながら生活する場所である。利用対象者は身体障害，知的障害，精神障害，発達障害のある児童が対象となり，利用に関しては身体障害者手帳や療育手帳，精神障害者保健福祉手帳の有無を問わず，児童相談所や市区町村の保健センターや医師などが必要と認めた場合は利用可能である。年齢は通常18歳までだが，18歳以降も入所支援を行わなければ福祉を損なうと認められた場合は満20歳までの延長が可能となる。

（渡邊恵梨佳）

助産施設

　保健上必要であるにもかかわらず，経済的理由により，入院し出産をすることが困難な妊産婦を入所させ，助産を受けさせる施設で，児童福祉法第36条に規定されている。2019（令和元）年現在，全国に385か所である。支援が必要な妊産婦から申し出があったとき，制度の実施主体である都道府県，市及び福祉事務所を設置する町村は入所措置を行う。助産施設は，独立した施設ではなく，病院の産科病棟の一部や助産所の一部が助産施設となっている。また，この助産制度は，児童福祉法第6条の3第5項に規定する出産後の養育について出産前において支援を行うことが特に必要と認められる妊婦，いわゆる「特定妊婦」などへの養育の支援の面で有効であるものと考えられ，今後一層の充実が期待されている。

（上村麻郁）

乳児院

　何らかの事情で保護者やそれに代わり養育する者が乳児（おおむね2歳くらいまで。場合によっては小学校就学前まで）を育てられないとき，代わって養育をするとともに，退院したものの相談やその他の援助をすることを目的とする施設である。児童福祉法第37条に規定されている。2019（令和元）年現在，全国に142か所，定員3,870人，現員2,931人となっている。乳幼児の生命を守り養育するだけではなく，被虐待児・病児・障害児などに対応できる専門的養育機能をもつ。在所期間は，半数が短期（6か月未満）で，子育て支援の役割を担う。長期の場合は養育に限らず保護者支援，アフターケアを含む親子再統合支援の役割が重要となる。また，児童相談所からの一時保護委託を受け，地域のショートステイ，育児相談を受けるなど地域子育て支援の役割ももつ。

（上村麻郁）

母子生活支援施設

　配偶者のない女子やそれに準ずる事情にある女子とその女子が育てる児童が入所し，保護するとともに，自立の促進のための生活支援と，退所後の相談や援助を行うことを目的とする施設で，児童福祉法第38条に規定されている。従来は，生活に困窮する母子家庭に住む場所を提供する施設であったが，2007（平成19）年の法改正により現在の形となった。2019（令和元）年現在，全国に219か所，定員4,513世帯，現員8,059人（世帯人数）となっている。近年では，DV被害者が入所者の半数を占めている。また，精神

障害や知的障害のある母や，発達障害など障害のある児童も増加している。母子が一緒に生活しつつ，共に支援を受けることができる唯一の児童福祉施設という特性を活かし，保護と自立支援の機能の充実が求められて，関係機関との連携が重要となっている。　　　（上村麻郁）

医療的ケア児等支援者

「医療的ケア児等支援者養成研修」を受講し修了した者で，医療的ケア児などの支援を行う者である。医療的ケア児等支援者養成研修の対象は，地域の障害福祉事業所などで医療的ケア児などを支援している者および今後支援したいと考えている者である。ここでいう「医療的ケア児等」とは，①人工呼吸器を装着している障害児その他の日常生活を営むために医療を要する状態にある障害児，②重度の知的障害と重度の肢体不自由が重複している重症心身障害児者である。
　　　　　　　　　　　　　（鶴　宏史）

栄養士

栄養指導に関わる専門職で，資格としては，栄養士と管理栄養士がある。栄養士は，栄養士法第1条において，「都道府県知事の免許を受けて，栄養士の名称を用いて栄養の指導に従事することを業とする者」と定められる。管理栄養士は，同法第1条の2において「厚生労働大臣の免許を受けて，管理栄養士の名称を用いて，傷病者に対する療養のため必要な栄養の指導，個人の身体の状況，栄養状態等に応じた高度の専門的知識及び技術を要する健康の保持増進のための栄養の指導並びに特定多数人に対して継続的に食事を供給する施設における利用者の身体の状況，栄養状態，利用の状況等に応じた特別の配慮を必要とする給食管理及びこれらの施設に対する栄養改善上必要な指導等を行うことを業とする者」と定められている。つまり，前者は一般的な栄養指導や給食管理にあたり，後者は病気を患っている者や高齢者などを対象により高度かつ専門的な栄養指導や給食管理を通して，健康増進や疾病予防，栄養療法にあたる。　　　　　（鶴　宏史）

介護福祉士

社会福祉士及び介護福祉士法第2条第2項に定義されている，身体上又は精神上の障害があることにより日常生活を営むのに支障がある人に対して心身の状況に応じた介護や，その人やその介護者に対して介護に関する指導を行う国家資格である。同法第40条第2項に規定される6通りの方法のいずれかによって，受験資格を取得することができる。国家試験を受験し，合格した後，介護福祉士登録簿に登録されることによって介護福祉士の名称を用いることが可能となる。名称独占の資格である。ただし，以前は養成施設を卒業することで国家試験が免除されて，介護福祉士資格を取得することが可能であったため，2023年度までは経過措置がとられており，養成施設を卒業後5年以内に国家試験に合格するか，卒業後5年間連続して介護実務に従事すると引き続き介護福祉士資格を保持することができるようになっている。しかし，これらの条件を満たすことができなければ，介護福祉士ではなくなり，2023年度より制度が施行される准介護福祉士資格が付与されることになっている。
　　　　　　　　　　　　（杉山宗尚）

家庭支援専門相談員

「児童福祉施設の設備及び運営に関する基準」第42条などに規定されている職員である。児童養護施設や乳児院，児童心理治療施設，児童自立支援施設に配置され，入所児童定員30名以上の施設には2名の配置が可能である。資格要件は，社会福祉士や精神保健福祉士資格の保有者，児童福祉司の任用要件である児童福祉法第13条第3項の各号いずれかの該当者，児童養護施設などそれぞれ配

置される施設において5年以上の養育経験がある者と「児童福祉施設の設備及び運営に関する基準」第42条第2項に定められている。業務内容は，児童相談所などの関係機関と連携を図りつつ，入所児童の早期家庭復帰に向けた連絡・調整や保護者への相談援助を行うことである。また，里親や養子縁組を推進するため，それぞれの希望家庭に対する相談援助や，里親委託後，縁組成立後における相談援助を行う業務，地域の子育て家庭に対する相談援助の業務を担っている。ファミリーソーシャルワーカー（FSW）とも呼ばれる。　　　　　　　　　　（杉山宗尚）

家庭的保育者

　児童福祉法第6条の3第9項において定められる，家庭的保育事業において保育に従事する職員を指す。家庭的保育者の要件は，市町村長が行う研修を修了した保育士，もしくは，保育士と同等以上の知識及び経験を有すると市町村長が認める保育を行っている乳幼児の保育に専念できる者または，児童福祉法第18条の5各号及び第34条の20第1項各号のいずれにも該当しない者である。家庭的保育者1人が保育できる乳幼児の数は，3人以下である。ただし，家庭的保育者が家庭的保育補助者とともに保育する場合には，5人以下である。　　（鶴　宏史）

看護師

　保健師助産師看護師法第5条において「傷病者若しくはじよく婦に対する療養上の世話又は診療の補助を行うことを業とする者」と定められる国家資格である。医療，保健，社会福祉などの各種施設において，医師が患者を診療・治療する際の補助，病気や障害をもつ人の療養上のケアといった，疾病の予防や健康の維持増進などに関わる援助を行う専門職である。児童福祉施設に限定すると，乳児院，医療型障害児入所施設，医療型児童発達支援センター，児童心理治療施設，第一

種助産施設で看護師は必置であると定められている。また，児童養護施設，福祉型障害児入所施設，福祉型児童発達支援センターにおいても入所児童の特性によっては看護師を置くべきことが定められている。　　　　　　　　　　（鶴　宏史）

義肢装具士（PO）

　義肢装具士（Prosthetist and Orthotist：PO）は，国家資格を有する専門職である。義肢装具士の業務は，義肢装具士法第2条第3項において，「義肢装具士の名称を用いて，医師の指示の下に，義肢及び装具の装着部位の採型並びに義肢及び装具の製作及び身体への適合を行うこと」と定められている。義肢装具士は，医師の処方に従い患者の身体をギプスなどで型をとり，その型をもとに義肢装具を製作し，病院などで適合を行う。不具合があれば原因を突き止め，調整を繰り返し，最終的に適合した義肢装具を提供する。また，障害をもつ人のスポーツやレクリエーションのサポート，途上国などの国際支援活動などにも関わり，特に，障害者スポーツの競技者が使用する特殊な義足や装具などの開発や使用・調整にも力を注いでいる。義肢装具士の多くは，民間企業である義肢装具製作事業所で勤務しており，提携している病院やリハビリテーション施設において医療チームの一員としてかかわる。　　　（森本誠司）

機能訓練担当職員

　児童発達支援において日常生活を営むのに必要な機能訓練を行う場合は，「指定通所支援等の事業の人員に関する基準を定める条例施行規則」において，該当する専門職を機能訓練担当職員として配置するように定められている。機能訓練担当職員は，理学療法士，作業療法士，言語聴覚士の資格を有する者または心理指導担当職員とされている。心理指導担当職員の要件は，①学校教育法の規定による大学（短期大学は含まない）の学部で，

心理学を専修する学科もしくはこれに相当する課程を修めて卒業した者，②個人及び集団心理療法の技術を有する者またはこれと同等の能力を有すると認められる者とされる。児童発達支援を行う施設において機能訓練担当職員は，児童指導員や保育士の定数に，児童発達支援事業では児童指導員や保育士及び障害福祉サービス経験者の定数に含めることができるとされている。　　　　（森本誠司）

言語聴覚士（ST）

言語聴覚士（Speech Language Hearing Therapist：ST）は，リハビリテーションに従事する国家資格を有する専門職である。言語聴覚士の業務は，言語聴覚士法第2条において，「言語聴覚士の名称を用いて，音声機能，言語機能又は聴覚に障害がある者についてその機能の維持向上を図るため，言語訓練その他の訓練，これに必要な検査及び助言，指導その他の援助を行うこと」と定められている。言語聴覚士は，脳卒中後の失語症，言語障害，言葉の発達の遅れ，声や発声の障害などの子どもから高齢者まで幅広く現れるコミュニケーションの問題に対し，検査・評価を実施し，訓練，指導，その他の援助を行う。また，医師や歯科医師の指示のもとに，嚥下訓練や人工内耳の調整も行う。言語聴覚士は，病院やクリニックなどの医療分野だけでなく，保健，福祉，教育分野など幅広い領域で働く。　　　　（森本誠司）

子育て支援員

都道府県または市町村により実施される要綱で定められた基本研修及び専門研修の全科目を修了し，「子育て支援員研修修了証書」の交付を受け，子育て支援員として子育て支援分野の各事業などに従事するうえで必要な知識や技術などを修得したと認められる者である。地域において保育や子育て支援などの業務に関心をもち，保育や子育て支援分野の各事業などに従事することを希望する者が研修の対象となる。子育て支援員は，家庭的保育事業の家庭的保育補助者，小規模保育事業B型の保育士以外の保育従事者，小規模保育事業C型の家庭的保育補助者，事業所内保育事業の保育士以外の保育従事者，利用者支援事業の専任職員（母子保健型に従事する者を除く），放課後児童健全育成事業の補助員，地域子育て支援拠点事業の専任職員，一時預かり事業の保育士以外の保育従事者，子育て援助活動支援事業の提供会員，社会的養護関係施設などの補助的な職員などとして勤務することができる。　　　　（鶴　宏史）

個別対応職員

児童養護施設，乳児院，児童心理治療施設，児童自立支援施設，母子生活支援施設に入所している，特に虐待を受けた児童および母子に対して個別の対応が必要な場合に1対1の対応をし，場合によってはその保護者への援助などを行う者である。被虐待児の施設入所増加に対応するため，集団の中での生活であっても，虐待を受けた児童や，愛着障害の疑いのある児童など，個別の問題を抱えた個々への対応を行い支援の充実を図る。被虐待児童などで特に個別の対応が必要とされる場合に個別面接や，生活場面での1対1の個別の関わりを行う。子どもの担当職員や心理士との連携を図りながら，子どもとの安定した関わりの中で安心感・安全感の再形成，人間関係の修正などの支援を行う。　　　　（渡邊恵梨佳）

作業療法士（OT）

作業療法士（Occupational Therapist：OT）は，リハビリテーションに従事する国家資格を有する専門職である。作業療法とは，理学療法士及び作業療法士法第2条の2において，「身体又は精神に障害がある者に対し，主としてその応用動作能力又は社会的適応能力の回復を図るため，手芸，工作その他の作業を行わせる」と

定められている。作業療法における作業
には，日常生活活動，家事，趣味，遊び，
対人交流などの日々の生活の営みや，そ
れを行うのに必要な心身の活動が含まれ
る。また，作業を通して健康や幸福にな
るという考えのもと，レクリエーション，
遊びなどの活動を行うのも特徴といえる。
作業療法士は，医療や福祉，介護分野だ
けでなく，保健，教育，職業分野などで
も働く。精神障害者の治療，支援に従事
するのも特徴の一つである。また，近年
増加している発達障害児に対する治療，
支援にも力を注いでいる。　（森本誠司）

里親支援専門相談員

　法令上で規定されている職員ではない
が，厚生労働省雇用均等・児童家庭局長
通知「家庭支援専門相談員，里親支援専
門相談員，心理療法担当職員，個別対応
職員，職業指導員及び医療的ケアを担当
する職員の配置について」を根拠として
おり，里親支援を行う児童養護施設と乳
児院に配置される職員である。資格要件
は，社会福祉士や精神保健福祉士資格の
保有者，児童福祉司の任用要件である児
童福祉法第 13 条第 3 項の各号いずれか
の該当者，里親や児童養護施設などで 5
年以上の養育経験者であり，里親制度へ
の理解があって，ソーシャルワークの視
点をもっている者と定められている。業
務内容としては，里親の新規開拓，里親
に対する研修，所属施設の入所児童に対
する里親委託の推進や，里親家庭への訪
問や電話相談，レスパイト・ケアなどに
よる退所児童のアフターケアとしての里
親支援，所属施設からの退所児童以外を
含めた地域支援としての里親支援を行っ
ている。また，里親サロンの運営や，里
親会への参加なども行っている。

　　　　　　　　　　　　　（杉山宗尚）

施設保育士

　施設保育士という法令上の規定はない
が，主に保育所や幼保連携型認定こども

園を除く児童福祉施設に従事し，子ども
や保護者に対する支援を行う保育士をこ
のように呼ぶことがある。保育士資格を
有する職員が従事できる児童福祉施設は，
乳児院や母子生活支援施設，児童厚生施
設，児童養護施設，障害児入所施設（福
祉型，医療型），児童発達支援センター（福
祉型，医療型），児童心理治療施設，児童
自立支援施設が該当する。施設によって
保育士という名称を用いて配置される場
合もあるが，児童自立支援施設の児童生
活支援員や，母子生活支援施設の母子支
援員のように保育士資格を有することで
従事可能な職種もある。　（杉山宗尚）

児童厚生指導員

　児童健全育成推進財団が認定する資格
で，児童厚生二級指導員，児童厚生一級
指導員，児童厚生一級特別指導員，児童
健全育成指導士の 4 種類から構成され，
それぞれに認定要件が設けられている。
これらの資格創設の背景には，児童厚生
施設に配置される児童の遊びを指導する
者（児童厚生員）の専門性が曖昧で，不
安定な立場で配置されている状況があっ
た。そのため，児童の遊びを指導する者
が計画的に専門的知識や技術を習得する
ための具体的指標が求められ，資格制度
がはじめられた。　　　　　（鶴　宏史）

児童指導員

　「児童福祉施設の設備及び運営に関す
る基準」第 42 条などに規定されている
任用資格の職員である。資格要件として
は，児童福祉施設の職員を養成する学校
を卒業した者や，社会福祉士資格や精神
保健福祉士資格の保有者，短期大学を除
く大学や大学院で，社会福祉学や心理学，
教育学，社会学の課程を修めて卒業した
者，幼稚園や小学校，中学校，義務教育
学校，高等学校，中等教育学校の教諭と
なる資格の保有者，児童福祉事業に 3 年
以上従事した者，など「児童福祉施設の
設備及び運営に関する基準」第 43 条に

定められている。児童養護施設をはじめ、障害児入所施設（福祉型，医療型），児童発達支援センター（福祉型，医療型），児童心理治療施設，児童家庭支援センターなどに配置されている。　（杉山宗尚）

児童自立支援専門員

「児童福祉施設の設備及び運営に関する基準」第80条第1項に規定されている児童自立支援施設に配置される任用資格の職員である。資格要件としては，医師で精神保健に関する学識経験者や，社会福祉士資格の保有者，大学で社会福祉学や心理学，教育学，社会学の課程を修めて卒業した後1年以上児童自立支援事業に従事した者，児童福祉司任用資格の保有者が児童福祉事業に従事した期間，社会福祉主事任用資格の保有者が社会福祉事業に従事した期間，社会福祉施設職員として勤務した期間の合計が2年以上ある者，など「児童福祉施設の設備及び運営に関する基準」第82条に定められている。また，国立の児童自立支援施設である武蔵野学院には，附属の児童自立支援専門員養成所が設置されており，1年間の養成を行っている。卒業することで，児童自立支援専門員と共に児童指導員，児童福祉司，社会福祉主事の任用資格が付与される。主に児童の自立支援を担い，児童生活支援員と共に学習支援，職業支援などを行っている。　（杉山宗尚）

児童生活支援員

「児童福祉施設の設備及び運営に関する基準」第80条第1項に規定されている児童自立支援施設に配置される任用資格の職員である。資格要件は，保育士資格の保有者や社会福祉士資格の保有者，3年以上児童自立支援事業で従事した者と「児童福祉施設の設備及び運営に関する基準」第83条に定められている。主に児童の生活支援を担い，児童自立支援専門員と共に学習支援，職業支援などを行っている。　（杉山宗尚）

視能訓練士（CO）

視能訓練士（Certified Orthptist：CO）は，国家資格を有する専門職である。視能訓練士の業務は，視能訓練士法第2条において，「医師の指示の下に，両眼視機能に障害のある者に対するその両眼視機能の回復のための矯正訓練及びこれに必要な検査を行うこと」と定められている。視能訓練士は，眼科領域における専門職として，乳幼児から高齢期の人々の目の健康を守るための業務を行う。視力や視野などの眼に関する様々な検査をはじめ，視能矯正では，弱視や斜視などに対し視力の向上や正常な両眼視機能の獲得を目的とした訓練を行う。また，目の疾患や外傷などにより視機能が低下した状態であるロービジョンの対応として，見えにくさを改善し生活の質の改善を図るための拡大鏡や遮光眼鏡などの光学的補助具の選定や活用を行う。視能訓練士の多くは，病院やクリニックなどの医療分野で働く。　（森本誠司）

社会福祉士

社会福祉士及び介護福祉士法第2条第1項に定義されている，福祉に関する相談に応じて，助言，支援，福祉サービス関係者などとの連絡調整などを行う国家資格である。福祉系大学において社会福祉に関する科目を修めて卒業することや，一般の短期大学などを卒業して更生相談所などの施設で定められた期間を相談援助の業務に従事し，社会福祉士一般養成施設で必要な知識および技能を修得すること，児童福祉司や知的障害者福祉司などの業務に4年以上従事し，社会福祉士短期養成施設などで6か月以上必要な知識および技能を修得することなど，同法第7条に規定される12通りの方法のいずれかによって，受験資格を取得することができる。国家試験を受験し，合格した後，社会福祉士登録簿に登録されることによって社会福祉士の名称を用いるこ

とが可能となる。児童や障害，高齢者をはじめとして，多様な分野において採用されている名称独占の資格である。

（杉山宗尚）

少年指導員

「児童福祉施設の設備及び運営に関する基準」において，「少年を指導する職員」と示される母子生活支援施設に配置される専門職員で，母子20世帯以上を入所させる母子生活支援施設においては，2人以上置かなければならない。主な業務としては，入所児童に対する生活指導や学習指導が挙げられる。　　　（鶴　宏史）

助産師

保健師助産師看護師法第3条において「助産又は妊婦，じよく婦若しくは新生児の保健指導を行うことを業とする女子」と定められている国家資格である。取得には看護師資格の取得が前提となる。妊婦の健康管理，食事・運動の指導，出産後の体調管理，母乳指導，乳児指導など，妊娠から出産，産後のケアなどを行う。また，正常分娩であれば医師の指示を必要とせず，助産師自身の判断で助産介助ができる。　　　　　（鶴　宏史）

心理療法担当職員

児童養護施設，乳児院，児童心理治療施設，児童自立支援施設，母子生活支援施設に入所または通所している，虐待などによる心的外傷やその他のケアが必要な児童および母子に対して，遊戯療法やカウンセリングなどの心理療法や行動観察を実施し，心理的困難の改善や安心感・安全感の再形成，人間関係の修正などの支援を行う者である。乳児院の場合は，心理療法が必要と認められる乳児又は保護者が対象となり，母子生活支援の場合は，心理療法が必要と認められる母子が対象である。また，施設内の会議への参加や心理面から他の職員へ助言（コンサルテーション）をすること，子どもの通院の同行，各関係機関との連携を行うこ

ともある。心理療法担当職員を配置する要件として，児童養護施設，児童自立支援施設では，心理療法を行う必要があると認められる児童が10人以上いる場合であり，乳児院，母子生活支援施設では，心理療法を行う必要があると認められる乳児または保護者，母子が10人以上いる場合に義務づけられている。

（渡邊恵梨佳）

精神保健福祉士

精神保健福祉士法第2条に定義されている，精神障害者が抱える社会や生活に関する問題，精神障害者の社会復帰に関する相談援助などを行う国家資格である。保健福祉系大学で必要な科目を履修することや，社会福祉士資格を取得して6か月以上短期養成施設で必要な知識および技能を修得すること，精神科病院や保健所，市町村保健センターなどにおける4年以上の相談援助の実務経験と1年以上一般養成施設で必要な知識および技能を修得することなど，同法第7条に規定されている11通りの方法のいずれかによって受験資格を取得することができる。国家試験を受験し，合格した後，精神保健福祉士登録簿に登録されることによって精神保健福祉士の名称を用いることが可能となる。精神科病院や保健所，精神保健福祉センター，保護観察所などで従事することができる名称独占の資格である。

（杉山宗尚）

母子支援員

母子生活支援施設に配置される専門職員で，母子10世帯以上20世帯未満を入所させる母子生活支援施設においては2人以上，母子20世帯以上を入所させる母子生活支援施設においては3人以上置かなければならない。個々の母子の家庭生活及び稼働の状況に応じて，就労，家庭生活，子どもの養育に関する相談・助言及び指導，関係機関との連絡調整を主な業務としている。母子支援員の資格要

件としては，地方厚生局長又は地方厚生支局長の指定する児童福祉施設の職員を養成する学校その他の養成施設を卒業した者，保育士の資格を有する者，社会福祉士の資格を有する者，精神保健福祉士の資格を有する者，学校教育法の規定による高等学校等を卒業した者又は文部科学大臣がこれと同等以上の資格を有すると認定した者であって，2年以上児童福祉事業に従事した者のいずれかと規定されている。　　　　　　　　　　（鶴　宏史）

理学療法士（PT）

　理学療法士（Physical Therapist：PT）は，リハビリテーションに従事する国家資格を有する専門職である。理学療法とは，理学療法士及び作業療法士法第2条第1項において，「身体に障害のある者に対し，主としてその基本的動作能力の回復を図るため，治療体操その他の運動を行なわせ，及び電気刺激，マッサージ，温熱その他の物理的手段を加えること」と定められている。理学療法士は，病気やけが，高齢などの何らかの原因で，寝返る，起き上がる，座る，立ち上がる，歩くなどの日々の生活に欠かせない運動や動作の維持，改善を図り，一人でトイレに行けなくなる，着替えができなくなる，外出が困難になるなどの生活を営むうえで不便が生じないように治療や訓練を行い，生活の質の向上を促す。また，痛みにより生活が困難になった場合に電気刺激などの物理療法などを行い生活の向上を図る。近年，スポーツトレーナーとして障害者スポーツに関わる理学療法士が増えている。　　　　　　　（森本誠司）

グループホーム

　2000（平成12）年より，すでにあった児童養護施設の分園（グループホーム）の中で，「地域小規模児童養護施設設置運営要綱」に定める基準に適合し，指定を受けたものが地域小規模児童養護施設として実施されている。地域の住宅などを活用して近隣住民との適切な関係を保持しつつ，家庭的な環境の中で養護を実施し，子どもの社会的自立の促進に寄与することを目的とする。また，高齢者や障害者を対象としたグループホームもあり，障害者が自立的に生活できるように組まれた生活援助事業は，社会生活を送るのに必要な支援を受けながら，小規模作業所における就労等での社会生活を順調に送るためものである。また，高齢者の認知症の症状の進行を緩和させるため日常生活に近い形で集団生活をする介護サービスは，実生活に近い生活と家庭的なケアを実現するために作られたグループホームである。

→地域小規模児童養護施設（グループホーム）44　　　　　　　　　　　（上村麻郁）

個別支援計画

　障害福祉サービスを利用する利用者の支援を進めるにあたって，個々の抱える課題に対する目標を定めたうえで，利用者のニーズに合わせた支援を行っていくための計画のことである。計画の作成にあたっては，支援を必要としている利用者および保護者などの意向や希望を踏まえ，環境や日常生活の状況，利用者の希望する生活，課題などをアセスメントし，個々の特性や状況に合わせた目標（長期目標・短期目標）に対する支援を計画し作成する。この計画に基づき利用者に対して療育などのサービスが提供される。サービス開始後にも，支援の内容が適切かどうか一定期間ごとに指定された相談支援事業者によってモニタリングが行われ，その結果に基づいてサービスの利用状況の検証や見直し，状況に応じて計画の変更なども行い活用する。

　　　　　　　　　　（渡邊恵梨佳）

障害児支援利用計画

　障害福祉サービスなどの利用を希望する際に，利用者の総合的な援助方針や解決すべき課題を踏まえ，適切なサービス

の組み合わせについて検討し，サービス利用者を支援するための総合的な支援の計画のことである。計画の作成にあたっては，利用者などが負担する費用はないが，指定された相談支援事業者と利用者などとの間で契約が必要となる。利用者および保護者との話し合いのもと，意向や希望に基づいて計画を作成する。サービス開始後に支援の内容が適切かどうか一定期間ごとに指定された相談支援事業者によってモニタリングが行われ，その結果に基づいてサービスの利用状況の検証や見直し，状況に応じて計画の変更なども行い活用する。　（渡邊恵梨佳）

障害児相談支援事業所

　障害児の日常生活全般にわたる相談や，福祉サービス等の情報提供，障害児支援利用計画書の作成や評価，訪問による継続的なモニタリングを行う場所である。相談の利用対象者は，障害福祉サービスや障害児通所支援を利用するすべての障害のある児童および保護者などである。障害児相談支援には，2つのサービスがあり，1つは「障害児支援利用援助」として，障害福祉サービスや障害児通所支援（児童発達支援・放課後等デイサービスなど）を利用する際に，障害児の心身の状況や環境，障害児や保護者の意向などを踏まえて障害児支援利用計画を作成し，サービス事業者などとの連絡調整を行う。もう1つは「継続障害児支援利用援助」として，通所支援開始後も支援の内容が適切かどうか一定期間ごとにモニタリングを行うなどの支援を行う。また，モニタリングの結果に基づいてサービスの利用状況の検証や見直し，状況に応じて計画の変更などを行う。　（渡邊恵梨佳）

自立支援計画

　子どもの養育に関して，児童相談所が社会診断・心理診断・医学診断（状況に応じて）をもとに専門的な視点からアセスメントを行い，将来の自立を見据えた計画である。計画の作成にあたっては，子ども本人や保護者などの意向，児童相談所や子どもが入所している各施設，各関係機関の見立てなどそれぞれの意見を踏まえて作成される。また，子どもが自立して生活できるよう支援するために，子ども自身の課題に対する目標（長期目標・短期目標）を定め，目標に向けた支援の計画を立てる。作成した自立支援計画は，児童相談所や各関係機関などと共有し，定期的に見直しや評価を行い子どもの最善の利益をもとにした支援の充実を図るものとして活用する。

（渡邊恵梨佳）

ファミリーホーム

　小規模住居型児童養育事業は児童福祉法第6条の3第8項に規定されていて，2009（平成21）年から事業化された。養育者の家庭に要保護児童を迎え入れて（定員5～6名）養育を行う家庭養護の一環である。この事業を行う住居を「ファミリーホーム」という。児童間の相互作用を活かし，児童の自主性を尊重し，基本的な生活習慣を確立するとともに，豊かな人間性及び社会性を養い，児童の自立を支援することを目的としている。2019年度時点で417か所，委託児童数1,660人である。養育者の形態は，①「夫婦である2名の養育者」＋補助者1名以上」又は「養育者1名＋補助者2名以上」，②養育者はファミリーホームに生活の本拠を置くものでなければならない，③養育者の要件は，養育里親の経験者のほか，乳児院，児童養護施設などでの養育の経験がある者であり，ホームには個人型（主に里親型）と法人型がある。

→家庭養護 44　　　　　　（上村麻郁）

40　子ども家庭福祉の行財政と福祉計画

三権分立

　国家権力を立法権，司法権，行政権の3つの権力に分け，各々を担当する機関を分離独立させることで，相互に牽制させ抑制と均衡の作用を営ませて，人民の政治的自由を保障しようとする自由主義的な統治組織原理。ロック（Locke, J.）やモンテスキュー（Montesquieu, C. L. de）によって唱えられ，近代憲法では，権力集中制をとる国を除き，広く採用されている。日本においては，大日本帝国憲法も三権分立を認めていたが，天皇が統治権を総攬していた点で不徹底であった。現行の日本国憲法では，立法権は国会に，行政権は内閣に，司法権は裁判所に分属させている。国会の信任を内閣存立の必要条件とする議院内閣制により行政権を立法権に依存させ，また，裁判所の権限として法律，命令，規則または処分が憲法に適合しているかを審査し適合していない場合は拒否する違憲立法審査権を認めるものとなっている。　　　（齋藤崇徳）

機関委任事務

　1999（平成11）年の地方自治法改正以前における地方公共団体の事務区分の一つであり，国，他の地方公共団体，その他公共団体の事務であって，法律または政令によって地方公共団体の長その他の執行機関に委任された事務のこと。地方公共団体自体に委任された団体委任事務を含む団体事務とは異なり，この事務の執行にあたっては，都道府県知事および市町村長など地方公共団体の機関が主務大臣との関係で，市町村の場合は都道府県との関係で，指揮監督関係に置かれていた。その内容は地方自治法の別表に個別に列挙されており，これにより都道府県知事および市町村長が担う個々の機関委任事務を把握することができていた。地方自治法改正後は，一部国の事務とされたものや事務自体が廃止されたものを除き，自治事務と法定受託事務に区分された。　　　　　　　　　　　（齋藤崇徳）

団体委任事務

　1999（平成11）年の地方自治法改正以前における地方公共団体の事務区分の一つであり，法律または政令によって地方公共団体に委任された，国または他の公共団体の事務のこと。地方公共団体の長その他の機関に委任される機関委任事務とは異なり，地方公共団体自体に委任されたことにより，団体事務の一つとしての当該地方公共団体の事務となり，国等の指揮監督を受けることはないとされていた。団体委任事務とされる事務の範囲に制限はなかった。1985（昭和60）年以降，入所措置事務を含む保育所事務など社会福祉に関する多くの事務が，国から地方公共団体に権限が委譲され，団体委任事務とされていた。地方自治法改正後は，自治事務の一部に再構成された。　　　　　　　　　　（齋藤崇徳）

法定受託事務

　地方自治法に定める地方公共団体の事務区分の一つであり，国または都道府県が本来果たすべき役割に係るものであって，その適正な処理を特に確保する必要があるものとして法令で特に定める事務

のこと。法定受託事務には，①国において
てその適正な処理を特に確保する必要が
あり，法律または政令に特に定める「第
一号法定受託事務」と，②都道府県にお
いてその適正な処理を特に確保する必
要があり，法律または政令に特に定め
る「第二号法定受託事務」がある。法定
受託事務については，助言・勧告，資料
の提出の要求，同意，許可・認可・承認，
是正の指示，代執行など，国の強い関与
が認められている。関与と関連して，法
定受託事務については，国または都道府
県はその処理基準を定めることができる。
　　　　　　　　　　　　　　　（齋藤崇德）

自治事務

　地方自治法に定める地方公共団体の事
務区分の一つであり，地方公共団体の事
務のうち，法定受託事務以外の事務のこ
と。普通地方公共団体は，地域における
事務およびその他の事務で法律または政
令により処理することとされるものを処
理することとされており，これらの事務
から法定受託事務を除いた事務。自治事
務については，国または都道府県の関与
は，助言・勧告，資料の提出要求，是正
の要求によることを基本とする。また，
同意，許可・認可・承認，指示は地方自
治法が定める一定の場合に限り，それ以
外の場合の関与はできる限り設けないも
のとされている。また，国は，地方公共
団体が地域の特性に応じて当該事務を処
理することができるよう特に配慮しなけ
ればならない。1999（平成11）年の地方
自治法以前の団体事務および，機関委任
事務の一部が，現在の自治事務とされた。
　　　　　　　　　　　　　　　（齋藤崇德）

契　約

　利用者の主体的な判断，選択により，
社会福祉サービスを利用する方式。日本
では，第二次世界大戦後長らく，措置制
度による社会福祉サービスの提供が行わ
れてきた。しかし，時代の経過とともに，

サービス利用者がサービス提供者との対
等な関係に基づき，自らサービスを選択し，
直接契約を結ぶことによりサービスを利用
するしくみが求められるようになり，契約
方式が導入された。それに伴い，利用者
が不利益を被ることのないように，利用者
への情報提供，苦情解決，福祉サービス
利用援助などの利用者保護のしくみも整
えられた。現在，高齢者福祉，障害者福
祉分野のサービスの大部分が契約方式を
導入しており，子ども家庭福祉分野にお
いても保育所や母子生活支援施設の利用
などは契約方式に移行した。（松本しのぶ）

措　置

　行政機関が，対象者について社会福祉
サービス利用の要件を満たしているかを
判断するとともに，利用が必要な場合は
サービスの種類・内容や提供者などの決
定を行う社会福祉サービスの利用方式。
行政機関からサービスを必要とする人に
対する「行政処分」として行われる。日
本では，第二次世界大戦後長らく，措置
制度が用いられてきたが，利用者がサー
ビスを選ぶことができないなど利用者の
権利保障が不十分であること，行政機関
がサービスの提供者を選択して利用者を
振り分けるため，競争原理が働かずサー
ビス内容が画一的であるなどの問題点が
あった。1990年代になると福祉ニーズ
の多様化などを背景に，新たな社会福祉
サービスの利用方式が求められ，子ども
家庭福祉分野においても，保育所や母子
生活支援施設の利用などは契約方式に移
行した。しかし，児童養護施設の入所な
ど契約がなじまないものについては措置
制度が残されている。　　（松本しのぶ）

措置解除

　行政機関の措置により対象者が利用し
ていた福祉サービスについて，行政機関
の判断で利用を終結すること。子ども家
庭福祉分野においては，その福祉サービ
ス利用の継続が必要ではないと判断され

た場合や本人の年齢等がサービス利用条件外となった場合に措置解除が行われる。社会的養護においては，児童養護施設等への入所措置や里親委託等が解除された者に対し，自立支援ホームの利用など自立支援の充実を図ることが求められている。また，虐待などを要因とした一時保護や施設入所等の措置の解除は，児童相談所において当該児童や保護者，地域支援等の状況を総合的に診断して判断するとされ，措置解除後は，虐待行為の再発の可能性を十分考慮した取組が必要であり，措置解除と同時に児童福祉司指導に切り替え，継続的な援助を行う。

（松本しのぶ）

措置費（福祉）

　福祉の措置によって生じる費用のこと。その内訳は，事務費と事業費に分かれる。事務費は施設等を運営する際に必要な費用のことで，人件費（本俸，各種手当，社会保険料等），備品・消耗品，光熱水費などが含まれる。事業費は児童や利用者が日常生活を営むうえで必要な費用のことであり，飲食物費（人工栄養費, 給食費），被服費や日用品費などが含まれる。措置費は，国，都道府県・指定都市・児童相談所設置市，市町村で負担することになっており，その負担割合は施設種別によって定められている。例えば，児童福祉施設（母子生活支援施設，助産施設，保育所，幼保連携型認定こども園を除く）の措置費の負担割合は，国が2分の1，措置費支弁者（都道府県・指定都市・児童相談所設置市）が2分の1となっている。

（松本しのぶ）

通　告

　児童福祉法第25条は「要保護児童を発見した者は，これを市町村，都道府県の設置する福祉事務所若しくは児童相談所又は児童委員を介して市町村，都道府県の設置する福祉事務所若しくは児童相談所に通告しなければならない」と，国民の通告義務を定めている。また，児童虐待の防止等に関する法律第6条は，「児童虐待を受けたと思われる児童を発見した者」は，速やかに福祉事務所や児童相談所に通告しなければならないと定めている。結果的にこうした通告が誤っていた場合であっても，児童虐待の防止等に関する法律の趣旨にのっとったものであれば法的責任を追及されないとされる。通告を受けた児童相談所は，虐待されている児童や虐待をしている保護者等の情報を把握し，緊急受理会議で初期対応を検討しなければならない。

→通告 25　　　　　　　　（狭間直樹）

監　査

　社会福祉法などに基づき，社会福祉法人および社会福祉施設の運営，事業経営，利用者の処遇などについて行われる監督・検査のこと。適正な法人運営，施設・事業運営の確保を目的としており，監査結果に基づき，改善に向けた指導が行われる。社会福祉法人の監査は，一般監査と特別監査に分類される。一般監査は，法人の組織体制，会計状況について定期的に監査するものである。特別監査は，法人に重大な問題があった場合に行われる。保育所などの社会福祉施設についても，施設運営（職員配置や労働条件など），利用者の処遇（サービス内容，食事提供などの衛生管理など），経理などについて基準に基づいた監査およびそれに基づいた指導が行われている。　（狭間直樹）

社会福祉審議会

　都道府県，指定都市，中核市に置かれる社会福祉に関する事項を調査・審議するための機関。都道府県知事，指定都市の市長，中核市の市長の監督に属し，その諮問に答えたり，関係行政機関に意見を具申したりする。社会福祉審議会には，民生委員の適否の審査に関する事項を調査審議する民生委員審査専門分科会，身体障害者の福祉に関する事項を調査・審

議する身体障害者福祉専門分科会が置かれており，さらに必要に応じて老人福祉専門分科会などの専門分科会を置くことができる。なお，国に置かれていた中央社会福祉審議会は，2001（平成 13）年の中央省庁再編に伴い，他の審議会とともに中央社会保障審議会に一本化されている。　　　　　　　　　　　（石田慎二）

児童福祉審議会

都道府県や市町村に置かれる子ども家庭福祉に関する事項を調査・審議するための機関。都道府県は義務設置であるが，市町村は任意設置となっている。都道府県知事，市町村長の監督に属し，その諮問に答えたり，関係行政機関に意見を具申したりする。調査・審議するために，特に必要があると認めるときは，子どもや家族などの関係者に対して必要な報告，資料の提出を求めたり，審議会への出席を求めたりすることができる。また，子どもや保護者の意向が児童相談所の措置と一致しないときは，都道府県児童福祉審議会の意見を聴かなければならない。子ども・子育て支援法では，保育所や認定こども園等の教育・保育施設，小規模保育等の地域型保育事業の定員を定めるときは，市町村児童福祉審議会等の意見を聴かなければならない。　　　（石田慎二）

要保護児童対策地域協議会

要保護児童の適切な保護，要支援児童，特定妊婦への適切な支援を図るため，関係機関等により構成される協議会。2004（平成 16）年の児童福祉法の改正により法定化され，保育所，幼稚園，学校教育委員会，警察，医療機関，保健センターなど，多くの関係機関が連携して児童虐待に対応するしくみが構築された。市町村は要保護児童対策地域協議会を置くように努めなければならないとされており，ほぼすべての市町村に設置されている。要保護児童対策地域協議会が効果的に機能するためには，中核となって関係機関の役割分担や連携に関する調整を行う機関を明確にすることが重要となることを踏まえ，こうした業務を担う要保護児童対策調整機関を置くことになっている。
→要保護児童対策地域協議会 24
　　　　　　　　　　　　　　　（石田慎二）

政令指定都市

法定人口が 50 万人以上を擁し，地方自治法に定める政令で指定された市。法令上の正式名称は「指定都市」である。指定都市は条例で区を設けることになっており，この区は「行政区」と通称される。2020（令和 2）年現在，20 市が指定されている。指定都市は都道府県の権限の多くを委譲されており，地方自治法に規定される「大都市に関する特例」によって，児童福祉に関する事務，民生委員に関する事務，生活保護に関する事務，身体障害者の福祉に関する事務，知的障害者の福祉に関する事務，母子家庭・父子家庭・寡婦の福祉に関する事務，母子保健に関する事務，障害者の自立支援に関する事務など，都道府県が処理することとされている子ども家庭福祉に関する多くの事務を担っている。　　　　（吉田直哉）

行政区

行政事務処理の便宜上設けられる区。指定都市の区がこれに当たる。行政区は特別区と異なり区議会をもたず，区長は市長によって任命される。区長は，市長の補助機関としての事務，市長や法令から委任を受けた事務などを行う。指定都市は，必要と認めるとき，条例で，行政区ごとに区地域協議会を置くことができる。行政区の区役所の予算は市から配付され，事務の執行にあたっては市長の指揮・監督を受ける。行政区の区役所は，住民基本台帳，戸籍の管理，税務，年金，福祉関連業務など住民生活に直結する業務を担う。これらの窓口業務以外に，広島市，仙台市，浜松市，新潟市などのように保健，土木，環境，産業振興などの

業務を幅広く実施する大区役所制をとる指定都市もある。　　　　　（吉田直哉）

特別区

　都の管轄にあって議会をもつ基礎的な地方公共団体。地方自治法では「都の区」と規定されている。特別区制度は，1947（昭和22）年公布の地方自治法に定められた。2019（平成31）年現在，都は東京都のみであるため，特別区は東京都にしか存在しない。特別区は，地方自治法において，基礎的自治体である市町村に準ずるものとされ，市の所掌する行政事務に準じた行政権限が付与される。区長は1975（昭和50）年以降，公選である。2012（平成24）年に成立した大都市地域における特別区の設置に関する法律では，道府県の区域内において，特別区の設置を行うことができると規定し，住民投票等の一定の手続きを踏んだうえで，総務大臣が認可をすれば道府県においても特別区を置くことができるようになった。　　　　　　　　　　（吉田直哉）

中核市

　法定人口が20万人以上を擁し，地方自治法に定める政令による指定を受けた市。1999（平成11）年の地方自治法の改正により導入された。2020（令和2）年現在，60市が中核市として指定されている。中核市の指定と同時に保健所政令市としての指定も受け，保健所を設置して保健衛生行政を担当する。さらに，民生行政・環境保全・都市計画・文化財の保護などの行政分野について，政令指定都市に準じた事務の範囲を都道府県から移譲されており，これらの事務処理を行うために必要な財源として，地方交付税交付金が増額される。民生行政に関する事務としては，政令市とほぼ同様の権限が与えられ，地方社会福祉審議会の設置・運営，社会福祉施設（保育園・特別養護老人ホームなど）の設立認可・指導監査，母子・父子自立相談員の設置，寡

婦福祉資金の貸付などの事務を担っている。2006（平成18）年4月から中核市においても児童相談所を設置できるようになっている。　　　　　　　（吉田直哉）

特例市

　法定人口が20万人以上の要件を満たし，政令による特別指定を受けた市のこと。1999（平成11）年の地方自治法の改正により導入され，都道府県から都市計画，環境規制など，中核市に移譲される事務の一部を担っていた。しかし，2014（平成26）年の地方自治法の改正において中核市の人口要件が「20万人以上」に緩和されたことにより，特例市制度は中核市制度に統合された。2015（平成27）年時点で特例市に指定されていた市のうち中核市などに移行しなかった市は「施行時特例市」として経過措置がとられている。施行時特例市は，特例市としての事務を引き続き処理する市であり，中核市が処理することができる事務のうち，都道府県がその区域にわたり一体的に処理することが，特例市が処理することと比較して効率的な事務以外が移譲される。2020（令和2）年4月現在，施行時特例市は25市となっている。

　　　　　　　　　　（吉田直哉）

広域連合

　複数の都道府県，市町村，特別区が，広域にわたる総合的な計画を作成し，必要な連絡調整を図り，その事務の一部を広域にわたり総合的かつ計画的に処理することを目的として設置する地方公共団体の組合。1994（平成6）年の地方自治法の改正により導入され，翌年6月から施行されている。設立のためには，協議により規約を定め，都道府県が加入する場合は総務大臣，それ以外の場合は都道府県知事の許可を得なければならない。国，都道府県は，広域連合に対し直接，事務・権限の移譲を行うことができ，都道府県の加入する広域連合は国に，その

他の広域連合は都道府県に，事務・権限を移譲するよう要請することができる点が，一部事務組合と大きく異なる。2008（平成20）年度から導入された後期高齢者医療制度は，地域格差の大きい高齢化率による財政悪化を避けるため，都道府県内のすべての市町村が加入する都道府県単位の広域連合が運営主体となっている。2020（令和2）年4月現在，全国で117の広域連合が設置されている。

（吉田直哉）

一部事務組合

複数の都道府県，市町村，特別区が，その事務の一部を共同処理することを目的として設置する地方公共団体の組合。設立のためには，協議により規約を定め，都道府県が加入する場合は総務大臣，それ以外の場合は都道府県知事の許可を得なければならない。一部事務組合が成立すると，共同処理するとされた事務は，関係する地方公共団体の権能から除外され，一部事務組合に引き継がれる。隣接する市町村が共同して消防，ゴミ処理，火葬場等の運営を行うために一部事務組合が広く活用されているが，退職職当組合等の総務関係業務，学校の運営を行うために設けられる例もある。2016（平成28）年度末の一部事務組合等の総数は1,320団体であり，近年減少傾向にある。

（吉田直哉）

規制改革特区

規制改革を通じた経済活性化を目的とする特別区域制度。全国を適用対象とする法体系を特定地域にだけ異なって適用し，これを全国的な規制改革につなげることを目的として置かれるものとされた。経済社会の構造改革を進めるうえで必要な規制の在り方の改革を調査・審議するために内閣府に設置された総合規制改革会議により提案された。2002（平成14）年7月に総合規制改革会議がとりまとめた「中間とりまとめ——経済活性化の

ために重点的に推進すべき規制改革」には，規制改革特区について，地方公共団体が自発的に立案し，それに基づき様々な規制に関する特例措置を可能とし，また幅広い規制の対象を設定できるとされているとともに，国による税の減免や補助金等，従来型の財政措置は用いないこととされている。規制改革特区は，その後，経済財政諮問会議が提案した構造改革特区に吸収され，総合規制改革会議は2004（平成16）年度末に廃止されている。

（齋藤崇德）

国家戦略特区

国家戦略特別区域法に基づき定められる国家戦略特別区域の略称で，地域を限定した規制緩和や税制面の優遇で民間投資を引き出すために設けられた制度。産業の国際競争力の強化に資する事業，国際的な経済活動の拠点の形成に資する事業などを実施することにより，わが国の経済社会の活力の向上および持続的発展に相当程度寄与することが見込まれる区域として政令で定められる。子ども家庭福祉に関する事業としては，2015（平成27）年に国家戦略特別区域限定保育士事業が定められた。これは地域における保育士の確保のために，当該区域において政令市による2回目の試験を行い当該区域における保育士として3年間通用する資格を付与するものである。さらに，小規模認可保育における対象年齢の拡大，地方裁量型認可化移行施設の設置などが実施されている。　　　（齋藤崇德）

三位一体の改革

2002（平成14）年に始まった地方分権改革の税財政版のこと。具体的には，①国の補助負担金改革（国から地方への補助金・負担金を廃止・縮減），②税金の財源移譲（所得税から個人住民税へ），③地方交付税交付金の見直し（総額の大幅な抑制など）の3つを一体として行うことである。本改革以前は，補助金制度が国の

地方公共団体に対する支配統制の手段として使われやすく，国と地方公共団体との行政責任を混乱させる原因にもなるという指摘があった。また，当時の社会背景として地方分権の推進，地方財政の健全化，国の財政再建と健全化が最重要課題であったこともあり，税財政の面でも地方分権を進めるために本改革が行われた。この改革によって，国は外交や経済などの国家戦略に専念し，地方公共団体は主体的・自主的に内政を担うといった国と地方の役割を整備しようという意図もあったといわれている。　（木曽陽子）

地方交付税交付金

　住民が受けられる公的サービスに格差が生じないよう，地方公共団体の財政力を調整するために国が支出するもの。地方公共団体は，教育・警察・消防・環境衛生・生活保護など住民の日常生活に密接に結びついている公的サービスを行うために，その土地の住民から地方税を集めている。しかし，その地域の経済状況により，それぞれの地方公共団体の財政力に差があり，その差が公的サービスの格差につながる可能性がある。この格差を是正するために国が地方交付税交付金を支給するのである。その種類としては，普通交付税（交付税総額の94％）と特別交付税（交付税総額の6％）がある。普通交付税は，基準財政需要額が基準財政収入額を超える団体にその差額（財源不足額）が支給される。特別交付税は，特別の財政需要（災害，干・冷害など）がある場合などに，それらの事情を考慮して支給される。　（木曽陽子）

歳出／歳入

　国や地方公共団体の1年間の収入全体のことを「歳入」，1年間の支出全体のことを「歳出」という。国の一般会計歳入は，所得税，法人税，消費税の3税，その他の税収や税外収入，および公債金からなっている。近年の傾向として，税収で賄われているのは一般会計全体の6割程度で，約4割は公債金，つまり将来世代の負担となる借金に依存している。国の一般会計歳出は，年金や介護・医療などの社会保障関係費と，地方の財政力の差の調整や財源の保障のための地方交付税交付金等と，国債の元利払いにあてられる国債費で，歳出の7割以上が占められている。歳出全体に占める社会保障関係費と国債費の割合が増大することで，政策の自由度が低下しているといわれている。　（木曽陽子）

プライマリー・バランス（基礎的財政収支）

　国などの会計において，歳出（国債などの返済費用を除く）を税収・税外収入（国債などの借入を除く）でどの程度賄えているかを示す数字。国などが，様々な政策的経費をどの程度，税金といった一般的な収入で支払えているのかを表す。基礎的財政収支ともいわれる。国のプライマリー・バランスは1990年代から悪化を続けており，国債（つまり国の借金）で歳出を補う状態が続いている。国と地方を合わせた借金は1,000兆円を超えており，国の予算編成や経済全体への悪影響が懸念されている。　（狭間直樹）

通常予算（一般会計予算）

　1会計年度における国や地方公共団体等の活動に必要な金銭の収入，支出（歳入，歳出）の計画を総合的にとりまとめたもの。国の予算は，政府によって毎年政府予算案として編成され，1月に召集される通常国会の前半で国会に提出され，審議を経て3月末までに成立するように定められている。国の政策や事業は，この予算や法律等によって進められていくため，政府予算案によって政府の政策方針を確認することができる。国の予算には，大きく分けて一般会計予算と特別会計予算があり，一般会計予算は基本的な国の予算である。一般会計予算の歳出には社会保障費や地方交付税交付金等，公共事

業，国債費などが含まれ，歳入には所得税，法人税，消費税，公債金などが含まれる。なお，2020（令和 2）年度の予算案では，一般会計予算の総額が 100 兆円を超え，年々増加している。　（木曽陽子）

特別予算（特別会計予算）

特別会計とは，一般会計とは別に経理を行う特別の会計で，特定の事業を行う場合や特定の資金を保有してその運用を行う場合に設置が認められる。特別会計予算とは，この特定の事業等に関して必要な金銭の収入（歳入），支出（歳出）の計画をとりまとめたものである。財政の健全性を確保する点からすれば，国の施策を網羅して確認できるよう単一の会計で経理することが望ましいとされているが，国の活動が広範になり複雑化すると，国のそれぞれの事業や資金の状況等が不明確となる。そのため，一般会計とは別に特別会計を設けることで，特定の事業や資金運用の状況を明確化することができる。例えば，2020（令和 2）年度の特別会計予算には，国債整理基金，エネルギー対策，年金，東日本大震災復興などが含まれる。　（木曽陽子）

補正予算

当初の予算が成立した後に，その予算を変更して組まれたもの。天変地変や経済情勢の変化あるいは政策の変更などによって事情が変わり，当初予算では過不足が生じたり，予算内容を変える必要が起こったりした場合に組まれる。そのため，1 会計年度に 2 回以上組まれることもある。国の補正予算は，本予算と同様に国会の承認を受けて成立する。2020（令和 2）年度には，新型コロナウイルス感染症対策として，複数回一般会計補正予算が組まれた。例えば，全世帯への布マスクの配布や子育て世帯への臨時特別給付金，Go To キャンペーン事業などがこの補正予算によって新たに組み込まれた歳出である。このように年度途中に問題が顕在化し，緊急対応が必要なものに対しては補正予算によって対策がとられている。　（木曽陽子）

一般財源

地方公共団体の歳入のうち，使途を各自治体の裁量で自由に決められる財源のこと。一般財源には，地方税，地方交付税のほか，地方譲与税，地方特例交付金がある。歳入全体の中でこの一般財源の占める割合が高いほど，各地方公共団体の財政運営の自由度が増す。地方自治という点からすると，住民から徴収する地方税によってその地域の多様なニーズに対応した行政サービスを提供することが望ましい。しかし，各自治体における地方税の収入額には差があるため，国税を地方交付税として交付することで，地方公共団体間の財政力格差を補っている。これにより，歳入総額に占める一般財源の割合が，各地方自治体の人口規模等によって大きく差がでないよう調整し，地域が違っても住民が標準的な行政サービスを受けられるよう保障されている。子ども家庭福祉分野においては，公立保育所の運営費などが一般財源化されている。　（山屋春恵）

特定財源

国や地方公共団体の歳入のうち，使途が既に特定されその目的のために使われる財源のこと。特定財源には明確な定義はないが，国の特定財源としては税法で使途が特定されている電源開発促進税や消費税，同じく譲与税法による航空機燃料税，特別会計法等による石油石炭税，復興特別税，国際観光旅客税などが該当する。一方，地方公共団体の特定財源としては国庫支出金や地方債，使用料，手数料などが該当する。特定財源は，納税者に直接負担を求めることに合理性があり同意が得られやすい一方で，財政の硬直化や，歳入超過した場合の浪費や余剰の発生などのおそれもあり，特定財源の

一般財源化の検討が行われる場合もある。

(山屋春恵)

自主財源

地方公共団体の歳入のうち各自治体が独自に調達する財源のこと。地方税や手数料，使用料，財産収入，寄付金などがある。地方税には，都府県税と市町村税があり，それぞれ使途が特定されていない普通税と，使途が特定されている目的税に分けられる。都府県税のうち普通税には都府県民税，事業税，地方消費税，不動産取得税などがあり，目的税には狩猟税，水利地益税などがある。一方，市町村税のうち普通税には市町村民税，固定資産税，軽自動車税などがあり，目的税には，入湯税，都市計画税，国民健康保険税などがある。本来であれば，地方公共団体が国からの財源の依存度をなるべく減らし，自主財源によって自立的に財政運営を行うのが望ましいが，地域によって税源にはばらつきがあるため，国からの地方交付税交付金によってその格差を補っている。

(山屋春恵)

基金（地方公共団体）

特定の目的のために財産を維持したり，資金を積み立てたり，資金を運用したりするために，都道府県や市町村が条例に基づき設置した資金・財産のこと。運用基金と積立基金の2つに大きく分類されることが多い。運用基金は，事業のための資金の貸付，財産等の一時取得など，定額の資金を運用するために設置される。積立基金は運用基金よりもはるかに規模が大きく，①財政調整基金（年度間の財源調整のために設置される基金），②減債基金（地方債の償還を計画的に行うために設置される基金），③特定目的基金（その他の特定の目的のために設置される基金）の3つに分類されることもある。特定目的基金には，公共施設整備，雇用創出，介護保険・医療保険のための様々な基金がある。

(狭間直樹)

国庫補助金

国庫支出金のうちの一つで，国が地方公共団体へ援助的に支出する使途が特定されている補助金のこと。地方財政法に基づき支出されている。国庫支出金には，国庫補助金のほかに国庫負担金，国庫委託金がある。国庫補助金には，国がある施策を奨励するために特別の必要があると認めた場合の奨励的補助金や，地方公共団体が財政支援を必要としていると認められた場合に支出される財政援助的補助金がある。子ども家庭福祉関係では，地域における児童虐待やDV対策の一層の普及推進を図ることを目的とした児童虐待・DV対策等総合支援事業費国庫補助金や，地域における保育人材の確保や保育職員の資質の向上等を目的とした子ども・子育て支援体制整備総合推進事業費国庫補助金などがある。

(山屋春恵)

目的税

租税のうち，使途があらかじめ特定されている税のこと。目的税には，①地方税法等で税目が特定されている法定目的税と，②各自治体が独自に条例によって課す法定外目的税がある。①法定目的税には，国税である発電用の施設設置を目的にした電源開発促進税や，復興特別所得税，地方税である道府県税の狩猟税や水利地益税，市町村税の入湯税，事業所税，都市計画税などがある。一方，②法定外目的税には，道府県税の産業廃棄物税や宿泊税，市町村税の使用済核燃料税などがある。目的税は，その目的とされる事業充実のための課税であり，納税者への直接負担に同意が得られやすい一方で，その目的達成後も支出が続いたり，財政の硬直化を招いたりしやすいことから，時限を明確にすることが望ましいとされている。

(山屋春恵)

エンゼルプラン

合計特殊出生率の低下と子ども数の減少を危惧し，「子どもを安心して生み育

てやすい環境づくり」を目指して策定された施策の通称。正式名は「今後の子育て支援のための施策の基本的な方向について」。1989（平成元）年，日本の合計特殊出生率は過去最低の1.57を記録し，1966（昭和41）年の「ひのえうま」の年の合計特殊出生率1.58を下回ったことから「1.57ショック」と呼ばれた。この状況に対応するために，1994（平成6）年12月に，文部・厚生・労働・建設各省の4大臣合意のもと「エンゼルプラン」が策定された。同時に，大蔵・厚生・自治3大臣の合意に基づき「エンゼルプラン」を実施するための具体策として，「当面の緊急保育対策等を促進するための基本的な考え方（緊急保育対策5か年事業）」も策定された。　　　　　　　　（遠藤和佳子）

新エンゼルプラン

「エンゼルプラン」と「緊急保育対策5か年事業」を見直し，少子化対策の具体的計画を策定した通称。正式名は「重点的に推進すべき少子化対策の具体的計画」。1999（平成11）年12月に，大蔵・文部・厚生・労働・建設・自治各省の6大臣合意のもと策定された。「新エンゼルプラン」では，重点的に取り組む8つの目標として，①保育サービス等子育て支援サービスの充実，②仕事と子育ての両立のための雇用環境の整備，③働き方についての固定的な性別役割分業や職場優先の企業風土の是正，④母子保健医療体制の整備，⑤地域で子どもを育てる教育環境の整備，⑥子どもたちがのびのび育つ教育環境の実現，⑦教育に伴う経済的負担の軽減，⑧住まいづくりやまちづくりによる子育ての支援，が掲げられ，2000（平成12）年度から2004（平成16）年度までに達成すべき目標値が定められた。　　　　　　　　　　　　（遠藤和佳子）

少子化対策プラスワン

厚生労働省が「新エンゼルプラン」に加え，もう一段階（プラスワン）先に進めようとした少子化対策。2002（平成14）年1月に発表された「日本の将来推計人口」によって，少子化の主たる要因であると考えられた「晩婚化」だけではなく，「夫婦の出生力の低下」という新たな現象も加わり，少子化がますます加速すると危機感を抱いたことが背景にある。これまでの取組は保育サービスに関する施策を中心とするものであったが，ここにいたって社会全体が一体となり総合的な取組を進めていく必要性が謳われることとなった。そのため「少子化対策プラスワン」では，①男性を含めた働き方の見直し，②地域における子育て支援，③社会保障における次世代支援，④子どもの社会性の向上や自立の促進，という4つの柱のもとで対策が推進されることになった。これを受けて，この関連法として，2003（平成15）年には子育てをめぐる社会的環境の改善を促す次世代育成支援対策推進法が制定された。

（遠藤和佳子）

子ども・子育て応援プラン

「少子化社会対策大綱」に盛り込まれた施策を計画的に進めていくため，2004（平成16）年12月に策定された「少子化社会対策大綱に基づく具体的実施計画について」の通称。「少子化社会対策大綱」が掲げる4つの重点課題に沿って，国や地方公共団体，企業等が2005（平成17）年から2009（平成21）年までの5年間に一体となって計画的に取り組むべき事項があげられている。また「子どもが健康に育つ社会」「子どもを生み，育てることに喜びを感じることのできる社会」への転換がどのように進んでいるのかについて国民にもわかりやすいように，おおむね10年後を展望した「目指すべき社会の姿」が描き出されており，それに向けた施策の内容および効果の評価が目指されている。　　　　　　　（遠藤和佳子）

子ども・子育てビジョン

　2003（平成15）年に制定された少子化社会対策基本法に基づき，2004（平成16）年6月に策定された少子化社会対策大綱が2010（平成22）年1月，5年ぶりに見直されることになった新たな少子化社会対策大綱の通称。「子ども・子育てビジョン」の特徴としてまず挙げられるのは，「子どもが主人公（チルドレン・ファースト）であること」が謳われていることである。「少子化対策」から「子ども・子育て支援」への転換が図られ，「生活・仕事・子育ての調和」を目指して「子どもと子育てを応援する社会」を形成していくことが理念とされている。そのため，子ども・子育て支援施策を行っていく際の3つの大切な姿勢として，①生命（いのち）と育ちを大切にする，②困っている声に応える，③生活（くらし）を支えるが示されており，これを踏まえ「目指すべき社会への政策4本柱」と「12の主要施策」が定められている。　　　　　（遠藤和佳子）

少子化社会対策大綱

　2003（平成15）年7月に制定された少子化社会対策基本法に基づく，総合的かつ長期的な少子化に対処するための施策の指針。2004（平成16）年，2010（平成22）年，2015（平成27）年に引き続き，2020（令和2）年に第4次少子化社会対策大綱が策定された。ここでの基本的な考え方として，①結婚・子育て世代が将来にわたる展望を描ける環境をつくること，②多様化する子育て家庭の様々なニーズに応えること，③地域の実情に応じたきめ細やかな取組を進めること，④結婚、妊娠・出産、子ども・子育てに温かい社会をつくること，⑤科学技術の成果など新たなリソースを積極的に活用することが挙げられている。必要な財源を確保しながら，感染症など非常時の対応にも留意した総合的な少子化対策を社会全体で取り組み推進していくこととして

いる。　　　　　　　　　（遠藤和佳子）

行動計画策定指針

　次世代育成支援対策推進法に基づき，次世代育成支援対策の総合的かつ効果的な推進を図るため，主務大臣が定める行動計画等の策定に関する指針。主務大臣が「次世代育成支援対策は，父母その他の保護者が子育てについての第一義的責任を有するという基本的認識の下に，家庭その他の場において，子育ての意義についての理解が深められ，かつ，子育てに伴う喜びが実感されるように配慮して行われなければならない」（次世代育成支援対策推進法第3条）という基本理念に基づいて定めることになっている。具体的には，都道府県行動計画，市町村行動計画，一般事業主行動計画，特定事業主行動計画を策定する際の指針として，次世代育成支援対策の実施に関する基本的な事項，次世代育成支援対策の内容に関する事項，その他次世代育成支援対策の実施に関する重要事項について定めるものである。　　　　　　　　　（齋藤崇德）

行動計画

　次世代育成支援対策推進法に基づき，地方公共団体が，主務大臣が定める行動計画策定指針に即して，当該地方公共団体の事務および事業に関して策定する次世代育成支援対策の実施に関する計画。策定は5年を1期として行われる。次世代育成支援対策の実施に関する計画には，地域における子育ての支援，母性，乳幼児の健康の確保・増進，子どもの心身の健やかな成長に資する教育環境の整備，子どもを育成する家庭に適した良質な住宅および良好な居住環境の確保，職業生活と家庭生活との両立の推進などが含まれる。都道府県行動計画はこれに加えて保護を要する子どもの養育環境の整備が含まれる。また，各行動計画には，次世代育成支援対策により達成しようとする目標，内容，実施時期が定められていな

ければならない。都道府県行動計画はこれに加えて次世代育成支援対策を実施する市町村を支援するための措置や実施時期を定めなくてはならないとされている。

（齋藤崇徳）

待機児童ゼロ作戦

　保育所，保育ママ，幼稚園における預かり保育等を活用し，待機児童の減少を目指すための取組。2001（平成13）年7月に閣議決定された「仕事と子育ての両立支援策の方針について」に盛り込まれた。2002（平成14）年度中に5万人，さらに2004（平成16）年度までに10万人の合計15万人の受入児童数の増加を図ることを目標とし，待機児童の集中する都市部を中心に受入児童数の増大が図られた。さらに2008（平成20）年には「新待機児童ゼロ作戦」が発表され，2008年以降3年間を集中重点期間として待機児童減少に取り組み，2017（平成29）年度までの10年間で保育所などの受入児童数を100万人増やすなどの目標を設定した。具体的施策としては，①保育サービスの量的拡充と保育の提供手段の多様化，②放課後児童健全育成事業（放課後児童クラブ）の推進，③保育サービス等の計画的整備，④地域や職場の実情に応じた取組の推進，⑤質の向上等に資する取組の推進，の5つが盛り込まれた。

（吉田直哉）

待機児童解消加速化プラン

　2013（平成25）年に策定された待機児童解消を加速化するための取組。保育ニーズのピークを迎えるとされた2017（平成29）年度末までに待機児童解消を目指すとし，2013年度から2017年度末までの5年間で約50万人分（当初目標値の40万人から上積み）の保育の受け皿を確保することを目標に設定した。特に，2013年度から2014（平成26）年度の2年間を緊急集中取組期間とし，期間中に約22万人（当初目標値20万人）の

保育の受け皿が拡大された。市町村に対する支援として，①賃貸方式・国有地を活用した保育所整備，②潜在保育士の復帰を促すなどの保育士の確保，③子ども・子育て支援新制度を先取りした小規模保育事業への支援，④認可を目指す認可外保育施設への支援，⑤事業所内保育施設への支援，の5つの支援パッケージが実施された。これにより，2017年度末までに企業主導型保育事業とあわせて約53.5万人分の保育の受け皿が拡大された。

（吉田直哉）

保育計画

　保育の実施への需要が増大している都道府県および市町村に対して策定が義務づけられている，保育事業等の供給体制の確保に関する計画。女性の就業率の増加等に伴って深刻さを増す一方の待機児童の解消を図るために，2003（平成15）年の児童福祉法改正により，待機児童が50人以上いる市町村は「特定市町村」として，都道府県の区域内に特定市町村がある場合は「特定都道府県」として，保育計画を策定することになった。なお，2015（平成27）年の子ども・子育て支援法の施行に伴い，子ども・子育て支援事業支援計画（都道府県），子ども・子育て支援事業計画（市町村）の策定が義務づけられたことで，児童福祉法から保育計画の規定は削除されている。

（遠藤和佳子）

子ども・子育て支援法に基づく基本指針

　子ども・子育て支援法に基づき，子ども・子育て支援の施策を総合的に推進するために国が策定する指針。本指針を策定する際は，子ども・子育て会議の意見を聴くこととされている。本指針には，子ども・子育て支援に関する理念，教育・保育を提供する体制の確保や地域子ども・子育て支援事業の実施に関する基本的な事項，市町村および都道府県が策定する子ども・子育て支援事業計画の作成に関する事項，労働者の職業生活と家

庭生活との両立が図られるために必要な雇用環境の整備に関する施策との連携に関する事項などが記載されている。また，本指針に基づいて，都道府県が都道府県子ども・子育て支援事業支援計画を，市町村が市町村子ども・子育て支援事業計画を定めることとされている。

（木曽陽子）

子ども・子育て支援事業支援計画

　子ども・子育て支援法に基づき，都道府県が，国の「子ども・子育て支援法に基づく基本指針」を踏まえて5年ごとに策定する計画。都道府県は広域自治体として国とともに制度の実施主体である市町村を重層的に支える役割がある。本計画に含むべき必須記載事項として，①幼児期の学校教育・保育の需要量の見込みや提供体制確保の内容と実施時期，②幼児期の学校教育・保育の一体的な提供を含む子ども・子育て支援の推進方策，③市町村実施事業との連携が必要な社会的養護に関する事業，④障害児の発達支援のための専門的な支援に関する事業，⑤人材の確保・資質向上に関する事項がある。任意記載事項には，市町村の業務に関する広域調整，特定施設・事業者に係る情報の開示などが挙げられている。計画策定にあたっては，審議会やその他合議制の機関を設置することが努力義務とされている。

（木曽陽子）

子ども・子育て支援事業計画

　子ども・子育て支援法に基づき，市町村が，国の「子ども・子育て支援法に基づく基本指針」を踏まえて5年ごとに策定する計画。市町村は子ども・子育て支援制度の実施主体であるため，本計画に基づいて地域住民に対して子ども・子育て支援給付および事業が実施されることとなる。計画策定にあたって，審議会やその他合議制の機関を設置することが努力義務とされている。本計画には，潜在ニーズも含めた地域での子ども・子育てに関するニーズを把握したうえで，子ども・子育て支援給付や事業の需要見込み量，提供体制の確保の内容，およびその実施時期等を盛り込むこととされている。その際，国の基本指針で定められている提供体制の確保等に関する基本的事項や参酌標準等を踏まえる必要がある。

（木曽陽子）

放課後子ども総合プラン

　全ての就学児童が放課後等において安全で安心な居場所を確保でき，多様な体験や活動ができるよう文部科学省および厚生労働省が連携して計画的な整備を進めるプラン。保育所を利用する共働き家庭等において，小学校就学後の児童が放課後に安全で安心して過ごせる居場所の確保は重要な課題であるが（「小1の壁」），それは共働き家庭等の児童に限らない。全ての児童に向けて総合的な放課後対策を講じる必要がある。そこで「放課後子ども総合プラン」では，2014（平成26）年7月から2019（令和元）年度までに全ての小学校区で放課後児童クラブおよび放課後子供教室を計画的に整備することが目指された。現在，女性就業率の上昇等により共働き家庭の児童数のさらなる増加が見込まれることから，2019年度から2023年度末の「新・放課後子ども総合プラン」に掲げる目標が設定され，新たなプランも策定されている。

（遠藤和佳子）

子供の貧困対策に関する大綱

　子どもの貧困対策の推進に関する法律に基づき，政府として子どもの貧困対策を総合的に推進するための基本方針や貧困に関する指標などを定めたもの。国には，その策定が義務付けられている。大綱には，①子どもの貧困対策に関する基本的方針，②子どもの貧困率，生活保護世帯に属する子どもの高等学校進学率，生活保護世帯に属する子どもの大学等進学率等子どもの貧困に関する指標とその

改善に向けた施策，③教育の支援，生活の安定に資するための支援，保護者に対する職業生活の安定と向上に資するための就労の支援，経済的支援といった子どもの貧困対策に関する事項，④子どもの貧困に関する調査および研究に関する事項，⑤子どもの貧困対策に関する施策の実施状況についての検証及び評価その他の子どもの貧困対策に関する施策の推進体制に関する事項，を定めるものとされている。大綱はおおむね5年ごとに見直されることになっており，2014（平成26）年8月に閣議決定された大綱が2019（令和元）年11月に見直された。新たな大綱では，親の妊娠・出産期から子どもの社会的自立までの切れ目のない支援，支援の届きにくい子どもや家庭への配慮などが基本的な方針として挙げられ，指標の項目も大幅に増加された。

（山屋春恵）

子どもの貧困対策計画

　子どもの貧困対策の推進に関する法律に基づき，各都道府県において，国の大綱をもとに策定が求められている子どもの貧困対策についての計画。本計画の策定は努力義務とされている。また，これら計画を定めたり変更したりした場合には速やかに公表することが義務付けられている。この計画は，大綱を勘案し国との連携のもと各都道府県における子どもを取り巻く社会環境を踏まえて策定される。全都道府県で策定されているが，子ども・子育てに関する総合計画の一部として位置付けられているものも少なくない。また，2019（令和元）年6月の子どもの貧困対策の推進に関する法律の改正に伴い，新たに市町村にも子どもの貧困対策計画の策定が努力義務化されている。市町村による計画の策定により，子どもや家庭にとって身近な基礎自治体として，子どものライフステージに応じた切れ目のない支援を行うことが期待されている。

（山屋春恵）

自助／互助／共助／公助

　地域における生活課題は，自助を基本としながらも，互助・共助・公助を組み合わせて解決していく必要がある。「自助」は，自分自身で生活課題を解決することであり，そこには市場サービスの購入も含まれる。「互助」は，親戚，友人や近隣住民など，生活の中や地域で出会った人々が助け合って生活課題を解決することであり，費用負担が制度的に裏づけられていない自発的なものである。「共助」は，制度化された支え合いのことであり，医療保険，年金制度，介護保険等が該当し，被保険者による相互の負担で成り立つ。保険料等の費用負担が発生し，場合によってはサービスの利用料が発生する。「公助」は，自助・互助・共助では対応できないことに対して，必要な生活保障を行う社会福祉制度などのことである。税金による負担で成り立ち，児童相談所や保育所といった公的機関・施設や生活保護といった制度，人権擁護の取組，虐待対策などが挙げられる。

（松本しのぶ）

社会資源

　生活上のニーズを満たしたり，福祉的な課題を解決したりするために必要に応じて活用できる人・物・制度・サービスなどのこと。具体的には，①児童福祉司や保育士などの福祉専門職や医療・教育などの他分野の専門職，家族やボランティアなどといった人的資源，②児童相談所などの行政機関や社会福祉施設，建物や設備などといった物的資源，③法律や制度・政策等の制度的資源が挙げられる。社会資源は大きく分けると，①法律や制度で定められた機関や施設，専門職から提供されるフォーマル（公的）なものと，②家族，友人，近隣，ボランティアなどから提供されるインフォーマルなものがある。生活上のニーズを満たした

り，福祉的な課題を解決したりするためには，フォーマルな社会資源，インフォーマルな社会資源のどちらか一方だけでは不十分なことが多いため，それぞれの社会資源を組み合わせて活用することが求められる。 （松本しのぶ）

フォーマル・サービス

社会的な支援のうち，法律や制度で定められた機関や施設，専門職から提供されるサービス。サービスの内容は法律等で定められ，サービスを受給できる人も法律等で規定された条件を満たしている人のみである。また，サービスの提供者は，都道府県，市町村といった行政機関，法律等で認可された社会福祉法人やNPO法人，民間企業等の事業者などが挙げられ，多くのサービスは専門職など一定の知識・技術をもつ人材によって提供される。サービスの質や提供されるサービス量は安定的である反面，規定外のサービス内容や条件外の対象者への支援は行えず，柔軟な対応をすることが難しい面もある。サービスにかかる費用については，国や地方自治体が直接的または間接的に全部または一部を負担する。具体例としては，児童相談所による各種相談対応，児童福祉施設における子どもへのケア，児童手当，児童扶養手当等の金銭給付などが挙げられる。 （松本しのぶ）

インフォーマル・サービス

社会的な支援のうち，法律や制度で定められた機関や施設，専門職から提供されるフォーマル・サービスではなく，人々の互助的な支援。インフォーマル・サービスには，①家族や友人，近隣，自治会・町内会，PTA，子ども会といった，血縁，地縁等で関係が結ばれている人々や組織による支援と，②ボランティアやNPO法人，セルフヘルプグループといった福祉の課題に対する支援を行う意図のもとで関係が結ばれた人々や組織による支援がある。フォーマル・サービスと比較す

ると，サービスの質や提供されるサービス量は安定的ではないが，活動内容に柔軟性や機動力があるため，多様なニーズに対応できるとともに，先駆的な取組などが期待される。また，フォーマル・サービスだけでは，対象者の生活上に生じる問題をすべて解決することは難しいため，インフォーマル・サービスにはその補完的な役割が求められ，特に情緒的，精神的な面での支援が期待される場合がある。 （松本しのぶ）

地方公営企業

地方公共団体によって経営される企業である。住民の生活向上のために地方公共団体が運営すべき事業で，その費用を事業収入によってまかなう必要があるものが想定される。地方財政法においては，「公営企業」という名称で，水道事業，下水道事業，交通事業や病院事業などが事業として規定されている。また，地方公営企業法は，地方公営企業の組織，財務，職員の身分取扱などの特例を定めており，水道事業，交通事業などが同法すべての適用対象であるとしている。地方公営企業は，利用者から，サービスの利用に応じて料金を徴収するため独立採算制が想定されており，その経営状態などを明確にするために，地方公共団体の一般的な会計とは別に運営される。また地方公営企業法がすべて適用された事業においては，職員の給与は，一般公務員とは異なり，企業の業績などを考慮したものとなる場合もある。 （狭間直樹）

地方公社

国の特別法に基づき，公共的な事業実施を目的として，地方公共団体の出資などによって設立される事業組織。地方住宅供給公社，地方道路公社，土地開発公社の3つ（いわゆる地方三公社）を指し，それぞれ地域ごとに設立されている。地方住宅供給公社は，都道府県・政令指定都市により設立され，分譲住宅・

宅地の譲渡，公社賃貸住宅の建設・運営管理，地方公共団体の公営住宅の管理などを行っている。地方道路公社は，各地域における有料道路の建設・運営管理を行っている。各地の有料トンネルや大都市にみられるいわゆる都市高速道路の建設・運営などが代表的な事業である。土地開発公社は，地方公共団体による開発のための土地の取得や造成などを行ったり，工業団地などの開発を行ったりしている。

（狭間直樹）

第三セクター

　法律上の定義は明確ではないが，国や地方公共団体などの政府組織（第一セクター）と民間企業（第二セクター）が共同出資して設立する株式会社を指す場合が多い。比較的公益性の高い事業を民間企業と協働で行う場合に用いられる。三陸鉄道（岩手県）や信楽高原鐵道（滋賀県）など地方公共団体と民間の共同出資によって運営されている第三セクター鉄道が代表例として挙げられる。政府組織による関与（意思伝達や財政措置など）と企業的経営手法の双方を活かせる利点があるとされ，都市開発などで多用されたが，大阪市による旧「大阪ワールドトレードセンタービルディング（WTC）」など経営破綻した事例も多く，杜撰な経営と無責任な体制が批判されることも多い。

（狭間直樹）

社会福祉法人

　社会福祉事業を行うことを目的として社会福祉法の定めるところにより設立された法人。社会福祉事業は第一種社会福祉事業と第二種社会福祉事業に分けられており，児童養護施設や乳児院，障害児入所施設などの第一種社会福祉事業の経営主体は，原則として国，地方公共団体，社会福祉法人に限定されている。保育所などの第二種社会福祉事業の経営主体は原則として制限はなく，営利法人やNPO法人（特定非営利活動法人）など

も参入できる。社会福祉法人は，社会福祉事業の主たる担い手としてふさわしい事業を確実，効果的かつ適正に行うため，自主的にその経営基盤の強化を図るとともに，その提供する福祉サービスの質の向上および事業経営の透明性の確保を図らなければならず，また，公益事業を行うにあたっては，日常生活，社会生活上の支援を必要とする者に対して，無料または低額な料金で，福祉サービスを積極的に提供するよう努めなければならない。

（石田慎二）

学校法人

　私立学校の設置を目的として私立学校法の定めるところにより設立された法人。具体的には，私立の幼稚園，小学校，中学校，義務教育学校（小中一貫校），高等学校，中等教育学校（中高一貫校），特別支援学校，大学，高等専門学校，および幼保連携型認定こども園の設置および運営を行う。なお，私立の幼保連携型認定こども園は，学校法人と社会福祉法人のみが設置できることになっている。私立学校振興助成法に基づき学校法人は国や地方公共団体から補助金を受けることができるが，自主的にその財政基盤の強化を図り，その設置する学校に在学する幼児，児童，生徒，学生に係る修学上の経済的負担の適正化を図るとともに，当該学校の教育水準の向上に努めなければならない。

（石田慎二）

医療法人

　病院，診療所，介護老人保健施設，介護医療院の開設を目的として医療法の定めるところにより設立された法人。理事長は原則として医師・歯科医師とされている。医療法人は，自主的にその運営基盤の強化を図るとともに，その提供する医療の質の向上およびその運営の透明性の確保を図り，その地域における医療の重要な担い手としての役割を積極的に果たすよう努めなければならない。2006（平

成18）年の医療法の改正では救急医療，災害時における医療，へき地医療，周産期医療，小児医療など特に地域で必要な医療の提供を担う公益性の高い法人として社会医療法人が制度化された。2015（平成27）年の医療法改正では地域医療連携推進法人が制度化された。これは，地域において良質かつ適切な医療を効率的に提供するために，複数の医療法人等が参画して医療や介護事業等を一体的に運営するために新たな法人を設立し，医療機関相互間の機能分担，業務の連携を推進する制度である。　　　　（石田慎二）

NPO 法人（特定非営利活動法人）

　特定非営利活動を行うことを主たる目的として特定非営利活動促進法の定めるところにより設立された法人。特定非営利活動とは，不特定かつ多数のものの利益の増進に寄与することを目的とした活動で，保健，医療または福祉の増進を図る活動，社会教育の推進を図る活動，まちづくりの推進を図る活動などの20分野に該当する活動に限定されている。市民団体に法人格を付与することにより，団体に対する信頼性を高めるとともに，ボランティア活動をはじめとする市民の自由な社会貢献活動の健全な発展を促進することを目的として設立された。特定非営利活動法人のうち，その運営組織や事業活動が適正であって公益の増進に資するものは認定特定非営利活動法人として認定を受けることができ，税制上の優遇措置を受けることができる。

→ NPO 法人（特定非営利活動法人）⑧
　　　　　　　　　　　　　　（石田慎二）

41　少子化と子育て支援サービス

地域子ども・子育て支援事業

　子ども・子育て支援法第59条に基づく13事業を指す。①利用者支援事業，②地域子育て支援拠点事業，③妊婦に対して健康診査を実施する事業，④乳児家庭全戸訪問事業，⑤養育支援訪問事業及び要保護児童対策地域協議会その他の者による要保護児童等に対する支援に資する事業，⑥子育て短期支援事業，⑦子育て援助活動支援事業，⑧一時預かり事業，⑨延長保育事業，⑩病児保育事業，⑪放課後児童健全育成事業，⑫実費徴収に係る補足給付を行う事業，⑬多様な事業者の参入促進・能力活用事業から構成されている。これら事業は，幅広い対象（妊婦～学童期）および内容（全ての子育て世帯～要支援家庭）で構成されている。自治体が策定する「子ども・子育て支援事業計画」ではニーズに基づいた量の確保および質の向上が示されている。
→子ども・子育て支援新制度③
　　　　　　　　　　　　　（小池由佳）

利用者支援事業

　子ども・子育て支援法第59条に基づく地域子ども・子育て支援事業の一つ。妊娠期から子育て期の保護者等が，子育て支援サービスを自らのニーズに応じて利用できるよう情報提供・助言等の実施及び関係機関の連携・協働体制づくり等を行う事業である。①基本型，②特定型，③母子保健型から構成されている。①基本型は，地域子育て支援拠点事業等を窓口として，保護者等のニーズに応じて，地域に点在する各種サービスの情報提供およびこれらのサービスの連携・協働体制の構築を一体的に行う，②特定型は，おもに市区町村の窓口において，保育サービス等の相談および情報提供を行うことで保育サービスの利用につなげる，③母子保健型は，おもに保健センター等を窓口として，妊娠期から相談・助言等を行い，必要に応じて支援プランを作成することとしている。いずれにおいても専任職員が1名以上配置される。妊娠期を含む子育て中の保護者等の相談に応じることでニーズを把握し，地域に点在する子育て支援サービスに関する情報提供等を行うことで，サービス利用につなげ，子育て期の不安や悩み，課題解決につなげることを目的としている。本事業を「子ども・子育て支援事業計画」に基づくサービスの量および質の確保と一体的に行うことで，ニーズに応じたサービス利用を可能とする体制づくりの構築が期待されている。　　　　　　　　　（小池由佳）

一時預かり事業

　子ども・子育て支援法第59条における地域子ども・子育て支援事業の一つ。家庭において一時的に保育を受けることが難しくなった乳幼児を保育所や認定こども園等で預かる事業。大別すると，①日頃，保育所等を利用していない乳幼児を対象とした，緊急一時的な預かり，②幼稚園における教育時間を超えての預かり，③保育所等における定員の空き部分を活用しての預かり，④訪問型の預かりとなっている。核家族での子育てが増えることで，家庭で子どもを保育する大人

の数が減少した結果，一時的な保育の必要性が高まっている。①については，緊急的な保育対応だけでなく，子育てのストレス緩和の機会提供などにもつなげることが可能なサービスでもある一方，定常的な保育サービスの補完的な役割を果たしている面もある。　　　　（小池由佳）

小規模保育事業

　市区町村による認可事業として児童福祉法に位置付けられた，地域型保育事業の一つである。地域型保育給付の対象であり，子どもの定員は6〜19名となる。対象は保育を必要とする満3歳未満の子どもであるが，保育体制の整備状況の実情を勘案し，必要であると認められる場合，満3歳以上の子どもを保育することもできる。職員配置や資格により，①A型，②B型，③C型に分類される。①A型は，職員の資格が保育士であり，職員数が認可保育所の配置基準プラス1名である。②B型は，職員の資格について2分の1以上が保育士であり，2分の1以下は研修を受けた者となる。職員の配置基準はA型と同様に，認可保育所の配置基準プラス1名である。③C型の職員配置は，0歳児から2歳児について保育者1名につき子ども3名までである。補助を置く場合，保育者2名につき，子ども5名までとなる。職員の資格は，家庭的保育者と家庭的保育補助者である。小規模保育事業は，子どもの人数が最大19名と認可保育所と比較して規模が小さいことから，より家庭的な環境で保育を実施することができる。
　　　　　　　　　　　　（水枝谷奈央）

事業所内保育事業

　事業主や事業主団体，共済組合等が，その労働者や構成員の子どものほか，地域の保育を必要とする子どもを含めて保育を提供することを目的として実施する保育事業である。地域型保育給付の対象であり，市町村による認可事業として，

児童福祉法に位置付けられた地域型保育事業の一つである。保育の対象は，保育を必要とする満3歳未満の子どもであるが，保育体制の整備状況などの実情を勘案し，必要であると認められる場合，満3歳以上の子どもを保育することができる。子どもの定員が19名以下の場合，職員配置や資格は，小規模保育事業A型，B型の基準と同様となる。子どもの定員が20名以上の場合，職員配置や資格は，認可保育所の基準と同様となる。
　　　　　　　　　　　　（水枝谷奈央）

母子・寡婦福祉施策

　母子家庭及び寡婦に対してその生活の安定と向上のために必要な措置を講じ，福祉を図ることを目的とする施策である。母子家庭のみならず父子家庭，寡婦のみならず寡夫への支援の拡大が図られている。母子及び父子並びに寡婦福祉法では，基本理念や目的，国及び地方公共団体や関係機関の責務，自立促進計画，福祉資金の貸付け，事業などが明記されている。就業と自立に向けた総合的な支援のため，子育て支援策，就業支援策，養育費の確保策，経済的支援策の4本柱により施策が推進されている。具体的には，施策周知の強化の取組や，ワンストップの相談体制の構築，児童扶養手当と公的年金等との併給制限の見直しなどが実施されている。ひとり親家庭が就業し，仕事と子育てを両立しながら経済的に自立するとともに，子どもが心身ともに健やかに成長できるよう，また子どもの貧困対策にも資するよう，支援の強化が図られている。　　　　　　　　　　（水枝谷奈央）

地域子育て支援拠点事業

　主に3歳未満児の親子が交流するための場所を開設し，子育て相談，情報提供，助言その他の援助を行う事業である。3歳未満児の6〜7割は保育サービスを利用せず，日中保護者が家庭で子育てをしており，核家族化や地域のつながりの希

薄化が進む中で，親子は孤立する傾向にある。本事業は，保育所，児童館，空き店舗など子育て世代にとって身近な地域の場所で子育て中の親子が気軽に集い，交流できる場として重要な役割を担っている。実施主体は市町村（特別区を含む），社会福祉法人，NPO 法人などである。基本事業として，①子育て親子の交流の場の提供と交流の促進，②子育て等に関する相談・援助の実施，③地域の子育て関連情報の提供，④子育て及び子育て支援に関する講習等の実施（月 1 回以上）を行う。利用者支援事業（基本型）との一体的な運営により，ワンストップ機能が期待される。　　　　（榎本祐子）

乳児家庭全戸訪問事業

通称こんにちは赤ちゃん事業。2008(平成 20) 年の児童福祉法の改正により，法定化された。原則生後 4 か月までの全ての乳児のいる家庭を家庭訪問スタッフが訪問し，子育ての孤立を防ぐ。居宅において様々な不安や悩みを聞き，子育て支援に関する情報提供を行い，支援が必要な家庭を適切なサービスに結びつける。里帰り等をしている場合は里帰り中の自治体で訪問を受けることが可能である。家庭訪問スタッフは保健師，助産師，看護師，保育士，児童委員・主任児童委員，子育て経験者など自治体により様々である。市町村の判断により，母子保健法第 11 条に定められた新生児訪問指導とあわせて実施することも差し支えないこととなっている。　　　　（榎本祐子）

子育て支援センター

核家族化や地域関係の希薄化，自分の生まれ育った町から離れた場所で子育てをするアウェイ育児などの課題から，親子の孤立化や子育てのしづらさが高まっている。子どもの健やかな発達には保護者への支援は欠かせないことから，全ての親子のための地域のセーフティーネットとして，保育所，児童館，保健センター，商店街の空き店舗など親子が利用しやすい場所に置かれている。子育て支援センターはこれまで 1993（平成 5）年度から実施された保育所地域子育てモデル事業（1995 年度から地域子育て支援センター事業に名称変更），そして 2007（平成 19）年度からはつどいのひろば事業，児童館の子育て支援と再編・統合された地域子育て支援拠点事業を実施している場所の名称として使用されている。　　　　（榎本祐子）

ベビーシッター

保護者の委託を受けてその居宅等において直接児童を保育する者の総称である。保護者の居宅等において少人数の児童を保育する家庭的保育・個別保育を保育方法とし，在宅保育サービスを実施する。夜間や急用の場合の保育等，保育所では対応できない家庭の事情に対して柔軟に利用できる特徴をもつ。公益社団法人全国保育サービス協会が，ベビーシッターに関する研修や資格認定（認定ベビーシッター）等，質の維持向上に取り組んでいる。厚生労働省は，2014（平成 26）年 3 月に発生した富士見市ベビーシッター事件を受けて，厚生労働省ホームページに「ベビーシッターなどを利用するときの留意点」を掲載した。また，子ども・子育て支援新制度の施行により，居宅訪問型保育事業（ベビーシッター）を含む地域型保育事業が児童福祉法上に位置付けられたことを受け，2016（平成 28）年 4 月以降，個人のベビーシッター及びベビーシッター事業者に対して都道府県等への届け出を義務化した。さらに，2019（令和元）年 10 月から実施された幼児教育・保育の無償化では，認可保育所の代替的な措置として，ベビーシッターを含む認可外保育施設を対象としている。　　　　（井上祐子）

子育てサークル

親同士の交流や情報交換，支え合い等を目的としたグループ活動を指す。地域

全体で子育て環境の向上を図るために，児童福祉法上の事業に位置付けられた地域子育て支援拠点事業において，子育てサークルへの援助等の地域支援活動が実施されている。地域子育て支援拠点では，子育てサークルに対して，交流や情報交換の場の提供，親同士のピアサポートやネットワークの育成に関する支援が行われている。また，子ども・子育て支援法上の事業に位置づけられる利用者支援事業では，子育てサークルは，地域の様々な子育て支援関係者とのネットワークをもつ社会資源の一つとされている。子育てサークルには，親同士が互いに助け合い，支え合うことにより，親のエンパワメントを助長する社会資源としての働きが期待されている。　　　　（井上祐子）

つどいの広場事業

つどいの広場事業とは，①子育て親子の交流，集いの場の提供，②子育てに関する相談，援助の実施，③地域の子育て関連情報の提供，④子育ておよび子育て支援に関する講習の実施を支援する事業である。核家族化や都市化等により地域のつながりが希薄化しつつあることを背景として，子育てへの負担感の緩和，地域の子育て支援機能の充実を図ることを目的としている。実施主体は市町村あるいは，事業運営の全部または一部を確保できると認められて委託または指定された社会福祉法人等である。主に乳幼児（0〜3歳）をもつ親とその子どもを対象としている。公共施設内のスペース，商店街の空き店舗，公民館，学校の余裕教室，子育て支援のための拠点施設，マンション・アパートの一室など，子育て親子が集うことに適した場所で実施している。2002（平成14）年4月に厚生労働省雇用均等・児童家庭局長通知により実施され，その後2008（平成20）年11月の児童福祉法改正により，2009（平成21）年4月から地域子育て支援拠点事業として児童

福祉法上の事業に位置付けられるとともに，市町村に対して，その実施に努力義務が課せられた。　　　　（井上祐子）

子育て短期支援事業（ショートステイ／トワイライトステイ）

児童福祉法第6条の3第3項に規定された事業であり，保護者の疾病，育児疲れ，出張等の理由により，一時的に子どもを養育することが困難となった場合に，児童福祉施設において子どもを一定期間，養育・保護する事業である。実施主体は市町村であり，市町村が認めた者へ委託することもできる。児童養護施設，母子生活支援施設，乳児院，保育所，ファミリーホームで行うものと規定されており，近隣に実施施設がない場合はあらかじめ登録済の保育士，里親に委託し，その居宅にて実施することができる。この事業には，短期入所生活援助（ショートステイ）事業と夜間養護等（トワイライト）事業の2種があり，短期入所生活援助（ショートステイ）事業は，上記の理由のほか，経済的な理由により緊急的に一時保護を必要とする母子も対象となる。費用は世帯の収入に応じて規定額を支払う。　　　　（藤瀬竜子）

養育支援訪問事業

養育支援が特に必要であると判断された家庭に対して，保健師等がその家庭を訪問し，養育に関する具体的な助言や支援を行う事業。保健師，助産師，保育士，児童指導員等による「専門相談支援」と，子育て支援経験者，ヘルパー等が実施する「育児・家事援助」がある。事業対象は，乳児家庭全戸訪問事業等で把握された，養育を支援することが特に必要と認められる子どもとその保護者，若年妊娠や望まない妊娠等出産前からの支援が特に必要であるとされる妊婦等である。地域から孤立しがちな子育て家庭や，妊娠・子育てに不安を感じ支援を希望する家庭，公的な支援につながりをもたない家庭に

も，積極的にアプローチし，短期集中ま
たは密度の濃い支援を行うことが期待さ
れる。児童虐待の発生予防的支援として
2004（平成16）年から事業化されていた
「育児支援家庭訪問事業」が本事業の前
身であり，2008（平成20）年の児童福祉
法改正により「養育支援訪問事業」とし
て法定化（児童福祉法第6条の3第5項）
され，翌年から実施された。実施主体は
市町村であり，民間団体等への委託も可
能である。　　　　　　　　（藤瀬竜子）

**子育て援助活動支援事業（ファミリー・
サポート・センター事業）**

　子育て家庭の保護者が，労働や病気，
冠婚葬祭等の外出の際に，保育所等の送
迎や子どもの預かり等の援助を受ける相
互援助事業。病児・病後児の預かり，早
朝・夜間等の緊急時の預かりなど多様な
ニーズに対応する場合もある。事業者は，
援助を求める者と提供する者をそれぞれ
会員として登録し，援助を求める会員
（依頼会員）の要請に応じて，援助を提供
する会員（提供会員）を紹介しつなぐ役
割をとる。依頼会員に比べて提供会員が
少ないことが課題となっている。援助利
用は有料であるが，2019（令和元）年10
月からは，幼児教育・保育の無償化制度
の対象事業となり，保育の必要性が認定
された場合等には無償となった。実施主
体は市町村であり，市町村が認めた者へ
委託することもできる。2005（平成17）
年度から次世代育成支援対策交付金とし
て事業化され，2015（平成27）年度から
は子ども・子育て支援法に基づく「地域
子ども・子育て支援事業」に位置付けら
れた。　　　　　　　　　（藤瀬竜子）

保育対策等促進事業

　新エンゼルプランに基づき，2000（平
成12）年から国庫補助のもとで展開され
た，保育サービスの拡充・多様化のため
の事業。就労形態が多様な時代における
子育て世帯のニーズに対応し，子育て負

担の軽減や，仕事と子育ての両立支援な
ど，安心して子育てができる環境づくり
を推進することを目的として，当初，一
時・特定保育事業，乳児保育等促進事業，
地域子育て支援センター事業，保育環境
改善等事業，休日・夜間保育事業，待機
児童解消促進事業の6事業からスター
トした。2008（平成20）年には，特定保
育事業，休日・夜間保育事業，病児・病
後児保育事業，待機児童解消促進等事業，
保育環境改善等事業，延長保育促進事業
の6事業に再編・整理された。2015（平
成27）年の子ども・子育て支援新制度の
実施に伴い保育対策等促進事業は廃止さ
れ，各事業内容は新制度に移行された。
　　　　　　　　　　　　（山口美和）

家庭的保育事業

　保育を必要とする乳児・幼児を対象と
し，家庭的保育者の居宅その他の場所で
保育を行う事業（児童福祉法第6条の3第
9項）。家庭的保育者とは，市町村長が行
う研修を修了した保育士または保育士と
同等以上の知識・経験を有すると市町村
長が認める者を指す。家庭的保育者1人
が保育できる乳幼児は3人以下であり，
家庭的保育補助者とともに2人で保育す
る場合でも，利用定員は最大5人までで
ある。また，保育時間は原則として1日
8時間である。2015（平成27）年度に始
まった子ども・子育て支援新制度におい
て，市町村が認可する地域型保育事業の
一つとして位置付けられた。2009（平成
21）年に厚生労働省が示した「家庭的保
育事業ガイドライン」では，家庭的保育
事業の設備基準として，9.9㎡以上の乳
幼児の保育を行う専用の部屋を有し，敷
地内に乳幼児の遊戯に適する庭（ないし
近所の公園等）を有することなどが定め
られている。通称，保育ママ。
　　　　　　　　　　　　（山口美和）

居宅訪問型保育事業

　子ども・子育て支援新制度における地

域型保育事業の一つで，保育を必要とする乳児・幼児の居宅を，家庭的保育者が訪問して，1対1で保育を行う事業（児童福祉法第6条の3第11項）。通所による保育が困難な乳幼児を想定した保育事業であり，対象となる乳児・幼児が①障害・疾病等により集団保育が著しく困難な場合，②保育所の閉鎖等により保育所等による保育を利用できなくなった場合，③入所勧奨などを行っても保育の利用が困難で，市町村による入所措置の対象と

なった場合，④ひとり親家庭の保護者が夜間勤務に従事する等家庭の状況を勘案して必要な場合，⑤離島その他の地域で居宅訪問保育以外の地域型保育事業の確保が困難な場合，のいずれかの条件に該当すると市町村長が認めた場合にかぎって利用できる。疾病・障害を有する乳幼児を保育する場合には，専門的な支援を受けられる施設との連携のもとで保育を実施しなければならない。　　（山口美和）

42　母子保健と健全育成

健やか親子21

　21世紀の母子保健の主要な取り組みを示すビジョンとして2000（平成12）年に策定された。少子化社会において，健やかで心豊かに生活できる活力ある社会の実現を目指した国民健康づくり運動「健康日本21」の一翼を担うものである。2014（平成26）年に行われた最終報告評価をもとに，2015（平成27）年から10年間で「すべての子どもが健やかに育つ社会」を目指した「健やか親子21（第2次）」が策定された。この実現に向け，「切れ目ない妊産婦・乳幼児への保健対策」「学童期・思春期から成人期に向けた保健対策」「子どもの健やかな成長を見守り育む地域づくり」の3つの基盤課題と，「育てにくさを感じる親に寄り添う支援」「妊娠期からの児童虐待防止対策」の重点課題2つが設定され，取り組みが進められているところである。　　　　　（都筑千景）

周産期医療

　周産期とは，胎児が子宮外生存可能とされる妊娠週数から，新生児が子宮外生活の適応過程で健康状態の急変が生じやすい生後1週間（早期新生児期）までの期間である。日本では1995（平成7）年からICD-10の定義，すなわち妊娠満22週（154日）から出生後満7日未満を採用している。周産期医療とは「妊娠，分娩に関わる母体・胎児管理と出生後の新生児管理を主に対象とする医療のことをいう」（厚生労働省，2020）。周産期の母子に発生する生命に関わる緊急事態や健康リスクの変化に応じて，地域の産科・小児科・関係科が紹介・搬送・戻り搬送などで連携して総合的医療を提供できるように，各都道府県に総合／地域周産期母子医療センターを医療計画に基づき設置し，周産期医療体制を整備している。
【引用文献】厚生労働省（2020）「周産期医療の体制構築に係る指針」。
　　　　　　　　　　　　　　　　（中嶋有加里）

妊婦健康診査事業／妊婦健康診査

　母子保健法（第13条）において，市町村が必要に応じてすべての妊産婦に対して健康診査を行うことが規定されており，妊婦は市町村の委託を受けた医療機関において，健康診査を公費で受診することができる。妊婦健康診査（妊婦健診）は，母児ともに健全な状態で妊娠・出産するために重要な基礎的条件である。厚生労働省により「妊婦に対する健康診査についての望ましい基準」が定められており，実施時期及び回数，内容などが示されている。妊婦健診の時期と回数は，妊娠初期から妊娠23週までは4週間に1回，妊娠24週から35週までは2週間に1回，妊娠36週以降は1週間に1回を目安に，妊婦1人につき14回程度とされ，交付される健康診査受診票を妊婦が医療機関に提出すれば公費で受診ができる。内容は，問診・診察等，検査，保健指導の他，必要に応じた医学的検査を妊娠週数及び回数を目安に行うことが規定されている。
　　　　　　　　　　　　　　　　（渡邊香織）

母子健康手帳制度／母子健康手帳

　母子保健法（第16条）に基づき，妊娠の届出をした者に対して，市町村が交

付する手帳のことであり，国籍にかかわらず交付を受けることができる。英語や中国語など外国語版母子健康手帳を作成している自治体もある。妊娠・出産の状況，乳幼児から6歳になるまでの乳幼児の発育状態，受けた保健指導や健康診査の結果などについて，妊産婦，乳幼児の保護者が，医師，歯科医師，助産師又は保健師から必要な事項の記載を受けるように定められている。妊娠期から乳幼児期までの健康に関する重要な情報を一つの手帳で管理ができる，子育て期の家族にとって重要な記録となる。母子健康手帳の様式は，母子保健法施行規則第7条で定められているが，日常生活上の注意や乳幼児の養育に必要な情報などを各市町村の判断で作成することが可能である。また，予防接種の接種状況を記録することで，予防接種済証に代えられる（予防接種法施行規則第4条）。　　（渡邊香織）

周産期母子医療センター

1996（平成8）年度から予算化された周産期医療対策事業により，周産期医療協議会で計画整備された，総合周産期母子医療センターと地域周産期母子医療センターの総称である。前者は相当規模のMFICU（母体・胎児集中治療室）を含む産科病棟及びNICU（新生児特定集中治療室）を含む新生児病棟を備え，常時の母体及び新生児搬送受入体制を有し，合併症妊娠（重症妊娠高血圧症候群，切迫早産等），胎児・新生児異常（超低出生体重児，先天異常児等）等母体又は児におけるリスクの高い妊娠に対する医療，高度な新生児医療等の周産期医療を行うことができるとともに，必要に応じて当該施設の関係診療科又は他の施設と連携し，産科合併症以外の合併症（脳血管障害，心疾患，敗血症，外傷等）を有する母体に対応することができる医療施設で，都道府県が指定するものである。後者は，比較的高度な医療を行う施設で，地域の診療所等からの救急搬送や総合周産期母子医療センターからの戻り搬送を受け入れる等，総合周産期母子医療センター1か所に対し数か所の割合で整備されることが望ましいとされている。　　（古山美穂）

医療援護

市町村には医療援護事業として，妊娠高血圧症候群や感染症などの疾患や障害をもつ人を対象に必要な医療を受けることができる様々な公費負担制度がある。例えば，妊娠高血圧症候群や糖尿病，貧血，産科出血及び心疾患など妊娠・出産に伴う疾患に罹患している妊婦が医療機関へ入院し必要な医療を受けた場合，その入院期間に応じて費用の一部が支給される。B型及びC型肝炎ウイルスの感染症の場合は，肝炎ウイルスの無料検査の実施や肝炎治療医療費の助成が行われている。感染症の対象には結核やエイズなど性感染症もある。その他，小児や難病などを対象とした治療に関わる医療費の助成などが行われている。　　（山田加奈子）

遺伝性疾患

染色体や遺伝子の変異によって起こる病気をいう。遺伝性疾患には，単一遺伝子病・多因子遺伝疾患・染色体異常などがあり，染色体や遺伝子の変異を親がもっていてそれが子に伝わる（遺伝する）場合と，親自身には全く変異がないにもかかわらず，突然変異によって，身体の細胞，精子，卵子の遺伝子・染色体に変異が生じ病気になる場合がある。20世紀末に始まったヒトゲノム解析の初めてのドラフトが21世紀にはいって完了した。これにより出生前診断および保因者診断の対象疾患数を飛躍的に増加した。最新の遺伝情報を知ることは，混乱や不安を生じる可能性が大きく，人間にとって両刃の剣となることが危惧されている。通常の病名告知とは異なり，いまだ症状もない段階で遠い将来の発症や子孫への継承の可能性を明らかにし，進学・結婚・

出産・就業等の人生設計の重大な変更を迫るものとなる。遺伝医療の場に心理臨床をはじめとする多職種チームによる支援が必要である。

【参考文献】伊藤良子監修／玉井真理子編集（2005）『遺伝相談と心理臨床』金剛出版。高久史麿ほか（1993）『遺伝子病入門』南江堂。　　　（佐保美奈子）

非侵襲性出生前遺伝学的検査（NIPT）

Non-Invasive Prenatal genetic Testing の略。検査法の確立当初は「新型出生前診断」と呼称されることがあったが，確定診断には至らないこと，年月がたち新型の形容は不適当であることから使用すべきではない（厚生科学審議会，2021）。染色体疾患の出生前診断法のうち，確定診断できる絨毛採取・羊水穿刺は，妊婦の腹部穿刺による流産リスクがある。2013（平成25）年から認定施設で導入された NIPT は，母体血中の胎児由来 DNA 分析により，21 番（ダウン症候群），18 番，13 番染色体が 3 本と多いトリソミー症候群に限り高精度で検出するが，確定診断ではない。染色体疾患の確率が上がる高齢妊婦の増加に伴い，NIPT は妊娠 10 週の早期から採血で侵襲なく検査できるため，陽性結果判明後，命の選別につながる倫理的問題が生じる。2013 年の厚生労働省の指針には「検査前後における専門家による十分な遺伝カウンセリングにより，検査を受ける妊婦やその家族等に検査の意義や限界などについて正確に理解していただくことが必要である」と明記されていたが，非認定施設による検査実施が増加した。2021（令和3）年「出生前検査認証制度等運営委員会」の指針に基づいて正しい情報提供および認可施設（実施医療機関・検査分析機関）の認証が行われる。

【引用文献】厚生労働省（2013）「『母体血を用いた新しい出生前遺伝学的検査』の指針等について（周知依頼）（雇児発母

0313 第 1 号）」。厚生科学審議会（2021）「NIPT 等の出生前検査に関する専門委員会報告書」。日本医学会出生前検査認証制度等運営委員会（2021）「NIPT 等の出生前検査に関する情報提供及び施設（医療機関・検査分析機関）認証の指針」。
→出生前診断④　　　　　（中嶋有加里）

保健指導

母子保健分野における保健指導とは，母子の健康の保持増進を目的として「母親，父親又は保護者自身が健康の向上に関し，知識と理解を持つとともに，専門的知識を有する者に積極的に相談し指導を受け，さらに，これを日常生活に生かして健康的な生活の実践をする」（厚生労働省，1996）ことができるように，母子保健専門職が指導を行うことを指す。母子保健法 第 10 条は，「市町村は，妊産婦若しくはその配偶者又は乳児若しくは幼児の保護者に対して，妊娠，出産又は育児に関し，必要な保健指導を行い，又は医師，歯科医師，助産師若しくは保健師について保健指導を受けることを勧奨しなければならない」としている。市町村に設置する子育て世代包括支援センター（母子保健法第 22 条における母子健康包括支援センター）を基盤に，保健医療，福祉，教育等の関係機関と多職種が役割分担を明確にして連携し，継続的・包括的に指導を行っていく（厚生労働省，2017）。

【引用文献】厚生労働省（1996）「母性，乳幼児に対する健康診査及び保健指導の実施について（児発第 934 号）」。厚生労働省（2017）「子育て世代包括支援センターの設置運営について（通知）（雇児発 0331 第 5 号）」。　　　（中嶋有加里）

HTLV-1 母子感染予防対策

HTLV-1（Human T-cell Leukemia Virus type-1：ヒト T 細胞白血病ウイルス 1 型）とは，有効な治療法がない ATL（Adult T-cell Leukemia：成人 T 細胞白血病）や HAM

（HTLV-1-associated myelopathy：HTLV-1 関連脊髄症）の原因ウイルスである。

ATL は，HTLV-1 が白血球中の T 細胞に感染し，がん化した細胞が無制限に増殖することで発症する。リンパ節腫脹が多くみられ，脾臓，肝臓，肺，消化管，中枢神経系，皮膚の発疹など全身に病状が及ぶ。T 細胞ががん化しているため，免疫力が低下し，日和見感染を起こしやすい。生涯発症率は約 5％である。HAM は難病指定で，生涯発症率は約 0.3％である。感染した T 細胞が脊髄で慢性炎症を起こし，歩行困難，両下肢のしびれ，排尿困難といった症状を呈する。

2010（平成 22）年，正しい知識・理解の普及，相談・診療体制の構築，感染予防や治療の研究推進を盛り込んだ「HTLV-1 総合対策」がとりまとめられた。感染経路は母子感染，血液移入（輸血・臓器移植），性交に限られる。感染経路の 6 割以上は，母乳を介しているため，母子感染対策が最も有効といわれており，妊婦健康診査では HTLV-1 抗体スクリーニング検査（公費）の実施が推奨されている。また HTLV-1 キャリアの場合は，人工栄養（推奨），凍結母乳栄養，短期間（生後 90 日まで）の母乳栄養を勧めている。

（古山美穂）

予防接種 B 型肝炎／B 型肝炎母子感染防止対策

B 型肝炎とは DNA ウイルスである B 型肝炎ウイルス（HBV）の感染である。その主な感染経路は，輸血，HBV キャリアとの性行為，医療従事者の針刺し事故など血液や体液による非経口感染が大部分である。出生時に母体血液から児に感染するリスクは高く，新生児は免疫能が弱いため症状は少ないが慢性肝炎に移行し，長期的な肝硬変，肝がんになりうる。

わが国では，1985（昭和 60）年から B 型肝炎母子感染防止事業が始まった。特に HBe 抗原が陽性の場合は 80〜90％母子感染することから（日本産科婦人科学会／日本産婦人科医会，2020），妊婦健診中の HBs 抗体検査（公費負担）で陽性になった妊婦を対象として，生後 12 時間以内に抗 HBs 免疫グロブリンを投与し，さらに HB ワクチンを生後 1 か月後と 6 か月後に投与する。

【引用文献】日本産科婦人科学会／日本産婦人科医会（2020）「"CQ606　妊娠中に HBs 抗原陽性が判明した場合は？"」『産婦人科診療ガイドライン──産科編』日本産科婦人科学会，308〜310 頁。

（山田加奈子）

先天性代謝異常

先天性代謝異常とは酵素の遺伝子の変異に基づく疾患である。疾患にはフェニルケトン尿症，ホモスチン尿症，メープルシロップ尿症，ガラクトース血症，先天性甲状腺機能低下症などがあり精神運動発達遅滞，知的障害などを発症する。例えば，フェニルケトン尿症は特定のアミノ酸が体内で正常に代謝されずに蓄積し臓器に障害をきたすことで，発達や知能に障害が現れる。また，先天性甲状腺機能低下症はおよそ出生 3,500 分の 1 と頻度の高い疾患である（河合・仁志田，2018）。甲状腺ホルモンが正常に分泌されないことにより顔面の形態異常や肝機能障害など心身の発育不良が起こる。しかし，先天性代謝異常症は早期発見・早期治療により心身障害の予防または軽減が可能であり，そのため先天性代謝異常症の新生児マス・スクリーニング検査は重要な手段である。

【引用文献】河合正彦・仁志田博司編（2018）「内分泌・代謝系の基礎と臨床　甲状腺ホルモン」『新生児学入門』医学書院，245〜248 頁。

（山田加奈子）

新生児マス・スクリーニング

2010 年代に入りタンデマス法が普及し，以前は先天性代謝異常症 6 疾患が対象であったが，現在は約 26 疾患に拡大された。

新生児マス・スクリーニングは都道府県，指定都市を実施主体として行われており，検査費用は公費負担である。実施方法は原則として生後4〜6日目に，濾紙を用いて新生児の足踵外側部から採血し，種々の先天性代謝異常をまとめて検査する。新生児期の先天性代謝異常症は結果が出るまでに約1か月かかる。検査結果が陽性または偽陽性の場合は専門機関で確定検査が行われ，治療やフォローアップが行われる。対象疾患にはフェニルケトン尿症，ホモスチン尿症，メープルシロップ尿症などがあり，早期発見により早期治療が可能であり，マス・スクリーニングは心身障害発生の予防の重要な手段である。　　　　　　　　　（山田加奈子）

妊娠・出産包括支援事業（産前・産後サポート事業及び産後ケア事業）

　産前・産後サポート事業とは，妊産婦等が抱える妊娠・出産や子育てに関する悩み等について，助産師等の専門家または子育て経験者やシニア世代等の相談しやすい「話し相手」等による相談支援を行い，妊産婦の孤立感解消を図ることを目的とした事業である。実施主体は市町村である。内容は，産前・産後の心身の不調に関する相談支援等である。実施方法は対象者の家に赴く「アウトリーチ型」，公共施設を活用する「デイサービス型」の2種類がある。

　産後ケア事業とは，市町村が主体となって行う，退院直後の母子に対して心身のケアや育児のサポートを行い，産後も安心して子育てができる支援体制を確保するための事業である。対象者は，産後に心身の不調または育児不安がある者，またはその他特に支援が必要と認められる者である。「宿泊型」「デイサービス型」「アウトリーチ型」の3つがあり，病院，診療所，助産所，自治体が設置する場所（保健センター等）などで実施されている。

【参考文献】厚生労働省（2017）「産前・産後サポート事業ガイドライン・産後ケア事業ガイドライン」。厚生労働省（2019）「妊産婦にかかる保健・医療の現状と関連施策」。　　　　　　　　　（大川聡子）

産後うつ

　産褥期は，母体の生理機能の変化や母親役割獲得に伴う心身の不安が増大するため，女性のライフサイクルの中でも精神機能障害が発症しやすい時期である。産後うつのスクリーニング指標として広く用いられているEPDS（エジンバラ産後うつ尺度）9点以上の者は，2017（平成29）年度は9.8％（山梨大学，2019）であり，近年増加している。この指標は健やか親子21（第2次）における保健水準の一つとされ，児童虐待予防の観点からも注目されている。

　産後うつでは，気分の落ち込み，楽しみの喪失，食欲，睡眠，意欲などに障害がみられ，罪責感や希死念慮を抱くこともある。産後うつの発症には，母親自身の性格特性，生育歴，出産年齢，うつ病の既往や，夫との関係性，サポートの有無など母親個人の性格特性や社会的環境など多様な要因が関連しているため，こうした項目を包括的にアセスメントし，早期に発見，治療や支援につなぐことが重要である。

【参考文献】宗田聡（2017）『これからはじめる周産期メンタルヘルス——産後うつかな？と思ったら』南山堂。

【引用文献】山梨大学（2019）「平成30年度子ども・子育て支援推進調査研究事業『健やか親子21（第2次）』中間評価を見据えた調査研究事業報告書」。

　　　　　　　　　（大川聡子）

母原病

　久徳重盛（当時，愛知医科大学小児科教授）が，1979（昭和54）年『母原病——母親が原因でふえる子どもの異常』（教育研究社）で初めて使った言葉である。久徳は，喘息を例にし，「厚着をさせた

り，少しの鼻水で入浴をやめさせたりする過保護型の母親と，子どもを委縮させるガミガミ型の母親がおり，母親の考え方や接し方が子どもの性格や体質にまで影響し，治療の効果が得られない母親が原因の病気」と記している。「症状の間接的な原因として，世の中が文明化し，都市化が進み，子どもの育つ環境が自然さをなくしてしまったこと，直接的には親の育児感覚が狂ってしまって間違った親子関係を続けてきたことによって，子どもの心身のたくましさが失われた結果である」と述べている。医学的な診断名ではない。養育は女性の役割であるというジェンダーの問題もはらむ言葉である。科学的な根拠はないため，今後の研究に依拠したい。　　　　　　　（古山美穂）

夫源病

　石蔵文信（当時，大阪大学大学院医学系研究科准教授）が，2011（平成23）年『夫源病——こんなアタシに誰がした』（大阪大学出版会）で用いた言葉である。男性更年期外来において，付き添う妻もストレスが高い状態にあり，彼女らの更年期障害の原因に夫の何気ない行動や言動がある場合が多いことに気づき命名された。頭痛，めまい，吐き気，動悸などが激しくなり，医療機関を受診するが器質的な原因がない状態（石蔵，2012）を指し，主人在宅ストレス症候群（黒川，2005）と類似しているが，明確な区別はされていない。夫からのストレスを数値化することは不可能なため科学的根拠は全くない（石蔵，2012）としている。医学的診断名ではないが，女性の心身の不調に対し，ストレス源である夫が理解，協力し，夫婦でのカウンセリングなど夫という視点で捉え直すことで解決できる可能性があるとしている。

【引用文献】石蔵文信（2012）「中高年を苦しめる夫源病と男性更年期障害」『女性心身医学』17（2），188～192頁。黒川順夫（2005）『新・主人在宅ストレス症候群』双葉社。　　　　　（古山美穂）

母子愛育会

　社会福祉法人恩賜財団母子愛育会は，児童及び母性の強化並びに養護に関する施設を講ずることを目的として1934（昭和9）年に創立した。創立当初に設けた「愛育調査会」による調査の結果，農山漁村の乳児死亡率が著しく高いことが判明した。そのため1936（昭和11）年に農山漁村を「愛育村」「愛育班」に指定し，地域の女性が中心となり自ら新しい保健知識を身につけるとともに，近隣の妊産婦や乳幼児を見守り，助け，支えて母子の健康づくりに貢献する活動を開始し，その後，全国に「愛育班活動」を展開した。母子の健康・養護・福祉を増進するために，研究所，総合母子保健センター，クリニック，幼稚園，保育所，養護学校などを開設している。

【引用文献】母子愛育会ホームページ。
　　　　　　　　　　　　　（中嶋有加里）

愛育班員

　「愛育班活動」とは，健康づくりを目的に，地域の人々すべてを対象にし，みんなで生活の中から健康問題を出し合い，解決しようとする組織活動である。「愛育班員」は健康で住みよいまちづくりを目指して，これらを実現するために，小規模な生活圏を基盤とした組織「愛育班」において，行政と連携・協働して活動する人である。主な活動内容は「声かけ・見守り，受持ち家庭の訪問」「身近な健康問題について話し合う定期会議の開催」「子育てグループ育成，育児体験学習会，3世代交流会，健康学習会などの開催，機関紙発行など地域のニーズに応じた活動」「健康なまちづくりのための提言，健診受診の案内や勧め，健康・福祉に関する行事の参加など，行政との連携・協働による活動」である。

【引用文献】母子愛育会ホームページ。

（中嶋有加里）

乳幼児死亡率

　厚生労働省による人口動態統計では，乳児死亡率と死亡率が公表されている。幼児の死亡率は，年齢階級別に区分されている死亡率により確認できる。乳児死亡率は，出生 1,000 に対する生後 1 年未満の死亡数として表す。「地域及び社会全体の生活水準や衛生状態，保健水準を反映する 1 つの指標と考えられている」（母子衛生研究会，2019）ため死亡統計として取り上げられている。幼児の年齢は，母子保健法と児童福祉法では，1 歳から小学校就学の始期に達するまでの者であるが，厚生労働省の死亡率は 1〜4 歳の年齢区分で分けられている。世界子供白書では，子どもの福祉の極めて重要な指標の 1 つとして 5 歳未満児死亡率が提示されている。

【引用文献】母子衛生研究会（2019）『わが国の母子保健』母子保健事業団。

（渡邊香織）

未熟児養育医療

　養育医療の対象は，医師が入院養育を必要と認める母子保健法第 6 条第 6 項に規定する未熟児である（厚生労働省，1987）。未熟児とは「身体の発育が未熟のまま出生した乳児であつて，正常児が出生時に有する諸機能を得るに至るまでのものをいう」。具体的には，出生時体重 2,000g 以下または子宮外生活に適応する生命機能が薄弱であるもので，その症状は，(ア)一般状態：運動不安，けいれん，運動が異常に少ない，(イ)体温 34℃以下，(ウ)呼吸器，循環器系：強度チアノーゼ持続，繰り返すチアノーゼ発作，呼吸数 50 回／分以上で増加傾向，30 回／分以下，強い出血傾向，(エ)消化器系：生後 1 日以上排便なし，2 日以上嘔吐持続，血性吐物，血性便，(オ)黄疸：生後数時間以内に出現，強度の黄疸，のいずれかを示す。生後速やかに設備・体制が整った

指定養育医療機関で，適切な養育医療が受けられるようにする。指定養育医療機関で入院養育を受けた未熟児の保護者に対して，市町村は申請に応じて医療を給付し，必要に応じて保健所職員等が訪問指導を行う。

【引用文献】厚生労働省（1987）「未熟児養育事業の実施について（児発第 668 号）」。

（中嶋有加里）

低出生体重児

　出生体重 2,500g 未満の生児。英語では low birth weight infant という。1,500g 未満の出生児を極低出生体重児，1,000g 未満の出生児を超低出生体重児と呼ぶ。低出生体重児の中には，早産で生まれた児（在胎 37 週未満）と，胎内での発育が遅延した児（胎児発育不全児）の 2 つがある。胎児発育不全児となる原因としては，母体の体格，低栄養，喫煙，妊娠高血圧症候群，子宮筋腫，卵巣のう腫，多胎，甲状腺機能亢進症・低下症などがあり，胎児要因としては，ポッター症候群，18 トリソミーなどがある。また，胎盤・臍帯要因として，周郭胎盤，臍帯過捻転，臍帯卵膜付着などがある。（髙　知恵）

NICU

　Neonatal Intensive Care Unit の略語で，新生児特定集中治療室のことである。24 時間連続して新生児の呼吸・循環・代謝などの管理をし，高度医療機器や設備，専門医師，看護師などを配した高度医療施設である。NICU に入室する児は，生理学的システムが未熟な児が多いため，過剰刺激や感覚の負荷，ストレス源となるものを減らすことが重要であり，構造，照明，騒音管理，感染管理，家族スペースなどの点で推奨される基準がある。NICU の適応新生児は，超低出生体重児，酸素投与を必要とする極低出生体重児，補助呼吸を必要とする児，高濃度酸素（60％以上）を必要とする呼吸障害児，治療を必要とする無呼吸発作が持続する

児，ショックなどで循環系モニターを必要とする児，動脈ラインの入っている児，挿管されている児，交換輸血を必要とする児，けいれん重積の児，経静脈栄養を行っている児などである。　　　（髙　知恵）

GCU

Growing Care Unit の略語で，新生児回復期治療室，継続保育室，発育支援室など，様々な訳語があてられている。NICU で治療を受け状態が安定した児や，輸液，酸素投与等の処置及び心拍呼吸監視装置の使用を必要とする新生児の治療を集中して行う高度医療施設である。NICU では，早産児など生理的機能が未熟な児が成長できるように，母親の子宮内環境になるべく近づけるため，室温は高く保たれ，照明も暗くし，騒音などに配慮された静かな環境づくりがなされている。一方で，GCU は退院に向けて自宅のような環境に近づけるために，昼間は明るく，夜間は照明を落とすなどして，昼夜のリズムをつけるような環境づくりがなされている。　　　（髙　知恵）

小児慢性特定疾患治療研究事業

子どもの慢性疾患のうち，小児がんなど特定の疾患は，治療期間が長く，医療費が高額となる。本事業は，児童の健全育成を目的として，疾患の治療方法の確立と普及，患者家庭の医療費の負担軽減につながるよう，医療費の自己負担分を補助するものである。対象は 18 歳未満の児童で，対象疾患は，①慢性に経過する疾病，②生命を長期に脅かす疾病，③症状や治療が長期にわたって生活の質を低下させる疾病，④長期にわたって高額な医療費の負担が続く疾病で，1〜4 すべての要件を満たし，厚生労働大臣が定めるものである。2005（平成 17）年に児童福祉法が改正され，法律に基づく事業として法制化された。2018（平成 30）年4 月から，成長ホルモン治療が助成対象となった。医療費助成に係る自己負担上限額は世帯の収入や重症度によって異なる。小児慢性特定疾病の医療費助成の申請は，指定医療機関の医師より手交された小児慢性疾病の医療意見書を添付のうえ，医療費助成の申請を都道府県，指定都市，中核市に提出する。小児慢性特定疾病審査会にて対象患者の審査を行う。都道府県，指定都市，中核市より患者・家族に認定・不認定通知をするという流れになる。　　　（佐保美奈子）

育成医療（自立支援医療）

2006（平成 18）年度（旧制度は 1954 年度）に法制化された。児童福祉法第 4 条第 2 項に規定する障害児（障害に係る医療を行わないときは将来障害を残すと認められる疾患がある児童を含む）で，その身体障害を除去，軽減する手術等の治療によって確実に効果が期待できる者に対し，生活の能力を得るために必要な自立支援医療費の支給を行うものである。

対象となる障害は以下のものである。①視覚障害によるもの，②聴覚，平衡機能の障害によるもの，③音声機能，言語機能又はそしゃく機能の障害によるもの（唇顎口蓋裂に伴う歯科矯正を含む），④肢体不自由によるもの，⑤心臓，腎臓，呼吸器，膀胱，直腸又は小腸の機能の障害によるもの，⑥先天性の内臓の機能の障害によるもの（⑤に掲げるものを除く），⑦ヒト免疫不全ウイルスによる免疫の機能の障害によるもの。

申請には，「自立支援医療費（育成）申請書」「自立支援医療費（育成）意見書」「所得・税額調査同意書」などが必要である。原則，医療費の 1 割が自己負担であるが，世帯の市民税額等に応じてひと月あたりの負担上限額を設定している。　　　（佐保美奈子）

小児救急医療体制

小児救急診療の患者の多くが軽症者であり，夕刻から準夜帯（18 〜23 時まで）にかけて受診者が多くなることが指摘さ

れている。小児救急における受療行動には，少子化，核家族化，夫婦共働きといった社会情勢や家庭環境の変化に加え，保護者等による専門医指向，病院志向が大きく影響していると指摘されている。夜間や休日に，子どもの病気やけがへの対応について，保護者等の不安を軽減し，不要不急の受診を抑制するため，全国共通ダイヤルで看護師や小児科医師からアドバイスを受けられる「小児救急電話相談事業」が2004（平成16）年度から開始された。2010（平成22）年度以降は全都道府県で実施されており年間相談件数は，2010（平成22）年度の46.6万件から，2016（平成28）年度は約86万件と増加しており，相談対応者確保に向けた研修が実施されている。　　　（佐保美奈子）

心肺蘇生法

　呼吸や心臓が停止またはそれに近い状態にある者に対して心肺機能を補助するために行う救急救命処置である。胸を強く圧迫する胸骨圧迫と口から肺へ息を吹き込む人工呼吸によって心臓と呼吸の動きを助ける方法である。手順としては，対象者の状態を確認しながら，意識の確認，気道確保，人工呼吸，心臓マッサージ（胸骨圧迫），AED（自動体外式除細動器）による除細動などを行う。日本蘇生協議会の「JRC蘇生ガイドライン2015」では，胸骨圧迫について，「胸骨圧迫の部位は胸骨の下半分とする。深さは胸が約5cm沈むように圧迫するが，6cmを超えないようにする。1分間あたり100〜120回のテンポで圧迫する。小児における深さは胸の厚さの約3分の1とする。毎回の胸骨圧迫の後には，胸を完全に元の位置に戻すために，圧迫と圧迫の間に胸壁に力がかからないようにする。胸骨圧迫の中断は最小にすべきである」と記載されている。　　　（根来佐由美）

AED

　Automated External Defibrillator の略で，心肺蘇生時に医療関係者のみならず，一般人も使用できる自動体外式除細動器のことである。コンピュータ化された医療機器で，傷病者の心臓のリズムを調べ，治療のために電気ショックが必要だと判断された時は，音声，点滅，文字メッセージなどで救護者に手順を伝える。救護者は手順通りに実施することで，傷病者に電気ショックを加えることができる。突然の心臓突然死の原因の多くは，心室細動と呼ばれる重篤な不整脈である。心室細動になると心臓は震えるのみで血液を送り出せなくなり，いわゆる心停止の状態となる。心室細動からの救命には迅速な心肺蘇生と電気ショックが必要となり，その際に電気ショックを与えることができる。　　　（髙　知恵）

SIDS（乳幼児突然死症候群）

　Sudden Infant Death Syndrome の略で，シッズとも呼ばれる。何の予兆や既往歴もなく，主に睡眠中に起こり，乳幼児に突然の死をもたらす原因がわからない病気である。窒息による死亡とは異なる。日本での発生数は減少傾向にあり，2018（平成30）年の人口動態統計によると，61人（1歳未満は57人）となっている。SIDSの診断は剖検および死亡状況調査に基づき，原因不明の乳幼児の突然死と判断されれば警察に届け出る必要がある。
　予防方法は確立していないが，①1歳になるまでは寝かせる時はあおむけで寝かせる，②できるだけ母乳で育てる，③妊婦の喫煙，妊婦・乳幼児のそばでの喫煙をやめるなどに留意することで発生率を低くすることができるといわれている。　　　（安本理抄）

新生児訪問指導事業

　生後28日までの新生児に対し，医師や助産師，保健師が家庭訪問にて保健指導を行うもので，母子保健法第11条に基づき市区町村が実施している事業である。新生児は外界における抵抗力が弱く，

疾病や栄養や環境等に留意する必要があること，特に第1子の母親にとっては子育てに慣れていない時期であることから，育児に対する不安等で支援が必要な場合に実施される。実際には，母子健康手帳に綴じられている出生連絡はがきを母親が送付，あるいは母親が家庭訪問を希望した場合に行われている。なお，2,500g未満で出生した未熟児には同第19条による未熟児保健指導事業が行われている。

　2014（平成26）年から実施されている乳児家庭全戸訪問事業（こんにちは赤ちゃん事業）は生後4か月までが対象，子育て支援や養育環境の把握が主要な目的であるが，新生児家庭訪問における対象者や事業目的と重なる部分が大きい。そのため，市区町村によってはこの2つの事業の実施方法を工夫して，保健福祉の両面からの子育て支援を展開している。
→乳児家庭全戸訪問事業 41 （都筑千景）

乳幼児健康診査事業／乳幼児健康診査

　乳幼児健康診査とは，母子保健法第12条および13条に規定されている，市町村が主体となって行う乳幼児を対象とした健康診査事業である。1歳6か月児健診および3歳児健診は，母子保健上に定義づけられている法定健診ともいわれる。それ以外の3〜4か月児健診，乳児後期健診は市町村が必要に応じて行うとされている。わが国における乳幼児健診の受診率は高く，2018（平成30）年度は3〜5か月児95.8%，1歳6か月児96.5%，3歳児95.9%である。

　乳幼児健診で取り扱う健康課題は発育・栄養状況の改善，疾病の早期発見と治療，親子の関係性や親のメンタルヘルス，子どもの虐待の未然防止など，時代とともに変遷してきた。現在はそれが重層化していることが特徴であり，健康課題のスクリーニングだけでなく，支援の視点も重要である。これに対応できるよう従事する職種も，医師・歯科医師，保健師，看護師，助産師，歯科衛生士，栄養士，心理職，保育士など多岐にわたっている。

【参考文献】厚生労働省（2020）「平成30年度地域保健・健康増進事業報告の概況」。国立研究開発法人国立成育医療研究センター（2018）「乳幼児健康診査事業実践ガイド」。　（大川聡子）

自立支援医療費制度

　障害児・者に対する公費負担医療である。支給対象は，①更生医療，②育成医療，③精神通院医療の3種類である。これらの制度は2006（平成18）年の障害者自立支援法施行に伴い，自立支援医療に移行した。①更生医療とは，身体障害者の日常生活能力または職業能力の回復や向上のために，障害の軽減等を目的として行う医療であり，内訳として最も多いのは，内臓障害に関するものである。②育成医療とは身体に障害のある児童に対する，その身体障害を除去，軽減する治療である。認定件数は年々減少している。最も多いのは，音声・言語・咀嚼機能障害に関するものである。③精神通院医療とは，精神障害者の心身の障害を除去・軽減する通院での治療である。利用者負担については，過大なものとならないよう所得に応じて一か月あたりの負担額を設定されている（満たない場合は1割），重度かつ継続が必要な者，育成医療の中間所得層については，さらなる軽減措置が実施されている。

【参考文献】厚生労働統計協会編（2019）『国民衛生の動向　2020／2021』。厚生労働省ホームページ「自立支援医療」。　（大川聡子）

児童手当

　市区町村が行っている子育ての経済的支援策の一つである。児童扶養手当は主としてひとり親世帯，特別児童扶養手当は障害児がいる世帯を対象としているも

のであるが，児童手当は一般の児童を対象としている制度である。1972（昭和47）年から創設されたが，当初は第3子以降が対象であったり，対象が第2子以降に拡大された際にも3歳未満のみに抑えられるなど，すべての子どもに義務教育終了までの支給となるまでは長期間を要した。現在は，内閣府における子ども・子育て支援法の「子どものための現金給付」と位置づけられている。児童手当の支給対象は中学校卒業までの児童の養育者で，子どもが施設などに入所している場合は，原則その施設の設置者や里親に支給される。支給には所得制限があるが，当分の間の特例給付として，所得制限以上の世帯にも支給が行われている。

（都筑千景）

子どもの心の診療ネットワーク事業

発達障害，不登校，家庭問題，虐待など様々な子どもの心の問題にともなう，子どもの心の診療の充実が求められている。これに対応するために，都道府県および指定都市などの地方自治体が主体となり，事業の主導的な役割を担う拠点病院を中心に，地域の医療機関ならびに児童相談所，保健所，市町村保健センター，要保護児童対策地域協議会，発達障害者支援センター，児童福祉施設および教育機関，警察などが連携して子どもたちのケアを行う事業である。また，地域でのよりよい診療のため，子どもの心を専門的に診察できる医師・専門職の育成や，地域住民に向けた子どもの心の問題に関する正しい知識の普及を実施している。さらに，地域内のみならず，事業に参加している自治体間の連携も強化されている。

事業内容は，①子どもの心の診療支援事業，②子どもの心の診療関係者研修・育成事業，③普及啓発，情報提供事業などである。2019（令和元）年度の参画自治体は20都府県である。

【参考文献】厚生労働統計協会編（2019）『国民衛生の動向　2020／2021』。子どもの心の診療ネットワーク事業中央拠点病院国立成育医療研究センターこころの診療部「母子保健医療対策総合支援事業　子どもの心の診療ネットワーク事業」チラシ。

（大川聡子）

放課後児童クラブ

放課後児童健全育成事業を行う場所を指す。放課後児童健全育成事業とは，小学校に就学している子どもの保護者が労働等により昼間家庭にいない者に，授業の終了後に適切な遊び及び生活の場を与え，子どもの状況や発達段階を踏まえながら健全な育成を図る事業である。登録児童数は年々増加しており，2019（令和元）年は129万9,307人，クラブ数2万5,881か所である。利用できなかった児童数は1万8,261人で，小学4年生が最も多く，都道府県別では東京都，埼玉県，千葉県で全体の4割弱を占める。開設状況では，午後6時30分を超えて開所している施設が56.8％を占め増加傾向にある。放課後児童クラブには，支援の単位ごとに2人以上の放課後児童支援員を置かなければならないが，そのうち1人は補助員に代えることができる。支援員の主な資格は保育士である。今後の課題として，支援員の確保と，特別な支援が対応な児童への対応が挙げられる。

【参考文献】厚生労働省雇用均等・児童家庭局育成環境課「放課後児童クラブ運営指針」。厚生労働省子ども家庭局子育て支援課「令和元年（2019年）放課後児童健全育成事業（放課後児童クラブ）の実施状況」。

（大川聡子）

予防接種麻しん・風しん混合

予防接種法に基づき市町村が実施する定期予防接種の一つで，A類疾病（発生や蔓延を予防する社会防衛目的）に分類される。風しんは風しんウイルスの飛沫感染が原因で，成人が風しんにかかると小

児より重症化する傾向が強いが，重篤な合併症を併発することはほとんどない。症状は全身性斑状皮疹，頸部リンパ節腫脹，発熱が特徴的である。しかし，妊婦が妊娠初期に風しんに感染すると，出生した児は白内障，心奇形，聴力障害，知能障害など先天性風しん症候群を発症する可能性がある。おおむね妊娠12週未満の感染では50％以上に発症するといわれている（駒瀬，2008；日本産科婦人科学会／日本産婦人科医会，2020）。麻しんは麻しんウイルスによる空気感染が原因である。症状は発熱や白色粘膜疹，発疹が特徴的である。以前は麻しん，風しん，ムンプスの三疾病を一度に予防するMMR三種混合ワクチンが接種されていたが，ムンプスワクチンの成分による無菌性髄膜炎が問題となり，2006（平成18）年より麻しん・風しん混合ワクチンの接種が生後12〜23か月と小学校前1年間の2回行われるようになった。

【引用文献】駒瀬勝啓（2008）「風疹ワクチンの効果と再感染」『臨床とウイルス』36(1)，32〜38頁。日本産科婦人科学会／日本産婦人科医会（2020）「"CQ605 妊婦における風疹疾患の診断と児への対応は？"」『産婦人科診療ガイドライン：産科編』304〜307頁。　　（山田加奈子）

予防接種水痘

　予防接種法に基づき市町村が実施する定期予防接種の一つで，A類疾病（発生や蔓延を予防する社会防衛目的）に分類される。水痘は水痘・帯状疱疹ウイルスによる空気感染が原因である。12〜7月に感染が多く，年齢は9歳以下がほとんどである。症状は発熱，発疹が特徴的である。発疹は全身性で掻痒を伴い紅斑，丘疹を経て短時間で水泡となり痂皮化する。感染力が比較的強く，家庭内接触での発症率は90％といわれている。多く予後良好な疾患だが，成人がかかると重症化しやすく肺炎を合併することもある。ま

た，妊娠中の水痘感染が初感染の場合，妊娠初期では流産，中期以降では先天性水痘症候群を起こすことがある。先天性水痘症候群は出生児の皮膚瘢痕，発育障害，神経系の異常，眼球の異常，骨格の異常を引き起こすことがある（Auriti et al., 2009）。予防接種は生後12か月から生後15か月までの間に1回目を接種し，1回目から接種後3か月後以上の間隔をおいて生後36か月までに2回目を接種する。

【引用文献】Auriti, C. et al. (2009) Congenital varicella syndrome : still a problem?, *Fetal Diagnosis and Therapy*, 25 (2), pp.224-229.　　（山田加奈子）

予防接種日本脳炎

　予防接種法に基づき市町村が実施する定期予防接種の一つで，A類疾病（発生や蔓延を予防する社会防衛目的）に分類される。予防接種法に基づき市町村が実施する定期予防接種の一つで，日本脳炎は日本脳炎ウイルスによって蚊を介して感染する。突然の高熱，頭痛，嘔吐などで発病し，意識障害や麻痺等の神経系の障害を引き起こし，後遺症を残すことや死に至ることもある。ワクチン接種により，罹患リスクを75〜95％減らすことができる。第1期として，初回接種は3〜4歳の期間に6〜28日までの間隔をおいて2回実施し，追加接種は2回目の接種を行ってからおおむね1年を経過した時期に1回実施する。さらに，第2期として9〜12歳までの期間に1回接種する。なお，予防接種後に重い疾患が生じた事例があったことをきっかけに，2005（平成17）年度から2009（平成21）年度までは積極的勧奨の差し控えが実施されたがその後新たなワクチンが開発され，現在は日本脳炎の予防接種を通常通り受けられるようになっている。

【参考文献】厚生労働省「定期接種実施要領」。厚生労働省「感染症情報（日本

脳炎）」。　　　　　　　　（根来佐由美）

予防接種二種混合

　予防接種法に基づき市町村が実施する定期予防接種の一つで，A類疾病（発生や蔓延を予防する社会防衛目的）に分類される。二種混合の予防接種は，四種混合ワクチンの効果を持続させる目的で行われる。二種混合ワクチンはジフテリア菌と破傷風菌の毒素を無毒化したトキソイドを混合した不活化ワクチンである。ワクチン接種によりジフテリア，破傷風に対する抗体をつくり，ジフテリアは95％程度罹患リスクを減らすことができ，破傷風は100％に近い人が十分な抗体を獲得すると報告されている。11～12歳の期間に1回接種する。

【参考文献】厚生労働省「定期接種実施要領」。厚生労働省「感染症情報（ジフテリア）」。厚生労働省「感染症情報（破傷風）」。　　　　　　（根来佐由美）

予防接種四種混合

　予防接種法に基づき市町村が実施する定期予防接種の一つで，A類疾病（発生や蔓延を予防する社会防衛目的）に分類される。2012（平成24）年11月に導入された四種混合（DPT-IPV）ワクチンは，ジフテリア・百日せき・破傷風・ポリオ混合ワクチンと呼ばれ，4つの病原菌に対する混合ワクチン製剤であり，ジフテリア，百日せき，破傷風，ポリオ（急性灰白髄炎）を予防する不活化ワクチンである。ワクチン接種により，ジフテリアは95％程度，百日せきは80～85％程度罹患リスクを減らすことができ，破傷風は100％に近い人が，ポリオは99％の人が十分な抗体を獲得すると報告されている。初回接種として生後3～12か月の期間に20～56日までの間隔をおいて3回実施し，追加接種として3回目の接種を実施してから6か月以上の間隔（標準的には12～18か月の間隔）をおいて1回接種する。

【参考文献】厚生労働省「定期接種実施要領」。厚生労働省「感染症情報（ジフテリア）」。厚生労働省「感染症情報（百日せき）」。厚生労働省「感染症情報（破傷風）」。厚生労働省「感染症情報（不活化ポリオ）」。　　　　（根来佐由美）

予防接種Hib

　予防接種法に基づき市町村が実施する定期予防接種の一つで，A類疾病（発生や蔓延を予防する社会防衛目的）に分類される。Hib感染症はヘモフィルスインフルエンザ菌b型という細菌によって発生する疾患で，そのほとんどが5歳未満で発生する。主に咳やくしゃみなど飛沫を吸い込んで感染し，症状がないまま菌を保有している子どもも多くいる。この菌が何らかのきっかけで進展すると，肺炎，敗血症，髄膜炎，化膿性の関節炎等の重篤な疾患を引き起こすことがあり，死に至ったり難聴などの後遺症を残したりすることもある。ワクチン接種により，罹患のリスクを95％以上減らすことができる。初回接種は，生後2～7か月までの期間に開始し，27～56日の間隔をおいて3回接種する。追加接種は，初回接種終了後から7～13か月後に1回接種する。

【参考文献】厚生労働省「定期接種実施要領」。厚生労働省「感染症情報（Hib感染症）」。　　　　　　（根来佐由美）

予防接種肺炎球菌

　予防接種法に基づき市町村が実施する定期予防接種の一つで，A類疾病（発生や蔓延を予防する社会防衛目的）に分類される。肺炎球菌感染症は肺炎球菌という細菌が原因で，主に咳やくしゃみなど飛沫を吸い込んで感染する。この菌は鼻や喉などに常在し，抵抗力が弱まった時に症状が出現し，肺炎や中耳炎，敗血症，髄膜炎等になったり，血液中に菌が侵入したりして重篤な状態になることがある。特に髄膜炎をきたした場合には死

に至ったり，難聴，精神発達遅滞，四肢麻痺，てんかんなどの後遺症を残したりする。ワクチン接種により，罹患のリスクを95％以上減らすことができる。初回接種は，生後2〜7か月までの間に開始し，27〜56日以上の間隔をおいて3回接種する。追加接種は，初回接種の3回目実施後，60日以上の間隔をおいて1回接種する。

【参考文献】厚生労働省「定期接種実施要領」。厚生労働省「感染症情報（肺炎球菌感染症）」。　　　　（根本佐由美）

予防接種 BCG

　予防接種法に基づき市町村が実施する定期予防接種の一つで，A類疾病（発生や蔓延を予防する社会防衛目的）に分類される。開発者の名前から，BCG（Bacillus Calmette-Guérin：カルメット・ゲラン菌）と呼び，ウシ型菌を継代培養して作った結核の予防ワクチンである。わが国では，乳幼児における重篤な結核である結核性髄膜炎と粟粒結核の発症予防を目的に，古くから定期接種が行われている。かつてはツベルクリン反応検査陰性の場合に接種していたが，現在は生後1歳に至るまでに1回直接接種を行う。

　上腕外（伸）側のほぼ中央に，管針を皮膚に垂直に強く押して接種するため「はんこ注射」とも呼ぶ。接種後10日頃に個々の針跡部に小さな発赤や化膿が生じ，接種後4週間頃に最も強くなり，3か月頃には小さな跡が残るだけになる。
　　　　　　　　　　　　　　　（安本理抄）

アレルギー児

　アレルギー疾患をもつ子ども。アレルギーとは，本来異物から人間の体をまもるための仕組みである免疫反応が，過剰に反応することによって体の中で様々な弊害を引き起こす状態のことをいう。このアレルギーによる子どもに多い疾患は，気管支喘息，アトピー性皮膚炎，アレルギー性鼻炎，アレルギー結膜炎などが挙

げられる。また，アレルギー疾患のメカニズムは似ているため，複数のアレルギー疾患を併せ持つ子どもも多い。気管支喘息は家の中のほこりやダニ，犬や猫などの動物の毛やフケ，アトピー性皮膚炎は卵，牛乳，小麦，アレルギー性鼻炎やアレルギー性結膜炎はスギ・ヒノキなどの花粉や動物の毛やフケ，家の中のほこりやダニなどが原因となって症状を引き起こす。この他，卵，牛乳，小麦などの食物アレルギーも子どもに多い。（大野志保）

食物アレルギー

　特定の食物を摂取した後にアレルギー反応を介して皮膚・呼吸器・消化器あるいは全身性に生じる症状のことをいう（厚生労働省，2019）。アレルギーの原因となる食物は，アレルゲンと呼ばれ，子どもでは，鶏卵，牛乳，小麦が多く，この他ピーナッツ，果物類，甲殻類なども挙げられる。症状も多岐にわたり個人差があるが，蕁麻疹がでる，皮膚が赤くなる，かゆくなるなどの皮膚症状が出ることが多い。アレルギー疾患は，成長とともに自然によくなっていくこともあり（北垣，2015），鶏卵，牛乳，小麦などに対する食物アレルギーの場合は，成長とともに症状が改善することが多く小学校入学前には摂取できるようになることが多い。逆にピーナッツなどのナッツ類，魚，エビ，カニ，ソバなどに対するアレルギーの場合は長期にわたり症状が続くことが多い（北垣，2015）。

【引用文献】厚生労働省（2019）「保育所におけるアレルギー疾患ガイドライン（2019年改訂版）」。北垣毅（2015）『すぐに使えてよくわかる養護教諭のフィジカルアセスメント』少年写真新聞社。
→食物アレルギー 25　　　　（大野志保）

アナフィラキシーショック

　アレルギーの原因物質となる食べ物や薬を体内に摂取したり，昆虫やラテックス（天然ゴム手袋）に接触したりした後，

数分から数十分の短時間に全身に現れる急性のアレルギー反応のことをいう。アナフィラキシーの症状は，蕁麻疹が出たり，皮膚が赤くなる，むくむ，かゆくなるなどの皮膚症状や咳が止まらなくなったり，ゼーゼーして息が苦しくなる呼吸器症状，声がかすれたり喉の違和感などの上気道症状，腹痛や気持ちが悪くなる，嘔吐や下痢が止まらないなどの消化器症状などである。この他にも自覚症状として，目の前が急に暗くなったり全身の力が抜ける，唇や手足がしびれるなどの症状が現れることもある。さらに症状が急激に進行して，初めのアナフィラキシー症状が現れてから数分から数十分後に，血圧が低下し意識障害などのショック症状を引き起こし，生命にかかわる重篤な状態になることもある。
→アナフィラキシーショック[20]
（大野志保）

除去食

アレルギー対応において，食物アレルギーの原因となる食品を除去して提供する食事のことをいう。保育所や幼稚園の給食で除去食対応をする場合は，安全管理の観点から，食物アレルギーの原因食品の完全除去が基本とされている。除去食対応にあたっては，保護者からの申し出だけで対応するのではなく，「保育所におけるアレルギー疾患生活管理指導表」（保育所）や「学校生活管理指導表（アレルギー疾患用）」（幼稚園）を活用し，医師の診断および指示等の根拠に基づいた対応が必要である。食物アレルギーの有病率は，乳幼児期が最も高いが，成長とともに治癒することが多いことから，除去食の定期的な見直しが必要である（厚生労働省，2019）。
【引用文献】厚生労働省（2019）「保育所におけるアレルギー疾患ガイドライン（2019年改訂版）」。　（大野志保）

代替食

アレルギー対応において，食物アレルギーの原因となる食品を除き，それに代わる食材を補って栄養価を確保して提供する食事のことをいう。成長が著しい乳幼児期のアレルギー対応においては，発育の観点から栄養価が十分に確保された食事が提供される必要があるため代替食での給食対応は重要であるが，安全管理の観点からは，完全除去食の対応を基本としている（→除去食）。保育所や幼稚園の給食で代替食対応をとる場合は，保護者からの申し出だけで対応するのではなく，「保育所におけるアレルギー疾患生活管理指導表」（保育所）や「学校生活管理指導表（アレルギー疾患用）」（幼稚園）を活用し，医師の診断および指示等の根拠に基づいた対応が必要である。　（大野志保）

エピペン®

アドレナリン自己注射薬のことで，アナフィラキシーを起こした際に医師の治療を受けるまでに一時的に症状の進行を緩和して，急激な血圧の低下などのショック症状を予防するために使用するアナフィラキシー補助治療剤のことをいう。エピペン®を使用すべき症状は，日本小児アレルギー学会が次のように規定している。消化器の症状：繰り返し吐き続ける，持続する強い（がまんできない）おなかの痛み，呼吸器の症状：のどや胸が締め付けられる，声がかすれる，犬が吠えるような咳，持続する強い咳込み，ゼーゼーする呼吸，息がしにくい，全身の症状：唇や爪が青白い，脈を触れにくい・不規則，意識がもうろうとしている，ぐったりしている，尿や便を漏らす（日本小児アレルギー学会，2014）。

なお，エピペン®の処方には専門医の診断が必要であり，体重が15kg以下の子どもには使用できない。
【引用文献】日本小児アレルギー学会（2014）「一般向けエピペン®の適応」。

（大野志保）

法定伝染病

1897（明治30）年施行の伝染病予防法に定められた人から人に伝染する疾病を指していたが，1998（平成10）年に法律が廃止された。現在は，家畜伝染病予防法に定められる蹄疫や狂犬病，豚コレラなどを指す。牛，山羊，豚，鹿，いのしし，鶏，あひる，うずらなど家畜に伝染病等が見られた場合は，家畜保健衛生所に届け出をすることが定められている。

（安本理抄）

生活習慣病

「食習慣，運動習慣，休養，飲酒等の生活習慣がその発症・進行に関与する疾患群」と定義されており，メタボリックシンドロームと呼ばれる内臓脂肪蓄積を基盤とした血圧，血糖，血清脂質の異常により引き起こされる病態である。主な生活習慣病には，がん，脳卒中や心疾患などの循環器疾患，糖尿病，COPD（慢性閉塞性肺疾患）などがある。超高齢社会への突入を背景に，2017（平成29）年度のがん，心臓病，脳血管疾患の死亡者数は全体の約5割，医療費の約3割が生活習慣病によるものであり，早期発見，早期治療，不健全な生活習慣の改善による発症予防が特に推進されている。危険因子や疾病の早期発見のため40〜74歳の被保険者・被扶養者に対して特定健康診査・特定保健指導が実施されているが，子育て世代である40歳代の受診率は22.7％と低く，予防のためには積極的に受診を促していくことが重要である。【参考文献】厚生労働統計協会編（2020）『国民衛生の動向　2020／2021』90頁。公益社団法人国民健康保険中央会ホームページ「2017年度市町村国保特定健診・保健指導実施状況」。公益社団法人国民健康保険中央会（2018）「平成29年度市町村国保特定健康診査・特定保健指導実施状況報告書」3頁。　　（都筑千景）

アルコール依存

血液中のアルコール濃度が一定以上ないと物足りなく感じる（耐性），「飲みたい」強烈な欲求（渇望）がわきおこり，いつも泥酔するまで飲んでしまう，自動車運転の前など飲んではいけないような状況で飲酒するといった精神依存や，飲酒を中断することにより手のふるえや寝汗，イライラなどの離脱症状が現れる身体依存が特徴で，これらの症状を抑えるために家族や仕事，社会生活よりも飲酒（アルコールの摂取）を最優先し，自分でコントロールできない状態を指す。アルコール依存症の確定診断は，ICD-10診断ガイドラインに従う。飲酒をしている人は誰でも依存する可能性があり，女性は体質的に男性より少ない飲酒量・飲酒期間で依存症になりやすい。　（安本理抄）

喫煙率

調査対象者のうち喫煙を行う人の割合をいう。喫煙者率ともいう。わが国の喫煙率は日本たばこ産業株式会社が行った2018（平成30）年の「全国たばこ喫煙者率調査」結果によると17.9％（男性27.8％，女性8.7％）で，喫煙率から推計すると全国の喫煙者数は1,880万人で，減少傾向にある。また，厚生労働省が行う「国民健康・栄養調査」では，喫煙者を，「これまで習慣的にたばこを吸っていたことがある者のうち，『この1カ月間に毎日又は時々たばこを吸っている』と回答した者」と定義している。2017（平成29）年度の同調査の結果では，現在習慣的に喫煙している者の割合は男性29.4％，女性7.2％である。　　（安本理抄）

ニコチン依存

たばこを吸うことでニコチンを体内に取り込み，血中のニコチン濃度が一定以下になることによる不快感を避けるために喫煙を繰り返すことを指す。たばこ依存ともいう。ニコチンは，即効性の強い神経毒性をもち，依存性があり，喫煙に

よりニコチンが肺から血液中に入るとすぐに脳に達する。最初は気持ち悪さを感じても，喫煙を繰り返すことで脳内にニコチンを受け取る神経（ニコチン受容体）がつくられ，ニコチン受容体にニコチンが結合することでドパミンが出て，「ホッとする」「落ち着く」などの快感が生じる。定期的に喫煙しニコチンを摂取すると，血液中のニコチン濃度が一定以下になると「イライラ」「気分が落ち込む」などの離脱症状（禁断症状）を感じるようになる。　　　　　　　　　（安本理抄）

薬物依存

麻薬や覚醒剤などの薬物を使うと，やめたくてもやめられない状態になること。病気治療に必要な薬物でも，誤った使い方を続けるうちに，やめたくてもやめられない状態を作り出すものもある。やめたくてもやめられない状態を薬物依存という。理性ではやめられない理由は，薬物を使っているうちに，その薬物の作用で脳の一部の働きが変化して，「薬物がどうしても欲しい！」という欲求が抑えきれなくなるためである。この欲求は意志の力で抑えることができない。麻薬や覚醒剤だけでなく，こうした欲求を作り出しやすい薬物も含めて，依存性のある薬物という。依存性のある薬物のうち，薬としての価値よりもリスクのほうが高いと判断された薬物は，法律によって所持・売買・譲渡が禁止され，使うこと自体も禁止されている。こうした薬物を使うことは，1回でも，違法となる。薬物依存を解消する特効薬はないが，適切な指導を受け続けて，薬物を使わない生活を繰り返せば，何の問題もない生活ができ，それを「回復」という。

【参考文献】渡辺登（2007）『依存症のすべてがわかる本』講談社。和田清（2000）『依存性薬物と乱用・依存・中毒──時代の狭間を見つめて』星和書店。松本俊彦（2018）『薬物依存症』筑摩書房。

（佐保美奈子）

危険ドラッグ（脱法ドラッグ）

危険ドラッグとは，麻薬や覚醒剤などのように精神に影響を与える作用をもつ薬物で，かつては脱法ドラッグと呼ばれていた。2014（平成26）年，危険ドラッグに起因する死傷事件・事故が相次ぎ，同年6月には東京都池袋において1人が死亡し6人が重軽傷を負う交通死亡事故が発生した。危険ドラッグによる被害を防止するため，同年7月，薬物乱用対策推進会議において，「危険ドラッグの乱用の根絶のための緊急対策」が決定された。危険ドラッグを法的に定義するものはないが，例えば東京都福祉保健局では，次のように解説している。「合法ドラッグ，脱法ハーブなどと称して販売されるため，あたかも身体影響がなく，安全であるかのように誤解されていますが，大麻や麻薬，覚醒剤などと同じ成分が含まれており，大変危険で違法なドラッグです」（東京都福祉保健局「危険ドラッグってなに？」より）。危険ドラッグ使用による症状には，実際には存在しないものが見える（聞こえる），集中力や判断力が低下する，激しい倦怠感に襲われる，極度に興奮する，身体がけいれんするなどがある（東京都福祉保健局「使ったらどうなるの？」より）。一度使用するだけで強い禁断症状が出たり，死に至る危険もあり，他の犯罪を誘発する危険性もある。危険ドラッグ依存症治療では，「興奮系」は覚醒剤関連障害の治療に準じ，「抑制系」はアルコール関連障害および鎮静薬・睡眠薬・抗不安薬関連障害の治療に準じる。回復には医療スタッフと患者の信頼関係が重要であり，社会的・心理的治療技法を併用すると効果的である。

【参考文献】舩田正彦（2016）『危険ドラッグの基礎知識』講談社。　　（佐保美奈子）

家族計画

親がその年齢，健康，経済状態，生活

環境，子の数や分娩間隔などを考慮しながら，子をもつことに計画性をもち，幸福な家庭を築いていくという理念である。家族計画達成のためには，受胎能力を障害することなく，ある一定の期間だけ妊娠の成立を回避して，出産間隔を調整する方法を用いることが必要となる。予期せぬ妊娠やそれに伴う人工妊娠中絶を避けるために避妊することは家族計画と切り離せないものである。現代の日本で使用されている避妊法としては，避妊効果の高い，経口避妊薬（Oral contraceptive：OC：ピル）や子宮内避妊器具（Intrauterine contraceptive device：IUD）の使用は少なく，男性用コンドームが最も多く選択されている。一般に，不妊治療は家族計画には含まれない。　　　　　　　　（髙 知恵）

女性健康支援センター事業

思春期から更年期に至る女性を対象とし，各ライフステージに応じた身体的・精神的な悩みに関する相談指導や，相談指導を行う相談員の研修を実施し，生涯を通じた女性の健康の保持増進を図ることを目的としている。都道府県・指定都市・中核市に整備されており，医師，保健師又は助産師等が婦人科の疾患及び更年期障害，出産についての悩み，不妊等，女性の健康に関する一般的事項に関する相談指導を実施している。母子保健医療対策の推進として，地域の特性に応じた結婚・妊娠・出産・育児の切れ目の

ない支援を行う事業の1つである。健康教育事業，不妊専門相談センター事業，HTLV-1 母子感染対策事業とともに女性健康支援センター事業が，生涯を通じた女性の健康の保持増進などを図ることを目的として実施されている。（渡邊香織）

ヒトパピローマウイルス感染症（子宮頸がん予防ワクチン）

子宮頸がんの発生原因となるウイルスによる感染症である。Human Papilloma Virus（HPV）にはおよそ100種類の型があるが，その中の15種類が子宮頸がんの発生と関係が深いと推測されている。特に16型や18型の頻度が高く，その他，32，45，52，58型も関係がある。HPVは，多くは性交渉によって感染する。HPV感染の予防として子宮頸がん予防ワクチンがあり，日本で承認されているワクチンは2価ワクチンと4価ワクチンの2種類がある。両者ともに筋肉注射による3回の接種が必要である。日本では，2010（平成22）年から子宮頸がん予防ワクチンの公費助成が開始され，2013（平成25）年4月に予防接種法に基づき定期接種化された。しかし，多様な副反応症状が報告され，同年6月には接種の積極的推奨が中止された。2020（令和2）年現在も定期接種は継続されているものの，積極的推奨は中止されたままとなっている。　　　　　　　　（髙 知恵）

43　子ども虐待と DV 防止

オレンジリボン運動

　「子ども虐待のない社会の実現」を目指す市民運動で，オレンジリボンは，そのシンボルマークであり，オレンジ色は子どもたちの明るい未来を表しているという。2004（平成16）年に栃木県小山市で3歳と4歳の男児が父親の知人から暴行を受け，一度は保護されたものの，措置解除後に再び父親の知人から暴行を受け，川に投げ込まれて2人は死亡した。このような事件が決して再び起きてはならないという願いを込め，翌年「カンガルー OYAMA」という団体が始めた児童虐待防止の活動がオレンジリボン運動である。2006（平成18）年から児童虐待防止全国ネットワークがオレンジリボン運動の総合窓口を担い，全国に活動を広げている。毎年11月の児童虐待防止推進月間にあわせ，都道府県・市町村等が中心となってオレンジリボン運動を実施している。また，近い将来親となる若者に対する子ども虐待防止啓発活動として，2012（平成24）年以降「学生によるオレンジリボン運動」も行われている。

（馬場幸子）

要保護児童

　虐待を受けているなど，保護を必要とする子どものことで，正確には児童福祉法第6条の3で，「保護者のない児童又は保護者に監護させることが不適当であると認められる児童」と定められている。保護者が死亡あるいは行方不明である，服役中，病気療養中，経済的理由などで養育困難な状況にある，保護者が子

どもを虐待している等のケースが該当する。加えて，家庭環境などに起因して非行や情緒障害のある子どもなどがこれに含まれる。

　また，要保護児童を発見した人には「通告義務」がある。児童福祉法第25条で，「要保護児童を発見した者は，これを市町村，都道府県の設置する福祉事務所若しくは児童相談所又は児童委員を介して市町村，都道府県の設置する福祉事務所若しくは児童相談所に通告しなければならない」と定められている。　（馬場幸子）

保育ソーシャルワーク

　保育所におけるソーシャルワーク実践のことを指し，保育士によるソーシャルワーク実践を推奨する立場と，保育士とは別にソーシャルワーカーを保育所に配置または派遣して支援することを推奨する立場とがある。

　保育所は，入所児童への保育を行うだけではなく，その家庭への支援や，保育所を利用しない地域の子どもや保護者に対する支援を行う役割も担っている。子育て家庭の抱える多様なニーズにこたえるためには，ソーシャルワークの視点と実践が必要で，保育所がソーシャルワーク機能を果たすことが求められるのである。保護者に対する相談援助や，関係機関との連携，コミュニティへの介入なども含まれる。2020（令和2）年度，国の新規事業として「保育所等における要支援児童等対応推進事業」が予算化された。この事業では，地域連携推進員（仮称）が保護者の状況に応じた相談支援等の業

務を行う。また，保育所等における要支援児童，要保護児童及びその保護者等の対応や関係機関との連携の強化，運営の円滑化を図る。これにより，保育ソーシャルワークが国の事業として位置づけられたといえる。

→保育ソーシャルワーク ④ （馬場幸子）

DV（ドメスティックバイオレンス）

「配偶者や恋人など親密な関係にある，又はあった者から振るわれる暴力」のことをいう。大きく分けて，身体的，精神的，性的な暴力があり，精神的な暴力には，大声で怒鳴る，脅す，命令する等のほか，実家や友人とのつきあいを制限する，仕事を辞めさせるなどの社会的隔離や，生活費を渡さない等の経済的搾取も含まれる。

「配偶者からの暴力の防止及び被害者の保護等に関する法律」（通称：DV防止法）の対象には，いわゆる「事実婚」や，離婚（事実上の離婚）後も引き続き暴力を受ける場合も含まれる。また，生活の本拠を共にする交際相手にもこの法律が準用される。DV被害者は暴力を振るわれ続けることにより，「自分は夫から離れることができない」「助けてくれる人は誰もいない」といった無気力状態に陥ることがある。また，子どもは保護者に対する暴力を目撃することによって様々な心身症状を表すこともあるため，子どもの面前で行うDVは子どもに対する心理的虐待にあたる。　　　　　（馬場幸子）

DVシェルター

DV被害者が緊急一時的に避難できる施設。公的シェルターと民間シェルターがある。配偶者暴力相談支援センター（婦人相談所）や警察のシェルターが公的シェルターで，各都道府県に1か所以上あり，民間シェルターは全国に120か所ほどある（2019年現在）。民間シェルターの多くはNPO法人や社会福祉法人によって運営されている。法人格をもたず

に運営しているところもある。民間シェルターは，配偶者暴力相談支援センターで行う一時保護の委託先，連携先となっている。

また民間シェルターは，一時保護にとどまらず，相談への対応，被害者の自立へ向けたサポートなど，独自の方針に沿った取り組みを行っており，「先駆性」「柔軟性」「地域性」「専門性」等の特徴をもつ。しかし，財政面の不足により新たなスタッフや専門職の人材確保に困難が生じていることや，支援者が高齢化していることも課題として挙げられている。

　　　　　（馬場幸子）

デートDV

交際相手に対する暴力のことをいう。配偶者間の暴力と区別し，この言葉を用いている。法律上の定義はないが，DVと同様，身体的，精神的，性的暴力があり，精神的暴力には，無視や脅しのほか，メールや電話を勝手にチェックしたり，交際相手以外との交流を制限するなどの過度の拘束（社会的暴力），デート費用を毎回負担させたり高額なプレゼントを要求するなどの経済的搾取（経済的暴力）も含まれる。社会的暴力，経済的暴力を精神的暴力と分けて定義する場合もある。関係が対等ではなく，一方がもう一方を支配しようとすることによって生じる。メカニズムはDVと同様である。エスカレートすると，ストーカー行為や暴行・傷害に至ることもある。

2017（平成29）年に内閣府男女共同参画局が行った調査の結果では，男女とも，交際相手からの被害経験のある人は，交際相手からの被害経験のない人に比べ，配偶者からの被害経験のある割合が高くなっていた。　　　　（馬場幸子）

DVの世代間連鎖

DVが行われている家庭で育った子どもが将来DVの被害者又は加害者になることをDVの世代間連鎖と呼んでいる。

男の子がDVにさらされた場合，思春期以降に自分のパートナーに暴力を振るったり，心理的虐待となる行動をとる可能性が高くなることが知られている。また，DVのある家庭で育った女の子は，自分が大人になったときにパートナーから虐待されても自分が悪いと思ってしまうことが多い。これらは，加害者の行動が，子どもの価値観や考え方に影響を及ぼすからである。加害者の行動にさらされた子どもは，自分の意思を通したり対立を解消するために暴力を振るってもかまわないと考えるようになってしまったり，性別役割に関する固定観念を抱いてしまったりする。つまり，加害者の息子は父親の行動に意識上は反発していたとしても，無意識のうちに女性に対する特権意識などを抱き，大人になったときにパートナーを虐待するようになることがある（バンクロフト＆シルバーマン，2004）。ただし，DVは，必ずしも男性から女性に対して行われるわけではなく，女性から男性に行われることもあり，DVが行われている家庭で育った子どもがみな将来DVをするわけではないことを付け加えておく。

【引用文献】バンクロフト，L.＆シルバーマン，J. G. ／生島幸子訳（2004）『DVにさらされる子供たち――加害者としての親が家族機能に及ぼす影響』金剛出版。

（馬場幸子）

スクールソーシャルワーカー（SSWer）

ソーシャルワークを学校において展開する専門職である。いじめ・不登校問題の増加，子どもの貧困や児童虐待および，子どもが関わる事件や事故が相次ぎ，子どもや子どもを取り巻く環境の課題が大きく複雑であるという認識が日本の社会全体に広がっている。そのため，教育現場で活動するSSWerへの期待が大きくなっている。SSWerは子どもを中心として子どもを取り巻く環境へのリスク

アプローチはもちろん，そこに留まらず，格差や不平等を解消するという視座からのアプローチが必要とされる。そして，子どもの権利や人権の視点に重きを置いた家族への支援策を進めていく。子どもたちは何を求めているのか，子どもたちの本音はどこにあるのか，子どもたちはどのような自分になりたいと思っているのかということに向き合い，子どもの最善の利益を実現することに注力する。そのような福祉と教育のつながりの接点にSSWerの存在と活動が求められている。

（野尻紀恵）

スクールカウンセラー（SC）

小学校・中学校・高等学校・義務教育学校・特別支援学校において，児童生徒・保護者・教師に対する相談に対応する心理専門職である。これまでは臨床心理士等を中心に採用されている。今後は公認心理士等の採用が見込まれている。具体的な業務は，児童生徒に対する相談・助言，保護者や教職員に対するカウンセリングやコンサルテーション，校内諸会議への参加，教職員や児童生徒等への研修や講話，相談者への心理的な見立てや対応，ストレスチェックやストレスマネジメント，事件・事故等の被害児童生徒への緊急対応・心のケア等である。また，地震や水害などの災害や学校内で大きな事故が発生した場合，都道府県等の要請によってスクールカウンセラーの緊急派遣が行われ，心のケア等の支援を実施する。

（野尻紀恵）

子どもの人権110番

「子どもたちへ」として法務省が「学校で『いじめ』を受けて学校に行きたくない，親から虐待されている，でも先生や親には言えない…，誰に相談していいか分からない…。もしもそんな苦しみを抱えていたら，一人で悩まずに，私たちにお電話ください。法務局・地方法務局の職員，または人権擁護委員が，皆さん

のお話を聞いて，どうしたらいいか一緒に考えます。相談は無料，相談内容の秘密は守ります。」（原文は漢字にふりがなあり）と体制をとり，子どもが発する信号をいち早くキャッチし，その解決に導くための相談を受け付ける専用相談電話である。子どもをめぐる人権問題は周囲の目につきにくいところで発生していることが多い。被害者である子ども自身も，被害を外部に訴えるだけの力はなく，相談できる大人もいない。このような時に，子ども自身が電話やインターネットで相談できる仕組みである。電話は，最寄りの法務局・地方法務局につながり，相談は法務局職員又は人権擁護委員が受ける。
（野尻紀恵）

マルトリートメント

マルトリートメント（maltreatment）は，大人から子どもに対しての不適切な養育（関わり）のことを指す。親から子どもに対する児童虐待（child abuse）よりも広い概念をもち，諸外国では一般的に使用されている。強者としての大人と，大人の養育がなければ生きていけない弱者としての子ども，という権力構造が背景に存在する，子どもに対する権利侵害であるといえる。外力によって身体が傷害される，不適切な性的行動に巻き込む，子どもの情緒的な健康の発達を妨げる行為（恥をかかせる，差別する，恐怖を与える，愛情を与えない等），子どもにとって必要なケアを与えない，不適切な養育環境，事故の防止に対する配慮の欠如などにより子どもの心身に危険や問題が生じている状態。

→不適切な養育 ⑦　　　（野尻紀恵）

児童虐待

親または親に代わる保護者により子どもに加えられる人権を侵害する行為のこと。日本では，2000（平成12）年に「児童虐待の防止等に関する法律」が制定，施行され，児童虐待に関する定義が示された。①身体的虐待（児童の身体に外傷を生じ，または生じさせるおそれのある暴力を加えること），②性的虐待（児童にわいせつな行為をすることまたは児童をしてわいせつな行為をさせること），③ネグレクト（児童の心身の正常な発達を妨げるような著しい減食または長時間の放置，保護者以外の同居人による身体的・性的・心理的虐待と同様の行為の放置その他の保護者としての監護を著しく怠ること），④心理的虐待（児童に対する著しい暴言または著しく拒絶的な対応，児童が同居する家庭における配偶者に対する暴力その他の児童に著しい心理的外傷を与える言動を行うこと）の大きく4つに分類される。2017（平成29）年の同法の改正では，しつけを名目とした児童虐待の禁止が明記されている。
→児童虐待 ㉔　　　　（野尻紀恵）

養育放棄・拒否（ネグレクト）

子どもの世話をする義務を放棄したり拒否したりすること。2000（平成12）年に制定された「児童虐待の防止等に関する法律」では，児童の心身の正常な発達を妨げるような著しい減食または長時間の放置，保護者以外の同居人による身体的・性的・心理的虐待と同様の行為の放置その他の保護者としての監護を著しく怠ることと定義されている。児童を衣食住の環境が劣悪な状況に放置したり，児童に必要な医療措置をとらない（医療ネグレクト），義務教育であるにもかかわらず学校に行かせない（教育ネグレクト），危険性があるにもかかわらず保護しないなどの児童の健康や安心・安全を損なう行為である。保護者がネグレクトを自覚していない場合が多く，子どもの成長・発達に大きな課題が生じるおそれがある。
（野尻紀恵）

児童虐待防止対策強化プロジェクト

子どもと家庭を取り巻く今日的な大きな課題の一つである児童虐待に対応するため，児童虐待防止対策をはじめとする

子ども家庭福祉の在り方について包括的に検討がなされた。

「児童虐待防止対策について」（2014 年12 月 26 日，児童虐待防止対策に関する副大臣等会議）に盛り込まれた事項の着実な実施に加え，発生予防から自立支援までの一連の対策の更なる強化を図った。当面の児童虐待防止対策の強化策として，①発生予防の強化（望まない妊娠，若年者の妊娠等について，関係機関からの情報提供の新たな仕組み及び子育て家庭へのアウトリーチ型支援により，行政や民間と子育て家庭の接点を確保し支援につなげることで，児童虐待の発生を未然に防止する），②関係機関の情報共有による最適な支援（虐待事案が発生した場合において，児童相談所，市町村などの関係機関が，共通の判断基準によりアセスメントを行う新たな仕組みを通じて情報を共有することで，全ての支援を要する児童に対し，質の高い最適な支援を実現），③自立支援とフォローアップ（個々人の状況を踏まえて里親委託や養子縁組など家庭的な環境で養育することを推進するとともに，家庭での養育が困難となった施設入所・里親委託等の被虐待児童についても，個々人の発達に応じたテーラーメード型の支援を行うとともに，新たに，施設退所児童等からの相談に応じるなど心の拠り所となる居場所づくりの推進等のフォローアップを行うことにより，確実な自立に結びつける），④児童虐待防止対策の継続的な見直しという方向性を示した。　　　　　　　　　　（野尻紀恵）

虐待の世代間連鎖

幼児期に虐待を受けた人はそれがトラウマとなり，自分の子どもにも同じように虐待するケースがあり，それを「虐待の世代間連鎖」と呼ぶ。海外の調査では，虐待を受けたことのある親の約 3 分の 1 が自身の子を虐待するとの報告がある。例えば，1 歳児に対して不適切な養育が認められる母親と，そうではない母親とを対象とした研究においては，不適切養育群の母親はそうではない母親に比べて，子ども時代に自分自身も実親からの不適切な養育を経験していたことが有意に多く報告されている。虐待の世代間連鎖をより一層促進する要因は，貧困や，社会的不利により社会的サポートが得られないこと，および，ハイリスク家庭が地域社会から排除されてしまうこと等があげられ，社会経済的要因が関与しているといえる。虐待の世代間連鎖を断ち切ることは，当事者一人の力だけでは困難である。家族・地域・自治体レベルでのサポートと援助的介入・予防的介入が求められる。　　　　　　　　　　（野尻紀恵）

アドボケイト

権利擁護者・代弁者という意味で用いられる。保育者には，子どもの虐待を発見したり，子どもの声にならない思いを代弁することがあるため，アドボケイトとしての役割が求められている。権利擁護者・代弁者という意味では，専門職に限らず，家族や友人などあらゆる人々が子ども・家族のアドボケイトになりうる。

併せて，カナダやイギリスでは，専門職など既存の機関に対する苦情を申し立てるとき，意見を表明する際に，既存機関からは「独立」したアドボケイトが制度化されている。例えば，イギリスの子どもアドボカシーサービスは，施設で生活する子どもへの虐待事件が契機となり，2002 年よりすべての自治体に設置されている。苦情解決や子どもの支援方法を決める会議の場などで，子どもの側に立って，子どもの意見表明の支援を行っている。このような機関の必要性が日本でも高まっている。　　（栄留里美）

子どもの最善の利益

子どもに関わるすべての活動において，子どもにとって最も良いことが主として考慮されるという意味である。子どもの最善の利益は，国連子どもの権利条約第

3条で規定され，条約内で4つある一般原則の一つとして重要視されている。

　子どもの最善の利益規定は，親子の分離および面会交流，養子縁組，身柄拘束時の成人との混合収容，少年司法手続における親・保護者の立会い等についての手続における判断基準としても位置づけられており，とりわけ養子縁組においては「最高の考慮事項」とされる。さらに，保護者にとっても，最善の利益が「基本的関心」とされなければならない。何が最善かということは，子どもの個別の状況による。ただ，国連子どもの委員会一般意見14号では，子どもの意見表明権が保障されなければ，最善の利益の正しい適用はありえないとされており，すべての決定に子どもたちの関与を求めている。一方で，国連子どもの権利委員会は，最善の利益の概念は曖昧で「都合のいいように使われる余地が残る場合もある」として注意を促している。親の利益を擁護したり，人種主義政策の正当化に使われる例があるためである。子ども自身の利益という認識をもつ必要がある。
　→子どもの最善の利益 23　　（栄留里美）

QOL

　QOL は Quality of life の略であり，「生活の質」「生命の質」と訳される。1947年に世界保健機関（WHO）が，健康とは「完全に身体的・心理的および社会的に満足のいく状態であることで，単に疾病がないことや，病弱でないということではない」と宣言したことによって，身体的な側面だけではない，心理的社会的な側面からも健康を概念化するようになり，その概念モデルとして QOL が注目されるようになった。成人の医療分野から広がった言葉であるが，近年は子どもの生活の質を測るための尺度としても用いられるようになった。その代表的な尺度としては KINDLR（Ravens-Sieberer & Bullinger, 1998）がある。子どもの普段の生活における満足度を身体的健康・精神的健康・自尊感情・家族・友だち・学校（園）生活の6領域から評価することができる。この尺度には子ども本人による自己回答用と親回答用が存在し，これまで20数か国語に翻訳され活用されている。　　（栄留里美）

アドボカシー

　英語の "advocacy" はラテン語の "voco" に由来している。"voco" とは，英語で "to call" のことであり，「声を上げる」という意味である。つまり，アドボカシーとは権利を侵害されている当事者のために声を上げること，すなわち「主張（唱道，弁護，支持）する」ことである。

　子どものアドボカシーの定義でわかりやすいものとしてイングランド政府の定義（2002）を掲載する。「アドボカシーとは子どものために声を上げることである。アドボカシーとは子どもをエンパワーすることである。そのことによって子どもの権利が尊重され子どもの意見と願いがいつでも聴いてもらえるようにするのである。アドボカシーとは子どもの意見，願い，ニーズを意思決定者に対して代弁することである。そして彼らが組織を運営するのを助ける」。すなわち，子どものために「声を上げる」こと，子どもを「エンパワーすること」という2つの行動によって，「子どもの権利が尊重され子どもの意見と願いがいつでも聴いてもらえるようにする」のである。

　子どもの権利・声は無視されやすい。大人だけで決定するのではなく，子どもの声にならない声にも耳を傾け，子どもの思いを反映させる「アドボカシー」役割が保育者に求められる。　　（栄留里美）

個人情報保護

　「個人情報」とは，生存する個人に関する情報であって，当該情報に含まれる氏名，生年月日，その他の記述等により特定の個人を識別することができるもの

をいう。さらに，「個人に関する情報」とは，氏名，性別，生年月日，住所，年齢，職業，続柄等の事実に関する情報に限られず，個人の身体，財産，職種，肩書等の属性に関する判断や評価を表すすべての情報を指し，公刊物等によって公にされている情報や，映像，音声による情報も含まれる。これら「個人に関する情報」が，氏名等と相まって「特定の個人を識別することができる」ことになれば，それが「個人情報」となる（厚生労働省（2013）「福祉分野における個人情報保護に関するガイドライン」）。

　保育者は，多数の子ども・家族に関して，他人が容易には知り得ないような個人情報を詳細に知り得る立場にあり，個人情報の適正な取扱いが特に強く求められる。よって，個人情報保護法に基づき，個人情報の適正な取扱いを推進し，漏えい等の問題に対処する体制を整備する必要がある。子ども・保護者に対して，個人情報の利用の説明に加え，気軽に問い合わせすることができる窓口機能を確保することが重要である。　　　（栄留里美）

子どもの権利ノート（権利擁護ノート）

　全国の児童養護施設や里親家庭など社会的養護下で生活する子どもを対象に配付されている小冊子である。社会的養護機関への措置時，措置後定期的に，このノートに基づいて子どもの権利について説明を受ける。子どもの権利ノートには，守られるべき子どもの権利があること，意見を表明する権利があること，家から持ってきても良い物など生活において保障される権利が記載されている。併せて，権利侵害を受けたときの相談先や電話番号が書かれている。無料で投函できるハガキが添付されているノートも少なくなく，子どもがSOSを出せるように工夫してある。

　子どもの権利ノートは，1995（平成7）年に大阪府において初めて作成され全国に広がった。当初は施設入所中の子どものみ対象だったが，里親委託児や乳幼児等対象が拡大され，多様な権利ノートが作成され，社会的養護機関における権利擁護施策として期待されている。一方，社会的養護以外の子どもたちには権利ノート配付が制度化されていない。すべての子どもが権利を行使する主体であるならば，まずは自己の権利を知り，権利をいつでも確認できる「権利ノート」の配付が社会的養護以外でも求められるだろう。　　　　　　　　　　　（栄留里美）

意見表明の機会確保

　国連子どもの権利条約の子どもの意見表明権（第12条）とは，第1項で子どもが自由に意見を述べる権利を，第2項では子どもに関係することすべてで聴取される機会を設けることが規定されている。日本では第12条を「意見表明権」というが，英語では「聴かれる権利（The right to be heard）」という。子どもに関することを大人は聴取し，その声を「考慮」しなくてはならない。国連子どもの権利委員会は，乳幼児も重度障害児もすべての子どもが各自の表現で声を上げているとしている。

　2016（平成28）年に改正された児童福祉法に，子どもの権利が盛り込まれ，子どもの「意見が尊重」されるという文言も規定された。保育所，児童相談所，施設などは，大人だけで決定するのではなく子どもの意見を聴く機会を創出する必要がある。また，政策決定の場でも子ども評議会の設置など，子どもの声を聴き反映させていく必要がある。（栄留里美）

特別養子縁組

　原則15歳未満の子どもを対象とした制度である。子どもと実親（＝生みの親）との法律上の親族関係を消滅させ，実親子関係に準ずる安定した養親子関係を家庭裁判所の審判により成立させることになる。原則として実親の同意が必要とな

るが，意思表示ができない場合や虐待など，子どもの利益を著しく害する場合に限り，同意が不要となる。認定については，特別養子縁組を請求した後，6か月間監護するまたは，請求前に6か月間の監護の状況が明らかであれば，家庭裁判所が決定する。基本的には養親（＝育ての親）は離縁することはできないが，養子となった子どもに必要な場合に限り，申し立てにより家庭裁判所の調査・審判を経て離縁することができる。　　　　（今西良輔）

養子制度

民法により実の親子関係がない者との間に嫡出子として縁組を行うことである。養子縁組では普通養子縁組と特別養子縁組がある。普通養子縁組は，養子となる子どもの年齢制限はないが，養親より年上について認められていない。養親になる者については，20歳以上の成年者または結婚経験のある者となっている。基本的に養親は，養子となる者の養親になるという意思表明がなければならない。養子となる子が15歳未満の場合，親権者等の承諾が必要となること，未成年者の場合は，家庭裁判所の許可が必要となる。養子縁組をした子は，養親の実子と同等の身分となり，相続・扶養などの権利義務も与えられ，法律的に親子関係が成立することになる。さらに，実親との親子関係は解消されず，実親と養親の2組の親をもつことになる。双方の親から扶養を受ける権利や財産を相続する権利を有することになる。　　　　（今西良輔）

里親制度

里親は，2004（平成16）年の児童福祉法改正によって，児童福祉法第6条の4において「養育里親」及び「養子縁組里親」，その他一定の条件のもと都道府県知事が児童を委託する者として適当と認めるものと定義されている。里親の種類については，「養育里親」「専門里親」「養子縁組里親」「親族里親」などがある。

社会的養護の子どもに対して里親へ委託することは，特定の大人との愛着形成を通して，自己肯定感や基本的信頼感，将来の家庭生活の展望，社会生活スキルの獲得などを期待している。　　（今西良輔）

一時保護

「児童虐待の防止等に関する法律」の第8条において，児童相談所が児童虐待を受けた児童について通告や送致を受けたときは，児童相談所長は，速やかに，当該児童の安全を確認するように努めるとともに，必要に応じ一時保護を行うとされている。

一時保護の目的は3つある。1つ目は，子どもの生命の安全を確保することである。生命の危険だけではなく，現在の環境で生活することが子どもの安全を確保するうえで明らかに問題があると判断されるときに保護する。また，迷子，置き去りなど保護者が不明なとき，保護者の死亡，逮捕，家出等により家庭生活が困難になったとき，養育者による虐待など子どもの安全確保が優先するときなどの緊急的な保護である。2つ目は非行，家庭内暴力，不登校などの問題を抱えている子どもの行動観察，診断し，問題解決方法を検討するという行動観察である。3つ目は短期間の心理療法，生活指導等が必要と判断した短期間の治療的支援である。　　　　（今西良輔）

立入調査

児童相談所が児童，保護者の生活状況を把握するために居宅を訪問し，保護者が居宅への立ち入りに同意すれば居宅内を確認する立入調査が可能となる。保護者が拒否的である場合，児童相談所は容易に事実関係を把握することができない。その時は，児童福祉法第29条において都道府県知事（委任により児童相談所長）が子どもの居所等への立入調査をさせることができることを規定している。また，児童虐待防止法第9条第1項にお

いて，「児童虐待が行われているおそれがあると認めるときは」，立入調査をすることが認められている。保護者は，これを拒むことができず，正当な理由なく拒んだ場合，罰則が科せられる。立入調査の主体は，児童委員または児童の福祉に関する事務に従事する地方公務員であり，都道府県知事の指示を受けて行動する。　　　　　　　　　　　（今西良輔）

委託解除

　保護を必要とする子どもに対して，児童相談所が児童養護施設や里親等にて養育することが適当と判断した場合，養育を委託することになる。委託解除とは，その子どもの保護者が養育可能となったことにより，家庭引き取りとなること。委託による養育は，原則として18歳までとなっている（それ以上の年齢については児童相談所との相談による）。その年齢までは養育することは可能であるが，それ以上になると委託解除となる。または，児童養護施設や里親等と子どもが不適応状態となってしまうことや不適切な養育が起こり，継続的な養育の難しさから委託を継続することが適切ではない場合に委託解除となる。委託解除をする際，子どもの不安や傷つきに対するケアとともに，解除のいきさつやこれからの生活等についてしっかりと説明する。一方で，児童養護施設や里親等に対しても養育を通して受けた傷つきや解除に伴うケアが重要になる。　　　　　　　　（今西良輔）

PTSD

　心的外傷後ストレス障害（Post Traumatic Stress Disorder）。自然災害や火災，事故，犯罪被害などのショックな出来事や死別・別離やいじめ，虐待などのつらい出来事によるトラウマが原因となり心身に支障をきたすストレス障害である。PTSDの3つの主な症状は，①トラウマとなる出来事が，ふいに思い出されたり，夢に出てくることによって繰り返される再体験，②その出来事を思い出すような状況や場面を避けたり，感情や感覚の反応性が麻痺する回避，③不眠やイライラ，集中困難，過度の警戒心などがみられる過覚醒などの症状。PTSDに対する治療では，持続暴露療法，認知行動療法，眼球運動脱感作療法等の心理療法的なアプローチと薬物療法が併用して進められる。問題となるのは，PTSD症状が長期化しやすいところである。特に子どもの場合，回復支援が十分でないこと二次障害を引き起こしやすい。　　　　　　　（今西良輔）

親権の制限

　親権者は親権の制限について大きな裁量が与えられているが，親権は子どもの（最善の）利益のために認められるものである。よって子の利益を害するような親権の行使が認められないのは自明である。親権者に親権の裁量が認められるのは，子どもの（最善の）利益という視点から子どもの監護・教育をするためであることから，実施可能な裁量の範囲は子どもの最善の利益によって決定され，その範囲を逸脱した場合は，司法（裁判所）の介入が許容される。親権の制限については，いくつかの種類があるが，親権者の利益と子の利益が相反する場合も想定されることから，司法（裁判所）によってその制限が決定されることがある。しかし諸外国と比較するとわが国の親権者の権限は広範囲で強力であるといわれている。　　　　　　　　　　（和田一郎）

親権喪失宣告

　親権喪失の申し立ての要件としては，子の利益を著しく害するときであり，児童虐待・遺棄，親権の行使が著しく困難又は不適当である等が想定される。そのような場合に，申立人（子，親族，未成年後見人，未成年後見監督人，児童相談所長（児童福祉法第33条の7：親権喪失宣言の請求），検察官（民法第834条：親権喪失の審判））は家庭裁判所に親権停止（2年），

親権喪失の申し立てをすることができる。親権喪失の場合は，即時抗告期間が満了し高等裁判所の審判の告知があると審判が確定するため，対世的効力を生じる（家事事件手続法第 74 条第 4 項：審判の告知及び効力の発生等）。よって親権が喪失した場合は，将来にわたっても行使できない。しかし親子関係は消滅するものではなく，相続や扶養等については影響を与えない。

（和田一郎）

親子分離

親権を行使するにあたり，児童相談所長は，必要があると認めるときは，児童福祉法第 26 条第 1 項の措置（児童相談所長の採るべき措置）を採るに至るまで，児童の安全を迅速に確保し適切な保護を図るため，又は児童の心身の状況，その置かれている環境その他の状況を把握するため，児童の一時保護を行い，又は適当な者に委託して，当該一時保護を行わせることができる（児童福祉法第 33 条：一時保護）。また児童福祉法第 27 条第 1 項第 3 号（里親の委託，施設入所）のとおり，児童を小規模住居型児童養育事業を行う者若しくは里親に委託し，又は乳児院，児童養護施設，障害児入所施設，児童心理治療施設若しくは児童自立支援施設に入所させることとなっている。これら親子分離に関しては，行政機関である児童相談所が決定しているため，児童の権利に関する条約第 9 条（義務的司法審査）に反しているともいわれている。

（和田一郎）

法的分離

一時保護は子どもの保護を開始した日から 2 か月を超えてはならないが（児童福祉法第 33 条第 3 項：一時保護の期間），必要がある場合は，引き続き一時保護を行うことができる（児童福祉法第 22 条第 4 項：一時保護の延長）。しかしながら，当該児童の親権を行う者又は未成年後見人の意に反する場合においては，児童相談所長又は都道府県知事が引き続き一時保護を行おうとするとき，及び引き続き一時保護を行った後 2 か月を超えて引き続き一時保護を行おうとするたびに，児童相談所長又は都道府県知事は，家庭裁判所の承認を得なければならない。ただし，当該児童に係る第 28 条第 1 項第 1 号（家庭裁判所の承認による施設入所措置等）若しくは第 2 号（措置期間及びその更新）ただし書の承認の申立て又は当該児童の親権者に係る第 33 条の 7（親権喪失等の審判の請求または取り消し）の規定による親権喪失若しくは親権停止の審判の請求若しくは当該児童の未成年後見人に係る第 33 条の 9（未成年後見人解任の請求）の規定による未成年後見人の解任の請求がされている場合は，この限りでない（児童福祉法第 33 条第 5 項：行政手続法の適用除外）。

（和田一郎）

家庭復帰

一時保護（児童福祉法第 33 条：一時保護），措置（児童福祉法第 26 条：児童相談所長の採るべき措置）の必要がなくなった場合で，子を家庭で生活させることをいう。児童虐待を受けた子どもについて，施設入所等の措置が採られ，及び当該児童の保護者について児童福祉法第 27 条第 1 項第 2 号（都道府県の採るべき措置）の措置が採られた場合において，当該児童について採られた施設入所等の措置を解除しようとするときは，当該児童の保護者について同号の指導を行うこととされた児童福祉司等の意見を聴くとともに，当該児童の保護者に対し採られた当該指導の効果，当該児童に対し再び児童虐待が行われることを予防するために採られる措置について見込まれる効果その他厚生労働省令で定める事項を勘案しなければならない。また，都道府県知事は，児童虐待を受けた児童について施設入所等の措置が採られ，又は児童福祉法第 33 条第 2 項（一時保護中の児童の親権等）の

規定による一時保護が行われた場合において，当該児童について採られた施設入所等の措置又は行われた一時保護を解除するときは，当該児童の保護者に対し，親子の再統合の促進その他の児童虐待を受けた児童が家庭で生活することを支援するために必要な助言を行うことができる（児童虐待防止法第 13 条：施設入所等の措置の解除等）。　　　　（和田一郎）

児福法 28 条手続き

　保護者が，その児童を虐待し，著しくその監護を怠り，その他保護者に監護させることが著しく当該児童の福祉を害する場合において，第 27 条第 1 項第 3 号（里親等への委託，施設入所）の措置を採ることが児童の親権を行う者又は未成年後見人の意に反するときは，都道府県は，家庭裁判所の承認を得て措置を採ることができる（児童福祉法第 28 条第 1 項：家庭裁判所の承認による施設入所措置等）。保護者が親権を行う者又は未成年後見人でないときは，その児童を親権を行う者又は未成年後見人に引き渡すこと。ただし，その児童を親権を行う者又は未成年後見人に引き渡すことが児童の福祉のため不適当であると認めるときは，家庭裁判所の承認を得て，措置を採ること（児童福祉法第 28 条第 1 項第 2 号）。

　これら措置の期間は，当該措置を開始した日から 2 年を超えてはならないが，当該措置を継続しなければ保護者がその児童を虐待し，著しくその監護を怠り，その他著しく当該児童の福祉を害するおそれがあると認めるときは，都道府県は，家庭裁判所の承認を得て，当該期間を更新することができる（児童福祉法第 28 条第 2 項：措置期間及びその更新）。

　　　　（和田一郎）

禁止命令

　児童虐待を受けた児童について措置が採られ，又は一時保護が行われた場合において，児童虐待の防止及び児童虐待を受けた児童の保護のため必要があると認めるときは，児童相談所長及び当該児童について施設入所等の措置が採られている場合における当該施設入所等の措置に係る同号に規定する施設の長は，厚生労働省令で定めるところにより，当該児童虐待を行った保護者について，児童との面会・通信の全部又は一部を制限することができる（児童虐待防止法第 12 条第 1 項第 1 号：面会等の制限等）。また，当該児童虐待を行った保護者に対し当該児童の住所又は居所を明らかにしたとすれば，当該保護者が当該児童を連れ戻すおそれがある等再び児童虐待が行われるおそれがあり，又は当該児童の保護に支障をきたすと認めるときは，児童相談所長は，当該保護者に対し，当該児童の住所又は居所を明らかにしないものとする（児童虐待防止法第 12 条第 1 項第 3 号：児童の住所または居所の非開示）。　　　　（和田一郎）

44　社会的養護

自己評価

　社会的養護における自己評価とは，第三者評価を受審する際に，社会的養護関係施設（児童養護施設，乳児院，児童心理治療施設，児童自立支援施設および母子生活支援施設）において，それぞれの施設内部の人があらかじめ定められた基準に従って，評価を行うことである。社会的養護関係施設は，子どもが施設を選ぶ仕組みではない措置制度等であり，また，施設長による親権代行等の規定があるほか，被虐待児が増加している等により，施設運営の質の向上が必要であるため，「児童福祉施設の設備及び運営の基準」において，第三者評価の受審および自己評価ならびにそれらの結果の公表が義務づけられている。第三者評価を受審する際には，あらかじめ，第三者評価の評価基準に基づき，自己評価を行い，評価機関に調査票を提出することとなっている。自己評価は，まずケアワーカー等全員が取り組み内容の自己点検を行い，施設全体で協議し，施設の自己評価をまとめる。良くない点だけでなく，工夫されている点や改善のみられている点を見いだすことも重要となる。なお，自己評価は，第三者評価の有無にかかわらず，毎年行うことが必要である。　　　　（福田公教）

ホスピタリズム

　一般には長期の入院生活により精神的・身体的不調をきたすことであり，インスティテューショナリズムともいう。子ども家庭福祉領域では，子どもが乳児院や児童養護施設等で養護されることによって生じる心身の諸障害を総称する症候群のこと。施設病，施設癖と訳される。欧米の臨床心理学や精神医学の研究によって明らかにされ，施設養護に対する実証的・批判的な研究として，戦後，アメリカのベンダー（Bender, L.）等の知見が紹介され，児童養護界に賛否双方からの論争が行われた。さらにイギリスのボウルビィ（Bowlby, J. M.）による母性剝奪（マターナル・ディプリベーション）との関連からの研究が紹介された。主な症候群として，身体的・知的・情緒的発達の遅れ，神経症的傾向（指しゃぶり，夜尿，かんしゃくなど），自発性・協調性の欠如，依存性，攻撃的・逃避的傾向などが挙げられる。これらの知見は，児童の権利に関する条約第20条第3項に規定される「家庭養護の優先性」および国連子どもの代替養育指針第22条「3歳未満児の施設養育回避」，わが国における「家庭養育優先の理念」に影響を与えている。　　　　（福田公教）

懲戒権の濫用

　懲戒権は，民法第822条に定められており，子の利益のために子どもに対して親権者が懲戒・しつけをする権利である。懲戒権の濫用とは，目的を達成するために必要な範囲を超える場合を懲戒権の濫用といい，具体的には，殴る・蹴る等直接子どもの身体に侵害を与える行為のほか，合理的な範囲を超えて長時間一定の姿勢を取るよう求める，食事を与えない，子どもの年齢および健康状態から見て必要と考えられる睡眠時間を与えない，適切な休息時間を与えずに長時間作業をさ

せる，施設を退所させる旨脅かす，性的な嫌がらせ，無視するなどをいう。懲戒権は，親権者が子ども虐待を正当化する口実に利用されているという指摘を踏まえて見直しが進められている。とりわけ，児童福祉施設等については，1998（平成10）年に児童福祉施設の長への懲戒権の濫用の禁止が「児童福祉施設の設備及び運営の基準」に規定された。また，2020（令和2）年4月には，児童福祉施設等における体罰の禁止や監護及び教育に必要な範囲を超える行為による懲戒を禁止する規定を設けた「児童虐待防止対策の強化を図るための児童福祉法等の一部を改正する法律」が施行され，法律により明確に体罰が禁止されることとなった。

（福田公教）

利用者評価

　社会的養護における利用者評価とは，社会的養護関係施設（児童養護施設，乳児院，児童心理治療施設，児童自立支援施設および母子生活支援施設）において，第三者評価を行う際に利用者の意向を把握するために行う調査であり，第三者評価の枠組みのなかで，社会的養護に特有の仕組みである。第三者評価事業の利用者調査は子ども，保護者や母子にとって，施設での暮らしをどのように感じているかを把握することであり，満足度を評価するものではなく，養育・支援に対する子ども等の声を受けとめ，その意向の尊重や反映を行うことにより，施設全体の養育・支援の質を高めることを目的としている。なお，子どもの回答がこれまでの家族関係，生活習慣，生育歴などに影響されていることを考慮し，回答の意図をくみ取ることが必要とされている。利用者調査は，原則として無記名アンケート方式とされ，児童養護施設，児童心理治療施設および児童自立支援施設については，調査の対象は，小学4年生以上の全入所児童，乳児院は入所児童の保護者，

母子生活支援施設は母親および小学4年生以上の全入所児童とされている。

（福田公教）

第三者評価（福祉）

　社会福祉領域における第三者評価とは，第三者評価機関によって福祉サービスについて評価を行うことである。社会福祉法第78条に社会福祉事業の経営者は自ら提供する福祉サービスの質の向上のための措置を講ずるよう努めることが定められている（受審は任意）。第三者評価は，福祉サービスの質の向上と情報開示により利用者の適切なサービス選択に結びつけるのが目的である。社会的養護関係施設（児童養護施設，乳児院，児童心理治療施設，児童自立支援施設および母子生活支援施設）については，子どもが施設を選ぶ仕組みではない措置制度等であることなどにより，「児童福祉施設の設備及び運営に関する基準」により第三者評価の3年度毎に1回以上の受審およびその結果を公表することが定められている（受審は義務）。なお，ファミリーホーム（小規模住居型児童養育事業）および自立援助ホーム（児童自立生活援助事業）の第三者評価については，「児童福祉法施行規則」により，受審等の努力義務が規定されている。なお，社会的養護関係施設での第三者評価は，自己評価と利用者評価を実施することも求められている。　（福田公教）

パーマネンス

　パーマネンス（permanence）とはパーマネンシー（permanency）と同意語で，永久不変や永続性と訳される。子ども家庭福祉領域では，新しい社会的養育ビジョンのなかで，実親による養育が困難であれば，特別養子縁組による永続的解決（パーマネンシー保障）を目指すこととされ，子どもにとって養育者や生活の場所等の「永続性」を担保することを意味する。社会的養護下におかれた子どもは家庭養育原則のもと，施設ケアから里親

ケアへという流れをさらに進め，親子関係という法的側面においても永続性を保障することが必要という観点から，特別養子縁組の推進が進められている。そのため，2020（令和2）年4月より，特別養子縁組の対象年齢を従来は子どもの年齢を原則6歳未満（例外的に8歳未満）に制限されていたものを原則15歳未満（例外的に17歳まで）に引き上げ，対象を拡大するとともに，特別養子縁組の成立の審判のプロセスを見なおし，利用しやすい制度とした。　　　　　　　　　（福田公教）

パーマネンシープランニング

　社会的養護下におかれた子どもはできるだけ早く元の家族との生活を目指すとともに，それができない場合は，親族や養子縁組の家庭への措置を行い，特定の大人との永続的な関係性を保障することを目標とする処遇計画のことである。アメリカにおいて1980年制定の「養子縁組援助および児童福祉法（Adoption Assistance and Child Welfare Act）」に盛り込まれ，1997年制定の「養子縁組と安全家族法（Adoption and Safe Families Act）」において，子どもの安全を優先課題とし，家族の再統合と養子縁組の可能性を同時に検討し，迅速に子どもに永続的な関係性を保障することを目指すこととなっている。日本においては，新しい社会的養育ビジョンにおいて，家庭養育優先の理念を規定し，実親による養育が困難である場合は，特別養子縁組による永続的解決（パーマネンシー保障）や里親による養育といった家庭養護を推進することが示されている。　　　　　　　　　（福田公教）

ファミリーソーシャルワーク

　福祉課題を抱える家族を対象に，家族構成員の一人一人の福祉と人権の擁護に向け，社会福祉の専門的援助技術を用い，家族構成員の自己実現を支援するとともに，その家庭が健全に機能するように支援する援助技術である。個人の力のみで

は解決困難な福祉課題を抱える家庭には，家族構成員や親族，近隣の人々，友人などの協力や様々な社会資源を活用しつつ，家族構成員に関係する機関等の連携のもとに包括的な支援を必要とする。とりわけ，子ども家庭福祉領域では，虐待等の家庭環境上の理由で乳児院や児童養護施設等に入所している子どもと子どもの保護者に対して，子どもが早期に家庭復帰できるように児童相談所等と密接に連携を取りながら支援を行うことが求められている。なお，子ども家庭福祉領域では，乳児院，児童養護施設，児童心理治療施設および児童自立支援施設に配置されている家庭支援専門相談員をファミリーソーシャルワーカーと呼称する。　　　　（福田公教）

退行現象

　現在よりも未熟な発達段階へと行動や思考が逆戻りすることをいう。フロイト（Freud, S.）によって提唱された防衛機制の一つである。直面するフラストレーションに，うまく対処できず，欲求不満が高まるときに起きる。例えば，年長の子どもが，弟や妹が生まれて親からかまってもらえず，両親の愛情が奪われたと感じたときに，夜尿や指しゃぶりが再発したり，乳児と同じように哺乳瓶でミルクを飲みたがったり，オムツを履きたがったりすることが挙げられる。これを一般的に赤ちゃん返りともいう。社会的養護では，子ども虐待等により里親宅や施設に新しく委託された子どもが赤ちゃん返りとも見られる行動を起こすことが多い。自分が新しい養育者にどこまで受け止めてもらえるのかを試すように，極端な偏食をしたり，おもらしをしてオムツが必要になったり，いつも抱っこをせがんだりすることがある。これらの行動はまるで，新しい養育者がいる環境の中で，子どもが退行現象を起こし，育ち直しをしているプロセスのようである。　　　　　　　　　（野口啓示）

アドミッションケア

　社会福祉施設，特に児童福祉施設へと入所する子ども，そして受け入れ先となる施設や里親への支援を指す。社会的養護の場合，一時保護所に保護された子どもへの医学的・心理的なアセスメントそして一時保護所での生活の様子，そして子ども自身の意向により児童相談所が委託先を決定する。専門家からの意見や判断は大切であるが，子ども自身がそれぞれのおかれた状況を理解し，納得して委託されることが重要である。また，子どもには保護者がいる場合が多く，子どもそして保護者へ十分な説明を行うとともに，両者からの同意を得ることが大切である。委託前には，施設や里親宅を実際に訪問し，子どもと一緒に話し合いがなされることが理想である。子どもの新しい委託先となる施設や里親へ，子どもと保護者の状況を説明するとともに，発達検査の結果や生育歴，行動上の問題の有無等の情報提供をしなければならない。また，委託先となる地域の学校等の確保とともに，子どもが通うことになる学校等との関係性構築も重要となる。社会的養護の場合はこの役割を児童相談所が担うことが多いが，委託先となる施設・里親とも連携して進めなければならない。
　　　　　　　　　　　　　　　（野口啓示）

インケア

　施設に入所してからの入所者の生活を支える支援すべてをインケアと呼ぶ。特に社会的養護の領域で使われることが多い。インケアは，日常の炊事・掃除・洗濯等の生活への支援，子どもが適切な生活を送るために必要な物品（衣料・文具・遊具等）の調達，子どもの通う学校・幼稚園・保育所等との連携，子どもの保護者との面会・外出・外泊を行うための連絡調整，医学的ケアや心理的ケアが必要な子どもへの提供等，多岐にわたる。子どもたち一人一人のニーズに対応した細やかな支援が必要となる。インケアを行ううえで，大切にしなければならないことは，子どもは日常生活をともに過ごす施設職員や里親との関係性の中で成長していくということである。被虐待体験やこれまで一緒に生活してきた保護者との別れを経験して子どもたちは入所してくる。そういった心に大きな傷を負った子どもたちとの日常生活の中で，子どもの成長に必要な愛着関係，信頼関係をどのように形成していけるのかが大きな課題である。
　　　　　　　　　　　　　　　（野口啓示）

リービングケア

　施設入所者が退所してからの自立した生活へ向けての準備を行っていく過程である。家庭復帰，就労そして進学による自立が予定される入所者に対してなされる巣立ちのための準備である。社会的養護で保護された子どもの自立に対して用いられることが多い。里親委託率の増加とともに，里親宅からのリービングケアも大きな課題となっている。リービングケアは家庭復帰をする子どもより，社会へと自立していく高年齢児に対して日常生活・社会生活を送るうえでの心構えやスキルを身につけさせることを目的とすることが多い。ソーシャルスキルトレーニング講習会の開催や，施設内での自立生活を体験させるなどをしながら，調理，掃除やごみ出しといった一人暮らしに必要なスキルや金銭管理，健康管理，関係機関の利用の仕方，そして交友関係のもちかた等を身につけられるようにする。また，この時期の子どもは住み慣れた施設や里親宅から巣立つ寂しさや不安を抱えている。子どものその心情に寄り添いつつ，新しい生活へ期待をもって巣立てるように支援しなければならない。　　　（野口啓示）

アフターケア

　社会福祉施設，特に児童福祉施設を退所した子どもへの援助。2004（平成16）年の児童福祉法改正により，社会的養護

に関わる児童福祉施設はいずれも「退所した者に対して相談その他の援助を行う」ことが目的に加えられた。アフターケアには，家庭復帰をした子どもへの援助と社会的養護で育った児童が社会的自立していった後に行う援助の2種類がある。家庭復帰の場合は，地域での見守りや支援の体制の整備が必要となる。特に子ども虐待の場合は，要保護児童対策協議会等と連携し，退所した子どもが家庭復帰をした地域で，学校への登校を含めた社会生活を安全に送れるようにアフターケアを展開する。また，子どもの社会的自立の場合は，子ども宅への訪問や定期的な施設や里親宅への一時帰省を通して，退院後の就労生活や学校生活を支援することが求められる。中卒や高卒で退所する子どもも多く，社会的経験が少ないこともあり，退職からの無職・退学・住居の喪失・借金等の困難を抱えることが多い。こういった自立の困難さをサポートするため，2012（平成24）年より東京都は各児童養護施設に自立支援コーディネーターを配置し，自立支援に力を入れはじめた。現在，この自立支援コーディネーターを置く自治体が増えてきたが十分ではない。　　　　（野口啓示）

ペアレント・トレーニング

親訓練と訳され，親をトレーニングすることで子育てに必要な養育技術の習得を目指すプログラムである。行動療法の技法が援用されていることが多く，具体的でわかりやすいのが特徴である。親こそが子どもへの最もよい治療者になれるという考えに基づいており，発達障害をはじめ，子どもの性格行動の問題の治療に応用されてきた。現在，その適用は広がり，子どもを虐待した親への支援として用いられるようにもなっている。これは，子ども虐待の件数が増加し，支援を必要とする家族が増えたからである。ペアレント・トレーニングを親子分離を予防する（家族維持）支援のために用いたり，子ども虐待で親子分離をした後に，再び家族が一緒に暮らすといった親子再統合への支援としての有効性が報告されるようになった。ペアレント・トレーニングが子ども虐待への親支援として注目されるようになった理由は，内容が具体的で導入が比較的容易なこと，また短期間で効果が得やすいことにある。

（野口啓示）

心理療法

心理的な問題をもつ人に対して心理学の理論と技法を用いて改善を図る心理的治療のことである。習慣的に，臨床心理学では心理療法と呼び，精神医学では精神療法と呼ぶことが多いが，ほぼ同じ意味である。治療者との相互作用の中で，心理的な問題をもつ人の欲求，感情，思考，行動が変化するように援助することによって，不安の除去や問題の消失，そしてパーソナリティの発達を促進することを目的に援助する過程である。対象の人数，年齢，そしてアプローチの仕方によって，様々な分類が存在する。対象の人数で分類すれば，個人療法と集団療法に大別される。年齢をみてみると，大人では言語を介した心理療法を用いることが多いが，子どもでは，遊びの治療的効果を活かした遊戯療法（プレイセラピー）が用いられる。アプローチに注目すると，精神分析療法，来談者中心療法，認知行動療法，家族療法等がある。いずれにしても，対象者の属性や主訴を慎重に吟味することにより，どのような心理療法を行うのかを決定しなければならない。

（野口啓示）

家族療法

家族を一つのまとまった単位としてとらえ，システムとしての家族全体を治療・援助する立場をとる心理療法の一つである。家族療法では，個人に原因があって問題が起きるという直線的な因果関係

（直線的因果律）ではなく，家族というシステムの中で生じる相互作用によって問題は形成され，維持されるという円環的な因果関係（円環的因果律）からとらえ，問題が維持されている連鎖を生み出す家族システムの変容を目指す。家族療法では，問題を抱えている個人を IP（Identified Patient：特定の個人）と呼び，IP が抱える問題は家族システムのもつ問題維持連鎖によって生み出され，維持されているものとみなす。そのため治療者の目標はこの問題維持連鎖を断ち切ることになる。家族療法には，構造派・戦略派・ミラノ派・MRI 派・ミルウォーキー派などがあるが，近年では，ソリューションフォーカスアプローチやナラティブアプローチへと発展している。　　　　（野口啓示）

補完的養護

　家庭における保護者の養育機能の一部を通園型の施設が担うものを「補完的養護」と分類する場合がある。この分類を用いる場合には，障害のある子どものための治療や教育，保護者の就労等のために家族等にかわって保育を行うサービスがこれにあたり，保育所，福祉型児童発達支援センター，医療型児童発達支援センターが分類される。　　　　（永野　咲）

支援的養護

　保護者の抱える生活上の課題や子育て上直面している困難に対応することで，家庭での養育を継続できるよう支援するものを「支援的養護」と分類する場合がある。この分類を用いる場合，助産施設，母子生活支援施設，児童家庭支援センター，児童更生施設，各施設・機関の相談活動やショートステイサービス等がこれにあたる。　　　　（永野　咲）

治療的養護

　生活型の施設において子どもの行動上の課題・疾病・障害等への治療・訓練を行うものを「治療的養護」と分類する場合がある。この分類を用いる場合，福祉型障害児入所施設，医療型障害児入所施設，児童心理治療施設，児童自立支援施設がこれにあたる。なお，2016（平成28）年児童福祉法改正以降，新しい社会的養育ビジョン等で施設ケアによって提供すべきとされている高度に専門的な「治療的（therapeutic）ケア」の意味とは異なる。　　　　（永野　咲）

代替的養護

　家庭での養育が困難な子どもに対し，施設や里親等が養育するものを「代替的養護」という語を用いて分類する場合がある。この分類を用いる場合には，乳児院・児童養護施設などの生活型の施設で提供される「施設養護」と，里親等によって提供される「家庭養護」に大別される。また施設養護のうち，家庭的な養育環境を目指す小規模化の取組を「家庭的養護」という。

　「国連・児童の代替的養護に関する指針」においては，原文の「Alternative Care」を代替的養護と訳している。この場合の「代替的養護」とは，理由及び状況の如何を問わず，少なくとも父母の一方のもとで夜間に養護を受けていない全ての児童，および親の養護下にない児童であって，通常の居住国を離れ，又は緊急事態の犠牲になっている児童に対し，非公式・公式を問わず提供されているケアを指す。その形式は，①親族による養護，②里親による養護，③家庭を基本とした，又は家庭に類似したその他の形式の養護，④施設養護児童のための監督つきの独立居住体制が規定されている。　　　　（永野　咲）

代替養育

　2016（平成28）年児童福祉法改正を具体化するために出された新しい社会的養育ビジョンでは，保護者と子どもの分離が必要な事情があり，分離した後の代替養育を公的に保障しサービスを提供する場合は，措置・契約の形態如何にかかわ

らず，社会的養護に含めるとしている。この社会的養護の定義には，在宅指導措置（児童福祉法第27条第1項第2号），里親・施設等への措置（児童福祉法第27条第1項第3号），一時保護（児童福祉法第33条）はもとより，自立援助ホームや障害児施設やショートステイ，母子生活支援施設も社会的養護に含める。この社会的養護の定義によれば，保護者と分離している場合と分離していない場合の両者を含むこととなるが，保護者と分離している場合を特に「代替養育」と呼ぶ。代替養育も2016（平成28）年の「児童福祉法等の一部を改正する法律」に基づいて家庭での養育が原則となり，さらに家庭復帰の可能性のない場合は養子縁組を提供するという永続的解決（パーマネンシー保障）が求められることとなった。　（永野　咲）

施設養護

　社会的養護のうち，乳児院，児童養護施設，児童心理治療施設，児童自立支援施設，母子生活支援施設，自立援助ホームの施設型で提供される養育。この中には，具体的には，小規模グループケア，地域小規模児童養護施設において提供される「家庭的養護」も含まれる。国連「児童の代替的養護に関する指針」においては，「緊急時養護を提供する児童保護施設，緊急事態における一時保護所，その他全ての短期・長期の施設養護による施設（グループホームを含む）など，家庭を基本としない集団環境で提供される養護」と定義される。2016（平成28）年児童福祉法改正によって，国・地方公共団体は，「家庭と同様の環境」における養育を推進する責務があることが明記された。まずは子どもが家庭において健やかに養育されるよう，保護者を支援するが，家庭における養育が適当でない場合に，子どもが「家庭における養育環境と同様の養育環境（養子縁組・小規模住居型児童養育事業・里親）」において継続的に養育されるよう必要な措置をとらなければならない。この措置が適当でない場合，施設型の養護の中でも「できる限り良好な家庭的環境（地域小規模児童養護施設・小規模グループケア）」において養育されるよう必要な措置をとることが求められている。　（永野　咲）

家庭的養護

　社会的養護のうち，施設において家庭的な養育環境を目指す小規模化の取組を「家庭的養護（family-like care）」という。具体的には，小規模グループケア，地域小規模児童養護施設において提供されるケアを指す。里親，小規模住居型児童養育事業（ファミリーホーム）を指す家庭養護（family-based care）とは区別されるが，両者を合わせて家庭的な養育環境である「家庭的養護の推進」が図られ，施設型の養護の中でも地域小規模児童養護施設・小規模グループケアによる「できる限り良好な家庭的環境」への転換が求められている。　（永野　咲）

地域小規模児童養護施設（グループホーム）

　児童養護施設のうち，本体施設の支援のもと地域の民間住宅などを活用して家庭的養護を行うもの。社会的養護のうち，施設において家庭的な養育環境を目指す小規模化の取組は「家庭的養護（family-like care）」に分類される。児童定員は6名で，職員2名に加えて非常勤職員1名と管理宿直職員を配置する。地域社会の民間住宅等を活用して近隣住民との適切な関係を保持しつつ，家庭的な環境の中で養護を実施することにより，子どもの社会的自立の促進に寄与することを目的とする。厚生労働省子ども家庭局家庭福祉課の2020（令和2）年10月「社会的養育の推進に向けて」によると2018（平成30）年10月1日現在423か所が設置され，児童養護施設で生活する子どものうち2,538人（8.5%）が生活している。　（永野　咲）

児童自立生活援助事業（自立援助ホーム）

　義務教育を終了した満 20 歳未満の児童等や，大学等に在学中で満 22 歳になる年度の末日までにある者（満 20 歳に達する日の前日に自立援助ホームに入居していた者に限る）であって，児童養護施設等を退所したもの又はその他の都道府県知事が必要と認めたものに対し，これらの者が共同生活を営む住居（自立援助ホーム）において，相談その他の日常生活上の援助，生活指導，就業の支援等を行う事業である。厚生労働省子ども家庭局家庭福祉課の 2020（令和 2）年 10 月「社会的養育の推進に向けて」によると 2019（平成 31）年 3 月 1 日現在，176 か所が設置されており，643 人の子ども・若者が生活している。　　　（永野　咲）

ケース会議

　児童相談所では，「判定会議」を原則として週 1 回定例的に開催する。判定・指導部門の長が主宰し，社会診断，心理診断，医学診断，行動診断，その他の診断等を総合的に検討し，判定を行い，これに基づき援助指針案を検討する。その後の，「援助方針会議」は原則として週 1 回定例的に開催され，作成した援助指針案を確認する。援助方針会議は，原則として受理会議後，児童相談所が相談援助活動を行うこととしたすべての事例の援助について検討を行う。援助の決定にあたっては，特別な場合を除き，子どもや保護者の意向を尊重するとともに，子どもの最善の利益の確保に努めることが示されている。援助方針会議は，措置部門の長が主宰し，児童相談所長，各部門の長，事例を担当した児童福祉司，児童心理司等の事例担当者等が参加し，多角的・重層的に検討を行う。児童養護施設等の社会的養護に関する養育者も，要保護児童対策地域協議会での代表者会議，実務者会議，個別検討会議等ケースをはじめ，多機関との連携や情報共有などの協議が求められる。　　　（永野　咲）

小舎制／中舎制／大舎制

　児童養護施設や児童自立支援施設などの施設養護において，養育単位（生活単位）の定員数が 12 人以下の体制を小舎制，13 〜 19 人の体制のことを中舎制，20 人以上である体制のことを大舎制という。小舎制・中舎制・大舎制の児童養護施設で生活する子どもは，2018（平成 30）年 10 月 1 日現在 1 万 3,606 人（53.7％）であり，多くの割合を占めるが，厚生労働省子ども家庭局家庭福祉課の 2020（令和 2）年 10 月「社会的養育の推進に向けて」によると，2016（平成 28）年児童福祉法改正によって，家庭における養育が適当でない場合にも，子どもが「家庭における養育環境と同様の養育環境（養子縁組・小規模住居型児童養育事業・里親）」において継続的に養育されるよう必要な措置をとらなければならないとされ，さらにこの措置が適当でない場合には，施設型の養護の中でも小舎制・中舎制・大舎制ではなく，「できる限り良好な家庭的環境（地域小規模児童養護施設・小規模グループケア）」での生活を保障するよう転換が求められている。　　　（永野　咲）

家庭養育

　子どもの父母や親族等の保護者の家庭での養育だけでなく，なんらかの理由により保護者による養育が困難な場合に預けられる里親家庭，里親登録したファミリーホーム，養子縁組家庭等の養育を指す。根拠法は児童福祉法である。2016（平成 28）年の改正児童福祉法は，家庭養育優先の理念を定め，実親による養育が困難であれば，特別養子縁組によるパーマネンシー保障や里親養育推進を明確にした（第 3 条の 2）。この児童福祉法改正に伴い一部改正された「市町村児童家庭相談援助指針」によると，「家庭」とは実父母や親族等を養育者とする環境を，「家庭における養育環境と同様の養育環境」

とは養子縁組による家庭，里親家庭，ファミリーホームを指す。児童福祉法の原則を実現するため2017（平成29）年に出された「新しい社会的養育ビジョン」は，乳幼児は原則家庭養育，すなわち里親委託とすること，学齢以上の子どもは当面のアセスメントに沿って，家庭養育環境か施設養育環境か選択すること，障害児や医療的ケアの必要な児童にも家庭養育を保障するべきとした。　　　（安藤　藍）

家族再統合

　英語表記では family reunification, family reintegration であり，もともと社会的養護に固有の概念ではなく，移民等の離散家族の再会といった文脈でも用いられてきた。今日の日本では，おおむね社会的養護の文脈で用いられていると考えてよい。日本では，子どもを家庭から分離しないまま援助を行う家族維持，家族保全（family preservation）の概念と，分離を経験した子どもと親等が目指す家族再統合とが，家族再統合の一語に括られているという批判もある。少なくとも後者の，分離を経験した子どもと家族を念頭においても，広義の家族再統合と狭義のそれとに分けることができる。狭義には，児童養護施設等から子どもが保護者に引き取られ，家庭復帰することを指す。一方，広義には，必ずしも家庭復帰のみに限定されず，分離状態にある子どもと家族がその時の状況に応じて最も適切なレベルの関係維持を目指すことを指し，面会等様々な方法によって支援を行っていく。　　　（安藤　藍）

家庭養護

　里親，ファミリーホームにおける養育，特別養子縁組を含む養子縁組の養育のように，養育者の家庭に子どもを迎えて育てること。かつては，里親，ファミリーホーム，地域小規模児童養護施設等のグループホーム等を，「家庭的な養育環境」として「家庭的養護」と括って呼んでいた。国連の「児童の代替的養護に関する指針」における family-based care と family-like care の用語の区別等を踏まえて，2012（平成24）年の社会保障審議会児童部会社会的養護専門委員会にて，用語の整理がなされた。すなわち，それまでの「家庭的養護」と「家庭養護」を区別し，「施設養護（residential care）」に対する言葉として「家庭養護（family-based care）」を用い，施設において家庭的な養育環境を目指す小規模化等の取り組みについては「家庭的養護（family-like care）」を用いることになったのである。「里親及びファミリーホーム養育指針」や「里親委託ガイドライン」では，子どもを養育者の家庭に迎え入れて養育を行う「家庭養護」の積極的活用が示され，今日の家庭養護重視への土壌を形成した。

　　　（安藤　藍）

養育里親

　児童福祉法第6条の4第1号に規定される。養子縁組を目的とせずに，要保護児童をあずかり養育する里親をいう。里親の種別の中でも最も登録・委託が多いのが養育里親である。養育期間は，保護者の家庭で再び暮らすことができるまで，大学等を卒業するまでなど，子どもの状況によって異なり，数週間のような短期から十数年に及ぶまで様々である。同時にあずかることができる里子は4人までで，実子等がいる場合には，その子どもも含めて6人までとなっている。多くの要保護児童に親や親族がおり，2018（平成30）年2月1日時点で里親委託児の78.4％に両親またはひとり親がいる。そのため，委託中であっても親等との連絡，面会，外泊等が行われるケースもある。2009（平成21）年から，養育里親と専門里親には研修が義務化され，これを修了することが養育里親認定の要件となった。子どもをあずかる間は，里親手当と子どもの年齢に応じた一般生活費等が支給さ

れる。なお，たとえ養子縁組を目的としていない委託でも，子どもと里親家族が合意に至った場合には，普通養子縁組が行われることもしばしばある。

（安藤　藍）

専門里親

2002（平成 14）年度に創設された里親種別で，要保護児童のなかでも，虐待等により心身に影響の大きい子どもや，非行等の問題のある子ども，障害のある子ども等の専門性が求められるケースを委託対象とする。そのため，専門里親になるには，①養育里親として 3 年以上の養育経験を有する，②3 年以上児童福祉事業に従事した者で都道府県知事が適当と認めるもの，③都道府県知事が①又は②に該当する者と同等以上の能力を有すると認めた者のいずれかに該当することが条件となる。同時に，委託児童の養育に専念できること，専門里親研修の修了（2009 年から）も認定要件である。専門里親としてあずかることができるのは 2 人まで，委託期間は 2 年とし，必要に応じて延長する形になる。2018（平成 30）年度末時点で，全国で 223 人の子どもが 193 人の専門里親のもとで暮らしている（登録する専門里親は 702 人）。（安藤　藍）

養子縁組里親

児童福祉法第 6 条の 4 第 2 号に規定される。普通養子縁組，特別養子縁組を前提として要保護児童をあずかる里親。家庭裁判所の審判を経て実親子として親子関係を取り結ぶことになる。2008（平成 20）年の児童福祉法改正により，従来の「養育里親」と「養子縁組を希望する里親」とが制度上区分されることになって創設された。2018（平成 30）年度末時点で，全国で 321 人の子どもたちが 317 人の養子縁組里親に委託されている（登録する養子縁組里親は 4,238 人）。2017（平成 29）年の新しい社会的養育ビジョンでは，実家庭で養育ができない，家庭復帰の努力をしても困難な要保護児童の場合には，パーマネンシー保障のために特別養子縁組活用を推進するとした。近年の動向に，2017 年 1 月施行の改正育児・介護休業法により，養子縁組を希望する里親に委託される子ども，特別養子縁組が成立するまでの監護期間中の子どもを養育する者も，育児休業制度等の対象となった。また，2020（令和 2）年 4 月から「民法及び家事事件手続法の一部を改正する法律」が施行されたことにより，特別養子縁組成立の手続きが見直され，手続きが特別養子適格の確認の審判と特別養子縁組成立の審判の 2 段階手続きとなった。この特別養子適格の審判の申し立ては，養親のほか，児童相談所長が行うことができるようになった。さらに，審判申し立て時の子どもの年齢は原則 6 歳未満であったものが，15 歳未満に引き上げられ，より特別養子縁組制度の利用の利便性が図られている。（安藤　藍）

親族里親

児童福祉法第 6 条の 4 第 3 号に規定される。2002（平成 14）年度に創設された。対象となる子どもは，当該親族里親に扶養義務のある子どもか，両親その他その子どもを現に監護する者が死亡，行方不明，拘禁，入院等の状態となって，両親等による養育が期待できない子どもである。子どもの環境の変化や精神的負担等を考慮すると，親族里親は養育里親よりも優先されることがある。2018（平成 30）年度末時点で，全国で 777 人の子どもが 558 人の親族里親に委託されている（登録する親族里親は 588 人）。日本では里親というと養育里親を指すことが一般的であるが，例えばアメリカでは，子どもの親族によるケアの割合は増加している。

（安藤　藍）

週末里親

乳児院や児童養護施設で生活する子どもを，夏休みや冬休み等の長期休暇，週

末，祝日などに数日間あずかる仕組みをもつ自治体は多い。児童福祉法の規定する里親制度を活用する自治体も，新たな制度を設ける自治体もある。週末里親，季節里親など，様々な名称で呼ばれ，施設で暮らす子どもに特定の家庭と交流し，家庭生活の経験をもたせることを意図するものである。例えば，東京都や横浜市の「フレンドホーム」，神奈川県の「三日里親」，川崎市の「ふるさと里親」，広島市の「ホリデー里親」，香川県の「週末ホームステイ」などがある。週末里親になる要件，連続してあずかる日数の上限などはその自治体の規定による。児童養護施設等の施設に直接申し込んだり，児童相談所に申し込むことが多い。

（安藤　藍）

45　障害のある児童への対応

特別児童扶養手当

　精神又は身体に障害を有する児童について手当を支給することにより，これらの児童の福祉の増進を図ることを目的に，20歳未満で精神又は身体に障害を有する児童を家庭で監護，養育している父母等に支給される。ただし受給者もしくはその配偶者又は扶養義務者に対する所得制限がある。支給額は 1 級 5 万 2,200 円，2 級 3 万 4,770 円である（2020 年 1 月現在）。受給者数は約 24 万人である（2019年 5 月現在）。原則として 2 年に 1 度の更新の際に診断等の提出が必要であり，所得状況についても 1 年に 1 度所得状況届が必要である。なお申請には身体障害者手帳，療育手帳，精神障害者保健福祉手帳の有無は関係がない。また発達障害も申請の対象に含まれる。財源は国による全額給付であるが，申請窓口は市町村である。類似の制度として障害児福祉手当がある。　　　　　　　　　　（丸目満弓）

障害児通所支援（給付）

　児童福祉法に規定される児童発達支援事業，医療型児童発達支援事業，居宅訪問型児童発達支援事業，放課後等デイサービス事業，保育所等訪問支援事業の給付の総称である。

　各支援の利用を希望する場合，障害児及び保護者は支援利用のための申請を居住する市町村に行う。市町村は，障害児の心身の状況や家庭の状況，障害児と保護者の支援利用に関する意向，障害児相談支援により作成された障害児支援利用計画案の内容を勘案し，支援の種類や量，頻度等について給付を決定する。その後，障害児及び保護者は，支援事業所を選び，利用契約を結ぶことで，各支援を利用することができる。

　障害児が措置により児童福祉施設等に入所している場合においても，児童福祉法第 21 条の 6 の規定により，市町村は障害児通所支援もしくは障害福祉サービスの提供を事業者に委託することができる。　　　　　　　　　　（大平眞太郎）

障害児入所支援（給付）

　児童福祉法に規定される福祉型障害児入所施設と医療型障害児入所施設の給付の総称である。

　福祉型障害児入所施設は，施設に入所する障害児に，保護，日常生活における指導及び必要な知識技能の付与などの支援を行う。医療型障害児入所施設は，医療機関の機能を併せ持ち，施設に入所する重度の知的障害や身体障害のある児童，重症心身障害児に，保護，日常生活における指導及び必要な知識技能の付与などの支援並びに治療を行う。

　施設の利用を希望する場合，障害児及び保護者は，支援利用の意向を居住する都道府県もしくは指定都市が設置する児童相談所に相談したうえで，施設利用のための申請を同所に行う。同所は障害児の心身の状況，家庭の状況などを勘案し，施設利用についての給付を決定する。その後，施設と保護者が契約を結び，障害児は施設に入所する。

　保護者等からの虐待等により，障害児の保護者との分離が必要な場合等は，給

付決定と契約によらず，都道府県又は指定都市の措置により障害児を施設に入所させることができる。　　（大平眞太郎）

障害児相談支援事業

児童発達支援事業や放課後等デイサービスなどの障害児通所支援を利用する障害児やその保護者に，障害児及び保護者の意向が反映された適切な支援の利用を援助する児童福祉法に規定された事業である。

具体的には，障害児の心身の状況や置かれている環境，障害児及び保護者の意向などを勘案し，支援を利用する目的，支援の種別や支援の量・頻度について示した障害児支援利用計画案を作成する。計画案を勘案して市町村が給付の決定を行った後，支援を提供する事業者等と連絡調整を行い，支援提供事業者等を確定させ障害児支援利用計画を作成する。

支援利用開始後，定期的に障害児や保護者との相談，支援を提供する事業者等と連絡調整を行い，利用状況の確認と検証を行い，必要に応じて支給決定の変更等について利用者に勧め，障害児支援利用計画の変更を行う。

障害児通所支援以外の障害者総合支援法に規定されるサービスのみを利用する場合は，同法に規定される計画相談支援事業により同様の支援が提供される。
　　（大平眞太郎）

保育所等訪問支援事業

保育所等の児童が集団生活を営む施設に通所等している障害児に，障害児以外の児童との集団生活への適応のための専門的な支援などを行う児童福祉法に規定された事業である。

保育所の他に，幼稚園，小学校，特別支援学校，認定こども園，乳児院，児童養護施設に通所や通学及び入所している場合が対象となる。また，地方自治体の判断により放課後児童クラブに通所している場合も対象とできる。適切な支援を提供するために，支援の提供にあたる従業者は，児童指導員，保育士，理学療法士，作業療法士又は心理担当職員であって，集団生活への適応のための専門的な支援の技術を有する者とされている。本事業による支援は障害児への直接的なものに加えて，施設や学校の職員に対する障害児への支援や他の児童への対応方法，環境の改善などについての指導・助言など間接的なものも含まれる。（大平眞太郎）

短期入所事業

夜間も含めた入所を必要とする障害者及び障害児に，短期間，障害者支援施設等や障害者入所施設等において，入浴，排泄，食事の介護等を行う障害者総合支援法に規定された事業である。

短期間の入所を必要とする場合として，居宅において障害児者の介護等の日常生活上の支援をする家族等が病気等により支援ができない場合や介護等による心身への負担が過度になることを防ぐことを目的とすることなどが想定されている。そのほか，障害児者が家族等以外との生活環境を体験する目的で，本事業を利用する場合もある。

本事業は，入所施設の定員の空き室を利用する方法（空床型）や併設された部屋を利用する方法（併設型），生活介護等や児童発達支援等の日中支援施設を活用したり本事業のみを実施する施設を使用する方法（単独型）がある。　　（大平眞太郎）

障害児等療育支援事業

障害児の地域における生活を支えるため，身近な地域で療育指導等が受けられる機能の充実を図るとともに，これらを支援する都道府県域の療育機能との重層的な連携を図るために，障害児やその家族に対する直接的な支援や支援を実施している機関等への指導など間接的支援を実施する事業である。障害者総合支援法に規定される都道府県，指定市，中核市が実施する地域生活支援事業の専門性の高い相談支援事業に位置付けられる。

具体的には，支援者が障害児の居宅を訪問しての療育指導，支援を実施する機関などへの障害児や保護者の来所による専門的な療育相談及び指導，障害児の通う保育所や放課後児童クラブや障害児通所支援事業等の職員の療育技術の指導，その他の療育機関に対する支援などを実施する。

地域生活支援事業に位置付けられる本事業は，障害児通所支援事業等のみでは十分な支援が難しかったり，障害児がそれらの事業の対象にならない状況に対して，地域の実情に応じて実施主体である自治体が柔軟に支援対象や事業内容を設定し実施することができる。（大平眞太郎）

居宅訪問型児童発達支援

重度の障害等により，通所による児童発達支援や放課後等デイサービスの利用のための外出が著しく困難な障害児に，居宅を訪問し，身体的・精神的機能の適正な発達を促し，日常生活及び社会生活を円滑に営めるようにすることを目的に，福祉的，心理的，教育的及び医療的な援助を行う児童福祉法に規定された事業である。明確なガイドラインは示されていないが，通所により実施される児童発達支援と同様に「発達支援（本人支援及び移行支援）」「家族支援」「地域支援」が総合的に提供されることが望ましい。

重度の障害等は，人工呼吸器を装着している状態やその他日常生活上に医療を要する状態，重い疾病のために感染症にかかるおそれがある状態等とされている。本事業を経て心身の状況の安定や改善が見られる場合は児童発達支援等への移行や併用が想定されている。適切な発達支援を提供するために，支援の提供にあたる従業者は，理学療法士，作業療法士，言語聴覚士，看護職員，保育士の資格取得後又は児童指導員や心理指導担当職員として配置された日以後に直接的な支援業務に３年以上従事した者でなければならない。　　　　　　　　（大平眞太郎）

移動支援事業

障害者総合支援法第５条第26項において，障害者が円滑に外出することができるよう，障害者等の移動を支援する事業を「移動支援事業」という。事業の実施主体は市町村であり，かつ必須事業とされている。当該事業の対象者は，障害者等であって，市町村が外出時に移動の支援を必要と認めたものである。支援範囲は，社会生活上必要不可欠な外出及び余暇活動等の社会参加のための外出の際の移動を支援するものとされている。実施方法は，個別支援型，グループ支援型，車両移動型に大別される。このなかで，特に個別支援に関する具体的な取り扱いについては，市町村の判断による。また，グループ支援には，屋外でのグループワーク，同一目的地・同一イベントへの複数人同時参加の際の支援などがある。車両移動には，福祉バス等車両の巡回による送迎支援や駅等の経路を定めた運行，各種行事の参加のための運行などが含まれる。当該事業のサービス提供者は，サービスを提供するに相応しい者として市町村が認めた者である。

移動支援に従事する者を「移動支援従業者（通称：ガイドヘルパー）」といい，国が定めた「全身性障がい課程」「知的障がい課程」「精神障がい課程」の各養成カリキュラムを終えた者が「移動支援従業者（全身性障がい）」「移動支援従業者（知的障がい）」「移動支援従業者（精神障がい）」として，障害者の外出支援を行うことができる。　　　　　　（田中秀和）

同行援護

障害者総合支援法第５条第４項において，視覚障害により，移動に著しい困難を有する障害者等につき，外出時において，当該障害者等に同行し，移動に必要な情報を提供するとともに，移動の援護その他の厚生労働省令で定める便宜を供与することと規定されている。

支援の範囲は，外出時における移動に必要な情報の提供，移動の援護，排せつ及び食事等の介護，その他外出時に必要な援助である。対象者は，重度の視覚障害を有する障害者・障害児である。移動の目的は，社会生活上必要不可欠な外出，社会参加のための外出であるが，通勤，営業活動に係る外出，長期にわたる外出及び社会通念上適当でない外出は除くとされている。なお，利用に際して障害支援区分による制限はない。

同行援護に従業する者は，国が定めた「同行援護従業者」の養成カリキュラムを終えた者が，「同行援護従業者（通称：視覚障がい者ガイドヘルパー）」として，視覚障害者の外出支援を行うことができる。
（田中秀和）

行動援護

障害者総合支援法第5条第5項において，知的障害又は精神障害により行動上著しい困難を有する障害者等であって常時介護を要するものにつき，当該障害者等が行動する際に生じ得る危険を回避するために必要な援護，外出時における移動中の介護その他の厚生労働省令で定める便宜を供与することとされている。

なお，当該制度の対象者は，障害支援区分3以上かつ，障害支援区分認定調査項目のうち行動関連項目等の合計点数が10点以上である者である。支援の範囲は，行動する際に生じ得る危険を回避するために必要な援護，移動中の介護，外出前後に行われる衣服の着脱介助等，排せつ及び食事等の介護その他の障害者等が行動する際に必要な援助とされている。

行動援護に従業する者は，国が定めた「行動援護従業者」の養成カリキュラムを終えた者が，「行動援護従業者」として行動障害のある者の外出支援を行うことができる。
（田中秀和）

日常生活用具給付等事業

障害者総合支援法における地域生活支援事業の一つである。事業の実施主体は市町村であり，かつ必須事業とされている。

当該事業は，障害者等の日常生活がより円滑に行われるための用具を給付又は貸与すること等により，福祉の増進に資することを目的としたものである。対象者は，日常生活用具を必要とする障害児者，身体障害児者，知的障害児者，精神障害者，難病患者，小児慢性特定疾患児童等である。給付の対象となる種目は，介護・訓練支援用具，自立生活支援用具，在宅療養等支援用具，情報・意思疎通支援用具，排泄管理支援用具，居宅生活動作補助用具（住宅改修費）に分けられる。費用負担については，国が100分の50以内，都道府県が100分の25以内とされている。
（田中秀和）

補装具費支給制度

障害者の日常生活における移動確保，就労場面における能率の向上，障害児が将来社会人として自活するための素地を育成助成することを目的とし，身体の欠損又は損なわれた身体機能を補完・代替する用具について，一定の額を支給する制度である。

制度の対象者は，補装具を必要とする障害者，障害児，難病患者等である。また，実施主体は市町村である。申請方法は，障害者又は障害児の保護者が市町村長に申請し，身体障害者更生相談所等の判定又は意見に基づく市町村長の決定により，補装具費の支給を受けることとなる。利用者負担は原則1割であるが，世帯の所得に応じ，生活保護世帯と市町村民税非課税世帯は，負担なしとなる。補装具種目には，義肢，装具，盲人安全つえ，義眼，眼鏡，補聴器，車椅子，歩行器，重度障害者用意思伝達装置等がある。
（田中秀和）

居宅介護

障害者総合支援法第5条第2項において，障害者等につき，居宅において入浴，

排せつ又は食事の介護その他の厚生労働省令で定める便宜を供与することと定義されている。

障害支援区分1以上の身体障害者，知的障害者，精神障害者（児童の場合はこれに相当する心身の状態）が対象となる。支援の範囲は，居宅では，入浴，排せつ及び食事等の介護，調理，洗濯及び掃除等の家事，その他生活全般にわたる援助である。一方，外出時では，病院等への通院のための移動介助や屋内外における移動等の介助又は通院先等での受診等の手続き，移動等の介助である。また，移動の目的は，病院への通院等のための移動介助又は官公署での公的手続若しくは障害者総合支援法に基づくサービスを受けるための相談に係る移動介助とされている。

なお，都道府県知事の指定する居宅介護従業者養成課程を修了した者を居宅介護従業者，同じく重度訪問介護従業者養成研修を修了した者を重度訪問介護従業者という。　　　　　　　（田中秀和）

重度訪問介護

障害者総合支援法第5条第3項において，「重度訪問介護」とは，重度の肢体不自由者その他の障害者であって常時介護を要するものとして厚生労働省令で定めるものにつき，居宅又はこれに相当する場所として厚生労働省令で定める場所における入浴，排せつ又は食事の介護その他の厚生労働省令で定める便宜及び外出時における移動中の介護を総合的に供与することをいう。なお，当該制度の対象者は，障害支援区分4以上かつ，①「歩行」「移乗」「排尿」「排便」のいずれもが「支援が不要」以外，または②障害支援区分認定調査項目のうち行動関連項目等の合計点数が10点以上である者である。

支援の範囲は，行動する際に生じ得る危険を回避するために必要な援護，移動中の介護，外出前後に行われる衣服の着脱介助等，排せつ及び食事等の介護その他の障害者等が行動する際に必要な援助とされている。

重度訪問介護に従業する者は，国が定めた「重度訪問介護従業者」の養成カリキュラムを終えた者が，「重度訪問介護従業者」として重度の身体障害や知的障害，常時介護を要する精神障害のある者の外出支援を行うことができる。

（立花直樹）

重度障害者等包括支援事業

障害者支援施設や障害児入所施設以外の場において，居宅介護や重度訪問介護等の居宅訪問型サービス，生活介護や就労継続支援等の日中支援サービス，短期入所や共同生活援助等の居住サービスを包括的に給付することで，各サービスを柔軟に組み合わせて活用し，障害児者の障害特性にあった日常生活支援及び社会生活支援を行う事業である。

対象となる障害児者は，常に介護を要する障害者等であり，意思疎通を図ることに著しい困難があるもののうち，重度の肢体不自由や寝たきり状態にあるもの並びに知的障害または精神障害により行動上の著しい困難を有するものとされている。　　　　　　　（大平眞太郎）

放課後等デイサービス事業

小学校から高等学校（特別支援学校を含む）に就学しており，放課後等に支援が必要な障害児に，授業の終了後又は学校の休業日に，児童発達支援センター等の施設や事業所において，生活能力向上のための必要な訓練，社会との交流促進などの支援を行う児童福祉法に規定された事業である。厚生労働省が示す「放課後等デイサービスガイドライン」には，支援を必要とする障害児に対して，学校や家庭とは異なる時間，空間，人，体験等を通じて個々の子どもの最善の利益の保障と健全な育成を図るものとされている。

適切な訓練や支援を提供するために児

童指導員や保育士など児童への支援経験もしくは障害児者への支援経験をもつ者の配置が義務付けられている。リハビリテーション等の機能訓練を実施する場合は，訓練を実施する時間帯において専門の職員を配置することが義務付けられている。主として重症心身障害児を対象とする場合は，嘱託医師，看護職員の配置が上記に加えて必要となる。18歳以上20歳未満で就学していない場合において，本事業を利用する必要性が認められる場合は，特例として利用することができる。

（大平眞太郎）

児童発達支援事業

療育を行う必要がある未就学の障害児に，身体的・精神的機能の適正な発達を促し，日常生活及び社会生活を円滑に営めるようにすることを目的に，福祉的，心理的，教育的及び医療的な援助を提供する児童福祉法に規定された事業である。厚生労働省が示す「児童発達支援ガイドライン」には，障害のある子どものニーズに応じて，「発達支援（本人支援及び移行支援）」「家族支援」及び「地域支援」を総合的に提供していくものとされている。本事業を経て，就学する，保育園や幼稚園等へ移行する，本事業と保育園等を併用するなどの利用が想定されている。

適切な発達支援を提供するために，児童指導員や保育士など児童への支援経験もしくは障害児者への支援経験をもつ者の配置が義務付けられている。また，リハビリテーション等の機能訓練を実施する場合は，専門の職員を配置することが義務付けられている。重症心身障害児を主な対象とする場合には看護職員の配置が必要となる。

肢体不自由があり，リハビリテーションの提供や医療的管理下での支援が必要な未就学の障害児を対象に援助を行う場合は，医療型児童発達支援事業となる。この場合は，診療所の機能を併せ持つ必要が

あり，医師や看護職員，理学療法士又は作業療法士などの医療従事者の配置が必要な設備設置とともに義務付けられている。

児童発達支援の機能に併せて，障害児相談支援事業や保育所等訪問支援事業を実施している地域の中核的機能を担う場合は，児童発達支援センターと呼ばれる。

（大平眞太郎）

療育手帳

知的障害児者への一貫した指導・相談を行うとともに，これらの者に対して各種の援助措置を受けやすくするため，18歳未満の場合は児童相談所，18歳以上の場合は知的障害者更生相談所において知的障害と判定された者に対して，都道府県知事又は指定都市市長が交付する。手帳を取得することにより，等級に応じた様々なサービスを受けることができる。ただし身体障害者手帳，精神障害者保健福祉手帳と異なり，療育手帳には根拠となる法律が存在せず，「療育手帳制度について」（昭和48年9月27日厚生省発児第156号厚生事務次官通知）を参考に，各都道府県の裁量において実施されている。そのため手帳の名称（愛の手帳，みどりの手帳，愛護手帳など）や障害等級（2-5等級），判定基準（IQの数値）が異なり，また支援内容も異なる。原則として2年ごとに判定を行うが，自治体によっては2年から5年と期間が異なり，また一定の年齢ごとに再判定を受ける自治体もみられる。

（丸目満弓）

精神障害者保健福祉手帳

精神保健及び精神障害者福祉に関する法律第45条を根拠とし，精神疾患により長期にわたり日常生活又は社会生活への制約がある人を対象として一定程度の精神障害の状態にあることを認定された場合，都道府県知事又は指定都市市長より交付される。発達障害も申請の対象に含まれる。申請に際しては初診から6か月が経過していることが必要である。手帳

の等級は1級が「精神障害であって，日常生活の用を弁ずることを不能ならしめる程度のもの」，2級は「精神障害であって，日常生活が著しい制限を受けるか，又は日常生活に著しい制限を加えることを必要とする程度のもの」，3級は「精神障害であって，日常生活若しくは社会生活が制限を受けるか，又は日常生活若しくは社会生活に制限を加えることを必要とする程度のもの」の3等級に分類されている。手帳の有効期限は2年間である。

（丸目満弓）

身体障害者手帳

身体障害者福祉法第15条を根拠とし，身体障害者福祉法に定める身体上の障害がある者に対して，都道府県知事，指定都市市長又は中核市市長より交付される。手帳を取得することにより，障がいの種類や等級に応じた様々なサービスを受けることができる。障害の種類は，①視覚障害，②聴覚又は平衡機能の障害，③音声機能，言語機能又はそしゃく機能の障害，④肢体不自由，⑤心臓，じん臓又は呼吸器の機能の障害，⑥ぼうこう又は直腸の機能の障害，⑦小腸の機能の障害，⑧肝臓の機能の障害，⑨ヒト免疫不全ウイルスによる免疫の機能の障害がある。障害等級の区分は1級から7級があるが，7級は7級以上の障害と重複した障害があり，当該等級より上の級となる場合に発行されるため，手帳の発行は1級から6級である。障害は永続することが前提であるため，基本的には更新に関する手続きは必要がないが，近年の医療やリハビリテーションの進歩により2014（平成26）年4月1日より再認定制度が実施され，一部の障害については更新が必要となる。

（丸目満弓）

聴覚障害

聴覚の構造や機能に異常があり，一時的又は永久的に聴力が低下しているか，失われている状態をいう。聴覚障害は，伝音性難聴と感音性難聴に分類される。伝音性難聴は，外耳から中耳までの伝音系の異常に起因するもので，一般に音が小さく聞こえるだけであり，補聴器などでかなりの程度の改善が可能である。感音性難聴は，内耳以降の感音系の異常に起因するもので，小さく聞こえるだけでなく，音が歪んで聞こえることが多く，補聴器の使用は有効ではない。伝音性難聴と感音性難聴のどちらも併存するものを混合性難聴という。聞こえの度合い（聴力）は，一般にオージオメータという機械で測定し，dB（デシベル）という単位で表示される。聴力の程度によって軽度，中等度，高度，重度，最重度（聾）に分類される。聴覚障害教育（聾教育）は，その障害の程度等に即して，聴覚障害特別支援学校（聾学校），小・中学校に設置される難聴特別支援学級又は通級による指導の場（難聴通級指導教室）などで行われる。従来，聴覚障害特別支援学校（聾学校）におけるコミュニケーション手段は，健聴者に有利な口話法が主流であったが，現在では，聴覚障害当事者にとって習得・活用しやすい手話やキューサイン，指文字といった様々なコミュニケーション手段が採用されつつある。

→伝音性難聴（伝音難聴）[45]，感音性難聴（感音難聴）[45]　（末次有加）

視覚障害

眼球・視路・視覚中枢などからなる視覚器の異常（疾患，変調，障害など）が原因となって，永続的に回復困難な視機能の障害のことである。視覚障害教育の対象となるのは，学校教育法施行令第22条の3に「両眼の視力がおおむね0.3未満のもの又は視力以外の視機能障害が高度のもののうち，拡大鏡等の使用によっても通常の文字，図形等の視覚による認識が不可能又は著しく困難な程度のもの」と規定されている。加えて，視覚障害は，弱視と盲に大別される。学習

手段の観点から，弱視は，視覚を用いた教育や生活が可能であるが，活字の拡大やレンズ等の補助手段の使用が必要となる。一方，盲は，矯正視力が 0.02 未満で，主として点字を使用し，触覚や聴覚など視覚以外の感覚を用いて学習する必要がある状態である。さらに盲は，先天盲と後天盲（生後失明・中途失明）に分類される。その際，教育方法に工夫が必要であることを留意しておかなければならない。先天盲の場合（5 歳以前に失明した場合も含む），視覚的なイメージ（視覚表象）を全くもっていない場合も少なくない。そのため，晴眼者（視覚に障害のない者）の物の捉え方とは異なっていたり，抽象的なことや直接触れられないものなど様々な概念の獲得が困難であったりする。

視覚障害教育は，その障害の程度等に即して，視覚障害特別支援学校（盲学校），小・中学校に設置される弱視特別支援学級または通級による指導の場（弱視通級指導教室）などで行われる。
→学校教育法①　　　　　　（末次有加）

言語障害

言葉によるコミュニケーションに何らかの困難さがある障害のことをいう。医学的には，次の 3 点に分類される。①言葉を音として受容する過程における言語障害である。聴覚障害が該当する。②言葉の意味を理解する過程（情報処理過程）における障害である。脳の障害や機能不全により，言語発達遅滞や失語症，脳性麻痺に伴う言語障害などがある。これは，知的発達障害と密接な関連があり，知的機能の障害の度合いによって言語障害の遅れや理解力も様々である。脳性麻痺に伴う言語障害は，運動障害による言語表出の障害が主であるが，知的障害が伴う場合は，言語発達の遅れがさらに加わる。③言葉を発する過程での障害である。構音障害や吃音，口蓋裂に伴う言語障害である。他方，教育の分野では，言語障害は，

より広い意味で捉えられている。文部科学省のホームページによると，「言語障害とは，発音が不明瞭であったり，話し言葉のリズムがスムーズでなかったりするため，話し言葉によるコミュニケーションが円滑に進まない状況であること，また，そのため本人が引け目を感じるなど社会生活上不都合な状態」と定義されている。言語障害教育は，「ことばの教室」（言語障害特別支援学級や言語障害通級指導教室）において，個別にまたは少人数体制で発音指導や言語指導が行われている。
　　　　　　　　　　　　　　　　（末次有加）

肢体不自由

四肢（上肢・下肢）と体幹（頭部と内臓器を含まない頸部までの上半身）が，病気や怪我で損なわれ，長期にわたり，歩行や筆記等の日常生活動作が困難な状態をいう。「肢体不自由」という言葉は，昭和初期に整形外科医の高木憲次によって提唱された用語である。肢体不自由の原因疾患は，発症時期（先天的・後天的）や障害の部位，病理などで分類でき，その不自由さの程度や度合いにかなりの個人差がある。具体的には，脳の中枢神経の損傷に起因するものと，他の末梢神経や運動器の障害とに分けられる。発生頻度は，前者は，脳性麻痺が最多で，後者は，進行性筋ジストロフィー症に代表される神経・筋疾患，その他に骨関連疾患や形態異常などが多い。肢体不自由の分類基準として，福祉分野では，身体障害者福祉法施行規則別表第 5 号の「身体障害者障害程度等級表」において障害程度が等級化されている。また，教育分野では学校教育法施行令第 22 条の 3 に肢体不自由教育のおおまかな判別基準が示されている。　　　　　　　　（末次有加）

内部障害

内臓の機能に障害があることを指す（肢体不自由を除く）。身体障害者福祉法では，心臓・腎臓・呼吸器・膀胱・直腸・

小腸・肝臓の機能障害とヒト免疫不全ウイルス（HIV）による免疫機能障害の7つで，永続し，日常生活に著しい制限を受ける程度であるものをいう。外見上は健康な人と変わりがないため，他者からの理解を得にくく，社会的に不当な扱いを受けることも少なくない。学校教育においては，内部障害に対応する教育用語として「病弱・虚弱」の範疇で扱われる。内部障害のある18歳未満の者を内部障害者と呼ぶケースはあまり多くなく，この対象となる児童生徒は，「病弱者（身体虚弱を含む）に関する教育」を扱う特別支援学校及び特別支援学級で教育を受ける場合が多い。ここでいう「病弱」とは，慢性疾患等のため継続して医療や生活規制を必要とする状態を指す。また，「身体虚弱」とは，病気にかかりやすいため継続して生活規制を必要とする状態をいう。現在は，気管支喘息，ネフローゼ症候群など腎臓疾患，進行性筋ジストロフィー症などの先天疾患，肥満，糖尿病などの小児成人病，白血病など悪性新生物疾患が多いとされる。　（末次有加）

情緒障害

　主として心理的な原因（家族関係をはじめとする人間関係やストレスなど）により，感情・行動・生理的側面に関わる不安定な状態や神経症的な症状が，一過性ないしは可逆的に表出している状態を示す。具体的には，選択性緘黙や不登校，引きこもり，粗暴や盗癖などの不適応行動や問題行動が該当する。その他，身体症状として，チックや爪嚙み，指しゃぶり，頻尿，脱毛症，摂食障害などの心身症がある。同様に，精神症状として，不安神経症や強迫神経症，不安症といった神経症や，統合失調症や躁うつ病などの精神病がある。なお，心身症や精神病の場合は，医療対象となり，治療が優先される。知的障害や精神病などの脳の器質的な病変をもつものは，原則的に含まれ

ない。現在の情緒障害教育は，2002（平成14）年の学校教育法施行令一部改正に伴い，特別支援学級と通級指導教室のそれぞれにおいて，従来の発達障害と，心理的原因による適応行動障害（選択性緘黙等）を明確に区別してそれぞれ別に適切な指導を行い，適切な支援や配慮，工夫をすることが求められている。

（末次有加）

発達障害

　発達障害者支援法では，発達障害者の定義を，自閉症，アスペルガー症候群その他の広汎性発達障害，学習障害，注意欠陥多動性障害等の脳機能障害の総称としており，社会的障壁により，日常生活または社会生活に制限を受ける者としている。

　従来，保育現場では言動の違和感，特に集団生活の中で社会性の未熟さや多動性等がみられる子を「気になる子」と表現し，家庭環境や保育者の技量の課題として取り上げてきた。その後の脳機能不具合が原因である可能性を示唆した発達障害概念の普及は，「自分の対応が悪かったわけではない」と関係者を安堵させた側面と，差別や偏見を強めた側面がある。従来は違和感がある言動による社会不適応を中心に症状の説明がなされていたが，過敏や鈍麻等の感覚の特異性が，既存の環境とマッチしないことが原因で社会生活の不具合が生じているケースがあることが知られるようになった。障害について外見で判断できないばかりか，当事者が感じている世界を周囲が想像しづらいことから，困り感が共感されにくく，合理的配慮が得られにくい現状がある。また，治療や訓練の対象とされることが多かったが，当事者活動等で自らを「脳神経学的少数派」「非定型発達者」と呼称し，神経学的な多様性を社会に受容するように訴えかける「ニューロダイバーシティ運動」等も行われている。

→発達障害 20 26　　　　（山田裕一）

知的障害

知的障害と発達障害が重複しているケースも少なくないため，広義には知的障害も発達障害といえるが，日本では「知的障害者福祉法」が「発達障害者支援法」よりも50年以上も先に施行され知的障害に当てはまらないこともあるため，知的障害としての定義が必要となる。

日本において，法律上の明確な定義はないが，厚生労働省が実施した「平成17年知的障害児（者）基礎調査」では「知的機能の障害が発達期（おおむね18歳まで）にあらわれ，日常生活に支障が生じているため，何らかの特別の援助を必要とする状態にあるもの」と定義している。実際の知的障害認定については，18歳未満の場合「児童福祉法に基づく児童相談所が知能指数（70未満）と生活能力，就学能力」を総合的に判断して知的障害の判定を行い，18歳以上の場合「知的障害者福祉法に基づく知的障害者更生相談所（設置する地方自治体によって名称が異なる場合がある）が知能指数（70未満）と生育歴，生活能力，就業能力」を総合的に判断して知的障害の判定を行っており，知的障害と判定された場合，都道府県知事または政令指定都市市長から「療育手帳」が交付される。

知的障害の重症度は，知能指数（Intelligence Quotient）により判別され，「健常（正常）：IQ85以上」「境界（ボーダー）：IQ70〜84 → 精神年齢換算11歳〜13歳未満」「軽度：IQ50〜69 → 精神年齢換算7歳〜11歳」「中度：IQ35〜49 → 精神年齢換算5歳〜7歳」「重度：IQ20〜34 → 精神年齢換算3歳〜5歳」「最重度：IQ20以下 → 精神年齢換算3歳未満」が目安となっている。

米国精神医学会が2013年に作成した『精神疾患の診断と統計の手引き』の第5版（DSM-5）では，「知的能力障害（ID：Intellectual Disability：知的発達症）」とも表記され，「医学領域の精神遅滞（MR：Mental Retardation）と同じものを指し，論理的思考，問題解決，計画，抽象的思考，判断，学校や経験での学習のように全般的な精神機能の支障によって特徴づけられる発達障害の一つで，発達期に発症し，概念的，社会的，実用的な領域における知的機能と適応機能両面の欠陥を含む障害である」と定義されている。

→ DSM-5 45，グレーゾーン／パステルゾーン 45　　　　　　　　（立花直樹）

精神障害

脳の器質的な変化や機能的障害により，様々な精神的・身体的症状や行動の変化が見られ，安定的な日常生活や社会生活を送ることが困難な状態の総称である。一般的に，精神病や神経症などの狭義の精神疾患の概念に比べて，これに含まれる病態の範囲は広く，各種の法律や制度，診断基準の趣旨によって加わる要件が異なる。精神障害の明確な診断基準として，世界保健機関（WHO）が定めている国際疾病分類（ICD）や，アメリカ精神医学会が出版している『精神障害の診断と統計の手引き（DSM）』は，国際的に広く活用されている。幼児・児童・青年期の精神障害で多いものとしては，不安障害（全般性不安障害，社会不安障害，強迫性障害）や，適応障害（不安や抑うつ感情を主症状とする），身体表現性障害，さらに近年では，気分障害や小児統合失調症，摂食障害などであり，また，自閉スペクトラム症との判別が困難である場合も少なくない（「2004年度国立精神・神経センター国府台病院児童精神科における初診統計調査」参照）。

→ DSM-5 45　　　　　　　　　　　（末次有加）

LD（学習障害）／SLD（限局性学習障害／限局性学習症）

全般的な知的能力は保たれているが，つまり知的発達に遅れは見られないが，単語を正確かつ流暢に読むこと，読解力，

書字表出および綴字，算数の計算，数学的推理する能力のうち，特定のある分野に限り特異なつまずきや著しい習得の困難を示す障害を学習障害（Learning Disorder：LD）という。LD は，障害の徴候に関連する認知レベルの異常の基盤となるような生物学的原因をもつ神経発達症である。生物学的原因としては，中枢神経系に何らかの機能障害があると推定され，言語的または非言語的情報を正確に知覚し処理するためのプロセスに影響を与えるような遺伝的，後成的，および環境的要因の相互作用が挙げられる。よってそれは単に学習機会の不足や不適切な教育の結果に起因しない。

米国精神医学会の『精神障害の診断と統計の手引き』の第 4 版（DSM-Ⅳ）の時点では，「学習障害」と分類されていたが，第 5 版（DSM-5）では，包含され重なる病態（スペクトラム）として再定義された限局性学習障害（Specific Learning Disorder：SLD：限局性学習症）となっている。また重症度を軽度・中度・重度の 3 段階に評価したうえで，障害を表す際に「限局性学習障害（読解）」のように，限局的な障害である「読解（読み取り）」「書字表出（書き取り）」「数学（計算）」「協調運動（物をつかむ，はさみを使う，自転車に乗るなどが上手くできない）」「コミュニケーション（語音症・吃音など）」という領域を示す識別語を付加して示されることとなった。　　　　　　（小山　顕）

高次脳機能障害

脳卒中などの脳血管障害，脳症，脳炎による病気や交通事故などによる脳外傷や脳炎，窒息や心筋梗塞から起こる低酸素脳症，脳腫瘍，症候性てんかん，正常圧水頭症，パーキンソン病などによって脳が損傷されたことが原因で，脳の機能のうち，言語や記憶，注意，情緒といった認知機能（高次脳機能）に起こる障害。代表的な症状には気が散りやすく注意散漫になる注意障害，見当識に影響を及ぼす記憶障害，会話が困難になる失語症，物品，物品の絵，図形を提示されても呼称できないなどの失認，簡単な動作がうまくできない失行，よく知っている道で迷うなどの地誌的障害，歩行時に片側にあるものにぶつかるなどの半側空間無視，身体片側の麻痺が存在していてもその存在を否定する半側身体失認，見通しや計画性，効率性の欠如などの遂行機能障害，感情のコントロールがうまくいかない，あるいは状況に適した行動がとれない行動と情緒の障害などがある。診断は，症状の確認，それを説明できる頭部 MRI や CT などの画像所見，障害を裏付ける神経心理学的検査の結果などによって行われる。　　　　　　（小山　顕）

ADHD（注意欠如・多動症／注意欠陥・多動性障害）

いわゆる不注意と呼ばれるワーキングメモリ不足等に起因しており，興味の有無によって集中力に極端なむらが生じがちで，衝動的な言動につながった結果，集団生活や社会生活に支障をきたすことがある。

成人期には治癒するといわれていたが，脳の成熟や訓練，または教育などによって症状を抑え込まれる状況が作り上げられ，表面的に行動が改善されることがあるだけで，思考や感覚そのものが変化しているわけではないと考えられる。脳内の多動性・衝動性を抑え込むストレスから，うつ病等の二次障害を発症する場合も少なくない。

原因は特定されていないが，脳神経伝達物質の何らかの異常が推測されており，中枢神経に作用する薬を服用することによって症状が緩和することがあるが，効果や副作用に個人差があるうえ，あくまでも一時的な対症療法であるため，服用は多角的観点からの検討の必要がある。本人に行動の改善を求めるだけでは，本

人の自己肯定感を著しく低下させるおそれがあるため，生活の工夫を提案することや，本人の強みに着目し，周囲のサポート体制を整え，環境の調整を行う必要がある。　　　　　　　　　　　（山田裕一）

ASD（自閉スペクトラム症／自閉症スペクトラム障害）

自閉症，高機能自閉症，アスペルガー障害などには社会性，コミュニケーション，想像性等に質的な偏りがみられる，「3つ組の障害」があるとされ，DSM-5において，自閉スペクトラム障害に含まれる範囲はDSM-Ⅳでの広汎性発達障害の定義からレット障害が除外されたものである。感覚の敏感さ／鈍感さなどの偏りや，不適切な空間認知や手先の不器用さ等がみられることがあり，症状は非常に多様である。また，統合失調症と一部の表面的な症状が似ている場合があり，誤診の結果，不適切な治療や対応がなされてしまう場合がある。

スペクトラムとは「連続体」を意味し，重度／軽度という尺度で障害を測る問題点や，健常者と障害者の明確な境界線がないことを表しており，医師の判断により，「診断名をつけない」「自閉スペクトラム傾向等とあいまいにする」「本人に告知をしない」ことがある。

しかし，本人に困り感がなくても，ストレスを自覚できなかったり，周囲が困っていたりするため，障害の診断の必要性の判断は非常に困難である。　　（山田裕一）

SST（ソーシャルスキルトレーニング）

ソーシャルスキル，すなわち日常生活の中で出会う様々な問題や課題に，自分で，創造的でしかも効果ある対処のできる能力の獲得・改善・向上を目指したトレーニングである。具体的なソーシャルスキルとは意思決定，問題解決能力，創造力豊かな思考，効果的なコミュニケーション，対人関係スキル，自己意識，共感性，情動への対処，ストレスへの対処等を指す。社会生活技能訓練，Social Skills Training の頭文字をとって「エスエスティ」とも呼ばれる。精神科医療分野では認知行動療法に基づくSSTは治療の一環として診療報酬制度に位置付けられているほか，教育分野では特別支援学級において学校生活の適応を目的として個人や小集団を対象とした取組が行われているほか，通常学級において予防や啓発を目的としてクラス単位でトレーニングが行われることもある。また就労支援や司法などの福祉分野においても効果が注目されている。　　　　　　（丸目満弓）

社会モデル

障害や障害者に対する考え方の一つで，障害者が日常生活又は社会生活において受ける制限は，心身の機能の障害のみに起因するものではなく，社会における様々な障壁と相対することによって生ずるものとする。障害は心身の機能の障害のみに起因するという従来の医学モデルの考え方からパラダイムシフトしている。国連総会において1993年に採択された「障害者の機会均等に関する基準規則」，2006年に採択された「障害者の権利条約」に社会モデルの考え方が示されており，わが国においても条約の批准後である2011（平成23）年に改正された「障害者基本法」，そして2016（平成28）年に施行された「障害を理由とする差別の解消の推進に関する法律（障害者差別解消法）」は社会モデルの考え方に基づいている。
→医学モデル 34，生活モデル 34
　　　　　　　　　　　　　（丸目満弓）

IQ（知能指数）

知能指数（Intelligence Quotient：IQ）。知能水準や知的発達の度合いを測定する検査の結果を数値で表す際に使用される。また知的障害（精神遅滞）の診断基準の一つとしても利用される。IQは元来，暦年齢（Chronological Age：CA）で精神年齢（Mental Age：MA）を割った値

に 100 を掛けた数値，IQ ＝（MA ÷ CA）×
100 だと定義されていたが，その後 1939
年にアメリカの心理学者であるウェクス
ラー（Wechsler, D.）が提案した統計的概
念に基づく偏差 IQ（Deviation IQ）を用い
て算出されるようになった。この概念で
は IQ の平均は 100，標準偏差が 15 の正
規分布に従って算出する。よって IQ の
平均を 100 とし，約 68％ が IQ 値 85〜
115 の間に入る。また約 95％ が IQ70〜
130 の間，約 99.74％ が IQ55〜145 の間
に入ることになる。IQ の数値が高いほ
ど知能が高いことを表し，70 未満の場
合「精神遅滞（Mental Retardation）」と診
断される。　　　　　　　　　（小山　顕）

WISC（児童向けウェクスラー式知能検査）

　アメリカの心理学者ウェクスラー
（Wechsler, D.）が開発したウェクスラー・
ベルヴェー知能検査 I 型（1939）を基本と
する児童の知能を診断的にとらえる児童
用の知能検査（Wechsler Intelligence Scale
for Children：WISC）。初版は 1949 年，改
訂版（Revised）が 1974 年，第 3 版（Third
Edition）が 1991 年，第 4 版（Forth Edition）
が 2003 年に発表されており，5〜16 歳児
に適用可能な優れた知能検査の一つであ
る。日本においては日本版 WISC- IV（児
童向けウェクスラー知能検査第 4 版）が最新
版として 2010（平成 22）年に発表されて
いる。検査では 3 つの得点である言語性
知能指数（Verbal IQ：VIQ），動作性知能指
数（Performance IQ：PIQ），全検査知能指
数（Full scale IQ：FIQ）を算出する。基本
検査に加え，補助検査まで行うと，より
詳細な値もわかり，発達障害の徴候等が
示唆される場合もある。子どもに関わる
教育相談や福祉相談の現場で広く活用さ
れている。　　　　　　　　　（小山　顕）

グレーゾーン／パステルゾーン

　主として発達障害の症状がいくつか認
められるものの，診断基準を全て満たす
わけではないため，発達障害との確定診
断をつけることができない状態，つまり
定型発達と発達障害の間の境界領域を指
す俗称で他にボーダー，境界型などとも
いわれる。これらはあくまでも俗称であり，
正式な診断名ではない。一方，グレーゾー
ンという言葉の響きが暗さやネガティブ
なイメージをもたらすとして，別の表現を
用いることが好ましいという考えからそ
れに代わりパステルゾーンという言葉が
提唱された。この言葉は，発達障害のあ
る子どもたちの多様な特性や発達の凹凸
を表すものとして表現されたものであり，
グレーゾーンが黒から白への直線的発達
や支援を想像するのに対して，パステル
ゾーンは不得手な部分を補う支援や得意
な部分を伸ばす支援を行うことにより発
達障害の多様（色とりどり）な特性に対応
した多面的なアプローチを行うことにつ
ながる言葉であるとされる。　（小山　顕）

障害認定

　各制度の実施主体が障害の有無や程度
を認定することであり，対象者にとって
は認定を受けることにより制度に基づ
く医療・保健・福祉等のサービス利用
や，手当や加算，年金，給付や補償，控
除などを受けることが可能になることを
意味する。例として，身体障害者手帳や
療育手帳，精神障害者保健福祉手帳の取
得，特別児童扶養手当をはじめとする各
種手当，生活保護における障害者加算，
各種年金制度における障害年金，労働者
災害補償保険の障害補償給付，自動車損
害賠償保障法による後遺障害の補償，後
期高齢者医療制度において 65 歳以上 75
歳未満の被保険者が障害者として該当す
る際に受ける医療給付，税法上の障害者
控除対象者に対する控除などがある。障
害認定の方法として，障害等級の認定基
準をもち，独自に認定を行う場合，他制
度の認定基準を活用して認定を行う場合，
他制度による認定を活用する場合がある。
　　　　　　　　　　　　　　（丸目満弓）

障害受容

　障害をもった人が様々な過程・段階を辿って，自身の障害を受け入れること。または障害をもつ人の家族などの近親者が，家族の障害を様々な過程・段階を辿りながら受け入れること。例えば，発達面に障害がある子どもの親が，子どもの障害を認めることに対する葛藤を覚えながらも徐々にその現実を認め受け入れていく（時間をかけながら心の中にその現実のおさめどころを見つけていく）こと。障害を受け入れていくまでにはステージがあるとする障害受容の段階説の理論モデルが提唱されており，その代表的なものとしてコーン（Cohn, N.）のショック→回復への期待→悲哀→防衛→適応，フィンク（Fink, S. L.）によるショック→防御的退行→自認→適応，ドローター（Drotar, D.）が提唱したショック→否認→悲しみと怒り→適応→再起などがある。日本においては，子どもの障害に対する親の受容過程として佐々木正美によるショックと麻痺→否認→パニック→怒りと不当感→敵意と恨み→罪意識（自責の念）→孤独感と抑うつ状態→精神的混乱と無関心状態→前向きな受容へ→新しい希望，そして笑いとユーモアの発見→新しい価値観の発見などがある。　　　　　　　（小山　顕）

ADL

　日常生活動作（Activities of Daily Living）。起床，排泄，食事，入浴などに伴う日常的な動作のこと。1980 年代，上田敏は，リハビリテーションにおいて，それまで重視されてきた「ADL の自立」から「QOL（生活の質）の向上」を目標とすることを提唱した。ただしこれは ADL の自立が不要であるという意味ではなく，QOL の向上のための ADL 技法の探究・開発があるとしている。ADL の自立を目指したリハビリがやがて QOL の向上につながる重要な要因になりうる可能性は大変高い。しかし，やみくもに自分で何で

もできるようになることを目標として掲げるのではなく，あくまでもその人のよりよい人生や生き方を中心に考えることが肝要である。　　　　　　（西川友理）

IADL

　手段的日常生活動作（Instrumental Activities of Daily Living）。日常生活動作（ADL）よりも複雑で高次な動作。買い物をする，電話をかける，ペットの世話をする，公共交通機関を利用する，趣味の活動をする，服薬や金銭の管理をすることなどを指す。自立した日常生活を送るために必要な能力の判断基準となる。ADL の低下は IADL の低下が見られたのちに確認され，IADL の低下の前に ADL の低下が起こることはない。1969 年，ロートン（Lawton, M. P.）とブロディ（Brody, E. M.）により高齢者の自立度を測る尺度として考え出されたが，現在では介護やリハビリテーションの分野で障害児者に対しても使われる概念となっている。　（西川友理）

ICF

　International Classification of Functioning, Disability and Health の略称。国際生活機能分類。2001 年 5 月，WHO（世界保健機関）総会において採択された，生活機能と障害に関する分類方法。生活機能とは人が生きることの全体を指し，生活機能が高い水準であることを「健康」と考えた。ICF ができるまで国際的な障害の構造を理解するために使われていたICIDH では，障害を「機能障害／能力障害／社会的不利」の 3 段階構造で表してきたが，これらをそれぞれ「心身機能・構造／活動／参加」という中立的な言葉で表した。また，障害の発生と変化に対応するものとして，「環境因子（物理的な環境や社会の意識など）」と「個人因子（個人の価値観や性格，個性）」という概念を加え，これら 3 つの構造と 2 つの因子が相互に影響し合う関係であり，またその相互作用が健康状態にも相互的に影響

するとした。アルファベットと数字を組み合わせた方式により，約1,500項目に分類されている。

→ ICF ㉖　　　　　　　　　（西川友理）

ICIDH

International Classification of Impairments, Disabilities and Handicaps の略称。国際障害分類。1980年，WHO（世界保健機関）から発表された障害に関する初めての国際分類の方法である。

長らく，障害といえば医学的な判断のみを指すことが多かったが，ICIDH は，障害を機能障害（impairment）→能力障害（disability）→社会的不利（handicap）という3段階の構造で捉え，多面的な理解の視点を示した。特に社会的不利も障害の一つであるとした視点は非常に意義深いとされている。しかし，障害そのものをマイナスとして捉える医学モデル的な考え方や，環境や社会との相互関係性に注目する視点が含まれていないこと等が批判の対象となり，1990年代には改訂作業が開始され，これを受けて2001年に ICF（国際生活機能分類）が示された。　　　　　　　　　　　（西川友理）

DSM-5

米国精神医学会（American Psychiatric Association）が作成する精神疾患・精神障害の分類マニュアル。正式名称は，『精神疾患の診断と統計の手引き 第5版（*Diagnostic and Statistical Manual of Mental Disorders, 5th edition*）』という。今日の精神疾患の定義，分類，診断基準に関する最も権威ある資料の一つとして認められており，国際的な診断マニュアルとして使用されている。初版は1952年に発刊され，その後1968年に第2版，続いて1980年に第3版，1987年に第3版の改訂版，1994年に第4版，2000年に第4版新訂版が出され，続いて2013年に第5版（DSM-5）が発刊された。　　（小山　顕）

ICD-10

国際連盟の専門機関である世界保健機関（WHO）が異なる国や地域から，異なる時点で集計された死亡や疾病のデータの体系的な記録，分析，解釈及び比較を行うために発行した国際疾病分類。正式名称は，『疾病及び関連保健問題の国際統計分類（*International Statistical Classification of Diseases and Related Health Problems*）』（英略称：International Classification of Diseases：ICD）。1900年に初版が出版されて以降10年ごとに改訂され，ICD-10 は1990年に採択された第10版である。疾病概念や分類は，医学の進歩によって変化するため，ICD-10 も採択後も数年おきに一部改訂が行われてきた。2018年には30年ぶりの改訂版となる ICD-11 が公表された。　　（小山　顕）

カナー症候群

広汎性発達障害の一つであり，知的障害を伴う発達障害である自閉症の通称である。具体的には他害行為等の社会性障害，コミュニケーションの障害，強いこだわり等，自閉症の3つ組が強く現れている障害ともいえる。言語発達に関しては極端に遅れがあり，言葉を発することが難しいことも少なくない。

1943年カナー（Kanner, L.）が対人行動の異常や同一性保持への著しい執着等の11例の症例報告を発表し，「早期乳幼児自閉症（early infantile autism）」と命名したことから名づけられたが，自閉という言葉が自分の殻に閉じこもっている状態である等の誤解と偏見の一要因となったのではないかとの指摘もある。知的障害を伴わない自閉症を「高機能自閉症」と呼び，カナー症候群の対比表現としても使われる。　　　　　　（山田裕一）

応用行動分析（ABA）

人の行動は環境とは無関係には起こらないという行動心理学の考え方をベースとし，人の行動につながるきっかけとそ

の後の状況を客観的に観察・記録・分析し，行動が生じる原因を探るものである。また，問題となる行動の前後の言葉かけや環境を意図的に変えることによって，行動の変容を促す取り組みである。

　具体的には望ましくない行動を減らすことよりも，望ましい行動を増やす「正の強化」に重点を置き，望ましい行動が増えた結果，問題行動が減っていくという考え方に基づいている。例えば，問題行動を起こした時に抱きしめるという誤った対応をしていたという前提で応用行動分析を行うと，問題行動を起こせば抱きしめてもらえるという誤学習をした子どもに対し，問題行動がある時は無視をし，望ましい行動をした時に抱きしめることによって，望ましい行動が増え，問題行動が減る。

　発達障害児の療育活動にも取り入れられることがあり，先入観なく子どもの行動を捉えることで，新たな気づきを得ることがある一方，周囲の大人にとって望ましい行動に誘導することが可能になるため，活用には，本人の主体性を担保する等，十分な注意を必要とする。　　　（山田裕一）

就労支援事業

　障害者総合支援法に定められた，障害者の「働くこと」「生きがい」「社会活動」を実現するための就労支援事業には，「就労移行支援」（第5条第13項）と「就労継続支援」（第5条第14項），「就労定着支援」（第5条第15項）の3つの枠組みがある。幼児期から学童期や生徒期，さらには成年期（就労期）を見据えた切れ目のない支援や将来を見据えた支援を積み重ねていくことが求められている。

　就労移行支援とは，一般就労（①企業等への就労，②在宅で就労・起業）を希望する65歳未満の障害者に対して，厚生労働省令で定める期間（原則2年間）にわたり，職業指導員や就労支援員等が生産活動等の機会を提供することにより，就労に必要な知識及び能力の向上に必要な訓練や支援等を行う事業である。

　就労継続支援とは，通常の事業所に雇用されることが困難な障害者に対して，職業指導員等が就労や生産活動の機会等を提供することにより，その知識及び能力の向上に必要な訓練や支援等を行う事業であり，A型（雇用型）とB型（非雇用型）の2種類がある。A型は，雇用契約に基づく就労が可能である65歳未満の障害者（利用開始時）であり，①就労移行支援事業で企業等の雇用に結びつかなかった者，②特別支援学校を卒業したが企業等の雇用に結びつかなかった者，③企業等を離職した者や就労経験のある者等の内，現に雇用関係がない障害者を対象としている。B型は，就労移行支援事業等を利用したが，一般企業等の雇用に結びつかない者や一定年齢（50歳）に達している者などであって，就労の機会等を通じ，生産活動にかかる知識及び能力の向上や維持が期待される障害者（65歳以上も可能）を対象としている。

　就労定着支援とは，2018（平成30）年4月より新設された事業であり，就労定着支援員が一般就労に移行した障害者に対して，その就労に伴う生活支援ニーズに対応するために，当該事業所・障害福祉サービス事業所・医療機関や家族などとの連絡調整等の支援を行う事業である。事業の利用は，厚生労働省令で定める期間（3年以内）であるが，3年経過後は障害者就業・生活支援センター等へ支援を引き継ぐこととなる。　　　（立花直樹）

就学指導委員会（教育支援委員会）

　教育上特別な配慮が必要な児童・生徒が就学校を決定する際の諮問委員会で，都道府県市町村等の地方自治体が条例等で定められる。構成メンバーは学識経験者・教育・医療・児童福祉関係者等が任命され，就学先の方向性を審議する。就学年度前の1月末までに就学先の決定の

通知を行う必要があるため，特に特別支援学級を希望する場合は，クラス編成や教員配置数等の関係で希望がかなわくならないよう，できるだけ早期の本人・保護者と関係者との対話が重要になる。

近年では，早期からの教育相談・支援や就学先決定時のみならず，その後の一貫した支援についても助言を行うという観点から「教育支援委員会」等の名称に改称されるケースもある。

保護者や本人の意見を最大限に尊重し，教育的ニーズと必要な支援について，合意形成を行うことを原則とするが，最終的には市町村教育委員会が決定するため，インクルーシブ教育の障壁となっているとの意見もある。埼玉県東松山市は全国で初めて就学指導委員会に相当する委員会を廃止し，保護者の学校選択を側面的にサポートする相談機関として「就学相談調整会議」を設立した。　　（山田裕一）

広汎性発達障害

自閉症，アスペルガー症候群，小児期崩壊性障害，特定不能の広汎性障害，レット障害を指す。世界保健機関（WHO）が定めた ICD-10，米国精神医学会が刊行した DSM-Ⅳ で定められた社会性の獲得やコミュニケーション能力の障害があるグループを総称した言葉である。最新版である DSM-5 ではレット障害を除く4つ（自閉症，アスペルガー症候群，小児期崩壊性障害，特定不能の広汎性障害）が「自閉スペクトラム症」と統合されたが，精神障害者保健福祉手帳の交付や障害年金の支給を申請する場合は，原則として，ICD-10 のコードを記載した診断書が必要とされ，2020（令和2）年現在の日本においては引き続き広汎性発達障害の概念が公的に使われている。　　　　　（山田裕一）

医療的ケア児

生命を維持するため，経管栄養（腹部に穴をあける，鼻腔からチューブを通す等により，胃に直接栄養をおくること），気管切開（呼吸をするために喉を切開し，器具を取り付けること），喀痰吸引，インスリン注射，人工呼吸器などの，日常的な医療ケアや医療行為，医療機器の使用などによって身体機能を補っている子どものこと。医療技術の発展により，近年は増加傾向にあり，2016（平成28）年時点で，全国で約1万8,000人の医療的ケア児が確認されている。2016年の障害者総合支援法改正時に「医療的ケア児」という言葉が明記され，医療的ケア児への支援が自治体の努力義務となった。現在，医療従事者による支援が十分にできる保育所や療育施設，その他活用できるサービスなどの社会資源の拡充が急がれているが，サービスの質・量ともにまだまだ不十分であり，地域格差も大きい。

→医療的ケア [20] [26]　　　　　（西川友理）

トライアングルプロジェクト

障害のある子どもとその保護者の暮らしを支えるための家庭と教育と福祉の連携を図るために 2017（平成29）年12月14日から2018（平成30）年3月31日までの期間に設置された計画である。地方自治体の教育委員会や福祉部局によって，障害のある子どもやその保護者が乳幼児期から社会参加の時期になるまで地域で切れ目ない支援が受けられるようにするために文部科学省と厚生労働省が発足させた計画である。そこでは，両省が取り組むべき方向性が4点示されている。1点目「教育と福祉との連携を推進するための方策」では，「教育委員会と福祉部局，学校と障害児通所支援事業所等との関係構築の『場』の設置」「学校教職員等への障害のある子供に係る福祉の制度の周知」「学校と障害児通所支援事業所等との連携の強化」「個別の支援計画の活用促進」について示されている。2点目「保護者支援を推進するための方策」では，「保護者支援のための相談窓口の整理」「保護者支援のための情報提供の

推進」「保護者同士の交流の場等の促進」「専門家による保護者への相談支援」について示されている。3点目は、「国立特別教育総合研究所と国立障害者リハビリテーションの連携促進」、4点目は、「障害の理解推進のための普及啓発」について示されている。

【参考文献】文部科学省「家庭と教育と福祉の連携『トライアングル』プロジェクト～障害のある子と家族をもっと元気に～」。　　　　　　　（中 典子）

PECS®（絵カード交換式コミュニケーションシステム）

　ボンディ（Bondy, A.）とフロスト（Frost, L.）によって開発されたコミュニケーション支援システムである。アメリカのデラウェア自閉症プログラムにおける自閉症未就学児に用いられたことが始まりである。PECS® は6段階から成り立っている。まず、対象者が一枚の絵カードを「コミュニケーションの相手」に渡すところから始まる。絵カードを渡されたコミュニケーションの相手はすぐにその交換を要求として受け取る。そして、要求に応じる。次に、絵カードの認識を伝え、そしてどのように文構成するのかを伝える。その後の段階では、子どもが修飾語を使う、質問に答える、コメントする方法を学んでいく。PECS® は、機能的コミュニケーションの方法を伝えることを目標としている。　　　　（中 典子）

絵カード

　発達障害のある子どもに対して視覚的支援を行う時に用いるものである。カードにイラストや写真など、実際にイメージできるものをあらわして、子どものものごとに対する理解を深めるためのものである。カードの絵や写真などに基づいて、それが何をあらわすかを子どもに口頭で伝え、ものごとがイメージできるようにするものである。子どもが絵カードを何度もみるうちに、物の名前、状況に

応じての行動のイメージができるようになり、社会において生活していく準備をするためのきっかけをつくることになる。これは、発達障害のある子どものみならず、全ての子どもがものごとを理解していくことにも役立つ。また、小学校における授業でイラストや写真などの絵カードを用いることは、子どもにものごとの意味やイメージをわかりやすく伝えることになり、子どもたちすべての学びを向上させるための教材であるといえる。
　　　　　　　　　　　　　　　（中 典子）

構造化

　自閉スペクトラム症（Autism Spectrum Disorder：ASD）の人々が自立して行動できるように、例えば、「今何をする時間か」「次にどうなるのか」といった周囲の環境や状況を、視覚的にわかりやすく整えて伝えるための方法である。ASDの人々は、音声言語で伝えられたことを理解することに困難さがある。そのため、視覚的情報に変換することは、その本人が見通しをもって主体的に行動していくうえで大きな手がかりになる。構造化は、アメリカのノースカロライナ州発祥のTEACCH プログラムの手法であり、日本に紹介されたことをきっかけに広く活用されている。構造化には、次のような方法がある。①物理的構造化（どこで何をするのか。目的別に場所や空間を仕切る。表示をつける）、②時間の構造化（何をいつどこでするのか。時間的な見通しをもって活動できるように行うもの。スケジュールや活動予定）、③ワークシステム（何をどれだけどのような手順でするのか。終わった後に何をするのか。活動の流れ）、④ルーティーン（一定の活動手順を提示する。行動の視覚化）、⑤視覚的構造化（絵カードや写真、文字の使用など見ただけでわかるための工夫。視覚的手段）。
→ ASD（自閉スペクトラム症／自閉スペクトラム障害）45、TEACCH プログ

ラム ㊺　　　　　　　　　　　（末次有加）

感覚統合訓練

　発達障害児等のための活動の一つ。人間の感覚には，五感（触覚，嗅覚，聴覚，視覚，味覚）や前庭覚（バランス感覚や平衡感覚），固有覚（筋肉や関節の感覚）がある。これらはお互い影響し合い，ネットワークのように複雑に絡み合っている。例えばブランコをこぐ時には体全体にかかる重力や遠心力，風を切る音や体に風が触れる感覚，持ち手の鎖やロープの手触り，周囲の温度やにおいなど，様々な感覚が同時に次々とやってくる。その場の状況を的確に判断し，有効にブランコをこげるようにするためには，体の内外からのあらゆる感覚を整理し，統合させて受け取り，ほぼ無意識的に反応する必要がある。様々な感覚のうち特定の何かを特別に過剰に感知してしまう，あるいは逆に鈍感で感知できないとなると，ブランコをこぐどころではなくなってしまう。このように，あらゆる感覚の情報を受け取る量を能率的に調節することが感覚統合であり，感覚統合をしたうえで適切に対応できるようにする訓練を感覚統合訓練という。子どもの能動性を尊重した遊びの中で，子ども自身が心から楽しいと思えるような活動を通して行われる。
　　　　　　　　　　　　　　（西川友理）

機能障害（インペアメント）

　心身の生理的・解剖学的な構造・機能の喪失や異常のこと。例えば，両上肢の親指がない，両目の視力の和が 0.01 以下，不随意運動・失調等により歩行が不可能，などを指す。能力障害（disability），社会的不利（handicap）とともに，WHO（世界保健機関）が 1980 年に定義した国際障害分類（ICIDH）に impairment と示された，障害の構造を理解するための基準の一つ。機能障害により引き起こされる実際の生活上の困難を能力障害と呼ぶ。また，「事故により鼻の形が大きく変わっ

たことから，衣食住などの日常生活上の活動は可能だが，雑誌のモデルとしての仕事ができなくなってしまう」といったように，機能障害があることで，能力障害がなくとも社会的不利が引き起こされることもある。
　　　　　　　　　　　　　　（西川友理）

能力障害（ディスアビリティ）

　機能的な障害があるために，一般的に正常とみなされる方法や範囲で日常生活を送るうえで，何らかの制限や欠如があること。機能障害（impairment），社会的不利（handicap）とともに，WHO（世界保健機関）が 1980 年に定義した国際障害分類（ICIDH）に disability と示された，障害の構造を理解するための基準の一つ。例えば，自力で起き上がれない，他者の言葉の聞き取りが困難，排泄処理が自分でできない，などを指す。機能障害があることで必ずしも能力障害が起こるわけではなく，能力障害があることで，絶対に社会的不利が発生するわけではない。また，「近所の人に片麻痺になった自分を見られるのが恥ずかしいので外出を控えるようになった結果，筋力が落ち，心身の機能が低下する」といったように，社会的不利があることで社会生活に意欲がなくなり，能力障害や機能障害に影響を及ぼすこともある。
　　　　　　　　　　　　　　（西川友理）

社会的不利（ハンディキャップ）

　機能障害や能力障害があることによって，社会活動への参画が妨げられ，制限されることで，思うような社会的役割を果たせないこと。機能障害（impairment），能力障害（disability）とともに，WHO（世界保健機関）が 1980 年に定義した国際障害分類（ICIDH）に handicap と示された，障害の構造を理解するための基準の一つ。例えば，障害者用トイレがない場所での活動に参加できない，就きたい職業への就職が難しい，公衆の面前で障害に起因する差別的なからかいの対象にされる，などを指す。長らく障害とは心身の医学

的なマイナス状態のみをあらわすことが一般的であったが，ICIDH で初めてこの概念が取り入れられたことで，障害について社会的な意味づけを捉える視点が世界的に広まった。　　　　　　（西川友理）

TEACCH プログラム

アメリカのノースカロライナ州立大学を基盤に開発，実践されている，Treatment and Education of Autistic and related Communication handicapped Children，「自閉症及び関連するコミュニケーション障害をもつ子どもたちのための治療と教育」と呼ばれる自閉症の子どもやその家族，支援者を対象とした包括的な支援プログラム。特徴として，州（自治体）による全面的なサポートや自治体全体での実施といった自治体規模での介入，自閉症を抱える子どもの幼児期から成人して地域で生活するまでのその一生を地域で支援することを目的とした長期的体系的プログラムであること，自閉症の人々の行動の様式を一つの文化として捉え理解しようとする視点，親（養育者）を共同療育者として捉え援助専門職の援助と等しく養育者の療育への積極的関与を期待し促す点，自閉症の子どもの特徴に沿って整理され構造化された環境の構成という構造化された教育が挙げられる。

　　　　　　　　　　　　　（小山　顕）

コミュニケーション（支援）ボード

発達障害のある人，聴覚障害のある人のコミュニケーション支援を目的として作成された図版である。それは，指さしをして用いることが想定されてつくられている。言葉でのコミュニケーションが難しい人たちが使いやすい支援ツールの開発と，それが使える地域の環境づくりを目指したものである。2003（平成 15）年に「明治安田こころの健康財団」と「全国知的障害養護学校長会」（現：全国特別支援学校知的障害教育校長会）主催の東京 IEP 研究会制作の「コミュニケーション支援ボード」を全国規模で配布したのが始まりである。交番やパトカーに配置された警察版，東京消防庁管内の救急車両等に配置された救急用，鉄道駅用，コンビニ用，災害時用等の支援ボードが開発され，その啓発普及活動が続けられている。　　　　　　　　　　　　　（中　典子）

コミック会話

発達障害のある子どもの学習向上をもたらすために視覚化し，また，会話理解も向上させることを目指したものである。コミック会話は，2〜3 人の会話に線画を組み込んだものである。会話での情報のやり取りが難しい人に，絵を補足的に提供し，会話の内容をわかりやすくし，コミュニケーションを取りやすくするものである。コミュニケーションを深めるために自分以外の他者はどのように思っているのかに注目してあらわすものである。また，色を用いて自分の感情を明確化していくこともできる。発達障害のある子どもを支援する専門職や子どもを養育している保護者にとって，視覚化してあらわすコミック会話は，有効なツールの一つである。

【参考文献】グレイ，C.／門眞一郎訳（2005）『コミック会話——自閉症など発達障害のある子どものためのコミュニケーション支援法』明石書店。　　　（中　典子）

タイムタイマー

時間を視覚的にあらわしたものである。発達障害のある子どもなど，時間を理解することが難しい人が，一目で残り時間が理解できるようにするためのもの，そして，時間を理解するための支援をするときに用いるものである。時間感覚を理解し，活動の切り替えができるようになることを目指して利用する教材でもある。60 分のアナログタイマーであり，残り時間が赤色で示されているので，見たときにわかりやすい。子どもの時間感覚を養うために考えられた教材であるが，大

人が仕事をするときにも時間を把握することができるものである。障害のあるなしにかかわらず，全ての人々が時間感覚を得ることのできるツールである。

（中　典子）

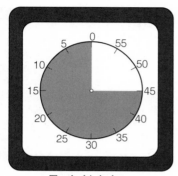

図　タイムタイマー

マカトンサイン

　マカトンは，「言葉による会話」「手話のような動作によるサイン」「線画によるマークやシンボル」のことを指す。その名称は，1972年から1973年にイギリスの言語聴覚士3名，ウォーカー（Walker, M.），ジョンストン（Johnston, K.），コーンフォース（Cornforth, T.）によって考案されたことから，その頭文字をとっている。マカトンサインとは，「手話のような動作によるサイン」のことであり，他者への意思表示を示すものである。実際の動作に似た動きをしているので，発達障害のある子ども，知的障害のある子ども，聴覚障害のある子どもが視覚的に理解しやすいというメリットがある。「お願い」「おいしい」等の一語を一動作であらわすことが基本である。　　　　　　（中　典子）

声のものさし（ボイスルーラー）

　声の大きさは目に見えない。また，場所に応じた声の大きさを指導することは難しい。そこで，声の大きさを目に見えるようにするために図解化して示したものが声のものさしである。子どもが話をしたときに，声の大きさがどのくらいかを示して声の大きさが自分自身で意識できるようになる。声の大きさをものさしを使って見せることは，他者との距離の

図　声のものさし

取り方を把握することにもなる。声の大きさを調整しにくい場合は，声のものさしを使って指導すると子どもが声の大きさの感覚をつかむことができるようになる。

（中　典子）

スモールステップの原理

　スモールステップの原理とは，難しい内容を学ぶときに学習内容を細分化し，易しい内容から少しずつ難しい内容にしていき，最終的に難しい内容を修得していくというものである。本人が少し頑張ればできることを目標とし，その達成体験を積み重ね，最終的な目標達成を目指していくことである。心理学者のスキナー（Skinner, B. F.）がプログラム学習の方法としてあらわしたものである。例えば，障害のある子どもに対し，同年代の子どもの活動に参加するように求めても難しい場合がある。その場合，活動を細分化させ，本人のできることを一つ一つ達成できるようにしていくことになる。支援者が，この方法を取り入れることは，子どものやる気を引き出すことになり，また，子どもが課題としていることを把握することになる。結果として，指導の方向性を見出すことができるようになる。

（中　典子）

手　話

　言語の一つであり，手指動作と非手指動作を同時に使用する。音声言語とならぶ視覚言語である。日本では，法律上2011（平成23）年まで言語として認められていなかったが，同年の障害者基本法改正により，正式に言語として認められた。近年では，地方自治体でも手話に関する条例が制定されてきている。

　かつて，教育現場では手話ではなく，口話法が主流となっていたが，近年では手話を積極的に利用する学校が増加している。日本では，1995（平成7）年に手話を取り扱ったテレビドラマ「星の金貨」が放送されたことをきっかけとして，世間に手話の存在が広まったといわれている。同ドラマをきっかけとして，手話を使用する人物が登場する手話ドラマが増加した。

　なお，手話に関する公的資格として，手話通訳士がある。また，通訳と異なり，あくまで手話の言語としての技能力を検定するための試験として，手話技能検定がある。

（田中秀和）

点　字

　視覚障害者用の文字。現在，日本で使用されている点字は，1890（明治23）年11月1日に東京盲唖学校の教員が考案したものが点字選定会において採用されたことを起源としている。このことから，11月1日は，「日本点字制定記念日」とされている。点字の特徴として，6つの点の組み合わせでできていること，すべて横書きであること，触れたところのみ認識可能であること，変化のない文字であること，仮名文字体系であること等を挙げることができる。

　現在，点字は選挙や受験等で使用されており，視覚障害者にとって，欠かすことのできないコミュニケーション手段である。その一方で，中途障害等により，点字を修得することが困難な者の中には，インターネット等の情報通信技術を活用することに活路を見出す者もおり，点字の使用者が減少している現状があるとされている。

（田中秀和）

クレーン現象

　周囲の大人の手首をつかんで，自分の欲しい物のほうに，クレーン機械のように誘導し，その物を取らせようとする行為のことをいう。あるいは，その子どもがしてほしいことを言葉で伝えられないために周りの人の手を引っ張ってその対象となる物や場所まで連れていく行動である。これは，話し言葉の発達に遅れや偏りがあり，他者からの質問に対して言葉で応答できない子どもによく見られる

行動である。ASD の子どもの多くにこの動作が見られる。クレーン現象を無理に直す必要はないが，それに代わるより望ましいコミュニケーション方法として，指差しやサインを用いる方法や，言葉で伝える方法のほかに，補助・代替コミュニケーション（Augmentative & Alternative Communication：AAC）や，絵カード交換式コミュニケーションシステム（Picture Exchange Communication System：PECS®）なども，コミュニケーションを促進する方法として活用されている。

→ ASD（自閉スペクトラム症／自閉症スペクトラム障害）45　　　（末次有加）

タクティールケア

タクティールとは，ラテン語の「タクティリス（Taktilis）」に由来する言葉で，「触れる」という意味がある。タクティールケアは，不安や痛みを和らげるケアの一つで，相手の手足や背中などを柔らかく包み込むように触れたりさすったりするタッチケア（各部位を10分間程度）である。

1960 年代のスウェーデンで，未熟児ケアを担当していた看護師によって始まった。看護師であったシーヴ・アーデビー（Ardeby, S.）やグニッラ・ビルケスタッド（Birkestad, G.）が母親に代わって毎日，小さな体を優しく触れ続けることで，体温は安定し体重の増加も見られた。そこから「触れることの有効性」を確信し，タクティールケアの手法が確立し世界に広がっていった。現在は，乳幼児のみならず，認知症高齢者や障害児者，末期がん患者等のケア，ストレスケアやいじめ予防等にも用いられている。

ハプティックセラピーと類似しているが，ケア時間の長さや手技・手法等が少し異なる。

→ハプティックセラピー45　（立花直樹）

ハプティックセラピー

ハプティック（Haptic）とは，ギリシア語の「ハプティコス（haptikos）」に由来する言葉で，「触覚」という意味がある。ハプティックセラピーは，手や足，背中など皮膚を撫でるように柔らかくマッサージし皮膚と皮膚を通してコミュニケーションを図るケア（各部位を15～20分間程度）の方法である。

2008 年にスウェーデンで，ストックホルムのカロリンスカ医科大学カロリンスカ研究所のベーリット・セイイェル・クロンファルク博士（Cronfalk, B. S.）が行った，がん患者に対するタッチとソフトマッサージを用いた緩和ケアが発祥である。ストレス・痛み・不安等を軽減するという実践と研究に基づいた理論から，人と人のコミュニケーションや様々な場面での療法的な手法である「ハプティックセラピー」の手法が確立し世界に広がっていった。現在は，末期がん患者のみならず，障害児者，保育所や家庭での乳幼児ケア，認知症高齢者等のケアにも用いられている。

タクティールケアと類似しているが，ケア時間の長さや手技・手法等が少し異なる。

→タクティールケア45　（立花直樹）

FBM（ファシリテーション・ボール・メソッド）

栃木県の中学校教諭であった谷口順子の創案による「空気量を調節した柔らかいボール＝ファシリテーション・ボール（Facilitation Ball）を媒介にした『からだ』への教育的アプローチ方法」で，初期は「谷口流運動療法」として，肢体不自由の子ども達を中心に実践されてきた。1988 年に谷口が，第16回リハビリテーション世界会議において「Touch, Feel and Try! Rehabilitation by Facilitation Ball」を発表して以降，ファシリテーション・ボール・メソッド（FBM）として，世界各国で各種の障害児・者に対して実践・研究されている方法である。

ファシリテーション・ボールによって

もたらされる重力負荷の軽減（重力の免荷作用）を利用して，抗重力活動，バランス，姿勢の保持・静止・変換・移動，手指操作などを個々に応じてプログラミングし，「Touch（触れる）・Feel（感じる）・Try（試みる）」というアプローチを基本として，障害児者の自発的な動作を引き出していく方法である。　　　（立花直樹）

分離不安障害（分離不安症）

　乳児は，母親等に全面的に依存し生活しているために，母親などの養育者と愛着関係を築き密着融合的になっている。愛着（アタッチメント）の対象人物（養育者である母親，父親，保育者など）が自分から離れ去ったと感じたときに示す乳幼児の不安反応を「分離不安」という。乳児が泣き出した際に，他の者から慰められても全く受けつけないが，その対象者が戻るとすぐに不安は解消し元気になる。

　生後10か月頃から発現しやすく，特に1〜3歳頃の時期に分離不安を強く示す。この頃の乳幼児は母親等の養育者から離れるのを恐れて，どこへでもつき従おうとする「あと追い行動」が著しい。この分離不安自体は，病的なものでなく，むしろ分離・独立のプロセスに起こるものであり，良好な信頼関係の表れでもある。分離不安症ともいう。

　乳幼児期に母親などの養育者と愛着関係を築くことができなかったり，分離・独立に際して養育者が幼児との適切な距離（子離れ）ができなかったり，分離不安が長時間にわたって何度も繰り返されたりすると，「心的外傷（トラウマ）」となる。その結果，「分離不安障害（Separation Anxiety Disorder：SAD）」が発現し，登園や登校拒否を引き起こしたり，人格障害の原因になったりすることがある。

→愛着⑪，反応性愛着障害（反応性アタッチメント障害）⑤　　　（立花直樹）

反応性愛着障害（反応性アタッチメント障害）

　虐待や養育放棄・拒否（ネグレクト）などの不適切な養育を受けた場合に，「人と視線を合わせない」「養育者に極端に近づいたり逃げたりする」「急に泣き出したり，イライラしたりする」「理由もなくおびえている」など，対人関係や感情のコントロールに，通常では見られない不安定で複雑な行動態様を示す愛着障害が見られる。これが「反応性愛着障害（Reactive Attachment Disorder：RAD）」であり，米国精神医学会の『精神障害の診断と統計の手引き』第5版（DSM-5）では「第4の発達障害」とも称されるが，安定した養育環境に置かれるとほとんどの場合大きく改善される点において，発達障害とは明確に区別される。養育者等による虐待（身体的・心理的・性的）が続けば，常に緊張状態が生活の場で続くことからテンションの高い状態が維持され，感情コントロールが難しくなったり，ネグレクトが続けば養育者との感情の共有がなされないため，人や環境に対して無関心なまま育ったりするなど，人格障害の原因になることがある。反応性アタッチメント障害ともいう。

→愛着⑪，分離不安障害（分離不安症）⑤，児童虐待㉔㊸，養育放棄・拒否（ネグレクト）㊸，DSM-5⑤　　（立花直樹）

解離性障害（解離症）

　世界保健機関（WHO）の国際疾病分類（ICD-10）で規定されている「解離性障害（Dissociative Identity Disorder：DID）」は「本来1つにまとまっている意識や記憶および知覚，あるいは自分は自分であるという自己同一性（アイデンティティ）などの感覚を統合する心的機能が一時的に分離もしくは破綻した状態」で，継続的に現れる場合と一時的に現れる場合がある。耐え難い苦痛やストレス（例えば，事件や災害，虐待による被害等）を自分から切り離し思い出さないように封じ込め

ようとする防衛機制のため起こる障害である。解離症ともいう。

　具体的には，過去の出来事の記憶が全部または一部が欠落する（解離性健忘），生活の場（家庭や職場）からの逃避のため自己同一性が破綻し失踪して別人格として別の場所で生活する（解離性遁走），自分自身や自己の行動や言動を外から観察している感覚になるなど現実感を失う（離人症性障害），体の感覚を一部失ったり体が動かせなくなったりする（転換性障害）などの症状が深刻となり，日常生活に支障をきたす。

　特に重い症状が解離性同一性障害（多重人格障害）で，感情や記憶を絶つことによって，自分のなかに別の複数の人格が交互に現れるようになり，それぞれの人格が別の性格や思考をもっており，それぞれの人格の記憶がないため，周囲の理解が得られず生活に支障をきたすようになる。

→児童虐待 [24][43]，ICD-10 [45]

（立花直樹）

躁うつ障害（双極性障害）

　10代の思春期以降に罹患し，「寛解の状態（問題ない状態）」を挟み一定の期間ごとに「そう（躁）状態」と「抑うつ（鬱）の状態」が交互発現する精神疾患で，双極性（感情）障害（Bipolar Disorder：BD：躁うつ病）という。抑うつ障害のみが現れる単極性障害（Depressive Disorder：DD：うつ病）とは区別される。双極性Ⅰ型障害（躁状態が重い）と双極性Ⅱ型障害（躁状態が軽い）に分類され，Ⅱ型は躁状態が軽いため，単極性障害（うつ病）と勘違いされることが多い。Ⅰ型には，躁と抑うつの症状が混ざって出現する混合型，Ⅱ型には，短期間で抑うつと躁を繰り返す急速交代型がある。

　躁症状には，万能感，多弁，多動，注意散漫，睡眠欲の減少などがみられ，うつ症状には，憂うつ感，無関心，無感動，

不眠や過眠，自己否定や罪悪感，自殺念慮などがある。実際に自殺に至るケースもあり，入院治療や周囲の注意が重要となる。治療は，躁状態とうつ状態それぞれを抑制する気分安定薬や睡眠導入剤などの薬物による療法が中心となる。また，カウンセリングによるストレスの管理なども重要である。また，双極性障害を発症しやすい体質には，遺伝的要素があるという指摘もある。

　米国精神医学会の『精神障害の診断と統計の手引き』の第4版（DSM-Ⅳ）の時点では，うつ病も躁うつ病も「気分障害」に分類されていたが，第5版（DSM-5）ではうつ病は「抑うつ障害群」に，躁うつ病は「双極性障害および関連障害群」に規定されている。　　　（立花直樹）

睡眠時随伴症（随伴障害）

　睡眠時随伴症（Parasomoniar：随伴障害）は，ノンレム睡眠時随伴症（Non-REM Sleep Behavior Disorder：NRBD），レム睡眠時随伴症（REM Sleep Behavior Disorder：RBD），睡眠呼吸障害（Sleep-Disordered Breathing：SDB）に大別される。

　ノンレム睡眠時随伴症とは，睡眠時遊行症（夢遊病：脳が休息しているノンレム睡眠中に無自覚に歩き回る），夜驚症（激しい叫びや夜泣き），夜尿（睡眠時遺尿症），睡眠時性的行動症（性的愛撫等の性行動），歯ぎしり（ブラキシズム），周期性四肢運動障害（睡眠中に無自覚に動く）などの現象である。

　レム睡眠時随伴症とは，レム睡眠行動障害（脳が覚醒して夢を見ているレム睡眠時に体が動き出す），悪夢，睡眠麻痺（金縛り），寝言，カタスレニア（睡眠関連うなり：苦しい声を出す，呻く等）などの現象である。

　睡眠呼吸障害とは，睡眠時無呼吸症候群（Sleep Apnea Syndrome：SAS：睡眠時に無呼吸や低呼吸，低酸素血症を伴う疾患），いびき（狭くなった上気道が呼吸時に擦

れて出す音），上気道抵抗症候群（Upper Airway Resistance Syndrome：UARS：無呼吸や低呼吸，低酸素血症を伴わない浅眠症候群）などの現象である。

睡眠時遊行症と夜驚症は幼児期・学童期（4歳から12歳頃）に多く，特に男児に多い病気である。　　　　（立花直樹）

骨形成不全症

骨形成不全症（Osteogenesis Imperfecta：OI）は，先天性骨疾患で，骨の長径の成長障害はないが，骨の皮質や骨稜が薄く，骨の変形・湾曲のために骨は細くて骨折しやすい。出生時に多数の骨折がみられる重症のものもある。出生後に頻回の骨折を繰り返すことで，四肢骨の変形が著しく，成人しても身長が低い。

疾患の原因は，遺伝的な結合組織（骨・軟骨・靱帯などを構成するコラーゲン）の形成にあるものと考えられている。他にも呼吸器や循環器等の組織に疾患を伴うことがあり，治療法が確立されていない難病で，小児慢性特定疾患に指定されている。特に青色強膜（目の強膜が薄くて内部のぶどう膜が青く透けて見える遺伝病）と難聴を合併することがしばしばある。
→肢体不自由[45]　　　　　（立花直樹）

スティグマ

スティグマ（Stigma）とは，ギリシア語の「奴隷，犯罪者や反逆者，奴隷の身体に焼きゴテで刻印された徴（しるし：烙印）」を意味する。特に公共の場所で忌避される「穢れ」や「汚点」をもった偏見や差別の対象とされた属性及び負のイメージを告知するものであった。

アメリカの社会学者であったゴッフマン（Goffman, E.）は，他の人々とは異なる望ましくない属性や違い（欠点，短所，障害）などを「スティグマ」の対象として危険性や劣等性が明示されるだけでなく，差別される側に「汚辱的被差別の意識」が植え付けられ，差別や社会的排除が生じることを定義した。スティグマの

対象としては，身体障害児者や精神障害児者や知的障害児者や発達障害児者，ハンセン病やHIVの患者，性的少数者や少数民族，矯正施設退所者などであり，事実と反したことが誤認され広がり，長期間にわたって根強く信じられるケースも少なくない。

スティグマによる偏見や差別を解消するためには，①正しい知識が啓発され誤認が解消されること，②被差別の対象者のプラスの側面がクローズアップされること，③差別する側と差別される側が交流すること等が挙げられる。
→偏見／バイアス[21]　　　（立花直樹）

シンボルマーク

一般的には，ある団体や運動を象徴する図案を指す。文字認識の困難な知的障害や発達障害のある人でも，マークから意味を認識することが可能となる。そのため，障害児者に関わる領域においても多くのシンボルマークが存在する。日本国内で使用されているシンボルマークの例として，以下のものがある。①障害者のための国際シンボルマーク：障害児者が利用できる建物，施設であることを明確に表すための世界共通のシンボルマーク。②盲人のための国際シンボルマーク：視覚障害者の安全やバリアフリーに考慮された建物，設備，機器などにつけられる盲人のための世界共通のシンボルマーク。③身体障害者標識：肢体不自由であることを理由として，免許に条件を付されている者が，運転する車に表示する身体障害者マーク。④聴覚障害者標識：聴覚障害であることを理由として，免許に条件を付されている者が，運転する車に表示する聴覚障害者マーク。⑤耳マーク：耳が不自由であることを示すとともに，耳が聞こえない者，聞こえにくい者に対する配慮を表すマーク。⑥オストメイトマーク：オストメイトの為の設備ならびにオストメイトであることを示すマーク。⑦ハー

ト・プラスマーク：身体内部に障害があることを示すマーク。⑧ヘルプマーク：人工関節や義足，難病や内部障害のある者，妊娠初期の者など外見からはわからなくとも，支援や配慮を必要とする者が，周囲に配慮が必要であることを示すマーク。⑨マタニティマーク：妊産婦が交通機関や職場，飲食店等において身につけることで，周囲が妊産婦への配慮を示しやすくなるマーク。⑩補助犬マーク：補助犬（盲導犬・介助犬・聴導犬）を積極的に受け入れる民間施設（スーパーやレストラン，ホテル等，不特定多数の人が出入りする）の入口などに掲示・明示するマーク。（田中秀和）

社交不安障害（社交不安症）

　社交不安障害（Social Anxiety Disorder：SAD）は，社交恐怖（Social Phobia：SP）ともいわれる。青年期に発病することが多く，比較的少人数の集団内で他者から注視される恐れ（社交不安）をもつことにより，社交場面を回避するようになる。社交不安は，他者からの否定的な評価を過剰に恐れ，失敗する可能性がある状況や行為に恐怖を抱くことである。子どもの場合，0歳前後で人見知りをすることは正常な現象であり，幼児などでは，経験したことのない状況に出会った際にある程度の不安を抱くことも正常である。しかし，子どもの社交不安障害（Social Anxiety Disorder of Childhood）の場合は，見知らぬ人に対して，持続的あるいは反復的な恐怖や回避行動を示す。さらに不安や回避行動は，大人との交流だけではなく，同年代の子ども同士との間でも起こることがある。（木村淳也）

感音性難聴（感音難聴）

　内耳や中枢の聴覚神経系に障害がある場合に起こる難聴を感音性難聴（Sensorineural Hearing Loss：SHL：感音難聴）という。感音性難聴の特徴は，高音域が聞き取りにくいことや，複数の音から特定の音の聞き分けに支障があることなど

である。突発性難聴や老人性難聴，騒音性難聴，メニエール病などの内耳の病気や聴神経腫瘍などの中枢の病気に併せてみられることがある。子どもの感音性難聴の場合，妊娠中の感染や遺伝的な要因により引き起こされることがある。感音性難聴は通常一生続き，治療による回復が難しく，補聴器により聴力を補うことができるが，日常生活に支障を伴うことがある。（木村淳也）

伝音性難聴（伝音難聴）

　外耳から中耳の音波の伝達路に障害がある場合に起こる難聴を「伝音性難聴」（Conductive Hearing Loss：CHL：伝音難聴）という。伝音性難聴（伝音難聴）の特徴は，外音が小さく自らの声が大きく聞こえたり，外音が籠っていたり相手の声が聞き取りづらかったりすることである。外耳炎，中耳炎，良性腫瘍（真珠腫），鼓膜の損傷（鼓膜穿孔），外傷，中耳・外耳奇形などが原因である。

　子どもの伝音性難聴（伝音難聴）の場合，一時的な難聴の対応は耳鼻咽喉科等での治療や薬物療法となり，継続的な難聴の対応は耳穴型や耳掛け型などの補聴器（効果が有る場合と無い場合がある）の利用や骨固定型補聴器を埋め込む等の治療法となる。（立花直樹）

強迫性障害（強迫症）

　強迫性障害（Obsessive-Compulsive Disorder：OCD：強迫症）は，強迫観念（苦痛を生じさせる考え，衝動，イメージ）から生じる恐怖やストレスを発端として，他の思考や行動を通して強迫観念を抑えようとする試み（強迫行為）がみられる精神疾患である。強迫観念には，自身や他者へ危害が加わることへの恐怖，汚れや細菌による病気への恐怖，性や宗教などでタブーとなる考えをもつ恐怖などがある。強迫行為には，ドアの鍵を繰り返し確認する，過度に繰り返し手を洗う，数を繰り返し数える，無言で唱えるなど

がある。強迫行為は，自分の考え，衝動や恐れに対抗したり，無害化できると信じていることにより行われる。強迫行為により不安や恐怖は一時的に軽減するものの，強迫観念は繰り返し何度でも生じるため，強迫行為はその都度繰り返されることになる。

　米国精神医学会の『精神障害の診断と統計の手引き』の第4版（DSM-Ⅳ）の時点では，「不安障害」に分類されていたが，第5版（DSM-5）では「強迫症」の診断名も併記されている。（木村淳也）

緘黙（場面緘黙症）

　緘黙は，選択性緘黙（Selective Mutism：SM：場面緘黙症）ともいう。ある特定の状況の下では言語能力を発揮できるにもかかわらず，他の限られた状況の下では，話すことが全くできなくなるなど，会話が著しく情緒的に決定され選択されることで特徴づけられる。例えば，家族や親しい友人といるときは普通に話をするが，学校にいるときや知らない人といるときなど，特定の状況下では一言も話をせず沈黙してしまうなどである。この障害は，社会的不安，引きこもり，過敏，あるいは抵抗を含む際立った性格的特徴と結びついていることが一般的である。子どもの選択性緘黙の場合は，学校などにおいて授業等で身につけた子どもの技能を教師が評価しにくいため，成績に影響する場合もある。発症は通常5歳以下である。
（木村淳也）

反抗挑戦性障害（反抗挑発症）

　反抗挑戦性障害（Oppositional Defiant Disorder：ODD：反抗挑発症）は，9～10歳以下の子どもに特徴的にみられる精神疾患である。持続する拒否的，反抗的，挑発的，破壊的な行動が6か月以上続き，同年齢で同じ社会文化的背景をもっている子どもと比較して，それらの行動が明らかに正常範囲を超える場合をいう。この障害をもつ子どもは，大人の要望やルールに従うことを拒否し，他人をいらだたせる傾向を示す。怒りっぽく，恨みっぽく，自分の失敗を支障のせいにする，他人にすぐにいらだったりする。この行動は，よく知っている大人や仲間たちとの関わりにおいてはっきり目立つ場合が多く，医師など専門家との面接場面では現れないことがある。窃盗や残虐行為，いじめ，暴行，破壊など他人の権利に対する重大な侵害に至らないことが行為障害の他の類型と区別するうえで重要である。

　米国精神医学会の『精神障害の診断と統計の手引き』の第4版（DSM-Ⅳ）の時点では，「行為障害」に分類されていたが，第5版（DSM-5）では「反抗挑発症」の診断名も併記されている。（木村淳也）

排泄症群（排泄障害）

　排泄症群（Elimination Disorder：ED：排泄症）には，「器質性障害」（排泄器官等に疾患や機能障害がある）と「非器質性障害」（排泄器官等に疾患や機能障害がない）があり，いずれも遺尿症（enuresis：排尿に課題や問題がある）または遺糞症（encopresis：排便に課題や問題がある），もしくは両方の状態を伴い，尿や便を不適切な場所に排泄してしまう。非器質性の排泄障害における遺尿症は，水分の取りすぎにより引き起こされたり，悪化し，5歳以上の子どもにのみ診断される。日中や夜間に排尿を一度もコントロールできたことがない場合は，一次性遺尿症という。排尿コントロールができるようになり，少なくとも1年たった後にベッドで漏らしてしまう場合は，二次性遺尿症という。非器質性の排泄障害における遺糞症は，慢性の便秘により起こることが多く，ほとんどの場合，故意に起こるのではなく，便秘などにより排便コントロールが効かないことにより起こる。4歳以上の子どもに診断される。　　　　　　　（木村淳也）

抑うつ障害（単極性障害）

　単極性障害である抑うつ障害群（Depressive Disorders：DD）には，うつ病，持続性抑うつ障害（気分変調症），月経前不快気分障害，重篤気分調節症が含まれる。抑うつ気分だけでなく，認知，精神運動や他の機能障害を引き起こす。自殺念慮がみられ，自殺企図に至ることがある。子どもの抑うつ障害は，大人と類似するものの，学業や遊びなどの子どもに典型的な関心事に関係している。子どもは内面の感情や気分を説明できないこともあり，成績優秀であった子どもが突然として成績を落とす，引きこもる，非行に走るなどの場合は，うつ病を考慮する必要がある。抑うつ障害をもつ一部の子どもは，抑うつ気分よりも易怒性が優位になる場合がある。知的能力障害がある子どもでは，抑うつ障害またはその他の気分障害が身体症状および行動障害として出現する可能性がある。

→躁うつ障害（双極性障害）[45]

（木村淳也）

パニック障害（パニック症）

　パニック障害（Panic Disorder：PD：パニック症）は，本人にとって特別な状況や環境などに限定されることなく，予期せず突然に起こるパニック発作を中核的な症状とする。パニック発作（Panic Attacks：PA）は，いくつかの特徴的な症状の急速かつ同時発症を伴い，激しい恐怖や不安を本人にもたらす。例えば，動悸または心拍数の増加，発汗，震え，息切れ，胸痛，めまいや立ちくらみ，悪寒，ほてり，差し迫った死の恐怖などである。さらに，パニック障害は，パニック発作が予期せず突然に起こることから，一人になることや，公衆の場に赴くことへの恐れを生じさせる。そのことにより個人，家族，社会，教育，職業，またはその他の重要な社会的活動に重大な障害をもたらす。

　米国精神医学会の『精神障害の診断と統計の手引き』の第4版（DSM-Ⅳ）の時点では，「パニック障害」に分類されていたが，第5版（DSM-5）では「パニック症」の診断名も併記されている。　　（木村淳也）

合理的配慮

　国際条約である「障害者の権利に関する条約」の第2条「定義」に示されている。第2条において合理的配慮とは，「障害者が他の者との平等を基礎として全ての人権及び基本的自由を享有し，又は行使することを確保するための必要かつ適当な変更及び調整であって，特定の場合において必要とされるものであり，かつ，均衡を失した又は過度の負担を課さないものをいう」と定義されている。日本では，同条約の批准に先立ち国内法が整備され，障害者基本法の理念に基づき2016（平成28）年に施行された「障害を理由とする差別の解消の推進に関する法律」（通称：障害者差別解消法）において，障害をもつ人の人権が障害をもたない人と同じように保障されるとともに，教育や就業，その他社会生活において平等に参加できるよう，それぞれの障害特性や困りごとに合わせて行われる合理的配慮について示されている。

→合理的配慮[26]　　　　（木村淳也）

性同一性障害

　性には，①生物学的な「雌，雄」の区別としての性別（sex）である「体の性」，②自分が「女，男」であるという自己意識，あるいは自己認知する性（gender）である「心の性」，③恋愛の対象となる性的指向（sexual orientation）がある。

　性同一性障害（Gender Identity Disorder：GID）は，生物学的な性別である「体の性」と自己認知する性である「心の性」が一致しない障害である。性同一性障害のある子どもの場合，身体的性別と反対の特色がある服や持ち物を選んだり，「ごっこ遊び」では反対の役割を希望したり，同性に恋愛感情を抱いたりする。

日本では 1969（昭和 44）年に「性転換手術」が優生保護法違反となり，それ以来治療がなされなかったため，多くの人が性別違和に苦しんできたが，1996（平成 8）年に埼玉医科大学倫理委員会が一定の基準の下に行うことを条件に性転換術（性別適合手術）を正当な医療行為と認め，その後日本精神神経学会が診断と治療のガイドラインを策定し，日本でも正式な医療として認められるようになった。

→トランスジェンダー／Ｘジェンダー 48，トランスセクシュアル 48　　（立花直樹）

障害／障がい／障碍

「障碍」は仏教語で，平安末期以降明治期に至るまで「悪魔，怨霊などが邪魔すること。さわり。障害」の意味で多く使われてきた。明治期以降は徐々に「しょうがい」と読まれるようになり，大正期になると表記も「障碍」よりも「障害」の方が一般的になり，第二次世界大戦後，「当用漢字表」（昭和 21 年）や，国語審議会による「法令用語改正例」（昭和 29 年等），「障害」のみを採用した結果，一部で用いられていた「障碍」という表記はほとんど使われなくなっていった。

その後，障害当事者団体などは，「社会が『カベ』を形成し，当事者自らの中にも『カベ』に立ち向かうべき意識改革の課題がある」「中国，韓国，台湾など東アジアの漢字圏においては，現在も『しょうがい』を「障碍」「障礙」と表記

している」との観点を踏まえ，「碍（壁を意味する）」の字を使うよう提唱してきた。国の「常用漢字表」の改定に当たり，「障害」の「害」を「碍」「玻」「鷹」に変更する要望が寄せられたが，出現頻度（一般社会においてよく使われているかどうか）及び造語力（熟語の構成能力）の観点から，追加字種として認められなかった。また，「障碍」の仏教的な由来と現代的意味の乖離や矛盾のため，「障碍」は採用されていない。

平成時代に入り，地方公共団体や企業等では，「害」の字が「害悪」「公害」等として使用され「他人に害を与える」など否定的イメージが強いため，徐々に「しょうがい」が用いられるようになってきたため，法律や制度も「障がい」と表記を改める方向性で検討を行った。しかし，障害当事者団体は「障害は社会モデルの観点から『社会が生み出した障壁』『カベを乗り越える』の意味を包含していたのに，『障がい』と表記することで意味が大きく変わり，社会の責任を曖昧にする」と反対した。その後，内閣府が国民に対して意見を広く聴取したが，各表記に賛否両論があり集約が難しく，法令等における「障害」の表記については，当面，現状の「障害」を用いることとなっている。

【参考文献】障がい者制度改革推進会議（2010）「『障害』の表記に関する検討結果について」。　　　　　　（立花直樹）

46　少年非行への対応

非行少年

犯罪少年及び触法少年，虞犯少年の総称である。犯罪少年は，罪を犯した14歳以上20歳未満の者であり，刑罰を定めた諸規定の犯罪構成要件に該当する違法・有責な行為をした少年をいう。犯罪少年のうち死刑，懲役又は禁錮に当たる罪の事件については，家庭裁判所による調査又は審判の結果，その罪質及び情状に照らして刑事処分を相当と認めるときは検察官送致決定が行われる。また，故意の犯罪行為により被害者を死亡させた事件で罪を犯したときが16歳以上の少年については，原則として検察官送致決定をしなければならない。触法少年は，刑罰法令に触れる行為をした14歳に満たない少年であり，少年法により家庭裁判所の審判に付される場合がある。なお，14歳未満の少年については刑事責任を問わない。虞犯少年は，一定の事由があって，その性格・環境に照らし，将来，罪を犯し，又は刑罰法令に触れる行為をする虞のある少年をいう。　　（奥村賢一）

少年審判

罪を犯した少年などに過ちを自覚させ，更生させることを目的として，本当に非行を犯したかどうかを確認したうえ，非行の内容や個々の少年の抱える問題性に応じた適切な処分を選択するための手続きをいう。少年審判は事件が発生した後，検察官などから家庭裁判所に事件が送致され，事案により少年を少年鑑別所に収容する観護措置がとられる。その後，家庭裁判所調査官の調査を経て家庭裁判所にて審判を迎える。家庭裁判所で審判に付される少年は少年法第3条に定める犯罪少年，触法少年，虞犯少年である。審判の結果，少年法第24条により①保護観察，②児童自立支援施設又は児童養護施設送致，③少年院送致，④不処分，⑤検察官送致などの処分が下される。少年法の趣旨から審判は原則非公開とされているが，近年では被害者の権利擁護の観点から重大事件については被害者等の審判傍聴が認められるようになった。

（奥村賢一）

矯正教育／試験観察

矯正教育は，第1種から第3種までの各少年院に応じた少年院矯正教育課程を編成している。矯正教育の内容は，善良な社会人として自立した生活を営むための知識・生活態度の習得を行う生活指導，勤労意欲の喚起や職業上有用な知識・技術の習得を行う職業指導，基礎学力の向上や義務教育及び高校卒業程度認定試験受験指導を行う教科指導，基礎体力の向上を行う体育指導，さらには社会貢献活動や野外活動などを実施する特別活動指導から成り立つ。また，様々な関係機関と連携を図りながら，在院者の帰住先や就労・修学先を確保するなど社会復帰支援に力を入れている。

試験観察は，家庭裁判所が最終的な保護処分を決定するのに当たり，家庭裁判所の調査官が相当期間にわたり少年の生活態度について観察をして様子を見る制度である（少年法第25条第1項）。試験観察の期間は特に定められていないが，お

よそ3か月から6か月程度になることが多い。試験観察には自宅で生活をしながら家庭裁判所に通い調査官と面接を行う「在宅試験観察」と、補導委託先で生活をしながら1か月に1回程度調査官が補導委託先を訪問する「補導委託試験観察」がある。　　　　　　　　　（奥村賢一）

保護観察

　犯罪をした人または非行のある少年が社会の中で更生するように、保護観察所に配置されている保護観察官及び地域で活動する保護司による指導と支援が行われるものである。少年の場合、非行により家庭裁判所から保護観察の処分を受けた「保護観察処分少年」と、非行により家庭裁判所から少年院送致の処分を受け、その少年院から仮退院となった「少年院仮退院者」がある。保護観察中、少年には保護司との面接に加え、必ず守らなければならない「遵守事項」が課され、違反すると保護観察官が身柄を拘束し、少年院に収容するための手続きをとられることがある。成人の場合は、懲役または禁錮の刑に処せられ、仮釈放を許された「仮釈放者」と刑の執行猶予と合わせて保護観察付の言い渡しを受けた「保護観察付執行猶予者」がある。　（奥村賢一）

保護処分

　家庭裁判所に送致された少年を更生させるために行われる少年法上の処分のことをいう。保護観察、児童自立支援施設等送致、少年院送致の3種類がある。保護観察は少年を施設に収容せずに、在宅で保護観察所（保護司）の指導監督のもと、少年の更生を図ろうとする社会内処遇のことであり、指導監督及び補導援護が行われる（更生保護法第49条第1項）。児童自立支援施設等送致は、児童福祉法上の支援を行うことを目的として、要保護児童を開放施設に収容する保護処分であり、原則として少年は自由で開放的な環境の中で訓練・指導を受けることがで

きる。　少年院送致は保護処分のなかで最も重い処分であり、人権を尊重しつつ少年の特性に応じた適切な矯正教育その他の少年の健全な育成に資する処遇を行い、その改善更生及び円滑な社会復帰を図ることとされており（少年院法第1条）、男女は別の施設において処遇される（少年院法第5条第2項）。なお、状況により少年も成人の犯罪者と同じように刑事処分を受けることが相当であるとして、検察官に事件を送致することもある。
　　　　　　　　　　　　　（奥村賢一）

補導委託

　家庭裁判所が少年の保護観察や少年院送致などの最終的な処分を決定する前に、民間のボランティアに一定期間少年を預けて、仕事や通学を行いながら少年の生活指導を行ってもらう制度である。非行のあった少年の生活態度を観察する「試験観察」のなかで必要に応じて行われ、担当の家庭裁判所調査官が指定される。少年を預かる個人や施設のことを「補導委託先」と呼び、補導委託先の責任者を「受託者」という。受託者には特別な資格は必要なく、家庭裁判所と密に連絡をとりながら愛情と熱意をもって少年を指導することが求められる。建築業、製造業、農家、飲食店、理美容店の経営者などの個人のほか、児童福祉施設、更生保護施設などに委託して、少年を短期間社会奉仕活動などに参加させることがある。また、少年を自宅から通わせて職業指導する場合もある。　　　　　　（奥村賢一）

身柄拘束

　人の身体を拘束することであり、刑事手続きの捜査として逮捕と勾留が行われる。逮捕及び勾留は、罪を犯したことを疑うに足る相当な理由と、逃亡・証拠隠滅のおそれなど身柄拘束の必要性がある場合に、裁判官が令状を発布して行われる。少年事件では、逮捕されると警察から検察に身柄が送致され、検察官が勾留

を請求するかどうか決定する。勾留請求がなされると，裁判所は勾留するべきかどうか判断し，勾留決定を出す。逮捕は最長で3日，勾留は20日間であり，この勾留期間中に検察官は事件の捜査をして，家庭裁判所に事件を送る。家庭裁判所に送られた後の身柄拘束は，勾留ではなく観護措置という方法により少年鑑別所に収容して行われる。観護措置の期間は，法律上は原則2週間，最大8週間だが，通常の少年事件では4週間の観護措置が採られることが多い。　　　（千賀則史）

拘留

1日以上30日未満，刑事施設に拘置される刑罰である（刑法第16条）。刑罰の種類については，刑法9条に死刑，懲役，禁錮，罰金，拘留，科料という6種類の主刑と没収という付加刑が定められている。付加刑とは，主刑に付け加えて言い渡される刑罰で付加刑のみを科すことはできない。科料とは，軽微な犯罪への財産刑の一つで，罰金とは金額の違いがある。現行法の科料は1,000円以上1万円未満と主刑の中で最も軽い刑罰であるが，拘留はそれに次ぐものである。拘留は，刑事施設から出られないということで，懲役や禁錮と同様に自由を奪われる自由刑の一種である。同じ読み方の法律用語として「勾留」があるが，両者は全くの別物である。「勾留」とは，捜査段階で逮捕に引き続き行われる身柄拘束のことであり刑罰ではない。その一方で，「拘留」は刑罰の一種であるため前科がつく。　　　（千賀則史）

第三者機関

第三者機関による評価は，社会福祉法第78条において努力義務として規定されており，社会福祉事業の経営者の提供するサービスの質を当事者である事業者や利用者以外の公正・中立な第三者機関が専門的かつ客観的な立場から評価するものと定められている。第三者評価機関は，

都道府県推進組織が福祉サービス第三者評価機関認証ガイドラインに基づいて認証する。その目的は，事業者自らが問題点を把握し，サービスの質の向上に結び付けられるように気づきをサポートしていくことにある。また，2015（平成27）年に施行された新少年院法及び少年鑑別所法により，少年院及び少年鑑別所の運営状況をチェックする第三者機関として施設ごとに視察委員会が設置されることになった。視察委員会は，弁護士や医師，教育関係者，地域住民ら7人以内で構成され，視察や収容少年への面接を通じて運営状況をチェックし，施設長に改善点などを提案する。法務大臣は，毎年，各委員会で出た意見及びこれを受けて講じた措置の内容をまとめ，その概要を公表する。　　　（千賀則史）

第三者委員

苦情を公正・中立に解決するために社会性や客観性を確保し，利用者の立場や特性に配慮した適切な対応を推進するために調査や検討を行う委員のこと。第三者委員の要件は，①苦情解決を円滑・円満に図ることができる者，②世間からの信頼性を有する者であり，例えば，評議員，監事または監査役，社会福祉士，民生委員・児童委員，大学教授，弁護士等が経営事業者の責任において選任される。職務内容は，苦情の受付，報告聴取，通知，事業者への助言，事業者と苦情を申し立てた側との話し合いの立ち合い，助言，日常的な状況把握と意見聴取などである。また，苦情解決については，結果を個人情報に関するものを除き，公表して，利用者のサービス利用の選択やサービスの質や信頼性の向上を図るものとする。　　　（千賀則史）

被措置児童

何らかの事情により家庭での養育が受けられなくなり，施設や里親で生活する児童のこと。具体的には，乳児院，児童

養護施設，児童心理治療施設，児童自立支援施設に入所している児童，障害児入所施設や指定医療機関に入所している児童，里親や小規模住居型児童養育事業者（ファミリーホーム）に委託されている児童，一時保護または一時保護委託をされている児童のことを指す。2008（平成20）年の児童福祉法改正では，被措置児童等虐待の防止等について規定された。被措置児童等虐待とは，被措置児童に対する施設職員や里親からの虐待のことであり，身体的虐待，性的虐待，ネグレクト，心理的虐待がある。例えば，暴行やわいせつ行為，著しい減食や長時間の放置，暴言や拒絶的対応などが挙げられ，子ども同士のこうした行為の放置も含まれる。　　　　　　　　　　　（千賀則史）

少年院

少年院法に基づいて設置される施設で，①保護処分の執行を受ける者，②少年院において懲役または禁錮の刑の執行を受ける者に対して矯正教育その他の必要な処遇を行っている。少年院の種類は，2015（平成27）年の少年院法改正により改組され，従来の初等少年院，中等少年院が統合されて第1種少年院（保護処分の執行を受ける者であって，心身に著しい障害がないおおむね12歳以上23歳未満のもの），特別少年院が第2種少年院（保護処分の執行を受ける者であって，心身に著しい障害がない犯罪的傾向が進んだ，おおむね16歳以上23歳未満のもの），医療少年院が第3種少年院（保護処分の執行を受ける者であって，心身に著しい障害があるおおむね12歳以上26歳未満のもの）となった。さらに，第4種少年院（少年院において刑の執行を受ける者）が加えられた。矯正教育の内容は，①生活指導，②職業指導，③教科指導，④体育指導，⑤特別活動指導が行われている。　　　　　　　（千賀則史）

少年刑務所

14歳以上20歳未満で懲役または禁錮の言い渡しを受けた少年を収容する刑務所のこと。刑の執行は26歳まで継続できる。保護処分として少年院に送致するよりも，刑罰を科す方が適切であると家庭裁判所に判断された場合に収容される施設だが，教科指導や職業訓練など教育的な処遇が重視されており，刑務所と少年院の中間に値するといえる。「少年」という名称であるが，実態としては受刑者の大半が成人で20歳未満の少年はほとんどいない。刑務所の過剰収容のため26歳以上の受刑者を収容する施設もあり，65歳以上の高齢者もいる。男性を対象としており，女性の場合，一般的には女子刑務所に収容されている。なお，16歳未満の少年については，16歳に達するまで少年院で刑を執行することができる。この場合，懲役を受けた少年であっても，その間は作業を課されず矯正教育が行われる。　　　　　　　　　（千賀則史）

女子刑務所

女性受刑者を収容する刑務所のこと。日本の刑務所は，受刑者の属性及び犯罪傾向の進度の組み合わせによって収容施設を分けている。しかし，女性受刑者は，収容施設数が全国に10か所と少なく，収容先の選定には地域性が優先されるため，「女子（W）」という属性が第一次的に付され，男性受刑者のように犯罪傾向の進度や刑期の長短は刑務所の選定において考慮されない。女性受刑者で収容施設が限定されるのは「女子・日本人と異なる処遇を必要とする外国人（F）」「女子・少年院への収容を必要としない少年（J）」のみである。そのため，女子刑務所では工場や施設での配置について各施設による工夫によって事実上の分類はなされているが，様々な刑期や犯罪傾向の受刑者が同じ施設に収容されている。　　　　　　　　　　　（千賀則史）

少年鑑別所

家庭裁判所の観護措置の決定により送

致された少年等を収容するとともに，家庭裁判所の行う少年に対する調査及び審判並びに保護処分及び懲役又は禁錮の言渡しを受けた16歳未満の少年に対する刑の執行に資するため，医学，心理学，教育学，社会学等の専門的知識に基づいて少年の資質の鑑別を行う法務省所管の施設である。収容される期間は，おおむね4週間であるが，一定の事件で証拠調べ等が必要な場合は，最長8週間まで延長することができる。少年院，保護観察所等の法務省関係機関の依頼を受けて鑑別を行い，保護処分に付された少年について処遇上の指針等を提供するほか，一般家庭，学校等の依頼による鑑別も行い，少年の健全育成についての相談・助言に当たっている。また，少年鑑別所は，「法務少年支援センター」として，地域における非行・犯罪の防止に関する活動や健全育成に関する活動の支援に取り組むために，非行・犯罪に関する問題や思春期の子どもたちの行動理解等に関する知識を活用して，児童福祉機関や学校・教育機関，NPO法人等の民間団体等との連携も図っている。　　　　　　（山脇望美）

保護観察所

　更生保護法に基づき，保護観察等の実施を司っている全国に50か所設置されている法務省所管の施設である。保護観察は，犯罪や非行のあった人々を施設に拘禁するのではなく，通常の社会生活を営ませながら指導監督及び補導援護を行うことにより，その改善更生を図る（社会内処遇）。指導監督（指導）では，生活状況の把握，遵守事項を守り生活するための指示・措置，特定の犯罪傾向（性犯罪・覚醒剤依存等）を改善するための専門的処遇が行われる。遵守事項には，一般遵守事項（対象者全員に付されるルール）と特別遵守事項（事件の内容等を踏まえた個人の問題性に合わせて付されるルール）があり，守られない場合，違反に対する措置が検討される。補導援護（支援）では，対象者が自立した生活を送るための援助や助言等が行われる。以上の保護観察は，保護観察所に配置されている保護観察官と地域で活動している保護司が協同で行うことで，保護観察官の専門性と保護司の地域性・民間性が組み合わさり保護観察の実効性を高めている。　　　（山脇望美）

裁定合議制

　少年審判において，改正前の裁判所法第31条の4では，家庭裁判所が取り扱う事件については，特別の定めがない限り，1人の裁判官がこれを取り扱うこととしていた。しかし，少年事件においても，複雑，困難な事案がみられるようになり，すべての事件を常に1人の裁判官で取り扱うよりも，事案に応じて合議体で取り扱い，多角的な視点を踏まえた審理判断を行うことを制度上可能とすることが適当であるとされた。そこで，家庭裁判所は，原則として単独制により裁判・審判を行うものの，他の法律で合議体をとると定めた事件や，合議体で審判又は審理及び裁判をする旨の決定をした事件については，合議体で取り扱うとし，少年審判に裁定合議制度を導入した。したがって，裁定合議制とは，複雑で困難な事件など合議体で取り扱う旨が決定された事件等において，3人の裁判官（1人は裁判長）で事件を取り扱うことである。　　　　　　　　　　　（山脇望美）

個別処遇

　医学，心理学，教育学，社会学，その他の専門的知識及び技術を活用し，個々の非行少年の資質や環境，犯行に至った原因に応じて適切な内容と方法で実施する処遇のことである。特に，少年は，可塑性に富んだ存在であり，少年司法の原則は，犯罪を行った人を矯正する「行為主義」であるため，個別処遇は重要となる。個別処遇を実現するためには，少年の非行の原因を探りだし，その性格や

環境の問題点を明らかにしなければならない。そのため，専門的調査機構として，少年に関する社会調査を行う家庭裁判所調査官，少年の心身の鑑別を担当する少年鑑別所が設けられている。明らかになった問題に関しては，3種類の保護処分（少年院送致，児童自立支援施設または児童養護施設送致，保護観察）や児童福祉法上の措置の他，試験観察やその他の様々な中間的な教育的な措置により，適切な措置を行う。少年院においては，在院者の特性に応じて体系的・組織的な矯正教育を実施するため，矯正教育課程が設けられている。　　　　　　　（山脇望美）

観護措置

主に家庭裁判所に送致された少年の審判を円滑に進める場合や，少年の処分を適切に決めるための検査を行うことが必要な場合に，少年を少年鑑別所に送致することである。その他，少年の心身の状況等の検査をする必要がある場合や，少年が調査や審判等に出頭しないおそれのある場合，暴走族などの悪影響から保護する必要がある場合などにおいても観護措置がとられる。少年鑑別所送致の観護措置決定に対して不服がある場合は，少年，その法定代理人（親権者や後見人）または付添人から家庭裁判所に対して取り消しを申し立てることができる。これを異議申し立てという。異議申し立ては，観護措置の延長決定についても申し立てることができる。　　　　　　　（山脇望美）

行動観察

面接段階や集団生活の中で対象者の行動を観察し，その行動特性を把握しようとすることである。行動観察の中には，観察者はなるべく影響を与えず普段の生活をありのままに観察する通常の行動観察と，ロールプレイングや集団討議など意図的・操作的に設定された場面において行う意図的行動観察がある。例えば，少年鑑別所における収容鑑別（家庭

裁判所で観護の措置の決定がなされ，少年鑑別所に収容された少年に対して行うアセスメント）では，面接と心理検査がプロセスの中心に位置づけられ，そこに行動観察などが加えられる。行動観察は，非行少年に対して専門的な指導に基づいて社会に対する不適応の原因を取り除き，心身共に健全な少年として社会復帰できるように援助する法務教官により実施される。　　　　　　　（山脇望美）

逮捕／勾留

逮捕とは，罪を犯したと疑われる被疑者の身柄を拘束する強制処分である。逮捕には，裁判官が発付する令状によって行われる逮捕と現行犯逮捕がある。令状を発付する場合には，通常逮捕と緊急逮捕がある。また，逮捕は警察官の場合と検察官の場合があり，逮捕による身柄拘束時間は警察官が逮捕した場合は最大72時間，検察官が逮捕した場合は最大48時間になる。

勾留とは，身柄を拘束する処分であり，被疑者の勾留と被告人の勾留がある。被疑者の勾留は，逮捕に引き続き行われるものであり，身柄の拘束が必要な場合には，検察官の請求に基づいて裁判官がその旨の令状（勾留状）を発付して行う。勾留期間は10日間であるが，やむを得ない場合は，検察官の請求により裁判官がさらに10日間以内の延長を認めることもある。被告人の勾留も，被疑者勾留と同様であるが，勾留期間は2か月であり，特に証拠を隠滅するおそれが認められる場合は，1か月ずつ更新することもできる。　　　　　　　（山脇望美）

勾留に代わる観護措置

少年の被疑事件において，身柄の拘束が必要な場合に，検察官が裁判官に対して勾留の請求に代え，観護の措置を請求することである。勾留場所は少年鑑別所に限られ，勾留期間は原則として10日間であり期間の延長はない。少年鑑別所

では少年の健全な育成のための支援を含む観護処遇が行われ，法務教官や法務医官によって心身の状態を調査される。事件が家庭裁判所に送致された後は，「在宅」で「少年審判」を受けるのか，受けないのか（「不開始」）が決まるか，「観護措置」（少年鑑別所において，調査を受ける）となるかのいずれかとなり，「観護措置」となった場合には，2週間から4週間以内（最長の場合は8週間）に「少年審判」を受けることになる。ただし，少年審判を受けることになった場合でも，「不処分」「保護処分」「検察官送致」のいずれかとなる。「不処分」とは，何らの処分も受けないこと，「保護処分」とは，保護観察，少年院送致，児童自立支援施設等送致のいずれかにより少年の更生を図ること，「検察官送致」とは，「逆送」といわれ，成人と同様の裁判を受けるか否かを検察官が判断するために事件が検察庁に戻されることをいう。　（山脇望美）

検察官関与

　少年事件に関する検察官関与とは，家庭裁判所が一定の要件を満たす重大事件について，非行事実を認定するために行われる審判の手続きに検察官が関与する必要があると認めるときに，裁判所の決定により少年審判に検察官を出席させる制度である（少年法第22条の2第1項）。故意の犯罪行為により被害者を死亡させた場合や，非行事実を認定するために検察官が関与する必要がある場合に検察官関与の決定がある。検察官関与の決定があった場合には，検察官が非行事実の認定に資する程度で，事件の記録・証拠物の閲覧・謄写，審判の出席，証人への尋問，少年本人への発問，意見陳述を行う権限が認められる（少年審判規則第30条の5，第30条の6，第30条の8，第30条の10）。
　　　　　　　　　　　　　　（山脇望美）

国選付添人

　国が公的に選任する付添人を指す言葉であり，また国選付添人名簿に登録された者を指す。主に弁護士がその担い手となる。2000（平成12）年の少年法改正により，少年審判への検察官関与制度（少年審判に検察官が参加する制度）が導入されるに当たり，検察官関与事件は必要的付添事件とされた。つまり，私選付添人が存在しない場合には，裁判所が必ず国選付添人を選任することとなった。さらに，2008（平成20）年改正によって被害者の審判傍聴制度ができたことに伴って，被害者が審判傍聴の申出をした事件について，少年に付添人が選任されていない場合には，必ず国選付添人が選任されるようになった。2014（平成26）年の少年法改正によって，虞犯少年は対象外となったが被疑者となった場合にも国選付添人が選任されるようになった。
　　　　　　　　　　　　　　（栗原拓也）

公的付添人制度

　家庭裁判所に送致された少年事件における公的付添人制度には，国選付添人（主に弁護士）を公的に付添人として選任することとなる。公的付添人制度では，少年やその家族の資力にかかわらず付添人が公的に選任される制度となっている。付添人は少年に対して，児童の権利に関する条約に基づき権利を擁護したり，証人尋問，検証等への立会，保護処分決定に対する抗告，少年審判への出席，意見陳述，記録・証拠物の閲覧，観護中の少年との立会人無しの面会などを行うことが活動内容である。2000（平成12）年の少年法改正では，検察官関与決定事件を対象としていたためやや限定的だったが，2007（平成19）年の改正によって拡大され犯罪少年及び触法少年も含まれた。2009（平成21）年において，窃盗や傷害事件も含まれるようになった。
　　　　　　　　　　　　　　（栗原拓也）

鑑別技官

　少年鑑別所に勤務する技術に関する官

職名のこと。家庭裁判所による観護措置決定で送致された少年を収容する少年鑑別所で，医学，心理学，社会学などの専門知識に基づいた関与を行う。再犯又は再非行の防止に向けた体制整備や処遇充実のため「面接・心理検査・行動観察」などを行う法務に携わる技官である。鑑別所の心理技官は，面談や心理検査などを通して少年の問題行動の原因を分析し，少年の立ち直り支援をすることになる。また，少年に対して面接や心理検査を行い，資質の特徴や非行に至った原因，これからの処遇方針を明らかにすることにも取り組む。さらに，高度な専門的アセスメントを行って，少年院に送致または保護観察処分になった少年にも関与する。

（栗原拓也）

更生保護委員会

法務省設置法第17条（地方更生保護委員会）並びに更生保護法第1章第3節（地方更生保護委員会）によれば，広く更生保護を担う機関として更生保護委員会が置かれている。業務内容は，①仮釈放及び仮出場の許可並びに仮釈放の取消し，②少年院からの仮退院及び退院の許可，③不定期刑の終了，④その他法律に定められた事務の権限を有する合議機関で，3人以上15人以下の委員で構成されている。各高等裁判所の管轄区域ごと全国8か所に設置されているものを地方更生保護委員会と呼んでいる。　（栗原拓也）

地方更生保護委員会

各高等裁判所の管轄区域ごとに，北海道，東北，関東，中部，近畿，中国，四国，九州（沖縄は分室1）の全国8か所に設置されている。主に更生保護委員会で示されたものと同様の業務を担っている。また，国家公務員採用一般職試験の採用事務も取り扱っている。（栗原拓也）

検察官

検察庁に執務している者のことで，刑事事件について捜査及び起訴・不起訴の処分を行うこと，裁判所に法の正当な適用を請求し，裁判の執行を指揮監督することなどの権限をもっている。また，公益の代表者として民法など各種の法律により数多くの権限が与えられている。検察官は，検事総長，検事長，検事等に区分されている。警察などから送致を受けた事件や検察官に直接告訴・告発のあった事件及び検察官が認知した事件について捜査を行い，裁判所に起訴するかどうかを決定する。検察官は起訴できる事件でも，罪を犯した疑いがあり，捜査の対象とされている被疑者の性格・年齢・境遇および犯罪の軽重・情状などによっては起訴しない（起訴猶予）とする権限ももっている。　　　　　（栗原拓也）

司法警察員

刑事訴訟法第189条によると，犯罪捜査の任に当たる警察官を一般に司法警察職員と称しており，このうちより強い権限を認められている警察官を司法警察員と呼んでいる。通例，巡査部長以上の階級にある者が司法警察員とされており，巡査の階級にある警察官は司法巡査と称されている。警察官と同じく，逮捕権，捜査権を有しており，逮捕状を請求することができる司法警察員は，例えば，警察庁の生活安全局，刑事局，交通局及び警備局に勤務する警部以上の階級にある警察官である。他にも特別司法警察員として，陸上自衛隊，海上自衛隊，航空自衛隊，海上保安官，労働基準監督官，麻薬取締官，刑務官，皇宮護衛官などがある。

（栗原拓也）

家庭裁判所

家庭裁判所は全国に50か所，加えて203か所の支部と77か所の家庭裁判所出張所がある。家庭裁判所には家庭裁判所調査官が置かれ，主に家庭内の紛争については訴訟の手続ではなく，それにふさわしい非公開の手続で情理（人情と道理）を踏まえた解決を図ることが適切と

考えられている。また，非行のある少年に対し，紛争や非行の背後にある原因を探り，どのようにすれば家庭や親族の間で起きた問題が解決されるのか，非行に及んだ少年が再び非行に及ぶことがないようにしていけるのかということを第一に考えて措置を講じ将来を展望した解決を図るという理念をもっている。家庭裁判所においては，夫婦関係や親子関係などの紛争について話し合う調停，これらの紛争に関する訴訟や審判を行い，非行のある少年事件について審判を行うこととされている。

　　　　　　　　　　　　　　　（栗原拓也）

家庭裁判所調査官

　家庭裁判所において，家事事件，少年事件などについて，調査を行うのが主な仕事とされている（裁判所法第61条の2）。心理学，社会学，社会福祉学，教育学等の行動科学等の専門的な知識や技法を活用した事実の調査や調整を行う者。また業務内容としては具体的に，夫婦関係や親子関係などの紛争（離婚，親権者の変更など）について話し合う調停，これらの紛争に関する訴訟や審判を行う。また，非行のある少年の事件について保護者を調査し，原因や動機，生育歴，生活環境等を調査し審判を行う。家庭裁判所調査官になるためには，家庭裁判所調査官補として採用後，約2年間の研修を受ける必要がある。

　　　　　　　　　　　　　　　（栗原拓也）

弁護士

　「基本的人権を擁護し，社会正義を実現することを使命」（弁護士法第1条）とし，法律の専門家として人々の自由・財産・健康などの権利を守るとともに社会の不正が起こらないよう社会秩序の維持及び法律制度の改善を行う。当事者その他関係する人からの依頼，または官公署の委嘱によって，訴訟事件，非訟事件及び審査請求，再調査の請求，再審査請求等行政庁に対する不服申立事件に関する行為その他一般の法律事務を行うことを職務としている（弁護士法第3条）。全国の弁護士が所属する日本弁護士連合会（日弁連）には，子どもの権利委員会があり，少年法改正問題，少年事件における付添人活動，いじめ・体罰・校則・懲戒処分など学校生活における子どもの人権問題，家庭での児童虐待や体罰・福祉施設における子どもの人権問題，子どもの権利条約の国内実施に関する問題，少年院・少年鑑別所における少年の権利に関する調査・研究・提言など，様々な課題に取り組んでいる。子どものあらゆる社会問題において力強いパートナーになり得る存在である。

　　　　　　　　　　　　　　　（長瀬正子）

法務教官

　非行少年が，社会復帰することを目指し，生活指導や矯正教育を行う法務省所属の国家公務員である。少年院に勤務した場合は，健全なものの見方や考え方などを指導する生活指導，基礎学力を付与する教科指導，職業生活に必要な知識・技能を習得させる職業指導などの矯正教育を行うとともに，関係機関との連携のもと，出院後の生活環境の調整，修学に向けた支援や就労支援等の円滑な社会復帰につなげるための支援を行う。少年鑑別所に勤務した場合は，少年の心情の安定を図りつつ，面接や行動観察を実施し，法務技官（心理）と協力して，少年の問題性やその改善の可能性を科学的に探り，家庭裁判所の審判や，少年院・保護観察所等における指導に活用される資料を提供する。

　　　　　　　　　　　　　　　（長瀬正子）

法務技官

　法務技官（心理）は，非行・犯罪臨床において心理学の専門的な知識・技術等をいかし，少年鑑別所や少年院，刑事施設（刑務所，少年刑務所及び拘置所）などに勤務する法務省所属の国家公務員である。少年鑑別所では，少年の心身の状態を科学的方法で調査・診断し，問題行動の原因を分析・解明して，適切な指導の

ための処遇方針をアセスメントする鑑別を担当する。その結果は、「鑑別結果通知書」として家庭裁判所に送付され、審判やその後の少年院、保護観察所での援助・指導の資料になる。心理学の専門的な知識・技術等をもとに非行や犯罪の原因を分析し、対象者の立ち直りに向けた処遇指針の提示や、刑務所の改善指導プログラムの実施に携わっている。　　（長瀬正子）

保護観察官

　「医学、心理学、教育学、社会学その他の更生保護に関する専門的知識に基づき、保護観察、調査、生活環境の調整その他犯罪をした者及び非行のある少年の更生保護並びに犯罪の予防に関する事務に従事する」（更生保護法第31条第2項）国家公務員である。地方更生保護委員会事務局と全国50か所ある保護観察所に配属されている。その職務は、保護観察の実施計画の策定、釈放後に見込まれる住居や就職先に関わる生活環境の調整、地方更生保護委員会における仮釈放・仮退院に関する調査、保護観察における面接や担当保護司に対する助言や方針の協議、医療・福祉・教育との連携、専門的処遇プログラムの実施等多岐にわたる。民間ボランティアである保護司と連携しながら、犯罪をした人または非行のある少年が、社会の中で更生する社会内処遇を担っている。　　（長瀬正子）

保護司

　保護観察官で十分でないところを補い（更生保護法第32条）、犯罪を行った者や非行のある少年の改善更生を助けるとともに、犯罪の予防のため世論の啓発に努め、地域社会の浄化をはかり個人及び公共の福祉に寄与することを使命としている（保護司法第1条）。「保護区」という全国を区分けされたエリアにおいて、社会的信望があり、熱意と時間的余裕のある、かつ生活が安定し、健康で活動力のある人物を考慮したうえで、法務大臣が委嘱している（保護司法第3条）。主任官である保護観察官が作成した実施計画に基づき、犯罪を行った者や非行のある少年、その家族と日常的な面接や訪問を通じて助言・指導、地域の活動や就労先等に関する情報提供を行う。ただし、給与は支払われない（保護司法第11条）。犯罪を行った者や非行のある少年と同じ地域に居住し、その地域性を把握していることや民間人であるという特色を活かした活動が期待されている。　　（長瀬正子）

人権擁護委員

　「国民の基本的人権が侵犯されることのないように監視し、若し、これが侵犯された場合には、その救済のため、すみやかに適切な処置を採るとともに、常に自由人権思想の普及高揚に努める」（人権擁護委員法第2条）ことを使命とする。法務大臣の委嘱を受けた民間人であり、全国の市町村及び特別区に配置されている。給与は支払われていない（人権擁護委員法第8条）。人権擁護委員は、主に人権相談活動、人権侵犯に関する調査・救済活動、人権啓発活動を行う。子どもに関わっては、子ども人権110番という全国無料の電話相談や、子ども人権SOSミニレター（便箋兼封筒）という手紙による相談を実施しており、学校におけるいじめや体罰、家庭での虐待等人権を侵害された子どもの人権相談・調査及び救済活動を行っている。　　（長瀬正子）

送 致

　非行事件を犯した少年は、警察によって逮捕・勾留された場合、まず家庭裁判所に送致され、その後少年鑑別所に送致される。このことを観護措置という。観護措置は、おおむね4週間であり、その間に少年の資質鑑別と行動観察が行われ鑑別結果通知書として家庭裁判所での審判の資料となる。家庭裁判所の審判において、非行性の程度や家庭環境等を調査した際に「児童福祉法の規定による措

置を相当と認めるとき」（少年法第18条）には事件を都道府県知事または児童相談所長に送致する。都道府県知事または児童相談所長送致決定がなされた場合，児童福祉司，知的障害者福祉司，社会福祉主事，児童委員等に少年を指導させる措置や，社会的養護関連施設に入所する措置がとられることになる（児童福祉法第26条，第27条）。　　　　（長瀬正子）

逆送（検察官送致）

　少年事件における家庭裁判所の審判の結果，成人と同様の刑事処分が相当と認められた場合，管轄裁判所に対応する検察庁へと送致することをいう（少年法第20条）。逆送には，年齢超過による逆送（少年法第19条第2項，第23条第3項）

と刑事処分相当を理由とするものがある。後者の場合，禁錮以上に当たる罪の事件について，保護処分ではなく刑事処分が相当であると認めた場合に事件を検察官に送致するという決定を行うものである（少年法第20条）。2000（平成12）年の少年法改正により，14歳以上のすべての犯罪少年について逆送ができるようになり，16歳以上の少年にかかるものについては原則逆送するという規定が設けられた。ただし，「犯行の動機及び態様，犯行後の情況，少年の性格，年齢，行状及び環境その他の事情を考慮し，刑事処分以外の措置を相当と認めるとき」（少年法第20条第2項但し書）は，検察官に逆送しないとされている。　　　（長瀬正子）

[47] 貧困家庭や外国籍の子どもと家族への支援

子どもの貧困対策会議

　2013（平成25）年制定の子どもの貧困対策の推進に関する法律第15条に基づき，内閣府に特別の機関として設置された会議体。会議は会長及び委員をもって組織され，会長は内閣総理大臣，委員は会長以外の国務大臣のうちから，内閣総理大臣が指定する者をもって充てられる（同法第16条第2項，第3項）。

　会議では法律に基づき，①「子どもの貧困対策に関する大綱」の案を作成すること，②子どもの貧困対策に関する重要事項について審議し，子どもの貧困対策の実施を推進することなどとされている。このうち子どもの貧困対策に関する大綱の案の作成に当たっては，文部科学省の所掌に属するものに関するは文部科学大臣が，厚生労働省の所掌に属するものに関するは文部科学大臣が，それ以外のものは関係行政機関の長の協力を得て内閣総理大臣がそれぞれ素案を作成し，会議に提出することが義務付けられている。

（吉田祐一郎）

子供の未来応援国民運動

　子どもの貧困が社会問題となる中で，その状況下に置かれる現在の子どもへの支援から，これから先（未来まで）をみつめて，貧困の状況下にある子どもに必要な支援が届くことが可能となるように取り組まれる運動。これらの取り組みは国や行政の公的支援の充実だけではなく，地域社会をはじめとして相互に協力して取り組むこととする，官公民連携によるプロジェクトとして位置付けられる。こ

のプロジェクトから，子どもたちが安心・安定した生活ができるようにすることと，世代間の貧困の連鎖を防ぐとともに，子どもたちの将来が閉ざされることがないような社会の実現が図られている。支援の全体像は，経済支援・教育支援・生活支援・就労支援の4本柱とし，その柱を元にそれぞれ具体的な支援内容が盛り込まれている。この運動の一環として，子どもの貧困に対応して草の根で活動するNPO法人等の積極的支援が展開するため，民間資金を活用して2015（平成27）年に「子供の未来応援基金」が設置された。

（吉田祐一郎）

子供の未来応援地域ネットワーク形成支援事業

　地域社会において子どもの貧困に対応した支援活動を行うNPO法人等の運営基盤の強化・掘り起こしを行い，社会全体で子どもの貧困対策を進める環境を整備することを目的とする事業。民間資金により2015（平成27）年に創設された「子供の未来応援基金」を財源に実施されている。貧困の状況下にある子どもに対する支援では，地域社会などで子どもたちの実態を把握して草の根で支援活動するNPO法人等の存在が重要である一方で，これらの団体は財政的に厳しい運営状態であるものが多く，本事業ではこれらの団体への支援金の交付が行われている。対象となる団体は，社会福祉の振興に寄与する事業を行う営利を目的としない法人又は団体とされ，公益社団法人，公益財団法人，NPO法人，一般社団法

人，一般財団法人，その他ボランティア団体，町内会など非営利かつ公益に資する活動を行う法人又は任意団体とされている（2020年度現在）。　　（吉田祐一郎）

子ども食堂

地域において子どもや地域住民などが集い，夕食等の食事の提供などを行う取り組み。現在の形式での活動展開は，2011（平成23）年頃よりいくつかの地域で開始された。その後，子どもの相対的貧困率が高水準にあることへの社会的関心や，2013（平成25）年の子どもの貧困対策の推進に関する法律の成立などの背景から急速に各地で取り組みが進められた。NPO法人全国こども食堂支援センター・むすびえの調査では，子ども食堂の全国での設置数は3,718か所とされている（2019年現在）。

活動が展開された当初は，貧困状態にある家庭の子どもの支援や，保護者の労働などで孤食となる子どもなど，特に支援や配慮が必要であると考えられる子どもを地域で支えることを目的に民間による取り組みが行われるところが多かった。現在では，対象となる子どもを限定しない拠点や，地域住民とともに会食するもの，食事の提供に限らず参加者間の交流や遊びの支援，学習支援，生活支援などを行う拠点など，多岐の形態が存在する。　　　　　　　　　　　　　（吉田祐一郎）

すべての子どもの安心と希望の実現プロジェクト

国が2015（平成27）年12月に決定したひとり親家庭・多子世帯等の自立に向けた応援と，児童虐待防止対策の強化を図るためにとりまとめたプロジェクト。本プロジェクトは政府に設置された子どもの貧困対策会議が関係省庁と連携して策定した。プロジェクトは「ひとり親家庭・多子世帯等自立応援プロジェクト」「児童虐待防止対策強化プロジェクト」の2プロジェクトから成り立っている。

このうちひとり親家庭・多子世帯等自立応援プロジェクトでは，当該世帯の経済的安定を図るため，就業による自立に向けた就業支援，子育て・生活支援，養育費の確保支援，教育費負担の軽減や子どもの学習支援，貧困の連鎖を防止するための個々の家庭が抱える課題に対応した寄り添い型支援などが盛り込まれている。また，児童虐待防止対策強化プロジェクトには，児童虐待の発生予防，児童虐待発生時の迅速・的確な対応，被虐待児童への自立支援などが含まれる。

　　　　　　　　　　　　　（吉田祐一郎）

学習言語

言語能力の一つとされる。カミンズ（Cummins, J.）は，伝達言語能力として，生活言語能力（BICS：Basic Interpersonal Communication Skills）と，学習言語能力（CALP：Cognitive Academic Language Skills）の2語により提唱した。生活言語能力は日常の生活場面で獲得する言語能力であり，言語修得までに一般的に2～3年程度を要するとされている。一方の学習言語能力は，高度な学習活動や学校教育を進めるうえにおいて求められる認知的要求としての言語能力であり，言語修得までに同じく5～7年程度要するとされている。日本では，海外から日本に移住する家族の子どもが出身国の母語を修得しながらも，日本で学校教育を受ける場合など，第二言語として一定の日本語の学習言語能力の獲得が未成熟な場面などがあるケースなど課題が生じており，学習言語の修得に向けた教育現場での支援や対応が課題となっている。　　（吉田祐一郎）

生活言語

日常生活の中で使用する，生活場面（話す・聞く・書く・読む等）に関わる言葉である。具体的には，家族や友達と話をしたり，手紙やメールを書いたりする際に用いる。文法や用法を誤って使用する場合も少なくないが，子どもの生活や情緒

を豊かにするという観点から正確性よりも子どもの生活を豊かなものにすることを重視している。

一方で，認知欲求（知覚・記憶・推論・問題解決などの知的活動を求める）を高めるために，家庭や保育施設や教育施設，教育機関等における教育の一環として，文法や用法の正確性を重要視するのが「学習言語」である。

乳児から幼児，幼児から学童へと成長する過程で，家庭や保育施設や教育施設，教育機関等では，「生活言語」から「学習言語」へと発展させていく指導が重要であるといえる。　　　　　（立花直樹）

ひとり親家庭

母親または父親のいずれかと，その子どもからなる家庭のことであり，母と子どもの家庭を母子家庭（母子世帯），父と子どもの家庭を父子家庭（父子世帯）といい，総じてひとり親家庭という。

厚生労働省「平成28年度全国ひとり親世帯等調査」によると母子家庭は約123万世帯，父子家庭は約19万世帯であり，母子家庭の母の平均年収は243万円，父子家庭の父の平均年収は420万円という結果があり，ひとり親家庭の多くは経済的に厳しい状況に置かれているといえる。

ひとり親家庭は子育てと生計の維持を一人で担っていることから，就職に当たっては労働条件での制約を受けるなど困難を伴うことが少なくない。そこで国と地方公共団体は，2013（平成25）年3月に施行された「母子家庭の母及び父子家庭の父の就業の支援に関する特別措置法」に基づき企業に対して優先的にひとり親を雇い入れるなど，協力を要請することとし，ひとり親の就労支援に力を入れている。　　　　　　　　　　　（藤田哲也）

児童扶養手当

ひとり親家庭の生活の安定と就労による自立の促進に寄与し，児童の福祉の増進を図ることを目的として支給されるもの。父母の離婚や父または母が死亡した場合，未婚による出産をした場合などに，児童を監護している母または父（父の場合は監護し，かつ，生計を同じくしている）にかわってその児童を養育している人が手当を受けることができる。児童扶養手当の支給額については，2020（令和2）年4月から，子ども1人の全部支給の場合4万3,160円，一部支給の場合は4万3,150円〜1万180円（所得に応じて決定される）となる。2017（平成29）年4月からは，「全国消費者物価指数」に合わせ物価スライド制を導入する（子ども2人以上の場合にも）とともに，それぞれの家庭の所得に応じて加算額が決定されていく仕組みをとる。また，児童扶養手当法の一部を改正し，2019（令和元）年11月分の児童扶養手当から支払回数が4か月分ずつ年3回から奇数月2か月分ずつ年6回に見直された。　　（藤田哲也）

学習支援事業

生活困窮世帯，被保護世帯及びひとり親家庭の子どもが抱える特有の課題に対応し，貧困の連鎖を防止する観点から，学習支援や居場所の提供等を行い，学習意欲と基礎学力の向上を促し，子どもの高等学校等への進学や将来における安定就労につなげていくことを目的とする事業。2015（平成27）年4月に施行された生活困窮者自立支援法をきっかけに，翌年から実施されている。

地方公共団体によって違いはあるものの，小学5年生から高校3年生までの子どもが対象となり，ひとり親家庭の子どもの福祉の向上に理解と熱意を有する支援員や地域の学生や教員OB等のボランティア等が，子どもに対して適切な生活支援や学習支援等を行うとともに，子どもの良き理解者として悩み相談（必要に応じて心理カウンセラーによる相談）や進学相談等に応じている。　　　（藤田哲也）

ひとり親家庭・多子世帯等自立応援プロジェクト

　経済的に厳しい状況に置かれたひとり親家庭や多子世帯は増加傾向にあり，これらの人の就業による自立に向けた就業支援を基本としつつ，子育て・生活支援，学習支援などの総合的な支援を充実させることを目的としている。2015（平成27）年12月21日「子どもの貧困対策会議」の「すべての子どもの安心と希望の実現プロジェクト：すくすくサポート・プロジェクト」として，①ひとり親家庭・多子世帯等自立応援プロジェクト，②児童虐待防止対策強化プロジェクトの二本の柱で構成されている。具体的には自治体のワンストップ窓口の整備，子どもの居場所づくり，養育費の確保支援，母子父子寡婦福祉資金の見直し，子どもの学習支援や親の資格取得支援，ひとり親家庭等に対する住居確保の支援などが挙げられ，各種施策を組み合わせて効果的に支援している。　　　　　　　（藤田哲也）

公的賃貸住宅

　日本では2006（平成18）年制定の住生活基本法によって人々の住環境は守られているが，特に低所得者や高齢者など住宅の確保が難しいとされる人に対し，一般の賃貸住宅よりも低い家賃で住めるよう地方公共団体が中心となって住宅の整備を進めてきたのが，公的賃貸住宅である。近年はその入居対象に「子どもを育成する家庭」が加えられるようになった。

　公的賃貸住宅には様々な種類があるが，大別すると，①地方公共団体が運営する住宅（公営住宅等），②地方公共団体が運営または認定する住宅（地域優良賃貸等），③UR（独立行政法人都市再生機構：Urban Renaissance Agency）や地方住宅供給公社などが運営する住宅の3つに分けられる。それぞれ入居条件や所得制限等があり，収入に応じた家賃の減額措置などが受けられる。　　　　　　　（藤田哲也）

無国籍

　日本人の子どもは，両親のどちらかが日本人である場合，出生を届け出れば国籍法に基づき子どもの日本国籍が認められる。しかし，日本人の配偶者をもたない外国人が日本で出産した場合は，生まれた子どもの日本国籍は取得できない。これは日本が生まれた場所ではなく両親の血統によって国籍を定める考え「血統主義」を採用しているからである。

　母となった外国人が在日外国公館に子どもの出生を届け出ることで，その子どもは母の国の国籍が取得できるが，母となった外国人が日本の市区町村役場に出生届を提出し，子どもの在留カードや住民票に母の国の国籍が記載されても国籍が取得できたことにはならない。そのため，日本で出生後，在日外国公館に出生の届出がされていない子どもたちは「無国籍」状態になるのである。　（藤田哲也）

母子家庭等就業・自立支援事業

　都道府県，指定都市及び中核市並びに身近な市等において，ひとり親及び寡婦の自立のために，家庭の状況，職業適性，就業経験等に応じ，適切な助言を行う就業相談の実施，就業に必要な知識や技能の習得を図るための就業支援講習，公共職業安定所等職業紹介機関と連携した就業情報の提供など一貫した就業支援サービスの提供等が実施される。あわせて生活の安定と児童の福祉の増進を図るため，養育費の取り決めなどに関する専門知識を有する相談員等による相談体制の整備や，継続的生活指導を必要としている母子家庭の母等への支援が総合的に行われている。　　　　　　　（谷村和秀）

母子父子寡婦福祉資金貸付金

　ひとり親及び寡婦の家庭で20歳未満の児童を扶養している親を対象に，経済的自立の助成と生活意欲の助長を図るために資金を貸し付ける制度である。貸付資金の種類は，事業開始資金，事業継続

資金，修学資金，技能習得資金，修業資金，就職支度資金，医療介護資金，生活資金，住宅資金，転宅資金，就学支度資金，結婚資金の12種類となっている。貸し付けの際の利子は，連帯保証人を立てられない場合は年利1.0％の利子がかかるが，基本的には無利子である。実施主体は，都道府県社会福祉協議会であり，このうち直接利用者に関わる業務は，市区町村社会福祉協議会に委託している。

（谷村和秀）

ジョブ・カード

2008（平成20）年から活用され，個人のキャリアアップや，多様な人材の円滑な就職等を促進するため，労働市場インフラとして，キャリアコンサルティング等の個人への相談支援のもと，求職活動，職業能力開発などの各場面において活用するものである。内容は，①生涯を通じたキャリア・プランニング（キャリアコンサルティング等の支援の前提となる個人の履歴や，支援を通じた職業経験の棚卸し，職業生活設計等の情報を蓄積し，訓練の受講，キャリア選択等の生涯のキャリア形成の場面において活用する），②職業能力証明（免許・資格，教育や学習・訓練歴，職務経験，教育・訓練成果の評価，職場での仕事振りの評価に関する職業能力証明の情報を蓄積し，場面・用途等に応じて情報を抽出・編集し，求職活動の際の応募書類，キャリアコンサルティングの際の資料等として活用する）であり，これらの支援により個人の有する職業能力を視覚化した。

（谷村和秀）

マザーズハローワーク

2006（平成18）年に結婚・出産・子育てなどのライフサイクルの中で，意欲と能力を十分に発揮して働けるよう地方公共団体等との連携の下で，子育てしながら就職を希望する者を中心に就職支援を行うことを目的に開設された国の無料職業紹介機関である。2020（令和2）年10月現在で全国に21か所設置されている。また，マザーズハローワークが設置されていない中核的都市のハローワーク内には，マザーズコーナーが設置されている（2020年10月現在，全国183か所設置）。マザーズハローワーク内には，キッズコーナーやベビーチェアを設置し，キッズコーナーには，安全サポートスタッフが配置されているなど，子ども連れでも利用しやすくなっている。また，担当者制や予約制を取り入れて，就職に関するセミナーなどを行い，子育て中の親への就労支援を実施している。　（谷村和秀）

出張ハローワーク

ひとり親の就労支援の強化を目的に実施される。主に児童扶養手当の現況届を提出する時期にあわせて，公共職業安定所（ハローワーク）が市町村の役所・窓口などに出向き，相談を受け付ける臨時窓口を開設している。主な相談内容としては，求職者の経歴・経験を考慮した個別支援，履歴書・職務経歴書の添削・アドバイス，面接対策・模擬面接，仕事に関する情報提供（求人情報），職業訓練・就職支援セミナー情報提供，採用後のフォローなどである。　（谷村和秀）

母語発達支援

母語とは人間が生まれて一番初めに覚え，最も理解できる言語であり，その母語の習得や発達を支援すること。人間は母語を通じて社会との関係を築くことができ，初めて覚えるという狭義の言語という意味だけではなく，人間が社会の一員となるための基本的要素の一つとされる。母語発達の支援者が子どもに対して母語を積極的に用いることで，子どもはその国に対する安心感をもち，活動に参加しやすくなることが期待される。また，個々の子どもの得意な部分や知っていることから他の子どもたちや社会への興味や関心に視野を広げ，他の世界などとのつながりや，多文化理解などにもつなが

る可能性がある。　　　　　（谷村和秀）

母語喪失

　職場の異動や移民などの理由で母語の使用環境を離れ、異動や移民先での主要言語の使用環境で生活するようになるなど、時間の経過とともに徐々に母語の言語能力を失っていくことである。母語喪失の要因は、母語言語への接触がないことや減少することも影響する。そのほかにも、母語喪失が進む一連のプロセスや、実際どのような言語能力がどの程度失われるのかについては、個人差等の要因が大きく関わってくる。つまり、話者の年齢をはじめ、読み書き能力のような習得された言語能力、保持したい言語に対する本人または社会の評価あるいは動機付けなども母語喪失の様相に大きく影響している。　　　　　（谷村和秀）

生活福祉資金

　生活福祉資金貸付制度。低所得者や高齢者、障害者の生活を経済的に支援することと、在宅福祉及び社会参加の促進を図ることを目的とした貸付制度。実施主体は都道府県社会福祉協議会で、市区町村社会福祉協議会が申し込み窓口となっている。貸付対象は低所得者世帯（市町村民税非課税程度の必要な資金を他から借り受けることが困難な世帯）、障害者世帯（身体障害者手帳、療育手帳、精神障害者保健福祉手帳の交付を受けた者等の属する世帯）、高齢者世帯（65歳以上の高齢者の属する世帯）である。貸付資金の種類としては、総合支援資金（生活支援費・住宅入居費・一時生活再建費）、福祉資金（福祉費・緊急小口資金）、教育支援資金（教育支援費・就学支度金）、不動産担保型生活資金（不動産担保型生活資金・要保護世帯向け不動産担保型生活資金）があり、資金別に貸付条件や金額が定められている。また、2015（平成27）年に施行された生活困窮者自立支援制度に基づき、総合支援資金と緊急小口資金の借入を希望する

場合は、自立相談支援事業の利用が貸付要件とされている（既に就職が内定している場合等を除く）。　　　（吉田祐一郎）

高等職業訓練促進給付金

　母子家庭の母または父子家庭の父が資格取得のため養成機関で修業する場合に、修業期間中の生活の負担軽減のために支給される給付金。あわせて入学時の負担軽減のために、高等職業訓練修了支援給付金が支給される。給付条件は母子家庭の母または父子家庭の父であって、現に20歳に満たない者を扶養し児童扶養手当の支給を受けているか同等の所得水準にあること、養成機関において1年以上のカリキュラムを修業して対象資格の取得が見込まれること、仕事または育児と修業の両立が困難であることのすべての要件を満たすことが条件である。支給額は2020（令和2）年度現在、高等職業訓練促進給付が月額10万円（市町村民税非課税世帯）または7万500円（市町村民税課税世帯）、養成機関における課程修了までの期間の最後の12か月については月額14万円（市町村民税非課税世帯）または11万500円（市町村民税課税世帯）、高等職業訓練修了支援給付金が5万円（市町村民税非課税世帯）または2万5,000円（市町村民税課税世帯）である。給付金事業の対象資格は就職の際に有利となるとして都道府県等の長が地域の実情に応じて指定し、例として看護師、介護福祉士、保育士、歯科衛生士、理学療法士、保健師、助産師等がある。（吉田祐一郎）

高等職業訓練促進資金貸付事業

　ひとり親家庭高等職業訓練促進資金貸付事業が正式名称。2015（平成27）年度から実施。高等職業訓練促進給付金を活用し就職に有利な資格取得を目指すために養成機関に入学しているひとり親家庭の親に対して入学準備金や就職準備金を貸し付け、修学を容易にすることで自立の促進を図ることを目的に実施される。

2020（令和2）年度現在の貸付額は養成機関への入学時に入学準備金として50万円以内，養成機関の修了とともに資格を取得した場合に20万円以内。保証人がいる場合は無利子で，保証人がいない場合は有利子となる。貸付を受けた者が養成機関の修了から1年以内に資格を活かして就職し，貸付を受けた都道府県または指定都市の区域内等で5年以上引き続きその職に従事した時は，貸付金の返還が免除される。実施主体は都道府県または指定都市，または都道府県または指定都市が適当と認める社会福祉法人・公益社団法人・公益財団法人などの民間法人（都道府県等が貸付に当たって必要な指導・助言を行う場合に限る）である。　（吉田祐一郎）

高等学校卒業認定試験合格事業

　高等学校を中退または卒業していないひとり親家庭の親が，高等学校卒業程度認定試験（高卒認定試験）の合格を目指す場合に，民間事業者などが実施する対策講座の受講費用の負担軽減を図り，効果的に学び直しを支援することを目的に実施される事業。あわせてひとり親家庭の児童についても一般世帯に比べ進学率が低いことから本事業の対象とされる。実施主体は，都道府県，市（特別区を含む），福祉事務所の設置町村。対象者はひとり親家庭の親，またはひとり親家庭の20歳未満の児童で，高等学校卒業者および高卒認定試験合格者などは対象から除外される。給付条件として，ひとり親家庭の親が児童扶養手当の支給を受けているかそれと同等の所得水準にあることと，支給を受けようとする者の就学経験，就業経験，技能，資格の取得状況や労働市場の状況から判断して，高卒認定試験に合格することが適職に就くために必要であると認められる者などである。給付金の種類として，支給対象者が対象講座の受講を修了した際に支給される「受講修了時給付金」と，受講修了時給付金を受けた者が，受講修了日から起算して2年以内に高卒認定試験の全科目に合格した場合に支給される「支給合格時給付金」がある。　　　　　　　（吉田祐一郎）

地域未来塾

　家庭での学習が困難で，学習習慣が十分に身についていない中学生・高校生等を対象に，地域住民等の協力により実施される原則無料の学習支援。家庭の経済状況にかかわらずすべての生徒が参加可能で，放課後や土曜日，学校の長期休業期間などに，学校の空き教室や図書室，地域の公民館等において実施される。地域と学校が連携・協働して幅広い地域住民等の参画で地域全体の子どもたちの成長を支える地域学校協働活動の一環として行われる。同事業の担い手を学習支援員や協働活動支援員として位置付け，退職教員や大学生，地域の高齢者や民間教育事業者等の様々な地域人材の参画が期待される。同事業の実施にあたり，地域と学校をつなぐコーディネーターとして地域学校協働活動支援員が配置される。想定される学習支援として，予習や復習，補充学習，学習アプリ等のICTを活用した学習のほか，英語学習や各種検定試験対策，定期考査前の集中プログラム，大学生等による進路相談など多岐にわたる。国が子どもの貧困対策に関連して2015（平成27）年に策定した「すべての子どもの安心と希望の実現プロジェクト」の中の「ひとり親家庭・多子世帯等自立応援プロジェクト」に位置付けられる。

　　　　　　　　　　　　　（吉田祐一郎）

官民協働学習支援プラットフォーム

　家庭での学習が困難で，学習習慣が十分に身についていない中学生・高校生を対象として地域等での学習支援を進める地域未来塾など，地域での子どもの学習活動に対して積極的なICT活用を支援するために実施される取り組み。2016（平成28）年度より本格実施されている。具

体的な内容として，国や ICT 関連企業等が連携し，インターネット上でマッチングサイトを設立し，ひとり親家庭や学習が遅れがちな子ども，学びを深めたい子どもなどに，ICT で活用できる教材や，パソコンやインターネットなどの ICT の環境などを無償もしくは低価格で提供するなどの支援が行われている。国が子どもの貧困対策に関連して 2015（平成 27）年に策定した「すべての子どもの安心と希望の実現プロジェクト」の中の「ひとり親家庭・多子世帯等自立応援プロジェクト」に位置付けられる。

（吉田祐一郎）

二重国籍

国籍を二か国所持するもの。二か国以上の国籍所持をするものを多重国籍ともいう。無国籍や二重国籍の解消を理想とした国籍に関する一般的原則として，国際連盟が 1930（昭和 5）年に制定した「国籍の抵触についてのある種の問題に関する条約」（日本は同年に署名のみ行い批准していない）があり，一部の国が批准している。また日本では 1950（昭和 25）年に国籍法を制定し，この中で日本と他国の二重国籍を認めていない（国籍唯一の原則）。一方で諸外国においては国籍自由の原則を採用している国もあり，例えば国籍自由の原則を採用している国に国籍を有している場合，国籍唯一の原則である日本であっても二重国籍を完全に排除するものではないと解され，二重国籍が生じることとなる。

グローバル社会が進展する中で，他国からの人々の就職や国際結婚等が増加しており，今後も二重国籍の状況が増加することが予想されている。児童に関する二重国籍の問題として，言語（生活言語・学習言語）の習得や，いずれの国の教育制度を選択するのかなどの教育権保障に関する問題，社会保障に関する問題などが挙げられる。　　　　（吉田祐一郎）

定住外国人

その国の国籍を有さず，諸外国の国籍を有しながら定住する外国人のこと。日本では出入国管理及び難民認定法において定住者として定義し，その対象を「法務大臣が特別な理由を考慮し一定の在留期間を指定して居住を認める者」としている。この具体的な対象については 1990（平成 2）年に法務省が告示した「出入国管理及び難民認定法第 7 条第 1 項第 2 号の規定に基づき同法別表第 2 の定住者の項の下欄に掲げる地位を定める件」により詳細の内容が示されている。その告示から，例として日本人と海外の国籍を有する親の間で，日本人の子として出生した実子であって素行が善良であるもの（いわゆる日系二世），日本人の子として出生した者でかつて日本国民として本邦に本籍を有したことがあるものの実子の実子であって素行が善良であるものに係るもの（いわゆる日系三世），日本人の配偶者等の在留資格をもって在留する者で日本人の子として出生したものの配偶者（いわゆる配偶者定住），日本人，永住者，1 年以上の在留期間を指定されている定住者の在留資格をもって在留する者の扶養を受けて生活する当該者の未成年で未婚の実子などが挙げられる。　（吉田祐一郎）

子どもの居場所づくり

子どもが安心して過ごすことのできる学校や家庭以外の第 3 の場所（サードプレイス）を創出する取り組み。子どもの居場所づくりの実践は 1980 年代に増加した不登校児への支援として生まれたフリースクールやフリースペースなどの取り組みから発展し，現代的には学習支援や子ども食堂などがある。居場所の形態は様々で，学習支援に特化した取り組みや，参加要件はなく地域の子どもが自由に参加できる子ども食堂や，それらをミックスしたような居場所もある。これらの取り組みは，学校や家庭で居場所を

失った子どもがあらためて他者や社会とつながり直すことができるよう，参加する子どもたちに配慮された空間，子ども同士や信頼できる大人との出会いが保障された場所となることが期待されている。このような居場所づくり実践の担い手は多様化しており，行政機関だけではなくNPOやボランティア団体，地域住民に広がっている。　　　　　　　（仲野浩司郎）

生活困窮世帯

　生活困窮者の定義は明確ではないが，狭義の定義として生活困窮者自立支援法第3条において「就労の状況，心身の状況，地域社会との関係性その他の事業により，現に経済的に困窮し，最低限度の生活を維持することができなくなる恐れのある者」と定義されている。しかし，この定義は生活困窮を経済的な困窮に矮小化しているという批判もあり，社会的孤立や引きこもり，障害やメンタルヘルス，人間関係の不調などに起因する生活全般の生きづらさに着目し，生活困窮状態を広義に捉える考え方が一般的である。生活困窮世帯が抱える課題は多様で複合的であり，生活困窮状態にある当事者はパワーレス状態に陥っている。自身が抱えている課題を整理し解決策を導き出すことが困難であり，当事者に寄り添った伴走型の支援を必要としていることが多い。　　　　　　　　　　　（仲野浩司郎）

自立支援教育訓練給付金

　雇用保険法による失業等給付の一つ。雇用保険の一般被保険者又は高年齢被保険者，若しくは一般被保険者又は高年齢被保険者であった人に対し，雇用の安定及び就職の促進を図るために必要な職業に関する教育訓練として厚生労働大臣が指定した講座を受講し，修了した場合，本人が教育訓練施設に支払った教育訓練経費の一部を公共職業安定所から支給される制度。一般教育訓練給付金，特定一般教育訓練給付金，専門実践教育訓練給付金の3種類がある。対象者は，①雇用保険の被保険者である人又は被保険者であった人のうち，被保険者資格を喪失した日以降，受講開始日までが1年以内，②受講開始日までの雇用保険の被保険者期間が3年以上（初回の場合は1年又は2年以上），③2014（平成26）年10月1日以降，教育訓練給付金を受給した場合は，前回の教育訓練給付金受給日から受講開始日前までに3年以上経過している人が対象。また，専門実践教育訓練給付金には受講中に生活補償として教育訓練支援給付金が支給される。　　　　（仲野浩司郎）

子供の貧困に関する指標

　子供の貧困対策大綱に位置付けられている指標は以下のとおり。生活保護世帯に属する子供の高等学校等進学率・高等学校等中退率・大学等進学率，児童養護施設の子供の進学率，ひとり親家庭の子供の就園率，ひとり親家庭の子供の進学率，全世帯の子供の高等学校中退率・中退者数，スクールソーシャルワーカーによる対応実績のある学校の割合，スクールカウンセラーの配置率，就学援助制度に関する周知状況，新入学児童生徒学用品費等の入学前支給の実績状況，高等教育の就学支援新制度の利用者数，電気，ガス，水道料金の未払い経験，食料又は衣服が買えない経験，子供がある世帯の世帯員で頼れる人がいないと答えた人の割合，ひとり親家庭の親の就業率，ひとり親家庭の親の正規の職員・従業員の割合，子供の貧困率，ひとり親世帯の貧困率（子供の貧困対策大綱）。　（仲野浩司郎）

貧困連鎖

　様々な不利を背負った貧困状態の子どもが大人となってからも貧困から抜け出せず，さらに次世代の子どもたちに貧困が引き継がれること。よく知られている貧困の連鎖の経路は，「子ども期の貧困→低学歴→非正規労働→現在の低所得→現在（成人後）の生活困窮」である

が，これ以外にも多様な貧困の連鎖の経路が考えられる。教育的投資や親の資産を介する金銭的経路，親のストレスや病気，育児スタイルや家庭における文化資本の欠如など家庭環境を介した経路，身体的特徴・性格などの遺伝子を介した経路，職業を介した経路，健康を介した経路（知的障害は発達障害なども含まれる），学習意欲や自尊心・自己肯定感などの意識を介した経路，地域やロールモデルの欠如，早い離家・帰る家の欠如などがある。これらの様々な経路を通じて貧困の連鎖は引き起こされると考えられている（阿部，2014）。

【引用文献】阿部彩（2014）『子どもの貧困Ⅱ』岩波書店，38〜71頁。　（仲野浩司郎）

格差再生産

格差は世代間を通じて再生産されるという概念。所得の不平等，つまり格差を表す指標としてジニ係数がある。0から1の値を取り，0に近づくほど平等な社会で逆に不平等な社会では1に近づく。日本においては2017（平成29）年で再分配前は0.5594，再分配後は0.3721であった。資本主義社会においては格差が発生することは当然だとされているが，格差を放置すれば社会が成り立たなくなる恐れがある。そのため社会保障や社会福祉などの社会政策によって格差を縮小させることが必要である。しかし，日本では所得再分配機能は弱く，貧困は経済的な問題を核として次世代の教育や就労の機会選択等の不平等につながり，世襲を通じて格差は再生産されていく。

（仲野浩司郎）

48　子ども家庭福祉の現代的テーマ

性別役割分業

　近代（明治維新の始まった頃から太平洋戦争が終結した頃）以降，高度経済成長期を中心に，バブル経済が崩壊する1991（平成3）年頃までの家族は，「男（夫，父親）は仕事，女（妻，母親）は家庭」と表現されたように，男性は稼ぎ手，女性は家事や育児に専念することが一般的であった。このように，男性，女性のそれぞれにとって適切だと考えられる役割が決められ，それぞれの間で役割が分担されることをいう。また，そのような固定的な性別役割分業観が家庭や職場などにおける男女の不平等を生じさせていると考えられている。　　　　（西尾亜希子）

役割葛藤（ワーク・ファミリー・コンフリクト）

　個人は社会生活を送るうえで，妻，母，中学校教諭，部活顧問など複数の役割をもつ。そして，そのような個人が担う複数の役割の束を「役割群」という。それぞれの役割の遂行には様々な期待や規範があり，ある特定の役割を遂行しようと思うと，別の役割の遂行がおろそかになってしまう可能性もあり，それらの役割の中で優先順位をつけかねることにより，ジレンマが生じることを役割葛藤という。　　　　　　　　　　（西尾亜希子）

ママ友／パパ友

　ママ友とは，妊娠期に知り合った仲間も含めた子育て中の友人関係を表す。2000年代に子育て雑誌で使用されたことば。一般的な友人関係とは違って，子どもを通じて構築された関係から，子ども

の発達段階が近いが，母親同士の年齢は様々である。子育てに関する情報共有関係や一緒にいると安心するといった情緒的な関係がある一方で，子ども同士のトラブルや子育てに関する考え方の違いなどを抱えやすく，「ママ友」関係に気を遣う母親も多いといわれている。パパ友とは，地域で暮らす妻が妊娠中である夫を含めた子育て中の父親同士の友人関係を表す。2006（平成18）年に父親のための活動を開始したNPO法人ファザーリング・ジャパンが命名した。同活動では父親の産休中における孤立防止のプロジェクトが行われている。また，政府は2007（平成19）年度から父親の子育て参加を促進するために父親向けサークルの育成や啓発講座を支援する「子育てパパ応援事業」を開始した。こうした子育て支援事業も後押しとなって，「パパ友」同士の交流が行われている。　　　　　　　　　（尾関唯未）

企業主導型保育事業

　企業が従業員を対象として保育サービスを提供するために設置する保育施設や，地域の企業が共同で設置・利用する認可外保育施設に対して，施設の整備費及び運営費の助成を行う事業。多様で柔軟な保育サービスを行うことができ，夜間や土日，短時間や週2日のみ働く従業員への対応なども可能である。企業のニーズに応じて単独設置，複数の企業での共同設置や保育事業設置型もあり，それぞれ単独利用，共同利用とすることができる。地域枠として従業員の子ども以外を受け入れる定員枠も設けることができる。地

域型保育事業の事業所内保育とは異なる認可外保育施設であるが職員配置基準は認可園に準じ，職員の半数は保育士とされ，設備等の基準は家庭的保育事業等の基準を遵守するとされている。（藤野ゆき）

ステップファミリー

　子どものいる人が離婚・死別ののち，再婚することによって生じる親子関係や兄弟姉妹関係のことである。ステップとは「義理の」という意味があり，血縁関係のない家族を示している。成り立ちには死別，離別による子連れ再婚，未婚で連れ子がいる結婚，片方に連れ子がいる場合と双方に連れ子がいる再婚，別れた家族のもとで生活している子どもや施設等で生活している子どもがいる場合もある。日本においては離婚による母子家庭，父子家庭が増加しており，ステップファミリーは1990年代頃から増加傾向にある。新しい家族関係の構築にあたり，親と子双方に周囲からの理解が得られない，パートナーとの躾のあり方，親戚との関係，生活習慣の違いに悩むといったストレスや悩みを抱えることも多い。

（藤野ゆき）

いじめ

　大津市中2いじめ自殺事案の社会問題化がきっかけで2013（平成25）年に施行された「いじめ防止対策推進法」によると，いじめは「児童等に対して，当該児童等が在籍する学校に在籍している等当該児童等と一定の人的関係にある他の児童生徒が行う心理的又は物理的な影響を与える行為（インターネットを通じて行われるものを含む。）であって，当該行為の対象となった児童等が心身の苦痛を感じているもの」（なお，起こった場所は学校の内外を問わない）と定義されている。また，同法第4条では，「児童等は，いじめを行ってはならない」と明記され，法律によりいじめは禁止された。いじめの追跡調査を実施した国立教育政策研究

所（2016）によると，いじめ行為のうち，「仲間はずれ・無視・陰口」は，加害・被害にかかわらず，どの子どもにも起こりうるが，「ひどくぶつかる・叩く・蹴る」を代表とする「暴力を伴ういじめ」を繰り返す子どもは限られており，異なる対応が求められるという。いずれにせよ，いじめの予防から発見・対応に至るまで，全ての学校が計画的，組織的に取り込むことが必要不可欠である。

【引用文献】国立教育政策研究所（2016）「いじめ追跡調査2013-2015」。　（磯部美良）

ピアサポート

　ピア（peer）は同じような立場，境遇，体験をした人達をいい，仲間や同輩と和訳される。ピアサポートは，共通事項と対等性のある関係者同士の支え合いを総称している。ピアサポートを行う人をピアサポーターと呼ぶ。病気や障害，いじめ・虐待・不登校の体験などのピアサポートがある。周囲から理解されにくい体験を語り合い，感情を共有し共感することで，自己の安心感や肯定感を回復したり，課題解決方法などを得る。これらは専門家や家族によるサポートでは得がたいといわれている。日本では1960年代頃から精神保健や社会福祉分野で発展し，1990年代後半には学校教育の中で，児童・生徒・学生同士の相談，励まし，支え合いとして取り組まれている。その実践は多様であり，プログラム，企画運営方法，提供場所，サポーターへの教育など評価や効果に関する研究がいそがれている。　（中村明美）

カウンセリングマインド

　「真実さ」「受容」「共感」「傾聴」など，カウンセリングに求められる基本的態度のことで，これは，保育や学校教育，看護，ソーシャルワーク（社会福祉）の場にも生かされている。ここでカウンセリングとは，主にアメリカのロジャーズ（Rogers, C. R.）が提唱したクライエント中心療法

を指すが，カウンセリングマインドという用語自体は和製英語である。カウンセリングマインドをもった保育者は，嘘いつわりのない態度で保護者や子どもに向き合い，相手を無条件に受容し，共感的に理解しようと努める。このとき，保育者は本音を押し殺してでも，受容や共感をしているふりをするというのは誤りである。一見，好感がもてず，理解しづらい相手であっても，「傾聴」の技術を使って話をよく聴いてみると，その人なりの背景や事情が見えてくる。すると，リアルな好感が湧いてくると同時に，共感的理解が促進されるのである。このようにして，受け止められ理解されていると実感ができてはじめて，保護者や子どもは，安心して，自分の本当の思いを語ることができるようになるのである。

（磯部美良）

アサーティヴ・コミュニケーション

アサーティヴとは強い自己主張の意であるが，ここでは自己も他者も尊重した主張として肯定的意味をもち，行動療法の分野などで唱えられていたアサーティヴな態度を前提としたコミュニケーションの在り方を示す。アサーション（Assertion），アサーティヴネス（Assertiveness）などの用語もある。フィッシャー（Fisher, J. E.）らが編集した2006年の心理療法のガイドブックの中で，ドックワース（Duckworth, M. P.）が，全ての人への敬意に重点を置いた相互交流により，個を大切にするコミュニケーションと定義されてきたと指摘している。もともと1958年にウォルピ（Wolpe, J.）が逆制止の一手段としてアサーティヴネスをトレーニングとして用いた背景がある。わが国において，自己も他者も大切にする自他尊重の観点から，この概念を踏まえたトレーニング法が紹介されることが多い。

（﨑山ゆかり）

ストローク

アメリカの精神科医バーン（Berne, E.）によって開発された交流分析で用いられる用語で，相手の存在を認める言動の全てを指す。ストロークの分類としては，「ポジティブなストローク（挨拶する，微笑むなど）」と「ネガティブなストローク（叱る，にらむなど）」，および「条件付きストローク」と「無条件ストローク」があり，いずれも，言語的，身体的，心理的なものがある。バーンによると，人は誰しも，ストロークがなくては生きていけないものであり，とりわけ，ポジティブな無条件ストローク（「あなたがいてくれるだけでうれしい」というストローク）を求めているという。また，ストロークを欲するあまり，ネガティブなストロークでもよいから得たいという「ストローク飢餓」の状態に陥ることさえある。例えば，子どもが生まれた家庭で，上の子が赤ちゃん返りをして親の注目を得ようとするのはこれにあたる。こうした「ストローク飢餓」に陥らないためにも，ポジティブなストロークを普段から互いに多くして，信頼関係を築いておくことが大切である。

（磯部美良）

アンガーマネジメント

怒り（アンガー）と上手に付き合うための心理教育のことである。怒りは他の感情と同じく，人間に備わったごく自然な感情であり，アンガーマネジメントでは，「怒ってもよい」とされる。大切なのは，怒る必要のあるものと，怒る必要のないものとを区別することであり（後悔するかどうかが判断の境界線となる），怒る必要があると判断できた場合には，自分も相手も大切にしつつ怒ればよいという。近年，アンガーマネジメントは，職場のパワーハラスメント対策としても注目されている。例えば，上司が部下を叱る際，怒りにまかせて攻撃的に叱ったり，皮肉を言ったりするのではなく，上司が

自分の怒りを上手に表現すること，すなわち，部下に「今後は〜すればよいのだ」と納得してもらったり，「私は〜してくれると嬉しい（"私は"メッセージ）」と伝えたりする。そうすることによって，職場の人間関係を壊すことなく，仕事の効率も向上させることができ，ひいてはパワーハラスメントの防止につながるのである。

【参考文献】安藤俊介（2017）『誰にでもできるアンガーマネジメント』ベストセラーズ。　　　　　　　　　　（磯部美良）

ストレスマネジメント

現代は，子どもから高齢者まで，何かとストレスを抱えている「ストレス社会」であり，生活の質（QOL）やメンタルヘルスの向上のためには，ストレスを正しく理解し，上手に付き合うこと，すなわちストレスマネジメントが大切である。こうしたなか，教育や産業場面などにおいて，ストレスマネジメントを指導する取り組みが盛んである。ストレスマネジメントの実践にあたっては，ラザルス（Lazarus, R. S.）とフォークマン（Folkman, S.）による心理学ストレスモデルなどの知識教育を通して，ストレッサーに直面してからストレス反応に至るまでのプロセスを十分に理解することが必須となる。また，そのうえで，自分の考え方や生活習慣，他者とのコミュニケーションの傾向を見直すとともに，リラクセーション法や呼吸法などの様々なストレスコーピングの方略を学ぶ。最終的には，ストレスのセルフケア（自己コントロール）を身につけ，ストレス耐性を高めることが目指される。　　　　　　　　　（磯部美良）

ストレスコーピング

ストレス解消（対処）法のことをいう。すなわち，ストレスと上手に付き合うための認知的，行動的な方略であり，ストレスマネジメントを行うにあたっての重要なポイントの一つとなる。ストレスコーピングには様々な方略があるが，代表的なものは，ラザルス（Lazarus, R. S.）とフォークマン（Folkman, S.）が提唱した「問題焦点型コーピング」と「情緒焦点型コーピング」である。前者はストレスの原因となっている問題（採用試験など）を直接的に解決しようとするもの（問題集を繰り返し解く，面接練習をするなど），後者はストレスによって引き起こされた不快な情動を調整しようとするもの（気晴らしにカラオケや買い物に出掛けるなど）である。一般的に，ストレスの低減には「問題焦点型コーピング」が有効とされるが，例えば「情動焦点型コーピング」として気晴らしを行い，不安などの不快な情動を調整した後に，「問題焦点型コーピング」として試験勉強に集中するなど，個人の特性や状況に合わせて，様々なコーピングを柔軟に使い分けることが大切である。　　　　　　　　　（磯部美良）

セックス／セクシュアリティ

セックスもセクシュアリティも「性」という一文字に凝縮されるが，意味には若干の違いがある。性，性別，性欲，性交などと幅広く訳されるセックスは，学術的には生殖機能に基づいた生物学的性のことであり，「身体的性」「からだの性」ともいわれる。生まれたときに医師などによる，内・外性器の視診や触診で割り当てられる性は，出生届の性別「戸籍性」となることがほとんどである。しかし，セックス（生物学的性）には，内・外性器の性だけでなく，遺伝子の性，性染色体の性，性腺の性，ホルモンの性，脳の性など，あらゆる構成要素が含まれることから，身体的特徴だけでは見分けられないとする見方が広まりつつある。一方のセクシュアリティは，セックス（生物学的性）やジェンダー（社会的・文化的性）の枠組みだけでは捉えられない，性に関わるすべての事象・現象を包括する概念である。近年は，セクシュアリティとい

うと性的指向を指すことが多くなっているが，広義には生物学的，心理学的，社会的，経済的，文化的，法律的，歴史的，宗教的など，様々な要因の複雑な相互作用に影響を受けた性にまつわる経験を指し，人々の性欲，性行動，性意識なども含まれる。性に関する用語や理解は時代とともに変化することから，性について正しい知識を得ようとすることは，自身を大切にし，また一人一人の違いを尊重することにつながる。　（中村明美）

ジェンダー

性差に関する知。従来，日本ではセックスは「生物学的な性」，ジェンダーは「社会的・文化的性」を意味すると捉えられてきた。この場合のジェンダーはそれぞれの社会や文化が求める，あるいは期待する男らしさ，女らしさを意味している。人は意識的・無意識的にかかわらず，その期待に応えるように子どもを育てたり，生活したりするといわれている。また社会や文化が人をつくり，人はそのようにつくられる自分を「自分」として認識する傾向がある。ジェンダーは男性と女性の関係性（支配・被支配，差別・被差別関係など）を表すときに使用されるなど，広い意味で使われている。

（西尾亜希子）

性自認（ジェンダーアイデンティティ）

出生時に割り当てられた「生物学的性」ではなく，その人が自分の性をどのように認識しているかを示す概念。「こころの性」などともいわれる。　（西尾亜希子）

性的指向（セクシュアルオリエンテーション）

人の恋愛感情や性的欲求がどのような対象に向かうのかを示す概念。異なる性に惹かれるストレート（異性愛），同じ性に惹かれるレズビアン，ゲイ，どの性にも性的欲求を抱かないアセクシュアルなどがある。「性的嗜好」や「性的志向」と書かない理由は，好きになる対象は，趣味や好み，あるいは意識的な志によって決まるものではなく，無意識のうちに，気がついたら好きになっており嗜好や意志とは関係なく，はじめからその方向を指しているという意味が強調されるからである。　（西尾亜希子）

インターセックス

今日では「DSD（性分化疾患）」のことであり，多くの疾患（体質）を含む総称。胎児期の性分化ステップに何らかのトラブルが生じ，生まれつき性染色体，性腺，内性器，外性器が非典型的な状態であることが多い。病気の発症は新生児期が多く，幼児期から発病し，中には二次性徴に他者との違いで自分で気がつくこともある。なお，インターセックス，仮性半陰陽，半陰陽（雌雄同体），性転換などの用語は蔑視的な意味合いから好ましくない。主な DSD には，ターナー症候群，クラインフェルター症候群，アンドロゲン不応症，先天性副腎皮質過形成症などが含まれる。多くの人は性自認がある。医療的なケアだけでなく，その人のライフコースに寄り添った包括的な支援が求められている。　（中村明美）

SOGI／LGBT

SOGI はソジやソギなどと読む。性的指向（SO：Sexual Orientation）と性自認（GI：Gender Identity）の頭文字から成る造語。近年は性の多様性を示す用語として LGBT や SOGI など，様々な言葉が使用されるようになっている。LGBT は Lesbian（レズビアン），Gay（ゲイ），Bisexual（バイセクシュアル），Transgender（トランスジェンダー）という４つの性別カテゴリーの頭文字をつなげたものである。これら以外にも Q（Questioning：クエスチョニング），I（Intersex：インターセックス），A（Asexual：アセクシュアル）などがあり，既存のカテゴリーには当てはまらない人たちが新たに定義することで頭文字が増え続けている。具体的には LGBTQ+ や LGBTQ s

などがある。SOGI は性的指向や性自認
などすべての人に関わる概念であること
から，セクシュアリティを包括的に議論
する用語として提唱されている。現在は，
性 表 現（Gender Expression）を 加 え た
SOGIE，性的特徴（Sexual Characteristics）
の意味を含めて SOGIESC といわれるこ
とも増えている。生きるうえでセクシュ
アリティは大切な一部分であるが，その
人のすべてではないので，用語として一
括りにするのではなく，すべての人が多
様で豊かな価値観を享受し合う社会を考
えていくことが必要である。　（中村明美）

トランスジェンダー／X ジェンダー

　セックス（生物学的な性）と性自認との間
に不一致があり，自分自身にとって心地
よい性別を手に入れたいと望んでいる人，
あるいは実際に何らかの方法でそれを手
に入れた人々の総称。トランスは「超え
る，逆側に行く」の意味。性別越境者と
もいわれる。なお，X ジェンダーは生物
学的な性にかかわらず，自分が女性でも
男性でもないという性自認であり，日本
独特の表現である。　　　　　（中村明美）

レズビアン

　女性同性愛者。性自認が女性で，性的
指向が女性の人。性的に女性に惹かれる
女性。　　　　　　　　　　（西尾亜希子）

ゲイ

　男性同性愛者。性自認が男性で，性的
指向が男性の人。性的に男性に惹かれる
男性。　　　　　　　　　　（西尾亜希子）

バイセクシュアル

　両性愛者，性的に女性と男性の両方に
惹かれる人。bi- は「2」「両」「重」を意
味する。「バイセクシュアル」を略して「バ
イ」とも呼ばれる。　　　　（西尾亜希子）

トランスセクシュアル

　トランスジェンダーであることなどを
理由に，ホルモン治療や外科的手術（性
別適合手術や性別再指定手術と呼ばれる）
により身体構造の変更を行ったり，その

過程にある人，あるいはそれを望む人。
　　　　　　　　　　　　　（西尾亜希子）

クエスチョニング

　性自認や性的指向が定まっておらず，
模索している人。意図的に定めていない
人もいる。　　　　　　　　（西尾亜希子）

クィア

　'queer' はもともと「風変わりな」「奇
妙な」「変な」などを意味する。ストレー
ト（異性愛）などにはまらない人たちを
蔑むことばとして用いられてきた。しか
し，現在ではそれらの型にはまらない当
事者の一部が自らを肯定的に，主体的に
呼ぶことばとして用いられている。
　　　　　　　　　　　　　（西尾亜希子）

アセクシュアル

　日本では他者に対して恋愛感情も性的
欲求も抱かない人と理解される傾向があ
るが，欧米では，他者に対して恋愛感情
を抱いたり，外見上惹かれたりすること
はあっても，性的欲求を抱かない人を意
味する傾向がある。'asexual' の 'a' を「エ
イ」と読んで「エイセクシュアル」とい
うことの方が一般的である。'a-' は，「非」
「無」を意味する接頭辞であり，'sexual'
は「性の」「性的な」を意味することから，
他者に対して恋愛感情も性的欲求も抱か
ない人と考えられる傾向があるが，欧米
での理解との違いに注意する必要がある。
　　　　　　　　　　　　　（西尾亜希子）

アライ

　LGBT などの人たちを理解し，支援す
る人たち。'ally' は動詞で「〜と同盟を結
ぶ」「〜と提携する」，名詞で「同盟者」
「盟友」「味方」などを意味することから，
LGBT などの人たちを理解し，支援した
り，そのような行為を通じて社会における
LGBT などの人たちに対する様々な抑圧
をやめさせようと考える人たちをいう。
　　　　　　　　　　　　　（西尾亜希子）

パンセクシュアル

　性別・性的指向に影響を受けないすべ

ての人に性的指向がある人のこと。'pan-'
は「全」「総」を意味する接頭辞であり，
'sexual' は「性の」「性的な」を意味する
ことから，全性愛を意味する。

（西尾亜希子）

シスジェンダー

　トランスジェンダー（transgender）の
対義語で，セックスと性自認が一致して
いる人のこと。シスジェンダーの「cis-」
は，英語で「こちら側の」を意味する接
頭辞であるのに対し，トランスジェン
ダーの「trans-」は「向こう側の（へ）」「超
えて」を意味する接頭辞である。

（西尾亜希子）

リスクコントロール

　リスクに影響を与える要素，条件，状
態（ハザードやペリル）を認識し，損失（ロ
ス）が発生する頻度や大きさを削減する
ための対応として事前に処置を行うこと
をいう。特にリスクによるロスの発生を
防ぎ，発生してしまった場合はロスの拡

大防止を指す場合が多く，事前処理と表
記されることもある。リスクが存在する
環境に影響してロス発生の可能性を高め
る状況をハザードといい，ハザードに影
響してロスを発生させる原因をペリルと
いう。例として，園庭遊具の本来登って
はいけない部分に子どもが登ることがで
きてしまう設計ミス（物的ハザード）と
子どもも危ないと認識しながら登ってし
まうこと（人的ハザード）が，転落事故（ペ
リル）につながり，子どもの骨折や脳挫
傷という怪我（ロス）の発生にならない
よう，リスクコントロールとして安全な
遊具への入替や子どもへの指導を行う。
防犯訓練や災害避難訓練，感染症予防の
手洗いや消毒もリスクコントロールの例
である。　　　　　　　　　（中尾賀要子）

リスクマネジメント

　一般的に危機（クライシス）を発生させ
ないように対処する活動の総称。リスク
とはある事態の発生する確率とその結果

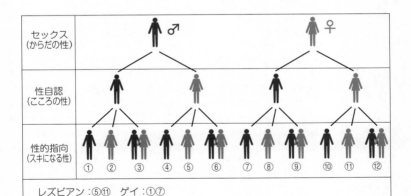

図　セクシュアリティーマップ

出典：電通ダイバーシティラボ（2019）「11 人に 1 人が LGBT 層──LGBT を取り巻く最新事情」。
注：詳細については，「電通ダイバーシティ・ラボが『LGBT 調査2018』を実施──LGBT 層に該
当する人は 8.9%，『LGBT』という言葉の浸透率は約7割に」を参照。なお，セクシュアリティ
は多様でありこの図の枠組みではすべてを示すことは難しい。

の組み合わせをいい，損失（ロス）及び得（ゲイン）を生じさせる可能性の両方を指すが，一般的にはロスに関する意味合いで使用されることが多い。リスクマネジメントは対象となる人物や組織を取り巻くリスクを網羅的に把握して，重要と思われるリスクに対策したり処理したりすることで，クライシス発生の回避や軽減を目的とする。リスクマネジメントには，リスクコントロールとリスクファイナンシングがあり，日本語で危機管理と表記される場合があるが，本来は危険管理の意味合いであり，重大局面や緊急事態が発生した事後管理という意味合いのクライシスマネジメントとは区別される。例えば職員の離職防止のために業務内容を見直したり声掛けを増やしてモチベーションを維持するなどは，労務的なリスクマネジメントである。（中尾賀要子）

リスクファイナンシング

　リスクによって発生した損失（ロス）や損害（ダメージ）を復旧するための費用を，事前に予測して用意して，金銭的な補償を行うことをいう。リスクファイナンシングには，リスクテイク（保有）とリスクトランスファー（移転）があるが，いずれにしてもリスク自体を変えることはできない。リスクテイクはリスクが潜在することを意識しながら対策を講じず，損失（ロス）が発生したときに自己負担する方法のことである。例えば保育計画や保育内容が，適切になされていない場合の子どもの怪我に対して，園が自己資金で子どもの治療費等を負担するといったことである。リスクトランスファーは保険や契約などにより，損失（ロス）が発生したときに第三者から補填を受ける方法であり，例えば保育活動中に子どもが怪我をしたときのために，予め契約していた保険会社に治療費等の支払いを委ねるといったことである。
（中尾賀要子）

クライシスマネジメント

　事件・事故や災害など，いつ，どこで，誰に起こり得るか予想することが困難な緊急事態（クライシス）が発生した場合，可能な限り適切かつ迅速に対処することで，平常状態へ復旧させるための対応。クライシスマネジメントは，安全性が脅かされた事態に対してとる対応であり，事態はリスクを上回るという意味でクライシスの方が重大性を帯びている。例えば午睡時に SIDS（乳幼児突然死症候群）が発生した場合，心肺蘇生などの救命処置，救急隊から医療機関への搬送，保護者連絡，警察や行政への対応，他の児童と保護者への対応など日常とは異なる体制や役割が必要となる。また事態収拾後には，通常生活の再開とともに再発防止の対策や心のケアなどを講じる必要も出てくる。近年は自然災害，不審者侵入，感染症，食中毒など現場に想定されるクライシスが増えており，発生後の被害を最小限に留める対応もクライシスマネジメントに求められている。
（中尾賀要子）

産後クライシス

　2012（平成24）年，日本放送協会の記者らが情報番組で作った造語。その意味としては，「出産後に夫婦間で起きるすれ違い」である。母親は，自身の体内に児を宿すことから生物学的かつ心理的に父親よりも早く親になるといわれている。このことから，お互いの理解が十分でない状態で，子育てが開始されやすい。そのため，お互いに不満が蓄積して衝突し，離婚にまで至ることがある。このような出産後早期の衝突を改善するために，出産前から子育てについて話し合い，お互いの理解を深めることが大切である。また，出産後の母親は，ホルモンバランスが変化して，授乳も加わることから睡眠や休養が取りにくい状況であり，父親の理解や手助けが重要である。母親自身も，

父親の立場を理解して関わることが産後クライシスを回避することにつながる。

（尾関唯未）

ハインリッヒの法則

一つの重大災害が生じる場合，29件の軽微な事故と，300件のヒヤッとしたり，ハッとするような事故に至らない出来事があるとする法則。法則名の由来は導き出したハインリッヒ（Heinrich, H. W.）による。1：29：300の比率は職種や職場の状況によって異なるが，重大災害の背景に様々な予兆があるとされ，交通事故，労災，製造などの作業現場のみならず，医療，介護，保育の現場の事故防止対策として活用される。軽微な事故を防ぐことで重大事故は発生せず，ヒヤリハットを防ぐことで軽微な事故は発生しないとされている。そのため日頃から軽微な事故，ヒヤリハット事例の収集を行い，事象を集団的，多角的に分析し対処法を確立させ，職場で共有することが災害の予防の基本とされている。

（藤野ゆき）

ヒヤリハット

大きな事故に至らなかったものの，ヒヤッとしたり，ハッとするような，場合によっては事故や怪我を生じたかもしれない出来事をいう。ヒヤリハットは結果として事故に至らなかったり，個人的な感情を含むものであることから，見過ごされたり軽視されることがある。しかし，ヒヤリハット事例を収集，分析することで，生じたかもしれない重大な事故を防ぐことができることから，ヒヤリハット活動として様々な現場で取り組まれている。保育所保育指針解説では，あと一歩で事故になるところだったという，ヒヤリ・ハッとした出来事（インシデント）を記録分析して，事故予防対策に活用することが望まれるとしており，保育中の事故防止や安全対策の有効な手段とされている。

（藤野ゆき）

インシデント／アクシデント

重大な事故や事件につながるような事態が発生した場合を「アクシデント」，実際には事故や事件には至らなかった場合のことを「インシデント」という。インシデントは，施設では，「ヒヤリハット」として報告書等が作成されている。実際に怪我等が起きればアクシデントとし，大きな怪我等の場合は「事故発生報告書」が作成される。怪我には至らなかったが，危なかった状況や人為的な対応不足による怪我等の状況につながる可能性があった場面はインシデントとなる。子どもの命を預かる現場では，アクシデントができる限り起きないように努めるため，インシデントは，職員間で共有し対策をとることが組織としてのリスクマネジメントにつながっている。

（明柴聰史）

誤飲

たばこやボタン電池など体内で吸収されず，摘出が必要な物を誤って飲みこむことをいう。誤飲物としては，衣類用洗剤，漂白剤，灯油，ガソリン，ホウ酸系殺虫剤，防虫剤，シャンプー・リンスなどもふくまれる。生後5か月を過ぎた乳児は，何でも口に持っていき唇や舌で確認するようになる。また，生後7〜10か月には，寝返りやはいはい，伝い歩きによる移動が可能となり，自ら移動して，手に触れるものを口に持っていき飲み込む事故が報告されている。家庭で可能な一時的処置としては，衣類用洗剤，漂白剤，シャンプー・リンスなどは，牛乳や卵白を飲ませて様子を見る。灯油やガソリンは，吐かせない。ホウ酸系殺虫剤などは，牛乳または水を飲ませて様子を見る。防虫剤は，水を飲ませて吐かせる（牛乳は禁忌）方法がある。家庭での一時的所置に加え，迅速に医療機関に連絡して，対応を確認し，受診することが必須である。

（尾関唯未）

誤　嚥

　食べたものは，口腔から，咽頭腔，食道を通過して胃へ送り込まれる。その食べたものが，何らかの理由で，誤って喉頭や気管に入ってしまった状態を誤嚥という。誤嚥は，食物の他に水分でも起こる場合がある。また，胃や食道から逆流した食物が気管に入ることによって起こることがある。

　誤嚥したものが，気管から肺に到達すると肺炎になることがあり，高齢者や抵抗力，体力の弱い人に起こりやすい。また，窒息によって死に至る場合もある。

　予防としては，体位を工夫する，一度にたくさんの量を口に入れない，水分を適時摂取するなど。またゼリー類は，十分に咀嚼しないと誤嚥しやすいため，注意する必要がある。　　　　　（尾関唯未）

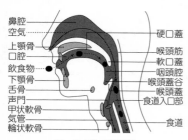

図　飲食物の通り道

参考：穴井めぐみ（2014）「嚥下障害」小田正枝
　　　編著『症状別看護過程　アセスメント・
　　　看護計画がわかる！』照林社。

窒　息

　顔にビニールが覆いかぶさったり，誤嚥によって，気管が閉塞され，呼吸が阻害されることによって起こる。呼吸が阻害されると，血液中にある酸素の濃度が低下し，その結果，脳や肺・胃などは，酸素欠乏になる。この酸素欠乏によって，意識が低下したり運動機能の働きに障害が起きることを窒息という。

　酸素濃度が，16％を下回ってくると頭痛や悪心，脈拍の増加などを生じる。12％あたりから，筋力が低下し，6％では呼吸停止を起こすといわれている。

　窒息が起こらないよう，室内環境を整備するとともに，呼吸状態がいつもと異なる場合は，即座に医療機関に連絡して指示を得ることが必須である。（尾関唯未）

応急処置

　負傷者がいる現場において，医療器具がまったくないか，最小限の状況で行う処置のことをいう。応急処置の内容としては，出血に対する止血，熱傷（やけど）時の冷却，捻挫・打撲に対する固定，凍傷（極度の寒冷で皮膚の血行不良をきたし，組織に損傷をきたす状態）に対する保温がある。止血法には，傷口を直接圧迫する直接圧迫止血法と出血部位に近い止血点を圧迫する間接圧迫止血法がある。止血の処置では，血液から感染する危険があり，手袋を装着するなど予防することが重要である。異物による窒息の場合は，腹部突き上げ方法（妊婦や乳児は使用不可），背部叩打法がある。熱傷時の冷却は，流水で痛みが緩和するまで続ける。氷または氷水で10分間以上冷却すると過度に体温を冷やすため避ける。低体温時は，毛布や衣服で覆い，それ以上の体温低下を防止する。必要時には「119番通報」を行う。いざの時に，応急処置や心肺蘇生方法などを知っておくことは，身近な命を守るために必要なことである。（尾関唯未）

死亡時画像診断（Ai）

　オートプシー・イメージング（Autopsy imaging：Ai）といわれる。遺体をCT・MRI装置を用いて撮影・読影し，体表ではわからない遺体内部の画像診断を行い，死亡原因の解明などに寄与する。虐待，小児に特有な病態の把握，診断されていなかった先天奇形の発見等が期待されている。厚生労働省「保健医療分野におけるAI活用推進懇談会報告書」（2017）では，小児の身体虐待事例の加害者の多くは保

護者であり，解剖に同意したり，外傷原因を医療者に申告することは考えにくいとある。そうした場合でも，Ai では頭蓋内血腫や骨折像の検出が可能であり虐待事例の見逃し防止効果の有用性が大きい。また家庭内事故を含めた不慮の死亡例に対しての死因究明も期待される。小児の死因究明は重要であるために，Ai から得られた情報は，解剖から得られた情報を含めて，遺族，医療・福祉関係者，警察，そして社会全体で共有することが重要である。

→児童虐待 24 43 （中村明美）

モンスターチルドレン

　学校や教師に対し，意図的に反抗し混乱を生み出す子どものことを意味する。この反抗は，癇癪を起こす感情的なものというよりむしろ，時に狡猾と思えるほど大人を追い込む罵声を含む発言などがみられる。和製英語のモンスターペアレントと同様に用いられることも多いが，俗語の側面が強く学術的な裏付けは不十分である。ドイツの医師ヴィンダーホフ（Winterhoff, M.）が 2008 年に記した著書『子どもたちはなぜ暴君になるのか』が 2009 年に日本語に翻訳出版された際，モンスターチルドレンというタイトルが用いられた。児童精神科医の立場から，臨床経験に基づいた親子の様子が描写されている。そこでは，学校や教師との関係性よりも，家庭での親子関係の対等化や親の態度が暴君を生む問題の起因となっていることが指摘されている。

（﨑山ゆかり）

モンスターペアレント

　教育現場において，担任や学校へ不当な要求をしつこく繰り返す保護者に対して，2007（平成 19）年 8 月に雑誌『教育ツーウェイ』で向山洋一が命名した和製英語とされる。学校に対する怒りに満ちた激烈なクレーム，自身の子ども本位の無理難題を要求することから，教員や学校側

がその対応に疲弊する状況を生み出す現実がある。こうした保護者の執拗な訴えに起因するトラブル対応で，疲弊しきった教師が自殺に至る事例もあり，苦悩する教師の増加が懸念される。その一方で，こうした理不尽なクレームに対し，具体的な対応方法の検討や，組織としての体制づくりだけでなく，到底受け入れられない訴えや怒り，そして「モンスター」と呼ばれるその攻撃性の背景にある，保護者の心情や状況について理解しようとする動きもある。 （﨑山ゆかり）

苦情対応・解決

　社会福祉法第 82 条の規定により，「社会福祉事業の経営者は，常に，その提供するサービスについて，利用者等からの苦情の適切な解決に努めなければならない」とされている。苦情への適切な対応は，密室化せず，社会性や客観性を確保し，一定のルールに沿った方法で解決を進めることにより，福祉サービスの検証・改善や利用者等の満足感の向上，虐待防止・権利擁護の取り組みの強化など，福祉サービスの質の向上に寄与するものでもある。こうした取り組みは，公共性と透明性を保つ福祉には必要な体制である。苦情解決の体制には，施設長，理事等を苦情解決責任者とし，利用者等が苦情の申出をしやすい環境を整えるため，職員の中から苦情受付担当者を任命する。さらに，苦情解決に社会性や客観性を確保し，利用者の立場や特性に配慮した適切な対応を推進するため，第三者委員が設置されている。

　苦情解決の手順として，パンフレットや入所の説明時などの機会に利用者への周知を行い，苦情解決責任者が，利用者等に対して，苦情解決責任者，苦情受付担当者及び第三者委員の氏名・連絡先や，匿名でも可能な意見箱などの苦情解決の仕組みについて知らせる。苦情は随時受け付け，第三者委員にも直接苦情を申し出ることができる。苦情を受け付け

た際は，報告・確認し，必要な対応を行い，苦情解決に向けて話し合う。そのことを記録し責任者や第三者委員へ報告する。そして，最後には，苦情内容とその解決結果を公表する。

　実際，苦情は，施設のサービス内容に不信感を持ったときや施設の対応に不満を感じたときに起こることが考えられる。苦情は最初の対応がとても重要となる。慎重かつ素早く，誠実に対応し，一部の職員だけで判断することなく，組織的に対応する視点ももたなければならない。保護者や利用者は，主観的で，ときに自己中心的な視点になり，職員は客観的で全体的な視点であるため食い違うことがあるが，まずは相談者のニーズをしっかりと受容し，最善の解決策を考えなければならない。　　　　　　　　　（明柴聡史）

毒　親

　もともとは1989年にカウンセラーのフォワード（Forward, S.）が著書の中で用いた「Toxic Parents（毒になる親）」という言葉で，子どもに様々な悪影響を及ぼす親を意味する。自己都合により子どもを支配し，親にとっての“いい子”で居続けることを強要する。子どもへの心身両面からの虐待として，残酷な言葉で子どもの心を傷つけ，暴力（ときには性的暴力を含む）で子どもの心身に激しいダメージを与える。こうした親の考えを正すことは難しく，常に自己中心的な考えに偏り，何事も親の都合が優先し，子どもはどんなときでも親の言うことに従う存在だという思考をもつ。こうした子どもを一方的に支配する親もまた，同じタイプの親に育てられた経験があるという指摘もあり，親子間での解決は困難である。第三者の介入による子どもの保護と同時に，親への心理的社会的アプローチからの支援が求められる。　（﨑山ゆかり）

ヘリコプターペアレント

　1990年にクライン（Cline, F. W.）とフェイ（Fay, J.）が共著で述べた子育てに関する著書で用いられた言葉。効果的でない子育てのスタイル（Ineffective Parenting Styles）の一形態と紹介され，その後アメリカを中心に広まっている。子どもを大切に思い，親の愛とは子どもの周りにいることと思い込み，ヘリコプターのホバリング（低空飛翔）のように，常に子どもの傍から離れられない親を意味する。その特性として極端な過干渉が挙げられる。具体的には，子どもにとって困ったことが起きた際，自分自身で考え自己解決の道を探る機会を与える暇なく，すぐに親が代わって解決する。こうした過保護や過干渉により，自らの失敗から学び成長する機会を奪われた子どもは，後の人生で避けられない困難な状況に，自らの力で対処できず，生き辛さを抱えることになるという指摘もある。　（﨑山ゆかり）

青少年保護育成条例

　各自治体がその地域の児童が安全かつ健全に成長できるように，議会において制定している法の形式のことである。青少年健全育成条例や青少年保護条例と呼ばれ，都道府県や市町村で正式名称が異なる場合がある。各地域の条例で内容に若干の違いがあるが，基本的には対象とする者の年齢（18歳未満の未婚者），有害図書の指定と区分陳列の義務化，有害玩具の指定，青少年の夜間外出禁止や映画館などへの深夜の出入り禁止，青少年に対する着用済下着の買受・売却受託・売却あっせんの禁止，淫行・わいせつ行為の禁止，テレフォンクラブ・特殊接客営業の従事に勧誘することの禁止，児童ポルノの要求禁止などを共通して定めている。　　　　　　　　　（中尾賀要子）

防犯訓練

　施設における防犯は，子どもの安全確保と職員の安全が最優先である。そのため防犯訓練は，不審者が施設に侵入してくることを想定し，また危害を加えられ

そうになったときに抵抗するための用品を設置し，実際に防犯を想定した訓練を行い，対策することが中心である。施設にある防犯用品としては，警察署とつながるホットラインや民間の警備会社とつながっているセキュリティシステム，不審者が侵入してきた際に間合いを取るさすまた，園外保育などでも携帯する防犯ブザーが準備されており，最近では，保育のICT化に伴い導入された防犯カメラも増えている。近年，山間部では熊や猿などの動物による危害も起こりうるため，市町村からの情報や地域との連携を密にし，子どもの安全を守る必要がある。
（明柴聰史）

不審者対策

不審者対策には，不審者・車両情報を市町村からだけでなく，保護者や地域住民から提供してもらえる関係づくりを行うことで危機管理を行う。また敷地内に不審者が侵入した際の対応について日頃から話し合い，対応マニュアルを作成するなど準備をしておく必要がある。不審者の侵入に対応する際，瞬時の判断が求められ，職員が動転することが少なくない。難しいだけでなく危険も伴うため，1人で対応せず，組織的な対応を行うことが重要である。

施設敷地内に入るための門扉の施錠，建物の施錠が重要である。実際に不審者が侵入してきた際のことを想定した訓練では，保育室にある机や棚などでバリケードを作り，不審者から子どもたちを守り，子どもたちが不審者を見て心理的な負担にならないように配慮する。できることなら，カメラや音声などの記録を残すことでその後の警察への情報提供につなげる。
（明柴聰史）

災害避難訓練

消防法第8条において，保育・幼児教育施設等は，消防計画の作成，消防設備の設置及び防火管理者の設置等を義務付けている。また，「児童福祉施設の設備及び運営に関する基準」第6条等は，消火器等の非常災害に必要な設備の設置等を定めている。避難及び消火に対する訓練は，少なくとも毎月1回は行わなければならない。近年，環境の変化により，いつ・どのくらいの規模の災害が起こるか想定できない。そこで，様々な可能性と最悪の場合を想定し，地震，火災，台風，水害，大気汚染時の避難訓練を行う必要がある。その際，地域や施設の立地特性によって，起こりうる災害の種類や危険度は異なる。災害の種類や危険な場所について，日頃から職員自ら足で歩き，交通量や道幅，落下や倒壊など避難の障害となる場所の確認等を行い，予測しておくこと，その情報を全職員で共有することが重要である。また，子どもたちには自助のための安全教育の基礎を培うようにすることが大切である。管轄する市町村，地域の消防等の機関や学校・施設，住民との連携は不可欠である。実際に緊急事態が発生した場合，マニュアル通りに行動できないこともあるため，定期的に防犯訓練の講習を受け，防犯対策に関する知識を身につけておくと安心である。
（明柴聰史）

見守り活動

地域において地方自治体と各関係機関（教育機関，警察，防犯協会など），地域住民（民生委員・児童委員，PTA，ボランティアなど）が連携協力して，住民の安全を見守る活動。1990年代後半に震災者の孤独死，児童・高齢者虐待などで注目された。以前から自然発生的な見守り活動が行われていたが，現在は社会的格差の拡大，家族形態の変化により対象は増加している。児童への活動は多種多様で，登下校時見守りや「子ども110番の家」設置等がある。日常活動で気軽に実施する「ながら見守り」として，見守り隊グッズの着用，公園清掃活動，挨拶運動など

がある。2005（平成17）年文部科学省は防犯専門家などをスクールガード・リーダーとし防犯対策を実施。2009（平成21）年学校保健安全法では学校の役割として児童の安全な生活環境の整備に努めることを示した。2018（平成30）年，道路上での身体犯の被害者（13歳未満）の被害時間は登校中に集中していることから，政府は「登下校防犯プラン」を策定した。社会全体で児童の安全を守るために，情報共有・伝達体制を整え，住民の防犯意識の向上に努め，発達段階に応じた児童への安全教育を実施することが重要である。　　　　　　　　　（中村明美）

ハザードマップ

　自然災害による危険予測・回避のため，被害の軽減や防災対策に使用する目的で，被災想定区域や避難場所・避難経路などの防災関係施設の位置などを表示した地図である。防災マップ，被害予測図，被害想定図，アボイド（回避）マップ，リスクマップ，福祉的な支援のニーズが必要な人に向けた福祉防災マップなどがある。

　各市町村では，大規模災害を想定したハザードマップの作成が義務付けられている。施設は，職員や保護者並びに地域がその内容を理解できるようにすること，また安全への意識啓発を行う必要がある。また，市町村の作成したハザードマップを基に，施設周辺の地域の土地の成り立ちや災害の素因となる地形・地盤の特徴，過去の災害履歴，避難場所・避難経路などの防災地理情報を参考にハザードマップを作成することが安全対策のため最善である。国土交通省は，ハザードマップをポータル化しホームページで提供しており，各市町村のハザードマップにリンクしている。　　　　　　　　（明柴聰史）

ストーカー

　同一の者に対してつきまとい等の行為を繰り返し行う者を指す。「ストーカー行為等の規制等に関する法律（ストーカー規制法）」では，恋愛感情等の好意の感情を抱いたものの，その感情が満たされなかったことから恨みなどの感情を充足させる目的で，同一の人物やその身近な人物に行うつきまとい等の行為を8つのパターンに類型化している（①つきまとい・待ち伏せ・押し掛け・うろつき等，②監視していると告げる行為，③面会や交際の要求，④乱暴な言動，⑤無言電話，連続した電話・ファクシミリ・電子メール・SNS等，⑥汚物等の送付，⑦名誉を傷つける，⑧性的しゅう恥心の侵害）。①から④および⑤の無言電話，連続した電話・ファクシミリ・電子メールによって，身体の安全，住居などの平穏，もしくは名誉が害され，または行動の自由が著しく害される可能性に不安を覚えさせるような方法によって行われる行為をストーカー行為としている。

→ストーカー行為等の規制等に関する法律（ストーカー規制法）[37]　（中尾賀要子）

ペドフィリア

　小児性愛といわれ，精神疾患におけるパラフィリア障害群（Paraphilic Disorders）の性嗜好異常の小児性愛障害（Pedophilic Disorder）を意味する。通常13歳以下の子どもとの性行為でなければ，性的満足が得られないとされている。精神疾患の分類と診断の手引書であるDSM-5では，少なくとも6か月間子どもへの強烈な性的興奮の空想，衝動，行動の反復が診断基準となっている。衝動が抑えきれずに行動に移すことで，被害者となる子どもが生涯にわたる大きな心身の傷を受けてしまう。こうした性的傾向は，行動の反復つまり再犯が多いとされている。こうした被害を受ける子どもをなくすためにも，犯罪行為に対する法的処罰とともに，犯罪加害者への専門治療が不可欠であり，一部の機関だけでなくわが国全体での専門治療の体制確立が必要である。　　（﨑山ゆかり）

49　子ども家庭福祉の援助方法

直接援助技術

ソーシャルワーク（社会福祉援助技術）体系のうち，来談者（クライエント）との直接的関係の中において行う援助のことを指す。これには，個別援助技術（ケースワーク）と集団援助技術（グループワーク）の2つの方法がある。個別援助技術は，個人や家族など個々の対象に主として面接を通して働きかけ，社会生活を送るうえで解決すべき課題を明確にし，その課題に対する来談者自身の対応力を高め，問題解決を図っていく。集団援助技術は，小集団を対象とし，グループによるプログラム活動を通じ，集団力動を活用しつつ集団の個々のメンバーの成長や発達を促していくものである。地域や組織に働きかける地域援助技術（コミュニティワーク）や社会調査法などの間接援助技術に対して，直接援助技術と呼ばれる。1990年代以降に確立したジェネラリストソーシャルワークはこれらを融合する形で展開されている。　　　　　　　　　　　（久保樹里）

間接援助技術

援助技術体系のうち，利用者個人への直接的な働きかけは必ずしも行わないものの，個人を取り巻く環境の改善などを通して間接的に働きかける援助技術を指す。これには社会福祉調査法（ソーシャルワーク・リサーチ），地域援助技術（コミュニティワーク），社会活動法（ソーシャルアクション），社会福祉計画法（ソーシャルプランニング），社会福祉運営管理（ソーシャルアドミニストレーション）がある。社会問題を把握し，地域住民や当事者・支援機関を組織化し，社会福祉課題に関する国民・行政・政治に対する啓発や要請行動を展開し，社会福祉体制の計画的な整備を進め，その社会福祉法制度やサービスの適切な運用や施設・事業などの運営を行うことは，ケースワーク（個別援助技術）とグループワーク（集団援助技術）が利用者と支援者との直接的対面関係の中で展開される（直接援助技術という）ことと比較して間接的ではあるが，社会福祉の重要な援助技術といえる。
　　　　　　　　　　　　　　（寺田千栄子）

関連援助技術

社会福祉援助技術は，直接援助技術，間接援助技術，そして関連援助技術に分類される。直接援助技術は，ケースワーク（個別援助技術），グループワーク（集団援助技術）がある。間接援助技術は，コミュニティワーク（地域援助技術），ソーシャルアクション（社会活動）等がある。関連援助技術は，直接援助技術，間接援助技術に関連し，それらを補完するものであり，①ネットワーク，②ケアマネジメント，③スーパーヴィジョン，④カウンセリング，⑤コンサルテーションがある。①ネットワークは，援助における組織間，あるいは人の間の関係とこれらが協働して行う支援のことである。②ケアマネジメントは，利用者のニーズに合わせた支援を受けられるよう調整することである。③スーパーヴィジョンは，ソーシャルワーカーに対する専門職養成，訓練の過程のことである。④カウンセリングは，利用者への相談・面接によって心

理的な支援をすることである。⑤コンサルテーションは，ソーシャルワーカーが専門家から専門的な助言を得ることである。
（三輪清子）

ソーシャルワーク

　課題や困難を抱えるクライエント（サービス利用者）に対し，様々な社会資源を組み合わせて活用することにより，そのニーズを充足し自己実現を図り，社会環境の改善につなげる専門技術と実践的学問体系を指す。19世紀のイギリス，アメリカにおける慈善活動の中から発展し，リッチモンド（Richmond, M.）の著書『社会診断（*Social Diagnosis*）』（1917）によって理論的に整理された後，隣接科学からの影響や社会的背景を経て多様な理論モデルを発展させ今日に至っている。ソーシャルワークは，人間としての尊厳を重視するという価値観に基づき，クライエントの心理社会的問題への支援，環境との関係調整，生活問題発生につながる社会環境に働きかけ，クライエントやその環境の可能性を大切にした総合的な働きかけを行う。その実践方法は，「ソーシャルケースワーク」「ソーシャルグループワーク」といった直接援助技術，「コミュニティオーガニセーション」「ソーシャルアドミニストレーション」などの間接援助技術，「ケアマネジメント」「スーパーヴィジョン」などの関連援助技術からなるが，今日ではこれら技術体系の統合化が志向されている。　（中島健一朗）

ケースワーク

　社会福祉援助技術体系の一つであり，個人あるいはその家族などを対象として個別に行われる支援を指し，「個別援助技術」とも呼ばれる。生活問題は，個人の要因だけでなく個人を取り巻く環境との相互作用に焦点を当てて理解する必要がある。COS（慈善組織協会）の活動を通してケースワークを体系化したリッチモンド（Richmond, M. E.）は，「人間と社会環境との間を個別に，意識的に調整することを通してパーソナリティを発達させる諸過程から成り立っている」（リッチモンド，1991）としており，当時の重要課題であった貧困問題について，労働環境や生活環境が個人の生活に及ぼす影響に着目し，個別の支援と並行して，貧困を生じさせる社会構造への働きかけ（ソーシャルワーク）の必要性を指摘した。【引用文献】リッチモンド，M. E.／小松源助訳（1991）『ソーシャル・ケース・ワークとは何か』中央法規出版。（寺田千栄子）

グループワーク

　社会福祉援助技術体系の一つであり，人間の発達過程において重要な意味をもつ集団体験を意識的に活用して，個人が社会の中で機能する力を高め，個人，集団，地域社会の諸問題により効果的に対処できるよう人々を支援することを指し，「集団援助技術」とも呼ばれる。ここでいうグループとは，ただ人が集まっている状態をいうのではなく，直接的な対面関係にあるメンバー同士が個人的印象や知覚をもち影響し合う，相互作用（グループダイナミックス：集団力動）が生じている状態をいう。グループワークはその目的や参加者の特性などによって多様な活動内容や方法がみられるが，その基本的な展開過程は準備期，開始期，作業期，終結期に整理され，支援者（グループワーカーやファシリテーター：促進者などと表現される）には各段階において生じる課題への対応が求められる。　（寺田千栄子）

ケアワーク

　心身の機能が十分に発揮できない高齢者，障害者，乳幼児などに対して行われる，日常生活上の世話や発達を促す関わりの総称である。保育領域でのケアワークとしては，保育所における，主に乳幼児を対象とした養護と教育を一体とした児童の発達を促すための働きかけのほか，児童養護施設などの生活施設における，年

齢や発達段階に応じた日常生活場面の支援（世話）などがある。日常的なケアワークは，安定し安全な生活の基盤となり，周囲との信頼関係と子どもの自発性の土台を形成するうえで極めて重要な意味をもつ。

なお，ケアワークとソーシャルワークの関係については，「ケアワークはソーシャルワークの一部であり，保育所等に勤務する保育士はケアワークを中心的に行っている」とする考え方（包含関係論）や，ケアワークとソーシャルワークは異なる2つの学問であり，保育所保育士はケアワーク業務が大部分を占め，児童養護施設などの施設保育士はケアワークとソーシャルワーク2つの機能を担っているとする捉え方がある。　（中島健一朗）

コミュニティワーク

地域社会において住民に共通する生活課題に対して，住民主体の原則に基づき，組織的・協働的に解決できるように働きかける援助技術。ケースワークやグループワークとともにソーシャルワークの主要な援助技術に位置づけられる。イギリスの慈善組織協会（COS）やセツルメント運動などを源流とするコミュニティ・ディベロップメントや，アメリカで発展したコミュニティ・オーガナイゼーションを包含する援助技術として捉えるのが一般的である。一般的に，次のような段階を経て実施される。①問題の把握：住民の生活課題や福祉ニーズの把握，②計画の策定：課題解決への目標・方法の設定と実施体制などの計画，③計画の実施：住民参加や社会資源の活用・開発を促しながら計画の実行，④評価：目標の達成度や活動成果の測定・評価，次の目標の設定。この過程では，地域住民の組織化，住民の福祉活動への参加促進，地域の福祉関係機関・団体などの連携を高めるなど，地域における社会資源を整備することが重要である。それを通して，住民を主体とした本来地域がもつ力を高め，住民にとってより住みやすい地域社会を創造していくことにつながる。（田中弘美）

コミュニティ・オーガナイゼーション

コミュニティ・オーガナイゼーション（community organization）は，ケースワークやグループワークとならんで，基本的なソーシャルワークの援助技術の一つとして，1930〜1940年代のアメリカで体系化された。日本では，1980年代以降，イギリスで発展したコミュニティワークと一括して捉えられ，主に地域を対象とした社会福祉の間接援助技術の一つに位置づけられており，社会福祉協議会の実践の理論的基盤にもなっている。理論的な面での変遷をみると，1939年にレイン（Lane, R.）を委員長として開催された全米社会事業会議で提出されたレイン報告において「ニード・資源調整説」，1947年のニューステッター（Newstetter, W.）による「インターグループワーク説」，1955年のロス（Ross, M. G.）による「地域組織化説」など様々な定義が提唱されてきた。（田中弘美）

コンセンサス・オーガナイジング

コンセンサス・オーガナイジング（consensus organizing）は，コンフリクト・オーガナイジングなどとならんで，コミュニティ・オーガナイゼーションの重要な手法の一つである。コンフリクト・オーガナイジングが特定の対象に対して敵対関係をとり，抗議や要求といった圧力をかけることを通して制度・サービスの改善や創設を勝ち取るのに対し，コンセンサス・オーガナイジングは敵対関係をとらないことに特徴がある。住民の個別的な福祉ニーズを地域全体の問題として捉え直し，共通する目標や相互に利益となるような制度・サービスの改善・創設を模索する。そのため，コンフリクト・オーガナイジングは，ソーシャル・アクションという実践と親和的であり，他方，

コンセンサス・オーガナイジングは，ソーシャル・プランニングやコミュニティ・ディベロップメントという実践と親和的であるといわれる。　　　　　　（田中弘美）

コミュニティ・ビルディング

コミュニティ・ビルディング（community building）は，1970年代以降にアメリカで広まったアプローチで，同じ地域に住む人々や，共通の目的をもつ人々の協働を促進するプロセスのことを指す。コミュニティ・ビルディングという考え方は，パットナム（Putnam, R.）などによるソーシャル・キャピタル研究の影響を受けているといわれる。つまり，現代では個人主義が進んだ結果，地域における住民同士のつながりが希薄になり，そのようなコミュニティでサービスのみを提供してもコミュニティの振興は期待できない。そのため，意図的にソーシャル・キャピタルを醸成する必要があるという議論から，コミュニティ・ビルディングという手法が注目されるようになった。このプロセスを通して家族を強めること，住民を地域の様々な組織に参加させることによって，信頼や人々のつながりを形成・回復することを目指す実践である。
　　　　　　（田中弘美）

コミュニティ・ディベロップメント

コミュニティ・ディベロップメント（community development）は，社会問題を解決するためのアプローチの一つ。住民が，地域の問題やニーズを自ら明らかにし，解決できるように，地域における資源の開発・発展を側面から援助する活動を指す。地域における社会問題を持続的に解決していくためには，住民が課題発見から解決策の策定・実施まであらゆるプロセスに主体的に参加し，組織をつくったり資源を開発したりする活動を通じて，地域全体の問題解決能力を高めていくことが重要である。そのように，地域住民を主体として地域を開発していく

ことによって，地域に存在する問題やニーズに対応することが可能になるだけでなく，地域における住民同士および福祉関係機関の連携・協働を促し，問題を解決していくための「住民力」や「地域力」といった，住民や地域が本来もつ力自体を蓄えていくことが期待される。
　　　　　　（田中弘美）

ソーシャルワーク・リサーチ

ソーシャルワーク・リサーチ（social work research）は，社会福祉調査ともいわれ，社会福祉に関する問題やニーズを把握したり，その問題やニーズに対する有効な解決方法を検討したりすることを目的として実施する調査を指す。また近年では，提供される社会福祉サービスの内容やソーシャルワーク実践の成果を評価するためのエビデンス（根拠）を得る方法としても実施される。本格的なソーシャルワーク・リサーチは，19世紀後半から20世紀初頭のイギリスで実施され，最も代表的なものが，ブース（Booth, C.）による「ロンドン調査」や，ラウントリー（Rowntree, B. S.）による「ヨーク調査」などの貧困調査である。ソーシャルワーク・リサーチは，社会調査の理論と手法を活用するが，調査の目的として，社会福祉の諸問題の実態を明らかにする，そしてそれらに対して最善のサービスや政策を実施することで問題解決に導こうとする，そのような実践的な価値志向を基盤にもつ点において社会調査とは異なる。
　　　　　　（田中弘美）

ネットワーキング

多様で複雑なニーズを抱える対象者の課題に対応するために，個人や集団，機関がネットワークを形成していく過程を指す。ネットワーキングには専門職間，セルフヘルプグループなどの当事者間，地域を対象とするものなどがある。例えば要保護児童対策地域協議会における対象児童と家族を支えるために様々な機関

が連携体制づくりや要介護高齢者や障害者の地域生活を支えるために行う地域の支援機関のネットワークづくりなどがある。ネットワーキングを進めるうえで大切なのは，ネットワークを構成する各々が目的を共有化し，自分の組織と連携する組織への理解を深め，調整を図りながら自らの役割を果たすことである。既存の組織の枠組みを超えて，個々の違いを認めつつ，平等につながることで，援助の幅や可能性を増すことが期待できる。

（久保樹里）

ソーシャルサポートネットワーク

ソーシャルサポートネットワーク（social support network）は，対象者の地域生活を支えるために個々の生活状況や問題に応じて，公的機関・民間機関による制度の中の措置や契約に基づいて提供するサービスや支援である公式な支援（フォーマルサポート）と家族や友人，近隣住民，ボランティアなどによって行われる非公式な支援（インフォーマルサポート）の両者を組み入れたまとまりとしての支援の総体を指す。ソーシャルサポートとは，社会における人とのつながりの中でもたらされる有益な精神的あるいは物質的な支援である。専門的で継続性があるが，画一的で柔軟性に欠けるフォーマルサポートと，専門性や継続性には欠けるが，個人間のつながりの情緒的な温かさ，個別事情に合わせた支援が可能なインフォーマルサポートはどちらも必要であり，両者を対象者のニードに沿って組み合わせていくことが重要である。

（久保樹里）

ソーシャル・アクション

当事者や地域住民のニーズに応えて，既存の社会福祉制度やサービスの改善，新たな制度やサービスの創設を促す援助技術ないし活動実践。政策的・社会的な福祉問題の解決を目指して，社会福祉関係者の組織化，世論の喚起などを通して組織的・集団的行動を展開し，議会や行政機関に働きかける。19世紀後半のアメリカの社会改良運動を源流とし，1950～1960年代の公民権運動・福祉権運動の中で重視された。日本では，戦前に方面委員が中心となって展開した救護法制定・実施運動，1960年代に全国的に展開した保育所増設運動などが代表的である。近年，障がい者によるアクセス権保障運動やハンセン病元患者を中心とした権利回復運動など，当事者を中心に組織的活動を展開する形態が増えている。ソーシャル・アクションには福祉ニーズの充足だけでなく，これまで社会的発言力が弱いとされてきた当事者が権利主体として捉え直され，政策形成過程などにも積極的に参加していく目標や意義もあるといえる。なお，これは人権や社会正義などソーシャルワークの価値と倫理を基盤に展開される運動・活動であり，社会・政治体制の変革などを求める社会運動や政治的運動とは異なる。

（田中弘美）

ソーシャル・プランニング

ソーシャル・プランニング（social planning）は，ソーシャルワーク実践の一方法で，間接援助技術の一つに位置づけられる。従来の行政の役割としては，経済計画やその合理的実施を中心に行われてきた。しかし，その弊害が指摘されるとともに，経済計画とは別に，地域の住民や地域全体の福祉を向上させていくための計画の必要性が認識されるようになった。2000（平成12）年に成立した地域福祉法では，地方自治体による地域福祉の計画的な実現を促進することを目的として，市町村に地域福祉計画を，都道府県に市町村の地域福祉を支援する地域福祉支援計画が求められるようになった。現代において地域の社会福祉ニーズはますます多様化しており，そうした複雑なニーズや生活課題の把握を踏まえて，地域の将来ビジョンを明確にし，到達目標

を設定し，それを達成するための社会資源の確保など，計画的に着実に実施していくことが重要視されている。（田中弘美）

ソーシャル・アドミニストレーション

　ソーシャル・アドミニストレーション（social administration）は，社会的ニーズを充足していくための保健医療・所得・教育・住宅・福祉サービスなどの保障という社会福祉の計画と展開を含めた制度の運営管理のことをいう。1920年代からイギリスで研究が開始され，1950年代には福祉国家体制の確立により，社会福祉を含めた社会政策全般について本格的な研究が進展した。この研究を主導したティトマス（Titmuss, R.）は，ソーシャル・アドミニストレーションを「基本的には一連の社会的ニーズの研究と，欠乏状態のなかでこれらのニーズに対応するための組織（それを伝統的には社会的諸サービスや社会福祉と呼んでいる）がもつ機能の研究」と定義している。イギリスでは，1970年代頃から「ソーシャル・アドミニストレーション」という語に代わって「ソーシャル・ポリシー」という語が用いられるようになり，現在では日本でも包括的に「ソーシャル・ポリシー（社会政策）」として捉えられている。

（田中弘美）

ケアマネジメント

　利用者のニーズに基づいて，複数のサービスを一貫性，継続性をもって効果的に提供するために用いられる支援方法をいう。わが国では，2000（平成12）年に介護保険制度におけるサービス提供システムとして導入されたことを機に一般化したが，源流は欧米の地域精神保健活動にあり，当事者のニーズ把握をしたうえで多様な地域資源の最適なマッチングと継続的なマネジメントにより精神障害者の脱施設化推進に貢献するなど，介護保険制度に限定された方策ではないことには注意が必要である。サービスが単一事業者からパッケージとして提供される入院や施設入所と異なり，在宅ケアにおいては介護や生活を支えるための複数の，また別組織にまたがる多様なサービスを，利用者個々のニーズに応じて組み合わせて提供する必要がある。そのため，利用者とサービス提供者をつなぎ調整しながら，一貫した継続的関わりを行う機能が求められている。　　　　　　　（松宮透髙）

インテーク

　相談援助における初回（状況によっては支援の受理を決定するまでの複数回の面接となることもある）面接を指す。受理面接ともいう。インテークでは，①相談者の話を傾聴し主訴とニーズを把握すること，②相談者の主訴やニーズに対して，インテーカー（面談を担当する者）が所属する機関の提供しうるサービス内容を説明すること，③インテーカーの役割を伝え支援を活用する意思を確認するなど支援活用に関する共通理解をもつことを目的とする。また，この過程を通して，来談に至るまでの経緯や心情を把握しておくことは，来談者の置かれた社会的背景，特性，能力，これまでに活用した社会資源などを理解することに役立つ。さらに，この段階で信頼関係を形成しておくことは，来談者が率直に意思表示し主体的に支援を活用することの基盤となる。この段階で，対応した相談機関の機能を越えていたり明らかに他の機関への相談をする方が適切であると判断されたりした場合は，アセスメントに進まず，来談者に他機関への相談を提案し，希望した場合は実際にその機関への紹介を行う必要がある。これをリファー（送致）という。

（寺田千栄子）

アセスメント

　支援過程における，介入前の状況を明確にする「査定」や「事前評価」の段階をいう。インテーク（受理面接）のうえで，継続して支援を活用する意思確認が

でき，その妥当性があると判断された場合は，この段階に進む。ここでは，利用者の社会生活上の課題やニーズを明らかにするために利用者を取り巻く状況を詳しく理解し，総合的・多面的に問題を捉えて評価する。そのうえで，問題解決の実現性や結果予測を行い，支援の方向性を定める。

　具体的には，面談や観察などの方法により，対象者の身体的状況・社会的状況・精神的状況，対象者が抱える問題状況，対象者をめぐる環境などについての情報の収集を行う。そして，収集した情報をもとに問題や問題状況における様々な相互作用や因果関係を含めた問題状況の全体像や構造を整理し，利用者のニーズに沿った問題解決の方向性を見出すプロセスをいう。　　　　　　（寺田千栄子）

インフォームド・コンセント

　利用者が，支援者から支援の内容や方策について十分な説明を受けたうえで，自ら納得してその支援の活用を承諾することをいう。一般に「説明と同意」と訳されることも多く，医師などの支援者が主語と誤解されやすいが，利用者を主体として理解する必要がある。ここでいう「説明」には，支援がもたらすと想定されるメリットのみならず，心身および経済的な負担をはじめデメリットや危険性などに関する具体的な情報も含まれる。また，専門的で難解になりがちな情報であっても，利用者が十分に理解できるよう工夫して伝えられている必要もある。さらに，その支援の利用の可否を利用者自身が安心して判断して表明するには，不利益なく利用を断ることができるような支援者や支援機関との信頼関係が，基盤に必要となる。それだけに，理解力や意思表示力が十分発揮できない人に対しては，説明や同意を確認することに際して，慎重で丁寧な対応が求められる。　　　　　　　　　　　　　　（松宮透髙）

インフォームド・チョイス

　十分な情報を提供され，十分な理解が測られたうえで，どのような治療，あるいは検査を受けるのかを患者自身で決定するという，患者の権利の尊重を背景とし，主に医療分野において発展してきたものである。近年では，ソーシャルワークの分野においても用いられるようになってきている。ソーシャルワーカーは，利用者が受けられる支援について十分な情報提供を行い，十分に理解してもらうことが必要である。そのうえで，利用者本人が，ソーシャルワーカーが提示した支援を受けるか否かを決定する。あるいは，利用者自身が，複数の支援計画の中から自分が受けたい支援を選択する。インフォームド・チョイスは，インフォームド・コンセントに利用者自身の意志によって選択するということが加わったものである。　　　　　　　　　　　（三輪清子）

インターベンション

　介入と訳される。インターベンションは，ソーシャルワークの一連の援助過程の中程の段階に位置する。アセスメントによってたてられた計画（プランニング）に基づき，実際に援助を実施する段階のことである。介入というと強制的・強権的な介入を想起させるかもしれない。しかし，ソーシャルワークにおけるインターベンションが意味するものはそれとは異なり，利用者の置かれている環境に変化を起こすために，ソーシャルワーカーが働きかけることをいう。そのためには，利用者個人に介入するのみならず，利用者個人とそのおかれた環境，つまり家族，組織，地域，社会，国に働きかける。さらに，利用者個人と環境の関係性へ働きかけることで，課題の解決に向けて変化を促すものである。　　（三輪清子）

モニタリング

　相談援助の展開過程のうち，支援の実施状況や効果などを継続的に確認するこ

とを指す。そのため「中間評価」とも呼ばれる。アセスメント（初期評価）に沿ってプランニング（支援のための社会資源の活用計画）された支援計画が実施（インターベンション）されれば支援が完結するわけではなく，日々流動する利用者の生活課題に対応するには継続的な確認と柔軟な見直しが欠かせない。そこで，支援計画に沿って適切な支援が実施されているか，掲げた目標の達成に近づいているか，対象者や家族の生活に変化や新たな課題が生じていないか，利用者は支援に満足しているか，などを関係者からの情報や直接的な確認を通して継続的に把握する。そこで発見された変化や課題は，再アセスメントと支援計画の見直しへとつなぎ，そのうえで支援そのものの見直しに反映される。　　　　　（寺田千栄子）

ターミネーション

　支援の展開過程における，終結に向けた準備段階とその際の支援をいう。支援過程は，利用者（個人，集団，地域）にとって，それ自体が生活や人生に重要な意味をもっている場合も少なくない。支援の終結は，支援者やともに課題に取り組んできたメンバーとの別れも意味するため，寂しさや自力で問題に対処することへの不安感が刺激されがちでもある。そこで，支援経過を利用者と支援者がともに振り返り，その意義や効果を肯定的に評価するとともに，支援終了後に発生が想定される危機とそれへの対処方法をあらかじめ想定して確認しておくことで，支援終結への不安を軽減し，終結後の生活に対する肯定的で積極的な姿勢をもてるよう支援する必要がある。このように，支援終結に伴う喪失感や不安感を軽減しつつ，次の段階への移行に向けて安心して取り組めるように支援することが，ターミネーションにおける支援課題となる。
　　　　　（松宮透髙）

エヴァリュエーション

　アセスメントが事前評価であるのに対し，エヴァリュエーションは，「事後評価」のことである。一連のソーシャルワークの援助過程が終結を迎える前に，支援の終結を迎えるか否かを決定する重要な評価を行う。具体的には，支援計画が十分実施されたか，支援によって利用者の環境が変化したか否か，どのように目標を達成したのか，どのような社会資源をどのように活用したのかなど，これまで行ってきた支援の効果・効率・改善点などについて測定・評価し，援助の終結を決定する。重要な点としては，ソーシャルワーカーだけではなく，利用者とともに評価を行うことである。評価の結果によっては，再び支援を展開することもあるが，利用者にとっては，自らの取り組みを振り返り確認する意味がある。また，ソーシャルワーカーにとっては，アセスメントが的確に行えていたか，支援計画が適切であったか，実際に行った支援が妥当であったかなど自らの支援を振り返り評価することにつながる。　　（三輪清子）

フォローアップ

　一度実施したことについて，効果を確認したり強化したりするために，もう一度行うこと，また，その後の進展などを継続的に調査することを指す。ソーシャルワークにおいては，アセスメントから始まり，プランニング，インターベンションなどを経て，利用者のためにたてた計画とその実践をモニタリングすることが必要になる。モニタリングにおいては，定期的にするものと，利用者や利用者の置かれた環境の変化によって必要となるものがある。モニタリングによって，提供されるサービスが利用者の現在の状況や変化に対応していないことが認識された場合には，もう一度アセスメントを行い，計画を修正して，サービスが利用者の状況に応じたものになるようにする

必要があり，それをフォローアップと呼ぶ。　　　　　　　　　（三輪清子）

カウンセリング

　来談者（クライエント）の悩みや心配事などの相談に応じ，傾聴することによってクライエントが安心して語りそこから問題とその構造を整理することを助け，必要な助言や支持によって問題への対処を支援することをいう。面接によって展開される点は似ているが，一般に，精神科医などが行う精神病理への治療的アプローチは精神療法，生活支援や環境調整により生活問題の具体的な軽減を図る支援はケースワークという。カウンセリングは，主に心理的な問題への支援を指して用いられ，臨床心理士などの心理専門職がその支援を担う。ただし今日では，心理的な問題に限らず，教育的，開発的な機能も重視されるようになっており，利用者の相談に応じ対処方法を提示するという支援形態全般を指してカウンセリングという表現が用いられる（結婚カウンセリング，美容カウンセリングなど）ことも増えつつある。　　（松宮透髙）

バイステックの7原則

　バイステック（Biestek, F. P.）が主著『ケースワークの原則』（1957）において提示した，対人援助における7つの基本原則をいう。原題である *The Casework Relationship* が示す通り，支援関係の形成において重視すべき視点や姿勢を端的にまとめたものである。具体的には，クライエントを集団や属性で捉えることなく特別な1人の存在として認め向き合う①「個別化」，クライエントが自身の感情を自由に表現することを認め促す②「意図的な感情表出」，クライエントが表出した感情に対して，支援者が自身の情緒を自覚して適切にコントロールしつつ，適切に対応する③「統制された情緒的関与」，クライエントの価値観や思いをあるがまま受け容れる④「受容」，クライ

エントの発言や考え方を支援者の価値基準に基づいて一方的に判断や批評しない⑤「非審判的態度」，クライエントの意思を最大限尊重し，支援内容や方向性についてクライエントが自ら決定することを支援する⑥「利用者の自己決定」，職務上知り得た秘密について，クライエントの同意なく他者への提供や漏洩をしない⑦「秘密保持」の7つからなる。
→バイステック 36　　　（中島健一朗）

受 容

　一般的に「意見や考えを認める，受け入れる」ことを指し，特にソーシャルワークや心理学など対人援助の分野においては，クライエントをはじめとする相手の言動や性格，考え方などを含め，その"ありのまま"を批判や評価なく受け止め，認めること（無条件の肯定的関心）をいう。ただし，クライエントの要求を無条件に容認することを意味するのではなく，支援者側の価値観や基準だけでクライエントを評価することなく，「その人個人が，そのようにある」ことを受け容れ，受け止めることを指している。特に，クライエントの要求がその不利益につながる場合や公共の福祉に反する場合などにおいては，思いを受け止めつつ，クライエントが適切に判断できるよう支援する必要がある。保育をはじめ子どもとの関わりにおいても，時に子どもの意に反した対応を取らざるを得ない状況が生じることがある。そうした場合でも，子どもの立場と意見をしっかりと聴いて尊重し，発言の背景にある真意や表明されなかった"声なき声"にも耳を傾けることで，「受容された」と実感できるような支援が求められる。　　　　　　（中島健一朗）

傾 聴

　支援者がクライエントの言葉や態度に耳を傾け，その思いや考えを積極的に理解しようとする姿勢ならびにその行為を指す。一般的に，「聞く」は音声が耳に

入るという受動的な意味で用いられるが，「聴く」は，クライエントの話に注意を向け，意識的かつ能動的な態度で応じることを意味して用いられる。ロジャーズ（Rogers, C. R.）は，支援者に求められる姿勢態度として，①無条件の肯定的関心（＝受容），②共感的理解，③自己一致の３つを示した。この積極的傾聴（アクティブ・リスニング）姿勢により，単に耳からの音声による情報の取得だけでなく，クライエントの姿勢（身体の向き）や表情，仕草，視線や動作などからも，クライエントの真意を理解しようと試みることができる。また，その姿勢がクライエントの警戒心を解き，支援者への信頼感・安心感につながることで，クライエントは「聴いてもらえた」という実感をもつことができ，支援者との信頼関係（ラポール）の構築と強化にもつながる。　　　（中島健一朗）

共感と同情

　他者の痛みを共に分かち合い理解しようとする姿勢，という意味では類似した言葉であるが，対人支援においては他者性の自覚の有無によって両者が使い分けられることが多い。「同情」が，自分自身の思い，考え，感情を相手のそれと同一であるとみなし，一方的に決めつけた対応になりがちであるのに対し，「共感」は，支援者自身の思い，考え，感情を他者のそれと区別したうえで，相手の立場に立ってその思いや考え，感情を理解しようとする姿勢を意味して用いられる。尾崎新は，簡単に「わかったつもり」にならず，多面的に検討しわかろうとし続ける態度を「共感」と捉えた。複雑で流動性のあるクライエントを理解し，そのニーズに沿った支援を展開するためには，こうした「共感」に基づいた利用者理解が必要であり，それが支援関係を柔軟なものにすることにつながるとした（尾崎，1994）。

【引用文献】尾崎新（1994）『ケースワークの臨床技法』誠信書房。　（中島健一朗）

バーバル・コミュニケーション

　バーバル・コミュニケーション（verbal communication）は，言語を用いて行われるコミュニケーションを指し，言語的コミュニケーションとも呼ばれる。コミュニケーションの基礎的な要素として位置付けられるものであり，対話だけでなく，手紙や電子メールなどの文面も含まれる。バーバル・コミュニケーションでは，言葉の選択が大きな意味をもつ。同じ内容を表現する場合であっても，言葉の選び方次第でそのニュアンスや相手側の捉え方が大きく変わることが考えられるためである。そこで，バーバル・コミュニケーションを円滑に行うためには，状況や受け取り手に応じて伝わりやすい表現を取捨選択できるよう，語彙を豊富にもつことが必要である。幼児をはじめ，子育てに悩む親などに接し得る保育者には，相手の年齢や心理状態によって言葉を使い分けられる力が求められる。（寺田千栄子）

ノンバーバル・コミュニケーション

　ノンバーバル・コミュニケーション（non-verbal communication）は，言語を用いないで行われるコミュニケーションであり，非言語コミュニケーションとも呼ばれる。バーバル・コミュニケーションが言語を介した伝達方法であるのに対し，ノンバーバル・コミュニケーションは，身振り，手振り，表情，対人距離，アイコンタクトなど，人間の五感を介して情報伝達をするコミュニケーション方法である。ノンバーバル・コミュニケーションは，バーバル・コミュニケーションを円滑にし相互理解を深める補助手段としても重要な意味をもつ。ノンバーバル・コミュニケーションの重要性について心理学者のメラビアン（Mehrabian, A.）が1970年代に行った実験によると，「話し手」が「聞き手」に与える印象の中で，話している言葉そのものの影響は全体のわずか7％であり，その他93％はノンバー

バル（非言語）の要素であるとされており，コミュニケーションにおいて極めて重要な要素であるといえる（メラビアンの法則）。　　　　　　　　（寺田千栄子）

パラバーバル・コミュニケーション

　パラバーバル・コミュニケーション（paraverbal communication）は，ノンバーバル・コミュニケーション（非言語的コミュニケーション）のうち，とくにパラ原語（周辺原語）を用いて行われるコミュニケーションの部分を指す。パラ原語とは，言語情報のうち声のトーン，高さ，速さ，リズム，抑揚，音声の特徴，笑い声，泣き声，沈黙，時間の使い方など，言語の内容ではなくその表現方法などの周辺的側面を指している。「ごめんなさい」という言葉を相手に伝える際に，頭を下げるという行為（ノンバーバル・コミュニケーション）を伴いながらも，大きく激しい口調で伝えるか低く落ち着いた口調で伝えるか（パラバーバル・コミュニケーション）では，伝わるメッセージには大きな差異が生じる可能性がある。自分では気づきにくい表現上の癖によって対人関係で誤解を招きやすい場合もあるため，自らの表現の特性を意識しておくことも重要である。　　　　　　　（寺田千栄子）

ラポール

　精神科医メスメル（Mesmer, F. A.）がクライエントとの関係性を指して用いたフランス語のラポール（rapport）に由来し，クライエントと支援者との間に形成された良好な信頼関係（専門的対人関係）を指して用いられるようになった。苦しい状況にあるクライエントが，自らが抱える問題やそれに伴う感情を支援者に率直に語り，時には厳しいと感じられる助言も受け入れるには，支援者に対する安心感や信頼感が不可欠である。このラポールが形成されていなければ，クライエントは助言を単なる批判と捉え，「自分の気持ちを理解してくれていない」と感じ，

支援者への信頼感を失ってしまうためである。そこで，支援者にはクライエントに受容的かつ共感的態度で接し，クライエントの緊張と警戒を緩和することが求められる。ラポール形成は対人援助における第一段階でもあり，援助を通じて専門職に求められる基本姿勢でもある。
　　　　　　　　　　　　　（中島健一朗）

スーパーヴィジョン

　ソーシャルワーカーなど対人援助専門職が，その専門技術向上のために行う教育訓練のことを指す。指導的立場にある側をスーパーヴァイザー，指導を受ける側をスーパーヴァイジーと呼び，両者は共通する領域の専門職である。スーパーヴィジョンの機能には，スーパーヴァイジーが所属する組織において，その援助内容が組織の方針に沿っているかを確認し，チームとしての支援を最大化する「管理的機能」，スーパーヴァイジーの力量を高め，新たな専門知識技術の獲得を支援する「教育的機能」，スーパーヴァイザーがスーパーヴァイジーの業務における負担感や悩みを共有し，支援の失敗から来る負担感・喪失感に対応し，その緩和を図る「支持的機能」の3つがある。その実施形態としては，1対1で行われる個別（個人）スーパーヴィジョンと，集団で行われるグループスーパーヴィジョン，実際の支援を行いながら行われるライブスーパーヴィジョン，スーパーヴァイザーを置かず仲間同士で行うピアスーパーヴィジョンがある。それぞれ，事例検討，ロールプレイ，ビデオなど多様な方法で行われる。　　　　　（中島健一朗）

スーパーヴァイザー

　スーパーヴァイジーに対して，スーパーヴィジョンを行う立場の人を指す。社会福祉施設や機関におけるスーパーヴァイザーはスーパーヴァイジーの指導監督に当たる上司や経験を積んだ先輩職員であることが多く，組織の理念や方針

に沿った業務を遂行するためにスーパーヴァイジーの知識や技術の向上，スーパーヴァイジーの能力を最大限に活かしてよりよい実践ができるように援助する役割をもつ。職名としては社会福祉施設における主任指導員，福祉事務所における現業事務の指導監督を行う査察指導員，児童相談所においてはおおむね5年以上の経験をもち専門的技術に関する指導教育を行う児童福祉司が該当する。組織内に適切なスーパーヴァイザーがいない場合は取り扱う内容や範囲について契約を結んで外部のスーパーヴァイザーがスーパーヴィジョンを担う場合もある。スーパーヴィジョンには，管理的機能，教育的機能，支持的（心理的）機能の3つがあるとされるが，その場合は原則として管理的機能は担わない。　（久保樹里）

スーパーヴァイジー

　スーパーヴァイザーからスーパーヴィジョンを受ける立場の人を指す。経験の浅い援助者，実習生，ボランティアなどが対象となる。また経験を積んだ援助者であっても困難を感じた際，より高度な援助実践を行うためにもスーパーヴィジョンは必要であり，その場合はスーパーヴァイジーとしてスーパーヴィジョンを受けることがある。スーパーヴィジョンはスーパーヴァイザーとの温かい信頼に満ちた関係で行われることが前提である。スーパーヴァイザーとともにスーパーヴァイジーが行った実践事例を振り返るスーパーヴィジョンの教育的機能はスーパーヴァイジー援助の質を高め，スーパーヴァイジーの自己成長を促す。スーパーヴァイズの支持的機能はバーンアウト予防に有効とされている。　（久保樹里）

コンサルテーション

　複雑で多様な課題に対応するために，異なる分野・領域の専門的な知識や技術をもつ専門職や同じ分野であればより専門性の高い知識を有している専門職に相談をし，助言を受けたり，複数の専門家同士が協議を行ったりすることを指す。助言を提供する側をコンサルタント，助言を受ける側をコンサルティと呼ぶ。コンサルティは個人，組織に加えて地域のこともある。例えば疾患を抱える相談者の支援のために医師などの医療関係者から助言を受けたり，虐待を受けている子どもの法的対応について弁護士から助言を受けたりする場合が考えられる。コンサルタントの助言をどの程度取り入れるかはコンサルティの裁量に任されている。コンサルタントとコンサルティは専門職として対等で任意の関係であり，管理的機能を有しないという点がスーパーヴィジョンとは異なる。　（久保樹里）

バーンアウト

　燃え尽き症候群ともいわれる。アメリカの心理学者であるフロイデンバーガー（Freudenberger, H. J.）が1970年代に提唱した概念であり，それまで熱心に献身的に仕事に従事していた人が，何かのきっかけから急にやる気が喪失し，抑うつ感，不安感，無気力感を抱くようになり，身体面でも頭痛，不眠や疲労感，いらだちといった症状を有し，心身ともに消耗したようになることを指す。医療や福祉，教育など対人援助分野の専門職によく見られる。これらの専門職は援助の過程において，様々なジレンマを感じ，ストレスにさらされる。このストレスがたまってバーンアウトに陥っていく。その結果，相談者に対して，温かみのない，機械的な対応をするようになるため，適切な支援活動ができなくなる。バーンアウトに対処するためには個人的対応だけに任せるのではなく，スーパーヴィジョン体制，適正な労働環境，相互支援的な職員関係づくりなど，組織的レベルで支援体制を整備することが重要である。　（久保樹里）

パターナリズム

　力や知識・経験をもつ者が，それらが

少ない立場の者に対して，その利益を代理的に判断し，主導権をもって保護や干渉，介入を行うことをいう。父権的保護主義と訳されるように，かつての家父長制度のもとで，家長が家族に対する決定権を有しつつ弱者である家族を一方的に保護するかのような支援姿勢を意味し，家父長主義，温情主義ともいわれる。こうした支援関係の構造は，家庭，医療，福祉，司法，教育など多様な対人支援の場で指摘され，とりわけ医療分野においては，専門知識をもつ医師が患者の治療方針を決定し，患者は決定権を医師に委ねざるを得ない構造が生じがちである。このことへの批判から，患者の自己決定権を確保するためのインフォームドコンセントの理念が生まれた。関係の不平等さ，弱い立場の者の自己決定権を奪うこと，依存性を高めることにつながるとしてパターナリズムの濫用は批判される。援助関係のなかで，時には援助者に裁量がゆだねられることもあるが，その際，援助者には自らが過剰なパターナリズムに陥っていないか，自覚的であることが求められる。　　　　　　　　　　　（久保樹里）

エンパワメント

　エンパワメント（empowerment）は本来は「力を付与する」ことを意味するが，困難を抱えた当事者に単に力を与えるだけではなく，もっている力の発揮を阻害する要因を取り除くことで，その人本来の可能性を活かせる状況を作り出すことをいう。社会的に不利な状況に置かれ，力を十分に発揮できない状態（パワレス）にある人に対して，その強み（ストレングス）に着目し，自己肯定感を取り戻すことや力や可能性の発揮を促進することにより，自身の抱える問題の解決に向けてクライエントが行動できることを目指す。『黒人のエンパワメント』の著者であるソロモン（Solomon, B. B.）が，抑圧された人々のためのソーシャルワー

クの重要性から提唱した概念であり，女性運動や障害者運動などで用いられるようになるなど，重要な視点として定着した。エンパワメントには，課題を抱えた個人が自らのストレングスを発見し活かすセルフ・エンパワメント，友人や仲間との活動の中で活力を得るピア・エンパワメント，所属する集団を活用して活力を得るコミュニティ・エンパワメントの3つがあり，これらを組み合わせて活用することをエンパワメント相乗モデルと呼ぶ。　　　　　　　　　　　（中島健一朗）

アカウンタビリティ

　アカウンタビリティ（accountability）は説明責任のことをいい，ソーシャルワークにおけるアカウンタビリティとは，利用者に支援をする際，その支援方法の選択の根拠，予想される期待，あるいはリスクなどについて利用者やその家族，時には社会に説明する責任のことを指す。ソーシャルワーカー自身が責任をもって利用者に説明するためには，その明確な根拠が必要である。具体的には，どのような目的のために，どのようなサービス資源を利用し，どのような方法で支援するのか，それによってもたらされる帰結の予測と，そのために起こりうるリスク，あるいはよい効果はあるのかなどである。これらについて，誰が見ても納得できるような根拠と，専門職の倫理が明確であることが重要となる。また，それだけではなく，これらを利用者，そして時には家族や組織，地域，社会などに説明する力量も必要になる。　　　　　　（三輪清子）

ケアカンファレンス

　ケアに関わる保健医療福祉領域の専門職が，利用者に関する情報の共有と適切な支援方策を検討するために行う会議をいう。当事者やその家族などが参加して支援者チームに直接情報やニーズを伝え，よりよい支援方法についてともに協議する場合もある。ケアの方向性や質を

規定する可能性もあるだけに，多様な立場の参加者が対等な関係で自由に多面的な検討を行えることが重要であり，カンファレンスのファシリテーター（促進者）には，目的に沿った進行と同時に，参加したスタッフが率直に話し合える雰囲気づくりの工夫が求められる。これにより，利用者の心身の状態，生活環境，社会的背景，人間関係，当事者の希望などを反映した，総合的かつ生活課題に即した建設的なケアの方向性を模索することができるほか，参加するスタッフにとっても，自らの視点や関わり方を率直に振り返り検討しながら，スタッフ間で支え合い積極的な支援姿勢を整える機会にもなる。

（松宮透髙）

事例検討会（ケーススタディ）

　支援が進行中または終結した事例（研修目的の場合は模擬事例などを用いる場合もある）について，支援経過を総合的に振り返り，支援が果たした機能と残された課題を明らかにすることを通して，支援の妥当性と今後の支援課題を検討することをいう。時にケアカンファレンスと類似した意味で用いられるが，これが進行中の支援過程における具体的な対応検討のための協議を指すのに対し，事例検討会はより長期的な視点から支援過程全体の検証を意味する場合が多い。利用者や関係者の特性，生活や環境の背景，問題の示す意味，支援や機関連携のあり方，利用者と支援者との関係性，社会資源活用の妥当性，支援の有効性や残された課題など検討すべき焦点は多いため，事例報告者はこれらの基礎情報を簡略にまとめたうえで，何を焦点（論点）として協議したいのかを冒頭に提示し，参加者は自らが他事例に応用する可能性を念頭に置いて，積極的建設的に議論する必要がある。

（松宮透髙）

アウトリーチ

　来談を待つだけではなく相談やサービスの利用を積極的に働きかけることや，生活空間をはじめ問題が生じている現場に支援者が直接出向いて相談に応じ，サービスを提供することをいう。利用者にとって問題が大きく深刻なものであるほど，自ら相談に出向くことは難しくなりがちである。その結果，支援開始までに長時間を要し，結果的に状況がより悪化してしまう場合も少なくない。そこで，支援者が直接出向いて支援する形態が重視されるようになった。また，問題の具体的な状況や利用者自身も意識できていなかった生活問題までもが，現地の様子からより明確，具体的に把握しやすくなる。支援が機動力を伴って提供されることは，このように早期の支援介入を促進し生活問題へのきめ細かな対応につながりやすい。ただし，一方的な支援の押し付けや利用者の生活空間に無遠慮に入り込むことにならないよう，プライバシーや安全空間保持への配慮が重要となる。

（松宮透髙）

ディレンマ

　2つの相反する事柄の板挟みになることをいう。ソーシャルワークの実践においては，利用者，その家族，所属機関，行政や他の関係機関などの意見・行動と，ソーシャルワーカーとしての専門性・倫理責任などが相反する場合に，ディレンマに陥ることになる。例えば，利用者の自己決定により，利用者が生命の危機に陥るような場合，利用者の利害と支援機関・組織の利害が異なる場合，また先輩や同僚の行為がソーシャルワークの倫理に反した場合などがそれにあたる。このようなとき，ソーシャルワーカーはありとあらゆる可能性や選択肢を考慮し，時には他のソーシャルワーカーや専門職に助言を求めることが必要となる。さらに，その過程と結果を記録に残すことが求められる。

（三輪清子）

地域包括ケア

　高齢者が，できる限り住み慣れた地域で，尊厳を保ったまま自立した生活を継続することができるような，地域を基盤とした包括的な支援・サービス提供のことをいう。「住まい」と「生活支援・福祉サービス」，そして「介護」「医療」「予防」という専門的なサービスが相互に連携しながら支援を行っていく。生活支援・福祉サービスでは，心身の能力の低下，経済的理由，家族関係の変化などが生じたとしても尊厳ある生活が継続できるよう生活支援を行う。生活支援には，食事の準備など，サービス化できる支援から，近隣住民の声掛けや見守りなどの支援まで幅広く行う必要がある。生活困窮者などには，必要な福祉サービスを提供することも必要である。様々な地域の状況の中，個々人の抱える課題に合わせた支援が，専門職によって提供されることが望まれる。　　　　　　　　　（三輪清子）

資源開発

　社会福祉において，社会福祉実践と資源を結びつけることは重要な性質の一つである。資源になるものは，人，制度，サービス，情報，物，資金，場所，空間など，多岐にわたる。しかし，利用者を取り巻く環境に資源が十分に整備されていないとき，あるいは，資源を利用者に利用可能な形で提供するサービスが未整備の場合には，ソーシャルワーカー自らが資源を開発していく必要がある。資源開発には，既存の資源をより利用しやすい形に修正することと新しい資源の立ち上げという2つの方法がある。既存の資源を利用する場合，ソーシャルワーカーが援助する利用者を利用対象に含めていないものに対して働きかけたり，通常のサービスの枠を広げて対応するよう働きかけたりすることになる。また，資源開発を行う前提として，地域にどのような資源が不足しているのか，地域住民やサービス利用者へのニーズの調査を行うことが必要となる。　　　　　　　　　（三輪清子）

クライシス・インターベンション

　クライシス・インターベンション（crisis intervention）は，危機介入ともいわれ，危機状況の対象者が元の状態に回復することができるように援助者がかかわる，積極的で比較的短期な援助のことを指す。危機とは，これまで用いてきた対処方法では解決できない問題に直面した際に混乱や動揺が起こり，急激に解決力が低下している状況である。これには，人生のなかで経験する進学や就職，転職，結婚，離婚，出産といった予測される危機と，病気や事故，死別，失業，犯罪被害や災害被害など予測されない危機がある。危機はマイナスの側面だけではなく，問題を乗り越え，人の成長を促す転機でもあるが，回復しようとする力は一定期間しか持続しないため，危機状況が深刻であればあるほど，さらなる別の危機を派生させるリスクが高まる。これを放置するとPTSDや自殺などの深刻な状況に陥る場合もある。介入の進め方としては不安・心配の表出を促すとともに，具体的で実際的な情報や支援の提供を行っていく。医療，精神医療，心理，福祉分野において活用されている。　　　（久保樹里）

ポピュラー・エデュケーション

　フォーマル・エデュケーション，すなわち公的な学校教育をはじめとする教育との対比概念であり，課題を抱えている人々や地域に力を付与することを目指した，学校外での取り組みを含めた教育的アプローチを指す。ブラジル出身のフレイレ（Freire, P.）により提唱された概念であり，権威者や国家などから与えられた教育体系に規定される学習ではなく，生活体験の中で自ら発見した課題を主体的に学ぶことを意味している。　（松宮透高）

保育・幼児教育・子ども家庭福祉辞典

2021年 6 月 1 日　初　版第 1 刷発行　　　〈検印省略〉
2024年 3 月31日　初　版第 4 刷発行　　　定価はカバーに
　　　　　　　　　　　　　　　　　　　　表示しています

	中	坪	史	典
	山	下	文	一
編集委員	松	井	剛	太
	伊	藤	嘉余子	
	立	花	直	樹

発 行 者　　杉　田　啓　三
印 刷 者　　森　元　勝　夫

発行所　株式会社　ミネルヴァ書房
607-8494　京都市山科区日ノ岡堤谷町 1
　　　　　電話 代表　（075）581-5191
　　　　　振替口座　　01020-0-8076

© 中坪ほか, 2021　　　　　　　モリモト印刷

ISBN 978-4-623-09084-6
Printed in Japan

小学校教育用語辞典

細尾萌子・柏木智子

［編集代表］

小学校教育に関わる項目を分野別に分け，内容に即して体系的に配列。初学者にもわかりやすい解説で「読む」辞典。新学習指導要領と教職課程コアカリキュラムに準拠し，大学の各教職科目の授業で活用できる必携書。

―――――――― 掲載分野 ――――――――

教育思想・教育史／教育制度／教師論／教育社会学／教育心理学／教育経営・学校安全／教育課程／教育方法／教育評価／道徳教育／総合的な学習の時間／特別活動／生徒指導・キャリア教育／教育相談／特別支援教育
《実習編》教育実習／介護等体験
《連携・接続編》幼稚園教育／校種間の連携・接続

全 1179 項目

四六判　408 頁　本体 2400 円

―――――― ミネルヴァ書房 ――――――

https://www.minervashobo.co.jp/